U0139065

刑事法規　凡　例

一、本書輯錄現行重要法規凡136種，名爲刑事法規。

二、全書分爲憲法、刑法、刑事訴訟法、監所、少年事件、保護、賠償與補償、法院組織、附錄等九大類，於各頁標示所屬項別及收錄各法起訖條號，方便檢索。

三、本書依循下列方式編印

　　㈠法規條文內容，悉以政府公報爲準。爲服務讀者掌握最新之法規異動情形，本書亦收錄已由立法院三讀通過，尚待總統公布之法律條文，並於該法之法規沿革中明白註記立法院三讀完成時間。

　　㈡法規名稱後詳列制定公布及歷次修正公布日期與條號。

　　㈢「條文要旨」，附於各法規條號之下，以（　）表示。爲配合國會圖書館移除法規條文要旨作業，自民國109年起，凡增修之條文不再列附條文要旨。

　　㈣法規內容異動時，於「條文要旨」底下以「數字」標示最後異動之年度。

　　㈤法條分項、款、目，爲求清晰明瞭，項冠以浮水印①②③數字，以資區別；各款冠以一、二、三數字標示，各目冠以㈠、㈡、㈢數字標示。

四、書後附錄司法院大法官會議解釋文彙編。

五、本書輕巧耐用，攜帶便利；輯入法規，內容詳實；條文要旨，言簡意賅；字體版面，舒適易讀；項次分明，查閱迅速；法令異動，逐版更新。

刑事法規 目 錄

壹、憲 法

貳、刑法及相關法規

參、刑事訴訟法及相關法規

肆、監　所

伍、少年事件

陸、保　護

柒、賠償與補償

捌、法院組織及相關法規

玖、附　錄

壹、憲　法

武 憲 壹

中華民國憲法

民國36年1月1日國民政府制定公布全文175條；並自36年12月25日施行。

（前言）

中華民國國民大會受全體國民之付託，依據孫中山先生創立中華民國之遺教，為鞏固國權，保障民權，奠定社會安寧，增進人民福利，制定本憲法，頒行全國，永矢咸遵。

第一章　總綱

第一條

中華民國基於三民主義，為民有、民治、民享之民主共和國。

第二條

中華民國之主權，屬於國民全體。

第三條

具有中華民國國籍者，為中華民國國民。

第四條

中華民國領土，依其固有之疆域，非經國民大會之決議，不得變更之。

第五條

中華民國各民族一律平等。

第六條

中華民國國旗定為紅地左上角青天白日。

第二章　人民之權利義務

第七條

中華民國人民，無分男女、宗教、種族、階級、黨派，在法律上一律平等。

第八條

① 人民身體之自由應予保障。除現行犯之逮捕由法律另定外，非經司法或警察機關依法定程序，不得逮捕拘禁。非由法院依法定程序，不得審問處罰。非依法定程序之逮捕、拘禁、審問、處罰，得拒絕之。

② 人民因犯罪嫌疑被逮捕拘禁時，其逮捕拘禁機關將逮捕拘禁原因，以書面告知本人及本人指定之親友，並至遲於二十四小時內移送該管法院審問。本人或他人亦得聲請該管法院，於二十四小時內，向逮捕之機關提審。

③法院對於前項聲請不得拒絕，並不得先令逮捕拘禁之機關查覆。逮捕拘禁之機關對於法院之提審，不得拒絕或遲延。

④人民遭受任何機關非法逮捕拘禁時，其本人或他人得向法院聲請追究，法院不得拒絕，並應於二十四小時內向逮捕拘禁之機關追究，依法處理。

第九條

人民除現役軍人外，不受軍事審判。

第一〇條

人民有居住及遷徙之自由。

第一一條

人民有言論、講學、著作及出版之自由。

第一二條

人民有秘密通訊之自由。

第一三條

人民有信仰宗教之自由。

第一四條

人民有集會及結社之自由。

第一五條

人民之生存權、工作權及財產權，應予保障。

第一六條

人民有請願、訴願及訴訟之權。

第一七條

人民有選舉、罷免、創制及複決之權。

第一八條

人民有應考試服公職之權。

第一九條

人民有依法律納稅之義務。

第二〇條

人民有依法律服兵役之義務。

第二一條

人民有受國民教育之權利與義務。

第二二條

凡人民之其他自由及權利，不妨害社會秩序、公共利益者，均受憲法之保障。

第二三條

以上各條列舉之自由權利，除為防止妨礙他人自由、避免緊急危難、維持社會秩序或增進公共利益所必要者外，不得以法律限制之。

第二四條

凡公務員違法侵害人民之自由或權利者，除依法律受懲戒外，應負刑事及民事責任。被害人民就其所受損害，並得依法律向國家請求賠償。

第三章　國民大會

第二五條

國民大會依本憲法之規定，代表全國國民行使政權。

第二六條

國民大會以左列代表組織之：

一　每縣、市及其同等區域各選出代表一人。但其人口逾五十萬人者，每增加五十萬人，增選代表一人。縣、市同等區域，以法律定之。

二　蒙古選出代表，每盟四人，每特別旗一人。

三　西藏選出代表，其名額以法律定之。

四　各民族在邊疆地區選出代表，其名額以法律定之。

五　僑居國外之國民選出代表，其名額以法律定之。

六　職業團體選出代表，其名額以法律定之。

七　婦女團體選出代表，其名額以法律定之。

第二七條

① 國民大會之職權如左：

一　選舉總統、副總統。

二　罷免總統、副總統。

三　修改憲法。

四　複決立法院所提之憲法修正案。

② 關於創制、複決兩權，除前項第三、第四兩款規定外，俟全國有半數之縣、市曾經行使創制、複決兩項政權時，由國民大會制定辦法並行使之。

第二八條

① 國民大會代表，每六年改選一次。

② 每屆國民大會代表之任期，至次屆國民大會開會之日為止。

③ 現任官吏不得於其任所所在地之選舉區當選為國民大會代表。

第二九條

國民大會於每屆總統任滿前九十日集會，由總統召集之。

第三〇條

① 國民大會遇有左列情形之一時，召集臨時會：

一　依本憲法第四十九條之規定，應補選總統、副總統時。

二　依監察院之決議，對於總統、副總統提出彈劾案時。

三　依立法院之決議，提出憲法修正案時。

四　國民大會代表五分之二以上請求召集時。

② 國民大會臨時會，如依前項第一款或第二款應召集時，由立法院院長通告集會；依第三款或第四款應召集時，由總統召集之。

第三一條

國民大會之開會地點，在中央政府所在地。

第三二條

國民大會代表在會議時所為之言論及表決，對會外不負責任。

第三三條

國民大會代表，除現行犯外，在會期中，非經國民大會許可，不得逮捕或拘禁。

第三四條

國民大會之組織，國民大會代表之選舉、罷免，及國民大會行使職權之程序，以法律定之。

第四章　總　統

第三五條

總統為國家元首，對外代表中華民國。

第三六條

總統統率全國陸海空軍。

第三七條

總統依法公布法律，發布命令，須經行政院院長之副署，或行政院院長及有關部、會首長之副署。

第三八條

總統依本憲法之規定，行使締結條約及宣戰、媾和之權。

第三九條

總統依法宣布戒嚴。但須經立法院之通過或追認，立法院認為必要時，得決議移請總統解嚴。

第四〇條

總統依法行使大赦、特赦、減刑及復權之權。

第四一條

總統依法任免文武官員。

第四二條

總統依法授與榮典。

第四三條

國家遇有天然災害、癘疫，或國家財政、經濟上有重大變故，須為急速處分時，總統於立法院休會期間，得經行政院會議之決議，依緊急命令法，發布緊急命令，為必要之處置。但須於發布命令後一個月內提交立法院追認，如立法院不同意時，該緊急命令立即失效。

第四四條

總統對於院與院間之爭執，除本憲法有規定者外，得召集有關各院院長會商解決之。

第四五條

中華民國國民年滿四十歲者，得被選為總統、副總統。

第四六條

總統、副總統之選舉，以法律定之。

第四七條

總統、副總統之任期為六年，連選得連任一次。

第四八條

總統應於就職時宣誓，誓詞如左：

「余謹以至誠，向全國人民宣誓。余必遵守憲法，盡忠職務，增進人民福利，保衛國家，無負國民付託，如違誓言，願受國家嚴厲之制裁。謹誓。」

第四九條

總統缺位時，由副總統繼任，至總統任期屆滿為止。總統、副總統均缺位時，由行政院院長代行其職權，並依本憲法第三十條之規定，召集國民大會臨時會，補選總統、副總統，其任期以補足原任總統未滿之任期為止。總統因故不能視事時，由副總統代行其職權。總統、副總統均不能視事時，由行政院院長代行其職權。

第五○條

總統於任滿之日解職，如屆期次任總統尚未選出，或選出後總統、副總統均未就職時，由行政院院長代行總統職權。

第五一條

行政院院長代行總統職權時，其期限不得逾三個月。

第五二條

總統除犯內亂或外患罪外，非經罷免或解職，不受刑事上之訴究。

第五章 行 政

第五三條

行政院為國家最高行政機關。

第五四條

行政院設院長、副院長各一人，各部會首長若干人，及不管部會之政務委員若干人。

第五五條

①行政院院長，由總統提名，經立法院同意任命之。

②立法院休會期間，行政院院長辭職或出缺時，由行政院副院長代理其職務。但總統須於四十日內咨請立法院召集會議，提出行政院院長人選，徵求同意。行政院院長職務，在總統所提行政院院長人選未經立法院同意前，由行政院副院長暫行代理。

第五六條

行政院副院長，各部會首長及不管部會之政務委員，由行政院院長提請總統任命之。

第五七條

行政院依左列規定，對立法院負責：

一　行政院有向立法院提出施政方針及施政報告之責。立法委員在開會時，有向行政院院長及行政院各部會首長質詢之權。

二　立法院對於行政院之重要政策不贊同時，得以決議移請行政院變更之。行政院對於立法院之決議，得經總統之核可，移

請立法院覆議。覆議時，如經出席立法委員三分之二維持原決議，行政院院長應即接受該決議或辭職。

三　行政院對於立法院決議之法律案、預算案、條約案，如認為有窒礙難行時，得經總統之核可，於決議案送達行政院十日內，移請立法院覆議。覆議時，如經出席立法委員三分之二維持原案，行政院院長應即接受該決議或辭職。

第五八條

①行政院設行政院會議，由行政院院長、副院長，各部會首長及不管部會之政務委員組織之，以院長為主席。

②行政院院長、各部會首長，須將應行提出立法院之法律案、預算案、戒嚴案、大赦案、宣戰案、媾和案、條約案及其他重要事項，或涉及各部會共同關係之事項，提出於行政院會議議決之。

第五九條

行政院於會計年度開始三個月前，應將下年度預算案提出於立法院。

第六〇條

行政院於會計年度結束後四個月內，應提出決算於監察院。

第六一條

行政院之組織，以法律定之。

第六章　立　法

第六二條

立法院為國家最高立法機關，由人民選舉之立法委員組織之，代表人民行使立法權。

第六三條

立法院有議決法律案、預算案、戒嚴案、大赦案、宣戰案、媾和案、條約案及國家其他重要事項之權。

第六四條

①立法院立法委員，依左列規定選出之：

一　各省、各直轄市選出者，其人口在三百萬以下者五人，其人口超過三百萬者，每滿一百萬人增選一人。

二　蒙古各盟、旗選出者。

三　西藏選出者。

四　各民族在邊疆地區選出者。

五　僑居國外之國民選出者。

六　職業團體選出者。

②立法委員之選舉及前項第二款至第六款立法委員名額之分配，以法律定之。婦女在第一項各款之名額，以法律定之。

第六五條

立法委員之任期為三年，連選得連任，其選舉於每屆任滿前三個月內完成之。

第六六條

立法院設院長、副院長各一人，由立法委員互選之。

第六七條

立法院得設各種委員會。

各種委員會得邀請政府人員及社會上有關係人員到會備詢。

第六八條

立法院會期，每年兩次，自行集會，第一次自二月至五月底，第二次自九月至十二月底，必要時得延長之。

第六九條

立法院遇有左列情事之一時，得開臨時會：

一 總統之咨請。

二 立法委員四分之一以上之請求。

第七〇條

立法院對於行政院所提預算案，不得為增加支出之提議。

第七一條

立法院開會時，關係院院長及各部會首長得列席陳述意見。

第七二條

立法院法律案通過後，移送總統及行政院，總統應於收到後十日內公布之。但總統得依照本憲法第五十七條之規定辦理。

第七三條

立法委員在院內所為之言論及表決，對院外不負責任。

第七四條

立法委員，除現行犯外，非經立法院許可，不得逮捕或拘禁。

第七五條

立法委員不得兼任官吏。

第七六條

立法院之組織，以法律定之。

第七章 司 法

第七七條

司法院為國家最高司法機關，掌理民事、刑事、行政訴訟之審判及公務員之懲戒。

第七八條

司法院解釋憲法，並有統一解釋法律及命令之權。

第七九條

①司法院設院長、副院長各一人，由總統提名，經監察院同意任命之。

②司法院設大法官若干人，掌理本憲法第七十八條規定事項，由總統提名，經監察院同意任命之。

第八〇條

法官須超出黨派以外，依據法律獨立審判，不受任何干涉。

第八一條

法官爲終身職，非受刑事或懲戒處分或禁治產之宣告，不得免職。非依法律，不得停職、轉任或減俸。

第八二條

司法院及各級法院之組織，以法律定之。

第八章 考 試

第八三條

考試院爲國家最高考試機關，掌理考試、任用、銓敘、考績、級俸、陞遷、保障、褒獎、撫卹、退休、養老等事項。

第八四條

考試院設院長、副院長各一人，考試委員若干人，由總統提名，經監察院同意任命之。

第八五條

公務人員之選拔，應實行公開競爭之考試制度，並應按省區分別規定名額，分區舉行考試。非經考試及格者，不得任用。

第八六條

左列資格，應經考試院依法考選銓定之：

一 公務人員任用資格。

二 專門職業及技術人員執業資格。

第八七條

考試院關於所掌事項，得向立法院提出法律案。

第八八條

考試委員須超出黨派以外，依據法律獨立行使職權。

第八九條

考試院之組織，以法律定之。

第九章 監 察

第九〇條

監察院爲國家最高監察機關，行使同意、彈劾、糾舉及審計權。

第九一條

監察院設監察委員，由各省、市議會，蒙古、西藏地方議會及華僑團體選舉之。其名額分配，依左列之規定：

一 每省五人。

二 每直轄市二人。

三 蒙古各盟、旗共八人。

四 西藏八人。

五 僑居國外之國民八人。

第九二條

監察院設院長、副院長各一人，由監察委員互選之。

第九三條

監察委員之任期爲六年，連選得連任。

第九四條

監察院依本憲法行使同意權時，由出席委員過半數之議決行之。

第九五條

監察院為行使監察權，得向行政院及其各部會調閱其所發布之命令及各種有關文件。

第九六條

監察院得按行政院及其各部會之工作，分設若干委員會，調查一切設施，注意其是否違法或失職。

第九七條

①監察院經各該委員會之審查及決議，得提出糾正案，移送行政院及其有關部、會，促其注意改善。

②監察院對於中央及地方公務人員，認為有失職或違法情事，得提出糾舉案或彈劾案，如涉及刑事，應移送法院辦理。

第九八條

監察院對中央及地方公務人員之彈劾案，須經監察委員一人以上之提議，九人以上之審查及決定，始得提出。

第九九條

監察院對於司法院或考試院人員失職或違法之彈劾，適用本憲法第九十五條、第九十七條及第九十八條之規定。

第一〇〇條

監察院對於總統、副總統之彈劾案，須有全體監察委員四分之一以上之提議，全體監察委員過半數之審查及決議，向國民大會提出之。

第一〇一條

監察委員在院內所為之言論及表決，對院外不負責任。

第一〇二條

監察委員，除現行犯外，非經監察院許可，不得逮捕或拘禁。

第一〇三條

監察委員不得兼任其他公職或執行業務。

第一〇四條

監察院設審計長，由總統提名，經立法院同意任命之。

第一〇五條

審計長應於行政院提出決算後三個月內，依法完成其審核，並提出審核報告於立法院。

第一〇六條

監察院之組織，以法律定之。

第十章　中央與地方之權限

第一〇七條

左列事項，由中央立法並執行之：

一　外交。

二　國防與國防軍事。

三　國籍法及刑事、民事、商事之法律。

四　司法制度。

五　航空、國道、國有鐵路、航政、郵政及電政。

六　中央財政與國稅。

七　國稅與省稅、縣稅之劃分。

八　國營經濟事業。

九　幣制及國家銀行。

十　度量衡。

十一　國際貿易政策。

十二　涉外之財政、經濟事項。

十三　其他依本憲法所定關於中央之事項。

第一〇八條

①左列事項，由中央立法並執行之，或交由省、縣執行之：

一　省、縣自治通則。

二　行政區劃。

三　森林、工礦及商業。

四　教育制度。

五　銀行及交易所制度。

六　航業及海洋漁業。

七　公用事業。

八　合作事業。

九　二省以上之水陸交通運輸。

十　二省以上之水利、河道及農牧事業。

十一　中央及地方官吏之銓敘、任用、糾察及保障。

十二　土地法。

十三　勞動法及其他社會立法。

十四　公用徵收。

十五　全國戶口調查及統計。

十六　移民及墾殖。

十七　警察制度。

十八　公共衛生。

十九　振濟、撫卹及失業救濟。

二十　有關文化之古籍、古物及古蹟之保存。

②前項各款，省於不牴觸國家法律內，得制定單行法規。

第一〇九條

①左列事項，由省立法並執行之，或交由縣執行之：

一　省教育、衛生、實業及交通。

二　省財產之經營及處分。

三　省、市政。

四　省公營事業。

五　省合作事業。

六　省農林、水利、漁牧及工程。

七　省財政及省稅。

八　省債。

九　省銀行。

十　省警政之實施。

十一　省慈善及公益事項。

十二　其他依國家法律賦予之事項。

②前項各款，有涉及二省以上者，除法律別有規定外，得由有關各省共同辦理。

③各省辦理第一項各款事務，其經費不足時，經立法院議決，由國庫補助之。

第一一○條

①左列事項，由縣立法並執行之：

一　縣教育、衛生、實業及交通。

二　縣財產之經營及處分。

三　縣公營事業。

四　縣合作事業。

五　縣農林、水利、漁牧及工程。

六　縣財政及縣稅。

七　縣債。

八　縣銀行。

九　縣警衛之實施。

十　縣慈善及公益事項。

十一　其他依國家法律及省自治法賦予之事項。

②前項各款，有涉及二縣以上者，除法律別有規定外，得由有關各縣共同辦理。

第一一一條

除第一百零七條、第一百零八條、第一百零九條及第一百十條列舉事項外，如有未列舉事項發生時，其事務有全國一致之性質者屬於中央，有全省一致之性質者屬於省，有一縣之性質者屬於縣，遇有爭議時，由立法院解決之。

第十一章　地方制度

第一節　省

第一一二條

①省得召集省民代表大會，依據省縣自治通則制定省自治法。但不得與憲法牴觸。

②省民代表大會之組織及選舉，以法律定之。

第一一三條

①省自治法，應包含左列各款：

一　省設省議會，省議會議員由省民選舉之。

二　省設省政府，置省長一人。省長由省民選舉之。

三　省與縣之關係。

②屬於省之立法權，由省議會行之。

第一一四條

省自治法制定後，須即送司法院。司法院如認為有違憲之處，應將違憲條文宣布無效。

第一一五條

省自治法施行中，如因其中某條發生重大障礙，經司法院召集有關方面陳述意見後，由行政院院長、立法院院長、司法院院長、考試院院長與監察院院長組織委員會，以司法院院長為主席，提出方案解決之。

第一一六條

省法規與國家法律牴觸者無效。

第一一七條

省法規與國家法律有無牴觸發生疑義時，由司法院解釋之。

第一一八條

直轄市之自治，以法律定之。

第一一九條

蒙古各盟、旗地方自治制度，以法律定之。

第一二〇條

西藏自治制度，應予以保障。

第二節　縣

第一二一條

縣實行縣自治。

第一二二條

縣得召集縣民代表大會，依據省縣自治通則，制定縣自治法。但不得與憲法及省自治法牴觸。

第一二三條

縣民關於縣自治事項，依法律行使創制、複決之權，對於縣長及其他縣自治人員，依法律行使選舉、罷免之權。

第一二四條

縣設縣議會，縣議會議員由縣民選舉之。

屬於縣之立法權，由縣議會行之。

第一二五條

縣單行規章，與國家法律或省法規牴觸者無效。

第一二六條

縣設縣政府，置縣長一人。縣長由縣民選舉之。

第一二七條

縣長辦理縣自治，並執行中央及省委辦事項。

第一二八條

市準用縣之規定。

第十二章　選舉罷免創制複決

第一二九條
　本憲法所規定之各種選舉，除本憲法別有規定外，以普通、平等、直接及無記名投票之方法行之。

第一三〇條
　中華民國國民年滿二十歲者，有依法選舉之權，除本憲法及法律別有規定者外，年滿二十三歲者，有依法被選舉之權。

第一三一條
　本憲法所規定各種選舉之候選人，一律公開競選。

第一三二條
　選舉應嚴禁威脅、利誘。選舉訴訟，由法院審判之。

第一三三條
　被選舉人得由原選舉區依法罷免之。

第一三四條
　各種選舉，應規定婦女當選名額，其辦法以法律定之。

第一三五條
　內地生活習慣特殊之國民代表名額及選舉，其辦法以法律定之。

第一三六條
　創制、複決兩權之行使，以法律定之。

第十三章　基本國策

第一節　國　防

第一三七條
①中華民國之國防，以保衛國家安全，維護世界和平為目的。
②國防之組織，以法律定之。

第一三八條
　全國陸、海、空軍，須超出個人、地域及黨派關係以外，效忠國家，愛護人民。

第一三九條
　任何黨派及個人，不得以武裝力量為政爭之工具。

第一四〇條
　現役軍人不得兼任文官。

第二節　外　交

第一四一條
　中華民國之外交，應本獨立自主之精神，平等互惠之原則，敦睦邦交，尊重條約及聯合國憲章，以保護僑民權益，促進國際合作，提倡國際正義，確保世界和平。

第三節　國民經濟

第一四二條

國民經濟，應以民生主義為基本原則，實施平均地權，節制資本，以謀國計民生之均足。

第一四三條

①中華民國領土內之土地，屬於國民全體。人民依法取得之土地所有權，應受法律之保障與限制。私有土地應照價納稅，政府並得照價收買。

②附著於土地之礦及經濟上可供公眾利用之天然力，屬於國家所有，不因人民取得土地所有權而受影響。

③土地價值非因施以勞力、資本而增加者，應由國家徵收土地增值稅，歸人民共享之。

④國家對於土地之分配與整理，應以扶植自耕農及自行使用土地人為原則，並規定其適當經營之面積。

第一四四條

公用事業及其他有獨佔性之企業，以公營為原則，其經法律許可者，得由國民經營之。

第一四五條

①國家對於私人財富及私營事業，認為有妨害國計民生之平衡發展者，應以法律限制之。

②合作事業應受國家之獎勵與扶助。

③國民生產事業及對外貿易，應受國家之獎勵、指導及保護。

第一四六條

國家應運用科學技術，以興修水利，增進地力，改善農業環境，規劃土地利用，開發農業資源，促成農業之工業化。

第一四七條

①中央為謀省與省間之經濟平衡發展，對於貧瘠之省，應酌予補助。

②省為謀縣與縣間之經濟平衡發展，對於貧瘠之縣，應酌予補助。

第一四八條

中華民國領域內，一切貨物應許自由流通。

第一四九條

金融機構，應依法受國家之管理。

第一五○條

國家應普設平民金融機構，以救濟失業。

第一五一條

國家對於僑居國外之國民，應扶助並保護其經濟事業之發展。

第四節　社會安全

第一五二條

人民具有工作能力者，國家應予以適當之工作機會。

第一五三條

①國家為改良勞工及農民之生活，增進其生產技能，應制定保護勞

工及農民之法律，實施保護勞工及農民之政策。

②婦女、兒童從事勞動者，應按其年齡及身體狀態，予以特別之保護。

第一五四條

勞資雙方應本協調合作原則，發展生產事業。勞資糾紛之調解與仲裁，以法律定之。

第一五五條

國家爲謀社會福利，應實施社會保險制度。人民之老弱殘廢，無力生活，及受非常災害者，國家應予以適當之扶助與救濟。

第一五六條

國家爲奠定民族生存發展之基礎，應保護母性，並實施婦女、兒童福利政策。

第一五七條

國家爲增進民族健康，應普遍推行衛生保健事業及公醫制度。

第五節　教育文化

第一五八條

教育、文化，應發展國民之民族精神、自治精神、國民道德、健全體格、科學及生活智能。

第一五九條

國民受教育之機會，一律平等。

第一六〇條

①六歲至十二歲之學齡兒童，一律受基本教育，免納學費。其貧苦者，由政府供給書籍。

②已逾學齡未受基本教育之國民，一律受補習教育，免納學費，其書籍亦由政府供給。

第一六一條

各級政府應廣設獎學金名額，以扶助學行俱優無力升學之學生。

第一六二條

全國公私立之教育、文化機關，依法律受國家之監督。

第一六三條

國家應注重各地區教育之均衡發展，並推行社會教育，以提高一般國民之文化水準。邊遠及貧瘠地區之教育文化經費，由國庫補助之。其重要之教育文化事業，得由中央辦理或補助之。

第一六四條

教育、科學、文化之經費，在中央不得少於其預算總額百分之十五，在省不得少於其預算總額百分之二十五，在市縣不得少於其預算總額百分之三十五。其依法設置之教育、文化基金及產業，應予以保障。

第一六五條

國家應保障教育、科學、藝術工作者之生活，並依國民經濟之進展，隨時提高其待遇。

第一六六條

國家應獎勵科學之發明與創造，並保護有關歷史、文化、藝術之古蹟、古物。

第一六七條

國家對於左列事業或個人，予以獎勵或補助：

一　國內私人經營之教育事業成績優良者。

二　僑居國外國民之教育事業成績優良者。

三　於學術或技術有發明者。

四　從事教育久於其職而成績優良者。

第六節　邊疆地區

第一六八條

國家對於邊疆地區各民族之地位，應予以合法之保障，並於其地方自治事業，特別予以扶植。

第一六九條

國家對於邊疆地區各民族之教育、文化、交通、水利、衛生及其他經濟、社會事業，應積極舉辦，並扶助其發展，對於土地使用，應依其氣候、土壤性質及人民生活習慣之所宜，予以保障及發展。

第十四章　憲法之施行及修改

第一七〇條

本憲法所稱之法律，謂經立法院通過，總統公布之法律。

第一七一條

①法律與憲法牴觸者無效。

②法律與憲法有無牴觸發生疑義時，由司法院解釋之。

第一七二條

命令與憲法或法律牴觸者無效。

第一七三條

憲法之解釋，由司法院為之。

第一七四條

憲法之修改，應依左列程序之一為之：

一　由國民大會代表總額五分之一之提議，三分之二之出席，及出席代表四分之三之決議，得修改之。

二　由立法院立法委員四分之一之提議，四分之三之出席，及出席委員四分之三之決議，擬定憲法修正案，提請國民大會複決，此項憲法修正案，應於國民大會開會前半年公告之。

第一七五條

①本憲法規定事項，有另定實施程序之必要者，以法律定之。

②本憲法施行之準備程序，由制定憲法之國民大會議定之。

中華民國憲法增修條文

①民國80年5月1日總統令制定公布全文10條。
②民國81年5月28日總統令增訂公布第11～18條條文。
③民國83年8月1日總統令修正公布全文10條。
④民國86年7月21日總統令修正公布全文11條。
⑤民國88年9月15日總統令修正公布第1、4、9、10條條文（89年3月24日大法官解釋字第499號解釋該次修正條文因違背修憲正當程序，故應自本解釋公布之日起失其效力，原86年7月21日之增修條文繼續適用）。
⑥民國89年4月25日總統令修正公布全文11條。
⑦民國94年6月10日總統令修正公布第1、2、4、5、8條條文；並增訂第12條條文。

（前言）

爲因應國家統一前之需要，依照憲法第二十七條第一項第三款及第一百七十四條第一款之規定，增修本憲法條文如左：

第一條 94

①中華民國自由地區選舉人於立法院提出憲法修正案、領土變更案，經公告半年，應於三個月內投票複決，不適用憲法第四條、第一百七十四條之規定。

②憲法第二十五條至第三十四條及第一百三十五條之規定，停止適用。

第二條 94

①總統、副總統由中華民國自由地區全體人民直接選舉之，自中華民國八十五年第九任總統、副總統選舉實施。總統、副總統候選人應聯名登記，在選票上同列一組圈選，以得票最多之一組爲當選。在國外之中華民國自由地區人民返國行使選舉權，以法律定之。

②總統發布行政院院長與依憲法經立法院同意任命人員之任免命令及解散立法院之命令，無須行政院院長之副署，不適用憲法第三十七條之規定。

③總統爲避免國家或人民遭遇緊急危難或應付財政經濟上重大變故，得經行政院會議之決議發布緊急命令，爲必要之處置，不受憲法第四十三條之限制。但須於發布命令後十日內提交立法院追認，如立法院不同意時，該緊急命令立即失效。

④總統爲決定國家安全有關大政方針，得設國家安全會議及所屬國家安全局，其組織以法律定之。

⑤總統於立法院通過對行政院院長之不信任案後十日內，經諮詢立法院院長後，得宣告解散立法院。但總統於戒嚴或緊急命令生效

期間，不得解散立法院。立法院解散後，應於六十日內舉行立法委員選舉，並於選舉結果確認後十日內自行集會，其任期重新起算。

⑥總統、副總統之任期爲四年，連選得連任一次，不適用憲法第四十七條之規定。

⑦副總統缺位時，總統應於三個月內提名候選人，由立法院補選，繼任至原任期屆滿爲止。

⑧總統、副總統均缺位時，由行政院長代行其職權，並依本條第一項規定補選總統、副總統，繼任至原任期屆滿爲止，不適用憲法第四十九條之有關規定。

⑨總統、副總統之罷免案，須經全體立法委員四分之一之提議，全體立法委員三分之二之同意後提出，並經中華民國自由地區選舉人總額過半數之投票，有效票過半數同意罷免時，即爲通過。

⑩立法院提出總統、副總統彈劾案，聲請司法院大法官審理，經憲法法庭判決成立時，被彈劾人應即解職。

第三條

①行政院院長由總統任命之。行政院院長辭職或出缺時，在總統未任命行政院院長前，由行政院副院長暫行代理。憲法第五十五條之規定，停止適用。

②行政院依左列規定，對立法院負責，憲法第五十七條之規定，停止適用：

一　行政院有向立法院提出施政方針及施政報告之責。立法委員在開會時，有向行政院院長及行政院各部會首長質詢之權。

二　行政院對於立法院決議之法律案、預算案、條約案，如認爲有窒礙難行時，得經總統之核可，於該決議案送達行政院十日內，移請立法院覆議。立法院對於行政院移請覆議案，應於送達十五日內作成決議。如爲休會期間，立法院應於七日內自行集會，並於開議十五日內作成決議。覆議案逾期未議決者，原決議失效。覆議時，如經全體立法委員二分之一以上決議維持原案，行政院院長應即接受該決議。

三　立法院得經全體立法委員三分之一以上連署，對行政院院長提出不信任案。不信任案提出七十二小時後，應於四十八小時內以記名投票表決之。如經全體立法委員二分之一以上贊成，行政院院長應於十日內提出辭職，並得同時呈請總統解散立法院；不信任案如未獲通過，一年內不得對同一行政院院長再提不信任案。

③國家機關之職權、設立程序及總員額，得以法律爲準則性之規定。

④各機關之組織、編制及員額，應依前項法律，基於政策或業務需要決定之。

第四條 94

①立法院立法委員自第七屆起一百一十三人，任期四年，連選得連

任，於每屆任滿前三個月內，依左列規定選出之，不受憲法第六十四條及第六十五條之限制：

一　自由地區直轄市、縣市七十三人。每縣市至少一人。

二　自由地區平地原住民及山地原住民各三人。

三　全國不分區及僑居國外國民共三十四人。

②前項第一款依各直轄市、縣市人口比例分配，並按應選名額劃分同額選舉區選出之。第三款依政黨名單投票選舉之，由獲得百分之五以上政黨選舉票之政黨依得票比率選出之，各政黨當選名單中，婦女不得低於二分之一。

③立法院於每年集會時，得聽取總統國情報告。

④立法院經總統解散後，在新選出之立法委員就職前，視同休會。

⑤中華民國領土，依其固有疆域，非經全體立法委員四分之一之提議，全體立法委員四分之三之出席，及出席委員四分之三之決議，提出領土變更案，並於公告半年後，經中華民國自由地區選舉人投票複決，有效同意票過選舉人總額之半數，不得變更之。

⑥總統於立法院解散後發布緊急命令，立法院應於三日內自行集會，並於開議七日內追認之。但於新任立法委員選舉投票日後發布者，應由新任立法委員於就職後追認之。如立法院不同意時，該緊急命令立即失效。

⑦立法院對於總統、副總統之彈劾案，須經全體立法委員二分之一以上之提議，全體立法委員三分之二以上之決議，聲請司法院大法官審理，不適用憲法第九十條、第一百條及增修條文第七條第一項有關規定。

⑧立法委員除現行犯外，在會期中，非經立法院許可，不得逮捕或拘禁。憲法第七十四條之規定，停止適用。

第五條 94

①司法院設大法官十五人，並以其中一人為院長、一人為副院長，由總統提名，經立法院同意任命之，自中華民國九十二年起實施，不適用憲法第七十九條之規定。司法院大法官除法官轉任者外，不適用憲法第八十一條及有關法官終身職待遇之規定。

②司法院大法官任期八年，不分屆次，個別計算，並不得連任。但並為院長、副院長之大法官，不受任期之保障。

③中華民國九十二年總統提名之大法官，其中八位大法官，含院長、副院長，任期四年，其餘大法官任期為八年，不適用前項任期之規定。

④司法院大法官，除依憲法第七十八條之規定外，並組成憲法法庭審理總統、副總統之彈劾及政黨違憲之解散事項。

⑤政黨之目的或其行為，危害中華民國之存在或自由民主之憲政秩序者為違憲。

⑥司法院所提出之年度司法概算，行政院不得刪減，但得加註意見，編入中央政府總預算案，送立法院審議。

第六條

① 考試院為國家最高考試機關，掌理左列事項，不適用憲法第八十三條之規定：

一　考試。

二　公務人員之銓敘、保障、撫卹、退休。

三　公務人員任免、考績、級俸、陞遷、褒獎之法制事項。

② 考試院設院長、副院長各一人，考試委員若干人，由總統提名，經立法院同意任命之，不適用憲法第八十四條之規定。

③ 憲法第八十五條有關按省區分別規定名額，分區舉行考試之規定，停止適用。

第七條

① 監察院為國家最高監察機關，行使彈劾、糾舉及審計權，不適用憲法第九十條及第九十四條有關同意權之規定。

② 監察院設監察委員二十九人，並以其中一人為院長、一人為副院長，任期六年，由總統提名，經立法院同意任命之。憲法第九十一條至第九十三條之規定停止適用。

③ 監察院對於中央、地方公務人員及司法院、考試院人員之彈劾案，須經監察委員二人以上之提議，九人以上之審查及決定，始得提出，不受憲法第九十八條之限制。

④ 監察院對於監察院人員失職或違法之彈劾，適用憲法第九十五條、第九十七條第二項及前項之規定。

⑤ 監察委員須超出黨派以外，依據法律獨立行使職權。

⑥ 憲法第一百零一條及第一百零二條之規定，停止適用。

第八條 94

立法委員之報酬或待遇，應以法律定之。除年度通案調整者外，單獨增加報酬或待遇之規定，應自次屆起實施。

第九條

① 省、縣地方制度，應包括左列各款，以法律定之，不受憲法第一百零八條第一項第一款、第一百零九條、第一百十二條至第一百十五條及第一百二十二條之限制：

一　省設省政府，置委員九人，其中一人為主席，均由行政院長提請總統任命之。

二　省設省諮議會，置省諮議會議員若干人，由行政院長提請總統任命之。

三　縣設縣議會，縣議會議員由縣民選舉之。

四　屬於縣之立法權，由縣議會行之。

五　縣設縣政府，置縣長一人，由縣民選舉之。

六　中央與省、縣之關係。

七　省承行政院之命，監督縣自治事項。

② 台灣省政府之功能、業務與組織之調整，得以法律為特別之規定。

第一○條

① 國家應獎勵科學技術發展及投資，促進產業升級，推動農漁業現代化，重視水資源之開發利用，加強國際經濟合作。

② 經濟及科學技術發展，應與環境及生態保護兼籌並顧。

③ 國家對於人民興辦之中小型經濟事業，應扶助並保護其生存與發展。

④ 國家對於公營金融機構之管理，應本企業化經營之原則；其管理、人事、預算、決算及審計，得以法律爲特別之規定。

⑤ 國家應推行全民健康保險，並促進現代和傳統醫藥之研究發展。

⑥ 國家應維護婦女之人格尊嚴，保障婦女之人身安全，消除性別歧視，促進兩性地位之實質平等。

⑦ 國家對於身心障礙者之保險與就醫、無障礙環境之建構、教育訓練與就業輔導及生活維護與救助，應予保障，並扶助其自立與發展。

⑧ 國家應重視社會救助、福利服務、國民就業、社會保險及醫療保健等社會福利工作，對於社會救助和國民就業等救濟性支出應優先編列。

⑨ 國家應尊重軍人對社會之貢獻，並對其退役後之就學、就業、就醫、就養予以保障。

⑩ 教育、科學、文化之經費，尤其國民教育之經費應優先編列，不受憲法第一百六十四條規定之限制。

⑪ 國家肯定多元文化，並積極維護發展原住民族語言及文化。

⑫ 國家應依民族意願，保障原住民族之地位及政治參與，並對其教育文化、交通水利、衛生醫療、經濟土地及社會福利事業予以保障扶助並促其發展，其辦法另以法律定之。對於澎湖、金門及馬祖地區人民亦同。

⑬ 國家對於僑居國外國民之政治參與，應予保障。

第一一條

自由地區與大陸地區間人民權利義務關係及其他事務之處理，得以法律爲特別之規定。

第一二條 94

憲法之修改，須經立法院立法委員四分之一之提議，四分之三之出席，及出席委員四分之三之決議，提出憲法修正案，並於公告半年後，經中華民國自由地區選舉人投票複決，有效同意票過選舉人總額之半數，即通過之，不適用憲法第一百七十四條之規定。

貳、刑法及相關法規

第一二條

①行爲非出於故意或過失者，不罰。

②過失行爲之處罰，以有特別規定者，爲限。

第一三條

①行爲人對於構成犯罪之事實，明知並有意使其發生者，爲故意。

②行爲人對於構成犯罪之事實，預見其發生，而其發生並不違背其本意者，以故意論。

第一四條

①行爲人雖非故意，但按其情節，應注意並能注意而不注意者，爲過失。

②行爲人對於構成犯罪之事實，雖預見其能發生而確信其不發生者，以過失論。

第一五條 94

①對於犯罪結果之發生，法律上有防止之義務，能防止而不防止者，與因積極行爲發生結果者同。

②因自己行爲致有發生犯罪結果之危險者，負防止其發生之義務。

第一六條 94

除有正當理由而無法避免者外，不得因不知法律而免除刑事責任。但按其情節，得減輕其刑。

第一七條

因犯罪致發生一定之結果，而有加重其刑之規定者，如行爲人不能預見其發生時，不適用之。

第一八條

①未滿十四歲人之行爲，不罰。

②十四歲以上未滿十八歲人之行爲，得減輕其刑。

③滿八十歲人之行爲，得減輕其刑。

第一九條 94

①行爲時因精神障礙或其他心智缺陷，致不能辨識其行爲違法或欠缺依其辨識而行爲之能力者，不罰。

②行爲時因前項之原因，致其辨識行爲違法或依其辨識而行爲之能力，顯屬減低者，得減輕其刑。

③前二項規定，於因故意或過失自行招致者，不適用之。

第二〇條

瘖啞人之行爲，得減輕其刑。

第二一條

①依法令之行爲，不罰。

②依所屬上級公務員命令之職務上行爲，不罰。但明知命令違法者，不在此限。

第二二條

業務上之正當行爲，不罰。

第二三條

對於現在不法之侵害，而出於防衛自己或他人權利之行爲，不

罰。但防衛行為過當者，得減輕或免除其刑。

第二四條

①因避免自己或他人生命、身體、自由、財產之緊急危難而出於不得已之行為，不罰。但避難行為過當者，得減輕或免除其刑。

②前項關於避免自己危難之規定，於公務上或業務上有特別義務者，不適用之。

第三章　未遂犯

第二五條 94

①已著手於犯罪行為之實行而不遂者，為未遂犯。

②未遂犯之處罰，以有特別規定者為限，並得按既遂犯之刑減輕之。

第二六條 94

行為不能發生犯罪之結果，又無危險者，不罰。

第二七條 94

①已著手於犯罪行為之實行，而因己意中止或防止其結果之發生者，減輕或免除其刑。結果之不發生，非防止行為所致，而行為人已盡力為防止行為者，亦同。

②前項規定，於正犯或共犯中之一人或數人，因己意防止犯罪結果之發生，或結果之不發生，非防止行為所致，而行為人已盡力為防止行為者，亦適用之。

第四章　正犯與共犯 94

第二八條 94

二人以上共同實行犯罪之行為者，皆為正犯。

第二九條 94

①教唆他人使之實行犯罪行為者，為教唆犯。

②教唆犯之處罰，依其所教唆之罪處罰之。

第三○條 94

①幫助他人實行犯罪行為者，為幫助犯。雖他人不知幫助之情者，亦同。

②幫助犯之處罰，得按正犯之刑減輕之。

第三一條 94

①因身分或其他特定關係成立之罪，其共同實行、教唆或幫助者，雖無特定關係，仍以正犯或共犯論。但得減輕其刑。

②因身分或其他特定關係致刑有重輕或免除者，其無特定關係之人，科以通常之刑。

第五章　刑

第三二條

刑分為主刑及從刑。

第三三條 94

主刑之種類如下：

一 死刑。

二 無期徒刑。

三 有期徒刑：二月以上十五年以下。但遇有加減時，得減至二月未滿，或加至二十年。

四 拘役：一日以上，六十日未滿。但遇有加重時，得加至一百二十日。

五 罰金：新臺幣一千元以上，以百元計算之。

第三四條 （刪除）104

第三五條 94

① 主刑之重輕，依第三十三條規定之次序定之。

② 同種之刑，以最高度之較長或較多者為重。最高度相等者，以最低度之較長或較多者為重。

③ 刑之重輕，以最重主刑為準，依前二項標準定之。最重主刑相同者，參酌下列各款標準定其輕重：

一 有選科主刑者與無選科主刑者，以無選科主刑者為重。

二 有併科主刑者與無併科主刑者，以有併科主刑者為重。

三 次重主刑同為選科刑或併科刑者，以次重主刑為準，依前二項標準定之。

第三六條 104

① 從刑為褫奪公權。

② 褫奪公權者，褫奪下列資格：

一 為公務員之資格。

二 為公職候選人之資格。

第三七條 94

① 宣告死刑或無期徒刑者，宣告褫奪公權終身。

② 宣告一年以上有期徒刑，依犯罪之性質認為有褫奪公權之必要者，宣告一年以上十年以下褫奪公權。

③ 褫奪公權，於裁判時併宣告之。

④ 褫奪公權之宣告，自裁判確定時發生效力。

⑤ 依第二項宣告褫奪公權者，其期間自主刑執行完畢或赦免之日起算。但同時宣告緩刑者，其期間自裁判確定時起算。

第三七條之一 104

① 刑期自裁判確定之日起算。

② 裁判雖經確定，其尚未受拘禁之日數，不算入刑期內。

第三七條之二 104

① 裁判確定前羈押之日數，以一日抵有期徒刑或拘役一日，或第四十二條第六項裁判所定之罰金額數。

② 羈押之日數，無前項罰可抵，如經宣告拘束人身自由之保安處分者，得以一日抵保安處分一日。

第五章之一　沒　收 104

第三八條 104

①違禁物，不問屬於犯罪行為人與否，沒收之。

②供犯罪所用、犯罪預備之物或犯罪所生之物，屬於犯罪行為人者，得沒收之。但有特別規定者，依其規定。

③前項之物屬於犯罪行為人以外之自然人、法人或非法人團體，而無正當理由提供或取得者，得沒收之。但有特別規定者，依其規定。

④前二項之沒收，於全部或一部不能沒收或不宜執行沒收時，追徵其價額。

第三八條之一 104

①犯罪所得，屬於犯罪行為人者，沒收之。但有特別規定者，依其規定。

②犯罪行為人以外之自然人、法人或非法人團體，因下列情形之一取得犯罪所得者，亦同：

一　明知他人違法行為而取得。

二　因他人違法行為而無償或以顯不相當之對價取得。

三　犯罪行為人為他人實行違法行為，他人因而取得。

③前二項之沒收，於全部或一部不能沒收或不宜執行沒收時，追徵其價額。

④第一項及第二項之犯罪所得，包括違法行為所得、其變得之物或財產上利益及其孳息。

⑤犯罪所得已實際合法發還被害人者，不予宣告沒收或追徵。

第三八條之二 104

①前條犯罪所得及追徵之範圍與價額，認定顯有困難時，得以估算認定之。第三十八條之追徵，亦同。

②宣告前二條之沒收或追徵，有過苛之虞、欠缺刑法上之重要性、犯罪所得價值低微，或為維持受宣告人生活條件之必要者，得不宣告或酌減之。

第三八條之三 105

①第三十八條之物及第三十八條之一之犯罪所得之所有權或其他權利，於沒收裁判確定時移轉為國家所有。

②前項情形，第三人對沒收標的之權利或因犯罪而得行使之債權均不受影響。

③第一項之沒收裁判，於確定前，具有禁止處分之效力。

第三九條 （刪除）104

第四〇條 104

①沒收，除有特別規定者外，於裁判時併宣告之。

②違禁物或專科沒收之物得單獨宣告沒收。

③第三十八條第二項、第三項之物、第三十八條之一第一項、第二項之犯罪所得，因事實上或法律上原因未能追訴犯罪行為人之犯

罪或判決有罪者，得單宣告沒收。

第四○條之一　（刪除）104

第四○條之二 104

①宣告多數沒收者，併執行之。

②沒收，除違禁物及有特別規定者外，逾第八十條規定之時效期間，不得為之。

③沒收標的在中華民國領域外，而逾前項之時效完成後五年者，亦同。

④沒收之宣告，自裁判確定之日起，逾十年未開始或繼續執行者，不得執行。

第五章之二　易　刑 104

第四一條 98

①犯最重本刑為五年以下有期徒刑以下之刑之罪，而受六月以下有期徒刑或拘役之宣告者，得以新臺幣一千元、二千元或三千元折算一日，易科罰金。但易科罰金，難收矯正之效或難以維持法秩序者，不在此限。

②依前項規定得易科罰金而未聲請易科罰金者，得以提供社會勞動六小時折算一日，易服社會勞動。

③受六月以下有期徒刑或拘役之宣告，不符第一項易科罰金之規定者，得依前項折算規定，易服社會勞動。

④前二項之規定，因身心健康之關係，執行顯有困難者，或易服社會勞動，難收矯正之效或難以維持法秩序者，不適用之。

⑤第二項及第三項之易服社會勞動履行期間，不得逾一年。

⑥無正當理由不履行社會勞動，情節重大，或履行期間屆滿仍未履行完畢者，於第二項之情形應執行原宣告刑或易科罰金；於第三項之情形應執行原宣告刑。

⑦已繳納之罰金或已履行之社會勞動時數依所定之標準折算日數，未滿一日者，以一日論。

⑧第一項至第四項及第七項之規定，於數罪併罰之數罪均得易科罰金或易服社會勞動，其應執行之刑逾六月者，亦適用之。

⑨數罪併罰應執行之刑易服社會勞動者，其履行期間不得逾三年。但其應執行之刑未逾六月者，履行期間不得逾一年。

⑩數罪併罰應執行之刑易服社會勞動有第六項之情形者，應執行所定之執行刑，於數罪均得易科罰金者，另得易科罰金。

第四二條 98

①罰金應於裁判確定後二個月內完納。期滿而不完納者，強制執行。其無力完納者，易服勞役。但依其經濟或信用狀況，不能於二個月內完納者，得許期滿後一年內分期繳納。遲延一期不繳或未繳足者，其餘未完納之罰金，強制執行或易服勞役。

②依前項規定應強制執行者，如已查明確無財產可供執行時，得逕予易服勞役。

③易服勞役以新臺幣一千元、二千元或三千元折算一日。但勞役期限不得逾一年。

④依第五十一條第七款所定之金額，其易服勞役之折算標準不同者，從勞役期限較長者定之。

⑤罰金總額折算逾一年之日數者，以罰金總額與一年之日數比例折算。依前項所定之期限，亦同。

⑥科罰金之裁判，應依前三項之規定，載明折算一日之額數。

⑦易服勞役不滿一日之零數，不算。

⑧易服勞役期內納罰金者，以所納之數，依裁判所定之標準折算，扣除勞役之日期。

第四二條之一 98

①罰金易服勞役，除有下列情形之一外，得以提供社會勞動六小時折算一日，易服社會勞動：
一　易服勞役期間逾一年。
二　入監執行逾六月有期徒刑併科或併執行之罰金。
三　因身心健康之關係，執行社會勞動顯有困難。

②前項社會勞動之履行期間不得逾二年。

③無正當理由不履行社會勞動，情節重大，或履行期間屆滿仍未履行完畢者，執行勞役。

④社會勞動已履行之時數折算勞役日數，未滿一日者，以一日論。

⑤社會勞動履行期間內繳納罰金者，以所納之數，依裁判所定罰金易服勞役之標準折算，扣除社會勞動之日數。

⑥依第三項執行勞役，於勞役期內納罰金者，以所納之數，依裁判所定罰金易服勞役之標準折算，扣除社會勞動與勞役之日數。

第四三條
受拘役或罰金之宣告，而犯罪動機在公益或道義上顯可宥恕者，得易以訓誡。

第四四條 98
易科罰金、易服社會勞動、易服勞役或易以訓誡執行完畢者，其所受宣告之刑，以已執行論。

第四五條　（刪除）104

第四六條　（刪除）104

第六章　累　犯

第四七條 94
①受徒刑之執行完畢，或一部之執行而赦免後，五年以內故意再犯有期徒刑以上之罪者，為累犯，加重本刑至二分之一。

②第九十八條第二項關於因強制工作而免其刑之執行者，於受強制工作處分之執行完畢或一部之執行而免除後，五年以內故意再犯有期徒刑以上之罪者，以累犯論。

第四八條
裁判確定後，發覺為累犯者，依前條之規定更定其刑。但刑之執

行完畢或赦免後發覺者，不在此限。

第四九條 94

累犯之規定，於前所犯罪在外國法院受裁判者，不適用之。

第七章　數罪併罰

第五〇條 102

① 裁判確定前犯數罪者，併合處罰之。但有下列情形之一者，不在此限：

一　得易科罰金之罪與不得易科罰金之罪。

二　得易科罰金之罪與不得易服社會勞動之罪。

三　得易服社會勞動之罪與不得易科罰金之罪。

四　得易服社會勞動之罪與不得易服社會勞動之罪。

② 前項但書情形，受刑人請求檢察官聲請定應執行刑者，依第五十一條規定定之。

第五一條 104

數罪併罰，分別宣告其罪之刑，依下列各款定其應執行者：

一　宣告多數死刑者，執行其一。

二　宣告之最重刑為死刑者，不執行他刑。但罰金及從刑不在此限。

三　宣告多數無期徒刑者，執行其一。

四　宣告之最重刑為無期徒刑者，不執行他刑。但罰金及從刑不在此限。

五　宣告多數有期徒刑者，於各刑中之最長期以上，各刑合併之刑期以下，定其刑期。但不得逾三十年。

六　宣告多數拘役者，比照前款定其刑期。但不得逾一百二十日。

七　宣告多數罰金者，於各刑中之最多額以上，各刑合併之金額以下，定其金額。

八　宣告多數褫奪公權者，僅就其中最長期間執行之。

九　依第五款至前款所定之刑，併執行之。但應執行者為三年以上有期徒刑與拘役時，不執行拘役。

第五二條

數罪併罰，於裁判確定後，發覺未經裁判之餘罪者，就餘罪處斷。

第五三條

數罪併罰，有二裁判以上者，依第五十一條之規定，定其應執行之刑。

第五四條

數罪併罰，已經處斷，如各罪中有受赦免者，餘罪仍依第五十一條之規定，定其應執行之刑，僅餘一罪者，依其宣告之刑執行。

第五五條 94

一行為而觸犯數罪名者，從一重處斷。但不得科以較輕罪名所定

最輕本刑以下之刑。

第五六條 （刪除）94

第八章　刑之酌科及加減

第五七條 94

科刑時應以行為人之責任為基礎，並審酌一切情狀，尤應注意下列事項，為科刑輕重之標準：

一　犯罪之動機、目的。
二　犯罪時所受之刺激。
三　犯罪之手段。
四　犯罪行為人之生活狀況。
五　犯罪行為人之品行。
六　犯罪行為人之智識程度。
七　犯罪行為人與被害人之關係。
八　犯罪行為人違反義務之程度。
九　犯罪所生之危險或損害。
十　犯罪後之態度。

第五八條 94

科罰金時，除依前條規定外，並應審酌犯罪行為人之資力及犯罪所得之利益。如所得之利益超過罰金最多額時，得於所得利益之範圍內酌量加重。

第五九條 94

犯罪之情狀顯可憫恕，認科以最低度刑仍嫌過重者，得酌量減輕其刑。

第六○條

依法律加重或減輕者，仍得依前條之規定酌量減輕其刑。

第六一條 108

犯下列各罪之一，情節輕微，顯可憫恕，認為依第五十九條規定減輕其刑仍嫌過重者，得免除其刑：

一　最重本刑為三年以下有期徒刑、拘役或專科罰金之罪。但第一百三十二條第一項、第一百四十三條、第一百四十五條、第一百八十六條及對於直系血親尊親屬犯第二百七十一條第三項之罪，不在此限。
二　第三百二十條、第三百二十一條之竊盜罪。
三　第三百三十五條、第三百三十六條第二項之侵占罪。
四　第三百三十九條、第三百四十一條之詐欺罪。
五　第三百四十二條之背信罪。
六　第三百四十六條之恐嚇罪。
七　第三百四十九條第二項之贓物罪。

第六二條 94

對於未發覺之罪自首而受裁判者，得減輕其刑。但有特別規定者，依其規定。

第六三條 94

未滿十八歲人或滿八十歲人犯罪者，不得處死刑或無期徒刑，本刑為死刑或無期徒刑者，減輕其刑。

第六四條 94

①死刑不得加重。

②死刑減輕者，為無期徒刑。

第六五條 94

①無期徒刑不得加重。

②無期徒刑減輕者，為二十年以下十五年以上有期徒刑。

第六六條

有期徒刑、拘役、罰金減輕者，減輕其刑至二分之一。但同時有免除其刑之規定者，其減輕得減至三分之二。

第六七條 94

有期徒刑或罰金加減者，其最高度及最低度同加減之。

第六八條 94

拘役加減者，僅加減其最高度。

第六九條

有二種以上之主刑者，加減時併加減之。

第七〇條

有二種以上刑之加重或減輕者，遞加或遞減之。

第七一條

①刑有加重及減輕者，先加後減。

②有二種以上之減輕者，先依較少之數減輕之。

第七二條

因刑之加重、減輕，而有不滿一日之時間或不滿一元之額數者，不算。

第七三條

酌量減輕其刑者，準用減輕其刑之規定。

第九章 緩　刑

第七四條 104

①受二年以下有期徒刑、拘役或罰金之宣告，而有下列情形之一，認以暫不執行為適當者，得宣告二年以上五年以下之緩刑，其期間自裁判確定之日起算：

一　未曾因故意犯罪受有期徒刑以上刑之宣告者。

二　前因故意犯罪受有期徒刑以上刑之宣告，執行完畢或赦免後，五年以內未曾因故意犯罪受有期徒刑以上刑之宣告者。

②緩刑宣告，得斟酌情形，命犯罪行為人為下列各款事項：

一　向被害人道歉。

二　立悔過書。

三　向被害人支付相當數額之財產或非財產上之損害賠償。

四　向公庫支付一定之金額。

五　向指定之政府機關、政府機構、行政法人、社區或其他符合公益目的之機構或團體，提供四十小時以上二百四十小時以下之義務勞務。

六　完成戒癮治療、精神治療、心理輔導或其他適當之處遇措施。

七　保護被害人安全之必要命令。

八　預防再犯所爲之必要命令。

③前項情形，應附記於判決書內。

④第二項第三款、第四款得爲民事強制執行名義。

⑤緩刑之效力不及於從刑、保安處分及沒收之宣告。

第七五條 98

①受緩刑之宣告，而有下列情形之一者，撤銷其宣告：

一　緩刑期內因故意犯他罪，而在緩刑期內受逾六月有期徒刑之宣告確定者。

二　緩刑前因故意犯他罪，而在緩刑期內受逾六月有期徒刑之宣告確定者。

②前項撤銷之聲請，於判決確定後六月以內爲之。

第七五條之一 98

①受緩刑之宣告而有下列情形之一，足認原宣告之緩刑難收其預期效果，而有執行刑罰之必要者，得撤銷其宣告：

一　緩刑前因故意犯他罪，而在緩刑期內受六月以下有期徒刑、拘役或罰金之宣告確定者。

二　緩刑期內因故意犯他罪，而在緩刑期內受六月以下有期徒刑、拘役或罰金之宣告確定者。

三　緩刑期內因過失更犯罪，而在緩刑期內受有期徒刑之宣告確定者。

四　違反第七十四條第二項第一款至第八款所定負擔情節重大者。

②前條第二項之規定，於前項第一款至第三款情形亦適用之。

第七六條 94

緩刑期滿，而緩刑之宣告未經撤銷者，其刑之宣告失其效力。但依第七十五條第二項、第七十五條之一第二項撤銷緩刑宣告者，不在此限。

第十章　假　釋

第七七條 94

①受徒刑之執行而有悛悔實據者，無期徒刑逾二十五年，有期徒刑逾二分之一、累犯逾三分之二，由監獄報請法務部，得許假釋出獄。

②前項關於有期徒刑假釋之規定，於下列情形，不適用之：

一　有期徒刑執行未滿六個月者。

二　犯最輕本刑五年以上有期徒刑之罪之累犯，於假釋期間，受

　　徒刑之執行完畢，或一部之執行而赦免後，五年以內故意再犯最輕本刑為五年以上有期徒刑之罪者。

三　犯第九十一條之一所列之罪，於徒刑執行期間接受輔導或治療後，經鑑定、評估其再犯危險未顯著降低者。

③無期徒刑裁判確定前逾一年部分之羈押日數算入第一項已執行之期間內。

第七八條 94

①假釋中因故意更犯罪，受有期徒刑以上刑之宣告者，於判決確定後六月以內，撤銷其假釋。但假釋期滿逾三年者，不在此限。

②假釋撤銷後，其出獄日數不算入刑期內。

第七九條 94

①在無期徒刑假釋後滿二十年或在有期徒刑所餘刑期內未經撤銷假釋者，其未執行之刑，以已執行論。但依第七十八條第一項撤銷其假釋者，不在此限。

②假釋中另受刑之執行、羈押或其他依法拘束人身自由之期間，不算入假釋期內。但不起訴處分或無罪判決確定前曾受之羈押或其他依法拘束人身自由之期間，不在此限。

第七九條之一 94

①二以上徒刑併執行者，第七十七條所定最低應執行之期間，合併計算之。

②前項情形，併執行無期徒刑者，適用無期徒刑假釋之規定；二以上有期徒刑合併刑期逾四十年，而接續執行逾二十年者，亦得許假釋。但有第七十七條第二項第二款之情形者，不在此限。

③依第一項規定合併計算執行期間而假釋者，前條第一項規定之期間，亦合併計算之。

④前項合併計算後之期間逾二十年者，準用前條第一項無期徒刑假釋之規定。

⑤經撤銷假釋執行殘餘刑期者，無期徒刑於執行滿二十五年，有期徒刑於全部執行完畢後，再接續執行他刑，第一項有關合併計算執行期間之規定不適用之。

第十一章　時　效

第八○條 108

①追訴權，因下列期間內未起訴而消滅：

一　犯最重本刑為死刑、無期徒刑或十年以上有期徒刑之罪者，三十年。但發生死亡結果者，不在此限。

二　犯最重本刑為三年以上十年未滿有期徒刑之罪者，二十年。

三　犯最重本刑為一年以上三年未滿有期徒刑之罪者，十年。

四　犯最重本刑為一年未滿有期徒刑、拘役或罰金之罪者，五年。

②前項期間自犯罪成立之日起算。但犯罪行為有繼續之狀態者，自行為終了之日起算。

第八一條　（刪除）94

第八二條

本刑應加重或減輕者，追訴權之時效、期間，仍依本刑計算。

第八三條 108

①追訴權之時效，因起訴而停止進行。依法應停止偵查或因犯罪行為人逃匿而通緝者，亦同。

②前項時效之停止進行，有下列情形之一者，其停止原因視為消滅：

一　諭知公訴不受理判決確定，或因程序上理由終結自訴確定者。

二　審判程序依法律之規定或因被告逃匿而通緝，不能開始或繼續，而其期間已達第八十條第一項各款所定期間三分之一者。

三　依第一項後段規定停止偵查或通緝，而其期間已達第八十條第一項各款所定期間三分之一者。

③前二項之時效，自停止原因消滅之日起，與停止前已經過之期間，一併計算。

第八四條 104

①行刑權因下列期間內未執行而消滅：

一　宣告死刑、無期徒刑或十年以上有期徒刑者，四十年。

二　宣告三年以上十年未滿有期徒刑者，三十年。

三　宣告一年以上三年未滿有期徒刑者，十五年。

四　宣告一年未滿有期徒刑、拘役或罰金者，七年。

②前項期間，自裁判確定之日起算。但因保安處分先於刑罰執行者，自保安處分執行完畢之日起算。

第八五條 108

①行刑權之時效，因刑之執行而停止進行。有下列情形之一而不能開始或繼續執行時，亦同：

一　依法應停止執行者。

二　因受刑人逃匿而通緝或執行期間脫逃未能繼續執行者。

三　受刑人依法另受拘束自由者。

②停止原因繼續存在之期間，如達於第八十四條第一項各款所定期間三分之一者，其停止原因視為消滅。

③第一項之時效，自停止原因消滅之日起，與停止前已經過之期間，一併計算。

第十二章　保安處分

第八六條 94

①因未滿十四歲而不罰者，得令入感化教育處所，施以感化教育。

②因未滿十八歲而減輕其刑者，得於刑之執行完畢或赦免後，令入感化教育處所，施以感化教育。但宣告三年以下有期徒刑、拘役或罰金者，得於執行前為之。

③感化教育之期間爲三年以下。但執行已逾六月，認無繼續執行之必要者，法院得免其處分之執行。

第八七條

①因第十九條第一項之原因而不罰者，其情狀足認有再犯或有危害公共安全之虞時，令入相當處所，施以監護。

②有第十九條第二項及第二十條之原因，其情狀足認有再犯或有危害公共安全之虞時，於刑之執行完畢或赦免後，令入相當處所，施以監護。但必要時，得於刑之執行前爲之。

③前二項之期間爲五年以下。但執行中認無繼續執行之必要者，法院得免其處分之執行。

第八八條 94

①施用毒品成癮者，於刑之執行前令入相當處所，施以禁戒。

②前項禁戒期間爲一年以下。但執行中認無繼續執行之必要者，法院得免其處分之執行。

第八九條 94

①因酗酒而犯罪，足認其已酗酒成癮並有再犯之虞者，於刑之執行前，令入相當處所，施以禁戒。

②前項禁戒期間爲一年以下。但執行中認無繼續執行之必要者，法院得免其處分之執行。

第九〇條 94

①有犯罪之習慣或因遊蕩或懶惰成習而犯罪者，於刑之執行前，令入勞動場所，強制工作。

②前項之處分期間爲三年。但執行滿一年六月後，認無繼續執行之必要者，法院得免其處分之執行。

③執行期間屆滿前，認爲有延長之必要者，法院得許可延長之，其延長之期間不得逾一年六月，並以一次爲限。

第九一條 （刪除）108

第九一條之一 94

①犯第二百二十一條至第二百二十七條、第二百二十八條、第二百二十九條、第二百三十條、第二百三十四條、第三百三十二條第二項第二款、第三百三十四條第二款、第三百四十八條第二項第一款及其特別法之罪，而有下列情形之一者，得令入相當處所，施以強制治療：

一　徒刑執行期滿前，於接受輔導或治療後，經鑑定、評估，認有再犯之危險者。

二　依其他法律規定，於接受身心治療或輔導教育後，經鑑定、評估，認有再犯之危險者。

②前項處分期間至其再犯危險顯著降低爲止，執行期間應每年鑑定、評估有無停止治療之必要。

第九二條

①第八十六條至第九十條之處分，按其情形，得以保護管束代之。

②前項保護管束期間，爲三年以下，其不能收效者，得隨時撤銷

之，仍執行原處分。

第九三條 94

①受緩刑之宣告者，除有下列情形之一，應於緩刑期間付保護管束外，得於緩刑期間付保護管束：

一　犯第九十一條之一所列之罪者。

二　執行第七十四條第二項第五款至第八款所定之事項者。

②假釋出獄者，在假釋中付保護管束。

第九四條 （刪除）94

第九五條

外國人受有期徒刑以上刑之宣告者，得於刑之執行完畢或赦免後，驅逐出境。

第九六條 94

保安處分於裁判時併宣告之。但本法或其他法律另有規定者，不在此限。

第九七條 （刪除）94

第九八條 108

①依第八十六條第二項、第八十七條第二項規定宣告之保安處分，其先執行徒刑者，於刑之執行完畢或赦免後，認爲無執行之必要者，法院得免其處分之執行；其先執行保安處分者，於處分執行完畢或一部執行而免除後，認爲無執行刑之必要者，法院得免其刑之全部或一部執行。

②依第八十八條第一項、第八十九條第一項、第九十條第一項規定宣告之保安處分，於處分執行完畢或一部執行而免除後，認爲無執行刑之必要者，法院得免其刑之全部或一部執行。

③前二項免其刑之執行，以有期徒刑或拘役爲限。

第九九條 94

保安處分自應執行之日起逾三年未開始或繼續執行者，非經法院認爲原宣告保安處分之原因仍繼續存在時，不許可執行；逾七年未開始或繼續執行者，不得執行。

第二編 分　則

第一章　內亂罪

第一〇〇條

①意圖破壞國體，竊據國土，或以非法之方法變更國憲，顛覆政府，而以強暴或脅迫著手實行者，處七年以上有期徒刑；首謀者，處無期徒刑。

②預備犯前項之罪者，處六月以上五年以下有期徒刑。

第一〇一條

①以暴動犯前條第一項之罪者，處無期徒刑或七年以上有期徒刑；首謀者，處死刑或無期徒刑。

②預備或陰謀犯前項之罪者，處一年以上、七年以下有期徒刑。

第一〇二條

犯第一百條第二項或第一百零一條第二項之罪而自首者，減輕或免除其刑。

第二章　外患罪

第一〇三條

①通謀外國或其派遣之人，意圖使該國或他國對於中華民國開戰端者，處死刑或無期徒刑。

②前項之未遂犯罰之。

③預備或陰謀犯第一項之罪者，三年以上、十年以下有期徒刑。

第一〇四條

①通謀外國或其派遣之人，意圖使中華民國領域屬於該國或他國者，處死刑或無期徒刑。

②前項之未遂犯罰之。

③預備或陰謀犯第一項之罪者，三年以上，十年以下有期徒刑。

第一〇五條

①中華民國人民在敵軍執役，或與敵國械抗中華民國或其同盟國者，處死刑或無期徒刑。

②前項之未遂犯罰之。

③預備或陰謀犯第一項之罪者，三年以上、十年以下有期徒刑。

第一〇六條

①在與外國開戰或將開戰期內，以軍事上之利益供敵國，或以軍事上之不利益害中華民國或其同盟國者，處無期徒刑或七年以上有期徒刑。

②前項之未遂犯罰之。

③預備或陰謀犯第一項之罪者，處五年以下有期徒刑。

第一〇七條

①犯前條第一項之罪而有左列情形之一者，處死刑或無期徒刑：

一　將軍隊交付敵國，或將要塞、軍港、軍營、軍用船艦、航空機及其他軍用處所建築物，與供中華民國軍用之軍械、彈藥、錢糧及其他軍需品，或橋樑、鐵路、車輛、電線、電機、電局及其他供轉運之器物，交付敵國或毀壞或致令不堪用者。

二　代敵國招募軍隊，或煽惑軍人使其降敵者。

三　煽惑軍人不執行職務或不守紀律或逃叛者。

四　以關於要塞、軍港、軍營、軍用船艦、航空機及其他軍用處所建築物或軍略之秘密文書、圖畫、消息或物品，洩漏或交付於敵國者。

五　為敵國之間諜，或幫助敵國之間諜者。

②前項之未遂犯罰之。

③預備或陰謀犯第一項之罪者，處三年以上、十年以下有期徒刑。

第一○八條 108

①在與外國開戰或將開戰期內，不履行供給軍需之契約或不照契約履行者，處一年以上七年以下有期徒刑，得併科十五萬元以下罰金。

②因過失犯前項之罪者，處二年以下有期徒刑、拘役或三萬元以下罰金。

第一○九條

①洩漏或交付關於中華民國國防應秘密之文書、圖畫、消息或物品者，處一年以上、七年以下有期徒刑。

②洩漏或交付前項之文書、圖畫、消息或物品於外國或其派遣之人者，處三年以上、十年以下有期徒刑。

③前二項之未遂犯罰之。

④預備或陰謀犯第一項或第二項之罪者，處二年以下有期徒刑。

第一一○條 108

公務員對於職務上知悉或持有前條第一項之文書、圖畫、消息或物品，因過失而洩漏或交付者，處二年以下有期徒刑、拘役或三萬元以下罰金。

第一一一條

①刺探或收集第一百零九條第一項之文書、圖畫、消息或物品者，處五年以下有期徒刑。

②前項之未遂犯罰之。

③預備或陰謀犯第一項之罪者，處一年以下有期徒刑。

第一一二條

意圖刺探或收集第一百零九條第一項之文書、圖畫、消息或物品，未受允准而入要塞、軍港、軍艦及其他軍用處所建築物或留滯其內者，處一年以下有期徒刑。

第一一三條 108

應經政府授權之事項，未獲授權，私與外國政府或其派遣之人為約定，處五年以下有期徒刑、拘役或科或併科五十萬元以下罰金；足以生損害於中華民國者，處無期徒刑或七年以上有期徒刑。

第一一四條

受政府之委任，處理對於外國政府之事務，而違背其委任，致生損害於中華民國者，處無期徒刑或七年以上有期徒刑。

第一一五條

偽造、變造、毀棄或隱匿可以證明中華民國對於外國所享權利之文書、圖畫或其他證據者，處五年以上、十二年以下有期徒刑。

第一一五條之一 108

本章之罪，亦適用於地域或對象為大陸地區、香港、澳門、境外敵對勢力或其派遣之人，行為人違反各條規定者，依各該條規定處斷。

第三章　妨害國交罪

第一一六條

對於友邦元首或派至中華民國之外國代表，犯故意傷害罪、妨害自由罪或妨害名譽罪者，得加重其刑至三分之一。

第一一七條 108

於外國交戰之際，違背政府局外中立之命令者，處一年以下有期徒刑、拘役或九萬元以下罰金。

第一一八條 108

意圖侮辱外國，而公然損壞、除去或污辱外國之國旗、國章者，處一年以下有期徒刑、拘役或九千元以下罰金。

第一一九條

第一百十六條之妨害名譽罪及第一百一十八條之罪，須外國政府之請求乃論。

第四章　瀆職罪

第一二〇條

公務員不盡其應盡之責，而委棄守地者，處死刑、無期徒刑或十年以上有期徒刑。

第一二一條 107

公務員或仲裁人對於職務上之行為，要求、期約或收受賄賂或其他不正利益者，處七年以下有期徒刑，得併科七十萬元以下罰金。

第一二二條 107

①公務員或仲裁人對於違背職務之行為，要求、期約或收受賄賂或其他不正利益者，處三年以上十年以下有期徒刑，得併科二百萬元以下罰金。

②因而為違背職務之行為者，處無期徒刑或五年以上有期徒刑，得併科四百萬元以下罰金。

③對於公務員或仲裁人關於違背職務之行為，行求、期約或交付賄賂或其他不正利益者，處三年以下有期徒刑，得併科三十萬元以下罰金。但自首者減輕或免除其刑。在偵查或審判中自白者，得減輕其刑。

第一二三條

於未為公務員或仲裁人時，預以職務上之行為，要求期約或收受賄賂或其他不正利益，而於為公務員或仲裁人後履行者，以公務員或仲裁人要求期約或收受賄賂或其他不正利益論。

第一二四條

有審判職務之公務員或仲裁人，為枉法之裁判或仲裁者，處一年以上、七年以下有期徒刑。

第一二五條

①有追訴或處罰犯罪職務之公務員，為左列行為之一者，處一年以

上、七年以下有期徒刑：

一 濫用職權為逮捕或羈押者。

二 意圖取供而施強暴、脅迫者。

三 明知為無罪之人而使其受追訴或處罰，或明知為有罪之人而無故不使其受追訴或處罰者。

② 因而致人於死者，處無期徒刑或七年以上有期徒刑；致重傷者，處三年以上、十年以下有期徒刑。

第一二六條

① 有管收、解送或拘禁人犯職務之公務員，對於人犯施以凌虐者，處一年以上、七年以下有期徒刑。

② 因而致人於死者，處無期徒刑或七年以上有期徒刑；致重傷者，處三年以上、十年以下有期徒刑。

第一二七條 108

① 有執行刑罰職務之公務員，違法執行或不執行刑罰者，處五年以下有期徒刑。

② 因過失而執行不應執行之刑罰者，處一年以下有期徒刑、拘役或九千元以下罰金。

第一二八條

公務員對於訴訟事件，明知不應受理而受理者，處三年以下有期徒刑。

第一二九條 108

① 公務員對於租稅或其他入款，明知不應徵收而徵收者，處一年以上七年以下有期徒刑，得併科二十一萬元以下罰金。

② 公務員對於職務上發給之款項、物品，明知應發給而抑留不發或剋扣者，亦同。

③ 前二項之未遂犯罰之。

第一三〇條

公務員廢弛職務釀成災害者，處三年以上、十年以下有期徒刑。

第一三一條 107

公務員對於主管或監督之事務，明知違背法令，直接或間接圖自己或其他私人不法利益，因而獲得利益者，處一年以上七年以下有期徒刑，得併科一百萬元以下罰金。

第一三二條 108

① 公務員洩漏或交付關於中華民國國防以外應秘密之文書、圖畫、消息或物品者，處三年以下有期徒刑。

② 因過失犯前項之罪者，處一年以下有期徒刑、拘役或九千元以下罰金。

③ 非公務員因職務或業務知悉或持有第一項之文書、圖畫、消息或物品，而洩漏或交付之者，處一年以下有期徒刑、拘役或九千元以下罰金。

第一三三條

在郵務或電報機關執行職務之公務員，開拆或隱匿投寄之郵件或

電報者，處三年以下有期徒刑、拘役或一萬五千元以下罰金。

第一三四條

公務員假借職務上之權力、機會或方法，以故意犯本章以外各罪者，加重其刑至二分之一。但因公務員之身分已特別規定其刑者，不在此限。

第五章　妨害公務罪

第一三五條 110

①對於公務員依法執行職務時，施強暴脅迫者，處三年以下有期徒刑、拘役或三十萬元以下罰金。

②意圖使公務員執行一定之職務或妨害其依法執行之職務或使公務員辭職，而施強暴脅迫者，亦同。

③犯前二項之罪而有下列情形之一者，處六月以上五年以下有期徒刑：

一　以駕駛動力交通工具犯之。

二　意圖供行使之用而攜帶兇器或其他危險物品犯之。

④犯前三項之罪，因而致公務員於死者，處無期徒刑或七年以上有期徒刑；致重傷者，處三年以上十年以下有期徒刑。

第一三六條 110

①在公共場所或公眾得出入之場所，聚集三人以上犯前條之罪者，在場助勢之人，處一年以下有期徒刑、拘役或十萬元以下罰金；首謀及下手實施強暴、脅迫者，處一年以上七年以下有期徒刑。

②因而致公務員於死或重傷者，首謀及下手實施強暴脅迫之人，依前條第四項之規定處斷。

第一三七條 108

①對於依考試法舉行之考試，以詐術或其他非法之方法，使其發生不正確之結果者，處一年以下有期徒刑、拘役或九千元以下罰金。

②前項之未遂犯罰之。

第一三八條

毀棄、損壞或隱匿公務員職務上掌管或委託第三人掌管之文書、圖畫、物品或致令不堪用者，處五年以下有期徒刑。

第一三九條 108

①損壞、除去或污穢公務員依法所施之封印或查封之標示，或為違背其效力之行為者，處二年以下有期徒刑、拘役或二十萬元以下罰金。

②為違背公務員依法所發具扣押效力命令之行為者，亦同。

第一四○條 108

①於公務員依法執行職務時，當場侮辱或對於其依法執行之職務公然侮辱者，處六月以下有期徒刑、拘役或三千元以下罰金。

②對於公署公然侮辱者，亦同。

第一四一條 108

意圖侮辱公務員或公署，而損壞、除去或污穢實貼公共場所之文告者，處拘役或三千元以下罰金。

第六章　妨害投票罪

第一四二條

①以強暴脅迫或其他非法之方法，妨害他人自由行使法定之政治上選舉或其他投票權者，處五年以下有期徒刑。

②前項之未遂犯罰之。

第一四三條 107

有投票權之人，要求、期約或收受賄賂或其他不正利益，而許以不行使其投票權或為一定之行使者，處三年以下有期徒刑，得併科三十萬元以下罰金。

第一四四條 108

對於有投票權之人，行求、期約或交付賄賂或其他不正利益，而約其不行使投票權或為一定之行使者，處五年以下有期徒刑，得併科二十一萬元以下罰金。

第一四五條

以生計上之利害，誘惑投票人不行使其投票權或為一定之行使者，處三年以下有期徒刑。

第一四六條 96

①以詐術或其他非法之方法，使投票發生不正確之結果或變造投票之結果者，處五年以下有期徒刑。

②意圖使特定候選人當選，以虛偽遷徙戶籍取得投票權而為投票者，亦同。

③前二項之未遂犯罰之。

第一四七條 108

妨害或擾亂投票者，處二年以下有期徒刑、拘役或一萬五千元以下罰金。

第一四八條 108

於無記名之投票，刺探票載之內容者，處九千元以下罰金。

第七章　妨害秩序罪

第一四九條 109

在公共場所或公眾得出入之場所聚集三人以上，意圖為強暴脅迫，已受該管公務員解散命令三次以上而不解散者，在場助勢之人處六月以下有期徒刑、拘役或八萬元以下罰金；首謀者，處三年以下有期徒刑。

第一五〇條 109

①在公共場所或公眾得出入之場所聚集三人以上，施強暴脅迫者，在場助勢之人，處一年以下有期徒刑、拘役或十萬元以下罰金；首謀及下手實施者，處六月以上五年以下有期徒刑。

② 犯前項之罪，而有下列情形之一者，得加重其刑至二分之一：
一　意圖供行使之用而攜帶兇器或其他危險物品犯之。
二　因而致生公眾或交通往來之危險。

第一五一條
以加害生命、身體、財產之事恐嚇公眾，致生危害於公安者，處二年以下有期徒刑。

第一五二條
以強暴脅迫或詐術，阻止或擾亂合法之集會者，處二年以下有期徒刑。

第一五三條 108
以文字、圖畫、演說或他法，公然爲下列行爲之一者，處二年以下有期徒刑、拘役或三萬元以下罰金：
一　煽惑他人犯罪者。
二　煽惑他人違背法令，或抗拒合法之命令者。

第一五四條 108
① 參與以犯罪爲宗旨之結社者，處三年以下有期徒刑、拘役或一萬五千元以下罰金；首謀者，處一年以上七年以下有期徒刑。
② 犯前項之罪而自首者，減輕或免除其刑。

第一五五條
煽惑軍人不執行職務或不守紀律或逃叛者，處六月以上、五年以下有期徒刑。

第一五六條
未受允准，招集軍隊、發給軍需或率帶軍隊者，處五年以下有期徒刑。

第一五七條 94
意圖漁利，挑唆或包攬他人訴訟者，處一年以下有期徒刑、拘役或五萬元以下罰金。

第一五八條 108
① 冒充公務員而行使其職權者，處三年以下有期徒刑、拘役或一萬五千元以下罰金。
② 冒充外國公務員而行使其職權者，亦同。

第一五九條 108
公然冒用公務員服飾、徽章或官銜者，處一萬五千元以下罰金。

第一六〇條 108
① 意圖侮辱中華民國，而公然損壞、除去或污辱中華民國之國徽、國旗者，處一年以下有期徒刑、拘役或九千元以下罰金。
② 意圖侮辱創立中華民國之孫先生，而公然損壞、除去或污辱其遺像者，亦同。

第八章　脫逃罪

第一六一條
① 依法逮捕、拘禁之人脫逃者，處一年以下有期徒刑。

②損壞拘禁處所械具或以強暴、脅迫犯前項之罪者，處五年以下有期徒刑。
③聚眾以強暴、脅迫犯第一項之罪者，在場助勢之人，處三年以上、十年以下有期徒刑；首謀及下手實施強暴、脅迫者，處五年以上有期徒刑。
④前三項之未遂犯罰之。

第一六二條
①縱放依法逮捕、拘禁之人或便利其脫逃者，處三年以下有期徒刑。
②損壞拘禁處所械具或以強暴、脅迫犯前項之罪者，處六月以上、五年以下有期徒刑。
③聚眾以強暴、脅迫犯第一項之罪者，在場助勢之人，處五年以上、十二年以下有期徒刑；首謀及下手實施強暴、脅迫者，處無期徒刑或七年以上有期徒刑。
④前三項之未遂犯罰之。
⑤配偶、五親等內之血親或三親等內之姻親，犯第一項之便利脫逃罪者，得減輕其刑。

第一六三條 108
①公務員縱放職務上依法逮捕、拘禁之人或便利其脫逃者，處一年以上七年以下有期徒刑。
②因過失致前項之人脫逃者，處六月以下有期徒刑、拘役或九千元以下罰金。
③第一項之未遂犯罰之。

第九章　藏匿人犯及湮滅證據罪

第一六四條 108
①藏匿犯人或依法逮捕、拘禁之脫逃人或使之隱避者，處二年以下有期徒刑、拘役或一萬五千元以下罰金。
②意圖犯前項之罪而頂替者，亦同。

第一六五條 108
偽造、變造、湮滅或隱匿關係他人刑事被告案件之證據，或使用偽造、變造之證據者，處二年以下有期徒刑、拘役或一萬五千元以下罰金。

第一六六條
犯前條之罪，於他人刑事被告案件裁判確定前自白者，減輕或免除其刑。

第一六七條
配偶、五親等內之血親或三親等內之姻親圖利犯人或依法逮捕、拘禁之脫逃人，而犯第一百六十四條或第一百六十五條之罪者，減輕或免除其刑。

第十章　偽證及誣告罪

第一六八條

於執行審判職務之公署審判時或於檢察官偵查時，證人、鑑定人、通譯於案情有重要關係之事項，供前或供後具結，而為虛偽陳述者，處七年以下有期徒刑。

第一六九條

①意圖他人受刑事或懲戒處分，向該管公務員誣告者，處七年以下有期徒刑。

②意圖他人受刑事或懲戒處分，而偽造、變造證據或使用偽造變造之證據者亦同。

第一七〇條

意圖陷害直系血親尊親屬，而犯前條之罪者，加重其刑至二分之一。

第一七一條 108

①未指定犯人，而向該管公務員誣告犯罪者，處一年以下有期徒刑、拘役或九千元以下罰金。

②未指定犯人，而偽造、變造犯罪證據，或使用偽造、變造之犯罪證據，致開始刑事訴訟程序者，亦同。

第一七二條

犯第一百六十八條至第一百七十一條之罪，於所虛偽陳述或所誣告之案件，裁判或懲戒處分確定前自白者，減輕或免除其刑。

第十一章　公共危險罪

第一七三條 108

①放火燒燬現供人使用之住宅或現有人所在之建築物、礦坑、火車、電車或其他供水、陸、空公眾運輸之舟、車、航空機者，處無期徒刑或七年以上有期徒刑。

②失火燒燬前項之物者，處一年以下有期徒刑、拘役或一萬五千元以下罰金。

③第一項之未遂犯罰之。

④預備犯第一項之罪者，處一年以下有期徒刑、拘役或九千元以下罰金。

第一七四條 108

①放火燒燬現非供人使用之他人所有住宅或現未有人所在之他人所有建築物、礦坑、火車、電車或其他供水、陸、空公眾運輸之舟、車、航空機者，處三年以上十年以下有期徒刑。

②放火燒燬前項之自己所有物，致生公共危險者，處六月以上五年以下有期徒刑。

③失火燒燬第一項之物者，處六月以下有期徒刑、拘役或九千元以下罰金；失火燒燬前項之物，致生公共危險者，亦同。

④第一項之未遂犯罰之。

第一七五條 108

①放火燒燬前二條以外之他人所有物，致生公共危險者，處一年以

上七年以下有期徒刑。

②放火燒燬前二條以外之自己所有物，致生公共危險者，處三年以下有期徒刑。

③失火燒燬前二條以外之物，致生公共危險者，處拘役或九千元以下罰金。

第一七六條

故意或因過失，以火藥、蒸氣、電氣、煤氣或其他爆裂物，炸燬前三條之物者，準用各該條放火、失火之規定。

第一七七條 108

①漏逸或間隔蒸氣、電氣、煤氣或其他氣體，致生公共危險者，處三年以下有期徒刑、拘役或九千元以下罰金。

②因而致人於死者，處無期徒刑或七年以上有期徒刑；致重傷者，處三年以上十年以下有期徒刑。

第一七八條 108

①決水浸害現供人使用之住宅或現有人所在之建築物、礦坑或火車、電車者，處無期徒刑或五年以上有期徒刑。

②因過失決水浸害前項之物者，處一年以下有期徒刑、拘役或一萬五千元以下罰金。

③第一項之未遂犯罰之。

第一七九條 108

①決水浸害現非供人使用之他人所有住宅或現未有人所在之他人所有建築物或礦坑者，處一年以上七年以下有期徒刑。

②決水浸害前項之自己所有物，致生公共危險者，處六月以上五年以下有期徒刑。

③因過失決水浸害第一項之物者，處六月以下有期徒刑、拘役或九千元以下罰金。

④因過失決水浸害前項之物，致生公共危險者，亦同。

⑤第一項之未遂犯罰之。

第一八〇條 108

①決水浸害前二條以外之他人所有物，致生公共危險者，處五年以下有期徒刑。

②決水浸害前二條以外之自己所有物，致生公共危險者，處二年以下有期徒刑。

③因過失決水浸害前二條以外之物，致生公共危險者，處拘役或九千元以下罰金。

第一八一條 108

①決潰隄防、破壞水閘或損壞自來水池，致生公共危險者，處五年以下有期徒刑。

②因過失犯前項之罪者，處拘役或九千元以下罰金。

③第一項之未遂犯罰之。

第一八二條 94

於火災、水災、風災、震災、爆炸或其他相類災害發生之際，隱

匿或損壞防禦之器械或以他法妨害救災者，處三年以下有期徒刑、拘役或三萬元以下罰金。

第一八三條 108
①傾覆或破壞現有人所在之火車、電車或其他供水、陸、空公眾運輸之舟、車、航空機者，處無期徒刑或五年以上有期徒刑。
②因過失犯前項之罪者，處三年以下有期徒刑、拘役或三十萬元以下罰金。
③第一項之未遂犯罰之。

第一八四條 108
①損壞軌道、燈塔、標識或以他法致生火車、電車或其他供水、陸、空公眾運輸之舟、車、航空機往來之危險者，處三年以上十年以下有期徒刑。
②因而致前項之舟、車、航空機傾覆或破壞者，依前條第一項之規定處斷。
③因過失犯第一項之罪者，處二年以下有期徒刑、拘役或二十萬元以下罰金。
④第一項之未遂犯罰之。

第一八五條 108
①損壞或壅塞陸路、水路、橋樑或其他公眾往來之設備或以他法致生往來之危險者，處五年以下有期徒刑、拘役或一萬五千元以下罰金。
②因而致人於死者，處無期徒刑或七年以上有期徒刑；致重傷者，處三年以上十年以下有期徒刑。
③第一項之未遂犯罰之。

第一八五條之一
①以強暴、脅迫或其他非法方法劫持使用中之航空器或控制其飛航者，處死刑、無期徒刑或七年以上有期徒刑。其情節輕微者，處七年以下有期徒刑。
②因而致人於死者，處死刑或無期徒刑；致重傷者，處死刑、無期徒刑或十年以上有期徒刑。
③以第一項之方法劫持使用中供公眾運輸之舟、車或控制其行駛者，處五年以上有期徒刑。其情節輕微者，處三年以下有期徒刑。
④因而致人於死者，處無期徒刑或十年以上有期徒刑；致重傷者，處七年以上有期徒刑。
⑤第一項、第三項之未遂犯罰之。
⑥預備犯第一項之罪者，處三年以下有期徒刑。

第一八五條之二 108
①以強暴、脅迫或其他非法方法危害飛航安全或其設施者，處七年以下有期徒刑、拘役或九十萬元以下罰金。
②因而致航空器或其他設施毀損者，處三年以上十年以下有期徒刑。

③因而致人於死者，處死刑、無期徒刑或十年以上有期徒刑；致重傷者，處五年以上十二年以下有期徒刑。

④第一項之未遂犯罰之。

第一八五條之三 108

①駕駛動力交通工具而有下列情形之一者，處二年以下有期徒刑，得併科二十萬元以下罰金：

一 吐氣所含酒精濃度達每公升零點二五毫克或血液中酒精濃度達百分之零點零五以上。

二 有前款以外之其他情事足認服用酒類或其他相類之物，致不能安全駕駛。

三 服用毒品、麻醉藥品或其他相類之物，致不能安全駕駛。

②因而致人於死者，處三年以上十年以下有期徒刑；致重傷者，處一年以上七年以下有期徒刑。

③曾犯本條或陸海空軍刑法第五十四條之罪，經有罪判決確定或經緩起訴處分確定，於五年內再犯第一項之罪因而致人於死者，處無期徒刑或五年以上有期徒刑；致重傷者，處三年以上十年以下有期徒刑。

第一八五條之四 110

①駕駛動力交通工具發生交通事故，致人傷害而逃逸者，處六月以上五年以下有期徒刑；致人於死或重傷而逃逸者，處一年以上七年以下有期徒刑。

②犯前項之罪，駕駛人於發生交通事故致人死傷係無過失者，減輕或免除其刑。

第一八六條 108

未受允准，而製造、販賣、運輸或持有炸藥、棉花藥、雷汞或其他相類之爆裂物或軍用槍砲、子彈而無正當理由者，處二年以下有期徒刑、拘役或一萬五千元以下罰金。

第一八六條之一 108

①無正當理由使用炸藥、棉花藥、雷汞或其他相類之爆裂物爆炸，致生公共危險者，處一年以上七年以下有期徒刑。

②因而致人於死者，處無期徒刑或七年以上有期徒刑；致重傷者，處三年以上十年以下有期徒刑。

③因過失致炸藥、棉花藥、雷汞或其他相類之爆裂物爆炸而生公共危險者，處二年以下有期徒刑、拘役或一萬五千元以下罰金。

④第一項之未遂犯罰之。

第一八七條

意圖供自己或他人犯罪之用，而製造、販賣、運輸或持有炸藥、棉花藥、雷汞或其他相類之爆裂物或軍用槍砲、子彈者，處五年以下有期徒刑。

第一八七條之一

不依法令製造、販賣、運輸或持有核子原料、燃料、反應器、放射性物質或其原料者，處五年以下有期徒刑。

第一八七條之二 108
①放逸核能、放射線，致生公共危險者，處五年以下有期徒刑。
②因而致人於死者，處無期徒刑或十年以上有期徒刑；致重傷者，處五年以上有期徒刑。
③因過失犯第一項之罪者，處二年以下有期徒刑、拘役或一萬五千元以下罰金。
④第一項之未遂犯罰之。

第一八七條之三
①無正當理由使用放射線，致傷害人之身體或健康者，處三年以上十年以下有期徒刑。
②因而致人於死者，處無期徒刑或十年以上有期徒刑；致重傷者，處五年以上有期徒刑。
③第一項之未遂犯罰之。

第一八八條 108
妨害鐵路、郵務、電報、電話或供公眾之用水、電氣、煤氣事業者，處五年以下有期徒刑、拘役或一萬五千元以下罰金。

第一八九條 108
①損壞礦坑、工廠或其他相類之場所內關於保護生命之設備，致生危險於他人生命者，處一年以上七年以下有期徒刑。
②因而致人於死者，處無期徒刑或七年以上有期徒刑；致重傷者，處三年以上十年以下有期徒刑。
③因過失犯第一項之罪者，處二年以下有期徒刑、拘役或二十萬元以下罰金。
④第一項之未遂犯罰之。

第一八九條之一 108
①損壞礦場、工廠或其他相類之場所內關於保護生命之設備或致令不堪用，致生危險於他人之身體健康者，處一年以下有期徒刑、拘役或九千元以下罰金。
②損壞前項以外之公共場所內關於保護生命之設備或致令不堪用，致生危險於他人之身體健康者，亦同。

第一八九條之二
①阻塞戲院、商場、餐廳、旅店或其他公眾得出入之場所或公共場所之逃生通道，致生危險於他人生命、身體或健康者，處三年以下有期徒刑。阻塞集合住宅或共同使用大廈之逃生通道，致生危險於他人生命、身體或健康者，亦同。
②因而致人於死者，處七年以下有期徒刑；致重傷者，處五年以下有期徒刑。

第一九〇條 108
①投放毒物或混入妨害衛生物品於供公眾所飲之水源、水道或自來水池者，處一年以上七年以下有期徒刑。
②因而致人於死者，處無期徒刑或七年以上有期徒刑；致重傷者，處三年以上十年以下有期徒刑。

③因過失犯第一項之罪者，處六月以下有期徒刑、拘役或九千元以下罰金。

④第一項之未遂犯罰之。

第一九○條之一 107

①投棄、放流、排出、放逸或以他法使毒物或其他有害健康之物污染空氣、土壤、河川或其他水體者，處五年以下有期徒刑、拘役或科或併科一千萬元以下罰金。

②廠商或事業場所之負責人、監督策劃人員、代理人、受僱人或其他從業人員，因事業活動而犯前項之罪者，處七年以下有期徒刑，得併科一千五百萬元以下罰金。

③犯第一項之罪，因而致人於死者，處三年以上十年以下有期徒刑；致重傷者，處一年以上七年以下有期徒刑。

④犯第二項之罪，因而致人於死者，處無期徒刑或七年以上有期徒刑；致重傷者，處三年以上十年以下有期徒刑。

⑤因過失犯第一項之罪者，處一年以下有期徒刑、拘役或科或併科二百萬元以下罰金。

⑥因過失犯第二項之罪者，處三年以下有期徒刑、拘役或科或併科六百萬元以下罰金。

⑦第一項或第二項之未遂犯罰之。

⑧犯第一項、第五項或第一項未遂之罪，其情節顯著輕微者，不罰。

第一九一條 108

製造、販賣或意圖販賣而陳列妨害衛生之飲食物品或其他物品者，處六月以下有期徒刑、拘役或科或併科三萬元以下罰金。

第一九一條之一

①對他人公開陳列、販賣之飲食物品或其他物品滲入、添加或塗抹毒物或其他有害人體健康之物質者，處七年以下有期徒刑。

②將已滲入、添加或塗抹毒物或其他有害人體健康之飲食物品或其他物品混雜於公開陳列、販賣之飲食物品或其他物品者，亦同。

③犯前二項之罪而致人於死者，處無期徒刑或七年以上有期徒刑；致重傷者，處三年以上十年以下有期徒刑。

④第一項及第二項之未遂犯罰之。

第一九二條 108

①違背關於預防傳染病所公布之檢查或進口之法令者，處二年以下有期徒刑、拘役或三萬元以下罰金。

②暴露有傳染病菌之屍體，或以他法散布病菌，致生公共危險者，亦同。

第一九三條 108

承攬工程人或監工人於營造或拆卸建築物時，違背建築術成規，致生公共危險者，處三年以下有期徒刑、拘役或九萬元以下罰金。

第一九四條 108

於災害之際，關於與公務員或慈善團體締結供給糧食或其他必需品之契約，而不履行或不照契約履行，致生公共危險者，處五年以下有期徒刑，得併科九萬元以下罰金。

第十二章　偽造貨幣罪

第一九五條 108

①意圖供行使之用，而偽造、變造通用之貨幣、紙幣、銀行券者，處五年以上有期徒刑，得併科十五萬元以下罰金。

②前項之未遂犯罰之。

第一九六條 108

①行使偽造、變造之通用貨幣、紙幣、銀行券，或意圖供行使之用而收集或交付於人者，處三年以上十年以下有期徒刑，得併科十五萬元以下罰金。

②收受後方知為偽造、變造之通用貨幣、紙幣、銀行券而仍行使，或意圖供行使之用而交付於人者，處一萬五千元以下罰金。

③第一項之未遂犯罰之。

第一九七條 108

①意圖供行使之用而減損通用貨幣之分量者，處五年以下有期徒刑，得併科九萬元以下罰金。

②前項之未遂犯罰之。

第一九八條 108

①行使減損分量之通用貨幣，或意圖供行使之用而收集或交付於人者，處三年以下有期徒刑，得併科三萬元以下罰金。

②收受後方知為減損分量之通用貨幣而仍行使，或意圖供行使之用而交付於人者，處三千元以下罰金。

③第一項之未遂犯罰之。

第一九九條 108

意圖供偽造、變造通用之貨幣、紙幣、銀行券或意圖供減損通用貨幣分量之用，而製造、交付或收受各項器械、原料者，處五年以下有期徒刑，得併科三萬元以下罰金。

第二○○條

偽造、變造之通用貨幣、紙幣、銀行券，減損分量之通用貨幣及前條之器械、原料，不問屬於犯人與否，沒收之。

第十三章　偽造有價證券罪

第二○一條 108

①意圖供行使之用，而偽造、變造公債票、公司股票或其他有價證券者，處三年以上十年以下有期徒刑，得併科九萬元以下罰金。

②行使偽造、變造之公債票、公司股票或其他有價證券，或意圖供行使之用而收集或交付於人者，處一年以上七年以下有期徒刑，得併科九萬元以下罰金。

第二○一條之一 108

①意圖供行使之用，而偽造、變造信用卡、金融卡、儲值卡或其他相類作為簽帳、提款、轉帳或支付工具之電磁紀錄物者，處一年以上七年以下有期徒刑，得併科九萬元以下罰金。

②行使前項偽造、變造之信用卡、金融卡、儲值卡或其他相類作為簽帳、提款、轉帳或支付工具之電磁紀錄物，或意圖供行使之用，而收受或交付於人者，處五年以下有期徒刑，得併科九萬元以下罰金。

第二〇二條 108

①意圖供行使之用，而偽造、變造郵票或印花稅票者，處六月以上五年以下有期徒刑，得併科三萬元以下罰金。

②行使偽造、變造之郵票或印花稅票，或意圖供行使之用而收集或交付於人者，處三年以下有期徒刑，得併科三萬元以下罰金。

③意圖供行使之用，而塗抹郵票或印花稅票上之註銷符號者，處一年以下有期徒刑、拘役或九千元以下罰金；其行使之者，亦同。

第二〇三條 108

意圖供行使之用，而偽造、變造船票、火車、電車票或其他往來客票者，處一年以下有期徒刑、拘役或九千元以下罰金；其行使之者，亦同。

第二〇四條 108

①意圖供偽造、變造有價證券、郵票、印花稅票、信用卡、金融卡、儲值卡或其他相類作為簽帳、提款、轉帳或支付工具之電磁紀錄物之用，而製造、交付或收受各項器械、原料、或電磁紀錄者，處二年以下有期徒刑，得併科一萬五千元以下罰金。

②從事業務之人利用職務上機會犯前項之罪者，加重其刑至二分之一。

第二〇五條

偽造、變造之有價證券、郵票、印花稅票、信用卡、金融卡、儲值卡或其他相類作為提款、簽帳、轉帳或支付工具之電磁紀錄物及前條之器械原料及電磁紀錄，不問屬於犯人與否，沒收之。

第十四章　偽造度量衡罪

第二〇六條 108

意圖供行使之用，而製造違背定程之度量衡，或變更度量衡之定程者，處一年以下有期徒刑、拘役或九千元以下罰金。

第二〇七條 108

意圖供行使之用，而販賣違背定程之度量衡者，處六月以下有期徒刑、拘役或九千元以下罰金。

第二〇八條 108

①行使違背定程之度量衡者，處九千元以下罰金。

②從事業務之人，關於其業務犯前項之罪者，處六月以下有期徒刑、拘役或一萬五千元以下罰金。

第二〇九條

違背定程之度量衡，不問屬於犯人與否，沒收之。

第十五章　偽造文書印文罪

第二一〇條

偽造、變造私文書，足以生損害於公眾或他人者，處五年以下有期徒刑。

第二一一條

偽造、變造公文書，足以生損害於公眾或他人者，處一年以上、七年以下有期徒刑。

第二一二條 108

偽造、變造護照、旅券、免許證、特許證及關於品行、能力、服務或其他相類之證書、介紹書，足以生損害於公眾或他人者，處一年以下有期徒刑、拘役或九千元以下罰金。

第二一三條

公務員明知為不實之事項，而登載於職務上所掌之公文書，足以生損害於公眾或他人者，處一年以上、七年以下有期徒刑。

第二一四條 108

明知為不實之事項，而使公務員登載於職務上所掌之公文書，足以生損害於公眾或他人者，處三年以下有期徒刑、拘役或一萬五千元以下罰金。

第二一五條 108

從事業務之人，明知為不實之事項，而登載於其業務上作成之文書，足以生損害於公眾或他人者，處三年以下有期徒刑、拘役或一萬五千元以下罰金。

第二一六條

行使第二百一十條至第二百一十五條之文書者，依偽造、變造文書或登載不實事項或使登載不實事項之規定處斷。

第二一七條

①偽造印章、印文或署押，足以生損害於公眾或他人者，處三年以下有期徒刑。

②盜用印章、印文或署押，足以生損害於公眾或他人者亦同。

第二一八條

①偽造公印或公印文者，處五年以下有期徒刑。

②盜用公印或公印文，足以生損害於公眾或他人者亦同。

第二一九條

偽造之印章、印文或署押，不問屬於犯人與否，沒收之。

第二二〇條 94

①在紙上或物品上之文字、符號、圖畫、照像，依習慣或特約，足以為表示其用意之證明者，關於本章及本章以外各罪，以文書論。

②錄音、錄影或電磁紀錄，藉機器或電腦之處理所顯示之聲音、影像或符號，足以為表示其用意之證明者，亦同。

第十六章　妨害性自主罪

第二二一條

①對於男女以強暴、脅迫、恐嚇、催眠術或其他違反其意願之方法而爲性交者，處三年以上十年以下有期徒刑。

②前項之未遂犯罰之。

第二二二條 110

①犯前條之罪而有下列情形之一者，處七年以上有期徒刑：

一　二人以上共同犯之。

二　對未滿十四歲之男女犯之。

三　對精神、身體障礙或其他心智缺陷之人犯之。

四　以藥劑犯之。

五　對被害人施以凌虐。

六　利用駕駛供公衆或不特定人運輸之交通工具之機會犯之。

七　侵入住宅或有人居住之建築物、船艦或隱匿其內犯之。

八　攜帶兇器犯之。

九　對被害人爲照相、錄音、錄影或散布、播送該影像、聲音、電磁紀錄。

②前項之未遂犯罰之。

第二二三條 （刪除）

第二二四條

對於男女以強暴、脅迫、恐嚇、催眠術或其他違反其意願之方法，而爲猥褻之行爲者，處六月以上五年以下有期徒刑。

第二百二十四條之一

犯前條之罪而有第二百二十二條第一項各款情形之一者，處三年以上十年以下有期徒刑。

第二二五條 94

①對於男女利用其精神、身體障礙、心智缺陷或其他相類之情形，不能或不知抗拒而爲性交者，處三年以上十年以下有期徒刑。

②對於男女利用其精神、身體障礙、心智缺陷或其他相類之情形，不能或不知抗拒而爲猥褻之行爲者，處六月以上五年以下有期徒刑。

③第一項之未遂犯罰之。

第二二六條

①犯第二百二十一條、第二百二十二條、第二百二十四條、第二百二十四條之一或第二百二十五條之罪，因而致被害人於死者，處無期徒刑或十年以上有期徒刑；致重傷者，處十年以上有期徒刑。

②因而致被害人羞忿自殺或意圖自殺而致重傷者，處十年以上有期徒刑。

第二二六條之一

犯第二百二十一條、第二百二十二條、第二百二十四條、第二百

二十四條之一或第二百二十五條之罪，而故意殺害被害人者，處死刑或無期徒刑；使被害人受重傷者，處無期徒刑或十年以上有期徒刑。

第二二七條

① 對於未滿十四歲之男女為性交者，處三年以上十年以下有期徒刑。

② 對於未滿十四歲之男女為猥褻之行為者，處六月以上五年以下有期徒刑。

③ 對於十四歲以上未滿十六歲之男女為性交者，處七年以下有期徒刑。

④ 對於十四歲以上未滿十六歲之男女為猥褻之行為者，處三年以下有期徒刑。

⑤ 第一項、第三項之未遂犯罰之。

第二二七條之一

十八歲以下之人犯前條之罪者，減輕或免除其刑。

第二二八條

① 對於因親屬、監護、教養、教育、訓練、救濟、醫療、公務、業務或其他相類關係受自己監督、扶助、照護之人，利用權勢或機會為性交者，處六月以上五年以下有期徒刑。

② 因前項情形而為猥褻之行為者，處三年以下有期徒刑。

③ 第一項之未遂犯罰之。

第二二九條

① 以詐術使男女誤信為自己配偶，而聽從其為性交者，處三年以上十年以下有期徒刑。

② 前項之未遂犯罰之。

第二二九條之一 94

對配偶犯第二百二十一條、第二百二十四條之罪者，或未滿十八歲之人犯第二百二十七條之罪者，須告訴乃論。

第十六章之一　妨害風化罪

第二三〇條

與直系或三親等內旁系血親為性交者，處五年以下有期徒刑。

第二三一條 94

① 意圖使男女與他人為性交或猥褻之行為，而引誘、容留或媒介以營利者，處五年以下有期徒刑，得併科十萬元以下罰金。以詐術犯之者，亦同。

② 公務員包庇他人犯前項之罪者，依前項之規定加重其刑至二分之一。

第二三一條之一 94

① 意圖營利，以強暴、脅迫、恐嚇、監控、藥劑、催眠術或其他違反本人意願之方法使男女與他人為性交或猥褻之行為者，處七年以上有期徒刑，得併科三十萬元以下罰金。

②媒介、收受、藏匿前項之人或使之隱避者，處一年以上七年以下有期徒刑。

③公務員包庇他人犯前二項之罪者，依各該項之規定加重其刑至二分之一。

④第一項之未遂犯罰之。

第二三二條

對於第二百二十八條所定受自己監督、扶助、照護之人，或夫對於妻，犯第二百三十一條第一項、第二百三十一條之一第一項、第二項之罪者，依各該條項之規定加重其刑至二分之一。

第二三三條 108

①意圖使未滿十六歲之男女與他人為性交或猥褻之行為，而引誘、容留或媒介之者，處五年以下有期徒刑、拘役或一萬五千元以下罰金。以詐術犯之者，亦同。

②意圖營利犯前項之罪者，處一年以上七年以下有期徒刑，得併科十五萬元以下罰金。

第二三四條 108

①意圖供人觀覽，公然為猥褻之行為者，處一年以下有期徒刑、拘役或九千元以下罰金。

②意圖營利犯前項之罪者，處二年以下有期徒刑、拘役或科或併科三萬元以下罰金。

第二三五條 108

①散布、播送或販賣猥褻之文字、圖畫、聲音、影像或其他物品，或公然陳列，或以他法供人觀覽、聽聞者，處二年以下有期徒刑、拘役或科或併科九萬元以下罰金。

②意圖散布、播送、販賣而製造、持有前項文字、圖畫、聲音、影像及其附著物或其他物品者，亦同。

③前二項之文字、圖畫、聲音或影像之附著物及物品，不問屬於犯人與否，沒收之。

第二三六條

第二百三十條之罪，須告訴乃論。

第十七章　妨害婚姻及家庭罪

第二三七條

有配偶而重為婚姻或同時與二人以上結婚者，處五年以下有期徒刑；其相婚者亦同。

第二三八條

以詐術締結無效或得撤銷之婚姻，因而致婚姻無效之裁判或撤銷婚姻之裁判確定者，處三年以下有期徒刑。

第二三九條　（刪除）110

第二四〇條 110

①和誘未成年人脫離家庭或其他有監督權之人者，處三年以下有期徒刑。

②和誘有配偶之人脫離家庭者，亦同。

③意圖營利，或意圖使被誘人爲猥褻之行爲或性交，而犯前二項之罪者，處六月以上五年以下有期徒刑，得併科五十萬元以下罰金。

④前三項之未遂犯罰之。

第二四一條 110

①略誘未成年人脫離家庭或其他有監督權之人者，處一年以上七年以下有期徒刑。

②意圖營利，或意圖使被誘人爲猥褻之行爲或性交，而犯前項之罪者，處三年以上十年以下有期徒刑，得併科二百萬元以下罰金。

③和誘未滿十六歲之人，以略誘論。

④前三項之未遂犯罰之。

第二四二條

①移送前二條之被誘人出中華民國領域外者，處無期徒刑或七年以上有期徒刑。

②前項之未遂犯罰之。

第二四三條 108

①意圖營利、或意圖使第二百四十條或第二百四十一條之被誘人爲猥褻之行爲或性交，而收受、藏匿被誘人或使之隱避者，處六月以上五年以下有期徒刑，得併科一萬五千元以下罰金。

②前項之未遂犯罰之。

第二四四條

犯第二百四十條至第二百四十三條之罪，於裁判宣告前送回被誘人或指明所在地因而尋獲者，得減輕其刑。

第二四五條 110

第二百三十八條、第二百四十條第二項之罪，須告訴乃論。

第十八章　褻瀆祀典及侵害墳墓屍體罪

第二四六條 108

①對於壇廟、寺觀、教堂、墳墓或公衆紀念處所公然侮辱者，處六月以下有期徒刑、拘役或九千元以下罰金。

②妨害喪、葬、祭禮、說教、禮拜者，亦同。

第二四七條

①損壞、遺棄、污辱或盜取屍體者，處六月以上、五年以下有期徒刑。

②損壞、遺棄或盜取遺骨、遺髮、殮物或火葬之遺灰者，處五年以下有期徒刑。

③前二項之未遂犯罰之。

第二四八條

①發掘墳墓者，處六月以上、五年以下有期徒刑。

②前項之未遂犯罰之。

第二四九條

①發掘墳墓而損壞、遺棄、污辱或盜取屍體者，處三年以上、十年以下有期徒刑。

②發掘墳墓而損壞、遺棄或盜取遺骨、遺髮、殮物或火葬之遺灰者，處一年以上、七年以下有期徒刑。

第二五〇條

對於直系血親尊親屬犯第二百四十七條至第二百四十九條之罪者，加重其刑至二分之一。

第十九章　妨害農工商罪

第二五一條 109

①意圖抬高交易價格，囤積下列物品之一，無正當理由不應市銷售者，處三年以下有期徒刑、拘役或科或併科三十萬元以下罰金：

一　糧食、農產品或其他民生必需之飲食物品。

二　種苗、肥料、原料或其他農業、工業必需之物品。

三　前二款以外，經行政院公告之生活必需用品。

②以強暴、脅迫妨害前項物品之販運者，處五年以下有期徒刑、拘役或科或併科五十萬元以下罰金。

③意圖影響第一項物品之交易價格，而散布不實資訊者，處二年以下有期徒刑、拘役或科或併科二十萬元以下罰金。

④以廣播電視、電子通訊、網際網路或其他傳播工具犯前項之罪者，得加重其刑至二分之一。

⑤第二項之未遂犯罰之。

第二五二條 108

意圖加損害於他人而妨害其農事上之水利者，處二年以下有期徒刑、拘役或九千元以下罰金。

第二五三條 108

意圖欺騙他人而偽造或仿造已登記之商標、商號者，處二年以下有期徒刑、拘役或科或併科九萬元以下罰金。

第二五四條 108

明知為偽造或仿造之商標、商號之貨物而販賣，或意圖販賣而陳列，或自外國輸入者，處六萬元以下罰金。

第二五五條 108

①意圖欺騙他人，而就商品之原產國或品質，為虛偽之標記或其他表示者，處一年以下有期徒刑、拘役或三萬元以下罰金。

②明知為前項商品而販賣，或意圖販賣而陳列，或自外國輸入者，亦同。

第二十章　鴉片罪

第二五六條 108

①製造鴉片者，處七年以下有期徒刑，得併科九萬元以下罰金。

②製造嗎啡、高根、海洛因或其化合質料者，處無期徒刑或五年以上有期徒刑，得併科十五萬元以下罰金。

③前二項之未遂犯罰之。

第二五七條 108

①販賣或運輸鴉片者，處七年以下有期徒刑，得併科九萬元以下罰金。

②販賣或運輸嗎啡、高根、海洛因或其化合質料者，處三年以上十年以下有期徒刑，得併科十五萬元以下罰金。

③自外國輸入前二項之物者，處無期徒刑或五年以上有期徒刑，得併科三十萬元以下罰金。

④前三項之未遂犯罰之。

第二五八條 108

①製造、販賣或運輸專供吸食鴉片之器具者，處三年以下有期徒刑，得併科一萬五千元以下罰金。

②前項之未遂犯罰之。

第二五九條 108

①意圖營利，為人施打嗎啡或以館舍供人吸食鴉片或其化合質料者，處一年以上七年以下有期徒刑，得併科三萬元以下罰金。

②前項之未遂犯罰之。

第二六〇條 108

①意圖供製造鴉片、嗎啡之用而栽種罌粟者，處五年以下有期徒刑，得併科九萬元以下罰金。

②意圖供製造鴉片、嗎啡之用而販賣或運輸罌粟種子者，處三年以下有期徒刑，得併科九萬元以下罰金。

③前二項之未遂犯罰之。

第二六一條

公務員利用權力強迫他人犯前條之罪者，處死刑或無期徒刑。

第二六二條 108

吸食鴉片或施打嗎啡或使用高根、海洛因或其化合質料者，處六月以下有期徒刑、拘役或一萬五千元以下罰金。

第二六三條 108

意圖供犯本章各條之用，而持有鴉片、嗎啡、高根、海洛因或其化合質料，或專供吸食鴉片之器具者，處拘役或一萬五千元以下罰金。

第二六四條

公務員包庇他人犯本章各條之罪者，依各該條之規定，加重其刑至二分之一。

第二六五條

犯本章各條之罪者，其鴉片、嗎啡、高根、海洛因或其化合質料、或種子，或專供吸食鴉片之器具，不問屬於犯人與否，沒收之。

第二十一章　賭博罪

第二六六條 108

① 在公共場所或公眾得出入之場所賭博財物者，處三萬元以下罰金。但以供人暫時娛樂之物為賭者，不在此限。

② 當場賭博之器具與在賭檯或兌換籌碼處之財物，不問屬於犯人與否，沒收之。

第二六七條 （刪除）94

第二六八條 108

意圖營利，供給賭博場所或聚眾賭博者，處三年以下有期徒刑，得併科九萬元以下罰金。

第二六九條 108

① 意圖營利，辦理有獎儲蓄或未經政府允准而發行彩票者，處一年以下有期徒刑或拘役，得併科九萬元以下罰金。

② 經營前項有獎儲蓄或為買賣前項彩票之媒介者，處六月以下有期徒刑、拘役或科或併科三萬元以下罰金。

第二七〇條

公務員包庇他人犯本章各條之罪者，依各該之規定，加重其刑至二分之一。

第二十二章　殺人罪

第二七一條

① 殺人者，處死刑、無期徒刑或十年以上有期徒刑。

② 前項之未遂犯罰之。

③ 預備犯第一項之罪者，處二年以下有期徒刑。

第二七二條 108

對於直系血親尊親屬，犯前條之罪者，加重其刑至二分之一。

第二七三條

① 當場激於義憤而殺人者，處七年以下有期徒刑。

② 前項之未遂犯罰之。

第二七四條 108

① 母因不得已之事由，於生產時或甫生產後，殺其子女者，處六月以上五年以下有期徒刑。

② 前項之未遂犯罰之。

第二七五條 108

① 受他人囑託或得其承諾而殺之者，處一年以上七年以下有期徒刑。

② 教唆或幫助他人使之自殺者，處五年以下有期徒刑。

③ 前二項之未遂犯罰之。

④ 謀為同死而犯前三項之罪者，得免除其刑。

第二七六條 108

因過失致人於死者，處五年以下有期徒刑、拘役或五十萬元以下罰金。

第二十三章　傷害罪

第二七七條 108

① 傷害人之身體或健康者，處五年以下有期徒刑、拘役或五十萬元以下罰金。

② 犯前項之罪，因而致人於死者，處無期徒刑或七年以上有期徒刑；致重傷者，處三年以上十年以下有期徒刑。

第二七八條 108

① 使人受重傷者，處五年以上十二年以下有期徒刑。

② 犯前項之罪因而致人於死者，處無期徒刑或十年以上有期徒刑。

③ 第一項之未遂犯罰之。

第二七九條 108

當場激於義憤犯前二條之罪者，處二年以下有期徒刑、拘役或二十萬元以下罰金。但致人於死者，處五年以下有期徒刑。

第二八〇條

對於直系血親尊親屬，犯第二百七十七條或第二百七十八條之罪者，加重其刑至二分之一。

第二八一條 108

施強暴於直系血親尊親屬，未成傷者，處一年以下有期徒刑、拘役或十元以下罰金。

第二八二條 108

① 受他人囑託或得其承諾而傷害之，因而致死者，處六月以上五年以下有期徒刑；致重傷者，處三年以下有期徒刑。

② 教唆或幫助他人使之自傷，因而致死者，處五年以下有期徒刑；致重傷者，處二年以下有期徒刑。

第二八三條 108

聚眾鬥毆致人於死或重傷者，在場助勢之人，處五年以下有期徒刑。

第二八四條 108

因過失傷害人者，處一年以下有期徒刑、拘役或十萬元以下罰金；致重傷者，處三年以下有期徒刑、拘役或三十萬元以下罰金。

第二八五條 （刪除）**108**

第二八六條 108

① 對於未滿十八歲之人，施以凌虐或以他法足以妨害其身心之健全或發育者，處六月以上五年以下有期徒刑。

② 意圖營利，而犯前項之罪者，處五年以上有期徒刑，得併科三百萬元以下罰金。

③ 犯第一項之罪，因而致人於死者，處無期徒刑或十年以上有期徒刑；致重傷者，處五年以上十二年以下有期徒刑。

④ 犯第二項之罪，因而致人於死者，處十二年以上有期徒刑；致重傷者，處十年以上有期徒刑。

第二八七條 108

第二百七十七條第一項、第二百八十一條及第二百八十四條之

罪，須告訴乃論。但公務員於執行職務時，犯第二百七十七條第一項之罪者，不在此限。

第二十四章　墮胎罪

第二八八條 108

①懷胎婦女服藥或以他法墮胎者，處六月以下有期徒刑、拘役或三千元以下罰金。

②懷胎婦女聽從他人墮胎者，亦同。

③因疾病或其他防止生命上危險之必要，而犯前二項之罪者，免除其刑。

第二八九條

①受懷胎婦女之囑託或得其承諾，而使之墮胎者，處二年以下有期徒刑。

②因而致婦女於死者，處六月以上、五年以下有期徒刑；致重傷者，處三年以下有期徒刑。

第二九〇條 108

①意圖營利而犯前條第一項之罪者，處六月以上五年以下有期徒刑，得併科一萬五千元以下罰金。

②因而致婦女於死者，處三年以上十年以下有期徒刑，得併科一萬五千元以下罰金；致重傷者，處一年以上七年以下有期徒刑，得併科一萬五千元以下罰金。

第二九一條

①未受懷胎婦女之囑託或未得其承諾，而使之墮胎者，處一年以上、七年以下有期徒刑。

②因而致婦女於死者，處無期徒刑或七年以上有期徒刑；致重傷者，處三年以上、十年以下有期徒刑。

③第一項之未遂犯罰之。

第二九二條 108

以文字、圖畫或他法，公然介紹墮胎之方法或物品，或公然介紹自己或他人為墮胎之行為者，處一年以下有期徒刑、拘役或科或併科三萬元以下罰金。

第二十五章　遺棄罪

第二九三條 108

①遺棄無自救力之人者，處六月以下有期徒刑、拘役或三千元以下罰金。

②因而致人於死者，處五年以下有期徒刑；致重傷者，處三年以下有期徒刑。

第二九四條

①對於無自救力之人，依法令或契約應扶助、養育或保護而遺棄之，或不為其生存所必要之扶助、養育或保護者，處六月以上、五年以下有期徒刑。

②因而致人於死者，處無期徒刑或七年以上有期徒刑；致重傷者，處三年以上、十年以下有期徒刑。

第二九四條之一 99

對於無自救力之人，依民法親屬編應扶助、養育或保護，因有下列情形之一，而不爲無自救力之人生存所必要之扶助、養育或保護者，不罰：

一　無自救力之人前爲最輕本刑六月以上有期徒刑之罪之行爲，而侵害其生命、身體或自由者。

二　無自救力之人前對其爲第二百二十七條第三項、第二百二十八條第二項、第二百三十一條第一項、第二百八十六條之行爲或人口販運防制法第三十二條、第三十三條之行爲者。

三　無自救力之人前侵害其生命、身體、自由，而故意犯前二款以外之罪，經判處逾六月有期徒刑確定者。

四　無自救力之人前對其無正當理由未盡扶養義務持續逾二年，且情節重大者。

第二九五條 99

對於直系血親尊親屬犯第二百九十四條之罪者，加重其刑至二分之一。

第二十六章　妨害自由罪

第二九六條

①使人爲奴隸或使人居於類似奴隸之不自由地位者，處一年以上、七年以下有期徒刑。

②前項之未遂犯罰之。

第二九六條之一 94

①買賣、質押人口者，處五年以上有期徒刑，得併科五十萬元以下罰金。

②意圖使人爲性交或猥褻之行爲而犯前項之罪者，處七年以上有期徒刑，得併科五十萬元以下罰金。

③以強暴、脅迫、恐嚇、監控、藥劑、催眠術或其他違反本人意願之方法犯前二項之罪者，加重其刑至二分之一。

④媒介、收受、藏匿前三項被買賣、質押之人或使之隱避者，處一年以上七年以下有期徒刑，得併科三十萬元以下罰金。

⑤公務員包庇他人犯前四項之罪者，依各該項之規定加重其刑至二分之一。

⑥第一項至第三項之未遂犯罰之。

第二九七條 99

①意圖營利，以詐術使人出中華民國領域外者，處三年以上十年以下有期徒刑，得併科三十萬元以下罰金。

②前項之未遂犯罰之。

第二九八條 108

①意圖使婦女與自己或他人結婚而略誘之者，處五年以下有期徒

刑。

②意圖營利、或意圖使婦女爲猥褻之行爲或性交而略誘之者，處一年以上七年以下有期徒刑，得併科三萬元以下罰金。

③前二項之未遂犯罰之。

第二九九條

①移送前條被略誘人出中華民國領域外者，處五年以上有期徒刑。

②前項之未遂犯罰之。

第三○○條 108

①意圖營利，或意圖使被略誘人爲猥褻之行爲或性交，而收受、藏匿被略誘人或使之隱避者，處六月以上五年以下有期徒刑，得併科一萬五千元以下罰金。

②前項之未遂犯罰之。

第三○一條

犯第二百九十八條至第三百條之罪，於裁判宣告前，送回被誘人或指明所在地因而尋獲者，得減輕其刑。

第三○二條 108

①私行拘禁或以其他非法方法，剝奪人之行動自由者，處五年以下有期徒刑、拘役或九千元以下罰金。

②因而致人於死者，處無期徒刑或七年以上有期徒刑；致重傷者，處三年以上十年以下有期徒刑。

③第一項之未遂犯罰之。

第三○三條

對於直系血親尊親屬犯前條第一項或第二項之罪者，加重其刑至二分之一。

第三○四條 108

①以強暴、脅迫使人行無義務之事或妨害人行使權利者，處三年以下有期徒刑、拘役或九千元以下罰金。

②前項之未遂犯罰之。

第三○五條 108

以加害生命、身體、自由、名譽、財產之事恐嚇他人，致生危害於安全者，處二年以下有期徒刑、拘役或九千元以下罰金。

第三○六條 108

①無故侵入他人住宅、建築物或附連圍繞之土地或船艦者，處一年以下有期徒刑、拘役或九千元以下罰金。

②無故隱匿其內，或受退去之要求而仍留滯者，亦同。

第三○七條

不依法令搜索他人身體、住宅、建築物、舟、車或航空機者，處二年以下有期徒刑、拘役或九千元以下罰金。

第三○八條

①第二百九十八條及第三百零六條之罪，須告訴乃論。

②第二百九十八條第一項之罪，其告訴以不違反被略誘人之意思爲限。

第二十七章　妨害名譽及信用罪

第三〇九條 108
①公然侮辱人者，處拘役或九千元以下罰金。
②以強暴犯前項之罪者，處一年以下有期徒刑、拘役或一萬五千元以下罰金。

第三一〇條 108
①意圖散布於眾，而指摘或傳述足以毀損他人名譽之事者，為誹謗罪，處一年以下有期徒刑、拘役或一萬五千元以下罰金。
②散布文字、圖畫犯前項之罪者，處二年以下有期徒刑、拘役或三萬元以下罰金。
③對於所誹謗之事，能證明其為真實者，不罰。但涉於私德而與公共利益無關者，不在此限。

第三一一條
以善意發表言論，而有左列情形之一者，不罰：
一　因自衛、自辯或保護合法之利益者。
二　公務員因職務而報告者。
三　對於可受公評之事，而為適當之評論者。
四　對於中央及地方之會議或法院或公眾集會之記事，而為適當之載述者。

第三一二條 108
①對於已死之人公然侮辱者，處拘役或九千元以下罰金。
②對於已死之人犯誹謗罪者，處一年以下有期徒刑、拘役或三萬元以下罰金。

第三一三條 109
①散布流言或以詐術損害他人之信用者，處二年以下有期徒刑、拘役或科或併科二十萬元以下罰金。
②以廣播電視、電子通訊、網際網路或其他傳播工具犯前項之罪者，得加重其刑至二分之一。

第三一四條
本章之罪，須告訴乃論。

第二十八章　妨害秘密罪

第三一五條 108
無故開拆或隱匿他人之封緘信函、文書或圖畫者，處拘役或九千元以下罰金。無故以開拆以外之方法，窺視其內容者，亦同。

第三一五條之一 103
有下列行為之一者，處三年以下有期徒刑、拘役或三十萬元以下罰金：
一　無故利用工具或設備窺視、竊聽他人非公開之活動、言論、談話或身體隱私部位者。
二　無故以錄音、照相、錄影或電磁紀錄竊錄他人非公開之活

動、言論、談話或身體隱私部位者。

第三一五條之二 108

①意圖營利供給場所、工具或設備，便利他人為前條之行為者，處五年以下有期徒刑、拘役或科或併科五十萬元以下罰金。

②意圖散布、播送、販賣而有前條第二款之行為者，亦同。

③製造、散布、播送或販賣前二項或前條第二款竊錄之內容者，依第一項之規定處斷。

④前三項之未遂犯罰之。

第三一五條之三

前二條竊錄內容之附著物及物品，不問屬於犯人與否，沒收之。

第三一六條 94

醫師、藥師、藥商、助產士、心理師、宗教師、律師、辯護人、公證人、會計師或其業務上佐理人，或曾任此等職務之人，無故洩漏因業務知悉或持有之他人秘密者，處一年以下有期徒刑、拘役或五萬元以下罰金。

第三一七條 108

依法令或契約有守因業務知悉或持有工商秘密之義務而無故洩漏之者，處一年以下有期徒刑、拘役或三萬元以下罰金。

第三一八條 108

公務員或曾任公務員之人，無故洩漏因職務知悉或持有他人之工商秘密者，處二年以下有期徒刑、拘役或六萬元以下罰金。

第三一八條之一 108

無故洩漏因利用電腦或其他相關設備知悉或持有他人之秘密者，處二年以下有期徒刑、拘役或一萬五千元以下罰金。

第三一八條之二

利用電腦或其相關設備犯第三百十六條至第三百十八條之罪者，加重其刑至二分之一。

第三一九條

第三百十五條、第三百十五條之一及第三百十六條至第三百十八條之二之罪，須告訴乃論。

第二十九章　竊盜罪

第三二○條 108

①意圖為自己或第三人不法之所有，而竊取他人之動產者，為竊盜罪，處五年以下有期徒刑、拘役或五十萬元以下罰金。

②意圖為自己或第三人不法之利益，而竊佔他人之不動產者，依前項之規定處斷。

③前二項之未遂犯罰之。

第三二一條 108

①犯前條第一項、第二項之罪而有下列情形之一者，處六月以上五年以下有期徒刑，得併科五十萬元以下罰金：

一　侵入住宅或有人居住之建築物、船艦或隱匿其內而犯之。

二　毀越門窗、牆垣或其他安全設備而犯之。

三　攜帶兇器而犯之。

四　結夥三人以上而犯之。

五　乘火災、水災或其他災害之際而犯之。

六　在車站、港埠、航空站或其他供水、陸、空公眾運輸之舟、車、航空機內而犯之。

②前項之未遂罰之。

第三二二條　（刪除）94

第三二三條 92

電能、熱能及其他能量，關於本章之罪，以動產論。

第三二四條

①於直系血親、配偶或同財共居親屬之間，犯本章之罪者，得免除其刑。

②前項親屬或其他五親等內血親或三親等內姻親之間，犯本章之罪者，須告訴乃論。

第三十章　搶奪強盜及海盜罪

第三二五條

①意圖為自己或第三人不法之所有，而搶奪他人之動產者，處六月以上、五年以下有期徒刑。

②因而致人於死者，處無期徒刑或七年以上有期徒刑；致重傷者，處三年以上、十年以下有期徒刑。

③第一項之未遂犯罰之。

第三二六條

①犯前條第一項之罪，而有第三百二十一條第一項各款情形之一者，處一年以上、七年以下有期徒刑。

②前項之未遂犯罰之。

第三二七條　（刪除）94

第三二八條 108

①意圖為自己或第三人不法之所有，以強暴、脅迫、藥劑、催眠術或他法，至使不能抗拒，而取他人之物或使其交付者，為強盜罪，處五年以上有期徒刑。

②以前項方法得財產上不法之利益或使第三人得之者，亦同。

③犯強盜罪因而致人於死者，處死刑、無期徒刑或十年以上有期徒刑；致重傷者，處無期徒刑或七年以上有期徒刑。

④第一項及第二項之未遂犯罰之。

⑤預備犯強盜罪者，處一年以下有期徒刑、拘役或九千元以下罰金。

第三二九條

竊盜或搶奪，因防護贓物、脫免逮捕或湮滅罪證、而當場施以強暴、脅迫者，以強盜論。

第三三○條 91

① 犯強盜罪而有第三百二十一條第一項各款情形之一者，處七年以上有期徒刑。

② 前項之未遂犯罰之。

第三三一條 （刪除）94

第三三二條 91

① 犯強盜罪而故意殺人者，處死刑或無期徒刑。

② 犯強盜罪而有下列行為之一者，處死刑、無期徒刑或十年以上有期徒刑：

一　放火者。

二　強制性交者。

三　擄人勒贖者。

四　使人受重傷者。

第三三三條 95

① 未受交戰國之允准或不屬於各國之海軍，而駕駛船艦，意圖施強暴、脅迫於他船或他船之人或物者，為海盜罪，處死刑、無期徒刑或七年以上有期徒刑。

② 船員或乘客意圖掠奪財物，施強暴、脅迫於其他船員或乘客，而駕駛或指揮船艦者，以海盜論。

③ 因而致人於死者，處死刑、無期徒刑或十二年以上有期徒刑；致重傷者，處死刑、無期徒刑或十年以上有期徒刑。

第三三四條 95

① 犯海盜罪而故意殺人者，處死刑或無期徒刑。

② 犯海盜罪而有下列行為之一，處死刑、無期徒刑或十二年以上有期徒刑：

一　放火者。

二　強制性交者。

三　擄人勒贖者。

四　使人受重傷者。

第三三四條之一 91

第三百二十三條之規定，於本章之罪準用之。

第三十一章　侵占罪

第三三五條 108

① 意圖為自己或第三人不法之所有，而侵占自己持有他人之物者，處五年以下有期徒刑、拘役或科或併科三萬元以下罰金。

② 前項之未遂犯罰之。

第三三六條 108

① 對於公務上或因公益所持有之物，犯前條第一項之罪者，處一年以上七年以下有期徒刑，得併科十五萬元以下罰金。

② 對於業務上所持有之物，犯前條第一項之罪者，處六月以上五年以下有期徒刑，得併科九萬元以下罰金。

③前二項之未遂犯罰之。

第三三七條 108

意圖為自己或第三人不法之所有，而侵占遺失物、漂流物或其他離本人所持有之物者，處一萬五千元以下罰金。

第三三八條

第三百二十三條及第三百二十四條之規定，於本章之罪準用之。

第三十二章 詐欺背信及重利罪

第三三九條 103

①意圖為自己或第三人不法之所有，以詐術使人將本人或第三人之物交付者，處五年以下有期徒刑、拘役或科或併科五十萬元以下罰金。

②以前項方法得財產上不法之利益或使第三人得之者，亦同。

③前二項之未遂犯罰之。

第三三九條之一 103

①意圖為自己或第三人不法之所有，以不正方法由收費設備取得他人之物者，處一年以下有期徒刑、拘役或十萬元以下罰金。

②以前項方法得財產上不法之利益或使第三人得之者，亦同。

③前二項之未遂犯罰之。

第三三九條之二 103

①意圖為自己或第三人不法之所有，以不正方法由自動付款設備取得他人之物者，處三年以下有期徒刑、拘役或三十萬元以下罰金。

②以前項方法得財產上不法之利益或使第三人得之者，亦同。

③前二項之未遂犯罰之。

第三三九條之三 103

①意圖為自己或第三人不法之所有，以不正方法將虛偽資料或不正指令輸入電腦或其相關設備，製作財產權之得喪、變更紀錄，而取得他人之財產者，處七年以下有期徒刑，得併科七十萬元以下罰金。

②以前項方法得財產上不法之利益或使第三人得之者，亦同。

③前二項之未遂犯罰之。

第三三九條之四 103

①犯第三百三十九條詐欺罪而有下列情形之一者，處一年以上七年以下有期徒刑，得併科一百萬元以下罰金：

一 冒用政府機關或公務員名義犯之。

二 三人以上共同犯之。

三 以廣播電視、電子通訊、網際網路或其他媒體等傳播工具，對公眾散布而犯之。

②前項之未遂犯罰之。

第三四○條 （刪除）94

第三四一條 103

①意圖為自己或第三人不法之所有，乘未滿十八歲人之知慮淺薄，或乘人精神障礙、心智缺陷而致其辨識能力顯有不足或其他相類之情形，使之將本人或第三人之物交付者，處五年以下有期徒刑、拘役或科或併科五十萬元以下罰金。

②以前項方法得財產上不法之利益或使第三人得之者，亦同。

③前二項之未遂罰之。

第三四二條 103

①為他人處理事務，意圖為自己或第三人不法之利益，或損害本人之利益，而為違背其任務之行為，致生損害於本人之財產或其他利益者，處五年以下有期徒刑、拘役或科或併科五十萬元以下罰金。

②前項之未遂罰之。

第三四三條 103

第三百二十三條及第三百二十四條之規定，於第三百三十九條至前條之罪準用之。

第三四四條 103

①乘他人急迫、輕率、無經驗或難以求助之處境，貸以金錢或其他物品，而取得與原本顯不相當之重利者，處三年以下有期徒刑、拘役或科或併科三十萬元以下罰金。

②前項重利，包括手續費、保管費、違約金及其他與借貸相關之費用。

第三四四條之一 103

①以強暴、脅迫、恐嚇、侵入住宅、傷害、毀損、監控或其他足以使人心生畏懼之方法取得前條第一項之重利者，處六月以上五年以下有期徒刑，得併科五十萬元以下罰金。

②前項之未遂罰之。

第三四五條 （刪除）94

第三十三章　恐嚇及擄人勒贖罪

第三四六條 108

①意圖為自己或第三人不法之所有，以恐嚇使人將本人或第三人之物交付者，處六月以上五年以下有期徒刑，得併科三萬元以下罰金。

②以前項方法得財產上不法之利益或使第三人得之者，亦同。

③前二項之未遂犯罰之。

第三四七條 103

①意圖勒贖而擄人者，處無期徒刑或七年以上有期徒刑。

②因而致人於死者，處死刑、無期徒刑或十二年以上有期徒刑；致重傷者，處無期徒刑或十年以上有期徒刑。

③第一項之未遂犯罰之。

④預備犯第一項之罪者，處二年以下有期徒刑。

⑤犯第一項之罪，未經取贖而釋放被害人者，減輕其刑；取贖後而釋放被害人者，得減輕其刑。

第三四八條 91

①犯前條第一項之罪而故意殺人者，處死刑或無期徒刑。

②犯前條第一項之罪而有下列行為之一者，處死刑、無期徒刑或十二年以上有期徒刑：

一 強制性交者。

二 使人受重傷者。

第三四八條之一 91

擄人後意圖勒贖者，以意圖勒贖而擄人論。

第三十四章 贓物罪

第三四九條 103

①收受、搬運、寄藏、故買贓物或媒介者，處五年以下有期徒刑、拘役或科或併科五十萬元以下罰金。

②因贓物變得之財物，以贓物論。

第三五〇條 （刪除） 94

第三五一條

於直系血親、配偶或同財共居親屬之間，犯本章之罪者，得免除其刑。

第三十五章 毀棄損壞罪

第三五二條 108

毀棄、損壞他人文書或致令不堪用，足以生損害於公眾或他人者，處三年以下有期徒刑、拘役或三萬元以下罰金。

第三五三條

①毀壞他人建築物、礦坑、船艦或致令不堪用者，處六月以上、五年以下有期徒刑。

②因而致人於死者，處無期徒刑或七年以上有期徒刑；致重傷者，處三年以上、十年以下有期徒刑。

③第一項之未遂犯罰之。

第三五四條 108

毀棄、損壞前二條以外之他人之物或致令不堪用，足以生損害於公眾或他人者，處二年以下有期徒刑、拘役或一萬五千元以下罰金。

第三五五條 108

意圖損害他人，以詐術使本人或第三人為財產上之處分，致生財產上之損害者，處三年以下有期徒刑、拘役或一萬五千元以下罰金。

第三五六條 108

債務人於將受強制執行之際，意圖損害債權人之債權，而毀壞、處分或隱匿其財產者，處二年以下有期徒刑、拘役或一萬五千元

以下罰金。

第三五七條

第三百五十二條、第三百五十四條至第三百五十六條之罪，須告訴乃論。

第三十六章　妨害電腦使用罪 92

第三五八條 108

無故輸入他人帳號密碼、破解使用電腦之保護措施或利用電腦系統之漏洞，而入侵他人之電腦或其相關設備者，處三年以下有期徒刑、拘役或科或併科三十萬元以下罰金。

第三五九條 108

無故取得、刪除或變更他人電腦或其相關設備之電磁紀錄，致生損害於公眾或他人者，處五年以下有期徒刑、拘役或科或併科六十萬元以下罰金。

第三六〇條 108

無故以電腦程式或其他電磁方式干擾他人電腦或其相關設備，致生損害於公眾或他人者，處三年以下有期徒刑、拘役或科或併科三十萬元以下罰金。

第三六一條 92

對於公務機關之電腦或其相關設備犯前三條之罪者，加重其刑至二分之一。

第三六二條 108

製作專供犯本章之罪之電腦程式，而供自己或他人犯本章之罪，致生損害於公眾或他人者，處五年以下有期徒刑、拘役或科或併科六十萬元以下罰金。

第三六三條 92

第三百五十八條至第三百六十條之罪，須告訴乃論。

中華民國刑法施行法

① 民國24年4月1日國民政府制定公布全文10條；並自24年7月1日施行。
② 民國86年11月26日總統令增訂公布第7-1條條文。
③ 民國88年4月21日總統令增訂公布第9-1、9-2條條文。
④ 民國90年1月10日總統令增訂公布第3-1條條文。
⑤ 民國94年2月2日總統令修正公布第3-1條條文；增訂第6-1、7-2、8-1、9-3、10-1條條文；並自95年7月1日施行。
⑥ 民國95年6月14日總統令增訂公布第1-1條條文。
⑦ 民國98年1月21日總統令增訂公布第10-2條條文。
⑧ 民國98年6月10日總統令修正公布第6-1、10-2條條文；並增訂第3-2條條文。
⑨ 民國98年12月30日總統令修正公布第10條條文；增訂第3-3條條文；並自公布日施行。
⑩ 民國104年12月30日總統令增訂公布第10-3條條文。
⑪ 民國105年6月22日總統令增訂公布第10-3條條文。
⑫ 民國108年5月29日總統令增訂公布第8-2條條文。
⑬ 民國108年12月31日總統令修正公布第8-1條條文。

第一條

本法稱舊刑法者，謂中華民國十七年九月一日施行之刑法；稱刑律者，謂中華民國元年三月十日頒行之暫行新刑律；稱其他法令者，謂刑法施行前與法律有同一效力之刑事法令。

第一條之一 95

① 中華民國九十四年一月七日刑法修正施行後，刑法分則編所定罰金之貨幣單位為新臺幣。

② 九十四年一月七日刑法修正時，刑法分則編未修正之條文定有罰金者，自九十四年一月七日刑法修正施行後，就其所定數額提高為三十倍。但七十二年六月二十六日至九十四年一月七日新增或修正之條文，就其所定數額提高為三倍。

第二條

依刑法第二條第一項但書，適用舊刑法、刑律或其他法令時，其褫奪公權所褫奪之資格，應依刑法第三十六條之規定。

第三條

① 依舊刑法易科監禁者，其監禁期限，自刑法施行之日起，不得逾六個月。

② 其在刑法施行後，易科監禁期限內納罰金者，以所納之數，仍依裁判所定之標準扣除監禁日期。

第三條之一 94

① 刑法第四十一條之規定，中華民國九十年一月四日刑法修正施行

前已裁判確定之處罰，未執行或執行未完畢者，亦適用之。

②未諭知得易科罰金之處罰者，亦同。

③於九十四年一月七日刑法修正施行前犯併合處罰數罪中之一罪，且該數罪均符合第四十一條第一項得易科罰金之規定者，適用九十年一月四日修正之刑法第四十一條第二項規定。

第三條之二

刑法第四十一條及第四十二條之一之規定，於中華民國九十八年九月一日刑法修正施行前已裁判確定之處罰，未執行或執行未完畢者，亦適用之。

第三條之三 98

刑法第四十一條及第四十二條之一之規定，於中華民國九十八年十二月十五日刑法修正施行前已裁判確定之處罰，未執行或執行未完畢者，亦適用之。

第四條

①刑法施行前，累犯舊刑法第六十六條第一項所定不同一之罪或不同款之罪一次者，其加重本刑，不得逾三分之一。

②依刑法第四十八條更定其刑者，準用前項之規定。

第五條

刑法施行前，未滿十八歲人或滿八十歲人犯罪，經裁判確定處死刑或無期徒刑者，應報由司法行政最高官署，呈請司法院提請國民政府減刑。但有刑法第六十三條第二項情形者，不在此限。

第六條

刑法施行前，受緩刑之宣告或假釋出獄者，刑法施行後，於其緩刑期內得付保護管束，假釋中，付保護管束。

第六條之一 98

①於中華民國九十四年一月七日刑法修正施行前，受緩刑之宣告，九十四年一月七日修正刑法施行後，仍在緩刑期內者，適用九十四年一月七日修正施行之刑法第七十五條、第七十五條之一及第七十六條規定。

②於中華民國九十八年五月十九日刑法修正施行前，受緩刑之宣告，九十八年五月十九日修正刑法施行後，仍在緩刑期內者，適用九十八年五月十九日修正施行之刑法第七十五條及第七十五條之一規定。

第七條

刑法施行前，宣告緩刑或准許假釋者，在刑法施行後撤銷時，應依刑法之規定。

第七條之一

①於中華民國八十六年刑法第七十七條修正施行前犯罪者，其假釋適用八十三年一月二十八日修正公布之刑法第七十七條規定。但其行為終了或犯罪結果之發生在八十六年刑法第七十七條修正施行後者，不在此限。

②因撤銷假釋執行殘餘刑期，其撤銷之原因事實發生在八十六年刑

法第七十九條之一修正施行前者，依修正前之刑法第七十九條之一規定合併計算其殘餘刑期與他刑應執行之期間。但其原因事實行為終了或犯罪結果之發生在八十六年刑法第七十七條修正施行後者，不在此限。

第七條之二 94

①於中華民國八十六年十一月二十六日刑法修正公布後，九十四年一月七日刑法修正施行前犯罪者，其假釋適用八十六年十一月二十六日修正公布之刑法第七十七條規定。但其行為終了或犯罪結果之發生在九十四年一月七日刑法修正施行後者，其假釋適用九十四年一月七日修正施行之刑法第七十七條規定。

②因撤銷假釋執行殘餘刑期，其撤銷之原因事實發生在八十六年十一月二十六日刑法修正公布後，九十四年一月七日刑法修正施行前者，依八十六年十一月二十六日修正公布之刑法第七十九條之一規定合併計算其殘餘刑期與他刑應執行之期間。但其原因事實行為終了或犯罪結果之發生在九十四年一月七日刑法修正施行後者，依九十四年一月七日修正施行之刑法第七十九條之一規定合併計算其殘餘刑期與他刑應執行之期間。

第八條

刑法施行前，行刑權之時效停止原因繼續存在者，適用刑法第八十五條第三項之規定，其期間自刑法施行之日起算。

第八條之一 108

於中華民國九十四年一月七日刑法修正施行前，其追訴權或行刑權時效已進行而未完成者，比較修正前後之條文，適用最有利於行為人之規定。於一百零八年十二月六日刑法修正施行前，其追訴權或行刑權時效已進行而未完成者，亦同。

第八條之二 108

於中華民國一百零八年五月十日修正之刑法第八十條第一項第一款但書施行前，其追訴權時效已進行而未完成者，適用修正後之規定，不適用前條之規定。

第九條

刑法第二百三十九條之規定，於刑法施行前，非配偶而以永久共同生活為目的有同居之關係者，不適用之。

第九條之一

刑法第二百三十一條之規定，於中華民國八十八年三月三十日刑法修正施行前依法令規定經營妓女戶者，不適用之。

第九條之二

刑法第二百二十一條、第二百二十四條之罪，於中華民國八十九年十二月三十一日前仍適用八十八年三月三十日修正施行前之刑法第二百三十六條告訴乃論之規定。

第九條之三 94

於中華民國九十四年一月七日刑法修正施行前，受強制治療之宣告，九十四年一月七日修正刑法施行後，仍在執行期間內者，適

用八十八年四月二十一日修正公布之刑法第九十一條之一規定。

第一○條 98

① 本法自刑法施行之日施行。

② 刑法修正條文及本法修正條文，除另定施行日期者外，自公布日施行。

第一○條之一 94

中華民國九十四年一月七日修正公布之刑法，自九十五年七月一日施行。

第一○條之二 98

① 中華民國九十七年十二月三十日修正之刑法第四十一條，自九十八年九月一日施行。

② 中華民國九十八年五月十九日修正之刑法第四十二條之一、第四十四條、第七十四條、第七十五條、第七十五條之一，自九十八年九月一日施行。

第一○條之三 105

① 中華民國一百零四年十二月十七日及一百零五年五月二十七日修正之刑法，自一百零五年七月一日施行。

② 一百零五年七月一日前施行之其他法律關於沒收、追徵、追繳、抵償之規定，不再適用。

竊盜犯贓物犯保安處分條例

①民國44年12月30日總統令制定公布全文14條。
②民國46年1月30日總統令修正公布全文15條。
③民國56年8月1日總統令修正公布第3條條文。
④民國58年11月19日總統令修正公布第2、4條條文。
⑤民國62年11月5日總統令修正公布第7條條文。
⑥民國81年7月29日總統令修正公布名稱及全文8條（原名稱：戡亂時期竊盜犯贓物犯保安處分條例）。
⑦民國95年5月30日總統令修正公布第3、8條條文；並自95年7月1日施行。

第一條

竊盜犯及與竊盜案件有關之贓物犯，其保安處分之宣告及執行，依本條例之規定；本條例未規定者，適用刑法及其他法律之規定。

第二條

①本條例所稱竊盜犯，指意圖為自己或第三人不法之所有，而竊取他人之動產者而言。
②本條例所稱贓物犯，指收受、搬運、寄藏、故買竊盜犯竊得之動產或為牙保者而言。
③本條例所稱法院及檢察官，包括軍事法庭及軍事檢察官。
④應執行之刑未達一年以上者，不適用本條例。

第三條 95

①十八歲以上之竊盜犯、贓物犯，有犯罪之習慣者，得於刑之執行前，令入勞動場所強制工作。
②刑法第八十四條第一項之期間，自前項強制工作執行完畢之日起算。但強制工作自應執行之日起經過三年未執行者，自該三年之期間屆滿之日起算。

第四條

依本條例所為之保安處分及其期間，由法院以判決諭知。

第五條

①依本條例宣告之強制工作處分，其執行以三年為期。但執行已滿一年六個月，而執行機關認為無繼續執行之必要者，得檢具事證，報請檢察官聲請法院免予繼續執行。
②依本條例宣告之強制工作處分，執行已滿三年，而執行機關認為有延長之必要者，得檢具事證報經上級主管機關核准後，報請檢察官聲請法院許可延長之。但延長期間，最長不得逾一年六個月，並以一次為限，在延長期間內，執行機關認無繼續延長之

必要者，得隨時檢具事證，報請檢察官聲請法院免予繼續延長執行。

第六條

依本條例執行強制工作之結果，執行機關認為無執行刑之必要者，得檢具事證，報請檢察官聲請法院免其刑之執行。

第七條

依本條例免刑之執行者，於受強制工作之執行完畢或一部之執行而免予繼續執行後，五年以內故意再犯有期徒刑以上之罪者，以累犯論。

第八條 95

① 本條例自公布日施行。

② 本條例修正條文自中華民國九十五年七月一日施行。

貪污治罪條例

①民國52年7月15日總統令制定公布全文20條。
②民國62年8月17日總統令修正公布全文20條。
③民國81年7月17日總統令修正公布名稱及全文18條（原名稱：戡亂時期貪污治罪條例）。
④民國85年10月23日總統令修正公布全文20條。
⑤民國90年11月7日總統令修正公布第6條條文。
⑥民國92年2月6日總統令修正公布第11條條文；並增訂第12-1條條文。
⑦民國95年5月30日總統令修正公布第2、8、20條條文；並自95年7月1日施行。
⑧民國98年4月22日總統令修正公布第6、10條條文；並增訂第6-1條條文。
⑨民國100年6月29日總統令修正公布第5、11、12、16條條文；並刪除第12-1條條文。
⑩民國100年11月23日總統令修正公布第6-1條條文。
⑪民國105年4月13日總統令修正公布第6-1、20條條文。
　民國105年12月14日行政院令發布定自106年1月1日施行。
⑫民國105年6月22日總統令修正公布第10、20條條文；並自105年7月1日施行。

第一條

　為嚴懲貪污，澄清吏治，特制定本條例。

第二條 95

　公務員犯本條例之罪者，依本條例處斷。

第三條

　與前條人員共犯本條例之罪者，亦依本條例處斷。

第四條

①有下列行為之一者，處無期徒刑或十年以上有期徒刑，得併科新臺幣一億元以下罰金：

一　竊取或侵占公用或公有器材、財物者。

二　藉勢或藉端勒索、勒徵、強占或強募財物者。

三　建築或經辦公用工程或購辦公用器材、物品，浮報價額、數量、收取回扣或有其他舞弊情事者。

四　以公用運輸工具裝運違禁物品或漏稅物品者。

五　對於違背職務之行為，要求、期約或收受賄賂或其他不正利益者。

②前項第一款至第四款之未遂犯罰之。

第五條 100

①有下列行為之一者，處七年以上有期徒刑，得併科新臺幣六千萬

元以下罰金：

一　意圖得利，擅提或截留公款或違背法令收募稅捐或公債者。

二　利用職務上之機會，以詐術使人將本人之物或第三人之物交付者。

三　對於職務上之行為，要求、期約或收受賄賂或其他不正利益者。

②前項第一款及第二款之未遂犯罰之。

第六條 98

①有下列行為之一，處五年以上有期徒刑，得併科新臺幣三千萬元以下罰金：

一　意圖得利，抑留不發職務上應發之財物者。

二　募集款項或徵用土地、財物，從中舞弊者。

三　竊取或侵占職務上持有之非公用私有器材、財物者。

四　對於主管或監督之事務，明知違背法律、法律授權之法規命令、職權命令、自治條例、自治規則、委辦規則或其他對多數不特定人民就一般事項所作對外發生法律效果之規定，直接或間接圖自己或其他私人不法利益，因而獲得利益者。

五　對於非主管或監督之事務，明知違背法律、法律授權之法規命令、職權命令、自治條例、自治規則、委辦規則或其他對多數不特定人民就一般事項所作對外發生法律效果之規定，利用職權機會或身分圖自己或其他私人不法利益，因而獲得利益者。

②前項第一款至第三款之未遂犯罰之。

第六條之一 105

公務員犯下列各款所列罪嫌之一，檢察官於偵查中，發現公務員本人及其配偶、未成年子女自公務員涉嫌犯罪時及其後三年內，有財產增加與收入顯不相當時，得命本人就來源可疑之財產提出說明，無正當理由未為說明、無法提出合理說明或說明不實者，處五年以下有期徒刑、拘役或科或併科不明來源財產額度以下之罰金：

一　第四條至前條之罪。

二　刑法第一百二十一條第一項、第一百二十二條第一項至第三項、第一百二十三條至第一百二十五條、第一百二十七條第一項、第一百二十八條至第一百三十條、第一百三十一條第一項、第一百三十二條第一項、第一百三十三條、第二百三十一條第二項、第二百三十一條之一第三項、第二百七十條、第二百九十六條之一第五項之罪。

三　組織犯罪防制條例第九條之罪。

四　懲治走私條例第十條第一項之罪。

五　毒品危害防制條例第十五條之罪。

六　人口販運防制法第三十六條之罪。

七　槍砲彈藥刀械管制條例第十六條之罪。

八　藥事法第八十九條之罪。

九　包庇他人犯兒童及少年性剝削防制條例之罪。

十　其他假借職務上之權力、機會或方法所犯之罪。

第七條

有調查、追訴或審判職務之人員，犯第四條第一項第五款或第五條第一項第三款之罪者，加重其刑至二分之一。

第八條 95

①犯第四條至第六條之罪，於犯罪後自首，如有所得並自動繳交全部所得財物者，減輕或免除其刑；因而查獲其他正犯或共犯者，免除其刑。

②犯第四條至第六條之罪，在偵查中自白，如有所得並自動繳交全部所得財物者，減輕其刑；因而查獲其他正犯或共犯者，減輕或免除其刑。

第九條

本條例修正施行前，犯第四條至第六條之罪，於修正施行後一年內自首者，準用前條第一項之規定。

第一○條 105

犯第四條至第六條之罪，本人及其配偶、未成年子女自犯罪時及其後三年內取得之來源可疑財產，經檢察官或法院於偵查、審判程序中命本人證明來源合法而未能證明者，視為其犯罪所得。

第一一條 100

①對於第二條人員，關於違背職務之行為，行求、期約或交付賄賂或其他不正利益者，處一年以上七年以下有期徒刑，得併科新臺幣三百萬元以下罰金。

②對於第二條人員，關於不違背職務之行為，行求、期約或交付賄賂或其他不正利益者，處三年以下有期徒刑、拘役或科或併科新臺幣五十萬元以下罰金。

③對於外國、大陸地區、香港或澳門之公務員，就跨區貿易、投資或其他商業活動有關事項，為前二項行為者，依前二項規定處斷。

④不具第二條人員之身分而犯前三項之罪者，亦同。

⑤犯前四項之罪而自首者，免除其刑；在偵查或審判中自白者，減輕或免除其刑。

⑥在中華民國領域外犯第一項至第三項之罪者，不問犯罪地之法律有無處罰規定，均依本條例處罰。

第一二條 100

①犯第四條至第六條之罪，情節輕微，而其所得或所圖得財物或不正利益在新臺幣五萬元以下者，減輕其刑。

②犯前條第一項至第四項之罪，情節輕微，而其行求、期約或交付之財物或不正利益在新臺幣五萬元以下者，亦同。

第一二條之一　（刪除）100

第一三條

① 直屬主管長官對於所屬人員，明知貪污有據，而予以庇護或不爲舉發者，處一年以上七年以下有期徒刑。

② 公務機關主管長官對於受其委託承辦公務之人，明知貪污有據，而予以庇護或不爲舉發者，處六月以上五年以下有期徒刑。

第一四條

辦理監察、會計、審計、犯罪調查、督察、政風人員，因執行職務，明知貪污有據之人員，不爲舉發者，處一年以上七年以下有期徒刑。

第一五條

明知因犯第四條至第六條之罪所得之財物，故爲收受、搬運、隱匿、寄藏或故買者，處一年以上七年以下有期徒刑，得併科新臺幣三百萬元以下罰金。

第一六條 100

① 誣告他人犯本條例之罪者，依刑法規定加重其刑至二分之一。

② 意圖他人受刑事處分，虛構事實，而爲第十一條第五項之自首者，處三年以上十年以下有期徒刑。

③ 不具第二條人員之身分而犯前二項之罪者，亦依前二項規定處斷。

第一七條

犯本條例之罪，宣告有期徒刑以上之刑者，並宣告褫奪公權。

第一八條

① 貪污瀆職案件之檢舉人應予獎勵及保護；其辦法由行政院定之。

② 各機關應採取具體措施防治貪污；其辦法由行政院定之。

第一九條

本條例未規定者，適用其他法律之規定。

第二〇條 105

本條例施行日期，除中華民國九十五年五月五日修正之條文，自九十五年七月一日施行，及一百零五年三月二十五日修正之條文，由行政院定之；一百零五年五月二十七日修正之條文，自一百零五年七月一日施行外，自公布日施行。

法院辦理貪污治罪條例案件應行注意事項

①民國69年8月12日司法院發布。
②民國81年8月24日司法院函修正發布名稱及全文9點（原名稱：法院辦理勘亂時期貪污治罪條例案件應行注意事項）。
③民國86年1月18日司法院函修正發布全文8點。
④民國92年5月28日司法院函修正發布第2點；並自即日起實施。

一 本條例第十二條第一項所謂之「所得或所圖得財物或不正利益」，其立法本旨重在所得，必以犯罪行爲「實際所得」或「意圖取得」爲準。如其犯罪之本質根本無可取得，自無該條之適用，是以單純犯本條例第十三條之庇護或不爲舉發罪，第十四條之不爲舉發罪，第十五條之故爲收受、搬運、隱匿、寄藏或故買他人貪污之財物罪以及第十六條之誣告罪等，均無該條之適用；至未遂犯，則以實施犯罪構成要件之行爲時所欲或意圖取得之數額爲計算標準；要求期約，則以其要求期約之數額爲準。

二 本條例第十一條第四項規定於犯罪後自首者，免除其刑；在偵查或審判中自白者，減輕或免除其刑，故自首或在偵審中自白者，關係行賄人刑責之輕重與法律之適用，法官於審理時，應依職權詳爲調查。

三 按行賄人於犯罪後自首者，因其自首之犯罪事實，就證據方面觀察，仍爲自白，自白固得作爲該自首被告之犯罪證據，如爲不利其他共同被告之陳述者，並亦得採爲其他共同被告之證據，惟依刑事訴訟法第一百五十六條第二項規定，法院仍應調查其他必要之證據以察其與事實相符，不能僅憑被告之自首，即認定確有行賄或受賄之事實。

四 爲防止狡黠之徒於行賄受拒絕或意圖變更其所受不利之處分或裁判，故意虛構事實而爲自首，本條例第十六條第二項已列有虛僞自首罪，遇有此類自首案件，應特別注意該自首人有無虛構事實自首情事，如發現有此情事，即應移送該管檢察官偵查，以保障善良之公務員。

五 本條例第十三條、第十四條所謂之「舉發」二字，不以向檢察官或司法警察機關告發者爲限，即向其主管長官、機關首長或上級長官舉發者，亦包括在內。

六 本條例第十條所謂之「追繳」，必因犯罪行爲有所取得者爲限，如其犯罪之本質無取得財物之可能或犯罪行爲之結果尙

　　未取得財物者（如要求期約及未遂犯等），自均無本條之適
　　用。
七　本條例之連續犯其賄賂及不正利益數額之計算，應以各次數
　　額之總和合併計算；共同正犯，應就全體共同所得合併計
　　算。
八　犯罪行為本條例公布施行之前，應注意依刑法第二條第一項
　　之規定適用法律；其比較刑罰之重輕，應依刑法第三十五條
　　之規定。

檢察機關辦理貪污案件應行注意事項

①民國53年10月24日司法行政部令訂頒全文7點。
②民國69年10月27日法務部函修正發布名稱及全文10點（原名稱：戡亂時期貪污治罪條例應行注意要點）。
③民國81年9月25日法務部函修正發布名稱及全文9點（原名稱：檢察機關辦理勘亂時期貪污案件應行注意事項）。
④民國86年1月27日法務部函修正發布全文8點。
⑤民國90年11月23日法務部函修正發布全文23點；並自90年12月1日起實施。
⑥民國97年5月19日法務部函修正發布第21點。
⑦民國99年2月1日法務部函修正發布第6點；增訂第4-1～4-3點；並自99年2月1日生效。
⑧民國101年11月23日法務部函修正發布第4-1、4-2點；並自101年11月25日生效。

一　為使各級檢察機關檢察官審慎偵辦貪污案件，特訂定本注意事項。

二　刑法第一百三十一條、貪污治罪條例（以下簡稱本條例）第六條第一項第四款、第五款之圖利行為，應限於公務員自始有為自己或其他私人取得不法利益之直接故意為限，僅行政之失當行為，不能成立該罪。而判斷有無圖利之直接故意，除查明公務員有無圖利之動機外，並應調查是否明知違背法令。

前項所稱之法令，係指包含法律、法律授權之法規命令、職權命令、自治條例、自治規則、委辦規則等，對多數不特定人民就一般事項所作對外產生法律效果之規定。

公務員於執行職務時，已善盡注意之義務，基於誠信之判斷，認為採取之決定係最有利於該機關之經營判斷法則，不宜遽認有圖利故意。

公務員所為之裁量，除其有故意違反第二項之法令所定之裁量範圍者外，不宜以濫用裁量權為由，認其係違背法令。

三　本條例第六條第一項第四款、第五款之「圖利」，以圖自己或其他私人不法利益，因而獲得利益為限。而對不法利益之調查，應確定其圖利之對象及數額，且係屬於可轉換及可計算之不法利益，以彰顯其圖利之具體犯罪事實。

四　為確定公務員之行為是否違背法令，宜就下列事項主動函詢主管機關或相關機關：
（一）違背之法令，現時有效，且未與其他機關解釋相牴觸。
（二）主管法規機關或其上級機關有無就該項法規為相關之釋

　　示。

　　㈢被告行使裁量權之法令根據及範圍。

四之一　檢察官於命被告說明可疑財產來源時，宜就具體個案，依應說明財產數額大小、範圍繁雜程度、資料來源所在地之遠近，酌定說明期間。

四之二　有關本條例第六條之一案件，檢察官應就公務員本人及其配偶、未成年子女自公務員涉嫌犯罪時及其後三年內增加之財產包括不動產、動產、有價證券及其他財產權進行全面清查，並應查明有無繼承、贈與及其他收入之情形。必要時，得請專家鑑估其價值。

　　公務員將財產寄放在他人名義，經證明確為公務員本人、配偶或未成年子女所有者，依第六條之一規定，公務員就該財產負有說明義務。

四之三　有關本條例第六條之一案件之被告，對於財產來源的說明必須具體、明確，倘無法為具體、明確之說明，致偵查機關無從核實者；或其說明經查證為虛偽者，屬於該條無法提出合理說明或說明不實之情形。

五　本條例第八條所定自首或自白減輕或免除其刑之要件，除自首或自白之行為外，尚應注意如有所得並自動繳交全部所得財物，因而查獲其他共犯等要件。偵查中應予以查明，作為具體求刑之依據。如因自首並自動繳交全部所得財物，且因而查獲其他共犯應予免除其刑者，檢察官即應依刑事訴訟法第二百五十二條第九款規定，予以不起訴處分。

六　本條例第十條第一項所稱之追繳，必因犯罪行為而有所得者為限，如其犯罪之本質無得財物之可能或犯罪行為之結果尚未取得財物者（如要求、期約及未遂等），均無該條項之適用。

　　檢察官於偵查中查得被告來源可疑之財產，其中一部分之來源經證明係貪污所得，其他部分無法證明係貪污所得，而被告亦未能證明來源合法，經依貪污罪提起公訴者，無法證明來源之財產部分，得分別情形依本條例第十條第二項規定處理或另行偵辦。

七　連續犯本條例之罪者，其賄賂及不正利益之數額，應合併計算各次數額之總和。共同正犯應合併計算全體共同所得。

八　檢察官依本條例第十條第三項規定，認有「酌量扣押其財產」之必要者，宜先對犯罪嫌疑人或被告之動產、不動產及其債權為調查，供作扣押之準據。所謂之量應指實施扣押之財產之數額，以足供應追繳，追償或抵償之財產額度為限，避免浮濫。扣押之財產如係不動產時，應迅速發函該管地政機關禁止處分；扣押動產時，應注意其性質是否適於扣押；對於金錢債權或有價證券之扣押，應注意採取適當有效之措施。已實施扣押財產處分者，宜於卷面標示。

九　本條例第十一條第三項所定自首者，免除其刑，檢察官即得依刑事訴訟法第二百五十二條第九款予以不起訴處分。在偵查中自白者，宜在起訴書中載明，請求法院減輕或免除其刑。

一〇　行賄人於犯罪後自首，就證據方面觀察，仍為自白，固得作為該自首被告之犯罪證據，如為不利於其他共同被告之陳述者，並得採為其他共同被告犯罪之證據。但依刑事訴訟法第一百五十六條第二項規定，檢察官仍應調查其他必要之證據，以察其是否與事實相符，不能僅憑被告之自首，即認定確有行賄或受賄之事實。

一一　本條例第十二條第一項所稱所得或所圖得財物或不正利益，其立法本旨重在所得，必以犯罪行為實際所得或意圖取得者為準，如其犯罪之本質無可取得，自無本條項之適用，故單純犯本條例第十三條之庇護或不為舉發罪、第十四條之不為舉發罪、第十五條之故為收受、搬運、隱匿、寄藏或故買他人貪污所得之財物罪及第十六條之誣告罪等，均無本條項之適用。至未遂犯，則以實施犯罪構成要件之行為時所欲或意圖取得之數額為計算標準；要求、期約，則以其要求、期約之數額為準。

一二　本條例十三條、第十四條所謂之「舉發」，不以向檢察官或司法警察機關告發者為限，向主管長官、機關首長或上級長官舉發者，亦包括在內。

一三　為防止狡黠之徒行賄遭受拒絕或意圖變更其所受不利之處分或裁判，故意虛構事實而為自首，本條例第十六條第二項、第三項設有虛偽自首之處罰規定，檢察官遇有此類自首案件時，應特別注意，如發現自首人有虛構事實自首情事，應即主動偵辦，以保障守法之公務員。

一四　犯罪行為如係在本條例修正施行前，應注意依刑法第二條第一項之規定適用法律；比較刑罰之重輕時，並應注意依刑法第三十五條之規定。

一五　檢察官就貪污案件得命移送機關製作案件研析表（如附件一），以表列方式，載明被告涉嫌之行為、蒐得之證據（證人、證據）、涉嫌之罪名或法條，供偵查之參考。

一六　偵辦貪污案件，對於政府機關實施搜索前，應先請求該機關提出或交付所需證物；如認有搜索必要，應依刑事訴訟法及本函頒之檢察機關實施搜索扣押應行注意事項規定辦理。

一七　檢察官偵辦貪污案件期間應嚴格遵守刑事訴訟法第二百四十五條偵查不公開規定，並確實督導司法警察官、司法警察遵守上開規定。

一八　檢察官偵辦貪污案件就涉及專業部分，應徵詢相關專家及主管機關就爭議部分問題之意見，俾便判斷屬行政疏失或

違法行為之參考。

一九 對於被告之自白、證人之陳述，應注意其陳述是否完整，有無矛盾之處，並蒐集補強證據，以察其是否與事實相符。

二〇 對於被告所為之辯解，應善盡調查能事，審慎判斷有無理由，及是否影響事實之認定。

二一 檢察官以被告涉有本條例第四條至第六條、第十一條、第十五條罪嫌，如認有具體求刑之必要，應於起訴書中就刑法第五十七條所列情狀事證，詳細說明求處該刑度之理由，並依情節聲請法院宣告保安處分；對於併科罰金部分，亦應注意按其犯罪情節及所得不法利益之價額，請求併科適當之罰金。案件於法院審理時，公訴檢察官除就事實及法律舉證證明並為辯論外，並應就量刑部分，提出具體事證，表示意見。

二二 檢察官偵辦圖利案件時，應就圖利罪之構成要件、偵查程序，製作偵辦圖利案件調查事項檢查表（如附件二），於案件偵結時併同送閱，以期偵辦周延。

二三 對於貪污案件檢舉人之獎勵及保護，應確實依照「獎勵保護檢舉貪污瀆職辦法」之相關規定辦理。

毒品危害防制條例

① 民國44年6月3日總統令制定公布全文22條。
② 民國62年6月21日總統令修正公布第4、9條條文。
③ 民國81年7月27日總統令修正公布名稱及第1、4、5、7～12、14條條文（原名稱：戡亂時期肅清煙毒條例）。
④ 民國87年5月20日總統令修正公布名稱及全文36條（原名稱：肅清煙毒條例）。
⑤ 民國92年7月9日總統令修正公布全文36條；並自公布後六個月施行。
⑥ 民國97年4月30日總統令修正公布第24條條文；並自公布後六個月施行。
⑦ 民國98年5月20日總統令修正公布第4、11、11-1、17、20、25條條文；並自公布後六個月施行
⑧ 民國99年11月24日總統令修正公布第2、27、28、36條條文；並增訂第2-1條條文；除第2條自公布後六個月施行外，餘自公布日施行。
民國101年12月25日行政院公告第33-1條第1項第3款所列屬「國防部憲兵司令部」之權責事項，自102年1月1日起改由「國防部憲兵指揮部」管轄。
民國102年7月19日行政院公告第2條第3項、第11-1條第4項、第18條第2項、第21條第1項、第27條第1、3、5項、第28條第1項、第33-1條第1項第1、2款、第2、3項、第34條所列屬「行政院衛生署」之權責事項，自102年7月23日起改由「衛生福利部」管轄。
民國102年10月25日行政院公告第27條第1、3、5項、第28條第1項所列屬「行政院國軍退除役官兵輔導委員會」之權責事項，自102年11月1日起改由「國軍退除役官兵輔導委員會」管轄。
⑨ 民國104年2月4日總統令修正公布第4、9、36條條文；並自公布日施行。
⑩ 民國105年6月22日總統令修正公布第18、19、36條條文；並自105年7月1日施行。
⑪ 民國106年6月14日總統令修正公布第36條條文；增訂第2-2、31-1條條文；並自公布日施行。
⑫ 民國109年1月15日總統令修正公布第2、4、9、11、15、17～20、21、23、24、27、28、32-1、33-1、34、36條條文；並增訂第35-1條條文；除第18、24、33-1條施行日期由行政院定之外，自公布後六個月施行。
民國110年4月15日行政院令發布第18、24條定自110年5月1日施行。
民國110年5月18日行政院令發布第33-1條定自110年7月1日施行。

第一條
為防制毒品危害，維護國民身心健康，制定本條例。

第二條 109

①本條例所稱毒品，指具有成癮性、濫用性、對社會危害性之麻醉藥品與其製品及影響精神物質與其製品。

②毒品依其成癮性、濫用性及對社會危害性，分為四級，其品項如下：

一 第一級海洛因、嗎啡、鴉片、古柯鹼及其相類製品（如附表一）。

二 第二級罌粟、古柯、大麻、安非他命、配西汀、潘他唑新及其相類製品（如附表二）。

三 第三級西可巴比妥、異戊巴比妥、納洛芬及其相類製品（如附表三）。

四 第四級二丙烯基巴比妥、阿普唑他及其相類製品（如附表四）。

③前項毒品之分級及品項，由法務部會同衛生福利部組成審議委員會，每三個月定期檢討，審議委員會並得將具有成癮性、濫用性、對社會危害性之虞之麻醉藥品與其製品、影響精神物質與其製品及與該等藥品、物質或製品具有類似化學結構之物質進行審議，並經審議通過後，報由行政院公告調整、增減之，並送請立法院查照。

④醫藥及科學上需用之麻醉藥品與其製品及影響精神物質與其製品之管理，另以法律定之。

第二條之一 99

①直轄市、縣（市）政府為執行毒品防制工作，應由專責組織辦理下列事項：

一 毒品防制教育宣導。

二 提供施用毒品者家庭重整及心理輔導等關懷訪視輔導。

三 提供或轉介施用毒品者各項社會救助、法律服務、就學服務、保護安置、危機處理服務、職業訓練及就業服務。

四 提供或轉介施用毒品者接受戒癮治療及追蹤輔導。

五 依法採驗尿液及訪查施用毒品者。

六 追蹤及管理轉介服務案件。

七 其他毒品防制有關之事項。

②直轄市、縣（市）政府應編列預算辦理前項事宜；必要時，得由各中央目的事業主管機關視實際情形酌予補助。

第二條之二 106

①法務部為推動毒品防制業務，應設基金，其來源如下：

一 循預算程序之撥款。

二 犯本條例之罪所科罰金及沒收、追徵所得款項之部分提撥。

三 違反本條例所處罰鍰之部分提撥。

四 基金孳息收入。

五 捐贈收入。

六 其他有關收入。

②前項基金之用途如下：

一　補助直轄市、縣（市）政府辦理前條第一項所列事項。
二　辦理或補助毒品檢驗、戒癮治療及研究等相關業務。
三　辦理或補助毒品防制宣導。
四　提供或補助施用毒品者安置、就醫、就學、就業及家庭扶助等輔導與協助。
五　辦理或補助與其他國家或地區間毒品防制工作之合作及交流事項。
六　辦理或補助其他毒品防制相關業務。
七　管理及總務支出。
八　其他相關支出。

第三條

本條例有關法院、檢察官、看守所、監獄之規定，於軍事法院、軍事檢察官、軍事看守所及軍事監獄之規定亦適用之。

第四條 109

①製造、運輸、販賣第一級毒品者，處死刑或無期徒刑；處無期徒刑者，得併科新臺幣三千萬元以下罰金。
②製造、運輸、販賣第二級毒品者，處無期徒刑或十年以上有期徒刑，得併科新臺幣一千五百萬元以下罰金。
③製造、運輸、販賣第三級毒品者，處七年以上有期徒刑，得併科新臺幣一千萬元以下罰金。
④製造、運輸、販賣第四級毒品者，處五年以上十二年以下有期徒刑，得併科新臺幣五百萬元以下罰金。
⑤製造、運輸、販賣專供製造或施用毒品之器具者，處一年以上七年以下有期徒刑，得併科新臺幣一百五十萬元以下罰金。
⑥前五項之未遂犯罰之。

第五條

①意圖販賣而持有第一級毒品者，處無期徒刑或十年以上有期徒刑，得併科新臺幣七百萬元以下罰金。
②意圖販賣而持有第二級毒品者，處五年以上有期徒刑，得併科新臺幣五百萬元以下罰金。
③意圖販賣而持有第三級毒品者，處三年以上十年以下有期徒刑，得併科新臺幣三百萬元以下罰金。
④意圖販賣而持有第四級毒品或專供製造、施用毒品之器具者，處一年以上七年以下有期徒刑，得併科新臺幣一百萬元以下罰金。

第六條

①以強暴、脅迫、欺瞞或其他非法之方法使人施用第一級毒品者，處死刑、無期徒刑或十年以上有期徒刑；處無期徒刑或十年以上有期徒刑者，得併科新臺幣一千萬元以下罰金。
②以前項方法使人施用第二級毒品者，處無期徒刑或七年以上有期徒刑，得併科新臺幣七百萬元以下罰金。
③以第一項方法使人施用第三級毒品者，處五年以上有期徒刑，得

併科新臺幣五百萬元以下罰金。

④以第一項方法使人施用第四級毒品者，處三年以上十年以下有期徒刑，得併科新臺幣三百萬元以下罰金。

⑤前四項之未遂犯罰之。

第七條

①引誘他人施用第一級毒品者，處三年以上十年以下有期徒刑，得併科新臺幣三百萬元以下罰金。

②引誘他人施用第二級毒品者，處一年以上七年以下有期徒刑，得併科新臺幣一百萬元以下罰金。

③引誘他人施用第三級毒品者，處六月以上五年以下有期徒刑，得併科新臺幣七十萬元以下罰金。

④引誘他人施用第四級毒品者，處三年以下有期徒刑，得併科新臺幣五十萬元以下罰金。

⑤前四項之未遂犯罰之。

第八條

①轉讓第一級毒品者，處一年以上七年以下有期徒刑，得併科新臺幣一百萬元以下罰金。

②轉讓第二級毒品者，處六月以上五年以下有期徒刑，得併科新臺幣七十萬元以下罰金。

③轉讓第三級毒品者，處三年以下有期徒刑，得併科新臺幣三十萬元以下罰金。

④轉讓第四級毒品者，處一年以下有期徒刑，得併科新臺幣十萬元以下罰金。

⑤前四項之未遂犯罰之。

⑥轉讓毒品達一定數量者，加重其刑至二分之一，其標準由行政院定之。

第九條 109

①成年人對未成年人販賣毒品或犯前三條之罪者，依各該條項規定加重其刑至二分之一。

②明知為懷胎婦女而對之販賣毒品或犯前三條之罪者，亦同。

③犯前五條之罪而混合二種以上之毒品者，適用其中最高級別毒品之法定刑，並加重其刑至二分之一。

第一〇條

①施用第一級毒品者，處六月以上五年以下有期徒刑。

②施用第二級毒品者，處三年以下有期徒刑。

第一一條 109

①持有第一級毒品者，處三年以下有期徒刑、拘役或新臺幣三十萬元以下罰金。

②持有第二級毒品者，處二年以下有期徒刑、拘役或新臺幣二十萬元以下罰金。

③持有第一級毒品純質淨重十公克以上者，處一年以上七年以下有期徒刑，得併科新臺幣一百萬元以下罰金。

④持有第二級毒品純質淨重二十公克以上者，處六月以上五年以下有期徒刑，得併科新臺幣七十萬元以下罰金。

⑤持有第三級毒品純質淨重五公克以上者，處二年以下有期徒刑，得併科新臺幣二十萬元以下罰金。

⑥持有第四級毒品純質淨重五公克以上者，處一年以下有期徒刑，得併科新臺幣十萬元以下罰金。

⑦持有專供製造或施用第一級、第二級毒品之器具者，處一年以下有期徒刑、拘役或新臺幣十萬元以下罰金。

第一一條之一 98

①第三級、第四級毒品及製造或施用毒品之器具，無正當理由，不得擅自持有。

②無正當理由持有或施用第三級或第四級毒品者，處新臺幣一萬元以上五萬元以下罰鍰，並應限期令其接受四小時以上八小時以下之毒品危害講習。

③少年施用第三級或第四級毒品者，應依少年事件處理法處理，不適用前項規定。

④第二項裁罰之基準及毒品危害講習之方式、內容、時機、時數、執行單位等事項之辦法，由法務部會同內政部、行政院衛生署定之。

第一二條

①意圖供製造毒品之用，而栽種罌粟或古柯者，處無期徒刑或七年以上有期徒刑，得併科新臺幣七百萬元以下罰金。

②意圖供製造毒品之用，而栽種大麻者，處五年以上有期徒刑，得併科新臺幣五百萬元以下罰金。

③前二項之未遂犯罰之。

第一三條

①意圖供栽種之用，而運輸或販賣罌粟種子或古柯種子者，處五年以下有期徒刑，得併科新臺幣五十萬元以下罰金。

②意圖供栽種之用，而運輸或販賣大麻種子者，處二年以下有期徒刑，得併科新臺幣二十萬元以下罰金。

第一四條

①意圖販賣而持有或轉讓罌粟種子、古柯種子者，處三年以下有期徒刑。

②意圖販賣而持有或轉讓大麻種子者，處二年以下有期徒刑。

③持有罌粟種子、古柯種子者，處二年以下有期徒刑、拘役或新臺幣三萬元以下罰金。

④持有大麻種子者，處一年以下有期徒刑、拘役或新臺幣一萬元以下罰金。

第一五條 109

①公務員假借職務上之權力、機會或方法犯第四條第二項或第六條第一項之罪者，處死刑或無期徒刑；處無期徒刑者，得併科新臺幣三千萬元以下罰金。犯第四條第三項至第五項、第五條、第六

條第二項至第四項、第七條第一項至第四項、第八條第一項至第四項、第九條至第十四條之罪者，依各該條項規定加重其刑至二分之一。

② 公務員明知他人犯第四條至第十四條之罪而予以庇護者，處一年以上七年以下有期徒刑。

第一六條 （刪除）

第一七條 109

① 犯第四條至第八條、第十條或第十一條之罪，供出毒品來源，因而查獲其他正犯或共犯者，減輕或免除其刑。

② 犯第四條至第八條之罪於偵查及歷次審判中均自白者，減輕其刑。

③ 被告供自己施用而犯第四條之運輸毒品罪，且情節輕微者，得減輕其刑。

第一八條 109

① 查獲之第一級、第二級毒品及專供製造或施用第一級、第二級毒品之器具，不問屬於犯罪行為人與否，均沒收銷燬之；查獲之第三級、第四級毒品及製造或施用第三級、第四級毒品之器具，無正當理由而擅自持有者，均沒入銷燬之。但合於醫藥、研究或訓練之用者，得不予銷燬。

② 查獲易生危險、有喪失毀損之虞、不便保管或保管需費過鉅之毒品，經取樣後於判決確定前得銷燬之；其取樣之數量、方式、程序及其他相關事項之辦法，由法務部定之。

③ 毒品檢驗機構檢驗出含有新興毒品或成分而有製成標準品之需者，得由衛生福利部或其他政府機關依法設置之檢驗機關（構）領用部分檢體，製成標準品使用或供其他檢驗機構使用。

④ 第一項但書與前項合於醫藥、研究或訓練用毒品或器具、檢驗機關（構）領用檢體之要件、程序、管理及其他相關事項之辦法，由法務部會同衛生福利部定之。

第一九條 109

① 犯第四條至第九條、第十二條、第十三條或第十四條第一項、第二項之罪者，其供犯罪所用之物，不問屬於犯罪行為人與否，均沒收之。

② 犯第四條之罪所使用之水、陸、空交通工具，沒收之。

③ 犯第四條至第九條、第十二條、第十三條或第十四條第一項、第二項之罪，有事實足以證明行為人所得支配之前二項規定以外之財物或財產上利益，係取自其他違法行為所得者，沒收之。

第二〇條 109

① 犯第十條之罪者，檢察官應聲請法院裁定，或少年法院（地方法院少年法庭）應先裁定，令被告或少年入勒戒處所觀察、勒戒，其期間不得逾二月。

② 觀察、勒戒後，檢察官或少年法院（地方法院少年法庭）依據勒戒處所之陳報，認受觀察、勒戒人無繼續施用毒品傾向者，應

即釋放，並爲不起訴之處分或不付審理之裁定；認受觀察、勒戒人有繼續施用毒品傾向者，檢察官應聲請法院裁定或由少年法院（地方法院少年法庭）裁定令入戒治所強制戒治，其期間爲六個月以上，至無繼續強制戒治之必要爲止。但最長不得逾一年。

③依前項規定爲觀察、勒戒或強制戒治執行完畢釋放後，三年後再犯第十條之罪者，適用前二項之規定。

④受觀察、勒戒或強制戒治處分之人，於觀察、勒戒或強制戒治期滿後，由公立就業輔導機構輔導就業。

第二○條之一

①觀察、勒戒及強制戒治之裁定確定後，有下列情形之一，認爲應不施以觀察、勒戒或強制戒治者，受觀察、勒戒或強制戒治處分之人，或其法定代理人、配偶，或檢察官得以書狀敘述理由，聲請原裁定確定法院重新審理：

一　適用法規顯有錯誤，並足以影響裁定之結果者。

二　原裁定所憑之證物已證明爲僞造或變造者。

三　原裁定所憑之證言、鑑定或通譯已證明其爲虛僞者。

四　參與原裁定之法官，或參與聲請之檢察官，因該案件犯職務上之罪，已經證明者。

五　因發現確實之新證據足認爲觀察、勒戒或強制戒治處分之人，應不施以觀察、勒戒或強制戒治者。

六　受觀察、勒戒或強制戒治處分之人，已證明其係被誣告者。

②聲請重新審理，應於裁定確定後三十日內提起。但聲請之事由，知悉在後者，自知悉之日起算。

③聲請重新審理，無停止觀察、勒戒或強制戒治執行之效力。但原裁定確定法院認爲有停止執行之必要者，得依職權或依聲請人之聲請，停止執行之。

④法院認爲無重新審理之理由，或程序不合法者，應以裁定駁回之；認爲有理由者，應重新審理，更爲裁定。法院認爲無理由裁定駁回聲請者，不得更以同一原因，聲請重新審理。

⑤重新審理之聲請，於裁定前得撤回之。撤回重新審理之人，不得更以同一原因，聲請重新審理。

第二一條 109

①犯第十條之罪者，於犯罪未發覺前，自動向衛生福利部指定之醫療機構請求治療，醫療機構免將請求治療者送法院或檢察機關。

②依前項規定治療中經查獲之被告或少年，應由檢察官爲不起訴之處分或由少年法院（地方法院少年法庭）爲不付審理之裁定。但以一次爲限。

第二二條 （刪除）

第二三條 109

①依第二十條第二項強制戒治期滿，應即釋放，由檢察官爲不起訴之處分或少年法院（地方法院少年法庭）爲不付審理之裁定。

②觀察、勒戒或強制戒治執行完畢釋放後，三年內再犯第十條之罪

者，檢察官或少年法院（地方法院少年法庭）應依法追訴或裁定交付審理。

第二三條之一

① 被告因拘提或逮捕到場者，檢察官依第二十條第一項規定聲請法院裁定觀察、勒戒，應自拘提或逮捕之時起二十四小時內為之，並將被告移送該管法院訊問；被告因傳喚、自首或自行到場，經檢察官予以逮捕者，亦同。

② 刑事訴訟法第九十三條之一之規定，於前項情形準用之。

第二三條之二

① 少年經裁定觀察、勒戒或強制戒治者，不適用少年事件處理法第四十五條第二項規定。

② 少年法院（地方法院少年法庭）依第二十條第二項、第二十三條第一項規定為不付審理之裁定，或依第三十五條第一項第四款規定為不付保護處分之裁定者，得並為下列處分：

一　轉介少年福利或教養機構為適當之輔導。

二　交付少年之法定代理人或現在保護少年之人嚴加管教。

三　告誡。

③ 前項處分，均交由少年調查官執行之。

第二四條 109

① 第二十條第一項及第二十三條第二項之程序，於檢察官先依刑事訴訟法第二百五十三條之一第一項、第二百五十三條之二第一項第四款至第六款或第八款規定，為附條件之緩起訴處分時，或於少年法院（地方法院少年法庭）認以依少年事件處理法程序處理為適當時，不適用之。

② 前項緩起訴處分，經撤銷者，檢察官應繼續偵查或起訴。

③ 檢察官依刑事訴訟法第二百五十三條之二第一項第六款規定為緩起訴處分前，應徵詢醫療機構之意見；必要時，並得徵詢其他相關機關（構）之意見。

④ 刑事訴訟法第二百五十三條之二第一項第六款規定之緩起訴處分，其適用戒癮治療之種類、實施對象、內容、方式、執行醫療機構或其他機構與其他相關事項之辦法及完成戒癮治療之認定標準，由行政院定之。

第二四條之一

觀察、勒戒或強制戒治處分於受處分人施用毒品罪之追訴權消滅時，不得執行。

第二五條 98

① 犯第十條之罪而付保護管束者，或因施用第一級或第二級毒品經裁定交付保護管束之少年，於保護管束期間，警察機關或執行保護管束者應定期或於其有事實可疑為施用毒品時，通知其於指定之時間到場採驗尿液，無正當理由不到場，得報請檢察官或少年法院（地方法院少年法庭）許可，強制採驗。到場而拒絕採驗者，得違反其意思強制採驗，於採驗後，應即時報請檢察官或少

年法院（地方法院少年法庭）補發許可書。

②依第二十條第二項前段、第二十一條第二項、第二十三條第一項規定為不起訴之處分或不付審理之裁定，或依第三十五條第一項第四款規定為免刑之判決或不付保護處分之裁定，或犯第十條之罪經執行刑罰或保護處分完畢後二年內，警察機關得適用前項之規定採驗尿液。

③前二項人員採驗尿液實施辦法，由行政院定之。

④警察機關或執行保護管束者依第一項規定通知少年到場採驗尿液時，應併為通知少年之法定代理人。

第二六條

犯第十條之罪者，於送觀察、勒戒或強制戒治期間，其所犯他罪之行刑權時效，停止進行。

第二七條 109

①勒戒處所，由法務部、國防部於所屬戒治處所、看守所、少年觀護所或所屬醫院內附設，或委託國軍退除役官兵輔導委員會、衛生福利部、直轄市或縣（市）政府指定之醫院內附設。

②受觀察、勒戒人另因他案依法應予羈押、留置或收容者，其觀察、勒戒應於看守所或少年觀護所附設之勒戒處所執行。

③戒治處所、看守所或少年觀護所附設之勒戒處所，由國防部、國軍退除役官兵輔導委員會、衛生福利部或直轄市或縣（市）政府指定之醫療機構負責其醫療業務。

④第一項受委託醫院附設之勒戒處所，其戒護業務由法務部及國防部負責，所需相關戒護及醫療經費，由法務部及國防部編列預算支應。

⑤第一項之委託辦法，由法務部會同國防部、國軍退除役官兵輔導委員會、衛生福利部定之。

第二八條 109

戒治處所，由法務部及國防部設立。未設立前，得先於監獄或少年矯正機構內設立，並由國防部、衛生福利部、國軍退除役官兵輔導委員會、直轄市或縣（市）政府指定之醫療機構負責其醫療業務；其所需員額及經費，由法務部及國防部編列預算支應。

第二九條

觀察、勒戒及強制戒治之執行，另以法律定之。

第三〇條

①觀察、勒戒及強制戒治之費用，由勒戒處所及戒治處所填發繳費通知單向受觀察、勒戒或強制戒治處分人或上開受處分少年之扶養義務人收取並解繳國庫。但自首或貧困無力負擔者，得免予繳納。

②前項費用經限期繳納，屆期未繳納者，由勒戒處所及戒治處所，依法移送強制執行。

第三〇條之一

①受觀察、勒戒或強制戒治處分人其原受觀察、勒戒或強制戒治處

分之裁定經撤銷確定者，得請求返還原已繳納之觀察、勒戒或強制戒治費用；尚未繳納者，不予以繳納。

②受觀察、勒戒或強制戒治處分其原受觀察、勒戒或強制戒治處分之裁定經撤銷確定者，其觀察、勒戒或強制戒治處分之執行，得準用冤獄賠償法之規定請求賠償。

第三一條

①經濟部為防制先驅化學品之工業原料流供製造毒品，得命廠商申報該項工業原料之種類及輸出入、生產、銷售、使用、貯存之流程、數量，並得檢查其簿冊及場所；廠商不得規避、妨礙或拒絕。

②前項工業原料之種類及申報、檢查辦法，由經濟部定之。

③違反第一項之規定不為申報者，處新臺幣三萬元以上三十萬元以下罰鍰，並通知限期補報，屆期仍未補報者，按日連續處罰。

④規避、妨礙或拒絕第一項之檢查者，處新臺幣三萬元以上三十萬元以下罰鍰，並得按次處罰及強制檢查。

⑤依前二項所處之罰鍰，經限期繳納，屆期未繳納者，依法移送強制執行。

第三一條之一 106

①為防制毒品危害，特定營業場所應採行下列防制措施：

一 於入口明顯處標示毒品防制資訊，其中應載明持有毒品之人不得進入。

二 指派一定比例從業人員參與毒品危害防制訓練。

三 備置負責人及從業人員名冊。

四 發現疑似施用或持有毒品之人，通報警察機關處理。

②特定營業場所未執行前項各款所列防制措施之一者，由直轄市、縣（市）政府令負責人限期改善；屆期未改善者，處負責人新臺幣五萬元以上五十萬元以下罰鍰，並得按次處罰；其屬法人或合夥組織經營者，併同處罰之。

③特定營業場所人員知悉有人在內施用或持有毒品，未通報警察機關處理者，由直轄市、縣（市）政府處負責人新臺幣十萬元以上一百萬元以下罰鍰；其屬法人或合夥組織經營者，併同處罰之。其情節重大者，各目的事業主管機關得令其停止營業六個月以上一年六個月以下或勒令歇業。

④直轄市、縣（市）政府應定期公布最近一年查獲前項所定情節重大之特定營業場所名單。

⑤第一項特定營業場所之種類、毒品防制資訊之內容與標示方式、負責人及從業人員名冊之格式、毒品危害防制訓練、執行機關與執行程序之辦法，由法務部會商相關機關定之。

第三二條

防制毒品危害有功人員或檢舉人，應予獎勵，防制不力者，應予懲處；其獎懲辦法，由行政院定之。

第三二條之一 109

① 為偵辦跨國性毒品犯罪，檢察官或刑事訴訟法第二百二十九條之司法警察官，得由其檢察長或其最上級機關首長向最高檢察署提出偵查計畫書，並檢附相關文件資料，經最高檢察署檢察總長核可後，核發偵查指揮書，由入、出境管制相關機關許可毒品及人員入、出境。

② 前項毒品、人員及其相關人、貨之入、出境之協調管制作業辦法，由行政院定之。

第三二條之二

前條之偵查計畫書，應記載下列事項：

一　犯罪嫌疑人或被告之年籍資料。

二　所犯罪名。

三　所涉犯罪事實。

四　使用控制下交付調查犯罪之必要性。

五　毒品數量及起迄處所。

六　毒品及犯罪嫌疑人入境航次、時間及方式。

七　毒品及犯罪嫌疑人入境後，防制毒品散逸及犯罪嫌疑人逃逸之監督作為。

八　偵查犯罪所需期間、方法及其他作為。

九　國際合作情形。

第三三條

① 為防制毒品氾濫，主管機關對於所屬或監督之特定人員於必要時，得要求其接受採驗尿液，受要求之人不得拒絕；拒絕接受採驗者，並得拘束其身體行之。

② 前項特定人員之範圍及採驗尿液實施辦法，由行政院定之。

第三三條之一 109

① 尿液之檢驗，應由下列機關（構）為之：

一　衛生福利部認證之檢驗及醫療機構。

二　衛生福利部指定之衛生機關。

三　法務部調查局、內政部警政署刑事警察局、國防部憲兵指揮部或其他政府機關依法設置之檢驗機關（構）。

② 檢驗機構對於前項餘尿液檢體之處理，應依相關規定或與委驗機構之約定為之。但合於人體代謝物研究供開發檢驗方法或試劑之用者，於不起訴處分、緩起訴處分或判決確定，經去識別化方式後，得供醫藥或研究機構領用。

③ 第一項第一款檢驗及醫療機構之認證標準、認證與認證之撤銷或廢止及管理等事項之辦法；第二款、第三款檢驗機關（構）之檢驗設置標準，由衛生福利部定之。

④ 第一項各類機關（構）尿液檢驗之方式、判定基準、作業程序、檢體保管，與第二項餘檢體之處理、領用及其他相關事項之準則，由衛生福利部定之。

第三四條 109

本條例施行細則，由法務部會同內政部、衛生福利部擬訂，報請

行政院核定之。

第三五條

①於中華民國九十二年六月六日本條例修正施行前繫屬之施用毒品案件，於修正施行後，適用修正後之規定，並依下列方式處理：

一　觀察、勒戒及強制戒治中之案件，適用修正後觀察、勒戒及強制戒治之規定。

二　偵查中之案件，由檢察官依修正後規定處理之。

三　審判中之案件，由法院或少年法院（地方法院少年法庭）依修正後規定處理之。

四　審判中之案件，依修正後之規定應為不起訴之處分或不付審理之裁定者，法院或少年法院（地方法院少年法庭）應為免刑之判決或不付保護處分之裁定。

②前項情形，依修正前之規定有利於行為人者，適用最有利於行為人之法律。

第三五條之一 109

本條例中華民國一百零八年十二月十七日修正之條文施行前犯第十條之罪之案件，於修正施行後，依下列規定處理：

一　偵查中之案件，由檢察官依修正後規定處理。

二　審判中之案件，由法院或少年法院（地方法院少年法庭）依修正後規定處理；依修正後規定應為不起訴處分或不付審理之裁定者，法院或少年法院（地方法院少年法庭）應為免刑之判決或不付審理之裁定。

三　判決確定尚未執行或執行中之案件，適用修正前之規定。

第三六條 109

本條例除中華民國九十九年十一月五日修正之第二條之一、第二十七條及第二十八條，一百零四年一月二十三日、一百零六年五月二十六日修正之條文，自公布日施行；一百零五年五月二十七日修正之條文，自一百零五年七月一日施行；一百零八年十二月十七日修正之第十八條、第二十四條及第三十三條之一之施行日期，由行政院定之外，自公布後六個月施行。

毒品危害防制條例施行細則

① 民國44年7月29日內政部令訂定發布全文37條。
② 民國46年8月31日內政部令修正發布全文32條。
③ 民國71年1月15日內政部令修正發布第5、6、7、15、23、25～27、32條條文。
④ 民國81年7月30日內政部令修正發布名稱及全文27條（原名稱：戡亂時期肅清煙毒條例施行細則）。
⑤ 民國82年7月28日內政部令修正發布第21條條文。
⑥ 民國88年4月21日法務部、內政部、行政院衛生署令會銜修正發布名稱及全文27條；並自發布日施行（原名稱：肅清煙毒條例施行細則）。
⑦ 民國93年1月9日法務部、內政部、行政院衛生署令會銜修正發布第11、12、14、17、25～27條條文；增訂第11-1條條文；刪除第13、16、20、22條條文；並自93年1月9日施行。
　民國101年2月3日行政院公告第10條第8款所列屬「行政院人事行政局」之權責事項，自101年2月6日起改由「行政院人事行政總處」管轄。
　民國101年5月15日行政院公告第10條第9款所列屬「行政院新聞局」之權責事項，自101年5月20日起停止辦理。
　民國101年12月25日行政院公告第10條第11款所列屬「行政院青年輔導委員會」之權責事項，自102年1月1日起改由「教育部」管轄。
⑧ 民國102年5月31日法務部、內政部、行政院衛生署令會銜修正發布第2、10、11、27條條文；增訂第9-1～9-3條條文及第二章之一章名；並自102年6月1日施行。
　民國102年7月19日行政院公告第9、9-2、9-3條、第10條第10款、第11條所列屬「行政院衛生署」、「行政院衛生署食品藥物管理局」之權責事項，自102年7月23日起分別改由「衛生福利部」、「衛生福利部食品藥物管理署」管轄。
　民國102年10月25日行政院公告第10條第11款所列屬「行政院國軍退除役官兵輔導委員會」之權責事項，自102年11月1日起改由「國軍退除役官兵輔導委員會」管轄。
　民國103年2月14日行政院公告第10條第12款所列屬「行政院勞工委員會」之權責事項，自103年2月17日起改由「勞動部」管轄。

第一章　總　則

第一條
　本細則依毒品危害防制條例（以下簡稱本條例）第三十四條規定訂定之。

第二條 102
　防制毒品危害，由行政院統合各相關機關，辦理緝毒、防毒、拒

毒及戒毒工作。

第三條

前條各相關機關應將防制毒品危害為年度重要工作，就業務職掌研訂相關因應措施，積極辦理。所需經費，由各機關於年度預算內編列。

第二章　緝　毒

第四條

毒品之查緝，由臺灣高等法院檢察署及福建高等法院金門分院檢察署，督導各地方法院檢察署統合各相關機關、單位協調合作，從事整體性、全面性、計畫性、持續性之查緝。

第五條

查獲毒品案件，應追查毒品之供銷管道及販賣、運輸網路，並擴大偵辦。

第六條

①各查緝機關、單位應協商合作，建立反毒情報網及緝毒資料庫。

②防制毒品犯罪，有關積極加入國際組織、參與國際反毒活動、建立雙邊及多邊國際合作事宜，應商同外交部辦理之。

第七條

①各查緝機關、單位，緝獲毒品案件，應填具「毒品案件涉嫌人犯基本資料移送報告表」及「毒品案件姓名年齡不詳涉嫌人犯應繼續查緝資料移送報告表」，移送該管地方法院檢察署。

②前項報告表格式，均由法務部定之。

第八條

各查緝機關、單位受理毒品案件之檢舉時，應迅即調查，依法辦理，對檢舉人之姓名應絕對保守秘密，並切實保障其安全。如有洩漏消息、稽延時日或藉端敲詐徇私庇縱等情事，或檢舉人挾嫌陷害，故為栽誣者，均應依法嚴辦。

第九條

為防制毒品製造，經濟部及行政院衛生署應訂定管制本條例第三十一條第一項所稱先驅化學品之措施。

第二章之一　防　毒 102

第九條之一 102

查獲毒品製造工廠，應追查毒品製造原料之來源、供銷管道及販賣、運輸網路，並擴大偵辦。

第九條之二 102

查獲製造毒品先驅原料，應追查原料之來源，並通報行政院衛生署食品藥物管理局。

第九條之三 102

①各檢驗機關（構）應將每月毒品檢測結果資料，於次月十日前，依規定格式彙送行政院衛生署備查。

②各檢驗機關（構）發現未經列管之新興毒品，應通報法務部，並通知行政院衛生署。

③第一項格式由行政院衛生署另定之。

第三章 拒 毒

第一○條 102

教育部應統合下列機關，並協調社會團體，運用各種管道，持續進行反毒宣導：

一 內政部。

二 外交部。

三 國防部。

四 財政部。

五 法務部。

六 經濟部。

七 交通部。

八 行政院人事行政總處。

九 文化部。

十 行政院衛生署。

十一 行政院國軍退除役官兵輔導委員會。

十二 行政院勞工委員會。

十三 省政府、直轄市政府、縣（市）政府。

十四 其他相關機關。

第四章 戒 毒

第一一條 102

①勒戒處所需用之戒毒藥品，其屬成癮性麻醉藥品者，由行政院衛生署食品藥物管理局核配。

②勒戒處所應將前項成癮性麻醉藥品實際使用情形，填具報告表陳報行政院衛生署食品藥物管理局。

③前項報告表格式，由行政院衛生署另定之。

第一一條之一 93

依本條例第十八條第一項規定，經查獲無正當理由而擅自持有第三、四級毒品及製造或施用毒品之器具者，由查獲機關予以沒入銷燬之。

第一二條 93

①勒戒處所於受觀察、勒戒人經依本條例第二十條第一項規定觀察、勒戒後，應填具其有無繼續施用毒品傾向證明書，回報原移送機關，並於每月月終表報法務部。

②前項有無繼續施用毒品傾向證明書格式，由法務部定之。

第一三條 （刪除）93

第一四條 93

各戒治處所、感訓處所及監獄於施用毒者依法出所或出獄後，

應即通知其住所地警察機關或執行保護管束者。

第一五條

法院受理檢察官依法為觀察、勒戒之聲請，如認被告有付觀察、勒戒必要時，應同時為觀察、勒戒之裁定。

第一六條 （刪除）93

第一七條 93

①法院對受拘提或逮捕到場之被告為不付觀察、勒戒之裁定，除另因他案依法應予羈押、留置、收容、移送執行或其他事由須送還法官、檢察官處理者外，應即釋放之。

②受觀察、勒戒人，現另因他案依法應予羈押、留置、收容時，其觀察、勒戒處分應於看守所或少年觀護所附設之勒戒處所執行之，其期間與羈押、留置或收容期間同時進行。

第五章 檢驗及統計

第一八條

行政院得指定機關（構）負責檢驗、保管查獲之毒品，並嚴密監督管制其檢驗、保管及處理流程。

第一九條

各查緝機關、單位緝獲毒品，應會同在場人員或有關人員，當場辨認證明數量，簽印加封蓋章後，送由指定之檢驗機關（構）檢驗毒品品項、純度及淨重，作為檢察機關偵辦或少年法院（庭）處理之參考及核獎機關核發獎金之依據。

第二〇條 （刪除）93

第二一條

毒品、尿液之檢驗結果，應由檢驗機關（構）出具檢驗報告，並載明檢驗方法，交由送檢機關（構）依法辦理。

第二二條 （刪除）93

第二三條

各毒品查緝機關應按月將緝獲毒品種類、數量之統計資料，檢送法務部及內政部；如涉及軍事審判案件，並副知國防部。

第六章 附 則

第二四條

各主管機關應研訂相關法規，以落實執行本條例第三十三條第一項對於所屬或監督之特定人員採驗尿液之規定。

第二五條 93

①本條例中華民國八十七年五月二十日修正施行前犯肅清煙毒條例第九條第一項、第二項或麻醉藥品管理條例第十三條之一第二項第四款之罪，經送觀察或勒戒中之案件，原指定勒戒處所應繼續為觀察、勒戒，其期間合計不得逾二月，並就其觀察、勒戒情形出具有無繼續施用毒品傾向證明書。

②檢察官或法院應就前項受觀察、勒戒人經觀察、勒戒結果，分別

依下列情形處理之：

一 偵查中之案件：有繼續施用毒品傾向者，檢察官應聲請法院或少年法院（地方法院少年法庭）裁定令入戒治處所施以強制戒治；無繼續施用毒品傾向者，應為不起訴之處分。

二 審理中之案件：有繼續施用毒品傾向者，由法院或少年法院（地方法院少年法庭）逕為裁定令入戒治處所施以強制戒治；無繼續施用毒品傾向者，法院或少年法院（地方法院少年法庭）應為免刑之判決或不付審理之裁定。

③依前項規定為不起訴之處分或免刑之判決或不付審理之裁定後，五年內再犯本條例第十條之罪者，依本條例第二十三條第二項規定處理。

④第一項情形，如受觀察、勒戒人經觀察、勒戒結果，無繼續施用毒品傾向，其觀察、勒戒期間屆滿者，除因他案依法應予羈押、留置、收容或移送執行者外，應即將受觀察、勒戒人釋放。

第二六條 93

①本條例中華民國八十七年五月二十日修正施行前犯肅清煙毒條例第九條第一項、第二項或麻醉藥品管理條例第十三條之一第二項第四款之罪，未送觀察或勒戒之案件，應依下列規定辦理：

一 偵查中之案件：應由檢察官向法院聲請裁定將被告送勒戒處所觀察、勒戒，並就觀察、勒戒結果分別依本條例第二十條第二項規定辦理之。

二 審理中之案件：應由法院或少年法院（地方法院少年法庭）逕為裁定，將被告或少年送勒戒處所觀察、勒戒。經觀察、勒戒結果，無繼續施用毒品傾向者，法院或少年法院（地方法院少年法庭）應為免刑之判決或不付審理之裁定；有繼續施用毒品傾向者，應逕為裁定將被告或少年送戒治處所強制戒治。強制戒治期滿，法院或少年法院（地方法院少年法庭）應為免刑之判決或不付審理之裁定。

②依前項規定為不起訴之處分、免刑之判決或不付審理之裁定後，五年內再犯本條例第十條之罪者，依本條例第二十三條第二項之規定處理。

第二七條 102

①本細則自發布日施行。

②中華民國九十三年一月九日修正發布之條文，自中華民國九十三年一月九日施行。

③本細則中華民國一百零二年五月三十一日修正發布之條文，自一百零二年六月一日施行。

觀察勒戒處分執行條例

①民國87年5月20日總統令制定公布全文18條；並自公布日施行。
②民國99年5月26日總統令修正公布第6條條文。
③民國107年6月13日總統令修正公布第8條條文。

第一條
　　本條例依毒品危害防制條例第二十九條規定制定之。

第二條
　　觀察、勒戒處分之執行，依本條例之規定，本條例未規定者，適用保安處分執行法之相關規定。

第三條
①檢察官依毒品危害防制條例第二十條第一項規定命送勒戒所執行觀察、勒戒處分者，應先向法院聲請裁定，法院應於受理聲請後二十四小時內爲之。

②前項聲請裁定期間，法院得依檢察官之聲請將被聲請人留置於勒戒處所。留置期間得折抵執行觀察、勒戒期間。

③法院爲不付觀察、勒戒之裁定或逾期不爲裁定者，受留置人應即釋放。

④對第一項之裁定不服，而提出抗告者，適用刑事訴訟法第四百零六條至第四百十四條之規定。但不得提起再抗告。

第四條
①少年法院（庭）對毒品危害防制條例第二十條第一項之少年，於付觀察、勒戒之裁定前，得先行收容於勒戒處所；該裁定應於收容後二十四小時內爲之。收容期間，得折抵執行觀察、勒戒處分期間。

②少年法院（庭）爲不付觀察、勒戒之裁定或逾期不爲裁定者，收容之少年應即釋放。

③少年及其法定代理人、現在保護少年之人或輔佐人，對第一項裁定不服者，得提起抗告；並準用刑事訴訟法第四百零六條至第四百十四條之規定。但不得提起再抗告。

第五條
①受觀察、勒戒人應收容於勒戒處所，執行觀察、勒戒處分。但對於少年得由少年法院（庭）另行指定適當處所執行。

②勒戒處所設於看守所或少年觀護所者，應與其他被告或少年分別收容。

③受觀察、勒戒人爲女性者，應與男性嚴爲分界。

第六條 99

①受觀察、勒戒人入所時，應調查其入所之裁定書、移送公函及其他應備文件，如文件不備時，得拒絕入所或通知補送。

②受觀察、勒戒人入所時，應行健康檢查。有下列情形之一者，應拒絕入所：

一　衰老、身心障礙，不能自理生活。

二　心神喪失或現罹疾病，因勒戒而有身心障礙或死亡之虞。

三　懷胎五月以上或分娩未滿二月。

③勒戒處所附設於看守所或少年觀護所者，對罹法定傳染病、後天免疫缺乏症候群或其他經中央衛生主管機關指定之傳染病者，得拒絕入所。

④前二項被拒絕入所者，應由檢察官或少年法院（庭）斟酌情形，交監護人、法定代理人、最近親屬、醫院或其他適當處所。

⑤第二項、第三項被拒絕入所之原因消滅後，應通知受觀察、勒戒人至勒戒所執行。

第七條

受觀察、勒戒人在所進行觀察、勒戒之醫療處置，應依醫師之指示爲之。

第八條 107

①勒戒處所應注意觀察受觀察、勒戒人在所情形，經醫師研判其有或無繼續施用毒品傾向後，至遲應於觀察、勒戒期滿之十五日前，陳報該管檢察官或少年法院（庭）。

②受觀察、勒戒人經觀察、勒戒結果，無繼續施用毒品傾向者，檢察官或少年法院（庭）應即命令或裁定將其釋放；有繼續施用毒品傾向者，檢察官至遲於觀察、勒戒期滿之七日前向法院聲請強制戒治，法院或少年法院（庭）應於觀察、勒戒期滿前裁定並宣示或送達。

③前項聲請經法院裁定強制戒治者，於裁定宣示或送達後至移送戒治處所前之繼續收容期間，計入戒治期間。少年法院（庭）裁定強制戒治者，亦同。

④觀察、勒戒期間屆滿當日下午五時前，未經法院或少年法院（庭）宣示或送達執行強制戒治裁定正本者，勒戒處所應即將受觀察、勒戒人釋放，同時通知檢察官、法院或少年法院（庭）。

第九條

勒戒處所得辦理戒毒輔導及宗教教誨等事宜，使受觀察、勒戒人堅定戒毒決心。

第一〇條

勒戒處所對於受觀察、勒戒人得經常不定期實施尿液篩檢。

第一一條

送入必需物品之種類及數量，得加限制。但飲食不得送入。

第一二條

①受觀察、勒戒人之接見及發受書信，除有特別理由經勒戒處所長官許可，得與其他人爲之外，以與配偶、直系血親爲之爲限。但

有妨礙觀察、勒戒處分之執行或受觀察、勒戒人之利益者，得禁止或限制之。

②前項接見，每週一次，每次以三十分鐘為限。但經勒戒處所長官許可者，得增加或延長之。

③受觀察、勒戒人得發受書信，勒戒處所並得檢閱之，如認有第一項但書情形，受觀察、勒戒人發信者，得述明理由，令其刪除後再行發出；受觀察、勒戒人受信者，得述明理由，逕予刪除再交受觀察、勒戒人收受。

第一三條

①天災、事變在所內無法防避時，得將受觀察、勒戒人護送至相當處所；不及護送時，已完成觀察、勒戒程序者，得逕行釋放；未完成觀察、勒戒程序者，得暫行釋放。

②前項之釋放應即陳報該管檢察官或少年法院（庭）。

③對於依第一項規定逕行釋放之受觀察、勒戒人，檢察官或少年法院（庭）應依毒品危害防制條例第二十條第二項之規定處理。

④第一項暫行釋放之受觀察、勒戒人，於離所後七十二小時內，應自行返所報到，繼續執行觀察、勒戒之程序；逾時無正當理由不報到者，以脫逃罪論處。

第一四條

①勒戒之費用，依毒品危害防制條例第三十條之規定辦理。

②前項費用，勒戒處所得自受觀察、勒戒人之保管金中扣繳。

第一五條

受觀察、勒戒人之處遇，除本條例有規定者外，準用監獄行刑法第二十六條之一、第四十二條至第四十四條、第四十八條至第五十二條、第八十八條及第八十九條之規定。

第一六條

少年於事件繫屬後於觀察、勒戒期間滿十八歲者，少年法院（庭）得以裁定移送檢察官；檢察官應視事件進行程度，向法院聲請為觀察、勒戒處分之裁定、執行、繼續執行觀察、勒戒處分，或逕依毒品危害防制條例第二十條規定辦理。

第一七條

軍事機關依毒品危害防制條例第二十條第一項、第二十九條之規定執行觀察、勒戒處分，準用本條例之規定。

第一八條

本條例自公布日施行。

戒治處分執行條例

① 民國87年5月20日總統令制定公布全文33條；並自公布日施行。
② 民國93年1月7日總統令修正公布第2～4、7、11、17、18、21、
　 22、25、30、32條條文；並刪除第26、28、29條條文。
③ 民國95年5月30日總統令修正公布第22、33條條文；並自95年7月
　 1日施行。
④ 民國96年3月21日總統令修正公布第7條條文。

第一章　總　則

第一條
　　本條例依毒品危害防制條例第二十九條規定制定之。

第二條 93
① 受戒治人應收容於戒治所，執行戒治處分。戒治所附設於（軍
　 事）監獄或少年矯正機構者，應與其他收容人分別收容。
② 受戒治人為女性者，應與男性受戒治人之收容嚴為分界。

第三條 93
　　法務部、國防部得隨時派員視察戒治所。

第四條 93
① 受戒治人不服戒治所之處分時，得經由戒治所所長向法務部、國
　 防部申訴，或逕向視察人員申訴。
② 前項申訴，無停止處分執行之效力。

第二章　入　所

第五條
　　受戒治人入所時，應調查其入所裁定書、移送公函及其他應備文
　 件。如文件不備時，得拒絕入所或通知補送。

第六條
① 女性受戒治人請求攜帶未滿三歲子女入所者，得准許之。
② 前項子女滿三歲後，應交受戒治人以外之撫養義務人撫養，無撫
　 養義務人或其他相當之人可交付時，得延期六月；期滿後仍不能
　 交付撫養者，由戒治所或該受戒治人依兒童福利法第十七條第一
　 項規定，申請兒童福利主管機關安置或輔助。
③ 前二項規定，於所內分娩之子女亦適用之。

第七條 96
① 受戒治人入所時，應行健康檢查，有下列情形之一者，應拒絕入
　 所：
　一　罹法定傳染病，因戒治有引起群聚感染之虞。

　　二　衰老、身心障礙，致不能自理生活。

　　三　現罹疾病，因戒治而有病情加重或死亡之虞。

　　四　懷胎五月以上或分娩未滿二月。

②前項被拒絕入所者，應由檢察官或少年法院（地方法院少年法庭）斟酌情形，交監護人、法定代理人、最近親屬、醫院或其他適當處所。

③第一項被拒絕入所之原因消滅後，應通知受戒治人至戒治所執行。

第八條

受戒治人入所時，戒治所應詳細調查其個人之學經歷、性行嗜好、身心狀況、家庭背景、宗教信仰、社會關係及其他可供執行戒治處分參考之資料，以建立其個人檔案。

第九條

①受戒治人入所時，應檢查其身體、衣類及攜帶物品，並捺印指紋及照相；在戒治期間認為有必要時，亦同。

②受戒治人為女性者，前項檢查由女性管理員為之。

第一〇條

受戒治人入所時，應告以戒治期間之處遇及應遵守之事項。

第三章　處　遇

第一一條 93

①戒治處分之執行，其期間為六個月以上，至無繼續強制戒治之必要為止。但最長不得逾一年。

②戒治分下列三階段依序行之：

　　一　調適期。

　　二　心理輔導期。

　　三　社會適應期。

第一二條

調適期處遇重點在培養受戒治人之體力及毅力，增進其戒毒信心。

第一三條

心理輔導期處遇重點在激發受戒治人之戒毒動機及更生意志，協助其戒除對毒品之心理依賴。

第一四條

社會適應期處遇重點在重建受戒治人之人際關係及解決問題能力，協助其復歸社會。

第一五條

戒治所應依據受戒治人之需要，擬訂其個別階段處遇計畫。

第一六條

受戒治人在社會適應期之處遇，如於所外行之有益於復歸社會，報經法務部核准後，得於所外行之；其辦法於本條例施行後六個月內由法務部定之。

第一七條 93

戒治所對受戒治人各階段之處遇成效應予評估，作為停止戒治之依據；其評估辦法，由法務部定之。

第一八條 93

①戒治處分應先於徒刑、拘役、感訓處分、保護處分及中途學校之特殊教育執行之。

②法院或法院檢察署借提執行中之受戒治人，應於當日解還；當日不能解還者，寄禁於當地或鄰近地區之戒治所，其期間不得逾一個月。

③受戒治人因刑事案件經偵審機關借提，為本案羈押者，其原執行之戒治處分中斷，於其解還之日接續執行。

第四章 管 理

第一九條

受戒治人應斟酌之情形予以分類收容。但因戒治上之需要或有違反團體生活紀律之情事者，經所長核定，得將其隔離收容。

第二〇條

戒治所對於受戒治人應經常不定期實施尿液篩檢。

第二一條 93

①送入必需物品之種類及數量，得加限制。

②飲食不得送入。但下列節日有送入飲食之必要時，依前項之規定辦理：

一 農曆除夕至正月初五。

二 一月一日、二日、母親節、端午節、父親節及中秋節。

③前二項限制送入必需物品、飲食之種類、數量及其相關規定之辦法，由法務部定之。

第二二條 95

①受戒治人得與最近親屬、家屬接見及發受書信；於進入心理輔導期後，受戒治人與非親屬、家屬之接見及發受書信，以有益於其戒治處分之執行為限，得報經所長許可後行之。

②前項接見或書信內容，有下列各款情形之一者，得限制或禁止之：

一 誘騙、侮辱或恐嚇之不當陳述，使他人有受騙、造成心理壓力或不安之虞。

二 使用符號、暗語或其他方法，致使無法瞭解或檢閱。

三 有脫逃或湮滅、偽造、變造證據或勾串其他正犯、共犯或證人之虞。

四 述及戒治處所之警備狀況、房舍配置等事項，有影響戒護安全之虞。

五 要求親友寄入金錢或物品，顯超日常生活及醫療所需，違背強制戒治之宗旨。

六 其他對戒治處遇之公平、適切實施，有妨礙之虞。

③第一項接見，每週一次，每次以三十分鐘爲限。但必要時經所長許可者，得增加或延長之。

④戒治所檢閱受戒治人發受之書信，有第二項所列各款情形之一，其爲發信者，得述明理由，令其刪除後再行寄發；其爲受信者，得述明理由，逕予刪除後再交受戒治人收受。

第二三條

①天災、事變在所內無法防避時，得將受戒治人護送至相當處所；不及護送時，得暫行釋放。

②前項暫行釋放之受戒治人，自離所起七十二小時內，應自行返所報到，繼續戒治處分之執行；逾時無正當理由不報到者，以脫逃罪論處。

第二四條

①戒治之費用，依毒品危害防制條例第三十條之規定辦理。

②前項費用，戒治所得自受戒治人之保管金或勞作金中扣繳。

第五章　出　所

第二五條 93

受戒治人接受戒治處遇屆滿六個月後，經依第十七條所爲之評估，認無繼續強制戒治之必要者，戒治所得隨時檢具事證，報請指揮執行之檢察官、法院或少年法院（地方法院少年法庭）命令或裁定停止戒治後，辦理出所。

第二六條 （刪除）93

第二七條

戒治處分執行期滿者，應於屆滿之次日午前辦理出所。

第二八條 （刪除）93

第二九條 （刪除）93

第三〇條 93

受戒治人出所時，戒治所應將出所事由函知指揮執行之檢察官、法院或少年法院（地方法院少年法庭），並通知其居住地或戶籍地之警察機關。

第六章　附　則

第三一條

戒治處分之執行，除本條例有規定外，準用監獄行刑法第四章至第十一章、第十三章及第十四章之規定。

第三二條 93

本條例有關法院、檢察官、監獄之規定，於軍事法院、軍事檢察官及軍事監獄，亦適用之。

第三三條 95

①本條例自公布日施行。

②本條例中華民國九十五年五月五日修正之條文，自中華民國九十五年七月一日施行。

藥事法

①民國59年8月17日總統令制定公布全文90條。
②民國68年4月4日總統令修正公布第24～27、54條條文。
③民國82年2月5日總統令修正公布名稱及全文106條（原名稱：藥物藥商管理法）。
④民國86年5月7日總統令修正公布第53、106條條文。
　民國90年12月25日行政院函發布定自91年1月1日施行。
⑤民國87年6月24日總統令修正公布第103條條文。
⑥民國89年4月26日總統令修正公布第2、3、27、66、77～79、100、102條條文。
⑦民國92年2月6日總統令修正公布第39條條文；並增訂第48-1、96-1條條文。
⑧民國93年4月21日總統令修正公布第1、8、9、11、13、16、22、33、37、40～42、45、47、48、57、62、64、66、74～78、83、91～93、95、96條條文；增訂第27-1、40-1、45-1、57-1、66-1、97-1、99-1、104-1、104-2條條文；並刪除第61、63條條文。
⑨民國94年2月5日總統令修正公布第40-1條條文；並增訂第40-2條條文。
⑩民國95年5月17日總統令修正公布第66、91、92、95、99條條文；並刪除第98條條文。
⑪民國95年5月30日總統令修正公布第82、83、106條條文；並自95年7月1日施行。
⑫民國100年12月7日總統令修正公布第19、34條條文。
⑬民國101年6月27日總統令修正公布第57、78、80、91、92、94條條文；並增訂第71-1、104-3、104-4條條文。
⑭民國102年1月16日總統令修正公布第41條條文。
⑮民國102年5月8日總統令修正公布第13條條文。
　民國102年7月19日行政院公告第2條所列屬「行政院衛生署」之權責事項，自102年7月23日起改由「衛生福利部」管轄。
⑯民國102年12月11日總統令修正公布第80條條文。
⑰民國104年12月2日總統令修正公布第2、39、75、82～88、90、92、93、96-1條條文；並增訂第6-1、27-2、48-2條條文。
⑱民國106年6月14日總統令修正公布第88、92條條文；並增訂第53-1條條文。
⑲民國107年1月31日總統令修正公布第40-1、100、106條條文；並增訂第40-3、48-3～48-22、92-1、100-1條條文及第四章之一章名；除第四章之一、第92-1、100、100-1條施行日期由行政院定之外，餘自公布日施行。
　民國108年8月6日行政院令發布定自108年8月20日施行。

第一章　總　則

① 藥事之管理，依本法之規定；本法未規定者，依其他有關法律之規定。但管制藥品管理條例有規定者，優先適用該條例之規定。

② 前項所稱藥事，指藥物、藥商、藥局及其有關事項。

第二條 104

本法所稱衛生主管機關：在中央為衛生福利部；在直轄市為直轄市政府；在縣（市）為縣（市）政府。

第三條

中央衛生主管機關得專設藥物管理機關，直轄市及縣（市）衛生主管機關於必要時亦得報准設置。

第四條

本法所稱藥物，係指藥品及醫療器材。

第五條

本法所稱試驗用藥物，係指醫療效能及安全尚未經證實，專供動物毒性藥理評估或臨床試驗用之藥物。

第六條

本法所稱藥品，係指左列各款之一之原料藥及製劑：

一　載於中華藥典或經中央衛生主管機關認定之其他各國藥典、公定之國家處方集，或各該補充典籍之藥品。

二　未載於前款，但使用於診斷、治療、減輕或預防人類疾病之藥品。

三　其他足以影響人類身體結構及生理機能之藥品。

四　用以配製前三款所列之藥品。

第六條之一 104

① 經中央衛生主管機關公告類別之藥品，其販賣業者或製造業者，應依其產業模式建立藥品來源及流向之追溯或追蹤系統。

② 中央衛生主管機關應建立前項追溯或追蹤申報系統；前項業者應以電子方式申報之，其電子申報方式，由中央衛生主管機關定之。

③ 前項追溯或追蹤系統之建立、應記錄之事項、查核及其他應遵行事項之辦法，由中央衛生主管機關定之。

第七條

本法所稱新藥，係指經中央衛生主管機關審查認定屬新成分、新療效複方或新使用途徑製劑之藥品。

第八條 93

① 本法所稱製劑，係指以原料藥經加工調製，製成一定劑型及劑量之藥品。

② 製劑分為醫師處方藥品、醫師藥師藥劑生指示藥品、成藥及固有成方製劑。

③ 前項成藥之分類、審核、固有成方製劑製售之申請、成藥及固有成方製劑販賣之管理及其他應遵行事項之辦法，由中央衛生主管機關定之。

第九條 93

本法所稱成藥，係指原料藥經加工調製，不用其原名稱，其摻入之藥品，不超過中央衛生主管機關所規定之限量，作用緩和，無積蓄性，耐久儲存，使用簡便，並明示其效能、用量、用法，標明成藥許可證字號，其使用不待醫師指示，即供治療疾病之用者。

第一〇條

本法所稱固有成方製劑，係指依中央衛生主管機關選定公告具有醫療效能之傳統中藥處方調製（劑）之方劑。

第一一條 93

本法所稱管制藥品，係指管制藥品管理條例第三條規定所稱之管制藥品。

第一二條

本法所稱毒劇藥品，係指列載於中華藥典毒劇藥表中之藥品；表中未列載者，由中央衛生主管機關定之。

第一三條 102

①本法所稱醫療器材，係用於診斷、治療、減輕、直接預防人類疾病、調節生育，或足以影響人類身體結構及機能，且非以藥理、免疫或代謝方法作用於人體，以達成其主要功能之儀器、器械、用具、物質、軟體、體外試劑及其相關物品。

②前項醫療器材，中央衛生主管機關應視實際需要，就其範圍、種類、管理及其他應管理事項，訂定醫療器材管理辦法規範之。

第一四條

本法所稱藥商，係指左列各款規定之業者：
一　藥品或醫療器材販賣業者。
二　藥品或醫療器材製造業者。

第一五條

本法所稱藥品販賣業者，係指左列各款規定之業者：
一　經營西藥批發、零售、輸入及輸出之業者。
二　經營中藥批發、零售、調劑、輸入及輸出之業者。

第一六條 93

①本法所稱藥品製造業者，係指經營藥品之製造、加工與其產品批發、輸出及自用原料輸入之業者。

②前項藥品製造業者輸入自用原料，應於每次進口前向中央衛生主管機關申請核准後後，始得進口；已進口之自用原料，非經中央衛生主管機關核准，不得轉售或轉讓。

③藥品製造業者，得兼營自製產品之零售業務。

第一七條

①本法所稱醫療器材販賣業者，係指經營醫療器材之批發、零售、輸入及輸出之業者。

②經營醫療器材租賃業者，準用本法關於醫療器材販賣業者之規定。

第一八條

①本法所稱醫療器材製造業者，係指製造、裝配醫療器材，與其產品之批發、輸出及自用原料輸入之業者。

②前項醫療器材製造業者，得兼營自製產品之零售業務。

第一九條 100

①本法所稱藥局，係指藥師或藥劑生親自主持，依法執行藥品調劑、供應業務之處所。

②前項藥局得兼售藥品及一定等級之醫療器材零售業務。

③前項所稱一定等級之醫療器材之範圍及種類，由中央衛生主管機關定之。

第二〇條

本法所稱偽藥，係指藥品經稽查或檢驗有左列各款情形之一者：

一　未經核准，擅自製造者。

二　所含有效成分之名稱，與核准不符者。

三　將他人產品抽換或摻雜者。

四　塗改或更換有效期間之標示者。

第二一條

本法所稱劣藥，係指核准之藥品經稽查或檢驗有左列情形之一者：

一　擅自添加非法定著色劑、防腐劑、香料、矯味劑及賦形劑者。

二　所含有效成分之質、量或強度，與核准不符者。

三　藥品中一部或全部含有污穢或異物者。

四　有顯明變色、混濁、沈澱、潮解或已腐化分解者。

五　主治效能與核准不符者。

六　超過有效期間或保存期限者。

七　因儲藏過久或儲藏方法不當而變質者。

八　裝入有害物質所製成之容器或使用回收容器者。

第二二條 93

①本法所稱禁藥，係指藥品有左列各款情形之一者：

一　經中央衛生主管機關明令公告禁止製造、調劑、輸入、輸出、販賣或陳列之毒害藥品。

二　未經核准擅自輸入之藥品。但旅客或隨交通工具服務人員攜帶自用藥品進口者，不在此限。

②前項第二款自用藥品之限量，由中央衛生主管機關會同財政部公告之。

第二三條

本法所稱不良醫療器材，係指醫療器材經稽查或檢驗有左列各款情形之一者：

一　使用時易生危險，或可損傷人體，或使診斷發生錯誤者。

二　含有毒物質或有害物質，致使用時有損人體健康者。

三　超過有效期間或保存期限者。

四　性能或有效成分之質、量或強度，與核准不符者。

第二四條

本法所稱藥物廣告，係指利用傳播方法，宣傳醫療效能，以達招徠銷售為目的之行為。

第二五條

本法所稱標籤，係指藥品或醫療器材之容器上或包裝上，用以載記文字、圖畫或記號之標示物。

第二六條

本法所稱仿單，係指藥品或醫療器材附加之說明書。

第二章　藥商之管理

第二七條

①凡申請為藥商者，應申請直轄市或縣（市）衛生主管機關核准登記，繳納執照費，領得許可執照後，方准營業；其登記事項如有變更時，應辦理變更登記。

②前項登記事項，由中央衛生主管機關定之。

③藥商分設營業處所或分廠，仍應依第一項規定，各別辦理藥商登記。

第二七條之一 93

①藥商申請停業，應將藥商許可執照及藥物許可證隨繳當地衛生主管機關，於執照上記明停業理由及期限，俟核准復業時發還之。每次停業期間不得超過一年，停業期滿未經當地衛生主管機關核准繼續停業者，應於停業期滿前三十日內申請復業。

②藥商申請歇業時，應將其所領藥商許可執照及藥物許可證一併繳銷；其不繳銷者，由原發證照之衛生主管機關逕予註銷。

③藥商屆期不申請停業、歇業或復業登記，經直轄市或縣（市）衛生主管機關查核發現原址已無營業事實者，應由原發證照之衛生主管機關，將其有關證照註銷。

④違反本法規定，經衛生主管機關處分停止其營業者，其證照依第一項規定辦理。

第二七條之二 104

①藥商持有經中央衛生主管機關公告為必要藥品之許可證，如有無法繼續製造、輸入或不足供應該藥品之虞時，應至少於六個月前向中央衛生主管機關通報；如因天災或其他不應歸責於藥商之事由，而未及於前述期間內通報者，應於事件發生後三十日內向中央衛生主管機關通報。

②中央衛生主管機關於接獲前項通報或得知必要藥品有不足供應之虞時，得登錄於公開網站，並得專案核准該藥品或其替代藥品之製造或輸入，不受第三十九條之限制。

③第一項通報與前項登錄之作業及專案核准之申請條件、審查程序、核准基準及其他應遵行事項之辦法，由中央衛生主管機關定之。

第二八條

① 西藥販賣業者之藥品及其買賣，應由專任藥師駐店管理。但不售賣麻醉藥品者，得以專任藥劑生為之。

② 中藥販賣業者之藥品及其買賣，應由專任中醫師或修習中藥課程達適當標準之藥師或藥劑生駐店管理。

③ 西藥、中藥販賣業者，分設營業處所，仍應依第一項及第二項之規定。

第二九條

① 西藥製造業者，應由專任藥師駐廠監製；中藥製造業者，應由專任中醫師或修習中藥課程達適當標準之藥師駐廠監製。

② 中藥製造業者，以西藥劑型製造中藥，或摻入西藥製造中藥時，除依前項規定外，應由專任藥師監製。

③ 西藥、中藥製造業者，設立分廠，仍應依前二項規定辦理。

第三〇條

藥商聘用之藥師、藥劑生或中醫師，如有解聘或辭聘，應即另聘。

第三一條

從事人用生物藥品製造業者，應聘用國內外大學院校以上醫藥或生物學等系畢業，具有微生物學、免疫學藥品製造專門知識，並有五年以上製造經驗之技術人員，駐廠負責製造。

第三二條

① 醫療器材販賣或製造業者，應視其類別，聘用技術人員。

② 前項醫療器材類別及技術人員資格，由中央衛生主管機關定之。

第三三條 93

① 藥商僱用之推銷員，應向該業者或當地之直轄市、縣（市）衛生主管機關登記後，方准執行推銷工作。

② 前項推銷員，以向藥局、藥商、衛生醫療機構、醫學研究機構及經衛生主管機關准予登記為兼售藥物者推銷其受僱藥商所製售或經銷之藥物為限，並不得有沿途推銷、設攤出售或擅將藥物拆封、改裝或非法廣告之行為。

第三章　藥局之管理及藥品之調劑

第三四條 100

① 藥局應請領藥局執照，並於明顯處標示經營者之身分姓名。其設立、變更登記，準用第二十七條第一項之規定。

② 藥局兼營第十九條第二項之業務，應適用關於藥商之規定。但無須另行請領藥商許可執照。

第三五條

修習中藥課程達適當標準之藥師，親自主持之藥局，得兼營中藥之調劑、供應或零售業務。

第三六條

藥師親自主持之藥局，具有鑑定設備者，得執行藥品之鑑定業

務。

第三七條 93

①藥品之調劑，非依一定作業程序，不得為之；其作業準則，由中央衛生主管機關定之。

②前項調劑應由藥師為之。但不含麻醉藥品者，得由藥劑生為之。

③醫院中之藥品之調劑，應由藥師為之。但本法八十二年二月五日修正施行前已在醫院中服務之藥劑生，適用前項規定，並得繼續或轉院任職。

④中藥之調劑，除法律另有規定外，應由中醫師監督為之。

第三八條

藥師法第十二條、第十六條至第二十條之規定，於藥劑生調劑藥品時準用之。

第四章　藥物之查驗登記

第三九條 104

①製造、輸入藥品，應將其成分、原料藥來源、規格、性能、製法之要旨，檢驗規格與方法及有關資料或證件，連同原文和中文標籤、原文和中文仿單及樣品，並繳納費用，申請中央衛生主管機關查驗登記，經核准發給藥品許可證後，始得製造或輸入。

②向中央衛生主管機關申請藥品試製經核准輸入原料藥者，不適用前項規定；其申請條件及應繳費用，由中央衛生主管機關定之。

③第一項輸入藥品，應由藥品許可證所有人及其授權者輸入。

④申請第一項藥品查驗登記、依第四十六條規定辦理藥品許可證變更、移轉登記及依第四十七條規定辦理藥品許可證展延登記、換發及補發，其申請條件、審查程序、核准基準及其他應遵行之事項，由中央衛生主管機關以藥品查驗登記審查準則定之。

第四○條 93

①製造、輸入醫療器材，應向中央衛生主管機關申請查驗登記並繳納費用，經核准發給醫療器材許可證後，始得製造或輸入。

②前項輸入醫療器材，應由醫療器材許可證所有人或其授權者輸入。

③申請醫療器材查驗登記、許可證變更、移轉、展延登記、換發及補發，其申請條件、審查程序、核准基準及其他應遵行之事項，由中央衛生主管機關定之。

第四○條之一 94

①中央衛生主管機關為維護公益之目的，於必要時，得公開所持有及保管藥商申請製造或輸入藥物所檢附之藥物成分、仿單等相關資料。但對於藥商申請新藥查驗登記屬於營業秘密之資料，應保密之。

②前項得公開事項之範圍及方式，其辦法由中央衛生主管機關定之。

第四〇條之二 107

①中央衛生主管機關於核發新藥許可證時，應公開申請人檢附之已揭露專利字號或案號。

②新成分新藥許可證自核發之日起三年內，其他藥商非經許可證所有人同意，不得引據其申請資料申請查驗登記。

③前項期間屆滿次日，其他藥商得依本法及相關法規申請查驗登記，符合規定者，中央衛生主管機關於前項新成分新藥許可證核發屆滿五年之次日起，始得發給藥品許可證。

④新成分新藥在外國取得上市許可後三年內，向中央衛生主管機關申請查驗登記，始得適用第二項之規定。

第四〇條之三 107

①藥品經中央衛生主管機關核准新增或變更適應症，自核准新增或變更適應症之日起二年內，其他藥商非經該藥品許可證所有人同意，不得引據其申請資料就相同適應症申請查驗登記。

②前項期間屆滿次日，其他藥商得依本法及相關法規申請查驗登記，符合規定者，中央衛生主管機關於前項核准新增或變更適應症屆滿三年之次日起，始得發給藥品許可證。但前項獲准新增或變更適應症之藥品許可證所有人，就該新增或變更之適應症於國內執行臨床試驗者，中央衛生主管機關於核准新增或變更適應症屆滿五年之次日起，始得發給其他藥商藥品許可證。

③新增或變更適應症藥品在外國取得上市許可後二年內，向中央衛生主管機關申請查驗登記，始得適用第一項之規定。

第四一條 102

①為提昇藥物製造工業水準與臨床試驗品質，對於藥物科技之研究發展，中央衛生主管機關每年應委託專業醫療團體辦理教育訓練，培育臨床試驗人才。

②新興藥物科技之研究發展，得由中央衛生主管機關會同中央工業主管機關獎勵之。

③前項獎勵之資格條件、審議程序及其應遵行事項之辦法，由中央衛生主管機關會同中央工業主管機關定之。

第四二條 93

①中央衛生主管機關對於製造、輸入之藥物，應訂定作業準則，作為核發、變更及展延藥物許可證之基準。

②前項作業準則，由中央衛生主管機關定之。

第四三條

製造、輸入藥物之查驗登記申請書及輸出藥物之申請書，其格式、樣品份數、有關資料或證書費、查驗費之金額，由中央衛生主管機關定之。

第四四條

試驗用藥物，應經中央衛生主管機關核准始得供經核可之教學醫院臨床試驗，以確認其安全與醫療效能。

第四五條 93

① 經核准製造或輸入之藥物，中央衛生主管機關得指定期間，監視其安全性。

② 藥商於前項安全監視期間應遵行事項，由中央衛生主管機關定之。

第四五條之一 93

醫療機構、藥局及藥商對於因藥物所引起之嚴重不良反應，應行通報；其方式、內容及其他應遵行事項之辦法，由中央衛生主管機關定之。

第四六條

① 經核准製造、輸入之藥物，非經中央衛生主管機關之核准，不得變更原登記事項。

② 經核准製造、輸入之藥物許可證，如有移轉時，應辦理移轉登記。

第四七條 93

① 藥物製造、輸入許可證有效期間為五年，期滿仍須繼續製造、輸入者，應事先申請中央衛生主管機關核准展延之。但每次展延，不得超過五年。屆期未申請或不准展延者，註銷其許可證。

② 前項許可證如有污損或遺失，應敘明理由，申請原核發機關換發或補發，並應將原許可證同時繳銷，或由核發機關公告註銷。

第四八條 93

藥物於其製造、輸入許可證有效期間內，經中央衛生主管機關重新評估確定有安全或醫療效能疑慮者，得限期令藥商改善，屆期未改善者，廢止其許可證。但安全疑慮重大者，得逕予廢止之。

第四八條之一 92

第三十九條第一項製造、輸入藥品，應標示中文標籤、仿單或包裝，始得買賣、批發、零售。但經中央衛生主管機關認定有窒礙難行者，不在此限。

第四八條之二 104

① 有下列情形之一者，中央衛生主管機關得專案核准特定藥物之製造或輸入，不受第三十九條及第四十條之限制：
一 為預防、診治危及生命或嚴重失能之疾病，且國內尚無適當藥物或合適替代療法。
二 因應緊急公共衛生情事之需要。

② 有下列情形之一者，中央衛生主管機關得廢止前項核准，並令申請者限期處理未使用之藥物，並得公告回收：
一 已有完成查驗登記之藥物或合適替代療法可提供前項第一款情事之需要。
二 緊急公共衛生情事已終結。
三 藥物經中央衛生主管機關評估確有安全或醫療效能疑慮。

③ 第一項專案核准之申請條件、審查程序、核准基準及其他應遵行事項之辦法，由中央衛生主管機關定之。

第四八條之三 107

①新藥藥品許可證所有人認有提報藥品專利權專利資訊之必要者，應自藥品許可證領取之次日起四十五日內，檢附相關文件及資料，向中央衛生主管機關為之；逾期提報者，不適用本章規定。

②前項藥品專利權，以下列發明為限：

一　物質。

二　組合物或配方。

三　醫藥用途。

第四八條之四 107

①前條所定專利資訊如下：

一　發明專利權之專利證書號數；發明專利權為醫藥用途者，應一併敘明請求項項號。

二　專利權期滿之日。

三　專利權人之姓名或名稱、國籍、住所、居所或營業所；有代表人者，其姓名。該專利權有專屬授權，且依專利法辦理登記者，為其專屬被授權人之上述資料。

四　前款之專利權人或專屬被授權人於中華民國無住所、居所或營業所者，應指定代理人，並提報代理人之姓名、住所、居所或營業所。

②新藥藥品許可證所有人與專利權人不同者，於提報專利資訊時，應取得專利權人之同意；該專利權有專屬授權，且依專利法辦理登記者，僅需取得專屬被授權人之同意。

第四八條之五 107

新藥藥品許可證所有人於中央衛生主管機關核准新藥藥品許可證後，始取得專利專責機關審定公告之發明專利權，其屬第四十八條之三第二項之藥品專利權範圍者，應自審定公告之次日起四十五日內，依前條規定提報專利資訊；逾期提報者，不適用本章規定。

第四八條之六 107

①新藥藥品許可證所有人應自下列各款情事之一發生之次日起四十五日內，就已登錄之專利資訊辦理變更或刪除：

一　專利權期間之延長，經專利專責機關核准公告。

二　請求項之更正，經專利專責機關核准公告。

三　專利權經撤銷確定。

四　專利權當然消滅。

五　第四十八條之四第一項第三款、第四款之專利資訊異動。

②新藥藥品許可證所有人與專利權人或專屬被授權人不同者，於辦理前項事項前，準用第四十八條之四第二項規定。

第四八條之七 107

①有下列情事之一者，任何人均得以書面敘明理由及附具證據，通

知中央衛生主管機關：

一　已登載專利資訊之發明，與所核准之藥品無關。

二　已登載專利資訊之發明，不符第四十八條之三第二項規定。

三　已登載之專利資訊錯誤。

四　有前條所定情事而未辦理變更或刪除。

②中央衛生主管機關應自接獲前項通知之次日起二十日內，將其轉送新藥藥品許可證所有人。

③新藥藥品許可證所有人自收受通知之次日起四十五日內，應以書面敘明理由回覆中央衛生主管機關，並得視情形辦理專利資訊之變更或刪除。

第四八條之八 107

①中央衛生主管機關應建立西藥專利連結登載系統，登載並公開新藥藥品許可證所有人提報之專利資訊；專利資訊之變更或刪除，亦同。

②登載之專利資訊有前條所定情事者，中央衛生主管機關應公開前條通知人之主張及新藥藥品許可證所有人之書面回覆。

第四八條之九 107

學名藥藥品許可證申請人，應於申請藥品許可證時，就新藥藥品許可證所有人已核准新藥所登載之專利權，向中央衛生主管機關為下列各款情事之一之聲明：

一　該新藥未有任何專利資訊之登載。

二　該新藥對應之專利權已消滅。

三　該新藥對應之專利權消滅後，始由中央衛生主管機關核發藥品許可證。

四　該新藥對應之專利權應撤銷，或申請藥品許可證之學名藥未侵害該新藥對應之專利權。

第四八條之一〇 107

學名藥藥品許可證申請案僅涉及前條第一款或第二款之聲明，經審查符合本法規定者，由中央衛生主管機關核發藥品許可證。

第四八條之一一 107

學名藥藥品許可證申請案涉及第四十八條之九第三款之聲明，經審查符合本法規定者，於該新藥已登載所有專利權消滅後，由中央衛生主管機關核發藥品許可證。

第四八條之一二 107

①學名藥藥品許可證申請案涉及第四十八條之九第四款之聲明者，申請人應自中央衛生主管機關就藥品許可證申請資料齊備通知送達之次日起二十日內，以書面通知新藥藥品許可證所有人及中央衛生主管機關；新藥藥品許可證所有人與所登載之專利權人、專屬被授權人不同者，應一併通知之。

②申請人應於前項通知，就其所主張之專利權應撤銷或未侵害權利情事，敘明理由及附具證據。

③申請人未依前二項規定通知者，中央衛生主管機關應駁回該學名

藥藥品許可證申請案。

第四八條之一三 107

①專利權人或專屬被授權人接獲前條第一項通知後，擬就其已登載之專利權提起侵權訴訟者，應自接獲通知之次日起四十五日內提起之，並通知中央衛生主管機關。

②中央衛生主管機關應自新藥藥品許可證所有人接獲前條第一項通知之次日起十二個月內，暫停核發藥品許可證。但有下列情事之一，經審查符合本法規定者，得核發藥品許可證：

一 專利權人或專屬被授權人接獲前條第一項通知後，未於四十五日內提起侵權訴訟。

二 專利權人或專屬被授權人未依學名藥藥品許可證申請日前已登載之專利權提起侵權訴訟。

三 專利權人或專屬被授權人依第一項規定提起之侵權訴訟，經法院依民事訴訟法第二百四十九條第一項或第二項規定，裁判原告之訴駁回。

四 經法院認定所有繫屬於侵權訴訟中之專利權有應撤銷之原因，或學名藥藥品許可證申請人取得未侵權之判決。

五 學名藥藥品許可證申請人依第四十八條之九第四款聲明之所有專利權，由專利專責機關作成舉發成立審定書。

六 當事人合意成立和解或調解。

七 學名藥藥品許可證申請人依第四十八條之九第四款聲明之所有專利權，其權利當然消滅。

③前項第一款期間之起算，以專利權人或專屬被授權人最晚接獲通知者為準。

④專利權人或專屬被授權人於第二項所定十二個月內，就已登載之專利權取得侵權成立之確定判決者，中央衛生主管機關應於該專利權消滅後，始得核發學名藥藥品許可證。

⑤專利權人或專屬被授權人依第一項規定提起之侵權訴訟，因自始不當行使專利權，致使學名藥藥品許可證申請人，因暫停核發藥品許可證受有損害者，應負賠償責任。

第四八條之一四 107

學名藥藥品許可證申請案，其申請人為同一且該藥品為同一者，中央衛生主管機關依前條第二項暫停核發藥品許可證之次數，以一次為限。

第四八條之一五 107

①於第四十八條之十三第二項暫停核發藥品許可證期間，中央衛生主管機關完成學名藥藥品許可證申請案之審查程序者，應通知學名藥藥品許可證申請人。

②學名藥藥品許可證申請人接獲前項通知者，得向衛生福利部中央健康保險署申請藥品收載及支付價格核價。但於中央衛生主管機關核發學名藥藥品許可證前，不得製造或輸入。

第四八條之一六 107

①依第四十八條之九第四款聲明之學名藥藥品許可證申請案，其申請資料齊備日最早者，取得十二個月之銷售專屬期間；中央衛生主管機關於前述期間屆滿前，不得核發其他學名藥之藥品許可證。

②前項申請資料齊備之學名藥藥品許可證申請案，其有下列情事之一者，由申請資料齊備日在後者依序遞補之：

一　於藥品許可證審查期間變更所有涉及第四十八條之九第四款之聲明。

二　自申請資料齊備日之次日起十二個月內未取得前條第一項藥品許可審查完成之通知。

三　有第四十八條之十三第四項之情事。

③同日有二以上學名藥藥品許可證申請案符合第一項規定申請資料齊備日最早者，共同取得十二個月之銷售專屬期間。

第四八條之一七 107

①學名藥藥品許可證所有人，應自領取藥品許可證之次日起六個月內銷售，並自最早銷售日之次日起二十日內檢附實際銷售日之證明，報由中央衛生主管機關核定其取得銷售專屬期間及起迄日期。

②前項銷售專屬期間，以藥品之實際銷售日為起算日。

③二以上學名藥藥品許可證申請案共同取得之銷售專屬期間，以任一學名藥之最早實際銷售日為起算日。

第四八條之一八 107

取得銷售專屬期間之學名藥藥品許可證申請人，有下列情事之一者，中央衛生主管機關得核發學名藥藥品許可證予其他申請人，不受第四十八條之十六第一項規定之限制：

一　未於中央衛生主管機關通知領取藥品許可之期間內領取。

二　未依前條第一項規定辦理。

三　依第四十八條之九第四款聲明之所有專利權，其權利當然消滅。

第四八條之一九 107

①新藥藥品許可證申請人、新藥藥品許可證所有人、學名藥藥品許可證申請人、學名藥藥品許可證所有人、藥品專利權人或專屬被授權人間，所簽訂之和解協議或其他協議，涉及本章關於藥品之製造、販賣及銷售專屬期間規定者，雙方當事人應自事實發生之次日起二十日內除通報中央衛生主管機關外，如涉及逆向給付利益協議者，應另行通報公平交易委員會。

②前項通報之方式、內容及其他應遵行事項之辦法，由中央衛生主管機關會同公平交易委員會定之。

③中央衛生主管機關認第一項通報之協議有違反公平交易法之虞者，得通報公平交易委員會。

第四八條之二〇 107

①新成分新藥以外之新藥，準用第四十八條之九至第四十八條之十五關於學名藥藥品許可證申請之相關規定。

②第四十八條之十二之學名藥藥品許可證申請案，符合下列各款要件者，不適用第四十八條之十三至第四十八條之十八關於暫停核發藥品許可證與銷售專屬期間之相關規定：

一 已核准新藥所登載之專利權且尚屬存續中者，屬於第四十八條之三第二項第三款之醫藥用途專利權。

二 學名藥藥品許可證申請人排除前款醫藥用途專利權所對應之適應症，並聲明該學名藥未侵害前款之專利權。

③前項適應症之排除、聲明及其他應遵行事項之辦法，由中央衛生主管機關定之。

第四八條之二一 107

本法中華民國一百零六年十二月二十九日修正之條文施行前，符合第四十八條之三第二項規定之藥品專利權，且其權利未消滅者，新藥藥品許可證所有人得於修正條文施行後三個月內，依第四十八條之四規定提報專利資訊。

第四八條之二二 107

第四十八條之四至第四十八條之八藥品專利資訊之提報方式與內容、變更或刪除、專利資訊之登載與公開、第四十八條之九學名藥藥品許可證申請人之聲明、第四十八條之十二學名藥藥品許可證申請人之書面通知方式與內容、第四十八條之十五中央衛生主管機關完成學名藥藥品許可證申請案審查程序之通知方式與內容、第四十八條之十六至第四十八條之十八銷售專屬期間起算與終止之事項及其他應遵行事項之辦法，由中央衛生主管機關定之。

第五章 藥物之販賣及製造

第四九條

藥商不得買賣來源不明或無藥商許可執照者之藥品或醫療器材。

第五〇條

①須由醫師處方之藥品，非經醫師處方，不得調劑供應。但左列各款情形不在此限：

一 同業藥商之批發、販賣。

二 醫院、診所及機關、團體、學校之醫療機構或檢驗及學術研究機構之購買。

三 依中華藥典、國民處方選輯處方之調劑。

②前項須經醫師處方之藥品，由中央衛生主管機關就中、西藥品分別定之。

第五一條

西藥販賣業者，不得兼售中藥；中藥販賣業者，不得兼售西藥。但成藥不在此限。

第五二條

藥品販賣業者，不得兼售農藥、動物用藥品或其他毒性化學物質。

第五三條

①藥品販賣業者輸入之藥品得分裝後出售，其分裝應依下列規定辦理：

一 製劑：申請中央衛生主管機關核准後，由符合藥品優良製造規範之藥品製造業者分裝。

二 原料藥：由符合藥品優良製造規範之藥品製造業者分裝；分裝後，應報請中央衛生主管機關備查。

②前項申請分裝之條件、程序、報請備查之期限、程序及其他分裝出售所應遵循之事項，由中央衛生主管機關定之。

第五三條之一 106

①經營西藥批發、輸入與輸出之業者，其與採購、儲存、供應產品有關之品質管理、組織與人事、作業場所與設備、文件、作業程序、客戶申訴、退回與回收、委外作業、自我查核、運輸及其他西藥運銷作業，應符合西藥優良運銷準則，並經中央衛生主管機關檢查合格，取得西藥運銷許可後，始得為之。

②前項規定，得分階段實施，其分階段實施之藥品與藥商種類、事項、方式及時程，由中央衛生主管機關公告之。

③符合第一項規定，取得西藥運銷許可之藥商，得繳納費用，向中央衛生主管機關申領證明文件。

④第一項西藥優良運銷準則、西藥運銷許可及前項證明文件之申請條件、審查程序與基準、核發、效期、廢止、返還、註銷及其他應遵行事項之辦法，由中央衛生主管機關定之。

第五四條

藥品或醫療器材經核准發給藥物輸入許可證後，為維護國家權益，中央衛生主管機關得加以管制。但在管制前已核准結匯簽證者，不在此限。

第五五條

①經核准製造或輸入之藥物樣品或贈品，不得出售。

②前項樣品贈品管理辦法，由中央衛生主管機關定之。

第五六條

①經核准製售之藥物，如輸出國外銷售時，其應輸入國家要求證明文字者，應於輸出前，由製造廠商申請中央衛生主管機關發給輸出證明書。

②前項藥物，中央衛生主管機關認為有不敷國內需要之虞時，得限制其輸出。

第五七條 101

①製造藥物，應由藥物製造工廠為之；藥物製造工廠，應依藥物製造工廠設廠標準設立，並依工廠管理輔導法規定，辦理工廠登記。但依工廠管理輔導法規定免辦理工廠登記，或經中央衛生主

管機關核准為研發而製造者，不在此限。

②藥物製造，其廠房設施、設備、組織與人事、生產、品質管制、儲存、運銷、客戶申訴及其他應遵行事項，應符合藥物優良製造準則之規定，並經中央衛生主管機關檢查合格，取得藥物製造許可後，始得製造。但經中央衛生主管機關公告無需符合藥物優良製造準則之醫療器材製造業者，不在此限。

③符合前項規定，取得藥物製造許可之藥商，得繳納費用，向中央衛生主管機關申領證明文件。

④輸入藥物之國外製造廠，準用前二項規定，並由中央衛生主管機關定期或依實際需要赴國外製造廠檢查之。

⑤第一項藥物製造工廠設廠標準，由中央衛生主管機關會同中央工業主管機關定之；第二項藥物優良製造準則，由中央衛生主管機關定之。

⑥第二項藥物製造許可與第三項證明文件之申請條件、審查程序與基準、核發、效期、廢止、返還、註銷及其他應遵行事項之辦法，由中央衛生主管機關定之。

第五七條之一 93

①從事藥物研發之機構或公司，其研發用藥物，應於符合中央衛生主管機關規定之工廠或場所製造。

②前項工廠或場所非經中央衛生主管機關核准，不得兼製其他產品；其所製造之研發用藥物，非經中央衛生主管機關核准，不得使用於人體。

第五八條

藥物工廠，非經中央衛生主管機關核准，不得委託他廠製造或接受委託製造藥物。

第六章 管制藥品及毒劇藥品之管理

第五九條

①西藥販賣業者及西藥製造業者，購存或售賣管制藥品及毒劇藥品，應將藥品名稱、數量，詳列簿冊，以備檢查。管制藥品並應專設櫥櫃加鎖儲藏。

②管制藥品及毒劇藥品之標籤，應載明警語及足以警惕之圖案或顏色。

第六〇條

①管制藥品及毒劇藥品，須有醫師之處方，始得調劑、供應。

②前項管制藥品應憑領受人之身分證明並將其姓名、地址、統一編號及所領受品量，詳錄簿冊，連同處方箋保存之，以備檢查。

③管制藥品之處方及調劑，中央衛生主管機關得限制之。

第六一條（刪除）**93**

第六二條 93

第五十九條及第六十條所規定之處方箋、簿冊，均應保存五年。

第六三條　（刪除）93

第六四條 93

①中藥販賣業者及中藥製造業者，非經中央衛生主管機關核准，不得售賣或使用管制藥品。

②中藥販賣業者及中藥製造業者售賣毒劇性之中藥，非有中醫師簽名、蓋章之處方箋，不得出售；其購存或出售毒劇性中藥，準用第五十九條之規定。

第七章　藥物廣告之管理

第六五條

非藥商不得為藥物廣告。

第六六條 95

①藥商刊播藥物廣告時，應於刊播前將所有文字、圖畫或言詞，申請中央或直轄市衛生主管機關核准，並向傳播業者送驗核准文件。原核准機關發現已核准之藥物廣告內容或刊播方式危害民眾健康或有重大危害之虞時，應令藥商立即停止刊播並限期改善，屆期未改善者，廢止之。

②藥物廣告在核准登載、刊播期間不得變更原核准事項。

③傳播業者不得刊播未經中央或直轄市衛生主管機關核准、與核准事項不符、已廢止或經令立即停止刊播並限期改善而尚未改善之藥物廣告。

④接受委託刊播之傳播業者，應自廣告之日起六個月，保存委託刊播廣告者之姓名（法人或團體名稱）、身分證或事業登記證字號、住居所（事務所或營業所）及電話等資料，且於主管機關要求提供時，不得規避、妨礙或拒絕。

第六六條之一 93

①藥物廣告，經中央或直轄市衛生主管機關核准者，其有效期間為一年，自核發證明文件之日起算。期滿仍需繼續廣告者，得申請原核准之衛生主管機關核定展延之；每次展延之期間，不得超過一年。

②前項有效期間，應記明於核准該廣告之證明文件。

第六七條

須由醫師處方或經中央衛生主管機關公告指定之藥物，其廣告以登載於學術性醫療刊物為限。

第六八條

藥物廣告不得以左列方式為之：

一　假借他人名義為宣傳者。

二　利用書刊資料保證其效能或性能。

三　藉採訪或報導為宣傳。

四　以其他不正當方式為宣傳。

第六九條

非本法所稱之藥物，不得為醫療效能之標示或宣傳。

第七〇條

採訪、報導或宣傳，其內容暗示或影射醫療效能者，視為藥物廣告。

第八章　稽查及取締

第七一條

①衛生主管機關，得派員檢查藥物製造業者、販賣業者之處所設施及有關業務，並得出具單據抽驗其藥物，業者不得無故拒絕。但抽驗數量以足供檢驗之用者為限。

②藥物製造業者之檢查，必要時得會同工業主管機關為之。

③本條所定實施檢查辦法，由中央衛生主管機關會同中央工業主管機關定之。

第七一條之一 101

①為加強輸入藥物之邊境管理，中央衛生主管機關得公告其輸入時應抽查、檢驗合格後，始得輸入。

②前項輸入藥物之抽查及檢驗方式、方法、項目、範圍、收費及其他應遵行事項之辦法，由中央衛生主管機關定之。

第七二條

衛生主管機關得派員檢查醫療機構或藥局之有關業務，並得出具單據抽驗其藥物，受檢者不得無故拒絕。但抽驗數量以足供檢驗之用者為限。

第七三條

①直轄市、縣（市）衛生主管機關應每年定期辦理藥商及藥局普查。

②藥商或藥局對於前項普查，不得拒絕、規避或妨礙。

第七四條 93

①依據微生物學、免疫學學理製造之血清、抗毒素、疫苗、類毒素及菌液等，非經中央衛生主管機關於每批產品輸入或製造後，派員抽取樣品，經檢驗合格，並加貼查訖封緘，不得銷售。檢驗封緘作業辦法，由中央衛生主管機關定之。

②前項生物藥品之原液，其輸入以生物藥品製造業者為限。

第七五條 104

①藥物之標籤、仿單或包裝，應依核准刊載左列事項：

一　廠商名稱及地址。
二　品名及許可證字號。
三　批號。
四　製造日期及有效期間或保存期限。
五　主要成分含量、用量及用法。
六　主治效能、性能或適應症。
七　副作用、禁忌及其他注意事項。
八　其他依規定應刊載事項。

②前項第四款經中央衛生主管機關明令公告免予刊載者，不在此

限。

③經中央衛生主管機關公告之藥物，其標籤、仿單或包裝，除依第一項規定刊載外，應提供點字或其他足以提供資訊易讀性之輔助措施；其刊載事項、刊載方式及其他應遵行事項，由中央衛生主管機關定之。

第七六條 93

經許可製造、輸入之藥物，經發現有重大危害時，中央衛生主管機關除應隨時公告禁止其製造、輸入外，並廢止其藥物許可證；其已製造或輸入者，應限期禁止其輸出、調劑、販賣、供應、運送、寄藏、牙保、轉讓或意圖販賣而陳列，必要時並得沒入銷燬之。

第七七條 93

①直轄市或縣（市）衛生主管機關，對於涉嫌之偽藥、劣藥、禁藥或不良醫療器材，就偽藥、禁藥部分，應先行就地封存，並抽取樣品予以檢驗後，再行處理；就劣藥、不良醫療器材部分，得先行就地封存，並抽取樣品予以檢驗後，再行處理。其對衛生有重大危害者，應於報請中央衛生主管機關核准後，沒入銷燬之。

②前項規定於未經核准而製造、輸入之醫療器材，準用之。

第七八條 101

①經稽查或檢驗為偽藥、劣藥、禁藥及不良醫療器材，除依本法有關規定處理外，並應為下列處分：

一　製造或輸入偽藥、禁藥及頂替使用許可證者，應由原核准機關，廢止其全部藥物許可證、藥商許可執照、藥物製造許可及公司、商業、工廠之全部或部分登記事項。

二　販賣或意圖販賣而陳列偽藥、禁藥者，由直轄市或縣（市）衛生主管機關，公告其公司或商號之名稱、地址、負責人姓名、藥品名稱及違反情節；再次違反者，得停止其營業。

三　製造、輸入、販賣或意圖販賣而陳列劣藥、不良醫療器材者，由直轄市或縣（市）衛生主管機關，公告其公司或商號之名稱、地址、負責人姓名、藥物名稱及違反情節；其情節重大或再次違反者，得廢止其各該藥物許可證、藥物製造許可及停止其營業。

②前項規定，於未經核准而製造、輸入之醫療器材，準用之。

第七九條

①查獲之偽藥或禁藥，沒入銷燬之。

②查獲之劣藥或不良醫療器材，如係本國製造，經檢驗後仍可改製使用者，應由直轄市或縣（市）衛生主管機關，派員監督原製造廠商限期改製；其不能改製或屆期未改製者，沒入銷燬之；如係核准輸入者，應即封存，並由直轄市或縣（市）衛生主管機關責令原進口商限期退運出口，屆期未退貨者，沒入銷燬之。

③前項規定於經依法認定為未經核准而製造、輸入之醫療器材，準用之。

第八〇條 102

①藥物有下列情形之一，其製造或輸入之業者，應即通知醫療機構、藥局及藥商，並依規定期限收回市售品，連同庫存品一併依本法有關規定處理：

一　原領有許可證，經公告禁止製造或輸入。

二　經依法認定為偽藥、劣藥或禁藥。

三　經依法認定為不良醫療器材或未經核准而製造、輸入之醫療器材。

四　藥物製造工廠，經檢查發現其藥物確有損害使用者生命、身體或健康之事實，或有損害之虞。

五　製造、輸入藥物許可證未申請展延或不准展延。

六　包裝、標籤、仿單經核准變更登記。

七　其他經中央衛生主管機關公告應回收。

②製造、輸入業者回收前項各款藥物時，醫療機構、藥局及藥商應予配合。

③第一項應回收之藥物，其分級、處置方法、回收作業實施方式及其他應遵循事項之辦法，由中央衛生福利主管機關定之。

第八一條

舉發或緝獲偽藥、劣藥、禁藥及不良醫療器材，應予獎勵。

第九章　罰　則

第八二條 104

①製造或輸入偽藥或禁藥者，處十年以下有期徒刑，得併科新臺幣一億元以下罰金。

②犯前項之罪，因而致人於死者，處無期徒刑或十年以上有期徒刑，得併科新臺幣二億元以下罰金；致重傷者，處七年以上有期徒刑，得併科新臺幣一億五千萬元以下罰金。

③因過失犯第一項之罪者，處三年以下有期徒刑、拘役或科新臺幣一千萬元以下罰金。

④第一項之未遂犯罰之。

第八三條 104

①明知為偽藥或禁藥，而販賣、供應、調劑、運送、寄藏、牙保、轉讓或意圖販賣而陳列者，處七年以下有期徒刑，得併科新臺幣五千萬元以下罰金。

②犯前項之罪，因而致人於死者，處七年以上有期徒刑，得併科新臺幣一億元以下罰金；致重傷者，處三年以上十二年以下有期徒刑，得併科新臺幣七千五百萬元以下罰金。

③因過失犯第一項之罪者，處二年以下有期徒刑、拘役或科新臺幣五百萬元以下罰金。

④第一項之未遂犯罰之。

第八四條 104

①未經核准擅自製造或輸入醫療器材者，處三年以下有期徒刑，得

併科新臺幣一千萬元以下罰金。

②明知為前項之醫療器材而販賣、供應、運送、寄藏、牙保、轉讓或意圖販賣而陳列者，依前項規定處罰之。

③因過失犯前項之罪者，處六月以下有期徒刑、拘役或科新臺幣五百萬元以下罰金。

第八五條 104

①製造或輸入第二十一條第一款之劣藥或第二十三條第一款、第二款之不良醫療器材者，處五年以下有期徒刑或拘役，得併科新臺幣五千萬元以下罰金。

②因過失犯前項之罪或明知為前項之劣藥或不良醫療器材，而販賣、供應、調劑、運送、寄藏、牙保、轉讓或意圖販賣而陳列者，處三年以下有期徒刑或拘役，得併科新臺幣一千萬元以下罰金。

③因過失而販賣、供應、調劑、運送、寄藏、牙保、轉讓或意圖販賣而陳列第一項之劣藥或不良醫療器材者，處拘役或科新臺幣一百萬元以下罰金。

第八六條 104

①擅用或冒用他人藥物之名稱、仿單或標籤者，處五年以下有期徒刑、拘役或科或併科新臺幣二千萬元以下罰金。

②明知為前項之藥物而輸入、販賣、供應、調劑、運送、寄藏、牙保、轉讓或意圖販賣而陳列者，處二年以下有期徒刑、拘役或科或併科新臺幣一千萬元以下罰金。

第八七條 104

法人之代表人，法人或自然人之代理人、受雇人，或其他從業人員，因執行業務，犯第八十二條至第八十六條之罪者，除依各該條規定處罰其行為人外，對該法人或自然人亦科以各該條十倍以下之罰金。

第八八條 106

①依本法查獲供製造、調劑偽藥、禁藥之器材，不問屬於犯罪行為人與否，沒收之。

②犯本法之罪，其犯罪所得與追徵之範圍及價額，認定顯有困難時，得以估算認定之；其估算辦法，由中央衛生主管機關定之。

第八九條

公務員假借職務上之權力、機會或方法，犯本章各條之罪或包庇他人犯本章各條之罪者，依各該條之規定，加重其刑至二分之一。

第九〇條 104

①製造或輸入第二十一條第二款至第八款之劣藥者，處新臺幣十萬元以上五千萬元以下罰鍰；製造或輸入第二十三條第三款、第四款之不良醫療器材者，處新臺幣六萬元以上五千萬元以下罰鍰。

②販賣、供應、調劑、運送、寄藏、牙保、轉讓或意圖販賣而陳列前項之劣藥或不良醫療器材者，處新臺幣三萬元以上二十萬元以

下罰鍰。

③犯前二項規定之一者，對其藥物管理人、監製人，亦處以各該項之罰鍰。

第九一條 101

①違反第六十五條或第八十條第一項第一款至第四款規定之一者，處新臺幣二十萬元以上五百萬元以下罰鍰。

②違反第六十九條規定者，處新臺幣六十萬元以上二千五百萬元以下罰鍰，其違法物品沒入銷燬之。

第九二條 106

①違反第六條之一第一項、第二十七條第一項、第三項、第二十九條、第三十一條、第三十六條、第三十七條第二項、第三項、第三十九條第一項、第四十條第一項、第四十四條、第四十五條之一、第四十六條、第四十九條、第五十條第一項、第五十一條至第五十三條、第五十三條之一第一項、第五十五條第一項、第五十七條第一項、第二項、第四項、第五十七條之一、第五十八條、第五十九條、第六十條、第六十四條、第七十一條第一項、第七十二條、第七十四條、第七十五條規定之一者，處新臺幣三萬元以上二百萬元以下罰鍰。

②違反第五十九條規定，或調劑、供應毒劇藥品違反第六十條第一項規定者，對其藥品管理人、監製人，亦處以前項之罰鍰。

③違反第五十三條之一第一項、第五十七條第二項或第四項規定者，除依第一項規定處罰外，中央衛生主管機關得公布藥廠或藥商名單，並令其限期改善，改善期間得停止其一部或全部製造、批發、輸入、輸出或營業；屆期未改善者，不准展延其藥物許可證，且不受理該藥廠或藥商其他藥物之新申請案件；其情節重大者，並得廢止其一部或全部之藥物製造許可或西藥運銷許可。

④違反第六十六條第一項、第二項、第六十七條、第六十八條規定之一者，處新臺幣二十萬元以上五百萬元以下罰鍰。

第九二條之一 107

①新藥藥品許可證所有人未依第四十八條之七第三項所定期限回覆，經中央衛生主管機關令其限期回覆，屆期未回覆者，由中央衛生主管機關處新臺幣三萬元以上五十萬元以下罰鍰。

②未依第四十八條之十九第一項或第二項所定辦法有關通報方式及內容之規定通報者，由中央衛生主管機關處新臺幣三萬元以上二百萬元以下罰鍰。

第九三條 104

①違反第十六條第二項、第二十八條、第三十條、第三十二條第一項、第三十三條、第三十七條第一項、第三十八條或第六十二條規定之一，或有左列情形之一者，處新臺幣三萬元以上五百萬元以下罰鍰：

一　成藥、固有成方製劑之製造、標示及販售違反中央衛生主管機關依第八條第三項規定所定辦法。

二 醫療器材之分級及管理違反中央衛生主管機關依第十三條第二項規定所定辦法。

三 藥物樣品、贈品之使用及包裝違反中央衛生主管機關依第五十五條第二項規定所定辦法。

②違反第十六條第二項或第三十條規定者，除依前項規定處罰外，衛生主管機關並得停止其營業。

第九四條 101

違反第三十四條第一項、第七十三條第二項、第八十條第一項第五款至第七款或第二項規定之一者，處新臺幣二萬元以上十萬元以下罰鍰。

第九五條 95

①傳播業者違反第六十六條第三項規定者，處新臺幣二十萬元以上五百萬元以下罰鍰，其經衛生主管機關通知限期停止而仍繼續刊播者，處新臺幣六十萬元以上二千五百萬元以下罰鍰，並應按次連續處罰，至其停止刊播為止。

②傳播業者違反第六十六條第四項規定者，處新臺幣六萬元以上三十萬元以下罰鍰，並應按次連續處罰。

第九六條 93

①違反第七章規定之藥物廣告，除依本章規定處罰外，衛生主管機關得登報公告其負責人姓名、藥物名稱及所犯情節，情節重大者，並得廢止該藥物許可證；其原品名二年內亦不得申請使用。

②前項經廢止藥物許可證之違規藥物廣告，仍應由原核准之衛生主管機關責令該業者限期在原傳播媒體同一時段及相同篇幅刊播，聲明致歉。屆期未刊播者，翌日起停止該業者之全部藥物廣告，並不再受理其廣告之申請。

第九六條之一 104

①藥商違反第四十八條之一規定者，處新臺幣十萬元以上二百萬元以下罰鍰；其經衛生主管機關通知限期改善而仍未改善者，加倍處罰，並得按次連續處罰，至其改善為止。

②藥商違反第二十七條之二第一項通報規定者，中央衛生主管機關得公開該藥商名稱、地址、負責人姓名、藥品名稱及違反情節；情節重大或再次違反者，並得處新臺幣六萬元以上三十萬元以下罰鍰。

第九七條

藥商使用不實資料或證件，辦理申請藥物許可證之查驗登記、展延登記或變更登記時，除撤銷該藥物許可證外，二年內不得申請該藥物許可證之查驗登記；其涉及刑事責任者，並移送司法機關辦理。

第九七條之一 93

①依藥品查驗登記審查準則及醫療器材查驗登記審查準則提出申請之案件，其送驗藥物經檢驗與申請資料不符者，中央衛生主管機關自檢驗結果確定日起六個月內，不予受理其製造廠其他藥物之

②前項情形於申復期間申請重新檢驗仍未通過者，中央衛生主管機關自重新檢驗結果確定日起一年內，不予受理其製造廠其他藥物之新申請案件。

第九八條（刪除）95

第九九條 95

①依本法規定處置之罰鍰，受罰人不服時，得於處罰通知送達後十五日內，以書面提出異議，申請復核。但以一次為限。

②科處罰鍰機關應於接到前項異議書後十五日內，將該案重行審核，認為有理由者，應變更或撤銷原處罰。

③受罰人不服前項復核時，得依法提起訴願及行政訴訟。

第九九條之一 93

①依本法申請藥物查驗登記、許可證變更、移轉及展延之案件，未獲核准者，申請人得自處分書送達之日起四個月內，敘明理由提出申復。但以一次為限。

②中央衛生主管機關對前項申復認有理由者，應變更或撤銷原處分。

③申復人不服前項申復決定時，得依法提起訴願及行政訴訟。

第一○○條 107

本法所定之罰鍰，除另有規定外，由直轄市、縣（市）衛生主管機關處罰之。

第一○○條之一 107

新藥藥品許可證所有人依第四十八條之三至第四十八條之六規定提報專利資訊，以詐欺或虛偽不實之方法提報資訊，其涉及刑事責任者，移送司法機關辦理。

第一○一條

依本法應受處罰者，除依本法處罰外，其有犯罪嫌疑者，應移送司法機關處理。

第十章 附 則

第一○二條

①醫師以診療為目的，並具有本法規定之調劑設備者，得依自開處方，親自為藥品之調劑。

②全民健康保險實施二年後，前項規定以在中央或直轄市衛生主管機關公告無藥事人員執業之偏遠地區或醫療急迫情形為限。

第一○三條

①本法公布後，於六十三年五月三十一日前依規定換領中藥販賣業之藥商許可執照有案者，得繼續經營第十五條之中藥販賣業務。

②八十二年二月五日前曾經中央衛生主管機關審核，予以列冊登記者，或領有經營中藥證明文件之中藥從業人員，並修習中藥課程達適當標準，得繼續經營中藥販賣業務。

③前項中藥販賣業務範圍包括：中藥材及中藥製劑之輸入、輸出及

批發；中藥材及非屬中醫師處方藥品之零售；不含毒劇中藥材或依固有成方調配而成之傳統丸、散、膏、丹、及煎藥。

④上述人員、中藥師檢定考試及格或在未設中藥師之前曾聘任中醫師、藥師及藥劑生駐店管理之中藥商期滿三年以上之負責人，經修習中藥課程達適當標準，領有地方衛生主管機關證明文件；並經國家考試及格者，其業務範圍如左：

一　中藥材及中藥製劑之輸入、輸出及批發。

二　中藥材及非屬中醫師處方藥品之零售。

三　不含毒劇中藥材或依固有成方調配而成之傳統丸、散、膏、丹、及煎藥。

四　中醫師處方藥品之調劑。

⑤前項考試，由考試院會同行政院定之。

第一○四條

民國七十八年十二月三十一日前業經核准登記領照營業之西藥販賣業者、西藥種商，其所聘請專任管理之藥師或藥劑生免受第二十八條第一項駐店管理之限制。

第一○四條之一 93

前條所稱民國七十八年十二月三十一日前業經核准登記領照營業之西藥販賣業者、西藥種商，係指其藥商負責人於七十九年一月一日以後，未曾變更且仍繼續營業者。但營業項目登記為零售之藥商，因負責人死亡，而由其配偶為負責人繼續營業者，不在此限。

第一○四條之二 93

①依本法申請證照或事項或函詢藥品查驗登記審查準則及醫療器材查驗登記審查準則等相關規定，應繳納費用。

②前項應繳納費用種類及其費額，由中央衛生主管機關定之。

第一○四條之三 101

各級衛生主管機關於必要時，得將藥物抽查及檢驗之一部或全部，委任所屬機關或委託相關機關（構）辦理；其委任、委託及其相關事項之辦法，由中央衛生主管機關定之。

第一○四條之四 101

①中央衛生主管機關得就藥物檢驗業務，辦理檢驗機構之認證；其認證及管理辦法，由中央衛生主管機關定之。

②前項認證工作，得委任所屬機關或委託其他機關（構）辦理；其委任、委託及其相關事項之辦法，由中央衛生主管機關定之。

第一○五條

本法施行細則，由中央衛生主管機關定之。

第一○六條 107

①本法自公布日施行。

②本法中華民國八十六年五月七日修正公布之第五十三條施行日期，由行政院定之；九十五年五月五日修正之條文，自九十五年七月一日施行。

③本法中華民國一百零六年十二月二十九日修正之第四章之一、第九十二條之一、第一百條及第一百條之一，其施行日期由行政院定之。

組織犯罪防制條例

①民國85年12月11日總統令制定公布全文19條；並自公布日施行。
②民國105年7月20日總統令修正公布第7條條文。
③民國106年4月19日總統令修正公布第2～4、8條條文；增訂第7-1條條文；並刪除第5、17、18條條文。
④民國107年1月3日總統令修正公布第2、3、12條條文。

第一條

①為防制組織犯罪，以維護社會秩序，保障人民權益，特制定本條例。

②本條例未規定者，適用其他法律之規定。

第二條 107

①本條例所稱犯罪組織，指三人以上，以實施強暴、脅迫、詐術、恐嚇為手段或最重本刑逾五年有期徒刑之刑之罪，所組成具有持續性或牟利性之有結構性組織。

②前項有結構性組織，指非為立即實施犯罪而隨意組成，不以具有名稱、規約、儀式、固定處所、成員持續參與或分工明確為必要。

第三條 107

①發起、主持、操縱或指揮犯罪組織者，處三年以上十年以下有期徒刑，得併科新臺幣一億元以下罰金；參與者，處六月以上五年以下有期徒刑，得併科新臺幣一千萬元以下罰金。但參與情節輕微者，得減輕或免除其刑。

②具公務員或經選舉產生之公職人員之身分，犯前項之罪者，加重其刑至二分之一。

③犯第一項之罪者，應於刑之執行前，令入勞動場所，強制工作，其期間為三年。

④前項之強制工作，準用刑法第九十條第二項但書、第三項及第九十八條第二項、第三項規定。

⑤以言語、舉動、文字或其他方法，明示或暗示其為犯罪組織之成員，或與犯罪組織或其成員有關聯，而要求他人為下列行為之一者，處三年以下有期徒刑，得併科新臺幣三百萬元以下罰金：

一　出售財產、商業組織之出資或股份或放棄經營權。

二　配合辦理都市更新重建之處理程序。

三　購買商品或支付勞務報酬。

四　履行債務或接受債務協商之內容。

⑥前項犯罪組織，不以現存者為必要。

⑦以第五項之行為，使人行無義務之事或妨害其行使權利者，亦同。

⑧第五項、第七項之未遂犯罰之。

第四條 106

①招募他人加入犯罪組織者，處六月以上五年以下有期徒刑，得併科新臺幣一千萬元以下罰金。

②成年人招募未滿十八歲之人加入犯罪組織者，依前項規定加重其刑至二分之一。

③以強暴、脅迫或其他不法之方法，使他人加入犯罪組織或妨害其成員脫離者，處一年以上七年以下有期徒刑，得併科新臺幣二千萬元以下罰金。

④前項之未遂犯罰之。

第五條 （刪除）106

第六條

非犯罪組織之成員而資助犯罪組織者，處六月以上五年以下有期徒刑，得併科新臺幣一千萬元以下罰金。

第七條 105

①犯第三條之罪者，其參加之組織所有之財產，除應發還被害人者外，應予沒收。

②犯第三條之罪者，對於參加組織後取得之財產，未能證明合法來源者，亦同。

第七條之一 106

法人之代表人、法人或自然人之代理人、受僱人或其他從業人員，因執行業務，犯第三條至第六條之罪者，除處罰其行為人外，並對該法人或自然人科以各該條之罰金。但法人或自然人為被害人或對於犯罪之發生，已盡監督責任或為防止行為者，不在此限。

第八條 106

①犯第三條之罪自首，並自動解散或脫離其所屬之犯罪組織者，減輕或免除其刑；因其提供資料，而查獲該犯罪組織者，亦同；偵查及審判中均自白者，減輕其刑。

②犯第四條、第六條之罪自首，並因其提供資料，而查獲各該條之犯罪組織者，減輕或免除其刑；偵查及審判中均自白者，減輕其刑。

第九條

公務員或經選舉產生之公職人員明知為犯罪組織有據予以包庇者，處五年以上十二年以下有期徒刑。

第一〇條

檢舉人於本條例所定之犯罪未發覺前檢舉，其所檢舉之犯罪，經法院判決有罪者，給與檢舉人檢舉獎金。其辦法由行政院定之。

第一一條

①前條檢舉人之身分資料應予保密。

②檢察機關、司法警察機關爲保護檢舉人，對於檢舉人之身分資料，應另行封存，不得附入移送法院審理之文書內。

③公務員洩露或交付前項檢舉人之消息、身分資料或足資辨別檢舉人之物品者，處一年以上七年以下有期徒刑。

第一二條 107

①關於本條例之罪，證人之姓名、性別、年齡、出生地、職業、身分證字號、住所或居所或其他足資辨別之特徵等資料，應由檢察官或法官另行封存，不得閱卷。訊問證人之筆錄，以在檢察官或法官面前作成，並經踐行刑事訴訟法所定訊問證人之程序者爲限，始得採爲證據。但有事實足認被害人或證人有受強暴、脅迫、恐嚇或其他報復行爲之虞者，法院、檢察機關得依被害人或證人之聲請或依職權拒絕被告與之對質、詰問或其選任辯護人檢閱、抄錄、攝影可供指出被害人或證人真實姓名、身分之文書及詰問。法官、檢察官將作爲證據之筆錄或文書向被告告以要旨，訊問其有無意見陳述。

②於偵查或審判中對組織犯罪之被告人或證人爲訊問、詰問或對質，得依聲請或依職權在法庭外爲之，或利用聲音、影像傳眞之科技設備或其他適當隔離方式將被害人或證人與被告隔離。

③組織犯罪之被害人或證人於境外時，得於我國駐外使領館或代表處內，利用聲音、影像傳眞之科技設備爲訊問、詰問。

④檢舉人、被害人及證人之保護，另以法律定之。

第一三條

犯本條例之罪，經判處有期徒刑以上之刑確定者，不得登記爲公職人員候選人。

第一四條

①本條例施行後辦理之各類公職人員選舉，政黨所推薦之候選人，於登記爲候選人之日起五年內，經法院判決犯本條例之罪確定者，每有一名，處該政黨新臺幣一千萬元以上五千萬元以下之罰鍰。

②前項情形，如該類選舉應選名額中有政黨比例代表者，該屆其缺額不予遞補。

③前二項處分，由辦理該類選舉之選務主管機關爲之。

第一五條

爲防制國際性之組織犯罪活動，政府或其授權之機構依互惠原則，得與外國政府、機構或國際組織簽訂防制組織犯罪之合作條約或其他國際協定。

第一六條

第十條至第十二條之規定，於軍事審判機關偵查、審判組織犯罪時，準用之。

第一七條 （刪除）106

第一八條 （刪除）106

第一九條

　本條例自公布日施行。

洗錢防制法

①民國85年10月23日總統令制定公布全文15條；並自公布後六個月起施行。
②民國92年2月6日總統令修正公布全文15條；並自公布後六個月施行。
③民國95年5月30日總統令修正公布第3、9、15條條文；並自95年7月1日施行。
④民國96年7月11日總統令修正公布全文17條；並自公布日施行。
⑤民國97年6月11日總統令修正公布第3條條文。
⑥民國98年6月10日總統令修正公布第3、7〜11、13條條文。
民國101年6月25日行政院公告第10條第2項所列屬「行政院金融監督管理委員會」之權責事項，自101年7月1日起改由「金融監督管理委員會」管轄。
⑦民國105年4月13日總統令修正公布第3、17條條文。
民國105年12月14日行政院令發布定自106年1月1日施行。
⑧民國105年12月28日總統令修正公布全文23條；並自公布日後六個月施行。
⑨民國107年11月7日總統令修正公布第5、6、9〜11、16、17、22、23條條文；並自公布日施行。

第一條

爲防制洗錢，打擊犯罪，健全防制洗錢體系，穩定金融秩序，促進金流之透明，強化國際合作，特制定本法。

第二條

本法所稱洗錢，指下列行爲：

一　意圖掩飾或隱匿特定犯罪所得來源，或使他人逃避刑事追訴，而移轉或變更特定犯罪所得。

二　掩飾或隱匿特定犯罪所得之本質、來源、去向、所在、所有權、處分權或其他權益者。

三　收受、持有或使用他人之特定犯罪所得。

第三條

本法所稱特定犯罪，指下列各款之罪：

一　最輕本刑爲六月以上有期徒刑以上之刑之罪。

二　刑法第一百二十一條第一項、第一百二十三條、第二百零一條之一第二項、第二百六十八條、第三百三十九條、第三百三十九條之三、第三百四十二條、第三百四十四條、第三百四十九條之罪。

三　懲治走私條例第二條第一項、第三條第一項之罪。

四　破產法第一百五十四條、第一百五十五條之罪。

五　商標法第九十五條、第九十六條之罪。

六　廢棄物清理法第四十五條第一項後段、第四十七條之罪。

七　稅捐稽徵法第四十一條、第四十二條及第四十三條第一項、第二項之罪。

八　政府採購法第八十七條第三項、第五項、第六項、第八十九條、第九十一條第一項、第三項之罪。

九　電子支付機構管理條例第四十四條第二項、第三項、第四十五條之罪。

十　證券交易法第一百七十二條第一項、第二項之罪。

十一　期貨交易法第一百十三條第一項、第二項之罪。

十二　資恐防制法第八條、第九條之罪。

十三　本法第十四條之罪。

第四條

①本法所稱特定犯罪所得，指犯第三條所列之特定犯罪而取得或變得之財物或財產上利益及其孳息。

②前項特定犯罪所得之認定，不以其所犯特定犯罪經有罪判決爲必要。

第五條 107

①本法所稱金融機構，包下列機構：

一　銀行。

二　信託投資公司。

三　信用合作社。

四　農會信用部。

五　漁會信用部。

六　全國農業金庫。

七　辦理儲金匯兌、簡易人壽保險業務之郵政機構。

八　票券金融公司。

九　信用卡公司。

十　保險公司。

十一　證券商。

十二　證券投資信託事業。

十三　證券金融事業。

十四　證券投資顧問事業。

十五　證券集中保管事業。

十六　期貨商。

十七　信託業。

十八　其他經目的事業主管機關指定之金融機構。

②辦理融資性租賃、虛擬通貨平台及交易業務之事業，適用本法關於金融機構之規定。

③本法所稱指定之非金融事業或人員，指從事下列交易之事業或人員：

一　銀樓業。

二　地政士及不動產經紀業從事與不動產買賣交易有關之行爲。

三　律師、公證人、會計師爲客戶準備或進行下列交易時：
　　㈠買賣不動產。
　　㈡管理客戶金錢、證券或其他資產。
　　㈢管理銀行、儲蓄或證券帳戶。
　　㈣有關提供公司設立、營運或管理之資金籌劃。
　　㈤法人或法律協議之設立、營運或管理以及買賣事業體。
四　信託及公司服務提供業爲客戶準備或進行下列交易時：
　　㈠關於法人之籌備或設立事項。
　　㈡擔任或安排他人擔任公司董事或秘書、合夥之合夥人或在
　　　其他法人組織之類似職位。
　　㈢提供公司、合夥、信託、其他法人或協議註冊之辦公室、
　　　營業地址、居住所、通訊或管理地址。
　　㈣擔任或安排他人擔任信託或其他類似契約性質之受託人或
　　　其他相同角色。
　　㈤擔任或安排他人擔任實質持股東。
五　其他業務特性或交易型態易爲洗錢犯罪利用之事業或從業人
　　員。
④第二項辦理融資性租賃、虛擬通貨平台及交易業務事業之範圍、
　第三項第五款指定之非金融事業或人員，其適用之交易型態，及
　得不適用第九條第一項申報規定之前項各款事業或人員，由法務
　部會同中央目的事業主管機關報請行政院指定。
⑤第一項金融機構、第二項辦理融資性租賃業務事業及第三項指定
　之非金融事業或人員所從事之交易，必要時，得由法務部會同中
　央目的事業主管機關指定其使用現金以外之支付工具。
⑥第一項、第二項及前二項之中央目的事業主管機關認定有疑義
　者，由行政院指定目的事業主管機關。
⑦前三項之指定，其事務涉司法院者，由行政院會同司法院指定
　之。

第六條 107

①金融機構及指定之非金融事業或人員應依洗錢與資恐風險及業務
　規模，建立洗錢防制內部控制與稽核制度；其內容應包括下列事
　項：
一　防制洗錢及打擊資恐之作業及控制程序。
二　定期舉辦或參加防制洗錢之在職訓練。
三　指派專責人員負責協調監督第一款事項之執行。
四　備置並定期更新防制洗錢及打擊資恐風險評估報告。
五　稽核程序。
六　其他經中央目的事業主管機關指定之事項。
②前項制度之執行，中央目的事業主管機關應定期查核，並得委託
　其他機關（構）、法人或團體辦理。
③第一項制度之實施內容、作業程序、執行措施，前項查核之方
　式、受委託之資格條件及其他應遵行事項之辦法，由中央目的事

業主管機關會商法務部及相關機關定之；於訂定前應徵詢相關公會之意見。

④違反第一項規定未建立制度，或前項辦法中有關制度之實施內容、作業程序、執行措施之規定者，由中央目的事業主管機關限期令其改善，屆期未改善者，處金融機構新臺幣五十萬元以上一千萬元以下罰鍰；處指定之非金融事業或人員新臺幣五萬元以上一百萬元以下罰鍰。

⑤金融機構及指定之非金融事業或人員規避、拒絕或妨礙現地或非現地查核者，由中央目的事業主管機關處金融機構新臺幣五十萬元以上五百萬元以下罰鍰；處指定之非金融事業或人員新臺幣五萬元以上五十萬元以下罰鍰。

第七條

①金融機構及指定之非金融事業或人員應進行確認客戶身分程序，並留存其確認客戶身分程序所得資料；其確認客戶身分程序應以風險為基礎，並應包括實質受益人之審查。

②前項確認客戶身分程序所得資料，應自業務關係終止時起至少保存五年；臨時性交易者，應自臨時性交易終止時起至少保存五年。但法律另有較長保存期間規定者，從其規定。

③金融機構及指定之非金融事業或人員對現任或曾任國內外政府或國際組織重要政治性職務之客戶或受益人與其家庭成員及有密切關係之人，應以風險為基礎，執行加強客戶審查程序。

④第一項確認客戶身分範圍、留存確認資料之範圍、程序、方式及前項加強客戶審查之範圍、程序、方式之辦法，由中央目的事業主管機關會商法務部及相關機關定之；於訂定前應徵詢相關公會之意見。前項重要政治性職務之人與其家庭成員及有密切關係之人之範圍，由法務部定之。

⑤違反第一項至第三項規定及前項所定辦法者，由中央目的事業主管機關處金融機構新臺幣五十萬元以上一千萬元以下罰鍰、處指定之非金融事業或人員新臺幣五萬元以上一百萬元以下罰鍰。

第八條

①金融機構及指定之非金融事業或人員因執行業務而辦理國內外交易，應留存必要交易紀錄。

②前項交易紀錄之保存，自交易完成時起，應至少保存五年。但法律另有較長保存期間規定者，從其規定。

③第一項留存交易紀錄之適用交易範圍、程序、方式之辦法，由中央目的事業主管機關會商法務部及相關機關定之；於訂定前應徵詢相關公會之意見。

④違反第一項、第二項規定及前項所定辦法者，由中央目的事業主管機關處金融機構新臺幣五十萬元以上一千萬元以下罰鍰、處指定之非金融事業或人員新臺幣五萬元以上一百萬元以下罰鍰。

第九條 107

①金融機構及指定之非金融事業或人員對於達一定金額以上之通貨

交易，除本法另有規定外，應向法務部調查局申報。

②金融機構及指定之非金融事業或人員依前項規定爲申報者，免除其業務上應保守秘密之義務。該機構或事業之負責人、董事、經理人及職員，亦同。

③第一項一定金額、通貨交易之範圍、種類、申報之範圍、方式、程序及其他應遵行事項之辦法，由中央目的事業主管機關會商法務部及相關機關定之；於訂定前應徵詢相關公會之意見。

④違反第一項規定或前項所定辦法中有關申報之範圍、方式、程序之規定者，由中央目的事業主管機關處金融機構新臺幣五十萬元以上一千萬元以下罰鍰；處指定之非金融事業或人員新臺幣五萬元以上一百萬元以下罰鍰。

第一○條 107

①金融機構及指定之非金融事業或人員對疑似犯第十四條、第十五條之罪之交易，應向法務部調查局申報；其交易未完成者，亦同。

②金融機構及指定之非金融事業或人員依前項規定爲申報者，免除其業務上應保守秘密之義務。該機構或事業之負責人、董事、經理人及職員，亦同。

③第一項之申報範圍、方式、程序及其他應遵行事項之辦法，由中央目的事業主管機關會商法務部及相關機關定之；於訂定前應徵詢相關公會之意見。

④前項、第六條第三項、第七條第四項、第八條第三項及前條第三項之辦法，其事務涉司法院者，由司法院會商行政院定之。

⑤違反第一項規定或第三項所定辦法中有關申報之範圍、方式、程序之規定者，由中央目的事業主管機關處金融機構新臺幣五十萬元以上一千萬元以下罰鍰；處指定之非金融事業或人員新臺幣五萬元以上一百萬元以下罰鍰。

第一一條 107

①爲配合防制洗錢及打擊資恐之國際合作，金融目的事業主管機關及指定之非金融事業或人員之中央目的事業主管機關得自行或經法務部調查局通報，對洗錢或資恐高風險國家或地區，爲下列措施：

一　令金融機構、指定之非金融事業或人員強化相關交易之確認客戶身分措施。

二　限制或禁止金融機構、指定之非金融事業或人員與洗錢或資恐高風險國家或地區爲匯款或其他交易。

三　採取其他與風險相當且有效之必要防制措施。

②前項所稱洗錢或資恐高風險國家或地區，指下列之一者：

一　經國際防制洗錢組織公告防制洗錢及打擊資恐有嚴重缺失之國家或地區。

二　經國際防制洗錢組織公告未遵循或未充分遵循國際防制洗錢組織建議之國家或地區。

三　其他有具體事證認有洗錢及資恐高風險之國家或地區。

第一二條

①旅客或隨交通工具服務之人員出入境攜帶下列之物，應向海關申報；海關受理申報後，應向法務部調查局通報：

一　總價值達一定金額以上之外幣、香港或澳門發行之貨幣及新臺幣現鈔。

二　總面額達一定金額以上之有價證券。

三　總價值達一定金額以上之黃金。

四　其他總價值達一定金額以上，且有被利用進行洗錢之虞之物品。

②以貨物運送、快遞、郵寄或其他相類之方法運送前項各款物品出入境者，亦同。

③前二項之一定金額、有價證券、黃金、物品、受理申報與通報之範圍、程序及其他應遵行事項之辦法，由財政部會商法務部、中央銀行、金融監督管理委員會定之。

④外幣、香港或澳門發行之貨幣未依第一項、第二項規定申報者，由海關沒入之；申報不實者，其超過申報部分由海關沒入之；有價證券、黃金、物品未依第一項、第二項規定申報或申報不實者，由海關科以相當於未申報或申報不實之有價證券、黃金、物品價額之罰鍰。

⑤新臺幣依第一項、第二項規定申報者，超過中央銀行依中央銀行法第十八條之一第一項所定限額部分，應予退運。未依第一項、第二項規定申報者，由海關沒入之；申報不實者，其超過申報部分由海關沒入之，均不適用中央銀行法第十八條之一第二項規定。

⑥大陸地區發行之貨幣依第一項、第二項所定方式出入境，應依臺灣地區與大陸地區人民關係條例相關規定辦理，總價值超過同條例第三十八條第五項所定限額時，海關應向法務部調查局通報。

第一三條

①檢察官於偵查中，有事實足認被告利用帳戶、匯款、通貨或其他支付工具犯第十四條及第十五條之罪者，得聲請該管法院指定六個月以內之期間，對該筆交易之財產為禁止提款、轉帳、付款、交付、轉讓或其他必要處分之命令。其情況急迫，有相當理由足認非立即為上開命令，不能保全得沒收之財產或證據者，檢察官得逕命執行之。但應於執行後三日內，聲請法院補發命令。法院如不於三日內補發或檢察官未於執行後三日內聲請法院補發命令者，應即停止執行。

②前項禁止提款、轉帳、付款、交付、轉讓或其他必要處分之命令，法官於審判中得依職權為之。

③前二項命令，應以書面為之，並準用刑事訴訟法第一百二十八條規定。

④第一項之指定期間如有繼續延長之必要者，檢察官應檢附具體理

由，至遲於期間屆滿之前五日聲請該管法院裁定。但延長期間不得逾六個月，並以延長一次為限。

⑤對於外國政府、機構或國際組織依第二十一條所訂之條約或協定或基於互惠原則請求我國協助之案件，如所涉之犯罪行為符合第三條所列之罪，雖非在我國偵查或審判中者，亦得準用前四項規定。

⑥對第一項、第二項之命令、第四項之裁定不服者，準用刑事訴訟法第四編抗告之規定。

第一四條

①有第二條各款所列洗錢行為者，處七年以下有期徒刑，併科新臺幣五百萬元以下罰金。

②前項之未遂犯罰之。

③前二項情形，不得科以超過其特定犯罪所定最重本刑之刑。

第一五條

①收受、持有或使用之財物或財產上利益，有下列情形之一，而無合理來源且與收入顯不相當者，處六月以上五年以下有期徒刑，得併科新臺幣五百萬元以下罰金：

一　冒名或以假名向金融機構申請開立帳戶。

二　以不正方法取得他人向金融機構申請開立之帳戶。

三　規避第七條至第十條所定洗錢防制程序。

②前項之未遂犯罰之。

第一六條 107

①法人之代表人、代理人、受僱人或其他從業人員，因執行業務犯前二條之罪者，除處罰行為人外，對該法人並科以各該條所定之罰金。

②犯前二條之罪，在偵查或審判中自白者，減輕其刑。

③前二條之罪，於中華民國人民在中華民國領域外犯罪者，適用之。

④第十四條之罪，不以本法所定特定犯罪之行為或結果在中華民國領域內為必要。但該特定犯罪依行為地之法律不罰者，不在此限。

第一七條 107

①公務員洩漏或交付關於申報疑似犯第十四條、第十五條之罪之交易或犯第十四條、第十五條之罪嫌疑之文書、圖畫、消息或物品者，處三年以下有期徒刑。

②第五條第一項至第三項不具公務員身分之人洩漏或交付關於申報疑似犯第十四條、第十五條之罪之交易或犯第十四條、第十五條之罪嫌疑之文書、圖畫、消息或物品者，處二年以下有期徒刑、拘役或新臺幣五十萬元以下罰金。

第一八條

①犯第十四條之罪，其所移轉、變更、掩飾、隱匿、收受、取得、持有、使用之財物或財產上利益，沒收之；犯第十五條之罪，其

所收受、持有、使用之財物或財產上利益，亦同。

②以集團性或常習性方式犯第十四條或第十五條之罪，有事實足以證明行爲人所得支配之前項規定以外之財物或財產上利益，係取自其他違法行爲所得者，沒收之。

③對於外國政府、機構或國際組織依第二十一條所簽訂之條約或協定或基於互惠原則，請求我國協助執行扣押或沒收之案件，如所涉之犯罪行爲符合第三條所列之罪，不以在我國偵查或審判中者爲限。

第一九條

①犯本法之罪沒收之犯罪所得爲現金或有價證券以外之財物者，得由法務部撥交檢察機關、司法警察機關或其他協助查緝洗錢犯罪之機關作公務上使用。

②我國與外國政府、機構或國際組織依第二十一條所簽訂之條約或協定或基於互惠原則協助執行沒收犯罪所得或其他追討犯罪所得作爲者，法務部得依條約、協定或互惠原則將該沒收財產之全部或一部撥交該外國政府、機構或國際組織，或請求撥交沒收財產之全部或一部款項。

③前二項沒收財產之撥交辦法，由行政院定之。

第二〇條

法務部辦理防制洗錢業務，得設置基金。

第二一條

①爲防制洗錢，政府依互惠原則，得與外國政府、機構或國際組織簽訂防制洗錢之條約或協定。

②對於外國政府、機構或國際組織請求我國協助之案件，除條約或協定另有規定者外，得基於互惠原則，提供第九條、第十條、第十二條受理申報或通報之資料及其調查結果。

③臺灣地區與大陸地區、香港及澳門間之洗錢防制，準用前二項規定。

第二二條 107

第六條第二項之查核，第六條第四項、第五項、第七條第五項、第八條第四項、第九條第四項、第十條第五項之裁處及其調查，中央目的事業主管機關得委辦直轄市、縣（市）政府辦理，並由直轄市、縣（市）政府定期陳報查核成效。

第二三條 107

①本法自公布日後六個月施行。

②本法修正條文自公布日施行。

槍砲彈藥刀械管制條例

①民國72年6月27日總統令制定公布全文15條。
②民國74年1月18日總統令修正公布第7條條文；並增訂第13-1條條文。
③民國79年7月16日總統令增訂公布第13-2、13-3條條文。
④民國85年9月25日總統令修正公布第4、6、13-2、14條條文；並增訂第9-1條條文。
⑤民國86年11月24日總統令修正公布全文25條；並自公布日施行。
⑥民國78年7月5日總統令修正公布第3、6、11條條文。
⑦民國90年11月14日總統令修正公布第6、10、20條條文；增訂第5-1、6-1條條文；並刪除第19、23、24條條文。
⑧民國93年6月2日總統令修正公布第6-1、20條條文；並增訂第5-2條條文。
⑨民國94年1月26日總統令修正公布第4、8、16、20條條文；增訂第20-1條條文；並刪除第10、11、17條條文。
⑩民國97年11月26日總統令修正公布第7條條文。
⑪民國98年5月27日總統令修正公布第5-2、25條條文；並自98年11月23日施行。
⑫民國100年1月5日總統令修正公布第8、20條條文。
⑬民國100年11月23日總統令修正公布第7條條文。
⑭民國106年6月14日總統令修正公布第5-2條條文。
⑮民國109年6月10日總統令修正公布第4、7～9、20、20-1、25條條文；除第20條第3項施行日期由行政院另定外，自公布日施行。

第一條

為管制槍砲、彈藥、刀械，維護社會秩序、保障人民生命財產安全，特制定本條例。

第二條

槍砲、彈藥、刀械，除依法令規定配用者外，悉依本條例之規定。

第三條

槍砲、彈藥、刀械管制之主管機關：中央為內政部；直轄市為直轄市政府；縣（市）為縣（市）政府。

第四條 109

①本條例所稱槍砲、彈藥、刀械如下：

一 槍砲：指制式或非制式之火砲、肩射武器、機關槍、衝鋒槍、卡柄槍、自動步槍、普通步槍、馬槍、手槍、鋼筆槍、瓦斯槍、麻醉槍、獵槍、空氣槍、魚槍及其他可發射金屬或子彈具有殺傷力之各式槍砲。

二　彈藥：指前款各式槍砲所使用之砲彈、子彈及其他具有殺傷力或破壞性之各類炸彈、爆裂物。

三　刀械：指武士刀、手杖刀、鴛鴦刀、手指虎、鋼（鐵）鞭、扁鑽、匕首（各如附圖例式）及其他經中央主管機關公告查禁，非供正當使用具有殺傷力之刀械。

②前項第一款、第二款槍砲、彈藥，包括其主要組成零件。但無法供組成槍砲、彈藥之用者，不在此限。

③槍砲、彈藥主要組成零件種類，由中央主管機關公告之。

第五條

前條所列槍砲、彈藥，非經中央主管機關許可，不得製造、販賣、運輸、轉讓、出租、出借、持有、寄藏或陳列。

第五條之一

手槍、空氣槍、獵槍及其他槍砲、彈藥專供射擊運動使用者，非經中央主管機關許可，不得製造、販賣、運輸、轉讓、出租、出借、持有、寄藏或陳列。

第五條之二 106

①依本條例許可之槍砲、彈藥、刀械，有下列情形之一，撤銷或廢止其許可；其持有之槍砲、彈藥、刀械，由中央主管機關給價收購。但政府機關（構）購置使用之槍砲、彈藥、刀械或違反本條例之罪者，不予給價收購：

一　許可原因消滅者。

二　不需置用或毀損致不堪使用者。

三　持有人喪失原住民或漁民身分者。

四　持有人規避、妨礙或拒絕檢查者。

五　持有人死亡者。

六　持有人受判處有期徒刑以上之刑確定者。

七　持有人受監護或輔助宣告，尚未撤銷者。

八　持有槍砲、彈藥、刀械之團體解散者。

九　其他違反應遵行事項之規定者。

②刀械持有人死亡、團體解散，重新申請許可持有者，或自製獵槍持有人死亡，其繼用人申請繼續持有者，經許可後，不予給價收購。

③前項自製獵槍繼用人，以享有法定繼承權人之一人為限。但未成年人或無行為能力人者，不得申請繼續持有。

④第一項給價收購經費由中央主管機關逐年編列預算支應；其價格標準由中央主管機關定之，並委由直轄市、縣（市）政府執行。

⑤第一項收購之槍砲、彈藥、刀械及收繳之證照，由中央主管機關送交內政部警政署銷毀。但經留用者，不予銷毀。

⑥第一項第六款規定，於許可持有自製獵槍或魚槍之原住民，以其故意犯最輕本刑為三年以上有期徒刑之罪或犯下列規定之一之罪為限，適用之：

一　刑法第一百八十五條之二第一項、第四項、第一百八十六

　　條、第一百八十六條之一第一項、第四項、第一百八十七
　　條、第二百二十四條、第二百三十一條之一第一項、第二
　　百七十一條第三項、第二百七十二條第三項、第二百七十三
　　條、第二百七十四條、第二百七十五條、第二百七十七條
　　第一項、第二百七十九條、第二百八十一條、第二百八十二
　　條、第二百九十六條、第二百九十八條、第三百零二條第一
　　項、第三項、第三百零三條、第三百零四條、第三百零五
　　條、第三百二十一條、第三百二十五條第一項、第三項、第
　　三百二十六條、第三百二十八條第五項、第三百四十六條或
　　第三百四十七條第四項。

二　森林法第五十一條第二項、第五十二條、第五十三條第二項
　　或第五十四條。

三　野生動物保育法第四十條、第四十一條或第四十二條。但於
　　本條文修正前，基於原住民族之傳統文化、祭儀或非營利自
　　用而犯野生動物保育法第四十一條之罪者，不在此限。

四　本條例第九條、第十二條第一項、第二項、第四項、第五
　　項、第十三條第二項、第四項、第五項、第十四條或第十五
　　條。

五　懲治走私條例第二條、第三條或第七條。

六　組織犯罪防制條例第三條第一項後段或第六條。

七　毒品危害防制條例第四條第五項、第六項、第五條第四項、
　　第七條第二項、第三項、第四項、第五項、第八條、第十
　　條、第十一條、第十三條、第十四條或第十五條。

⑦本條例中華民國一百零六年五月二十六日修正之本條文施行前，
　原住民犯前項規定以外之罪，經直轄市、縣（市）主管機關依第
　一項第六款規定撤銷或廢止其自製獵槍或魚槍之許可，尚未給價
　收購者，直轄市、縣（市）主管機關應通知其於三個月內重新申
　請許可；屆期未申請許可或其申請未經許可者，仍依規定給價收
　購。

第六條

　第四條第一項第三款所列之各式刀械，非經主管機關許可，不得
　製造、販賣、運輸、轉讓、出租、出借、持有。

第六條之一 93

①第五條及第六條所定槍砲、彈藥、刀械之許可申請、條件、廢
　止、檢查及其他應遵行事項之管理辦法，由中央主管機關定之。

②第五條之一所定槍砲、彈藥之許可申請、條件、期限、廢止、檢
　查及其他應遵行事項之管理辦法，由中央目的事業主管機關會同
　中央主管機關定之。

③違反前項所定之管理辦法者，處新臺幣五萬元以下之罰鍰。但違
　反第五條之一，或意圖供自己或他人犯罪而使用經許可之槍砲、
　彈藥者，不適用之。

第七條 109

①未經許可，製造、販賣或運輸制式或非制式火砲、肩射武器、機關槍、衝鋒槍、卡柄槍、自動步槍、普通步槍、馬槍、手槍或各類砲彈、炸彈、爆裂物者，處無期徒刑或七年以上有期徒刑，併科新臺幣三千萬元以下罰金。

②未經許可，轉讓、出租或出借前項所列槍砲、彈藥者，處無期徒刑或五年以上有期徒刑，併科新臺幣一千萬元以下罰金。

③意圖供自己或他人犯罪之用，而犯前二項之罪者，處死刑或無期徒刑；處徒刑者，併科新臺幣五千萬元以下罰金。

④未經許可，持有、寄藏或意圖販賣而陳列第一項所列槍砲、彈藥者，處五年以上有期徒刑，併科新臺幣一千萬元以下罰金。

⑤意圖供自己或他人犯罪之用，以強盜、搶奪、竊盜或其他非法方法，持有依法執行公務之人所持有之第一項所列槍砲、彈藥者，得加重其刑至二分之一。

⑥第一項至第三項之未遂犯罰之。

第八條 109

①未經許可，製造、販賣或運輸制式或非制式鋼筆槍、瓦斯槍、麻醉槍、獵槍、空氣槍或第四條第一項第一款所定其他可發射金屬或子彈具有殺傷力之各式槍砲者，處無期徒刑或五年以上有期徒刑，併科新臺幣一千萬元以下罰金。

②未經許可，轉讓、出租或出借前項所列槍砲者，處五年以上有期徒刑，併科新臺幣一千萬元以下罰金。

③意圖供自己或他人犯罪之用，而犯前二項之罪者，處無期徒刑或七年以上有期徒刑，併科新臺幣一千萬元以下罰金。

④未經許可，持有、寄藏或意圖販賣而陳列第一項所列槍砲者，處三年以上十年以下有期徒刑，併科新臺幣七百萬元以下罰金。

⑤第一項至第三項之未遂犯罰之。

⑥犯第一項、第二項或第四項有關空氣槍之罪，其情節輕微者，得減輕其刑。

第九條 109

①未經許可，製造、販賣、轉讓、出租或出借制式或非制式魚槍者，處一年以下有期徒刑、拘役或新臺幣五十萬元以下罰金。

②意圖供自己或他人犯罪之用，而犯前項之罪者，處二年以下有期徒刑、拘役或新臺幣一百萬元以下罰金。

③未經許可，持有、寄藏或意圖販賣而陳列制式或非制式魚槍者，處六月以下有期徒刑、拘役或新臺幣五十萬元以下罰金。

④第一項及第二項之未遂犯罰之。

第一〇條　（刪除）94

第一一條　（刪除）94

第一二條

①未經許可，製造、販賣或運輸子彈者，處一年以上七年以下有期徒刑，併科新臺幣五百萬元以下罰金。

②未經許可，轉讓、出租或出借子彈者，處六月以上五年以下有期徒刑，併科新臺幣三百萬元以下罰金。

③意圖供自己或他人犯罪之用，而犯前二項之罪者，處三年以上十年以下有期徒刑，併科新臺幣七百萬元以下罰金。

④未經許可，持有、寄藏或意圖販賣而陳列子彈者，處五年以下有期徒刑，併科新臺幣三百萬元以下罰金。

⑤第一項至第三項之未遂犯罰之。

第一三條

①未經許可，製造、販賣或運輸槍砲、彈藥之主要組成零件者，處三年以上十年以下有期徒刑，併科新臺幣七百萬元以下罰金。

②未經許可，轉讓、出租或出借前項零件者，處一年以上七年以下有期徒刑，併科新臺幣五百萬元以下罰金。

③意圖供自己或他人犯罪之用，而犯前二項之罪者，處五年以上有期徒刑，併科新臺幣一千萬元以下罰金。

④未經許可，持有、寄藏或意圖販賣而陳列第一項所列零件者，處六月以上五年以下有期徒刑，併科新臺幣三百萬元以下罰金。

⑤第一項至第三項之未遂犯罰之。

第一四條

①未經許可，製造、販賣或運輸刀械者，處三年以下有期徒刑，併科新臺幣一百萬元以下罰金。

②意圖供自己或他人犯罪之用，而犯前項之罪者，處六月以上五年以下有期徒刑，併科新臺幣三百萬元以下罰金。

③未經許可，持有或意圖販賣而陳列刀械者，處一年以下有期徒刑、拘役或新臺幣五十萬元以下罰金。

④第一項及第二項之未遂犯罰之。

第一五條

未經許可攜帶刀械而有下列情形之一者，處二年以下有期徒刑：

一 於夜間犯之者。

二 於車站、埠頭、航空站、公共場所或公眾得出入之場所犯之者。

三 結夥犯之者。

第一六條 94

公務員或經選舉產生之公職人員明知犯第七條、第八條或第十二條之罪有據以包庇者，依各該條之規定加重其刑至二分之一。

第一七條 （刪除） 94

第一八條

①犯本條例之罪自首，並報繳其持有之全部槍砲、彈藥、刀械者，減輕或免除其刑；其已移轉持有而據實供述全部槍砲、彈藥、刀械之來源或去向，因而查獲者，亦同。

②前項情形，於中央主管機關報經行政院核定辦理公告期間自首者，免除其刑。

③前二項情形，其報繳不實者，不實部分仍依本條例所定之罪論

處。

④犯本條例之罪，於偵查或審判中自白，並供述全部槍砲、彈藥、刀械之來源及去向，因而查獲或因而防止重大危害治安事件之發生者，減輕或免除其刑。拒絕供述或供述不實者，得加重其刑至三分之一。

第一九條 （刪除）

第二〇條 109

①原住民未經許可，製造、運輸或持有自製獵槍、其主要組成零件或彈藥；或原住民、漁民未經許可，製造、運輸或持有自製魚槍，供作生活工具之用者，處新臺幣二千元以上二萬元以下罰鍰，本條例有關刑罰之規定，不適用之。

②原住民相互間或漁民相互間未經許可，販賣、轉讓、出租、出借或寄藏自製獵槍、其主要組成零件或彈藥、自製魚槍，供作生活工具之用者，處新臺幣二千元以上二萬元以下罰鍰，本條例有關刑罰之規定，不適用之。

③第一項之自製獵槍、魚槍之構造、自製獵槍彈藥，及前二項之許可申請、條件、期限、廢止、檢查及其他應遵行事項之管理辦法，由中央主管機關會同中央原住民族主管機關及國防部定之。

④於中華民國九十年十一月十四日本條例修正施行前，原住民單純僅犯未經許可製造、運輸、持有及相互間販賣、轉讓、出租、出借或寄藏自製獵槍、魚槍之罪，受判處有期徒刑以上之刑確定者，仍得申請自製獵槍、魚槍之許可。

⑤主管機關應輔導原住民及漁民依法申請自製獵槍、魚槍。

⑥第一項、第二項情形，於中央主管機關報經行政院核定辦理公告期間自動報繳者，免除其處罰。

第二〇條之一 109

①具類似真槍之外型、構造、材質及火藥式擊發機構裝置，且足以改造成具有殺傷力者，為模擬槍，由中央主管機關會同中央目的事業主管機關公告查禁。

②製造、販賣、運輸或轉讓前項公告查禁之模擬槍者，處新臺幣二百五十萬元以下罰鍰；其情節重大者，得併命其停止營業或勒令歇業。但專供外銷及研發並經警察機關許可，且列冊以備稽核者，不在此限。

③出租、出借、持有、寄藏或意圖販賣而陳列第一項公告查禁之模擬槍者，處新臺幣二十萬元以下罰鍰。

④改造第一項公告查禁之模擬槍可供發射金屬或子彈，未具殺傷力者，處新臺幣三十萬元以下罰鍰。

⑤警察機關為查察第一項公告查禁之模擬槍，得依法派員進入模擬槍製造、儲存或販賣場所，並應會同目的事業主管機關就其零組件、成品、半成品、各種簿冊及其他必要之物件實施檢查，並得詢問關係人及命提供必要之資料。

⑥前項規定之檢查人員於執行檢查任務時，應主動出示執行職務之

證明文件，並不得妨礙該場所正常業務之進行。

⑦規避、妨礙或拒絕第五項之檢查、詢問或提供資料者，處新臺幣二十萬元以上五十萬元以下罰鍰，並得按次處罰及強制執行檢查。

⑧公告查禁前已持有第一項模擬槍之人民或團體，應自公告查禁之日起六個月內，向警察機關報備。於期限內完成報備者，其持有之行為不罰。

⑨第一項公告查禁之模擬槍，不問屬於何人所有，沒入之。但有第二項但書或前項情形者，不在此限。

⑩第二項但書許可之申請程序、應備文件、條件、期限、廢止與第五項檢查之程序及其他應遵行事項之辦法，由中央主管機關會同中央目的事業主管機關定之。

第二一條

犯本條例之罪，其他法律有較重處罰之規定者，從其規定。

第二二條

①因檢舉而破獲違反本條例之案件，應給與檢舉人獎金。

②前項獎金給獎辦法，由行政院定之。

第二三條 （刪除）

第二四條 （刪除）

第二五條 109

①本條例自公布日施行。

②本條例中華民國九十八年五月十二日修正之條文，自九十八年十一月二十三日施行；一百零九年五月二十二日修正之條文，除第二十條第三項之施行日期，由行政院另定外，自公布日施行。

槍砲彈藥刀械許可及管理辦法

①民國91年10月2日內政部令訂定發布全文35條；並自發布日施行。
②民國93年11月30日內政部令修正發布第3～8、10、15、17～19、21、26、28、31、32條條文。
③民國94年4月22日內政部令修正發布第3、15～19條條文。
④民國98年11月23日內政部令修正發布第8、35條條文；並自98年11月23日施行。
⑤民國100年11月7日內政部令修正發布全文36條；並自發布日施行。
　民國101年12月25日行政院公告第9條、第23條第1項所列屬財政部「關稅總局」及「關稅局」之權責事項，自102年1月1日起分別改由財政部「關務署」及「海關」管轄。
⑥民國103年6月10日內政部令修正發布第2、11、15條條文。
⑦民國107年8月16日內政部令修正發布第15、19條條文。

第一章　總　則

第一條

本辦法依槍砲彈藥刀械管制條例（以下簡稱本條例）第六條之一第一項及第二十條第三項規定訂定之。

第二條 103

本辦法用詞定義如下：

一　原住民：指原住民身分法第二條所定之原住民。

二　漁民：指實際從事沿岸採捕水產動物並持有漁船船員手冊之國民。

三　自製獵槍：指原住民為傳統習俗文化，由申請人自行獨力或與非以營利為目的之原住民協力，在警察分局核准之地點，並依下列規定製造完成，供作生活所用之工具：

　（一）填充物之射出，須逐次由槍口裝填黑色火藥於槍管內，以打擊底火或他法引爆，或使用口徑為零點二七英吋以下打擊打釘槍用邊緣底火之空包彈引爆。

　（二）填充物，須裝填於自製獵槍槍管內發射，小於槍管內徑之玻璃片、鉛質彈丸固體物；其不具制式子彈及其他類似發射體、彈殼、底火及火藥之定裝彈。

　（三）槍身總長（含槍管）須三十八英吋（約九十六點五公分）以上。

四　自製魚槍：指專供作原住民或漁民生活工具之用，由申請人自行獨力或與非以營利為目的之漁民或原住民協力，在警察

分局核准之報備地點製造完成，藉橡皮之拉力發射以鋼鐵、硬塑膠或木質作成攻擊魚類之尖銳物，非以火藥等爆裂物發射者。

第三條

① 機關（構）、學校、團體、人民或廠商，依本辦法規定購置使用、製造、販賣、運輸、轉讓、出租、出借、持有、寄藏或陳列本條例第四條第一項第一款、第二款所定槍砲、彈藥，應向中央主管機關申請許可。

② 前項許可，得委任內政部警政署（以下簡稱警政署）辦理。

③ 人民、團體或廠商，依本辦法規定製造、販賣、運輸、轉讓、出租、出借或持有本條例第四條第一項第三款所定刀械；原住民或漁民申請製造、運輸、持有自製之獵槍或魚槍；原住民相互間或漁民相互間販賣、轉讓、出租、出借或寄藏自製之獵槍或魚槍，應向直轄市、縣（市）主管機關申請許可。

④ 前項許可，得委任直轄市、縣（市）警察局辦理。

第二章　槍砲彈藥之許可及管理

第四條

① 政府機關（構）依法令規定配用者，得申請購置使用、運輸、轉讓、出租、出借、持有、寄藏或陳列槍砲、彈藥。

② 前項機關（構）於購置、運輸、轉讓、出租、出借、持有、寄藏或陳列槍砲、彈藥前，應檢附槍砲、彈藥型號、型錄、數量及用途等資料，向中央主管機關申請許可；轉讓者，應於許可之翌日起七日內，連同執照持向原發照所在地之直轄市、縣（市）警察局辦理異動登記。

第五條

① 學術研究機關（構）因研究發展需要，得申請購置使用、運輸、轉讓、出租、出借、持有、寄藏或陳列槍砲、彈藥。

② 前項機關（構）於購置、運輸、轉讓、出租、出借、持有、寄藏或陳列槍砲、彈藥前，應檢附中央目的事業主管機關同意文件及槍砲、彈藥型號、型錄、數量、用途等資料，向中央主管機關申請許可；轉讓者，應於許可之翌日起七日內，連同執照持向原發照所在地之直轄市、縣（市）警察局辦理異動登記。

第六條

① 各級學校因軍訓教學需要，得申請購置使用、轉讓、出租、出借、持有、寄藏或陳列軍訓用槍枝、彈藥。

② 前項學校於購置、運輸、轉讓、出租、出借、持有、寄藏或陳列槍枝、彈藥前，應檢附中央目的事業主管機關同意文件及槍枝、彈藥型號、型錄、數量、用途等資料，向中央主管機關申請許可；轉讓者，應於許可之翌日起七日內，連同執照持向原發照之直轄市、縣（市）警察局辦理異動登記。

第七條

①動物保育機關（構）、團體因動物保育安全需要，得申請購置使用、運輸、轉讓、出租、出借、持有、寄藏或陳列麻醉槍。

②前項機關（構）、團體於購置、運輸、轉讓、出租、出借、持有、寄藏或陳列麻醉槍前，應檢附中央目的事業主管機關同意文件及麻醉槍型號、型錄、數量、用途等資料，向中央主管機關申請許可；轉讓者，應於許可之翌日起七日內，連同執照持向原發照之直轄市、縣（市）警察局辦理異動登記。

第八條

①人民得購置使用魚槍，每人以二枝為限。但有下列情形之一者，不得購置使用：

一 未滿二十歲。

二 判處有期徒刑以上之刑，經確定。

三 受監護或輔助宣告，尚未撤銷。

②持有人攜帶經許可之魚槍外出者，應隨身攜帶執照。

③持有人之戶籍所在地變更時，應於變更之翌日起一個月內連同執照、異動申報書，分別報請變更前、後之警察分駐（派出）所層轉直轄市、縣（市）警察局辦理異動登記。

第九條

經許可進出口槍砲、彈藥者，應於進出口前向中央主管機關申請同意文件，並持向財政部關稅總局各關稅局申請查驗通關。遺失或毀損時，應申請補發。

第一〇條

①經許可購置槍砲、彈藥者，應於購置持有之翌日起七日內，由機關（構）、學校、團體代表人、負責人或持有人持向機關（構）、學校所在地、主事務所所在地、戶籍所在地之直轄市、縣（市）警察局申請查驗給照，並冊列管理。

②前項槍砲、彈藥有本條例第五條之二第一項各款規定情形之一者，機關（構）、學校、團體代表人、負責人或持有人應於撤銷或廢止其許可之翌日起十五日內，連同執照報由機關（構）、學校所在地、主事務所所在地、戶籍所在地之直轄市、縣（市）政府給價收購或收繳；無報繳人者，由所在地之直轄市、縣（市）政府收繳。

③第一項之槍砲、彈藥遺失者，機關（構）、學校、團體代表人、負責人或持有人應連同執照向機關（構）、學校所在地、主事務所所在地、戶籍所在地之直轄市、縣（市）警察局報繳執照。

第一一條 103

①機關（構）、團體經許可購置之槍砲、彈藥，應於其內部之適當場所，設置鐵櫃儲存。槍砲、彈藥分開儲存、集中保管。鐵櫃必須牢固，兼具防盜、防火及通風設備。

②原住民經許可持有之自製獵槍、彈藥，於其住居所之儲存、保管，亦同。

第一二條

各級學校經許可購置之槍枝、彈藥，應設置庫房集中保管。其設置基準如下：

一 庫房地點應設於學校或代屯隊內之安全處所。

二 槍枝、彈藥應分別設置庫房儲存，並指定專人二十四小時負責看管。

三 庫房以鋼筋水泥構築為原則，並加裝鐵門、鐵窗及加鎖。

四 庫房應裝置錄影監視設施及交流、直流兩用警鈴。

五 庫房應置有消防砂、水、滅火器等防火設備。

六 槍枝庫房內應設置槍櫃及加鎖。

七 彈藥庫房應設置通氣孔，並裝置溫度計、濕度計。

第一三條

廠商經營槍砲、彈藥輸出入貿易、主要組成零件製造外銷或製造魚槍內銷、外銷及槍枝保養營業項目者，應檢具申請書向中央主管機關申請許可；公司申請時，應另檢附經濟部核准之公司名稱及所營事業登記預查核定證明文件正本或影本；檢附影本者，應加蓋公司圖章及負責人章。

第一四條

①前條規定許可之廠商得申請經營槍砲、彈藥輸出入貿易、主要組成零件製造外銷或製造魚槍內銷、外銷及槍枝保養業務，申請時應檢附下列文件逐案向中央主管機關申請許可：

一 申請書。

二 供外銷者，應檢附外商訂單或足資證明其製造外銷之文件，並附中文譯本；進口者，應檢附契約書或委託書。

三 槍砲、彈藥型號、型錄一式六份及數量明細表。

四 公司或工廠登記證明文件之正本或影本；檢附影本者，應加蓋公司、工廠圖章及負責人章。

②製造供外銷之槍砲、彈藥主要組成零件，製造完成應經公司或工廠所在地之直轄市、縣（市）警察局查驗後，始得出口。並於出口之翌日起二十日內，檢附出口報單副本（出口證明聯）報查驗之警察局備查。

③進口、製造魚槍完成後，應向公司或工廠所在地之直轄市、縣（市）警察局申請核發查驗證，始得於經合法營業登記經營相關營業項目之體育用品社、魚具店及潛水器材社等商店陳列、販賣。

第一五條 107

①原住民因傳統習俗文化，供作生活工具之用，符合下列規定者，得申請製造、運輸或持有自製之獵槍或魚槍：

一 年滿二十歲。

二 未受監護或輔助宣告。

三 未經判決犯本條例第五條之二第六項規定之罪確定，或有本條例第二十條第四項規定情形。

②漁民因實際從事沿岸採捕水產動物需要，未有第八條第一項各款規定情形者，得申請製造、運輸或持有自製之魚槍。

第一六條

①原住民或漁民申請製造、運輸、持有自製獵槍或魚槍，應以書面經戶籍所在地警察（所）分駐（派出）所層轉直轄市、縣（市）主管機關提出申請。主管機關應於收到申請書之翌日起十五日內核復；經許可者，申請人應於收到許可函之翌日起一個月內自製完成或持有，並向戶籍所在地之直轄市、縣（市）警察局申請查驗烙印給照及列冊管理；逾期者，原許可失其效力。

②持有人攜帶許可之自製獵槍、魚槍外出者，應隨身攜帶執照。

③持有人之戶籍所在地變更時，應於變更之翌日起一個月內連同執照、異動申報書，分別報請變更前、後之警察分駐（派出）所層轉直轄市、縣（市）警察局辦理異動登記。

第一七條

①原住民申請持有自製之獵槍或魚槍，每人以各二枝為限，每戶不得超過六枝。

②漁民申請持有自製之魚槍，每人以二枝為限，每戶不得超過六枝。

第一八條

①自製獵槍、魚槍有本條例第五條之二第一項各款規定情形之一者，持有人或其繼承人應於撤銷或廢止其許可翌日起十五日內，連同執照報由戶籍所在地之直轄市、縣（市）政府給價收購；無報繳人者，由戶籍所在地之直轄市、縣（市）政府收繳。

②自製獵槍、魚槍遺失時，應即向戶籍所在地之直轄市、縣（市）警察局報繳執照。

第一九條 107

原住民相互間或漁民相互間販賣、轉讓、出租、出借或寄藏自製之獵槍或魚槍，供作生活工具之用者，應向戶籍所在地之直轄市、縣（市）主管機關申請許可；原住民或漁民不符合第十五條規定者，不予許可；販賣或轉讓者，應於許可之翌日起七日內，連同執照親自持向戶籍所在地之直轄市、縣（市）警察局辦理異動登記。

第二〇條

①依本辦法許可之槍砲、彈藥，其查驗完竣後，應於一個月內發給執照，如為臨時請領補換執照者，其執照使用年限，仍填至該期期滿為止。

②機關團體請領執照時，應檢同核准文件，備具申請書、槍枝經歷及管理槍彈員工名冊，逐送直轄市、縣（市）警察局審查給照。

③請領執照費用及支用規定準用自衛槍枝管理條例第十條之規定。

第三章　管制刀械之許可及管理

第二一條

人民或團體因紀念、裝飾、健身表演練習或正當休閒娛樂之用，得申請持有刀械。但人民或團體負責人有第八條第一項各款情形之一者，不予許可。

第二二條

① 人民或團體申請持有刀械，應檢附下列文件，向戶籍所在地或主事務所所在地之直轄市、縣（市）主管機關申請許可：

一　申請書。

二　申請人國民身分證影本或人民團體立案證書影本。

三　刀械彩色圖例一式六份，並詳述刀械數量、用途、刀柄、刀刃長度及有無開鋒等特徵。

四　相關辦理或製造之公司或工廠登記證明文件之正本或影本；檢附影本者，應加蓋公司、工廠圖章及負責人章。

② 前項申請經戶籍所在地之直轄市、縣（市）警察局查驗刀械後發給許可證，並列冊管理。

第二三條

① 人民或團體申請進出口刀械前，應檢附刀械型錄、型號、數量及用途等資料，向戶籍所在地、主事務所所在地之直轄市、縣（市）主管機關申請同意文件，並持向財政部關稅總局各關稅局申請查驗通關；同意文件遺失或毀損時，應申請補發。

② 於國內購置刀械前，應檢附刀械型錄、型號、數量及用途等資料，向戶籍所在地、主事務所所在地之直轄市、縣（市）主管機關申請同意文件。

③ 前項刀械於進口或購置持有之翌日起七日內，應依前條規定，持向戶籍所在地之直轄市、縣（市）警察局申請查驗及核發許可證。

第二四條

持有人攜帶經許可之刀械外出者，應隨身攜帶許可證。刀械遺失時，持有人應向戶籍所在地之直轄市、縣（市）警察局報繳許可證。

第二五條

持有人之戶籍所在地或團體之主事務所變更時，應於變更翌日起一個月內連同許可證、異動申報書，分別報請變更前、後之警察分駐（派出）所層轉直轄市、縣（市）警察局辦理異動登記。

第二六條

人民或團體有本條例第五條之二第一項各款規定情形之一者，其刀械及許可證準用第十八條第一項規定給價收購或收繳。

第二七條

人民或團體販賣、轉讓、出租或出借持有之刀械時，應向戶籍所在地或主事務所所在地之直轄市、縣（市）主管機關申請許可，其有第八條第一項各款情形之一者，不予許可；販賣、轉讓者，應於許可之翌日起七日內，連同許可證親自向戶籍所在地或主

事務所所在地之直轄市、縣（市）警察局辦理異動登記。

第二八條

廠商經營刀械輸出入貿易或製造、販賣營業項目者，應檢具申請書向主事務所所在地之直轄市、縣（市）主管機關申請許可；公司申請時，應另檢附經濟部核准之公司名稱及所營事業登記預查核定證明文件正本或影本；檢附影本者，應加蓋公司圖章及負責人章。

第二九條

①經依前條規定許可之廠商得申請經營輸出入貿易或製造、販賣刀械業務，申請時應檢附下列文件逐案向主事務所所在地之直轄市、縣（市）主管機關申請許可：

一 申請書。

二 公司或工廠登記證明文件正本或影本；檢附影本者，應加蓋公司、工廠圖章及負責人章。

三 刀械彩色圖例一式六份，並詳述刀械數量、用途、刀柄、刀刃長度及有無開鋒等特徵。

四 供外銷者應檢附外商訂單或足資證明其製造外銷之文件，並附中文譯本。

五 供國內人民或團體持有者，應檢附人民或團體戶籍所在地或主事務所所在地之直轄市、縣（市）主管機關同意文件。

②製造供外銷之刀械，製造完成應經製造公司或工廠所在地之直轄市、縣（市）警察局查驗後，始得出口。並於出口之翌日起二十日內，檢附出口報單副本（出口證明聯）報查驗之警察局備查。

第四章 附 則

第三〇條

經許可之槍砲、彈藥、刀械，中央主管機關每年應舉行總檢查一次。但為維護治安必要，得實施臨時總檢查。

第三一條

依本辦法許可之槍砲、彈藥、刀械，其執照或許可證遺失或毀損時，機關（構）、學校、團體代表人、負責人或持有人應向機關（構）、學校所在地、主事務所所在地、戶籍所在地之直轄市、縣（市）警察局申請補發證照。

第三二條

①持有人因故攜帶經許可之槍砲、彈藥、刀械離開戶籍所在地十五日以上或攜回者，應書面載明型式、數量、住居所及停留時間，通知戶籍所在地之直轄市、縣（市）警察局。

②戶籍所在地之直轄市、縣（市）警察局應通報住居所所在地警察局，其有資料不符或未到之情形者，應相互聯繫，共同處理。

第三三條

①依本條例第五條之二第一項規定收購或收繳之槍砲、彈藥、刀械，送交警政署警察機械修理廠銷毀。銷毀之費用，由警政署逐

年編列預算支應。

②刀械持有人死亡、團體解散，重新申請許可持有者，或自製獵槍持有人死亡，繼用人申請繼續持有者，應於事實發生之翌日起三個月內重新申請。

第三四條

①槍砲、彈藥執照及魚槍查驗證由中央主管機關印製；刀械許可證，由直轄市、縣（市）警察局印製。

②槍砲、彈藥之查驗給照，每二年為一期，第一年一月一日開始。執照限用二年，期滿應即繳銷，換領新照。

第三五條

本辦法所需書表格式，由中央主管機關定之。

第三六條

本辦法自發布日施行。

性侵害犯罪防治法

①民國86年1月22日總統令制定公布全文20條；並自公布日施行。
②民國91年5月15日總統令修正公布第3條條文。
③民國91年6月12日總統令增訂公布第6-1、6-2條條文。
④民國94年2月5日總統令修正公布全文25條；並自公布後六個月施行。
⑤民國99年1月13日總統令修正公布第11、25條條文；並自98年11月23日施行。
⑥民國100年11月9日總統令修正公布第4、7～9、12～14、20、21、23、25條條文；增訂第22-1、23-1條條文；刪除第5條條文；並自101年1月1日施行。
民國102年7月19日行政院公告第3條、第20條第7項、第22-1條第5項所列屬「內政部」及「行政院衛生署」之權責事項，自102年7月23日起改由「衛生福利部」管轄。
⑦民國104年12月23日總統令修正公布第2、3、8、13、17、20、22-1、25條條文；並增訂第13-1、15-1、16-1、16-2條條文；除第15-1條自106年1月1日施行外，餘自公布日施行。

第一條

為防治性侵害犯罪及保護被害人權益，特制定本法。

第二條 104

①本法所稱性侵害犯罪，係指觸犯刑法第二百二十一條至第二百二十七條、第二百二十八條、第二百二十九條、第三百三十二條第二項第二款、第三百三十四條第二項第二款、第三百四十八條第二項第一款及其特別法之罪。

②本法所稱加害人，係指觸犯前項各罪經判決有罪確定之人。

③犯第一項各罪經緩起訴處分確定者及犯性騷擾防治法第二十五條判決有罪確定者，除第九條、第二十二條、第二十二條之一及第二十三條規定外，適用本法關於加害人之規定。

第三條 104

①本法所稱主管機關：在中央為衛生福利部；在直轄市為直轄市政府；在縣（市）為縣（市）政府。

②本法所定事項，主管機關及目的事業主管機關應就其權責範圍，針對性侵害防治之需要，尊重多元文化差異，主動規劃所需保護、預防及宣導措施，對涉及相關機關之防治業務，並應全力配合之，其權責事項如下：

一　社政主管機關：性侵害被害人保護扶助工作、性侵害防治政策之規劃、推動、監督及定期公布性侵害相關統計等相關事宜。

二　衛生主管機關：性侵害被害人驗傷、採證、身心治療及加害

　　人身心治療、輔導教育等相關事宜。

三　教育主管機關：各級學校性侵害防治教育、性侵害被害人及其子女就學權益之維護等相關事宜。

四　勞工主管機關：性侵害被害人職業訓練及就業服務等相關事宜。

五　警政主管機關：性侵害被害人人身安全之維護、性侵害犯罪偵查、資料統計、加害人登記報到、查訪、查閱等相關事宜。

六　法務主管機關：性侵害犯罪之偵查、矯正、獄中治療等刑事司法相關事宜。

七　移民主管機關：外籍人士、大陸地區人民或港澳居民因遭受性侵害致逾期停留、居留及協助其在臺居留或定居權益維護與加害人為外籍人士、大陸地區人民或港澳居民，配合協助辦理後續遣返事宜。

八　文化主管機關：出版品違反本法規定之處理等相關事宜。

九　通訊傳播主管機關：廣播、電視及其他由該機關依法管理之媒體違反本法規定之處理等相關事宜。

十　戶政主管機關：性侵害被害人及其未成年子女身分資料及戶籍等相關事宜。

十一　其他性侵害防治措施，由相關目的事業主管機關依職權辦理。

第四條 100

①中央主管機關應辦理下列事項：

一　研擬性侵害防治政策及法規。

二　協調及監督有關性侵害防治事項之執行。

三　監督各級政府建立性侵害事件處理程序、防治及醫療網絡。

四　督導及推展性侵害防治教育。

五　性侵害事件各項資料之建立、彙整、統計及管理。

六　性侵害防治有關問題之研議。

七　其他性侵害防治有關事項。

②中央主管機關辦理前項事項，應遴聘（派）學者專家、民間團體及相關機關代表提供諮詢；其中任一性別代表人數不得少於三分之一，學者專家、民間團體代表之人數不得少於二分之一。

第五條 （刪除）100

第六條

①直轄市、縣（市）主管機關應設性侵害防治中心，辦理下列事項：

一　提供二十四小時電話專線服務。

二　提供被害人二十四小時緊急救援。

三　協助被害人就醫診療、驗傷及取得證據。

四　協助被害人心理治療、輔導、緊急安置及提供法律服務。

五　協調醫院成立專門處理性侵害事件之醫療小組。

六　加害人之追蹤輔導及身心治療。

七　推廣性侵害防治教育、訓練及宣導。

八　其他有關性侵害防治及保護事項。

②前項中心應配置社工、警察、醫療及其他相關專業人員；其組織
由直轄市、縣（市）主管機關定之。

③地方政府應編列預算辦理前二項事宜，不足由中央主管機關編列
專款補助。

第七條 100

①各級中小學每學年應至少有四小時以上之性侵害防治教育課程。

②前項所稱性侵害防治教育課程應包括：

一　兩性性器官構造與功能。

二　安全性行為與自我保護性知識。

三　性別平等之教育。

四　正確性心理之建立。

五　對他人性自由之尊重。

六　性侵害犯罪之認識。

七　性侵害危機之處理。

八　性侵害防範之技巧。

九　其他與性侵害有關之教育。

③第一項教育課程，學校應運用多元方式進行教學。

④機關、部隊、學校、機構或僱用人之組織成員、受僱人或受服務
人數達三十人以上，應定期舉辦或鼓勵所屬人員參與性侵害防治
教育訓練。

第八條 104

①醫事人員、社工人員、教育人員、保育人員、警察人員、勞政人
員、司法人員、移民業務人員、矯正人員、村（里）幹事人員，
於執行職務時知有疑似性侵害犯罪情事者，應立即向當地直轄
市、縣（市）主管機關通報，至遲不得超過二十四小時。

②前項通報內容、通報人之姓名、住居所及其他足資識別其身分之
資訊，除法律另有規定外，應予保密。

③直轄市、縣（市）主管機關於知悉或接獲第一項通報時，應立即
進行分級分類處理，至遲不得超過二十四小時。

④前項通報及分級分類處理辦法，由中央主管機關定之。

第九條 100

①中央主管機關應建立全國性侵害加害人之檔案資料；其內容應包
含姓名、性別、出生年月日、國民身分證統一編號、住居所、相
片、犯罪資料、指紋、去氧核醣核酸紀錄等資料。

②前項檔案資料應予保密，非依法律規定，不得提供；其內容管理
及使用等事項之辦法，由中央主管機關定之。

第一○條

①醫院、診所對於被害人，不得無故拒絕診療及開立驗傷診斷書。

②醫院、診所對被害人診療時，應有護理人員陪同，並應保護被害

人之隱私，提供安全及合適之就醫環境。

③第一項驗傷診斷書之格式，由中央衛生主管機關會商有關機關定之。

④違反第一項規定者，由衛生主管機關處新臺幣一萬元以上五萬元以下罰鍰。

第一一條 99

①對於被害人之驗傷及採證，除依刑事訴訟法、軍事審判法之規定或被害人無意識或無法表意者外，應經被害人之同意。被害人為受監護宣告或未滿十二歲之人時，應經其監護人或法定代理人之同意。但監護人或法定代理人之有無不明、通知顯有困難或為該性侵害犯罪之嫌疑人時，得逕行驗傷及採證。

②取得證據後，應保全證物於證物袋內，司法、軍法警察並應即送請內政部警政署鑑驗，證物鑑驗報告並應依法保存。

③性侵害犯罪案件屬告訴乃論者，尚未提出告訴或自訴時，內政部警政署應將證物移送犯罪發生地之直轄市、縣（市）主管機關保管，除未能知悉犯罪嫌疑人外，證物保管六個月後得逕行銷毀。

第一二條 100

①因職務或業務知悉或持有性侵害被害人姓名、出生年月日、住居所及其他足資識別其身分之資料者，除法律另有規定外，應予保密。警察人員必要時應採取保護被害人之安全措施。

②行政機關、司法機關及軍法機關所製作必須公示之文書，不得揭露被害人之姓名、出生年月日、住居所及其他足資識別被害人身分之資訊。

第一三條 104

①宣傳品、出版品、廣播、電視、網際網路或其他媒體不得報導或記載有被害人之姓名或其他足資辨別身分之資訊。但經有行為能力之被害人同意、檢察官或法院依法認為有必要者，不在此限。

②前項以外之任何人不得以媒體或其他方法公開或揭露第一項被害人之姓名及其他足資識別身分之資訊。

③第一項但書規定，於被害人死亡經目的事業主管機關權衡社會公益，認有報導或揭露必要者，亦同。

第一三條之一 104

①廣播、電視事業違反前條第一項規定者，由目的事業主管機關處新臺幣六萬元以上六十萬元以下罰鍰，並命其限期改正；屆期未改正者，得按次處罰。

②前項以外之宣傳品、出版品、網際網路或其他媒體違反前條第一項規定者，由目的事業主管機關負責人新臺幣六萬元以上六十萬元以下罰鍰，並命沒入前條規定之物品、命其限期移除內容、下架或其他必要之處置；屆期不履行者，得按次處罰至履行為止。

③前二項以外之任何人違反前條第二項規定而無正當理由者，處新臺幣二萬元以上十萬元以下罰鍰。

④宣傳品、出版品、網際網路或其他媒體無負責人或負責人對行為人之行為不具監督關係者，第二項所定之罰鍰，處罰行為人。

第一四條 100

①法院、檢察署、軍事法院、軍事法院檢察署、司法、軍法警察機關及醫療機構，應由經專業訓練之專人處理性侵害事件。

②前項專責人員，每年應至少接受性侵害防治專業訓練課程六小時以上。

③第一項醫療機構，係指由中央衛生主管機關指定設置處理性侵害事件醫療小組之醫療機構。

第一五條

①被害人之法定代理人、配偶、直系或三親等內旁系血親、家長、家屬、醫師、心理師、輔導人員或社工人員得於偵查或審判中，陪同被害人在場，並得陳述意見。

②前項規定，於得陪同在場之人為性侵害犯罪嫌疑人或被告時，不適用之。

③被害人為兒童或少年時，除顯無必要者外，直轄市、縣（市）主管機關應指派社工人員於偵查或審判中陪同在場，並得陳述意見。

第一五條之一 104

①兒童或心智障礙之性侵害被害人於偵查或審判階段，經司法警察、司法警察官、檢察事務官、檢察官或法官認有必要時，應由具相關專業人士在場協助詢（訊）問。但司法警察、司法警察官、檢察事務官、檢察官或法官受有相關訓練者，不在此限。

②前項專業人士於協助詢（訊）問時，司法警察、司法警察官、檢察事務官、檢察官或法官，得透過單面鏡、聲音影像相互傳送之科技設備，或適當隔離措施為之。

③當事人、代理人或辯護人詰問兒童或心智障礙之性侵害被害人時，準用前二項之規定。

第一六條

①對被害人之訊問或詰問，得依聲請或依職權在法庭外為之，或利用聲音、影像傳送之科技設備或其他適當隔離措施，將被害人與被告或法官隔離。

②被害人經傳喚到庭作證時，如因心智障礙或身心創傷，認當庭訊問有致其不能自由陳述或完全陳述之虞者，法官、軍事審判官應採取前項隔離詰問之措施。

③審判長因當事人或辯護人詰問被害人不當而禁止其詰問者，得以訊問代之。

④性侵害犯罪之被告或其辯護人不得詰問或提出有關被害人與被告以外之人之性經驗證據。但法官、軍事審判官認有必要者，不在此限。

第一六條之一 104

①於偵查或審判中，檢察官或法院得依職權或依聲請指定或選任相

關領域之專家證人，提供專業意見，經傳喚到庭陳述，得為證據。

②前項規定，準用刑事訴訟法第一百六十三條至第一百七十一條、第一百七十五條及第一百九十九條。

第一六條之二 104

性侵害犯罪之被告或其辯護人於審判中對被害人有任何性別歧視之陳述與舉止，法官應予即時制止。

第一七條 104

被害人於審判中有下列情形之一，其於檢察事務官、司法警察官或司法警察調查中所為之陳述，經證明具有可信之特別情況，且為證明犯罪事實之存否所必要者，得為證據：

一 因性侵害致身心創傷無法陳述。

二 到庭後因身心壓力於訊問或詰問時無法為完全之陳述或拒絕陳述。

三 依第十五條之一之受詢問者。

第一八條

性侵害犯罪之案件，審判不得公開。但有下列情形之一，經法官或軍事審判官認有必要者，不在此限：

一 被害人同意。

二 被害人為無行為能力或限制行為能力者，經本人及其法定代理人同意。

第一九條

①直轄市、縣（市）主管機關得依被害人之申請，核發下列補助：

一 非屬全民健康保險給付範圍之醫療費用及心理復健費用。

二 訴訟費用及律師費用。

三 其他費用。

②前項補助對象、條件及金額等事項之規定，由直轄市、縣（市）主管機關定之。

第二〇條 104

①加害人有下列情形之一，經評估認有施以治療、輔導之必要者，直轄市、縣（市）主管機關應命其接受身心治療或輔導教育：

一 有期徒刑或保安處分執行完畢。但有期徒刑經易服社會勞動者，於准易服社會勞動時起執行之。

二 假釋。

三 緩刑。

四 免刑。

五 赦免。

六 經法院、軍事法院依第二十二條之一第三項裁定停止強制治療。

②前項規定對於有觸犯第二條第一項行為，經依少年事件處理法裁定保護處分確定而法院認有必要者，得準用之。

③觀護人對於付保護管束之加害人，得採取下列一款或數款之處遇

方式：

一　實施約談、訪視，並得進行團體活動或問卷等輔助行為。

二　有事實足認其有再犯罪之虞或需加強輔導及管束者，得密集實施約談、訪視；必要時，並得請警察機關派員定期或不定期查訪之。

三　有事實可疑為施用毒品時，得命其接受採驗尿液。

四　無一定之居住處所，或其居住處所不利保護管束之執行者，得報請檢察官、軍事檢察官許可，命其居住於指定之處所。

五　有於特定時間犯罪之習性，或有事實足認其有再犯罪之虞時，得報請檢察官、軍事檢察官，命於監控時段內，未經許可，不得外出。

六　得報請檢察官、軍事檢察官許可，對其實施測謊。

七　得報請檢察官、軍事檢察官許可，對其實施科技設備監控。

八　有固定犯罪模式，或有事實足認其有再犯罪之虞時，得報請檢察官、軍事檢察官許可，禁止其接近特定場所或對象。

九　轉介適當機構或團體。

十　其他必要處遇。

④第一項之執行期間為三年以下。但經評估認有繼續執行之必要者，直轄市、縣（市）主管機關得延長之，最長不得逾一年；其無繼續執行之必要者，得免其處分之執行。

⑤第一項之評估，除徒刑之受刑人由監獄或軍事監獄、受感化教育少年由感化教育機關辦理外，由直轄市、縣（市）主管機關辦理。

⑥第一項評估之內容、基準、程序與身心治療或輔導教育之內容、程序、成效評估等事項之辦法，由中央主管機關會同法務主管機關及國防主管機關定之。

⑦第三項第三款採驗尿液之執行方式、程序、期間、次數、檢驗機構及項目等，由法務主管機關會商相關機關定之。

⑧第三項第六款之測謊及第七款之科技設備監控，其實施機關（構）、人員、方式及程序等事項之辦法，由法務主管機關會商相關機關定之。

第二一條 100

①前條加害人有下列情形之一者，得處新臺幣一萬元以上五萬元以下罰鍰，並限期命其履行：

一　經直轄市、縣（市）主管機關通知，無正當理由不到場或拒絕接受評估、身心治療或輔導教育者。

二　經直轄市、縣（市）主管機關通知，無正當理由不按時到場接受身心治療或輔導教育或接受之時數不足者。

三　未依第二十三條第一項、第二項及第四項規定定期辦理登記、報到、資料異動或接受查訪者。

②前項加害人屆期仍不履行者，處一年以下有期徒刑、拘役或科或併科新臺幣五萬元以下罰金。

③直轄市、縣（市）主管機關對於假釋、緩刑、受緩起訴處分或有期徒刑易服社會勞動之加害人為第一項之處分後，應即通知該管地方法院檢察署檢察官、軍事法院檢察署檢察官。

④地方法院檢察署檢察官、軍事法院檢察署檢察官接獲前項通知後，得通知原執行監獄典獄長報請法務部、國防部撤銷假釋或向法院、軍事法院聲請撤銷緩刑或依職權撤銷緩起訴處分及易服社會勞動。

第二二條

加害人依第二十條第一項規定接受身心治療或輔導教育，經鑑定、評估其自我控制再犯預防仍無成效者，直轄市、縣（市）主管機關得檢具相關評估報告，送請該管地方法院檢察署檢察官、軍事檢察署檢察官依法聲請強制治療。

第二二條之一 104

①加害人於徒刑執行期滿前，接受輔導或治療後，經鑑定、評估，認有再犯之危險，而不適用刑法第九十一條之一者，監獄、軍事監獄得檢具相關評估報告，送請該管地方法院檢察署檢察官、軍事法院檢察署檢察官聲請法院、軍事法院裁定命其進入醫療機構或其他指定處所，施以強制治療。

②加害人依第二十條接受身心治療或輔導教育後，經鑑定、評估其自我控制再犯預防仍無成效，而不適用刑法第九十一條之一者，該管地方法院檢察署檢察官、軍事法院檢察署檢察官或直轄市、縣（市）主管機關得檢具相關評估報告聲請法院、軍事法院裁定命其進入醫療機構或其他指定處所，施以強制治療。

③前二項之強制治療期間至其再犯危險顯著降低為止，執行期間應每年至少一次鑑定、評估有無停止治療之必要。其經鑑定、評估認無繼續強制治療必要者，加害人、該管地方法院檢察署檢察官、軍事法院檢察署檢察官或直轄市、縣（市）主管機關得聲請法院、軍事法院裁定停止強制治療。

④第二項之加害人經通知依指定期日到場接受強制治療而未按時到場者，處一年以下有期徒刑、拘役、科或併科新臺幣五萬元以下罰金。

⑤第一項、第二項之聲請程序、強制治療之執行機關（構）、處所、執行程序、方式、經費來源及第三項停止強制治療之聲請程序、方式、鑑定及評估審議會之組成等，由法務主管機關會同中央主管機關及國防主管機關定之。

第二三條 100

①犯刑法第二百二十一條、第二百二十二條、第二百二十四條之一、第二百二十五條第一項、第二百二十六條、第二百二十六條之一、第三百三十二條第二項第二款、第三百三十四條第二款、第三百四十八條第二項第一款或其特別法之罪之加害人，有第二十條第一項各款情形之一者，應定期向警察機關辦理身分、就學、工作、車籍及其異動等資料之登記及報到；其登記、報到之

期間為七年。

②犯刑法第二百二十四條、第二百二十五條第二項、第二百二十八條之罪，或曾犯刑法第二百二十七條之罪再犯同條之罪之加害人，有第二十條第一項各款情形之一者，亦適用前項之規定；其登記、報到之期間為五年。

③前二項規定於犯罪時未滿十八歲者，不適用之。

④第一項、第二項之加害人於登記報到期間應定期或不定期接受警察機關查訪及於登記內容變更之七日內辦理資料異動。

⑤登記期間之事項，為維護公共利益及社會安全之目的，於登記期間得供特定人員查閱。

⑥登記、報到、查訪之期間、次數、程序與前項供查閱事項之範圍、內容、執行機關、查閱人員之資格、條件、查閱程序及其他應遵行事項之辦法，由中央警政主管機關定之。

第二三條之一 100

①第二十一條第二項之被告或判決有罪確定之加害人逃亡或藏匿經通緝者，該管警察機關得將其身分資訊登載於報紙或以其他方法公告之；其經拘提、逮捕或已死亡或顯無必要時，該管警察機關應即停止公告。

②前項規定於犯罪時未滿十八歲者，不適用之。

第二四條

本法施行細則，由中央主管機關定之。

第二五條 104

①本法自公布後六個月施行。

②本法中華民國九十八年十二月二十二日修正之條文，自九十八年十一月二十三日施行。

③本法中華民國一百年十月二十五日修正之條文，自一百零一年一月一日施行。

④本法中華民國一百零四年十二月八日修正之條文，除第十五條之一自一百零六年一月一日施行外，自公布日施行。

性侵害犯罪防治法施行細則

①民國86年7月21日內政部令訂定發布全文14條；並自發布日施行。
②民國94年8月8日內政部令修正發布全文14條；並自性侵害犯罪防治法施行之日施行。
③民國101年2月3日內政部令修正發布第13、14條條文；增訂第2-1、12-1條條文；並自101年1月1日施行。
④民國105年6月1日衛生福利部令修正發布第7、14條條文；增訂第6-1條條文；並自104年12月25日施行。

第一條
本細則依性侵害犯罪防治法（以下簡稱本法）第二十四條規定訂定之。

第二條
依本法第六條第一項第五款規定協調醫院成立之醫療小組，應由該醫院院長或其指派之人員擔任召集人，其成員至少應包括醫事人員及社工人員。

第二條之一 101
①本法第七條第四項所定組織成員、受僱人或受服務人數之計算，包括分支機構及附屬單位，並依每月第一個工作日之總人數計算。
②前項受服務人數，指到達該機關、部隊、學校、機構或僱用人之處所受服務，且非組織成員或受僱者。

第三條
本法第八條第一項所定警察人員，包括司法、軍法警察。

第四條
①本法第八條第一項規定之通報方式，應以電信傳真或其他科技設備傳送等方式通報直轄市、縣（市）主管機關；情況緊急時，得先以言詞、電話通訊方式通報，並於通報後二十四小時內補送通報表。
②前項通報作業，應就通報表所定內容詳實填載，並注意維護被害人之秘密或隱私，不得洩漏。

第五條
①依本法第十一條第一項規定對於被害人為驗傷及取證時，應注意其身心狀態及被害情況，並詳實記錄及保存。
②本法第十一條第一項之同意，應以書面為之。
③本法第十一條第二項、第三項規定證物之保存及移送，應注意防止滅失。

第六條

本法第十二條及第十三條第一項所定其他足資識別被害人身分之資訊，包括被害人照片或影像、聲音、住址、親屬姓名或其關係、就讀學校與班級或工作場所等個人基本資料。

第六條之一

本法第十三條第三項及第十三條之一第二項所定出版品之目的事業主管機關，指行為人或所屬公司所在地之直轄市、縣（市）政府。

第七條 105

醫師、心理師、輔導人員或社工人員依本法第十五條第一項規定陪同被害人到場陳述意見時，應恪遵專業倫理，並注意維護被害人之權益。依本法第十五條之一規定在場協助詢（訊）問之專業人士，亦同。

第八條

被害人、被害人之監護人或法定代理人得向直轄市、縣（市）主管機關申請派指社工人員依本法第十五條第一項規定陪同被害人在場，除顯無必要外，直轄市、縣（市）主管機關不得拒絕。

第九條

本法第十五條第三項及前條所定直轄市、縣（市）主管機關，為被害人所在地之直轄市、縣（市）主管機關；必要時，得視實際情形協調其他直轄市、縣（市）主管機關協助辦理。

第一〇條

本法第十六條第一項所定法官，包括軍事審判官。

第一一條

本法第十七條所定司法警察官、司法警察，包括軍法警察官、軍法警察。

第一二條

本法第十九條所定直轄市、縣（市）主管機關，為被害人戶籍地之直轄市、縣（市）主管機關。

第一二條之一 101

本法第二十二條之一第一項及第二項所定加害人，為中華民國九十五年六月三十日以前犯性侵害犯罪者。

第一三條 101

直轄市、縣（市）主管機關應每半年邀集當地社政、教育、衛生、勞政、檢察、警察、移民及新聞等相關單位召開協調會議一次。但必要時得召開臨時協調會議。

第一四條 105

①本細則自本法施行之日施行。

②本細則中華民國一百零一年二月三日修正發布之條文，自一百零一年一月一日施行。

③本細則中華民國一百零五年六月一日修正發布之條文，自一百零四年十二月二十五日施行。

兒童及少年性剝削防制條例

①民國84年8月11日總統令制定公布全文39條；並自公布日施行。
②民國88年4月21日總統令修正公布第2、27條條文；並刪除第37條條文。
③民國88年6月2日總統令修正公布第9、22、29、33、34條條文。
④民國89年11月8日總統令修正公布第3、13～16、33條條文；並增訂第36-1條條文。
⑤民國94年2月5日總統令修正公布第14、20、23～26、28、31條條文；並增訂第36-2條條文。
⑥民國95年5月30日總統令修正公布第23～25、27、39條條文；並自95年7月1日施行。
⑦民國96年7月4日總統令修正公布第9、28條條文。
民國102年7月19日行政院公告第3條第1項、第6、8條、第14條第1項所列屬「內政部」之權責事項，自102年7月23日起改由「衛生福利部」管轄。
⑧民國104年2月4日總統令修正公布名稱及全文55條（原名稱：兒童及少年交易防制條例）。
民國105年11月17日行政院令發布定自106年1月1日施行。
⑨民國106年11月29日總統令修正公布第36、38、39、51條條文。
民國107年3月19日行政院令發布定自107年7月1日施行。
⑩民國107年1月3日總統令修正公布第2、7、8、15、19、21、23、30、44、45、49、51條條文。
民國107年3月19日行政院令發布定自107年7月1日施行。

第一章 總　則

第一條

為防制兒童及少年遭受任何形式之性剝削，保護其身心健全發展，特制定本條例。

第二條 107

①本條例所稱兒童或少年性剝削，係指下列行為之一：

一　使兒童或少年為有對價之性交或猥褻行為。

二　利用兒童或少年為性交、猥褻之行為，以供人觀覽。

三　拍攝、製造兒童或少年為性交或猥褻行為之圖畫、照片、影片、影帶、光碟、電子訊號或其他物品。

四　使兒童或少年坐檯陪酒或涉及色情之伴遊、伴唱、伴舞等行為。

②本條例所稱被害人，係指遭受性剝削或疑似遭受性剝削之兒童或少年。

第三條

①本條例所稱主管機關：在中央為衛生福利部；在直轄市為直轄市

政府；在縣（市）為縣（市）政府。主管機關應獨立編列預算，並置專職人員辦理兒童及少年性剝削防制業務。

②內政、法務、教育、國防、文化、經濟、勞動、交通及通訊傳播等相關目的事業主管機關涉及兒童及少年性剝削防制業務時，應全力配合並辦理防制教育宣導。

③主管機關應會同前項相關機關定期公布並檢討教育宣導、救援及保護、加害者處罰、安置及服務等工作成效。

④主管機關應邀集相關學者或專家、民間相關機構、團體代表及目的事業主管機關代表，協調、研究、審議、諮詢及推動兒童及少年性剝削防制政策。

⑤前項學者、專家及民間相關機構、團體代表不得少於二分之一，任一性別不得少於三分之一。

第四條

①高級中等以下學校每學年應辦理兒童及少年性剝削防制教育課程或教育宣導。

②前項兒童及少年性剝削教育課程或教育宣導內容如下：
一　性不得作為交易對象之宣導。
二　性剝削犯罪之認識。
三　遭受性剝削之處境。
四　網路安全及正確使用網路之知識。
五　其他有關性剝削防制事項。

第二章　救援及保護

第五條

中央法務主管機關及內政主管機關應指定所屬機關專責指揮督導各地方法院檢察署、警察機關辦理有關本條例犯罪偵查工作；各地方法院檢察署及警察機關應指定經專業訓練之專責人員辦理本條例事件。

第六條

為預防兒童及少年遭受性剝削，直轄市、縣（市）主管機關對於脫離家庭之兒童及少年應提供緊急庇護、諮詢、關懷、連繫或其他必要服務。

第七條 107

①醫事人員、社會工作人員、教育人員、保育人員、移民管理人員、移民業務機構從業人員、戶政人員、村里幹事、警察、司法人員、觀光業從業人員、電子遊戲場業從業人員、資訊休閒業從業人員、就業服務人員及其他執行兒童福利或少年福利業務人員，知有本條例應保護之兒童或少年，或知有第四章之犯罪嫌疑人，應即向當地直轄市、縣（市）主管機關或第五條所定機關或人員報告。

②本條例報告人及告發人之身分資料，應予保密。

第八條 107

① 網際網路平臺提供者、網際網路應用服務提供者及電信事業知悉或透過網路內容防護機構、其他機關、主管機關而知有第四章之犯罪嫌疑情事，應先行移除該資訊，並通知警察機關且保留相關資料至少九十天，提供司法及警察機關調查。

② 前項相關資料至少應包括本條例第四章犯罪網頁資料、嫌疑人之個人資料及網路使用紀錄。

第九條

① 警察及司法人員於調查、偵查或審判時，詢（訊）問被害人，應通知直轄市、縣（市）主管機關指派社會工作人員陪同在場，並得陳述意見。

② 被害人於前項案件偵查、審判中，已經合法訊問，其陳述明確別無訊問之必要者，不得再行傳喚。

第一〇條

① 被害人於偵查或審判中受詢（訊）問或詰問時，其法定代理人、直系或三親等內旁系血親、配偶、家長、家屬、醫師、心理師、輔導人員或社會工作人員得陪同在場，並陳述意見。於司法警察官或司法警察調查時，亦同。

② 前項規定，於得陪同在場之人為本條例所定犯罪嫌疑人或被告時，不適用之。

第一一條

性剝削案件之證人、被害人、檢舉人、告發人或告訴人，除依本條例規定保護外，經檢察官或法官認有必要者，得準用證人保護法第四條至第十四條、第十五條第二項、第二十條及第二十一條規定。

第一二條

① 偵查及審理中訊問兒童或少年時，應注意其人身安全，並提供確保其安全之環境與措施，必要時，應採取適當隔離方式為之，另得依聲請或依職權為法庭外為之。

② 於司法警察官、司法警察調查時，亦同。

第一三條

兒童或少年於審理中有下列情形之一者，其於檢察事務官、司法警察官、司法警察調查中所為之陳述，經證明具有可信之特別情況，且為證明犯罪事實存否所必要者，得為證據：

一　因身心創傷無法陳述。
二　到庭後因身心壓力，於訊問或詰問時，無法為完全之陳述或拒絕陳述。
三　非在臺灣地區或所在不明，而無法傳喚或傳喚不到。

第一四條

① 宣傳品、出版品、廣播、電視、網際網路或其他媒體不得報導或記載有被害人之姓名或其他足以識別身分之資訊。

② 行政及司法機關所製作必須公開之文書，不得揭露足以識別前項

被害人身分之資訊。但法律另有規定者，不在此限。

③前二項以外之任何人不得以媒體或其他方法公開或揭露第一項被害人之姓名及其他足以識別身分之資訊。

第三章　安置及服務

第一五條 107

①檢察官、司法警察官及司法警察查獲及救援被害人後，應於二十四小時內將被害人交由當地直轄市、縣（市）主管機關處理。

②前項直轄市、縣（市）主管機關應即評估被害人就學、就業、生活適應、人身安全及其家庭保護教養功能，經列為保護個案者，為下列處置：

一　通知父母、監護人或親屬帶回，並為適當之保護及教養。

二　送交適當場所緊急安置、保護及提供服務。

三　其他必要之保護及協助。

③前項被害人未列為保護個案者，直轄市、縣（市）主管機關得視其需求，轉介相關服務資源協助。

④前二項規定於直轄市、縣（市）主管機關接獲報告、自行發現或被害人自行求助者，亦同。

第一六條

①直轄市、縣（市）主管機關依前條緊急安置被害人，應於安置起七十二小時內，評估有無繼續安置之必要，經評估無繼續安置必要者，應不付安置，將被害人交付其父母、監護人或其他適當之人；經評估有安置必要者，應提出報告，聲請法院裁定。

②法院受理前項聲請後，認無繼續安置必要者，應裁定不付安置，並將被害人交付其父母、監護人或其他適當之人；認有繼續安置必要者，應交由直轄市、縣（市）主管機關安置於兒童及少年福利機構、寄養家庭或其他適當之醫療、教育機構，期間不得逾三個月。

③安置期間，法院得依職權或依直轄市、縣（市）主管機關、被害人、父母、監護人或其他適當之人之聲請，裁定停止安置，並交由被害人之父母、監護人或其他適當之人保護及教養。

④直轄市、縣（市）主管機關收到第二項裁定前，得繼續安置。

第一七條

前條第一項所定七十二小時，自依第十五條第二項第二款規定緊急安置被害人之時起，即時起算。但下列時間不予計入：

一　在途護送時間。

二　交通障礙時間。

三　依其他法律規定致無法就是否有安置必要進行評估之時間。

四　其他不可抗力之事由所生之遲滯時間。

第一八條

①直轄市、縣（市）主管機關應於被害人安置後四十五日內，向法院提出審前報告，並聲請法院裁定。審前報告如有不完備者，法

院得命於七日內補正。

②前項審前報告應包括安置評估及處遇方式之建議，其報告內容、項目及格式，由中央主管機關定之。

第一九條 107

①法院依前條之聲請，於相關事證調查完竣後七日內對被害人為下列裁定：

一　認無安置必要者應不付安置，並交付父母、監護人或其他適當之人。其為無合法有效之停（居）留許可之外國人、大陸地區人民、香港、澳門居民或臺灣地區無戶籍國民，亦同。

二　認有安置之必要者，應裁定安置於直轄市、縣（市）主管機關自行設立或委託之兒童及少年福利機構、寄養家庭、中途學校或其他適當之醫療、教育機構，期間不得逾二年。

三　其他適當之處遇方式。

②前項第一款後段不付安置之被害人，於遣返前，直轄市、縣（市）主管機關應委託或補助民間團體續予輔導，移民主管機關應儘速安排遣返事宜，並安全遣返。

第二〇條

①直轄市、縣（市）主管機關、檢察官、父母、監護人、被害人或其他適當之人對於法院裁定有不服者，得於裁定送達後十日內提起抗告。

②對於抗告法院之裁定，不得再抗告。

③抗告期間，不停止原裁定之執行。

第二一條 107

①被害人經依第十九條安置後，主管機關應每三個月進行評估。經評估無繼續安置、有變更安置處所或為其他更適當處遇方式之必要者，得聲請法院為停止安置、變更處所或其他適當處遇之裁定。

②經法院依第十九條第一項第二款裁定安置期滿前，直轄市、縣（市）主管機關認有繼續安置之必要者，應於安置期滿四十五日前，向法院提出評估報告，聲請法院裁定延長安置，其每次延長之期間不得逾一年。但以延長至被害人年滿二十歲為止。

③被害人於安置期間年滿十八歲，經評估有繼續安置之必要者，得繼續安置至期滿或年滿二十歲。

④因免除、不付或停止安置者，直轄市、縣（市）主管機關應協助該被害人及其家庭預為必要之返家準備。

第二二條

①中央教育主管機關及中央主管機關應聯合協調直轄市、縣（市）主管機關設置安置被害人之中途學校。

②中途學校之設立，準用少年矯正學校設置及教育實施通則規定辦理；中途學校之員額編制準則，由中央教育主管機關會同中央主管機關定之。

③中途學校應聘請社會工作、心理、輔導及教育等專業人員，並結

合民間資源，提供選替教育及輔導。

④中途學校學生之學籍應分散設於普通學校，畢業證書應由該普通學校發給。

⑤前二項之課程、教材及教法之實施、學籍管理及其他相關事項之辦法，由中央教育主管機關定之。

⑥安置對象逾國民教育階段者，中途學校得提供其繼續教育。

⑦中途學校所需經費來源如下：

一　各級政府按年編列之預算。

二　社會福利基金。

三　私人或團體捐款。

四　其他收入。

⑧中途學校之設置及辦理，涉及其他機關業務權責者，各該機關應予配合及協助。

第二三條 107

①經法院依第十九條第一項第一款前段、第三款裁定之被害人，直轄市、縣（市）主管機關應指派社會工作人員進行輔導處遇，期間至少一年或至其年滿十八歲止。

②前項輔導期間，直轄市、縣（市）主管機關或父母、監護人或其他適當之人認為難收輔導成效者或認仍有安置必要者，得檢具事證及敘明理由，由直轄市、縣（市）主管機關自行或接受父母、監護人或其他適當之人之請求，聲請法院為第十九條第一項第二款之裁定。

第二四條

經法院依第十六條第二項或第十九條第一項裁定之受交付者，應協助直轄市、縣（市）主管機關指派之社會工作人員對被害人為輔導。

第二五條

直轄市、縣（市）主管機關對於免除、停止或結束安置，無法返家之被害人，應依兒童及少年福利與權益保障法為適當之處理。

第二六條

①兒童或少年遭受性剝削或有遭受性剝削之虞者，如無另犯其他之罪，不適用少年事件處理法及社會秩序維護法規定。

②前項之兒童或少年如另犯其他之罪，應先依第十五條規定移送直轄市、縣（市）主管機關處理後，再依少年事件處理法移送少年法院（庭）處理。

第二七條

安置或保護教養期間，直轄市、縣（市）主管機關或受其交付或經法院裁定交付之機構、學校、寄養家庭或其他適當之人，在安置或保護教養被害人之範圍內，行使、負擔父母對於未成年子女之權利義務。

第二八條

①父母、養父母或監護人對未滿十八歲之子女、養子女或受監護人

犯第三十二條至第三十八條、第三十九條第二項之罪者，被害人、檢察官、被害人最近尊親屬、直轄市、縣（市）主管機關、兒童及少年福利機構或其他利害關係人，得向法院聲請停止其行使、負擔父母對於被害人之權利義務，另行選定監護人。對於養父母，並得請求法院宣告終止其收養關係。

②法院依前項規定選定或改定監護人時，得指定直轄市、縣（市）主管機關、兒童及少年福利機構或其他適當之人爲被害人之監護人，並得指定監護方法、命其父母、原監護人或其他扶養義務人交付子女、支付選定或改定監護人相當之扶養費用及報酬、命爲其他必要處分或訂定必要事項。

③前項裁定，得爲執行名義。

第二九條

直轄市、縣（市）主管機關得命令被害人之父母、監護人或其他實際照顧之人接受八小時以上五十小時以下之親職教育輔導，並得實施家庭處遇計畫。

第三〇條 107

①直轄市、縣（市）主管機關應對有下列情形之一之被害人進行輔導處遇及追蹤，並提供就學、就業、自立生活或其他必要之協助，其期間至少一年或至其年滿二十歲止：

一　經依第十五條第二項第一款及第三款規定處遇者。

二　經依第十六條第一項、第二項規定不付安置之處遇者。

三　經依第十六條第二項規定安置於兒童及少年福利機構、寄養家庭或其他適當之醫療、教育機構，屆期返家者。

四　經依第十六條第三項規定裁定停止安置，並交由被害人之父母、監護人或其他適當之人保護及教養者。

五　經依第十九條第一項第二款規定之安置期滿。

六　經依第二十一條規定裁定安置期滿或停止安置。

②前項輔導處遇及追蹤，教育、勞動、衛生、警察等單位，應全力配合。

第四章　罰　則

第三一條

①與未滿十六歲之人爲有對價之性交或猥褻行爲者，依刑法之規定處罰之。

②十八歲以上之人與十六歲以上未滿十八歲之人爲有對價之性交或猥褻行爲者，處三年以下有期徒刑、拘役或新臺幣十萬元以下罰金。

③中華民國人民在中華民國領域外犯前二項之罪者，不問犯罪地之法律有無處罰規定，均依本條例處罰。

第三二條

①引誘、容留、招募、媒介、協助或以他法，使兒童或少年爲有對價之性交或猥褻行爲者，處一年以上七年以下有期徒刑，得併科

新臺幣三百萬元以下罰金。以詐術犯之者，亦同。

②意圖營利而犯前項之罪者，處三年以上十年以下有期徒刑，併科新臺幣五百萬元以下罰金。

③媒介、交付、收受、運送、藏匿前二項被害人或使之隱避者，處一年以上七年以下有期徒刑，得併科新臺幣三百萬元以下罰金。

④前項交付、收受、運送、藏匿行為之媒介者，亦同。

⑤前四項之未遂犯罰之。

第三三條

①以強暴、脅迫、恐嚇、監控、藥劑、催眠術或其他違反本人意願之方法，使兒童或少年為有對價之性交或猥褻行為者，處七年以上有期徒刑，得併科新臺幣七百萬元以下罰金。

②意圖營利而犯前項之罪者，處十年以上有期徒刑，併科新臺幣一千萬元以下罰金。

③媒介、交付、收受、運送、藏匿前二項被害人或使之隱避者，處三年以上十年以下有期徒刑，得併科新臺幣五百萬元以下罰金。

④前項交付、收受、運送、藏匿行為之媒介者，亦同。

⑤前四項之未遂犯罰之。

第三四條

①意圖使兒童或少年為有對價之性交或猥褻行為，而買賣、質押或以他法，為他人人身之交付或收受者，處七年以上有期徒刑，併科新臺幣七百萬元以下罰金。以詐術犯之者，亦同。

②以強暴、脅迫、恐嚇、監控、藥劑、催眠術或其他違反本人意願之方法，犯前項之罪者，加重其刑至二分之一。

③媒介、交付、收受、運送、藏匿前二項被害人或使之隱避者，處三年以上十年以下有期徒刑，併科新臺幣五百萬元以下罰金。

④前項交付、收受、運送、藏匿行為之媒介者，亦同。

⑤前四項未遂犯罰之。

⑥預備犯第一項、第二項之罪者，處二年以下有期徒刑。

第三五條

①招募、引誘、容留、媒介、協助、利用或以他法，使兒童或少年為性交、猥褻之行為以供人觀覽，處一年以上七年以下有期徒刑，得併科新臺幣五十萬元以下罰金。

②以強暴、脅迫、藥劑、詐術、催眠術或其他違反本人意願之方法，使兒童或少年為性交、猥褻之行為以供人觀覽者，處七年以上有期徒刑，得併科新臺幣三百萬元以下罰金。

③意圖營利犯前二項之罪者，依各該條項之規定，加重其刑至二分之一。

④前三項之未遂犯罰之。

第三六條 106

①拍攝、製造兒童或少年為性交或猥褻行為之圖畫、照片、影片、影帶、光碟、電子訊號或其他物品，處一年以上七年以下有期徒刑，得併科新臺幣一百萬元以下罰金。

②招募、引誘、容留、媒介、協助或以他法，使兒童或少年被拍攝、製造性交或猥褻行為之圖畫、照片、影片、影帶、光碟、電子訊號或其他物品，處三年以上七年以下有期徒刑，得併科新臺幣三百萬元以下罰金。

③以強暴、脅迫、藥劑、詐術、催眠術或其他違反本人意願之方法，使兒童或少年被拍攝、製造性交或猥褻行為之圖畫、照片、影片、影帶、光碟、電子訊號或其他物品者，處七年以上有期徒刑，得併科新臺幣五百萬元以下罰金。

④意圖營利犯前三項之罪者，依各該條項之規定，加重其刑至二分之一。

⑤前四項之未遂犯罰之。

⑥第一項至第四項之物品，不問屬於犯罪行為人與否，沒收之。

第三七條

①犯第三十三條第一項、第二項、第三十四條第二項、第三十五條第二項或第三十六條第三項之罪，而故意殺害被害人者，處死刑或無期徒刑；使被害人受重傷者，處無期徒刑或十二年以上有期徒刑。

②犯第三十三條第一項、第二項、第三十四條第二項、第三十五條第二項或第三十六條第三項之罪，因而致被害人於死者，處無期徒刑或十二年以上有期徒刑；致重傷者，處十二年以上有期徒刑。

第三八條 106

①散布、播送或販賣兒童或少年為性交、猥褻行為之圖畫、照片、影片、影帶、光碟、電子訊號或其他物品，或公然陳列，或以他法供人觀覽、聽聞者，處三年以下有期徒刑，得併科新臺幣五百萬元以下罰金。

②意圖散布、播送、販賣或公然陳列而持有前項物品者，處二年以下有期徒刑，得併科新臺幣二百萬元以下罰金。

③查獲之前二項物品，不問屬於犯罪行為人與否，沒收之。

第三九條 106

①無正當理由持有前條第一項物品，第一次被查獲者，處新臺幣一萬元以上十萬元以下罰鍰，並得令其接受二小時以上十小時以下之輔導教育，其物品不問屬於持有人與否，沒入之。

②無正當理由持有前條第一項物品第二次以上被查獲者，處新臺幣二萬元以上二十萬元以下罰金，其物品不問屬於犯罪行為人與否，沒收之。

第四〇條

①以宣傳品、出版品、廣播、電視、電信、網際網路或其他方法，散布、傳送、刊登或張貼足以引誘、媒介、暗示或其他使兒童或少年有遭受第二條第一項第一款至第三款之虞之訊息者，處三年以下有期徒刑，得併科新臺幣一百萬元以下罰金。

②意圖營利而犯前項之罪者，處五年以下有期徒刑，得併科新臺幣

一百萬元以下罰金。

第四一條

公務員或經選舉產生之公職人員包庇本條例之罪，或包庇他人犯本條例之罪者，依各該條項之規定，加重其刑至二分之一。

第四二條

①意圖犯第三十二條至第三十六條或第三十七條第一項後段之罪，而移送被害人入出臺灣地區者，依各該條項之規定，加重其刑至二分之一。

②前項之未遂犯罰之。

第四三條

①父母對其子女犯本條例之罪，因自白或自首，而查獲第三十二條至第三十八條、第三十九條第二項之犯罪者，減輕或免除其刑。

②犯第三十一條之罪自白或自首，因而查獲第三十二條至第三十八條、第三十九條第二項之犯罪者，減輕或免除其刑。

第四四條 107

觀覽兒童或少年為性交、猥褻之行為而支付對價者，處新臺幣一萬元以上十萬元以下罰鍰，並得令其接受二小時以上十小時以下之輔導教育。

第四五條 107

①利用兒童或少年從事坐檯陪酒或涉及色情之伴遊、伴唱、伴舞等侍應工作者，處新臺幣六萬元以上三十萬元以下罰鍰，並命其限期改善；屆期未改善者，由直轄市、縣（市）主管機關移請目的事業主管機關命其停業一個月以上一年以下。

②招募、引誘、容留、媒介、協助、利用或以他法，使兒童或少年坐檯陪酒或涉及色情之伴遊、伴唱、伴舞等行為，處一年以下有期徒刑，得併科新臺幣三十萬元以下罰金。以詐術犯之者，亦同。

③以強暴、脅迫、藥劑、詐術、催眠術或其他違反本人意願之方法，使兒童或少年坐檯陪酒或涉及色情之伴遊、伴唱、伴舞等行為，處三年以上五年以下有期徒刑，得併科新臺幣一百五十萬元以下罰金。

④意圖營利犯前二項之罪者，依各該條項之規定，加重其刑至二分之一。

⑤前三項之未遂犯罰之。

第四六條

違反第七條第一項規定者，處新臺幣六千元以上三萬元以下罰鍰。

第四七條

違反第八條規定者，由目的事業主管機關處新臺幣六萬元以上三十萬元以下罰鍰，並命其限期改善，屆期未改善者，得按次處罰。

第四八條

① 廣播、電視事業違反第十四條第一項規定者，由目的事業主管機關處新臺幣三萬元以上三十萬元以下罰鍰，並命其限期改正；屆期未改正者，得按次處罰。

② 前項以外之宣傳品、出版品、網際網路或其他媒體之負責人違反第十四條第一項規定者，由目的事業主管機關處新臺幣三萬元以上三十萬元以下罰鍰，並得沒入第十四條第一項規定之物品、命其限期移除內容、下架或其他必要之處置；屆期不履行者，得按次處罰至履行為止。

③ 宣傳品、出版品、網際網路或其他媒體無負責人或負責人對行為人之行為不具監督關係者，第二項所定之罰鍰，處罰行為人。

第四九條 107

① 不接受第二十九條規定之親職教育輔導或拒不完成其時數者，處新臺幣三千元以上一萬五千元以下罰鍰，並得按次處罰。

② 父母、監護人或其他實際照顧之人，因未善盡督促配合之責，致兒童或少年不接受第二十三條第一項及第三十條規定之輔導處遇及追蹤者，處新臺幣一千二百元以上六千元以下罰鍰。

第五〇條

① 宣傳品、出版品、廣播、電視、網際網路或其他媒體，為他人散布、傳送、刊登或張貼足以引誘、媒介、暗示或其他使兒童或少年有遭受第二條第一項第一款至第三款之虞之訊息者，由各目的事業主管機關處新臺幣五萬元以上六十萬元以下罰鍰。

② 各目的事業主管機關對於違反前項規定之媒體，應發布新聞並公開之。

③ 第一項網際網路或其他媒體若已善盡防止任何人散布、傳送、刊登或張貼使兒童或少年有遭受第二條第一項第一款至第三款之虞之訊息者，經各目的事業主管機關邀集兒童及少年福利團體與專家學者代表審議同意後，得減輕或免除其罰鍰。

第五一條 107

① 犯第三十一條第二項、第三十二條至第三十八條、第三十九條第二項、第四十條或第四十五條之罪，經判決或緩起訴處分確定者，直轄市、縣（市）主管機關應對其實施四小時以上五十小時以下之輔導教育。

② 前項輔導教育之執行，主管機關得協調矯正機關於犯罪行為人服刑期間辦理，矯正機關應提供場地及必要之協助。

③ 無正當理由不接受第一項或第三十九條第一項之輔導教育，或拒不完成其時數者，處新臺幣六千元以上三萬元以下罰鍰，並得按次處罰。

第五二條

① 違反本條例之行為，其他法律有較重處罰之規定者，從其規定。

② 軍事審判機關於偵查、審理現役軍人犯罪時，準用本條例之規定。

第五章 附 則

第五三條

第三十九條第一項及第五十一條第一項之輔導教育對象、方式、內容及其他應遵行事項之辦法，由中央主管機關會同法務主管機關定之。

第五四條

本條例施行細則，由中央主管機關定之。

第五五條

本條例施行日期，由行政院定之。

兒童及少年性剝削防制條例施行細則

①民國85年2月10日行政院令訂定發布全文44條；並自發布日施行。
②民國89年2月2日內政部令修正發布第2、17、40條條文。
③民國89年12月30日內政部令修正發布第2、17條條文。
④民國105年12月13日衛生福利部令修正發布名稱及全文23條；並自兒童及少年性剝削防制條例施行之日施行（原名稱：兒童及少年性交易防制條例施行細則）。
⑤民國107年6月22日衛生福利部令修正發布第3、12、21條條文。

第一條

本細則依兒童及少年性剝削防制條例（以下簡稱本條例）第五十四條規定訂定之。

第二條

受理本條例第七條第一項報告之機關或人員，對報告人及告發人之身分資料應另行封存，不得附入移送法院審理之文書內。

第三條 107

①本條例第九條第一項、第十五條、第十六條、第十八條第一項、第十九條第二項及第二十六條第二項所稱直轄市、縣（市）主管機關，指檢察官、司法警察官及司法警察救援被害人所在地之直轄市、縣（市）主管機關。

②本條例第十九條第一項第二款、第二十一條第一項、第二項、第四項、第二十三條至第二十五條、第二十七條、第二十九條及第三十條第一項所稱主管機關或直轄市、縣（市）主管機關，指被害人戶籍地之直轄市、縣（市）主管機關。

③本條例第四十七條、第四十八條第一項、第二項及第五十條第一項、第二項所稱各目的事業主管機關，指下列機關：

一 廣播、電視、電信事業：國家通訊傳播委員會。

二 網際網路平台提供者、網際網路應用服務提供者、出版品、宣傳品或其他媒體：行為人或所屬公司、商業所在地之直轄市、縣（市）政府。

④本條例第五十一條第一項及第二項所稱直轄市、縣（市）主管機關或主管機關，指犯罪行為人戶籍地之直轄市、縣（市）主管機關。

第四條

本條例第九條第一項、第十條第一項所稱社會工作人員，指下列人員：

一 直轄市、縣（市）主管機關編制內或聘僱之社會工作及社會

行政人員。

二 受直轄市、縣（市）主管機關委託之兒童及少年福利機構與民間團體之社會工作人員。

第五條

本條例第十三條第三款、第十九條第一項第一款、第四十二條所稱臺灣地區，指臺灣、澎湖、金門、馬祖及政府統治權所及之其他地區。

第六條

①警察及司法人員依本條例第九條第一項規定進行詢（訊）問前，直轄市、縣（市）主管機關指派之社會工作人員得要求與被害人單獨晤談。

②前項社會工作人員未能到場，警察及司法人員應記明事實，並得在不妨礙該被害人身心情況下，逕送請檢察官進行本條例第九條第一項之訊問。

第七條

法院為本條例第三章事件之審理、裁定，或司法機關為第四章案件之偵查、審判，傳喚安置之被害人時，該被害人之主管機關應指派社會工作人員護送被害人到場。

第八條

司法警察官或司法警察依本條例第十五條第一項將被害人交由當地直轄市、縣（市）主管機關處理時，應檢具報告（通報）單等相關資料。

第九條

①本條例第十五條第一項所定二十四小時，自依本條例第九條第一項規定通知直轄市、縣（市）主管機關時起算。

②本條例第十六條第一項所定七十二小時期間之終止，逾法定上班時間者，以次日上午代之。其次日為休息日時，以其休息日之次日上午代之。

第一〇條

下列時間不計入本條例第十五條第一項所定期間之計算：

一 在途護送時間。

二 交通障礙時間。

三 因不可抗力事由所致之遲滯時間。

第一一條

直轄市、縣（市）主管機關依本條例第十五條第二項第二款安置被害人後，應向其法定代理人或最近尊親屬敘明安置之依據，並告知其應配合事項。但無法通知其法定代理人或最近尊親屬者，不在此限。

第一二條 107

直轄市、縣（市）主管機關於依本條例第十五條、第十六條安置被害人期間，發現另有本條例第三十一條至第四十條、第四十五條第二項至第五項之犯罪情事者，應通知該管檢察署或警察機

關。

第一三條

①直轄市、縣（市）主管機關於依本條例第十五條第二項第二款、第十六條及第十九條第一項第二款安置被害人時，應建立個案資料；必要時，得請被害人戶籍地、住所地或居所地之直轄市、縣（市）主管機關配合提供資料。

②前項個案資料，應於個案結案後保存七年。

第一四條

依本條例第十六條第一項、第十八條第一項規定聲請法院裁定，不得隨案移送被害人。但法院請求隨案移送者，不在此限。

第一五條

①法院依本條例第十六條第二項為有安置必要之裁定時，該繼續安置期間，由同條第一項安置七十二小時後起算。

②本條例第十八條第一項所定四十五日內，由本條例第十六條第二項繼續安置時起算。

第一六條

直轄市、縣（市）主管機關對法院依本條例第十六條第二項、第十九條第一項第一款裁定不付安置之被害人，應通知法院裁定交付對象戶籍地之直轄市、縣（市）主管機關。

第一七條

①被害人逾假未歸，或未假離開兒童及少年福利機構、寄養家庭、中途學校或其他醫療與教育機構者，直轄市、縣（市）主管機關應立即以書面通知當地警察機關協尋；尋獲被害人時，直轄市、縣（市）主管機關應即評估及適當處理。

②協尋原因消滅或被害人年滿二十歲時，直轄市、縣（市）主管機關應以書面通知前項警察機關撤銷協尋。

第一八條

①直轄市、縣（市）主管機關對十五歲以上未就學之被害人，認有提供職業訓練或就業服務必要時，應移請當地公共職業訓練機構或公立就業服務機構依其意願施予職業訓練或推介就業。

②直轄市、縣（市）主管機關對前項接受職業訓練或就業服務之被害人，應定期或不定期派社會工作人員訪視，協助其適應社會生活。

第一九條

直轄市、縣（市）主管機關對被害人因就學、接受職業訓練或就業等因素，經其法定代理人同意遷離住居所，主管機關認有續予輔導及協助之必要者，得協調其他直轄市、縣（市）主管機關協助處理。

第二〇條

本條例第三十八條所定電子訊號，包括全部或部分電子訊號。

第二一條 107

本條例第四十四條及第四十五條第一項所定處罰之裁罰機關，為

查獲地直轄市、縣（市）主管機關。

第二二條

直轄市、縣（市）主管機關接獲警察機關、檢察署或法院對行為人為移送、不起訴、緩起訴、起訴或判決之書面通知，應建立資料檔案，並通知被害人所在地或戶籍地直轄市、縣（市）主管機關。

第二三條

本細則自本條例施行之日施行。

人口販運防制法

①民國98年1月23日總統令制定公布全文45條。
民國98年5月26日行政院令發布定自98年6月1日施行。
民國103年12月26日行政院公告第4條所列屬「內政部入出國及移民署」之權責事項，自104年1月2日起改由「內政部移民署」管轄。
②民國105年5月25日總統令修正公布第2、4、20條條文。
民國105年6月29日行政院令發布第4條定自105年5月27日施行。
民國105年12月15日行政院令發布第2、20條定自106年1月1日施行。
民國107年4月27日行政院公告第5條第4款所列屬「海岸巡防主管機關」之權責事項原由「行政院海岸巡防署及所屬機關」管轄，自107年4月28日起改由「海洋委員會海巡署及所屬機關（構）」管轄。

第一章 總 則

第一條

為防制人口販運行為及保護被害人權益，特制定本法。

第二條 105

本法用詞，定義如下：

一 人口販運：

(一)指意圖使人從事性交易、勞動與報酬顯不相當之工作或摘取他人器官，而以強暴、脅迫、恐嚇、拘禁、監控、藥劑、催眠術、詐術、故意隱瞞重要資訊、不當債務約束、扣留重要文件、利用他人不能、不知或難以求助之處境，或其他違反本人意願之方法，從事招募、買賣、質押、運送、交付、收受、藏匿、隱避、媒介、容留國內外人口，或以前述方法使之從事性交易、勞動與報酬顯不相當之工作或摘取其器官。

(二)指意圖使未滿十八歲之人從事性交易、勞動與報酬顯不相當之工作或摘取其器官，而招募、買賣、質押、運送、交付、收受、藏匿、隱避、媒介、容留未滿十八歲之人，或使未滿十八歲之人從事性交易、勞動與報酬顯不相當之工作或摘取其器官。

二 人口販運罪：指從事人口販運，而犯本法、刑法、勞動基準法、兒童及少年性剝削防制條例或其他相關之罪。

三 不當債務約束：指以內容或清償方式不確定或顯不合理之債務約束他人，使其從事性交易、提供勞務或摘取其器官，以

履行或擔保債務之清償。

第三條

本法所稱主管機關：在中央為內政部；在直轄市為直轄市政府；在縣（市）為縣（市）政府。

中央主管機關掌理下列事項：

一 人口販運防制政策、法規與方案之研究、規劃、訂定、宣導及執行。

二 對直轄市、縣（市）政府執行人口販運防制事項之協調及督導。

三 人口販運案件之查緝與犯罪件之移送、人口販運被害人之鑑別、人口販運被害人人身安全之保護等之規劃、推動、督導及執行。

四 非持有事由為來臺工作之停留或居留簽證（以下簡稱工作簽證）之人口販運被害人權益保障、安置保護、資源整合與轉介、推動、督導及執行。

五 人口販運防制預防宣導與相關專業人員訓練之規劃、推動、督導及執行。

六 地方政府及各目的事業主管機關推動人口販運防制業務之輔導及協助。

七 人口販運案件資料之統整及公布。

八 國際人口販運防制業務之聯繫、交流及合作。

九 其他全國性人口販運防制有關事項之規劃、督導及執行。

第四條 105

直轄市、縣（市）政府應定期召開防制人口販運協調聯繫會議，並指定專責機關或單位，整合所屬警政、衛政、社政、勞政與其他執行人口販運防制業務之機關、單位及人力，並協調內政部移民署所屬各專勤隊或服務站，辦理下列事項，必要時，並得請求司法機關協助：

一 中央人口販運防制政策、法規與方案之執行及相關資源之整合。

二 人口販運案件之查緝與犯罪案件之移送、人口販運被害人之鑑別及人身安全保護之執行。

三 人口販運被害人指定傳染病篩檢、就醫診療、驗傷與採證、心理諮商及心理治療之協助提供。

四 居住臺灣地區設有戶籍國民之人口販運被害人之權益保障、安置保護及安置機構之監督、輔導。

五 人口販運被害人就業服務、就業促進與保障、勞動權益、職場安全及其他相關權益之規劃、執行。

六 人口販運案件資料之統計。

七 其他與人口販運防制有關事項之執行。

第五條

本法所定事項，涉及中央各目的事業主管機關職掌者，由中央各

目的事業主管機關辦理；其權責劃分如下：

一　法務主管機關：人口販運被害人鑑別法制事項、人口販運罪之偵查與起訴之規劃、推動及督導。

二　衛生主管機關：人口販運被害人指定傳染病篩檢、就醫診療、驗傷與採證、心理諮商與心理治療之規劃、推動及督導。

三　勞工主管機關：人口販運被害人就業服務、就業促進與保障、勞動權益與職場安全衛生等政策、法規與方案之擬訂、修正、持有工作簽證人口販運被害人之安置保護、工作許可核發之規劃、推動、督導及執行。

四　海岸巡防主管機關：人口販運案件之查緝與犯罪案件之移送、人口販運被害人之鑑別、人口販運被害人人身安全保護之規劃、推動、督導及執行。

五　大陸事務主管機關：人口販運案件涉及大陸地區、香港或澳門及其相關事項之協調、聯繫及督導。

六　外交主管機關：人口販運案件與人口販運防制涉外事件之協調、聯繫、國際情報交流共享、雙邊國家與非政府組織合作之規劃、推動及督導。

七　其他人口販運防制措施，由各相關目的事業主管機關依職權規劃辦理。

第二章　預防及鑑別

第六條
中央主管機關應結合相關目的事業主管機關、地方政府及民間團體，積極辦理人口販運之宣導、偵查、救援、保護、安置及送返原籍國（地）等相關業務，並與國際政府或非政府組織辦理各項合作事宜，致力杜絕人口販運案件。

第七條
辦理人口販運案件之查緝、偵查、審理、被害人鑑別、救援、保護及安置等人員應經相關專業訓練。

第八條
人口販運被害人及協助辦理人口販運案件之社工人員或相關專業人員，於人口販運案件偵查、審理期間，人身安全有危險之虞者，司法警察機關應派員執行安全維護。

第九條
①警察人員、移民管理人員、勞政人員、社政人員、醫事人員、民政人員、戶政人員、教育人員、觀光業及移民業務機構從業人員或其他執行人口販運防制業務人員，在執行職務時，發現有疑似人口販運案件，應立即通報當地司法警察機關。司法警察機關接獲通報後，應即接辦處理及採取相關保護措施。

②前項以外之人知悉有疑似人口販運案件時，得通報當地司法警察機關。

③前二項通報人之姓名、住居所及其他足資識別其身分之資訊，除法律另有規定外，應予保密。

第一○條

司法警察機關及勞工主管機關應設置檢舉通報窗口或報案專線。

第一一條

①司法警察機關查獲或受理經通報之疑似人口販運案件時，應即進行人口販運被害人之鑑別。

②檢察官偵查中，發現疑似人口販運案件時，應即進行被害人之鑑別；法院審理中，知悉有人口販運嫌疑者，應立即移請檢察官處理。

③司法警察、檢察官於人口販運被害人鑑別中，必要時，得請求社工人員或相關專業人員協助；疑似人口販運被害人亦得請求社工人員或相關專業人員協助。

④鑑別人員實施人口販運被害人鑑別前，應告知疑似人口販運被害人後續處理流程及相關保護措施。

第三章　被害人保護

第一二條

①疑似人口販運被害人有診療必要者，司法警察應即通知轄區衛生主管機關，並協助護送至當地醫療機構接受診療及指定傳染病之篩檢。

②疑似人口販運被害人經篩檢無傳染之虞者，由司法警察機關協助依本法或其他相關法律提供安置保護或予以收容。

第一三條

人口販運被害人為居住臺灣地區設有戶籍之國民，經直轄市、縣（市）主管機關評估有安置保護之必要者，直轄市、縣（市）主管機關應依第十七條規定提供安置保護。

第一四條

疑似人口販運被害人為臺灣地區無戶籍國民、外國人、無國籍人民、大陸地區人民、香港或澳門居民，有合法有效之停（居）留許可者，應依第十七條規定提供安置保護。其無合法有效之停（居）留許可者，於依第十一條規定完成鑑別前，應與違反入出國（境）管理法規受收容之人分別收容，並得依第十七條規定提供協助。

第一五條

①依前條分別收容之疑似人口販運被害人，經鑑別為人口販運被害人者，應依第十七條規定提供安置保護，不適用入出國及移民法第三十八條、臺灣地區與大陸地區人民關係條例第十八條第二項及香港澳門關係條例第十四條第二項有關收容之規定。

②依前條安置保護之疑似人口販運被害人，經鑑別為人口販運被害人者，應繼續依第十七條規定提供安置保護。

第一六條

經鑑別爲人口販運被害人，且無合法有效之停（居）留許可者，中央主管機關應核發六個月以下效期之臨時停留許可。

第一七條

①各級主管機關、勞工主管機關對於安置保護之人口販運被害人及疑似人口販運被害人，應自行或委託民間團體，提供下列協助：
一　人身安全保護。
二　必要之醫療協助。
三　通譯服務。
四　法律協助。
五　心理輔導及諮詢服務。
六　於案件偵查或審判中陪同接受詢（訊）問。
七　必要之經濟補助。
八　其他必要之協助。

②各級主管機關、勞工主管機關爲安置保護人口販運被害人及疑似人口販運被害人，應設置或指定適當處所爲之；其安置保護程序、管理方式及其他應遵行事項之規則，由中央主管機關會商中央勞工主管機關定之。

第一八條

①依前條第一項規定提供協助所需之費用及送返原籍國（地）之費用，應由加害人負擔；加害人有數人者，應負連帶責任。

②前項應由加害人負擔之費用，由負責安置保護之各級主管機關或勞工主管機關命加害人限期繳納；屆期未繳納者，依法移送強制執行。

第一九條

①人口販運被害人爲臺灣地區無戶籍國民、外國人、無國籍人民、大陸地區人民、香港或澳門居民，無合法有效之停（居）留許可，經安置保護並核發臨時停留許可後，有擅離安置處所或違反法規情事，經各級主管機關、勞工主管機關認定爲情節重大者，中央主管機關得廢止其臨時停留許可，並得予以收容或遣送出境。

②依前項規定遣送出境前，應先經司法機關同意。

第二○條 105

爲疑似人口販運被害人或人口販運被害人之兒童或少年，有下列情形之一者，優先適用兒童及少年性剝削防制條例予以安置保護；該條例未規定者，適用本法之規定：
一　經查獲疑似從事性交易。
二　有前款所定情形，經法院依兒童及少年性剝削防制條例審判認有從事性交易。

第二一條

①因職務或業務知悉或持有人口販運被害人姓名、出生年月日、住居所及其他足資識別其身分之資料者，除法律另有規定外，應予

保密。

②政府機關公示有關人口販運案件之文書時，不得揭露前項人口販運被害人之個人身分資訊。

第二二條

①廣告物、出版品、廣播、電視、電子訊號、網際網路或其他媒體，不得報導或記載人口販運被害人之姓名或其他足資識別被害人身分之資訊。但有下列情形之一者，不在此限：

一 經有行為能力之被害人同意。

二 犯罪偵查機關依法認為有必要。

②前項但書規定，於人口販運被害人為兒童及少年者，不適用之。

第二三條

①人口販運被害人於檢察官偵查中或法院審理時到場作證，陳述自己見聞之犯罪或事證，並依法接受對質及詰問，除依本法相關規定保護外，其不符證人保護法規定者，得準用證人保護法第四條至第十四條、第二十條及第二十一條規定。

②人口販運犯罪案件之檢舉人、告發人、告訴人或被害人，經檢察官或法官認有保護之必要者，準用證人保護法第四條至第十四條、第十五條第二項、第二十條及第二十一條規定。

第二四條

①人口販運被害人於偵查或審理中受偵問或詰問時，其法定代理人、配偶、直系血親或三親等內旁系血親、家長、家屬、醫師、心理師、輔導人員或社工人員得陪同在場，並陳述意見；於司法警察官或司法警察調查時，亦同。

②前項規定，於得陪同在場之人為人口販運犯罪嫌疑人或被告時，不適用之。

第二五條

①於偵查或審判中對人口販運被害人為訊問、詰問或對質，得依聲請或依職權在法庭外為之，或利用聲音、影像傳真之科技設備或其他適當隔離方式將被害人與被告隔離。

②人口販運被害人於境外時，得於我國駐外使領館或代表處內，利用聲音、影像傳真之科技設備為訊問、詰問。

第二六條

司法警察、檢察官、法院於調查、偵查及審理期間，應注意人口販運被害人之人身安全，必要時應將被害人與其他犯罪嫌疑人或被告隔離。

第二七條

人口販運被害人於審理中有下列情形之一者，其於檢察事務官、司法警察官或司法警察調查中所為之陳述，經證明具有可信之特別情況，且為證明犯罪事實之存否所必要者，得為證據：

一 因身心創傷無法陳述。

二 到庭後因身心壓力，於訊問或詰問時，無法為完全之陳述或拒絕陳述。

三　非在臺灣地區或所在不明，而無法傳喚或傳喚不到。

第二八條

①人口販運被害人為臺灣地區無戶籍國民、外國人、無國籍人民、大陸地區人民、香港或澳門居民，無合法有效之停（居）留許可，經核發六個月以下效期之臨時停留許可者，中央主管機關得視案件偵辦或審理情形，延長其臨時停（居）留許可。

②前項人口販運被害人持有合法有效之停（居）留許可者，中央主管機關得視案件偵辦或審理情形，延長其停（居）留許可。

③人口販運被害人因協助偵查或審判而於送返原籍國（地）後人身安全有危險之虞者，中央主管機關得專案許可人口販運被害人停留、居留。其在我國合法連續居留五年，每年居住超過二百七十日者，得申請永久居留。專案許可人口販運被害人停留、居留及申請永久居留之程序、應備文件、資格條件、核發證件種類、撤銷或廢止許可及其他應遵行事項之辦法，由中央主管機關定之。

④第一項及第二項人口販運被害人得逕向中央勞工主管機關申請工作許可，不受就業服務法及臺灣地區與大陸地區人民關係條例第十一條規定之限制，其許可工作期間，不得逾停（居）留許可期間。

⑤前項申請許可、撤銷或廢止許可、管理及其他應遵行事項之辦法，由中央勞工主管機關定之。

第二九條

人口販運被害人因被販運而觸犯其他刑罰或行政罰規定者，得減輕或免除其責任。

第三○條

人口販運被害人為臺灣地區無戶籍國民、外國人、無國籍人民、大陸地區人民、香港或澳門居民者，經司法機關認無繼續協助偵查或審理必要時，中央主管機關得協調相關機關或民間團體，聯繫被害人原籍國（地）之政府機關、駐華使領館或授權機構、非政府組織或其家屬，儘速安排將其安全送返原籍國（地）。

第四章　罰　則

第三一條

①意圖營利，利用不當債務約束或他人不能、不知或難以求助之處境，使人從事性交易者，處六月以上五年以下有期徒刑，得併科新臺幣三百萬元以下罰金。

②前項之未遂犯罰之。

第三二條

①意圖營利，以強暴、脅迫、恐嚇、拘禁、監控、藥劑、詐術、催眠術或其他違反本人意願之方法，使人從事勞動與報酬顯不相當之工作者，處七年以下有期徒刑，得併科新臺幣五百萬元以下罰金。

②意圖營利，利用不當債務約束或他人不能、不知或難以求助之處

境，使人從事勞動與報酬顯不相當之工作者，處三年以下有期徒刑，得併科新臺幣一百萬元以下罰金。

③前二項之未遂犯罰之。

第三三條

①意圖營利，招募、運送、交付、收受、藏匿、隱避、媒介、容留未滿十八歲之人，使之從事勞動與報酬顯不相當之工作者，處七年以下有期徒刑，得併科新臺幣五百萬元以下罰金。

②前項之未遂犯罰之。

第三四條

①意圖營利，以強暴、脅迫、恐嚇、拘禁、監控、藥劑、詐術、催眠術或其他違反本人意願之方法，摘取他人器官者，處七年以上有期徒刑，得併科新臺幣七百萬元以下罰金。

②意圖營利，利用不當債務約束或他人不能、不知或難以求助之處境，摘取他人器官者，處五年以上十二年以下有期徒刑，得併科新臺幣五百萬元以下罰金。

③意圖營利，招募、運送、交付、收受、藏匿、隱避、媒介、容留未滿十八歲之人，摘取其器官者，處七年以上有期徒刑，得併科新臺幣七百萬元以下罰金。

④前三項之未遂犯罰之。

第三五條

①犯人口販運罪者，其因犯罪所得財物或財產上利益，除應發還被害人外，不問屬於加害人與否，沒收之。全部或一部不能沒收時，追徵其價額或以其財產抵償之。

②為保全前項財物或財產上利益追徵或財產之抵償，必要時，得酌量扣押其財產。

③依第一項沒收之現金及變賣所得，由法務部撥交中央主管機關，作為補償人口販運被害人之用。

④前項沒收之現金及變賣所得撥交及人口販運被害人補償之辦法，由中央主管機關會同法務部定之。

第三六條

公務員包庇他人犯人口販運罪者，依各該條之規定加重其刑至二分之一。

第三七條

犯人口販運罪自首或於偵查中自白，並提供資料因而查獲其他正犯或共犯者，減輕或免除其刑。

第三八條

違反第二十二條規定者，由各該目的事業主管機關處新臺幣六萬元以上六十萬元以下罰鍰，並得沒入該處所定物品或採行其他必要之處置；其經命限期改正，屆期不改正者，得按次處罰之。但被害人死亡，經目的事業主管機關權衡社會公益，認有報導必要者，不在此限。

第三九條

法人之代表人、法人或自然人之代理人、受僱人或其他從業人員，因執行業務犯人口販運罪者，對該法人或自然人科以各該人口販運所定罰金。但法人之代表人或自然人對於違反之發生，已盡力為防止行為者，不在此限。

第四〇條

中華民國船舶、航空器或其他運輸工具所有人、營運人或船長、機長、其他運輸工具駕駛人從事人口販運之運送行為者，目的事業主管機關得處該中華民國船舶、航空器或其他運輸工具一定期間停駛，或廢止其有關證照，並得停止或廢止該船長、機長或駕駛人之職業證照或資格。

第四一條

無正當理由違反第九條第一項通報責任之規定者，處新臺幣六千元以上三萬元以下罰鍰。

第四二條

本法於中華民國領域外犯本法第三十一條至第三十四條之罪適用之。

第五章　附　則

第四三條

本法規定，於軍事法院及軍事檢察官受理之人口販運罪案件，準用之。

第四四條

本法施行細則，由中央主管機關定之。

第四五條

本法施行日期，由行政院定之。

性騷擾防治法

①民國94年2月5日總統令制定公布全文28條；並自公布後一年施行。
②民國95年1月18日總統令修正公布第18、26條條文。
③民國98年1月23日總統令修正公布第1條條文。
　民國102年7月19日行政院公告第4條所列屬「內政部」之權責事項，自102年7月23日起改由「衛生福利部」管轄。

第一章　總　則

第一條 98
①為防治性騷擾及保護被害人之權益，特制定本法。
②有關性騷擾之定義及性騷擾事件之處理及防治，依本法之規定，本法未規定者，適用其他法律。但適用性別工作平等法及性別平等教育法者，除第十二條、第二十四條及第二十五條外，不適用本法之規定。

第二條
本法所稱性騷擾，係指性侵害犯罪以外，對他人實施違反其意願而與性或性別有關之行為，且有下列情形之一者：
一　以該他人順服或拒絕該行為，作為其獲得、喪失或減損與工作、教育、訓練、服務、計畫、活動有關權益之條件。
二　以展示或播送文字、圖畫、聲音、影像或其他物品之方式，或以歧視、侮辱之言行，或以他法，而有損害他人人格尊嚴，或造成使人心生畏怖、感受敵意或冒犯之情境，或不當影響其工作、教育、訓練、服務、計畫、活動或正常生活之進行。

第三條
①本法所稱公務員者，指依法令從事於公務之人員。
②本法所稱機關者，指政府機關。
③本法所稱部隊者，指國防部所屬軍隊及學校。
④本法所稱學校者，指公私立各級學校。
⑤本法所稱機構者，指法人、合夥、設有代表人或管理人之非法人團體及其他組織。

第四條
本法所稱主管機關：在中央為內政部；在直轄市為直轄市政府；在縣（市）為縣（市）政府。

第五條
中央主管機關辦理下列事項。但涉及各中央目的事業主管機關職

掌者，由各中央目的事業主管機關辦理：

一　關於性騷擾防治政策、法規之研擬及審議事項。

二　關於協調、督導及考核各級政府性騷擾防治之執行事項。

三　關於地方主管機關設立性騷擾事件處理程序、諮詢、醫療及服務網絡之督導事項。

四　關於推展性騷擾防治教育及宣導事項。

五　關於性騷擾防治績效優良之機關、學校、機構、僱用人、團體或個人之獎勵事項。

六　關於性騷擾事件各項資料之彙整及統計事項。

七　關於性騷擾防治趨勢及有關問題研究之事項。

八　關於性騷擾防治之其他事項。

第六條

①直轄市、縣（市）政府應設性騷擾防治委員會，辦理下列事項。但涉及各直轄市、縣（市）目的事業主管機關職掌者，由各直轄市、縣（市）目的事業主管機關辦理：

一　關於性騷擾防治政策及法規之擬定事項。

二　關於協調、督導及執行性騷擾防治事項。

三　關於性騷擾爭議案件之調查、調解及移送有關機關事項。

四　關於推展性騷擾防治教育訓練及宣導事項。

五　關於性騷擾事件各項資料之彙整及統計事項。

六　關於性騷擾防治之其他事項。

②前項性騷擾防治委員會置主任委員一人，由直轄市市長、縣（市）長或副首長兼任；有關機關高級職員、社會公正人士、民間團體代表、學者、專家為委員；其中社會公正人士、民間團體代表、學者、專家人數不得少於二分之一；其中女性代表不得少於二分之一；其組織由地方主管機關定之。

第二章　性騷擾之防治與責任

第七條

①機關、部隊、學校、機構或僱用人，應防治性騷擾行為之發生。於知悉有性騷擾之情形時，應採取立即有效之糾正及補救措施。

②前項組織成員、受僱人或受服務人員人數達十人以上者，應設立申訴管道協調處理；其人數達三十人以上者，應訂定性騷擾防治措施，並公開揭示之。

③為預防與處理性騷擾事件，中央主管機關應訂定性騷擾防治之準則；其內容應包括性騷擾防治原則、申訴管道、懲處辦法、教育訓練方案及其他相關措施。

第八條

前條所定機關、部隊、學校、機構或僱用人應定期舉辦或鼓勵所屬人員參與防治性騷擾之相關教育訓練。

第九條

①對他人為性騷擾者，負損害賠償責任。

②前項情形，雖非財產上之損害，亦得請求賠償相當之金額，其名譽被侵害者，並得請求回復名譽之適當處分。

第一○條

①機關、部隊、學校、機構、僱用人對於在性騷擾事件申訴、調查、偵查或審理程序中，為申訴、告訴、告發、提起訴訟、作證、提供協助或其他參與行為之人，不得為不當之差別待遇。

②違反前項規定者，負損害賠償責任。

第一一條

①受僱人、機構負責人利用執行職務之便，對他人為性騷擾，依第九條第二項對被害人為回復名譽之適當處分時，僱主、機構應提供適當之協助。

②學生、接受教育或訓練之人員於學校、教育或訓練機構接受教育或訓練時，對他人為性騷擾，依第九條第二項對被害人為回復名譽之適當處分時，學校或教育訓練機構應提供適當之協助。

③前二項之規定於機關不適用之。

第一二條

廣告物、出版品、廣播、電視、電子訊號、電腦網路或其他媒體，不得報導或記載被害人之姓名或其他足資識別被害人身分之資訊。但經有行為能力之被害人同意或犯罪偵查機關依法認為有必要者，不在此限。

第三章　申訴及調查程序

第一三條

①性騷擾事件被害人除可依相關法律請求協助外，並得於事件發生後一年內，向加害人所屬機關、部隊、學校、機構、僱用人或直轄市、縣（市）主管機關提出申訴。

②前項直轄市、縣（市）主管機關受理申訴後，應即將該案件移送加害人所屬機關、部隊、學校、機構或僱用人調查，並予錄案列管；加害人不明或不知有無所屬機關、部隊、學校、機構或僱用人時，應移請事件發生地警察機關調查。

③機關、部隊、學校、機構或僱用人，應於申訴或移送到達之日起七日內開始調查，並應於二個月內調查完成；必要時，得延長一個月，並應通知當事人。

④前項調查結果應以書面通知當事人及直轄市、縣（市）主管機關。

⑤機關、部隊、學校、機構或僱用人逾期未完成調查或當事人不服其調查結果者，當事人得於期限屆滿或調查結果通知到達之次日起三十日內，向直轄市、縣（市）主管機關提出再申訴。

⑥當事人逾期提出申訴或再申訴時，直轄市、縣（市）主管機關得不予受理。

第一四條

直轄市、縣（市）主管機關受理性騷擾再申訴案件後，性騷擾防

治委員會主任委員應於七日內指派委員三人至五人組成調查小組，並推選一人爲小組召集人，進行調查。並依前條第三項及第四項規定辦理。

第一五條

性騷擾事件已進入偵查或審判程序者，直轄市或縣（市）性騷擾防治委員會認有必要時，得議決於該程序終結前，停止該事件之處理。

第四章　調解程序

第一六條

①性騷擾事件雙方當事人得以書面或言詞向直轄市、縣（市）主管機關申請調解；其以言詞申請者，應製作筆錄。

②前項申請應表明調解事由及爭議情形。

③有關第一項調解案之管轄、調解案件保密、規定期日不到場之效力、請求有關機關協助等事項，由中央主管機關另以辦法定之。

第一七條

調解除勘驗費，應由當事人核實支付外，不得收取任何費用或報酬。

第一八條 95

①調解成立者，應作成調解書。

②前項調解書之作成及效力，準用鄉鎮市調解條例第二十五條至第二十九條之規定。

第一九條

調解不成立者，當事人得向該管地方政府性騷擾防治委員會申請將調解事件移送該管司法機關；其第一審裁判費暫免徵收。

第五章　罰　則

第二○條

對他人爲性騷擾者，由直轄市、縣（市）主管機關處新臺幣一萬元以上十萬元以下罰鍰。

第二一條

對於因教育、訓練、醫療、公務、業務、求職或其他相類關係受自己監督、照護之人，利用權勢或機會爲性騷擾者，得加重科處罰鍰至二分之一。

第二二條

違反第七條第一項後段、第二項規定者，由直轄市、縣（市）主管機關處新臺幣一萬元以上十萬元以下罰鍰。經通知限期改正仍不改正者，得按次連續處罰。

第二三條

機關、部隊、學校、機構或僱用人爲第十條第一項規定者，由直轄市、縣（市）主管機關處新臺幣一萬元以上十萬元以下罰鍰。

經通知限期改正仍不改正者，得按次連續處罰。

第二四條

違反第十二條規定者，由各該目的事業主管機關處新臺幣六萬元以上三十萬元以下罰鍰，並得沒入第十二條之物品或採行其他必要之處置。其經通知限期改正，屆期不改正者，得按次連續處罰。

第二五條

①意圖性騷擾，乘人不及抗拒而爲親吻、擁抱或觸摸其臀部、胸部或其他身體隱私處之行爲者，處二年以下有期徒刑、拘役或科或併科新臺幣十萬元以下罰金。

②前項之罪，須告訴乃論。

第六章　附　則

第二六條 95

①第七條至第十一條、第二十二條及第二十三條之規定，於性侵害犯罪準用之。

②前項行政罰鍰之科處，由性侵害犯罪防治主管機關爲之。

第二七條

本法施行細則，由中央主管機關定之。

第二八條

本法自公布後一年施行。

家庭暴力防治法

① 民國87年6月24日總統令制定公布全文54條；並自公布日施行，但第二～四、六章、第五章第4、41條自公布後一年施行。
② 民國96年3月28日總統令修正公布全文66條；並自公布日施行。
③ 民國97年1月9日總統令修正公布第10條條文。
④ 民國98年4月22日總統令修正公布第50條條文。
⑤ 民國98年4月29日總統令修正公布第58條條文。
民國102年7月19日行政院公告第4條所列屬「內政部」之權責事項，自102年7月23日起改由「衛生福利部」管轄。
⑥ 民國104年2月4日總統令修正公布第2、4～6、8、11、14～17、19、20、31、32、34、36、37、38、42、48～50、58、59、60條條文；並增訂第30-1、34-1、36-1、36-2、50-1、58-1、61-1、63-1條條文；除第63-1條自公布後一年施行外，餘自公布日施行。
⑦ 民國110年1月27日總統令修正公布第58條條文。

第一章 通 則

第一條
為防治家庭暴力行為及保護被害人權益，特制定本法。

第二條 104
本法用詞定義如下：
一 家庭暴力：指家庭成員間實施身體、精神或經濟上之騷擾、控制、脅迫或其他不法侵害之行為。
二 家庭暴力罪：指家庭成員間故意實施家庭暴力行為而成立其他法律所規定之犯罪。
三 目睹家庭暴力：指看見或直接聽聞家庭暴力。
四 騷擾：指任何打擾、警告、嘲弄或辱罵他人之言語、動作或製造使人心生畏怖情境之行為。
五 跟蹤：指任何以人員、車輛、工具、設備、電子通訊或其他方法持續性監視、跟追或掌控他人行蹤及活動之行為。
六 加害人處遇計畫：指對於加害人實施之認知教育輔導、親職教育輔導、心理輔導、精神治療、戒癮治療或其他輔導、治療。

第三條
本法所定家庭成員，包括下列各員及其未成年子女：
一 配偶或前配偶。
二 現有或曾有同居關係、家長家屬或家屬間關係者。
三 現為或曾為直系血親或直系姻親。

四　現為或曾為四親等以內之旁系血親或旁系姻親。

第四條 104

①本法所稱主管機關：在中央為衛生福利部；在直轄市為直轄市政府；在縣（市）為縣（市）政府。

②本法所定事項，主管機關及目的事業主管機關應就其權責範圍，針對家庭暴力防治之需要，尊重多元文化差異，主動規劃所需保護、預防及宣導措施，對涉及相關機關之防治業務，並應全力配合之，其權責事項如下：

一　主管機關：家庭暴力防治政策之規劃、推動、監督、訂定跨機關（構）合作規範及定期公布家庭暴力相關統計等事宜。

二　衛生主管機關：家庭暴力被害人驗傷、採證、身心治療、諮商及加害人處遇等相關事宜。

三　教育主管機關：各級學校家庭暴力防治教育、目睹家庭暴力兒童及少年之輔導措施、家庭暴力被害人及其子女就學權益之維護等相關事宜。

四　勞工主管機關：家庭暴力被害人職業訓練及就業服務等相關事宜。

五　警政主管機關：家庭暴力被害人及其未成年子女人身安全之維護及緊急處理、家庭暴力犯罪偵查與刑事案件資料統計等相關事宜。

六　法務主管機關：家庭暴力犯罪之偵查、矯正及再犯預防等刑事司法相關事宜。

七　移民主管機關：設籍前之外籍、大陸或港澳配偶因家庭暴力造成逾期停留、居留及協助其在臺居留或定居權益維護等相關事宜。

八　文化主管機關：出版品違反本法規定之處理等相關事宜。

九　通訊傳播主管機關：廣播、電視及其他通訊傳播媒體違反本法規定之處理等相關事宜。

十　戶政主管機關：家庭暴力被害人與其未成年子女身分資料及戶籍等相關事宜。

十一　其他家庭暴力防治措施，由相關目的事業主管機關依職權辦理。

第五條 104

①中央主管機關應辦理下列事項：

一　研擬家庭暴力防治法規及政策。

二　協調、督導有關機關家庭暴力防治事項之執行。

三　提高家庭暴力防治有關機構之服務效能。

四　督導及推展家庭暴力防治教育。

五　協調被害人保護計畫及加害人處遇計畫。

六　協助公立、私立機構建立家庭暴力處理程序。

七　統籌建立、管理家庭暴力電子資料庫，供法官、檢察官、警察、醫師、護理人員、心理師、社會工作人員及其他政府機

關使用，並對被害人之身分予以保密。

八　協助地方政府推動家庭暴力防治業務，並提供輔導及補助。

九　每四年對家庭暴力問題、防治現況成效與需求進行調查分析，並定期公布家庭暴力致死人數、各項補助及醫療救護支出等相關之統計分析資料。各相關單位應配合調查，提供統計及分析資料。

十　其他家庭暴力防治有關事項。

②中央主管機關辦理前項事項，應遴聘（派）學者專家、民間團體及相關機關代表提供諮詢，其中學者專家、民間團體代表之人數，不得少於總數二分之一；且任一性別人數不得少於總數三分之一。

③第一項第七款規定電子資料庫之建立、管理及使用辦法，由中央主管機關定之。

第六條 104

①中央主管機關爲加強推動家庭暴力及性侵害相關工作，應設置基金；其收支保管及運用辦法，由行政院定之。

②前項基金來源如下：

一　政府預算撥充。

二　緩起訴處分金。

三　認罪協商金。

四　本基金之孳息收入。

五　受贈收入。

六　依本法所處之罰鍰。

七　其他相關收入。

第七條

直轄市、縣（市）主管機關爲協調、研究、審議、諮詢、督導、考核及推動家庭暴力防治工作，應設家庭暴力防治委員會；其組織及會議事項，由直轄市、縣（市）主管機關定之。

第八條 104

①直轄市、縣（市）主管機關應整合所屬警政、教育、衛生、社政、民政、戶政、勞工、新聞等機關、單位業務及人力，設立家庭暴力防治中心，並協調司法、移民相關機關，辦理下列事項：

一　提供二十四小時電話專線服務。

二　提供被害人二十四小時緊急救援、協助診療、驗傷、採證及緊急安置。

三　提供或轉介被害人經濟扶助、法律服務、就學服務、住宅輔導，並以階段性、支持性及多元性提供職業訓練與就業服務。

四　提供被害人及其未成年子女短、中、長期庇護安置。

五　提供或轉介被害人、經評估有需要之目睹家庭暴力兒童及少年或家庭成員身心治療、諮商、社會與心理評估及處置。

六　轉介加害人處遇及追蹤輔導。

七　追蹤及管理轉介服務案件。

八　推廣家庭暴力防治教育、訓練及宣導。

九　辦理危險評估，並召開跨機構網絡會議。

十　其他家庭暴力防治有關之事項。

②前項中心得與性侵害防治中心合併設立，並應配置社會工作、警察、衛生及其他相關專業人員；其組織，由直轄市、縣（市）主管機關定之。

第二章　民事保護令

第一節　聲請及審理

第九條

民事保護令（以下簡稱保護令）分為通常保護令、暫時保護令及緊急保護令。

第一〇條 97

①被害人得向法院聲請通常保護令、暫時保護令；被害人為未成年人、身心障礙者或因故難以委任代理人者，其法定代理人、三親等以內之血親或姻親，得為其向法院聲請之。

②檢察官、警察機關或直轄市、縣（市）主管機關得向法院聲請保護令。

③保護令之聲請、撤銷、變更、延長及抗告，均免徵裁判費，並準用民事訴訟法第七十七條之二十三第四項規定。

第一一條 104

①保護令之聲請，由被害人之住居所地、相對人之住居所地或家庭暴力發生地之地方法院管轄。

②前項地方法院，於設有少年及家事法院地區，指少年及家事法院。

第一二條

①保護令之聲請，應以書面為之。但被害人有受家庭暴力之急迫危險者，檢察官、警察機關或直轄市、縣（市）主管機關，得以言詞、電信傳真或其他科技設備傳送之方式聲請緊急保護令，並得於夜間或休息日為之。

②前項聲請得不記載聲請人或被害人之住居所，僅記載其送達處所。

③法院為定管轄權，得調查被害人之住居所。經聲請人或被害人要求保密被害人之住居所，法院應以秘密方式訊問，將該筆錄及相關資料密封，並禁止閱覽。

第一三條

①聲請保護令之程式或要件有欠缺者，法院應以裁定駁回之。但其情形可以補正者，應定期間先命補正。

②法院得依職權調查證據，必要時得隔別訊問。

③前項隔別訊問，必要時得依聲請或依職權在法庭外為之，或採有

聲音及影像相互傳送之科技設備或其他適當隔離措施。

④被害人得於審理時，聲請其親屬或個案輔導之社工人員、心理師陪同被害人在場，並得陳述意見。

⑤保護令事件之審理不公開。

⑥法院於審理終結前，得聽取直轄市、縣（市）主管機關或社會福利機構之意見。

⑦保護令事件不得進行調解或和解。

⑧法院受理保護令之聲請後，應即行審理程序，不得以當事人間有其他案件偵查或訴訟繫屬爲由，延緩核發保護令。

第一四條 104

①法院於審理終結後，認有家庭暴力之事實且有必要者，應依聲請或依職權核發包括下列一款或數款之通常保護令：

一 禁止相對人對於被害人、目睹家庭暴力兒童及少年或其特定家庭成員實施家庭暴力。

二 禁止相對人對於被害人、目睹家庭暴力兒童及少年或其特定家庭成員爲騷擾、接觸、跟蹤、通話、通信或其他必要之聯絡行爲。

三 命相對人遷出被害人、目睹家庭暴力兒童及少年或其特定家庭成員之住居所；必要時，並得禁止相對人就該不動產爲使用、收益或處分行爲。

四 命相對人遠離下列場所特定距離：被害人、目睹家庭暴力兒童及少年或其特定家庭成員之住居所、學校、工作場所或其他經常出入之特定場所。

五 定汽車、機車及其他個人生活上、職業上或教育上必需品之使用權；必要時，並得命交付之。

六 定暫時對未成年子女權利義務之行使或負擔，由當事人之一方或雙方共同任之、行使或負擔之內容及方法；必要時，並得命交付子女。

七 定相對人對未成年子女會面交往之時間、地點及方式；必要時，並得禁止會面交往。

八 命相對人給付被害人住居所之租金或被害人及其未成年子女之扶養費。

九 命相對人交付被害人或特定家庭成員之醫療、輔導、庇護所或財物損害等費用。

十 命相對人完成加害人處遇計畫。

十一 命相對人負擔相當之律師費用。

十二 禁止相對人查閱被害人及受其暫時監護之未成年子女戶籍、學籍、所得來源相關資訊。

十三 命其他保護被害人、目睹家庭暴力兒童及少年或其特定家庭成員之必要命令。

②法院爲前項第六款、第七款裁定前，應考量未成年子女之最佳利益，必要時並得徵詢未成年子女或社會工作人員之意見。

③第一項第十款之加害人處遇計畫，法院得逕命相對人接受認知教育輔導、親職教育輔導及其他輔導，並得命相對人接受有無必要施以其他處遇計畫之鑑定；直轄市、縣（市）主管機關得於法院裁定前，對處遇計畫之實施方式提出建議。

④第一項第十款之裁定應載明處遇計畫完成期限。

第一五條 104

①通常保護令之有效期間為二年以下，自核發時起生效。

②通常保護令失效前，法院得依當事人或被害人之聲請撤銷、變更或延長之。延長保護令之聲請，每次延長期間為二年以下。

③檢察官、警察機關或直轄市、縣（市）主管機關得為前項延長保護令之聲請。

④通常保護令所定之命令，於期間屆滿前經法院另為裁判確定者，該命令失其效力。

第一六條 104

①法院核發暫時保護令或緊急保護令，得不經審理程序。

②法院為保護被害人，得於通常保護令審理終結前，依聲請或依職權核發暫時保護令。

③法院核發暫時保護令或緊急保護令時，得依聲請或依職權核發第十四條第一項第一款至第六款、第十二款及第十三款之命令。

④法院於受理緊急保護令之聲請後，依聲請人到庭或電話陳述家庭暴力之事實，足認被害人有受家庭暴力之急迫危險者，應於四小時內以書面核發緊急保護令，並以電信傳真或其他科技設備傳送緊急保護令予警察機關。

⑤聲請人於聲請通常保護令前聲請暫時保護令或緊急保護令，其經法院准許核發者，視為已有通常保護令之聲請。

⑥暫時保護令、緊急保護令自核發時起生效，於聲請人撤回通常保護令之聲請、法院審理終結核發通常保護令或駁回聲請時失其效力。

⑦暫時保護令、緊急保護令失效前，法院得依當事人或被害人之聲請或依職權撤銷或變更之。

第一七條 104

法院對相對人核發第十四條第一項第三款及第四款之保護令，不因被害人、目睹家庭暴力兒童及少年或其特定家庭成員同意相對人不遷出或不遠離而失其效力。

第一八條

①保護令除緊急保護令外，應於核發後二十四小時內發送當事人、被害人、警察機關及直轄市、縣（市）主管機關。

②直轄市、縣（市）主管機關應登錄法院所核發之保護令，並供司法及其他執行保護令之機關查閱。

第一九條 104

①法院應提供被害人或證人安全出庭之環境與措施。

②直轄市、縣（市）主管機關應於所在地方法院自行或委託民間

團體設置家庭暴力事件服務處所，法院應提供場所、必要之軟硬體設備及其他相關協助。但離島法院有礙難情形者，不在此限。

③前項地方法院，於設有少年及家事法院地區，指少年及家事法院。

第二〇條 104

①保護令之程序，除本章別有規定外，適用家事事件法有關規定。

②關於保護令之裁定，除有特別規定者外，得爲抗告；抗告中不停止執行。

第二節 執行

第二一條

①保護令核發後，當事人及相關機關應確實遵守，並依下列規定辦理：

一 不動產之禁止使用、收益或處分行爲及金錢給付之保護令，得爲強制執行名義，由被害人依強制執行法聲請法院強制執行，並暫免徵收執行費。

二 於直轄市、縣（市）主管機關所設處所爲未成年子女會面交往，及由直轄市、縣（市）主管機關或其所屬人員監督未成年子女會面交往之保護令，由相對人向直轄市、縣（市）主管機關申請執行。

三 完成加害人處遇計畫之保護令，由直轄市、縣（市）主管機關執行之。

四 禁止查閱相關資訊之保護令，由被害人向相關機關申請執行。

五 其他保護令之執行，由警察機關爲之。

②前項第二款及第三款之執行，必要時得請求警察機關協助之。

第二二條

①警察機關應依保護令，保護被害人至被害人或相對人之住居所，確保其安全占有住居所、汽車、機車或其他個人生活上、職業上或教育上必需品。

②前項汽車、機車或其他個人生活上、職業上或教育上必需品，相對人應依保護令交付而未交付者，警察機關得依被害人之請求，進入住宅、建築物或其他標的物所在處所解除相對人之占有或扣留取交被害人。

第二三條

①前條所定必需品，相對人應一併交付有關證照、書據、印章或其他憑證而未交付者，警察機關得將之取交被害人。

②前項憑證取交無著時，其屬被害人所有者，被害人得向相關主管機關申請變更、註銷或補行發給；其屬相對人所有而爲行政機關製發者，被害人得請求原核發機關發給保護令有效期間之代用憑證。

第二四條

義務人不依保護令交付未成年子女時，權利人得聲請警察機關限期命義務人交付，屆期未交付者，命交付未成年子女之保護令得為強制執行名義，由權利人聲請法院強制執行，並暫免徵收執行費。

第二五條

義務人不依保護令之內容辦理未成年子女之會面交往時，執行機關或權利人得依前條規定辦理，並得向法院聲請變更保護令。

第二六條

當事人之一方依第十四條第一項第六款規定取得暫時對未成年子女權利義務之行使或負擔者，得持保護令逕向戶政機關申請未成年子女戶籍遷徙登記。

第二七條

①當事人或利害關係人對於執行保護令之方法、應遵行之程序或其他侵害利益之情事，得於執行程序終結前，向執行機關聲明異議。

②前項聲明異議，執行機關認其有理由者，應即停止執行並撤銷或更正已為之執行行為；認其無理由者，應於十日內加具意見，送原核發保護令之法院裁定之。

③對於前項法院之裁定，不得抗告。

第二八條

①外國法院關於家庭暴力之保護令，經聲請中華民國法院裁定承認後，得執行之。

②當事人聲請法院承認之外國法院關於家庭暴力之保護令，有民事訴訟法第四百零二條第一項第一款至第三款所列情形之一者，法院應駁回其聲請。

③外國法院關於家庭暴力之保護令，其核發地國對於中華民國法院之保護令不予承認者，法院得駁回其聲請。

第三章　刑事程序

第二九條

①警察人員發現家庭暴力罪之現行犯時，應逕行逮捕之，並依刑事訴訟法第九十二條規定處理。

②檢察官、司法警察官或司法警察偵查犯罪認被告或犯罪嫌疑人犯家庭暴力罪或違反保護令罪嫌疑重大，且有繼續侵害家庭成員生命、身體或自由之危險，而情況急迫者，得逕行拘提之。

③前項拘提，由檢察官親自執行時，得不用拘票；由司法警察官或司法警察執行時，以其急迫情形不及報請檢察官者為限，於執行後，應即報請檢察官簽發拘票。如檢察官不簽發拘票時，應即將被拘提人釋放。

第三〇條

檢察官、司法警察官或司法警察依前條第二項、第三項規定逕行拘提或簽發拘票時，應審酌一切情狀，尤應注意下列事項：

一 被告或犯罪嫌疑人之暴力行為已造成被害人身體或精神上傷害或騷擾，不立即隔離者，被害人或其家庭成員生命、身體或自由有遭受侵害之危險。

二 被告或犯罪嫌疑人有長期連續實施家庭暴力或有違反保護令之行為、酗酒、施用毒品或濫用藥物之習慣。

三 被告或犯罪嫌疑人有利用兇器或其他危險物品恐嚇或施暴行於被害人之紀錄，被害人有再度遭受侵害之虞者。

四 被害人為兒童、少年、老人、身心障礙或具有其他無法保護自身安全之情形。

第三〇條之一 104

被告經法官訊問後，認為犯違反保護令者、家庭成員間故意實施家庭暴力行為而成立之罪，其嫌疑重大，有事實足認為有反覆實行前開犯罪之虞，而有羈押之必要者，得羈押之。

第三一條 104

①家庭暴力罪或違反保護令罪之被告經檢察官或法院訊問後，認無羈押之必要，而命具保、責付、限制住居或釋放者，對被害人、目睹家庭暴力兒童及少年或其特定家庭成員得附下列一款或數款條件命被告遵守：

一 禁止實施家庭暴力。

二 禁止為騷擾、接觸、跟蹤、通話、通信或其他非必要之聯絡行為。

三 遷出住居所。

四 命相對人遠離其住居所、學校、工作場所或其他經常出入之特定場所特定距離。

五 其他保護安全之事項。

②前項所附條件有效期間自具保、責付、限制住居或釋放時起生效，至刑事訴訟終結時為止，最長不得逾一年。

③檢察官或法院得依當事人之聲請或依職權撤銷或變更依第一項規定所附之條件。

第三二條 104

①被告違反檢察官或法院依前條第一項規定所附之條件者，檢察官或法院得撤銷原處分，另為適當之處分；如有繳納保證金者，並得沒入其保證金。

②被告違反檢察官或法院依前條第一項第一款所定應遵守之條件，犯罪嫌疑重大，且有事實足認被告有反覆實施家庭暴力行為之虞，而有羈押之必要者，偵查中檢察官得聲請法院羈押之；審判中法院得命羈押之。

第三三條

①第三十一條及前條第一項規定，於羈押中之被告，經法院裁定停止羈押者，準用之。

②停止羈押之被告違反法院依前項規定所附之條件者，法院於認有羈押必要時，得命再執行羈押。

第三四條 104

檢察官或法院爲第三十一條第一項及前條第一項之附條件處分或裁定時，應以書面爲之，並送達於被告、被害人及被害人住居所所在地之警察機關。

第三四條之一 104

①法院或檢察署有下列情形之一，應即時通知被害人所在地之警察機關及家庭暴力防治中心：

一 家庭暴力罪或違反保護令罪之被告解送法院或檢察署經檢察官或法官訊問後，認無羈押之必要，而命具保、責付、限制住居或釋放者。

二 羈押中之被告，經法院撤銷或停止羈押者。

②警察機關及家庭暴力防治中心於接獲通知後，應立即通知被害人或其家庭成員。

③前二項通知應於被告釋放前通知，且得以言詞、電信傳眞或其他科技設備傳送之方式通知。但被害人或其家庭成員所在不明或通知顯有困難者，不在此限。

第三五條

警察人員發現被告違反檢察官或法院依第三十一條第一項、第三十三條第一項規定所附之條件者，應即報告檢察官或法院。第二十九條規定，於本條情形，準用之。

第三六條 104

①對被害人之訊問或詰問，得依聲請或依職權在法庭外爲之，或採取適當隔離措施。

②警察機關於詢問被害人時，得採取適當之保護及隔離措施。

第三六條之一 104

①被害人於偵查中受訊問時，得自行指定其親屬、醫師、心理師、輔導人員或社工人員陪同在場，該陪同人並得陳述意見。

②被害人前項之請求，檢察官除認其在場有妨礙偵查之虞者，不得拒絕之。

③陪同人之席位應設於被害人旁。

第三六條之二 104

被害人受訊問前，檢察官應告知被害人得自行選任符合第三十六條之一資格之人陪同在場。

第三七條 104

對於家庭暴力罪或違反保護令罪案件所爲之起訴書、聲請簡易判決處刑書、不起訴處分書、緩起訴處分書、撤銷緩起訴處分書、裁定書或判決書，應送達於被害人。

第三八條 104

①犯家庭暴力罪或違反保護令罪而受緩刑之宣告者，在緩刑期內應付保護管束。

②法院爲前項緩刑宣告時，除顯無必要者外，應命被告於付緩刑保護管束期間內，遵守下列一款或數款事項：

一 禁止實施家庭暴力。

二 禁止對被害人、目睹家庭暴力兒童及少年或其特定家庭成員
　　為騷擾、接觸、跟蹤、通話、通信或其他非必要之聯絡行
　　為。

三 遷出被害人、目睹家庭暴力兒童及少年或其特定家庭成員之
　　住居所。

四 命相對人遠離下列場所特定距離：被害人、目睹家庭暴力兒
　　童及少年或其特定家庭成員之住居所、學校、工作場所或其
　　他經常出入之特定場所。

五 完成加害人處遇計畫。

六 其他保護被害人、目睹家庭暴力兒童及少年或其特定家庭成
　　員安全之事項。

③法院依前項第五款規定，命被告完成加害人處遇計畫前，得準用
第十四條第三項規定。

④法院為第一項之緩刑宣告時，應即通知被害人及其住居所所在地
之警察機關。

⑤受保護管束人違反第二項保護管束事項情節重大者，撤銷其緩刑
之宣告。

第三九條

前條規定，於受刑人經假釋出獄付保護管束者，準用之。

第四〇條

檢察官或法院依第三十一條第一項、第三十三條第一項、第
三十八條第二項或前條規定所附之條件，得通知直轄市、縣
（市）主管機關或警察機關執行之。

第四一條

①法務部應訂定並執行家庭暴力罪或違反保護令罪受刑人之處遇計
畫。

②前項計畫之訂定及執行之相關人員，應接受家庭暴力防治教育及
訓練。

第四二條 104

①矯正機關應將家庭暴力罪或違反保護令罪受刑人預定出獄之日期
通知被害人、其住居所所在地之警察機關及家庭暴力防治中心。
但被害人之所在不明者，不在此限。

②受刑人如有脫逃之事實，矯正機關應立即為前項之通知。

第四章　父母子女

第四三條

法院依法為未成年子女酌定或改定權利義務之行使或負擔之人
時，對已發生家庭暴力者，推定由加害人行使或負擔權利義務不
利於該子女。

第四四條

法院依法為未成年子女酌定或改定權利義務之行使或負擔之人或

會面交往之裁判後，發生家庭暴力者，法院得依被害人、未成年子女、直轄市、縣（市）主管機關、社會福利機構或其他利害關係人之請求，爲子女之最佳利益改定之。

第四五條

① 法院依法准許家庭暴力加害人會面交往其未成年子女時，應審酌子女及被害人之安全，並得爲下列一款或數款命令：

一　於特定安全場所交付子女。

二　由第三人或機關、團體監督會面交往，並得定會面交往時應遵守之事項。

三　完成加害人處遇計畫或其他特定輔導爲會面交往條件。

四　負擔監督會面交往費用。

五　禁止過夜會面交往。

六　準時、安全交還子女，並繳納保證金。

七　其他保護子女、被害人或其他家庭成員安全之條件。

② 法院如認有違背前項命令之情形，或准許會面交往無法確保被害人或其子女之安全者，得依聲請或依職權禁止之。如違背前項第六款命令，並得沒入保證金。

③ 法院於必要時，得命有關機關或有關人員保密被害人或子女住居所。

第四六條

① 直轄市、縣（市）主管機關應設未成年子女會面交往處所或委託其他機關（構）、團體辦理。

② 前項處所，應有受過家庭暴力安全及防制訓練之人員；其設置、監督會面交往與交付子女之執行及收費規定，由直轄市、縣（市）主管機關定之。

第四七條

法院於訴訟或調解程序中如認爲有家庭暴力之情事時，不得進行和解或調解。但有下列情形之一者，不在此限：

一　行和解或調解之人曾受家庭暴力防治之訓練並以確保被害人安全之方式進行和解或調解。

二　准許被害人選定輔助人參與和解或調解。

三　其他行和解或調解之人認爲能使被害人免受加害人脅迫之程序。

第五章　預防及處遇

第四八條 104

① 警察人員處理家庭暴力案件，必要時應採取下列方法保護被害人及防止家庭暴力之發生：

一　於法院核發緊急保護令前，在被害人住居所守護或採取其他保護被害人或其家庭成員之必要安全措施。

二　保護被害人及其子女至庇護所或醫療機構。

三　告知被害人其得行使之權利、救濟途徑及服務措施。

四 查訪並告誡相對人。

五 訪查被害人及其家庭成員，並提供必要之安全措施。

②警察人員處理家庭暴力案件，應製作書面紀錄；其格式，由中央警政主管機關定之。

第四九條 104

醫事人員、社會工作人員、教育人員及保育人員為防治家庭暴力行為或保護家庭暴力被害人之權益，有受到身體或精神上不法侵害之虞者，得請求警察機關提供必要之協助。

第五〇條 104

①醫事人員、社會工作人員、教育人員、保育人員、警察人員、移民業務人員及其他執行家庭暴力防治人員，在執行職務時知有疑似家庭暴力，應立即通報當地主管機關，至遲不得逾二十四小時。

②前項通報之方式及內容，由中央主管機關定之；通報人之身分資料，應予保密。

③主管機關接獲通報後，應即行處理，並評估有無兒童及少年目睹家庭暴力之情事；必要時得自行或委請其他機關（構）、團體進行訪視、調查。

④主管機關或受其委請之機關（構）或團體進行訪視、調查時，得請求警察機關、醫療（事）機構、學校、公寓大廈管理委員會或其他相關機關（構）協助，被請求者應予配合。

第五〇條之一 104

宣傳品、出版品、廣播、電視、網際網路或其他媒體，不得報導或記載被害人及其未成年子女之姓名，或其他足以識別被害人及其未成年子女身分之資訊。但經有行為能力之被害人同意、犯罪偵查機關或司法機關依法認為有必要者，不在此限。

第五一條

直轄市、縣（市）主管機關對於撥打依第八條第一項第一款設置之二十四小時電話專線者，於下列情形之一時，得追查其電話號碼及地址：

一 為免除當事人之生命、身體、自由或財產上之急迫危險。

二 為防止他人權益遭受重大危害而有必要。

三 無正當理由撥打專線電話，致妨害公務執行。

四 其他為增進公共利益或防止危害發生。

第五二條

醫療機構對於家庭暴力之被害人，不得無故拒絕診療及開立驗傷診斷書。

第五三條

衛生主管機關應擬訂及推廣有關家庭暴力防治之衛生教育宣導計畫。

第五四條

①中央衛生主管機關應訂定家庭暴力加害人處遇計畫規範；其內容

包括下列各款：

一　處遇計畫之評估標準。

二　司法機關、家庭暴力被害人保護計畫之執行機關（構）、加害人處遇計畫之執行機關（構）間之連繫及評估制度。

三　執行機關（構）之資格。

②中央衛生主管機關應會同相關機關負責家庭暴力加害人處遇計畫之推動、發展、協調、督導及其他相關事宜。

第五五條

①加害人處遇計畫之執行機關（構）得為下列事項：

一　將加害人接受處遇情事告知司法機關、被害人及其辯護人。

二　調閱加害人在其他機關之處遇資料。

三　將加害人之資料告知司法機關、監獄監務委員會、家庭暴力防治中心及其他有關機構。

②加害人有不接受處遇計畫、接受時數不足或不遵守處遇計畫內容及恐嚇、施暴等行為時，加害人處遇計畫之執行機關（構）應告知直轄市、縣（市）主管機關；必要時並得通知直轄市、縣（市）主管機關協調處理。

第五六條 110

①直轄市、縣（市）主管機關應製作家庭暴力被害人權益、救濟及服務之書面資料，供被害人取閱，並提供醫療機構及警察機關使用。

②醫事人員執行業務時，知悉其病人為家庭暴力被害人時，應將前項資料交付病人。

③第一項資料，不得記明庇護所之地址。

第五七條

①直轄市、縣（市）主管機關應提供醫療機構、公、私立國民小學及戶政機關家庭暴力防治之相關資料，俾醫療機構、公、私立國民小學及戶政機關將該相關資料提供新生兒之父母、辦理小學新生註冊之父母、辦理結婚登記之新婚夫妻及辦理出生登記之人。

②前項資料內容應包括家庭暴力對於子女及家庭之影響及家庭暴力之防治服務。

第五八條 110

①直轄市、縣（市）主管機關得核發家庭暴力被害人下列補助：

一　緊急生活扶助費用。

二　非屬全民健康保險給付範圍之醫療費用及身心治療、諮商與輔導費用。

三　訴訟費用及律師費用。

四　安置費用、房屋租金費用。

五　子女教育、生活費用及兒童托育費用。

六　其他必要費用。

②第一項第一款、第二款規定，於目睹家庭暴力兒童及少年，準用之。

③第一項補助對象、條件及金額等事項規定，由直轄市、縣（市）主管機關定之。

④家庭暴力被害人爲成年人者，得申請創業貸款；其申請資格、程序、利息補助金額、名額、期限及其他相關事項之辦法，由中央目的事業主管機關定之。

⑤爲辦理第一項及第四項補助業務所需之必要資料，主管機關得洽請相關機關（構）、團體、法人或個人提供之，受請求者不得拒絕。

⑥主管機關依前項規定所取得之資料，應盡善良管理人之注意義務，確實辦理資訊安全稽核作業；其保有、處理及利用，並應遵循個人資料保護法之規定。

第五八條之一 104

①對於具就業意願而就業能力不足之家庭暴力被害人，勞工主管機關應提供預備性就業或支持性就業服務。

②前項預備性就業或支持性就業服務相關辦法，由勞工主管機關定之。

第五九條 104

①社會行政主管機關應辦理社會工作人員、居家式托育服務提供者、托育人員、保育人員及其他相關社會行政人員防治家庭暴力在職教育。

②警政主管機關應辦理警察人員防治家庭暴力在職教育。

③司法院及法務部應辦理相關司法人員防治家庭暴力在職教育。

④衛生主管機關應辦理或督促相關醫療團體辦理醫護人員防治家庭暴力在職教育。

⑤教育主管機關應辦理學校、幼兒園之輔導人員、行政人員、教師、教保服務人員及學生防治家庭暴力在職教育及學校教育。

⑥移民主管機關應辦理移民業務人員防治家庭暴力在職教育。

第六〇條 104

高級中等以下學校每學年應有四小時以上之家庭暴力防治課程。但得於總時數不變下，彈性安排於各學年實施。

第六章 罰 則

第六一條

違反法院依第十四條第一項、第十六條第三項所爲之下列裁定者，爲本法所稱違反保護令罪，處三年以下有期徒刑、拘役或科或併科新臺幣十萬元以下罰金：

一 禁止實施家庭暴力。

二 禁止騷擾、接觸、跟蹤、通話、通信或其他非必要之聯絡行爲。

三 遷出住居所。

四 遠離住居所、工作場所、學校或其他特定場所。

五 完成加害人處遇計畫。

第六一條之一 104

①廣播、電視事業違反第五十條之一規定者，由目的事業主管機關處新臺幣三萬元以上十五萬元以下罰鍰，並命其限期改正；屆期未改正者，得按次處罰。

②前項以外之宣傳品、出版品、網際網路或其他媒體之負責人違反第五十條之一規定者，由目的事業主管機關處新臺幣三萬元以上十五萬元以下罰鍰，並得沒入第五十條之一規定之物品、命其限期移除內容、下架或其他必要之處置；屆期不履行者，得按次處罰至履行為止。但被害人死亡，經目的事業主管機關衡酌社會公益，認有報導之必要者，不罰。

③宣傳品、出版品、網際網路或其他媒體無負責人或負責人對行為人之行為不具監督關係者，第二項所定之罰鍰，處罰行為人。

第六二條

①違反第五十條第一項規定者，由直轄市、縣（市）主管機關處新臺幣六千元以上三萬元以下罰鍰。但醫事人員為避免被害人身體緊急危難而違反者，不罰。

②違反第五十二條規定者，由直轄市、縣（市）主管機關處新臺幣六千元以上三萬元以下罰鍰。

第六三條

違反第五十一條第三款規定，經勸阻不聽者，直轄市、縣（市）主管機關得處新臺幣三千元以上一萬五千元以下罰鍰。

第六三條之一 104

①被害人年滿十六歲，遭受現有或曾有親密關係之未同居伴侶施以身體或精神上不法侵害之情事者，準用第九條至第十三條、第十四條第一項第一款、第二款、第四款、第九款至第十三款、第三項、第四項、第十五條至第二十條、第二十一條第一項第一款、第三款至第五款、第二項、第二十七條、第二十八條、第四十八條、第五十條之一、第五十二條、第五十四條、第五十五條及第六十一條之規定。

②前項所稱親密關係伴侶，指雙方以情感或性行為為基礎，發展親密之社會互動關係。

③本條自公布後一年施行。

第七章 附 則

第六四條

行政機關執行保護令及處理家庭暴力案件辦法，由中央主管機關定之。

第六五條

本法施行細則，由中央主管機關定之。

第六六條

本法自公布日施行。

家庭暴力防治法施行細則

①民國88年6月22日內政部令訂定發布全文19條；並自發布日施行。
②民國96年10月2日內政部令修正發布全文23條；並自發布日施行。
③民國104年7月29日衛生福利部令修正發布全文25條；並自發布日施行。
④民國110年5月27日衛生福利部令修正發布第20條條文。

第一條

本細則依家庭暴力防治法（以下簡稱本法）第六十五條規定訂定之。

第二條

本法第二條第一款所定經濟上之騷擾、控制、脅迫或其他不法侵害之行為，包括下列足以使被害人畏懼或痛苦之舉動或行為：

一　過度控制家庭財務、拒絕或阻礙被害人工作等方式。

二　透過強迫借貸、強迫擔任保證人或強迫被害人就現金、有價證券與其他動產及不動產為交付、所有權移轉、設定負擔及限制使用收益等方式。

三　其他經濟上之騷擾、控制、脅迫或其他不法侵害之行為。

第三條

直轄市、縣（市）主管機關家庭暴力防治中心每半年應邀集當地警政、教育、衛生、社政、民政、戶政、司法、勞工、新聞、移民等相關機關辦理業務協調會報，研議辦理本法第八條第一項各款措施相關事宜；必要時，得召開臨時會議。

第四條

檢察官、警察機關或直轄市、縣（市）主管機關依本法第十二條第一項但書規定聲請緊急保護令時，應考量被害人有無遭受相對人虐待、威嚇、傷害或其他身體上、精神上或經濟上不法侵害之現時危險，或如不核發緊急保護令，將導致無法回復之損害等情形。

第五條

①依本法第十二條第一項前段規定以書面聲請保護令者，應記載下列事項：

一　聲請人之姓名、性別、出生年月日、國民身分證統一編號、住居所或送達處所及與被害人之關係；聲請人為法人、機關或其他團體者，其名稱及公務所、事務所或營業所。

二　被害人非聲請人者，其姓名、性別、出生年月日、住居所或

送達處所。

三　相對人之姓名、性別、出生年月日、住居所或送達處所及與被害人之關係。

四　有代理人者，其姓名、性別、出生年月日、住居所或事務所、營業所。

五　聲請之意旨及其原因、事實。

六　供證明或釋明用之證據。

七　附件及其件數。

八　法院。

九　年、月、日。

②聲請人知悉被害人、相對人、代理人之國民身分證統一編號者，宜併於聲請狀記載。

第六條

檢察官、警察機關或直轄市、縣（市）主管機關依本法第十二條第一項但書規定，以言詞、電信傳真或其他科技設備傳送之方式聲請緊急保護令時，應表明前條各款事項，除有特殊情形外，並應以法院之專線爲之。

第七條

本法第十二條第一項但書規定所稱夜間，爲日出前，日沒後；所稱休息日，爲星期例假日、應放假之紀念日及其他由中央人事主管機關規定應放假之日。

第八條

法院受理本法第十二條第一項但書規定緊急保護令聲請之事件，如認現有資料無法審認被害人有受家庭暴力之急迫危險者，得請警察人員及其他相關人員協助調查。

第九條

法院受理本法第十二條第一項但書規定緊急保護令聲請之事件，得令聲請人、前條協助調查人到庭或電話陳述家庭暴力之事實，相關人員不得拒絕。

第一〇條

①本法第十九條第一項所定提供被害人或證人安全出庭之環境及措施，包括下列事項之全部或一部：

一　提供視訊或單面鏡審理空間。

二　規劃或安排其到庭時使用不同之入出路線。

三　其他相關措施。

②被害人或證人出庭時，需法院提供前項措施者，於開庭前或開庭時，向法院陳明。

第一一條

①被害人依本法第二十一條第一項第一款規定，向執行標的物所在地法院聲請強制執行時，應持保護令正本，並以書狀表明下列各款事項：

一　當事人或其代理人。

二　請求實現之權利。

②書狀內宜記載執行之標的物、應為之執行行為或強制執行法所定其他事項。

③第一項暫免徵收之執行費，執行法院得於強制執行所得金額之範圍內，予以優先扣繳受償。

④未能依前項規定受償之執行費，執行法院得於執行完畢後，以裁定確定其數額及應負擔者，並將裁定正本送達債權人及債務人。

第一二條

被害人依本法第二十一條第一項第四款規定，申請執行本法第十四條第一項第十二款保護令，應向下列機關、學校提出：

一　任一戶政事務所：申請執行禁止相對人查閱被害人及受其暫時監護未成年子女戶籍相關資訊之保護令。

二　學籍所在學校：申請執行禁止相對人查閱被害人及受其暫時監護未成年子女學籍相關資訊之保護令。

三　各地區國稅局：申請執行禁止相對人查閱被害人及受其暫時監護未成年子女所得來源相關資訊之保護令。

第一三條

本法第二十四條所稱權利人，指由法院依本法第十四條第一項第六款所定暫時對未成年子女行使或負擔權利義務之一方；所稱義務人，指依本法第十四條第一項第六款規定應交付子女予權利人者。

第一四條

本法第二十五條所稱權利人、義務人，定義如下：

一　於每次子女會面交往執行前：

　㈠權利人：指本法第十四條第一項第七款規定申請執行子女會面交往者。

　㈡義務人：指由法院依本法第十四條第一項第六款所定暫時對未成年子女行使或負擔權利義務之一方。

二　於每次子女會面交往執行後：

　㈠權利人：指由法院依本法第十四條第一項第六款所定暫時對未成年子女行使或負擔權利義務之一方。

　㈡義務人：指依本法第十四條第一項第七款規定申請執行子女會面交往者。

第一五條

權利人依本法第二十四條或第二十五條規定，向應為執行行為地之法院聲請強制執行時，除依第十一條之規定辦理外，聲請時並應提出曾向警察機關或直轄市、縣（市）主管機關聲請限期履行未果之證明文件。

第一六條

①當事人或利害關係人依本法第二十七條第一項規定，向執行機關聲明異議者，應以書面或言詞提出；其以言詞為之者，受理之人員或單位應作成紀錄，經向聲明異議者朗讀或使閱覽，確認其內

容無誤後，由其簽名或蓋章。

②聲明異議之書面內容或言詞作成之紀錄，應載明異議人之姓名及異議事由；其由利害關係人為之者，並應載明其利害關係。

第一七條

本法第三十一條第二項所稱刑事訴訟終結時，指下列情形：

一　案件經檢察官為不起訴處分或緩起訴處分者，至該處分確定時。

二　案件經檢察官提起公訴或聲請簡易判決處刑者，至該案件經法院判決確定時。

第一八條

警察人員依本法第三十五條規定報告檢察官及法院時，應以書面為之，並檢具事證及其他相關資料。但情況急迫者，得以言詞、電信傳真或其他科技設備傳送之方式報告。

第一九條

家庭暴力罪及違反保護令罪之告訴人，依刑事訴訟法第二百三十六條之一第一項或第二百七十一條之一第一項規定委任代理人到場者，應提出委任書狀。

第二〇條 110

警察人員發現受保護管束人違反本法第三十八條第二項於保護管束期間應遵守之事項時，應檢具事證，報告受保護管束人戶籍地或住居所地之地方檢察署檢察官。

第二一條

①本法第五十條第二項通報方式，應以電信傳真或其他科技設備傳送；情況緊急時，得先以言詞、電話通訊方式通報，並於通報後二十四小時內補送通報表。

②前項通報表內容，包括通報人、被害人、相對人之基本資料、具體受暴事實及相關協助等事項。

第二二條

本法第五十條之一所定其他足以識別被害人及其未成年子女身分之資訊，包括被害人及其未成年子女之照片、影像、聲音、住居所、就讀學校與班級、工作場所、親屬姓名或與其之關係等個人基本資料。

第二三條

本法第五十八條所定直轄市、縣（市）主管機關，為被害人戶籍地之直轄市、縣（市）主管機關。

第二四條

本法第六十三條之一第二項所定親密關係伴侶，得參酌下列因素認定之：

一　雙方關係之本質。

二　雙方關係之持續時間。

三　雙方互動之頻率。

四　性行為之有無及頻率。

五　其他足以認定有親密關係之事實。

第二五條

本細則自發布日施行。

法院辦理家庭暴力案件應行注意事項

①民國88年6月17日司法院函訂定發布全文2點。
②民國94年1月20日司法院函修正發布壹、丙第17點。
③民國96年11月14日司法院函修正發布全文26點。
④民國99年11月25日司法院函修正發布第4、11、14、22、26點。
⑤民國101年4月24日司法院函修正發布全文30點；並自101年6月1日施行。
⑥民國104年2月6日司法院函修正發布全文39點；並自即日起生效。
⑦民國107年3月8日司法院函修正發布第15、34點；並自即日生效。

一　家庭暴力防治法（以下簡稱本法）所稱精神或經濟上之騷擾、控制、脅迫或其他不法侵害之行為，包括下列足以使被害人畏懼、心生痛苦或惡性傷害其自尊及自我意識之舉動或行為：

　(一)言詞攻擊：以言詞、語氣脅迫、恐嚇，企圖控制被害人，例如謾罵、吼叫、侮辱、諷刺、恫嚇、威脅傷害被害人或其親人、揚言使用暴力、威脅再也見不到小孩等。

　(二)心理或情緒虐待：以竊聽、跟蹤、監視、持續電話騷擾、冷漠、孤立、鄙視、羞辱、不實指控、破壞物品、試圖操縱被害人或嚴重干擾其生活等。

　(三)性騷擾：如開黃腔、強迫性幻想或特別性活動、逼迫觀看性活動、展示或提供色情影片或圖片等。

　(四)經濟控制：如不給生活費、過度控制家庭財務、被迫交出工作收入、強迫擔任保證人、強迫借貸等。

二　本法所稱目睹家庭暴力兒童及少年，係指實際看見或直接聽聞家庭暴力之兒童及少年。

三　法院處理保護令事件及其他涉及家庭暴力之案件，法官或其他經法院授權人員，得透過法務部「單一登錄窗口」對外連結查詢資料中之「家暴及性侵害資訊連結作業」系統，查詢家庭暴力電子資料庫。

四　本法保護令款項有關禁止施暴之保護對象擴及於目睹家庭暴力之兒童及少年，禁止騷擾、遷出被害人住居所、遠離特定場所等命令之保護對象擴及於特定家庭成員及目睹家庭暴力的兒童及少年。

　通常保護令，由法院經審理程序後以終局裁定核發之。

　法院核發暫時保護令、緊急保護令，得不經審理程序，並得於通常保護令審理終結前，依聲請或依職權核發暫時保護

令。

前二項規定，於法院依中華民國一百零五年二月四日施行之本法第六十三條之一第一項核發民事保護令時準用之。

五　保護令事件之聲請人不以被害人為限，檢察官、警察機關或直轄市、縣（市）主管機關均得提出聲請。但依本法第十二條第一項但書規定聲請緊急保護令者，限檢察官、警察機關或直轄市、縣（市）主管機關始得為之，被害人不得聲請，其法定代理人、委任代理人、程序監理人、三親等以內之血親或姻親，亦同。

六　被害人為未成年或受監護宣告之身心障礙者，其本人得向法院聲請通常保護令及暫時保護令；其法定代理人、程序監理人、三親等以內之血親或姻親亦得為其聲請之；以本人名義為之時，除其法定代理人為相對人外，宜由法定代理人代理聲請。

被害人為身心障礙之成年人而未受監護宣告者，其本人得向法院聲請通常保護令及暫時保護令；其程序監理人、三親等以內之血親或姻親亦得為其聲請之。

成年之被害人因故難以委任代理人者，亦得由其三親等以內之血親或姻親為聲請人；因故難以委任代理人之情形，宜斟酌下列情狀定之：

㈠被害人之身體狀況。

㈡被害人之精神狀況。

㈢被害人當時之處境。

㈣有家事事件法第十五條第一項及第二項得選任程序監理人之情形。

七　保護令之聲請，原則上應以書面在上班時間為之。但被害人有受家庭暴力之急迫危險情形，檢察官、警察機關、直轄市、縣（市）主管機關得以言詞、電信傳真或其他科技設備傳送方式聲請核發緊急保護令，並得於夜間或休息日為之。

八　地方（少年及家事）法院應設專線，供檢察官、警察機關或直轄市、縣（市）主管機關依本法第十二條第一項但書聲請緊急保護令之用；專線於上班時間接至家事（少年及家事）紀錄科，非上班時間接至法警室或法官寓所。

法院收受電信傳真方式之聲請書狀後，應即以電話向聲請人查證，並得以詢問司法院每三個月發布保密代碼之方式查證之。

法院收受聲請書狀後，如發現頁數不全或其他缺漏不明，得以電話或電信傳真方式通知聲請人補正。

上班時間法院人員依前項規定處理後，應即在聲請書狀文面加蓋機關全銜之收文章，註明頁數、時間及加蓋騎縫章，並完成收文程序後，即送承辦法官或司法事務官辦理。非上班時間應由法官在聲請書狀上載明收受時間後即刻辦理，或先

由法警在書狀上載明收受時間，即刻送請法官辦理；並均於次一上班之日中午前，將聲請書狀送法院收發室處理。

九　緊急保護令之聲請，法院應於受理後四小時內處理完畢；書記官應儘速於辦案進行簿登錄「緊急保護令事件紀錄表」並報結。

一〇　定法院之管轄，以事件受理時爲準。

保護令聲請人或被害人要求保密被害人之住居所者，法院爲定管轄權有調查被害人住居所之必要時，應單獨訊問聲請人或被害人，並由書記官將該筆錄及資料密封，不准閱覽；法官或檢察官因必要而閱覽時，應於拆閱後再行密封。

前項規定，於家庭暴力通報人身分資訊之保密準用之。

一一　法院准許核發暫時保護令或緊急保護令後，視爲聲請人已有通常保護令之聲請，法院應即通知兩造進行審理程序。

前項視爲已有通常保護令聲請之情形，原則上應由原核發暫時保護令或緊急保護令之法官繼續審理。

一二　法院對於保護令之聲請事件，在指定審理期日前，應先依據書狀審查其是否合法；如認有不合法之情形，而可以補正者，應速定期間命其補正。

一三　法院受理暫時保護令或緊急保護令之聲請，如聲請人能釋明有正當、合理之理由足認已發生家庭暴力事件，而被害人有繼續受相對人虐待、威嚇、傷害或其他身體上、精神及經濟上不法侵害之危險，或如不暫時核發保護令將導致無法回復之損害者，得不通知相對人或不經審理程序，逕以書面核發暫時保護令或緊急保護令；法官依本法第十六條第二項依職權核發暫時保護令者，亦同。

一四　保護令事件之審理程序不公開，法院得依職權調查一切可能影響裁定之事實及證據，亦得聽取直轄市、縣（市）主管機關或社會福利機構之意見，或考量非由當事人所提出，而以其他方式所獲知之事實，並得訊問當事人、警察人員、知悉事件始末之人或其他關係人或令其陳述意見，必要時得行隔別訊問。

法院調查事實及證據時，如以文書爲之者，得斟酌情形以密件爲之。

一五　家庭暴力被害人與相對人應受送達處所同一者，應送達於被害人之家事事件司法文書應分別送達，並於信封上註明不得互爲代收、限本人親收，或不得由○○○（相對人姓名）或其受僱人、同居人代收等文字。

法院處理保護令或其他家事事件，須通知被害人（包括其爲當事人、聲請人或關係人情形）出庭時，應併送達「涉及家庭暴力被害人詢問通知書」（附件一）。

被害人無法送達時，除命他造查址及提供最新戶籍資料

外，必要時，得向「家暴及性侵害資訊連結作業」系統、各直轄市、縣（市）政府（家庭暴力及性侵害防治中心）查詢；其為新移民者，並得向內政部移民署查詢。

一六 保護令事件之聲請人得委任代理人到場。但聲請人為被害人者，法院認為必要時得命本人到場，並得依家事事件法相關規定為其選任程序監理人。

一七 訊問被害人應以懇切態度耐心為之，尤應體察其陳述能力不及常人或成年人，於其陳述不明瞭或不完足時，應令其敘明或補充之。

對於未成年、受監護或輔助宣告、身心障礙被害人之訊問，宜由其親屬或個案輔導之社會工作人員、心理師陪同在場；必要時，應通知直轄市、縣（市）主管機關指派社會工作人員或其他適當人員陪同在場。

陪同之人得坐於被陪同人之側，並得陳述意見。

一八 社會工作人員陪同時，其報到簽名，得以所屬機關（構）、工作證號或代號替代。其應提供之人別資料，亦同。

前項以外之陪同人，如認提供人別資料有危及安全之虞者，得向法院陳明後準用前項規定。但法院認無必要者，不在此限。

前二項陪同人之真實人別資料應予密封，並準用第十點第二項規定。

一九 法院於保護令事件審理程序中，應切實注意被害人、其未成年子女及證人之出庭安全，令相對人與其等保持適當之安全距離；必要時，得行隔別訊問或採取下列保護安全措施：

㈠不同時間到庭或退庭。

㈡到庭、退庭使用不同之出入路線及等候處所。

㈢請警察、法警或其他適當人員護送離開法院。

㈣請社會工作人員陪同開庭。

㈤使用有單面鏡設備之法庭。

㈥其他適當措施。

二〇 法院核發保護令時，應斟酌加害人之性格、行為之特質、家庭暴力情節之輕重、被害人受侵害之程度及其他一切情形，選擇核發一款或數款內容最妥適之保護令。

法院核發保護令之內容，不受聲請人聲請之拘束。但於通常保護令事件核發聲請人所未聲請之保護令前，應使聲請人、相對人及被害人有陳述意見之機會。

二一 駁回聲請之裁定，應附理由。當事人對於聲請人之陳述及聲請核發保護令之項目、法院依職權核發之項目及保護令之期間有爭執者，亦同。

法院核發保護令之內容與聲請人聲請之內容不符時，無須

於主文為駁回該部分聲請之諭知。

二二 法院於核發本法第十四條第一項第六款、第七款之保護令時，應切實考量子女之最佳利益，必要時並得徵詢未成年子女或社會工作人員之意見，亦得命家事調查官或委請社會工作人員訪視調查，或為未成年子女選任程序監理人；子女為滿七歲以上之未成年人，除有害其身心健康發展或有其他礙難情形者外，宜聽取其意見。

二三 法院於核發本法第十四條第一項第七款之通常保護令時，應考量家庭暴力因素確實保護被害人及其子女之安全，並得視實際情況核發本法第四十五條第一項各款所定之命令。

二四 法院於核發本法第十四條第一項第八款、第九款及第十一款之保護令時，應命給付一定之金額；扶養費部分，必要時並得命分期給付或給付定期金。

法院命分期給付者，得酌定遲誤一期履行時，其後之期間視為亦已到期之範圍或條件；命給付定期金者，得酌定逾期不履行時，喪失期限利益之範圍或條件，並得酌定加給之金額。但其金額不得逾定期金每期金額之二分之一。

二五 法院核發本法第十四條第一項第十款之保護令時，應於裁定載明加害人處遇計畫之完成期限，並得不經鑑定，逕命相對人接受認知教育輔導、親職教育輔導及其他輔導。

直轄市、縣（市）主管機關於裁定前，對處遇計畫之實施方式提出建議者，法院宜審酌之。

二六 法院核發本法第十四條第一項第十二款之保護令時，宜加註其執行應由聲請人或被害人持保護令向任一戶政事務所、學籍所在學校、各地區國稅局申請之提示文字。

二七 通常保護令之有效期間為二年以下，自核發時起生效。

通常保護令失效前，法院得依當事人或被害人之聲請撤銷、變更或延長之。聲請延長無次數之限制，每次延長期間為二年以下。

檢察官、警察機關或直轄市、縣（市）主管機關亦得為延長通常保護令之聲請。

二八 保護令應於核發後二十四小時發送當事人、被害人、發生地警察機關及直轄市、縣（市）主管機關；法院於四小時內核發之緊急保護令，並應先以電信傳真或其他科技設備傳送至發生地警察機關。

關於保護令之撤銷、變更、延長、抗告裁定，均應發送當事人、被害人、發生地警察機關及直轄市、縣（市）主管機關。暫時保護令、緊急保護令核發後視為已有通常保護令之聲請者，經聲請人撤回聲請或法院駁回時，亦同。

二九 保護令事件終結後，書記官應儘速報結；終結要旨為駁回者，報結時應於辦案進行簿登錄「民事保護令聲請事件駁

回原因紀錄表」。

三〇 法院於訴訟或調解程序中，認當事人間有家庭暴力情事而進行和解或調解時，宜將本法第四十七條所定得進行和解或調解之事由載明於筆錄。但保護令事件不得進行調解或和解。

三一 保護令事件之程序，除本法第二章別有規定外，適用家事事件法有關規定。

保護令裁定於抗告中不停止執行。

三二 債權人依家事事件法第一百八十七條規定，聲請法院調查保護令事件之義務履行狀況並勸告債務人履行債務之全部或一部時，法院決定是否進行前，宜斟酌下列事項：

㈠被害人、未成年子女、目睹家庭暴力兒童及少年及其他特定家庭成員之安全。

㈡未成年子女之最佳利益。

㈢被害人是否充分瞭解調查及勸告之程序，以及對其安全及權益可能造成之影響。

㈣被害人、相對人與未成年子女間之互動狀況及可能受影響之程度。

㈤相對人之狀況是否適合進行調查及勸告。

㈥調查及勸告之急迫性及實效性。

法院認有進行調查及勸告之必要時，應採取保護被害人、其未成年子女、目睹家庭暴力兒童及少年、特定家庭成員及所有參與調查及勸告人員安全之適當必要措施，並準用第十點第二項及本法第四十七條規定；處理過程中認有危害安全之虞者，應隨時停止處理。

三三 法官辦理刑事家庭暴力案件時，應於判決書中具體載明被告與被害人間具有本法第三條所指之家庭成員關係，並說明其屬本法第二條第二款之家庭暴力罪。

三四 依本法第三十一條第三項及第三十六條所為之聲請，應以書狀敘明理由為之。但於受訊問時，得以言詞為之。

法院認無羈押被告之必要，諭知具保、責付、限制住居或釋放時，應於被告釋放前，以言詞、電信傳真或其他科技設備傳送之方式，即時通知被害人及被告所在地之直轄市、縣（市）政府警察局勤務指揮中心及家庭暴力防治中心，並請警察機關填妥送法院所附之回傳資料（附件二），回傳法院，完成確認程序；又法院如併依本法第三十一條第一項定被告應遵守之條件時，應以書面裁定送達被告、被害人及其住居所所在地之警察機關，並得將所附條件通知主管機關或警察機關執行之。

三五 法院依本法第三十二條第二項之規定實施羈押，應審酌被告是否違反檢察官或法院依本法第三十一條第一項所定應遵守之條件、有無反覆實施家庭暴力行為之虞及羈押之必

要性。

三六 依本法第三十四條及第三十七條規定應送達於被害人之司法文書，如被害人及被告應受送達之處所爲同一者，應分別送達，不得互爲代收。

三七 告訴人委任代理人到場者，應提出委任書狀。

三八 法院就被告犯家庭暴力罪或違反保護令罪而爲緩刑之宣告者，在緩刑期內應付保護管束，並應將緩刑宣告事由通知被害人及其住居所所在地之警察機關；除顯無必要者外，應視實際情況命被告於付緩刑保護管束期間內，遵守本法第三十八條第二項一款或數款事項。

依本法第三十八條第五項撤銷受保護管束人緩刑宣告，法院不得逕依職權爲之。惟由受保護管束人所在地或其最後住所地之地方法院檢察署檢察官提出聲請，始符合刑事訴訟法第四百七十六條之規定。

三九 中華民國一百零五年二月四日施行之本法第六十三條之一規定，被害人年滿十六歲，遭受現有或曾有親密關係之未同居伴侶施以身體或精神上不法侵害之情事者，準用本法第九條至第十三條、第十四條第一項第一款、第二款、第四款、第九款至第十三款、第三項、第四項、第十五條至第二十條、第二十一條第一項第一款、第三款至第五款、第二項、第二十七條、第二十八條、第四十八條、第五十條之一、第五十二條、第五十四條、第五十五條及第六十一條之規定。

前項所稱親密關係伴侶，指雙方以情感或性行爲爲基礎，發展親密之社會互動關係，法院並得審酌下列因素認定之：

㈠雙方關係之本質。

㈡雙方關係之持續時間。

㈢雙方互動之頻率。

㈣性行爲之有無或頻率。

㈤其他足以認定有親密關係之事實。

檢察機關辦理家庭暴力案件注意事項

①民國88年6月23日法務部函訂定發布全文29點。
②民國96年11月2日法務部函修正發布全文28點。
③民國98年1月6日法務部函增訂發布第16-1、18-1點；並自98年1月6日生效。
④民國102年5月22日法務部函修正發布第9點；並自102年5月22日生效。
⑤民國104年12月7日法務部函修正發布第3、9～11、13、17、22點；增訂第29點；並自104年12月7日生效。

一　本注意事項所稱家庭暴力案件，指涉及家庭暴力防治法（下稱本法）所定家庭暴力罪或違反保護令罪之案件。

二　家庭暴力案件之卷面，應加蓋「家庭暴力案件」戳記。如有遺漏，檢察官應注意諭知補蓋。

三　檢察官對於所偵辦之案件，如涉及被告對被害人實施身體、精神或經濟上之騷擾、控制、脅迫或其他不法侵害之行為，應注意其間有無家庭成員關係，及如屬家庭成員時，其行為是否違反法院先前核發之民事保護令，以認定是否為家庭暴力案件。

四　檢察官受理家庭暴力案件，應注意被害人之人身安全是否無虞，例如：被害人是否仍與被告同住、有無繼續受害之可能、有無接受診療之必要等；必要時，並主動聯絡當地家庭暴力防治中心提供協助。

五　家庭暴力罪案件起訴時，應於起訴書事實欄中具體敘明被告與被害人間有家庭成員之關係，並於案由、論罪法條中，敘明係犯家庭暴力罪，以促請法院注意。

六　檢察機關應主動對家庭暴力案件之被害人提供關於其得行使之權利、救濟途徑及當地家庭暴力防治中心等相關資訊。

七　對於警察機關依本法第二十九條逮捕移送之現行犯或逕行拘提之被告、犯罪嫌疑人，檢察官處理時，縱被害人已表明不願追訴，仍應斟酌被害人之安全情形，為適當之處理。

八　警察機關依本法第二十九條第二項規定逕行拘提被告或犯罪嫌疑人，而報請檢察官簽發拘票時，檢察官應審查其是否符合犯家庭暴力罪或違反保護令罪嫌疑重大，且有繼續侵害家庭成員生命、身體或自由之危險，而情況急迫之要件，並特別注意是否有本法第三十條所定各款事項。

九　檢察官訊問家庭暴力案件之被告後，認無聲請羈押之必要，而命具保、責付、限制住居或釋放者，應於被告釋放前即時

以言詞、電信傳真或其他科技設備傳送之方式，通知被害人及被告所在地之直轄市、縣（市）政府警察局勤務指揮中心及家庭暴力防治中心，並請警察機關填妥檢察機關所附之回傳資料，回傳檢察機關。但被害人所在不明或通知顯有困難者，不在此限。

前項情形，檢察官應斟酌被害人人身安全之危險性，於必要時，得依本法第三十一條第一項規定，對被害人、目睹家庭暴力兒童及少年或其特定家庭成員附下列一款或數款條件命被告遵守：

㈠禁止實施家庭暴力。

㈡禁止為騷擾、接觸、跟蹤、通話、通信或其他非必要之聯絡行為。

㈢遷出住居所。

㈣命相對人遠離其住居所、學校、工作場所或其他經常出入之特定場所特定距離。

㈤其他保護安全之事項。

前項所附條件，內容應具體明確，檢察官並得依當事人之聲請或依職權撤銷或變更之。

一〇 被告在偵查中違反檢察官依本法第三十一條第一項所附條件者，檢察官得依本法第三十二條第一項之規定，撤銷原處分，另為適當之處分；如有繳納保證金者，並得沒入其保證金。

另被告於偵查中違反檢察官依本法第三十一條第一項第一款所定應遵守之條件，犯罪嫌疑重大，且有事實足認被告有反覆實施家庭暴力行為之虞，而有羈押之必要者，得聲請法院羈押之。

一一 檢察官依本法第三十一條及第三十二條第一項所為之附條件處分，應依本法第三十四條規定，以書面為之，並送達於被告、被害人及被害人住居所所在地之警察機關。所附條件經撤銷或變更時，亦同。

一二 檢察機關應提供被害人及證人安全出庭之環境與措施。檢察官傳訊家庭暴力案件之被害人或證人時，應主動注意其出庭安全，必要時，得與被告分別時間傳訊，或行隔別訊問，或於訊畢令被告或證人先行離開偵查庭，或指示法警或志工護送其安全離開檢察機關，或為其他保護被害人或證人之安全之適當措施。

一三 檢察官對家庭暴力案件被害人之訊問，應以懇切態度耐心為之，並得依本法第三十六條之規定，依聲請或依職權在法庭外為之，或採取適當隔離措施。

被害人於偵查中受訊問時，得依本法第三十六條之一之規定，自行指定其親屬、醫師、心理師、輔導人員或社工人員陪同在場，該陪同人並得陳述意見；檢察官除認其在場

有妨礙偵查之虞者，不得拒絕被害人前開請求。

被害人受訊問前，檢察官應依本法第三十六條之二之規定，告知被害人得自行選任符合第三十六條之一資格之人陪同在場。

一四　被告所涉家庭暴力罪屬告訴乃論之罪時，為使被害人免受被告脅迫，檢察官應盡量避免勸導息訟。

一五　檢察官認家庭暴力案件被告犯罪情節輕微，而衡量是否依職權為不起訴處分或為緩起訴處分時，應充分考量被害人之安全問題，並宜聽取輔導被害人或被告之直轄市、縣（市）政府或社會福利機構之意見。

一六　檢察官偵辦家庭暴力案件，認有必要傳訊被告或被害人之未成年子女作證時，應盡量採隔別訊問，並注意其情緒變化，避免使其受過度之心理壓力；於起訴時，如非必要，應避免於起訴書內引用被告未成年子女之證詞，作為認定被告罪嫌之唯一佐證。

一六之一　檢察官偵辦本法第六十一條第五款所定之違反保護令罪案件，得為緩起訴處分，並命被告於一定期間內完成加害人處遇計畫。

一七　家庭暴力案件之起訴書、聲請簡易判決處刑書、不起訴處分書、緩起訴處分書或撤銷緩起訴處分書，應確實依本法第三十七條之規定，送達於被害人。

一八　檢察官開庭或製作書類時，應注意有無對被害人住居所予以保密之必要，尤應注意不得暴露安置被害人之庇護處所。

一八之一　檢察官對犯家庭暴力罪及違反保護令罪案件實行公訴時，得請求法院於為緩刑宣告時，命被告於緩刑付保護管束期間內，遵守本法第三十八條第二項所列一款或數款事項。

一九　家庭暴力案件之受刑人假釋出獄前，檢察官聲請法院付保護管束時，得於聲請書內載明擬聲請法院命被告於假釋付保護管束期間遵守之事項。

二○　對檢察官依本法第三十一條第一項所附之條件，及法院依本法第三十八條第二項或依第三十九條準用第三十八條規定，判決或裁定命受保護管束人於保護管束期間應遵守之事項，檢察官得發函檢附該命令、判決或裁定，通知直轄市、縣（市）主管機關或警察機關執行之。

二一　受保護管束人違反法院所命於保護管束期間應遵守事項，且情節重大時，檢察官應即檢具事證，向法院聲請裁定撤銷其緩刑之宣告，或通知原執行監獄，報請撤銷假釋。

二二　檢察官執行家庭暴力案件之確定判決時，應於指揮書上記明為家庭暴力案件，促請矯正機關於受刑人預定出獄前或脫逃時，依本法第四十二條通知被害人、其住居所所在地

之警察機關及家庭暴力防治中心。但被害人之所在不明者，不在此限。

檢察機關並應依矯正機關之請求，協助提供被害人之送達處所；該送達處所如屬庇護所或經被害人請求保密時，矯正機關並應注意保密。

二三　檢察官發現有家庭暴力情事，且被害人聲請保護令有困難或不便者，得斟酌個案具體情形，依本法第十條第二項之規定，檢具事證，向法院聲請通常保護令。如預期被害人短期內仍有繼續受家庭暴力之可能，但尚未至有急迫危險之程度，得聲請核發暫時保護令。

二四　檢察官發現被害人有受家庭暴力之急迫危險者，得依本法第十二條第一項但書規定，以言詞、電信傳真或其他科技設備傳送之方式，聲請法院依本法第十六條第四項核發緊急保護令，並得於夜間或休息日為之。但非上班時間，應儘量利用法院所設專線，以電信傳真方式聲請。

前項聲請以電信傳真方式為之者，應於聲請書狀前附加首頁、傳送人姓名、性別、職稱、所屬機關名稱、地址、電話號碼、回傳文件傳真號碼等項。

二五　檢察官依本法第十二條第一項但書規定提出緊急保護令之聲請後，於法院核發緊急保護令前，得斟酌個案具體情形，令警察人員依本法第四十八條第一項第一款規定，在被害人住居所守護或採取其他保護被害人或其家庭成員之必要安全措施。

二六　檢察官聲請民事保護令時，經斟酌被害人之意願或其繼續受家庭暴力之危險性等情形，如認對被害人住居所有保密必要，應在聲請書內載明此要求，並僅記載被害人送達處所。

二七　檢察官聲請民事保護令，應注意蒐集具體事證，必要時，指揮警察至現場查證，令其作查證報告，併附於聲請書內，或於聲請後儘速補送法院參考。

二八　檢察機關應與家庭暴力防治中心、警察、衛生、教育等防治家庭暴力有關機關建立聯絡人制度，以加強平時之業務聯繫，提昇被害人救援效能。

二九　中華民國一百零五年二月四日施行之本法第六十三條之一規定，被害人年滿十六歲，遭受現有或曾有親密關係之未同居伴侶施以身體或精神上不法侵害之情事者，準用本法第九條至第十三條、第十四條第一項第一款、第二款、第四款、第九款至第十三款、第三項、第四項、第十五條至第二十條、第二十一條第一項第一款、第三款至第五款、第二項、第二十七條、第二十八條、第四十八條、第五十條之一、第五十二條、第五十四條、第五十五條及第六十一條之規定。

前項所稱親密關係伴侶，指雙方以情感或性行為為基礎，發展親密之社會互動關係。

懲治走私條例

①民國37年3月11日國民政府制定公布全文9條。
　本條例施行期間屆滿後於39年6月13日、40年4月26日、41年3月10日、42年3月7日均經命令延長施行期間一年、43年3月8日立法院決議延長施行期間三個月至43年6月10日止、經總統於43年3月10日命令公布。
　民國43年6月8日總統令施行期間延長九個月至44年3月10日止。
　民國44年3月4日又令施行期間延長一年至45年3月10日止。
②民國44年12月29日總統令修正公布全文12條。
③民國58年11月11日總統令修正公布第2條條文。
④民國67年1月23日總統令修正公布第2、6、10條條文；並增訂第2-1條條文。
⑤民國74年6月26日總統令修正公布第1條條文；並增訂第11-1條條文。
⑥民國81年7月29日總統令修正公布全文13條。
⑦民國91年6月26日總統令修正公布全文13條；並自公布日施行。
⑧民國95年5月30日總統令修正公布第2、3、13條條文；刪除第8條條文；並自95年7月1日施行。
⑨民國101年6月13日總統令修正公布第2、4、13條條文；除第2條自101年7月30日施行外，自公布日施行。

第一條
為懲治私運政府管制物品或應稅物品之進口或出口，特制定本條例。

第二條 101
①私運管制物品進口、出口者，處七年以下有期徒刑，得併科新臺幣三百萬元以下罰金。
②前項之未遂犯罰之。
③第一項之管制物品，由行政院依下列各款規定公告其管制品項及管制方式：
一　為防止犯罪必要，禁止易供或常供犯罪使用之特定器物進口、出口。
二　為維護金融秩序或交易安全必要，禁止偽造、變造之各種貨幣及有價證券進口、出口。
三　為維護國民健康必要，禁止、限制特定物品或來自特定地區之物品進口。
四　為維護國內農業產業發展必要，禁止、限制來自特定地區或一定數額以上之動植物及其產製品進口。
五　為遵守條約協定、履行國際義務必要，禁止、限制一定物品之進口、出口。

第三條 95

① 運送、銷售或藏匿前條第一項之走私物品者，處五年以下有期徒刑、拘役或科或併科新臺幣一百五十萬元以下罰金。

② 前項之未遂犯罰之。

第四條 101

犯走私罪而持械拒捕或持械拒受檢查，傷害人致死者，處死刑、無期徒刑或十年以上有期徒刑，得併科新臺幣一千萬元以下罰金；致重傷者，處無期徒刑或十年以上有期徒刑，得併科新臺幣八百萬元以下罰金。

第五條

犯走私罪而有下列行為之一者，處無期徒刑或七年以上有期徒刑，得併科新臺幣五百萬元以下之罰金：

一　公然為首，聚眾持械拒捕或持械拒受檢查者。

二　公然為首，聚眾威脅稽徵關員或其他依法令負責檢查人員者。

第六條

犯走私罪而有下列行為之一者，處三年以上十年以下有期徒刑，得併科新臺幣五百萬元以下罰金：

一　持械拒捕或持械拒受檢查，傷害人未致重傷者。

二　公然聚眾，持械拒捕或持械拒受檢查時，在場助勢者。

三　公然聚眾威脅稽徵關員或其他依法令負責檢查人員時，在場助勢者。

第七條

服務於鐵路、公路、航空、水運或其他供公眾運輸之交通工具人員，明知有走私情事而不通知稽徵關員或其他依法令負責檢查人員者，處三年以下有期徒刑、拘役或科新臺幣一百五十萬元以下罰金。

第八條 （刪除）95

第九條

① 稽徵關員或其他依法令負責檢查人員，明知為走私物品而放行或為之銷售或藏匿者，處七年以上有期徒刑。

② 前項之未遂犯罰之。

第一〇條

① 公務員、軍人包庇走私者，處無期徒刑或七年以上有期徒刑。

② 前項之未遂犯罰之。

第一一條

走私行為之處罰，海關緝私條例及本條例無規定者，適用刑法或其他有關法律。

第一二條

自大陸地區私運物品進入臺灣地區，或自臺灣地區私運物品前往大陸地區者，以私運物品進口、出口論，適用本條例規定處斷。

第一三條 101

本條例除中華民國九十五年五月五日修正之條文，自九十五年七月一日施行，及一百零一年五月二十九日修正之第二條，自一百零一年七月三十日施行外，自公布日施行。

妨害國幣懲治條例

①民國24年7月15日國民政府制定公布全文7條。
②民國26年7月15日國民政府修正公布全文8條。
　民國28年7月2日國民政府令施行期間延長二年。
③民國32年10月18日國民政府修正公布名稱及全文7條（原名稱：妨害國幣懲治暫行條例）。
④民國62年9月4日總統令修正公布第1、2、3、6條條文。
⑤民國96年1月10日總統令修正公布第3條條文。
⑥民國100年6月29日總統令修正公布第3條條文。

第一條

①本條例所稱國幣，係指中華民國境內，由中央政府或其授權機構所發行之紙幣或硬幣。

②在本條例公布前所發行之紙幣或硬幣，適用本條例之規定。

③意圖營利，私運銀類、金類或新舊各種硬幣出口者，處無期徒刑或五年以上有期徒刑，得併科幣額或價額五倍以下罰金。

④意圖營利，銷燬新舊各種硬幣私運出口者亦同。

⑤前二項之未遂犯罰之。

第二條

①意圖營利，銷燬新舊各種硬幣者，處一年以上、七年以下有期徒刑，得併科幣額或價額三倍以下罰金。

②前項之未遂犯罰之。

第三條 100

①意圖供行使之用，而偽造、變造幣券者，處五年以上有期徒刑，得併科新臺幣五百萬元以下罰金。

②犯前項之罪，因而擾亂金融，情節重大者，處無期徒刑或十年以上有期徒刑，得併科新臺幣一千萬元以下罰金。

③第一項之未遂犯罰之。

第四條

①意圖營利，不按法定比率兌換各種幣券者，處所得利益十倍以下罰金。

②以兌換幣券為業，所取兌換手續費，超過幣額百分之一者亦同。

第五條

故意損毀幣券，致不堪行使者，處所損毀幣額五倍以下罰金。

第六條

犯本條例之罪者，其銀類、金類、新舊各種硬幣，偽造、變造或損毀之幣券，不問屬於犯人與否，沒收之。

第七條

本條例自公布日施行。

殘害人群治罪條例

民國42年5月22日總統令制定公布全文7條。

第一條

為防止及懲治殘害人群罪，特制定本條例。

第二條

①意圖全部或一部消滅某一民族、種族或宗教之團體，而有左列行為之一者，為殘害人群罪，處死刑、無期徒刑或七年以上有期徒刑：

一　殺害團體之分子者。

二　使該團體之分子遭受身體上或精神上之嚴重傷害者。

三　以某種生活狀況加於該團體，足以使其全部或一部在形體上歸於消滅者。

四　以強制方法妨害團體分子之生育者。

五　誘掠兒童脫離其所屬之團體者。

六　用其他陰謀方法破壞其團體，足以使其消滅者。

②前項之未遂犯罰之。

③預備或陰謀犯第一項之罪者，處一年以上、七年以下有期徒刑。

第三條

公然煽動他人犯前條第一項之罪者，處無期徒刑或七年以上有期徒刑。

第四條

犯前二條之罪者，不論其犯罪係在平時或戰時，均適用本條例之規定。

第五條

犯本條例之罪者，不論具有何種身分，一律適用本條例之規定。

第六條

犯本條例之罪者，其第一審由高等法院或分院管轄之。

第七條

本條例自公布日施行。

傳染病防治法

①民國33年12月6日國民政府制定公布全文35條。
②民國37年12月28日總統令修正公布第31、32條條文。
③民國72年1月19日總統令修正公布全文40條。
④民國88年6月23日總統令修正公布名稱及全文47條（原名稱：傳染病防治條例）。
⑤民國91年1月30日總統令修正公布第27、37條條文。
⑥民國93年1月7日總統令修正公布第5、31條條文。
⑦民國93年1月20日總統令修正公布全文75條；並自公布日施行。
⑧民國95年6月14日總統令修正公布第4條條文。
⑨民國96年7月18日總統令修正公布全文77條；並自公布日施行。
⑩民國98年1月7日總統令修正公布第27條條文。
⑪民國102年6月19日總統令修正公布第4、9、27、32、39、46、50、59、62、67、69條條文。
　民國102年7月19日行政院公告第2條所列屬「行政院衛生署」之權責事項，自102年7月23日起改由「衛生福利部」管轄。
⑫民國103年6月4日總統令修正公布第2、23、51條條文。
⑬民國104年6月17日總統令修正公布第38、67、70條條文。
⑭民國104年12月30日總統令修正公布第32、33、67～69條條文。
⑮民國107年6月13日總統令修正公布第28、30、39條條文。
⑯民國108年6月19日總統令修正公布第63、64、65、66條條文；並增訂第64-1條條文。

第一章　總　則

第一條

為杜絕傳染病之發生、傳染及蔓延，特制定本法。

第二條 103

本法主管機關：在中央為衛生福利部；在直轄市為直轄市政府；在縣（市）為縣（市）政府。

第三條

①本法所稱傳染病，指下列由中央主管機關依致死率、發生率及傳播速度等危害風險程度高低分類之疾病：

一　第一類傳染病：指天花、鼠疫、嚴重急性呼吸道症候群等。

二　第二類傳染病：指白喉、傷寒、登革熱等。

三　第三類傳染病：指百日咳、破傷風、日本腦炎等。

四　第四類傳染病：指前三款以外，經中央主管機關認有監視疫情發生或施行防治必要之已知傳染病或症候群。

五　第五類傳染病：指前四款以外，經中央主管機關認定其傳染流行可能對國民健康造成影響，有依本法建立防治對策或準

備計畫必要之新興傳染病或症候群。

②中央主管機關對於前項各款傳染病之名稱，應刊登行政院公報公告之；有調整必要者，應即時修正之。

第四條 102

①本法所稱流行疫情，指傳染病在特定地區及特定時間內，發生之病例數超過預期值或出現集體聚集之現象。

②本法所稱港埠，指港口、碼頭及航空站。

③本法所稱醫事機構，指醫療法第十條第一項所定醫事人員依其專門職業法規規定申請核准開業之機構。

④本法所稱感染性生物材料，指具感染性之病原體或其衍生物，及經確認含有此等病原體或衍生物之物質。

⑤本法所稱傳染病檢體，指採自傳染病病人、疑似傳染病病人或接觸者之體液、分泌物、排泄物與其他可能具傳染性物品。

第五條

①中央主管機關及直轄市、縣（市）主管機關（以下簡稱地方主管機關）執行本法所定事項權責劃分如下：

一 中央主管機關：

(一)訂定傳染病防治政策及計畫，包括預防接種、傳染病預防、流行疫情監視、通報、調查、檢驗、處理、檢疫、演習、分級動員、訓練及儲備防疫藥品、器材、防護裝備等措施。

(二)監督、指揮、輔導及考核地方主管機關執行傳染病防治工作有關事項。

(三)設立預防接種受害救濟基金等有關事項。

(四)執行國際及指定特殊港埠之檢疫事項。

(五)辦理傳染病防治有關之國際合作及交流事項。

(六)其他中央主管機關認有防疫必要之事項。

二 地方主管機關：

(一)依據中央主管機關訂定之傳染病防治政策、計畫及轄區特殊防疫需要，擬定執行計畫付諸實施，並報中央主管機關備查。

(二)執行轄區各項傳染病防治工作，包括預防接種、傳染病預防、流行疫情監視、通報、調查、檢驗、處理、演習、分級動員、訓練、防疫藥品、器材、防護裝備之儲備及居家隔離民眾之服務等事項。

(三)執行轄區及前款第四目以外港埠之檢疫事項。

(四)辦理中央主管機關指示或委辦事項。

(五)其他應由地方主管機關辦理事項。

②地方主管機關辦理前項第二款事項，必要時，得報請中央主管機關支援。

③各級主管機關執行港埠之檢疫工作，得委託其他機關（構）或團體辦理之。

第六條

中央各目的事業主管機關應配合及協助辦理傳染病防治事項如下：

一　內政主管機關：入出國（境）管制、協助督導地方政府辦理居家隔離民眾之服務等事項。

二　外交主管機關：與相關外國政府及國際組織聯繫、持外國護照者之簽證等事項。

三　財政主管機關：國有財產之借用等事項。

四　教育主管機關：學生及教職員工之宣導教育及傳染病監控防治等事項。

五　法務主管機關：矯正機關收容人之傳染病監控防治等事項。

六　經濟主管機關：防護裝備供應、工業專用港之管制等事項。

七　交通主管機關：機場與商港管制、運輸工具之徵用等事項。

八　大陸事務主管機關：臺灣地區與大陸地區或香港、澳門之人員往來政策協調等事項。

九　環境保護主管機關：公共環境清潔、消毒及廢棄物清理等事項。

十　農業主管機關：人畜共通傳染病之防治、漁港之管制等事項。

十一　勞動主管機關：勞動安全衛生及工作權保障等事項。

十二　新聞及廣播電視主管機關：新聞處理與發布、政令宣導及廣播電視媒體指定播送等事項。

十三　海巡主管機關：防範海域、海岸、河口與非通商口岸傳染病媒介物之查緝走私及非法入出國等事項。

十四　其他有關機關：辦理傳染病防治必要之相關事項。

第七條

主管機關應實施各項調查及有效預防措施，以防止傳染病發生；傳染病已發生或流行時，應儘速控制，防止其蔓延。

第八條

① 傳染病流行疫情、疫區之認定、發布及解除，由中央主管機關為之；第二類、第三類傳染病，得由地方主管機關為之，並應同時報請中央主管機關備查。

② 中央主管機關應適時發布國際流行疫情或相關警示。

第九條 102

利用傳播媒體發表傳染病流行疫情或中央流行疫情指揮中心成立期間防治措施之相關訊息，有錯誤、不實，致嚴重影響整體防疫利益或有影響之虞，經主管機關通知其更正者，應立即更正。

第一〇條

政府機關、醫事機構、醫事人員及其他因業務知悉傳染病或疑似傳染病病人之姓名、病歷及病史等有關資料者，不得洩漏。

第一一條

① 對於傳染病病人、施予照顧之醫事人員、接受隔離治療者、居家

檢疫者、集中檢疫者及其家屬之人格、合法權益，應予尊重及保障，不得予以歧視。

②非經前項之人同意，不得對其錄音、錄影或攝影。

第一二條

政府機關（構）、民間團體、事業或個人不得拒絕傳染病病人就學、工作、安養、居住或予其他不公平之待遇。但經主管機關基於傳染病防治需要限制者，不在此限。

第一三條

感染傳染病病原體之人及疑似傳染病之病人，均視同傳染病病人，適用本法之規定。

第二章　防治體系

第一四條

①中央主管機關得建立傳染病防治醫療網，將全國劃分為若干區，並指定醫療機構設傳染病隔離病房。經指定之醫療機構對於主管機關指示收治傳染病病人者，不得拒絕、規避或妨礙。

②中央主管機關得指定區指揮官及副指揮官若干人，統籌指揮、協調及調度區內相關防疫醫療資源。

③第一項指定之醫療機構，中央主管機關得予補助。

④傳染病防治醫療網區之劃分方式、區指揮官與副指揮官之任務及權限、醫療機構之指定條件、期限、程序、補助內容及其他應遵行事項之辦法，由中央主管機關定之。

第一五條

傳染病發生或有發生之虞時，主管機關得組機動防疫隊，巡迴辦理防治事宜。

第一六條

①地方主管機關於轄區發生流行疫情或有發生之虞時，應立即動員所屬各相關機關（構）及人員採行必要之措施，並迅速將結果彙報中央主管機關。

②前項情形，地方主管機關除本諸權責採行適當之防治措施外，並應依中央主管機關之指示辦理。

③前二項流行疫情之處理，地方主管機關認有統籌指揮、調集所屬相關機關（構）人員及設備，採行防治措施之必要時，得成立流行疫情指揮中心。

④中央主管機關於必要時，得邀集相關機關召開流行疫情處理協調會報，協調各級政府相關機關（構）人員及資源、設備，並監督及協助地方主管機關採行防治措施。

第一七條

①中央主管機關經考量國內、外流行疫情嚴重程度，認有統籌各種資源、設備及整合相關機關（構）人員之必要時，得報請行政院同意成立中央流行疫情指揮中心，並指定人員擔任指揮官，統一指揮、督導及協調各級政府機關、公營事業、後備軍人組織、民

間團體執行防疫工作；必要時，得協調國軍支援。

②中央流行疫情指揮中心之編組、訓練、協助事項及作業程序之實施辦法，由中央主管機關定之。

第一八條

主管機關於國內、外發生重大傳染病流行疫情，或於生物病原攻擊事件時，得結合全民防衛動員準備體系，實施相關防疫措施。

第三章　傳染病預防

第一九條

各級政府機關（構）及學校平時應加強辦理有關防疫之教育及宣導，並得商請相關專業團體協助；主管機關及醫療機構應定期實施防疫訓練及演習。

第二〇條

①主管機關及醫療機構應充分儲備各項防治傳染病之藥品、器材及防護裝備。

②前項防疫藥品、器材與防護裝備之儲備、調度、通報、屆效處理、查核及其他應遵行事項之辦法，由中央主管機關定之。

第二一條

主管機關於必要時，得暫行封閉可能散布傳染病之水源。

第二二條

各級政府機關應加強當地上、下水道之建設，改良公廁之設備與衛生，宣導私廁之清潔與衛生；必要時，得施行糞便等消毒或拆除有礙衛生之廁所及其相關設施。

第二三條 103

①國內發生流行疫情時，地方主管機關對於各種已經證實媒介傳染病之飲食物品、動物或動物屍體，於傳染病防治之必要下，應切實禁止從事飼養、宰殺、販賣、贈與、棄置，並予以撲殺、銷毀、掩埋、化製或其他必要之處置。

②主管機關基於傳染病防治必要，對於有媒介傳染病之虞之動物，準用前項禁止、處置之規定。

③為防治傳染病之必要，對發生重大人畜共通動物傳染病之動物，中央主管機關應商請中央農業主管機關依動物傳染病防治條例相關規定為必要之處置。

第二四條

①前條之飲食物品、動物或動物屍體，經依規定予以撲殺、銷毀、掩埋、化製或其他必要之處置時，除其媒介傳染病之原因係由於所有人、管理人之違法行為或所有人、管理人未立即配合處理者不予補償外，地方主管機關應評定其價格，酌給補償費。

②前項補償之申請資格、程序、認定、補償方式及其他應遵行事項之辦法，由中央主管機關定之。

第二五條

①地方主管機關應督導撲滅蚊、蠅、蚤、蝨、鼠、蟑螂及其他病

媒。

②前項病媒孳生源之公、私場所，其所有人、管理人或使用人應依地方主管機關之通知或公告，主動清除之。

第二六條

中央主管機關應訂定傳染病通報流程、流行疫情調查方式，並建立傳染病流行疫情監視、預警及防疫資源系統；其實施辦法，由中央主管機關定之。

第二七條 102

①中央主管機關為推動兒童及國民預防接種政策，應設置基金，辦理疫苗採購及預防接種工作。

②前項基金之來源如下：

一　政府編列預算之補助。

二　公益彩券盈餘、菸品健康福利捐。

三　捐贈收入。

四　本基金之孳息收入。

五　其他有關收入。

③前項第三款之任何形式捐贈收入，不得使用於指定疫苗之採購。

④疫苗基金運用於新增疫苗採購時，應依據中央主管機關傳染病防治諮詢會建議之項目，依成本效益排列優先次序，並於次年開始編列經費採購。其相關會議應錄音，並公開其會議詳細紀錄。成員應揭露以下之資訊：

一　本人接受非政府補助之研究計畫及金額。

二　本人所屬團體接受非政府補助之疫苗相關研究計畫及金額。

三　所擔任與疫苗相關之事業機構或財團法人董、監事或顧問職務。

⑤兒童之法定代理人，應使兒童按期接受常規預防接種，並於兒童入學時提出該紀錄。

⑥國民小學及學前教（托）育機構對於未接種之新生，應輔導其補行接種。

第二八條 107

①主管機關規定之各項預防接種業務、因應疫情防治實施之特定疫苗管理、使用及接種措施，得由受過訓練且經認可之護理人員施行之，不受醫師法第二十八條、藥事法第三十七條及藥師法第二十四條規定之限制。

②前項預防接種施行之條件、限制與前條預防接種紀錄檢查、補行接種及其他相關事項之辦法，由中央主管機關定之。

第二九條

①醫療機構應配合中央主管機關訂定之預防接種政策。

②醫療機構對於主管機關進行之輔導及查核，不得拒絕、規避或妨礙。

第三〇條 107

①因預防接種而受害者，得請求救濟補償。

刑

法

二一二三五

②前項請求權，自請求權人知有受害情事日起，因二年間不行使而消滅；自受害發生日起，逾五年者亦同。

③中央主管機關應於疫苗檢驗合格時，徵收一定金額充作預防接種受害救濟基金。

④前項徵收之金額、繳交期限、免徵範圍與預防接種受害救濟之資格、給付種類、金額、審議方式、程序及其他應遵行事項之辦法，由中央主管機關定之。

第三一條

醫療機構人員於病人就診時，應詢問其病史、就醫紀錄、接觸史、旅遊史及其他與傳染病有關之事項；病人或其家屬，應據實陳述。

第三二條 104

①醫療機構應依主管機關之規定，執行感染管制工作，並應防範機構內發生感染；對於主管機關進行之輔導及查核，不得拒絕、規避或妨礙。

②醫療機構執行感染管制之措施、主管機關之查核基準及其他應遵行事項之辦法，由中央主管機關定之。

第三三條 104

①安養機構、養護機構、長期照顧機構、安置（教養）機構、矯正機關及其他類似場所，對於接受安養、養護、收容或矯正之人，應善盡健康管理及照護之責任。

②前項機關（構）及場所應依主管機關之規定，執行感染管制工作，防範機關（構）或場所內發生感染；對於主管機關進行之輔導及查核，不得拒絕、規避或妨礙。

③第一項機關（構）及場所執行感染管制之措施、受查核機關（構）及場所、主管機關之查核基準及其他應遵行事項之辦法，由中央主管機關定之。

第三四條

①中央主管機關對持有、使用感染性生物材料者，應依危險程度之高低，建立分級管理制度。

②持有、使用感染性生物材料者，輸出入感染性生物材料，非經中央主管機關核准，不得為之。

③第一項感染性生物材料之範圍、持有、使用者之資格條件、實驗室生物安全管理方式、陳報主管機關事項與前項輸出入之申請程序及其他應遵行事項之辦法，由中央主管機關定之。

第四章 防疫措施

第三五條

地方主管機關於傳染病發生或有發生之虞時，對轄區一定地域之農漁、畜牧、游泳或飲用水，得以限制、禁止或為其他適當之措施；必要時，並得請求中央各目的事業主管機關協助。

第三六條

　民眾於傳染病發生或有發生之虞時，應配合接受主管機關之檢查、治療、預防接種或其他防疫、檢疫措施。

第三七條

①地方主管機關於傳染病發生或有發生之虞時，應視實際需要，會同有關機關（構），採行下列措施：

　一　管制上課、集會、宴會或其他團體活動。

　二　管制特定場所之出入及容納人數。

　三　管制特定區域之交通。

　四　撤離特定場所或區域之人員。

　五　限制或禁止傳染病或疑似傳染病病人搭乘大眾運輸工具或出入特定場所。

　六　其他經各級政府機關公告之防疫措施。

②各機關（構）、團體、事業及人員對於前項措施，不得拒絕、規避或妨礙。

③第一項地方主管機關應採行之措施，於中央流行疫情指揮中心成立期間，應依指揮官之指示辦理。

第三八條 104

①傳染病發生時，有進入公、私場所或運輸工具從事防疫工作之必要者，應由地方主管機關人員會同警察等有關機關人員為之，並事先通知公、私場所或運輸工具之所有人、管理人或使用人到場；其到場者，對於防疫工作，不得拒絕、規避或妨礙；未到場者，相關人員得逕行進入從事防疫工作；必要時，並得要求村（里）長或鄰長在場。

②前項經通知且親自到場之人員，其所屬機關（構）、學校、團體、公司、廠場，應依主管機關之指示給予公假。

第三九條 107

①醫師診治病人或醫師、法醫師檢驗、解剖屍體，發現傳染病或疑似傳染病時，應立即採行必要之感染管制措施，並報告當地主管機關。

②前項病例之報告，第一類、第二類傳染病，應於二十四小時內完成；第三類傳染病應於一週內完成，必要時，中央主管機關得調整之；第四類、第五類傳染病之報告，依中央主管機關公告之期限及規定方式為之。

③醫師對外說明相關個案病情時，應先向當地主管機關報告並獲證實，始得為之。

④醫事機構、醫師、法醫師及相關機關（構）應依主管機關之要求，提供傳染病病人或疑似疫苗接種後產生不良反應個案之就醫紀錄、病歷、相關檢驗結果、治療情形及解剖鑑定報告等資料，不得拒絕、規避或妨礙。中央主管機關為控制流行疫情，得公布因傳染病或疫苗接種死亡之資料，不受偵查不公開之限制。

⑤第一項及前項報告或提供之資料不全者，主管機關得限期命其補

正。

第四○條

① 醫師以外醫事人員執行業務，發現傳染病或疑似傳染病病人或其屍體時，應即報告醫師或依前條第二項規定報告當地主管機關。

② 醫事機構應指定專責人員負責督促所屬醫事人員，依前項或前條規定辦理。

第四一條

村（里）長、鄰長、村（里）幹事、警察或消防人員發現疑似傳染病病人或其屍體時，應於二十四小時內通知當地主管機關。

第四二條

下列人員發現疑似傳染病病人或其屍體，未經醫師診斷或檢驗者，應於二十四小時內通知當地主管機關：

一 病人或死者之親屬或同居人。

二 旅館或店鋪之負責人。

三 運輸工具之所有人、管理人或駕駛人。

四 機關、學校、學前教（托）育機構、事業、工廠、礦場、寺院、教堂、殯葬服務業或其他公共場所之負責人或管理人。

五 安養機構、養護機構、長期照顧機構、安置（教養）機構、矯正機關及其他類似場所之負責人或管理人。

六 旅行業代表人、導遊或領隊人員。

第四三條

① 地方主管機關接獲傳染病或疑似傳染病之報告或通知時，應迅速檢驗診斷，調查傳染病來源或採行其他必要之措施，並報告中央主管機關。

② 傳染病或疑似傳染病病人及相關人員對於前項之檢驗診斷、調查及處置，不得拒絕、規避或妨礙。

第四四條

① 主管機關對於傳染病病人之處置措施如下：

一 第一類傳染病病人，應於指定隔離治療機構施行隔離治療。

二 第二類、第三類傳染病病人，必要時，得於指定隔離治療機構施行隔離治療。

三 第四類、第五類傳染病病人，依中央主管機關公告之防治措施處置。

② 主管機關對傳染病病人施行隔離治療時，應於強制隔離治療之次日起三日內作成隔離治療通知書，送達本人或其家屬，並副知隔離治療機構。

③ 第一項各款傳染病病人經主管機關施行隔離治療者，其費用由中央主管機關編列預算支應之。

第四五條

① 傳染病病人經主管機關通知於指定隔離治療機構施行隔離治療時，應依指示於隔離病房內接受治療，不得任意離開；如有不服指示情形，醫療機構應報請地方主管機關通知警察機關協助處

理。

②主管機關對於前項受隔離治療者，應提供必要之治療並隨時評估；經治療、評估結果，認為無繼續隔離治療必要時，應即解除其隔離治療之處置，並自解除之次日起三日內作成解除隔離治療通知書，送達本人或其家屬，並副知隔離治療機構。

③地方主管機關於前項隔離治療期間超過三十日者，應至遲每隔三十日另請二位以上專科醫師重新鑑定有無繼續隔離治療之必要。

第四六條 102

①傳染病檢體之採檢、檢驗與報告、確定及消毒，應採行下列方式：

一　採檢：傳染病檢體，由醫師採檢為原則；接觸者檢體，由醫師或其他醫事人員採檢；環境等檢體，由醫事人員或經採檢相關訓練之人員採檢。採檢之實施，醫事機構負責人應負督導之責；病人及有關人員不得拒絕、規避或妨礙。

二　檢驗與報告：第一類及第五類傳染病之相關檢體，應送中央主管機關或其指定之具實驗室能力試驗證明之地方主管機關、醫事機構、學術或研究機構檢驗；其他傳染病之檢體，得由中央主管機關委託或認可之衛生、醫事機構、學術或研究機構檢驗。檢驗結果，應報告地方及中央主管機關。

三　確定：傳染病檢驗結果，由中央主管機關或其指定、委託、認可之檢驗單位確定之。

四　消毒：傳染病檢體，醫事機構應予實施消毒或銷毀；病人及有關人員不得拒絕、規避或妨礙。

②前項第一款病人檢體之採檢項目、採檢時間、送驗方式及第二款檢驗指定、委託、認可機構之資格、期限、申請、審核之程序、檢驗及其檢出病原體之保存及其他應遵行事項之辦法，由中央主管機關定之。

第四七條

依前條取得之檢體，得基於防疫之需要，進行處理及研究。

第四八條

①主管機關對於曾與傳染病病人接觸或疑似被傳染者，得予以留驗；必要時，並得令遷入指定之處所檢查、施行預防接種、投藥、指定特定區域實施管制或隔離等必要之處置。

②中央主管機關得就傳染病之危險群及特定對象實施防疫措施；其實施對象、範圍及其他應遵行事項之辦法，由中央主管機關定之。

第四九條

傳染病病人移居他處或死亡時，其原居留之病房或住（居）所內外，應由醫事機構或該管主管機關視實際情況，施行必要之消毒或其他適當之處置。

第五〇條 102

①醫事機構或當地主管機關對於因傳染病或疑似傳染病致死之屍體，應施行消毒或其他必要之處置；死者家屬及殯葬服務業不得拒絕、規避或妨礙。

②前項之屍體，中央主管機關認為非實施病理解剖不足以瞭解傳染病病因或控制流行疫情者，得施行病理解剖檢驗；死者家屬不得拒絕。

③疑因預防接種致死之屍體，中央主管機關認為非實施病理解剖不足以瞭解死因，致有影響整體防疫利益者，得施行病理解剖檢驗。

④死者家屬對於經確認染患第一類傳染病之屍體應於二十四小時內、染患第五類傳染病之屍體應於中央主管機關公告之期限內入殮並火化；其他傳染病致死之屍體，有特殊原因未能火化時，應報請地方主管機關核准後，依規定深埋。

⑤第二項施行病理解剖檢驗者，由中央主管機關訂定補助標準，補助其喪葬費用。

第五一條 103

①中央主管機關於傳染病發生或有發生之虞時，得緊急專案採購藥品、器材，惟應於半年內補齊相關文件並完成檢驗。

②無法辦理前項作業程序，又無其它藥品可替代者，中央主管機關得例外開放之，並向民眾說明相關風險。

第五二條

中央流行疫情指揮中心成立期間，各級政府機關得依指揮官之指示，優先使用傳播媒體與通訊設備，報導流行疫情及緊急應變相關資訊。

第五三條

①中央流行疫情指揮中心成立期間，指揮官基於防疫之必要，得指示中央主管機關彈性調整第三十九條、第四十四條及第五十條之處置措施。

②前項期間，各級政府機關得依指揮官之指示，指定或徵用公、私立醫療機構或公共場所，設立檢疫或隔離場所，並得徵調相關人員協助防治工作；必要時，得協調國防部指定國軍醫院支援。對於因指定、徵用、徵調或接受隔離檢疫者所受之損失，給予相當之補償。

③前項指定、徵用、徵調、接受隔離檢疫之作業程序、補償方式及其他應遵行事項之辦法，由中央主管機關定之。

第五四條

①中央流行疫情指揮中心成立期間，各級政府機關得依指揮官之指示，徵用或調用民間土地、工作物、建築物、防疫器具、設備、藥品、醫療器材、污染處理設施、運輸工具及其他經中央主管機關公告指定之防疫物資，並給予適當之補償。

②前項徵用、徵調作業程序、補償方式及其他應遵行事項之辦法，

由中央主管機關定之。

第五五條

中央流行疫情指揮中心成立期間，各級政府機關依指揮官之指示，對於事業徵用及配銷防疫物資之行為，得不受公平交易法第十四條、商品標示法有關商品標示文字、標示方法及標示事項等規定之限制；各該事業受各級政府機關委託，依政府機關規定價格代售徵用或配銷之防疫物資，其出售收入全數交該委託機關解繳公庫者，免課徵營業稅。

第五六條

①中央流行疫情指揮中心成立期間，各級政府機關得依指揮官之指示，借用公有財產，不受國有財產法第四十條及地方公產管理法規有關規定之限制。

②各級政府機關依前項規定借用公有財產時，管理機關不得拒絕；必要時，於徵得管理機關同意後，先行使用，再辦理借用手續。

第五七條

地方流行疫情指揮中心成立期間，地方主管機關於報請中央主管機關同意後，得準用第五十三條至前條之規定。

第五章　檢疫措施

第五八條

①主管機關對入、出國（境）之人員，得施行下列檢疫或措施，並得徵收費用：

一　對前往疫區之人員提供檢疫資訊、防疫藥物、預防接種或提出警示等措施。

二　命依中央主管機關規定詳實申報傳染病書表，並視需要提出健康證明或其他有關證件。

三　施行健康評估或其他檢疫措施。

四　對自感染區入境、接觸或疑似接觸之人員、傳染病或疑似傳染病病人，採行居家檢疫、集中檢疫、隔離治療或其他必要措施。

五　對未治癒且顯有傳染他人之虞之傳染病病人，通知入出國管理機關，限制其出國（境）。

六　商請相關機關停止發給特定國家或地區人員之入國（境）許可或提供其他協助。

②前項第五款人員，已無傳染他人之虞，主管機關應立即通知入出國管理機關廢止其出國（境）之限制。

③入、出國（境）之人員，對主管機關施行第一項檢疫或措施，不得拒絕、規避或妨礙。

第五九條 102

①主管機關為防止傳染病傳入、出國（境），得商請相關機關採行下列措施：

一　對入、出國（境）之人員、運輸工具及其所載物品，採行必

要防疫、檢疫措施，並得徵收費用。

二　依防疫需要，請運輸工具所有人、管理人、駕駛人或代理人，提供主管機關指定之相關文件，且不得拒絕、規避或妨礙，並應保持運輸工具之衛生。

②對於前項及前條第一項規定之相關防疫、檢疫措施與所需之場地及設施，相關主管機關應配合提供或辦理。

③第一項及前條第一項檢疫方式、程序、管制措施、處置及其他應遵行事項等規則；其費用徵收之對象、金額、繳納方式、期間及其他應遵行事項之辦法，由中央主管機關定之。

第六〇條

①主管機關對於入、出國（境）之運輸工具及其所載物品，有傳染病發生或有發生之虞者，應採行下列措施：

一　對運輸工具採行必要管制及防疫措施，所受損失並不予補償。

二　對輸入或旅客攜帶入國（境）之物品，令輸入者、旅客退運或銷毀，並不予補償；對輸出或旅客隨身攜帶出國（境）之物品，準用第二十三條及第二十四條規定處置。

②主管機關對於違反中央主管機關所定有關申報、接受檢疫或輸入之物品，得不經檢疫，逕令其退運或銷毀，並不予補償。

第六章　罰　則

第六一條

中央流行疫情指揮中心成立期間，對主管機關已開始徵用之防疫物資，有囤積居奇或哄抬物價之行為且情節重大者，處一年以上七年以下有期徒刑，得併科新臺幣五百萬元以下罰金。

第六二條 102

明知自己罹患第一類傳染病、第五類傳染病或第二類多重抗藥性傳染病，不遵行各級主管機關指示，致傳染於人者，處三年以下有期徒刑、拘役或新臺幣五十萬元以下罰金。

第六三條 108

散播有關傳染病流行疫情之謠言或不實訊息，足生損害於公眾或他人者，科新臺幣三百萬元以下罰金。

第六四條 108

有下列情事之一者，處新臺幣九萬元以上四十五萬元以下罰鍰：

一　醫師違反第三十九條規定。

二　法醫師違反第三十九條規定。

三　醫師以外人員違反第四十條第一項規定。

四　醫事人員及其他因業務知悉傳染病或疑似傳染病病人有關資料之人違反第十條規定。

五　違反第三十四條第二項規定。

第六四條之一 108

違反第九條規定者，處新臺幣十萬元以上一百萬元以下罰鍰。

第六五條 108

醫事機構有下列情事之一者，處新臺幣三十萬元以上二百萬元以下罰鍰：

一　所屬醫師或其他人員，經依第六十四條各款或前條規定之一處罰者，得併處之。

二　拒絕、規避或妨礙主管機關依第十四條第一項規定指示收治傳染病病人。

三　違反第二十九條第一項、第三十九條第四項、第五項規定。

第六六條 108

學術或研究機構所屬人員違反第九條規定，經依第六十四條之一規定處罰者，得併罰該機構新臺幣三十萬元以上二百萬元以下罰鍰。

第六七條 104

①有下列情事之一者，處新臺幣六萬元以上三十萬元以下罰鍰：

一　違反第二十條第二項規定之儲備、調度、屆效處理或拒絕主管機關查核、第三十條第四項之繳交期限、地方主管機關依第三十五條規定所為之限制、禁止或處理。

二　拒絕、規避或妨礙主管機關依第二十九條第二項、第三十二條第一項所為之輔導及查核或第三十七條第一項第一款至第五款所採行之措施。

三　違反第三十八條第一項、第四十三條第二項、第五十條第四項規定或違反主管機關依第四十四條第一項、第四十五條第一項規定所為之處置。

四　違反主管機關依第四十八條第一項規定所為之留驗、檢查、預防接種、投藥或其他必要處置之命令。

五　拒絕、規避或妨礙各級政府機關依第五十二條、第五十三條第二項或第五十四條第一項所為之優先使用、徵調、徵用或調用。

②醫療機構違反第三十二條第一項規定，未依主管機關之規定執行，或違反中央主管機關依第三十二條第二項所定辦法中有關執行感染管制措施之規定者，主管機關得令限期改善，並得視情節之輕重，為下列處分：

一　處新臺幣六萬元以上三十萬元以下罰鍰。

二　停止全部或部分業務至改善為止。

第六八條 104

違反主管機關依第二十三條規定所為禁止或處置之規定者，處新臺幣六萬元以上三十萬元以下罰鍰；其情節重大者，並得予以一年以下停業之處分。

第六九條 104

①有下列情事之一者，處新臺幣一萬元以上十五萬元以下罰鍰；必要時，並得限期令其改善，屆期未改善者，按次處罰之：

一　違反第十一條、第十二條、第三十一條、第五十八條第三

項、第五十九條第一項或中央主管機關依第三十四條第三項授權所定辦法有關持有、使用感染性生物材料、實驗室生物安全管理及陳報主管機關之規定。

二　拒絕、規避或妨礙主管機關依第三十三條第二項所為之輔導或查核。

三　未依第四十二條規定通知。

四　違反主管機關依第六十條規定所為之限制或禁止命令。

五　違反第四十六條第一項第一款、第二款、第四款、第四十九條、第五十條第一項規定，未配合採檢、檢驗、報告、消毒或處置。

②違反第三十三條第二項規定，未依主管機關之規定執行，或違反中央主管機關依第三十三條第三項所定辦法中有關執行感染管制措施之規定者，主管機關得令限期改善，並得視情節之輕重，為下列處分：

一　處新臺幣一萬元以上十五萬元以下罰鍰。

二　停止全部或部分業務至改善為止。

第七〇條 104

①有下列情事之一者，處新臺幣三千元以上一萬五千元以下罰鍰；必要時，並得限期令其改善，屆期未改善者，按次處罰之：

一　違反第二十五條第二項規定。

二　拒絕、規避或妨礙主管機關依第三十六條規定所定檢查、治療或其他防疫、檢疫措施。

三　拒絕、規避或妨礙各級政府機關依第三十七條第一項第六款規定所定之防疫措施。

四　違反第四十六條第二項檢體及其檢出病原體之保存規定者。

②有前項第一款情形，屆期仍未完成改善情節重大者，必要時，得命其停工或停業。

第七一條

本法所定之罰鍰、停業，除違反第三十四條規定者，由中央主管機關處罰外，由地方主管機關處罰之。但有下列情事之一者，中央主管機關得處罰之：

一　違反第九條、第五十八條至第六十條規定者。

二　於中央流行疫情指揮中心成立期間，違反本法規定。

第七章　附　則

第七二條

地方政府防治傳染病經費，應列入預算；必要時，中央主管機關得酌予補助。

第七三條

執行本法防治工作著有績效之人員、醫事機構及其他相關團體，應予獎勵；其獎勵辦法，由中央主管機關定之。

第七四條

①因執行本法第五類傳染病防治工作，致傷病、身心障礙或死亡者，主管機關得酌予補助各項給付或其子女教育費用等；其給付項目、基準、申請條件、程序及其他應遵行事項之辦法，由中央主管機關定之。

②前項費用，由主管機關編列預算支應之。

第七五條

本法所定地方主管機關應辦理事項，地方主管機關未予辦理者，中央主管機關得命其於一定期限內辦理之；屆期仍未辦理者，中央主管機關得代為執行之。但情況急迫時，得逕予代為執行。

第七六條

本法施行細則，由中央主管機關定之。

第七七條

本法自公布日施行。

人類免疫缺乏病毒傳染防治及感染者權益保障條例

①民國79年12月17日總統令制定公布全文22條。
②民國86年12月30日總統令修正公布第5～7、9、14～18條條文；並增訂第6-1、8-1條條文。
③民國88年4月21日總統令修正公布第9條條文。
④民國89年1月19日總統令修正公布第3條條文。
⑤民國89年7月19日總統令修正公布第10、14條條文；並增訂第14-1條條文。
⑥民國94年2月5日總統令修正公布第7、9、14、14-1、18條條文；並增訂第9-1條條文。
⑦民國96年7月11日總統令修正公布名稱及全文27條；並自公布日施行（原名稱：後天免疫缺乏症候群防治條例）。
　民國102年7月19日行政院公告第2條、第6條第1項所列屬「行政院衛生署」、「中央健康保險局」之權責事項，自102年7月23日起分別改由「衛生福利部」、「衛生福利部中央健康保險署」管轄。
⑧民國104年2月4日總統令修正公布第2、6、16、17、23、27條條文；增訂第15-1條條文；並刪除第18～20條條文；除第16條第3、4項自公布後二年施行外，自公布日施行。
⑨民國107年6月13日總統令修正公布第11、12、21～23條條文。
⑩民國110年1月20日總統令修正公布第15-1條條文。

第一條

為防止人類免疫缺乏病毒之感染、傳染及維護國民健康，並保障感染者權益，特制定本條例。

第二條 104

本條例所稱主管機關：在中央為衛生福利部；在直轄市為直轄市政府；在縣（市）為縣（市）政府。

第三條

本條例所稱人類免疫缺乏病毒感染者（以下簡稱感染者），指該病毒感染之後天免疫缺乏症候群患者及感染病毒而未發病者。

第四條

①感染者之人格與合法權益應受尊重及保障，不得予以歧視，拒絕其就學、就醫、就業、安養、居住或予其他不公平之待遇，相關權益保障辦法，由中央主管機關會商中央各目的事業主管機關訂定之。

②中央主管機關對感染者所從事之工作，為避免其傳染於人，得予必要之執業執行規範。

③非經感染者同意，不得對其錄音、錄影或攝影。

第五條

①中央主管機關應邀集感染者權益促進團體、民間機構、學者專家及各目的事業主管機關代表，參與推動人類免疫缺乏病毒傳染防治及感染者權益保障事項；其中單一性別不得少於三分之一，且感染者權益促進團體、民間機構及學者專家之席次比例，不得少於二分之一。

②前項防治及權益保障事項包括：

一　整合、規劃、諮詢、推動人類免疫缺乏病毒傳染防治及感染者權益保障相關事項。

二　受理感染者權益侵害協調事宜。

三　訂定權益保障事項與感染者權益侵害協調處理及其他遵行事項之辦法。

③第一項之感染者權益促進團體及民間機構代表由各立案之民間機構、團體互推後，由主管機關遴聘之。

第六條 104

醫事機構應依主管機關規定，辦理人類免疫缺乏病毒感染之篩檢及預防工作；其費用由主管機關編列預算支應之。

第七條

①主管機關應辦理人類免疫缺乏病毒之防治教育及宣導。

②中央各目的事業主管機關應明訂年度教育及宣導計畫；其內容應具有性別意識，並著重反歧視宣導，並由機關、學校、團體及大眾傳播媒體協助推行。

第八條

①有下列情形之一者，應接受人類免疫缺乏病毒及其他性病防治講習：

一　經查獲有施用或販賣毒品之行為。

二　經查獲意圖營利與他人為性交或猥褻之行為。

三　與前款之人為性交或猥褻之行為。

②前項講習之課程、時數、執行單位及其他應遵行事項之辦法，由中央主管機關定之。

第九條

①主管機關為防止人類免疫缺乏病毒透過共用針具、稀釋液或容器傳染於人，得視需要，建立針具提供、交換、回收及管制藥品成癮替代治療等機制；其實施對象、方式、內容與執行機構及其他應遵行事項之辦法，由中央主管機關定之。

②因參與前項之機制而提供或持有針具或管制藥品，不負刑事責任。

第一〇條

旅館業及浴室業，其營業場所應提供保險套及水性潤滑劑。

第一一條 107

①有下列情形之一者，應事先實施人類免疫缺乏病毒有關檢驗：

一　採集血液供他人輸用。但有緊急輸血之必要而無法事前檢驗

者，不在此限。

二　製造血液製劑。

三　施行器官、組織、體液或細胞移植。

②前項檢驗呈陽性反應者，其血液、器官、組織、體液及細胞，不得使用。但受移植之感染者於器官移植手術前以書面同意者，不在此限。

③醫事機構對第一項檢驗呈陽性反應者，應通報主管機關。

第一二條 107

①感染者有提供其感染源或接觸者之義務；就醫時，應向醫事人員告知其已感染人類免疫缺乏病毒。但處於緊急情況或身處隱私未受保障之環境者，不在此限。

②主管機關得對感染者及其感染源或接觸者實施調查。但實施調查時不得侵害感染者之人格及隱私。

③感染者提供其感染事實後，醫事機構及醫事人員不得拒絕提供服務。

第一三條

①醫事人員發現感染者應於二十四小時內向地方主管機關通報；其通報程序與內容，由中央主管機關訂定之。

②主管機關為防治需要，得要求醫事機構、醫師或法醫師限期提供感染者之相關檢驗結果及治療情形，醫事機構、醫師或法醫師不得拒絕、規避或妨礙。

第一四條

主管機關、醫事機構、醫事人員及其他因業務知悉感染者之姓名及病歷等有關資料者，除依法律規定或基於防治需要者外，對於該項資料，不得洩漏。

第一五條

①主管機關應通知下列之人，至指定之醫事機構，接受人類免疫缺乏病毒諮詢與檢查：

一　接獲報告或發現感染或疑似感染人類免疫缺乏病毒者。

二　與感染者發生危險性行為、共用針具、稀釋液、容器或有其他危險行為者。

三　經醫事機構依第十一條第三項通報之陽性反應者。

四　輸血或移植感染人類免疫缺乏病毒之血液、器官、組織、體液者。

五　其他經中央主管機關認為有檢查必要者。

②前項檢查費用，由中央主管機關及中央各目的事業主管機關編列之，前項第五款有檢查必要之範圍，由中央主管機關公告之。

③第一項所列之人，亦得主動前往主管機關指定之醫事機構，請求諮詢、檢查。

④醫事人員除因第十一條第一項規定外，應經當事人同意及諮詢程序，始得抽取當事人血液進行人類免疫缺乏病毒檢查。

第一五條之一 110

① 有下列情形之一者，因醫療之必要性或急迫性，醫事人員得採集檢體進行人類免疫缺乏病毒感染檢測，無需受檢查人或其法定代理人之同意：

一 疑似感染來源，有致執行業務人員因執行業務而暴露血液或體液受人類免疫缺乏病毒感染之虞。

二 受檢查人意識不清無法表達意願。

三 新生兒之生母不詳。

② 因醫療之必要性或急迫性，未成年人未能取得法定代理人之即時同意，經本人同意，醫事人員得採集檢體進行人類免疫缺乏病毒感染檢測。

第一六條 104

① 感染者應至中央主管機關指定之醫療機構接受人類免疫缺乏病毒感染治療及定期檢查、檢驗。

② 感染者拒絕前項規定之治療及定期檢查、檢驗者，直轄市、縣（市）主管機關得施予講習或輔導教育。

③ 感染者自確診開始服藥後二年內，以下費用由中央主管機關予以全額補助：

一 人類免疫缺乏病毒門診及住院診察費等治療相關之醫療費用。

二 抗人類免疫缺乏病毒之藥品費。

三 抗人類免疫缺乏病毒藥品之藥事服務費。

四 病毒負荷量檢驗及感染性淋巴球檢驗之檢驗費。

五 其他經中央主管機關指定之項目。

④ 前項費用於感染者確診開始服藥二年後，全民健康保險保險對象應自行負擔之費用及依全民健康保險法未能給付之檢驗及藥物，應由中央主管機關編列預算支應之。

⑤ 前兩項補助之對象、程序、廢止及其他應遵行事項之辦法，由中央主管機關定之。

第一七條 104

醫事人員發現感染者之屍體，應於一週內向地方主管機關通報，地方主管機關接獲通報時，應立即指定醫療機構依防疫需要及家屬意見進行適當處理。

第一八條至第二〇條 （刪除）104

第二一條 107

① 明知自己為感染者，隱瞞而與他人進行危險性行為或有共用針具、稀釋液或容器等之施打行為，致傳染於人者，處五年以上十二年以下有期徒刑。

② 明知自己為感染者，而供血或以器官、組織、體液或細胞提供移植或他人使用，致傳染於人者，亦同。但第十一條第二項但書所定情形，不罰。

③ 前二項之未遂犯罰之。

④危險性行爲之範圍，由中央主管機關參照世界衛生組織相關規定訂之。

第二二條 107

違反第十一條第一項或第二項本文規定者，處新臺幣三萬元以上十五萬元以下罰鍰，因而致人感染人類免疫缺乏病毒者，處三年以上十年以下有期徒刑。

第二三條 107

①違反第十一條第三項、第十二條、第十四條、第十五條第一項及第四項、第十五條之一或第十七條者，處新臺幣三萬元以上十五萬元以下罰鍰。但第十二條第一項但書所定情形，不罰。

②醫事人員違反第十三條規定者，處新臺幣九萬元以上四十五萬元以下罰鍰。

③違反第四條第一項或第三項、醫事機構違反第十二條第三項規定者，處新臺幣三十萬元以上一百五十萬元以下罰鍰。

④第一項及前項之情形，主管機關於必要時，得限期令其改善；屆期未改善者，按次處罰之。

⑤醫事人員有第一項至第三項情形之一而情節重大者，移付中央主管機關懲戒。

第二四條

①違反第十條規定，經令其限期改善，屆期未改善者，處營業場所負責人新臺幣三萬元以上十五萬元以下罰鍰。

②違反第八條第一項不接受講習者，處新臺幣一萬元以上五萬元以下罰鍰。

第二五條

本條例所定之罰鍰，由直轄市或縣（市）主管機關處罰之。但第二十三條之罰鍰，亦得由中央主管機關處罰。

第二六條

①提供感染者服務工作或執行本條例相關工作著有績效者，中央主管機關應予獎勵。

②提供感染者服務工作或執行本條例相關工作而感染人類免疫缺乏病毒者，其服務機關（構）應給予合理補償；其補償之方式、額度及其他應遵行事項之辦法，由中央主管機關定之。

第二七條 104

①本條例自公布日施行。

②本條例第十六條第三項及第四項之修正條文，自公布後二年施行。

陸海空軍刑法

①民國18年9月25日國民政府制定公布全文119條。
②民國26年7月2日國民政府修正公布第2、112～122條條文。
③民國88年4月21日總統令修正公布第十一章章名及第87條條文。
④民國90年9月28日總統令修正公布全文79條；並自90年10月2日起施行。
⑤民國96年1月10日總統令修正公布第27、66條條文。
⑥民國96年12月12日總統令修正公布第79條條文。
⑦民國97年1月2日總統令修正公布第54條條文。
⑧民國100年11月30日總統令修正公布第54條條文。
⑨民國102年5月22日總統令修正公布第54條條文。
⑩民國103年1月15日總統令修正公布第44條條文。
⑪民國106年4月19日總統令修正公布第75條條文。
⑫民國108年11月20日總統令修正公布第54、72條條文。

第一編　總　則

第一條

現役軍人犯本法之罪者，依本法處罰。

第二條

①非現役軍人於戰時有下列情形之一者，亦適用本法之規定處罰：
一　犯第十六條之罪。
二　犯第十七條第一項、第十八條第一項第一款、第二款之罪。
三　犯第五十三條第一項、第五十八條第一項、第五十九條第一項、第六十三條第一項之罪。
四　犯第六十七條第一項、第二項、第六十八條第二項之罪。
五　犯第七十二條之罪，致生軍事上之不利益。

②前項第十七條第一項、第十八條第一項第一款、第二款、第五十三條第一項、第五十八條第一項、第五十九條第一項及第六十七條第一項、第二項之未遂犯，亦同。

第三條

現役軍人犯本法之罪後，喪失現役軍人身分者，仍適用本法處罰。

第四條

現役軍人在中華民國領域外犯本法之罪者，仍適用本法；非現役軍人於戰時在中華民國領域外犯第二條之罪者，亦同。

第五條

現役軍人在中華民國軍隊占領地域內犯中華民國刑法或其他法律

之罪者，以在中華民國領域內犯罪論。

第六條

本法所稱現役軍人，謂依兵役法或其他法律服役之軍官、士官、士兵。

第七條

依法成立之武裝團隊，戰時納入作戰序列者，視同現役軍人。

第八條

①本法所稱長官，謂有命令權或職務在上之軍官、士官。

②本法所稱上官，謂前項以外，而官階在上之軍官、士官。

第九條

本法所稱部隊，謂國防部及所屬軍隊、機關、學校。

第一〇條

本法所稱敵人，謂與中華民國交戰或武力對峙之國家或團體。

第一一條

①本法關於戰時之規定，適用於總統依憲法宣戰之期間及地域。其因戰爭或叛亂發生而宣告戒嚴之期間及地域者，亦同。但宣戰或戒嚴未經立法院同意或追認者，不在此限。

②戰時犯本法之罪，縱經媾和、全部或局部有停火之事實或協定，仍依戰時之規定處罰。但按其情節顯然過重者，得減輕或免除其刑。

第一二條

戰時為維護國防或軍事上之重大利益，當事機急迫而出於不得已之行為，不罰。但其行為過當者，得減輕或免除其刑。

第一三條

刑法總則之規定，與本法不相牴觸者，適用之。

第二編　分　則

第一章　違反效忠國家職責罪

第一四條

①意圖破壞國體、竊據國土，或以非法之方法變更國憲、顛覆政府，而以強暴或脅迫著手實行者，處十年以上有期徒刑；首謀者，處死刑、無期徒刑或十年以上有期徒刑。

②預備犯前項之罪者，處一年以上七年以下有期徒刑。

第一五條

①以暴動或勾結外力犯前條第一項之罪者，處無期徒刑或七年以上有期徒刑；首謀者，處死刑或無期徒刑。

②預備或陰謀犯前項之罪者，處三年以上十年以下有期徒刑。

第一六條

意圖犯第十四條第一項之罪，而以文字、圖畫、演說或他法煽惑現役軍人暴動者，處七年以上有期徒刑。

第一七條

①有下列行為之一者，處死刑或無期徒刑：

一　將部隊或第五十八條第一項或第五十九條第一項之軍用設施、物品交付敵人者。

二　為敵人從事間諜活動，或幫助敵人之間諜從事活動者。

三　擅打旗號或發送、傳輸電信授意於敵人者。

四　使敵人侵入軍用港口、機場、要塞或其他軍用設施、建築物，或為敵人作嚮導或指示地理者。

五　強暴、脅迫或恐嚇長官或上官投降敵人者。

六　為敵人奪取或縱放捕獲之艦艇、航空器或俘虜者。

②前項之未遂犯，罰之。

③預備或陰謀犯第一項之罪者，處一年以上七年以下有期徒刑。

④犯前三項之罪，情節輕微者，得減輕其刑。

第一八條

①意圖利敵，而有下列行為之一者，處死刑、無期徒刑或十年以上有期徒刑：

一　毀壞第五十八條第一項或第五十九條第一項之軍用設施、物品，或致令不堪用者。

二　損壞或壅塞水陸路通、橋樑、燈塔、標記，或以他法妨害軍事交通者。

三　長官率部隊不就指定守地或擅離配置地者。

四　解散部隊或誘使潰走、混亂，或妨害其聯絡、集合者。

五　使部隊缺乏兵器、彈藥、糧食、被服或其他重要軍用物品者。

六　犯第六十六條第一項或第四項之罪者。

②前項之未遂犯，罰之。

③預備或陰謀犯第一項之罪者，處六月以上五年以下有期徒刑。

④犯前三項之罪，情節輕微者，得減輕其刑。

第一九條

①以前二條以外之方法供敵人軍事上之利益，或軍事上之不利益害中華民國或其同盟國者，處死刑、無期徒刑或十年以上有期徒刑。

②前項之未遂犯，罰之。

③預備或陰謀犯第一項之罪者，處六月以上五年以下有期徒刑。

④犯前三項之罪，情節輕微者，得減輕其刑。

第二〇條

①洩漏或交付關於中華民國軍事上應秘密之文書、圖畫、消息、電磁紀錄或物品者，處三年以上十年以下有期徒刑。戰時犯之者，處無期徒刑或七年以上有期徒刑。

②洩漏或交付前項之軍事機密於敵人者，處死刑或無期徒刑。

③前二項之未遂犯，罰之。

④因過失犯第一項前段之罪者，處三年以下有期徒刑、拘役或新臺

幣三十萬元以下罰金。戰時犯之者，處一年以上七年以下有期徒刑。

⑤預備或陰謀犯第一項或第二項之罪者，處五年以下有期徒刑。

第二一條

洩漏或交付職務上所持有或知悉之前條第一項軍事機密者，加重其刑至二分之一。

第二二條

①刺探或收集第二十條第一項之軍事機密者，處一年以上七年以下有期徒刑。戰時犯之者，處三年以上十年以下有期徒刑。

②為敵人刺探或收集第二十條第一項之軍事機密者，處五年以上十二年以下有期徒刑。戰時犯之者，處無期徒刑或七年以上有期徒刑。

③前二項之未遂，罰之。

④預備或陰謀犯第一項或第二項之罪者，處二年以下有期徒刑、拘役或新臺幣二十萬元以下罰金。

第二三條

①意圖刺探或收集第二十條第一項之軍事機密，未受允准而侵入軍事要塞、堡壘、港口、航空站、軍營、軍用艦船、航空器、械彈廠庫或其他軍事處所、建築物，或留滯其內者，處三年以上十年以下有期徒刑。戰時犯之者，加重其刑至二分之一。

②前項之未遂犯，罰之。

③預備或陰謀犯第一項之罪者，處二年以下有期徒刑、拘役或新臺幣二十萬元以下罰金。

第二四條

①投敵者，處死刑、無期徒刑或十年以上有期徒刑。

②不盡其應盡之責而降敵者，處一年以上七年以下有期徒刑。

③前二項之未遂犯，罰之。

④預備或陰謀犯第一項之罪者，處六月以上五年以下有期徒刑。

第二五條

犯本章之罪自首而受裁判者，減輕或免除其刑；在偵查或審判中自白者，減輕其刑。

第二章　違反職役職責罪

第二六條

指揮官無故開啟戰端者，處死刑、無期徒刑或十年以上有期徒刑。

第二七條 96

①敵前違抗作戰命令者，處死刑或無期徒刑。

②前項之未遂犯罰之。

第二八條

①戰時有救護、醫療職務之人，無故遺棄傷病軍人或俘虜者，處一年以上七年以下有期徒刑。

②因而致人於死者，處無期徒刑或七年以上有期徒刑；致重傷者，處三年以上十年以下有期徒刑。

第二九條

①有維修軍用艦艇、航空器、戰車、砲車、裝甲車、武器、彈藥或其他重要軍用設施、物品職務之人，未盡維修義務，或明知機件損壞匿不報告，致乘駕或使用人員陷於危險者，處五年以下有期徒刑。

②因而致前項人員於死者，處無期徒刑或七年以上有期徒刑；致重傷者，處三年以上十年以下有期徒刑。

第三〇條

①有補給或食勤職務之人，供給部隊有害身體或健康之飲食品或其他物品者，處七年以下有期徒刑。

②因而致人於死者，處無期徒刑或七年以上有期徒刑；致重傷者，處三年以上十年以下有期徒刑。

③第一項之未遂犯，罰之。

第三一條

①委棄軍事上應秘密之文書、圖畫、電磁紀錄或其他物品者，處三年以下有期徒刑、拘役或新臺幣三十萬元以下罰金。

②棄置前項物品於敵者，處七年以下有期徒刑。

③因過失犯前二項之罪，致生軍事上之不利益者，處二年以下有期徒刑、拘役或新臺幣二十萬元以下罰金。

④戰時犯第一項或第二項之罪者，處無期徒刑或七年以上有期徒刑；致生軍事上之不利益者，處死刑、無期徒刑或十年以上有期徒刑；犯第三項之罪者，處一年以上七年以下有期徒刑。

第三二條

①有補給或運輸武器、彈藥、糧秣、被服或其他重要軍用物品職務之人，無故使之缺乏或遲誤，致生軍事上之不利益者，處一年以上七年以下有期徒刑。

②因過失犯前項之罪者，處三年以下有期徒刑、拘役或新臺幣三十萬元以下罰金。

③戰時犯第一項之罪者，處無期徒刑或七年以上有期徒刑；犯第二項之罪者，處三年以上十年以下有期徒刑。

第三三條

①有看守或管理俘虜職務之人，縱放俘虜或便利其脫逃者，處一年以上七年以下有期徒刑。

②因過失犯前項之罪者，處一年以下有期徒刑、拘役或新臺幣十萬元以下罰金。

③第一項以外之人，縱放俘虜或便利其脫逃者，處三年以下有期徒刑、拘役或新臺幣三十萬元以下罰金。

④第一項之未遂犯，罰之。

第三四條

①衛兵、哨兵或其他擔任警戒職務之人，因睡眠、酒醉或其他相類

之情形，而廢弛職務，足以生軍事上之不利益者，處五年以下有期徒刑。

②戰時犯前項之罪者，處一年以上七年以下有期徒刑；致生軍事上之不利益者，處無期徒刑或七年以上有期徒刑。

③戰時因過失犯第一項之罪者，處三年以下有期徒刑、拘役或新臺幣三十萬元以下罰金。

第三五條

①衛兵、哨兵或其他擔任警戒、傳令職務之人，不到或擅離勤務所在地者，處一年以下有期徒刑、拘役或新臺幣十萬元以下罰金；致生軍事上之不利益者，處一年以上七年以下有期徒刑。

②因過失犯前項前段之罪，致生軍事上之不利益者，處六月以下有期徒刑、拘役或新臺幣五萬元以下罰金。

③戰時犯第一項前段之罪者，處五年以下有期徒刑；致生軍事上之不利益者，處無期徒刑或七年以上有期徒刑。

④戰時因過失犯第一項前段之罪者，處三年以下有期徒刑、拘役或新臺幣三十萬元以下罰金。

第三六條

①無故不依規定使衛兵、哨兵或其他擔任警戒、傳令職務之人交接者，處一年以下有期徒刑、拘役或新臺幣十萬元以下罰金；致生軍事上之不利益者，處一年以上七年以下有期徒刑。

②使違反其他勤務規定者，亦同。

第三七條

①意圖免除職役，偽為疾病、毀傷身體或為其他詐偽之行為者，處一年以上七年以下有期徒刑。

②前項之未遂犯，罰之。

第三八條

①以詐術或其他不正方法，而免除全部或一部之重要軍事勤務者，處三年以下有期徒刑、拘役或新臺幣三十萬元以下罰金。

②前項之未遂犯，罰之。

第三九條

①意圖長期脫免職役而離去或不就職役者，處五年以下有期徒刑。但於六日內自動歸隊者，減輕其刑。

②戰時犯前項前段之罪者，處無期徒刑或十年以上有期徒刑。

③前二項之未遂犯，罰之。

第四〇條

①無故離去或不就職役逾六日者，處三年以下有期徒刑、拘役或新臺幣三十萬元以下罰金。

②戰時無故離去或不就職役者，處三年以上十年以下有期徒刑。

③無故離去或不就職役逾三十日，或戰時逾六日者，依前條之規定處罰。

第四一條

①無故離去或不就職役而攜帶軍用武器、彈藥或其他直接供作戰之

軍用物品者，處七年以上有期徒刑。戰時犯之者，處死刑、無期徒刑或十年以上有期徒刑。

②犯前項前段之罪，於七十二小時內自首，並繳交所攜帶之物品者，減輕或免除其刑；其於偵查或審判中自白，並繳交所攜帶之物品者，減輕其刑。

③第一項之未遂犯，罰之。

第三章　違反長官職責罪

第四二條

①長官擅離部屬、配置地或擅自遷移部隊駐地者，處一年以上七年以下有期徒刑。

②戰時犯前項之罪者，處無期徒刑或七年以上有期徒刑；致生軍事上之不利益者，處死刑或無期徒刑。

第四三條

①戰時長官無故遺棄傷病部屬者，處一年以上七年以下有期徒刑。

②因而致人於死者，處無期徒刑或七年以上有期徒刑；致重傷者，處三年以上十年以下有期徒刑。

第四四條 103

①長官凌虐部屬者，處三年以上十年以下有期徒刑。致人於死者，處無期徒刑或七年以上有期徒刑；致重傷者，處五年以上十二年以下有期徒刑。

②上官或資深士兵藉勢或藉端凌虐軍人者，處五年以下有期徒刑。致人於死者，處無期徒刑或七年以上有期徒刑；致重傷者，處三年以上十年以下有期徒刑。

③前二項所稱凌虐，指逾越教育、訓練、勤務、作戰或其他軍事之必要，使軍人受凌辱虐待之非人道待遇行為。

④前項教育、訓練、勤務、作戰或其他軍事必要之實施範圍及應遵行事項，由國防部以準則定之。

⑤長官明知軍人犯第一項、第二項之罪，而包庇、縱容或不為舉發者，處三年以下有期徒刑、拘役或新臺幣三十萬元以下罰金。

第四五條

①長官對於部屬明知依法不應懲罰而懲罰者，處三年以下有期徒刑、拘役或新臺幣三十萬元以下罰金。

②對部屬施以法定種類、限度以外之懲罰者，處一年以下有期徒刑、拘役或新臺幣十萬元以下罰金。

第四六條

①長官以強暴、脅迫、恐嚇、利誘或其他不正方法阻撓部屬請願、訴願、訴訟、陳情或申訴者，處三年以下有期徒刑、拘役或新臺幣三十萬元以下罰金。

②有審查或轉呈之職責而犯前項之罪者，亦同。

第四章　違反部屬職責罪

第四七條

①違抗上級機關或長官職權範圍內所下達或發布與軍事有關之命令者，處五年以下有期徒刑。

②戰時犯前項之罪者，處死刑或無期徒刑。

③戰時因過失未執行第一項之命令，致生軍事上之不利益者，處五年以上十二年以下有期徒刑。

④犯第一項之罪，而命令不須立即執行，行為人適時且自願履行者，減輕或免除其刑。

第四八條

①聚眾犯前條第一項之罪，首謀者，處三年以上十年以下有期徒刑；在場助勢之人，處一年以上七年以下有期徒刑。

②戰時犯前項之罪者，首謀者，處死刑或無期徒刑；在場助勢之人，處死刑、無期徒刑或十年以上有期徒刑。

第四九條

①對於長官施強暴、脅迫或恐嚇者，處一年以上七年以下有期徒刑。

②戰時犯前項之罪者，處死刑、無期徒刑或十年以上有期徒刑。

③對上官犯第一項之罪者，處三年以下有期徒刑、拘役或新臺幣三十萬元以下罰金。戰時犯之者，處一年以上七年以下有期徒刑。

④前三項之未遂犯，罰之。

第五〇條

①聚眾犯前條第一項之罪，首謀者，處七年以上有期徒刑；下手實施者，處五年以上有期徒刑；在場助勢之人，處一年以上七年以下有期徒刑。

②戰時犯前項之罪，首謀者，處死刑或無期徒刑；下手實施者，處死刑、無期徒刑或十年以上有期徒刑；在場助勢之人，處三年以上十年以下有期徒刑。

③前二項之未遂犯，罰之。

第五一條

犯前二條之罪，其情狀可憫恕者，減輕其刑。

第五二條

①公然侮辱長官者，處二年以下有期徒刑、拘役或新臺幣二十萬元以下罰金。

②公然侮辱上官者，處一年以下有期徒刑、拘役或新臺幣十萬元以下罰金。

③以文字、圖畫、演說或他法，犯前二項之罪者，加重其刑至二分之一。

④前三項之罪，須告訴乃論。

第五章　其他軍事犯罪

第五三條

①以強暴、脅迫、恐嚇或他法劫持軍用艦艇、航空器，或控制其航

行者，處死刑、無期徒刑或十年以上有期徒刑。

②前項之未遂犯，罰之。

③預備犯第一項之罪者，處六月以上五年以下有期徒刑。

第五四條 108

①駕駛動力交通工具而有下列情形之一者，處二年以下有期徒刑，得併科新臺幣三十萬元以下罰金：

一 吐氣所含酒精濃度達每公升零點二五毫克或血液中酒精濃度達百分之零點零五以上。

二 有前款以外之其他情事足認服用酒類或其他相類之物，致不能安全駕駛。

三 服用毒品、麻醉藥品或其他相類之物，致不能安全駕駛。

②因而致人於死者，處三年以上十年以下有期徒刑；致重傷者，處一年以上七年以下有期徒刑。

③曾犯本條或刑法第一百八十五條之三之罪，經有罪判決確定或經緩起訴處分確定，於五年內再犯第一項之罪因而致人於死者，處無期徒刑或五年以上有期徒刑；致重傷者，處三年以上十年以下有期徒刑。

④駕駛公務或軍用動力交通工具犯本條之罪者，得加重其刑至二分之一。

第五五條

戰時無故攻擊醫院、醫療設施、醫療運輸工具或醫療救護人員者，處一年以上七年以下有期徒刑。攻擊談判代表或戰地新聞記者者，亦同。

第五六條

①在戰地無故攫取傷病或死亡國軍、友軍或敵軍之財物者，處一年以上七年以下有期徒刑。

②前項之未遂犯，罰之。

第五七條

①不依法令徵購、徵用物資、設施或民力者，處三年以上十年以下有期徒刑。

②前項之未遂犯，罰之。

第五八條

①毀壞軍用機場、港口、坑道、碉堡、要塞、艦艇、航空器、車輛、武器、彈藥、雷達、通信、資訊設備、器材或其他直接供作戰之重要軍用設施、物品，或致令不堪用者，處無期徒刑或七年以上有期徒刑。情節輕微者，處五年以下有期徒刑。

②因過失犯前項之罪者，處三年以下有期徒刑、拘役或新臺幣三十萬元以下罰金。

③戰時犯第一項之罪者，處死刑或無期徒刑；犯第二項之罪者，加重其刑至二分之一。

④第一項、第三項前段之未遂犯，罰之。

⑤預備犯第一項之罪者，處三年以下有期徒刑、拘役或新臺幣三十

萬元以下罰金。戰時犯之者，加重其刑至二分之一。

⑥犯前四項之罪，情節輕微者，得減輕其刑。

第五九條

①毀壞軍用工廠、倉庫、船塢、橋樑、水陸通路、油料、糧秣或製造武器、彈藥之原料或其他重要軍用設施、物品，或致令不堪用者，處三年以上十年以下有期徒刑。情節輕微者，處三年以下有期徒刑、拘役或新臺幣三十萬元以下罰金。

②因過失犯前項之罪者，處二年以下有期徒刑、拘役或新臺幣二十萬元以下罰金。

③戰時犯第一項之罪者，處無期徒刑或七年以上有期徒刑；犯第二項之罪者，加重其刑至二分之一。

④第一項、第三項前段之未遂犯，罰之。

⑤犯前三項之罪，情節輕微者，得減輕其刑。

第六〇條

①毀壞前二條以外之軍用設施、物品，或致令不堪用者，處三年以下有期徒刑、拘役或新臺幣三十萬元以下罰金。

②前項之罪，須告訴乃論。

第六一條

遺失武器、彈藥或其他直接供作戰之軍用物品，致生公眾或軍事之危險者，處三年以下有期徒刑、拘役或新臺幣三十萬元以下罰金。

第六二條

戰時無故毀損具有歷史價值之古蹟、文物者，處五年以下有期徒刑。情節重大者，處一年以上七年以下有期徒刑。

第六三條

①意圖損害軍事利益，非法輸出、干擾、變更、刪除軍事電磁紀錄，或以他法妨害其正確性者，處一年以上七年以下有期徒刑。

②戰時犯前項之罪者，處三年以上十年以下有期徒刑；致生軍事上之不利益者，處無期徒刑或七年以上有期徒刑。

第六四條

①竊取或侵占軍用武器或彈藥者，處三年以上十年以下有期徒刑。

②意圖供自己或他人犯罪之用，而犯前項之罪者，處無期徒刑或十年以上有期徒刑。

③竊取或侵占第一項以外之軍用物品者，處一年以上七年以下有期徒刑。

④前三項之未遂犯，罰之。

⑤犯第一項或第三項之罪，情節輕微者，處五年以下有期徒刑。

第六五條

①未經許可，製造、販賣或運輸軍用武器或彈藥者，處死刑、無期徒刑或十年以上有期徒刑。

②意圖供自己或他人犯罪之用，而犯前項之罪者，處死刑或無期徒刑。

③未經許可，製造、販賣或運輸軍用武器或彈藥之主要組成零件者，處無期徒刑或七年以上有期徒刑。

④前三項之未遂犯，罰之。

第六六條 96

①爲軍事上虛僞之命令、通報或報告者，處五年以下有期徒刑；致生軍事上之不利益者，處無期徒刑或七年以上有期徒刑。

②戰時犯前項前段之罪者，處死刑、無期徒刑或十年以上有期徒刑；致生軍事上之不利益者，處死刑或無期徒刑。

③因過失犯前項前段之罪者，處三年以上十年以下有期徒刑。

④對於軍事上之命令、通報或報告，傳達不實、不爲傳達或報告者，依前三項之規定處罰。

第六七條

①對於衛兵、哨兵或其他擔任警戒、傳令職務之人執行職務時，施強暴、脅迫或恐嚇者，處六月以上五年以下有期徒刑。

②聚眾犯前項之罪，首謀者，處三年以上十年以下有期徒刑；下手實施者，處一年以上七年以下有期徒刑；在場助勢之人，處三年以下有期徒刑、拘役或新臺幣三十萬元以下罰金。

③前二項之未遂犯，罰之。

第六八條

①對於前條以外之軍人執行職務時，施強暴、脅迫或恐嚇者，處三年以下有期徒刑，拘役或新臺幣三十萬元以下罰金。

②聚眾犯前項之罪，首謀者，處一年以上七年以下有期徒刑；下手實施者，處六月以上五年以下有期徒刑；在場助勢之人，處二年以下有期徒刑、拘役或新臺幣二十萬元以下罰金。

③前二項之未遂犯，罰之。

第六九條

①結夥三人以上強佔公署、鐵道、公路、車站、埠頭、航空站、電台、電視台、電信站或其他相類之場所者，處三年以上十年以下有期徒刑。

②前項之未遂犯，罰之。

第七〇條

對於衛兵、哨兵或其他擔任警戒、傳令職務之人執行職務時，當場侮辱，或對於其執行之職務公然侮辱者，處一年以下有期徒刑、拘役或新臺幣十萬元以下罰金。

第七一條

欺矇衛兵、哨兵或其他擔任警戒職務之人，而通過其警戒之處所，或不服其禁止而通過者，處一年以下有期徒刑、拘役或新臺幣十萬元以下罰金。

第七二條 108

①意圖散布於眾，捏造或傳述關於軍事上之謠言或不實訊息者，處三年以下有期徒刑、拘役或新臺幣三十萬元以下罰金。

②以廣播電視、電子通訊、網際網路或其他傳播工具犯前項之罪

者，得加重其刑至二分之一。

第七三條

① 意圖影響有任命、建議、審議、核可或同意權人，關於任命、陞遷、降免職役之決定，而匿名或冒名發送不利於他人之虛偽訊息者，處一年以下有期徒刑、拘役或新臺幣十萬元以下罰金。

② 明知其匿名或冒名之虛偽訊息，而提供有調查或人事權責之人參考者，處六月以下有期徒刑、拘役或新臺幣五萬元以下罰金。

第七四條

① 公然冒用軍人服飾、徽章或官銜者，處一年以下有期徒刑、拘役或新臺幣十萬元以下罰金。

② 犯前項之罪而行使其職權者，處五年以下有期徒刑。

第七五條 106

① 在營區、艦艇或其他軍事處所、建築物賭博財物者，處六月以下有期徒刑、拘役或科或併科新臺幣五萬元以下罰金。但以供人暫時娛樂之物為賭者，不在此限。

② 長官包庇或聚眾賭博者，處五年以下有期徒刑。

③ 當場賭博之器具與在賭檯或兌換籌碼處之財物，不問屬於犯罪行為人與否，沒收之。

第三編 附 則

第七六條

① 現役軍人犯刑法下列之罪者，除本法另有規定外，依各該規定處罰：

一 外患罪章第一百零九條至第一百十二條之罪。

二 瀆職罪章。

三 故意犯公共危險罪章第一百七十三條至第一百七十七條、第一百八十五條之一、第一百八十五條之二、第一百八十五條之四、第一百九十條之一或第一百九十一條之一之罪。

四 偽造文書印文罪章關於公文書、公印文之罪。

五 殺人罪章。

六 傷害罪章第二百七十七條第二項、第二百七十八條第二項之罪。

七 妨害性自主罪章。

八 在營區、艦艇或其他軍事處所、建築物所犯之竊盜罪。

九 搶奪強盜及海盜罪章。

十 恐嚇及擄人勒贖罪章。

② 前項各罪，特別法另有規定者，從其規定。

③ 戰時犯前二項之罪者，得加重其刑至二分之一。

第七七條

現役軍人違反毒品危害防制條例之規定者，依其規定處理之。

第七八條

關於中華民國軍事上及國防部主管之國防上應秘密之文書、圖書、消息、電磁紀錄或物品之種類、範圍及等級，由國防部以命令定之。

第七九條 96

本法除中華民國九十年九月二十八日修正公布之條文自九十年十月二日施行者外，自公布日施行。

國家安全法

① 民國76年7月1日總統令制定公布全文10條。
  民國76年7月14日行政院令定於76年7月15日施行。
② 民國81年7月29日總統令修正公布名稱及全文10條（原名稱：動員戡亂時期國家安全法）。
  民國81年7月30日行政院令定於81年8月1日施行。
③ 民國85年2月5日總統令增訂公布第2-1、5-1條條文。
  民國85年2月29日行政院令定於85年3月1日施行。
④ 民國100年11月23日總統令修正公布第6條條文；並刪除第2、3條條文。
  民國100年12月8日行政院令發布定自100年12月9日施行。
⑤ 民國102年8月21日總統令修正公布第8條條文。
  民國102年9月25日行政院令發布定自102年8月21日施行。
  民國107年4月27日行政院公告第4條第1項所列屬「海岸巡防機關」之權責事項原由「行政院海岸巡防署及所屬機關」管轄，自107年4月28日起改由「海洋委員會海巡署及所屬機關（構）」管轄。
⑥ 民國108年7月3日總統令修正公布第2-1、5-1條條文；並增訂第2-2、5-2條條文。
  民國108年7月3日行政院令發布定自108年7月5日施行。

第一條

① 為確保國家安全，維護社會安定，特制定本法。
② 本法未規定者，適用其他有關法律之規定。

第二條 （刪除）

第二條之一 108

人民不得為外國、大陸地區、香港、澳門、境外敵對勢力或其派遣之人為下列行為：

一　發起、資助、主持、操縱、指揮或發展組織。
二　洩漏、交付或傳遞關於公務上應秘密之文書、圖畫、影像、消息、物品或電磁紀錄。
三　刺探或收集關於公務上應秘密之文書、圖畫、影像、消息、物品或電磁紀錄。

第二條之二 108

國家安全之維護，應及於中華民國領域內網際空間及其實體空間。

第三條 （刪除）

第四條

① 警察或海岸巡防機關於必要時，對左列人員、物品及運輸工具，得依其職權實施檢查：

一　入出境之旅客及其所攜帶之物件。

二　入出境之船舶、航空器或其他運輸工具。

三　航行境內之船筏、航空器及其客貨。

四　前二款運輸工具之船員、機員、漁民或其他從業人員及其所攜帶之物件。

②對前項之檢查，執行機關於必要時，得報請行政院指定國防部命令所屬單位協助執行之。

第五條

①為確保海防及軍事設施安全，並維護山地治安，得由國防部會同內政部指定海岸、山地或重要軍事設施地區，劃為管制區，並公告之。

②人民入出前項管制區，應向該管機關申請許可。

③第一項之管制區，為軍事所必需者，得實施限建、禁建；其範圍由國防部會同內政部及有關機關定之。

④前項限建或禁建土地之稅捐，應予減免。

第五條之一 108

①意圖危害國家安全或社會安定，為大陸地區違反第二條之一第一款規定者，處七年以上有期徒刑，得併科新臺幣五千萬元以上一億元以下罰金；為大陸地區以外違反第二條之一第一款規定者，處三年以上十年以下有期徒刑，得併科新臺幣三千萬元以下罰金。

②違反第二條之一第二款規定者，處一年以上七年以下有期徒刑，得併科新臺幣一千萬元以下罰金。

③違反第二條之一第三款規定者，處六月以上五年以下有期徒刑，得併科新臺幣三百萬元以下罰金。

④第一項至第三項之未遂犯罰之。

⑤因過失犯第二項之罪者，處一年以下有期徒刑、拘役或新臺幣三十萬元以下罰金。

⑥犯前五項之罪而自首者，得減輕或免除其刑；因而查獲其他正犯與共犯，或防止國家安全或利益受到重大危害情事者，免除其刑。

⑦犯第一項至第五項之罪，於偵查中及歷次審判中均自白者，得減輕其刑；因而查獲其他正犯與共犯，或防止國家安全或利益受到重大危害情事者，減輕或免除其刑。

⑧犯第一項之罪者，其參加之組織所有之財產，除實際合法發還被害人者外，應予沒收。

⑨犯第一項之罪者，對於參加組織後取得之財產，未能證明合法來源者，亦同。

第五條之二 108

①軍公教及公營機關（構）人員，於現職（役）或退休（職、伍）後，有下列情形之一者，喪失其請領退休（職、伍）給與之權利；其已支領者，應追繳之：

一　犯內亂、外患罪，經判刑確定。

二　犯前條之罪、或陸海空軍刑法違反效忠國家職責罪章、國家機密保護法第三十二條至第三十四條、國家情報工作法第三十條至第三十一條之罪，經判處有期徒刑以上之刑確定。

②前項應追繳者，應以實行犯罪時開始計算。

第六條 100

無正當理由拒絕或逃避依第四條規定所實施之檢查者，處六月以下有期徒刑、拘役或科或併科新臺幣一萬五千元以下罰金。

第七條

①違反第五條第二項未經申請許可無故出入管制區經通知離去而不從者，處六月以下有期徒刑、拘役或科或併科新臺幣一萬五千元以下罰金。

②違反第五條第三項禁建、限建之規定，經制止而不從者，處六月以下有期徒刑、拘役或科或併科新臺幣一萬五千元以下罰金。

第八條 102

非現役軍人，不受軍事審判。

第九條

戒嚴時期戒嚴地域內，經軍事審判機關審判之非現役軍人刑事案件，於解嚴後依左列規定處理：

一　軍事審判程序尚未終結者，偵查中案件移送該管檢察官偵查，審判中案件移送該管法院審判。

二　刑事裁判已確定者，不得向該管法院上訴或抗告。但有再審或非常上訴之原因者，得依法聲請再審或非常上訴。

三　刑事裁判尚未執行或在執行中者，移送該管檢察官指揮執行。

第一〇條

本法施行細則及施行日期，由行政院定之。

反滲透法

民國109年1月15日總統令制定公布全文12條；並自公布日施行。

第一條

為防範境外敵對勢力之滲透干預，確保國家安全及社會安定，維護中華民國主權及自由民主憲政秩序，特制定本法。

第二條

本法用詞定義如下：

一　境外敵對勢力：指與我國交戰或武力對峙之國家、政治實體或團體。主張採取非和平手段危害我國主權之國家、政治實體或團體，亦同。

二　滲透來源：

（一）境外敵對勢力之政府及所屬組織、機構或其派遣之人。

（二）境外敵對勢力之政黨或其他訴求政治目的之組織、團體或其派遣之人。

（三）前二目各組織、機構、團體所設立或實質控制之各類組織、機構、團體或其派遣之人。

第三條

①任何人不得受滲透來源之指示、委託或資助，捐贈政治獻金，或捐贈經費供從事公民投票案之相關活動。

②違反前項規定者，處五年以下有期徒刑，得併科新臺幣一千萬元以下罰金。

第四條

①任何人不得受滲透來源之指示、委託或資助，為總統副總統選舉罷免法第四十三條或公職人員選舉罷免法第四十五條各款行為。

②違反前項規定者，處五年以下有期徒刑，得併科新臺幣一千萬元以下罰金。

第五條

①任何人不得受滲透來源之指示、委託或資助，進行遊說法第二條所定之遊說行為。

②違反前項規定者，處新臺幣五十萬元以上五百萬元以下罰鍰。

③違反第一項規定，就國防、外交及大陸事務涉及國家安全或國家機密進行遊說者，處三年以下有期徒刑，得併科新臺幣五百萬元以下罰金。

④第二項所定之罰鍰，由遊說法第二十九條規定之機關處罰之。

第六條

任何人受滲透來源之指示、委託或資助，而犯刑法第一百四十九條至第一百五十三條或集會遊行法第三十一條之罪者，加重其刑至二分之一。

第七條

受滲透來源之指示、委託或資助，而犯總統副總統選舉罷免法第五章、公職人員選舉罷免法第五章或公民投票法第五章之罪者，加重其刑至二分之一。

第八條

法人、團體或其他機構違反第三條至第七條規定者，處罰其行為負責人；對該法人、團體或其他機構，並科以各條所定之罰金或處以罰鍰。

第九條

滲透來源從事第三條至第七條之行為，或指示、委託或資助他人從事違反第三條至第七條之行為，依各該條規定處斷之。任何人受滲透來源指示、委託或資助而再轉指示、委託或資助者，亦同。

第一〇條

犯本法之罪自首或於偵查或審判中自白者，得減輕或免除其刑；自首並因而防止國家安全或利益受到重大危害情事者，免除其刑。

第一一條

各級政府機關知有違反第三條至第九條之情事者，應主動移送或函送檢察機關或司法警察機關偵辦。

第一二條

本法自公布日施行。

資恐防制法

①民國105年7月27日總統令制定公布全文15條；並自公布日施行。
②民國107年11月7日總統令修正公布第4、6、7、10、12、13條條文；並增訂第5-1條條文。

第一條

為防止並遏止對恐怖活動、組織、分子之資助行為（以下簡稱資恐），維護國家安全，保障基本人權，強化資恐防制國際合作，特制定本法。

第二條

本法之主管機關為法務部。

第三條

①行政院為我國資恐防制政策研議、法案審查、計畫核議及業務督導機關。

②主管機關應設資恐防制審議會（以下簡稱審議會），為個人、法人或團體列入制裁名單或除名與相關措施之審議；由法務部部長擔任召集人，並為當然委員；其餘委員由下列機關副首長兼任之：

一　國家安全局。

二　內政部。

三　外交部。

四　國防部。

五　經濟部。

六　中央銀行。

七　金融監督管理委員會。

八　其他經行政院指定之機關。

③審議會之組成、運作及相關事項之辦法，由主管機關定之。

第四條　107

①主管機關依法務部調查局提報或依職權，認個人、法人或團體有下列情事之一者，經審議會決議後，得指定為制裁名單，並公告之：

一　涉嫌犯第八條第一項各款所列之罪，以引起不特定人死亡或重傷，而達恐嚇公眾或脅迫政府、外國政府、機構或國際組織目的之行為或計畫。

二　依資恐防制之國際條約或協定要求，或執行國際合作或聯合國相關決議而有必要。

②前項指定之制裁名單，不以該個人、法人或團體在中華民國領域內者為限。

③第一項指定制裁個人、法人或團體之除名，應經審議會決議，並公告之。

第五條

①主管機關依法務部調查局提報或依職權，應即指定下列個人、法人或團體為制裁名單，並公告之：

一　經聯合國安全理事會資恐相關決議案及其後續決議所指定者。

二　聯合國安全理事會依有關防制與阻絕大規模毀滅性武器擴散決議案所指定者。

②前項所指定制裁個人、法人或團體之除名，非經聯合國安全理事會除名程序，不得為之。

第五條之一 107

主管機關依第四條第一項或前條第一項指定制裁名單前，得不給予該個人、法人或團體陳述意見之機會。

第六條 107

①主管機關得依職權或申請，許可下列措施：

一　酌留經指定制裁之個人或其受扶養親屬家庭生活所必需之財物或財產上利益。

二　酌留經指定制裁之個人、法人或團體管理財物或財產上利益之必要費用。

三　對經指定制裁之個人、法人或團體以外之第三人，許可支付受制裁者於受制裁前對善意第三人負擔之債務。

②前項情形，得於必要範圍內，限制經指定制裁之個人、法人或團體之財物或財產上利益之使用方式。

③前二項之許可或限制，主管機關得請各中央目的事業主管機關提供意見。

④違反第二項之限制或於限制期間疑似有第四條第一項各款情事之一者，主管機關得廢止第一項許可之措施。

⑤第一項許可措施及第二項限制相關事項之辦法，由主管機關定之。

第七條 107

①對於依第四條第一項或第五條第一項指定制裁之個人、法人或團體，除前條第一項、第二項所列許可或限制措施外，不得為下列行為：

一　對其金融帳戶、通貨或其他支付工具，為提款、匯款、轉帳、付款、交付或轉讓。

二　對其所有財物或財產上利益，為移轉、變更、處分、利用或其他足以變動其數量、品質、價值及所在地。

三　為其收集或提供財物或財產上利益。

②前項規定，於第三人受指定制裁之個人、法人或團體委任、委

託、信託或其他原因而爲其持有或管理之財物或財產上利益，亦適用之。

③洗錢防制法第五條第一項至第三項所定之機構、事業或人員，因業務關係知悉下列情事，應即通報法務部調查局：

一　其本身持有或管理經指定制裁之個人、法人或團體之財物或財產上利益。

二　經指定制裁之個人、法人或團體之財物或財產上利益所在地。

④依前項規定辦理通報者，免除其業務上應保守秘密之義務。

⑤第三項通報方式、程序及其他應遵行事項之辦法，由該機構、事業或人員之中央目的事業主管機關會商主管機關及中央銀行定之；其事務涉及司法院者，由司法院會商行政院定之。

第八條

①明知他人有實行下列犯罪之一以引起人員死亡或重傷，而達恐嚇公眾或脅迫政府、外國政府、機構或國際組織之目的之具體計畫或活動，直接或間接爲其收集或提供財物或財產上利益者，處一年以上七年以下有期徒刑，得併科新臺幣一千萬元以下罰金：

一　刑法第一百七十三條第一項、第三項、第一百七十六條準用第一百七十三條第一項、第三項、第一百七十八條第一項、第三項、第一百八十三條第一項、第四項、第一百八十四條第一項、第二項、第五項、第一百八十五條、第一百八十五條之一第一項至第五項、第一百八十五條之二、第一百八十六條之一第一項、第二項、第四項、第一百八十七條之一、第一百八十七條之二第一項、第二項、第四項、第一百八十七條之三、第一百八十八條、第一百九十條第一項、第二項、第四項、第一百九十條之一第一項至第三項、第一百九十一條之一、第一百九十二條第二項、第二百七十一條第一項、第二項、第二百七十八條、第三百零二條、第三百四十七條第一項至第三項、第三百四十八條、第三百四十八條之一；對於公務機關之電腦或其相關設備犯第三百五十八條至第三百六十條之罪。

二　槍砲彈藥刀械管制條例第七條之罪。

三　民用航空法第一百條之罪。

②前項之未遂犯罰之。

第九條

①明知爲下列個人、法人或團體，而仍直接或間接爲其收集或提供財物或財產上利益者，處六月以上五年以下有期徒刑，得併科新臺幣五百萬元以下罰金：

一　依第四條第一項或第五條第一項指定制裁之個人、法人或團體。

二　以犯前條第一項各款之罪，而恐嚇公眾或脅迫政府、外國政府、機構或國際組織爲其設立目的之團體。

　　三　以犯前條第一項各款之罪，而達恐嚇公眾或脅迫政府、外國
　　　　政府、機構或國際組織之目的或計畫之個人、法人或團體。

②明知為前項各款所列之個人、法人或團體訓練所需之相關費用，
而直接或間接提供財物或財產上利益之資助者，亦同。

③前二項所列犯罪之成立，不以證明該財物或財產上利益為供特定
恐怖活動為必要。

④第一項及第二項之未遂犯罰之。

第一〇條 107

前二條之罪，為洗錢防制法所稱之特定犯罪。

第一一條

①法人之代表人、代理人、受雇人或其他從業人員，因執行業務犯
第八條或第九條之罪者，除處罰行為人外，對該法人並科以各該
條所定之罰金。

②犯第八條或第九條之罪，於犯罪後六個月內自首者，免除其刑；
逾六個月者，減輕或免除其刑；在偵查或審判中自白者，減輕其
刑。

③第八條或第九條之罪，於中華民國人民在中華民國領域外犯罪
者，適用之。

第一二條 107

洗錢防制法第五條第一項至第三項所定之機構、事業或人員違反
第七條第一項至第三項規定者，由中央目的事業主管機關處新臺
幣二十萬元以上一百萬元以下罰鍰。

第一三條 107

①依第四條、第五條所為之指定或除名，自公告時生效。

②不服主管機關所為之公告者，得依法提起行政救濟。

第一四條

為防制國際資恐活動，政府依互惠原則，得與外國政府、機構或
國際組織簽訂防制資恐之條約或協定。

第一五條

本法自公布日施行。

入出國及移民法

①民國88年5月21日總統令制定公布全文70條。
　民國88年5月28日行政院函定於88年5月21日施行。
②民國91年5月29日總統令修正公布第23條條文。
　民國91年7月5日行政院令定自91年5月31日施行。
③民國91年7月10日總統令修正公布第10、23、70條條文；並自公布日施行。
④民國92年2月6日總統令修正公布第6條條文。
⑤民國96年12月26日總統令修正公布全文97條。
　民國97年7月22日行政院令定自97年8月1日施行。
⑥民國98年1月23日總統令修正公布第16條條文。
　民國98年2月10日行政院令發布定自98年1月23日施行。
⑦民國100年11月23日總統令修正公布第6、15、21、36、38、74、88條條文。
　民國100年12月8日行政院令發布定自100年12月9日施行。
　民國103年12月26日行政院公告第4條第1、2項、第5條第2項、第6條第1～6項、第7條第1、2項、第8條第1項、第9條第1、3、4、6、7項、第10條第1、5、7項、第11條第1、2項、第13條、第14條第1、3項、第15條第1～3項、第16條第2～5項、第17條第2項、第18條第1、2項、第19條第1項、第20條第1項、第21條第1～3項、第22條第1、2項、第23條第1～3項、第24條第1、2項、第25條第1～4、6、7項、第26條、第27條第2項、第28條第2項、第30條、第31條第1、3、4、5項、第32～34條、第36條第1～3項、第37條第1、2項、第38條第1～5項、第39條、第47條第1項、第48條、第49條第1、2項、第50條第2項、第55條第1～3項、第56條第2、4、6、7項、第59條第1、2項、第63條第1項、第64條第1項、第65條第1項、第66條第1項、第67條第1項、第68條、第69條第1項、第70條第1項、第71條第1項、第72條第1、4項、第79條第1項第1、2款、第86、88～90條、第91條第1項、第2項第3款、第3項、第92、94條所列屬「內政部入出國及移民署」之權責事項，自104年1月2日起改由「內政部移民署」管轄。
⑧民國104年2月4日總統令修正公布第15、36～38、91條條文；並增訂第38-1～38-9條條文。
　民國104年2月4日行政院令發布定自104年2月5日施行。
⑨民國105年11月16日總統令修正公布第16條條文。
　民國105年12月1日行政院令發布定自105年12月1日施行。
　民國107年4月27日行政院公告第5條第3項所列屬「行政院海岸巡防署」之權責事項，自107年4月28日起改由「海洋委員會」管轄；第94條所列屬「海岸巡防機關」之權責事項原由「行政院海岸巡防署及所屬機關」管轄，自107年4月28日起改由「海洋委員會海巡署及所屬機關（構）」管轄。
⑩民國110年1月27日總統令修正公布第9～11、23、25條條文。
　民國110年3月11日行政院令發布定自112年1月1日施行。

第一章　總　則

第一條

為統籌入出國管理，確保國家安全、保障人權；規範移民事務，落實移民輔導，特制定本法。

第二條

本法之主管機關為內政部。

第三條

本法用詞定義如下：

一　國民：指具有中華民國（以下簡稱我國）國籍之居住臺灣地區設有戶籍國民或臺灣地區無戶籍國民。

二　機場、港口：指經行政院核定之入出國機場、港口。

三　臺灣地區：指臺灣、澎湖、金門、馬祖及政府統治權所及之其他地區。

四　居住臺灣地區設有戶籍國民：指在臺灣地區設有戶籍，現在或原在臺灣地區居住之國民，且未依臺灣地區與大陸地區人民關係條例喪失臺灣地區人民身分。

五　臺灣地區無戶籍國民：指未曾在臺灣地區設有戶籍之僑居國外國民及取得、回復我國國籍尚未在臺灣地區設有戶籍國民。

六　過境：指經由我國機場、港口進入其他國家、地區，所作之短暫停留。

七　停留：指在臺灣地區居住期間未逾六個月。

八　居留：指在臺灣地區居住期間超過六個月。

九　永久居留：指外國人在臺灣地區無限期居住。

十　定居：指在臺灣地區居住並設立戶籍。

十一　跨國（境）人口販運：指以買賣或質押人口、性剝削、勞力剝削或摘取器官等為目的，而以強暴、脅迫、恐嚇、監控、藥劑、催眠術、詐術、不當債務約束或其他強制方法，組織、招募、運送、轉運、藏匿、媒介、收容外國人、臺灣地區無戶籍國民、大陸地區人民、香港或澳門居民進入臺灣地區或使之隱蔽之行為。

十二　移民業務機構：指依本法許可代辦移民業務之公司。

十三　跨國（境）婚姻媒合：指就居住臺灣地區設有戶籍國民與外國人、臺灣地區無戶籍國民、大陸地區人民、香港或澳門居民間之居間報告結婚機會或介紹婚姻對象之行為。

第四條

① 入出國者，應經內政部入出國及移民署（以下簡稱入出國及移民署）查驗；未經查驗者，不得入出國。

② 入出國及移民署於查驗時，得以電腦或其他科技設備，蒐集及利用入出國者之入出國紀錄。

③ 前二項查驗時，受查驗者應備文件、查驗程序、資料蒐集與利用

應遵行事項之辦法，由主管機關定之。

第二章　國民入出國

第五條

①居住臺灣地區設有戶籍國民入出國，不須申請許可。但涉及國家安全之人員，應先經其服務機關核准，始得出國。

②臺灣地區無戶籍國民入國，應向入出國及移民署申請許可。

③第一項但書所定人員之範圍、核准條件、程序及其他應遵行事項之辦法，分別由國家安全局、內政部、國防部、法務部、行政院海岸巡防署定之。

第六條 100

①國民有下列情形之一者，入出國及移民署應禁止其出國：

一　經判處有期徒刑以上之刑確定，尚未執行或執行未畢。但經宣告六月以下有期徒刑或緩刑者，不在此限。

二　通緝中。

三　因案經司法或軍法機關限制出國。

四　有事實足認有妨害國家安全或社會安定之重大嫌疑。

五　涉及內亂罪、外患罪重大嫌疑。

六　涉及重大經濟犯罪或重大刑事案件嫌疑。

七　役男或尚未完成兵役義務者。但依法令得准其出國者，不在此限。

八　護照、航員證、船員服務手冊或入國許可證件係不法取得、偽造、變造或冒用。

九　護照、航員證、船員服務手冊或入國許可證件未依第四條規定查驗。

十　依其他法律限制或禁止出國。

②受保護管束人經指揮執行之少年法院法官或檢察署檢察官核准出國者，入出國及移民署得同意其出國。

③依第一項第二款規定禁止出國者，入出國及移民署於查驗發現時應通知管轄司法警察機關處理，入國時查獲亦同；依第一項第八款規定禁止出國者，入出國及移民署於查驗發現時應立即逮捕，移送司法機關。

④第一項第一款至第三款應禁止出國之情形，由司法、軍法機關通知入出國及移民署；第十款情形，由各權責機關通知入出國及移民署。

⑤司法、軍法機關、法務部調查局或內政部警政署因偵辦第一項第四款至第六款案件，情況急迫，得通知入出國及移民署禁止出國，禁止出國之期間自通知時起算，不得逾二十四小時。

⑥除依第一項第二款或第八款規定禁止出國者，無須通知當事人外，依第一款、第三款規定禁止出國者，入出國及移民署經各權責機關通知後，應以書面敘明理由通知當事人；依第十款規定限制或禁止出國者，由各權責機關通知當事人；依第七款、第九

款、第十款及前項規定禁止出國者，入出國及移民署於查驗時，當場以書面敘明理由交付當事人，並禁止其出國。

第七條

①臺灣地區無戶籍國民有下列情形之一者，入出國及移民署應不予許可或禁止入國：

一　參加暴力或恐怖組織或其活動。

二　涉及內亂罪、外患罪重大嫌疑。

三　涉嫌重大犯罪或有犯罪習慣。

四　護照或入國許可證件係不法取得、偽造、變造或冒用。

②臺灣地區無戶籍國民兼具有外國國籍，有前項各款或第十八條第一項各款規定情形之一者，入出國及移民署得不予許可或禁止入國。

③第一項第三款所定重大犯罪或有犯罪習慣與前條第一項第六款所定重大經濟犯罪或重大刑事案件之認定標準，由主管機關會同法務部定之。

第三章　臺灣地區無戶籍國民停留、居留及定居

第八條

①臺灣地區無戶籍國民向入出國及移民署申請在臺灣地區停留者，其停留期間為三個月；必要時得延期一次，並自入國之翌日起，併計六個月為限。但有下列情形之一並提出證明者，入出國及移民署得再延長其停留期間及次數：

一　懷胎七個月以上或生產、流產後二個月未滿。

二　罹患疾病住院或懷胎，出國有生命危險之虞。

三　在臺灣地區設有戶籍之配偶、直系血親、三親等內之旁系血親、二親等內之姻親在臺灣地區患重病或受重傷而住院或死亡。

四　遭遇天災或其他不可避免之事變。

五　人身自由依法受拘束。

②依前項第一款或第二款規定之延長停留期間，每次不得逾二個月；第三款規定之延長停留期間，自事由發生之日起不得逾二個月；第四款規定之延長停留期間，不得逾一個月；第五款規定之延長停留期間，依事實需要核給。

③前二項停留期間屆滿，除依規定許可居留或定居者外，應即出國。

第九條 110

①臺灣地區無戶籍國民有下列情形之一者，得向移民署申請在臺灣地區居留：

一　有直系血親、配偶、兄弟姊妹或配偶之父母現在在臺灣地區設有戶籍。其親屬關係因收養發生者，被收養者年齡應在十二歲以下，且與收養者在臺灣地區共同居住，並以二人為限。

二　現任僑選立法委員。

三　歸化取得我國國籍。

四　居住臺灣地區設有戶籍國民在國外出生之成年子女。

五　持我國護照入國，在臺灣地區合法連續停留七年以上，且每年居住一百八十三日以上。

六　在臺灣地區有一定金額以上之投資，經中央目的事業主管機關核准或備查。

七　曾在臺灣地區居留之第十二款僑生畢業後，返回僑居地服務滿二年。

八　對國家、社會有特殊貢獻，或為臺灣地區所需之高級專業人才。

九　具有特殊技術或專長，經中央目的事業主管機關延聘回國。

十　前款以外，經政府機關或公私立大專校院任用或聘僱。

十一　經中央勞動主管機關或目的事業主管機關許可在臺灣地區從事就業服務法第四十六條第一項第一款至第七款或第十一款工作。

十二　經中央目的事業主管機關核准回國就學之僑生。

十三　經中央目的事業主管機關核准回國接受職業技術訓練之學員生。

十四　經中央目的事業主管機關核准回國從事研究實習之碩士、博士研究生。

十五　經中央勞動主管機關許可在臺灣地區從事就業服務法第四十六條第一項第八款至第十款工作。

②前項第一款、第二款、第四款至第十一款規定，申請人之配偶及未成年子女得隨同申請；未隨同本人申請者，得於本人入國居留許可後定居許可前申請之。本人居留許可依第十一條第二項規定，撤銷或廢止時，其配偶及未成年子女之居留許可得併同撤銷或廢止之。

③依第一項規定申請居留經許可者，移民署應發給臺灣地區居留證，其有效期間自入國之翌日起算，最長不得逾三年。

④臺灣地區無戶籍國民居留期限屆滿前，原申請居留原因仍繼續存在者，得向移民署申請延期。

⑤依前項規定申請延期經許可者，其臺灣地區居留證之有效期間，應自原居留屆滿之翌日起延期，最長不得逾三年。

⑥臺灣地區無戶籍國民於居留期間內，居留原因消失者，移民署應廢止其居留許可。但依第一項第一款規定申請居留之直系血親、配偶、兄弟姊妹或配偶之父母死亡者，不在此限，並得申請延期，其申請延期，以一次為限，最長不得逾三年。

⑦臺灣地區無戶籍國民於居留期間，變更居留地址或服務處所時，應向移民署申請辦理變更登記。

⑧主管機關得衡酌國家利益，依不同國家或地區擬訂臺灣地區無戶籍國民每年申請在臺灣地區居留之配額，報請行政院核定後公告

之。但有未成年子女在臺灣地區設有戶籍，或結婚滿四年，其配偶在臺灣地區設有戶籍者，不受配額限制。

⑨臺灣地區無戶籍國民經許可入國，逾期停留未逾十日，其停留申請案依前項規定定有配額限制者，依規定核配時間每次延後一年許可。但有前條第一項各款情形之一者，不在此限。

第一○條 110

①臺灣地區無戶籍國民有下列情形之一者，得向移民署申請在臺灣地區定居：

一 前條第一項第一款至第十一款之申請人及其隨同申請之配偶及未成年子女，經依前條規定許可居留者，在臺灣地區連續居留或居留滿一定期間，仍具備原居留條件。但依前條第一項第二款或第八款規定許可居留者，不受連續居留或居留滿一定期間之限制。

二 居住臺灣地區設有戶籍國民在國外出生之未成年子女。

②依前項第一款規定申請定居，其親屬關係因結婚發生者，應存續三年以上。但婚姻關係存續期間已生產子女者，不在此限。

③第一項第一款所定連續居留或居留滿一定期間，規定如下：

一 依前條第一項第一款至第九款規定申請者，為連續居住一年，或居留滿二年且每年居住二百七十日以上，或居留滿五年且每年居住一百八十三日以上。

二 依前條第一項第十款或第十一款規定申請者，為連續居住三年，或居留滿五年且每年居住二百七十日以上，或居留滿七年且每年居住一百八十三日以上。

④臺灣地區無戶籍國民於前項居留期間出國，係經政府機關派遣或核准，附有證明文件者，不視為居住期間中斷，亦不予計入在臺灣地區居住期間。

⑤臺灣地區無戶籍國民於居留期間依親對象死亡或與依親對象離婚，其有未成年子女在臺灣地區設有戶籍且得行使或負擔該子女之權利義務，並已連續居留或居留滿一定期間者，仍得向移民署申請定居，不受第一項第一款所定仍具備原居留條件之限制。

⑥申請定居，除第一項第一款但書規定情形外，應於連續居留或居留滿一定期間後二年內申請之。申請人之配偶及未成年子女，得隨同申請，或於其定居許可後申請之。

⑦臺灣地區無戶籍國民經許可定居者，應於三十日內向預定申報戶籍地之戶政事務所辦理戶籍登記，逾期未辦理者，移民署得廢止其定居許可。

⑧臺灣地區無戶籍國民申請入國、居留或定居之申請程序、應備文件、核發證件種類、效期及其他應遵行事項之辦法，由主管機關定之。

第一一條 110

①臺灣地區無戶籍國民申請在臺灣地區居留或定居，有下列情形之一者，移民署得不予許可：

一　有事實足認有妨害國家安全或社會安定之重大嫌疑。

二　曾受有期徒刑以上刑之宣告。

三　未經許可而入國。

四　冒用身分或以不法取得、偽造、變造之證件申請。

五　曾經協助他人非法入出國或身分證件提供他人持以非法入出國。

六　有事實足認其係通謀而為虛偽之結婚。

七　親屬關係因收養而發生，被收養者入國後與收養者無在臺灣地區共同居住之事實。

八　中央衛生主管機關指定健康檢查項目不合格。但申請人未成年，不在此限。

九　曾經從事與許可原因不符之活動或工作。

十　曾經逾期停留。

十一　經合法通知，無正當理由拒絕到場面談。

十二　無正當理由規避、妨礙或拒絕接受第七十條之查察。

十三　其他經主管機關認定公告者。

②經許可居留後，有前項第一款至第八款情形之一，或發現申請當時所提供之資料係虛偽不實者，移民署得撤銷或廢止其居留許可。

③經許可定居後，有第一項第四款或第六款情形之一，或發現申請當時所提供之資料係虛偽不實者，得撤銷或廢止其定居許可；已辦妥戶籍登記者，戶政機關並得撤銷或註銷其戶籍登記。

④依前二項規定撤銷或廢止居留、定居許可者，應自得撤銷或廢止之情形發生後五年內，或知有得撤銷或廢止之情形後二年內為之。但有第一項第四款或第六款規定情形者，不在此限。

⑤第一項第九款及第十款之不予許可期間，自其出國之翌日起算至少為一年，並不得逾三年。

⑥第一項第十二款規定，於大陸地區人民、香港或澳門居民申請在臺灣地區居留或定居時，準用之。

第一二條

臺灣地區無戶籍國民持憑外國護照或無國籍旅行證件入國者，除合於第九條第一項第三款或第十條第一項第二款情形者外，應持憑外國護照或無國籍旅行證件出國，不得申請居留或定居。

第一三條

臺灣地區無戶籍國民停留期間，有下列情形之一者，入出國及移民署得廢止其停留許可：

一　有事實足認有妨害國家安全或社會安定之虞。

二　受有期徒刑以上刑之宣告，於刑之執行完畢、假釋、赦免或緩刑。

第一四條

①臺灣地區無戶籍國民停留、居留、定居之許可經撤銷或廢止者，入出國及移民署應限令其出國。

②臺灣地區無戶籍國民應於接到前項限令出國通知後十日內出國。

③臺灣地區無戶籍國民居留、定居之許可經撤銷或廢止，入出國及移民署為限令出國處分前，得召開審查會，並給予當事人陳述意見之機會。

④前項審查會之組成、審查要件、程序等事宜，由主管機關定之。

第一五條 104

①臺灣地區無戶籍國民未經許可入國，或經許可入國已逾停留、居留或限令出國之期限者，入出國及移民署得逕行強制其出國，並得限制再入國。

②臺灣地區無戶籍國民逾期居留未滿三十日，且原申請居留原因仍繼續存在者，經依第八十五條第四款規定處罰後，得向入出國及移民署重新申請居留；其申請定居，核算在臺灣地區居留期間，應扣除一年。

③第一項受強制出國者於出國前，非予收容顯難強制出國者，入出國及移民署得暫予收容，期間自暫予收容時起最長不得逾十五日。出國後，入出國及移民署得廢止其入國許可，並註銷其入國許可證件。

④前三項規定，於本法施行前入國者，亦適用之。

⑤第一項所定強制出國之處理方式、程序、管理及其他應遵行事項之辦法，由主管機關定之。

⑥第一項之強制出國，準用第三十六條第三項、第四項及第三十八條之六規定；第三項之暫予收容及其後之續予收容、延長收容，準用第三十八條至第三十九條規定。

第一六條 105

①臺灣地區無戶籍國民，因僑居地區之特殊狀況，必須在臺灣地區居留或定居者，由主管機關就特定國家、地區訂定居留或定居辦法，報請行政院核定，不受第九條及第十條規定之限制。

②本法施行前已入國之泰國、緬甸或印尼地區無國籍人民及臺灣地區無戶籍國民未能強制其出國者，移民署應許可其居留。

③中華民國八十八年五月二十一日至九十七年十二月三十一日入國之無國籍人民及臺灣地區無戶籍國民，係經教育部或僑務委員會核准自泰國、緬甸地區回國就學或接受技術訓練，未能強制其出國者，移民署應許可其居留。

④中華民國一百零五年六月二十九日以前入國之印度或尼泊爾地區無國籍人民，未能強制其出國，且經蒙藏事務主管機關組成審查會認定其身分者，移民署應許可其居留。

⑤前三項所定經許可居留之無國籍人民在國內取得國籍者或臺灣地區無戶籍國民，在臺灣地區連續居住三年，或居留滿五年且每年居住二百七十日以上，或居留滿七年且每年居住一百八十三日以上，得向移民署申請在臺灣地區定居。

⑥臺灣地區無戶籍國民於前項所定居留期間出國，係經政府機關派遣或核准，附有證明文件者，不視為居住期間中斷，亦不予計入

在臺灣地區居住期間。

第一七條

①十四歲以上之臺灣地區無戶籍國民，進入臺灣地區停留或居留，應隨身攜帶護照、臺灣地區居留證、入國許可證件或其他身分證明文件。

②入出國及移民署或其他依法令賦予權責之公務員，得於執行公務時，要求出示前項證件。其相關要件與程序，準用警察職權行使法第二章之規定。

第四章　外國人入出國

第一八條

①外國人有下列情形之一者，入出國及移民署得禁止其入國：

一　未帶護照或拒不繳驗。

二　持用不法取得、偽造、變造之護照或簽證。

三　冒用護照或持用冒領之護照。

四　護照失效、應經簽證而未簽證或簽證失效。

五　申請來我國之目的作虛偽之陳述或隱瞞重要事實。

六　攜帶違禁物。

七　在我國或外國有犯罪紀錄。

八　患有足以妨害公共衛生或社會安寧之傳染病、精神病或其他疾病。

九　有事實足認其在我國境內無力維持生活。但依親及已有擔保之情形，不在此限。

十　持停留簽證而無回程或次一目的地之機票、船票，或未辦妥次一目的地之入國簽證。

十一　曾經被拒絕入國、限令出國或驅逐出國。

十二　曾經逾期停留、居留或非法工作。

十三　有危害我國利益、公共安全或公共秩序之虞。

十四　有妨害善良風俗之行為。

十五　有從事恐怖活動之虞。

②外國政府以前項各款以外之理由，禁止我國國民進入該國者，入出國及移民署經報請主管機關會商外交部後，得以同一理由，禁止該國國民入國。

③第一項第十二款之禁止入國期間，自其出國之翌日起算至少為一年，並不得逾三年。

第一九條

①搭乘航空器、船舶或其他運輸工具之外國人，有下列情形之一者，入出國及移民署依機、船長、運輸業者、執行救護任務機關或施救之機、船長之申請，得許可其臨時入國：

一　轉乘航空器、船舶或其他運輸工具。

二　疾病、避難或其他特殊事故。

三　意外迫降、緊急入港、遇難或災變。

四　其他正當理由。

②前項所定臨時入國之申請程序、應備文件、核發證件、停留期間、地區、管理及其他應遵行事項之辦法，由主管機關定之。

第二○條

①航空器、船舶或其他運輸工具所搭載之乘客，因過境必須在我國過夜住宿者，得由機、船長或運輸業者向入出國及移民署申請許可。

②前項乘客不得擅離過夜住宿之處所；其過夜住宿之申請程序、應備文件、住宿地點、管理及其他應遵行事項之辦法，由主管機關定之。

第二一條 100

①外國人有下列情形之一者，入出國及移民署應禁止其出國：

一　經司法機關通知限制出國。

二　經財稅機關通知限制出國。

②外國人因其他案件在依法查辦中，經有關機關請求限制出國者，入出國及移民署得禁止其出國。

③禁止出國者，入出國及移民署應以書面敘明理由，通知當事人。

④前三項禁止出國之規定，於大陸地區人民、香港或澳門居民準用之。

第五章　外國人停留、居留及永久居留

第二二條

①外國人持有效簽證或適用以免簽證方式入國之有效護照或旅行證件，經入出國及移民署查驗許可入國後，取得停留、居留許可。

②依前項規定取得居留許可者，應於入國後十五日內，向入出國及移民署申請外僑居留證。

③外僑居留證之有效期間，自許可之翌日起算，最長不得逾三年。

第二三條 110

①持停留期限在六十日以上，且未經簽證核發機關加註限制不准延期或其他限制之有效簽證入國之外國人，有下列情形之一者，得向移民署申請居留，經許可者，發給外僑居留證：

一　配偶為現在在臺灣地區居住且設有戶籍或獲得居留之我國國民，或經核准居留或永久居留之外國人。但該核准居留之外國籍配偶係經中央勞動主管機關許可在我國從事就業服務法第四十六條第一項第八款至第十款工作者，不得申請。

二　未滿十八歲之外國人，其直系尊親屬為現在在臺灣地區設有戶籍或獲准居留之我國國民，或經核准居留或永久居留之外國人。其親屬關係因收養而發生者，被收養者應與收養者在臺灣地區共同居住。

三　經中央勞動主管機關或目的事業主管機關許可在我國從事就業服務法第四十六條第一項第一款至第七款或第十一款工作。

四　在我國有一定金額以上之投資，經中央目的事業主管機關核
　　准或備查之投資人或外國法人投資人之代表人。

五　外國公司在我國境內之負責人。

六　基於外交考量，經外交部專案核准在我國改換居留簽證。

②外國人持居留簽證入國後，因居留原因變更，而有前項各款情形
　之一者，應向移民署申請變更居留原因。但有前項第一款但書規
　定者，不得申請。

③依前項規定申請變更居留原因，經移民署許可者，應重新發給外
　僑居留證，並核定其居留效期。

第二四條

①外國人依前條規定申請居留或變更居留原因，有下列情形之一
　者，入出國及移民署得不予許可：

一　有危害我國利益、公共安全、公共秩序之虞。

二　有從事恐怖活動之虞。

三　曾有犯罪紀錄或曾遭拒絕入國、限令出國或驅逐出國。

四　曾非法入國。

五　冒用身分或以不法取得、偽造、變造之證件申請。

六　曾經協助他人非法入出國或提供身分證件予他人持以非法入
　　出國。

七　有事實足認其係通謀而為虛偽之結婚或收養。

八　中央衛生主管機關指定健康檢查項目不合格。

九　所持護照失效或其外國人身分不為我國承認或接受。

十　曾經逾期停留、逾期居留。

十一　曾經在我國從事與許可原因不符之活動或工作。

十二　妨害善良風俗之行為。

十三　經合法通知，無正當理由拒絕到場面談。

十四　無正當理由規避、妨礙或拒絕接受第七十條之查察。

十五　曾為居住臺灣地區設有戶籍國民其戶籍未辦妥遷出登記，
　　　或年滿十五歲之翌年一月一日起至屆滿三十六歲之年十二
　　　月三十一日止，尚未履行兵役義務之接近役齡男子或役齡
　　　男子。

十六　其他經主管機關認定公告者。

②外國政府以前項各款以外之理由，不予許可我國國民在該國居留
　者，入出國及移民署經報請主管機關會商外交部後，得以同一理
　由，不予許可該國國民在我國居留。

③第一項第十款及第十一款之不予許可期間，自其出國之翌日起算
　至少為一年，並不得逾三年。

第二五條 110

①外國人在我國合法連續居留五年，每年居住超過一百八十三日，
　或居住臺灣地區設有戶籍國民，其外國籍之配偶、子女在我國合
　法居留十年以上，其中有五年每年居留超過一百八十三日，並符
　合下列要件者，得向移民署申請永久居留。但以就學或經中央勞

動主管機關許可在我國從事就業服務法第四十六條第一項第八款至第十款工作之原因許可居留者及以其為親對象許可居留者，在我國居留（住）之期間，不予計入：

一　十八歲以上。

二　品行端正。

三　有相當之財產或技能，足以自立。

四　符合我國國家利益。

②中華民國九十一年五月三十一日前，外國人曾在我國合法居住二十年以上，其中有十年每年居住超過一百八十三日，並符合前項各款要件者，得向移民署申請永久居留。

③外國人有下列情形之一者，雖不具第一項要件，亦得向移民署申請永久居留：

一　對我國有特殊貢獻。

二　為我國所需之高級專業人才。

三　在文化、藝術、科技、體育、產業等各專業領域，參加國際公認之比賽、競技、評鑑得有首獎者。

④外國人得向移民署申請在我國投資移民，經審核許可且實行投資者，同意其永久居留。

⑤外國人兼具有我國國籍者，不得申請永久居留。

⑥依第一項或第二項規定申請外僑永久居留，經合法通知，無正當理由拒絕到場面談者，移民署得不予許可。

⑦經許可永久居留者，移民署應發給外僑永久居留證。

⑧主管機關得衡酌國家利益，依不同國家或地區擬訂外國人每年申請在我國居留或永久居留之配額，報請行政院核定後公告之。但因投資、受聘僱工作、就學或為臺灣地區設有戶籍國民之配偶或未滿十八歲子女而依親居留者，不在此限。

⑨依第一項或第二項規定申請永久居留者，應於居留及居住期間屆滿後二年內申請之。

第二六條

有下列情形之一者，應於事實發生之翌日起三十日內，向入出國及移民署申請居留，經許可者，發給外僑居留證：

一　喪失我國國籍，尚未取得外國國籍。

二　喪失原國籍，尚未取得我國國籍。

三　在我國出生之外國人，出生時其父或母持有外僑居留證或外僑永久居留證。

四　依第二十三條第一項第六款規定改換居留簽證。

第二七條

①下列外國人得在我國居留，免申請外僑居留證：

一　駐我國之外交人員及其眷屬、隨從人員。

二　駐我國之外國機構、國際機構執行公務者及其眷屬、隨從人員。

三　其他經外交部專案核發禮遇簽證者。

②前項人員，得由外交部列冊知會入出國及移民署。

第二八條

①十四歲以上之外國人，入國停留、居留或永久居留，應隨身攜帶護照、外僑居留證或外僑永久居留證。

②入出國及移民署或其他依法令賦予權責之公務員，得於執行公務時，要求出示前項證件。其相關要件與程序，準用警察職權行使法第二章之規定。

第二九條

外國人在我國停留、居留期間，不得從事與許可停留、居留原因不符之活動或工作。但合法居留者，其請願及合法集會遊行，不在此限。

第三〇條

入出國及移民署在國家發生特殊狀況時，爲維護公共秩序或重大利益，得對外國人依相關法令限制其住居所、活動或課以應行遵守之事項。

第三一條

①外國人停留或居留期限屆滿前，有繼續停留或居留之必要時，應向入出國及移民署申請延期。

②依前項規定申請居留延期經許可者，其外僑居留證之有效期間應自原居留屆滿之翌日起延期，最長不得逾三年。

③外國人逾期居留未滿三十日，原申請居留原因仍繼續存在者，經依第八十五條第四款規定處罰後，得向入出國及移民署重新申請居留；其申請永久居留者，核算在臺灣地區居留期間，應扣除一年。

④入出國及移民署對於外國人於居留期間內，居留原因消失者，廢止其居留許可，並註銷其外僑居留證。但有下列各款情形之一者，得准予繼續居留：

一　因依親對象死亡。

二　外國人爲臺灣地區設有戶籍國民之配偶，其本人遭受配偶身體或精神虐待，經法院核發保護令。

三　外國人於離婚後取得在臺灣地區已設有戶籍未成年親生子女監護權。

四　因遭受家庭暴力經法院判決離婚，且有在臺灣地區設有戶籍之未成年親生子女。

五　因居留許可被廢止而遭強制出國，對在臺灣地區已設有戶籍未成年親生子女造成重大且難以回復損害之虞。

六　外國人與本國雇主發生勞資爭議，正在進行爭訟程序。

⑤外國人於居留期間，變更居留住址或服務處所時，應向入出國及移民署申請辦理變更登記。

⑥第一項、第三項及前項所定居留情形，並準用第二十二條第二項規定。

第三二條

入出國及移民署對有下列情形之一者，撤銷或廢止其居留許可，並註銷其外僑居留證：

一　申請資料虛偽或不實。

二　持用不法取得、偽造或變造之證件。

三　經判處一年有期徒刑以上之刑確定。但因過失犯罪者，不在此限。

四　回復我國國籍。

五　取得我國國籍。

六　兼具我國國籍，以國民身分入出國、居留或定居。

七　已取得外僑永久居留證。

八　受驅逐出國。

第三三條

入出國及移民署對有下列情形之一者，撤銷或廢止其永久居留許可，並註銷其外僑永久居留證：

一　申請資料虛偽或不實。

二　持用不法取得、偽造或變造之證件。

三　經判處一年有期徒刑以上之刑確定。但因過失犯罪者，不在此限。

四　永久居留期間，每年居住未達一百八十三日。但因出國就學、就醫或其他特殊原因經入出國及移民署同意者，不在此限。

五　回復我國國籍。

六　取得我國國籍。

七　兼具我國國籍。

八　受驅逐出國。

第三四條

外國人在我國居留期間內，有出國後再入國之必要者，應於出國前向入出國及移民署申請重入國許可。但已獲得永久居留許可者，得憑外僑永久居留證再入國，不須申請重入國許可。

第三五條

外國人停留、居留及永久居留之申請程序、應備文件、資格條件、核發證件種類、效期、投資標的、資金管理運用及其他應遵行事項之辦法，由主管機關定之。

第六章　驅逐出國及收容

第三六條 104

① 外國人有下列情形之一者，入出國及移民署應強制驅逐出國：

一　違反第四條第一項規定，未經查驗入國。

二　違反第十九條第一項規定，未經許可而臨時入國。

② 外國人有下列情形之一者，入出國及移民署得強制驅逐出國，或限令其於十日內出國，逾限令出國期限仍未出國，入出國及移民

署得強制驅逐出國：

一　入國後，發現有第十八條第一項及第二項禁止入國情形之一。

二　違反依第十九條第二項所定辦法中有關應備文件、證件、停留期間、地區之管理規定。

三　違反第二十條第二項規定，擅離過夜住宿之處所。

四　違反第二十九條規定，從事與許可停留、居留原因不符之活動或工作。

五　違反入出國及移民署依第三十條所定限制住居所、活動或課以應行遵守之事項。

六　違反第三十一條第一項規定，於停留或居留期限屆滿前，未申請停留、居留延期。但有第三十一條第三項情形者，不在此限。

七　有第三十一條第四項規定情形，居留原因消失，經廢止居留許可，並註銷外僑居留證。

八　有第三十二條第一款至第三款規定情形，經撤銷或廢止居留許可，並註銷外僑居留證。

九　有第三十三條第一款至第三款規定情形，經撤銷或廢止永久居留許可，並註銷外僑永久居留證。

③入出國及移民署於知悉前二項外國人涉有刑事案件已進入司法程序者，於強制驅逐出國十日前，應通知司法機關。該等外國人除經依法羈押、拘提、管收或限制出國者外，入出國及移民署得強制驅逐出國或限令出國。

④入出國及移民署依規定強制驅逐外國人出國前，應給予當事人陳述意見之機會；強制驅逐已取得居留或永久居留許可之外國人出國前，並應召開審查會。但當事人有下列情形之一者，得不經審查會審查，逕行強制驅逐出國：

一　以書面聲明放棄陳述意見或自願出國。

二　經法院於裁判時併宣告驅逐出境確定。

三　依其他法律規定應限令出國。

四　有危害我國利益、公共安全或從事恐怖活動之虞，且情況急迫應即時處分。

⑤第一項及第二項所定強制驅逐出國之處理方式、程序、管理及其他應遵行事項之辦法，由主管機關定之。

⑥第四項審查會由主管機關遴聘有關機關代表、社會公正人士及學者專家共同組成，其中單一性別不得少於三分之一，且社會公正人士與學者專家之人數不得少於二分之一。

第三七條 104

①入出國及移民署對臺灣地區無戶籍國民涉有第十五條第一項或外國人涉有前條第一項、第二項各款情形之一者，為調查之需，得請求有關機關、團體協助或提供必要之資料。被請求之機關、團體非有正當理由，不得拒絕。

②監獄、技能訓練所、戒治所、少年輔育院或矯正學校，對於臺灣地區無戶籍國民或外國人，於執行完畢或其他理由釋放者，應通知入出國及移民署。

第三八條 104

①外國人受強制驅逐出國處分，有下列情形之一，且非予收容顯難強制驅逐出國者，入出國及移民署得暫予收容，期間自暫予收容時起最長不得逾十五日，且應於暫予收容處分作成前，給予當事人陳述意見機會：

一　無相關旅行證件，不能依規定執行。
二　有事實足認有行方不明、逃逸或不願自行出國之虞。
三　受外國政府通緝。

②入出國及移民署經依前項規定給予當事人陳述意見機會後，認有前項各款情形之一，而以不暫予收容為宜，得命其覓尋居住臺灣地區設有戶籍國民、慈善團體、非政府組織或其本國駐華使領館、辦事處或授權機構之人具保或指定繳納相當金額之保證金，並遵守下列事項之一部或全部等收容替代處分，以保全強制驅逐出國之執行：

一　定期至入出國及移民署指定之專勤隊報告生活動態。
二　限制居住於指定處所。
三　定期於指定處所接受訪視。
四　提供可隨時聯繫之聯絡方式、電話，於入出國及移民署人員聯繫時，應立即回覆。

③依前項規定得不暫予收容之外國人，如違反收容替代處分者，入出國及移民署得沒入其依前項規定繳納之保證金。

第三八條之一 104

①外國人有下列情形之一者，得不暫予收容：

一　精神障礙或罹患疾病，因收容將影響其治療或有危害生命之虞。
二　懷胎五個月以上或生產、流產未滿二個月。
三　未滿十二歲之兒童。
四　罹患傳染病防治法第三條所定傳染病。
五　衰老或身心障礙致不能自理生活。
六　經司法或其他機關通知限制出國。

②入出國及移民署經依前項規定不暫予收容，或依第三十八條之七第一項廢止暫予收容處分或停止收容後，得依前條第二項規定為收容替代處分，並得通報相關立案社福機構提供社會福利、醫療資源以及處所。

第三八條之二 104

①受收容人或其配偶、直系親屬、法定代理人、兄弟姊妹，對第三十八條第一項暫予收容處分不服者，得於受收容人收受暫予收容處分書後暫予收容期間內，以言詞或書面敘明理由，向入出國及移民署提出收容異議；其以言詞提出者，應由入出國及移民署作成

書面紀錄。

②入出國及移民署收受收容異議後，應依職權進行審查，其認異議有理由者，得撤銷或廢止原暫予收容處分；其認異議無理由者，應於受理異議時起二十四小時內，將受收容人連同收容異議書或異議紀錄、入出國及移民署意見書及相關卷宗資料移送法院。但法院認得依行政訴訟法相關規定為遠距審理者，於法院收受卷宗資料時，視為入出國及移民署已將受收容人移送法院。

③第一項之人向法院或其他機關提出收容異議，法院或其他機關應即時轉送入出國及移民署，並應以該署收受之時，作為前項受理收容異議之起算時點。

④對於暫予收容處分不服者，應依收容異議程序救濟，不適用其他撤銷訴訟或確認訴訟之相關救濟規定。

⑤暫予收容處分自收容異議經法院裁定釋放受收容人時起，失其效力。

第三八條之三 104

①前條第二項所定二十四小時，有下列情形之一者，其經過期間不予計入。但不得有不必要之遲延：

一 因交通障礙或其他不可抗力事由所生不得已之遲滯。

二 在途移送時間。

三 因受收容人身體健康突發之事由，事實上不能詢問。

四 依前條第一項提出異議之人不同意於夜間製作收容異議紀錄。

五 受收容人表示已委任代理人，因等候其代理人到場致未予製作收容異議紀錄。但等候時間不得逾四小時。其因智能障礙無法為完全之陳述，因等候通知陪同在場之人到場，致未予製作前條第一項之收容異議紀錄，亦同。

六 受收容人須由通譯傳譯，因等候其通譯到場致未予製作前條第一項之收容異議紀錄。但等候時間不得逾六小時。

七 因刑事案件經司法機關提訊之期間。

②前項情形，入出國及移民署應於移送法院之意見書中釋明。

③入出國及移民署未依第一項規定於二十四小時內移送者，應即廢止暫予收容處分，並釋放受收容人。

第三八條之四 104

①暫予收容期間屆滿前，入出國及移民署認有續予收容之必要者，應於期間屆滿五日前附具理由，向法院聲請裁定續予收容。

②續予收容期間屆滿前，因受收容人所持護照或旅行文件遺失或失效，尚未能換發、補發或延期，經入出國及移民署認有繼續收容之必要者，應於期間屆滿五日前附具理由，向法院聲請裁定延長收容。

③續予收容之期間，自暫予收容期間屆滿時起，最長不得逾四十五日；延長收容之期間，自續予收容期間屆滿時起，最長不得逾四十日。

第三八條之五 104

①受收容人涉及刑事案件已進入司法程序者，入出國及移民署於知悉後執行強制驅逐出國十日前，應通知司法機關；除經司法機關認有羈押或限制出國之必要，而移由司法機關處理者外，入出國及移民署得執行強制驅逐受收容人出國。

②本法中華民國一百零四年一月二十三日修正之條文施行前，有修正施行前第三十八條第一項各款情形之一之外國人，涉及刑事案件，經司法機關責付而收容，並經法院判決有罪確定者，其於修正施行前收容於第三十九條收容處所之日數，仍適用修正施行前折抵刑期或罰金數額之規定。

③本法中華民國一百年十一月二十三日修正公布，一百年十二月九日施行前，外國人涉嫌犯罪，經法院判決有罪確定，於修正施行後尚未執行完畢者，其於修正施行前收容於第三十九條收容處所之日數，仍適用修正施行前折抵之規定。

④本法中華民國一百零四年一月二十三日修正之條文施行前，已經入出國及移民署收容之外國人，其於修正施行時收容期間未逾十五日者，入出國及移民署應告知其得依第三十八條之二第一項規定提出收容異議，十五日期間屆滿認有續予收容之必要，應於期間屆滿前附具理由，向法院聲請續予收容。

⑤前項受收容人之收容期間，於修正施行時已逾十五日至六十日或逾六十日者，入出國及移民署如認有續予收容或延長收容之必要，應附具理由，於修正施行當日，向法院聲請續予收容或延長收容。

⑥前二項受收容人於本法中華民國一百零四年一月二十三日修正之條文施行前後收容之期間合併計算，最長不得逾一百日。

第三八條之六 104

入出國及移民署為暫予收容處分、收容替代處分及強制驅逐出國處分時，應以受處分人理解之語文作成書面通知，附記處分理由及不服處分提起救濟之方法、期間、受理機關等相關規定；並應聯繫當事人原籍國駐華使領館、授權機構或通知其在臺指定之親友，至遲不得逾二十四小時。

第三八條之七 104

①入出國及移民署作成暫予收容處分，或法院裁定准予續予收容或延長收容後，因收容原因消滅、無收容之必要或有得不予收容情形，入出國及移民署得依職權，廢止暫予收容處分或停止收容後，釋放受收容人。

②依第三十八條之一第一項不暫予收容之外國人或前項規定廢止暫予收容處分或停止收容之受收容人，違反第三十八條之一第二項之收容替代處分者，入出國及移民署得沒入其繳納之保證金。

③法院裁定准予續予收容或延長收容後，受收容人經強制驅逐出國或依第一項規定辦理者，入出國及移民署應即時通知原裁定法院。

第三八條之八 104

① 外國人依第三十八條之一第一項不暫予收容或前條第一項廢止暫予收容處分或停止收容後，有下列情形之一，非予收容顯難強制驅逐出國者，入出國及移民署得再暫予收容，並得於期間屆滿前，向法院聲請裁定續予收容及延長收容：

一　違反第三十八條之一第二項之收容替代處分。

二　廢止暫予收容處分或停止收容之原因消滅。

② 前項外國人再次收容之期間，應與其曾以同一事件收容之期間合併計算，且最長不得逾一百日。

第三八條之九 104

① 法院審理收容異議、續予收容及延長收容裁定事件時，得以遠距審理方式為之。

② 入出國及移民署移送受收容人至法院及前項遠距審理之方式、程序及其他應遵行事項之辦法，由行政院會同司法院定之。

第三九條

入出國及移民署對外國人之收容管理，應設置或指定適當處所為之；其收容程序、管理方式及其他應遵行事項之規則，由主管機關定之。

第七章　跨國（境）人口販運防制及被害人保護

第四○條

有關跨國（境）人口販運防制及被害人保護，適用本章之規定，本章未規定者，適用其他法律之規定。

第四一條

① 為有效防制跨國（境）人口販運，各檢察機關應指派檢察官，負責指揮偵辦跨國（境）人口販運案件；各治安機關應指定防制跨國（境）人口販運單位，負責統籌規劃查緝跨國（境）人口販運犯罪之相關勤、業務及辨識被害人等事項。

② 各檢察及治安機關，應定期辦理負責查緝跨國（境）人口販運及辨識被害人之專業訓練。

③ 各檢察及治安機關應確保跨國（境）人口販運被害人之姓名與其可供辨識之資訊，不被公開揭露。

第四二條

對於跨國（境）人口販運被害人，主管機關應提供下列協助：

一　提供必須之生理、心理醫療及安置之協助。

二　適當之安置處所。

三　語文及法律諮詢。

四　提供被害人人身安全保護。

五　受害人為兒童或少年，其案件於警訊、偵查、審判期間，指派社工人員在場，並得陳述意見。

六　其他方面之協助。

第四三條

①檢察官偵查中或法院審理時到場作證，陳述自己見聞之犯罪事證，並依法接受對質及詰問之跨國（境）人口販運被害人，經檢察官或法官認定其作證有助於案件之偵查或審理者，得依證人保護法相關規定進行保護措施，不受該法第二條限制。

②前項之跨國（境）人口販運被害人，其因被販運而觸犯其他刑罰或行政罰規定者，得減輕或免除其責任。

第四四條

①依證人保護法給予保護之跨國（境）人口販運被害人，主管機關得視案件偵辦或審理情形，核發效期六個月以下之臨時停留許可，必要時得延長之。

②中央勞工主管機關對前項跨國（境）人口販運被害人，得核發聘僱許可，不受就業服務法之限制。

③主管機關應於第一項跨國（境）人口販運被害人案件結束後，儘速將其安全送返其原籍國（地）。

第四五條

主管機關應在跨國（境）人口販運議題之宣導、偵查、救援及遣返等方面結合相關業務主管機關與民間團體，並與致力於杜絕人口販運之國家及國際非政府組織合作。

第四六條

有關跨國（境）人口販運防制、查緝及被害人保護之具體措施、實施方式及其他應遵行事項，由主管機關會同法務部擬訂，報請行政院核定之。

第八章　機、船長及運輸業者之責任

第四七條

①航空器、船舶或其他運輸工具，其機、船長或運輸業者，對入出國及移民署相關人員依據本法及相關法令執行職務時，應予協助。

②前項機、船長或運輸業者，不得以其航空器、船舶或其他運輸工具搭載未具入國許可證件之乘客。但為外交部同意抵達我國時申請簽證或免簽證適用國家國民，不在此限。

第四八條

航空器、船舶或其他運輸工具入出機場、港口前，其機、船長或運輸業者，應於起飛（航）前向入出國及移民署通報預定入出國時間及機、船員、乘客之名冊或其他有關事項。乘客之名冊，必要時，應區分為入、出國及過境。

第四九條

①前條機、船長或運輸業者，對無護照、航員證或船員服務手冊及因故被他國遣返、拒絕入國或偷渡等不法事項之機、船員、乘客，亦應通報入出國及移民署。

②航空器、船舶或其他運輸工具離開我國時，其機、船長或運輸業

者應向入出國及移民署通報臨時入國停留之機、船員、乘客之名冊。

第五〇條

①航空器、船舶或其他運輸工具搭載之乘客、機、船員，有下列情形之一者，機、船長或運輸業者，應負責安排當日或最近班次運輸工具，將機、船員、乘客遣送出國：

一　第七條或第十八條第一項各款規定，禁止入國。

二　依第十九條第一項規定，臨時入國。

三　依第二十條第一項規定，過夜住宿。

四　第四十七條第二項規定，未具入國許可證件。

②前項各款所列之人員待遣送出國期間，由入出國及移民署指定照護處所，或負責照護。除第一款情形外，運輸業者並應負擔相關費用。

第九章　移民輔導及移民業務管理

第五一條

①政府對於移民應予保護、照顧、協助、規劃、輔導。

②主管機關得協調其他政府機關（構）或民間團體，對移民提供諮詢及講習、語言、技能訓練等服務。

第五二條

政府對於計劃移居發生戰亂、瘟疫或排斥我國國民之國家或地區者，得勸阻之。

第五三條

集體移民，得由民間團體辦理，或由主管機關了解、協調、輔導，以國際經濟合作投資、獎勵海外投資、農業技術合作或其他方式辦理。

第五四條

主管機關得協調有關機關，依據移民之實際需要及當地法令，協助設立僑民學校或鼓勵本國銀行設立海外分支機構。

第五五條

①經營移民業務者，以公司組織為限，應先向入出國及移民署申請設立許可，並依法辦理公司登記後，再向入出國及移民署領取註冊登記證，始得營業。但律師法第四十七條之七規定者，得不以公司為限，其他條件準用我國移民業務機構公司之規定。

②外國移民業務機構在我國設立分公司，應先向入出國及移民署申請設立許可，並依公司法辦理認許後，再向入出國及移民署領取註冊登記證，始得營業。

③前二項之移民業務機構變更註冊登記事項，應於事實發生之翌日起十五日內，向入出國及移民署申請許可或備查，並於辦妥公司變更登記後一個月內，向入出國及移民署申請換發註冊登記證。

④經中央勞工主管機關許可從事跨國人力仲介業務之私立就業服務機構，得代其所仲介之外國人辦理居留業務。

第五六條

① 移民業務機構得經營下列各款移民業務：

一 代辦居留、定居、永久居留或歸化業務。

二 代辦非觀光旅遊之停留簽證業務。

三 與投資移民有關之移民基金諮詢、仲介業務，並以保護移民者權益所必須者為限。

四 其他與移民有關之諮詢業務。

② 移民業務機構辦理前項第三款所定國外移民基金諮詢、仲介業務，應逐案申請入出國及移民署許可；其屬證券交易法所定有價證券者，入出國及移民署應會商證券主管機關同意後許可之。

③ 經營第一項第三款之業務者，不得收受投資移民基金相關款項。

④ 移民業務機構對第一項各款業務之廣告，其內容應經入出國及移民署指定之移民團體審閱確認，並賦予審閱確認字號，始得散布、播送或刊登。但國外移民基金諮詢、仲介之廣告，得逐案送移民公會團體審閱確認，再轉報入出國及移民署核定後，始得為之；其屬證券交易法所定有價證券者，入出國及移民署應會商證券主管機關同意後核定之。

⑤ 廣告物、出版品、廣播、電視、電子訊號、電腦網路或其他媒體業者不得散布、播送或刊登未賦予審閱確認字號或核定字號之移民業務廣告。

⑥ 移民業務機構應每年陳報營業狀況，並保存相關資料五年，對於入出國及移民署之檢查，不得規避、妨礙或拒絕。

⑦ 移民業務機構受託辦理第一項各款業務時，應與委託人簽訂書面契約，相關收費數額表由入出國及移民署參考市場價格擬定後公告之。

第五七條

① 移民業務機構申請設立許可，應具備下列要件：

一 一定金額以上之實收資本額。

二 置有符合規定資格及數額之專任專業人員。

三 在金融機構提存一定金額之保證金。

四 其他經主管機關指定應具備之要件。

② 移民業務機構申請設立許可之程序、應備文件、實收資本額、負責人資格、專業人員資格、數額、訓練、測驗、輔導管理、保證金數額、廢止許可、註冊登記證之核發、換發、註銷、繳回、申請許可辦理移民基金案之應備文件、移民業務廣告審閱確認及其他應遵行事項之辦法，由主管機關定之。

第五八條

① 跨國（境）婚姻媒合不得為營業項目。

② 跨國（境）婚姻媒合不得要求或期約報酬。

③ 任何人不得於廣告物、出版品、廣播、電視、電子訊號、電腦網路或以其他使公眾得知之方法，散布、播送或刊登跨國（境）婚姻媒合廣告。

第五九條

① 財團法人及非以營利為目的之社團法人從事跨國（境）婚姻媒合者，應經入出國及移民署許可，並定期陳報媒合業務狀況。

② 前項法人應保存媒合業務資料五年，對於入出國及移民署之檢查，不得規避、妨礙或拒絕。

③ 第一項許可之申請要件、程序、審核期限、撤銷與廢止許可、業務檢查、督導管理及其他應遵行事項之辦法，由主管機關定之。

第六〇條

① 從事跨國（境）婚姻媒合者，對於媒合雙方當事人所提供之個人資料，應善盡查證及保密之義務，並於經雙方當事人書面同意後，完整且對等提供對方。

② 前項所稱書面，應以受媒合當事人居住國之官方語言作成。

第六一條

中華民國九十五年九月二十六日前合法設立且營業項目有婚姻媒合業登記之公司或商號，自中華民國九十六年十一月三十日修正之條文施行屆滿一年之日起，不得再從事跨國（境）婚姻媒合。

第六二條

① 任何人不得以國籍、種族、膚色、階級、出生地等因素，對居住於臺灣地區之人民為歧視之行為。

② 因前項歧視致權利受不法侵害者，除其他法律另有規定者外，得依其受侵害情況，向主管機關申訴。

③ 前項申訴之要件、程序及審議小組之組成等事項，由主管機關定之。

第十章　面談及查察

第六三條

① 入出國及移民署執行職務人員為辦理入出國查驗，調查受理之申請案件，並查察非法入出國、逾期停留、居留，從事與許可原因不符之活動或工作及強制驅逐出國案件，得行使本章所定之職權。

② 前項職權行使之對象，包含大陸地區人民、香港及澳門居民。

第六四條

① 入出國及移民署執行職務人員於入出國查驗時，有事實足認當事人有下列情形之一者，得暫時將其留置於勤務處所，進行調查：

一　所持護照或其他入出國證件顯係無效、偽造或變造。

二　拒絕接受查驗或嚴重妨礙查驗秩序。

三　有第七十三條或第七十四條所定行為之虞。

四　符合本法所定得禁止入出國之情形。

五　因案經司法或軍法機關通知留置。

六　其他依法得暫時留置。

② 依前項規定對當事人實施之暫時留置，應於目的達成或已無必要時，立即停止。實施暫時留置時間，對國民不得逾二小時，對外

國人、大陸地區人民、香港或澳門居民不得逾六小時。

③第一項所定暫時留置之實施程序及其他應遵行事項之辦法，由主管機關定之。

第六五條

①入出國及移民署受理下列申請案件時，得於受理申請當時或擇期與申請人面談。必要時，得委由有關機關（構）辦理：

一　外國人在臺灣地區申請停留、居留或永久居留。

二　臺灣地區無戶籍國民、大陸地區人民、香港或澳門居民申請在臺灣地區停留、居留或定居。

②前項接受面談之申請人未滿十四歲者，應與其法定代理人同時面談。

③第一項所定面談之實施方式、作業程序、應備文件及其他應遵行事項之辦法，由主管機關定之。

第六六條

①入出國及移民署為調查當事人違反本法之事實及證據，得以書面通知相關之人至指定處所接受詢問。通知書應記載詢問目的、時間、地點、負責詢問之人員姓名、得否委託他人到場及不到場所生之效果。

②依前項規定受通知之人，無正當理由不得拒絕到場。

③第一項所定詢問，準用依前條第三項所定辦法之規定。

第六七條

①入出國及移民署執行職務人員於執行查察職務時，得進入相關之營業處所、交通工具或公共場所，並得對下列各款之人查證其身分：

一　有事實足認其係逾期停留、居留或得強制出國。

二　有相當理由足認有第七十三條或第七十四條所定行為，或有該行為之虞。

三　有事實足認從事與許可原因不符之活動或工作。

四　有相當理由足認係非法入出國。

五　有相當理由足認使他人非法入出國。

②依前項規定進入營業處所實施查證，應於其營業時間內為之。

③第一項所定營業處所之負責人或管理人，對於依前項規定實施之查證，無正當理由，不得規避、妨礙或拒絕。

④第一項所定營業處所之範圍，由主管機關定之，並刊登政府公報。

第六八條

入出國及移民署執行職務人員依前條規定查證身分，得採行下列必要措施：

一　攔停人、車、船或其他交通工具。

二　詢問姓名、出生年月日、國籍、入出國資料、住（居）所、在臺灣地區停留或居留期限及相關身分證件編號。

三　令出示身分證明文件。

四　有事實足認受查證人攜帶足以傷害執行職務人員或受查證人生命、身體之物者，得檢查其身體及攜帶之物；必要時，並得將所攜帶之物扣留之。

第六九條

① 入出國及移民署執行職務人員依第六十七條規定實施查證，應於現場爲之。但經受查證人同意，或於現場爲之有下列情形之一者，得將其帶往勤務處所：

一　無從確定身分。

二　對受查證人將有不利影響。

三　妨礙交通、安寧。

四　所持護照或其他入出國證件顯係無效、僞造或變造。

五　拒絕接受查驗。

六　有第七十三條或第七十四條所定之行爲。

七　符合本法所定得禁止入出國之情形。

八　因案經司法或軍法機關通知留置。

② 依前項規定將受查證人帶往勤務處所時，非遇抗拒不得使用強制力，且其時間自攔停起，不得逾三小時，並應即通知其指定之親友或律師。

第七〇條

① 入出國及移民署受理因婚姻或收養關係，而申請在臺灣地區停留、居留、永久居留或定居之案件，於必要時，得派員至申請人在臺灣地區之住（居）所，進行查察。

② 前項所定查察，應於執行前告知受查察人。受查察人無正當理由，不得規避、妨礙或拒絕。

③ 前項所定查察，不得於夜間行之。但有下列情形之一者，不在此限：

一　經該受查察人、住（居）所之住居人或可爲其代表之人承諾。

二　日間已開始查察者，經受查察人同意，得繼續至夜間。

第七一條

① 入出國及移民署對於我國停留期間逾三個月、居留或永久居留之臺灣地區無戶籍國民、外國人、大陸地區人民、香港及澳門居民應進行查察登記。

② 臺灣地區無戶籍國民、外國人、大陸地區人民、香港及澳門居民對前項所定查察登記，不得規避、妨礙或拒絕。

③ 依第一項及前條第一項規定進行查察之程序、登記事項、處理方式及其他應遵行事項之辦法，由主管機關定之。

第七二條

① 入出國及移民署執行查察逾期停留、居留、非法入出國、收容或遣送職務之人員，得配帶戒具或武器。

② 前項所定人員執行職務時，遇有下列情形之一者，得使用戒具：

一　有抗拒之行爲。

二　攻擊執行人員或他人，毀損執行人員或他人物品，或有攻擊、毀損行為之虞。

三　逃亡或有逃亡之虞。

四　自殺、自傷或有自殺、自傷之虞。

③第一項所定人員執行職務時，遇有下列情形之一者，得使用武器：

一　執行職務人員之生命、身體、自由、裝備遭受危害或脅迫，或有事實足認為有受危害之虞。

二　人民之生命、身體、自由、財產遭受危害或脅迫，或有事實足認為有受危害之虞。

三　所防衛之土地、建築物、工作物、車、船遭受危害。

四　持有兇器且有滋事之虞者，經告誡拋棄，仍不聽從時。

五　對逾期停留、居留、非法入出國或違反其他法律之人員或其所使用之運輸工具，依法執行搜索、扣押或逮捕，其抗不遵照或脫逃。他人助其為該行為者，亦同。

六　有前項第一款至第三款之情形，非使用武器不足以強制或制止。

④第一項所定人員使用戒具或武器致人受傷、死亡或財產損失者，其補償或賠償，準用警械使用條例第十一條規定，由入出國及移民署支付；其係出於故意者，該署得對之求償。

⑤第一項所定戒具及武器之種類、規格、注意事項及其他應遵行事項之辦法，由主管機關定之。

⑥第一項所定戒具及武器，非經警察機關許可，不得定製、售賣或持有；違反者，準用警械使用條例第十四條規定處理。

第十一章　罰　則

第七三條

①在機場、港口以交換、交付證件或其他非法方法，利用航空器、船舶或其他運輸工具運送非運送契約應載之人至我國或他國者，處五年以下有期徒刑，得併科新臺幣二百萬元以下罰金。

②前項之未遂犯，罰之。

第七四條 100

違反本法未經許可入國或受禁止出國處分而出國者，處三年以下有期徒刑、拘役或科或併科新臺幣九萬元以下罰金。違反臺灣地區與大陸地區人民關係條例第十條第一項或香港澳門關係條例第十一條第一項規定，未經許可進入臺灣地區者，亦同。

第七五條

未依本法規定申請設立許可，並領取註冊登記證，或經撤銷、廢止許可而經營第五十六條第一項各款移民業務者，處新臺幣二十萬元以上一百萬元以下罰鍰，並得按次連續處罰。

第七六條

有下列情形之一者，處新臺幣二十萬元以上一百萬元以下罰鍰，

並得按次連續處罰：

一 公司或商號從事跨國（境）婚姻媒合。

二 從事跨國（境）婚姻媒合而要求或期約報酬。

第七七條

違反第五條第一項但書規定，未經核准而出國者，處新臺幣十萬元以上五十萬元以下罰鍰。

第七八條

有下列情形之一者，處新臺幣十萬元以上五十萬元以下罰鍰，並得按次連續處罰：

一 違反第五十八條第三項規定，委託、受託或自行散布、播送或刊登跨國（境）婚姻媒合廣告。

二 違反第五十九條第一項規定，未經許可或許可經撤銷、廢止而從事跨國（境）婚姻媒合。

第七九條

① 移民業務機構有下列情形之一者，處新臺幣三萬元以上十五萬元以下罰鍰，並令其限期改善；屆期仍不改善者，勒令歇業：

一 未依第五十五條第三項規定，向入出國及移民署申請換發註冊登記證。

二 違反第五十六條第二項規定，諮詢、仲介移民基金，未逐案經入出國及移民署許可。

三 違反第五十六條第三項規定，收受投資移民基金相關款項。

四 違反第五十六條第四項規定，散布、播送或刊登未經審閱確認或核定之移民業務廣告。

五 違反第五十六條第六項規定，未每年陳報營業狀況、陳報不實、未依規定保存相關資料或規避、妨礙、拒絕檢查。

六 違反第五十六條第七項規定，未與委託人簽訂書面契約。

② 廣告物、出版品、廣播、電視、電子訊號、電腦網路或其他媒體業者違反第五十六條第五項規定者，處新臺幣三萬元以上十五萬元以下罰鍰，並令其停止散布、播送或刊登；未停止散布、播送或刊登者，處新臺幣六萬元以上三十萬元以下罰鍰，並得按次連續處罰。

第八○條

有下列情形之一者，處新臺幣三萬元以上十五萬元以下罰鍰，並得按次連續處罰：

一 未依第五十九條第一項規定，陳報業務狀況。

二 未依第五十九條第二項規定，保存媒合業務資料或規避、妨礙或拒絕檢查。

三 違反第六十條第一項前段規定，對於受媒合雙方當事人所提供之個人資料，未善盡查證或保密義務。

四 違反第六十條第一項後段規定，未經受媒合當事人之書面同意，而提供個人資料或故意隱匿應提供之個人資料。

第八一條

主管機關受理第六十二條之申訴，認定具有違反該條規定情事時，除其他法律另有規定者外，應立即通知違規行為人限期改善；屆期未改善者，處新臺幣五千元以上三萬元以下罰鍰。

第八二條

①違反第四十七條第二項規定，以航空器、船舶或其他運輸工具搭載未具入國許可證件之乘客者，每搭載一人，處新臺幣二萬元以上十萬元以下罰鍰。

②幫助他人為前項之違反行為者，亦同。

第八三條

機、船長或運輸業者，無正當理由違反第四十七條第一項或第四十八條至第五十條規定之一者，每件處新臺幣二萬元以上十萬元以下罰鍰。

第八四條

違反第四條第一項規定，入出國未經查驗者，處新臺幣一萬元以上五萬元以下罰鍰。

第八五條

有下列情形之一者，處新臺幣二千元以上一萬元以下罰鍰：

一 經合法檢查，拒絕出示護照、臺灣地區居留證、外僑居留證、外僑永久居留證、入國許可證件或其他身分證明文件。

二 未依第二十二條第二項或第二十六條規定之期限，申請外僑居留證。

三 未依第九條第七項或第三十一條第五項規定，辦理變更登記。

四 臺灣地區無戶籍國民或外國人，逾期停留或居留。

五 違反第六十六條第二項規定，拒絕到場接受詢問。

六 違反第六十七條第三項規定，規避、妨礙或拒絕查證。

七 違反第七十一條第二項規定，規避、妨礙或拒絕查察登記。

第八六條

移民業務機構散布、播送或刊登經審閱確認之移民業務廣告，而未載明註冊登記證字號及移民廣告審閱確認字號或核定字號者，入出國及移民署應予警告並限期改善；屆期仍不改善者，勒令歇業。

第八七條

移民業務機構有下列情形之一者，應廢止其許可，註銷註冊登記證及公告之，並通知公司登記主管機關廢止其公司登記或部分登記事項：

一 受託代辦移民業務時，協助當事人填寫、繳交不實證件，經司法機關判決確定。

二 受託代辦移民業務，詐騙當事人。

三 註冊登記證借與他人營業使用。

四 經勒令歇業。

五　因情事變更致不符第五十七條第一項各款所定設立許可要
　　件，經通知限期補正，屆期未補正。

第十二章　附　則

第八八條 100

第九條第一項第八款、第十一條第一項第一款、第十八條第一項
第十三款、第十五款、第二十四條第一項第一款、第二款及第二
十五條第三項之情形，主管機關應聘請社會公正人士及邀集相關
機關共同審核，經審核通過者，入出國及移民署應同意或許可其
入國、出國、居留、變更居留原因、永久居留或定居。

第八九條

入出國及移民署所屬辦理入出國及移民業務之薦任職或相當薦任
職以上人員，於執行非法入出國及移民犯罪調查職務時，分別視
同刑事訴訟法第二百二十九條、第二百三十條之司法警察官。其
委任職或相當委任職人員，視同刑事訴訟法第二百三十一條之司
法警察。

第九〇條

入出國及移民署人員於執行職務時，應著制服或出示證件表明身
分；其服制及其他應遵行事項之辦法，由主管機關定之。

第九一條 104

①外國人、臺灣地區無戶籍國民、大陸地區人民、香港及澳門居民
於入出國（境）接受證照查驗或申請居留、永久居留時，入出國
及移民署得運用生物特徵辨識科技，蒐集個人識別資料後錄存。

②前項規定，有下列情形之一者，不適用之：
一　未滿十四歲。
二　依第二十七條第一項規定免申請外僑居留證。
三　其他經入出國及移民署專案同意。

③未依第一項規定接受生物特徵辨識者，入出國及移民署得不予許
可其入國（境）、居留或永久居留。

④有關個人生物特徵識別資料蒐集之對象、內容、方式、管理、運
用及其他應遵行事項之辦法，由主管機關定之。

第九二條

舉發違反本法規定之事實，經查證屬實者，得由入出國及移民署
對舉發人獎勵之；其獎勵範圍、程序、金額、核給方式及其他應
遵行事項之辦法，由主管機關定之。

第九三條

本法關於外國人之規定，於國民取得外國國籍而持外國護照入國
者或無國籍人民，準用之。

第九四條

入出國及移民署與海岸巡防、警察、調查及其他相關機關應密切
協調聯繫，並會同各該機關建立協調聯繫作業機制。

第九五條

依本法規定核發之證件，應收取規費。但下列證件免收規費：

一 發給臺灣地區無戶籍國民，黏貼於我國護照之入國許可。

二 臨時停留許可證件。

三 僑務委員或僑務榮譽職人員因公返國申請之單次入國許可證件。

四 臺灣地區無戶籍國民每年自九月一日起至十月十日止，申請返國參加慶典之單次入國許可證件。

五 外國人重入國許可。

六 外國人入國後停留延期許可。

七 依第二十五條第三項規定許可之外僑永久居留證。

八 基於條約協定或經外交部認定有互惠原則之特定國家人民申請之外僑居留證或外僑永久居留證。

第九六條

本法施行細則，由主管機關定之。

第九七條

本法施行日期，由行政院定之。

臺灣地區與大陸地區人民關係條例

①民國81年7月31日總統令制定公布全文96條。
　民國81年9月16日行政院令發布定自81年9月18日起施行。
②民國82年2月3日總統令修正公布第18條條文；並自82年9月18日
　起施行。
③民國83年9月16日總統令修正公布第66條條文；並自83年9月18
　日起施行。
④民國84年7月19日總統令修正公布第66條條文。
　民國84年7月19日行政院令發布定自84年7月21日施行。
⑤民國85年7月30日總統令修正公布第68條條文。
　民國85年8月19日行政院令發布定自85年9月18日起施行。
⑥民國86年5月14日總統令修正公布第5、10、11、15～18、20、
　27、32、35、67、74、79、80、83、85、86、88、96條條文；
　並增訂第26-1、28-1、67-1、75-1、95-1條條文。
　民國86年6月30日行政院令發布定於86年7月1日起施行。
⑦民國89年12月20日總統令修正公布第2、16、21條條文；並增訂
　第17-1條條文。
　民國90年2月16日行政院令發布定自90年2月20日施行。
⑧民國91年4月24日總統令修正公布第24、35、69條條文。
　民國91年6月21日行政院令發布自自91年7月1日施行。
⑨民國92年10月29日總統令修正公布全文96條。
　民國92年12月29日行政院令發布第1、3、6～8、12、16、18、
　21、22-1、24、28-1、31、34、41～62、64、66、67、71、
　74、75、75-1、76～79、84、85、87～89、93、95條定自92年
　12月31日施行；餘定自93年3月1日施行。
⑩民國95年7月19日總統令修正公布第9條條文。
　民國95年10月17日行政院令發布定自95年10月19日施行。
⑪民國97年6月25日總統令修正公布第38、92條條文。
　民國97年6月26日行政院令發布定自97年6月26日施行。
⑫民國98年7月1日總統令修正公布第17、17-1、18、57、67條條
　文；刪除第12條條文。
　民國98年8月11日行政院令發布定自98年8月14日施行。
⑬民國99年6月15日總統令增訂公布第29-1條條文。
　民國99年6月18日行政院令發布定自99年6月18日施行。
⑭民國99年9月1日總統令修正公布第22條條文；並刪除第22-1條條
　文。
　民國99年9月3日行政院令發布定自99年9月3日施行。
⑮民國100年12月21日總統令增訂公布第80-1條條文。
　民國101年3月3日行政院令發布定自101年3月21日施行。
　民國101年5月15日行政院公告第37條第2項所列屬「行政院新聞
　局」之權責事項，自101年5月20日起改由「文化部」管轄。
　民國101年6月25日行政院公告第36條第1～4項、第81條第2項所
　列屬「財政部」之權責事項，經行政院公告自93年7月1日起變
　更為「行政院金融監督管理委員會」管轄，自101年7月1日起改
　由「金融監督管理委員會」管轄；第38條第1、2、4、5項所列

屬「行政院金融監督管理委員會」之權責事項，自101年7月1日起改由「金融監督管理委員會」管轄。

民國101年12月25日行政院公告第67條第1項所列屬財政部「國有財產局」之權責事項，自102年1月1日起改由財政部「國有財產署」管轄。

民國102年10月25日行政院公告第27條第1、3項、第68條第3、6項所列屬「行政院國軍退除役官兵輔導委員會」之權責事項，自102年11月1日起改由「國軍退除役官兵輔導委員會」管轄。

民國103年2月14日行政院公告第11條第4、6、7項、第13條第1、2項所屬「行政院勞工委員會」之權責事項，自103年2月17日起改由「勞動部」管轄。

民國103年12月26日行政院公告第18條第2項所列屬「內政部入出國及移民署」之權責事項，自104年1月2日起改由「內政部移民署」管轄。

⑯民國104年5月6日總統令修正公布第80-1條條文。

　民國104年6月1日行政院令發布定自104年6月15日施行。

⑰民國104年6月17日總統令修正公布第18條條文；並增訂第18-1、18-2、87-1條條文。

　民國104年7月1日行政院令發布定自104年7月3日施行。

　民國107年4月27日行政院公告第80-1條第2項所列屬「海岸巡防機關」之權責事項原由「行政院海岸巡防署及所屬機關」管轄，自107年4月28日起改由「海洋委員會海巡署及所屬機關（構）」管轄。

　民國107年6月28日行政院公告第3-1條、第4條第2項序文、第2款、第3項、第4-1條第2項、第4-2條第1、2項、第5-1、5-2條、第9條第4項、第33條第2項、第3項第2款、第5、6項、第33-2條第1項、第34條第3、4項所列屬「行政院大陸委員會」之權責事項，自107年7月2日起改由「大陸委員會」管轄。

⑱民國108年4月24日總統令修正公布第93-1條條文。

　民國108年5月2日行政院令發布定自108年6月1日施行。

⑲民國108年6月21日總統令修正公布第27條條文；並增訂第5-3條條文。

　民國108年6月21日行政院令發布定自108年6月23日施行。

⑳民國108年7月24日總統令修正公布第9、91條條文；並增訂第9-3條條文。

　民國108年8月6日行政院令發布定自108年9月1日施行。

第一章　總則

第一條

國家統一前，為確保臺灣地區安全與民眾福祉，規範臺灣地區與大陸地區人民之往來，並處理衍生之法律事件，特制定本條例。

本條例未規定者，適用其他有關法令之規定。

第二條

本條例用詞，定義如下：

一　臺灣地區：指臺灣、澎湖、金門、馬祖及政府統治權所及之其他地區。

二　大陸地區：指臺灣地區以外之中華民國領土。

三　臺灣地區人民：指在臺灣地區設有戶籍之人民。

四　大陸地區人民：指在大陸地區設有戶籍之人民。

第三條

本條例關於大陸地區人民之規定，於大陸地區人民旅居國外者，適用之。

第三條之一

行政院大陸委員會統籌處理有關大陸事務，為本條例之主管機關。

第四條

①行政院得設立或指定機構，處理臺灣地區與大陸地區人民往來有關之事務。

②行政院大陸委員會處理臺灣地區與大陸地區人民往來有關事務，得委託前項之機構或符合下列要件之民間團體為之：

一　設立時，政府捐助財產總額逾二分之一。

二　設立目的為處理臺灣地區與大陸地區人民往來有關事務，並以行政院大陸委員會為中央主管機關或目的事業主管機關。

③行政院大陸委員會或第四條之二第一項經行政院同意之各該主管機關，得依所處理事務之性質及需要，逐案委託前二項規定以外，具有公信力、專業能力及經驗之其他具公益性質之法人，協助處理臺灣地區與大陸地區人民往來有關之事務；必要時，並得委託其代為簽署協議。

④第一項及第二項之機構或民間團體，經委託機關同意，得複委託前項之其他具公益性質之法人，協助處理臺灣地區與大陸地區人民往來有關之事務。

第四條之一

①公務員轉任前條之機構或民間團體者，其回任公職之權益應予保障，在該機構或團體服務之年資，於回任公職時，得予採計為公務員年資；本條例施行或修正前已轉任者，亦同。

②公務員轉任前條之機構或民間團體未回任者，於該機構或民間團體辦理退休、資遣或撫卹時，其於公務員退撫新制施行前、後任公務員年資之退離給與，由行政院大陸委員會編列預算，比照其轉任前原適用之公務員退撫相關法令所定一次給與標準，予以給付。

③公務員轉任前條之機構或民間團體回任公職，或於該機構或民間團體辦理退休、資遣或撫卹時，已依相關規定請領退離給與之年資，不得再予併計。

④第一項之轉任方式、回任、年資採計方式、職等核敘及其他應遵行事項之辦法，由考試院會同行政院定之。

⑤第二項之比照方式、計算標準及經費編列等事項之辦法，由行政院定之。

第四條之二

① 行政院大陸委員會統籌辦理臺灣地區與大陸地區訂定協議事項；協議內容具有專門性、技術性，以各該主管機關訂定為宜者，得經行政院同意，由其會同行政院大陸委員會辦理。

② 行政院大陸委員會或前項經行政院同意之各該主管機關，得委託第四條所定機構或民間團體，以受託人自己之名義，與大陸地區相關機關或經其授權之法人、團體或其他機構協商簽署協議。

③ 本條例所稱協議，係指臺灣地區與大陸地區間涉及行使公權力或政治議題事項所簽署之文書；協議之附加議定書、附加條款、簽字議定書、同意紀錄、附錄及其他附加文件，均屬構成協議之一部分。

第四條之三

第四條第三項之其他具公益性質之法人，於受委託協助處理事務或簽署協議，應受委託機關、第四條第一項或第二項所定機構或民間團體之指揮監督。

第四條之四

依第四條第一項或第二項規定受委託之機構或民間團體，應遵守下列規定；第四條第三項其他具公益性質之法人於受託期間，亦同：

一 派員赴大陸地區或其他地區處理受託事務或相關重要業務，應請求委託機關、第四條第一項或第二項所定之機構或民間團體同意，及接受其指揮，並隨時報告處理情形；因其他事務須派員赴大陸地區者，應先通知委託機關、第四條第一項或第二項所定之機構或民間團體。

二 其代表人及處理受託事務之人員，負有與公務員相同之保密義務；離職後，亦同。

三 其代表人及處理受託事務之人員，於受託處理事務時，負有與公務員相同之利益迴避義務。

四 其代表人及處理受託事務之人員，未經委託機關同意，不得與大陸地區相關機關或經其授權之法人、團體或其他機構協商簽署協議。

第五條

① 依第四條第三項或第四條之二第二項，受委託簽署協議之機構、民間團體或其他具公益性質之法人，應將協議草案報經委託機關陳報行政院同意，始得簽署。

② 協議之內容涉及法律之修正或應以法律定之者，協議辦理機關應於協議簽署後三十日內報請行政院核轉立法院審議；其內容未涉及法律之修正或無須另以法律定之者，協議辦理機關應於協議簽署後三十日內報請行政院核定，並送立法院備查，其程序，必要時以機密方式處理。

第五條之一

① 臺灣地區各級地方政府機關（構），非經行政院大陸委員會授

權，不得與大陸地區人民、法人、團體或其他機關（構），以任何形式協商簽署協議。臺灣地區之公務人員、各級公職人員或各級地方民意代表機關，亦同。

②臺灣地區人民、法人、團體或其他機構，除依本條例規定，經行政院大陸委員會或各該主管機關授權，不得與大陸地區人民、法人、團體或其他機關（構）簽署涉及臺灣地區公權力或政治議題之協議。

第五條之二

依第四條第三項、第四項或第四條之二第二項規定，委託、複委託處理事務或協商簽署協議，及監督受委託機構、民間團體或其他具公益性質之法人之相關辦法，由行政院大陸委員會擬訂，報請行政院核定之。

第五條之三

①涉及政治議題之協議，行政院應於協商開始九十日前，向立法院提出協議締結計畫及憲政或重大政治衝擊影響評估報告。締結計畫經全體立法委員四分之三之出席，及出席委員四分之三之同意，始得開啟簽署協議之協商。

②前項涉及政治議題之協議，係指具憲政或重大政治影響性之協議。

③負責協議之機關應依締結計畫進行談判協商，並適時向立法院報告；立法院或相關委員會亦得邀請負責協議之機關進行報告。

④立法院依據前項報告判斷雙方談判協商已無法依照締結計畫進行時，得經全體立法委員二分之一以上之決議，要求負責協議之機關終止協商；行政院判斷雙方談判協商已無法依照締結計畫進行時，應終止協商，並向立法院報告。

⑤負責協議之機關依締結計畫完成協議草案之談判後，應於十五日內經行政院會決議報請總統核定。總統核定後十五日內，行政院應主動公開協議草案之完整內容，函送立法院審議，並向立法院報告協議過程及憲政或重大政治衝擊影響評估。

⑥立法院全院委員會應於院會審查前，就協議草案內容及憲政或重大政治衝擊影響評估舉行聽證。

⑦立法院院會審查協議草案經全體立法委員四分之三之出席，及出席委員四分之三之同意，再由行政院將協議草案，連同公民投票主文、理由書交由中央選舉委員會辦理全國性公民投票，其獲有效同意票超過投票權人總額之半數者，即為協議草案通過，經負責協議之機關簽署及換文後，呈請總統公布生效。

⑧關於政治議題協議之公民投票，不適用公民投票法第九條至第十六條、第十七條第一項關於期間與同條項第三款、第十九條、第二十三條及第二十六條至第二十八條之規定。其餘公民投票事項，本條例未規定者，適用公民投票法之規定。

⑨主權國家地位與自由民主憲政秩序之毀棄或變更，不得作為政治議題談判及協議之項目。

⑩違反本條規定所為之政治議題協商或約定，無效。

第六條

①為處理臺灣地區與大陸地區人民往來有關之事務，行政院得依對等原則，許可大陸地區之法人、團體或其他機構在臺灣地區設立分支機構。

②前項設立許可事項，以法律定之。

第七條

在大陸地區製作之文書，經行政院設立或指定之機構或委託之民間團體驗證者，推定為真正。

第八條

應於大陸地區送達司法文書或為必要之調查者，司法機關得囑託或委託第四條之機構或民間團體為之。

第二章 行　政

第九條 108

①臺灣地區人民進入大陸地區，應經一般出境查驗程序。

②主管機關得要求航空公司或旅行相關業者辦理前項出境申報程序。

③臺灣地區公務員，國家安全局、國防部、法務部調查局及其所屬各級機關未具公務員身分之人員，應向內政部申請許可，始得進入大陸地區。但簡任第十職等及警監四階以下未涉及國家安全、利益或機密之公務員及警察人員赴大陸地區，不在此限；其作業要點，於本法修正後三個月內，由內政部會同相關機關擬訂，報請行政院核定之。

④臺灣地區人民具有下列身分者，進入大陸地區應經申請，並經內政部會同國家安全局、法務部及大陸委員會組成之審查會審查許可：

一　政務人員、直轄市長。

二　於國防、外交、科技、情報、大陸事務或其他相關機關從事涉及國家安全、利益或機密業務之人員。

三　受前款機關委託從事涉及國家安全、利益或機密公務之個人或民間團體、機構成員。

四　前三款退離職未滿三年之人員。

五　縣（市）長。

⑤前二項所列人員，進入大陸地區返臺後，應向（原）服務機關或委託機關通報。但直轄市長應向行政院、縣（市）長應向內政部、其餘機關首長應向上一級機關通報。

⑥第四項第二款至第四款所列人員，其涉及國家安全、利益或機密之認定，由（原）服務機關、委託機關或受託團體、機構依相關規定及業務性質辦理。

⑦第四項第四款所定退離職人員退離職後，應經審查會審查許可，始得進入大陸地區之期間，原服務機關、委託機關或受託團體、

機構得依其所涉及國家安全、利益、機密及業務性質增加之。

⑧曾任第四項第二款人員從事涉及重要國家安全、利益或機密業務者，於前項應經審查會審查許可之期間屆滿後，（原）服務機關得限其在進入大陸地區前及返臺後，仍應向（原）服務機關申報。

⑨遇有重大突發事件、影響臺灣地區重大利益或於兩岸互動有重大危害情形者，得經立法院議決行政院公告於一定期間內，對臺灣地區人民進入大陸地區，採行禁止、限制或其他必要之處置，立法院如於會期內一個月未為決議，視為同意；但情況急迫者，得於事後追認之。

⑩臺灣地區人民進入大陸地區者，不得從事妨害國家安全或利益之活動。

⑪第二項申報程序、第三項、第四項許可辦法及第五項通報程序，由內政部擬訂，報請行政院核定之。

⑫第八項申報對象、期間、程序及其他應遵行事項之辦法，由內政部定之。

第九條之一

①臺灣地區人民不得在大陸地區設有戶籍或領用大陸地區護照。

②違反前項規定在大陸地區設有戶籍或領用大陸地區護照者，除經有關機關認有特殊考量必要外，喪失臺灣地區人民身分及其在臺灣地區選舉、罷免、創制、複決、擔任軍職、公職及其他以在臺灣地區設有戶籍所衍生相關權利，並由戶政機關註銷其臺灣地區之戶籍登記；但其因臺灣地區人民身分所負之責任及義務，不因而喪失或免除。

③本條例修正施行前，臺灣地區人民已在大陸地區設籍或領用大陸地區護照者，其在本條例修正施行之日起六個月內，註銷大陸地區戶籍或放棄領用大陸地區護照並向內政部提出相關證明者，不喪失臺灣地區人民身分。

第九條之二

①依前條規定喪失臺灣地區人民身分者，嗣後註銷大陸地區戶籍或放棄持用大陸地區護照，得向內政部申請許可回復臺灣地區人民身分，並返回臺灣地區定居。

②前項許可條件、程序、方式、限制、撤銷或廢止許可及其他應遵行事項之辦法，由內政部擬訂，報請行政院核定之。

第九條之三 108

①曾任國防、外交、大陸事務或與國家安全相關機關之政務副首長或少將以上人員，或情報機關首長，不得參與大陸地區黨務、軍事、行政或具政治性機關（構）、團體所舉辦之慶典或活動，而有妨害國家尊嚴之行為。

②前項妨害國家尊嚴之行為，指向象徵大陸地區政權之旗、徽、歌等行禮、唱頌或其他類似之行為。

第一〇條

①大陸地區人民非經主管機關許可，不得進入臺灣地區。

②經許可進入臺灣地區之大陸地區人民，不得從事與許可目的不符之活動。

③前二項許可辦法，由有關主管機關擬訂，報請行政院核定之。

第一〇條之一

大陸地區人民申請進入臺灣地區團聚、居留或定居者，應接受面談、按捺指紋並建檔管理之；未接受面談、按捺指紋者，不予許可其團聚、居留或定居之申請。其管理辦法，由主管機關定之。

第一一條

①僱用大陸地區人民在臺灣地區工作，應向主管機關申請許可。

②經許可受僱在臺灣地區工作之大陸地區人民，其受僱期間不得逾一年，並不得轉換雇主及工作。但因雇主關廠、歇業或其他特殊事故，致僱用關係無法繼續時，經主管機關許可者，得轉換雇主及工作。

③大陸地區人民因前項但書情形轉換雇主及工作時，其轉換後之受僱期間，與原受僱期間併計。

④雇主向行政院勞工委員會申請僱用大陸地區人民工作，應先以合理勞動條件在臺灣地區辦理公開招募，並向公立就業服務機構申請求才登記，無法滿足其需要時，始得就該不足人數提出申請。但應於招募時，將招募內容全文通知其事業單位之工會或勞工，並於大陸地區人民預定工作場所公告之。

⑤僱用大陸地區人民工作時，其勞動契約應以定期契約為之。

⑥第一項許可及其管理辦法，由行政院勞工委員會同有關機關擬訂，報請行政院核定之。

⑦依國際協定開放服務業項目所衍生僱用需求，及跨國企業、在臺營業達一定規模之臺灣地區企業，得經主管機關許可，僱用大陸地區人民，不受前六項及第九十五條相關規定之限制；其許可、管理、企業營業規模、僱用條件及其他應遵行事項之辦法，由行政院勞工委員會同有關機關擬訂，報請行政院核定之。

第一二條　（刪除）98

第一三條

①僱用大陸地區人民者，應向行政院勞工委員會所設專戶繳納就業安定費。

②前項收費標準及管理運用辦法，由行政院勞工委員會同財政部擬訂，報請行政院核定之。

第一四條

①經許可受僱在臺灣地區工作之大陸地區人民，違反本條例或其他法令之規定者，主管機關得撤銷或廢止其許可。

②前項經撤銷或廢止許可之大陸地區人民，應限期離境，逾期不離境者，依第十八條規定強制其出境。

③前項規定，於中止或終止勞動契約時，適用之。

第一五條

下列行為不得為之：

一 使大陸地區人民非法進入臺灣地區。

二 明知臺灣地區人民未經許可，而招攬使之進入大陸地區。

三 使大陸地區人民在臺灣地區從事未經許可或與許可目的不符之活動。

四 僱用或留用大陸地區人民在臺灣地區從事未經許可或與許可範圍不符之工作。

五 居間介紹他人為前款之行為。

第一六條

①大陸地區人民得申請來臺從事商務或觀光活動，其辦法，由主管機關定之。

②大陸地區人民有下列情形之一者，得申請在臺灣地區定居：

一 臺灣地區人民之直系血親及配偶，年齡在七十歲以上、十二歲以下者。

二 其臺灣地區之配偶死亡，須在臺灣地區照顧未成年之親生子女者。

三 民國三十四年後，因兵役關係滯留大陸地區之臺籍軍人及其配偶。

四 民國三十八年政府遷臺後，因作戰或執行特種任務被俘之前國軍官兵及其配偶。

五 民國三十八年政府遷臺前，以公費派赴大陸地區求學人員及其配偶。

六 民國七十六年十一月一日前，因船舶故障、海難或其他不可抗力之事由滯留大陸地區，且在臺灣地區原有戶籍之漁民或船員。

③大陸地區人民依前項第一款規定，每年申請在臺灣地區定居之數額，得予限制。

④依第二項第三款至第六款規定申請者，其大陸地區配偶得隨同本人申請在臺灣地區定居；未隨同申請者，得由本人在臺灣地區定居後代為申請。

第一七條 98

①大陸地區人民為臺灣地區人民配偶，得依法令申請進入臺灣地區團聚，經許可入境後，得申請在臺灣地區依親居留。

②前項以外之大陸地區人民，得依法令申請在臺灣地區停留；有下列情形之一者，得申請在臺灣地區商務或工作居留，停留期間最長為三年，期滿得申請延期：

一 符合第十一條受僱在臺灣地區工作之大陸地區人民。

二 符合第十條或第十六條第一項來臺從事商務相關活動之大陸地區人民。

③經依第一項規定許可在臺灣地區依親居留滿四年，且每年在臺灣地區合法居留期間逾一百八十三日者，得申請長期居留。

④內政部得基於政治、經濟、社會、教育、科技或文化之考量，專案許可大陸地區人民在臺灣地區長期居留，申請居留之類別及數額，得予限制；其類別及數額，由內政部擬訂，報請行政院核定後公告之。

⑤經依前二項規定許可在臺灣地區長期居留者，居留期間無限制；長期居留符合下列規定者，得申請在臺灣地區定居：

一　在臺灣地區合法居留連續二年且每年居住逾一百八十三日。

二　品行端正，無犯罪紀錄。

三　提出喪失原籍證明。

四　符合國家利益。

⑥內政部得訂定依親居留、長期居留及定居之數額及類別，報請行政院核定後公告之。

⑦第一項人員經許可依親居留、長期居留或定居，有事實足認係通謀而為虛偽結婚者，撤銷其依親居留、長期居留、定居許可及戶籍登記，並強制出境。

⑧大陸地區人民在臺灣地區逾期停留、居留或未經許可入境者，在臺灣地區停留、居留期間，不適用前條及第一項至第四項規定。

⑨前條及第一項至第五項有關居留、長期居留、或定居條件、程序、方式、限制、撤銷或廢止許可及其他應遵行事項之辦法，由內政部會同有關機關擬訂，報請行政院核定之。

⑩本條例於中華民國九十八年六月九日修正之條文施行前，經許可在臺團聚者，其每年在臺合法團聚期間逾一百八十三日者，得轉換為依親居留期間；其已在臺依親居留或長期居留者，每年在臺合法團聚期間逾一百八十三日者，其團聚期間得分別轉換併計為依親居留或長期居留期間；經轉換併計後，在臺依親居留滿四年，符合第三項規定，得申請轉換為長期居留期間；經轉換併計後，在臺連續長期居留滿二年，並符合第五項規定，得申請定居。

第一七條之一 98

經依前條第一項、第三項或第四項規定許可在臺灣地區依親居留或長期居留者，居留期間得在臺灣地區工作。

第一八條 104

①進入臺灣地區之大陸地區人民，有下列情形之一者，內政部移民署得逕行強制出境，或限令其於十日內出境，逾限令出境期限仍未出境，內政部移民署得強制出境：

一　未經許可入境。

二　經許可入境，已逾停留、居留期限，或經撤銷、廢止停留、居留、定居許可。

三　從事與許可目的不符之活動或工作。

四　有事實足認為有犯罪行為。

五　有事實足認為有危害國家安全或社會安定之虞。

六　非經許可與臺灣地區之公務人員以任何形式進行涉及公權力或政治議題之協商。

②內政部移民署於知悉前項大陸地區人民涉有刑事案件已進入司法程序者，於強制出境十日前，應通知司法機關。該等大陸地區人民除經依法羈押、拘提、管收或限制出境者外，內政部移民署得強制出境或限令出境。

③內政部移民署於強制大陸地區人民出境前，應給予陳述意見之機會；強制已取得居留或定居許可之大陸地區人民出境前，並應召開審查會。但當事人有下列情形之一者，得不經審查會審查，逕行強制出境：

一 以書面聲明放棄陳述意見或自願出境。

二 依其他法律規定限令出境。

三 有危害國家利益、公共安全、公共秩序或從事恐怖活動之虞，且情況急迫須即時處分。

④第一項所定強制出境之處理方式、程序、管理及其他應遵行事項之辦法，由內政部定之。

⑤第三項審查會由內政部遴聘有關機關代表、社會公正人士及學者專家共同組成，其中單一性別不得少於三分之一，且社會公正人士及學者專家之人數不得少於二分之一。

第一八條之一 104

①前條第一項受強制出境處分者，有下列情形之一，且非予收容顯難強制出境，內政部移民署得暫予收容，期間自暫予收容時起最長不得逾十五日，且應於暫予收容處分作成前，給予當事人陳述意見機會：

一 無相關旅行證件，或其旅行證件仍待查核，不能依規定執行。

二 有事實足認有行方不明、逃逸或不願自行出境之虞。

三 於境外遭通緝。

②暫予收容期間屆滿前，內政部移民署認有續予收容之必要者，應於期間屆滿五日前附具理由，向法院聲請裁定續予收容。續予收容之期間，自暫予收容期間屆滿時起，最長不得逾四十五日。

③續予收容期間屆滿前，有第一項各款情形之一，內政部移民署認有延長收容之必要者，應於期間屆滿五日前附具理由，向法院聲請裁定延長收容。延長收容之期間，自續予收容期間屆滿時起，最長不得逾四十日。

④前項收容期間屆滿前，有第一項各款情形之一，內政部移民署認有延長收容之必要者，應於期間屆滿五日前附具理由，再向法院聲請延長收容一次。延長收容之期間，自前次延長收容期間屆滿時起，最長不得逾五十日。

⑤受收容人得有不暫予收容之情形、收容原因消滅，或無收容之必要，內政部移民署得依職權，視其情形分別為廢止暫予收容處分、停止收容，或為收容替代處分後，釋放受收容人。如於法院裁定准予續予收容或延長收容後，內政部移民署停止收容時，應即時通知原裁定法院。

⑥受收容人涉及刑事案件已進入司法程序者，內政部移民署於知悉後執行強制出境十日前，應通知司法機關；如經司法機關認為有羈押或限制出境之必要，而移由其處理者，不得執行強制出境。

⑦本條例中華民國一百零四年六月二日修正之條文施行前，大陸地區人民如經司法機關責付而收容，並經法院判決有罪確定者，其於修正施行前之收容日數，仍適用修正施行前折抵刑期或罰金數額之規定。

⑧本條例中華民國一百零四年六月二日修正之條文施行前，已經收容之大陸地區人民，其於修正施行時收容期間未逾十五日者，內政部移民署應告知其得提出收容異議，十五日期間屆滿認有續予收容之必要，應於期間屆滿前附具理由，向法院聲請續予收容；已逾十五日至六十日或逾六十日者，內政部移民署如認有續予收容或延長收容之必要，應附具理由，於修正施行當日，向法院聲請續予收容或延長收容。

⑨同一事件之收容期間應合併計算，且最長不得逾一百五十日；本條例中華民國一百零四年六月二日修正之條文施行前後收容之期間合併計算，最長不得逾一百五十日。

⑩受收容人之收容替代處分、得不暫予收容之事由、異議程序、法定障礙事由、暫予收容處分、收容替代處分與強制出境處分之作成方式、廢（停）止收容之程序、再暫予收容之規定、遠距審理及其他應遵行事項，準用入出國及移民法第三十八條第二項、第三項、第三十八條之一至第三十八條之三、第三十八條之六、第三十八條之七第二項、第三十八條之八第一項及第三十八條之九規定辦理。

⑪有關收容處理方式、程序、管理及其他應遵行事項之辦法，由內政部定之。

⑫前條及前十一項規定，於本條例施行前進入臺灣地區之大陸地區人民，適用之。

第一八條之二 104

①大陸地區人民逾期居留未滿三十日，原申請居留原因仍繼續存在者，經依第八十七條之一規定處罰後，得向內政部移民署重新申請居留，不適用第十七條第八項規定。

②前項大陸地區人民申請長期居留或定居者，核算在臺灣地區居留期間，應扣除一年。

第一九條

①臺灣地區人民依規定保證大陸地區人民入境者，於被保證人屆期不離境時，應協助有關機關強制其出境，並負擔因強制出境所支出之費用。

②前項費用，得由強制出境機關檢具單據影本及計算書，通知保證人限期繳納，屆期不繳納者，依法移送強制執行。

第二○條

①臺灣地區人民有下列情形之一者，應負擔強制出境所需之費用：

一　使大陸地區人民非法入境者。

二　非法僱用大陸地區人民工作者。

三　僱用之大陸地區人民依第十四條第二項或第三項規定強制出境者。

② 前項費用有數人應負擔者，應負連帶責任。

③ 第一項費用，由強制出境機關檢具單據影本及計算書，通知應負擔人限期繳納；屆期不繳納者，依法移送強制執行。

第二一條

① 大陸地區人民經許可進入臺灣地區者，除法律另有規定外，非在臺灣地區設有戶籍滿十年，不得登記為公職候選人、擔任公教或公營事業機關（構）人員及組織政黨；非在臺灣地區設有戶籍滿二十年，不得擔任情報機關（構）人員，或國防機關（構）之下列人員：

一　志願役軍官、士官及士兵。

二　義務役軍官及士官。

三　文職、教職及國軍聘雇人員。

② 大陸地區人民經許可進入臺灣地區設有戶籍者，得依法令規定擔任大學教職、學術研究機構研究人員或社會教育機構專業人員，不受前項在臺灣地區設有戶籍滿十年之限制。

③ 前項人員，不得擔任涉及國家安全或機密科技研究之職務。

第二二條 99

① 在大陸地區接受教育之學歷，除屬醫療法所稱醫事人員相關之高等學校學歷外，得予採認；其適用對象、採認原則、認定程序及其他應遵行事項之辦法，由教育部擬訂，報請行政院核定之。

② 大陸地區人民非經許可在臺灣地區設有戶籍者，不得參加公務人員考試、專門職業及技術人員考試之資格。

③ 大陸地區人民經許可得來臺就學，其適用對象、申請程序、許可條件、停留期間及其他應遵行事項之辦法，由教育部擬訂，報請行政院核定之。

第二二條之一　（刪除）

第二三條

臺灣地區、大陸地區及其他地區人民、法人、團體或其他機構，經許可得為大陸地區之教育機構在臺灣地區辦理招生事宜或從事居間介紹之行為。其許可辦法由教育部擬訂，報請行政院核定之。

第二四條

① 臺灣地區人民、法人、團體或其他機構有大陸地區來源所得者，應併同臺灣地區來源所得課徵所得稅。但其在大陸地區已繳納之稅額，得自應納稅額中扣抵。

② 臺灣地區法人、團體或其他機構，依第三十五條規定經主管機關許可，經由其在第三地區投資設立之公司或事業在大陸地區從事投資者，於依所得稅法規定列報第三地區公司或事業之投資收益

時，其屬源自轉投資大陸地區公司或事業分配之投資收益部分，視為大陸地區來源所得，依前項規定課徵所得稅。但該部分大陸地區投資收益在大陸地區及第三地區已繳納之所得稅，得自應納稅額中扣抵。

③前二項扣抵數額之合計數，不得超過因加計其大陸地區來源所得，而依臺灣地區適用稅率計算增加之應納稅額。

第二五條

①大陸地區人民、法人、團體或其他機構有臺灣地區來源所得者，應就其臺灣地區來源所得，課徵所得稅。

②大陸地區人民於一課稅年度內在臺灣地區居留、停留合計滿一百八十三日者，應就其臺灣地區來源所得，準用臺灣地區人民適用之課稅規定，課徵綜合所得稅。

③大陸地區法人、團體或其他機構在臺灣地區有固定營業場所或營業代理人者，應就其臺灣地區來源所得，準用臺灣地區營利事業適用之課稅規定，課徵營利事業所得稅；其在臺灣地區無固定營業場所而有營業代理人者，其應納之營利事業所得稅，應由營業代理人負責，向該管稽徵機關申報納稅。但大陸地區法人、團體或其他機構在臺灣地區因從事投資，所獲配之股利淨額或盈餘淨額，應由扣繳義務人於給付時，按規定之扣繳率扣繳，不計入營利事業所得額。

④大陸地區人民於一課稅年度內在臺灣地區居留、停留合計未滿一百八十三日者，及大陸地區法人、團體或其他機構在臺灣地區無固定營業場所及營業代理人者，其臺灣地區來源所得之應納稅額，應由扣繳義務人於給付時，按規定之扣繳率扣繳，免辦理結算申報；如有非屬扣繳範圍之所得，應由納稅義務人依規定稅率申報納稅，其無法自行辦理申報者，應委託臺灣地區人民或在臺灣地區有固定營業場所之營利事業為代理人，負責代理申報納稅。

⑤前二項之扣繳事項，適用所得稅法之相關規定。

⑥大陸地區人民、法人、團體或其他機構取得臺灣地區來源所得應適用之扣繳率，其標準由財政部擬訂，報請行政院核定之。

第二五條之一

①大陸地區人民、法人、團體、其他機構或其於第三地區投資之公司，依第七十三條規定申請在臺灣地區投資經許可者，其取得臺灣地區之公司所分配股利或合夥人應分配盈餘應納之所得稅，由所得稅法規定之扣繳義務人於給付時，按給付額或應分配額扣繳百分之二十，不適用所得稅法結算申報之規定。但大陸地區人民於一課稅年度內在臺灣地區居留、停留合計滿一百八十三日者，應依前條第二項規定課徵綜合所得稅。

②依第七十三條規定申請在臺灣地區投資經許可之法人、團體或其他機構，其董事、經理人及所派之技術人員，因辦理投資、建廠或從事市場調查等臨時性工作，於一課稅年度內在臺灣地區居

留、停留期間合計不超過一百八十三日者，其由該法人、團體或其他機構非在臺灣地區給與之薪資所得，不視為臺灣地區來源所得。

第二六條

①支領各種月退休（職、伍）給與之退休（職、伍）軍公教及公營事業機關（構）人員擬赴大陸地區長期居住者，應向主管機關申請改領一次退休（職、伍）給與，並由主管機關就其原核定退休（職、伍）年資及其申領當月同職等或同官階之現職人員月俸額，計算其應領之一次退休（職、伍）給與為標準，扣除已領之月退休（職、伍）給與，一次發給其餘額；無餘額或餘額未達其應領之一次退休（職、伍）給與半數者，一律發給其應領一次退休（職、伍）給與之半數。

②前項人員在臺灣地區有受其扶養之人者，申請前應經該受扶養人同意。

③第一項人員未依規定申請辦理改領一次退休（職、伍）給與，而在大陸地區設有戶籍或領用大陸地區護照者，停止領受退休（職、伍）給與之權利，俟其經依第九條之二規定許可回復臺灣地區人民身分後恢復。

④第一項人員如有以詐術或其他不正當方法領取一次退休（職、伍）給與，由原退休（職、伍）機關追回其所領金額，如涉及刑事責任者，移送司法機關辦理。

⑤第一項改領及第三項停止領受及恢復退休（職、伍）給與相關事項之辦法，由各主管機關定之。

第二六條之一

①軍公教及公營事業機關（構）人員，在任職（服役）期間死亡，或支領月退休（職、伍）給與人員，在支領期間死亡，而在臺灣地區無遺族或法定受益人者，其居住大陸地區之遺族或法定受益人，得於各該支領給付人死亡之日起五年內，經許可進入臺灣地區，以書面向主管機關申請領受公務人員或軍人保險死亡給付、一次撫卹金、餘額退伍金或一次撫慰金，不得請領年撫卹金或月撫慰金。逾期未申請領受者，喪失其權利。

②前項保險死亡給付、一次撫卹金、餘額退伍金或一次撫慰金總額，不得逾新臺幣二百萬元。

③本條例中華民國八十六年七月一日修正生效前，依法核定保留保險死亡給付、一次撫卹金、餘額退伍金或一次撫慰金者，其居住大陸地區之遺族或法定受益人，應於中華民國八十六年七月一日起五年內，依第一項規定辦理申領，逾期喪失其權利。

④申請領受第一項或前項規定之給付者，有因受傷或疾病致行動困難或領受之給付與來臺旅費顯不相當等特殊情事，經主管機關核定者，得免進入臺灣地區。

⑤民國三十八年以前在大陸地區依法令核定應發給之各項公法給付，其權利人尚未領受或領受中斷者，於國家統一前，不予處

理。

第二七條 108

① 國軍退除役官兵輔導委員會安置就養之榮民經核准赴大陸地區長期居住者，其原有之就養給付、身心障礙撫卹金，仍應發給；本條中華民國九十三年三月一日修正生效前經許可赴大陸地區定居者，亦同。

② 就養榮民未依前項規定經核准，而在大陸地區設有戶籍或領用大陸地區護照者，停止領受就養給付、身心障礙撫卹金之權利，俟其經依第九條之二規定許可回復臺灣地區人民身分後恢復。

③ 前二項所定就養給付、身心障礙撫卹金之發給、停止領受及恢復給付相關事項之辦法，由國軍退除役官兵輔導委員會擬訂，報請行政院核定之。

第二八條

中華民國船舶、航空器及其他運輸工具，經主管機關許可，得航行至大陸地區。其許可及管理辦法，於本條例修正通過後十八個月內，由交通部會同有關機關擬訂，報請行政院核定之；於必要時，經向立法院報告備查後，得延長之。

第二八條之一

① 中華民國船舶、航空器及其他運輸工具，不得私行運送大陸地區人民前往臺灣地區及大陸地區以外之國家或地區。

② 臺灣地區人民不得利用非中華民國船舶、航空器或其他運輸工具，私行運送大陸地區人民前往臺灣地區及大陸地區以外之國家或地區。

第二九條

① 大陸船舶、民用航空器及其他運輸工具，非經主管機關許可，不得進入臺灣地區限制或禁止水域、臺北飛航情報區限制區域。

② 前項限制或禁止水域及限制區域，由國防部公告之。

③ 第一項許可辦法，由交通部會同有關機關擬訂，報請行政院核定之。

第二九條之一 99

① 臺灣地區及大陸地區之海運、空運公司，參與兩岸船舶運輸及航空運輸，在對方取得之運輸收入，得依第四條之二規定訂定之臺灣地區與大陸地區協議事項，於互惠原則下，相互減免應繳納之營業稅及所得稅。

② 前項減免稅捐之範圍、方法、適用程序及其他相關事項之辦法，由財政部擬訂，報請行政院核定。

第三〇條

① 外國船舶、民用航空器及其他運輸工具，不得直接航行於臺灣地區與大陸地區港口、機場間；亦不得利用外國船舶、民用航空器及其他運輸工具，經營經第三地航行於包括臺灣地區與大陸地區港口、機場間之定期航線業務。

② 前項船舶、民用航空器及其他運輸工具為大陸地區人民、法人、

團體或其他機構所租用、投資或經營者，交通部得限制或禁止其進入臺灣地區港口、機場。

③第一項之禁止規定，交通部於必要時得報經行政院核定爲全部或一部之解除。其解除後之管理、運輸作業及其他應遵行事項，準用現行航政法規辦理，並得視需要由交通部會商有關機關訂定管理辦法。

第三一條

大陸民用航空器未經許可進入臺北飛航情報區限制進入之區域，執行空防任務機關得警告飛離或採必要之防衛處置。

第三二條

①大陸船舶未經許可進入臺灣地區限制或禁止水域，主管機關得逕行驅離或扣留其船舶、物品，留置其人員或爲必要之防衛處置。

②前項扣留之船舶、物品，或留置之人員，主管機關應於三個月內爲下列之處分：

一　扣留之船舶、物品未涉及違法情事，得發還；若違法情節重大者，得沒入。

二　留置之人員經調查後移送有關機關依本條例第十八條收容遣返或強制其出境。

③本條例實施前，扣留之大陸船舶、物品及留置之人員，已由主管機關處理者，依其處理。

第三三條

①臺灣地區人民、法人、團體或其他機構，除法律另有規定外，得擔任大陸地區法人、團體或其他機構之職務或爲成員。

②臺灣地區人民、法人、團體或其他機構，不得擔任經行政院大陸委員會會商各該主管機關公告禁止之大陸地區黨務、軍事、行政或具政治性機關（構）、團體之職務或爲成員。

③臺灣地區人民、法人、團體或其他機構，擔任大陸地區之職務或爲其成員，有下列情形之一者，應經許可：

一　所擔任大陸地區黨務、軍事、行政或具政治性機關（構）、團體之職務或爲成員，未經依前項規定公告禁止者。

二　有影響國家安全、利益之虞或基於政策需要，經各該主管機關會商行政院大陸委員會公告者。

④臺灣地區人民擔任大陸地區法人、團體或其他機構之職務或爲其成員，不得從事妨害國家安全或利益之行爲。

⑤第二項及第三項職務或成員之認定，由各該主管機關爲之；如有疑義，得由行政院大陸委員會會同相關機關及學者專家組成審議委員會審議決定。

⑥第二項及第三項之公告事項、許可條件、申請程序、審查方式、管理及其他應遵行事項之辦法，由行政院大陸委員會會商各該主管機關擬訂，報請行政院核定之。

⑦本條例修正施行前，已擔任大陸地區法人、團體或其他機構之職務或爲成員者，應自前項辦法施行之日起六個月內向主管機關

申請許可；屆期未申請或申請未核准者，以未經許可論。

第三三條之一

①臺灣地區人民、法人、團體或其他機構，非經各該主管機關許可，不得為下列行為：

一　與大陸地區黨務、軍事、行政、具政治性機關（構）、團體或涉及對臺政治工作、影響國家安全或利益之機關（構）、團體為任何形式之合作行為。

二　與大陸地區人民、法人、團體或其他機構，為涉及政治性內容之合作行為。

三　與大陸地區人民、法人、團體或其他機構聯合設立政治性法人、團體或其他機構。

②臺灣地區非營利法人、團體或其他機構，與大陸地區人民、法人、團體或其他機構之合作行為，不得違反法令規定或涉有政治性內容；如依其他法令規定，應將預算、決算報告報主管機關者，並應同時將其合作行為向主管機關申報。

③本條例修正施行前，已從事第一項所定之行為，且於本條例修正施行後仍持續進行者，應自本條例修正施行之日起三個月內向主管機關申請許可；已從事第二項所定之行為者，應自本條例修正施行之日起一年內申報；屆期未申請許可、申報或申請未經許可者，以未經許可或申報論。

第三三條之二

①臺灣地區各級地方政府機關（構）或各級地方立法機關，非經內政部會商行政院大陸委員會報請行政院同意，不得與大陸地區地方機關締結聯盟。

②本條例修正施行前，已從事前項之行為，且於本條例修正施行後仍持續進行者，應自本條例修正施行之日起三個月內報請行政院同意；屆期未報請同意或行政院不同意者，以未報請同意論。

第三三條之三

①臺灣地區各級學校與大陸地區學校締結聯盟或為書面約定之合作行為，應先向教育部申報，於教育部受理其提出完整申報之日起三十日內，不得為該締結聯盟或書面約定之合作行為；教育部未於三十日內決定者，視為同意。

②前項締結聯盟或書面約定之合作內容，不得違反法令規定或涉及政治性內容。

③本條例修正施行前，已從事第一項之行為，且於本條例修正施行後仍持續進行者，應自本條例修正施行之日起三個月內向主管機關申報；屆期未申報或申報未經同意者，以未經申報論。

第三四條

①依本條例許可之大陸地區物品、勞務、服務或其他事項，得在臺灣地區從事廣告之播映、刊登或其他促銷推廣活動。

②前項廣告活動內容，不得有下列情形：

一　為中共從事具有任何政治性目的之宣傳。

二　違背現行大陸政策或政府法令。

三　妨害公共秩序或善良風俗。

③第一項廣告活動及前項廣告活動內容，由各有關機關認定處理，如有疑義，得由行政院大陸委員會會同相關機關及學者專家組成審議委員會審議決定。

④第一項廣告活動之管理，除依其他廣告相關法令規定辦理外，得由行政院大陸委員會會商有關機關擬訂管理辦法，報請行政院核定之。

第三五條

①臺灣地區人民、法人、團體或其他機構，經經濟部許可，得在大陸地區從事投資或技術合作；其投資或技術合作之產品或經營項目，依據國家安全及產業發展之考慮，區分為禁止類及一般類，由經濟部會商有關機關訂定項目清單及個案審查原則，並公告之。但一定金額以下之投資，得以申報方式為之；其限額由經濟部以命令公告之。

②臺灣地區人民、法人、團體或其他機構，得與大陸地區人民、法人、團體或其他機構從事商業行為。但經經濟部會商有關機關公告應許可或禁止之項目，應依規定辦理。

③臺灣地區人民、法人、團體或其他機構，經主管機關許可，得從事臺灣地區與大陸地區間貿易；其許可、輸出入物品項目與規定、開放條件與程序、停止輸出入之規定及其他輸出入管理應遵行事項之辦法，由有關主管機關擬訂，報請行政院核定之。

④第一項及第二項之許可條件、程序、方式、限制及其他應遵行事項之辦法，由有關主管機關擬訂，報請行政院核定之。

⑤本條例中華民國九十一年七月一日修正生效前，未經核准從事第一項之投資或技術合作者，應自中華民國九十一年七月一日起六個月內向經濟部申請許可；屆期未申請或申請未經核准者，以未經許可論。

第三六條

①臺灣地區金融保險證券期貨機構及其在臺灣地區以外之國家或地區設立之分支機構，經財政部許可，得與大陸地區人民、法人、團體、其他機構或其在大陸地區以外國家或地區設立之分支機構有業務上之直接往來。

②臺灣地區金融保險證券期貨機構在大陸地區設立分支機構，應報經財政部許可；其相關投資事項，應依前條規定辦理。

③前二項之許可條件、業務範圍、程序、管理、限制及其他應遵行事項之辦法，由財政部擬訂，報請行政院核定之。

④為維持金融市場穩定，必要時，財政部得報請行政院核定後，限制或禁止第一項所定業務之直接往來。

第三六條之一

大陸地區資金進出臺灣地區之管理及處罰，準用管理外匯條例第六條之一、第二十條、第二十二條、第二十四條及第二十六條規

定；對於臺灣地區之金融市場或外匯市場有重大影響情事時，並得由中央銀行會同有關機關予以其他必要之限制或禁止。

第三七條

①大陸地區出版品、電影片、錄影節目及廣播電視節目，經主管機關許可，得進入臺灣地區，或在臺灣地區發行、銷售、製作、播映、展覽或觀摩。

②前項許可辦法，由行政院新聞局擬訂，報請行政院核定之。

第三八條 97

①大陸地區發行之幣券，除其數額在行政院金融監督管理委員會所定限額以下外，不得進出入臺灣地區。但其數額逾所定限額部分，旅客應主動向海關申報，並由旅客自行封存於海關，出境時准予攜出。

②行政院金融監督管理委員會得會同中央銀行訂定辦法，許可大陸地區發行之幣券，進出入臺灣地區。

③大陸地區發行之幣券，於臺灣地區與大陸地區簽訂雙邊貨幣清算協定或建立雙邊貨幣清算機制後，其在臺灣地區之管理，準用管理外匯條例有關之規定。

④前項雙邊貨幣清算協定簽訂或機制建立前，大陸地區發行之幣券，在臺灣地區之管理及貨幣清算，由中央銀行會同行政院金融監督管理委員會訂定辦法。

⑤第一項限額，由行政院金融監督管理委員會以命令定之。

第三九條

①大陸地區之中華古物，經主管機關許可運入臺灣地區公開陳列、展覽者，得予運出。

②前項以外之大陸地區文物、藝術品，違反法令、妨害公共秩序或善良風俗者，主管機關得限制或禁止其在臺灣地區公開陳列、展覽。

③第一項許可辦法，由有關主管機關擬訂，報請行政院核定之。

第四○條

①輸入或攜帶進入臺灣地區之大陸地區物品，以進口論；其檢驗、檢疫、管理、關稅等稅捐之徵收及處理等，依輸入物品有關法令之規定辦理。

②輸往或攜帶進入大陸地區之物品，以出口論；其檢驗、檢疫、管理、通關及處理，依輸出物品有關法令之規定辦理。

第四○條之一

①大陸地區之營利事業，非經主管機關許可，並在臺灣地區設立分公司或辦事處，不得在臺從事業務活動；其分公司在臺營業，準用公司法第九條、第十條、第十二條至第二十五條、第二十八條之一、第三百八十九條至第三百九十三條、第三百九十七條、第四百三十八條及第四百四十八條規定。

②前項業務活動範圍、許可條件、申請程序、申報事項、應備文件、撤回、撤銷或廢止許可及其他應遵行事項之辦法，由經濟部

擬訂，報請行政院核定之。

第四〇條之二

①大陸地區之非營利法人、團體或其他機構，非經各該主管機關許可，不得在臺灣地區設立辦事處或分支機構，從事業務活動。

②經許可在臺從事業務活動之大陸地區非營利法人、團體或其他機構，不得從事與許可範圍不符之活動。

③第一項之許可範圍、許可條件、申請程序、申報事項、應備文件、審核方式、管理事項、限制及其他應遵行事項之辦法，由各該主管機關擬訂，報請行政院核定之。

第三章 民 事

第四一條

①臺灣地區人民與大陸地區人民間之民事事件，除本條例另有規定外，適用臺灣地區之法律。

②大陸地區人民相互間及其與外國人間之民事事件，除本條例另有規定外，適用大陸地區之規定。

③本章所稱行為地、訂約地、發生地、履行地、所在地、訴訟地或仲裁地，指在臺灣地區或大陸地區。

第四二條

依本條例規定應適用大陸地區之規定時，如該地區內各地方有不同規定者，依當事人戶籍地之規定。

第四三條

依本條例規定應適用大陸地區之規定時，如大陸地區就該法律關係無明文規定或依其規定應適用臺灣地區之法律者，適用臺灣地區之法律。

第四四條

依本條例規定應適用大陸地區之規定時，如其規定有背於臺灣地區之公共秩序或善良風俗者，適用臺灣地區之法律。

第四五條

民事法律關係之行為地或事實發生地跨連臺灣地區與大陸地區者，以臺灣地區為行為地或事實發生地。

第四六條

①大陸地區人民之行為能力，依該地區之規定。但未成年人已結婚者，就其在臺灣地區之法律行為，視為有行為能力。

②大陸地區之法人、團體或其他機構，其權利能力及行為能力，依該地區之規定。

第四七條

①法律行為之方式，依該行為所應適用之規定。但依行為地之規定所定之方式者，亦為有效。

②物權之法律行為，其方式依物之所在地之規定。

③行使或保全票據上權利之法律行為，其方式依行為地之規定。

第四八條

①債之契約依訂約地之規定。但當事人另有約定者，從其約定。

②前項訂約地不明而當事人又無約定者，依履行地之規定，履行地不明者，依訴訟地或仲裁地之規定。

第四九條

關於在大陸地區由無因管理、不當得利或其他法律事實而生之債，依大陸地區之規定。

第五〇條

侵權行為依損害發生地之規定。但臺灣地區之法律不認其為侵權行為者，不適用之。

第五一條

①物權依物之所在地之規定。

②關於以權利為標的之物權，依權利成立地之規定。

③物之所在地如有變更，其物權之得喪，依其原因事實完成時之所在地之規定。

④船舶之物權，依船籍登記地之規定；航空器之物權，依航空器登記地之規定。

第五二條

①結婚或兩願離婚之方式及其他要件，依行為地之規定。

②判決離婚之事由，依臺灣地區之法律。

第五三條

夫妻之一方為臺灣地區人民，一方為大陸地區人民者，其結婚或離婚之效力，依臺灣地區之法律。

第五四條

臺灣地區人民與大陸地區人民在大陸地區結婚，其夫妻財產制，依該地區之規定。但在臺灣地區之財產，適用臺灣地區之法律。

第五五條

①非婚生子女認領之成立要件，依各該認領人被認領人認領時設籍地區之規定。

②認領之效力，依認領人設籍地區之規定。

第五六條

①收養之成立及終止，依各該收養者被收養者設籍地區之規定。

②收養之效力，依收養者設籍地區之規定。

第五七條 98

父母之一方為臺灣地區人民，一方為大陸地區人民者，其與子女間之法律關係，依子女設籍地區之規定。

第五八條

受監護人為大陸地區人民者，關於監護，依該地區之規定。但受監護人在臺灣地區有居所者，依臺灣地區之法律。

第五九條

扶養之義務，依扶養義務人設籍地區之規定。

第六〇條

被繼承人為大陸地區人民者，關於繼承，依該地區之規定。但在臺灣地區之遺產，適用臺灣地區之法律。

第六一條

大陸地區人民之遺囑，其成立或撤回之要件及效力，依該地區之規定。但遺囑就其在臺灣地區之財產為贈與者，適用臺灣地區之法律。

第六二條

大陸地區人民之捐助行為，其成立或撤回之要件及效力，依該地區之規定。但捐助財產在臺灣地區者，適用臺灣地區之法律。

第六三條

① 本條例施行前，臺灣地區人民與大陸地區人民間、大陸地區人民相互間及其與外國人間，在大陸地區成立之民事法律關係及因此取得之權利、負擔之義務，以不違背臺灣地區公共秩序或善良風俗者為限，承認其效力。

② 前項規定，於本條例施行前已另有法令限制其權利之行使或移轉者，不適用之。

③ 國家統一前，下列債務不予處理：

一　民國三十八年以前在大陸發行尚未清償之外幣債券及民國三十八年黃金短期公債。

二　國家行局及收受存款之金融機構在大陸撤退前所有各項債務。

第六四條

① 夫妻因一方在臺灣地區，一方在大陸地區，不能同居，而一方於民國七十四年六月四日以前重婚者，利害關係人不得聲請撤銷；其於七十四年六月五日以後七十六年十一月一日以前重婚者，該後婚視為有效。

② 前項情形，如夫妻雙方均重婚者，於後婚者重婚之日起，原婚姻關係消滅。

第六五條

臺灣地區人民收養大陸地區人民為養子女，除依民法第一千零七十九條第五項規定外，有下列情形之一者，法院亦應不予認可：

一　已有子女或養子女者。

二　同時收養二人以上為養子女者。

三　未經行政院設立或指定之機構或委託之民間團體驗證收養之事實者。

第六六條

① 大陸地區人民繼承臺灣地區人民之遺產，應於繼承開始起三年內以書面向被繼承人住所地之法院為繼承之表示；逾期視為拋棄其繼承權。

② 大陸地區人民繼承本條例施行前已由主管機關處理，且在臺灣地

區無繼承人之現役軍人或退除役官兵遺產者，前項繼承表示之期間為四年。

③繼承在本條例施行前開始者，前二項期間自本條例施行之日起算。

第六七條 98

①被繼承人在臺灣地區之遺產，由大陸地區人民依法繼承者，其所得財產總額，每人不得逾新臺幣二百萬元。超過部分，歸屬臺灣地區同為繼承之人；臺灣地區無同為繼承之人者，歸屬臺灣地區後順序之繼承人；臺灣地區無繼承人者，歸屬國庫。

②前項遺產，在本條例施行前已依法歸屬國庫者，不適用本條例之規定。其依法令以保管款專戶暫為存儲者，仍依本條例之規定辦理。

③遺囑人以其在臺灣地區之財產遺贈大陸地區人民、法人、團體或其他機構者，其總額不得逾新臺幣二百萬元。

④第一項遺產中，有以不動產為標的者，應將大陸地區繼承人之繼承權利折算為價額。但其為臺灣地區繼承人賴以居住之不動產者，大陸地區繼承人不得繼承之，於定大陸地區繼承人應得部分時，其價額不計入遺產總額。

⑤大陸地區人民為臺灣地區人民配偶，其繼承在臺灣地區之遺產或受遺贈者，依下列規定辦理：

一　不適用第一項及第三項總額不得逾新臺幣二百萬元之限制規定。

二　其經許可長期居留者，得繼承以不動產為標的之遺產，不適用前項有關繼承權利應折算為價額之規定。但不動產為臺灣地區繼承人賴以居住者，不得繼承之，於定大陸地區繼承人應得部分時，其價額不計入遺產總額。

三　前款繼承之不動產，如為土地法第十七條第一項各款所列土地，準用同條第二項但書規定辦理。

第六七條之一

①前條第一項之遺產事件，其繼承人全部為大陸地區人民者，除應適用第六十八條之情形者外，由繼承人、利害關係人或檢察官聲請法院指定財政部國有財產局為遺產管理人，管理其遺產。

②被繼承人之遺產依法應登記者，遺產管理人應向該管登記機關登記。

③第一項遺產管理辦法，由財政部擬訂，報請行政院核定之。

第六八條

①現役軍人或退除役官兵死亡而無繼承人、繼承人之有無不明或繼承人因故不能管理遺產者，由主管機關管理其遺產。

②前項遺產事件，在本條例施行前，已由主管機關處理者，依其處理。

③第一項遺產管理辦法，由國防部及行政院國軍退除役官兵輔導委員會分別擬訂，報請行政院核定之。

④本條例中華民國八十五年九月十八日修正生效前，大陸地區人民未於第六十六條所定期限內完成繼承之第一項及第二項遺產，由主管機關逕行捐助設置財團法人榮民榮眷基金會，辦理下列業務，不受第六十七條第一項歸屬國庫規定之限制：

一　亡故現役軍人或退除役官兵在大陸地區繼承人申請遺產之核發事項。

二　榮民重大災害救助事項。

三　清寒榮民子女教育獎助學金及教育補助事項。

四　其他有關榮民、榮眷福利及服務事項。

⑤依前項第一款申請遺產核發者，以其亡故現役軍人或退除役官兵遺產，已納入財團法人榮民榮眷基金會者為限。

⑥財團法人榮民榮眷基金會章程，由行政院國軍退除役官兵輔導委員會擬訂，報請行政院核定之。

第六九條

①大陸地區人民、法人、團體或其他機構，或其於第三地區投資之公司，非經主管機關許可，不得在臺灣地區取得、設定或移轉不動產物權。但土地法第十七條第一項所列各款土地，不得取得、設定負擔或承租。

②前項申請人資格、許可條件及用途、申請程序、申報事項、應備文件、審核方式、未依許可用途使用之處理及其他應行事項之辦法，由主管機關擬訂，報請行政院核定之。

第七〇條　（刪除）

第七一條

未經許可之大陸地區法人、團體或其他機構，以其名義在臺灣地區與他人為法律行為者，其行為人就該法律行為，應與該大陸地區法人、團體或其他機構，負連帶責任。

第七二條

①大陸地區人民、法人、團體或其他機構，非經主管機關許可，不得為臺灣地區法人、團體或其他機構之成員或擔任其任何職務。

②前項許可辦法，由有關主管機關擬訂，報請行政院核定之。

第七三條

①大陸地區人民、法人、團體、其他機構或其於第三地區投資之公司，非經主管機關許可，不得在臺灣地區從事投資行為。

②依前項規定投資之事業依公司法設立公司者，投資人不受同法第二百十六條第一項關於國內住所之限制。

③第一項所定投資人之資格、許可條件、程序、投資之方式、業別項目與限額、投資比率、結匯、審定、轉投資、申報事項與程序、申請書格式及其他應行事項之辦法，由有關主管機關擬訂，報請行政院核定之。

④依第一項規定投資之事業，應依前項所定辦法規定或主管機關命令申報財務報表、股東持股變化或其他指定之資料；主管機關得派員前往檢查，投資事業不得規避、妨礙或拒絕。

⑤投資人轉讓其投資時，轉讓人及受讓人應會同向主管機關申請許可。

第七四條

①在大陸地區作成之民事確定裁判、民事仲裁判斷，不違背臺灣地區公共秩序或善良風俗者，得聲請法院裁定認可。

②前項經法院裁定認可之裁判或判斷，以給付為內容者，得為執行名義。

③前二項規定，以在臺灣地區作成之民事確定裁判、民事仲裁判斷，得聲請大陸地區法院裁定認可或為執行名義者，始適用之。

第四章 刑　事

第七五條

在大陸地區或在大陸船艦、航空器內犯罪，雖在大陸地區曾受處罰，仍得依法處斷。但得免其刑之全部或一部之執行。

第七五條之一

大陸地區人民於犯罪後出境，致不能到庭者，法院得於其能到庭以前停止審判。但顯有應諭知無罪或免刑判決之情形者，得不待其到庭，逕行判決。

第七六條

配偶之一方在臺灣地區，一方在大陸地區，而於民國七十六年十一月一日以前重為婚姻或與非配偶以共同生活為目的而同居者，免予追訴、處罰；其相婚或與同居者，亦同。

第七七條

大陸地區人民在臺灣地區以外之地區，犯內亂罪、外患罪，經許可進入臺灣地區，而於申請時據實申報者，免予追訴、處罰；其進入臺灣地區參加主管機關核准舉辦之會議或活動，經專案許可免予申報者，亦同。

第七八條

大陸地區人民之著作權或其他權利在臺灣地區受侵害者，其告訴或自訴之權利，以臺灣地區人民得在大陸地區享有同等訴訟權利者為限。

第五章 罰　則

第七九條

①違反第十五條第一款規定者，處一年以上七年以下有期徒刑，得併科新臺幣一百萬元以下罰金。

②意圖營利而犯前項之罪者，處三年以上十年以下有期徒刑，得併科新臺幣五百萬元以下罰金。

③前二項之首謀者，處五年以上有期徒刑，得併科新臺幣一千萬元以下罰金。

④前三項之未遂犯罰之。

⑤中華民國船舶、航空器或其他運輸工具所有人、營運人或船長、

機長、其他運輸工具駕駛人違反第十五條第一款規定者，主管機關得處該中華民國船舶、航空器或其他運輸工具一定期間之停航，或廢止其有關證照、並得停止或廢止該船長、機長或駕駛人之職業證照或資格。

⑥中華民國船舶、航空器或其他運輸工具所有人，有第一項至第四項之行為或因其故意、重大過失致使第三人以其船舶、航空器或其他運輸工具從事第一項至第四項之行為，且該行為係以運送大陸地區人民非法進入臺灣地區為主要目的者，主管機關得沒入該船舶、航空器或其他運輸工具。所有人明知該船舶、航空器或其他運輸工具得沒入，為規避沒入之裁處而取得所有權者，亦同。

⑦前項情形，如該船舶、航空器或其他運輸工具無相關主管機關得予沒入時，得由查獲機關沒入之。

第七九條之一

①受託處理臺灣地區與大陸地區人民往來有關之事務或協商簽署協議，逾越委託範圍，致生損害於國家安全或利益者，處行為負責人五年以下有期徒刑、拘役或科或併科新臺幣五十萬元以下罰金。

②前項情形，除處罰行為負責人外，對該法人、團體或其他機構，並科以前項所定之罰金。

第七九條之二

違反第四條之四第一款規定，未經同意赴大陸地區者，處新臺幣三十萬元以上一百五十萬元以下罰鍰。

第七九條之三

①違反第四條之四第四款規定者，處新臺幣二十萬元以上二百萬元以下罰鍰。

②違反第五條之一規定者，處新臺幣二十萬元以上二百萬元以下罰鍰；其情節嚴重或再為相同、類似之違反行為者，處五年以下有期徒刑、拘役或科或併科新臺幣五十萬元以下罰金。

③前項情形，如行為人為法人、團體或其他機構，處罰其行為負責人；對該法人、團體或其他機構，並科以前項所定之罰金。

第八〇條

①中華民國船舶、航空器或其他運輸工具所有人、營運人或船長、機長、其他運輸工具駕駛人違反第二十八條規定或違反第二十八條之一第一項規定或臺灣地區人民違反第二十八條之一第二項規定者，處三年以下有期徒刑、拘役或科或併科新臺幣一百萬元以上一千五百萬元以下罰金。但行為係出於中華民國船舶、航空器或其他運輸工具之船長或機長或駕駛人自行決定者，處罰船長或機長或駕駛人。

②前項中華民國船舶、航空器或其他運輸工具之所有人或營運人為法人者，除處罰行為人外，對該法人並科以前項所定之罰金。但法人之代表人對於違反之發生，已盡力防止之行為者，不在此限。

③刑法第七條之規定，對於第一項臺灣地區人民在中華民國領域外私行運送大陸地區人民前往臺灣地區及大陸地區以外之國家或地區者，不適用之。

④第一項情形，主管機關得處該中華民國船舶、航空器或其他運輸工具一定期間之停航，或廢止其有關證照，並得停止或廢止該船長、機長或駕駛人之執業證照或資格。

第八〇條之一 104

①大陸船舶違反第三十二條第一項規定，經扣留者，得處該船舶所有人、營運人或船長、駕駛人新臺幣三十萬元以上一千萬元以下罰鍰。

②前項所定之罰鍰，由海岸巡防機關訂定裁罰標準，並執行之。

第八一條

①違反第三十六條第一項或第二項規定者，處新臺幣二百萬元以上一千萬元以下罰鍰，並得限期命其停止或改正；屆期不停止或改正，或停止後再為相同違反行為者，處行為負責人三年以下有期徒刑、拘役或科或併科新臺幣一千五百萬元以下罰金。

②臺灣地區金融保險證券期貨機構及其在臺灣地區以外之國家或地區設立之分支機構，違反財政部依第三十六條第四項規定報請行政院核定之限制或禁止命令者，處行為負責人三年以下有期徒刑、拘役或科或併科新臺幣一百萬元以上一千五百萬元以下罰金。

③前二項情形，除處罰其行為負責人外，對該金融保險證券期貨機構，並科以前二項所定之罰金。

④第一項及第二項之規定，於中華民國領域外犯罪者，適用之。

第八二條

違反第二十三條規定從事招生或居間介紹行為者，處一年以下有期徒刑、拘役或科或併科新臺幣一百萬元以下罰金。

第八三條

①違反第十五條第四款或第五款規定者，處二年以下有期徒刑、拘役或科或併科新臺幣三十萬元以下罰金。

②意圖營利而違反第十五條第五款規定者，處三年以下有期徒刑、拘役或科或併科新臺幣六十萬元以下罰金。

③法人之代表人、法人或自然人之代理人、受僱人或其他從業人員，因執行業務犯前二項之罪者，除處罰行為人外，對該法人或自然人並科以前二項所定之罰金。但法人之代表人或自然人對於違反之發生，已盡力為防止行為者，不在此限。

第八四條

①違反第十五條第二款規定者，處六月以下有期徒刑、拘役或科或併科新臺幣十萬元以下罰金。

②法人之代表人、法人或自然人之代理人、受僱人或其他從業人員，因執行業務犯前項之罪者，除處罰行為人外，對該法人或自然人並科以前項所定之罰金。但法人之代表人或自然人對於違反

之發生，已盡力爲防止行爲者，不在此限。

第八五條

①違反第三十條第一項規定者，處臺幣三百萬元以上一千五百萬元以下罰鍰，並得禁止該船舶、民用航空器或其他運輸工具所有人、營運人之所屬船舶、民用航空器或其他運輸工具，於一定期間內進入臺灣地區港口、機場。

②前項所有人或營運人，如在臺灣地區未設立分公司者，於處分確定後，主管機關得限制其所屬船舶、民用航空器或其他運輸工具駛離臺灣地區港口、機場，至繳清罰鍰爲止。但提供與罰鍰同額擔保者，不在此限。

第八五條之一

違反依第三十六條之一所發布之限制或禁止命令者，處新臺幣三百萬元以上一千五百萬元以下罰鍰。中央銀行指定辦理外匯業務銀行違反者，並得由中央銀行按其情節輕重，停止其一定期間經營全部或一部外匯之業務。

第八六條

①違反第三十五條第一項規定從事一般類項目之投資或技術合作者，處新臺幣五萬元以上二千五百萬元以下罰鍰，並得限期命其停止或改正；屆期不停止或改正者，得連續處罰。

②違反第三十五條第一項規定從事禁止類項目之投資或技術合作者，處新臺幣五萬元以上二千五百萬元以下罰鍰，並得限期命其停止；屆期不停止，或停止後再爲相同違反行爲者，處行爲人二年以下有期徒刑、拘役或科或併科新臺幣二千五百萬元以下罰金。

③法人、團體或其他機構犯前項之罪者，處罰其行爲負責人。

④違反第三十五條第二項但書規定從事商業行爲者，處新臺幣五萬元以上五百萬元以下罰鍰，並得限期命其停止或改正；屆期不停止或改正者，得連續處罰。

⑤違反第三十五條第三項規定從事貿易行爲者，除依其他法律規定處罰外，主管機關得停止其二個月以上一年以下輸出入貨品或廢止其出進口廠商登記。

第八七條

違反第十五條第三款規定者，處新臺幣二十萬元以上一百萬元以下罰鍰。

第八七條之一 104

大陸地區人民逾期停留或居留者，由內政部移民署處新臺幣二千元以上一萬元以下罰鍰。

第八八條

①違反第三十七條規定者，處新臺幣四萬元以上二十萬元以下罰鍰。

②前項出版品、電影片、錄影節目或廣播電視節目，不問屬於何人所有，沒入之。

第八九條

①委託、受託或自行於臺灣地區從事第三十四條第一項以外大陸地區物品、勞務、服務或其他事項之廣告播映、刊登或其他促銷推廣活動者，或違反第三十四條第二項、或依第四項所定管理辦法之強制或禁止規定者，處新臺幣十萬元以上五十萬元以下罰鍰。

②前項廣告，不問屬於何人所有或持有，得沒入之。

第九○條

①具有第九條第四項身分之臺灣地區人民，違反第三十三條第二項規定者，處三年以下有期徒刑、拘役或科或併科新臺幣五十萬元以下罰金；未經許可擔任其他職務者，處一年以下有期徒刑、拘役或科或併科新臺幣三十萬元以下罰金。

②前項以外之現職及退離職未滿三年之公務員，違反第三十三條第二項規定者，處一年以下有期徒刑、拘役或科或併科新臺幣三十萬元以下罰金。

③不具備前二項情形，違反第三十三條第二項或第三項規定者，處新臺幣十萬元以上五十萬元以下罰鍰。

④違反第三十三條第四項規定者，處三年以下有期徒刑、拘役，得併科新臺幣五十萬元以下罰金。

第九○條之一

①具有第九條第四項第一款、第二款或第五款身分，退離職未滿三年之公務員，違反第三十三條第二項規定者，喪失領受退休（職、伍）金及相關給與之權利。

②前項人員違反第三十三條第三項規定，其領取月退休（職、伍）金者，停止領受月退休（職、伍）金及相關給與之權利，至其原因消滅時恢復。

③第九條第四項第一款、第二款或第五款身份以外退離職未滿三年之公務員，違反第三十三條第二項規定者，其領取月退休（職、伍）金者，停止領受月退休（職、伍）金及相關給與之權利，至其原因消滅時恢復。

④臺灣地區公務員，違反第三十三條第四項規定者，喪失領受退休（職、伍）金及相關給與之權利。

第九○條之二

①違反第三十三條之一第一項或第三十三條之二第一項規定者，處新臺幣十萬元以上五十萬元以下罰鍰，並得按次連續處罰。

②違反第三十三條之一第二項、第三十三條之三第一項或第二項規定者，處新臺幣一萬元以上五十萬元以下罰鍰，主管機關並得限期令其申報或改正；屆期未申報或改正者，並得按次連續處罰至申報或改正為止。

第九一條 108

①違反第九條第二項規定者，處新臺幣一萬元以下罰鍰。

②違反第九條第三項或第九項行政院公告之處置規定者，處新臺幣二萬元以上十萬元以下罰鍰。

③違反第九條第四項規定者，處新臺幣二百萬元以上一千萬元以下罰鍰。

④具有第九條第四項第四款身分之臺灣地區人民，違反第九條第五項規定者，（原）服務機關或委託機關得處新臺幣二萬元以上十萬元以下罰鍰。

⑤違反第九條第八項規定，應申報而未申報者，（原）服務機關得處新臺幣一萬元以上五萬元以下罰鍰。

⑥違反第九條之三規定者，得由（原）服務機關視情節，自其行為時起停止領受五年之月退休（職、伍）給與之百分之五十至百分之百，情節重大者，得剝奪其月退休（職、伍）給與；已支領者，並應追回之。其無月退休（職、伍）給與者，（原）服務機關得處新臺幣二百萬元以上一千萬元以下罰鍰。

⑦前項處罰，應經（原）服務機關會同國家安全局、內政部、法務部、大陸委員會及相關機關組成之審查會審認。

⑧違反第九條之三規定者，其領取之獎、勳（勛）章及其執照、證書，應予追繳註銷。但服務獎章、忠勤勳章及其證書，不在此限。

⑨違反第九條之三規定者，如觸犯內亂罪、外患罪、洩密罪或其他犯罪行為，應依刑法、國家安全法、國家機密保護法及其他法律之規定處罰。

第九二條 97

①違反第三十八條第一項或第二項規定，未經許可或申報之幣券，由海關沒入之；申報不實者，其超過部分沒入之。

②違反第三十八條第四項所定辦法而為兌換、買賣或其他交易者，其大陸地區發行之幣券及價金沒入之；臺灣地區金融機構及外幣收受處違反者，得處或併處新臺幣三十萬元以上一百五十萬元以下罰鍰。

③主管機關或海關執行前二項規定時，得洽警察機關協助。

第九三條

違反依第三十九條第二項規定所發之限制或禁止命令者，其文物或藝術品，由主管機關沒入之。

第九三條之一 108

①違反第七十三條第一項規定從事投資者，由主管機關處新臺幣十二萬元以上二千五百萬元以下罰鍰，並得限期命其停止、撤回投資或改正，必要時得停止其股東權利；屆期仍未停止、撤回投資或改正者，得按次處罰至其停止、撤回投資或改正為止；必要時得通知登記主管機關撤銷或廢止其許可或登記。

②違反第七十三條第四項規定，應申報而未申報或申報不實或不完整，或規避、妨礙、拒絕檢查者，主管機關得處新臺幣六萬元以上二百五十萬元以下罰鍰，並限期命其申報、改正或接受檢查；屆期仍未申報、改正或接受檢查者，並得按次處罰至其申報、改正或接受檢查為止。

③依第七十三條第一項規定經許可投資之事業，違反依第七十三條第三項所定辦法有關轉投資之規定者，主管機關得處新臺幣六萬元以上二百五十萬元以下罰鍰，並限期命其改正；屆期仍未改正者，並得按次處罰至其改正為止。

④投資人或投資事業違反依第七十三條第三項所定辦法規定，應辦理審定、申報而未辦理或申報不實或不完整者，主管機關得處新臺幣六萬元以上二百五十萬元以下罰鍰，並得限期命其辦理審定、申報或改正；屆期仍未辦理審定、申報或改正者，並得按次處罰至其辦理審定、申報或改正為止。

⑤投資人之代理人因故意或重大過失而申報不實者，主管機關得處新臺幣六萬元以上二百五十萬元以下罰鍰。

⑥違反第一項至第四項規定，其情節輕微者，得依各該項規定先限期命其改善，已改善完成者，免予處罰。

⑦主管機關依前六項規定對投資人為處分時，得向投資人之代理人或投資事業為送達；其為罰鍰之處分者，得向投資事業執行之；投資事業於執行後對該投資人有求償權，並得按市價收回其股份抵償，不受公司法第一百六十七條第一項規定之限制；其收回股份，應依公司法第一百六十七條第二項規定辦理。

第九三條之二

①違反第四十條之一第一項規定未經許可而為業務活動者，處行為人一年以下有期徒刑、拘役或科或併科新臺幣十五萬元以下罰金，並自負民事責任；行為人有二人以上者，連帶負民事責任，並由主管機關禁止其使用公司名稱。

②違反依第四十條之一第二項所定辦法之強制或禁止規定者，處新臺幣二萬元以上十萬元以下罰鍰，並得限期命其停止或改正；屆期未停止或改正者，得連續處罰。

第九三條之三

違反第四十條之二第一項或第二項規定者，處新臺幣五十萬元以下罰鍰，並得限期命其停止；屆期不停止，或停止後再為相同違反行為者，處行為人二年以下有期徒刑、拘役或科或併科新臺幣五十萬元以下罰金。

第九四條

本條例所定之罰鍰，由主管機關處罰；依本條例所定之罰鍰，經限期繳納，屆期不繳納者，依法移送強制執行。

第六章 附 則

第九五條

主管機關於實施臺灣地區與大陸地區直接通商、通航及大陸地區人民進入臺灣地區工作前，應經立法院決議；立法院如於會期內一個月未為決議，視為同意。

第九五條之一

①主管機關實施臺灣地區與大陸地區直接通商、通航前，得先行試

辦金門、馬祖、澎湖與大陸地區之通商、通航。

②前項試辦與大陸地區直接通商、通航之實施區域、試辦期間，及其有關航運往來許可、人員入出許可、物品輸出入管理、金融往來、通關、檢驗、檢疫、查緝及其他往來相關事項，由行政院以實施辦法定之。

③前項試辦實施區域與大陸地區通航之港口、機場或商埠，就通航事項，準用通商口岸規定。

④輸入試辦實施區域之大陸地區物品，未經許可，不得運往其他臺灣地區；試辦實施區域以外之臺灣地區物品，未經許可，不得運往大陸地區。但少量自用之大陸地區物品，得以郵寄或旅客攜帶進入其他臺灣地區；其物品項目及數量限額，由行政院定之。

⑤違反前項規定，未經許可者，依海關緝私條例第三十六條至第三十九條規定處罰；郵寄或旅客攜帶之大陸地區物品，其項目、數量超過前項限制範圍者，由海關依關稅法第七十七條規定處理。

⑥本條試辦期間如有危害國家利益、安全之虞或其他重大事由時，得由行政院以命令終止一部或全部之實施。

第九五條之二

各主管機關依本條例規定受理申請許可、核發證照，得收取審查費、證照費；其收費標準，由各主管機關定之。

第九五條之三

依本條例處理臺灣地區與大陸地區人民往來有關之事務，不適用行政程序法之規定。

第九五條之四

本條例施行細則，由行政院定之。

第九六條

本條例施行日期，由行政院定之。

香港澳門關係條例

①民國86年4月2日總統令制定公布全文62條。

民國86年6月19日行政院令發布定於86年7月1日施行。

②民國87年6月17日總統令修正公布第24條條文。

民國88年11月16日行政院令發布定自88年12月20日施行。

③民國92年10月29日總統令修正公布第41條條文；並增訂第41-1條條文。

民國93年1月5日行政院令發布定自93年3月1日施行。

④民國95年5月30日總統令修正公布第47、62條條文；並自95年7月1日施行。

民國101年5月15日行政院公告第23條所列屬「行政院新聞局」之權責事項，自101年5月20日起改由「文化部」管轄。

民國101年6月25日行政院公告第32條、第33條第2項所列屬「財政部」之權責事項，經行政院公告自93年7月1日起變更為「行政院金融監督管理委員會」管轄，自101年7月1日起改由「金融監督管理委員會」管轄。

民國103年2月14日行政院公告第13條第2項所列屬「行政院勞工委員會」之權責事項，自103年2月17日起改由「勞動部」管轄。

⑤民國104年6月17日總統令修正公布第14條條文；並增訂第14-1、14-2、47-1條條文。

民國104年7月1日行政院令發布定自104年7月3日施行。

⑥民國106年12月13日總統令增訂公布第29-1條條文。

民國106年12月21日行政院令發布定自106年12月21日施行。

民國107年6月28日行政院公告第5條所列屬「行政院大陸委員會」之權責事項，自107年7月2日起改由「大陸委員會」管轄。

第一章 總 則

第一條

①為規範及促進與香港及澳門之經貿、文化及其他關係，特制定本條例。

②本條例未規定者，適用其他有關法令之規定。但臺灣地區與大陸地區人民關係條例，除本條例有明文規定者外，不適用之。

第二條

①本條例所稱香港，指原由英國治理之香港島、九龍半島、新界及其附屬部分。

②本條例所稱澳門，指原由葡萄牙治理之澳門半島、 仔島、路環島及其附屬部分。

第三條

本條例所稱臺灣地區及臺灣地區人民，依臺灣地區與大陸地區人

民關係條例之規定。

第四條

①本條例所稱香港居民，指具有香港永久居留資格，且未持有英國國民（海外）護照或香港護照以外之旅行證照者。

②本條例所稱澳門居民，指具有澳門永久居留資格，且未持有澳門護照以外之旅行證照或雖持有葡萄牙護照但係於葡萄牙結束治理前於澳門取得者。

③前二項香港或澳門居民，如於香港或澳門分別於英國及葡萄牙結束其治理前，取得華僑身分者及其符合中華民國國籍取得要件之配偶及子女，在本條例施行前之既有權益，應予以維護。

第五條

本條例所稱主管機關為行政院大陸委員會。

第二章　行　政

第一節　交流機構

第六條

①行政院得於香港或澳門設立或指定機構或委託民間團體，處理臺灣地區與香港或澳門往來有關事務。

②主管機關應定期向立法院提出前項機構或民間團體之會務報告。

③第一項受託民間團體之組織與監督，以法律定之。

第七條

依前條設立或指定之機構或受託之民間團體，非經主管機關授權，不得與香港或澳門政府或其授權之民間團體訂定任何形式之協議。

第八條

①行政院得許可香港或澳門政府或其授權之民間團體在臺灣地區設立機構並派駐代表，處理臺灣地區與香港或澳門之交流事務。

②前項機構之人員，須為香港或澳門居民。

第九條

①在香港或澳門製作之文書，行政院得授權第六條所規定之機構或民間團體辦理驗證。

②前項文書之實質內容有爭議時，由有關機關或法院認定之。

第二節　入出境管理

第一○條

臺灣地區人民進入香港或澳門，依一般之出境規定辦理；其經由香港或澳門進入大陸地區者，適用臺灣地區與大陸地區人民關係條例相關之規定。

第一一條

①香港或澳門居民，經許可得進入臺灣地區。

②前項許可辦法，由內政部擬訂，報請行政院核定後發布之。

第一二條

①香港或澳門居民得申請在臺灣地區居留或定居；其辦法由內政部擬訂，報請行政院核定後發布之。

②每年核准居留或定居，必要時得酌定配額。

第一三條

①香港或澳門居民受聘僱在臺灣地區工作，準用就業服務法第五章至第七章有關外國人聘僱、管理及處罰之規定。

②第四條第三項之香港或澳門居民受聘僱在臺灣地區工作，得予特別規定；其辦法由行政院勞工委員會同有關機關擬訂，報請行政院核定後發布之。

第一四條 104

①進入臺灣地區之香港或澳門居民，有下列情形之一者，內政部移民署得逕行強制出境，或限令其於十日內出境，逾限令出境期限仍未出境，內政部移民署得強制出境：

　一　未經許可入境。

　二　經許可入境，已逾停留、居留期限，或經撤銷、廢止停留、居留、定居許可。

②內政部移民署於知悉前項香港或澳門居民涉有刑事案件已進入司法程序者，於強制出境十日前，應通知司法機關。該等香港或澳門居民除經依法羈押、拘提、管收或限制出境者外，內政部移民署得強制出境或限令出境。

③內政部移民署於強制香港或澳門居民出境前，應給予陳述意見之機會；強制已取得居留或定居許可之香港或澳門居民出境前，並應召開審查會。但當事人有下列情形之一者，得不經審查會審查，逕行強制出境：

　一　以書面聲明放棄陳述意見或自願出境。

　二　依其他法律規定限令出境。

　三　有危害國家利益、公共安全、公共秩序或從事恐怖活動之虞，且情況急迫應即時處分。

④第一項所定強制出境之處理方式、程序、管理及其他應遵行事項之辦法，由內政部定之。

⑤第三項審查會由內政部遴聘有關機關代表、社會公正人士及學者專家共同組成，其中單一性別不得少於三分之一，且社會公正人士及學者專家之人數不得少於二分之一。

第一四條之一 104

①前條第一項受強制出境處分者，有下列情形之一，且非予收容顯難強制出境，內政部移民署得暫予收容，期間自暫予收容時起最長不得逾十五日，且應於暫予收容處分作成前，給予當事人陳述意見機會：

　一　無相關旅行證件，不能依規定執行。

　二　有事實足認有行方不明、逃逸或不願自行出境之虞。

　三　於境外遭通緝。

②暫予收容期間屆滿前，內政部移民署認有續予收容之必要者，應於期間屆滿五日前附具理由，向法院聲請裁定續予收容。續予收容之期間，自暫予收容期間屆滿時起，最長不得逾四十五日。

③續予收容期間屆滿前，有第一項各款情形之一，內政部移民署認有延長收容之必要者，應於期間屆滿五日前附具理由，向法院聲請裁定延長收容。延長收容之期間，自續予收容期間屆滿時起，最長不得逾四十日。

④受收容人有得不暫予收容之情形、收容原因消滅，或無收容之必要，內政部移民署得依職權，視其情形分別為廢止暫予收容處分、停止收容，或為收容替代處分後，釋放受收容人。如於法院裁定准予續予收容或延長收容後，內政部移民署停止收容時，應即時通知原裁定法院。

⑤受收容人涉及刑事案件已進入司法程序者，內政部移民署於知悉後執行強制出境十日前，應通知司法機關；如經司法機關認為有羈押或限制出境之必要，而移由其處理者，不得執行強制出境。

⑥本條例中華民國一百零四年六月二日修正之條文施行前，已經收容之香港或澳門居民，其於修正施行時收容期間未逾十五日者，內政部移民署應告知其得提出收容異議，十五日期間屆滿認有續予收容之必要，應於期間屆滿前附具理由，向法院聲請續予收容；已逾十五日至六十日或逾六十日者，內政部移民署如認有續予收容或延長收容之必要，並應附具理由，於修正施行當日，向法院聲請續予收容或延長收容。

⑦同一事件之收容期間應合併計算，且最長不得逾一百日；本條例中華民國一百零四年六月二日修正之條文施行前後收容之期間合併計算，最長不得逾一百日。

⑧受收容人之收容替代處分、得不暫予收容之事由、異議程序、法定障礙事由、暫予收容處分、收容替代處分與強制出境處分之作成方式、廢（停）止收容之程序、再暫予收容之規定、遠距審理及其他應遵行事項，準用入出國及移民法第三十八條第二項、第三項、第三十八條之一至第三十八條之三、第三十八條之六、第三十八條之七第二項、第三十八條之八第一項及第三十八條之九規定辦理。

⑨有關收容處理方式、程序、管理及其他應遵行事項之辦法，由內政部定之。

⑩前條及前九項規定，於本條例施行前進入臺灣地區之香港或澳門居民，適用之。

第一四條之二 104

香港或澳門居民逾期居留未滿三十日，原申請居留原因仍繼續存在者，經依第四十七條之一規定處罰後，得向內政部移民署重新申請居留；其申請定居者，核算在臺灣地區居留期間，應扣除一年。

第一五條

①臺灣地區人民有下列情形之一者，應負擔強制出境及收容管理之費用：
　一　使香港或澳門居民非法進入臺灣地區者。
　二　非法僱用香港或澳門居民工作者。
②前項費用，有數人應負擔者，應負連帶責任。
③第一項費用，由強制出境機關檢具單據及計算書，通知應負擔人限期繳納；逾期未繳納者，移送法院強制執行。

第一六條

①香港或澳門居民經許可進入臺灣地區者，非在臺灣地區設有戶籍滿十年，不得登記為公職候選人、擔任軍職及組織政黨。
②第四條第三項之香港或澳門居民經許可進入臺灣地區者，非在臺灣地區設有戶籍滿一年，不得登記為公職候選人、擔任軍職及組織政黨。

第一七條

①駐香港或澳門機構在當地聘僱之人員，受聘僱達相當期間者，其入境、居留、就業之規定，均比照臺灣地區人民辦理；其父母、配偶、未成年子女或配偶之父母隨同申請來臺時，亦同。
②前項機構、聘僱人員及聘僱期間之認定辦法，由主管機關擬訂，報請行政院核定後發布之。

第一八條

對於因政治因素而致安全及自由受有緊急危害之香港或澳門居民，得提供必要之援助。

第三節　文教交流

第一九條

香港或澳門居民來臺灣地區就學，其辦法由教育部擬訂，報請行政院核定後發布之。

第二〇條

①香港或澳門學歷之檢覈及採認辦法，由教育部擬訂，報請行政院核定後發布之。
②前項學歷，於英國及葡萄牙分別結束其治理前取得者，按本條例施行前之有關規定辦理。

第二一條

香港或澳門居民得應專門職業及技術人員考試，其考試辦法準用外國人應專門職業及技術人員考試條例之規定。

第二二條

香港或澳門專門職業及技術人員執業資格之檢覈及承認，準用外國政府專門職業及技術人員執業證書認可之相關規定辦理。

第二三條

香港或澳門出版品、電影片、錄影節目及廣播電視節目經許可者，得進入臺灣地區或在臺灣地區發行、製作、播映；其辦法由

行政院新聞局擬訂，報請行政院核定後發布之。

第四節　交通運輸

第二四條

① 中華民國船舶得依法令規定航行至香港或澳門。但有危害台灣地區之安全、公共秩序或利益之虞者，交通部或有關機關得予以必要之限制或禁止。

② 香港或澳門船舶得依法令規定航行至台灣地區。但有下列情形之一者，交通部或有關機關得予以必要之限制或禁止：

一　有危害台灣地區之安全、公共秩序或利益之虞。

二　香港或澳門對中華民國船舶採取不利措施。

三　經查明船舶為非經中華民國政府准許航行於台港或台澳之大陸地區航運公司所有。

③ 香港或澳門船舶入出臺灣地區港口及在港口停泊期間應予規範之相關事宜，得由交通部或有關機關另定之，不受商港法第二十五條規定之限制。

第二五條

外國船舶得依法令規定航行於臺灣地區與香港或澳門間。但交通部於必要時得依航業法有關規定予以限制或禁止運送客貨。

第二六條

① 在中華民國、香港或澳門登記之民用航空器，經交通部許可，得於臺灣地區與香港或澳門間飛航。但基於情勢變更，有危及臺灣地區安全之虞或其他重大原因，交通部得予以必要之限制或禁止。

② 在香港或澳門登記之民用航空器違反法令規定進入臺北飛航情報區限制進入之區域，執行空防任務機關得警告驅離、強制降落或採取其他必要措施。

第二七條

① 在外國登記之民用航空器，得依交換航權並參照國際公約於臺灣地區與香港或澳門間飛航。

② 前項民用航空器違反法令規定進入臺北飛航情報區限制進入之區域，執行空防任務機關得警告驅離、強制降落或採取其他必要措施。

第五節　經貿交流

第二八條

① 臺灣地區人民有香港或澳門來源所得者，其香港或澳門來源所得，免納所得稅。

② 臺灣地區法人、團體或其他機構有香港或澳門來源所得者，應併同臺灣地區來源所得課徵所得稅。但其在香港或澳門已繳納之稅額，得併同其國外所得依所得來源國稅法已繳納之所得稅額，自其全部應納稅額中扣抵。

③前項扣抵之數據，不得超過因加計其香港或澳門所得及其國外所得，而依其適用稅率計算增加之應納稅額。

第二九條

①香港或澳門居民有臺灣地區來源所得者，應就其臺灣地區來源所得，依所得稅法規定課徵所得稅。

②香港或澳門法人、團體或其他機構有臺灣地區來源所得者，應就其臺灣地區來源所得比照總機構在中華民國境外之營利事業，依所得稅法規定課徵所得稅。

第二九條之一 106

①臺灣地區海運、空運事業在香港或澳門取得之運輸收入或所得，及香港或澳門海運、空運事業在臺灣地區取得之運輸收入或所得，得於互惠原則下，相互減免應納之營業稅及所得稅。

②前項減免稅捐之範圍、方法、適用程序及其他相關事項之辦法，由財政部依臺灣地區與香港或澳門協議事項擬訂，報請行政院核定。

第三〇條

臺灣地區人民、法人、團體或其他機構在香港或澳門從事投資或技術合作，應向經濟部或有關機關申請許可或備查；其辦法由經濟部會同有關機關擬訂，報請行政院核定後發布之。

第三一條

香港或澳門居民、法人、團體或其他機構在臺灣地區之投資，準用外國人投資及結匯相關規定；第四條第三項之香港或澳門居民在臺灣地區之投資，準用華僑回國投資及結匯相關規定。

第三二條

臺灣地區金融保險機構，經許可者，得在香港或澳門設立分支機構或子公司；其辦法由財政部擬訂，報請行政院核定後發布之。

第三三條

①香港或澳門發行幣券在臺灣地區之管理，得於其維持十足發行準備及自由兌換之條件下，準用管理外匯條例之有關規定。

②香港或澳門幣券不符合前項條件，或有其他重大情事，足認對於臺灣地區之金融穩定或其他金融政策有重大影響之虞者，得由中央銀行會同財政部限制或禁止其進出臺灣地區及在臺灣地區買賣、兌換及其他交易行為。但於進入臺灣地區時自動向海關申報者，准予攜出。

第三四條

香港或澳門資金之進出臺灣地區，於維持金融市場或外匯市場穩定之必要時，得訂定辦法管理、限制或禁止之；其辦法由中央銀行會同其他有關機關擬訂，報請行政院核定後發布之。

第三五條

①臺灣地區與香港或澳門貿易，得以直接方式為之。但因情勢變更致影響臺灣地區重大利益時，得由經濟部會同有關機關予以必要之限制。

②輸入或攜帶進入臺灣地區之香港或澳門物品，以進口論；其檢驗、檢疫、管理、關稅等稅捐之徵收及處理等，依輸入物品有關法令之規定辦理。

③輸往香港或澳門之物品，以出口論；依輸出物品有關法令之規定辦理。

第三六條

香港或澳門居民或法人之著作，合於下列情形之一者，在臺灣地區得依著作權法享有著作權：

一　於臺灣地區首次發行，或於臺灣地區外首次發行後三十日內在臺灣地區發行者。但以香港或澳門對臺灣地區人民或法人之著作，在相同情形下，亦予保護且經查證屬實者為限。

二　依條約、協定、協議或香港、澳門之法令或慣例，臺灣地區人民或法人之著作得在香港或澳門享有著作權者。

第三七條

①香港或澳門居民、法人、團體或其他機構在臺灣地區申請專利、商標或其他工業財產權之註冊或相關程序時，有下列情形之一者，應予受理：

一　香港或澳門與臺灣地區共同參加保護專利、商標或其他工業財產權之國際條約或協定。

二　香港或澳門與臺灣地區簽訂雙邊相互保護專利、商標或其他工業財產權之協議或由團體、機構互訂經主管機關核准之保護專利、商標或其他工業財產權之協議。

三　香港或澳門對臺灣地區人民、法人、團體或其他機構申請專利、商標或其他工業財產權之註冊或相關程序予以受理時。

②香港或澳門對臺灣地區人民、法人、團體或其他機構之專利、商標或其他工業財產權之註冊申請承認優先權時，香港或澳門居民、法人、團體或其他機構於香港或澳門為首次申請之翌日起十二個月內向經濟部申請者，得主張優先權。

③前項所定期間，於新式樣專利案或商標註冊案為六個月。

第三章　民　事

第三八條

民事事件，涉及香港或澳門者，類推適用涉外民事法律適用法。涉外民事法律適用法未規定者，適用與民事法律關係最重要牽連關係地法律。

第三九條

未經許可之香港或澳門法人、團體或其他機構，不得在臺灣地區為法律行為。

第四〇條

未經許可之香港或澳門法人、團體或其他機構以其名義在臺灣地區與他人為法律行為者，其行為人就該法律行為，應與該香港或澳門法人、團體或其他機構，負連帶責任。

第四一條 92

香港或澳門之公司，在臺灣地區營業，準用公司法有關外國公司之規定。

第四一條之一

大陸地區人民、法人、團體或其他機構於香港或澳門投資之公司，有臺灣地區與大陸地區人民關係條例第七十三條所定情形者，得適用同條例關於在臺投資及稅捐之相關規定。

第四二條

①在香港或澳門作成之民事確定裁判，其效力、管轄及得為強制執行之要件，準用民事訴訟法第四百零二條及強制執行法第四條之一之規定。

②在香港或澳門作成之民事仲裁判斷，其效力、聲請法院承認及停止執行，準用商務仲裁條例第三十條至第三十四條之規定。

第四章 刑 事

第四三條

①在香港或澳門或在其船艦、航空器內，犯下列之罪者，適用刑法之規定：

一 刑法第五條各款所列之罪。

二 臺灣地區公務員犯刑法第六條各款所列之罪者。

三 臺灣地區人民或對於臺灣地區人民，犯前二款以外之罪，而其最輕本刑為三年以上有期徒刑者。但依香港或澳門之法律不罰者，不在此限。

②香港或澳門居民在外國地區犯刑法第五條各款所列之罪者；或對於臺灣地區人民犯前項第一款、第二款以外之罪，而其最輕本刑為三年以上有期徒刑，且非該外國地區法律所不罰者，亦同。

第四四條

同一行為在香港或澳門已經裁判確定者，仍得依法處斷。但在香港或澳門已受刑之全部或一部執行者，得免其刑之全部或一部之執行。

第四五條

香港或澳門居民在臺灣地區以外之地區，犯內亂罪、外患罪，經許可進入臺灣地區，而於申請時據實申報者，免予追訴、處罰；其進入臺灣地區參加中央機關核准舉辦之會議或活動，經主管機關專案許可免予申報者，亦同。

第四六條

①香港或澳門居民及經許可或認許之法人，其權利在臺灣地區受侵害者，享有告訴或自訴之權利。

②未經許可或認許之香港或澳門法人，就前項權利之享有，以臺灣地區法人在香港或澳門享有同等權利者為限。

③依臺灣地區法律關於未經認許之外國法人、團體或其他機構得告訴或自訴之規定，於香港或澳門之法人、團體或其他機構準用

之。

第五章　罰　則

第四七條 95

①使香港或澳門居民非法進入臺灣地區者，處五年以下有期徒刑、拘役或科或併科新臺幣五十萬元以下罰金。

②意圖營利而犯前項之罪者，處一年以上七年以下有期徒刑，得併科新臺幣一百萬元以下罰金。

③前二項之未遂犯罰之。

第四七條之一 104

香港或澳門居民逾期停留或居留者，由內政部移民署處新臺幣二千元以上一萬元以下罰鍰。

第四八條

①中華民國船舶之所有人、營運人或船長、駕駛人違反第二十四條第一項所爲限制或禁止之命令者，處新臺幣一百萬元以上一千萬元以下罰鍰，並得處該船舶一定期間停航，或註銷、撤銷其有關證照，及停止或撤銷該船長或駕駛人之執業證照或資格。

②香港或澳門船舶之所有人、營運人或船長、駕駛人違反第二十四條第二項所爲限制或禁止之命令者，處新臺幣一百萬元以上一千萬元以下之罰鍰。

③外國船舶違反第二十五條所爲限制或禁止之命令者，處新臺幣三萬元以上三十萬元以下罰鍰，並得定期禁止在中華民國各港口裝卸客貨或入出港。

④第一項及第二項之船舶爲漁船者，其罰鍰金額爲新臺幣十萬元以上一百萬元以下。

第四九條

①在中華民國登記之民用航空器所有人、使用人或機長、駕駛員違反第二十六條第一項之許可或所爲限制或禁止之命令者，處新臺幣一百萬元以上一千萬元以下罰鍰，並得處該民用航空器一定期間停航，或註銷、撤銷其有關證書，及停止或撤銷該機長或駕駛員之執業證書。

②在香港或澳門登記之民用航空器所有人、使用人或機長、駕駛員違反第二十六條第一項之許可或所爲限制或禁止之命令者，處新臺幣一百萬元以上一千萬元以下罰鍰。

第五〇條

違反第三十條許可規定從事投資或技術合作者，處新臺幣十萬元以上五十萬元以下罰鍰，並得命其於一定期限內停止投資或技術合作；逾期不停止者，得連續處罰。

第五一條

違反第三十二條規定者，處新臺幣三百萬元以上一千五百萬元以下罰鍰，並得命其於一定期限內停止設立行爲；逾期不停止者，得連續處罰。

第五二條

①違反第三十三條第二項所爲之限制或禁止進出臺灣地區之命令者，其未經申報之幣券由海關沒入。

②違反第三十三條第二項所爲之限制或禁止在臺灣地區買賣、兌換或其他交易行爲之命令者，其幣券及價金沒入之。中央銀行指定辦理外匯業務之銀行或機構違反者，並得由中央銀行按其情節輕重，停止其一定期間經營全部或一部外匯之業務。

第五三條

違反依第三十四條所定辦法發布之限制或禁止命令者，處新臺幣三百萬元以上一千五百萬元以下罰鍰。中央銀行指定辦理外匯業務之銀行違反者，並得由中央銀行按其情節輕重，停止其一定期間經營全部或一部外匯之業務。

第五四條

①違反第二十三條規定者，處新臺幣四萬元以上二十萬元以下罰鍰。

②前項出版品、電影片、錄影節目或廣播電視節目、不問屬於何人所有，沒入之。

第五五條

本條例所定罰鍰，由各有關機關處罰；經限期繳納逾期未繳納者，移送法院強制執行。

第六章 附 則

第五六條

臺灣地區與香港或澳門司法之相互協助，得依互惠原則處理。

第五七條

臺灣地區與大陸地區直接通信、通航或通商前，得視香港或澳門爲第三地。

第五八條

香港或澳門居民，就入境及其他依法律規定應經許可事項，於本條例施行前已取得許可者，本條例施行後，除該許可所依據之法規或事實發生變更或其他依法應撤銷者外，許可機關不得撤銷其許可或變更許可內容。

第五九條

各有關機關及第六條所規定之機構或民間團體，依本條例規定受理申請許可、核發證照時，得收取審查費、證照費；其收費標準由各有關機關定之。

第六〇條

①本條例施行後，香港或澳門情況發生變化，致本條例之施行有危害臺灣地區安全之虞時，行政院得報請總統依憲法增修條文第二條第四項之規定，停止本條例一部或全部之適用，並應即將其決定附具理由於十日內送請立法院追認，如立法院二分之一不同意或不爲審議時，該決定立即失效。恢復一部或全部適用時，亦

同。

②本條例停止適用之部分，如未另定法律規範，與香港或澳門之關係，適用臺灣地區與大陸地區人民關係條例相關規定。

第六一條

本條例施行細則，由行政院定之。

第六二條 95

①本條例施行日期，由行政院定之。但行政院得分別情形定其一部或全部之施行日期。

②本條例中華民國九十五年五月五日修正之條文，自中華民國九十五年七月一日施行。

妨害兵役治罪條例

①民國29年6月29日國民政府制定公布全文24條。
②民國32年5月27日國民政府修正公布第15條條文。
③民國36年7月17日國民政府修正公布全文16條。
④民國38年9月5日總統令修正公布第12條條文。
⑤民國39年6月3日總統令修正公布第12條條文。
⑥民國44年5月30日總統令修正公布全文26條。
⑦民國65年7月19日總統令修正公布全文28條。
⑧民國81年4月6日總統令修正公布第23條條文。
⑨民國91年6月26日總統令修正公布全文25條；並自公布日施行。
⑩民國95年5月30日總統令修正公布第25條條文；刪除第23條條文；並自95年7月1日施行。
⑪民國100年5月18日總統令修正公布第16、17條條文。

第一條

妨害兵役，依本條例治罪；本條例未規定者，適用其他法律之規定。

第二條

①本條例稱妨害兵役，指妨害下列各款而言：

一　動員召集。

二　臨時召集。

三　常備兵、補充兵現役之徵集。

四　預備軍官、預備士官之徵集、召集。

五　國民兵之召集。

六　教育召集、勤務召集、點閱召集。

②依本條例科刑時，應審酌妨害兵役情狀及前項所定次序，為科刑輕重之標準。

第三條

役齡男子意圖避免徵兵處理，而有下列行為之一者，處五年以下有期徒刑：

一　徵兵及齡男子隱匿不報，或為不實之申報者。

二　對於兵籍調查無故不依規定辦理者。

三　徵兵檢查無故不到者。

四　毀傷身體或以其他方法變更體位者。

五　居住處所遷移，無故不申報，致未能接受徵兵處理者。

六　未經核准而出境，致未能接受徵兵處理者。

七　核准出境後，屆期未歸，經催告仍未返國，致未能接受徵兵處理者。

第四條

意圖避免預備軍官、預備士官或常備兵、補充兵現役之徵集，而有下列行為之一者，處五年以下有期徒刑：

一 捏造免役或緩徵原因者。

二 毀傷身體或以其他方法變更體位者。

三 緩徵原因消滅，無故逾四十五日未自動申報者。

四 拒絕接受徵集令者。

五 應受徵集，無故逾入營期限五日者。

六 使人頂替本人應徵者。

七 未經核准而出境者。

八 核准出境後，屆期未歸，經催告仍未返國者。

第五條

意圖避免動員召集或臨時召集，而有下列行為之一者，處五年以下有期徒刑：

一 捏造免役、除役、轉役、緩召、逐次召集或儘後召集原因者。

二 毀傷身體者。

三 緩召、逐次召集或儘後召集原因消滅後，無故逾三十日未自動申報者。

四 拒絕接受召集令者。

五 應受召集，無故逾入營期限二日者。

六 使人頂替本人應召者。

第六條

①意圖避免教育召集或勤務召集，而有下列行為之一者，處三年以下有期徒刑：

一 捏造免役、除役、轉役或免除召集原因者。

二 毀傷身體者。

三 拒絕接受召集令者。

四 應受召集，無故逾應召期限二日者。

五 使人頂替本人應召者。

②無故不參加點閱召集，或意圖避免點閱召集，而有前項第一款至第三款及第五款行為之一者，處一年以下有期徒刑、拘役或科新臺幣九萬元以下罰金。

③國民兵為避免應召集輔助軍事勤務犯第一項之罪者，處三年以下有期徒刑。

第七條

犯第四條第六款使人頂替本人應徵罪，或第五條第六款、前條第一項第五款、第二項或第三項使人頂替本人應召罪在二次以上者，加重其刑至三分之二。

第八條

應受預備軍官、預備士官或常備兵、補充兵現役之徵集、動員召集或臨時召集，於入營前逃亡者，處五年以下有期徒刑。

第九條

犯第四條第五款、第五條第五款、第六條第一項第四款或前條之罪，應徵、應召於最後期限屆滿之日起二日內，自動入營或報到者，得減輕或免除其刑。

第一〇條

① 後備軍人意圖避免召集處理有下列行為之一者，處一年以下有期徒刑、拘役或科新臺幣九萬元以下罰金：

一　離營歸鄉無故不依規定報到，或重複申報戶籍。

二　拒絕依規定調查，或體格檢查不到者。

三　居住處所遷移，無故不依規定申報者。

② 國民兵犯前項第三款之罪者，處六月以下有期徒刑、拘役或科新臺幣三萬元以下罰金。

③ 後備軍人犯第一項之罪或國民兵犯前項之罪，致使召集令無法送達者，以意圖避免召集論；分別依第五條或第六條科刑。

第一一條

① 戰時或非常事變時，經選定編配為緊急動員之後備軍人，有下列行為之一者，處三年以下有期徒刑：

一　未經召集執行機關核准，擅自疏散者。

二　居住地遷移，無故未依規定報經召集執行機關核准者。

② 犯前項之罪，致使動員或臨時召集令無法送達者，以意圖避免召集論，依第五條科刑。

第一二條

依法負有轉達義務，無故拒絕接受徵集或召集令，或不依規定轉達；屬於徵集、動員召集或臨時召集者，處一年以下有期徒刑、拘役或科新臺幣九萬元以下罰金；屬於教育、勤務或點閱召集者，處六月以下有期徒刑、拘役或科新臺幣三萬元以下罰金。

第一三條

① 意圖妨害兵役，而有下列行為之一者，處五年以下有期徒刑：

一　煽惑他人避免徵集、召集者。

二　唆使他人妨害兵役者。

三　庇護、隱匿或便利應受徵集、召集之男子逃避服役者。

四　頂替他人或介紹他人頂替應徵或應召者。

五　對於役政資料檔案為非法輸出、輸入、干擾、變更、刪改、滅失或以其他非法方法妨害役政資料檔案之正確者。

六　明知為不實證件而交付各主管機關，使不應徵集或召集服役而服役者。

② 犯前項第四款之罪，屬於國民兵召集者，處三年以下有期徒刑；屬於點閱召集者，處一年以下有期徒刑、拘役或科新臺幣九萬元以下罰金。

③ 連續犯第一項或前項之罪者，加重其刑至三分之二。

第一四條

應徵、應召者所屬機構，負有辦理緩徵、緩召、逐次召集或儘後

召集申報責任之人員，於緩徵、緩召、逐次召集或儘後召集原因消滅後，無故逾三十日，未依規定申報，致影響徵集或召集者，處一年以下有期徒刑、拘役或科新臺幣九萬元以下罰金。

第一五條

① 對於辦理兵役人員，依法執行職務時，當場侮辱或對於其依法執行之職務公然侮辱者，處一年以下有期徒刑。

② 對於辦理兵役人員，依法執行職務時，施強暴脅迫者，處五年以下有期徒刑。

③ 犯前項之罪，因而致人於死者，處無期徒刑或七年以上有期徒刑；致重傷者，處五年以上十二年以下有期徒刑。

第一六條 100

① 結夥持械阻撓兵役者，處一年以上七年以下有期徒刑。

② 犯前項之罪，因而致人於死者，處死刑、無期徒刑或十年以上有期徒刑；致重傷者，處無期徒刑或十年以上有期徒刑。

第一七條 100

① 公然聚眾持械反抗兵役推行者，處三年以上十年以下有期徒刑。

② 犯前項之罪，因而致人於死者，處死刑、無期徒刑或十年以上有期徒刑；致重傷者，處無期徒刑或十年以上有期徒刑。

③ 犯前二項之罪首謀者，處死刑或無期徒刑。

第一八條

辦理兵役人員，意圖便利他人逃避服役，而有下列行為之一者，處三年以上十年以下有期徒刑：

一　關於徵兵處理或召集，不依規定辦理者。

二　編造有關徵集、召集、編組或管理冊籍，故為遺漏或不確實之記載者。

三　對於免役、停役、轉役、除役、緩徵、緩召、免除召集、免受召集、逐次召集或儘後召集等原因，為虛偽之證明者。

四　對於役政資料檔案為非法輸出、輸入、干擾、變更、刪改、滅失或以其他非法方法妨害役政資料檔案之正確者。

第一九條

① 負有辦理徵集、召集、編組或管理職務之兵役人員，詐取應徵、應召、應受編組或管理者本人或其親屬之財物者，處三年以上十年以下有期徒刑。

② 前項之未遂犯罰之。

第二○條

① 辦理兵役人員，對於職務上之行為，要求期約或收受賄賂或其他不正利益者，處三年以上十年以下有期徒刑。

② 辦理兵役人員，對於違背職務上之行為，要求期約或收受賄賂或其他不正利益者，處五年以上有期徒刑。

③ 犯前項之罪，因而為違背職務之行為者，處無期徒刑或七年以上有期徒刑。

第二一條

① 犯第十九條或前條之罪者，所得財物應予追繳，並依其情節，分別沒收或發還被害人；被害人死亡時，應發還其合法受益人。

② 前項財物之全部或一部無法追繳時，應追徵其價額或以其財產抵償之。

第二二條

犯第十九條或第二十條之罪，其他法律有較重處罰之規定者，從其規定。

第二三條 （刪除）95

第二四條

犯本條例之罪者，除現役軍人由軍法機關審判外，均由司法機關審判。

第二五條 95

① 本條例自公布日施行。

② 本條例中華民國九十五年五月五日修正之條文，自中華民國九十五年七月一日施行。

要塞堡壘地帶法

①民國20年9月18日國民政府制定公布全文24條。
②民國24年3月12日國民政府修正公布全文16條。
③民國26年9月27日國民政府修正公布全文17條。
④民國43年5月12日總統令修正公布全文19條。
⑤民國91年4月17日總統令修正公布第1條條文；並增訂第7-1、7-2、14-1條條文。

第一章　總　則

第一條 91

國防上所必須控制與確保之戰術要點、軍港及軍用飛機場，稱為要塞堡壘；要塞堡壘及其周圍之必要區域（含水域），稱為要塞堡壘地帶。

第二條

要塞堡壘地帶之幅員，以要塞、堡壘各據點為基點，或連結建築物各突出部之線為基線，自此基點或基線起，至其周圍外方所定距離之範圍內均屬之。

第三條

①要塞堡壘地帶除有特別規定者外，陸地及水面均分為第一、第二兩區，天空則分為禁航與限航兩區，依地形交通及居民狀況規定如左：

一　自基點或基線起至外方約四百至六百公尺以內為第一區。

二　自第一區界線起至外方約三千至四千公尺以內為第二區。

三　禁止航空器飛越地帶之上空為禁航區；限制航空器飛越地帶之上空為限航區。在此區域內禁航與限航之限制，得由國防部逐一加以規定，必要時並附以地形地圖，詳確繪明其區域。

②前項所列各區及其與軍港、要港、海軍防禦建築物、飛機場、空軍防禦建築物等相關連之區域，均由國防部核定並公告之。

第二章　禁止及限制事項

第四條

第一區內之禁止及限制事項：

一　非受有國防部之特別命令，不得為測量、攝影、描繪、記述及其他關於軍事上之偵察事項。

二　非經要塞司令之許可，不得為漁獵、採藻、繫泊船隻及採掘沙土、礦石等事項。

三　非經要塞司令之許可，不得新設或改設各種建築物、堆積物、墓墳、窯窖、林園、牆垣、溝渠、池塘、水井及變更地面高低之工程。

四　建築物應以可燃質物爲主要材料，如係不燃質物，建築之部分其高度不得超過一公尺。

五　堆集物之高度，不燃質物不得超過二公尺，可燃質物不得超過四公尺。

六　要塞司令對於本區內裝置無線電短波收音機、播音機或畜養鴿類、犬類或施放鞭炮、煙火及其他類似事項，得加以禁止。

七　本區內禁止人民遷入居住。但要塞司令對於已居住區內及經過之人應詳加考核，如認爲確有窺察軍事之嫌疑者，得加以拘留、偵訊，依法處理。

八　要塞司令於必要時，經呈准國防部後，得將本區內居民一部或全部勒令遷出。

第五條

第二區內之禁止及限制事項：

一　非經要塞司令之許可，不得爲測量、攝影、描繪、記述及其他關於軍事上偵察事項。

二　非經要塞司令之許可，不得以可燃質物新設或改設高逾六公尺以上之建築物及變更地面高低一公尺以上之工程，以鐵筋混凝土爲建築物之部份，不得超過一公尺。

三　堆積物之高度，非經要塞司令之許可，不燃質物不得超過三公尺，可燃質物不得超過六公尺。

第六條

第一、第二兩區內應共同禁止及限制事項：

一　第一區全部及第二區特別指定地區如山地或要塞獨立守備地區，非經要塞司令之許可，不論軍、警、人民不得出入。

二　因公出入特別指定地區者，非經要塞司令之許可，不得攜帶照相機、武器、觀測器及危險物品。

三　非經中華民國政府之許可，外國商輪、軍艦不得通過或停泊。

四　非經國防部之許可，不得新設或變更鐵路、道路、河渠、橋樑、堤塔、隧道、永久棧橋等工程。但交通部對於上列工程如有設施，除緊急搶修者外，應先與國防部洽商。

第七條

禁航區及限航區之禁止及限制事項：

一　外國航空器非經中華民國政府之特許，不得飛越禁航區域。

二　本國民用航空器非經國防部之特許，不得飛越禁航區域。

三　本國軍用航空器非經國防部之許可，不得飛越禁航區域。

四　外國航空器非經中華民國政府之特許，不得飛越限航區域。但在天氣情況惡劣或黑夜使用儀器飛行時，得許其飛越。

五　本國民用航空器非經國防部之特許，不得飛越限航區域。但在天氣情況惡劣或黑夜使用儀器飛行時，得許其飛越。

六　本國軍用航空器非經國防部之許可，不得飛限航區域。但在天氣情況惡劣或黑夜使用儀器飛行時，得許其飛越。

第七條之一 91

①軍用飛機場禁止牲畜侵入，對已侵入之牲畜及鳥類顯有危害飛航安全者，得捕殺之。

②軍用飛機場四周之一定距離範圍內，禁止飼養飛鴿或施放有礙飛航安全之物體。

③軍用飛機場四周之一定距離範圍內，權責機關應採取適當措施，防止飛鴿、鳥類及牲畜侵入。

④前二項所稱一定距離範圍，由國防部會同有關機關劃定公告之。

第七條之二 91

①軍用港口限制區內為發揮安全防護及武器效能所規劃之範圍，禁止採藻、繫泊、漁獵及養殖等。

②商（漁）船、漂浮器、人員及外國籍軍艦等，非經國防部同意，禁止進入軍用港區與限制水域。

第三章　懲　罰

第八條

違背本法所規定禁止及限制事項，無論新設、變更、改築之房屋、倉庫並其他之建築物或堆積物等，應限期令其拆除，如係變更地形應令其回復原狀；倘在限期內不能完全除去回復原狀或其所施方法不適合時，要塞司令部得逕自執行或命第三人代執行之，其費用由違背者擔負。

第九條

①犯第四條第一款或第五條第一款之規定者，處一年以上、七年以下有期徒刑。

②因過失犯前項之規定者，處一年以下有期徒刑、拘役或五百元以下罰金。

第一〇條

①犯第六條第一款或第七條第一款、第二款、第四款、第五款之規定者，處五年以下有期徒刑。

②因過失犯前項之規定者，處十月以下有期徒刑、拘役或三百元以下罰金。

第一一條

犯第七條第三款、第六款之規定者，其懲罰辦法由國防部另訂之。

第一二條

①犯第四條第二款至第六款或第五條第二款、第三款或第六條第二款至第四款之規定者，處三年以下有期徒刑、拘役或一千元以下罰金。

②因過失犯前項之規定者，處六月以下有期徒刑、拘役或一百元以下罰金。

第一三條

犯第四條第一款或第五條第一款或第六條第二款或第七條第一款、第二款、第四款、第五款之規定者，並得沒收其器具、底片、底稿及航空器。

第一四條

①毀損或移動要塞堡壘地帶區內所設各種標識者，處一年以下有期徒刑、拘役或三百元以下罰金。

②因過失毀損或移動要塞堡壘地帶區內所設各種標識者不罰。但得責令賠償。

第一四條之一 91

①違反第七條之一第二項規定者，處十萬元以上五十萬元以下罰鍰，並令其限期改善，屆期仍未完成改善者，得按日連續處罰。所處罰鍰經限期繳納，屆期不繳納者，依法移送強制執行。

②本法修正施行前，於軍用飛機場四周一定距離範圍內已設之鴿舍，由權責機關會同警察機關，令其所有人限期遷移，並由權責機關給予補償；屆期不遷移者，強制拆除，不予補償，並依前項規定處罰。

③前項拆遷補償辦法，由國防部定之。

第四章 附 則

第一五條

已經決定建設要塞、堡壘之地區，在未建設之前，亦得公告適用本法之規定。

第一六條

本法所禁止及限制事項，國防部得斟酌情形，就某區域內解除或緩行其全部或一部。但應於顯著地點公告週知；以後遇有變更時同。

第一七條

戰時要塞司令按情勢之必要，得於要塞地帶內勒令除去建築、堆積、種植諸物。

第一八條

適用本法之要塞、堡壘，由國防部以命令定之。

第一九條

本法自公布日施行。

國家機密保護法

①民國92年2月6日總統令制定公布全文41條。
民國92年9月26日行政院令發布定自92年10月1日施行。
民國107年6月28日行政院公告第7條第1項第2款第4目所列屬「行政院大陸委員會」之權責事項，自107年7月2日起改由「大陸委員會」管轄。
②民國108年5月10日總統令修正公布第26、32～34條條文。
民國108年5月10日行政院令發布定自108年5月12日施行。
③民國109年6月10日總統令修正公布第24條條文。
民國109年7月13日行政院令發布定自109年7月17日施行。

第一章 總 則

第一條

為建立國家機密保護制度，確保國家安全及利益，特制定本法。

第二條

本法所稱國家機密，指為確保國家安全或利益而有保密之必要，對政府機關持有或保管之資訊，經依本法核定機密等級者。

第三條

本法所稱機關，指中央與地方各級機關及其所屬機構暨依法令或受委託辦理公務之民間團體或個人。

第四條

國家機密等級區分如下：

一 絕對機密適用於洩漏後足以使國家安全或利益遭受非常重大損害之事項。

二 極機密適用於洩漏後足以使國家安全或利益遭受重大損害之事項。

三 機密適用於洩漏後足以使國家安全或利益遭受損害之事項。

第五條

①國家機密之核定，應於必要之最小範圍內為之。

②核定國家機密，不得基於下列目的為之：

一 為隱瞞違法或行政疏失。

二 為限制或妨礙事業之公平競爭。

三 為掩飾特定之自然人、法人、團體或機關（構）之不名譽行為。

四 為拒絕或遲延提供應公開之政府資訊。

第六條

各機關之人員於其職掌或業務範圍內，有應屬國家機密之事項

時，應按其機密程度擬訂等級，先行採取保密措施，並即報請核定；有核定權責人員，應於接獲報請後三十日內核定之。

第二章　國家機密之核定與變更

第七條

①國家機密之核定權責如下：

一　絕對機密由下列人員親自核定：
　㈠總統、行政院長或經其授權之部會級首長。
　㈡戰時，編階中將以上各級部隊主官或主管及部長授權之相關人員。

二　極機密由下列人員親自核定：
　㈠前款所列之人員或經其授權之主管人員。
　㈡立法院、司法院、考試院及監察院院長。
　㈢國家安全會議秘書長、國家安全局局長。
　㈣國防部部長、外交部部長、行政院大陸委員會主任委員或經其授權之主管人員。
　㈤戰時，編階少將以上各級部隊主官或主管及部長授權之相關人員。

三　機密由下列人員親自核定：
　㈠前二款所列之人員或經其授權之主管人員。
　㈡中央各院之部會及同等級之行、處、局、署等機關首長。
　㈢駐外機關首長；無駐外機關首長者，經其上級機關授權之主管人員。
　㈣戰時，編階中校以上各級部隊主官或主管及部長授權之相關人員。

②前項人員因故不能執行職務時，由其職務代理人代行核定之。

第八條

國家機密之核定，應注意其相關之準備文件、草稿等資料有無一併核定之必要。

第九條

國家機密事項涉及其他機關業務者，於核定前應會商該其他機關。

第一○條

①國家機密等級核定後，原核定機關或其上級機關有核定權責人員得依職權或依申請，就實際狀況適時註銷、解除機密或變更其等級，並通知有關機關。

②個人或團體依前項規定申請者，以其所爭取之權利或法律上利益因國家機密之核定而受損害或有損害之虞為限。

③依第一項規定申請而被駁回者，得依法提起行政救濟。

第一一條

①核定國家機密等級時，應併予核定其保密期限或解除機密之條件。

②前項保密期限之核定，於絕對機密，不得逾三十年；於極機密，不得逾二十年；於機密，不得逾十年。其期限自核定之日起算。

③國家機密依前條變更機密等級者，其保密期限仍自原核定日起算。

④國家機密核定解除機密之條件而未核定保密期限者，其解除機密之條件逾第二項最長期限未成就時，視為於期限屆滿時已成就。

⑤保密期限或解除機密之條件有延長或變更之必要時，應由原核定機關報請其上級機關有核定權責人員為之。延長之期限不得逾原核定期限，並以二次為限。國家機密至遲應於三十年內開放應用，其有特殊情形者，得經立法院同意延長其開放應用期限。

⑥前項之延長或變更，應通知有關機關。

第一二條

①涉及國家安全情報來源或管道之國家機密，應永久保密，不適用前條及檔案法第二十二條之規定。

②前項國家機密之核定權責，依第七條之規定。

第三章　國家機密之維護

第一三條

國家機密經核定後，應即明確標示其等級及保密期限或解除機密之條件。

第一四條

國家機密之知悉、持有或使用，除辦理該機密事項業務者外，以經原核定機關或其上級機關有核定權責人員以書面授權或核准者為限。

第一五條

①國家機密之收發、傳遞、使用、持有、保管、複製及移交，應依其等級分別管制；遇有緊急情形或洩密時，應即報告機關長官，妥適處理並採取必要之保護措施。

②國家機密經解除機密後始得依法銷毀。

③絕對機密不得複製。

第一六條

國家機密因戰爭、暴動或事變之緊急情形，非予銷毀無法保護時，得由保管機關首長或其授權人員銷毀後，向上級機關陳報。

第一七條

不同等級之國家機密合併使用或處理時，以其中最高之等級為機密等級。

第一八條

①國家機密之複製物，應照原件之等級及保密期限或解除機密之條件加以註明，並標明複製物字樣及編號；其原件應標明複製物件數及存置處所。

②前項複製物應視同原件，依本法規定保護之。

③複製物無繼續使用之必要時，應即銷毀之。

第一九條

國家機關之資料及檔案，其存置場所或區域，得禁止或限制人員或物品進出，並爲其他必要之管制措施。

第二○條

各機關對國家機密之維護應隨時或定期查核，並應指派專責人員辦理國家機密之維護事項。

第二一條

其他機關需使用國家機密者，應經原核定機關同意。

第二二條

①立法院依法行使職權涉及國家機密者，非經解除機密，不得提供或答復。但其以秘密會議或不公開方式行之者，得於指定場所依規定提供閱覽或答復。

②前項閱覽及答復辦法，由立法院訂之。

第二三條

依前二條或其他法律規定提供、答復或陳述國家機密時，應先敘明機密等級及應行保密之範圍。

第二四條 109

①各機關對其他機關或人員所提供、答復或陳述之國家機密，以辦理該機密人員爲限，得知悉、持有或使用，並應按該國家機密核定等級處理及保密。

②監察院、各級法院、懲戒法院、檢察機關、軍法機關辦理案件，對其他機關或人員所提供、答復或陳述之國家機密，應另訂保密作業辦法；其辦法，由監察院、司法院、法務部及國防部於本法公布六個月內分別依本法訂之。

第二五條

①法院、檢察機關受理之案件涉及國家機密時，其程序不公開之。

②法官、檢察官於辦理前項案件時，如認對質或詰問有洩漏國家機密之虞者，得依職權或聲請拒絕或限制之。

第二六條 108

①下列人員出境，應經其（原）服務機關或委託機關首長或其授權之人核准：

一 國家機密核定人員。

二 辦理國家機密事項業務人員。

三 前二款退離職或移交國家機密未滿三年之人員。

②前項第三款之期間，國家機密核定機關得視情形延長之。延長之期限，除有第十二條第一項情形外，不得逾三年，並以一次爲限。

第四章 國家機密之解除

第二七條

①國家機密於核定之保密期限屆滿時，自動解除機密。

②解除機密之條件逾保密期限未成就者，視爲於期限屆滿時已成

就，亦自動解除機密。

第二八條
國家機密核定之解除條件成就者，除前條第二項規定外，由原核定機關或其上級機關有核定權責人員核定後解除機密。

第二九條
國家機密於保密期限屆滿前或解除機密之條件成就前，已無保密之必要者，原核定機關或其上級機關有核定權責人員應即為解除機密之核定。

第三○條
前二條情形，如國家機密事項涉及其他機關業務者，於解除機密之核定前，應會商該他機關。

第三一條
①國家機密解除後，原核定機關應將解除之意旨公告，並應通知有關機關。

②前項情形，原核定機關及有關機關應在國家機密之原件或複製物上為解除機密之標示或為必要之解密措施。

第五章 罰 則

第三二條 108
①洩漏或交付經依本法核定之國家機密者，處一年以上七年以下有期徒刑。

②洩漏或交付前項之國家機密於外國、大陸地區、香港、澳門、境外敵對勢力或其派遣之人者，處三年以上十年以下有期徒刑。

③因過失犯前二項之罪者，處二年以下有期徒刑、拘役或科或併科新臺幣二十萬元以下罰金。

④第一項及第二項之未遂犯罰之。

⑤預備或陰謀犯第一項或第二項之罪者，處二年以下有期徒刑。

⑥犯前五項之罪，所洩漏或交付屬絕對機密者，加重其刑至二分之一。

第三三條 108
①洩漏或交付依第六條規定報請核定國家機密之事項者，處五年以下有期徒刑。

②洩漏或交付依第六條規定報請核定國家機密之事項於外國、大陸地區、香港、澳門、境外敵對勢力或其派遣之人者，處一年以上七年以下有期徒刑。

③因過失犯前二項之罪者，處一年以下有期徒刑、拘役或科或併科新臺幣十萬元以下罰金。

④第一項及第二項之未遂犯罰之。

⑤預備或陰謀犯第一項或第二項之罪者，處一年以下有期徒刑。

⑥犯前五項之罪，所洩漏或交付屬擬訂等級為絕對機密之事項者，加重其刑至二分之一。

第三四條 108

① 刺探或收集經依本法核定之國家機密者，處五年以下有期徒刑。

② 刺探或收集依第六條規定報請核定國家機密之事項者，處三年以下有期徒刑。

③ 爲外國、大陸地區、香港、澳門、境外敵對勢力或其派遣之人刺探或收集經依本法核定之國家機密或依第六條規定報請核定國家機密之事項者，處一年以上七年以下有期徒刑。

④ 前三項之未遂犯罰之。

⑤ 預備或陰謀犯第一項、第二項或第三項之罪者，處一年以下有期徒刑。

⑥ 犯前五項之罪，所刺探或收集屬絕對機密或其擬訂等級屬絕對機密之事項者，加重其刑至二分之一。

第三五條

① 毀棄、損壞或隱匿經依本法核定之國家機密，或致令不堪用者，處五年以下有期徒刑，得併科新臺幣三十萬元以下罰金。

② 因過失毀棄、損壞或遺失經依本法核定之國家機密者，處一年以下有期徒刑、拘役或新臺幣十萬元以下罰金。

第三六條

違反第二十六條第一項規定未經核准而擅自出境或逾越核准地區者，處二年以下有期徒刑、拘役或科或併科新臺幣二十萬元以下罰金。

第三七條

犯本章之罪，其他法律有較重處罰之規定者，從其規定。

第三八條

公務員違反本法規定者，應按其情節輕重，依法予以懲戒或懲處。

第六章 附 則

第三九條

本法施行前，依其他法令核定之國家機密，應於本法施行後二年內，依本法重新核定，其保密期限溯自原先核定之日起算；屆滿二年尚未重新核定者，自屆滿之日起，視爲解除機密，依第三十一條規定辦理。

第四〇條

本法施行細則，由行政院定之。

第四一條

本法施行日期，由行政院定之。

國家機密保護法施行細則

民國92年9月26日行政院令訂定發布全文36條；並自國家機密保護法施行之日施行。

第一條

本細則依國家機密保護法（以下簡稱本法）第四十條規定訂定之。

第二條

本法所定國家機密之範圍如下：

一　軍事計畫、武器系統或軍事行動。

二　外國政府之國防、政治或經濟資訊。

三　情報組織及其活動。

四　政府通信、資訊之保密技術、設備或設施。

五　外交或大陸事務。

六　科技或經濟事務。

七　其他為確保國家安全或利益而有保密之必要者。

第三條

本法第二條所稱資訊，指政府機關於職權範圍內作成或取得而存在於文書、圖畫、照片、磁碟、磁帶、光碟片、微縮片、積體電路晶片等媒介物及其他得以讀、看、聽或以技術、輔助方法理解之任何紀錄內之訊息。

第四條

本法第三條所稱機構，指實（試）驗、研究、文教、醫療、軍事及特種基金管理等機構。

第五條

本法第四條第一款所稱非常重大損害，指有下列各款情形之一：

一　造成他國或其他武裝勢力，以戰爭、軍事力量或武裝行為敵對我國。

二　使軍事作戰遭受全面挫敗。

三　造成全國性之暴動。

四　中斷我國與邦交國之外交關係或重要友好國家之實質關係。

五　喪失我國在重要國際組織會籍。

六　其他造成戰爭、內亂、外交或實質關係重大變故，或危害國家生存之情形。

第六條

本法第四條第二款所稱重大損害，指有下列各款情形之一：

一　中斷或破壞我國與他國軍事交流、軍事合作或軍事協定之推

展。

二　使單一軍（兵）種或作戰區聯合作戰遭受挫敗。

三　危害從事或協助從事情報工作人員之身家安全，或中斷、破壞情報組織之運作。

四　使政府通信、資訊之保密技術、設備、設施遭受破解或破壞。

五　中斷或破壞與大陸地區、香港或澳門之協議或談判。

六　嚴重不利影響我國與邦交國之外交關係或友好國家之實質關係。

七　破壞我國在重要國際組織享有之會地位或重大權益。

八　破壞洽談中之建案案、條約案、協定案或加入國際組織案。

九　中斷或破壞我國與他國經貿之諮商、協議、談判或合作事項。

十　其他使國家安全或利益相關政務發展產生嚴重影響之情形。

第七條

本法第四條第三款所稱損害，指有下列各款情形之一：

一　有利他國或減損我國情報蒐集、研析、處理或運用。

二　減損整體國防武力，或破壞建軍備戰工作推展。

三　使作戰部隊、重要軍事設施或主要武器裝備之安全遭受損害。

四　不利影響與大陸地區、香港或澳門之交流活動。

五　不利影響與邦交國之外交關係或友好國家之實質關係。

六　妨礙洽談中之建案案、條約案、協定案、諮商案、合作案或加入國際組織案。

七　其他使國家安全或利益相關政務發展產生影響之情形。

第八條

①本法第六條所定先行採取保密措施，應由擬訂機密等級人員自擬訂時起，採取本法第十三條至第二十六條規定之保密措施。

②本法第六條所定有核定權責人員，於接獲報請核定三十日內未核定者，原採取保密措施之事項應即解除保密措施，依一般非機密事項處理。

第九條

國家機密原核定機關因組織裁併或職掌調整，致該國家機密事項非其主管轄者，相關保護作業由承受其業務之機關辦理；無承受業務機關者，由原核定機關之上級機關或主管機關為之。

第一〇條

①本法第七條第一項第一款第二目、第二款第五目及第三款第四目所定部長，為國防部長。

②本法第七條第一項第二款第一目、第四目及第三款第一目、第三目所定主管人員，為本機關所屬幕僚主管、機關首長及編階中將以上之部隊主官。

③本法第七條第一項第三款第三目所定駐外機關，包括駐外使領

館、代表處（團）、辦事處；所定駐外機關首長，為政府派駐該國（地）之最高代表。

④本法第七條第一項規定之授權，應以書面為之；其被授權對象、範圍及期間，以必要之最小程度為限，且被授權對象不得再為授權。

第一一條

國家機密之核定，應留存書面或電磁紀錄。

第一二條

本法第八條所定國家機密相關之準備文件、草稿等資料，應依其內容分別核定不同機密等級。但與國家機密事項有合併使用或處理之必要者，應核定為同一機密等級。

第一三條

①國家機密或其解除之核定，依本法第九條或第三十條規定應於核定前會商其他機關者，其會商程序及內容，均應作成書面紀錄附卷。

②前項會商，就應否核定、核定等級及應否解密等事項發生爭議時，由共同上級機關決定；無共同上級機關時，由各該上級機關協議定之。

第一四條

①本法第十條第一項所定國家機密等級之變更，由原機密等級與擬變更機密等級二者中較高機密等級之有核定權責人員核定。

②依本法第十條第一項規定申請變更機密等級者，應向原核定機關為之。

③依本法第十條第一項規定申請解除國家機密或變更其等級者，有核定權責人員應於接獲申請後三十日內核定；戰時，於十日內核定之。

④本法第十條第一項所定註銷、解除國家機密或變更其等級之作業程序，應按異動前後較高之機密等級先行採取保密措施。

第一五條

依本法第十一條第五項後段規定送請立法院同意延長國家機密開放應用期限者，應於期限屆滿六個月前送達立法院。立法院於期限屆滿時仍未為同意之決議者，該國家機密應即解除。

第一六條

本法第十二條第一項所稱涉及國家安全情報來源或管道之國家機密，指從事或協助從事國家安全情報工作之組織或人員，及足資辨別從事或協助從事國家安全情報工作之組織或人員之相關資訊。

第一七條

①本法第十三條所定國家機密等級之標示，其位置如下：

一　直書單頁或活頁文書、照相底片及所製成之照片，於每張左上角標示；加裝封面或封套時，並於封面或封套左上角標示。

二 橫書活頁文書，於每頁頂端標示；裝訂成冊時，應於封面外頁及封底外面上端標示。

三 錄音片（帶）、影片（帶）或其他電磁紀錄片（帶），於本片（帶）及封套標題下或其他易於識別之處標示，並於播放或放映開始及終結時，聲明其機密等級。

四 地圖、照相圖或圖表，於每張正反面下端標示。

五 物品，於明顯處或另加卡片標示。但有保管安全之虞者，得另擇定適當位置標示。

②機密資料含有外國文字，而以外國文字標示機密等級者，須加註中文譯名標示。

③本法第十三條所定國家機密保密期限或解除機密條件之標示，應以括弧標示於機密等級之下。

④國家機密之變更或解除，應於變更或解除生效後，將該國家機密原有機密等級、保密期限或解除機密之條件以雙線劃除，並於左右兩側或其他明顯之處，註記下列各款事項：

一 解除機密或變更後之新機密等級、保密期限及解除機密之條件。

二 生效日期。

三 核准之機關名稱及文號。

四 登記人姓名及所屬機關名稱。

⑤國家機密複製物之標示，應與原件相同。

第一八條

國家機密送達受文機關時，收發人員應依內封套記載情形登記，並依下列規定處理：

一 受文者為機關或機關首長者，送機關首長或其指定人員啓封。

二 受文者為其他人員者，逕送各該人員本人啓封。

第一九條

國家機密之收發處理，以專設文簿或電子檔登記為原則，並加註機密等級。如採混合方式，登註資料不得顯示國家機密之名稱或內容。

第二○條

擬辦國家機密事項，須與機關內有關單位會辦時，其會辦程序及內容，應作成書面紀錄附卷。

第二一條

①國家機密之傳遞方式如下：

一 在機關內相互傳遞，屬於絕對機密及極機密者，由承辦人員親自持送。

二 在機關外傳遞，屬於絕對機密或極機密者，由承辦人員或指定人員傳遞，必要時得派武裝人員或便衣人員護送。屬於機密者，由承辦人員或指定人員傳遞，或以外交郵袋或雙掛號函件傳遞。

②依前項第二款規定，由承辦人員或指定人員傳遞者，事先應作緊急情形之銷毀準備。國家機密非由承辦人員親自持送傳遞者，應密封交遞。

③以電子通信工具傳遞國家機密者，應以加裝政府權責主管機關核發或認可之通信、資訊保密裝備或加密技術傳遞。

第二二條

國家機密文書用印，由承辦人員親自持往辦理。監印人憑主管簽署用印，不得閱覽其內容。

第二三條

國家機密之封發方式如下：

一　「絕對機密」及「極機密」之封發，由承辦人員監督辦理。

二　國家機密應封裝於雙封套內，內封套左上角加蓋機密等級，並加密封，外封套應有適當厚度，內、外封套均註明收（發）文地址、收（發）文者及發文字號。但外封套不得標示機密等級或其他足以顯示內容之註記。

三　體積及數量龐大之機密物品，不能以前款方式封裝者，應作適當之掩護措施。

第二四條

①依本法第十六條規定銷毀國家機密者，應於緊急情形終結後七日內，將銷毀之國家機密名稱、數量與銷毀之時間、地點、方式及銷毀人姓名等資料以書面陳報上級機關；銷毀機關非該國家機密核定機關者，並應同時以書面通知核定機關。

②前項所稱上級機關，於直轄市政府，為行政院；於縣（市）政府，為中央各該主管機關；於鄉（鎮、市）公所，為縣政府。

③第一項銷毀之國家機密，其屬檔案法規定之檔案者，應即通知檔案中央主管機關。

第二五條

本法第十八條所定國家機密之複製物，其複製，應先經原核定機關或其上級機關有核定權責人員以書面授權或核准。

第二六條

①國家機密必須印刷或以其他方法複製時，應派員監督製作。印製時使用之模具、底稿或其他物品及產生之半成品、廢棄品等，內含足資辨識國家機密資訊者，印製完成後應即銷毀，不能即時銷毀時，應視同複製物，依本法第十八條規定保護之。

②依本法第十八條第三項規定銷毀複製物，不經解密程序。但應以書面紀錄附於國家機密原件。

第二七條

①會議議事範圍涉及國家機密者，應事先核定機密等級，並由主席或指定人員在會議開始及終結時口頭宣布。

②前項機密會議，未經主席或該國家機密核定人員許可，不得抄錄、攝影、錄音及以其他方式保存會議內容或對外傳輸現場聲音；其經許可所為之產製物，為國家機密原件，應與會議核列同

一機密等級。

③第一項機密會議之議場，得禁止或限制人員、物品進出，並為其他必要之管制措施。絕對機密及極機密會議議場，應於周圍適當地區，佈置人員擔任警衛任務。

第二八條

國家機密之保管方式如下：

一　國家機密應保管於辦公處所；其有攜離必要者，須經機關首長或其授權之主管人員核准。

二　國家機密檔案應與非國家機密檔案隔離，依機密等級分別保管。

三　國家機密應存放於保險箱或其他具有安全防護功能之金屬箱櫃，並裝置密鎖。

四　國家機密為電子資料檔案者，應以儲存於磁（光）碟帶、片方式，依前三款規定保管；其直接儲存於資訊系統者，須將資料以政府權責主管機關認可之加密技術處理，該資訊系統並不得與外界連線。

第二九條

保管國家機密人員調離職務時，應將所保管之國家機密，逐項列冊點交機關首長指定之人員或檔案管理單位主管。

第三〇條

①原核定機關依本法第二十一條規定為使用國家機密之同意或不同意，應以書面為之，並註明同意使用之內容、範圍、目的或不同意之理由。

②原核定機關於有下列情形之一時，得不同意：

一　有具體理由足以說明須使用國家機密之機關使用後，將使國家安全或利益遭受損害。

二　須使用國家機密之機關無法提出具體理由，說明其使用必要性。

三　須使用國家機密之機關得以其他方式達到相同之目的。

第三一條

①本法第二十四條第二項所定軍法機關，包括各級軍事法院及軍事檢察署。

②本法第二十五條第一項所定法院、檢察機關，包括各級軍事法院、軍事檢察署；第二項所定法官、檢察官，包括軍事審判官、軍事檢察官。

第三二條

①本法第二十六條第一項各款所定人員，包括於本法施行前，依其他法令核定或辦理國家機密事項業務，且該國家機密已依本法第三十九條規定重新核定者。

②本法第二十六條第一項各款所定人員出境，應於出境二十日前檢具出境行程、所到國家或地區、從事活動及會晤之人員等書面資料，向（原）服務機關或委託機關提出申請，由該機關審酌申請

人之涉密、守密程度等相關事由後據以准駁，並將審核結果於申請人提出申請後十日內以書面通知之。但申請人為機關首長，或現任職原服務機關或委託機關之上級機關者，其申請應向上級機關提出，並由該上級機關首長或其授權人員予以准駁。

③依本法第二十六條第一項規定應經核准始得出境之人員，其（原）服務機關或委託機關應於本法施行後三個月內，繕具名冊及管制期間送交入出境管理機關，並通知當事人；有異動時，並應於異動後七日內，通知入出境管理機關及當事人。但機關另有出境管制規定者，依其規定。

第三三條

①國家機密依本法第二十七條規定自動解除者，無須經原核定機關或其上級機關之核定或通知，該機密即自動解除。

②前項情形，原核定機關得將解除之意旨公告。

第三四條

依本法第二十八條或本法第二十九條規定解除國家機密者，有核定權責人員應於接獲報請後十日內核定之。

第三五條

第三十三條第二項及本法第三十一條第一項所定公告，得登載於政府公報、新聞紙、機關網站或以其他公眾得以周知之方式為之。

第三六條

本細則自本法施行之日施行。

營業秘密法

①民國85年1月17日總統令制定公布全文16條。
②民國102年1月30日總統令增訂公布第13-1～13-4條條文。
③民國109年1月15日總統令修正公布第15條條文；並增訂第13-5、14-1～14-4條條文。

第一條

為保障營業秘密，維護產業倫理與競爭秩序，調和社會公共利益，特制定本法。本法未規定者，適用其他法律之規定。

第二條

本法所稱營業秘密，係指方法、技術、製程、配方、程式、設計或其他可用於生產、銷售或經營之資訊，而符合左列要件者：

一　非一般涉及該類資訊之人所知者。

二　因其秘密性而具有實際或潛在之經濟價值者。

三　所有人已採取合理之保密措施者。

第三條

①受雇人於職務上研究或開發之營業秘密，歸雇用人所有。但契約另有約定者，從其約定。

②受雇人於非職務上研究或開發之營業秘密，歸受雇人所有。但其營業秘密係利用雇用人之資源或經驗者，雇用人得於支付合理報酬後，於該事業使用其營業秘密。

第四條

出資聘請他人從事研究或開發之營業秘密，其營業秘密之歸屬依契約之約定；契約未約定者，歸受聘人所有。但出資人得於業務上使用其營業秘密。

第五條

數人共同研究或開發之營業秘密，其應有部分依契約之約定；無約定者，推定為均等。

第六條

①營業秘密得全部或部分讓與他人或與他人共有。

②營業秘密為共有時，對營業秘密之使用或處分，如契約未有約定者，應得共有人之全體同意。但各共有人無正當理由，不得拒絕同意。

③各共有人非經其他共有人之同意，不得以其應有部分讓與他人。但契約另有約定者，從其約定。

第七條

①營業秘密所有人得授權他人使用營業秘密。其授權使用之地域、

時間、內容、使用方法或其他事項，依當事人之約定。

②前項被授權人非經營業秘密所有人同意，不得將其被授權使用之營業秘密再授權第三人使用。

③營業秘密共有人非經共有人全體同意，不得授權他人使用該營業秘密。但各共有人無正當理由，不得拒絕同意。

第八條

營業秘密不得為質權及強制執行之標的。

第九條

①公務員因承辦公務而知悉或持有他人之營業秘密者，不得使用或無故洩漏之。

②當事人、代理人、辯護人、鑑定人、證人及其他相關之人，因司法機關偵查或審理而知悉或持有他人營業秘密者，不得使用或無故洩漏之。

③仲裁人及其他相關之人處理仲裁事件，準用前項之規定。

第一〇條

①有左列情形之一者，為侵害營業秘密：

　一　以不正當方法取得營業秘密者。

　二　知悉或因重大過失而不知其為前款之營業秘密，而取得、使用或洩漏者。

　三　取得營業秘密後，知悉或因重大過失而不知其為第一款之營業秘密，而使用或洩漏者。

　四　因法律行為取得營業秘密，而以不正當方法使用或洩漏者。

　五　依法令有守營業秘密之義務，而使用或無故洩漏者。

②前項所稱之不正當方法，係指竊盜、詐欺、脅迫、賄賂、擅自重製、違反保密義務、引誘他人違反其保密義務或其他類似方法。

第一一條

①營業秘密受侵害時，被害人得請求排除之，有侵害之虞者，得請求防止之。

②被害人為前項請求時，對於侵害行為作成之物或專供侵害所用之物，得請求銷燬或為其他必要之處置。

第一二條

①因故意或過失不法侵害他人之營業秘密者，負損害賠償責任。數人共同不法侵害者，連帶負賠償責任。

②前項之損害賠償請求權，自請求權人知有行為及賠償義務人時起，二年間不行使而消滅；自行為時起，逾十年者亦同。

第一三條

①依前條請求損害賠償時，被害人得依左列各款規定擇一請求：

　一　依民法第二百十六條之規定請求。但被害人不能證明其損害時，得以其使用時依通常情形可得預期之利益，減除被侵害後使用同一營業秘密所得利益之差額，為其所受損害。

　二　請求侵害人因侵害行為所得之利益。但侵害人不能證明其成本或必要費用時，以其侵害行為所得之全部收入，為其所得

利益。

②依前項規定，侵害行為如屬故意，法院得因被害人之請求，依侵害情節，酌定損害額以上之賠償。但不得超過已證明損害額之三倍。

第一三條之一 102

①意圖為自己或第三人不法之利益，或損害營業秘密所有人之利益，而有下列情形之一，處五年以下有期徒刑或拘役，得併科新臺幣一百萬元以上一千萬元以下罰金：

一　以竊取、侵占、詐術、脅迫、擅自重製或其他不正方法而取得營業秘密，或取得後進而使用、洩漏者。

二　知悉或持有營業秘密，未經授權或逾越授權範圍而重製、使用或洩漏該營業秘密者。

三　持有營業秘密，經營業秘密所有人告知應刪除、銷毀後，不為刪除、銷毀或隱匿該營業秘密者。

四　明知他人知悉或持有之營業秘密有前三款所定情形，而取得、使用或洩漏者。

②前項之未遂犯罰之。

③科罰金時，如犯罪行為人所得之利益超過罰金最多額，得於所得利益之三倍範圍內酌量加重。

第一三條之二 102

①意圖在外國、大陸地區、香港或澳門使用，而犯前條第一項各款之罪者，處一年以上十年以下有期徒刑，得併科新臺幣三百萬元以上五千萬元以下之罰金。

②前項之未遂犯罰之。

③科罰金時，如犯罪行為人所得之利益超過罰金最多額，得於所得利益之二倍至十倍範圍內酌量加重。

第一三條之三 102

①第十三條之一之罪，須告訴乃論。

②對於共犯之一人告訴或撤回告訴者，其效力不及於其他共犯。

③公務員或曾任公務員之人，因職務知悉或持有他人之營業秘密，而故意犯前二條之罪者，加重其刑至二分之一。

第一三條之四 102

法人之代表人、法人或自然人之代理人、受雇人或其他從業人員，因執行業務，犯第十三條之一、第十三條之二之罪者，除依該條規定處罰其行為人外，對該法人或自然人亦科該條之罰金。但法人之代表人或自然人對於犯罪之發生，已盡力為防止行為者，不在此限。

第一三條之五 109

未經認許之外國法人，就本法規定事項得為告訴、自訴或提起民事訴訟。

第一四條

①法院為審理營業秘密訴訟案件，得設立專業法庭或指定專人辦

理。

②當事人提出之攻擊或防禦方法涉及營業秘密，經當事人聲請，法院認為適當者，得不公開審判或限制閱覽訴訟資料。

第一四條之一 109

①檢察官偵辦營業秘密案件，認有偵查必要時，得核發偵查保密令予接觸偵查內容之犯罪嫌疑人、被告、被害人、告訴人、告訴代理人、辯護人、鑑定人、證人或其他相關之人。

②受偵查保密令之人，就該偵查內容，不得為下列行為：

一　實施偵查程序以外目的之使用。

二　揭露予未受偵查保密令之人。

③前項規定，於受偵查保密令之人，在偵查前已取得或持有該偵查之內容時，不適用之。

第一四條之二 109

①偵查保密令應以書面或言詞為之。以言詞為之者，應當面告知並載明筆錄，且得予營業秘密所有人陳述意見之機會，於七日內另以書面製作偵查保密令。

②前項書面，應送達於受偵查保密令之人，並通知營業秘密所有人。於送達及通知前，應給予營業秘密所有人陳述意見之機會。但已依前項規定，給予營業秘密所有人陳述意見之機會者，不在此限。

③偵查保密令以書面為之者，自送達於受偵查保密令之人之日起發生效力；以言詞為之者，自告知之時起，亦同。

④偵查保密令應載明下列事項：

一　受偵查保密令之人。

二　應保密之偵查內容。

三　前條第二項所列之禁止或限制行為。

四　違反之效果。

第一四條之三 109

①偵查中應受保密之原因消滅或偵查保密令之內容有變更必要時，檢察官得依職權撤銷或變更其偵查保密令。

②案件經緩起訴處分或不起訴處分確定者，或偵查保密令非屬起訴效力所及之部分，檢察官得依職權或受偵查保密令之人之聲請，撤銷或變更其偵查保密令。

③檢察官為前二項撤銷或變更偵查保密令之處分，得予受偵查保密令之人及營業秘密所有人陳述意見之機會。該處分應以書面送達於受偵查保密令之人及營業秘密所有人。

④案件起訴後，檢察官應將偵查保密令屬起訴效力所及之部分通知營業秘密所有人及受偵查保密令之人，並告知其等關於秘密保持命令、偵查保密令之權益。營業秘密所有人或檢察官，得依智慧財產案件審理法之規定，聲請法院核發秘密保持命令。偵查保密令屬起訴效力所及之部分，在其聲請範圍內，自法院裁定確定之日起，失其效力。

⑤案件起訴後，營業秘密所有人或檢察官未於案件繫屬法院之日起三十日內，向法院聲請秘密保持命令者，法院得依受偵查保密令之人或檢察官之聲請，撤銷偵查保密令。偵查保密令屬起訴效力所及之部分，在法院裁定予以撤銷之範圍內，自法院裁定確定之日起，失其效力。

⑥法院為前項裁定前，應先徵詢營業秘密所有人及檢察官之意見。前項裁定並應送達營業秘密所有人、受偵查保密令之人及檢察官。

⑦受偵查保密令之人或營業秘密所有人，對於第一項及第二項檢察官之處分，得聲明不服；檢察官、受偵查保密令之人或營業秘密所有人，對於第五項法院之裁定，得抗告。

⑧前項聲明不服及抗告之程序，準用刑事訴訟法第四百零三條至第四百十九條之規定。

第一四條之四 109

①違反偵查保密令者，處三年以下有期徒刑、拘役或科或併科新臺幣一百萬元以下罰金。

②於外國、大陸地區、香港或澳門違反偵查保密令者，不問犯罪地之法律有無處罰規定，亦適用前項規定

第一五條 109

外國人所屬之國家與中華民國如未共同參加保護營業秘密之國際條約或無相互保護營業秘密之條約、協定，或對中華民國國民之營業秘密不予保護者，其營業秘密得不予保護。

第一六條

本法自公布日施行。

著作權法

①民國17年5月14日國民政府制定公布全文40條。
②民國33年4月27日國民政府修正公布全文37條。
③民國38年1月13日總統令修正公布第30、31、32、33、34條條文。
④民國53年7月10日總統令增訂公布第22、31、32、36、41條條文，並修正第25、26、33、35、37～40條條文；原第22～29條遞改為第23～30條，原30～32條遞改為第33～35條，原第33～36條遞改為第37～40條，原第37條遞改為第42條。
⑤民國74年7月10日總統令修正公布全文52條。
⑥民國79年1月24日總統令增訂公布第50-1條條文；並修正第3、28、39條條文。
⑦民國81年6月10日總統令修正公布全文117條。
⑧民國81年7月6日總統令修正公布第53條條文。
⑨民國82年4月24日總統令修正公布第87條條文；並增訂第87-1條條文。
⑩民國87年1月21日總統令修正公布全文117條；本法自公布日施行。但第106-1～106-3條規定，自世界貿易組織協定在中華民國管轄區域內生效日起施行。
⑪民國90年11月12日總統令修正公布第2、34、37、71、81、82、90-1條條文。
⑫民國92年7月9日總統令修正公布第2、3、7-1、22、24、26、29、37、49、50、53、56、56-1、60、61、63、65、69、79、82、87、88、91～95、98、100～102、105、106、106-2、106-3、111、113、115-1、115-2、117條條文；並增訂第26-1、28-1、59-1、80-1、82-1～82-4、90-3、91-1、96-1、96-2、98-1條條文及第四章之一章名。
⑬民國93年9月1日總統令修正公布第3、22、26、82、87、90-1、90-3、91、91-1、92、93、96-1條條文及第四章之一章名；並增訂第80-2條條文。
⑭民國95年5月30日總統令修正公布第98、99～102、117條條文；刪除第94條條文；並自95年7月1日施行。
⑮民國96年7月11日總統令修正公布第87、93條條文；並增訂第97-1條條文。
⑯民國98年5月13日總統令修正公布第3條條文；並增訂第90-4～90-12條條文及第六章之一章名。
⑰民國99年2月10日總統令修正公布第37、53、81、82條條文及第五章章名。
⑱民國103年1月22日總統令修正公布第53、65、80-2、87、87-1條條文。
⑲民國105年11月30日總統令修正公布第98條條文。
⑳民國108年5月1日總統令修正公布第87、93條條文。

第一章　總　則

第一條

為保障著作人著作權益，調和社會公共利益，促進國家文化發展，特制定本法。本法未規定者，適用其他法律之規定。

第二條 92

① 本法主管機關為經濟部。

② 著作權業務，由經濟部指定專責機關辦理。

第三條 98

① 本法用詞，定義如下：

一　著作：指屬於文學、科學、藝術或其他學術範圍之創作。

二　著作人：指創作著作之人。

三　著作權：指因著作完成所生之著作人格權及著作財產權。

四　公眾：指不特定人或特定之多數人。但家庭及其正常社交之多數人，不在此限。

五　重製：指以印刷、複印、錄音、錄影、攝影、筆錄或其他方法直接、間接、永久或暫時之重複製作。於劇本、音樂著作或其他類似著作演出或播送時予以錄音或錄影；或依建築設計圖或建築模型建造建築物者，亦屬之。

六　公開口述：指以言詞或其他方法向公眾傳達著作內容。

七　公開播送：指基於公眾直接收聽或收視為目的，以有線電、無線電或其他器材之廣播系統傳送訊息之方法，藉聲音或影像，向公眾傳達著作內容。由原播送人以外之人，以有線電、無線電或其他器材之廣播系統傳送訊息之方法，將原播送之聲音或影像向公眾傳達者，亦屬之。

八　公開上映：指以單一或多數視聽機或其他傳送影像之方法於同一時間向現場或現場以外一定場所之公眾傳達著作內容。

九　公開演出：指以演技、舞蹈、歌唱、彈奏樂器或其他方法向現場之公眾傳達著作內容。以擴音器或其他器材，將原播送之聲音或影像向公眾傳達者，亦屬之。

十　公開傳輸：指以有線電、無線電之網路或其他通訊方法，藉聲音或影像向公眾提供或傳達著作內容，包括使公眾得於其各自選定之時間或地點，以上述方法接收著作內容。

十一　改作：指以翻譯、編曲、改寫、拍攝影片或其他方法就原著作另為創作。

十二　散布：指不問有償或無償，將著作之原件或重製物提供公眾交易或流通。

十三　公開展示：指向公眾展示著作內容。

十四　發行：指權利人散布能滿足公眾合理需要之重製物。

十五　公開發表：指權利人以發行、播送、上映、口述、演出、展示或其他方法向公眾公開提示著作內容。

十六　原件：指著作首次附著之物。

十七 權利管理電子資訊：指於著作原件或其重製物，或於著作向公眾傳達時，所表示足以確認著作、著作名稱、著作人、著作財產權人或其授權之人及利用期間或條件之相關電子資訊；以數字、符號表示此類資訊者，亦屬之。

十八 防盜拷措施：指著作權人所採取有效禁止或限制他人擅自進入或利用著作之設備、器材、零件、技術或其他科技方法。

十九 網路服務提供者，指提供下列服務者：

(一)連線服務提供者：透過所控制或營運之系統或網路，以有線或無線方式，提供資訊傳輸、發送、接收，或於前開過程中之中介及短暫儲存之服務者。

(二)快速存取服務提供者：應使用者之要求傳輸資訊後，透過所控制或營運之系統或網路，將該資訊為中介及暫時儲存，以供其後要求傳輸該資訊之使用者加速進入該資訊之服務者。

(三)資訊儲存服務提供者：透過所控制或營運之系統或網路，應使用者之要求提供資訊儲存之服務者。

(四)搜尋服務提供者：提供使用者有關網路資訊之索引、參考或連結之搜尋或連結之服務者。

②前項第八款所定現場或現場以外一定場所，包含電影院、俱樂部、錄影帶或碟影片播映場所、旅館房間、供公眾使用之交通工具或其他供不特定人進出之場所。

第四條

外國人之著作合於下列情形之一者，得依本法享有著作權。但條約或協定另有約定，經立法院議決通過者，從其約定：

一 於中華民國管轄區域內首次發行，或於中華民國管轄區域外首次發行後三十日內在中華民國管轄區域內發行者。但以該外國人之本國，對中華民國人之著作，在相同之情形下，亦予保護且經查證屬實者為限。

二 依條約、協定或其本國法令、慣例，中華民國人之著作得在該國享有著作權者。

第二章 著 作

第五條

①本法所稱著作，例示如下：

一 語文著作。
二 音樂著作。
三 戲劇、舞蹈著作。
四 美術著作。
五 攝影著作。
六 圖形著作。
七 視聽著作。

八　錄音著作。

九　建築著作。

十　電腦程式著作。

②前項各款著作例示內容，由主管機關訂定之。

第六條

①就原著作改作之創作為衍生著作，以獨立之著作保護之。

②衍生著作之保護，對原著作之著作權不生影響。

第七條

①就資料之選擇及編排具有創作性者為編輯著作，以獨立之著作保護之。

②編輯著作之保護，對其所收編著作之著作權不生影響。

第七條之一 92

①表演人對既有著作或民俗創作之表演，以獨立之著作保護之。

②表演之保護，對原著作之著作權不生影響。

第八條

二人以上共同完成之著作，其各人之創作，不能分離利用者，為共同著作。

第九條

①下列各款不得為著作權之標的：

一　憲法、法律、命令或公文。

二　中央或地方機關就前款著作作成之翻譯物或編輯物。

三　標語及通用之符號、名詞、公式、數表、表格、簿冊或時曆。

四　單純為傳達事實之新聞報導所作成之語文著作。

五　依法令舉行之各類考試試題及其備用試題。

②前項第一款所稱公文，包括公務員於職務上草擬之文告、講稿、新聞稿及其他文書。

第三章　著作人及著作權

第一節　通　則

第一〇條

著作人於著作完成時享有著作權。但本法另有規定者，從其規定。

第一〇條之一

依本法取得之著作權，其保護僅及於該著作之表達，而不及於其所表達之思想、程序、製程、系統、操作方法、概念、原理、發現。

第二節　著作人

第一一條

①受雇人於職務上完成之著作，以該受雇人為著作人。但契約約定

以雇用人爲著作人者，從其約定。

②依前項規定，以受雇人爲著作人者，其著作財產權歸雇用人享有。但契約約定其著作財產權歸受雇人享有者，從其約定。

③前二項所稱受雇人，包括公務員。

第一二條

①出資聘請他人完成之著作，除前條情形外，以該受聘人爲著作人。但契約約定以出資人爲著作人者，從其約定。

②依前項規定，以受聘人爲著作人者，其著作財產權依契約約定歸受聘人或出資人享有。未約定著作財產權之歸屬者，其著作財產權歸受聘人享有。

③依前項規定著作財產權歸受聘人享有者，出資人得利用該著作。

第一三條

①在著作之原件或其已發行之重製物上，或將著作公開發表時，以通常之方法表示著作人之本名或衆所周知之別名者，推定爲該著作之著作人。

②前項規定，於著作發行日期、地點及著作財產權人之推定，準用之。

第一四條 （刪除）

第三節　著作人格權

第一五條

①著作人就其著作享有公開發表之權利。但公務員，依第十一條及第十二條規定爲著作人，而著作財產權歸該公務員隸屬之法人享有者，不適用之。

②有下列情形之一者，推定著作人同意公開發表其著作：

一　著作人將其尚未公開發表著作之著作財產權讓與他人或授權他人利用時，因著作財產權之行使或利用而公開發表者。

二　著作人將其尚未公開發表之美術著作或攝影著作之著作原件或其重製物讓與他人，受讓人以其著作原件或其重製物公開展示者。

三　依學位授予法撰寫之碩士、博士論文，著作人已取得學位者。

③依第十一條第二項及第十二條第二項規定，由雇用人或出資人自始取得尚未公開發表著作之著作財產權者，因其著作財產權之讓與、行使或利用而公開發表者，視爲著作人同意公開發表其著作。

④前項規定，於第十二條第三項準用之。

第一六條

①著作人於著作之原件或其重製物上或於著作公開發表時，有表示其本名、別名或不具名之權利。著作人就其著作所生之衍生著作，亦有相同之權利。

②前條第一項但書規定，於前項準用之。

③利用著作之人，得使用自己之封面設計，並加冠設計人或主編之姓名或名稱。但著作人有特別表示或違反社會使用慣例者，不在此限。

④依著作利用之目的及方法，於著作人之利益無損害之虞，且不違反社會使用慣例者，得省略著作人之姓名或名稱。

第一七條

著作人享有禁止他人以歪曲、割裂、竄改或其他方法改變其著作之內容、形式或名目致損害其名譽之權利。

第一八條

著作人死亡或消滅者，關於其著作人格權之保護，視同生存或存續，任何人不得侵害。但依利用行為之性質及程度、社會之變動或其他情事可認為不違反該著作人之意思者，不構成侵害。

第一九條

①共同著作之著作人格權，非經著作人全體同意，不得行使之。各著作人無正當理由者，不得拒絕同意。

②共同著作之著作人，得於著作人中選定代表人行使著作人格權。

③對於前項代表人之代表權所加限制，不得對抗善意第三人。

第二〇條

未公開發表之著作原件及其著作財產權，除作為買賣之標的或經本人允諾者外，不得作為強制執行之標的。

第二一條

著作人格權專屬於著作人本身，不得讓與或繼承。

第四節　著作財產權

第一款　著作財產權之種類

第二二條 93

①著作人除本法另有規定外，專有重製其著作之權利。

②表演人專有以錄音、錄影或攝影重製其表演之權利。

③前二項規定，於專為網路合法中繼性傳輸，或合法使用著作，屬技術操作過程中必要之過渡性、附帶性而不具獨立經濟意義之暫時性重製，不適用之。但電腦程式著作，不在此限。

④前項網路合法中繼性傳輸之暫時性重製情形，包括網路瀏覽、快速存取或其他為達成傳輸功能之電腦或機械本身技術上所不可避免之現象。

第二三條

著作人專有公開口述其語文著作之權利。

第二四條 92

①著作人除本法另有規定外，專有公開播送其著作之權利。

②表演人就其經重製或公開播送後之表演，再公開播送者，不適用前項規定。

第二五條

著作人專有公開上映其視聽著作之權利。

第二六條 93
① 著作人除本法另有規定外，專有公開演出其語文、音樂或戲劇、舞蹈著作之權利。
② 表演人專有以擴音器或其他器材公開演出其表演之權利。但將表演重製或公開播送後再以擴音器或其他器材公開演出者，不在此限。
③ 錄音著作經公開演出者，著作人得請求公開演出之人支付使用報酬。

第二六條之一 92
① 著作人除本法另有規定外，專有公開傳輸其著作之權利。
② 表演人就其經重製於錄音著作之表演，專有公開傳輸之權利。

第二七條
著作人專有公開展示其未發行之美術著作或攝影著作之權利。

第二八條
著作人專有將其著作改作成衍生著作或編輯成編輯著作之權利。但表演不適用之。

第二八條之一 92
① 著作人除本法另有規定外，專有以移轉所有權之方式，散布其著作之權利。
② 表演人就其經重製於錄音著作之表演，專有以移轉所有權之方式散布之權利。

第二九條 92
① 著作人除本法另有規定外，專有出租其著作之權利。
② 表演人就其經重製於錄音著作之表演，專有出租之權利。

第二九條之一
依第十一條第二項或第十二條第二項規定取得著作財產權之雇用人或出資人，專有第二十二條至第二十九條規定之權利。

第二款 著作財產權之存續期間

第三○條
① 著作財產權，除本法另有規定外，存續於著作人之生存期間及其死亡後五十年。
② 著作於著作人死亡後四十年至五十年間首次公開發表者，著作財產權之期間，自公開發表時起存續十年。

第三一條
共同著作之著作財產權，存續至最後死亡之著作人死亡後五十年。

第三二條
① 別名著作或不具名著作之著作財產權，存續至著作公開發表後五十年。但可證明其著作人死亡已逾五十年者，其著作財產權消滅。
② 前項規定，於著作人之別名為眾所周知者，不適用之。

第三三條

法人為著作人之著作，其著作財產權存續至其著作公開發表後五十年。但著作在創作完成時起算五十年內未公開發表者，其著作財產權存續至創作完成時起五十年。

第三四條

①攝影、視聽、錄音及表演之著作財產權存續至著作公開發表後五十年。

②前條但書規定，於前項準用之。

第三五條

①第三十條至第三十四條所定存續期間，以該期間屆滿當年之末日為期間之終止。

②繼續或逐次公開發表之著作，依公開發表日計算著作財產權存續期間時，如各次公開發表能獨立成一著作者，著作財產權存續期間自各別公開發表日起算。如各次公開發表不能獨立成一著作者，以能獨立成一著作時之公開發表日起算。

③前項情形，如繼續部分未於前次公開發表日後三年內公開發表者，其著作財產權存續期間自前次公開發表日起算。

第三款　著作財產權之讓與、行使及消滅

第三六條

①著作財產權得全部或部分讓與他人或與他人共有。

②著作財產權之受讓人，在其受讓範圍內，取得著作財產權。

③著作財產權讓與之範圍依當事人之約定；其約定不明之部分，推定為未讓與。

第三七條 99

①著作財產權人得授權他人利用著作，其授權利用之地域、時間、內容、利用方法或其他事項，依當事人之約定；其約定不明之部分，推定為未授權。

②前項授權不因著作財產權人嗣後將其著作財產權讓與或再為授權而受影響。

③非專屬授權之被授權人非經著作財產權人同意，不得將其被授與之權利再授權第三人利用。

④專屬授權之被授權人在被授權範圍內，得以著作財產權人之地位行使權利，並得以自己名義為訴訟上之行為。著作財產權人在專屬授權範圍內，不得行使權利。

⑤第二項至前項規定，於中華民國九十年十一月十二日本法修正施行前所為之授權，不適用之。

⑥有下列情形之一者，不適用第七章規定。但屬於著作權集體管理團體管理之著作，不在此限：

一　音樂著作經授權重製於電腦伴唱機者，利用人利用該電腦伴唱機公開演出該著作。

二　將原播送之著作再公開播送。

三　以擴音器或其他器材，將原播送之聲音或影像向公眾傳達。

四　著作經授權重製於廣告後，由廣告播送人就該廣告為公開播

　　送或同步公開傳輸，向公眾傳達。

第三八條　（刪除）

第三九條

以著作財產權為質權之標的物者，除設定時另有約定外，著作財產權人得行使其著作財產權。

第四〇條

① 共同著作各著作人之應有部分，依共同著作人間之約定定之；無約定者，依各著作人參與創作之程度定之。各著作人參與創作之程度不明時，推定為均等。

② 共同著作之著作人拋棄其應有部分者，其應有部分由其他共同著作人依其應有部分之比例分享之。

③ 前項規定，於共同著作之著作人死亡無繼承人或消滅後無承受人者，準用之。

第四〇條之一

① 共有之著作財產權，非經著作財產權人全體同意，不得行使之；各著作財產權人非經其他共有著作財產權人之同意，不得以其應有部分讓與他人或為他人設定質權。各著作財產權人，無正當理由者，不得拒絕同意。

② 共有著作財產權人，得於著作財產權人中選定代表人行使著作財產權。對於代表人之代表權所加限制，不得對抗善意第三人。

③ 前條第二項及第三項規定，於共有著作財產權準用之。

第四一條

著作財產權人投稿於新聞紙、雜誌或授權公開播送著作者，除另有約定外，推定僅授與刊載或公開播送一次之權利，對著作財產權人之其他權利不生影響。

第四二條

著作財產權因存續期間屆滿而消滅。於存續期間內，有下列情形之一者，亦同：

一　著作財產權人死亡，其著作財產權依法應歸屬國庫者。

二　著作財產權人為法人，於其消滅後，其著作財產權依法應歸屬於地方自治團體者。

第四三條

著作財產權消滅之著作，除本法另有規定外，任何人均得自由利用。

第四款　著作財產權之限制

第四四條

中央或地方機關，因立法或行政目的所需，認有必要將他人著作列為內部參考資料時，在合理範圍內，得重製他人之著作。但依該著作之種類、用途及其重製物之數量、方法，有害於著作財產權人之利益者，不在此限。

第四五條

① 專為司法程序使用之必要，在合理範圍內，得重製他人之著作。

②前條但書規定，於前項情形準用之。

第四六條

①依法設立之各級學校及其擔任教學之人，為學校授課需要，在合理範圍內，得重製他人已公開發表之著作。

②第四十四條但書規定，於前項情形準用之。

第四七條

①為編製依法令應經教育行政機關審定之教科用書，或教育行政機關編製教科用書者，在合理範圍內，得重製、改作或編輯他人已公開發表之著作。

②前項規定，於編製附隨於該教科用書且專供教學之人教學用之輔助用品，準用之。但以由該教科用書編製者編製為限。

③依法設立之各級學校或教育機構，為教育目的之必要，在合理範圍內，得公開播送他人已公開發表之著作。

④前三項情形，利用人應將利用情形通知著作財產權人並支付使用報酬。使用報酬率，由主管機關定之。

第四八條

供公眾使用之圖書館、博物館、歷史館、科學館、藝術館或其他文教機構，於下列情形之一，得就其收藏之著作重製之：

一 應閱覽人供個人研究之要求，重製已公開發表著作之一部分，或期刊或已公開發表之研討會論文集之單篇著作，每人以一份為限。

二 基於保存資料之必要者。

三 就絕版或難以購得之著作，應同性質機構之要求者。

第四八條之一

中央或地方機關、依法設立之教育機構或供公眾使用之圖書館，得重製下列已公開發表之著作所附之摘要：

一 依學位授予法撰寫之碩士、博士論文，著作人已取得學位者。

二 刊載於期刊中之學術論文。

三 已公開發表之研討會論文集或研究報告。

第四九條 92

以廣播、攝影、錄影、新聞紙、網路或其他方法為時事報導者，在報導之必要範圍內，得利用其報導過程中所接觸之著作。

第五〇條 92

以中央或地方機關或公法人之名義公開發表之著作，在合理範圍內，得重製、公開播送或公開傳輸。

第五一條

供個人或家庭為非營利之目的，在合理範圍內，得利用圖書館及非供公眾使用之機器重製已公開發表之著作。

第五二條

為報導、評論、教學、研究或其他正當目的之必要，在合理範圍內，得引用已公開發表之著作。

第五三條 103

①中央或地方政府機關、非營利機構或團體、依法立案之各級學校，爲專供視覺障礙者、學習障礙者、聽覺障礙者或其他感知著作有困難之障礙者使用之目的，得以翻譯、點字、錄音、數位轉換、口述影像、附加手語或其他方式利用已公開發表之著作。

②前項所定障礙者或其代理人爲供該障礙者個人非營利使用，準用前項規定。

③依前二項規定製作之著作重製物，得於前二項所定障礙者、中央或地方政府機關、非營利機構或團體、依法立案之各級學校間散布或公開傳輸。

第五四條

中央或地方機關、依法設立之各級學校或教育機構辦理之各種考試，得重製已公開發表之著作，供爲試題之用。但已公開發表之著作如爲試題者，不適用之。

第五五條

非以營利爲目的，未對觀眾或聽眾直接間接收取任何費用，且未對表演人支付報酬者，得於活動中公開口述、公開播送、公開上映或公開演出他人已公開發表之著作。

第五六條 92

①廣播或電視，爲公開播送之目的，得以自己之設備錄音或錄影該著作。但以其公開播送業經著作財產權人之授權或合於本法規定者爲限。

②前項錄製物除經著作權專責機關核准保存於指定之處所外，應於錄音或錄影後六個月內銷燬之。

第五六條之一 92

爲加強收視效能，得以依法令設立之社區共同天線同時轉播依法設立無線電視臺播送之著作，不得變更其形式或內容。

第五七條

①美術著作或攝影著作原件或合法重製物之所有人或經其同意之人，得公開展示該著作原件或合法重製物。

②前項公開展示之人，爲向參觀人解說著作，得於說明書內重製該著作。

第五八條

於街道、公園、建築物之外壁或其他向公眾開放之戶外場所長期展示之美術著作或建築著作，除下列情形外，得以任何方法利用之：

一　以建築方式重製建築物。
二　以雕塑方式重製雕塑物。
三　爲於本條規定之場所長期展示目的所爲之重製。
四　專門以販賣美術著作重製物爲目的所爲之重製。

第五九條

①合法電腦程式著作重製物之所有人得因配合其所使用機器之需

要，修改其程式，或因備用存檔之需要重製其程式。但限於該所有人自行使用。

②前項所有人因滅失以外之事由，喪失原重製物之所有權者，除經著作財產權人同意外，應將其修改或重製之程式銷燬之。

第五九條之一 92

在中華民國管轄區域內取得著作原件或其合法重製物所有權之人，得以移轉所有權之方式散布之。

第六〇條 92

①著作原件或其合法著作重製物之所有人，得出租該原件或重製物。但錄音及電腦程式著作，不適用之。

②附含於貨物、機器或設備之電腦程式著作重製物，隨同貨物、機器或設備合法出租且非該項出租之主要標的物者，不適用前項但書之規定。

第六一條 92

揭載於新聞紙、雜誌或網路上有關政治、經濟或社會上時事問題之論述，得由其他新聞紙、雜誌轉載或由廣播或電視公開播送，或於網路上公開傳輸。但經註明不許轉載、公開播送或公開傳輸者，不在此限。

第六二條

政治或宗教上之公開演說、裁判程序及中央或地方機關之公開陳述，任何人得利用之。但專就特定人之演說或陳述，編輯成編輯著作者，應經著作財產權人之同意。

第六三條 92

①依第四十四條、第四十五條、第四十八條第一款、第四十八條之一至第五十條、第五十二條至第五十五條、第六十一條及第六十二條規定得利用他人著作者，得翻譯該著作。

②依第四十六條及第五十一條規定得利用他人著作者，得改作該著作。

③依第四十六條至第五十條、第五十二條至第五十四條、第五十七條第二項、第五十八條、第六十一條及第六十二條規定利用他人著作者，得散布該著作。

第六四條

①依第四十四條至第四十七條、第四十八條之一至第五十條、第五十二條、第五十三條、第五十五條、第五十七條、第五十八條、第六十條至第六十三條規定利用他人著作者，應明示其出處。

②前項明示出處，就著作人之姓名或名稱，除不具名著作或著作人不明者外，應以合理之方式爲之。

第六五條 103

①著作之合理使用，不構成著作財產權之侵害。

②著作之利用是否合於第四十四條至第六十三條所定之合理範圍或其他合理使用之情形，應審酌一切情狀，尤應注意下列事項，以

爲判斷之基準：

一　利用之目的及性質，包括係爲商業目的或非營利教育目的。

二　著作之性質。

三　所利用之質量及其在整個著作所占之比例。

四　利用結果對著作潛在市場與現在價值之影響。

③著作權人團體與利用人團體就著作之合理使用範圍達成協議者，得爲前項判斷之參考。

④前項協議過程中，得諮詢著作權專責機關之意見。

第六六條

第四十四條至第六十三條及第六十五條規定，對著作人之著作人格權不生影響。

第五款　著作利用之強制授權

第六七條　（刪除）

第六八條　（刪除）

第六九條 92

①錄有音樂著作之銷售用錄音著作發行滿六個月，欲利用該音樂著作錄製其他銷售用錄音著作者，經申請著作權專責機關許可強制授權，並給付使用報酬後，得利用該音樂著作，另行錄製。

②前項音樂著作強制授權許可、使用報酬之計算方式及其他應遵行事項之辦法，由主管機關定之。

第七○條

依前條規定利用音樂著作者，不得將其錄音著作之重製物銷售至中華民國管轄區域外。

第七一條

①依第六十九條規定，取得強制授權之許可後，發現其申請有虛偽情事者，著作權專責機關應撤銷其許可。

②依第六十九條規定，取得強制授權之許可後，未依著作權專責機關許可之方式利用著作者，著作權專責機關應廢止其許可。

第七二條至第七八條　（刪除）

第四章　製版權

第七九條 92

①無著作財產權或著作財產權消滅之文字著述或美術著作，經製版人就文字著述整理印刷，或就美術著作原件以影印、印刷或類似方式重製首次發行，並依法登記者，製版人就其版面，專有以影印、印刷或類似方式重製之權利。

②製版人之權利，自製版完成時起算存續十年。

③前項保護期間，以該期間屆滿當年之末日，爲期間之終止。

④製版權之讓與或信託，非經登記，不得對抗第三人。

⑤製版權登記、讓與登記、信託登記及其他應遵行事項之辦法，由主管機關定之。

第八○條

第四十二條及第四十三條有關著作財產權消滅之規定、第四十四條至第四十八條、第四十九條、第五十一條、第五十二條、第五十四條、第六十四條及第六十五條關於著作財產權限制之規定，於製版權準用之。

第四章之一　權利管理電子資訊及防盜拷措施 93

第八〇條之一 92

① 著作權人所為之權利管理電子資訊，不得移除或變更。但有下列情形之一者，不在此限：

一　因行為時之技術限制，非移除或變更著作權利管理電子資訊即不能合法利用該著作。

二　錄製或傳輸系統轉換時，其轉換技術上必要之移除或變更。

② 明知著作權利管理電子資訊，業經非法移除或變更者，不得散布或意圖散布而輸入或持有該著作原件或其重製物，亦不得公開播送、公開演出或公開傳輸。

第八〇條之二 103

① 著作權人所採取禁止或限制他人擅自進入著作之防盜拷措施，未經合法授權不得予以破解、破壞或以其他方法規避之。

② 破解、破壞或規避防盜拷措施之設備、器材、零件、技術或資訊，未經合法授權不得製造、輸入、提供公眾使用或為公眾提供服務。

③ 前二項規定，於下列情形不適用之：

一　為維護國家安全者。

二　中央或地方機關所為者。

三　檔案保存機構、教育機構或供公眾使用之圖書館，為評估是否取得資料所為者。

四　為保護未成年人者。

五　為保護個人資料者。

六　為電腦或網路進行安全測試者。

七　為進行加密研究者。

八　為進行還原工程者。

九　為依第四十四條至第六十三條及第六十五條規定利用他人著作者。

十　其他經主管機關所定情形。

④ 前項各款之內容，由主管機關定之，並定期檢討。

第五章　著作權集體管理團體與著作權審議及調解委員會 99

第八一條 99

① 著作財產權人為行使權利、收受及分配使用報酬，經著作權專責機關之許可，得組成著作權集體管理團體。

②專屬授權之被授權人，亦得加入著作權集體管理團體。

③第一項團體之許可設立、組織、職權及其監督、輔導，另以法律定之。

第八二條 99

①著作權專責機關應設置著作權審議及調解委員會，辦理下列事項：

一　第四十七條第四項規定使用報酬率之審議。

二　著作權集體管理團體與利用人間，對使用報酬爭議之調解。

三　著作權或製版權爭議之調解。

四　其他有關著作權審議及調解之諮詢。

②前項第三款所定爭議之調解，其涉及刑事者，以告訴乃論罪之案件爲限。

第八二條之一 92

①著作權專責機關應於調解成立後七日內，將調解書送請管轄法院審核。

②前項調解書，法院應儘速審核，除有違反法令、公序良俗或不能強制執行者外，應由法官簽名並蓋法院印信，除抽存一份外，發還著作權專責機關送達當事人。

③法院未予核定之事件，應將其理由通知著作權專責機關。

第八二條之二 92

①調解經法院核定後，當事人就該事件不得再行起訴、告訴或自訴。

②前項經法院核定之民事調解，與民事確定判決有同一之效力；經法院核定之刑事調解，以給付金錢或其他代替物或有價證券之一定數量爲標的者，其調解書具有執行名義。

第八二條之三 92

①民事事件已繫屬於法院，在判決確定前，調解成立，並經法院核定者，視爲於調解成立時撤回起訴。

②刑事事件於偵查中或第一審法院辯論終結前，調解成立，經法院核定，並經當事人同意撤回者，視爲於調解成立時撤回告訴或自訴。

第八二條之四 92

①民事調解經法院核定後，有無效或得撤銷之原因者，當事人得向原核定法院提起宣告調解無效或撤銷調解之訴。

②前項訴訟，當事人應於法院核定之調解書送達後三十日內提起之。

第八三條

前條著作權審議及調解委員會之組織規程及有關爭議之調解辦法，由主管機關擬訂，報請行政院核定後發布之。

第六章　權利侵害之救濟

第八四條

著作權人或製版權人對於侵害其權利者，得請求排除之，有侵害之虞者，得請求防止之。

第八五條

①侵害著作人格權者，負損害賠償責任。雖非財產上之損害，被害人亦得請求賠償相當之金額。

②前項侵害，被害人並得請求表示著作人之姓名或名稱、更正內容或為其他回復名譽之適當處分。

第八六條

著作人死亡後，除其遺囑另有指定外，下列之人，依順序對於違反第十八條或有違反之虞者，得依第八十四條及前條第二項規定，請求救濟：

一　配偶。
二　子女。
三　父母。
四　孫子女。
五　兄弟姊妹。
六　祖父母。

第八七條 108

①有下列情形之一者，除本法另有規定外，視為侵害著作權或製版權：

一　以侵害著作人名譽之方法利用其著作者。
二　明知為侵害製版權之物而散布或意圖散布而公開陳列或持有者。
三　輸入未經著作財產權人或製版權人授權重製之重製物或製版物者。
四　未經著作財產權人同意而輸入著作原件或其國外合法重製物者。
五　以侵害電腦程式著作財產權之重製物作為營業之使用者。
六　明知為侵害著作財產權之物而以移轉所有權或出租以外之方式散布者，或明知為侵害著作財產權之物，意圖散布而公開陳列或持有者。
七　未經著作財產權人同意或授權，意圖供公眾透過網路公開傳輸或重製他人著作，侵害著作財產權，對公眾提供可公開傳輸或重製著作之電腦程式或其他技術，而受有利益者。
八　明知他人公開播送或公開傳輸之著作侵害著作財產權，意圖供公眾透過網路接觸該等著作，有下列情形之一而受有利益者：
　　㈠提供公眾使用匯集該等著作網路位址之電腦程式。
　　㈡指導、協助或預設路徑供公眾使用前目之電腦程式。
　　㈢製造、輸入或銷售載有第一目之電腦程式之設備或器材。

②前項第七款、第八款之行為人，採取廣告或其他積極措施，教唆、誘使、煽惑、說服公眾利用者，為具備該款之意圖。

第八七條之一 103

①有下列情形之一者，前條第四款之規定，不適用之：

一 為供中央或地方機關之利用而輸入。但為供學校或其他教育機構之利用而輸入或非以保存資料之目的而輸入視聽著作原件或其重製物者，不在此限。

二 為供非營利之學術、教育或宗教機構保存資料之目的而輸入視聽著作原件或一定數量重製物，或為其圖書館借閱或保存資料之目的而輸入視聽著作以外之其他著作原件或一定數量重製物，並應依第四十八條規定利用之。

三 為供輸入者個人非散布之利用或屬於境人員行李之一部分而輸入著作原件或一定數量重製物者。

四 中央或地方政府機關、非營利機構或團體、依法立案之各級學校，為專供視覺障礙者、學習障礙者、聽覺障礙者或其他感知著作有困難之障礙者使用之目的，得輸入以翻譯、點字、錄音、數位轉換、口述影像、附加手語或其他方式重製之著作重製物，並應依第五十三條規定利用之。

五 附含於貨物、機器或設備之著作原件或其重製物，隨同貨物、機器或設備之合法輸入而輸入者，該著作原件或其重製物於使用或操作貨物、機器或設備時不得重製。

六 附屬於貨物、機器或設備之說明書或操作手冊隨同貨物、機器或設備之合法輸入而輸入者。但以說明書或操作手冊為主要輸入者，不在此限。

②前項第二款及第三款之一定數量，由主管機關另定之。

第八八條 92

①因故意或過失不法侵害他人之著作財產權或製版權者，負損害賠償責任。數人共同不法侵害者，連帶負賠償責任。

②前項損害賠償，被害人得依下列規定擇一請求：

一 依民法第二百十六條之規定請求。但被害人不能證明其損害時，得以其行使權利依通常情形可得預期之利益，減除被侵害後行使同一權利所得利益之差額，為其所受損害。

二 請求侵害人因侵害行為所得之利益。但侵害人不能證明其成本或必要費用時，以其侵害行為所得之全部收入，為其所得利益。

③依前項規定，如被害人不易證明其實際損害額，得請求法院依侵害情節，在新臺幣一萬元以上一百萬元以下酌定賠償額。如損害行為屬故意且情節重大者，賠償額得增至新臺幣五百萬元。

第八八條之一

依第八十四條或前條第一項請求時，對於侵害行為作成之物或主要供侵害所用之物，得請求銷燬或為其他必要之處置。

第八九條

被害人得請求由侵害人負擔費用，將判決書內容全部或一部登載新聞紙、雜誌。

第八九條之一

第八十五條及第八十八條之損害賠償請求權，自請求權人知有損害及賠償義務人時起，二年間不行使而消滅。自有侵權行為時起，逾十年者亦同。

第九〇條

① 共同著作之各著作權人，對於侵害其著作權者，得各依本章之規定，請求救濟，並得按其應有部分，請求損害賠償。

② 前項規定，於因其他關係成立之共有著作財產權或製版權之共有人準用之。

第九〇條之一 93

① 著作權人或製版權人對輸入或輸出侵害其著作權或製版權之物者，得申請海關先予查扣。

② 前項申請應以書面為之，並釋明侵害之事實，及提供相當於海關核估該進口貨物完稅價格或出口貨物離岸價格之保證金，作為被查扣人因查扣所受損害之賠償擔保。

③ 海關受理查扣之申請，應即通知申請人。如認符合前項規定而實施查扣時，應以書面通知申請人及被查扣人。

④ 申請人或被查扣人，得向海關申請檢視被查扣之物。

⑤ 查扣之物，經申請人取得法院民事確定判決，屬侵害著作權或製版權者，由海關予以沒入。沒入物之貨櫃延滯費、倉租、裝卸費等有關費用暨處理銷毀費用應由被查扣人負擔。

⑥ 前項處理銷毀所需費用，經海關限期通知繳納而不繳納者，依法移送強制執行。

⑦ 有下列情形之一者，除由海關廢止查扣依有關進出口貨物通關規定辦理外，申請人並應賠償被查扣人因查扣所受損害：

一 查扣之物經法院確定判決，不屬侵害著作權或製版權之物者。

二 海關於通知申請人受理查扣之日起十二日內，未被告知就查扣物為侵害物之訴訟已提起者。

三 申請人申請廢止查扣者。

⑧ 前項第二款規定之期限，海關得視需要延長十二日。

⑨ 有下列情形之一者，海關應依申請人之申請返還保證金：

一 申請人取得勝訴之確定判決或與被查扣人達成和解，已無繼續提供保證金之必要者。

二 廢止查扣後，申請人證明已定二十日以上之期限，催告被查扣人行使權利而未行使者。

三 被查扣人同意返還者。

⑩ 被查扣人就第二項之保證金與質權人有同一之權利。

⑪ 海關於執行職務時，發現進出口貨物外觀顯有侵害著作權之嫌者，得於一個工作日內通知權利人並通知進出口人提供授權資料。權利人接獲通知後對於空運出口貨物應於四小時內，空運進口及海運進出口貨物應於一個工作日內至海關協助認定。權利人

不明或無法通知，或權利人未於通知期限內至海關協助認定，或經權利人認定係爭標的物未侵權者，若無違反其他通關規定，海關應即放行。

⑫經認定疑似侵權之貨物，海關應採行暫不放行措施。

⑬海關採行暫不放行措施後，權利人於三個工作日內，未依第一項至第十項向海關申請查扣，或未採行保護權利之民、刑事訴訟程序，若無違反其他通關規定，海關應即予放行。

第九〇條之二

前條之實施辦法，由主管機關會同財政部定之。

第九〇條之三 93

①違反第八十條之一或第八十條之二規定，致著作權人受損害者，負賠償責任。數人共同違反者，負連帶賠償責任。

②第八十四條、第八十八條之一、第八十九條之一及第九十條之一規定，於違反第八十條之一或第八十條之二規定者，準用之。

第六章之一　網路服務提供者之民事免責事由 98

第九〇條之四 98

①符合下列規定之網路服務提供者，適用第九十條之五至第九十條之八之規定：

一　以契約、電子傳輸、自動偵測系統或其他方式，告知使用者其著作權或製版權保護措施，並確實履行該保護措施。

二　以契約、電子傳輸、自動偵測系統或其他方式，告知使用者若有三次涉及侵權情事，應終止全部或部分服務。

三　公告接收通知文件之聯繫窗口資訊。

四　執行第三項之通用辨識或保護技術措施。

②連線服務提供者於接獲著作權人或製版權人就其使用者所為涉及侵權行為之通知後，將該通知以電子郵件轉送該使用者，視為符合前項第一款規定。

③著作權人或製版權人已提供為保護著作或製版權之通用辨識或保護技術措施，經主管機關核可者，網路服務提供者應配合執行之。

第九〇條之五 98

有下列情形者，連線服務提供者對其使用者侵害他人著作權或製版權之行為，不負賠償責任：

一　所傳輸資訊，係由使用者所發動或請求。

二　資訊傳輸、發送、連結或儲存，係經由自動化技術予以執行，且連線服務提供者未就傳輸之資訊為任何篩選或修改。

第九〇條之六 98

有下列情形者，快速存取服務提供者對其使用者侵害他人著作權或製版權之行為，不負賠償責任：

一　未改變存取之資訊。

二　於資訊提供者就該自動存取之原始資訊為修改、刪除或阻斷

時，透過自動化技術為相同之處理。

三　經著作權人或製版權人通知其使用者涉有侵權行為後，立即移除或使他人無法進入該涉有侵權之內容或相關資訊。

第九〇條之七 98

有下列情形者，資訊儲存服務提供者對其使用者侵害他人著作權或製版權之行為，不負賠償責任：

一　對使用者涉有侵權行為不知情。

二　未直接自使用者之侵權行為獲有財產上利益。

三　經著作權人或製版權人通知其使用者涉有侵權行為後，立即移除或使他人無法進入該涉有侵權之內容或相關資訊。

第九〇條之八 98

有下列情形者，搜尋服務提供者對其使用者侵害他人著作權或製版權之行為，不負賠償責任：

一　對所搜尋或連結之資訊涉有侵權不知情。

二　未直接自使用者之侵權行為獲有財產上利益。

三　經著作權人或製版權人通知其使用者涉有侵權行為後，立即移除或使他人無法進入該涉有侵權之內容或相關資訊。

第九〇條之九 98

①資訊儲存服務提供者應將第九十條之七第三款處理情形，依其與使用者約定之聯絡方式或使用者留存之聯絡資訊，轉送該涉有侵權之使用者。但依其提供服務之性質無法通知者，不在此限。

②前項之使用者認其無侵權情事者，得檢具回復通知文件，要求資訊儲存服務提供者回復其被移除或使他人無法進入之內容或相關資訊。

③資訊儲存服務提供者於接獲前項之回復通知後，應立即將回復通知文件轉送著作權人或製版權人。

④著作權人或製版權人於接獲資訊儲存服務提供者前項通知之次日起十個工作日內，向資訊儲存服務提供者提出已對該使用者訴訟之證明者，資訊儲存服務提供者不負回復之義務。

⑤著作權人或製版權人未依前項規定提出訴訟之證明，資訊儲存服務提供者至遲應於轉送回復通知之次日起十四個工作日內，回復被移除或使他人無法進入之內容或相關資訊。但無法回復者，應事先告知使用者，或提供其他適當方式供使用者回復。

第九〇條之一〇 98

有下列情形之一者，網路服務提供者對涉有侵權之使用者，不負賠償責任：

一　依第九十條之六至第九十條之八之規定，移除或使他人無法進入該涉有侵權之內容或相關資訊。

二　知悉使用者所為涉有侵權情事後，善意移除或使他人無法進入該涉有侵權之內容或相關資訊。

第九〇條之一一 98

因故意或過失，向網路服務提供者提出不實通知或回復通知，致

使用者、著作權人、製版權人或網路服務提供者受有損害者，負損害賠償責任。

第九○條之一二 98

第九十條之四聯繫窗口之公告、第九十條之六至第九十條之九之通知、回復通知內容、應記載事項、補正及其他應遵行事項之辦法，由主管機關定之。

第七章 罰 則

第九一條 93

① 擅自以重製之方法侵害他人之著作財產權者，處三年以下有期徒刑、拘役，或科或併科新臺幣七十五萬元以下罰金。

② 意圖銷售或出租而擅自以重製之方法侵害他人之著作財產權者，處六月以上五年以下有期徒刑，得併科新臺幣二十萬元以上二百萬元以下罰金。

③ 以重製於光碟之方法犯前項之罪者，處六月以上五年以下有期徒刑，得併科新臺幣五十萬元以上五百萬元以下罰金。

④ 著作僅供個人參考或合理使用者，不構成著作權侵害。

第九一條之一 93

① 擅自以移轉所有權之方法散布著作原件或其重製物而侵害他人之著作財產權者，處三年以下有期徒刑、拘役，或科或併科新臺幣五十萬元以下罰金。

② 明知係侵害著作財產權之重製物而散布或意圖散布而公開陳列或持有者，處三年以下有期徒刑，得併科新臺幣七萬元以上七十五萬元以下罰金。

③ 犯前項之罪，其重製物為光碟者，處六月以上三年以下有期徒刑，得併科新臺幣二十萬元以上二百萬元以下罰金。但違反第八十七條第四款規定輸入之光碟，不在此限。

④ 犯前二項之罪，經供出其物品來源，因而破獲者，得減輕其刑。

第九二條 93

擅自以公開口述、公開播送、公開上映、公開演出、公開傳輸、公開展示、改作、編輯、出租之方法侵害他人之著作財產權者，處三年以下有期徒刑、拘役，或科或併科新臺幣七十五萬元以下罰金。

第九三條 108

有下列情形之一者，處二年以下有期徒刑、拘役，或科或併科新臺幣五十萬元以下罰金：

一 侵害第十五條至第十七條規定之著作人格權者。

二 違反第七十條規定者。

三 以第八十七條第一項第一款、第三款、第五款或第六款方法之一侵害他人之著作權者。但第九十一條之一第二項及第三項規定情形，不在此限。

四 違反第八十七條第一項第七款或第八款規定者。

第九四條 （刪除）95

第九五條 92

違反第一百十二條規定者，處一年以下有期徒刑、拘役或科或併科新臺幣二萬元以上二十五萬元以下罰金。

第九六條

違反第五十九條第二項或第六十四條規定者，科新臺幣五萬元以下罰金。

第九六條之一 93

有下列情形之一者，處一年以下有期徒刑、拘役或科或併科新臺幣二萬元以上二十五萬元以下罰金：

一 違反第八十條之一規定者。

二 違反第八十條之二第二項規定者。

第九六條之二 92

依本章科罰金時，應審酌犯人之資力及犯罪所得之利益。如所得之利益超過罰金最多額時，得於所得利益之範圍內酌量加重。

第九七條 （刪除）

第九七條之一 96

事業以公開傳輸之方法，犯第九十一條、第九十二條及第九十三條第四款之罪，經法院判決有罪者，應即停止其行為；如不停止，且經主管機關邀集專家學者及相關業者認定侵害情節重大，嚴重影響著作財產權人權益者，主管機關應限期一個月內改正，屆期不改正者，得命令停業或勒令歇業。

第九八條 105

犯第九十一條第三項及第九十一條之一第三項之罪，其供犯罪所用、犯罪預備之物或犯罪所生之物，不問屬於犯罪行為人與否，得沒收之。

第九八條之一 92

①犯第九十一條第三項或第九十一條之一第三項之罪，其行為人逃逸而無從確認者，供犯罪所用或因犯罪所得之物，司法警察機關得逕為沒入。

②前項沒入之物，除沒入款項繳交國庫外，銷燬之。其銷燬或沒入款項之處理程序，準用社會秩序維護法相關規定辦理。

第九九條 95

犯第九十一條至第九十三條、第九十五條之罪者，因被害人或其他有告訴權人之聲請，得令將判決書全部或一部登報，其費用由被告負擔。

第一〇〇條 95

本章之罪，須告訴乃論。但犯第九十一條第三項及第九十一條之一第三項之罪，不在此限。

第一〇一條 95

①法人之代表人、法人或自然人之代理人、受雇人或其他從業人員，因執行業務，犯第九十一條至第九十三條、第九十五條至第

九十六條之一之罪者，除依各該條規定處罰其行為人外，對該法人或自然人亦科各該條之罰金。

②對前項為人、法人或自然人之一方告訴或撤回告訴者，其效力及於他方。

第一〇二條 95

未經認許之外國法人，對於第九十一條至第九十三條、第九十五條至第九十六條之一之罪，得為告訴或提起自訴。

第一〇三條

司法警察官或司法警察對侵害他人之著作權或製版權，經告訴、告發者，得依法扣押其侵害物，並移送偵辦。

第一〇四條 （刪除）

第八章 附 則

第一〇五條 92

①依本法申請強制授權、製版權登記、製版權讓與登記、製版權信託登記、調解、查閱製版權登記或請求發給謄本者，應繳納規費。

②前項收費基準，由主管機關定之。

第一〇六條 92

①著作完成於中華民國八十一年六月十日本法修正施行前，且合於中華民國八十七年一月二十一日修正施行前本法第一百零六條至第一百零九條規定之一者，除本法另有規定外，適用本法。

②著作完成於中華民國八十一年六月十日本法修正施行後者，適用本法。

第一〇六條之一

①著作完成於世界貿易組織協定在中華民國管轄區域內生效日之前，未依歷次本法規定取得著作權而依本法所定著作財產權期間計算仍在存續中者，除本章另有規定外，適用本法。但外國人著作在其源流國保護期間已屆滿者，不適用之。

②前項但書所稱源流國依西元一九七一年保護文學與藝術著作之伯恩公約第五條規定決定之。

第一〇六條之二 92

①依前條規定受保護之著作，其利用人於世界貿易組織協定在中華民國管轄區域內生效日之前，已著手利用該著作或為利用該著作已進行重大投資者，除本章另有規定外，自該生效日起二年內，得繼續利用，不適用第六章及第七章規定。

②自中華民國九十二年六月六日本法修正施行起，利用人依前項規定利用著作者，除出租或出借之情形外，應對被利用著作之著作財產權人支付該著作一般經自由磋商所應支付合理之使用報酬。

③依前條規定受保護之著作，利用人未經授權所完成之重製物，自本法修正公布一年後，不得再行銷售。但仍得出租或出借。

④利用依前條規定受保護之著作另行創作之著作重製物，不適用前

項規定，但除合於第四十四條至第六十五條規定外，應對被利用著作之著作財產權人支付該著作一般經自由磋商所應支付合理之使用報酬。

第一〇六條之三 92

①於世界貿易組織協定在中華民國管轄區域內生效日之前，就第一百零六條之一著作改作完成之衍生著作，且受歷次本法保護者，於該生效日以後，得繼續利用，不適用第六章及第七章規定。

②自中華民國九十二年六月六日本法修正施行起，利用人依前項規定利用著作者，應對原著作之著作財產權人支付該著作一般經自由磋商所應支付合理之使用報酬。

③前二項規定，對衍生著作之保護，不生影響。

第一〇七條至第一〇九條 （刪除）

第一一〇條

第十三條規定，於中華民國八十一年六月十日本法修正施行前已完成註冊之著作，不適用之。

第一一一條 92

有下列情形之一者，第十一條及第十二條規定，不適用之：
一 依中華民國八十一年六月十日修正施行前本法第十條及第十一條規定取得著作權者。
二 依中華民國八十七年一月二十一日修正施行前本法第十一條及第十二條規定取得著作權者。

第一一二條

①中華民國八十一年六月十日本法修正施行前，翻譯受中華民國八十一年六月十日修正施行前本法保護之外國人著作，如未經其著作權人同意者，於中華民國八十一年六月十日本法修正施行後，除合於第四十四條至第六十五條規定者外，不得再重製。

②前項翻譯之重製物，於中華民國八十一年六月十日本法修正施行滿二年後，不得再行銷售。

第一一三條 92

自中華民國九十二年六月六日本法修正施行前取得之製版權，依本法所定權利期間計算仍在存續中者，適用本法規定。

第一一四條 （刪除）

第一一五條

本國與外國之團體或機構互訂保護著作權之協議，經行政院核准者，視為第四條所稱協定。

第一一五條之一 92

①製版權登記簿、註冊簿或製版物樣本，應提供民眾閱覽抄錄。

②中華民國八十七年一月二十一日本法修正施行前之著作權註冊簿、登記簿或著作樣本，得提供民眾閱覽抄錄。

第一一五條之二 92

①法院為處理著作權訴訟案件，得設立專業法庭或指定專人辦理。

②著作權訴訟案件，法院應以判決書正本一份送著作權專責機關。

第一一六條 （刪除）

第一一七條 95

本法除中華民國八十七年一月二十一日修正公布之第一百零六條之一至第一百零六條之三規定，自世界貿易組織協定在中華民國管轄區域內生效日起施行，及中華民國九十五年五月五日修正之條文，自中華民國九十五年七月一日施行外，自公布日施行。

光碟管理條例

①民國90年11月14日總統令制定公布全文28條；並自公布日施行。
②民國94年6月15日總統令增訂公布第9-1條條文。
③民國98年5月27日總統令修正公布第17、18、20條條文。
④民國105年11月30日總統令修正公布第15、17條條文。

第一條
光碟之管理，依本條例之規定；本條例未規定者，適用其他有關法律之規定。

第二條
本條例名詞定義如下：

一 光碟：指預錄式光碟及空白光碟。

二 預錄式光碟：指預錄式之雷射碟、唯讀記憶光碟、數位影碟、唯讀記憶數位影碟、雷射影碟、迷你光碟、影音光碟與其他經主管機關公告之預錄式光碟。

三 空白光碟：指可錄式光碟、可寫式光碟及可重寫式光碟。

四 母版：指經由刻版機完成用於製造光碟之金屬碟。

五 來源識別碼：指為識別光碟或母版之製造來源，而由主管機關核發之識別碼。

六 事業：指以製造光碟或母版為業務之公司、獨資或合夥之工商行號及其他個人或團體。

七 製造：指使用原料，經由製造機具產製光碟或母版之行為。

八 製造機具：指製造光碟之射出成型機、模具、製造母版之刻版機及其他經主管機關公告之機具。

第三條
本條例所稱主管機關為經濟部。

第四條
①事業製造預錄式光碟應向主管機關申請許可，並經核發許可文件後，始得從事製造。

②事業製造空白光碟，事前應向主管機關申報。

③前二項申請許可及申報之程序、內容、應備文件及其他應遵行事項之辦法，由主管機關定之。

第五條
事業依前條第一項申請許可，有下列各款情事之一者，主管機關應不予許可：

一 事業負責人曾違反本條例或犯著作權法之罪，經法院判決有罪確定，尚未執行完畢或執行完畢後未滿五年者。

二 曾受主管機關撤銷或廢止預錄式光碟製造許可未滿五年者。

第六條

①預錄式光碟製造許可文件，應記載下列事項：

一 許可字號。

二 事業名稱、營業所及其負責人姓名、住所或居所。

三 製造場所負責人姓名、住所或居所。

四 製造場址。

五 其他經主管機關公告之事項。

②前項第二款至第五款記載事項有變更時，應事先申請變更。

③事業應將第一項製造許可文件，揭示於場址之明顯處所。

第七條

事業依第四條第一項規定，取得預錄式光碟製造許可後，經發現其申請許可資料有重大不實情事者，主管機關得撤銷其許可。

第八條

事業應保存預錄式光碟之客戶訂單、權利人授權證明文件及所製造之預錄式光碟內容等資料，至少三年。

第九條

事業製造預錄式光碟，應於製造許可文件上所載之場址為之。

第九條之一 94

①事業經國外合法授權製造供輸出之預錄式光碟，且符合下列規定者，得製造、持有或輸出，不適用刑法第二百三十五條之規定：

一 已取得外國權利人授權之證明文件者。

二 輸入人具結未違反輸入國法令之規定者。

②前項專供輸出之預錄式光碟，不得在我國散布、播送或販賣。

③事業負責人違反前項規定，經法院判決有罪確定者，主管機關得廢止其製造許可。

第一〇條

①事業製造預錄式光碟，除依第四條第一項規定取得製造許可外，應向主管機關申請核發來源識別碼，始得從事製造。

②前項預錄式光碟，應壓印標示來源識別碼，且不得為虛偽不實標示。

③依第一項核發之來源識別碼，不得交由他人使用於預錄式光碟之壓印標示。

④第一項及第二項來源識別碼之申請程序、壓印標示方式、應備文件及其他應遵行事項之辦法，由主管機關定之。

第一一條

①事業製造前條第一項預錄式光碟所需之母版，應向主管機關申請核發來源識別碼，始得從事製造。

②前項母版，應壓印標示來源識別碼，且不得為虛偽不實標示。

③依第一項核發之來源識別碼，不得交由他人使用於母版之壓印標示。

④第一項及第二項來源識別碼之申請程序、壓印標示方式、應備文件及其他應遵行事項之辦法，由主管機關定之。

第一二條

①製造機具之輸出或輸入，事前應向主管機關申報。

②前項製造機具之申報程序、應備文件及其他應遵行事項之辦法，由主管機關定之。

第一三條

主管機關得出具查核公文，派員進入光碟、母版製造場所及其他有關處所，查核其有無依第四條第一項、第二項、第六條第二項、第三項、第八條至第十二條規定辦理，並要求提供有關資料，場所負責人或從業人員不得規避、妨礙或拒絕；並得請求警察機關派員協助。

第一四條

預錄式光碟製造許可文件、來源識別碼之核發、製造機具輸出或輸入之申報與光碟、母版製造場所及其他有關處所之查核等事項，主管機關得委任、委託或委辦其他行政機關辦理。

第一五條 105

①違反第四條第一項規定，未經許可從事預錄式光碟之製造者，應令其停工、限其於十五日內申請許可，並處新臺幣一百五十萬元以上三百萬元以下罰鍰；未停工或屆期未申請許可者，應再次令其停工，並處新臺幣三百萬元以上六百萬元以下罰鍰；再不遵從者，處一年以上三年以下有期徒刑，得併科新臺幣三百萬元以上六百萬元以下罰金。

②違反第四條第二項規定，未申報從事空白光碟之製造者，應限其於三十日內申報，並處新臺幣三十萬元以上六十萬元以下罰鍰；屆期未申報者，應按次處罰至完成申報為止。

③專供製造第一項預錄式光碟之製造機具及其成品、半成品，不問屬於行為人與否，均得沒入之。

第一六條

違反第九條規定，未於製造許可文件所載之場址製造預錄式光碟者，應令其停工，並處新臺幣一百萬元以上二百萬元以下罰鍰；拒不遵從者，應再次令其停工，並處新臺幣二百萬元以上四百萬元以下罰鍰；再不遵從者，處二年以下有期徒刑、拘役或科或併科新臺幣二百萬元以上四百萬元以下罰金。

第一七條 105

①有下列情事之一，應令其停工，並處新臺幣一百五十萬元以上三百萬元以下罰鍰：

一 違反第十條第一項規定，未申請核發來源識別碼而製造預錄式光碟者。

二 違反第十條第二項規定，製造預錄式光碟未壓印標示來源識別碼或為虛偽不實標示者。

三 違反第十條第三項規定，將來源識別碼交由他人使用於預錄

式光碟之壓印標示者。

②經依前項規定，命令停工或處罰鍰後，另有前項所列情事之一者，應再命其停工，並處新臺幣三百萬元以上六百萬元以下罰鍰；再不遵從者，處二年以下有期徒刑、拘役或科或併科新臺幣三百萬元以上六百萬元以下罰金。

③前二項查獲之預錄式光碟成品、半成品，不問屬於行為人與否，均沒入之。

④事業因過失違反第十條第二項規定，且其能提出權利人授權證明文件者，減輕本罰至三分之一。

⑤違反第二項規定，經法院判決有罪確定者，主管機關應廢止其製造許可。

第一八條 98

①違反第六條第二項規定者，應限其於十五日內申請補辦；屆期未申請補辦者，處新臺幣一百五十萬元以上三百萬元以下罰鍰，並再限其於十五日內申請補辦；屆期仍未申請補辦者，應按次連續處罰並繼續限期申請補辦，至其申請補辦為止。

②違反第六條第三項規定，未將製造許可文件揭示於場址之明顯處所者，應限其於十五日內改正；屆期未改正者，處新臺幣三十萬元以上六十萬元以下罰鍰，並再限其於十五日內改正；屆期仍未改正者，應按次限期改正並連續處罰，至其完成改正為止。

第一九條

違反第八條規定，未保存資料者，處新臺幣一百五十萬元以上三百萬元以下罰鍰，並限其於十五日內改正；屆期未改正者，應按次限期改正並連續處罰，至其完成改正為止。

第二○條 98

①有下列情事之一，處新臺幣一百五十萬元以上三百萬元以下罰鍰：

一　違反第十一條第一項規定，未申請核發來源識別碼而製造母版者。

二　違反第十一條第二項規定，製造母版未壓印標示來源識別碼或為虛偽不實標示者。

三　違反第十一條第三項規定，將來源識別碼交由他人使用於母版之壓印標示者。

②事業因過失違反第十一條第二項規定，且其能提出權利人授權證明文件者，減輕本罰至三分之一。

第二一條

違反第十二條第一項規定，未申報或申報不實而輸出或輸入製造機具者，處新臺幣一百五十萬元以上三百萬元以下罰鍰，並限其於十五日內補辦登記；屆期未補辦者，應按次限期補辦並連續處罰，至其完成補辦為止。

第二二條

違反第十三條規定，規避、妨礙或拒絕查核者，處新臺幣一百五

十萬元以上三百萬元以下罰鍰。

第二三條

本條例施行前，已輸入之預錄式光碟製造機具，其所有權人應自本條例施行之日起六個月內，向主管機關申請備查；屆期未辦理者，處新臺幣三十萬元以上六十萬元以下罰鍰。

第二四條

輸出未壓印標示來源識別碼之預錄式光碟，經海關查獲者，由海關依海關緝私條例規定，處以罰鍰及沒入其光碟，並檢樣通知主管機關依有關法令辦理。

第二五條

依本條例所處之罰鍰，應限期三個月內繳納；屆期不繳納者，依法移送強制執行。

第二六條

① 本條例施行前，已從事製造預錄式光碟之事業，應自本條例施行之日起六個月內，向主管機關申請領取製造許可文件；屆期未辦理者，視為未經許可。

② 本條例施行前，已從事製造空白光碟之事業，應自本條例施行之日起六個月內，向主管機關申報；屆期未申報者，視為未申報。

第二七條

本條例施行前，事業已有其他非主管機關所發之識別碼者，應自本條例施行之日起六個月內，向主管機關申請備查；屆期未辦理者，視為未申請核發來源識別碼。

第二八條

本條例自公布日施行。

商標法

① 民國19年5月6日國民政府制定公布全文40條。
② 民國24年11月23日國民政府修正公布全文39條。
③ 民國29年10月19日國民政府增訂公布第37條條文；原第37條改為第38條，以下條文依次遞改。
④ 民國47年10月24日總統令修正公布全文38條。
⑤ 民國61年7月4日總統令修正公布全文69條。
⑥ 民國72年1月26日總統令修正公布第4、6、19、21、22、31、33、34、37、52、53、62條條文；並增訂第25-1、62-1～62-3、67-1條條文。
⑦ 民國74年11月29日總統令修正公布第61、64～66條條文；增訂第64-1、66-1、66-2條條文；並刪除第67-1條條文。
⑧ 民國78年5月26日總統令修正公布第2、8、46、52、62-3條條文。
⑨ 民國82年12月22日總統令修正公布全文79條。
⑩ 民國86年5月7日總統令修正公布第4、5、23、25、34、37、61、79條條文；除第79條外，餘皆定於87年11月1日施行。
⑪ 民國91年5月29日總統令修正公布第79條條文；增訂第77-1條條文；並自公布日施行。
⑫ 民國92年5月28日總統令修正公布全文94條；並自公布日起六個月後施行。
⑬ 民國99年8月25日總統令修正公布第4、94條條文。
民國99年9月10日行政院令發布定自99年9月12日施行。
⑭ 民國100年6月29日總統令修正公布全文111條。
民國101年3月26日行政院令發布定自101年7月1日施行。
⑮ 民國105年11月30日總統令修正公布第98條條文。
民國105年12月14日行政院令發布定自105年12月15日施行。

第一章 總則

第一條

為保障商標權、證明標章權、團體標章權、團體商標權及消費者利益，維護市場公平競爭，促進工商企業正常發展，特制定本法。

第二條

欲取得商標權、證明標章權、團體標章權或團體商標權者，應依本法申請註冊。

第三條

① 本法之主管機關為經濟部。
② 商標業務，由經濟部指定專責機關辦理。

第四條

外國人所屬之國家，與中華民國如未共同參加保護商標之國際條約或無互相保護商標之條約、協定，或對中華民國國民申請商標註冊不予受理者，其商標註冊之申請，得不予受理。

第五條

①商標之使用，指為行銷之目的，而有下列情形之一，並足以使相關消費者認識其為商標：

一　將商標用於商品或其包裝容器。

二　持有、陳列、販賣、輸出或輸入前款之商品。

三　將商標用於與提供服務有關之物品。

四　將商標用於與商品或服務有關之商業文書或廣告。

②前項各款情形，以數位影音、電子媒體、網路或其他媒介物方式為之者，亦同。

第六條

①申請商標註冊及其相關事務，得委任商標代理人辦理之。但在中華民國境內無住所或營業所者，應委任商標代理人辦理之。

②商標代理人應在國內有住所。

第七條

①二人以上欲共有一商標，應由全體具名提出申請，並得選定其中一人為代表人，為全體共有人為各項申請程序及收受相關文件。

②未為前項選定代表人者，商標專責機關應以申請書所載第一順序申請人為應受送達人，並應將送達事項通知其他共有商標之申請人。

第八條

①商標之申請及其他程序，除本法另有規定外，遲誤法定期間、不合法定程式不能補正或不合法定程式經指定期間通知補正屆期未補正者，應不受理。但遲誤指定期間在處分前補正者，仍應受理之。

②申請人因天災或不可歸責於己之事由，遲誤法定期間者，於其原因消滅後三十日內，得以書面敘明理由，向商標專責機關申請回復原狀。但遲誤法定期間已逾一年者，不得申請回復原狀。

③申請回復原狀，應同時補行期間內應為之行為。

④前二項規定，於遲誤第三十二條第三項規定之期間者，不適用之。

第九條

①商標之申請及其他程序，應以書件或物件到達商標專責機關之日為準；如係郵寄者，以郵寄地郵戳所載日期為準。

②郵戳所載日期不清晰者，除由當事人舉證外，以到達商標專責機關之日為準。

第一〇條

處分書或其他文件無從送達者，應於商標公報公告之，並於刊登公報後滿三十日，視為已送達。

第一一條

①商標專責機關應刊行公報，登載註冊商標及其相關事項。

②前項公報，得以電子方式爲之；其實施日期，由商標專責機關定之。

第一二條

①商標專責機關應備置商標註冊簿，登載商標註冊、商標權異動及法令所定之一切事項，並對外公開之。

②前項商標註冊簿，得以電子方式爲之。

第一三條

有關商標之申請及其他程序，得以電子方式爲之；其實施辦法，由主管機關定之。

第一四條

①商標專責機關於商標註冊之申請、異議、評定及廢止案件之審查，應指定審查人員審查之。

②前項審查人員之資格，以法律定之。

第一五條

①商標專責機關對前條第一項案件之審查，應作成書面之處分，並記載理由送達申請人。

②前項之處分，應由審查人員具名。

第一六條

有關期間之計算，除第三十三條第一項、第七十五條第四項及第一百零三條規定外，其始日不計算在內。

第一七條

本章關於商標之規定，於證明標章、團體標章、團體商標，準用之。

第二章　商　標

第一節　申請註冊

第一八條

①商標，指任何具有識別性之標識，得以文字、圖形、記號、顏色、立體形狀、動態、全像圖、聲音等，或其聯合式所組成。

②前項所稱識別性，指足以使商品或服務之相關消費者認識爲指示商品或服務來源，並得與他人之商品或服務相區別者。

第一九條

①申請商標註冊，應備具申請書，載明申請人、商標圖樣及指定使用之商品或服務，向商標專責機關申請之。

②申請商標註冊，以提出前項申請書之日爲申請日。

③商標圖樣應以清楚、明確、完整、客觀、持久及易於理解之方式呈現。

④申請商標註冊，應以一申請案一商標之方式爲之，並得指定使用於二個以上類別之商品或服務。

⑤前項商品或服務之分類，於本法施行細則定之。

⑥類似商品或服務之認定，不受前項商品或服務分類之限制。

第二○條

①在與中華民國有相互承認優先權之國家或世界貿易組織會員，依法申請註冊之商標，其申請人於第一次申請日後六個月內，向中華民國就該申請同一之部分或全部商品或服務，以相同商標申請註冊者，得主張優先權。

②外國申請人為非世界貿易組織會員之國民且其所屬國家與中華民國無相互承認優先權者，如於互惠國或世界貿易組織會員領域內，設有住所或營業所者，得依前項規定主張優先權。

③依第一項規定主張優先權者，應於申請註冊同時聲明，並於申請書載明下列事項：

一　第一次申請之申請日。

二　受理該申請之國家或世界貿易組織會員。

三　第一次申請之申請案號。

④申請人應於申請日後三個月內，檢送經前項國家或世界貿易組織會員證明受理之申請文件。

⑤未依第三項第一款、第二款或前項規定辦理者，視為未主張優先權。

⑥主張優先權者，其申請日以優先權日為準。

⑦主張複數優先權者，各以其商品或服務所主張之優先權日為申請日。

第二一條

①於中華民國政府主辦或認可之國際展覽會上，展出使用申請註冊商標之商品或服務，自該商品或服務展出日後六個月內，提出申請者，其申請日以展出日為準。

②前條規定，於主張前項展覽會優先權者，準用之。

第二二條

二人以上於同日以相同或近似之商標，於同一或類似之商品或服務各別申請註冊，有致相關消費者混淆誤認之虞，而不能辨別時間先後者，由各申請人協議定之；不能達成協議時，以抽籤方式定之。

第二三條

商標圖樣及其指定使用之商品或服務，申請後即不得變更。但指定使用商品或服務之減縮，或非就商標圖樣為實質變更者，不在此限。

第二四條

申請人之名稱、地址、代理人或其他註冊申請事項變更者，應向商標專責機關申請變更。

第二五條

①商標註冊申請事項有下列錯誤時，得經申請或依職權更正之：

一　申請人名稱或地址之錯誤。

二　文字用語或繕寫之錯誤。

三　其他明顯之錯誤。

②前項之申請更正，不得影響商標同一性或擴大指定使用商品或服務之範圍。

第二六條

申請人得就所指定使用之商品或服務，向商標專責機關請求分割為二個以上之註冊申請案，以原註冊申請日為申請日。

第二七條

因商標註冊之申請所生之權利，得移轉於他人。

第二八條

①共有商標申請權或共有人應有部分之移轉，應經全體共有人之同意。但因繼承、強制執行、法院判決或依其他法律規定移轉者，不在此限。

②共有商標申請權之拋棄，應經全體共有人之同意。但各共有人就其應有部分之拋棄，不在此限。

③前項共有人拋棄其應有部分者，其應有部分由其他共有人依其應有部分之比例分配之。

④前項規定，於共有人死亡而無繼承人或消滅後無承受人者，準用之。

⑤共有商標申請權指定使用商品或服務之減縮或分割，應經全體共有人之同意。

第二節　審查及核准

第二九條

①商標有下列不具識別性情形之一，不得註冊：

一　僅由描述所指定商品或服務之品質、用途、原料、產地或相關特性之說明所構成者。

二　僅由所指定商品或服務之通用標章或名稱所構成者。

三　僅由其他不具識別性之標識所構成者。

②有前項第一款或第三款規定之情形，如經申請人使用且在交易上已成為申請人商品或服務之識別標識者，不適用之。

③商標圖樣中包含不具識別性部分，且有致商標權範圍產生疑義之虞，申請人應聲明該部分不在專用之列；未為不專用之聲明者，不得註冊。

第三○條

①商標有下列情形之一，不得註冊：

一　僅為發揮商品或服務之功能所必要者。

二　相同或近似於中華民國國旗、國徽、國璽、軍旗、軍徽、印信、勳章或外國國旗，或世界貿易組織會員依巴黎公約第六條之三第三款所為通知之外國國徽、國璽或國家徽章者。

三　相同於國父或國家元首之肖像或姓名者。

四　相同或近似於中華民國政府機關或其主辦展覽會之標章，或

其所發給之褒獎牌狀者。

五 相同或近似於國際跨政府組織或國內外著名且具公益性機構之徽章、旗幟、其他徽記、縮寫或名稱，有致公眾誤認誤信之虞者。

六 相同或近似於國內外用以表明品質管制或驗證之國家標誌或印記，且指定使用於同一或類似之商品或服務者。

七 妨害公共秩序或善良風俗者。

八 使公眾誤認誤信其商品或服務之性質、品質或產地之虞者。

九 相同或近似於中華民國或外國之葡萄酒或蒸餾酒地理標示，且指定使用於與葡萄酒或蒸餾酒同一或類似商品，而該外國與中華民國簽訂協定或共同參加國際條約，或相互承認葡萄酒或蒸餾酒地理標示之保護者。

十 相同或近似於他人同一或類似商品或服務之註冊商標或申請在先之商標，有致相關消費者混淆誤認之虞者。但經該註冊商標或申請在先之商標所有人同意申請，且非顯屬不當者，不在此限。

十一 相同或近似於他人著名商標或標章，有致相關公眾混淆誤認之虞，或有減損著名商標或標章之識別性或信譽之虞者。但得該商標或標章之所有人同意申請註冊者，不在此限。

十二 相同或近似於他人先使用於同一或類似商品或服務之商標，而申請人因與該他人間具有契約、地緣、業務往來或其他關係，知悉他人商標存在，意圖仿襲而申請註冊者。但經其同意申請註冊者，不在此限。

十三 有他人之肖像或著名之姓名、藝名、筆名、字號者。但經其同意申請註冊者，不在此限。

十四 有著名之法人、商號或其他團體之名稱，有致相關公眾混淆誤認之虞者。但經其同意申請註冊者，不在此限。

十五 商標侵害他人之著作權、專利權或其他權利，經判決確定者。但經其同意申請註冊者，不在此限。

②前項第九款及第十一款至第十四款所規定之地理標示、著名及先使用之認定，以申請時為準。

③第一項第四款、第五款及第九款規定，於政府機關或相關機構為申請人時，不適用之。

④前條第三項規定，於第一項第一款規定之情形，準用之。

第三一條

①商標註冊申請案經審查認有第二十九條第一項、第三項、前條第一項、第四項或第六十五條第三項規定不得註冊之情形者，應予核駁審定。

②前項核駁審定前，應將核駁理由以書面通知申請人限期陳述意見。

③指定使用商品或服務之減縮、商標圖樣之非實質變更、註冊申請

案之分割及不專用之聲明，應於核駁審定前為之。

第三二條

① 商標註冊申請案經審查無前條第一項規定之情形者，應予核准審定。

② 經核准審定之商標，申請人應於審定書送達後二個月內，繳納註冊費後，始予註冊公告，並發給商標註冊證；屆期未繳費者，不予註冊公告。

③ 申請人非因故意，未於前項所定期限繳費者，得於繳費期限屆滿後六個月內，繳納二倍之註冊費後，由商標專責機關公告之。但影響第三人於此期間內申請註冊或取得商標權者，不得為之。

第三節　商標權

第三三條

① 商標自註冊公告當日起，由權利人取得商標權，商標權期間為十年。

② 商標權期間得申請延展，每次延展為十年。

第三四條

① 商標權之延展，應於商標權期間屆滿前六個月內提出申請，並繳納延展註冊費；其於商標權期間屆滿後六個月內提出申請者，應繳納二倍延展註冊費。

② 前項核准延展之期間，自商標權期間屆滿日後起算。

第三五條

① 商標權人於經註冊指定之商品或服務，取得商標權。

② 除本法第三十六條另有規定外，下列情形，應經商標權人之同意：

　一　於同一商品或服務，使用相同於註冊商標之商標者。

　二　於類似之商品或服務，使用相同於註冊商標之商標，有致相關消費者混淆誤認之虞者。

　三　於同一或類似之商品或服務，使用近似於註冊商標之商標，有致相關消費者混淆誤認之虞者。

③ 商標經註冊者，得標明註冊商標或國際通用註冊符號。

第三六條

① 下列情形，不受他人商標權之效力所拘束：

　一　以符合商業交易習慣之誠實信用方法，表示自己之姓名、名稱，或其商品或服務之名稱、形狀、品質、性質、特性、用途、產地或其他有關商品或服務本身之說明，非作為商標使用者。

　二　為發揮商品或服務功能所必要者。

　三　在他人商標註冊申請日前，善意使用相同或近似之商標於同一或類似之商品或服務者。但以原使用之商品或服務為限；商標權人並得要求其附加適當之區別標示。

② 附有註冊商標之商品，由商標權人或經其同意之人於國內外市場

上交易流通，商標權人不得就該商品主張商標權。但為防止商品流通於市場後，發生變質、受損，或有其他正當事由者，不在此限。

第三七條

商標權人得就註冊商標指定使用之商品或服務，向商標專責機關申請分割商標權。

第三八條

①商標圖樣及其指定使用之商品或服務，註冊後即不得變更。但指定使用商品或服務之減縮，不在此限。

②商標註冊事項之變更或更正，準用第二十四條及第二十五條規定。

③註冊商標涉有異議、評定或廢止案件時，申請分割商標權或減縮指定使用商品或服務者，應於處分前為之。

第三九條

①商標權人得就其註冊商標指定使用商品或服務之全部或一部指定地區為專屬或非專屬授權。

②前項授權，非經商標專責機關登記者，不得對抗第三人。

③授權登記後，商標權移轉者，其授權契約對受讓人仍繼續存在。

④非專屬授權登記後，商標權人再為專屬授權登記者，在先之非專屬授權登記不受影響。

⑤專屬被授權人在被授權範圍內，排除商標權人及第三人使用註冊商標。

⑥商標權受侵害時，於專屬授權範圍內，專屬被授權人得以自己名義行使權利。但契約另有約定者，從其約定。

第四〇條

①專屬被授權人得於被授權範圍內，再授權他人使用。但契約另有約定者，從其約定。

②非專屬被授權人非經商標權人或專屬被授權人同意，不得再授權他人使用。

③再授權，非經商標專責機關登記者，不得對抗第三人。

第四一條

商標授權期間屆滿前有下列情形之一，當事人或利害關係人得檢附相關證據，申請廢止商標授權登記：

一　商標權人及被授權人雙方同意終止者。其經再授權者，亦同。

二　授權契約明定，商標權人或被授權人得任意終止授權關係，經當事人聲明終止者。

三　商標權人以被授權人違反授權契約約定，通知被授權人解除或終止授權契約，而被授權人無異議者。

四　其他相關事證足以證明授權關係已不存在者。

第四二條

商標權之移轉，非經商標專責機關登記者，不得對抗第三人。

第四三條

移轉商標權之結果，有二以上之商標權人使用相同商標於類似之商品或服務，或使用近似商標於同一或類似之商品或服務，而有致相關消費者混淆誤認之虞者，各商標權人使用時應附加適當區別標示。

第四四條

①商標權人設定質權及質權之變更、消滅，非經商標專責機關登記者，不得對抗第三人。

②商標權人為擔保數債權就商標權設定數質權者，其次序依登記之先後定之。

③質權人非經商標權人授權，不得使用該商標。

第四五條

①商標權人得拋棄商標權。但有授權登記或質權登記者，應經被授權人或質權人同意。

②前項拋棄，應以書面向商標專責機關為之。

第四六條

①共有商標權之授權、再授權、移轉、拋棄、設定質權或應有部分之移轉或設定質權，應經全體共有人之同意。但因繼承、強制執行、法院判決或依其他法律規定移轉者，不在此限。

②共有商標權人應有部分之拋棄，準用第二十八條第二項但書及第三項規定。

③共有商標權人死亡而無繼承人或消滅後無承受人者，其應有部分之分配，準用第二十八條第四項規定。

④共有商標權指定使用商品或服務之減縮或分割，準用第二十八條第五項規定。

第四七條

有下列情形之一，商標權當然消滅：

一　未依第三十四條規定延展註冊者，商標權自該商標權期間屆滿後消滅。

二　商標權人死亡而無繼承人者，商標權自商標權人死亡後消滅。

三　依第四十五條規定拋棄商標權者，自其書面表示到達商標專責機關之日消滅。

第四節　異　議

第四八條

①商標之註冊違反第二十九條第一項、第三十條第一項或第六十五條第三項規定之情形者，任何人得自商標註冊公告日後三個月內，向商標專責機關提出異議。

②前項異議，得就註冊商標指定使用之部分商品或服務為之。

③異議應就每一註冊商標各別申請之。

第四九條

①提出異議者，應以異議書載明事實及理由，並附副本。異議書如有提出附屬文件者，副本中應提出。

②商標專責機關應將異議書送達商標權人限期答辯；商標權人提出答辯書者，商標專責機關應將答辯書送達異議人限期陳述意見。

③依前項規定提出之答辯書或陳述意見書有遲滯程序之虞，或其事證已臻明確者，商標專責機關得不通知相對人答辯或陳述意見，逕行審理。

第五〇條

異議商標之註冊有無違法事由，除第一百零六條第一項及第三項規定外，依其註冊公告時之規定。

第五一條

商標異議案件，應由未曾審查原案之審查人員審查之。

第五二條

①異議程序進行中，被異議之商標權移轉者，異議程序不受影響。

②前項商標權受讓人得聲明承受被異議人之地位，續行異議程序。

第五三條

①異議得於異議審定前，撤回其異議。

②異議人撤回異議者，不得就同一事實，以同一證據及同一理由，再提異議或評定。

第五四條

異議案件經異議成立者，應撤銷其註冊。

第五五條

前條撤銷之事由，存在於註冊商標所指定使用之部分商品或服務者，得僅就該部分商品或服務撤銷其註冊。

第五六條

經過異議確定後之註冊商標，任何人不得就同一事實，以同一證據及同一理由，申請評定。

第五節　評　定

第五七條

①商標之註冊違反第二十九條第一項、第三十條第一項或第六十五條第三項規定之情形者，利害關係人或審查人員得申請或提請商標專責機關評定其註冊。

②以商標之註冊違反第三十條第一項第十款規定，向商標專責機關申請評定，其據以評定商標之註冊已滿三年者，應檢附於申請評定前三年有使用於據以主張商品或服務之證據，或其未使用有正當事由之事證。

③依前項規定提出之使用證據，應足以證明商標之真實使用，並符合一般商業交易習慣。

第五八條

①商標之註冊違反第二十九條第一項第一款、第三款、第三十條第一項第九款至第十五款或第六十五條第三項規定之情形，自註

公告日後滿五年者，不得申請或提請評定。

②商標之註冊違反第三十條第一項第九款、第十一款規定之情形，係屬惡意者，不受前項期間之限制。

第五九條

商標評定案件，由商標專責機關首長指定審查人員三人以上為評定委員評定之。

第六〇條

評定案件經評定成立者，應撤銷其註冊。但不得註冊之情形已不存在者，經斟酌公益及當事人利益之衡平，得為不成立之評定。

第六一條

評定案件經處分後，任何人不得就同一事實，以同一證據及同一理由，申請評定。

第六二條

第四十八條第二項、第三項、第四十九條至第五十三條及第五十五條規定，於商標之評定，準用之。

第六節 廢 止

第六三條

①商標註冊後有下列情形之一，商標專責機關應依職權或據申請廢止其註冊：

一 自行變換商標或加附記，致與他人使用於同一或類似之商品或服務之註冊商標構成相同或近似，而有使相關消費者混淆誤認之虞者。

二 無正當事由迄未使用或繼續停止使用已滿三年者。但被授權人有使用者，不在此限。

三 未依第四十三條規定附加適當區別標示者。但於商標專責機關處分前已附加區別標示並無產生混淆誤認之虞者，不在此限。

四 商標已成為所指定商品或服務之通用標章、名稱或形狀者。

五 商標實際使用時有致公眾誤認誤信其商品或服務之性質、品質或產地之虞者。

②被授權人為前項第一款之行為，商標權人明知或可得而知而不為反對之表示者，亦同。

③有第一項第二款規定之情形，於申請廢止時該註冊商標已為使用者，除因知悉他人將申請廢止，而於申請廢止前三個月內開始使用者外，不予廢止其註冊。

④廢止之事由僅存在於註冊商標所指定使用之部分商品或服務者，得就該部分之商品或服務廢止其註冊。

第六四條

商標權人實際使用之商標與註冊商標不同，而依社會一般通念並不失其同一性者，應認為有使用其註冊商標。

第六五條

①商標專責機關應將廢止申請之情事通知商標權人，並限期答辯；商標權人提出答辯書者，商標專責機關應將答辯書送達申請人限期陳述意見。但申請人之申請無具體事證或其主張顯無理由者，得逕為駁回。

②第六十三條第一項第二款規定情形，其答辯通知經送達者，商標權人應證明其有使用之事實；屆期未答辯者，得逕行廢止其註冊。

③註冊商標有第六十三條第一項第一款規定情形，經廢止其註冊者，原商標權人於廢止日後三年內，不得註冊、受讓或被授權使用與原註冊圖樣相同或近似之商標於同一或類似之商品或服務；其於商標專責機關處分前，聲明拋棄商標權者，亦同。

第六六條

商標註冊後有無廢止之事由，適用申請廢止時之規定。

第六七條

①第四十八條第二項、第三項、第四十九條第一項、第三項、第五十二條及第五十三條規定，於廢止案之審查，準用之。

②以註冊商標有第六十三條第一項第一款規定申請廢止者，準用第五十七條第二項及第三項規定。

③商標權人依第六十五條第二項提出使用證據者，準用第五十七條第三項規定。

第七節　權利侵害之救濟

第六八條

未經商標權人同意，為行銷目的而有下列情形之一，為侵害商標權：

一　於同一商品或服務，使用相同於註冊商標之商標者。

二　於類似之商品或服務，使用相同於註冊商標之商標，有致相關消費者混淆誤認之虞者。

三　於同一或類似之商品或服務，使用近似於註冊商標之商標，有致相關消費者混淆誤認之虞者。

第六九條

①商標權人對於侵害其商標權者，得請求除去之；有侵害之虞者，得請求防止之。

②商標權人依前項規定為請求時，得請求銷毀侵害商標權之物品及從事侵害行為之原料或器具。但法院審酌侵害之程度及第三人利益後，得為其他必要之處置。

③商標權人對於因故意或過失侵害其商標權者，得請求損害賠償。

④前項之損害賠償請求權，自請求權人知有損害及賠償義務人時起，二年間不行使而消滅；自有侵權行為時起，逾十年者亦同。

第七〇條

未得商標權人同意，有下列情形之一，視為侵害商標權：

一　明知為他人著名之註冊商標，而使用相同或近似之商標，有

　　　致減損該商標之識別性或信譽之虞者。

二　明知為他人著名之註冊商標，而以該著名商標中之文字作為自己公司、商號、團體、網域或其他表彰營業主體之名稱，有致相關消費者混淆誤認之虞或減損該商標之識別性或信譽之虞者。

三　明知有第六十八條侵害商標權之虞，而製造、持有、陳列、販賣、輸出或輸入向未與商品或服務結合之標籤、吊牌、包裝容器或與服務有關之物品。

第七一條

① 商標權人請求損害賠償時，得就下列各款擇一計算其損害：

一　依民法第二百十六條規定。但不能提供證據方法以證明其損害時，商標權人得就其使用註冊商標通常所可獲得之利益，減除受侵害後使用同一商標所得之利益，以其差額為所受損害。

二　依侵害商標權行為所得之利益；於侵害商標權者不能就其成本或必要費用舉證時，以銷售該項商品全部收入為所得利益。

三　就查獲侵害商標權商品之零售單價一千五百倍以下之金額。但所查獲商品超過一千五百件時，以其總價定賠償金額。

四　以相當於商標權人授權他人使用所得收取之權利金數額為其損害。

② 前項賠償金額顯不相當者，法院得予酌減之。

第七二條

① 商標權人對輸入或輸出之物品有侵害其商標權之虞者，得申請海關先予查扣。

② 前項申請，應以書面為之，並釋明侵害之事實，及提供相當於海關核估該進口物品完稅價格或出口物品離岸價格之保證金或相當之擔保。

③ 海關受理查扣之申請，應即通知申請人；如認符合前項規定而實施查扣時，應以書面通知申請人及被查扣人。

④ 被查扣人得提供第二項保證金二倍之保證金或相當之擔保，請求海關廢止查扣，並依有關進出口物品通關規定辦理。

⑤ 查扣物經申請人取得法院確定判決，屬侵害商標權者，被查扣人應負擔查扣物之貨櫃延滯費、倉租、裝卸費等有關費用。

第七三條

① 有下列情形之一，海關應廢止查扣：

一　申請人於海關通知受理查扣之翌日起十二日內，未依第六十九條規定就查扣物為侵害物提起訴訟，並通知海關者。

二　申請人就查扣物為侵害物所提訴訟經法院裁定駁回確定者。

三　查扣物經法院確定判決，不屬侵害商標權之物者。

四　申請人申請廢止查扣者。

五　符合前條第四項規定者。

②前項第一款規定之期限，海關得視需要延長十二日。

③海關依第一項規定廢止查扣者，應依有關進出口物品通關規定辦理。

④查扣因第一項第一款至第四款之事由廢止者，申請人應負擔查扣物之貨櫃延滯費、倉租、裝卸費等有關費用。

第七四條

①查扣物經法院確定判決不屬侵害商標權之物者，申請人應賠償被查扣人因查扣或提供第七十二條第四項規定保證金所受之損害。

②申請人就第七十二條第四項規定之保證金，被查扣人就第七十二條第二項規定之保證金，與質權人有同一之權利。但前條第四項及第七十二條第五項規定之貨櫃延滯費、倉租、裝卸費等有關費用，優先於申請人或被查扣人之損害受償。

③有下列情形之一，海關應依申請人之申請，返還第七十二條第二項規定之保證金：

一　申請人取得勝訴之確定判決，或與被查扣人達成和解，已無繼續提供保證金之必要者。

二　因前條第一項第一款至第四款規定之事由廢止查扣，致被查扣人受有損害後，或被查扣人取得勝訴之確定判決後，申請人證明已定二十日以上之期間，催告被查扣人行使權利而未行使者。

三　被查扣人同意返還者。

④有下列情形之一，海關應依被查扣人之申請返還第七十二條第四項規定之保證金：

一　因前條第一項第一款至第四款規定之事由廢止查扣，或被查扣人與申請人達成和解，已無繼續提供保證金之必要者。

二　申請人取得勝訴之確定判決後，被查扣人證明已定二十日以上之期間，催告申請人行使權利而未行使者。

三　申請人同意返還者。

第七五條

①海關於執行職務時，發現輸入或輸出之物品顯有侵害商標權之虞者，應通知商標權人及進出口人。

②海關為前項之通知時，應限期商標權人至海關進行認定，並提出侵權事證，同時限期進出口人提供無侵權情事之證明文件。但商標權人或進出口人有正當理由，無法於指定期間內提出者，得以書面釋明理由向海關申請延長，並以一次為限。

③商標權人已提出侵權事證，且進出口人未依前項規定提出無侵權情事之證明文件者，海關得採行暫不放行措施。

④商標權人提出侵權事證，經進出口人依第二項規定提出無侵權情事之證明文件者，海關應通知商標權人於通知之時起三個工作日內，依第七十二條第一項規定申請查扣。

⑤商標權人未於前項規定期限內，依第七十二條第一項規定申請查扣者，海關得於取具代表性樣品後，將物品放行。

第七六條

①海關在不損及查扣物機密資料保護之情形下，得依第七十二條所定申請人或被查扣人或前條所定商標權人或進出口人之申請，同意其檢視查扣物。

②海關依第七十二條第三項規定實施查扣或依前條第三項規定採行暫不放行措施後，商標權人得向海關申請提供相關資料；經海關同意後，提供進出口人、收發貨人之姓名或名稱、地址及疑似侵權物品之數量。

③商標權人依前項規定取得之資訊，僅限於作為侵害商標權案件之調查及提起訴訟之目的而使用，不得任意洩漏予第三人。

第七七條

①商標權人依第七十五條第二項規定進行侵權認定時，得繳交相當於海關核估進口貨樣完稅價格及相關稅費或海關核估出口貨樣離岸價格及相關稅費百分之一百二十之保證金，向海關申請調借貨樣進行認定。但以有調借貨樣進行認定之必要，且經商標權人書面切結不侵害進出口人利益及不使用於不正當用途者為限。

②前項保證金，不得低於新臺幣三千元。

③商標權人未於第七十五條第二項所定提出侵權認定事證之期限內返還所調借之貨樣，或返還之貨樣與原貨樣不符或發生缺損等情形者，海關應留置其保證金，以賠償進出口人之損害。

④貨樣之進出口人就前項規定留置之保證金，與質權人有同一之權利。

第七八條

①第七十二條至第七十四條規定之申請查扣、廢止查扣、保證金或擔保之繳納、提供、返還之程序、應備文件及其他應遵行事項之辦法，由主管機關會同財政部定之。

②第七十五條至第七十七條規定之海關執行商標權保護措施、權利人申請檢視查扣物、申請提供侵權貨物之相關資訊及申請調借貨樣，其程序、應備文件及其他相關事項之辦法，由財政部定之。

第七九條

法院為處理商標訴訟案件，得設立專業法庭或指定專人辦理。

第三章 證明標章、團體標章及團體商標

第八○條

①證明標章，指證明標章權人用以證明他人商品或服務之特定品質、精密度、原料、製造方法、產地或其他事項，並藉以與未經證明之商品或服務相區別之標識。

②前項用以證明產地者，該地理區域之商品或服務應具有特定品質、聲譽或其他特性，證明標章之申請人得以含有該地理名稱或足以指示該地理區域之標識申請註冊為產地證明標章。

③主管機關應會同中央目的事業主管機關輔導與補助艱困產業、瀕臨艱困產業及傳統產業，提升生產力及產品品質，並建立各該產

業別標示其產品原產地為台灣製造之證明標章。

④前項產業之認定與輔導、補助之對象、標準、期間及應遵行事項等，由主管機關會商各該中央目的事業主管機關後定之，必要時得免除證明標章之相關規費。

第八一條

①證明標章之申請人，以具有證明他人商品或服務能力之法人、團體或政府機關為限。

②前項之申請人係從事於欲證明之商品或服務之業者，不得申請註冊。

第八二條

①申請註冊證明標章者，應檢附具有證明他人商品或服務能力之文件、證明標章使用規範書及不從事所證明商品之製造、行銷或服務提供之聲明。

②申請註冊產地證明標章之申請人代表性有疑義者，商標專責機關得向商品或服務之中央目的事業主管機關諮詢意見。

③外國法人、團體或政府機關申請產地證明標章，應檢附以其名義在其原產國受保護之證明文件。

④第一項證明標章使用規範書應載明下列事項：

一　證明標章證明之內容。

二　使用證明標章之條件。

三　管理及監督證明標章使用之方式。

四　申請使用該證明標章之程序事項及其爭議解決方式。

⑤商標專責機關於註冊公告時，應一併公告證明標章使用規範書；註冊後修改者，應經商標專責機關核准，並公告之。

第八三條

證明標章之使用，指經證明標章權人同意之人，依證明標章使用規範書所定之條件，使用該證明標章。

第八四條

①產地證明標章之產地名稱不適用第二十九條第一項第一款及第三項規定。

②產地證明標章權人不得禁止他人以符合商業交易習慣之誠實信用方法，表示其商品或服務之產地。

第八五條

團體標章，指具有法人資格之公會、協會或其他團體，為表彰其會員之會籍，並藉以與非該團體會員相區別之標識。

第八六條

①團體標章註冊之申請，應以申請書載明相關事項，並檢具團體標章使用規範書，向商標專責機關申請之。

②前項團體標章使用規範書應載明下列事項：

一　會員之資格。

二　使用團體標章之條件。

三　管理及監督團體標章使用之方式。

第八七條

四 違反規範之處理規定。

團體標章之使用，指團體會員為表彰其會員身分，依團體標章使用規範書所定之條件，使用該團體標章。

第八八條

①團體商標，指具有法人資格之公會、協會或其他團體，為指示其會員所提供之商品或服務，並藉以與非該團體會員所提供之商品或服務相區別之標識。

②前項用以指示會員所提供之商品或服務來自一定產地者，該地理區域之商品或服務應具有特定品質、聲譽或其他特性，團體商標之申請人得以含有該地理名稱或足以指示該地理區域之標識申請註冊為產地團體商標。

第八九條

①團體商標註冊之申請，應以申請書載明商品或服務，並檢具團體商標使用規範書，向商標專責機關申請之。

②前項團體商標使用規範書應載明下列事項：

一 會員之資格。

二 使用團體商標之條件。

三 管理及監督團體商標使用之方式。

四 違反規範之處理規定。

③產地團體商標使用規範書除前項應載明事項外，並應載明地理區域界定範圍內之人，其商品或服務及資格符合使用規範書時，產地團體商標權人應同意其成為會員。

④商標專責機關於註冊公告時，應一併公告團體商標使用規範書；註冊後修改者，應經商標專責機關核准，並公告之。

第九○條

團體商標之使用，指團體或其會員依團體商標使用規範書所定之條件，使用該團體商標。

第九一條

第八十二條第二項、第三項及第八十四條規定，於產地團體商標，準用之。

第九二條

證明標章權、團體標章權或團體商標權不得移轉、授權他人使用，或作為質權標的之物。但其移轉或授權他人使用，無損害消費者利益及違反公平競爭之虞，經商標專責機關核准者，不在此限。

第九三條

①證明標章權人、團體標章權人或團體商標權人有下列情形之一者，商標專責機關得依任何人之申請或依職權廢止證明標章、團體標章或團體商標之註冊：

一 證明標章作為商標使用。

二 證明標章權人從事其所證明商品或服務之業務。

三　證明標章權人喪失證明該註冊商品或服務之能力。

四　證明標章權人對於申請證明之人，予以差別待遇。

五　違反前條規定而為移轉、授權或設定質權。

六　未依使用規範書為使用之管理及監督。

七　其他不當方法之使用，致生損害於他人或公眾之虞。

②被授權人為前項之行為，證明標章權人、團體標章權人或團體商標權人明知或可得而知而不為反對之表示者，亦同。

第九四條

證明標章、團體標章或團體商標除本章另有規定外，依其性質準用本法有關商標之規定。

第四章　罰　則

第九五條

未得商標權人或團體商標權人同意，為行銷目的而有下列情形之一，處三年以下有期徒刑、拘役或科或併科新臺幣二十萬元以下罰金：

一　於同一商品或服務，使用相同於註冊商標或團體商標之商標者。

二　於類似之商品或服務，使用相同於註冊商標或團體商標之商標，有致相關消費者混淆誤認之虞者。

三　於同一或類似之商品或服務，使用近似於註冊商標或團體商標之商標，有致相關消費者混淆誤認之虞者。

第九六條

①未得證明標章權人同意，為行銷目的而於同一或類似之商品或服務，使用相同或近似於註冊證明標章之標章，有致相關消費者誤認誤信之虞者，處三年以下有期徒刑、拘役或科或併科新臺幣二十萬元以下罰金。

②明知有前項侵害證明標章權之虞，販賣或意圖販賣而製造、持有、陳列附有相同或近似於他人註冊證明標章標識之標籤、包裝容器或其他物品者，亦同。

第九七條

明知他人所為之前二條商品而販賣，或意圖販賣而持有、陳列、輸出或輸入者，處一年以下有期徒刑、拘役或科或併科新臺幣五萬元以下罰金；透過電子媒體或網路方式為之者，亦同。

第九八條 105

侵害商標權、證明標章權或團體商標權之物品或文書，不問屬於犯罪行為人與否，沒收之。

第九九條

未經認許之外國法人或團體，就本法規定事項得為告訴、自訴或提起民事訴訟。我國非法人團體經取得證明標章權者，亦同。

第五章　附　則

第一○○條

本法中華民國九十二年四月二十九日修正之條文施行前，已註冊之服務標章，自本法修正施行當日起，視為商標。

第一○一條

本法中華民國九十二年四月二十九日修正之條文施行前，已註冊之聯合商標、聯合服務標章、聯合團體標章或聯合證明標章，自本法修正施行之日起，視為獨立之註冊商標或標章；其存續期間，以原核准者為準。

第一○二條

本法中華民國九十二年四月二十九日修正之條文施行前，已註冊之防護商標、防護服務標章、防護團體標章或防護證明標章，依其註冊時之規定；於其專用期間屆滿前，應申請變更為獨立之註冊商標或標章；屆期未申請變更者，商標權消滅。

第一○三條

依前條申請變更為獨立之註冊商標或標章者，關於第六十三條第一項第二款規定之三年期間，自變更當日起算。

第一○四條

①依本法申請註冊、延展註冊、異動登記、異議、評定、廢止及其他各項程序，應繳納申請費、註冊費、延展註冊費、登記費、異議費、評定費、廢止費等各項相關規費。

②前項收費標準，由主管機關定之。

第一○五條

本法中華民國一百年五月三十一日修正之條文施行前，註冊費已分二期繳納者，第二期之註冊費依修正前之規定辦理。

第一○六條

①本法中華民國一百年五月三十一日修正之條文施行前，已受理而尚未處分之異議或評定案件，以註冊時及本法修正施行後之規定均為違法事由為限，始撤銷其註冊；其程序依修正施行後之規定辦理。但修正施行前已依法進行之程序，其效力不受影響。

②本法一百年五月三十一日修正之條文施行前，已受理而尚未處分之評定案件，不適用第五十七條第二項及第三項之規定。

③對本法一百年五月三十一日修正之條文施行前註冊之商標、證明標章及團體標章，於本法修正施行後提出異議、申請或提請評定者，以其註冊時及本法修正施行後之規定均為違法事由為限。

第一○七條

①本法中華民國一百年五月三十一日修正之條文施行前，尚未處分之商標廢止案件，適用本法修正施行後之規定辦理。但修正施行前已依法進行之程序，其效力不受影響。

②本法一百年五月三十一日修正之條文施行前，已受理而尚未處分之廢止案件，不適用第六十七條第二項準用第五十七條第二項之規定。

第一〇八條

本法中華民國一百年五月三十一日修正之條文施行前，以動態、全像圖或其聯合式申請註冊者，以修正之條文施行日爲其申請日。

第一〇九條

①以動態、全像圖或其聯合式申請註冊，並主張優先權者，其在與中華民國有相互承認優先權之國家或世界貿易組織會員之申請日早於本法中華民國一百年五月三十一日修正之條文施行前者，以一百年五月三十一日修正之條文施行日爲其優先權日。

②於中華民國政府主辦或承認之國際展覽會上，展出申請註冊商標之商品或服務而主張展覽會優先權，其展出日早於一百年五月三十一日修正之條文施行前者，以一百年五月三十一日修正之條文施行日爲其優先權日。

第一一〇條

本法施行細則，由主管機關定之。

第一一一條

本法之施行日期，由行政院定之。

稅捐稽徵法

①民國65年10月22日總統令制定公布全文51條。
②民國68年8月6日總統令增訂公布第48-1條條文。
③民國79年1月24日總統令修正公布第2、6、23、30、33～35、38、39、41～46、48-1條條文；增訂第11-1、35-1、50-1條條文；並刪除第36、37條條文。
④民國81年11月23日總統令增訂公布第48-2、50-2、50-3、50-4、50-5條條文。
⑤民國82年7月16日總統令修正公布第48-1條條文。
⑥民國85年7月30日總統令增訂公布第1-1、48-3條條文。
⑦民國86年5月21日總統令修正公布第33條條文。
⑧民國86年10月29日總統令修正公布第6條條文。
⑨民國89年5月17日總統令增訂公布第11-2條條文。
⑩民國96年1月10日總統令修正公布第6條條文。
⑪民國96年3月21日總統令修正公布第23條條文。
⑫民國96年12月12日總統令修正公布第18條條文。
⑬民國97年8月13日總統令修正公布第24、44條條文。
⑭民國98年1月21日總統令修正公布第28條條文。
⑮民國98年5月13日總統令修正公布第24、33、48-1條條文；並增訂第12-1條條文。
⑯民國98年5月27日總統令修正公布第47條條文。
⑰民國99年1月6日總統令修正公布第44條條文；並增訂第11-3～11-7、25-1條條文及第一章之一章名。
⑱民國100年1月26日總統令修正公布第38條條文。
⑲民國100年5月11日總統令修正公布第19、35、51條條文。
　民國100年6月20日行政院令定自100年7月1日施行。
⑳民國100年11月23日總統令修正公布第1、6、23條條文。
　民國100年12月16日行政院公告第6條第2、3項、第23條第5項第2、3款所列屬「行政執行處」之權責事項，自101年1月1日起改由「行政執行分署」管轄。
㉑民國101年1月4日總統令修正公布第47條條文。
㉒民國102年5月29日總統令修正公布第12-1、25-1、39條條文。
㉓民國103年6月4日總統令修正公布第30、33、43、48-1條條文。
㉔民國103年6月18日總統令修正公布第48條條文。
　民國103年12月26日行政院公告第24條第3～7項所列屬「內政部入出國及移民署」之權責事項，自104年1月2日起改由「內政部移民署」管轄。
㉕民國104年1月14日總統令修正公布第26、33條條文。
㉖民國106年1月18日總統令修正公布第23條條文。
㉗民國106年6月14日總統令增訂公布第5-1、46-1條條文。
㉘民國107年11月21日總統令修正公布第11-2條條文；並刪除第11-3～11-7條條文及第一章之一章名。
㉙民國107年12月5日總統令修正公布第2、20、24、27、40、45、48條條文。
㉚民國109年5月13日總統令修正公布第11-1條條文。

第一章　總　則

第一條

　稅捐之稽徵，依本法之規定；本法未規定者，依其他有關法律之規定。

第一條之一 100

①財政部依本法或稅法所發布之解釋函令，對於據以申請之案件發生效力。但有利於納稅義務人者，對於尚未核課確定之案件適用之。

②財政部發布解釋函令，變更已發布解釋函令之法令見解，如不利於納稅義務人者，自發布日起或財政部指定之將來一定期日起，發生效力；於發布日或財政部指定之將來一定期日前，應核課而未核課之稅捐及未確定案件，不適用該變更後之解釋函令。

③本條中華民國一百年十一月八日修正施行前，財政部發布解釋函令，變更已發布解釋函令之法令見解且不利於納稅義務人，經稅捐稽徵機關依財政部變更法令見解後之解釋函令核課稅捐，於本條中華民國一百年十一月八日修正施行日尚未確定案件，適用前項規定。

④財政部發布之稅務違章案件裁罰金額或倍數參考表變更時，有利於納稅義務人者，對於尚未核課確定之案件適用之。

第二條 107

　本法所稱稅捐，指一切法定之國、直轄市、縣（市）及鄉（鎮、市）稅捐。但不包括關稅。

第三條

　稅捐由各級政府主管稅捐稽徵機關稽徵之，必要時得委託代徵；其辦法由行政院定之。

第四條

　財政部得本互惠原則，對外國派駐中華民國之使領館及享受外交官待遇之人員，暨與雙方同意給與免稅待遇之機構及人員，核定免徵稅捐。

第五條

　財政部得本互惠原則，與外國政府商訂互免稅捐，於報經行政院核准後，以外交換文方式行之。

第五條之一 106

①財政部得本互惠原則，與外國政府或國際組織商訂稅務用途資訊交換及相互提供其他稅務協助之條約或協定，於報經行政院核准後，以外交換文方式行之。

②與外國政府或國際組織進行稅務用途資訊交換及提供其他稅務協助，應基於互惠原則，依已生效之條約或協定辦理；條約或協定未規定者，依本法及其他法律規定辦理。但締約他方有下列情形之一者，不得與其進行資訊交換：

　一　無法對等提供我國同類資訊。

二　對取得之資訊予以保密，顯有困難。

三　請求提供之資訊非為稅務用途。

四　請求資訊之提供將有損我國公共利益。

五　未善盡其調查程序之所能提出個案資訊交換請求。

③財政部或其授權之機關執行第一項條約或協定所需資訊，依下列規定辦理；應配合提供資訊者不得規避、妨礙或拒絕，並不受本法及其他法律有關保密規定之限制：

一　應另行蒐集之資訊：得向有關機關、機構、團體、事業或個人進行必要之調查或通知到財政部或其授權之機關辦公處所備詢，要求其提供相關資訊。

二　應自動或自發提供締約他方之資訊：有關機關、機構、團體、事業或個人應配合提供相關之財產、所得、營業、納稅、金融帳戶或其他稅務用途資訊；應進行金融帳戶盡職審查或其他審查之資訊，並應於審查後提供。

④財政部或其授權之機關依第一項條約或協定提供資訊予締約他方主管機關，不受本法及其他法律有關保密規定之限制。

⑤前二項所稱其他法律有關保密規定，指下列金融及稅務法律有關保守秘密規定：

一　銀行法、金融控股公司法、國際金融業務條例、票券金融管理法、信託業法、信用合作社法、電子票證發行管理條例、電子支付機構管理條例、金融資產證券化條例、期貨交易法、證券投資信託及顧問法、保險法、郵政儲金匯兌法、農業金融法、中央銀行法、所得稅法及關稅法有關保守秘密規定。

二　經財政部會商各法律中央主管機關公告者。

⑥第一項條約或協定之範圍、執行方法、提出請求、蒐集、第三項第二款資訊之內容、配合提供之時限、方式、盡職審查或其他審查之基準、第四項提供資訊予締約他方之程序及其他相關事項之辦法，由財政部會商金融監督管理委員會及相關機關定之。

⑦本法中華民國一百零六年五月二十六日修正之條文施行前已簽訂之租稅協定定有稅務用途資訊交換及其他稅務協助者，於修正之條文施行後，適用第二項至第四項及依前項所定辦法之相關規定。

第六條 100

①稅捐之徵收，優先於普通債權。

②土地增值稅、地價稅、房屋稅之徵收及法院、行政執行處執行拍賣或變賣貨物應課徵之營業稅，優先於一切債權及抵押權。

③經法院、行政執行處執行拍賣或交債權人承受之土地、房屋及貨物，執行法院或行政執行處應於拍定或承受五日內，將拍定或承受價額通知當地主管稽徵機關，依法核課土地增值稅、地價稅、房屋稅及營業稅，並由執行法院或行政執行處代為扣繳。

第七條

破產財團成立後，其應納稅捐爲財團費用，由破產管理人依破產法之規定清償之。

第八條

公司重整中所發生之稅捐，爲公司重整債務，依公司法之規定清償之。

第九條

納稅義務人應爲之行爲，應於稅捐稽徵機關之辦公時間內爲之。但繳納稅捐，應於代收稅款機構之營業時間內爲之。

第一〇條

因天災、事變而遲誤依法所定繳納稅捐期間者，該管稅捐稽徵機關，得視實際情形，延長其繳納期間，並公告之。

第一一條

依稅法規定應自他人取得之憑證及給予他人憑證之存根或副本，應保存五年。

第一一條之一 109

①本法所稱相當擔保，係指相當於擔保稅款之下列擔保品：

一　黃金，按九折計算，經中央銀行掛牌之外幣、上市或上櫃之有價證券，按八折計算。

二　政府發行經規定可十足提供公務擔保之公債，按面額計值。

三　銀行存款單摺，按存款本金額計值。

四　易於變價、無產權糾紛且能足額清償之土地或已辦妥建物所有權登記之房屋。

五　其他經財政部核准，易於變價及保管，且無產權糾紛之財產。

②前項第一款、第四款與第五款擔保品之計值、相當於擔保稅款之認定及其他相關事項之辦法，由財政部定之。

第一一條之二 107

①依本法或稅法規定應辦理之事項及應提出之文件，得以電磁紀錄或電子傳輸方式辦理或提出；其實施辦法，由財政部訂之。

②財政部應配合國家政策積極獎勵或輔導納稅義務人使用電子支付，以維護政府稅基、增加稅收，並達租稅公平。

第一章之一　（刪除）107

第一一條之三至第一一條之七　（刪除）107

第二章　納稅義務

第一二條

共有財產，由管理人負納稅義務；未設管理人者，共有人各按其應有部分負納稅義務，其爲公同共有時，以全體公同共有人爲納稅義務人。

第一二條之一 102

①涉及租稅事項之法律，其解釋應本於租稅法律主義之精神，依各該法律之立法目的，衡酌經濟上之意義及實質課稅之公平原則為之。

②稅捐稽徵機關認定課徵租稅之構成要件事實時，應以實質經濟事實關係及其所生實質經濟利益之歸屬與享有為依據。

③納稅義務人基於獲得租稅利益，違背稅法之立法目的，濫用法律形式，規避租稅構成要件之該當，以達成與交易常規相當之經濟效果，為租稅規避。

④前項租稅規避及第二項課徵租稅構成要件事實之認定，稅捐稽徵機關就其事實有舉證之責任。

⑤納稅義務人依本法及稅法規定所負之協力義務，不因前項規定而免除。

⑥稅捐稽徵機關查明納稅義務人及交易之相對人或關係人有第二項或第三項之情事者，為正確計算應納稅額，得按交易常規或依查得資料按各稅法規定予以調整。

⑦納稅義務人得於從事特定交易行為前，提供相關證明文件，向稅捐稽徵機關申請諮詢，稅捐稽徵機關應於六個月內答覆。

第一三條

①法人、合夥或非法人團體解散清算時，清算人於分配賸餘財產前，應依法按稅捐受清償之順序，繳清稅捐。

②清算人違反前項規定者，應就未清繳之稅捐負繳納義務。

第一四條

①納稅義務人死亡，遺有財產者，其依法應繳納之稅捐，應由遺囑執行人、繼承人、受遺贈人或遺產管理人，依法按稅捐受清償之順序，繳清稅捐後，始得分割遺產或交付遺贈。

②遺囑執行人、繼承人、受遺贈人或遺產管理人，違反前項規定者，應就未清繳之稅捐，負繳納義務。

第一五條

營利事業因合併而消滅時，其在合併前之應納稅捐，應由合併後存續或另立之營利事業負繳納之義務。

第三章 稽 徵

第一節 繳納通知文書

第一六條

繳納通知文書，應載明繳納義務人之姓名或名稱、地址、稅別、稅額、稅率、繳納期限等項，由稅捐稽徵機關填發。

第一七條

納稅義務人如發現繳納通知文書有記載、計算錯誤或重複時，於規定繳納期間內，得要求稅捐稽徵機關，查對更正。

第二節　送　達

第一八條 96

繳納稅捐之文書，稅捐稽徵機關應於該文書所載開始繳納稅捐日期前送達。

第一九條 100

①為稽徵稅捐所發之各種文書，得向納稅義務人之代理人、代表人、經理人或管理人以為送達；應受送達人在服役中者，得向其父母或配偶以為送達；無父母或配偶者，得委託服役單位代為送達。

②為稽徵土地稅或房屋稅所發之各種文書，得以使用人為應受送達人。

③納稅義務人為全體公同共有人者，繳款書得僅向其中一人送達；稅捐稽徵機關應另繕發核定稅額通知書並載明繳款書受送達者及繳納期間，於開始繳納稅捐日期前送達全體公同共有人。但公同共有人有無不明者，得以公告代之，並自黏貼公告欄之翌日起發生效力。

第三節　徵　收

第二〇條 107

依稅法規定逾期繳納稅捐應加徵滯納金者，每逾二日按滯納數額加徵百分之一滯納金；逾三十日仍未繳納者，移送強制執行。但因不可抗力或不可歸責於納稅義務人之事由，致不能於法定期間內繳清稅捐，得於其原因消滅後十日內，提出具體證明，向稅捐稽徵機關申請延期或分期繳納經核准者，免予加徵滯納金。

第二一條

①稅之核課期間，依左列規定：
一　依法應由納稅義務人申報繳納之稅捐，已在規定期間內申報，且無故意以詐欺或其他不正當方法逃漏稅捐者，其核課期間為五年。
二　依法應由納稅義務人實貼之印花稅，及應由稅捐稽徵機關依稅籍底冊或查得資料核定課徵之稅捐，其核課期間為五年。
三　未於規定期間內申報，或故意以詐欺或其他不正當方法逃漏稅捐者，其核課期間為七年。

②在前項核課期間內，經另發現應徵之稅捐者，仍應依法補徵或並予處罰；在核課期間內未經發現者，以後不得再補稅處罰。

第二二條

前條第一項核課期間之起算，依左列規定：
一　依法應由納稅義務人申報繳納之稅捐，已在規定期間內申報者，自申報日起算。
二　依法應由納稅義務人申報繳納之稅捐，未在規定期間內申報繳納者，自規定申報期間屆滿之翌日起算。

三 印花稅自依法應貼用印花稅票日起算。

四 由稅捐稽徵機關按稅籍底冊或查得資料核定徵收之稅捐，自該稅捐所屬徵期屆滿之翌日起算。

第二三條 106

① 稅捐之徵收期間為五年，自繳納期間屆滿之翌日起算；應徵之稅捐未於徵收期間徵起者，不得再行徵收。但於徵收期間屆滿前，已移送執行，或已依強制執行法規定聲明參與分配，或已依破產法規定申報債權尚未結案者，不在此限。

② 應徵之稅捐，有第十條、第二十五條、第二十六條或第二十七條規定情事者，前項徵收期間，自各該變更繳納期間屆滿之翌日起算。

③ 依第三十九條暫緩移送執行或其他法律規定停止稅捐之執行者，第一項徵收期間之計算，應扣除暫緩或停止執行之期間。

④ 稅捐之徵收，於徵收期間屆滿前已移送執行者，自徵收期間屆滿之翌日起，五年內未經執行者，不再執行，其於五年期間屆滿前已開始執行，仍得繼續執行；但自五年期間屆滿之日起已逾五年尚未執行終結者，不得再執行。

⑤ 本法於中華民國九十六年三月五日修正前已移送執行尚未終結之案件，自修正之日起逾五年尚未執行終結者，不再執行。但截至一百零六年三月四日納稅義務人欠繳稅捐金額達新臺幣一千萬元或執行期間有下列情形之一者，仍得繼續執行，其執行期間不得逾一百十一年三月四日：

一 法務部行政執行署所屬各分署依行政執行法第十七條規定，聲請法院裁定拘提或管收義務人確定。

二 法務部行政執行署所屬各分署依行政執行法第十七條之一第一項規定，對義務人核發禁止命令。

⑥ 本法於中華民國一百零五年十二月三十日修正之條文施行前，有修正施行前第五項第一款情形，於修正施行後欠繳稅捐金額截至一百零六年三月四日未達新臺幣一千萬元者，自一百零六年三月五日起，不再執行。

第二四條 107

① 納稅義務人欠繳應納稅捐者，稅捐稽徵機關得就納稅義務人相當於應繳稅捐數額之財產，通知有關機關，不得為移轉或設定他項權利；其為營利事業者，並得通知主管機關，限制其減資或註銷之登記。

② 前項欠繳應納稅捐之納稅義務人，有隱匿或移轉財產、逃避稅捐執行之跡象者，稅捐稽徵機關得聲請法院就其財產實施假扣押，並免提供擔保。但納稅義務人已提供相當財產擔保者，不在此限。

③ 在中華民國境內居住之個人或在中華民國境內之營利事業，其已確定之應納稅捐逾法定繳納期限尚未繳納完畢，所欠繳稅款及已確定之罰鍰單計或合計，個人在新臺幣一百萬元以上，營利事業

在新臺幣二百萬元以上者；其在行政救濟程序終結前，個人在新臺幣一百五十萬元以上，營利事業在新臺幣三百萬元以上，得由財政部函請內政部移民署限制其出境；其為營利事業者，得限制其負責人出境。但已提供相當擔保者，應解除其限制。

④財政部函請內政部移民署限制出境時，應同時以書面敘明理由並附記救濟程序通知當事人，依法送達。

⑤稅捐稽徵機關未執行第一項或第二項前段規定者，財政部不得依第三項規定函請內政部移民署限制出境。

⑥限制出境之期間，自內政部移民署限制出境之日起，不得逾五年。

⑦納稅義務人或其負責人經限制出境後，具有下列各款情形之一，財政部應函請內政部移民署解除其出境限制：

一　限制出境已逾前項所定期間者。

二　已繳清全部欠稅及罰鍰，或向稅捐稽徵機關提供欠稅及罰鍰之相當擔保者。

三　經行政救濟及處罰程序終結，確定之欠稅及罰鍰合計金額未滿第三項所定之標準者。

四　欠稅之公司組織已依法解散清算，且無賸餘財產可資抵繳欠稅及罰鍰者。

五　欠稅人就其所欠稅款已依破產法規定之和解或破產程序分配完結者。

第二五條

①有左列情形之一者，稅捐稽徵機關，對於依法應徵收之稅捐，得於法定開徵日期前徵繳之。但納稅義務人能提供相當擔保者，不在此限：

一　納稅義務人顯有隱匿或移轉財產，逃避稅捐執行之跡象者。

二　納稅義務人於稅捐法定徵收日期前，申請離境者。

三　因其他特殊原因，經納稅義務人申請者。

②納稅義務人受破產宣告或經裁定為公司重整前，應徵收之稅捐而未開徵者，於破產宣告或公司重整裁定時，視為已到期之破產債權或重整債權。

第二五條之一 102

依本法或稅法規定應補或應移送強制執行之稅捐在一定金額以下者，財政部得視實際需要，報請行政院核定免徵或免予移送強制執行。

第四節　緩　繳

第二六條 104

①納稅義務人因天災、事變、不可抗力之事由或為經濟弱勢者，不能於法定期間內繳清稅捐者，得於規定納稅期間內，向稅捐稽徵機關申請延期或分期繳納，其延期或分期繳納之期間，不得逾三年。

②前項天災、事變、不可抗力之事由、經濟弱勢者之認定及實施方式之辦法，由財政部定之。

第二七條 107

納稅義務人對核准延期或分期繳納之任何一期應繳稅捐，未如期繳納者，稅捐稽徵機關應於該期繳納期間屆滿之翌日起三日內，就未繳清之餘額稅款，發單通知納稅義務人，限十日內一次全部繳清；逾期仍未繳納者，移送強制執行。

第五節 退 稅

第二八條 98

①納稅義務人自行適用法令錯誤或計算錯誤溢繳之稅款，得自繳納之日起五年內提出具體證明，申請退還；屆期未申請者，不得再行申請。

②納稅義務人因稅捐稽徵機關適用法令錯誤、計算錯誤或其他可歸責於政府機關之錯誤，致溢繳稅款者，稅捐稽徵機關應自知有錯誤原因之日起二年內查明退還，其退還之稅款不以五年內溢繳者為限。

③前二項溢繳之稅款，納稅義務人以現金繳納者，應自其繳納該項稅款之日起，至填發收入退還書或國庫支票之日止，按溢繳之稅額，依繳納稅款之日郵政儲金一年期定期儲金固定利率，按日加計利息，一併退還。

④本條修正施行前，因第二項事由致溢繳稅款者，適用修正後之規定。

⑤前項情形，稅捐稽徵機關於本條修正施行前已知有錯誤之原因者，二年之退還期間，自本條修正施行之日起算。

第二九條

納稅義務人應退之稅捐，稅捐稽徵機關應先抵繳其積欠。並於扣抵後，應即通知該納稅義務人。

第六節 調 查

第三〇條 103

①稅捐稽徵機關或財政部賦稅署指定之調查人員，為調查課稅資料，得向有關機關、團體或個人進行調查，要求提示帳簿、文據或其他有關文件，或通知納稅義務人，到達其辦公處所備詢，被調查者不得拒絕。

②前項調查，不得逾課稅目的之必要範圍。

③被調查者以調查人員之調查為不當者，得要求調查人員之服務機關或其上級主管機關為適當之處理。

④納稅義務人及其他關係人提供帳簿、文據時，該管稽徵機關或財政部賦稅署應掣給收據，除涉嫌違章漏稅者外，應於帳簿、文據提送完全之日起，七日內發還之；其有特殊情形，經該管稽徵機關或賦稅署首長核准者，得延長發還時間七日。

第三一條

① 稅捐稽徵機關對逃漏所得稅及營業稅涉有犯罪嫌疑之案件，得敘明理由，聲請當地司法機關簽發搜索票後，會同當地警察或自治人員，進入藏置帳簿、文件或證物之處所，實施搜查；搜查時非上述機關人員不得參與。經搜索獲得有關帳簿、文件或證物，統由參加搜查人員，會同攜回該管稅捐稽徵機關，依法處理。

② 司法機關接到稽徵機關前項聲請時，如認有理由，應儘速簽發搜索票；稽徵機關應於搜索票簽發後十日內執行完畢，並將搜索票繳回司法機關。其他有關搜索及扣押事項，準用刑事訴訟法之規定。

第三二條

稅捐稽徵機關或財政部指定之調查人員依法執行公務時，應出示有關執行職務之證明文件；其未出示者，被調查者得拒絕之。

第三三條 104

① 稅捐稽徵人員對於納稅義務人之財產、所得、營業、納稅等資料，除對下列人員及機關外，應絕對保守秘密：

一　納稅義務人本人或其繼承人。

二　納稅義務人授權代理人或辯護人。

三　稅捐稽徵機關。

四　監察機關。

五　受理有關稅務訴願、訴訟機關。

六　依法從事調查稅務案件之機關。

七　經財政部核定之機關與人員。

八　債權人已取得民事確定判決或其他執行名義者。

② 稅捐稽徵機關對其他政府機關、學校與教研人員、學術研究機構與研究人員、民意機關與民意代表等為統計、教學、研究與監督目的而供應資料，並不洩漏納稅義務人之姓名或名稱，且符合政府資訊公開法規定者，不受前項之限制。

③ 第一項第四款至第八款之人員及機關，對稅捐稽徵機關所提供第一項之資料，不得另作其他目的之使用；第一項第四款至第七款之機關人員或第八款之人員，如有洩漏情事，準用第四十三條第三項洩漏秘密之規定。

第三四條

① 財政部或經其指定之稅捐稽徵機關，對重大欠稅案件或重大逃漏稅捐案件經確定後，得公告其欠稅人或逃漏稅捐人姓名或名稱與內容，不受前條第一項限制。

② 財政部或經其指定之稅捐稽徵機關，對於納稅額較高之納稅義務人，得經其同意，公告其姓名或名稱，並予獎勵；其獎勵辦法，由財政部定之。

③ 第一項所稱確定，係指左列各種情形：

一　經稅捐稽徵機關核定之案件，納稅義務人未依法申請復查者。

二　經復查決定，納稅義務人未依法提起訴願者。

三　經訴願決定，納稅義務人未依法提起再訴願者。

四　經再訴願決定，納稅義務人未依法提起行政訴訟者。

五　經行政訴訟判決者。

第四章　行政救濟

第三五條 100

①納稅義務人對於核定稅捐之處分如有不服，應依規定格式，敘明理由，連同證明文件，依下列規定，申請復查：

一　依核定稅額通知書所載有應納稅額或應補徵稅額者，應於繳款書送達後，於繳納期間屆滿之翌日起三十日內，申請復查。

二　依核定稅額通知書所載無應納稅額或應補徵稅額者，應於核定稅額通知書送達之翌日起三十日內，申請復查。

三　依第十九條第三項規定受送達核定稅額通知或以公告代之者，應於核定稅額通知書或公告所載應納稅額或應補徵稅額繳納期間屆滿之翌日起三十日內，申請復查。

②納稅義務人或其代理人，因天災事變或其他不可抗力之事由，遲誤申請復查期間者，於其原因消滅後一個月內，得提出具體證明，申請回復原狀。但遲誤申請復查期間已逾一年者，不得申請。

③前項回復原狀之申請，應同時補行申請復查期間內應為之行為。

④稅捐稽徵機關對有關復查之申請，應於接到申請書之翌日起二個月內復查決定，並作成決定書，通知納稅義務人；納稅義務人為全體公同共有人者，稅捐稽徵機關應於公同共有人最後得申請復查之期間屆滿之翌日起二個月內，就分別申請之數宗復查合併決定。

⑤前項期間屆滿後，稅捐稽徵機關仍未作成決定者，納稅義務人得逕行提起訴願。

第三五條之一

國外輸入之貨物，由海關代徵之稅捐，其徵收及行政救濟程序，準用關稅法及海關緝私條例之規定辦理。

第三六條　（刪除）

第三七條　（刪除）

第三八條 100

①納稅義務人對稅捐稽徵機關之復查決定如有不服，得依法提起訴願及行政訴訟。

②經依復查、訴願或行政訴訟等程序終結決定或判決，應退還稅款者，稅捐稽徵機關應於復查決定，或接到訴願決定書，或行政法院判決書正本後十日內退回；並自納稅義務人繳納該項稅款之日起，至填發收入退還書或國庫支票之日止，按退稅額，依各年度一月一日郵政儲金一年期定期儲金固定利率，按日加計利息，一

併退還。

③經依復查、訴願或行政訴訟程序終結決定或判決，應補繳稅款者，稅捐稽徵機關應於復查決定，或接到訴願決定書，或行政法院判決書正本後十日內，填發補繳稅款繳納通知書，通知納稅義務人繳納；並自該項補繳稅款原應繳納期間屆滿之次日起，至填發補繳稅款繳納通知書之日止，按補繳稅額，依各該年度一月一日郵政儲金一年期定期儲金固定利率，按日加計利息，一併徵收。

④本條中華民國一百年一月十日修正施行前，經復查、訴願或行政訴訟程序終結，稅捐稽徵機關尚未送達收入退還書、國庫支票或補繳稅款繳納通知書之案件，或已送達惟其行政救濟利息尚未確定之案件，適用修正後之規定。但修正前之規定有利於納稅義務人者，適用修正前之規定。

第五章　強制執行

第三九條 102

①納稅義務人應繳稅捐，於繳納期間屆滿三十日後仍未繳納者，由稅捐稽徵機關移送強制執行。但納稅義務人已依第三十五條規定申請復查者，暫緩移送強制執行。

②前項暫緩執行之案件，除有下列情形之一者外，稅捐稽徵機關應移送強制執行：

一　納稅義務人對復查決定之應納稅額繳納半數，並依法提起訴願者。

二　納稅義務人依前款規定繳納半數稅額確有困難，經稅捐稽徵機關核准，提供相當擔保者。

三　納稅義務人前二款規定繳納半數稅額及提供相當擔保確有困難，經稅捐稽徵機關依第二十四條第一項規定，已就納稅義務人相當於復查決定應納稅額之財產，通知有關機關，不得為移轉或設定他項權利者。

③本條中華民國一百零二年五月十四日修正施行前，經依復查決定應補繳稅款，納稅義務人未依前項第一款或第二款規定繳納或提供相當擔保，稅捐稽徵機關尚未移送強制執行者，適用修正後之規定。

第四〇條 107

稅捐稽徵機關，認為移送強制執行不當者，得撤回執行。已在執行中者，應即聲請停止執行。

第六章　罰　則

第四一條

納稅義務人以詐術或其他不正當方法逃漏稅捐者，處五年以下有期徒刑、拘役或科或併科新臺幣六萬元以下罰金。

第四二條

①代徵人或扣繳義務人以詐術或其他不正當方法匿報、短報、短徵

或不為代徵或扣繳稅捐者，處五年以下有期徒刑、拘役或科或併科新臺幣六萬元以下罰金。

②代徵人或扣繳義務人侵占已代徵或已扣繳之稅捐者，亦同。

第四三條 103

①教唆或幫助犯第四十一條或第四十二條之罪者，處三年以下有期徒刑、拘役或科新臺幣六萬元以下罰金。

②稅務人員、執行業務之律師、會計師或其他合法代理人犯前項之罪者，加重其刑至二分之一。

③稅務稽徵人員違反第三十三條規定者，處一萬元以上五萬元以下罰鍰。

第四四條 99

①營利事業依法規定應給與他人憑證而未給與，應自他人取得憑證而未取得，或應保存憑證而未保存者，應就其未給與憑證、未取得憑證或未保存憑證，經查明認定之總額，處百分之五罰鍰。但營利事業取得非實際交易對象所開立之憑證，如經查明確有進貨事實及該項憑證確由實際銷貨之營利事業所交付，且實際銷貨之營利事業已依法處罰者，免予處罰。

②前項處罰金額最高不得超過新臺幣一百萬元。

第四五條 107

①依規定應設置帳簿而不設置，或不依規定記載者，處新臺幣三千元以上七千五百元以下罰鍰，並應通知限於一個月內依規定設置或記載；期滿仍未依照規定設置或記載者，處新臺幣七千五百元以上一萬五千元以下罰鍰，並再通知於一個月內依規定設置或記載；期滿仍未依照規定設置或記載者，應予停業處分，至依規定設置或記載帳簿時，始予復業。

②不依規定保存帳簿或無正當理由而不將帳簿留置於營業場所者，處新臺幣一萬五千元以上六萬元以下罰鍰。

第四六條

①拒絕稅捐稽徵機關或財政部賦稅署指定之調查人員調查，或拒不提示有關課稅資料、文件者，處新臺幣三千元以上三萬元以下罰鍰。

②納稅義務人經稅捐稽徵機關或財政部賦稅署指定之調查人員通知到達備詢，納稅義務人本人或受委任之合法代理人，如無正當理由而拒不到達備詢者，處新臺幣三千元以下罰鍰。

第四六條之一 106

①有關機關、機構、團體、事業或個人違反第五條之一第三項規定，規避、妨礙或拒絕財政部或其授權之機關調查或備詢，或未應要求或未配合提供有關資訊者，由財政部或其授權之機關處新臺幣三千元以上三十萬元以下罰鍰，並通知限期配合辦理；屆期未配合辦理者，得按次處罰。

②未依第五條之一第三項第二款後段規定進行金融帳戶盡職審查或其他審查者，由財政部或其授權之機關處新臺幣二十萬元以上

一千萬元以下罰鍰。

第四七條 101

①本法關於納稅義務人、扣繳義務人及代徵人應處刑罰之規定，於下列之人適用之：

一 公司法規定之公司負責人。

二 民法或其他法律規定對外代表法人之董事或理事。

三 商業登記法規定之商業負責人。

四 其他非法人團體之代表人或管理人。

②前項規定之人與實際負責業務之人不同時，以實際負責業務之人為準。

第四八條 107

①納稅義務人逃漏稅捐情節重大者，除依有關稅法規定處理外，財政部應停止並追回其違章行為所屬年度享受租稅優惠之待遇。

②納稅義務人違反環境保護、勞工、食品安全衛生相關法律且情節重大，租稅優惠法律之中央主管機關應通知財政部停止並追回其違章行為所屬年度享受租稅優惠之待遇。

③依前二項規定停止並追回其違章行為所屬年度享受租稅優惠之待遇者，財政部應於該停止並追回處分確定年度之次年，公告納稅義務人姓名或名稱，不受第三十三條第一項限制。

第四八條之一 103

①納稅義務人自動向稅捐稽徵機關補報並補繳所漏稅款者，凡屬未經檢舉、未經稅捐稽徵機關或財政部指定之調查人員進行調查之案件，下列之處罰一律免除；其涉及刑事責任者，並得免除其刑：

一 第四十一條至第四十五條之處罰。

二 各稅法所定關於逃漏稅之處罰。

②營利事業應保存憑證而未保存，如已給與或取得憑證且帳簿記載明確，不涉及逃漏稅捐，於稅捐稽徵機關裁處或行政救濟程序終結前，提出原始憑證或取得與原應保存憑證相當之證明者，免依第四十四條規定處罰；其涉及刑事責任者，並得免除其刑。

③第一項補繳之稅款，應自該項稅捐原繳納期限截止之次日起，至補繳之日止，就補繳之應納稅捐，依原應繳納稅款期間屆滿之日郵政儲金匯業局之一年期定期存款利率按日加計利息，一併徵收。

第四八條之二

①依本法或稅法規定應處罰鍰之行為，其情節輕微，或漏稅在一定金額以下者，得減輕或免予處罰。

②前項情節輕微、金額及減免標準，由財政部擬訂，報請行政院核定後發布之。

第四八條之三

納稅義務人違反本法或稅法之規定，適用裁處時之法律。但裁處前之法律有利於納稅義務人者，適用最有利於納稅義務人之法

律。

第七章 附 則

第四九條

滯納金、利息、滯報金、怠報金、短估金及罰鍰等，除本法另有
規定者外，準用本法有關稅捐之規定。但第六條關於稅捐優先及
第三十八條，關於加計利息之規定，對於罰鍰不在準用之列。

第五〇條

本法對於納稅義務人之規定，除第四十一條規定外，於扣繳義務
人、代徵人、代繳人及其他依本法負繳納稅捐義務之人準用之。

第五〇條之一

①本法修正前，應徵稅捐之繳納期間已屆滿者，其徵收期間自本法
修正公布生效日起算五年。

②本法修正公布生效日前，已進行之徵收期間，應自前項徵收期間
內扣除。

第五〇條之二

依本法或稅法規定應處罰鍰者，由主管稽徵機關處分之，不適用
稅法處罰程序之有關規定，受處分人如有不服，應依行政救濟程
序辦理。但在行政救濟程序終結前，免依本法第三十九條規定予
以強制執行。

第五〇條之三

本法修正前所發生應處罰鍰之行為，於本法修正公布生效日尚未
裁罰確定者，適用第四十八條之二規定辦理。

第五〇條之四

依本法或稅法規定應處罰鍰之案件，於本法修正施行前尚未移送
法院裁罰者，依本法之規定由主管稽徵機關處分之；其已移送法
院裁罰者，仍依本法修正施行前各稅法之規定由法院裁罰。

第五〇條之五

本法施行細則，由財政部擬訂，報請行政院核定後發布之。

第五一條 100

本法自公布日施行。但中華民國一百年四月二十六日修正之條
文，其施行日期由行政院定之。

證券交易法

①民國57年4月30日總統令制定公布全文183條。
②民國70年11月13日總統令修正公布第3、17、28、95、156條條文。
③民國72年5月11日總統令修正公布第37、157條條文;並增訂第18-1、18-2、25-1條條文。
④民國77年1月29日總統令修正公布第6、7、17、18、18-1、20、22、25、26、32、33、36、41、43~45、51、53、54、56、60~62、66、71、74、76、126、137、139、150、155、157、163、171~175、177、178條條文;增訂第22-1、22-2、26-1、26-2、28-1、43-1、157-1、177-1、182-1條條文;並刪除第9、52、101、176、182條條文。
⑤民國86年5月7日總統令修正公布第54、95、128、183條條文;並自90年1月15日起施行。
⑥民國89年7月19日總統令修正公布第3、6、8、15、18-2、28-1、41、43、53、54、56、66、75、89、126、128、138、155、157、171~175、177、177-1、178條條文;增訂第18-3、28-2、28-4、38-1條條文;刪除第80、106、131條條文;並自90年1月15日起施行。
⑦民國90年11月14日總統令修正公布第25、27、43、113、126、177條條文。
⑧民國91年2月6日總統令修正公布第7、20、22、43-1、157-1、174、175、177、178條條文及第二章章名;並增訂第43-2~43-8條條文及第二章第一~三節節名。
⑨民國91年6月12日總統令修正公布第30、37、178條條文;並增訂第14-1、36-1條條文。
⑩民國93年4月28日總統令修正公布第171、174、178條條文;並增訂第180-1條條文。
⑪民國94年5月18日總統令增訂公布第174-1、174-2、181-1條條文。
⑫民國95年1月11日總統令修正公布第3、6、14、18、20、22、25-1、28-3、44、45、51、54、60、95、155、156、157-1、172、178、182-1、183條條文;增訂第14-2~14-5、20-1、21-1、26-3、181-2條條文;並刪除第17、18-2、18-3、28、73、76~78、180條條文;除第14-2~14-5、26-3條自96年1月1日施行外,自公布日施行。
⑬民國95年5月30日總統令修正公布第171、183條條文;並自95年7月1日施行。
⑭民國98年6月10日總統令修正公布第43-5、183條條文;並自98年11月23日施行。
⑮民國99年1月13日總統令修正公布第54條條文。
⑯民國99年6月2日總統令修正公布第21-1、36、157-1、171、177、178、183條條文;除第36條自101年1月1日施行外,餘自公布日施行。
⑰民國99年11月24日總統令增訂公布第14-6條條文。

⑱民國101年1月4日總統令修正公布第4、14、22、36、38-1、141、142、144、145、147、166、169～171、174～175、177、178、179、183條條文；增訂第165-1～165-3條條文及第五章之一章名；並刪除第146條條文；除第36條第1項第2款自一○二會計年度施行外，自公布日施行。

民國101年6月25日行政院公告第3條所列屬「行政院金融監督管理委員會」之權責事項，自101年7月1日起改由「金融監督管理委員會」管轄。

⑲民國102年6月5日總統令修正公布第14-1條條文。

⑳民國104年2月4日總統令修正公布第3條條文。

㉑民國104年7月1日總統令修正公布第20-1、43-1、43-3、155、156、178條條文。

㉒民國105年12月7日總統令修正公布第28-4、43-1條條文。

㉓民國107年1月31日總統令修正公布第171、172條條文；增訂第44-1條條文；並刪除第174-2條條文。

㉔民國107年4月25日總統令修正公布第14-2、178條條文。

㉕民國107年12月5日總統令修正公布第14條條文。

㉖民國108年4月17日總統令修正公布第14-5、28-2、39、43-1、65、66、165-1、177-1、178、179條條文；並增訂第178-1條條文。

㉗民國108年6月21日總統令修正公布第14-5、36條條文。

㉘民國109年5月19日總統令修正公布第14條條文。

㉙民國110年1月27日總統令修正公布第54條條文。

第一章 總 則

第一條

為發展國民經濟，並保障投資，特制定本法。

第二條

有價證券之募集、發行、買賣，其管理、監督依本法之規定，本法未規定者，適用公司法及其他有關法律之規定。

第三條 104

本法所稱主管機關，為金融監督管理委員會。

第四條 101

①本法所稱公司，謂依公司法組織之股份有限公司。

②本法所稱外國公司，謂以營利為目的，依照外國法律組織登記之公司。

第五條

本法所稱發行人，謂募集及發行有價證券之公司，或募集有價證券之發起人。

第六條 95

①本法所稱有價證券，指政府債券、公司股票、公司債券及經主管機關核定之其他有價證券。

②新股認購權利證書、新股權利證書及前項各種有價證券之價款繳納憑證或表明其權利之證書，視為有價證券。

③前二項規定之有價證券，未印製表示其權利之實體有價證券者，亦視爲有價證券。

第七條 91

①本法所稱募集，謂發起人於公司成立前或發行公司於發行前，對非特定人公開招募有價證券之行爲。

②本法所稱私募，謂已依本法發行股票之公司依第四十三條之六第一項及第二項規定，對特定人招募有價證券之行爲。

第八條

①本法所稱發行，謂發行人於募集後製作並交付，或以帳簿劃撥方式交付有價證券之行爲。

②前項以帳簿劃撥方式交付有價證券之發行，得不印製實體有價證券。

第九條 （刪除）

第一〇條

本法所稱承銷，謂依約定包銷或代銷發行人發行有價證券之行爲。

第一一條

本法所稱證券交易所，謂依本法之規定，設置場所及設備，以供給有價證券集中交易市場爲目的之法人。

第一二條

本法所稱有價證券集中交易市場，謂證券交易所爲供有價證券之競價買賣所開設之市場。

第一三條

本法所稱公開說明書，謂發行人爲有價證券之募集或出賣，依本法之規定，向公衆提出之說明文書。

第一四條 109

①本法所稱財務報告，指發行人及證券商、證券交易所依法令規定，應定期編送主管機關之財務報告。

②前項財務報告之內容、適用範圍、作業程序、編製及其他應遵行事項之財務報告編製準則，由主管機關定之，不適用商業會計法第四章、第六章及第七章之規定。

③第一項財務報告應經董事長、經理人及會計主管簽名或蓋章，並出具財務報告內容無虛僞或隱匿之聲明。

④前項會計主管應具備一定之資格條件，並於任職期間內持續專業進修；其資格條件、持續專業進修之最低進修時數及辦理進修機構應具備條件等事項之辦法，由主管機關定之。

⑤股票已在證券交易所上市或於證券櫃檯買賣中心上櫃買賣之公司，依第二項規定編製年度財務報告時，應另依主管機關規定揭露公司薪資報酬政策、全體員工平均薪資及調整情形、董事及監察人之酬金等相關資訊。

第一四條之一 102

①公開發行公司、證券交易所、證券商及第十八條所定之事業應建

立財務、業務之內部控制制度。

②主管機關得訂定前項公司或事業內部控制制度之準則。

③第一項之公司或事業，除經主管機關核准者外，應於每會計年度終了後三個月內，向主管機關申報內部控制聲明書。

第一四條之二 107

①已依本法發行股票之公司，得依章程規定設置獨立董事。但主管機關應視公司規模、股東結構、業務性質及其他必要情況，要求其設置獨立董事，人數不得少於二人，且不得少於董事席次五分之一。

②獨立董事應具備專業知識，其持股及兼職應予限制，且於執行業務範圍內應保持獨立性，不得與公司有直接或間接之利害關係。獨立董事之專業資格、持股與兼職限制、獨立性之認定、提名方式及其他應遵行事項之辦法，由主管機關定之。

③公司不得妨礙、拒絕或規避獨立董事執行業務。獨立董事執行業務認有必要時，得要求董事會指派相關人員或自行聘請專家協助辦理，相關必要費用，由公司負擔之。

④有下列情事之一者，不得充任獨立董事，其已充任者，當然解任：
一　有公司法第三十條各款情事之一。
二　依公司法第二十七條規定以政府、法人或其代表人當選。
三　違反依第二項所定獨立董事之資格。

⑤獨立董事持股轉讓，不適用公司法第一百九十七條第一項後段及第三項規定。

⑥獨立董事因故解任，致人數不足第一項或章程規定者，應於最近一次股東會補選之。獨立董事均解任時，公司應自事實發生之日起六十日內，召開股東臨時會補選之。

第一四條之三 95

已依前條第一項規定選任獨立董事之公司，除經主管機關核准者外，下列事項應提董事會決議通過；獨立董事如有反對意見或保留意見，應於董事會議事錄載明：
一　依第十四條之一規定訂定或修正內部控制制度。
二　依第三十六條之一規定訂定或修正取得或處分資產、從事衍生性商品交易、資金貸與他人、為他人背書或提供保證之重大財務業務行為之處理程序。
三　涉及董事或監察人自身利害關係之事項。
四　重大之資產或衍生性商品交易。
五　重大之資金貸與、背書或提供保證。
六　募集、發行或私募具有股權性質之有價證券。
七　簽證會計師之委任、解任或報酬。
八　財務、會計或內部稽核主管之任免。
九　其他經主管機關規定之重大事項。

第一四條之四 95

①已依本法發行股票之公司，應擇一設置審計委員會或監察人。但主管機關得視公司規模、業務性質及其他必要情況，命令設置審計委員會替代監察人；其辦法，由主管機關定之。

②審計委員會應由全體獨立董事組成，其人數不得少於三人，其中一人為召集人，且至少一人應具備會計或財務專長。

③公司設置審計委員會者，本法、公司法及其他法律對於監察人之規定，於審計委員會準用之。

④公司法第二百條、第二百十三條至第二百十五條、第二百十六條第一項、第三項、第四項、第二百十八條第一項、第二項、第二百十八條之一、第二百十八條之二第二項、第二百二十條、第二百二十三條至第二百二十六條、第二百二十七條但書及第二百四十五條第二項規定，對審計委員會之獨立董事成員準用之。

⑤審計委員會及其獨立董事成員對前二項所定職權之行使及相關事項之辦法，由主管機關定之。

⑥審計委員會之決議，應有審計委員會全體成員二分之一以上之同意。

第一四條之五 108

①已依本法發行股票之公司設置審計委員會者，下列事項應經審計委員會全體成員二分之一以上同意，並提董事會決議，不適用第十四條之三規定：

一 依第十四條之一規定訂定或修正內部控制制度。

二 內部控制制度有效性之考核。

三 依第三十六條之一規定訂定或修正取得或處分資產、從事衍生性商品交易、資金貸與他人、為他人背書或提供保證之重大財務業務行為之處理程序。

四 涉及董事自身利害關係之事項。

五 重大之資產或衍生性商品交易。

六 重大之資金貸與、背書或提供保證。

七 募集、發行或私募具有股權性質之有價證券。

八 簽證會計師之委任、解任或報酬。

九 財務、會計或內部稽核主管之任免。

十 由董事長、經理人及會計主管簽名或蓋章之年度財務報告及須經會計師查核簽證之第二季財務報告。

十一 其他公司或主管機關規定之重大事項。

②前項各款事項除第十款外，如未經審計委員會全體成員二分之一以上同意者，得由全體董事三分之二以上同意行之，不受前項規定之限制，並應於董事會議事錄載明審計委員會之決議。

③公司設置審計委員會者，不適用第三十六條第一項財務報告應經監察人承認之規定。

④第一項及前條第六項所稱審計委員會全體成員及第二項所稱全體

董事，以實際在任者計算之。

第一四條之六 99

① 股票已在證券交易所上市或於證券商營業處所買賣之公司應設置薪資報酬委員會；其成員專業資格、所定職權之行使及相關事項之辦法，由主管機關定之。

② 前項薪資報酬應包括董事、監察人及經理人之薪資、股票選擇權與其他具有實質獎勵之措施。

第一五條

依本法經營之證券業務，其種類如左：

一　有價證券之承銷及其他經主管機關核准之相關業務。

二　有價證券之自行買賣及其他經主管機關核准之相關業務。

三　有價證券買賣之行紀、居間、代理及其他經主管機關核准之相關業務。

第一六條

經營前條各款業務之一者為證券商，並依左列各款定其種類：

一　經營前條第一款規定之業務者，為證券承銷商。

二　經營前條第二款規定之業務者，為證券自營商。

三　經營前條第三款規定之業務者，為證券經紀商。

第一七條　（刪除）95

第一八條 95

① 經營證券金融事業、證券集中保管事業或其他證券服務事業，應經主管機關之核准。

② 前項事業之設立條件、申請核准之程序、財務、業務與管理及其他應遵行事項之規則，由主管機關定之。

第一八條之一

① 第三十八條、第三十九條及第六十六條之規定，於前條之事業準用之。

② 第五十三條、第五十四條及第五十六條之規定，於前條事業之人員準用之。

第一八條之二　（刪除）95

第一八條之三　（刪除）95

第一九條

凡依本法所訂立之契約，均應以書面為之。

第二○條 95

① 有價證券之募集、發行、私募或買賣，不得有虛偽、詐欺或其他足致他人誤信之行為。

② 發行人依本法規定申報或公告之財務報告及財務業務文件，其內容不得有虛偽或隱匿之情事。

③ 違反第一項規定者，對於該有價證券之善意取得人或出賣人因而所受之損害，應負賠償責任。

④ 委託證券經紀商以行紀名義買入或賣出之人，視為前項之取得人或出賣人。

第二○條之一 104

①前條第二項之財務報告及財務業務文件或依第三十六條第一項公告申報之財務報告，其主要內容有虛偽或隱匿之情事，下列各款之人，對於發行人所發行有價證券之善意取得人、出賣人或持有人因而所受之損害，應負賠償責任：

一 發行人及其負責人。

二 發行人之職員，曾在財務報告或財務業務文件上簽名或蓋章者。

②前項各款之人，除發行人外，如能證明已盡相當注意，且有正當理由可合理確信其內容無虛偽或隱匿之情事者，免負賠償責任。

③會計師辦理第一項財務報告或財務業務文件之簽證，有不正當行為或違反或廢弛其業務上應盡之義務，致第一項之損害發生者，負賠償責任。

④前項會計師之賠償責任，有價證券之善意取得人、出賣人或持有人得聲請法院調閱會計師工作底稿並請求閱覽或抄錄，會計師及會計師事務所不得拒絕。

⑤第一項各款及第三項之人，除發行人外，因其過失致第一項損害之發生者，應依其責任比例，負賠償責任。

⑥前條第四項規定，於第一項準用之。

第二一條

本法規定之損害賠償請求權，自有請求權人知有得受賠償之原因時起二年間不行使而消滅；自募集、發行或買賣之日起逾五年者亦同。

第二一條之一 99

①為促進我國與其他國家證券市場主管機關之國際合作，政府或其授權之機構依互惠原則，得與外國政府、機構或國際組織，就資訊交換、技術合作、協助調查等事項，簽訂合作條約或協定。

②除有妨害國家利益或投資大眾權益者外，主管機關依前項簽訂之條約或協定，得洽請相關機關或要求有關之機構、法人、團體或自然人依該條約或協定提供必要資訊，並基於互惠及保密原則，提供予與我國簽訂條約或協定之外國政府、機構或國際組織。

③為促進證券市場國際合作，對於有違反外國金融管理法律之虞經外國政府調查、追訴或進行司法程序者，於外國政府依第一項簽訂之條約或協定請求協助調查時，主管機關得要求與證券交易有關之機構、法人、團體或自然人，提示相關之帳簿、文據或到達辦公處所說明；必要時，並得請該外國政府派員協助調查事宜。

④前項被要求到達辦公處所說明者，得選任律師、會計師、其他代理人或經主管機關許可偕同輔佐人到場。

⑤第二項及第三項規定之機構、法人、團體或自然人，對於主管機關要求提供必要資訊、提示相關帳簿、文據或到達辦公處所說明，不得規避、妨礙或拒絕。

第二章　有價證券之募集、發行、私募及買賣 91

第一節　有價證券之募集、發行及買賣 91

第二二條 101

① 有價證券之募集及發行，除政府債券或經主管機關核定之其他有價證券外，非向主管機關申報生效後，不得為之。

② 已依本法發行股票之公司，於依公司法之規定發行新股時，除依第四十三條之六第一項及第二項規定辦理者外，仍應依前項規定辦理。

③ 出售所持有第六條第一項規定之有價證券或其價款繳納憑證、表明其權利之證書或新股認購權利證書、新股權利證書，而公開招募者，準用第一項規定。

④ 依前三項規定申報生效應具備之條件、應檢附之書件、審核程序及其他應遵行事項之準則，由主管機關定之。

⑤ 前項準則有關外匯事項之規定，主管機關於訂定或修正時，應洽商中央銀行同意。

第二二條之一

① 已依本法發行股票之公司，於增資發行新股時，主管機關得規定其股權分散標準。

② 公開發行股票公司股務處理準則，由主管機關定之。

第二二條之二

① 已依本法發行股票公司之董事、監察人、經理人或持有公司股份超過股份總額百分之十之股東，其股票之轉讓，應依左列方式之一為之：

一　經主管機關核准或自申報主管機關生效日後，向非特定人為之。

二　依主管機關所定持有期間及每一交易日得轉讓數量比例，於向主管機關申報之日起三日後，在集中交易市場或證券商營業處所為之。但每一交易日轉讓股數未超過一萬股者，免予申報。

三　於向主管機關申報之日起三日內，向符合主管機關所定條件之特定人為之。

② 經由前項第三款受讓之股票，受讓人在一年內欲轉讓其股票，仍須依前項各款所列方式之一為之。

③ 第一項之人持有之股票，包括其配偶、未成年子女及利用他人名義持有者。

第二三條

新股認購權利證書之轉讓，應於原股東認購新股期限前為之。

第二四條

公司依本法發行新股者，其以前未依本法發行之股份，視為已依本法發行。

第二五條

①公開發行股票之公司於登記後，應即將其董事、監察人、經理人及持有股份超過股份總額百分之十之股東，所持有之本公司股票總類及股數，向主管機關申報並公告之。

②前項股票持有人，應於每月五日以前將上月份持有股數變動之情形，向公司申報，公司應於每月十五日以前，彙總向主管機關申報。必要時，主管機關得命令其公告之。

③第二十二條之二第三項之規定，於計算前二項持有股數準用之。

④第一項之股票經設定質權者，出質人應即通知公司；公司應於其質權設定後五日內，將其出質情形，向主管機關申報並公告之。

第二五條之一 95

公開發行股票公司出席股東會使用委託書，應予限制、取締或管理；其徵求人、受託代理人與代為處理徵求事務者之資格條件、委託書之格式、取得、徵求與受託方式、代理之股數、統計驗證、使用委託書代理表決權不予計算之情事、應申報與備置之文件、資料提供及其他應遵行事項之規則，由主管機關定之。

第二六條

①凡依本法公開募集及發行有價證券之公司，其全體董事及監察人二者所持有記名股票之股份總額，各不得少於公司已發行股份總額一定之成數。

②前項董事、監察人股權成數及查核實施規則，由主管機關以命令定之。

第二六條之一

已依本法發行有價證券之公司召集股東會時，關於公司法第二百零九條第一項、第二百四十條第一項及第二百四十一條第一項之決議事項，應在召集事由中列舉並說明其主要內容，不得以臨時動議提出。

第二六條之二

已依本法發行股票之公司，對於持有記名股票未滿一千股股東，其股東常會之召集通知得於開會三十日前；股東臨時會之召集通知得於開會十五日前，以公告方式為之。

第二六條之三 95

①已依本法發行股票之公司董事會，設置董事不得少於五人。

②政府或法人為公開發行公司之股東時，除經主管機關核准者外，不得由其代表人同時當選或擔任公司之董事及監察人，不適用公司法第二十七條第二項規定。

③公司除經主管機關核准者外，董事間應有超過半數之席次，不得具有下列關係之一：

一 配偶。

二 二親等以內之親屬。

④公司除經主管機關核准者外，監察人間或監察人與董事間，應至少一席以上，不得具有前項各款關係之一。

⑤公司召開股東會選任董事及監察人，原當選人不符前二項規定時，應依下列規定決定當選之董事或監察人：

一　董事間不符規定者，不符規定之董事中所得選票代表選舉權較低者，其當選失其效力。

二　監察人間不符規定者，準用前款規定。

三　監察人與董事間不符規定者，不符規定之監察人中所得選票代表選舉權較低者，其當選失其效力。

⑥已充任董事或監察人違反第三項或第四項規定者，準用前項規定當然解任。

⑦董事因故解任，致不足五人者，公司應於最近一次股東會補選之。但董事缺額達章程所定席次三分之一者，公司應自事實發生之日起六十日內，召開股東臨時會補選之。

⑧公司應訂定董事會議事規範；其主要議事內容、作業程序、議事錄應載明事項、公告及其他應遵行事項之辦法，由主管機關定之。

第二七條

①主管機關對於公開發行之股票，得規定其每股之最低或最高金額。但規定前已准發行者，得仍照原金額；其增資發行之新股，亦同。

②公司更改其每股發行價格，應向主管機關申報。

第二八條　（刪除）95

第二八條之一

①股票未在證券交易所上市或未於證券商營業處所買賣之公開發行股票公司，其股權分散未達主管機關依第二十二條之一第一項所定標準者，於現金發行新股時，除主管機關認為無須或不適宜對外公開發行者外，應提撥發行新股總額之一定比率，對外公開發行，不受公司法第二百六十七條第三項關於原股東儘先分認規定之限制。

②股票已在證券交易所上市或於證券商營業處所買賣之公開發行股票公司，於現金發行新股時，主管機關得規定提撥發行新股總額之一定比率，以時價向外公開發行，不受公司法第二百六十七條第三項關於原股東儘先分認規定之限制。

③前二項提撥比率定為發行新股總額之百分之十。但股東會另有較高比率之決議者，從其決議。

④依第一項或第二項規定提撥向外公開發行時，同次發行由公司員工承購或原有股東認購之價格，應與向外公開發行之價格相同。

第二八條之二　108

①股票已在證券交易所上市或於證券商營業處所買賣之公司，有下列情事之一者，得經董事會三分之二以上董事之出席及出席董事超過二分之一之同意，於有價證券集中交易市場或證券商營業處所或依第四十三條之一第二項規定買回其股份，不受公司法第一百六十七條第一項規定之限制：

一　轉讓股份予員工。

二　配合附認股權公司債、附認股權特別股、可轉換公司債、可轉換特別股或認股權憑證之發行，作為股權轉換之用。

三　為維護公司信用及股東權益所必要而買回，並辦理銷除股份。

②前項公司買回股份之數量比例，不得超過該公司已發行股份總數百分之十；收買股份之總金額，不得逾保留盈餘加發行股份溢價及已實現之資本公積之金額。

③公司依第一項規定買回其股份之程序、價格、數量、方式、轉讓方法及應申報公告事項之辦法，由主管機關定之。

④公司依第一項規定買回之股份，除第三款部分應於買回之日起六個月內辦理變更登記外，應於買回之日起五年內將其轉讓；逾期未轉讓者，視為公司未發行股份，並應辦理變更登記。

⑤公司依第一項規定買回之股份，不得質押；於未轉讓前，不得享有股東權利。

⑥公司於有價證券集中交易市場或證券商營業處所買回其股份者，該公司依公司法第三百六十九條之一規定之關係企業或董事、監察人、經理人、持有該公司股份超過股份總額百分之十之股東所持有之股份，於該公司買回之期間內不得賣出。

⑦第一項董事會之決議及執行情形，應於最近一次之股東會報告；其因故未買回股份者，亦同。

⑧第六項所定不得賣出之人所持有之股份，包括其配偶、未成年子女及利用他人名義持有者。

第二八條之三 95

①募集、發行認股權憑證、附認股權特別股或附認股權公司債之公開發行公司，於認股權人依公司所定認股辦法行使認股權時，有核給股份之義務，不受公司法第一百五十六條第七項價格應歸一律與第二百六十七條第一項、第二項及第三項員工、原股東儘先分認規定之限制。

②前項依公司所定認股辦法之可認購股份數額，應先於公司章程中載明，不受公司法第二百七十八條第一項及第二項規定之限制。

第二八條之四 105

已依本法發行股票之公司，募集與發行公司債，其發行總額，除經主管機關徵詢目的事業中央主管機關同意者外，依下列規定辦理，不受公司法第二百四十七條規定之限制：

一　有擔保公司債、轉換公司債或附認股權公司債，其發行總額，不得逾全部資產減去全部負債餘額之百分之二百。

二　前款以外之無擔保公司債，其發行總額，不得逾全部資產減去全部負債餘額之二分之一。

第二九條

公司債之發行如由金融機構擔任保證人者，得視為有擔保之發行。

第三○條 91

①公司募集、發行有價證券，於申請審核時，除依公司法所規定記載事項外，應另行加具公開說明書。

②前項公開說明書，其應記載之事項，由主管機關以命令定之。

③公司申請其有價證券在證券交易所上市或於證券商營業處所買賣者，準用第一項之規定；其公開說明書應記載事項之準則，分別由證券交易所與證券櫃檯買賣中心擬訂，報請主管機關核定。

第三一條

①募集有價證券，應先向認股人或應募人交付公開說明書。

②違反前項之規定者，對於善意之相對人因而所受之損害，應負賠償責任。

第三二條

①前條之公開說明書，其應記載之主要內容有虛偽或隱匿之情事者，左列各款之人，對於善意之相對人，因而所受之損害，應就其所應負責部分與公司負連帶賠償責任：

一　發行人及其負責人。

二　發行人之職員，曾在公開說明書上簽章，以證實其所載內容之全部或一部者。

三　該有價證券之證券承銷商。

四　會計師、律師、工程師或其他專門職業或技術人員，曾在公開說明書上簽章，以證實其所載內容之全部或一部，或陳述意見者。

②前項第一款至第三款之人，除發行人外，對於未經前項第四款之人簽證部分，如能證明已盡相當之注意，並有正當理由確信其主要內容無虛偽、隱匿情事或對於簽證之意見有正當理由確信其為真實者，免負賠償責任；前項第四款之人，如能證明已經合理調查，並有正當理由確信其簽證或意見為真實者，亦同。

第三三條

①認股人或應募人繳納股款或債款，應將款項連同認股書或應募書向代收款項之機構繳納之；代收機構收款後，應向各該繳款人交付經由發行人簽章之股款或債款之繳納憑證。

②前項繳納憑證及其存根，應由代收機構簽章，並將存根交還發行人。

③已依本法發行有價證券之公司發行新股時，如依公司法第二百七十三條公告之股款繳納期限在一個月以上者，認股人逾期不繳納股款，即喪失其權利，不適用公司法第二百六十六條第三項準用同法第一百四十二條之規定。

第三四條

①發行人應於依公司法得發行股票或公司債券之日起三十日內，對認股人或應募人憑前條之繳納憑證，交付股票或公司債券，並應於交付前公告之。

②公司股款、債款繳納憑證之轉讓，應於前項規定之限期內為之。

第三五條

公司發行股票或公司債券應經簽證，其簽證規則，由主管機關定之。

第三六條 108

①已依本法發行有價證券之公司，除情形特殊，經主管機關另予規定者外，應依下列規定公告並向主管機關申報：

一 於每會計年度終了後三個月內，公告並申報由董事長、經理人及會計主管簽名或蓋章，並經會計師查核簽證、董事會通過及監察人承認之年度財務報告。

二 於每會計年度第一季、第二季及第三季終了後四十五日內，公告並申報由董事長、經理人及會計主管簽名或蓋章，並經會計師核閱及提報董事會之財務報告。

三 於每月十日以前，公告並申報上月份營運情形。

②前項所定情形特殊之適用範圍、公告、申報期限及其他應遵行事項之辦法，由主管機關定之。

③第一項之公司有下列情事之一者，應於事實發生之日起二日內公告並向主管機關申報：

一 股東常會承認之年度財務報告與公告並向主管機關申報之年度財務報告不一致。

二 發生對股東權益或證券價格有重大影響之事項。

④第一項之公司，應編製年報，於股東常會分送股東；其應記載事項、編製原則及其他應遵行事項之準則，由主管機關定之。

⑤第一項至第三項公告、申報事項及前項年報，有價證券已在證券交易所上市買賣者，應以抄本送證券交易所；有價證券已在證券商營業處所買賣者，應以抄本送主管機關指定之機構供公眾閱覽。

⑥公司在重整期間，第一項所定董事會及監察人之職權，由重整人及重整監督人行使。

⑦股票已在證券交易所上市或於證券商營業處所買賣之公司股東常會，應於每會計年度終了後六個月內召開；不適用公司法第一百七十條第二項但書規定。

⑧股票已在證券交易所上市或於證券商營業處所買賣之公司董事及監察人任期屆滿之年，董事會未依前項規定召開股東常會改選董事、監察人者，主管機關得依職權限期召開；屆期仍不召開者，自限期屆滿時，全體董事及監察人當然解任。

第三六條之一 91

公開發行公司取得或處分資產、從事衍生性商品交易、資金貸與他人、為他人背書或提供保證及揭露財務預測資訊等重大財務業務行為，其適用範圍、作業程序、應公告、申報及其他應遵行事項之處理準則，由主管機關定之。

第三七條 91

①會計師辦理第三十六條財務報告之查核簽證，應經主管機關之核

准；其準則，由主管機關定之。

②會計師辦理前項查核簽證，除會計師法及其他法律另有規定者外，應依主管機關所定之查核簽證規則辦理。

③會計師辦理第一項簽證，發生錯誤或疏漏者，主管機關得視情節之輕重，為左列處分：

一　警告。

二　停止其二年以內辦理本法所定之簽證。

三　撤銷簽證之核准。

④第三十六條第一項之財務報告，應備置於公司及其分支機構，以供股東及公司債權人之查閱或抄錄。

第三八條

①主管機關為有價證券募集或發行之核准，因保護公益或投資人利益，對發行人、證券承銷商或其他關係人，得命令其提出參考或報告資料，並得直接檢查其有關書表、帳冊。

②有價證券發行後，主管機關得隨時命令發行人提出財務、業務報告或直接檢查財務、業務狀況。

第三八條之一 101

①主管機關認為必要時，得隨時指定會計師、律師、工程師或其他專門職業或技術人員，檢查發行人、證券承銷商或其他關係人之財務、業務狀況及有關書表、帳冊，並向主管機關提出報告或表示意見，其費用由被檢查人負擔。

②繼續一年以上，持有股票已在證券交易所上市或於證券商營業處所買賣之公司已發行股份總數百分之三以上股份之股東，對特定事項認有重大損害公司股東權益時，得檢附理由、事證及說明其必要性，申請主管機關就發行人之特定事項或有關書表、帳冊進行檢查，主管機關認有必要時，依前項規定辦理。

第三九條 108

主管機關於審查發行人所申報之財務報告、其他參考或報告資料時，或於檢查其財務、業務狀況時，發現發行人有不符合法令規定之事項，除得以命令糾正、限期改善外，並得依本法處罰。

第四〇條

對於有價證券募集之核准，不得藉以作為證實申請事項或保證證券價值之宣傳。

第四一條

①主管機關認為有必要時，對於已依本法發行有價證券之公司，得以命令規定其於分派盈餘時，除依法提出法定盈餘公積外，並應另提一定比率之特別盈餘公積。

②已依本法發行有價證券之公司，申請以法定盈餘公積或資本公積撥充資本時，應先填補虧損；其以資本公積撥充資本者，應以其一定比率為限。

第四二條

①公司對於未依本法發行之股票，擬在證券交易所上市或於證券商

營業處所買賣者，應先向主管機關申請補辦本法規定之有關發行審核程序。

②未依前項規定補辦發行審核程序之公司股票，不得為本法之買賣，或為買賣該種股票之公開徵求或居間。

第四三條

①在證券交易所上市或證券商營業處所買賣之有價證券之給付或交割應以現款、現貨為之。其交割期間及預繳買賣證據金數額，得由主管機關以命令定之。

②證券集中保管事業保管之有價證券，其買賣之交割，得以帳簿畫撥方式為之；其作業辦法，由主管機關定之。

③以證券集中保管事業保管之有價證券為設質標的者，其設質之交付，得以帳簿劃撥方式為之，並不適用民法第九百零八條之規定。

④證券集中保管事業以混合保管方式保管之有價證券，由所有人按其送存之種類數量分別共有；領回時，並得以同種類、同數量之有價證券返還之。

⑤證券集中保管事業為處理保管業務，得就保管之股票、公司債以該證券集中保管事業之名義登載於股票發行公司股東名簿或公司債存根簿。證券集中保管事業於股票、公司債發行公司召開股東會、債權人會議，或決定分派股息及紅利或其他利益，或還本付息前，將所保管股票及公司債所有人之本名或名稱、住所或居所及所持有數額通知該股票及公司債之發行公司時，視為已記載於公司股東名簿、公司債存根簿或已將股票、公司債交存公司，不適用公司法第一百六十五條第一項、第一百七十六條、第二百六十條及第二百六十三條第三項之規定。

⑥前二項規定於政府債券及其他有價證券準用之。

第二節　有價證券之收購 91

第四三條之一 108

①任何人單獨或與他人共同取得任一公開發行公司已發行股份總額超過百分之十之股份者，應向主管機關申報及公告；申報事項如有變動時，亦同。有關申報取得股份之股數、目的、資金來源、變動事項、公告、期限及其他應遵行事項之辦法，由主管機關定之。

②不經由有價證券集中交易市場或證券商營業處所，對非特定人為公開收購公開發行公司之有價證券者，除下列情形外，應提出具有履行支付收購對價能力之證明，向主管機關申報並公告特定事項後，始得為之：

一　公開收購人預定公開收購數量，加計公開收購人與其關係人已取得公開發行公司有價證券總數，未超過該公開發行公司已發行有表決權股份總數百分之五。

二　公開收購人公開收購其持有已發行有表決權股份總數超過

分之五十之公司之有價證券。

三　其他符合主管機關所定事項。

③任何人單獨或與他人共同預定取得公開發行公司已發行股份總額或不動產證券化條例之不動產投資信託受益證券達一定比例者，除符合一定條件外，應採公開收購方式為之。

④依第二項規定收購有價證券之範圍、條件、期間、關係人及申報公告事項與前項有關取得公開發行公司已發行股份總額達一定比例及條件之辦法，由主管機關定之。

⑤對非特定人為公開收購不動產證券化條例之不動產投資信託受益證券者，應先向主管機關申報並公告後，始得為之；有關收購不動產證券化之受益證券之範圍、條件、期間、關係人及申報公告事項、第三項有關取得不動產投資信託受益證券達一定比例及條件之辦法，由主管機關定之。

第四三條之二 91

①公開收購人應以同一收購條件為公開收購，且不得為左列公開收購條件之變更：

一　調降公開收購價格。

二　降低預定公開收購有價證券數量。

三　縮短公開收購期間。

四　其他經主管機關規定之事項。

②違反前項應以同一收購條件公開收購者，公開收購人應就最高收購價格與對應賣人公開收購價格之差額乘以應募股數之限額內，對應賣人負損害賠償責任。

第四三條之三 104

①公開收購人及其關係人自申報並公告之日起至公開收購期間屆滿日止，不得於集中交易市場、證券商營業處所、其他任何場所或以其他方式，購買同種類之公開發行公司有價證券或不動產證券化條例之不動產投資信託受益證券。

②違反前項規定者，公開收購人應就另行購買有價證券之價格與公開收購價格之差額乘以應募股數之限額內，對應賣人負損害賠償責任。

第四三條之四 91

①公開收購人除依第二十八條之二規定買回本公司股份者外，應於應賣人請求時或應賣人向受委任機構交存有價證券時，交付公開收購說明書。

②前項公開收購說明書，其應記載之事項，由主管機關定之。

③第三十一條第二項及第三十二條之規定，於第一項準用之。

第四三條之五 98

①公開收購人進行公開收購後，除有下列情事之一，並經主管機關核准者外，不得停止公開收購之進行：

一　被收購有價證券之公開發行公司，發生財務、業務狀況之重大變化，經公開收購人提出證明者。

二　公開收購人破產、死亡、受監護或輔助宣告或經裁定重整者。

三　其他經主管機關所定之事項。

②公開收購人所申報及公告之內容有違反法令規定之情事者，主管機關為保護公益之必要，得命令公開收購人變更公開收購申報事項，並重行申報及公告。

③公開收購人未於收購期間完成預定收購數量或經主管機關核准停止公開收購之進行者，除有正當理由並經主管機關核准者外，公開收購人於一年內不得就同一被收購公司進行公開收購。

④公開收購人與其關係人於公開收購後，所持有被收購公司已發行股份總數超過該公司已發行股份總數百分之五十者，得以書面記明提議事項及其理由，請求董事會召集股東臨時會，不受公司法第一百七十三條第一項規定之限制。

第三節　有價證券之私募及買賣 91

第四三條之六 91

①公開發行股票之公司，得以有代表已發行股份總數過半數股東之出席，出席股東表決權三分之二以上之同意，對左列之人進行有價證券之私募，不受第二十八條之一、第一百三十九條第二項及公司法第二百六十七條第一項至第三項規定之限制：

一　銀行業、票券業、信託業、保險業、證券業或其他經主管機關核准之法人或機構。

二　符合主管機關所定條件之自然人、法人或基金。

三　該公司或其關係企業之董事、監察人及經理人。

②前項第二款及第三款之應募人總數，不得超過三十五人。

③普通公司債之私募，其發行總額，除經主管機關徵詢目的事業中央主管機關同意者外，不得逾全部資產減去全部負債餘額之百分之四百，不受公司法第二百四十七條規定之限制。並得於董事會決議之日起一年內分次辦理。

④該公司應第一項第二款之人之合理請求，於私募完成前負有提供與本次有價證券私募有關之公司財務、業務或其他資訊之義務。

⑤該公司應於股款或公司債等有價證券之價款繳納完成日起十五日內，檢附相關書件，報請主管機關備查。

⑥依第一項規定進行有價證券之私募者，應在股東會召集事由中列舉並說明左列事項，不得以臨時動議提出：

一　價格訂定之依據及合理性。

二　特定人選擇之方式。其已洽定應募人者，並說明應募人與公司之關係。

三　辦理私募之必要理由。

⑦依第一項規定進行有價證券私募，並依前項各款規定於該次股東會議案中列舉及說明分次私募相關事項者，得於該股東會決議之日起一年內，分次辦理。

第四三條之七 91

① 有價證券之私募及再行賣出，不得爲一般性廣告或公開勸誘之行爲。

② 違反前項規定者，視爲對非特定人公開招募之行爲。

第四三條之八 91

① 有價證券私募之應募人及購買人除有左列情形外，不得再行賣出：

一 第四十三條之六第一項第一款之人持有私募有價證券，該私募有價證券無同種類之有價證券於證券集中交易市場或證券商營業處所買賣，而轉讓予具相同資格者。

二 自該私募有價證券交付日起滿一年以上，且自交付日起第三年期間內，依主管機關所定持有期間及交易數量之限制，轉讓予符合第四十三條之六第一項第一款及第二款之人。

三 自該私募有價證券交付日起滿三年。

四 基於法律規定所生效力之移轉。

五 私人間之直接讓受，其數量不超過該證券一個交易單位，前後二次之讓受行爲，相隔不少於三個月。

六 其他經主管機關核准者。

② 前項有關私募有價證券轉讓之限制，應於公司股票以顯著文字註記，並於交付應募人或購買人之相關書面文件中載明。

第三章 證券商

第一節 通 則

第四四條 95

① 證券商須經主管機關之許可及發給許可證照，方得營業；非證券商不得經營證券業務。

② 證券商分支機構之設立，應經主管機關許可。

③ 外國證券商在中華民國境內設立分支機構，應經主管機關許可及發給許可證照。

④ 證券商及其分支機構之設立條件、經營業務種類、申請程序、應檢附書件等事項之設置標準與其財務、業務及其他應遵行事項之規則，由主管機關定之。

⑤ 前項規則有關外匯業務經營之規定，主管機關於訂定或修正時，應洽商中央銀行意見。

第四四條之一 107

① 爲促進普惠金融及金融科技發展，不限於證券商及證券金融事業，得依金融科技發展與創新實驗條例申請辦理證券業務創新實驗。

② 前項之創新實驗，於主管機關核准辦理之期間及範圍內，得不適用本法之規定。

③ 主管機關應參酌第一項創新實驗之辦理情形，檢討本法及相關金

融法規之妥適性。

第四五條 95

①證券商應依第十六條規定，分別依其種類經營證券業務，不得經營其本身以外之業務。但經主管機關核准者，不在此限。

②證券商不得由他業兼營。但金融機構得經主管機關之許可，兼營證券業務。

③證券商非經主管機關核准，不得投資於其他證券商。

第四六條

證券商依前條第一項但書之規定，兼營證券自營商及證券經紀商者，應於每次買賣時，以書面文件區別其為自行買賣或代客買賣。

第四七條

證券商須為依法設立、登記之公司。但依第四十五條第二項但書規定兼營者，不在此限。

第四八條

①證券商應有最低之資本額，由主管機關依其種類以命令分別定之。

②前項所稱之資本，為已發行股份總額之金額。

第四九條

①證券商之對外負債總額，不得超過其資本淨值之規定倍數；其流動負債總額，不得超過其流動資產總額之規定成數。

②前項倍數及成數，由主管機關以命令分別定之。

第五〇條

①證券商之公司名稱，應標明證券之字樣。但依第四十五條第二項但書之規定為證券商者，不在此限。

②非證券商不得使用類似證券商之名稱。

第五一條 95

證券商之董事、監察人及經理人，不得兼任其他證券商之任何職務。但因投資關係，並經主管機關核准者，得兼任被投資證券商之董事或監察人。

第五二條 （刪除）

第五三條

有左列情事之一者，不得充任證券商之董事、監察人或經理人，其已充任者，解任之，並由主管機關函請經濟部撤銷其董事、監察人或經理人登記：

一　有公司法第三十條各款情事之一者。

二　曾任法人宣告破產時之董事、監察人、經理人或其他地位相等之人，其破產終結未滿三年或調協未履行者。

三　最近三年內在金融機構有拒絕往來或喪失債信之紀錄者。

四　依本法之規定，受罰金以上刑之宣告，執行完畢，緩刑期滿或赦免後未滿三年者。

五　違反第五十一條之規定者。

六　受第五十六條及第六十六條第二款解除職務之處分，未滿三年者。

第五四條 110

①證券商僱用對於有價證券營業行為直接有關之業務人員，應成年，並具備有關法令所規定之資格條件，且無下列各款情事之一：

一　受破產之宣告尚未復權、受監護宣告或受輔助宣告尚未撤銷。

二　兼任其他證券商之職務。但因投資關係，並經主管機關核准兼任被投資證券商之董事或監察人者，不在此限。

三　曾犯詐欺、背信罪或違反工商管理法律，受有期徒刑以上刑之宣告，執行完畢、緩刑期滿或赦免後未滿三年。

四　有前條第二款至第四款或第六款情事之一。

五　違反主管機關依本法所發布之命令。

②前項業務人員之職稱，由主管機關定之。

第五五條

①證券商於辦理公司設立登記後，應依主管機關規定，提存營業保證金。

②因證券商特許業務所生債務之債權人，對於前項營業保證金，有優先受清償之權。

第五六條

主管機關發現證券商之董事、監察人及受僱人有違背本法或其他有關法令之行為，足以影響證券業務之正常執行者，除得隨時命令該證券商停止其一年以下業務之執行或解除其職務外，並得視其情節之輕重，對證券商處以第六十六條所定之處分。

第五七條

證券商取得經營證券業務之特許，或設立分支機構之許可後，經主管機關發覺有違反法令或虛偽情事者，得撤銷其特許或許可。

第五八條

證券商或其分支機構於開始或停止營業時，應向主管機關申請備查。

第五九條

①證券商自受領證券業務特許證照，或其分支機構經許可並登記後，於三個月內未開始營業，或雖已開業而自行停止營業連續三個月以上時，主管機關得撤銷其特許或許可。

②前項所定期限，如有正當事由，證券商得申請主管機關核准延展之。

第六○條 95

①證券商非經主管機關核准，不得為下列之業務：

一　有價證券買賣之融資或融券。

二　有價證券買賣融資融券之代理。

三　有價證券之借貸或為有價證券借貸之代理或居間。

四　因證券業務借貸款項或為借貸款項之代理或居間。

五　因證券業務受客戶委託保管及運用其款項。

②證券商依前項規定申請核准辦理有關業務應具備之資格條件、人員、業務及風險管理等事項之辦法，由主管機關定之。

第六一條

有價證券買賣融資融券之額度、期限及融資比率、融券保證金成數，由主管機關商經中央銀行同意後定之；有價證券得為融資融券標準，由主管機關定之。

第六二條

①證券經紀商或證券自營商，在其營業處所受託或自行買賣有價證券者，非經主管機關核准不得為之。

②前項買賣之管理辦法，由主管機關定之。

③第一百五十六條及第一百五十七條之規定，於第一項之買賣準用之。

第六三條

第三十六條關於編製、申報及公告財務報告之規定，於證券商準用之。

第六四條

主管機關為保護公益或投資人利益，得隨時命令證券商提出財務或業務之報告資料，或檢查其營業、財產、帳簿、書類或其他有關物件；如發現有違反法令之重大嫌疑者，並得封存或調取其有關證件。

第六五條 108

主管機關於調查證券商之業務、財務狀況時，發現該證券商有不符合規定之事項，得隨時以命令糾正、限期改善。

第六六條 108

證券商違反本法或依本法所發布之命令者，除依本法處罰外，主管機關得視情節之輕重，為下列處分，並命其限期改善：

一　警告。

二　命令該證券商解除其董事、監察人或經理人職務。

三　對公司或分支機構就其所營業務之全部或一部為六個月以內之停業。

四　對公司或分支機構營業許可之撤銷或廢止。

五　其他必要之處置。

第六七條

證券商經主管機關依本法之規定撤銷其特許或命令停業者，該證券商應了結其被撤銷前或停業前所為有價證券之買賣或受託之事務。

第六八條

經撤銷證券業務特許之證券商，於了結前條之買賣或受託之事務時，就其了結目的之範圍內，仍視為證券商；因命令停業之證券商，於了結停業前所為有價證券之買賣或受託事務之範圍內，

視爲尙未停業。

第六九條

①證券商於解散或部分業務歇業時，應由董事會陳明事由，向主管機關申報之。

②第六十七條及第六十八條之規定，於前項情事準用之。

第七〇條

證券商負責人與業務人員之管理事項，由主管機關以命令定之。

第二節　證券承銷商

第七一條

①證券承銷商包銷有價證券，於承銷契約所訂定之承銷期間屆滿後，對於約定包銷之有價證券，未能全數銷售者，其賸餘數額之有價證券，應自行認購之。

②證券承銷商包銷有價證券，得先行認購後再行銷售或於承銷契約訂明保留一部分自行認購。

③證券承銷商辦理前項之包銷，其應具備之條件，由主管機關定之。

第七二條

證券承銷商代銷有價證券，於承銷契約所訂定之承銷期間屆滿後，對於約定代銷之有價證券，未能全數銷售者，其賸餘數額之有價證券，得退還發行人。

第七三條　（刪除）95

第七四條

證券承銷商除依第七十一條規定外，於承銷期間內，不得爲自己取得所包銷或代銷之有價證券。

第七五條

證券承銷商出售依第七十一條規定所取得之有價證券，其辦法由主管機關定之。

第七六條至第七八條　（刪除）95

第七九條

證券承銷商出售其所承銷之有價證券，應依第三十一條第一項之規定，代理發行人交付公開說明書。

第八〇條　（刪除）

第八一條

①證券承銷商包銷有價證券者，其包銷之總金額，不得超過其流動資產減流動負債後餘額之一定倍數；其標準由主管機關以命令定之。

②共同承銷者，每一證券承銷商包銷總金額之計算，依前項之規定。

第八二條

證券承銷商包銷之報酬或代銷之手續費，其最高標準，由主管機關以命令定之。

第三節　證券自營商

第八三條

　證券自營商得爲公司股份之認股人或公司債之應募人。

第八四條

　證券自營商由證券承銷商兼營者，應受第七十四條規定之限制。

第四節　證券經紀商

第八五條

①證券經紀商受託於證券集中交易市場，買賣有價證券，其向委託人收取手續費之費率，由證券交易所申報主管機關核定之。

②證券經紀商非於證券集中交易市場，受託買賣有價證券者，其手續費費率，由證券商同業公會申報主管機關核定之。

第八六條

①證券經紀商受託買賣有價證券，應於成交時作成買賣報告書交付委託人，並應於每月底編製對帳單分送各委託人。

②前項報告書及對帳單之記載事項，由主管機關以命令定之。

第八七條

①證券經紀商應備置有價證券購買及出售之委託書，以供委託人使用。

②前項委託書之記載事項，由主管機關以命令定之。

第八八條

　第八十六條第一項及第八十七條第一項之書件，應保存於證券經紀商之營業處所。

第四章　證券商同業公會

第八九條

　證券商非加入同業公會，不得開業。

第九〇條

　證券商同業公會章程之主要內容，及其業務之指導與監督，由主管機關以命令定之。

第九一條

　主管機關爲保障有價證券買賣之公正，或保護投資人，必要時得命令證券商同業公會變更其章程、規則、決議或提供參考、報告之資料，或爲其他一定之行爲。

第九二條

　證券商同業公會之理事、監事有違反法令怠於實施該會章程、規則，濫用職權，或違背誠實信用原則之行爲者，主管機關得予糾正，或命令證券商同業公會予以解任。

第五章　證券交易所

第一節　通則

第九三條

證券交易所之設立，應於登記前先經主管機關之特許或許可，其申請程序及必要事項，由主管機關以命令定之。

第九四條

證券交易所之組織，分會員制及公司制。

第九五條 95

①證券交易所之設置標準，由主管機關定之。

②每一證券交易所，以開設一個有價證券集中交易市場為限。

第九六條

非依本法不得經營類似有價證券集中交易市場之業務；其以場所或設備供給經營者亦同。

第九七條

證券交易所名稱，應標明證券交易所字樣；非證券交易所，不得使用類似證券交易所之名稱。

第九八條

證券交易所以經營供給有價證券集中交易市場為其業務，非經主管機關核准，不得經營其他業務或對其他事業投資。

第九九條

證券交易所應向國庫繳存營業保證金，其金額由主管機關以命令定之。

第一〇〇條

主管機關於特許或許可證券交易所設立後，發現其申請書或加具之文件有虛偽之記載，或有其他違反法令之行為者，得撤銷其特許或許可。

第一〇一條　(刪除)

第一〇二條

證券交易所業務之指導、監督及其負責人與業務人員管理事項，由主管機關以命令定之。

第二節　會員制證券交易所

第一〇三條

①會員制證券交易所，為非以營利為目的之社團法人，除依本法規定外，適用民法之規定。

②前項證券交易所之會員，以證券自營商及證券經紀商為限。

第一〇四條

會員制證券交易所之會員，不得少於七人。

第一〇五條

會員制證券交易所之章程，應記載左列事項：

一　目的。

二　名稱。

三　主事務所所在地，及其開設有價證券集中交易市場之場所。
四　關於會員資格之事項。
五　關於會員名額之事項。
六　關於會員紀律之事項。
七　關於會員出資之事項。
八　關於會員請求退會之事項。
九　關於董事、監事之事項。
十　關於會議之事項。
十一　關於會員存置、交割清算基金之事項。
十二　關於會員經費之分擔事項。
十三　關於業務之執行事項。
十四　關於解散時賸餘財產之處分事項。
十五　關於會計事項。
十六　公告之方法。
十七　關於主管機關規定之其他事項。

第一○六條　（刪除）

第一○七條

會員得依章程之規定請求退會，亦得因左列事由之一而退會：
一　會員資格之喪失。
二　會員公司之解散或撤銷。
三　會員之除名。

第一○八條

會員應依章程之規定，向證券交易所繳存交割結算基金，及繳付證券交易經手費。

第一○九條

會員應依章程之規定出資，其對證券交易所之責任，除依章程規定分擔經費外，以其出資額為限。

第一一○條

①會員制證券交易所對會員有左列行為之一者，應課以違約金，並得警告或停止或限制其於有價證券集中交易市場為買賣或予以除名：
一　違反法令或本於法令之行政處分者。
二　違反證券交易所章程、業務規則、受託契約準則或其他章則者。
三　交易行為違背誠實信用，足致他人受損害者。

②前項規定，應於章程中訂定之。

第一一一條

會員制證券交易所依前條之規定，對會員予以除名者，應報經主管機關核准；其經核准者，主管機關並得撤銷其證券商業務之特許。

第一一二條

①會員退會或被停止買賣時，證券交易所應依章程之規定，責令本

人或指定其他會員了結其所有價證券集中交易市場所為之買賣，其本人於了結該買賣目的範圍內，視為尚未退會，或未被停止買賣。

②依前項之規定，經指定之其他會員於了結該買賣目的範圍內，視為與本人間已有委任契約之關係。

第一一三條

①會員制證券交易所至少應置董事三人，監事一人，依章程之規定，由會員選任之。但董事中至少應有三分之一，監事至少應有一人就非會員之有關專家中選任之。

②董事、監事之任期均為三年，連選得連任。

③董事應組織董事會，由董事過半數之同意，就非會員董事中選任一人為董事長。

④董事長應為專任。但交易所設有其他全權主持業務之經理人者，不在此限。

⑤第一項之非會員董事及監事之選任標準及辦法，由主管機關定之。

第一一四條

①第五十三條之規定，於會員制證券交易所之董事、監事或經理人準用之。

②董事、監事或經理人違反前項之規定者，當然解任。

第一一五條

會員制證券交易所之董事、監事或經理人，不得為他證券交易所之董事、監事、監察人或經理人。

第一一六條

①會員制證券交易所之會員董事或監事之代表人，非會員董事或其他職員，不得為自己用任何名義自行或委託他人在證券交易所買賣有價證券。

②前項人員，不得對該證券交易所之會員供給資金，分擔盈虧或發生營業上之利害關係。但會員董事或監事之代表人，對於其所代表之會員有此項行為者，不在此限。

第一一七條

主管機關發現證券交易所之董事、監事之當選有不正當之情事者，或董事、監事、經理人有違反法令、章程或本於法令之行政處分時，得通知該證券交易所令其解任。

第一一八條

會員制證券交易所之董事、監事或經理人，除本法有規定者外，準用公司法關於董事、監察人或經理人之規定。

第一一九條

會員制證券交易所，除左列各款外，非經主管機關核准，不得以任何方法運用交割結算基金：

一　政府債券之買進。

二　銀行存款或郵政儲蓄。

第一二○條

會員制證券交易所之董事、監事及職員，對於所知有關有價證券交易之秘密，不得洩漏。

第一二一條

本節關於董事、監事之規定，對於會員董事、監事之代表人準用之。

第一二二條

① 會員制證券交易所因左列事由之一而解散：

一　章程所定解散事由之發生。

二　會員大會之決議。

三　會員不滿七人時。

四　破產。

五　證券交易所設立許可之撤銷。

② 前項第二款之解散，非經主管機關核准，不生效力。

第一二三條

會員制證券交易所僱用業務人員應具備之條件及解除職務，準用第五十四條及第五十六條之規定。

第三節　公司制證券交易所

第一二四條

公司制證券交易所之組織，以股份有限公司為限。

第一二五條

① 公司制證券交易所章程，除依公司法規定者外，並應記載左列事項：

一　在交易所集中交易之經紀商或自營商之名額及資格。

二　存續期間。

② 前項第二款之存續期間，不得逾十年。但得視當地證券交易發展情形，於期滿三個月前，呈請主管機關核准延長之。

第一二六條

① 證券商之董事、監察人、股東或受僱人不得為公司制證券交易所之經理人。

② 公司制證券交易所之董事、監察人至少應有三分之一，由主管機關指派非股東之有關專家任之；不適用公司法第一百九十二條第一項及第二百十六條第一項之規定。

③ 前項之非股東董事、監察人之選任標準及辦法，由主管機關定之。

第一二七條

公司制證券交易所發行之股票，不得於自己或他人開設之有價證券集中交易市場，上市交易。

第一二八條

① 公司制證券交易所不得發行無記名股票；其股份轉讓之對象，以依本法許可設立之證券商為限。

②每一證券商得持有證券交易所股份之比率，由主管機關定之。

第一二九條

在公司制證券交易所交易之證券經紀商或證券自營商，應由交易所與其訂立供給使用有價證券集中交易市場之契約，並檢同有關資料，申報主管機關核備。

第一三○條

前條所訂之契約，除因契約所訂事項終止外，因契約當事人之解散或證券自營商、證券經紀商業務特許之撤銷或歇業而終止。

第一三一條 （刪除）

第一三二條

①公司制證券交易所於其供給使用有價證券集中交易市場之契約內，應訂立由證券自營商或證券經紀商繳存交割結算基金，及繳付證券交易經手費。

②前項交割結算基金金額標準，由主管機關以命令定之。

③第一項之經手費費率，應由證券交易所會同證券商同業公會擬訂，申報主管機關核定之。

第一三三條

公司制證券交易所應於契約內訂明對使用其有價證券集中交易市場之證券自營商或證券經紀商有第一百十條各款規定之情事時，應繳納違約金或停止或限制其買賣或終止契約。

第一三四條

公司制證券交易所依前條之規定，終止證券自營商或證券經紀商之契約者，準用第一百十一條之規定。

第一三五條

公司制證券交易所於其供給使用有價證券集中交易市場之契約內，應比照本法第一百十二條之規定，訂明證券自營商或證券經紀商於被指定了結他證券自營商或證券經紀商所為之買賣者，有依約履行之義務。

第一三六條

證券自營商或證券經紀商依第一百三十三條之規定終止契約，或被停止買賣時，對其在有價證券集中交易市場所為之買賣，有了結之義務。

第一三七條

第四十一條、第四十八條、第五十三條第一款至第四款及第六款、第五十八條、第五十九條、第一百十五條、第一百十七條、第一百十九條至第一百二十一條及第一百二十三條之規定，於公司制證券交易所準用之。

第四節　有價證券之上市及買賣

第一三八條

①證券交易所除分別訂定各項準則外，應於其業務規則或營業細則

中，將有關左列各款事項詳細訂定之：

一　有價證券之上市。

二　有價證券集中交易市場之使用。

三　證券經紀商或證券自營商之買賣受託。

四　市場集會之關閉與停止。

五　買賣種類。

六　證券自營商或證券經紀商間進行買賣有價證券之程序，及買賣契約成立之方法。

七　買賣單位。

八　價格升降單位及幅度。

九　結算及交割日期與方法。

十　買賣有價證券之委託數量、價格、撮合成交情形等交易資訊之即時揭露。

十一　其他有關買賣之事項。

②前項各款之訂定，不得違反法令之規定；其有關證券商利益事項，並應先徵詢證券商同業公會之意見。

第一三九條

①依本法發行之有價證券，得由發行人向證券交易所申請上市。

②股票已上市之公司，再發行新股者，其新股股票於向股東交付之日起上市買賣。但公司有第一百五十六條第一項各款情事之一時，主管機關得限制其上市買賣。

③前項發行新股上市買賣之公司，應於新股上市後十日內，將有關文件送達證券交易所。

第一四〇條

證券交易所應訂定有價證券上市審查準則及上市契約準則，申請主管機關核定之。

第一四一條 101

證券交易所與上市有價證券之公司訂立之有價證券上市契約，其內容不得牴觸上市契約準則之規定，並應報請主管機關備查。

第一四二條 101

發行人公開發行之有價證券於發行人與證券交易所訂立有價證券上市契約後，始得於證券交易所之有價證券集中交易市場為買賣。

第一四三條

有價證券上市費用，應於上市契約中訂定；其費率由證券交易所申報主管機關核定之。

第一四四條 101

證券交易所得依法令或上市契約之規定終止有價證券上市，並應報請主管機關備查。

第一四五條 101

①於證券交易所上市之有價證券，其發行人得依上市契約申請終止上市。

②證券交易所應擬訂申請終止上市之處理程序，報請主管機關核定；修正時，亦同。

第一四六條 （刪除）101

第一四七條 101

證券交易所依法令或上市契約之規定，或爲保護公衆之利益，就上市有價證券停止或回復其買賣時，應報請主管機關備查。

第一四八條

於證券交易所上市有價證券之公司，有違反本法或依本法發布之命令時，主管機關爲保護公益或投資人利益，得命令該證券交易所停止該有價證券之買賣或終止上市。

第一四九條

政府發行之債券，其上市由主管機關以命令行之，不適用本法有關上市之規定。

第一五〇條

上市有價證券之買賣，應於證券交易所開設之有價證券集中交易市場爲之。但左列各款不在此限：

一　政府所發行債券之買賣。

二　基於法律規定所生之效力，不能經由有價證券集中交易市場之買賣而取得或喪失證券所有權者。

三　私人間之直接讓受，其數量不超過該證券一個成交單位；前後兩次之讓受行爲，相隔不少於三個月者。

四　其他符合主管機關所定事項者。

第一五一條

於有價證券集中交易市場爲買賣者，在會員制證券交易所限於會員；在公司制證券交易所限於訂有使用有價證券集中交易市場契約之證券自營商或證券經紀商。

第一五二條

證券交易所於有價證券集中交易市場，因不可抗拒之偶發事故，臨時停止集會，應向主管機關申報；回復集會時亦同。

第一五三條

證券交易所之會員或證券經紀商、證券自營商在證券交易所市場買賣證券，買賣一方不履行交付義務時，證券交易所應指定其他會員或證券經紀商或證券自營商代爲交付。其因此所生價金差額及一切費用，證券交易所應先動用交割結算基金代償之；如有不足再由證券交易所代爲支付，均向不履行交割之一方追償之。

第一五四條

①證券交易所得就其證券交易經手費提存賠償準備金，備供前條規定之支付，其攤提方法、攤提比率、停止提存之條件及其保管、運用之方法，由主管機關以命令定之。

②因有價證券集中交易市場買賣所生之債權，就第一百零八條及第一百三十二條之交割結算基金有優先受償之權，其順序如左：

一　證券交易所。

二　委託人。

三　證券經紀商、證券自營商。

③交割結算基金不敷清償時，其未受清償部分，得依本法第五十五條第二項之規定受償之。

第一五五條 104

①對於在證券交易所上市之有價證券，不得有下列各款之行為：

一　在集中交易市場委託買賣或申報買賣，業經成交而不履行交割，足以影響市場秩序。

二　（刪除）

三　意圖抬高或壓低集中交易市場某種有價證券之交易價格，與他人通謀，以約定價格於自己出售，或購買有價證券時，使約定人同時為購買或出售之相對行為。

四　意圖抬高或壓低集中交易市場某種有價證券之交易價格，自行或以他人名義，對該有價證券，連續以高價買入或以低價賣出，而有影響市場價格或市場秩序之虞。

五　意圖造成集中交易市場某種有價證券交易活絡之表象，自行或以他人名義，連續委託買賣或申報買賣而相對成交。

六　意圖影響集中交易市場有價證券交易價格，而散布流言或不實資料。

七　直接或間接從事其他影響集中交易市場有價證券交易價格之操縱行為。

②前項規定，於證券商營業處所買賣有價證券準用之。

③違反前二項規定者，對於善意買入或賣出有價證券之人所受之損害，應負賠償責任。

④第二十條第四項規定，於前項準用之。

第一五六條 104

主管機關對於已在證券交易所上市之有價證券，發生下列各款情事之一，而有影響市場秩序或損害公益之虞者，得命令停止其一部或全部之買賣，或對證券自營商、證券經紀商之買賣數量加以限制：

一　發行該有價證券之公司遇有訴訟事件或非訟事件，其結果足使公司解散或變動其組織、資本、業務計畫、財務狀況或停頓生產。

二　發行該有價證券之公司，遇有重大災害，簽訂重要契約，發生特殊事故，改變業務計畫之重要內容或退票，其結果足使公司之財務狀況有顯著重大之變更。

三　發行該有價證券公司之行為，有虛偽不實或違法情事，足以影響其證券價格。

四　該有價證券之市場價格，發生連續暴漲或暴跌情事，並使他種有價證券隨同為非正常之漲跌。

五　發行該有價證券之公司發生重大公害或食品藥物安全事件。

六　其他重大情事。

第一五七條

① 發行股票公司董事、監察人、經理人或持有公司股份超過百分之十之股東，對公司之上市股票，於取得後六個月內再行賣出，或於賣出後六個月內再行買進，因而獲得利益者，公司應請求將其利益歸於公司。

② 發行股票公司董事會或監察人不為公司行使前項請求權時，股東得以三十日之限期，請求董事或監察人行使之；逾期不行使時，請求之股東得為公司行使前項請求權。

③ 董事或監察人不行使第一項之請求以致公司受損害時，對公司負連帶賠償之責。

④ 第一項之請求權，自獲得利益之日起二年間不行使而消滅。

⑤ 第二十二條之二第三項之規定，於第一項準用之。

⑥ 關於公司發行具有股權性質之其他有價證券，準用本條規定。

第一五七條之一 99

① 下列各款之人，實際知悉發行股票公司有重大影響其股票價格之消息時，在該消息明確後，未公開前或公開後十八小時內，不得對該公司之上市或在證券商營業處所買賣之股票或其他具有股權性質之有價證券，自行或以他人名義買入或賣出：
一 該公司之董事、監察人、經理人及依公司法第二十七條第一項規定受指定代表行使職務之自然人。
二 持有該公司之股份超過百分之十之股東。
三 基於職業或控制關係獲悉消息之人。
四 喪失前三款身分後，未滿六個月者。
五 從前四款所列之人獲悉消息之人。

② 前項各款所定之人，實際知悉發行股票公司有重大影響其支付本息能力之消息時，在該消息明確後，未公開前或公開後十八小時內，不得對該公司之上市或在證券商營業處所買賣之非股權性質之公司債，自行或以他人名義賣出。

③ 違反第一項或前項規定者，對於當日善意從事相反買賣之人買入或賣出該證券之價格，與消息公開後十個營業日收盤平均價格之差額，負損害賠償責任；其情節重大者，法院得依善意從事相反買賣之人之請求，將賠償額提高至三倍；其情節輕微者，法院得減輕賠償金額。

④ 第一項第五款之人，對於前項損害賠償，應與第一項第一款至第四款提供消息之人，負連帶賠償責任。但第一項第一款至第四款提供消息之人有正當理由相信消息已公開者，不負賠償責任。

⑤ 第一項所稱有重大影響其股票價格之消息，指涉及公司之財務、業務或該證券之市場供求、公開收購，其具體內容對其股票價格有重大影響，或對正當投資人之投資決定有重要影響之消息；其範圍及公開方式等相關事項之辦法，由主管機關定之。

⑥ 第二項所定有重大影響其支付本息能力之消息，其範圍及公開方式等相關事項之辦法，由主管機關定之。

⑦第二十二條之二第三項規定，於第一項第一款、第二款，準用之；其於身分喪失後未滿六個月者，亦同。第二十條第四項規定，於第三項從事相反買賣之人準用之。

第五節　有價證券買賣之受託

第一五八條

①證券經紀商接受於有價證券集中交易市場為買賣之受託契約，應依證券交易所所訂受託契約準則訂定之。

②前項受託契約準則之主要內容，由主管機關以命令定之。

第一五九條

證券經紀商不得接受對有價證券買賣代為決定種類、數量、價格或買入、賣出之全權委託。

第一六〇條

證券經紀商不得於其本公司或分支機構以外之場所，接受有價證券買賣之委託。

第六節　監　督

第一六一條

主管機關為保護公益或投資人利益，得以命令通知證券交易所變更其章程、業務規則、營業細則、受託契約準則及其他章則或停止、禁止、變更、撤銷其決議案或處分。

第一六二條

主管機關對於證券交易所之檢查及命令提出資料，準用第六十四條之規定。

第一六三條

①證券交易所之行為，有違反法令或本於法令之行政處分，或妨害公益或擾亂社會秩序時，主管機關得為左列之處分：

一　解散證券交易所。

二　停止或禁止證券交易所之全部或一部業務。但停止期間，不得逾三個月。

三　以命令解任其董事、監事、監察人或經理人。

四　糾正。

②主管機關為前項第一款或第二款之處分時，應先報經行政院核准。

第一六四條

主管機關得於各該證券交易所派駐監理人員，其監理辦法，由主管機關以命令定之。

第一六五條

證券交易所及其會員，或與證券交易所訂有使用有價證券集中交易市場契約之證券自營商、證券經紀商，對監理人員本於法令所為之指示，應切實遵行。

第五章之一　外國公司 101

第一六五條之一 108

外國公司所發行之股票，首次經證券交易所或證券櫃檯買賣中心同意上市、上櫃買賣或登錄興櫃時，其股票未在國外證券交易所交易者，除主管機關另有規定外，其有價證券之募集、發行、私募及買賣之管理、監督，準用第五條至第八條、第十三條至第十四條之一、第十四條之二第一項至第四項、第六項、第十四條之三、第十四條之四第一項、第二項、第五項、第六項、第十四條之五、第十四條之六、第十九條至第二十一條、第二十二條至第二十五條之一、第二十六條之三、第二十七條、第二十八條之一第二項至第四項、第二十八條之二、第二十八條之四至第三十二條、第三十三條第一項、第二項、第三十五條至第四十三條之八、第六十一條、第一百三十九條、第一百四十一條至第一百四十五條、第一百四十七條、第一百四十八條、第一百五十條、第一百五十五條至第一百五十七條之一規定。

第一六五條之二 101

前條以外之外國公司所發行股票或表彰股票之有價證券已在國外證券交易所交易者或符合主管機關所定條件之外國金融機構之分支機構及外國公司之從屬公司，其有價證券經證券交易所或證券櫃檯買賣中心同意上市或上櫃買賣者，除主管機關另有規定外，其有價證券在中華民國募集、發行及買賣之管理、監督，準用第五條至第八條、第十三條、第十四條第一項、第三項、第十九條至第二十一條、第二十二條、第二十三條、第二十九條至第三十二條、第三十三條第一項、第二項、第三十五條、第三十六條第一項至第六項、第三十八條至第四十條、第四十二條、第四十三條、第四十三條之一第二項至第四項、第四十三條之二至第四十三條之五、第六十一條、第一百三十九條、第一百四十一條至第一百四十五條、第一百四十七條、第一百四十八條、第一百五十條、第一百五十五條至第一百五十七條之一規定。

第一六五條之三 101

①外國公司，應在中華民國境內指定其依本法之訴訟及非訴訟之代理人，並以之為本法在中華民國境內之負責人。

②前項代理人應在中華民國境內有住所或居所。

③外國公司應將第一項代理人之姓名、住所或居所及授權文件向主管機關申報；變更時，亦同。

第六章　仲　裁

第一六六條 101

①依本法所為有價證券交易所生之爭議，當事人得依約定進行仲裁。但證券商與證券交易所或證券商相互間，不論當事人間有無訂立仲裁契約，均應進行仲裁。

②前項仲裁，除本法規定外，依仲裁法之規定。

第一六七條

爭議當事人之一造違反前條規定，另行提起訴訟時，他造得據以請求法院駁回其訴。

第一六八條

爭議當事人之仲裁人不能依協議推定另一仲裁人時，由主管機關依申請或以職權指定之。

第一六九條 101

證券商對於仲裁之判斷，或依仲裁法第四十四條成立之和解，延不履行時，除有仲裁法第四十條情形，經提起撤銷判斷之訴者外，在其未履行前，主管機關得以命令停止其業務。

第一七〇條 101

證券商同業公會及證券交易所應於章程或規則內，訂明有關仲裁之事項。但不得牴觸本法及仲裁法。

第七章 罰 則

第一七一條 107

①有下列情事之一者，處三年以上十年以下有期徒刑，得併科新臺幣一千萬元以上二億元以下罰金：

一 違反第二十條第一項、第二項、第一百五十五條第一項、第二項、第一百五十七條之一第一項或第二項規定。

二 已依本法發行有價證券公司之董事、監察人、經理人或受僱人，以直接或間接方式，使公司為不利益之交易，且不合營業常規，致公司遭受重大損害。

三 已依本法發行有價證券公司之董事、監察人或經理人，意圖為自己或第三人之利益，而為違背其職務之行為或侵占公司資產，致公司遭受損害達新臺幣五百萬元。

②犯前項之罪，其因犯罪獲取之財物或財產上利益金額達新臺幣一億元以上者，處七年以上有期徒刑，得併科新臺幣二千五百萬元以上五億元以下罰金。

③有第一項第三款之行為，致公司遭受損害未達新臺幣五百萬元者，依刑法第三百三十六條及第三百四十二條規定處罰。

④犯前三項之罪，於犯罪後自首，如自動繳交全部犯罪所得者，減輕或免除其刑；並因而查獲其他正犯或共犯者，免除其刑。

⑤犯第一項至第三項之罪，在偵查中自白，如自動繳交全部犯罪所得者，減輕其刑；並因而查獲其他正犯或共犯者，減輕其刑至二分之一。

⑥犯第一項或第二項之罪，其因犯罪獲取之財物或財產上利益超過罰金最高額時，得於犯罪獲取之財物或財產上利益之範圍內加重罰金；如損及證券市場穩定者，加重其刑至二分之一。

⑦犯第一項至第三項之罪，犯罪所得屬犯罪行為人或其以外之自然人、法人或非法人團體因刑法第三十八條之一第二項所列情形取

得者，除應發還被害人、第三人或得請求損害賠償之人外，沒收之。

⑧違反第一百六十五條之一或第一百六十五條之二準用第二十條第一項、第二項、第一百五十五條第一項、第二項、第一百五十七條之一第一項或第二項規定者，依第一項第一款及第二項至前項規定處罰。

⑨第一項第二款、第三款及第二項至第七項規定，於外國公司之董事、監察人、經理人或受僱人適用。

第一七二條 107

①證券交易所之董事、監察人或受僱人，對於職務上之行為，要求期約或收受不正利益者，處五年以下有期徒刑、拘役或科或併科新臺幣二百四十萬元以下罰金。

②前項人員對於違背職務之行為，要求期約或收受不正利益者，處七年以下有期徒刑，得併科新臺幣三百萬元以下罰金。

第一七三條

①對於前條人員關於違背職務之行為，行求期約或交付不正利益者，處三年以下有期徒刑、拘役或科或併科新臺幣一百八十萬元以下罰金。

②犯前項之罪而自首者，得免除其刑。

第一七四條 101

①有下列情事之一者，處一年以上七年以下有期徒刑，得併科新臺幣二千萬元以下罰金：

一　於依第三十條、第四十四條第一項至第三項、第九十三條、第一百六十五條之一或第一百六十五條之二準用第三十條規定之申請事項為虛偽之記載。

二　對有價證券之行情或認募核准之重要事項為虛偽之記載而散布於眾。

三　發行人或其負責人、職員有第三十二條第一項之情事，而無同條第二項免責事由。

四　發行人、公開收購人或其關係人、證券商或其委託人、證券商同業公會、證券交易所或第十八條所定之事業，對於主管機關命令提出之帳簿、表冊、文件或其他參考或報告資料之內容有虛偽之記載。

五　發行人、公開收購人、證券商、證券商同業公會、證券交易所或第十八條所定之事業，於依法或主管機關基於法律所發布之命令規定之帳簿、表冊、傳票、財務報告或其他有關業務文件之內容有虛偽之記載。

六　於前款之財務報告上簽章之經理人或會計主管，為財務報告內容虛偽之記載。但經他人檢舉、主管機關或司法機關進行調查前，已提出更正意見並提供證據向主管機關報告者，減輕或免除其刑。

七　就發行人或特定有價證券之交易，依據不實之資料，作投資

之。

八　發行人之董事、經理人或受僱人違反法令、章程或逾越董事會授權之範圍，將公司資金貸與他人、或為他人以公司資產提供擔保、保證或為票據之背書，致公司遭受重大損害。

九　意圖妨礙主管機關檢查或司法機關調查，偽造、變造、湮滅、隱匿、掩飾工作底稿或有關紀錄、文件。

②有下列情事之一者，處五年以下有期徒刑，得科或併科新臺幣一千五百萬元以下罰金：

一　律師對公司、外國公司有關證券募集、發行或買賣之契約、報告書或文件，出具虛偽或不實意見書。

二　會計師對公司、外國公司申報或公告之財務報告、文件或資料有重大虛偽不實或錯誤情事，未善盡查核責任而出具虛偽不實報告或意見；或會計師對於內容存有重大虛偽不實或錯誤情事之公司、外國公司之財務報告，未依有關法規定、一般公認審計準則查核，致未予敘明。

三　違反第二十二條第一項至第三項規定。

③犯前項之罪，如有嚴重影響股東權益或損及證券交易市場穩定者，得加重其刑至二分之一。

④發行人之職員、受僱人犯第一項第六款之罪，其犯罪情節輕微者，得減輕其刑。

⑤主管機關對於有第二項第二款情事之會計師，應予以停止執行簽證工作之處分。

⑥外國公司為發行人者，該外國公司或外國公司之董事、經理人、受僱人、會計主管違反第一項第二款至第九款規定，依第一項及第四項規定處罰。

⑦違反第一百六十五條之一或第一百六十五條之二準用第二十二條規定，依第二項及第三項規定處罰。

第一七四條之一 101

①第一百七十一條第一項第二款、第三款或前條第一項第八款之已依本法發行有價證券公司之董事、監察人、經理人或受僱人所為之無償行為，有害及公司之權利者，公司得聲請法院撤銷之。

②前項之公司董事、監察人、經理人或受僱人所為之有償行為，於行為時明知有損害於公司之權利，且受益人於受益時亦知其情事者，公司得聲請法院撤銷之。

③依前二項規定聲請法院撤銷時，得並聲請命受益人或轉得人回復原狀。但轉得人於轉得時不知有撤銷原因者，不在此限。

④第一項之公司董事、監察人、經理人或受僱人與其配偶、直系親屬、同居親屬、家長或家屬間所為之處分其財產行為，均視為無償行為。

⑤第一項之公司董事、監察人、經理人或受僱人與前項以外之人所為之處分其財產行為，推定為無償行為。

⑥第一項及第二項之撤銷權，自公司知有撤銷原因時起，一年間不行使，或自行為時起經過十年而消滅。

⑦前六項規定，於外國公司之董事、監察人、經理人或受僱人適用之。

第一七四條之二 （刪除）107

第一七五條 101

①違反第十八條第一項、第二十八條之二第一項、第四十三條第一項、第四十三條之一第三項、第四十三條之五第二項、第三項、第四十三條之六第一項、第四十四條第一項至第三項、第六十條第一項、第六十二條第一項、第九十三條、第九十六條至第九十八條、第一百十六條、第一百二十條或第一百六十條之規定者，處二年以下有期徒刑、拘役或科或併科新臺幣一百八十萬元以下罰金。

②違反第一百六十五條之一或第一百六十五條之二準用第四十三條第一項、第四十三條之一第三項、第四十三條之五第二項、第三項規定，或違反第一百六十五條之一準用第二十八條之二第一項、第四十三條之六第一項規定者，依前項規定處罰。

③違反第四十三條之一第二項未經公告而為公開收購、第一百六十五條之一或第一百六十五條之二準用第四十三條之一第二項未經公告而為公開收購者，依第一項規定處罰。

第一七六條 （刪除）

第一七七條 101

①違反第三十四條、第四十條、第四十三條之八第一項、第四十五條、第四十六條、第五十條第二項、第一百十九條、第一百五十條或第一百六十五條規定者，處一年以下有期徒刑、拘役或科或併科新臺幣一百二十萬元以下罰金。

②違反第一百六十五條之一或第一百六十五條之二準用第四十條、第一百五十條規定，或違反第一百六十五條之一準用第四十三條之八第一項規定者，依前項規定處罰。

第一七七條之一 108

違反第七十四條或第八十四條規定者，處證券商相當於所取得有價證券價金額以下之罰鍰。但不得少於新臺幣二十四萬元。

第一七八條 108

①有下列情事之一者，處新臺幣二十四萬元以上四百八十萬元以下罰鍰，並命其限期改善；屆期未改善者，得按次處罰：

一 違反第二十二條之二第一項、第二項、第二十六條之一，或第一百六十五條之一準用第二十二條之二第一項、第二項規定。

二 違反第十四條第三項、第十四條之一第一項、第三項、第十四條之二第一項、第三項、第六項、第十四條之三、第十四條之五第一項、第二項、第二十一條之一第五項、第二十五條第一項、第二項、第四項、第三十一條第一項、

第三十六條第五項、第七項、第四十一條、第四十三條之一第一項、第四十三條之四第一項、第四十三條之六第五項至第七項規定、第一百六十五條之一或第一百六十五條之二準用第十四條第三項、第三十一條第一項、第三十六條第五項、第四十三條之四第一項；或違反第一百六十五條之一準用第十四條之一第一項、第三項、第十四條之二第一項、第三項、第六項、第十四條之三、第十四條之五第一項、第二項、第二十五條第一項、第二項、第四項、第三十六條第七項、第四十一條、第四十三條之一第一項、第四十三條之六第五項至第七項規定。

三 發行人、公開收購人或其關係人、證券商之委託人，對於主管機關命令提出之帳簿、表冊、文件或其他參考或報告資料，屆期不提出，或對於主管機關依法所為之檢查予以規避、妨礙或拒絕。

四 發行人、公開收購人，於依本法或主管機關基於本法所發布之命令規定之帳簿、表冊、傳票、財務報告或其他有關業務之文件，不依規定製作、申報、公告、備置或保存。

五 違反第十四條之四第一項、第二項或第一百六十五條之一準用第十四條之四第一項、第二項規定；或違反第十四條之四第五項、第一百六十五條之一準用該項所定辦法有關作業程序、職權之行使或議事錄應載明事項之規定。

六 違反第十四條之六第一項前段或第一百六十五條之一準用該項前段規定，未設置薪資報酬委員會；或違反第十四條之六第一項後段、第一百六十五條之一準用該項後段所定辦法有關成員之資格條件、組成、作業程序、職權之行使、議事錄應載明事項或公告申報之規定。

七 違反第二十五條之一或第一百六十五條之一準用該條所定規則有關徵求人、受託代理人與代為處理徵求事務者之資格條件、委託書徵求與取得之方式、召開股東會公司應遵守之事項及對於主管機關要求提供之資料拒絕提供之規定。

八 違反主管機關依第二十六條第二項所定公開發行公司董事監察人股權成數及查核實施規則有關通知及查核之規定。

九 違反第二十六條之三第一項、第七項、第八項前段或第一百六十五條之一準用第二十六條之三第一項、第七項或第八項前段規定；或違反第二十六條之三第八項後段、第一百六十五條之一準用該項後段所定辦法有關主要議事內容、作業程序、議事錄應載明事項或公告之規定。

十 違反第二十八條之二第二項、第四項至第七項或第一百六十五條之一準用第二十八條之二第二項、第四項至第七項規定；或違反第二十八條之二第三項、第一百六十五條之一準用該項所定辦法有關買回股份之程序、價格、數量、方式、轉讓方法或應申報公告事項之規定。

十一 違反第三十六條之一或第一百六十五條之一準用該條所定準則有關取得或處分資產、從事衍生性商品交易、資金貸與他人、為他人背書或提供保證及揭露財務預測資訊等重大財務業務行為之適用範圍、作業程序、應公告或申報之規定。

十二 違反第四十三條之二第一項、第四十三條之三第一項、第四十三條之五第一項或第一百六十五條之一、第一百六十五條之二準用第四十三條之二第一項、第四十三條之三第一項、第四十三條之五第一項規定；或違反第四十三條之一第四項、第五項、第一百六十五條之一、第一百六十五條之二準用第四十三條之一第四項所定辦法有關收購有價證券之範圍、條件、期間、關係人或申報公告事項之規定。

②外國公司為發行人時，該外國公司違反前項第三款或第四款規定，依前項規定處罰。

③依前二項規定應處罰鍰之行為，其情節輕微者，得免予處罰，或先命其限期改善，已改善完成者，免予處罰。

④檢舉違反第二十五條之一案件因而查獲者，應予獎勵；其辦法由主管機關定之。

第一七八條之一 108

①證券商、第十八條第一項所定之事業、證券商同業公會、證券交易所或證券櫃檯買賣中心有下列情事之一者，處各該事業或公會新臺幣二十四萬元以上四百八十萬元以下罰鍰，並得命其限期改善；屆期未改善者，得按次處罰：

一 違反第十四條第三項、第十四條之一第一項、第三項、第二十一條之一第五項、第五十八條、第六十一條、第六十九條第一項、第七十九條、第一百四十一條、第一百四十四條、第一百四十五條第二項、第一百四十七條、第一百五十二條、第一百五十九條、第一百六十五條之一或第一百六十五條之二準用第六十一條、第一百四十一條、第一百四十四條、第一百四十五條第二項、第一百四十七條規定。

二 對於主管機關命令提出之帳簿、表冊、文件或其他參考或報告資料，屆期不提出，或對主管機關依法所為之檢查予以規避、妨礙或拒絕。

三 於依本法或主管機關基於本法所發布之命令規定之帳簿、表冊、傳票、財務報告或其他有關業務之文件，不依規定製作、申報、公告、備置或保存。

四 證券商或第十八條第一項所定之事業未確實執行內部控制制度。

五 第十八條第一項所定之事業違反同條第二項所定規則有關財務、業務或管理之規定。

六 證券商違反第二十二條第四項所定有關發行經主管機關核定

之其他有價證券之準則、第四十四條第四項所定標準、規則、第六十條第二項所定辦法、第六十二條第二項所定辦法、規則或第七十條所定規則有關財務、業務或管理之規定。

七　證券櫃檯買賣中心違反第六十二條第二項所定辦法、證券商同業公會違反第九十條所定規則或證券交易所違反第九十三條、第九十五條、第一百零二條所定規則有關財務、業務或管理之規定。

②依前項規定應處罰鍰之行為，其情節輕微者，得免予處罰，或先命其限期改善，已改善完成者，免予處罰。

第一七九條 108
法人及外國公司違反本法之規定者，除第一百七十七條之一及前條規定外，依本章各條之規定處罰其為行為之負責人。

第一八〇條　（刪除）95

第一八〇條之一
犯本章之罪所科罰金達新臺幣五千萬元以上而無力完納者，易服勞役期間為二年以下，其折算標準以罰金總額與二年之日數比例折算；所科罰金達新臺幣一億元以上而無力完納者，易服勞役期間為三年以下，其折算標準以罰金總額與三年之日數比例折算。

第八章　附　則

第一八一條
本法施行前已依證券商管理辦法公開發行之公司股票或公司債券，視同依本法公開發行。

第一八一條之一 94
法院為審理違反本法之犯罪案件，得設立專業法庭或指定專人辦理。

第一八一條之二 95
經主管機關依第十四條之二第一項但書規定要求設置獨立董事及依第十四條之四第一項但書規定命令設置審計委員會，或第二十六條之三施行時依同條第六項規定董事、監察人應當然解任者，得自現任董事或監察人任期屆滿時，始適用之。

第一八二條　（刪除）

第一八二條之一 95
本法施行細則，由主管機關定之。

第一八三條 101
本法施行日期，除中華民國八十九年七月十九日修正公布之第五十四條、第九十五條及第一百二十八條自九十年一月十五日施行，九十四年十二月二十日修正之第十四條之二至第十四條之五、第二十六條之三自九十六年一月一日施行，九十五年五月五日修正之條文自九十五年七月一日施行，九十八年五月二十六日修正之條文自九十八年十一月二十三日施行，九十九年五月四日

修正之第三十六條自一百零一年一月一日施行，及一百年十二月十二日修正之第三十六條第一項第二款自一百零二會計年度施行外，自公布日施行。

證券交易法第一百五十七條之一第五項及第六項重大消息範圍及其公開方式管理辦法

①民國95年5月30日行政院金融監督管理委員會令訂定發布全文6條；並自發布日施行。
②民國99年12月22日行政院金融監督管理委員會令修正發布名稱及全文7條；並自發布日施行（原名稱：證券交易法第一百五十七條之一第四項重大消息範圍及其公開方式管理辦法）。

第一條

本辦法依證券交易法（以下簡稱本法）第一百五十七條之一第五項及第六項規定訂定之。

第二條

本法第一百五十七條之一第五項所稱涉及公司之財務、業務，對其股票價格有重大影響，或對正當投資人之投資決定有重要影響之消息，指下列消息之一：

一　本法施行細則第七條所定之事項。

二　公司辦理重大之募集發行或私募具股權性質之有價證券、減資、合併、收購、分割、股份交換、轉換或受讓、直接或間接進行之投資計畫，或前開事項有重大變更者。

三　公司辦理重整、破產、解散、或申請股票終止上市或在證券商營業處所終止買賣，或前開事項有重大變更者。

四　公司董事受停止行使職權之假處分裁定，致董事會無法行使職權者，或公司獨立董事均解任者。

五　發生災難、集體抗議、罷工、環境污染或其他重大情事，致造成公司重大損害，或經有關機關命令停工、停業、歇業、廢止或撤銷相關許可者。

六　公司之關係人或主要債務人或其連帶保證人遭退票、聲請破產、重整或其他重大類似情事；公司背書或保證之主債務人無法償付到期之票據、貸款或其他債務者。

七　公司發生重大之內部控制舞弊、非常規交易或資產被掏空者。

八　公司與主要客戶或供應商停止部分或全部業務往來者。

九　公司財務報告有下列情形之一：

(一)未依本法第三十六條規定公告申報者。

(二)編製之財務報告發生錯誤或疏漏，有本法施行細則第六條

　　　規定應更正且重編者。

　　(三)會計師出具無保留意見或修正式無保留意見以外之查核或核閱報告者。但依法律規定損失得分年攤銷，或第一季、第三季及半年度財務報告若因長期股權投資金額及其損益之計算係採被投資公司未經會計師查核簽證或核閱之報表計算等情事，經其簽證會計師出具保留意見之查核或核閱報告者，不在此限。

　　(四)會計師出具繼續經營假設存有重大疑慮之查核或核閱報告者。

十　公開之財務預測與實際數有重大差異者或財務預測更新（正）與原預測數有重大差異者。

十一　公司營業損益或稅前損益與去年同期相較有重大變動，或與前期相較有重大變動且非受季節性因素影響所致者。

十二　公司有下列會計事項，不影響當期損益，致當期淨值產生重大變動者：

　　(一)辦理資產重估。

　　(二)金融商品期末評價。

　　(三)外幣換算調整。

　　(四)金融商品採避險會計處理。

　　(五)未認列為退休金成本之淨損失。

十三　為償還公司債之資金籌措計畫無法達成者。

十四　公司辦理買回本公司股份者。

十五　進行或停止公開收購公開發行公司所發行之有價證券者。

十六　公司取得或處分重大資產者。

十七　公司發行海外有價證券，發生依上市地國政府法令及其證券交易市場規章之規定應即時公告或申報之重大情事者。

十八　其他涉及公司之財務、業務，對公司股票價格有重大影響，或對正當投資人之投資決定有重要影響者。

第三條

本法第一百五十七條之一第五項所稱涉及該證券之市場供求，對其股票價格有重大影響，或對正當投資人之投資決定有重要影響之消息，指下列消息之一：

一　證券集中交易市場或證券商營業處所買賣之有價證券有被進行或停止公開收購者。

二　公司或其控制公司股權有重大異動者。

三　在證券集中交易市場或證券商營業處所買賣之有價證券有標購、拍賣、重大違約交割、變更原有交易方法、停止買賣、限制買賣或終止買賣之情事或事由者。

四　依法執行搜索之人員至公司、其控制公司或其符合會計師查核簽證財務報表規則第二條之一第二項所定重要子公司執行搜索者。

五　其他涉及該證券之市場供求，對公司股票價格有重大影響，

或對正當投資人之投資決定有重要影響者。

第四條

①本法第一百五十七條之一第六項所稱公司有重大影響其支付本息能力之消息，指下列消息之一：

一 本法施行細則第七條第一款至第三款所定情事者。

二 第二條第五款至第八款、第九款第四目及第十三款所定情事者。

三 公司辦理重整、破產或解散者。

四 公司發生重大虧損，致有財務困難、暫停營業或停業之虞者。

五 公司流動資產扣除存貨及預付費用後之金額加計公司債到期前之淨現金流入，不足支應最近期將到期之本金或利息及其他之流動負債者。

六 已發行之公司債採非固定利率計息，因市場利率變動，致大幅增加利息支出，影響公司支付本息能力者。

七 其他足以影響公司支付本息能力之情事者。

②前項規定，於公司發行經銀行保證之公司債者，不適用之。

第五條

前三條所定消息之成立時點，為事實發生日、協議日、簽約日、付款日、委託日、成交日、過戶日、審計委員會或董事會決議日或其他依具體事證可得明確之日，以日期在前者為準。

第六條

①第二條及第四條消息之公開方式，係指經公司輸入公開資訊觀測站。

②第三條消息之公開，係指透過下列方式之一公開：

一 公司輸入公開資訊觀測站。

二 臺灣證券交易所股份有限公司基本市況報導網站中公告。

三 財團法人中華民國證券櫃檯買賣中心基本市況報導網站中公告。

四 兩家以上每日於全國發行報紙之非地方性版面、全國性電視新聞或前開媒體所發行之電子報報導。

③消息透過前項第四款之方式公開者，本法第一百五十七條之一第一項十八小時之計算係以派報或電視新聞首次播出或輸入電子網站時點在後者起算。

④前項派報時間早報以上午六時起算，晚報以下午三時起算。

第七條

本辦法自發布日施行。

銀行法

① 民國20年3月28日國民政府制定公布全文51條。
② 民國36年9月1日國民政府修正公布全文119條。
③ 民國39年6月16日總統令修正公布第15、17、25、27、34～36、38、43、55、64、77、80、87、90、95、106、114條條文。
④ 民國57年11月11日總統令修正公布第52、54、61、62、68、75、101、108條條文。
⑤ 民國64年7月4日總統令修正公布全文140條。
⑥ 民國66年12月29日總統令修正公布第9、20、79、103、132、136條條文;並增訂第35-1條條文。
⑦ 民國67年7月19日總統令修正公布第3條條文。
⑧ 民國68年12月5日總統令修正公布第35-1條條文。
⑨ 民國69年12月5日總統令修正公布第84條條文。
⑩ 民國70年7月17日總統令修正公布第29條條文。
⑪ 民國74年5月20日總統令修正公布第6～9、15、32、33、52、62、71、78、79、101～103、109、115、125～133、139條條文;並增訂第33-1、127-1條條文。
⑫ 民國78年7月17日總統令修正公布第1、3、4、2529、33-1、41、44、48、50、52、62、71、76、78、79、101、121、123、125～127、127-1、128～132條條文;並增訂第5-1、29-1、35-1、127-2、127-3條條文。
⑬ 民國81年10月30日總統令修正公布第12、13、32、33、36、45、57、83、127-1、127-2、129、139條條文;並增訂第5-2、33-2、33-3、47-1、139-1條條文。
⑭ 民國84年6月29日總統令修正公布第3、38條條文。
⑮ 民國86年5月7日總統令修正公布第42、140條條文。
　民國88年7月15日行政院令發布第42條定自88年7月7日起施行。
⑯ 民國89年11月1日總統令修正公布第19、20、25、28、33-3、44、49、54、59、70、71、74～76、89～91、117、121、123、125、127、127-1～127-3、128～134、136條條文;增訂第8-1、12-1、33-4、33-5、42-1、45-1、47-2、47-3、51-1、61-1、62-1～62-9、63-1、72-1、72-2、74-1、91-1、115-1、125-1、125-2、127-4、129-1條條文;並刪除第9、17、63、77～86條條文及第四章章名。
⑰ 民國93年2月4日總統令修正公布第125、125-2條條文;並增訂第125-3、125-4、136-1、136-2條條文。
⑱ 民國94年5月18日總統令修正公布第20、45-1、49、52、62、135條條文;增訂第45-2、125-5、125-6、127-5、138-1條條文;並刪除第60、119、124條條文。
⑲ 民國95年5月17日總統令增訂公布第64-1條條文。
⑳ 民國95年5月30日總統令修正公布第125-4、140條條文;並自95年7月1日施行。
㉑ 民國96年3月21日總統令修正公布第62、64條條文。
㉒ 民國97年12月30日總統令修正公布第19、25、33-3、35-2、42、44、48、50、62～62-5、62-7、62-9、128、129、131、133條條

文；並增訂第25-1、44-1、44-2、129-2條條文。

㉓民國100年11月9日總統令修正公布第12-1條條文；並增訂第12-2條條文。

民國101年2月3日行政院公告第62-4條第1項第4款所列屬「行政院公平交易委員會」之權責事項，自101年2月6日起改由「公平交易委員會」管轄。

民國101年6月25日行政院公告第19條所列屬「行政院金融監督管理委員會」之權責事項，自101年7月1日起改由「金融監督管理委員會」管轄。

民國103年1月21日行政院公告第72-2條第1項第3、4款所列屬「行政院經濟建設委員會」之權責事項，自103年1月22日起改由「國家發展委員會」管轄。

㉔民國103年6月4日總統令修正公布第19條條文。

㉕民國104年2月4日總統令修正公布第11、45-1、47-1、64-1、72-1、72-2、74、75條條文；並刪除第42-1條條文。

㉖民國104年6月24日總統令修正公布第131條條文；並增訂第34-1條條文。

㉗民國107年1月31日總統令修正公布第125、125-2～125-4、136-1條條文；並增訂第22-1條條文。

㉘民國108年4月17日總統令修正公布第13、35-2、47-3、61-1、116、117、125、127-1、128～133、134～136條條文；增訂第51-2、133-1、136-3條條文；並刪除第125-6、127-3條條文。

第一章 通　則

第一條

為健全銀行業務經營，保障存款人權益，適應產業發展，並使銀行信用配合國家金融政策，特制定本法。

第二條

本法稱銀行，謂依本法組織登記，經營銀行業務之機構。

第三條

銀行經營之業務如左：

一　收受支票存款。

二　收受其他各種存款。

三　受託經理信託資金。

四　發行金融債券。

五　辦理放款。

六　辦理票據貼現。

七　投資有價證券。

八　直接投資生產事業。

九　投資住宅建築及企業建築。

十　辦理國內外匯兌。

十一　辦理商業匯票承兌。

十二　簽發信用狀。

十三　辦理國內外保證業務。

十四　代理收付款項。

十五　承銷及自營買賣或代客買賣有價證券。

十六　辦理債券發行之經理及顧問事項。

十七　擔任股票及債券發行簽證人。

十八　受託經理各種財產。

十九　辦理證券投資信託有關業務。

二十　買賣金塊、銀塊、金幣、銀幣及外國貨幣。

二一　辦理與前列各款業務有關之倉庫、保管及代理服務業務。

二二　經中央主管機關核准辦理之其他有關業務。

第四條

各銀行得經營之業務項目，由中央主管機關按其類別，就本法所定之範圍內分別核定，並於營業執照上載明之。但其有關外匯業務之經營，須經中央銀行之許可。

第五條

銀行依本法辦理授信，其期限在一年以內者，爲短期信用；超過一年而在七年以內者，爲中期信用；超過七年者，爲長期信用。

第五條之一

本法稱收受存款，謂向不特定多數人收受款項或吸收資金，並約定返還本金或給付相當或高於本金之行爲。

第五條之二

本法稱授信，謂銀行辦理放款、透支、貼現、保證、承兌及其他經中央主管機關指定之業務項目。

第六條

本法稱支票存款，謂依約定憑存款人簽發支票，或利用自動化設備委託支付隨時提取不計利息之存款。

第七條

本法稱活期存款，謂存款人憑存摺或依約定方式，隨時提取之存款。

第八條

本法稱定期存款，謂有一定時期之限制，存款人憑存單或依約定方式提取之存款。

第八條之一

①定期存款到期前不得提取。但存款人得以之質借，或於七日以前通知銀行中途解約。

②前項質借及中途解約辦法，由主管機關洽商中央銀行定之。

第九條　（刪除）

第一〇條

本法稱信託資金，謂銀行以受託人地位，收受信託款項，依照信託契約約定之條件，爲信託人指定之受益人之利益而經營之資金。

第一一條 104

本法稱金融債券，謂銀行依本法有關規定，報經主管機關核准發行之債券。

第一二條

本法稱擔保授信，謂對銀行之授信，提供左列之一為擔保者：

一　不動產或動產抵押權。

二　動產或權利質權。

三　借款人營業交易所發生之應收票據。

四　各級政府公庫主管機關、銀行或經政府核准設立之信用保證機構之保證。

第一二條之一 100

①銀行辦理自用住宅放款及消費性放款，不得要求借款人提供連帶保證人。

②銀行辦理自用住宅放款及消費性放款，已取得前條所定之足額擔保時，不得要求借款人提供保證人。

③銀行辦理授信徵取保證人時，除前項規定外，應以一定金額為限。

④未來求償時，應先就借款人進行求償，其求償不足部分，如保證人有數人者，應先就各該保證人平均求償。但為取得執行名義或保全程序者，不在此限。

第一二條之二 100

因自用住宅放款及消費性放款而徵取之保證人，其保證契約自成立之日起，有效期間不得逾十五年。但經保證人書面同意者，不在此限。

第一三條 108

本法稱無擔保授信，謂無第十二條各款擔保之授信。

第一四條

本法稱中、長期分期償還放款，謂銀行依據借款人償債能力，經借貸雙方協議，於放款契約內訂明分期還本付息辦法及借款人應遵守之其他有關條件之放款。

第一五條

①本法稱商業票據，謂依國內外商品交易或勞務提供而產生之匯票或本票。

②前項匯票以出售商品或提供勞務之相對人為付款人而經其承兌者，謂商業承兌匯票。

③前項相對人委託銀行為付款人而經其承兌者，謂銀行承兌匯票。出售商品或提供勞務之人，依交易憑證於交易價款內簽發匯票，委託銀行為付款人而經其承兌者，亦同。

④銀行對遠期匯票或本票，以折扣方式預收利息而購入者，謂貼現。

第一六條

本法稱信用狀，謂銀行受客戶之委任，通知並授權指定受益人，

在其履行約定條件後，得依照一定款式，開發一定金額以內之匯票或其他憑證，由該行或其指定之代理銀行負責承兌或付款之文書。

第一七條 （刪除）

第一八條

本法稱銀行負責人，謂依公司法或其他法律或其組織章程所定應負責之人。

第一九條 103

本法之主管機關爲金融監督管理委員會。

第二〇條 94

① 銀行分爲下列三種：

一　商業銀行。

二　專業銀行。

三　信託投資公司。

② 銀行之種類或其專業，除政府設立者外，應在其名稱中表示之。

③ 非銀行，不得使用第一項名稱或易使人誤認其爲銀行之名稱。

第二一條

銀行及其分支機構，非經完成第二章所定之設立程序，不得開始營業。

第二二條

銀行不得經營未經中央主管機關核定經營之業務。

第二二條之一 107

① 爲促進普惠金融及金融科技發展，不限於銀行，得依金融科技發展與創新實驗條例申請辦理銀行業務創新實驗。

② 前項之創新實驗，於主管機關核准辦理之期間及範圍內，得不適用本法之規定。

③ 主管機關應參酌第一項創新實驗之辦理情形，檢討本法及相關金融法規之妥適性。

第二三條

① 各種銀行資本之最低額，由中央主管機關將全國劃分區域，審酌各區域人口、經濟發展情形，及銀行之種類，分別核定或調整之。

② 銀行資本未達前項調整後之最低額者，中央主管機關應指定期限，命其辦理增資；逾期未完成增資者，應撤銷其許可。

第二四條

銀行資本應以國幣計算。

第二五條 97

① 銀行股票應爲記名式。

② 同一人或同一關係人單獨、共同或合計持有同一銀行已發行有表決權股份總數超過百分之五者，自持有之日起十日內，應向主管機關申報；持股超過百分之五後累積增減逾一個百分點者，亦同。

③同一人或同一關係人擬單獨、共同或合計持有同一銀行已發行有表決權股份總數超過百分之十、百分之二十五或百分之五十者，均應分別事先向主管機關申請核准。

④第三人為同一人或同一關係人以信託、委任或其他契約、協議、授權等方法持有股份者，應併計入同一關係人範圍。

⑤本法中華民國九十七年十二月九日修正之條文施行前，同一人或同一關係人單獨、共同或合計持有一銀行已發行有表決權股份總數超過百分之五而未超過百分之十五者，應自修正施行之日起六個月內向主管機關申報，於該期限內向主管機關申報者，得維持申報時之持股比率。但原持股比率超過百分之十者，於第一次擬增加持股時，應事先向主管機關申請核准。

⑥同一人或同一關係人依第三項或前項但書規定申請核准應具備之適格條件、應檢附之書件、擬取得股份之股數、目的、資金來源及其他應遵行事項之辦法，由主管機關定之。

⑦未依第二項、第三項或第五項規定向主管機關申報或經核准而持有銀行已發行有表決權之股份者，其超過部分無表決權，並由主管機關命其於限期內處分。

⑧同一人或本人與配偶、未成年子女合計持有同一銀行已發行有表決權股份總數百分之一以上者，應由本人通知銀行。

第二五條之一 97

①前條所稱同一人，指同一自然人或同一法人。

②前條所稱同一關係人，指同一自然人或同一法人之關係人，其範圍如下：

一 同一自然人之關係人：

㈠同一自然人與其配偶及二親等以內血親。

㈡前目之人持有已發行有表決權股份或資本額合計超過三分之一之企業。

㈢第一目之人擔任董事長、總經理或過半數董事之企業或財團法人。

二 同一法人之關係人：

㈠同一法人與其董事長、總經理，及該董事長、總經理之配偶與二親等以內血親。

㈡同一法人及前目之自然人持有已發行有表決權股份或資本額合計超過三分之一之企業，或擔任董事長、總經理或過半數董事之企業或財團法人。

㈢同一法人之關係企業。關係企業適用公司法第三百六十九條之一至第三百六十九條之三、第三百六十九條之九及第三百六十九條之十一規定。

③計算前二項同一人或同一關係人持有銀行之股份，不包括下列各款情形所持有之股份：

一 證券商於承銷有價證券期間所取得，且於主管機關規定期間內處分之股份。

二 金融機構因承受擔保品所取得，且自取得日起未滿四年之股份。

三 因繼承或遺贈所取得，且自繼承或受贈日起未滿二年之股份。

第二六條

中央主管機關得視國內經濟、金融情形，於一定區域內限制銀行或其分支機構之增設。

第二七條

銀行在國外設立分支機構，應由中央主管機關洽商中央銀行後核准辦理。

第二八條

①商業銀行及專業銀行經營信託或證券業務，其營業及會計必須獨立；其營運範圍及風險管理規定，得由主管機關定之。

②銀行經營信託及證券業務，應指撥營運資金專款經營，其指撥營運資金之數額，應經主管機關核准。

③除其他法律另有規定外，銀行經營信託業務，準用第六章之規定辦理。

④銀行經營信託及證券業務之人員，關於客戶之往來、交易資料，除其他法律或主管機關另有規定外，應保守秘密；對銀行其他部門之人員，亦同。

第二九條

①除法律另有規定者外，非銀行不得經營收受存款、受託經理信託資金、公眾財產或辦理國內外匯兌業務。

②違反前項規定者，由主管機關或目的事業主管機關會同司法警察機關取締，並移送法辦；如屬法人組織，其負責人對有關債務，應負連帶清償責任。

③執行前項任務時，得依法搜索扣押被取締者之會計帳簿及文件，並得拆除其標誌等設施或為其他必要之處置。

第二九條之一

以借款、收受投資、使加入為股東或其他名義，向多數人或不特定之人收受款項或吸收資金，而約定或給付與本金顯不相當之紅利、利息、股息或其他報酬者，以收受存款論。

第三〇條

①銀行辦理放款、開發信用狀或提供保證，其借款人、委任人或被保證人為股份有限公司之企業，如經董事會決議，向銀行出具書面承諾，以一定財產提供擔保，及不再以該項財產提供其他債權人設定質權或抵押權者，得免辦或緩辦不動產或動產抵押權登記或質物之移轉占有。但銀行認為有必要時，債務人仍應於銀行指定之期限內補辦之。

②借款人、委任人或被保證人違反前項承諾者，其參與決定此項違反承諾行為之董事及行為人應負連帶賠償責任。

第三一條

① 銀行開發信用狀或擔任商業匯票之承兌，其與客戶間之權利、義務機關，以契約定之。

② 銀行辦理前項業務，如需由客戶提供擔保者，其擔保依第十二條所列各款之規定。

第三二條

① 銀行不得對其持有實收資本總額百分之三以上之企業，或本行負責人、職員、或主要股東，或對與本行負責人或辦理授信之職員有利害關係者，為無擔保授信。但消費者貸款及對政府貸款不在此限。

② 前項消費者貸款額度，由中央主管機關定之。

③ 本法所稱主要股東係指持有銀行已發行股份總數百分之一以上者；主要股東為自然人時，本人之配偶與其未成年子女之持股應計入本人之持股。

第三三條

① 銀行對其持有實收資本總額百分之五以上之企業，或本行負責人、職員、或主要股東，或對與本行負責人或辦理授信之職員有利害關係者為擔保授信，應有十足擔保，其條件不得優於其他同類授信對象，如授信達中央主管機關規定金額以上者，並應經三分之二以上董事之出席及出席董事四分之三以上同意。

② 前項授信限額、授信總餘額、授信條件及同類授信對象，由中央主管機關洽商中央銀行定之。

第三三條之一

前二條所稱利害關係者，謂有左列情形之一而言：

一 銀行負責人或辦理授信之職員之配偶、三親等以內之血親或二親等以內之姻親。

二 銀行負責人、辦理授信之職員或前款有利害關係者獨資、合夥經營之事業。

三 銀行負責人、辦理授信之職員或第一款有利害關係者單獨或合計持有超過公司已發行股份總數或資本總額百分之十之企業。

四 銀行負責人、辦理授信之職員或第一款有利害關係者為董事、監察人或經理人之企業。但其董事、監察人或經理人係因投資關係，經中央主管機關核准而兼任者，不在此限。

五 銀行負責人、辦理授信之職員或第一款有利害關係者為代表人、管理人之法人或其他團體。

第三三條之二

銀行不得交互對其往來銀行負責人、主要股東，或對該負責人為負責人之企業為無擔保授信，其為擔保授信應依第三十三條之規定辦理。

第三三條之三 97

① 主管機關對於銀行就同一人、同一關係人或同一關係企業之授信

或其他交易得予限制，其限額、其他交易之範圍及其他應遵行事項之辦法，由主管機關定之。

②前項授信或其他交易之同一人、同一關係人或同一關係企業範圍如下：

一 同一人爲同一自然人或同一法人。

二 同一關係人包括本人、配偶、二親等以內之血親，及以本人或配偶爲負責人之企業。

三 同一關係企業適用公司法第三百六十九條之一至第三百六十九條之三、第三百六十九條之九及第三百六十九條之十一規定。

第三三條之四

①第三十二條、第三十三條或第三十三條之二所列舉之授信對象，利用他人名義向銀行申請辦理之授信，亦有上述規定之適用。

②向銀行申請辦理之授信，其款項爲利用他人名義之人所使用；或其款項移轉爲利用他人名義之人所有時，視爲前項所稱利用他人名義之人向銀行申請辦理之授信。

第三三條之五

①計算第三十二條第一項、第三十三條第一項有關銀行持有實收資本總額百分之三以上或百分之五以上之企業之出資額，應連同下列各款之出資額一併計入：

一 銀行之從屬公司單獨或合計持有該企業之出資額。

二 第三人爲銀行而持有之出資額。

三 第三人爲銀行之從屬公司而持有之出資額。

②前項所稱銀行之從屬公司之範圍，適用公司法第三百六十九條之二第一項規定。

第三四條

銀行不得於規定利息外，以津貼、贈與或其他給與方法吸收存款。但對於信託資金依約定發給紅利者，不在此限。

第三四條之一 104

銀行辦理授信，應訂定合理之定價，考量市場利率、本身資金成本、營運成本、預期風險損失及客戶整體貢獻度等因素，不得以不合理之定價招攬或從事授信業務。

第三五條

銀行負責人及職員不得以任何名義，向存戶、借款人或其他顧客收受佣金、酬金或其他不當利益。

第三五條之一

銀行之負責人及職員不得兼任其他銀行任何職務。但因投資關係，並經中央主管機關核准者，得兼任被投資銀行之董事或監察人。

第三五條之二 108

①銀行負責人應具備之資格條件、兼職限制、利益衝突之禁止及其他應遵行事項之準則，由主管機關定之。

②銀行負責人未具備前項準則所定資格條件者，主管機關應予解任；違反兼職限制及利益衝突之禁止者，主管機關得限期命其調整，無正當理由屆期未調整者，應予解任。

第三六條

①中央主管機關於必要時，經洽商中央銀行後，得對銀行無擔保之放款或保證，予以適當之限制。

②中央主管機關於必要時，經洽商中央銀行後，得就銀行主要資產與主要負債之比率、主要負債與淨值之比率，規定其標準。凡實際比率未符規定標準之銀行，中央主管機關除依規定處罰外，並得限制其分配盈餘。

③前項所稱主要資產及主要負債，由中央主管機關斟酌各類銀行之業務性質規定之。

第三七條

①借款人所提質物或抵押物之放款值，由銀行根據其時值、折舊率及銷售性，覈實決定。

②中央銀行因調節信用，於必要時得選擇若干種類之質物或抵押物，規定其最高放款率。

第三八條

銀行對購買或建造住宅或企業用建築，得辦理中、長期放款，其最長期限不得超過三十年。但對於無自用住宅者購買自用住宅之放款，不在此限。

第三九條

銀行對個人購置耐久消費品得辦理中期放款；或對買受人所簽發經承銷商背書之本票，辦理貼現。

第四〇條

前二條放款，均得適用中、長期分期償還放款方式；必要時，中央銀行得就其付現條件及信用期限，予以規定並管理之。

第四一條

銀行利率應以年率為準，並於營業場所揭示。

第四二條 97

①銀行各種存款及其他各種負債，應依中央銀行所定比率提準備金。

②前項其他各種負債之範圍，由中央銀行洽商主管機關定之。

第四二條之一 （刪除）104

第四三條

為促使銀行對其資產保持適當之流動性，中央銀行經洽商中央主管機關後，得隨時就銀行流動資產與各項負債之比率，規定其最低標準。未達最低標準者，中央主管機關應通知限期調整之。

第四四條 97

①銀行自有資本與風險性資產之比率，不得低於一定比率。銀行經主管機關規定應編製合併報表時，其合併後之自有資本與風險性資產之比率，亦同。

②銀行依自有資本與風險性資產之比率，劃分下列資本等級：
一 資本適足。
二 資本不足。
三 資本顯著不足。
四 資本嚴重不足。

③前項第四款所稱資本嚴重不足，指自有資本與風險性資產之比率低於百分之二。銀行淨值占資產總額比率低於百分之二者，視為資本嚴重不足。

④第一項所稱一定比率、銀行自有資本與風險性資產之範圍、計算方法、第二項等級之劃分、審核等事項之辦法，由主管機關定之。

第四四條之一 97

①銀行有下列情形之一者，不得以現金分配盈餘或買回其股份：
一 資本等級為資本不足、顯著不足或嚴重不足。
二 資本等級為資本適足者，如以現金分配盈餘或買回其股份，有致其資本等級降為前款等級之虞。

②前項第一款之銀行，不得對負責人發放報酬以外之給付。但經主管機關核准者，不在此限。

第四四條之二 97

①主管機關應依銀行資本等級，採取下列措施之一部或全部：
一 資本不足者：
　㈠命令銀行或其負責人限期提出資本重建或其他財務業務改善計畫。對未依命令提出資本重建或財務業務改善計畫，或未依其計畫確實執行者，得採取次一資本等級之監理措施。
　㈡限制新增風險性資產或為其他必要處置。
二 資本顯著不足者：
　㈠適用前款規定。
　㈡解除負責人職務，並通知公司登記主管機關於登記事項註記。
　㈢命令取得或處分特定資產，應先經主管機關核准。
　㈣命令處分特定資產。
　㈤限制或禁止與利害關係人相關之授信或其他交易。
　㈥限制轉投資、部分業務或命令限期裁撤分支機構或部門。
　㈦限制存款利率不得超過其他銀行可資比較或同性質存款之利率。
　㈧命令對負責人之報酬酌予降低，降低後之報酬不得超過該銀行成為資本顯著不足前十二個月內對該負責人支給之平均報酬之百分之七十。
　㈨派員監管或為其他必要處置。
三 資本嚴重不足者：除適用前款規定外，應採取第六十二條第二項之措施。

②銀行依前項規定執行資本重建或財務業務改善計畫之情形，主管機關得隨時查核，必要時得洽商有關機關或機構之意見，並得委請專業機構協助辦理；其費用由銀行負擔。

③銀行經主管機關派員監管者，準用第六十二條之二第三項規定。

④銀行業務經營有嚴重不健全之情形，或有調降資本等級之虞者，主管機關得對其採取次一資本等級之監理措施；有立即危及其繼續經營或影響金融秩序穩定之虞者，主管機關應重新審核或調整其資本等級。

⑤第一項監管之程序、監管人職權、費用負擔及其他應遵行事項之辦法，由主管機關定之。

第四五條

①中央主管機關得隨時派員，或委託適當機構，或令地方主管機關派員，檢查銀行或其他關係人之業務、財務及其他有關事項，或令銀行或其他關係人於限期內據實提報財務報告、財產目錄或其他有關資料及報告。

②中央主管機關於必要時，得指定專門職業及技術人員，就前項規定應行檢查事項、報表或資料予以查核，並向中央主管機關據實提出報告，其費用由銀行負擔。

第四五條之一 104

①銀行應建立內部控制及稽核制度；其目的、原則、政策、作業程序、內部稽核人員應具備之資格條件、委託會計師辦理內部控制查核之範圍及其他應遵行事項之辦法，由主管機關定之。

②銀行對資產品質之評估、損失準備之提列、逾期放款催收款之清理及呆帳之轉銷，應建立內部處理制度及程序；其辦法，由主管機關定之。

③銀行作業委託他人處理者，其對委託事項範圍、客戶權益保障、風險管理及內部控制原則，應訂定內部作業制度及程序；其辦法，由主管機關定之。

④銀行辦理衍生性金融商品業務，其對該業務範圍、人員管理、客戶權益保障及風險管理，應訂定內部作業制度及程序；其辦法，由主管機關定之。

第四五條之二 94

①銀行對其營業處所、金庫、出租保管箱（室）、自動櫃員機及運鈔業務等應加強安全之維護；其辦法，由主管機關定之。

②銀行對存款帳戶應善良管理人責任。對疑似不法或顯屬異常交易之存款帳戶，得予暫停存入或提領、匯出款項。

③前項疑似不法或顯屬異常交易帳戶之認定標準，及暫停帳戶之作業程序及辦法，由主管機關定之。

第四六條

為保障存款人之利益，得由政府或銀行設立存款保險之組織。

第四七條

銀行為相互調劑準備，並提高貨幣信用之效能，得訂定章程，成

立同業間之借貸組織。

第四七條之一 104

① 經營貨幣市場業務或信用卡業務之機構，應經中央主管機關之許可；其管理辦法，由中央主管機關洽商中央銀行定之。

② 自一百零四年九月一日起，銀行辦理現金卡之利率或信用卡業務機構辦理信用卡之循環信用利率不得超過年利率百分之十五。

第四七條之二

第四條、第三十二條至第三十三條之四、第三十五條至第三十五條之二、第三十六條、第四十五條、第四十五條之一、第四十九條至第五十一條、第五十八條至第六十二條之九、第六十四條至第六十九條及第七十六條之規定，於經營貨幣市場業務之機構準用之。

第四七條之三 108

① 經營金融機構間資金移轉帳務清算之金融資訊服務事業，應經主管機關許可。但涉及大額資金移轉帳務清算之業務，並應經中央銀行許可；其許可及管理辦法，由主管機關洽商中央銀行定之。

② 經營金融機構間徵信資料處理交換之服務事業，應經主管機關許可；其許可及管理辦法，由主管機關定之。

第四八條 97

① 銀行非依法院之裁判或其他法律之規定，不得接受第三人有關停止給付存款或匯款、扣留擔保物或保管物或其他類似之請求。

② 銀行對於客戶之存款、放款或匯款等有關資料，除有下列情形之一者外，應保守秘密：

一 法律另有規定。

二 對同一客戶逾期債權已轉銷呆帳者，累計轉銷呆帳金額超過新臺幣五千萬元，或貸放後半年內發生逾期累計轉銷呆帳金額達新臺幣三千萬元以上，其轉銷呆帳資料。

三 依第一百二十五條之二、第一百二十五條之三或第一百二十七條之一規定，經檢察官提起公訴之案件，與其有關之逾期放款或催收款資料。

四 其他經主管機關規定之情形。

第四九條 94

① 銀行每屆營業年度終了，應編製年報，並應將營業報告書、財務報表、盈餘分配或虧損撥補之決議及其他經主管機關指定之項目，於股東會承認後十五日內；無股東會之銀行於董事會通過後十五日內，分別報請主管機關及中央銀行備查。年報應記載事項，由主管機關定之。

② 銀行除應將財務報表及其他經主管機關指定之項目於其所在地之日報或依主管機關指定之方式公告外，並應備置於每一營業處所之顯著位置以供查閱。但已符合證券交易法第三十六條規定者，得免辦理公告。

③ 前項應行公告之報表及項目，應經會計師查核簽證。

第五〇條 97

① 銀行於完納一切稅捐後分派盈餘時，應先提百分之三十為法定盈餘公積；法定盈餘公積未達資本總額前，其最高現金盈餘分配，不得超過資本總額之百分之十五。

② 銀行法定盈餘公積已達其資本總額時，或財務業務健全並依公司法提法定盈餘公積者，得不受前項規定之限制。

③ 除法定盈餘公積外，銀行得於章程規定或經股東會決議，另提特別盈餘公積。

④ 第二項所定財務業務健全具備之資本適足率、資產品質及守法性等事項之標準，由主管機關定之。

第五一條

銀行之營業時間及休假日，得由中央主管機關規定，並公告之。

第五一條之一

為培育金融專業人才，銀行應提撥資金，專款專用於辦理金融研究訓練發展事宜；其資金之提撥方法及運用管理原則，由中華民國銀行商業同業公會全國聯合會擬訂，報請主管機關核定之。

第五一條之二 108

① 為促進我國與其他國家金融主管機關之國際合作，政府或其授權之機構依互惠原則，得與外國政府、機構或國際組織，就資訊交換、技術合作、協助調查等事項，簽訂合作條約、協定或協議。

② 除有妨害國家或公共利益外，主管機關於前項簽訂之條約、協定或協議，得洽請相關機關、機構依法提供必要資訊，並基於互惠及保密原則，提供予與我國簽訂條約、協定或協議之外國政府、機構或國際組織。

第二章　銀行之設立、變更、停業、解散

第五二條 94

① 銀行為法人，其組織除法律另有規定或本法修正施行前經專案核准者外，以股份有限公司為限。

② 銀行股票應公開發行。但經主管機關許可者，不在此限。

③ 依本法或其他法律設立之銀行或金融機構，其設立標準，由主管機關定之。

第五三條

設立銀行者，應載明左列各款，報請中央主管機關許可：

一　銀行之種類、名稱及其公司組織之種類。

二　資本總額。

三　營業計畫。

四　本行及分支機構所在地。

五　發起人姓名、籍貫、住居所、履歷及認股金額。

第五四條

① 銀行經許可設立者，應依公司法規定設立公司；於收足資本金額並辦妥公司登記後，再檢同下列各件，申請主管機關核發營業執

照：

一　公司登記證件。

二　驗資證明書。

三　銀行章程。

四　股東名冊及股東會會議紀錄。

五　董事名冊及董事會會議紀錄。

六　常務董事名冊及常務董事會會議紀錄。

七　監察人名冊及監察人會議紀錄。

②銀行非公司組織者，得於許可設立後，準用前項規定，逕行申請核發營業執照。

第五五條

銀行開始營業時，應將中央主管機關所發營業執照記載之事項，於本行及分支機構所在地公告之。

第五六條

中央主管機關核發營業執照後，如發現原申請事項有虛偽情事，其情節重大者，應即撤銷其許可。

第五七條

①銀行增設分支機構時，應開具分支機構營業計畫及所在地，申請中央主管機關許可，並核發營業執照。遷移或裁撤時，亦應申請中央主管機關核准。

②銀行設置、遷移或裁撤非營業用辦公場所或營業場所外自動化服務設備，應事先申請，於申請後經過一定時間，且未經中央主管機關表示禁止者，即可逕行設置、遷移或裁撤。但不得於申請後之等候時間內，進行其所申請之事項。

③前二項之管理辦法，由中央主管機關定之。

第五八條

①銀行之合併或對於依第五十三條第一款、第二款或第四款所申報之事項擬予變更者，應經中央主管機關許可，並辦理公司變更登記及申請換發營業執照。

②前項合併或變更，應於換發營業執照後十五日內，在本行及分支機構所在地公告之。

第五九條

銀行違反前條第一項規定者，主管機關應命限期補正，屆期不補正，其情節重大者，得勒令其停業。

第六〇條　（刪除）94

第六一條

①銀行經股東會決議解散者，應申敘理由，附具股東會紀錄及清償債務計畫，申請主管機關核准後進行清算。

②主管機關依前項規定核准解散時，應即撤銷其許可。

第六一條之一　108

①銀行違反法令、章程或有礙健全經營之虞時，主管機關除得予以糾正、命其限期改善外，並得視情節之輕重，為下列處分：

一　撤銷法定會議之決議。
二　停止銀行部分業務。
三　限制投資。
四　命令或禁止特定資產之處分或移轉。
五　命令限期裁撤分支機構或部門。
六　命令銀行解除經理人、職員之職務或停止其於一定期間內執行職務。
七　解除董事、監察人職務或停止其於一定期間內執行職務。
八　命令提撥一定金額之準備。
九　其他必要之處置。

②依前項第七款解除董事、監察人職務時，由主管機關通知公司登記主管機關撤銷或廢止其董事、監察人登記。

③為改善銀行之營運缺失而有業務輔導之必要時，主管機關得指定機構辦理之。

第六二條 97

①銀行因業務或財務狀況顯著惡化，不能支付其債務或有損及存款人利益之虞時，主管機關應派員接管、勒令停業清理或為其他必要之處置，必要時得通知有關機關或機構禁止其負責人財產為移轉、交付或設定他項權利，函請入出國管理機關限制其出國。

②銀行資本等級經列入嚴重不足者，主管機關應自列入之日起九十日內派員接管。但經主管機關命令限期完成資本重建或限期合併而未依限完成者，主管機關應自限期屆滿之次日起九十日內派員接管。

③前二項接管之程序、接管人職權、費用負擔及其他應遵行事項之辦法，由主管機關定之。

④第一項勒令停業之銀行，其清理程序視為公司法之清算。

⑤法院對於銀行破產之聲請，應即將聲請書狀副本，檢送主管機關，並徵詢其關於應否破產之具體意見。

第六二條之一 97

銀行經主管機關派員接管或勒令停業清理時，其股東會、董事會、董事、監察人或審計委員會之職權當然停止；主管機關對銀行及其負責人或有違法嫌疑之職員，得通知有關機關或機構禁止其財產為移轉、交付或設定他項權利，並得函請入出國管理機關限制其出國。

第六二條之二 97

①銀行經主管機關派員接管者，銀行之經營權及財產之管理處分權均由接管人行使之。

②前項接管人，有代表受接管銀行為訴訟上及訴訟外一切行為之權責，並得指派自然人代表行使職務。接管人因執行職務，不適用行政執行法第十七條之規定。

③銀行負責人或職員於接管處分書送達銀行時，應將銀行業務、財務有關之一切帳冊、文件、印章及財產等列表移交予接管人，並

應將債權、債務有關之必要事項告知或應其要求為配合接管之必要行為；銀行負責人或職員對其就有關事項之查詢，不得拒絕答覆或為虛偽陳述。

④銀行於受接管期間，不適用民法第三十五條、公司法第二百零八條之一、第二百十一條、第二百四十五條、第二百八十二條至第三百十四條及破產法之規定。

⑤銀行受接管期間，自主管機關派員接管之日起為二百七十日；必要時經主管機關核准得予延長一次，延長期限不得超過一百八十日。

⑥接管人執行職務聲請假扣押、假處分時，得免提供擔保。

第六二條之三 97

①接管人對受接管銀行為下列處置時，應研擬具體方案，報經主管機關核准：

一 委託其他銀行、金融機構或中央存款保險公司經營全部或部分業務。

二 增資、減資或減資後再增資。

三 讓與全部或部分營業及資產負債。

四 與其他銀行或金融機構合併。

五 其他經主管機關指定之重要事項。

②接管人為維持營運及因執行職務所生之必要費用及債務，應由受接管銀行負擔，隨時由受接管銀行財產清償之；其必要費用及債務種類，由主管機關定之。

③前項費用及債務未受清償者，於受接管銀行經主管機關勒令停業清理時，應先於清理債權，隨時由受清理銀行財產清償之。

第六二條之四 97

①銀行或金融機構依前條第一項第三款受讓營業及資產負債時，適用下列規定：

一 股份有限公司經代表已發行股份總數過半數股東出席之股東會，以出席股東表決權過半數之同意行之；不同意之股東不得請求收買股份，免依公司法第一百八十五條至第一百八十八條規定辦理。

二 債權讓與之通知以公告方式辦理之，免依民法第二百九十七條規定辦理。

三 承擔債務時，免依民法第三百零一條經債權人之承認規定辦理。

四 經主管機關認為有緊急處理之必要，且對金融市場競爭無重大不利影響時，免依公平交易法第十一條第一項規定向行政院公平交易委員會申報。

②銀行依前條第一項第三款規定讓與營業及資產負債時，免依大量解僱勞工保護法第五條第二項規定辦理。

③銀行或其他金融機構依前條第一項第四款規定與受接管銀行合併時，除適用第一項第四款規定外，並適用下列規定：

一 股份有限公司經代表已發行股份總數過半數股東出席之股東會，以出席股東表決權過半數之同意行之；不同意之股東不得請求收買股份；信用合作社經社員（代表）大會以全體社員（代表）二分之一以上之出席，出席社員（代表）二分之一以上之同意行之；不同意之社員不得請求返還股金，免依公司法第三百十六條第一項至第三項、第三百十七條及信用合作社法第二十九條第一項規定辦理。

二 解散或合併之通知以公告方式辦理之，免依公司法第三百十六條第四項規定辦理。

④銀行、金融機構或中央存款保險公司依前條第一項第一款受託經營業務時，適用第一項第四款規定。

第六二條之五 97

①銀行之清理，主管機關應指定清理人為之，並得派員監督清理之進行；清理人執行職務，準用第六十二條之二第一項至第三項及第六項規定。

②清理人之職務如下：

一 了結現務。

二 收取債權、清償債務。

③清理人執行前項職務，將受清理銀行之營業及資產負債讓與其他銀行或金融機構，或促成其與其他銀行或金融機構合併時，應報經主管機關核准。

④其他銀行或金融機構受讓清理銀行之營業及資產負債或與其合併時，應依前條第一項及第三項規定辦理。

第六二條之六

①清理人就任後，應即於銀行總行所在地之日報為三日以上之公告，催告債權人於三十日內申報其債權，並應聲明逾期不申報者，不列入清理。但清理人所明知之債權，不在此限。

②清理人應即查明銀行之財產狀況，於申報期限屆滿後三個月內造具資產負債表及財產目錄，並擬具清理計畫，報請主管機關備查，並將資產負債表於銀行總行所在地日報公告之。

③清理人於第一項所定申報期限內，不得對債權人為清償。但對信託財產、受託保管之財產、已屆清償期之職員薪資及依存款保險條例規定辦理清償者，不在此限。

第六二條之七 97

①銀行經主管機關勒令停業清理時，第三人對該銀行之債權，除依訴訟程序確定其權利者外，非依前條第一項規定之清理程序，不得行使。

②前項債權因涉訟致分配有稽延之虞時，清理人得按照清理分配比例提存相當金額，而將剩餘財產分配於其他債權。

③銀行清理期間，其重整、破產、和解、強制執行等程序當然停止。

④受清理銀行已訂立之契約尚未履行或尚未完全履行者，清理人得

終止或解除契約，他方當事人所受之損害，得依清理債權行使權利。

⑤下列各款債權，不列入清理：

一　銀行停業日後之利息。

二　債權人參加清理程序為個人利益所支出之費用。

三　銀行停業日後債務不履行所生之損害賠償及違約金。

四　罰金、罰鍰及追繳金。

⑥在銀行停業日前，對於銀行之財產有質權、抵押權或留置權者，就其財產有別除權；有別除權之債權人不依清理程序而行使其權利。但行使別除權後未能受清償之債權，得依清理程序申報列入清理債權。

⑦清理人因執行清理職務所生之費用及債務，應先於清理債權，隨時由受清理銀行財產清償之。

⑧依前條第一項規定申報之債權或為清理人所明知而列入清理之債權，其請求權時效中斷，自清理完結之日起重行起算。

⑨債權人依清理程序已受清償者，其債權未能受清償之部分，請求權視為消滅。清理完結後，如復發現可分配之財產時，應追加分配，於列入清理程序之債權人受清償後，有剩餘時，第五項之債權人仍得請求清償。

⑩依前項規定清償債務後，如有剩餘財產，應依公司法分派各股東。

第六二條之八

清理人應於清理完結後十五日內造具清理期內收支表、損益表及各項帳冊，並將收支表及損益表於銀行總行所在地之日報公告後，報主管機關撤銷銀行許可。

第六二條之九 97

主管機關指定機構或派員執行輔導、監管任務所生之費用及債務，應由受輔導、監管之銀行負擔。

第六三條 （刪除）

第六三條之一

第六十一條之一、第六十二條之一至第六十二條之九之規定，對於依其他法律設立之銀行或金融機構適用之。

第六四條 96

①銀行虧損逾資本三分之一者，其董事或監察人應即申報中央主管機關。

②中央主管機關對具有前項情形之銀行，應於三個月內，限期命其補足資本；逾期未經補足資本者，應派員接管或勒令停業。

第六四條之一 104

①銀行或金融機構經營不善，需進行停業清理清償債務時，存款債務應優先於非存款債務。

②前項所稱存款債務係指存款保險條例第十二條所稱存款；非存款債務則指該等要保機構存款債務以外之負債項目。

第六五條

銀行經勒令停業，並限期命其就有關事項補正；逾期不為補正者，應由中央主管機關撤銷其許可。

第六六條

銀行經中央主管機關撤銷許可者，應即解散，進行清算。

第六七條

銀行經核准解散或撤銷許可者，應限期繳銷執照；逾期不繳銷者，由中央主管機關公告註銷之。

第六八條

法院為監督銀行之特別清算，應徵詢主管機關之意見；必要時得請主管機關推薦清算人，或派員協助清算人執行職務。

第六九條

銀行進行清算後，非經清償全部債務，不得以任何名義，退還股本或分配股利。銀行清算時，關於信託資金及信託財產之處理，依信託契約之約定。

第三章　商業銀行

第七〇條

本法稱商業銀行，謂以收受支票存款、活期存款、定期存款，供給短期、中期信用為主要任務之銀行。

第七一條

商業銀行經營下列業務：

一　收受支票存款。
二　收受活期存款。
三　收受定期存款。
四　發行金融債券。
五　辦理短期、中期及長期放款。
六　辦理票據貼現。
七　投資公債、短期票券、公司債券、金融債券及公司股票。
八　辦理國內外匯兌。
九　辦理商業匯票之承兌。
十　簽發國內外信用狀。
十一　保證發行公司債券。
十二　辦理國內外保證業務。
十三　代理收付款項。
十四　代銷公債、國庫券、公司債券及公司股票。
十五　辦理與前十四款業務有關之倉庫、保管及代理服務業務。
十六　經主管機關核准辦理之其他有關業務。

第七二條

商業銀行辦理中期放款之總餘額，不得超過其所收定期存款總餘額。

第七二條之一 104

商業銀行得發行金融債券，並得約定此種債券持有人之受償順序次於銀行其他債權人；其發行辦法及最高發行餘額，由主管機關洽商中央銀行定之。

第七二條之二 104

① 商業銀行辦理住宅建築及企業建築放款之總額，不得超過放款時所收存款餘額及金融債券發售額之和之百分之三十。但下列情形不在此限：

一 為鼓勵儲蓄協助購置自用住宅，經主管機關核准辦理之購屋儲蓄放款。

二 以中央銀行提撥之郵政儲金轉存款辦理之購屋放款。

三 以國家發展委員會中長期資金辦理之輔助人民自購住宅放款。

四 以行政院開發基金管理委員會及國家發展委員會中長期資金辦理之企業建築放款。

五 受託代辦之獎勵投資興建國宅放款、國民住宅放款及輔助公教人員購置自用住宅放款。

② 主管機關於必要時，得規定銀行辦理前項但書放款之最高額度。

第七三條

① 商業銀行得就證券之發行與買賣，對有關證券商或證券金融公司予以資金融通。

② 前項資金之融通，其管理辦法由中央銀行定之。

第七四條 104

① 商業銀行得向主管機關申請投資於金融相關事業。主管機關自申請書件送達之次日起十五日內，未表示反對者，視為已核准。但於前揭期間內，銀行不得進行所申請之投資行為。

② 商業銀行為配合政府經濟發展計畫，經主管機關核准者，得投資於非金融相關事業。但不得參與該相關事業之經營。主管機關自申請書件送達之次日起三十日內，未表示反對者，視為已核准。但於前揭期間內，銀行不得進行所申請之投資行為。

③ 前二項之投資須符合下列規定：

一 投資總額不得超過投資時銀行淨值之百分之四十，其中投資非金融相關事業之總額不得超過投資時淨值之百分之十。

二 商業銀行投資金融相關事業，其屬同一業別者，除配合政府政策，經主管機關核准者外，以一家為限。

三 商業銀行投資非金融相關事業，對每一事業之投資金額不得超過該被投資事業實收資本總額或已發行股份總數之百分之五。

④ 第一項及前項第二款所稱金融相關事業，指銀行、票券、證券、期貨、信用卡、融資性租賃、保險、信託事業及其他經主管機關認定之金融相關事業。

⑤ 為利銀行與被投資事業之合併監督管理，並防止銀行與被投資事

⑥被投資事業之經營，有顯著危及銀行健全經營之虞者，主管機關得命銀行於一定期間內處分所持有該被投資事業之股份。

⑦本條中華民國八十九年十一月一日修正施行前，投資非金融相關事業之投資金額超過第三項第三款所定比率者，在符合所定比率之金額前，經主管機關核准者，得維持原投資金額。二家或二家以上銀行合併前，個別銀行已投資同一事業部分，於銀行申請合併時，經主管機關核准者，亦得維持原投資金額。

第七十四條之一

商業銀行得投資有價證券；其種類及限制，由主管機關定之。

第七十五條 104

①商業銀行對自用不動產之投資，除營業用倉庫外，不得超過其於投資該項不動產時之淨值；投資營業用倉庫，不得超過其於投資該項倉庫時存款總餘額百分之五。

②商業銀行不得投資非自用不動產。但下列情形不在此限：

一　營業所在地不動產主要部分為自用者。

二　為短期內自用需要而預購者。

三　原有不動產就地重建主要部分為自用者。

四　提供經目的事業主管機關核准設立之文化藝術或公益之機構團體使用，並報經主管機關洽相關目的事業主管機關核准者。

③商業銀行依前項但書規定投資非自用不動產總額不得超過銀行淨值之百分之二十，且與自用不動產投資合計之總金額不得超過銀行於投資該項不動產時之淨值。

④商業銀行與其持有實收資本總額百分之三以上之企業，或與本行負責人、職員或主要股東，或與第三十三條之一銀行負責人之利害關係人為不動產交易時，須合於營業常規，並應經董事會三分之二以上董事之出席及出席董事四分之三以上同意。

⑤第一項所稱自用不動產、第二項所稱非自用不動產、主要部分為自用、短期、就地重建之範圍，及第二項第四款之核准程序、其他銀行投資、持有及處分不動產應遵行事項之辦法，由主管機關定之。

第七十六條

商業銀行因行使抵押權或質權而取得之不動產或股票，除符合第七十四條或第七十五條規定者外，應自取得之日起四年內處分之。但經主管機關核准者，不在此限。

第四章　（刪除）

第七十七條至第八十六條　（刪除）

第五章　專業銀行

第八七條

為便利專業信用之供給，中央主管機關得許可設立專業銀行，或指定現有銀行，擔任該項信用之供給。

第八八條

前條所稱專業信用，分為左列各類：

一　工業信用。

二　農業信用。

三　輸出入信用。

四　中小企業信用。

五　不動產信用。

六　地方性信用。

第八九條

① 專業銀行得經營之業務項目，由主管機關根據其主要任務，並參酌經濟發展之需要，就第三條所定範圍規定之。

② 第七十三條至第七十六條之規定，除法律或主管機關另有規定者外，於專業銀行準用之。

第九〇條

① 專業銀行以供給中期及長期信用為主要任務者，除主管機關另有規定外，得發行金融債券，其發行應準用第七十二條之一規定。

② 專業銀行依前項規定發行金融債券募得之資金，應全部用於其專業之投資及中、長期放款。

第九一條

① 供給工業信用之專業銀行為工業銀行。

② 工業銀行以供給工、礦、交通及其他公用事業所需中、長期信用為主要業務。

③ 工業銀行得投資生產事業；生產事業之範圍，由主管機關定之。

④ 工業銀行收受存款，應以其投資、授信之公司組織客戶、依法設立之保險業與財團法人及政府機關為限。

⑤ 工業銀行之設立標準、辦理授信、投資有價證券、投資企業、收受存款、發行金融債券之範圍、限制及其管理辦法，由主管機關定之。

第九一條之一

① 工業銀行對有下列各款情形之生產事業直接投資，應經董事會三分之二以上董事出席及出席董事四分之三以上同意；且其投資總餘額不得超過該行上一會計年度決算後淨值百分之五：

一　本行主要股東、負責人及其關係企業者。

二　本行主要股東、負責人及其關係人獨資、合夥經營者。

三　本行主要股東、負責人及其關係人單獨或合計持有超過公司已發行股份總額或實收資本總額百分之十者。

四　本行主要股東、負責人及其關係人為董事、監察人或經理人者。但其董事、監察人或經理人係因銀行投資關係而兼任者，不在此限。

②前項第一款所稱之關係企業，適用公司法第三百六十九條之一至第三百六十九條之三、第三百六十九條之九及第三百六十九條之十一規定。

③第一項第二款至第四款所稱關係人，包括本行主要股東及負責人之配偶、三親等以內之血親及二親等以內之姻親。

第九二條

①供給農業信用之專業銀行為農業銀行。

②農業銀行以調劑農村金融，及供應農、林、漁、牧之生產及有關事業所需信用為主要任務。

第九三條

為加強農業信用調節功能，農業銀行得透過農會組織吸收農村資金，供應農業信用及辦理有關農民家計金融業務。

第九四條

①供給輸出入信用之專業銀行為輸出入銀行。

②輸出入銀行以供給中、長期信用，協助拓展外銷及輸入國內工業所必需之設備與原料為主要任務。

第九五條

輸出入銀行為便利國內工業所需重要原料之供應，經中央主管機關核准，得提供業者向國外進行生產重要原料投資所需信用。

第九六條

①供給中小企業信用之專業銀行為中小企業銀行。

②中小企業以供給中小企業中、長期信用，協助其改善生產設備及財務結構，暨健全經營管理為主要任務。

③中小企業之範圍，由中央經濟主管機關擬訂，報請行政院核定之。

第九七條

①供給不動產信用之專業銀行為不動產信用銀行。

②不動產信用銀行以供給土地開發、都市改良、社區發展、道路建設、觀光設施及房屋建築等所需中、長期信用為主要任務。

第九八條

①供給地方性信用之專業銀行為國民銀行。

②國民銀行以供給地區發展及當地國民所需短、中期信用為主要任務。

第九九條

①國民銀行應分區經營，在同一地區內以設立一家為原則。

②國民銀行對每一客戶之放款總額，不得超過一定之金額。

③國民銀行設立區域之劃分，與每戶放款總額之限制，由中央主管機關定之。

第六章　信託投資公司

第一○○條

①本法稱信託投資公司，謂以受託人之地位，按照特定目的，收

受、經理及運用信託資金與經營信託財產，或以投資中間人之地位，從事與資本市場有關特定目的投資之金融機構。

②信託投資公司之經營管理，依本法之規定；本法未規定者，適用其他有關法律之規定；其管理規則，由中央主管機關定之。

第一○一條

①信託投資公司經營左列業務：

一　辦理中、長期放款。

二　投資公債、短期票券、公司債券、金融債券及上市股票。

三　保證發行公司債券。

四　辦理國內外保證業務。

五　承銷及自營買賣或代客買賣有價證券。

六　收受、經理及運用各種信託資金。

七　募集共同信託基金。

八　受託經管各種財產。

九　擔任債券發行受託人。

十　擔任債券或股票發行簽證人。

十一　代理證券發行、登記、過戶、及股息紅利之發放事項。

十二　受託執行遺囑及管理遺產。

十三　擔任公司重整監督人。

十四　提供證券發行、募集之顧問服務，及辦理與前列各款業務有關之代理服務事項。

十五　經中央主管機關核准辦理之其他有關業務。

②經中央主管機關核准，得以非信託資金辦理對生產事業直接投資或投資住宅建築及企業建築。

第一○二條

信託投資公司經營證券承銷商或證券自營商業務時，至少應指撥相當於其上年度淨值百分之十專款經營，該項專款在未動用時，得以現金貯存，存放於其他金融機構或購買政府債券。

第一○三條

①信託投資公司應以現金或中央銀行認可之有價證券繳存中央銀行，作為信託資金準備。其準備與各種信託資金契約總值之比率，由中央銀行在百分之十五至二十之範圍內定之。但其繳存總額最低不得少於實收資本總額百分之二十。

②前項信託資金準備，在公司開業時期，暫以該公司實收資本總額百分之二十為準，俟公司經營一年後，再照前項標準於每月月底調整之。

第一○四條

信託投資公司收受、經理或運用各種信託資金及經營信託財產，應與信託人訂立信託契約，載明左列事項：

一　資金營運之方式及範圍。

二　財產管理之方法。

三　收益之分配。

四　信託投資公司之責任。

五　會計報告之送達。

六　各項費用收付之標準及其計算之方法。

七　其他有關協議事項。

第一○五條

信託投資公司受託經理信託資金或信託財產，應盡善良管理人之注意。

第一○六條

信託投資公司之經營與管理，應由具有專門學識與經驗之財務人員爲之；並應由合格之法律、會計及各種業務上所需之技術人員協助辦理。

第一○七條

①信託投資公司違反法令或信託契約，或因其他可歸責於公司之事由，致信託人受有損害者，其應負責之董事及主管人員應與公司連帶負損害賠償之責。

②前項連帶責任，自各該應負責之董事或主管人員卸職登記之日起二年間，未經訴訟上之請求而消滅。

第一○八條

①信託投資公司不得爲左列行爲。但因裁判之結果，或經信託人書面同意，並依市價購讓，或雖未經信託人同意，而係由集中市場公開競價購讓者，不在此限：

一　承受信託財產之所有權。

二　於信託財產上設定或取得任何權益。

三　以自己之財產或權益讓售與信託人。

四　從事於其他與前三項有關之交易。

五　就信託財產或運用信託資金與公司之董事、職員或與公司經營之信託資金有利益關係之第三人爲任何交易。

②信託投資公司依前項但書所爲之交易，除應依規定報請主管機關核備外，應受左列規定之限制：

一　公司決定從事交易時，與該項交易所涉及之信託帳戶、信託財產或證券有直接或間接利益關係之董事或職員，不得參與該項交易行爲之決定。

二　信託投資公司爲其本身或受投資人之委託辦理證券承銷、證券買賣交易或直接投資業務時，其董事或職員如同時爲有關證券發行公司之董事、職員或與該項證券有直接間接利害關係者，不得參與該交易行爲之決定。

第一○九條

信託投資公司在未依信託契約營運前，或依約營運收回後尚未繼續營運前，其各信託戶之資金，應以存放商業銀行或專業銀行爲限。

第一一○條

①信託投資公司得經營左列信託資金：

一　由信託人指定用途之信託資金。

二　由公司確定用途之信託資金。

②信託投資公司對由公司確定用途之信託資金，得以信託契約約定，由公司負責，賠償其本金損失。

③信託投資公司對應賠償之本金損失，應於每會計年度終了時確實評審，依信託契約之約定，由公司以特別準備金撥付之。

④前項特別準備金，由公司每年在信託財產收益項下依主管機關核定之標準提撥。

⑤信託投資公司經依規定十足補填本金損失後，如有剩餘，作為公司之收益；如有不敷，應由公司以自有資金補足。

第一一一條

①信託投資公司應就每一信託戶及每種信託資金設立專帳；並應將公司自有財產與受託財產，分別記帳，不得流用。

②信託投資公司不得為信託資金借入項款。

第一一二條

信託投資公司之債權人對信託財產不得請求扣押或對之行使其他權利。

第一一三條

信託投資公司應設立信託財產評審委員會，將各信託戶之信託財產每三個月評審一次；並將每一信託帳戶審查結果，報告董事會。

第一一四條

信託投資公司應依照信託契約之約定及中央主管機關之規定，分別向每一信託人及中央主管機關作定期會計報告。

第一一五條

①信託投資公司募集共同信託基金，應先擬具發行計畫，報經中央主管機關核准。

②前項共同信託基金管理辦法，由中央主管機關定之。

第一一五條之一

第七十四條、第七十五條及第七十六條之規定，於信託投資公司準用之。但經主管機關依第一百零一條第二項核准之業務，不在此限。

第七章　外國銀行

第一一六條 108

本法稱外國銀行，謂依照外國法律組織登記之銀行，在中華民國境內依公司法及本法登記營業之分行。

第一一七條 108

①外國銀行在中華民國境內設立，應經主管機關之許可，依公司法辦理登記，並應依本法第五十四條申請核發營業執照後始得營業；在中華民國境內設置代表人辦事處者，應經主管機關核准。

②前項設立及管理辦法，由主管機關定之。

第一一八條

中央主管機關得按照國際貿易及工業發展之需要，指定外國銀行得設立之地區。

第一一九條 （刪除）94

第一二○條

外國銀行應專撥其在中華民國境內營業所用之資金，並準用第二十三條及第二十四條之規定。

第一二一條

外國銀行得經營之業務，由主管機關洽商中央銀行後，於第七十一條及第一百零一條第一項所定範圍內以命令定之。其涉及外匯業務者，並應經中央銀行之許可。

第一二二條

外國銀行收付款項，除經中央銀行許可收受外國貨幣存款者外，以中華民國國幣為限。

第一二三條

外國銀行準用第一章至第三章及第六章之規定。

第一二四條 （刪除）94

第八章 罰 則

第一二五條 108

① 違反第二十九條第一項規定者，處三年以上十年以下有期徒刑，得併科新臺幣一千萬元以上二億元以下罰金。其因犯罪獲取之財物或財產上利益達新臺幣一億元以上者，處七年以上有期徒刑，得併科新臺幣二千五百萬元以上五億元以下罰金。

② 經營金融機構間資金移轉帳務清算之金融資訊服務事業，未經主管機關許可，而擅自營業者，依前項規定處罰。

③ 法人犯前二項之罪者，處罰其行為負責人。

第一二五條之一

散布流言或以詐術損害銀行、外國銀行、經營貨幣市場業務機構或經營銀行間資金移轉帳務清算之金融資訊服務事業之信用者，處五年以下有期徒刑，得併科新臺幣一千萬元以下罰金。

第一二五條之二 107

① 銀行負責人或職員，意圖為自己或第三人不法之利益，或損害銀行之利益，而為違背其職務之行為，致生損害於銀行之財產或其他利益者，處三年以上十年以下有期徒刑，得併科新臺幣一千萬元以上二億元以下罰金。其因犯罪獲取之財物或財產上利益達新臺幣一億元以上者，處七年以上有期徒刑，得併科新臺幣二千五百萬元以上五億元以下罰金。

② 銀行負責人或職員，二人以上共同實施前項犯罪之行為者，得加重其刑至二分之一。

③ 第一項之未遂犯罰之。

④ 前三項規定，於外國銀行或經營貨幣市場業務機構之負責人或職

第一二五條之三 107

①意圖爲自己或第三人不法之所有，以詐術使銀行將銀行或第三人之財物交付，或以不正方法將虛僞資料或不正指令輸入銀行電腦或其相關設備，製作財產權之得喪、變更紀錄而取得他人財產，其因犯罪獲取之財物或財產上利益達新臺幣一億元以上者，處三年以上十年以下有期徒刑，得併科新臺幣一千萬元以上二億元以下罰金。

②以前項方法得財產上不法之利益或使第三人得之者，亦同。

③前二項之未遂犯罰之。

第一二五條之四 107

①犯第一百二十五條、第一百二十五條之二或第一百二十五條之三之罪，於犯罪後自首，如自動繳交全部犯罪所得者，減輕或免除其刑；並因而查獲其他正犯或共犯者，免除其刑。

②犯第一百二十五條、第一百二十五條之二或第一百二十五條之三之罪，在偵查中自白，如自動繳交全部犯罪所得者，減輕其刑；並因而查獲其他正犯或共犯者，減輕其刑至二分之一。

③犯第一百二十五條第一項、第一百二十五條之二第一項及第一百二十五條之三第一項、第二項之罪，其因犯罪獲取之財物或財產上利益超過罰金最高額時，得於犯罪獲取之財物或財產上利益之範圍內加重罰金；如損及金融市場穩定者，加重其刑至二分之一。

第一二五條之五 94

①第一百二十五條之二第一項之銀行負責人、職員或第一百二十五條之三第一項之行爲人所爲之無償行爲，有害及銀行之權利者，銀行得聲請法院撤銷之。

②前項之銀行負責人、職員或行爲人所爲之有償行爲，於行爲時明知有損害於銀行之權利，且受益人於受益時亦知其情事者，銀行得聲請法院撤銷之。

③依前二項規定聲請法院撤銷時，得並聲請命受益人或轉得人回復原狀。但轉得人於轉得時不知有撤銷原因者，不在此限。

④第一項之銀行負責人、職員或行爲人與其配偶、直系親屬、同居親屬、家長或家屬間所爲之處分其財產行爲，均視爲無償行爲。

⑤第一項之銀行負責人、職員或行爲人與前項以外之人所爲之處分其財產行爲，推定爲無償行爲。

⑥第一項及第二項之撤銷權，自銀行知有撤銷原因時起，一年間不行使，或自行爲時起經過十年而消滅。

⑦前六項規定，於第一百二十五條之二第四項之外國銀行負責人或職員適用之。

第一二五條之六 （刪除）108

第一二六條

　　股份有限公司違反其依第三十條所爲之承諾者，其參與決定此項

違反承諾行為之董事及行為人，處三年以下有期徒刑、拘役或科或併科新臺幣一百八十萬元以下罰金。

第一二七條

① 違反第三十五條規定者，處三年以下有期徒刑、拘役或科或併科新臺幣五百萬元以下罰金。但其他法律有較重之處罰規定者，依其規定。

② 違反第四十七條之二或第一百二十三條準用第三十五條規定者，依前項規定處罰。

第一二七條之一 108

① 銀行違反第三十二條、第三十三條、第三十三條之二或適用第三十三條之四第一項而有違反前三條規定或違反第九十一條之一規定者，其行為負責人，處三年以下有期徒刑、拘役或科或併科新臺幣五百萬元以上二千五百萬元以下罰金。

② 銀行依第三十三條辦理授信達主管機關規定金額以上，或依第九十一條之一辦理生產事業直接投資，未經董事會三分之二以上董事之出席及出席董事四分之三以上同意或違反主管機關依第三十三條第二項所定有關授信限額、授信總餘額之規定或違反第九十一條之一有關投資總額不得超過銀行上一會計年度決算後淨值百分之五者，其行為負責人處新臺幣二百萬元以上五千萬元以下罰鍰，不適用前項規定。

③ 外國銀行違反第一百二十三條準用第三十二條、第三十三條、第三十三條之二或第三十三條之四規定者，其行為負責人依前二項規定處罰。

④ 前三項規定於行為負責人在中華民國領域外犯罪者，適用之。

第一二七條之二

① 違反主管機關依第六十二條第一項規定所為之處置，足以生損害於公眾或他人者，其行為負責人處一年以上七年以下有期徒刑，得併科新臺幣二千萬元以下罰金。

② 銀行負責人或職員於主管機關指定機構派員監管或接管或勒令停業進行清理時，有下列情形之一者，處一年以上七年以下有期徒刑，得併科新臺幣二千萬元以下罰金：

一　於主管機關指定期限內拒絕將銀行業務、財務有關之帳冊、文件、印章及財產等列表移交予主管機關指定之監管人、接管人或清理人，或拒絕將債權、債務有關之必要事項告知或拒絕其要求不為進行監管、接管或清理之必要行為。

二　隱匿或毀損有關銀行業務或財務狀況之帳冊文件。

三　隱匿或毀棄銀行財產或為其他不利於債權人之處分。

四　對主管機關指定之監管人、接管人或清理人詢問無正當理由不為答復或為虛偽之陳述。

五　捏造債務或承認不真實之債務。

③ 違反主管機關依第四十七條之二或第一百二十三條準用第六十二條第一項、第六十二條之二或第六十二條之五規定所為之處置，

有前二項情形者，依前二項規定處罰。

第一二七條之三 （刪除）108

第一二七條之四

①法人之負責人、代理人、受雇人或其他職員，因執行業務違反第一百二十五條至第一百二十七條之二規定之一者，除依各該條規定處罰其行為負責人外，對該法人亦科以各該條之罰鍰或罰金。

②前項規定，於外國銀行準用之。

第一二七條之五 94

①違反第二十條第三項規定者，處三年以下有期徒刑、拘役或科或併科新臺幣五百萬元以下罰金。

②法人犯前項之罪者，處罰其行為負責人。

第一二八條 108

①銀行之董事或監察人違反第六十四條第一項規定怠於申報，或信託投資公司之董事或職員違反第一百零八條規定參與決定者，各處新臺幣二百萬元以上一千萬元以下罰鍰。

②外國銀行負責人或職員違反第一百二十三條準用第一百零八條規定參與決定者，依前項規定處罰。

③銀行股東持股違反第二十五條第二項、第三項或第五項規定未向主管機關申報或經核准而持有股份者，處該股東新臺幣二百萬元以上一千萬元以下罰鍰。

④經營金融機構間資金移轉帳務清算之金融資訊服務事業或金融機構間徵信資料處理交換之服務事業，有下列情事之一者，處新臺幣二百萬元以上五千萬元以下罰鍰：

一 主管機關派員或委託適當機構，檢查其業務、財務及其他有關事項或令其於限期內提報財務報告或其他有關資料時，拒絕檢查、隱匿毀損有關資料、對檢查人員詢問無正當理由不為答復或答復不實、逾期提報資料或提報不實或不全。

二 未經主管機關許可，擅自停止其業務之全部或一部。

三 除其他法律或主管機關另有規定者外，無故洩漏因職務知悉或持有他人之資料。

⑤經營金融機構間徵信資料處理交換之服務事業，未經主管機關許可，而擅自營業者，依前項規定處罰。

第一二九條 108

有下列情事之一者，處新臺幣二百萬元以上五千萬元以下罰鍰：

一 違反第二十一條、第二十二條或第五十七條或違反第一百二十三條準用第二十一條、第二十二條或第五十七條規定。

二 違反第二十五條第一項規定發行股票。

三 違反第二十八條第一項至第三項或違反第一百二十三條準用第二十八條第一項至第三項規定。

四 違反主管機關依第三十三條之三或第三十六條或依第一百二十三條準用第三十三條之三或第三十六條規定所為之限制。

五 違反主管機關依第四十三條或依第一百二十三條準用第四十

三條規定所為之通知，未於限期內調整。

六　違反第四十四條之一或主管機關依第四十四條之二第一項所為措施。

七　未依第四十五條之一或未依第一百二十三條準用第四十五條之一規定建立內部控制與稽核制度、內部處理制度與程序、內部作業制度與程序或未確實執行。

八　未依第一百零八條第二項或未依第一百二十三條準用第一百零八條第二項規定報核。

九　違反第一百十條第四項或違反第一百二十三條準用第一百十條第四項規定，未提足特別準備金。

十　違反第一百十五條第一項或違反第一百二十三條準用第一百十五條第一項募集共同信託基金。

十一　違反第四十八條規定。

第一二九條之一 108

①銀行或其他關係人之負責人或職員於主管機關依第四十五條規定，派員或委託適當機構，或令地方主管機關派員，或指定專門職業及技術人員，檢查業務、財務及其他有關事項，或令銀行或其他關係人於限期內據實提報財務報告、財產目錄或其他有關資料及報告時，有下列情事之一者，處新臺幣二百萬元以上五千萬元以下罰鍰：

一　拒絕檢查或拒絕開啟金庫或其他庫房。

二　隱匿或毀損有關業務或財務狀況之帳冊文件。

三　對檢查人員詢問無正當理由不為答復或答復不實。

四　逾期提報財務報告、財產目錄或其他有關資料及報告，或提報不實、不全或未於規定期限內繳納查核費用。

②外國銀行之負責人、職員或其他關係人於主管機關依第一百二十三條準用第四十五條規定，派員或委託適當機構，或指定專門職業及技術人員，檢查業務、財務及其他有關事項，或令其或其他關係人於限期內據實提報財務報告、財產目錄或其他有關資料及報告時，有前項所列各款情事之一者，依前項規定處罰。

第一二九條之二 108

銀行負責人違反第四十四條之二第一項規定，未依限提出或未確實執行資本重建或其他財務業務改善計畫者，處新臺幣二百萬元以上五千萬元以下罰鍰。

第一三〇條 108

有下列情事之一者，處新臺幣一百萬元以上二千萬元以下罰鍰：

一　違反中央銀行依第三十七條第二項、第四十條或依第一百二十三條準用第三十七條第二項、第四十條所為之規定而放款。

二　違反第七十二條或違反第一百二十三條準用第七十二條或違反主管機關依第九十九條第三項所為之規定而放款。

三　違反第七十四條或違反第八十九條第二項、第一百十五條之

　一或第一百二十三條準用第七十四條之規定而爲投資。

四　違反第七十四條之一、第七十五條或違反第八十九條第二項準用第七十四條之一或違反第八十九條第二項、第一百十五條之一或第一百二十三條準用第七十五條之規定而爲投資。

五　違反第七十六條、或違反第四十七條之二、第八十九條第二項、第一百十五條之一或第一百二十三條準用第七十六條之規定。

六　違反第九十一條或主管機關依第九十一條所爲授信、投資、收受存款及發行金融債券之範圍、限制及其管理辦法。

七　違反第一百零九條或違反第一百二十三條準用第一百零九條之規定運用資金。

八　違反第一百十一條或違反第一百二十三條準用第一百十一條之規定。

第一三一條 108
有下列情事之一者，處新臺幣五十萬元以上一千萬元以下罰鍰：

一　違反第二十五條第八項規定未爲通知。

二　違反第三十四條或違反第一百二十三條準用第三十四條之規定吸收存款。

三　違反第三十四條之一或違反第一百二十三條準用第三十四條之一規定。

四　銀行負責人或職員違反第三十五條之一規定兼職，或外國銀行負責人或職員違反第一百二十三條準用第三十五條之一規定兼職。其兼職係經銀行指派者，受罰人爲該指派兼職之銀行。

五　銀行負責人違反第三十五條之二第一項所定準則有關兼職限制、利益衝突禁止之規定，或外國銀行負責人違反第一百二十三條準用第三十五條之二第一項所定準則有關兼職限制、利益衝突禁止之規定。

六　任用未具備第三十五條之二第一項所定準則有關資格條件之規定，或違反兼職限制或利益衝突禁止之規定者擔任負責人。

七　違反主管機關依第四十七條之一所定辦法有關業務、管理或消費者保護之規定。

八　違反第四十九條或違反第一百二十三條準用第四十九條之規定。

九　違反第一百十四條或違反第一百二十三條準用第一百十四條之規定。

十　未依第五十條第一項規定提撥法定盈餘公積。

十一　違反主管機關依第五十一條或依第一百二十三條準用第五十一條所爲之規定。

十二　違反主管機關依第五十一條之一所爲之規定，拒絕繳付。

第一三二條 108

違反本法或本法授權所定命令中有關強制或禁止規定或應為一定行為而不為者，除本法另有處以罰鍰規定而應從其規定外，處新臺幣五十萬元以上一千萬元以下罰鍰。

第一三三條 108

①第一百二十九條、第一百二十九條之一、第一百三十條、第一百三十一條第二款、第三款、第六款至第十二款及前條所定罰鍰之受罰人為銀行或其分行。

②銀行或其分行受罰後依前項受罰後，對應負責之人應予求償。

第一三三條之一 108

依本法規定應處罰鍰之行為，其情節輕微者，得免予處罰，或先命其限期改善，已改善完成者，免予處罰。

第一三四條 108

本法所定罰鍰，由主管機關處罰。但依第一百三十條第一款應處之罰鍰，及違反第四十二條或中央銀行依第七十三條第二項所定辦法有關資金融通限制或管理之規定，而依第一百三十二條應處之罰鍰，由中央銀行處罰，並通知主管機關。

第一三五條 108

罰鍰經限期繳納而逾期不繳納者，自逾期之日起，每日加收滯納金百分之一；屆三十日仍不繳納者，得由主管機關勒令該銀行或分行停業。

第一三六條 108

銀行或受罰人經依本章規定處以罰鍰後，於主管機關規定限期內仍不予改善者，主管機關得按次處罰；其情節重大者，並得解除負責人職務或廢止其許可。

第一三六條之一 107

犯本法之罪，犯罪所得屬犯罪行為人或其以外之自然人、法人或非法人團體因刑法第三十八條之一第二項所列情形取得者，除應發還被害人或得請求損害賠償之人外，沒收之。

第一三六條之二 93

犯本法之罪，所科罰金達新臺幣五千萬元以上而無力完納者，易服勞役期間為二年以下，其折算標準以罰金總額與二年之日數比例折算；所科罰金達新臺幣一億元以上而無力完納者，易服勞役期間為三年以下，其折算標準以罰金總額與三年之日數比例折算。

第一三六條之三 108

第一百三十三條、第一百三十五條及第一百三十六條規定，於經營信用卡業務機構準用之。

第九章 附 則

第一三七條

本法施行前，未經申請許可領取營業執照之銀行，或其他經營存

放款業務之類似銀行機構，均應於中央主管機關指定期限內，依本法規定，補行辦理設立程序。

第一三八條

本法公布施行後，現有銀行或類似銀行機構之種類及其任務，與本法規定不相符合者，中央主管機關應依本法有關規定，指定期限命其調整。

第一三八條之一 94

法院為審理違反本法之犯罪案件，得設立專業法庭或指定專人辦理。

第一三九條

①依其他法律設立之銀行或其他金融機構，除各該法律另有規定者外，適用本法之規定。

②前項其他金融機構之管理辦法，由行政院定之。

第一三九條之一

本法施行細則，由中央主管機關定之。

第一四〇條 95

①本法自公布日施行。

②本法中華民國八十六年五月七日修正公布之第四十二條施行日期，由行政院定之；中華民國九十五年五月五日修正之條文，自中華民國九十五年七月一日施行。

食品安全衛生管理法

①民國64年1月28日總統令制定公布全文32條。

②民國72年11月11日總統令修正公布全文38條。

③民國86年5月7日總統令修正公布第17、38條條文。

④民國89年2月9日總統令修正公布全文40條;並自公布日起施行。

⑤民國91年1月30日總統令修正公布第14、27、29~33、35、36條條文;並增訂第29-1條條文。

⑥民國97年6月11日總統令修正公布第2、11、12、17、19、20、24、29、31~33、36條條文;並增訂第14-1、17-1條條文。

⑦民國99年1月27日總統令修正公布第11條條文。

⑧民國100年6月22日總統令修正公布第31、34條條文。

⑨民國101年8月8日總統令修正公布第11、17-1、31條條文。

⑩民國102年6月19日總統令修正公布全文60條;除第30條申報制度與第33條保證金收取規定及第22條第1項第5款、第26、27條自公布後一年施行外,自公布日施行。

民國102年7月19日行政院公告第6條第1項所列屬「食品藥物管理局」、「疾病管制局」權責事項,自102年7月23日起分別改由「衛生福利部食品藥物管理署」、「衛生福利部疾病管制署」管轄。

⑪民國103年2月5日總統令修正公布名稱及第3、4、6~8、16、21、22、24、25、30、32、37、38、43~45、47、48、49、50、52、56、60條條文;並增訂第48-1、49-1、55-1、56-1條條文;除第30條申報制度與第22條第1項第4、5款自103年6月19日施行及第21條第3項自公布後一年施行外,自公布日施行(原名稱:食品衛生管理法)。

⑫民國103年12月10日總統令修正公布第5、7、9、10、22、24、32、35、43、44、47、48、49、49-1、56、56-1、60條條文;並增訂第2-1、42-1、49-2條條文;除第22條第1項第5款應標示可追溯之來源或生產系統規定自公布後六個月施行;第7條第3項食品業者應設置實驗室規定、第22條第4項、第24條第1項食品添加物之原料應標示事項規定、第24條第3項及第35條第4項規定,自公布後一年施行外,自公布日施行。

⑬民國104年2月4日總統令修正公布第8、25、48條條文。

⑭民國104年12月16日總統令修正公布第41、48條條文;並增訂第15-1條條文。

⑮民國106年11月15日總統令修正公布第9、21、47、48、49-1、56-1條條文。

⑯民國107年1月24日總統令修正公布第28條條文。

⑰民國108年4月3日總統令修正公布第4條條文。

⑱民國108年4月17日總統令修正公布第3、47、51條條文;並增訂第18-1條條文。

⑲民國108年6月12日總統令增訂公布第46-1條條文。

第一章　總則

第一條

為管理食品衛生安全及品質，維護國民健康，特制定本法。

第二條

本法所稱主管機關：在中央為衛生福利主管機關；在直轄市為直轄市政府；在縣（市）為縣（市）政府。

第二條之一　103

①為加強全國食品安全事務之協調、監督、推動及查緝，行政院應設食品安全會報，由行政院院長擔任召集人，召集相關部會首長、專家學者及民間團體代表共同組成，職司跨部會協調食品安全風險評估及管理措施，建立食品安全衛生之預警及稽核制度，至少每三個月開會一次，必要時得召開臨時會議。召集人應指定一名政務委員或部會首長擔任食品安全會報執行長，並由中央主管機關負責幕僚事務。

②各直轄市、縣（市）政府應設食品安全會報，由各該直轄市、縣（市）政府首長擔任召集人，職司跨局處協調食品安全衛生管理措施，至少每三個月舉行會議一次。

③第一項食品安全會報決議之事項，各相關部會應落實執行，行政院應每季追蹤管考對外公告，並納入每年向立法院提出之施政方針及施政報告。

④第一項之食品安全會報之組成、任務、議事程序及其他應遵行事項，由行政院定之。

第三條　108

本法用詞，定義如下：

一　食品：指供人飲食或咀嚼之產品及其原料。

二　特殊營養食品：指嬰兒與較大嬰兒配方食品、特定疾病配方食品及其他經中央主管機關許可得供特殊營養需求者使用之配方食品。

三　食品添加物：指為食品著色、調味、防腐、漂白、乳化、增加香味、安定品質、促進發酵、增加稠度、強化營養、防止氧化或其他必要目的，加入、接觸於食品之單方或複方物質。複方食品添加物使用之添加物僅限由中央主管機關准用之食品添加物組成，前述准用之單方食品添加物皆應有中央主管機關之准用許可字號。

四　食品器具：指與食品或食品添加物直接接觸之器械、工具或器皿。

五　食品容器或包裝：指與食品或食品添加物直接接觸之容器或包裹物。

六　食品用洗潔劑：指用於消毒或洗滌食品、食品器具、食品容器或包裝之物質。

七　食品業者：指從事食品或食品添加物之製造、加工、調配、

包裝、運送、貯存、販賣、輸入、輸出或從事食品器具、食品容器或包裝、食品用洗潔劑之製造、加工、輸入、輸出或販賣之業者。

八　標示：指於食品、食品添加物、食品用洗潔劑、食品器具、食品容器或包裝上，記載品名或為說明之文字、圖畫、記號或附加之說明書。

九　營養標示：指於食品容器或包裝上，記載食品之營養成分、含量及營養宣稱。

十　查驗：指查核及檢驗。

十一　基因改造：指使用基因工程或分子生物技術，將遺傳物質轉移或轉殖入活細胞或生物體，產生基因重組現象，使表現出外源基因特性或使自身特定基因無法表現之相關技術。但不包括傳統育種、同科物種之細胞及原生質體融合、雜交、誘變、體外受精、體細胞變異及染色體倍增等技術。

十二　加工助劑：指在食品或食品原料之製造加工過程中，為達特定加工目的而使用，非作為食品原料或食品容器具之物質。該物質於最終產品中不產生功能，食品以其成品形式包裝之前應從食品中除去，其可能存在非有意，且無法避免之殘留。

第二章　食品安全風險管理

第四條 108

①主管機關採行之食品安全衛生管理措施應以風險評估為基礎，符合滿足國民享有之健康、安全食品以及知的權利、科學證據原則、事先預防原則、資訊透明原則，建構風險評估以及諮議體系。

②前項風險評估，中央主管機關應召集食品安全、毒理與風險評估等專家學者及民間團體組成食品風險評估諮議會為之。其成員單一性別不得少於三分之一。

③第一項諮議體系應就食品衛生安全與營養、基因改造食品、食品廣告標示、食品檢驗方法等成立諮議會，召集食品安全、營養學、醫學、毒理、風險管理、農業、法律、人文社會領域相關具有專精學者組成之。其成員單一性別不得少於三分之一。

④諮議會委員議事之迴避，準用行政程序法第三十二條之規定；諮議會之組成、議事、程序與範圍及其他應遵行事項之辦法，由中央主管機關定之。

⑤中央主管機關對重大或突發性食品衛生安全事件，必要時得依預警原則、風險評估或流行病學調查結果，公告對特定產品或特定地區之產品採取下列管理措施：

一　限制或停止輸入查驗、製造及加工之方式或條件。

二　下架、封存、限期回收、限期改製、沒入銷毀。

第五條 103

① 各級主管機關依科學實證，建立食品衛生安全監測體系，於監測發現有危害食品衛生安全之虞之事件發生時，應主動查驗，並發布預警或採行必要管制措施。

② 前項主動查驗、發布預警或採行必要管制措施，包含主管機關應抽樣檢驗、追查原料來源、產品流向、公布檢驗結果及揭露資訊，並令食品業者自主檢驗。

第六條 103

① 各級主管機關應設立通報系統，劃分食品引起或感染症中毒，由衛生福利部食品藥物管理署或衛生福利部疾病管制署主管之，蒐集並受理疑似食品中毒事件之通報。

② 醫療機構診治病人時發現有疑似食品中毒之情形，應於二十四小時內向當地主管機關報告。

第三章　食品業者衛生管理

第七條 103

① 食品業者應實施自主管理，訂定食品安全監測計畫，確保食品衛生安全。

② 食品業者應將其產品原材料、半成品或成品，自行或送交其他檢驗機關（構）、法人或團體檢驗。

③ 上市、上櫃及其他經中央主管機關公告類別及規模之食品業者，應設置實驗室，從事前項自主檢驗。

④ 第一項應訂定食品安全監測計畫之食品業者類別與規模，與第二項應辦理檢驗之食品業者類別與規模、最低檢驗週期，及其他相關事項，由中央主管機關公告。

⑤ 食品業者於發現產品有危害衛生安全之虞時，應即主動停止製造、加工、販賣及辦理回收，並通報直轄市、縣（市）主管機關。

第八條 104

① 食品業者之從業人員、作業場所、設施衛生管理及其品保制度，均應符合食品之良好衛生規範準則。

② 經中央主管機關公告類別及規模之食品業，應符合食品安全管制系統準則之規定。

③ 經中央主管機關公告類別及規模之食品業者，應向中央或直轄市、縣（市）主管機關申請登錄，始得營業。

④ 第一項食品之良好衛生規範準則、第二項食品安全管制系統準則，及前項食品業者申請登錄之條件、程序、應登錄之事項與申請變更、登錄之廢止、撤銷及其他應遵行事項之辦法，由中央主管機關定之。

⑤ 經中央主管機關公告類別及規模之食品業者，應取得衛生安全管理系統之驗證。

⑥ 前項驗證，應由中央主管機關認證之驗證機構辦理；有關申請、

撤銷與廢止認證之條件或事由，執行驗證之收費、程序、方式及其他相關事項之管理辦法，由中央主管機關定之。

第九條 106

①食品業者應保存產品原材料、半成品及成品之來源相關文件。

②經中央主管機關公告類別與規模之食品業者，應依其產業模式，建立產品原材料、半成品與成品供應來源及流向之追溯或追蹤系統。

③中央主管機關為管理食品安全衛生及品質，確保食品追溯或追蹤系統資料之正確性，應就前項之業者，依溯源之必要性，分階段公告使用電子發票。

④中央主管機關為建立第二項之追溯或追蹤系統，食品業者應以電子方式申報追溯或追蹤系統之資料，其電子申報方式及規格由中央主管機關定之。

⑤第一項保存文件種類與期間及第二項追溯或追蹤系統之建立、應記錄之事項、查核及其他應遵行事項之辦法，由中央主管機關定之。

第一〇條 103

①食品業者之設廠登記，應由工業主管機關會同主管機關辦理。

②食品工廠之建築及設備，應符合設廠標準；其標準，由中央主管機關會同中央工業主管機關定之。

③食品或食品添加物之工廠應單獨設立，不得於同一廠址及廠房同時從事非食品之製造、加工或調配。但經中央主管機關查核符合藥物優良製造準則之藥品製造業兼製食品者，不在此限。

④本法中華民國一百零三年十一月十八日修正條文施行前，前項之工廠未單獨設立者，由中央主管機關於修正條文施行後六個月內公告，並應於公告後一年內完成辦理。

第一一條

①經中央主管機關公告類別及規模之食品業者，應置衛生管理人員。

②前項衛生管理人員之資格、訓練、職責及其他應遵行事項之辦法，由中央主管機關定之。

第一二條

①經中央主管機關公告類別及規模之食品業者，應置一定比率，並領有專門職業或技術證照之食品、營養、餐飲等專業人員，辦理食品衛生安全管理事項。

②前項應聘用專門職業或技術證照人員之設置、職責、業務之執行及管理辦法，由中央主管機關定之。

第一三條

①經中央主管機關公告類別及規模之食品業者，應投保產品責任保險。

②前項產品責任保險之保險金額及契約內容，由中央主管機關定之。

第一四條

公共飲食場所衛生之管理辦法，由直轄市、縣（市）主管機關依中央主管機關訂定之各類衛生標準或法令定之。

第四章　食品衛生管理

第一五條

①食品或食品添加物有下列情形之一者，不得製造、加工、調配、包裝、運送、貯存、販賣、輸入、輸出、作為贈品或公開陳列：

一　變質或腐敗。

二　未成熟而有害人體健康。

三　有毒或含有害人體健康之物質或異物。

四　染有病原性生物，或經流行病學調查認定屬造成食品中毒之病因。

五　殘留農藥或動物用藥含量超過安全容許量。

六　受原子塵或放射能污染，其含量超過安全容許量。

七　攙偽或假冒。

八　逾有效日期。

九　從未於國內供作飲食且未經證明為無害人體健康。

十　添加未經中央主管機關許可之添加物。

②前項第五款、第六款殘留農藥或動物用藥安全容許量及食品中原子塵或放射能污染安全容許量之標準，由中央主管機關會商相關機關定之。

③第一項第三款有害人體健康之物質，包括雖非疫區而近十年內有發生牛海綿狀腦病或新型庫賈氏症病例之國家或地區牛隻之頭骨、腦、眼睛、脊髓、絞肉、內臟及其他相關產製品。

④國內外之肉品及其他相關產製品，除依中央主管機關根據國人膳食習慣為風險評估所訂定安全容許標準者外，不得檢出乙型受體素。

⑤國內外如發生因食用安全容許殘留乙型受體素肉品導致中毒案例時，應立即停止含乙型受體素之肉品進口；國內經確認有因食用致中毒之個案，政府應負照護責任，並協助向廠商請求損害賠償。

第一五條之一 104

①中央主管機關對於可供食品使用之原料，得限制其製造、加工、調配之方式或條件、食用部位、使用量、可製成之產品型態或其他事項。

②前項應限制之原料品項及其限制事項，由中央主管機關公告之。

第一六條 103

食品器具、食品容器或包裝、食品用洗潔劑有下列情形之一，不得製造、販賣、輸入、輸出或使用：

一　有毒者。

二　易生不良化學作用者。

　　三　足以危害健康者。

　　四　其他經風險評估有危害健康之虞者。

第一七條

販賣之食品、食品用洗潔劑及其器具、容器或包裝，應符合衛生安全及品質之標準；其標準由中央主管機關定之。

第一八條

①食品添加物之品名、規格及其使用範圍、限量標準，由中央主管機關定之。

②前項標準之訂定，必須以可以達到預期效果之最小量為限制，且依據國人膳食習慣為風險評估，同時必須遵守規格標準之規定。

第一八條之一 108

①食品業者使用加工助劑於食品或食品原料之製造，應符合安全衛生及品質之標準；其標準由中央主管機關定之。

②加工助劑之使用，不得有危害人體健康之虞之情形。

第一九條

第十五條第二項及前二條規定之標準未訂定前，中央主管機關為突發事件緊急應變之需，於無法取得充分之實驗資料時，得訂定其暫行標準。

第二○條

①屠宰場內畜禽屠宰及分切之衛生查核，由農業主管機關依相關法規之規定辦理。

②運送過程之屠體、內臟及其分切物於交付食品業者後之衛生查核，由衛生主管機關為之。

③食品業者所持有之屠體、內臟及其分切物之製造、加工、調配、包裝、運送、貯存、販賣、輸入或輸出之衛生管理，由各級主管機關依本法之規定辦理。

④第二項衛生查核之規範，由中央主管機關會同中央農業主管機關定之。

第二一條 106

①經中央主管機關公告之食品、食品添加物、食品器具、食品容器或包裝及食品用洗潔劑，其製造、加工、調配、改裝、輸入或輸出，非經中央主管機關查驗登記並發給許可文件，不得為之；其登記事項有變更者，應事先向中央主管機關申請審查核准。

②食品所含之基因改造食品原料非經中央主管機關健康風險評估審查，並查驗登記發給許可文件，不得供作食品原料。

③經中央主管機關查驗登記並發給許可文件之基因改造食品原料，其輸入業者應依第九條第五項所定辦法，建立基因改造食品原料供應來源及流向之追溯或追蹤系統。

④第一項及第二項許可文件，其有效期間為一年至五年，由中央主管機關核定之；期滿仍需繼續製造、加工、調配、改裝、輸入或輸出者，應於期滿前三個月內，申請中央主管機關核准展延。但每次展延，不得超過五年。

⑤第一項及第二項許可之廢止、許可文件之發給、換發、補發、展延、移轉、註銷及登記事項變更等管理事項之辦法，由中央主管機關定之。

⑥第一項及第二項之查驗登記，得委託其他機構辦理；其委託辦法，由中央主管機關定之。

⑦本法於中華民國一百零三年一月二十八日修正前，第二項未辦理查驗登記之基因改造食品原料，應於公布後二年內完成辦理。

第五章　食品標示及廣告管理

第二二條 103

①食品及食品原料之容器或外包裝，應以中文及通用符號，明顯標示下列事項：

一　品名。

二　內容物名稱；其為二種以上混合物時，應依其含量多寡由高至低分別標示之。

三　淨重、容量或數量。

四　食品添加物名稱；混合二種以上食品添加物，以功能性命名者，應分別標明添加物名稱。

五　製造廠商或國內負責廠商名稱、電話號碼及地址。國內通過農產品生產驗證者，應標示可追溯之來源；有中央農業主管機關公告之生產系統者，應標示生產系統。

六　原產地（國）。

七　有效日期。

八　營養標示。

九　含基因改造食品原料。

十　其他經中央主管機關公告之事項。

②前項第二款內容物之主成分應標明所佔百分比，其應標示之產品、主成分項目、標示內容、方式及各該產品實施日期，由中央主管機關另定之。

③第一項第八款及第九款標示之應遵行事項，由中央主管機關公告之。

④第一項第五款僅標示國內負責廠商名稱者，應將製造廠商、受託製造廠商或輸入廠商之名稱、電話號碼及地址通報轄區主管機關；主管機關應開放其他主管機關共同查閱。

第二三條

食品因容器或外包裝面積、材質或其他之特殊因素，依前條規定標示顯有困難者，中央主管機關得公告免一部之標示，或以其他方式標示。

第二四條 103

①食品添加物及其原料之容器或外包裝，應以中文及通用符號，明顯標示下列事項：

一　品名。

二　「食品添加物」或「食品添加物原料」字樣。

三　食品添加物名稱；其為二種以上混合物時，應分別標明。其標示應以第十八條第一項所定之品名或依中央主管機關公告之通用名稱為之。

四　淨重、容量或數量。

五　製造廠商或國內負責廠商名稱、電話號碼及地址。

六　有效日期。

七　使用範圍、用量標準及使用限制。

八　原產地（國）。

九　含基因改造食品添加物之原料。

十　其他經中央主管機關公告之事項。

②食品添加物之原料，不受前項第三款、第七款及第九款之限制。前項第三款食品添加物之香料成分及第九款標示之應遵行事項，由中央主管機關公告之。

③第一項第五款僅標示國內負責廠商名稱者，應將製造廠商、受託製造廠商或輸入廠商之名稱、電話號碼及地址通報轄區主管機關；主管機關應開放其他主管機關共同查閱。

第二五條 104

①中央主管機關得對直接供應飲食之場所，就其供應之特定食品，要求以中文標示原產地及其他應標示事項；對特定散裝食品販賣者，得就其販賣之地點、方式予以限制，或要求以中文標示品名、原產地（國）、含基因改造食品原料、製造日期或有效日期及其他應標示事項。國內通過農產品生產驗證者，應標示可追溯之來源；有中央農業主管機關公告之生產系統者，應標示生產系統。

②前項特定食品品項、應標示事項、方法及範圍；與特定散裝食品品項、限制方式及應標示事項，由中央主管機關公告之。

③第一項應標示可追溯之來源或生產系統規定，自中華民國一百零四年一月二十日修正公布後六個月施行。

第二六條

經中央主管機關公告之食品器具、食品容器或包裝，應以中文及通用符號，明顯標示下列事項：

一　品名。

二　材質名稱及耐熱溫度；其為二種以上材質組成者，應分別標明。

三　淨重、容量或數量。

四　國內負責廠商之名稱、電話號碼及地址。

五　原產地（國）。

六　製造日期；其有時效性者，並應加註有效日期或有效期間。

七　使用注意事項或微波等其他警語。

八　其他經中央主管機關公告之事項。

第二七條

食品用洗潔劑之容器或外包裝，應以中文及通用符號，明顯標示下列事項：

一 品名。

二 主要成分之化學名稱；其為二種以上成分組成者，應分別標明。

三 淨重或容量。

四 國內負責廠商名稱、電話號碼及地址。

五 原產地（國）。

六 製造日期；其有時效性者，並應加註有效日期或有效期間。

七 適用對象或用途。

八 使用方法及使用注意事項或警語。

九 其他經中央主管機關公告之事項。

第二八條 107

①食品、食品添加物、食品用洗潔劑及經中央主管機關公告之食品器具、食品容器或包裝，其標示、宣傳或廣告，不得有不實、誇張或易生誤解之情形。

②食品不得為醫療效能之標示、宣傳或廣告。

③中央主管機關對於特殊營養食品、易導致慢性病或不適合兒童及特殊需求者長期食用之食品，得限制其促銷或廣告；其食品之項目、促銷或廣告之限制與停止刊播及其他應遵行事項之辦法，由中央主管機關定之。

④第一項不實、誇張或易生誤解與第二項醫療效能之認定基準、宣傳或廣告之內容、方式及其他應遵行事項之準則，由中央主管機關定之。

第二九條

接受委託刊播之傳播業者，應自廣告之日起六個月，保存委託刊播廣告者之姓名或名稱、國民身分證統一編號、公司、商號、法人或團體之設立登記文件號碼、住居所或事務所、營業所及電話等資料，且於主管機關要求提供時，不得規避、妨礙或拒絕。

第六章 食品輸入管理

第三〇條 103

①輸入經中央主管機關公告之食品、基因改造食品原料、食品添加物、食品器具、食品容器或包裝及食品用洗潔劑時，應依海關專屬貨品分類號列，向中央主管機關申請查驗並申報其產品有關資訊。

②執行前項規定，查驗績效優良之業者，中央主管機關得採取優惠之措施。

③輸入第一項產品非供販賣，且其金額、數量符合中央主管機關公告或經中央主管機關專案核准者，得免申請查驗。

第三一條

前條產品輸入之查驗及申報，中央主管機關得委任、委託相關機關（構）、法人或團體辦理。

第三二條

① 主管機關為追查或預防食品衛生安全事件，必要時得要求食品業者、非食品業者或其代理人提供輸入產品之相關紀錄、文件及電子檔案或資料庫，食品業者、非食品業者或其代理人不得規避、妨礙或拒絕。

② 食品業者應就前項輸入產品、基因改造食品原料之相關紀錄、文件及電子檔案或資料庫保存五年。

③ 前項應保存之資料、方式及範圍，由中央主管機關公告之。

第三三條

① 輸入產品因性質或其查驗時間等條件特殊者，食品業者得向查驗機關申請具結先行放行，並於特定地點存放。查驗機關審查後認定應繳納保證金者，得命其繳納保證金後，准予具結先行放行。

② 前項具結先行放行之產品，其存放地點得由食品業者或其代理人指定；產品未取得輸入許可前，不得移動、啟用或販賣。

③ 第三十條、第三十一條及本條第一項有關產品輸入之查驗、申報或查驗、申報之委託、優良廠商輸入查驗與申報之優惠措施、輸入產品具結先行放行之條件、應繳納保證金之審查基準、保證金之收取標準及其他應遵行事項之辦法，由中央主管機關定之。

第三四條

中央主管機關遇有重大食品衛生安全事件發生，或輸入產品經查驗不合格之情況嚴重時，得就相關業者、產地或產品，停止其查驗申請。

第三五條 103

① 中央主管機關對於管控安全風險程度較高之食品，得於其輸入前，實施系統性查核。

② 前項實施系統性查核之產品範圍、程序及其他相關事項之辦法，由中央主管機關定之。

③ 中央主管機關基於源頭管理需要或因個別食品衛生安全事件，得派員至境外，查核該輸入食品之衛生安全管理等事項。

④ 食品業者輸入食品添加物，其屬複方者，應檢附原產國之製造廠商或負責廠商出具之產品成分報告及輸出國之官方衛生證明，供各級主管機關查核。但屬香料者，不在此限。

第三六條

① 境外食品、食品添加物、食品器具、食品容器或包裝及食品用洗潔劑對民眾之身體或健康有造成危害之虞，經中央主管機關公告者，旅客攜帶入境時，應檢附出產國衛生主管機關開具之衛生證明文件申報之；對民眾之身體或健康有嚴重危害者，中央主管機關並得公告禁止旅客攜帶入境。

② 違反前項規定之產品，不問屬於何人所有，沒入銷毀之。

第七章　食品檢驗

第三七條 103

① 食品、食品添加物、食品器具、食品容器或包裝及食品用洗潔劑之檢驗，由各級主管機關或委任、委託經認可之相關機關（構）、法人或團體辦理。

② 中央主管機關得就前項受委任、委託之相關機關（構）、法人或團體，辦理認證；必要時，其認證工作，得委任、委託相關機關（構）、法人或團體辦理。

③ 前二項有關檢驗之委託、檢驗機關（構）、法人或團體認證之條件與程序、委託辦理認證工作之程序及其他相關事項之管理辦法，由中央主管機關定之。

第三八條 103

各級主管機關執行食品、食品添加物、食品器具、食品容器或包裝及食品用洗潔劑之檢驗，其檢驗方法，經食品檢驗方法諮議會諮議，由中央主管機關定之；未定檢驗方法者，得依國際間認可之方法為之。

第三九條

食品業者對於檢驗結果有異議時，得自收受通知之日起十五日內，向原抽驗之機關（構）申請複驗；受理機關（構）應於三日內進行複驗。但檢體無適當方法可資保存者，得不受理之。

第四〇條

發布食品衛生檢驗資訊時，應同時公布檢驗方法、檢驗單位及結果判讀依據。

第八章　食品查核及管制

第四一條 104

① 直轄市、縣（市）主管機關為確保食品、食品添加物、食品器具、食品容器或包裝及食品用洗潔劑符合本法規定，得執行下列措施，業者應配合，不得規避、妨礙或拒絕：

一　進入製造、加工、調配、包裝、運送、貯存、販賣場所執行現場查核及抽樣檢驗。

二　為前款查核或抽樣檢驗時，得要求前款場所之食品業者提供原料或產品之來源及數量、作業、品保、販賣對象、金額、其他佐證資料、證明或紀錄，並得查閱、扣留或複製之。

三　查核或檢驗結果證實為不符合本法規定之食品、食品添加物、食品器具、食品容器或包裝及食品用洗潔劑，應予封存。

四　對於有違反第八條第一項、第十五條第一項、第四項、第十六條、中央主管機關依第十七條、第十八條或第十九條所定標準之虞者，得命食品業者暫停作業及停止販賣，並封存該產品。

五　接獲通報疑似食品中毒案件時，對於各該食品業者，得命其限期改善或派送相關食品從業人員至各級主管機關認可之機關（構），接受至少四小時之食品中毒防治衛生講習；調查期間，並得命其暫停作業、停止販賣及進行消毒，並封存該產品。

②中央主管機關於必要時，亦得爲前項規定之措施。

第四二條

前條查核、檢驗與管制措施及其他應遵行事項之辦法，由中央主管機關定之。

第四二條之一 103

爲維護食品安全衛生，有效遏止廠商之違法行爲，警察機關應派員協助主管機關。

第四三條 103

①主管機關對於檢舉查獲違反本法規定之食品、食品添加物、食品器具、食品容器或包裝、食品用洗潔劑、標示、宣傳、廣告或食品業者，除應對檢舉人身分資料嚴予保密外，並得酌予獎勵。公務員如有洩密情事，應依法追究刑事及行政責任。

②前項主管機關受理檢舉案件之管轄、處理期間、保密、檢舉人獎勵及其他應遵行事項之辦法，由中央主管機關定之。

③第一項檢舉人身分資料之保密，於訴訟程序，亦同。

第九章　罰　則

第四四條 103

①有下列行爲之一者，處新臺幣六萬元以上二億元以下罰鍰；情節重大者，並得命其歇業、停業一定期間、廢止其公司、商業、工廠之全部或部分登記事項，或食品業者之登錄；經廢止登錄者，一年內不得再申請重新登錄：

一　違反第八條第一項或第二項規定，經命其限期改正，屆期不改正。

二　違反第十五條第一項、第四項或第十六條規定。

三　經主管機關依第五十二條第二項規定，命其回收、銷毀而不遵行。

四　違反中央主管機關依第五十四條第一項所爲禁止其製造、販賣、輸入或輸出之公告。

②前項罰鍰之裁罰標準，由中央主管機關定之。

第四五條 103

①違反第二十八條第一項或中央主管機關依第二十八條第三項所定辦法者，處新臺幣四萬元以上四百萬元以下罰鍰；違反同條第二項規定者，處新臺幣六十萬元以上五百萬元以下罰鍰；再次違反者，並得命其歇業、停業一定期間、廢止其公司、商業、工廠之全部或部分登記事項，或食品業者之登錄；經廢止登錄者，一年內不得再申請重新登錄。

②違反前項廣告規定之食品業者，應按次處罰至其停止刊播爲止。

③違反第二十八條有關廣告規定之一，情節重大者，除依前二項規定處分外，主管機關並應命其不得販賣、供應或陳列；且應自裁處書送達之日起三十日內，於原刊播之同一篇幅、時段，刊播一定次數之更正廣告，其內容應載明表達歉意及排除錯誤之訊息。

④違反前項規定，繼續販賣、供應、陳列或未刊播更正廣告者，處新臺幣十二萬元以上六十萬元以下罰鍰。

第四六條

①傳播業者違反第二十九條規定者，處新臺幣六萬元以上三十萬元以下罰鍰，並按次處罰。

②直轄市、縣（市）主管機關爲前條第一項處罰時，應通知傳播業者及其直轄市、縣（市）主管機關或目的事業主管機關。傳播業者自收到該通知之次日起，應即停止刊播。

③傳播業者未依前項規定停止刊播違反第二十八條第一項或第二項規定，或違反中央主管機關依第二十八條第三項所爲廣告之限制或所定辦法中有關停止廣告之規定者，處新臺幣十二萬元以上六十萬元以下罰鍰，並應按次處罰至其停止刊播爲止。

④傳播業者經依第二項規定通知後，仍未停止刊播者，直轄市、縣（市）主管機關除依前項規定處罰外，並通知傳播業者之直轄市、縣（市）主管機關或其目的事業主管機關依相關法規定處理。

第四六條之一 108

散播有關食品安全之謠言或不實訊息，足生損害於公眾或他人者，處三年以下有期徒刑、拘役或新臺幣一百萬元以下罰金。

第四七條 108

有下列行爲之一者，處新臺幣三萬元以上三百萬元以下罰鍰；情節重大者，並得命其歇業、停業一定期間、廢止其公司、商業、工廠之全部或部分登記事項，或食品業者之登錄；經廢止登錄者，一年內不得再申請重新登錄：

一 違反中央主管機關依第四條所爲公告。

二 違反第七條第五項規定。

三 食品業者依第八條第三項、第九條第二項或第四項規定所登錄、建立或申報之資料不實，或依第九條第三項開立之電子發票不實致影響食品追溯或追蹤之查核。

四 違反第十一條第一項或第十二條第一項規定。

五 違反中央主管機關依第十三條所爲投保產品責任保險之規定。

六 違反直轄市或縣（市）主管機關依第十四條所定管理辦法中有關公共飲食場所安全衛生之規定。

七 違反中央主管機關依第十八條之一第一項所定標準之規定，經命其限期改正，屆期不改正。

八 違反第二十一條第一項及第二項、第二十二條第一項或依第

二項及第三項公告之事項、第二十四條第一項或依第二項公告之事項、第二十六條或第二十七條規定。

九　除第四十八條第九款規定者外，違反中央主管機關依第十八條所定標準中有關食品添加物規格及其使用範圍、限量之規定。

十　違反中央主管機關依第二十五條第二項所為之公告。

十一　規避、妨礙或拒絕本法所規定之查核、檢驗、查扣或封存。

十二　對依本法規定應提供之資料，拒不提供或提供資料不實。

十三　經依本法規定命暫停作業或停止販賣而不遵行。

十四　違反第三十條第一項規定，未辦理輸入產品資訊申報，或申報之資訊不實。

十五　違反第五十三條規定。

第四八條 106

有下列行為之一者，經命限期改正，屆期不改正者，處新臺幣三萬元以上三百萬元以下罰鍰；情節重大者，並得命其歇業、停業一定期間、廢止其公司、商業、工廠之全部或部分登記事項，或食品業者之登錄；經廢止登錄者，一年內不得再申請重新登錄：

一　違反第七條第一項規定未訂定食品安全監測計畫、第二項或第三項規定未設置實驗室。

二　違反第八條第三項規定，未辦理登錄，或違反第八條第五項規定，未取得驗證。

三　違反第九條第一項規定，未保存文件或保存未達規定期限。

四　違反第九條第二項規定，未建立追溯或追蹤系統。

五　違反第九條第三項規定，未開立電子發票致無法為食品之追溯或追蹤。

六　違反第九條第四項規定，未以電子方式申報或未依中央主管機關所定之方式及規格申報。

七　違反第十條第三項規定。

八　違反中央主管機關依第十七條或第十九條所定標準之規定。

九　食品業者販賣之產品違反中央主管機關依第十八條所定食品添加物規格及其使用範圍、限量之規定。

十　違反第二十二條第四項或第二十四條第三項規定，未通報轄區主管機關。

十一　違反第三十五條第四項規定，未出具產品成分報告及輸出國之官方衛生證明。

十二　違反中央主管機關依第十五條之一第二項公告之限制事項。

第四八條之一 103

有下列情形之一者，由中央主管機關處新臺幣三萬元以上三百萬元以下罰鍰；情節重大者，並得暫停、終止或廢止其委託或認證；經終止委託或廢止認證者，一年內不得再接受委託或重新申

請認證：

一 依本法受託辦理食品業者衛生安全管理驗證，違反依第八條第六項所定之管理規定。

二 依本法認證之檢驗機構、法人或團體，違反依第三十七條第三項所定之認證管理規定。

三 依本法受託辦理檢驗機關（構）、法人或團體認證，違反依第三十七條第三項所定之委託認證管理規定。

第四九條 103

① 有第十五條第一項第三款、第七款、第十款或第十六條第一款行為者，處七年以下有期徒刑，得併科新臺幣八千萬元以下罰金。情節輕微者，處五年以下有期徒刑、拘役或科或併科新臺幣八百萬元以下罰金。

② 有第四十四條至前條行為，情節重大足以危害人體健康之虞者，處七年以下有期徒刑，得併科新臺幣八千萬元以下罰金；致危害人體健康者，處一年以上七年以下有期徒刑，得併科新臺幣一億元以下罰金。

③ 犯前項之罪，因而致人於死者，處無期徒刑或七年以上有期徒刑，得併科新臺幣二億元以下罰金；致重傷者，處三年以上十年以下有期徒刑，得併科新臺幣一億五千萬元以下罰金。

④ 因過失犯第一項、第二項之罪者，處二年以下有期徒刑、拘役或科新臺幣六百萬元以下罰金。

⑤ 法人之代表人、法人或自然人之代理人、受僱人或其他從業人員，因執行業務犯第一項至第三項之罪者，除處罰其行為人外，對該法人或自然人科以各該項十倍以下之罰金。

⑥ 科罰金時，應審酌刑法第五十八條規定。

第四九條之一 106

犯本法之罪，其犯罪所得與追徵之範圍及價額，認定顯有困難時，得以估算認定之；其估算辦法，由行政院定之。

第四九條之二 103

① 經中央主管機關公告類別及規模之食品業者，違反第十五條第一項、第四項或第十六條之規定；或有第四十四條至第四十八條之一之行為致危害人體健康者，其所得之財產或其他利益，應沒入或追繳之。

② 主管機關有相當理由認為受處分人為避免前項處分而移轉其財物或財產上利益於第三人者，得沒入或追繳該第三人受移轉之財物或財產上利益。如全部或一部不能沒入者，應追徵其價額或以其財產抵償之。

③ 為保全前二項財物或財產上利益之沒入或追繳，其價額之追徵或財產之抵償，主管機關得依法扣留或向行政法院聲請假扣押或假處分，並免提供擔保。

④ 主管機關依本條沒入或追繳違法所得財物、財產上利益、追徵價額或抵償財產之推估計價辦法，由行政院定之。

第五〇條 103

①雇主不得因勞工向主管機關或司法機關揭露違反本法之行為、擔任訴訟程序之證人或拒絕參與違反本法之行為而予解僱、調職或其他不利之處分。

②雇主或代表雇主行使管理權之人，為前項規定所為之解僱、降調或減薪者，無效。

③雇主以外之人曾參與違反本法之規定且應負刑事責任之行為，而向主管機關或司法機關揭露，因而破獲雇主違反本法之行為者，減輕或免除其刑。

第五一條 108

有下列情形之一者，主管機關得為處分如下：

一　有第四十七條第十四款規定情形者，得暫停受理食品業者或其代理人依第三十條第一項規定所為之查驗申請；產品已放行者，得視違規之情形，命食品業者回收、銷毀或辦理退運。

二　違反第三十條第三項規定，將免予輸入查驗之產品供販賣者，得停止其免查驗之申請一年。

三　違反第三十三條第二項規定，取得產品輸入許可前，擅自移動、啟用或販賣者，或具結保管之存放地點與實際不符者，沒收所收取之保證金，並於一年內暫停受理該食品業者具結保管之申請；擅自販賣者，並得處販賣價格一倍至二十倍之罰鍰。

第五二條 103

①食品、食品添加物、食品器具、食品容器或包裝及食品用洗潔劑，經依第四十一條規定查核或檢驗者，由當地直轄市、縣（市）主管機關依查核或檢驗結果，為下列之處分：

一　有第十五條第一項、第四項或第十六條所列各款情形之一者，應予沒入銷毀。

二　不符合中央主管機關依第十七條、第十八條所定標準，或違反第二十一條第一項及第二項規定者，其產品及以其為原料之產品，應予沒入銷毀。但實施消毒或採行適當安全措施後，仍可供食用、使用或不影響國人健康者，應通知限期消毒、改製或採行適當安全措施；屆期未遵行者，沒入銷毀之。

三　標示違反第二十二條第一項或依第二項及第三項公告之事項、第二十四條第一項或依第二項公告之事項、第二十六條、第二十七條或第二十八條第一項規定者，應通知限期回收改正，改正前不得繼續販賣；屆期未遵行或違反第二十八條第二項規定者，沒入銷毀之。

四　依第四十一條第一項規定命暫停作業及停止販賣並封存之產品，如經查無前三款之情形者，應撤銷原處分，並予啟封。

②前項第一款至第三款應予沒入之產品，應命製造、販賣或輸入

者立即公告停止使用或食用，並予回收、銷毀。必要時，當地直轄市、縣（市）主管機關得代為回收、銷毀，並收取必要之費用。

③前項應回收、銷毀之產品，其回收、銷毀處理辦法，由中央主管機關定之。

④製造、加工、調配、包裝、運送、販賣、輸入、輸出第一項第一款或第二款產品之食品業者，由當地直轄市、縣（市）主管機關公布其商號、地址、負責人姓名、商品名稱及違法情節。

⑤輸入第一項產品經通關查驗不符合規定者，中央主管機關應管制其輸入，並得為第一項各款、第二項及前項之處分。

第五三條

直轄市、縣（市）主管機關經依前條第一項規定，命限期回收銷毀產品或為其他必要之處置後，食品業者應依所定期限將處理過程、結果及改善情形等資料，報直轄市、縣（市）主管機關備查。

第五四條

①食品、食品添加物、食品器具、食品容器或包裝及食品用洗潔劑，有第五十二條第一項第一款或第二款情事，除依第五十二條規定處理外，中央主管機關得公告禁止其製造、販賣、輸入或輸出。

②前項公告禁止之產品為中央主管機關查驗登記並發給許可文件者，得一併廢止其許可。

第五五條

本法所定之處罰，除另有規定外，由直轄市、縣（市）主管機關為之，必要時得由中央主管機關為之。但有關公司、商業或工廠之全部或部分登記事項之廢止，由直轄市、縣（市）主管機關於勒令歇業處分確定後，移由工、商業主管機關或其目的事業主管機關為之。

第五五條之一 103

依本法所為之行政罰，其行為數認定標準，由中央主管機關定之。

第五六條 103

①食品業者違反第十五條第一項第三款、第七款、第十款或第十六條第一款規定，致生損害於消費者時，應負賠償責任。但食品業者證明損害非由於其製造、加工、調配、包裝、運送、貯存、販賣、輸入、輸出所致，或於防止損害之發生已盡相當之注意者，不在此限。

②消費者雖非財產上之損害，亦得請求賠償相當之金額，並得準用消費者保護法第四十七條至第五十五條之規定提出消費訴訟。

③如消費者不易或不能證明其實際損害額時，得請求法院依侵害情節，以每人每一事件新臺幣五百元以上三十萬元以下計算。

④直轄市、縣（市）政府受理同一原因事件，致二十人以上消費者

受有損害之申訴時，應協助消費者依消費者保護法第五十條之規定辦理。

⑤受消費者保護團體委任代理消費者保護法第四十九條第一項訴訟之律師，就該訴訟得請求報酬，不適用消費者保護法第四十九條第二項後段規定。

第五六條之一 106

①中央主管機關爲保障食品安全事件消費者之權益，得設立食品安全保護基金，並得委託其他機關（構）、法人或團體辦理。

②前項基金之來源如下：

一　違反本法罰鍰之部分提撥。

二　依本法科處並繳納之罰金，及因違反本法規定沒收或追徵之現金或變賣所得。

三　依本法或行政罰法規定沒入、追繳、追徵或抵償之不當利得部分提撥。

四　基金孳息收入。

五　捐贈收入。

六　循預算程序之撥款。

七　其他有關收入。

③前項第一款及第三款來源，以其處分生效日在中華民國一百零二年六月二十一日以後者適用。

④第一項基金之用途如下：

一　補助消費者保護團體因食品衛生安全事件依消費者保護法之規定，提起消費訴訟之律師報酬及訴訟相關費用。

二　補助經公告之特定食品衛生安全事件，有關人體健康風險評估費用。

三　補助勞工因檢舉雇主違反本法之行爲，遭雇主解僱、調職或其他不利處分所提之回復原狀、給付工資及損害賠償訴訟之律師報酬及訴訟相關費用。

四　補助依第四十三條第二項所定辦法之獎金。

五　補助其他有關促進食品安全之相關費用。

⑤中央主管機關應設置基金運用管理監督小組，由學者專家、消保團體、社會公正人士組成，監督補助業務。

⑥第四項基金之補助對象、申請資格、審查程序、補助基準、補助之廢止、前項基金運用管理監督小組之組成、運作及其他應遵行事項之辦法，由中央主管機關定之。

第十章　附　則

第五七條

本法關於食品器具或容器之規定，於兒童常直接放入口內之玩具，準用之。

第五八條

中央主管機關依本法受理食品業者申請審查、檢驗及核發許可

證，應收取審查費、檢驗費及證書費；其費額，由中央主管機關定之。

第五九條

本法施行細則，由中央主管機關定之。

第六〇條 103

① 本法除第三十條申報制度與第三十三條保證金收取規定及第二十二條第一項第五款、第二十六條、第二十七條，自公布後一年施行外，自公布日施行。

② 第二十二條第一項第四款自中華民國一百零三年六月十九日施行。

③ 本法一百零三年一月二十八日修正條文第二十一條第三項，自公布後一年施行。

④ 本法一百零三年十一月十八日修正條文，除第二十二條第一項第五款應標示可追溯之來源或生產系統規定，自公布後六個月施行；第七條第三項食品業者應設置實驗室規定、第二十二條第四項、第二十四條第一項食品添加物之原料應標示事項規定、第二十四條第三項及第三十五條第四項規定，自公布後一年施行外，自公布日施行。

廢棄物清理法

①民國63年7月26日總統令制定公布全文28條。
②民國69年4月9日總統令修正公布第5、6、11、15、18、21條條文；並增訂第24-1條條文。
③民國74年11月20日總統令修正公布全文36條。
④民國77年11月11日總統令修正公布第4、11、20條條文；並增訂第10-1、23-1條條文。
⑤民國86年3月28日總統令修正公布第10-1、23-1、31條條文。
⑥民國88年7月14日總統令修正公布第5、13、17、22、34條條文；並增訂第34-1條條文。
⑦民國89年1月19日總統令修正公布第4、35條條文。
⑧民國90年10月24日總統令修正公布全文77條；並自公布日施行。
⑨民國93年6月2日總統令修正公布第51條條文。
⑩民國95年5月30日總統令修正公布第46、77條條文；並自95年7月1日施行。
⑪民國101年11月28日總統令修正公布第71、77條條文；並自101年9月6日施行。
⑫民國102年5月29日總統令增訂公布第50-1條條文。
⑬民國106年1月18日總統令修正公布第2、14、28、30、31、39、41、45、46、48、52、53、55、56、58條條文；並增訂第2-1、39-1、63-1條條文。
⑭民國106年6月14日總統令修正公布第38、53條條文。

第一章 總 則

第一條

為有效清除、處理廢棄物，改善環境衛生，維護國民健康，特制定本法；本法未規定者，適用其他有關法律之規定。

第二條 106

①本法所稱廢棄物，指下列能以搬動方式移動之固態或液態物質或物品：
一 被拋棄者。
二 減失原效用、被放棄原效用、不具效用或效用不明者。
三 於營建、製造、加工、修理、販賣、使用過程所產生目的以外之產物。
四 製程產出物不具可行之利用技術或不具市場經濟價值者。
五 其他經中央主管機關公告者。
②前項廢棄物，分下列二種：
一 一般廢棄物：指事業廢棄物以外之廢棄物。
二 事業廢棄物：指事業活動產生非屬其員工生活產生之廢棄

物，包括有害事業廢棄物及一般事業廢棄物。

　㈠有害事業廢棄物：由事業所產生具有毒性、危險性，其濃度或數量足以影響人體健康或污染環境之廢棄物。

　㈡一般事業廢棄物：由事業所產生有害事業廢棄物以外之廢棄物。

③前項有害事業廢棄物認定標準，由中央主管機關會商中央目的事業主管機關定之。

④游離輻射之放射性廢棄物之清理，依原子能相關法令之規定。

⑤第二項之事業，係指農工礦廠（場）、營造業、醫療機構、公民營廢棄物清除處理機構、事業廢棄物共同清除處理機構、學校或機關團體之實驗室及其他經中央主管機關指定之事業。

第二條之一 106

事業產出物，有下列情形之一，不論原有性質為何，為廢棄物：

一　經中央主管機關認定已失市場經濟價值，且有棄置或污染環境、危害人體健康之虞者。

二　違法貯存或利用，有棄置或污染環境之虞者。

三　再利用產品未依本法規定使用，有棄置或污染環境之虞者。

第三條

本法所稱指定清除地區，謂執行機關基於環境衛生需要，所公告指定之清除地區。

第四條

本法所稱主管機關：在中央為行政院環境保護署；在直轄市為直轄市政府；在縣（市）為縣（市）政府。

第五條

①本法所稱執行機關，為直轄市政府環境保護局、縣（市）環境保護局及鄉（鎮、市）公所。

②執行機關應設專責單位，辦理一般廢棄物之回收、清除、處理及廢棄物稽查工作。

③執行機關應負責規劃一般廢棄物回收、清除、處理用地，並協同相關機關優先配合取得用地。

④一般廢棄物之回收、清除、處理，在直轄市由直轄市政府環境保護局為之；在省轄市由省轄市環境保護局為之；在縣由鄉（鎮、市）公所負責回收、清除，由縣環境保護局負責處理，必要時，縣得委託鄉（鎮、市）公所執行處理工作。

⑤中華民國九十三年七月十四日前，縣環境保護局應依前項規定完成一般廢棄物工作調整，由縣環境保護局統一處理。

⑥第二項一般廢棄物回收項目，由中央主管機關定之。但直轄市、縣（市）主管機關得視轄區內特殊需要，增訂其他一般廢棄物回收項目，報請中央主管機關備查。

第六條

主管機關或目的事業主管機關依本法規定規劃設置廢棄物清理設施時，其用地涉及都市計畫變更者，主管機關、目的事業主管機

關應協調都市計畫主管機關，依都市計畫法第二十七條規定辦理變更；涉及非都市土地使用變更者，於報准徵收或撥用取得土地後，依法辦理變更編定。完成報編為廢棄物清理專區之土地，其屬公有者，得辦理撥用或出租、讓售與興辦人，不受土地法第二十五條規定之限制。

第七條

直轄市、縣（市）主管機關，為聯合設置廢棄物處理場，辦理廢棄物清除、處理工作，得擬訂設置管理辦法，報經中央主管機關核定，組設區域性聯合清除、處理單位。

第八條

因天然災害、重大事故或其他急迫之情事，致現有廢棄物貯存、回收、清除、處理設施能量不足，而有污染環境或影響人體健康之虞時，中央主管機關應會同中央目的事業主管機關及有關機關，並報請行政院核准後，得指定廢棄物緊急清理之方法、設施、處所及其期限，不受第二十八條、第三十一條第一項第一款、第三十六條、第三十九條、第四十一條、水污染防治法第十三條、空氣污染防制法第二十四條、環境影響評估法第十六條、公司法第十五條、商業登記法第八條及都市計畫法、區域計畫法、促進產業升級條例有關土地使用管制規定之限制。

第九條

①主管機關得自行或委託執行機關派員攜帶證明文件，進入公私場所或攔檢廢棄物、剩餘土石方清除機具，檢查、採樣廢棄物貯存、清除、處理或再利用情形，並命其提供有關資料；廢棄物、剩餘土石方清除機具應隨車持有載明廢棄物、剩餘土石方產生源及處理地點之證明文件，以供檢查。

②主管機關或其委託之執行機關依前項規定為行政檢查時，有下列情形之一者，得扣留清除機具、處理設施或設備，並得命該清除機具、處理設施或設備之所有人或使用人限期清除處理。必要時，並得使用或限制使用其動產、不動產或斷絕其營業所必須之自來水、電力或其他能源之處分：

　　一　公私場所之廢棄物、剩餘土石方或其清除機具、處理設施或設備有嚴重污染之虞。

　　二　清除機具裝載之廢棄物、剩餘土石方有嚴重污染之虞。

③前項扣留清除機具、處理設施或設備作業相關規定，由中央主管機關定之。

第一〇條

①依前條第二項規定扣留之清除機具、處理設施或設備，於其所貯存、清除、處理或再利用之廢棄物、剩餘土石方已無嚴重污染之虞，或該清除機具、處理設施或設備之所有人或使用人妥善清除處理其廢棄物、剩餘土石方，並於繳納清除機具、處理設施或設備拖吊及保管等相關費用後發還。

②扣留清除機具、處理設施或設備之期間，以一年為限。但情形特

殊者，得報經上級主管機關核准延長一次。

③第一項之清除機具、處理設施或設備拖吊及保管等相關費用之收費方式及標準，由直轄市、縣（市）主管機關定之。

第二章　一般廢棄物之清理

第一一條

一般廢棄物，除應依下列規定清除外，其餘在指定清除地區以內者，由執行機關清除之：

一　土地或建築物與公共衛生有關者，由所有人、管理人或使用人清除。

二　與土地或建築物相連接之騎樓或人行道，由該土地或建築物所有人、管理人或使用人清除。

三　因特殊用途，使用道路或公共用地者，由使用人清除。

四　火災或其他災變發生後，經所有人拋棄遺留現場者，由建築物所有人或管理人清除；無力清除者，由執行機關清除。

五　建築物拆除後所遺留者，由原所有人、管理人或使用人清除。

六　家畜或家禽在道路或其他公共場所便溺者，由所有人或管理人清除。

七　化糞池之污物，由所有人、管理人或使用人清除。

八　四公尺以內之公共巷、弄路面及水溝，由相對戶或相鄰戶分別各半清除。

九　道路之安全島、綠地、公園及其他公共場所，由管理機構清除。

第一二條

①一般廢棄物回收、清除、處理之運輸、分類、貯存、排出、方法、設備及再利用，應符合中央主管機關之規定，其辦法，由中央主管機關定之。

②執行機關得視指定清除地區之特性，增訂前項一般廢棄物分類、貯存、排出之規定，並報其上級主管機關備查。

第一三條

各級執行機關，應視實際需要，於適當地點及公共場所，設一般廢棄物回收、貯存設備。

第一四條 106

①一般廢棄物，應由執行機關負責清除，並作適當之衛生處理。但家戶以外所產生者，得由執行機關指定其清除方式及處理場所。

②前項一般廢棄物之清除、處理，執行機關得報經上級主管機關核准，委託公民營廢棄物清除處理機構或依中央主管機關公告或核准之方式辦理。

第一五條

①物品或其包裝、容器經食用或使用後，足以產生下列性質之一之一般廢棄物，致有嚴重污染環境之虞者，由該物品或其包裝、

容器之製造、輸入或原料之製造、輸入業者負責回收、清除、處理，並由販賣業者負責回收、清除工作。

一　不易清除、處理。

二　含長期不易腐化之成分。

三　含有害物質之成分。

四　具回收再利用之價值。

②前項物品或其包裝、容器及其應負回收、清除、處理責任之業者範圍，由中央主管機關公告之。

第一六條

①依前條第二項公告之應負回收、清除、處理責任之業者（以下簡稱責任業者），應向主管機關辦理登記；製造業應按當期營業量，輸入業應先向海關申報進口量，於每期營業稅申報繳納後十五日內，依中央主管機關核定之費率，繳納回收清除處理費，作為資源回收管理基金，並應委託金融機構收支保管；其收支保管及運用辦法，由中央主管機關定之。

②前項輸入業於向海關申報進口量時，應同時申報容器材質及其他經中央主管機關指定之物品或容器規格等資料。

③製造或輸入之物品或其包裝、容器，不在國內廢棄或使用後不產生廢棄物之責任業者，得檢具相關證明文件扣抵營業量、進口量或辦理退費。

④第一項責任業者辦理登記、申報、繳費方式、流程、期限、扣抵、退費及其他應遵行事項之管理辦法，由中央主管機關會商中央目的事業主管機關定之。

⑤第一項之費率，由中央主管機關所設之資源回收費率審議委員會依材質、容積、重量、對環境之影響、再利用價值、回收清除處理成本、回收清除處理率、稽徵成本、基金財務狀況、回收獎勵金數額及其他相關因素審議，並送中央主管機關核定公告；資源回收費率審議委員會設置辦法，由中央主管機關定之。

第一七條

前條第一項之資源回收管理基金，應使用於下列用途：

一　支付回收清除處理補貼。

二　補助獎勵回收系統、再生利用。

三　執行機關代清理費用。

四　經中央主管機關評選委託之公正稽核認證團體，其執行稽核認證費用。

五　其他經中央主管機關同意，與一般廢棄物資源回收有關之用途。

第一八條

①依第十五條第二項公告之物品或其包裝、容器，經食用或使用後產生之一般廢棄物（以下簡稱應回收廢棄物），其回收、貯存、清除、處理，應符合中央主管機關之規定；其回收、貯存、清除、處理方法及設施標準，由中央主管機關定之。

② 稽核認證團體應依稽核認證作業辦法之規定，辦理應回收廢棄物之回收處理量稽核認證；其稽核認證作業辦法，由中央主管機關定之。

③ 經中央主管機關指定公告一定規模以上應回收廢棄物之回收、處理業，應向主管機關辦理登記，並申報其回收、處理量及相關作業情形。

④ 前項回收、處理業之規模、登記、註銷、申報及其他相關應遵行事項之管理辦法，由中央主管機關定之。

⑤ 責任業者及回收、處理業，得向資源回收管理基金申請前條第一款之回收清除處理補貼，經資源回收管理基金審核符合第一項設施標準及第二項作業辦法之規定後，予以補貼。

⑥ 前項回收清除處理補貼之申請、審核管理辦法，由中央主管機關定之。

第一九條

① 中央主管機關指定公告責任業者，應於物品或其包裝、容器上標示回收相關標誌；其業者範圍、標誌圖樣大小、位置及其他應遵行事項，由中央主管機關定之。

② 經中央主管機關指定公告之物品或其包裝、容器之販賣業者，應依中央主管機關之規定，設置資源回收設施，並執行回收工作；其業者範圍、設施設置、規格及其他應遵行事項，由中央主管機關定之。

第二〇條

主管機關得派員或委託專業人員攜帶證明文件進入依第十六條第一項、前條指定公告責任業者、販賣業者之場所及依第十八條第三項指定公告回收、處理業之回收、貯存、清除、處理場所，查核其營業量或進口量、物品或其包裝、容器之銷售對象、原料供應來源、回收相關標誌、應回收廢棄物回收處理量，並索取進貨、生產、銷貨、存貨憑證、帳冊、相關報表及其他產銷營運或輸出入之相關資料；必要時，並得請稅捐稽徵機關協助查核。

第二一條

物品或其包裝、容器有嚴重污染環境之虞者，中央主管機關得予以公告禁止或限制製造、輸入、販賣、使用。

第二二條

① 中央主管機關得指定公告以回收獎勵金方式，回收應回收廢棄物之種類及其回收獎勵金數額。

② 販賣業應依公告之回收獎勵金數額支付消費者，不得拒絕。

第二三條

中華民國八十六年三月二十八日前，由責任業者組成之共同回收清除處理組織及依相關法規成立之基金會贐餘回收清除相關費用，應移撥資源回收管理基金，依規定運用。

第二四條

①直轄市、縣（市）主管機關為執行一般廢棄物之清除、處理，應依清除處理成本，向指定清除地區內家戶及其他非事業徵收費用。

②前項費用之徵收方式、計算方式、繳費流程、繳納期限及其他應遵行事項之徵收辦法，由中央主管機關定之。

③直轄市、縣（市）主管機關得衡酌實際作業需要，增訂前項以外之費用徵收相關規定及收費證明標誌。

④第一項徵收費用之數額，由直轄市、縣（市）主管機關訂定公告之。

⑤第三項所增訂費用徵收相關規定，應報中央主管機關備查。

第二五條

前條第一項之一般廢棄物清除處理成本，包括一般廢棄物清除、處理業務之管理成本、人工成本、處理場（廠）土地使用成本、回饋金與各項清除處理機具或設備、設施之操作維護成本及依使用年限每年平均應負擔之購置成本、復育成本，並扣除代清除、處理一般事業廢棄物及其他收入。

第二六條

①前條之一般廢棄物清除處理成本，應依實際成本收費。但機具、設備、設施、復育成本，自中華民國九十年起分年徵收。

②直轄市、縣（市）主管機關針對民有民營一般廢棄物焚化廠之每公噸建設成本、復育成本，應自中華民國九十年起分年徵收。

③第一項之機具、設備、設施、復育成本及前項之建設成本，直轄市、縣（市）主管機關應自中華民國九十年起專款專儲，並於中華民國九十一年成立一般廢棄物清除處理基金。中華民國九十年專儲之清除處理費，應於基金成立後轉存。

④前項基金之設置運用及管理辦法，由直轄市、縣（市）主管機關定之。

⑤第三項設置之基金，應專款專用於一般廢棄物清除處理機具或設備、設施之重置及一般廢棄物處理場（廠）之復育。

第二七條

在指定清除地區內嚴禁有下列行為：

一　隨地吐痰、檳榔汁、檳榔渣，拋棄紙屑、煙蒂、口香糖、瓜果或其皮、核、汁、渣或其他一般廢棄物。

二　污染地面、池溏、水溝、牆壁、樑柱、電桿、樹木、道路、橋樑或其他土地定著物。

三　於路旁、屋外或屋頂曝晒、堆置有礙衛生整潔之物。

四　自廢棄物清除、處理及貯存工具、設備或處所中搜揀經廢棄之物。但搜揀依第五條第六項所定回收項目之一般廢棄物，不在此限。

五　拋置熱灰燼、危險化學物品或爆炸性物品於廢棄物貯存設備。

六　棄置動物屍體於廢棄物貯存設備以外處所。

七　隨地便溺。

八　於水溝棄置雜物。

九　飼養禽、畜有礙附近環境衛生。

十　張貼或噴漆廣告污染定著物。

十一　其他經主管機關公告之污染環境行為。

第三章　事業廢棄物之清理

第二八條 106

① 事業廢棄物之清理，除再利用方式外，應以下列方式為之：

一　自行清除、處理。

二　共同清除、處理：由事業向目的事業主管機關申請許可設立清除、處理該類廢棄物之共同清除處理機構清除、處理。

三　委託清除、處理：

　（一）委託經主管機關許可清除、處理該類廢棄物之公民營廢棄物清除處理機構清除、處理。

　（二）經執行機關同意，委託其清除、處理。

　（三）委託目的事業主管機關自行或輔導設置之廢棄物清除處理設施清除、處理。

　（四）委託主管機關指定之公營事業設置之廢棄物清除處理設施清除、處理。

　（五）委託依促進民間參與公共建設法與主辦機關簽訂投資契約之民間機構設置之廢棄物清除處理設施清除、處理。

　（六）委託依第二十九條第二項所訂管理辦法許可之事業之廢棄物處理設施處理。

四　其他經中央主管機關許可之方式。

② 經中央主管機關指定公告之事業，應置專業技術人員，其採自行清除、處理事業廢棄物之事業，其清除機具及處理設施或設備應具備之條件、許可、許可期限、廢止及其他應遵行事項之管理辦法，由中央主管機關會同中央目的事業主管機關定之。

③ 第一項第二款共同清除處理機構應具備之條件、分級、許可、許可期限、廢止、專業技術人員設置、營運、操作紀錄與其他應遵行事項之管理辦法，由中央目的事業主管機關會同中央主管機關定之。

④ 第一項第三款第三目所輔導設置之廢棄物清除處理設施應具備之專業技術人員設置、營運、操作紀錄與其他應遵行事項之管理辦法，由中央目的事業主管機關會商相關機關定之。

⑤ 第一項第三款第四目及第五目所設置之廢棄物清除處理設施應具備之專業技術人員設置、營運、操作紀錄與其他應遵行事項之管理辦法，由中央主管機關會商相關機關定之。

⑥ 第一項第三款第二目執行機關受託清除處理一般事業廢棄物，應於處理下列一般廢棄物後，仍有餘裕處理能量，始得為之，並依

直轄市、縣（市）主管機關所定事業廢棄物代清除處理收費標準收費，並配合該事業依第三十一條第一項第二款規定辦理申報：

一　屬指定清除地區內者。

二　屬依第七條及地方制度法第二十四條之一規定之區域性聯合及跨區域合作處理者。

三　屬中央主管機關統一調度者。

⑦一般廢棄物或一般事業廢棄物之清除處理設施，不得合併清除、處理有害事業廢棄物。

⑧中央主管機關於不影響執行機關處理第六項第一款及第二款一般廢棄物情形下，於必要時得統一調度使用現有廢棄物清除處理設施，被調度者不得拒絕。

⑨前項統一調度之條件、方式、費用及其他應遵循事項之辦法，由中央主管機關定之。

第二九條

①事業之廢棄物處理設施之處理容量有餘裕時，得經處理設施所在地主管機關許可，提供其他事業使用，不受第三十一條第一項第一款、第四十一條之限制。

②前項餘裕處理量之提供條件、許可程序、許可期限及其他應遵行事項之管理辦法，由中央主管機關會商中央目的事業主管機關定之。

第三〇條 106

①事業委託清理其廢棄物，應與受託人就該廢棄物負連帶清理責任。如受託者未妥善清理，且委託事業未盡相當注意義務者，委託事業應與受託者就該廢棄物負連帶清理及環境改善責任。

②前項委託事業之相當注意義務之認定要件、注意事項、管理措施及其他相關事項之準則，由中央主管機關定之。

第三一條 106

①經中央主管機關指定公告一定規模之事業，應於公告之一定期限辦理下列事項：

一　檢具事業廢棄物清理計畫書，送直轄市、縣（市）主管機關或中央主管機關委託之機關審查核准後，始得營運；與事業廢棄物產生、清理有關事項變更時，亦同。

二　依中央主管機關規定之格式、項目、內容、頻率，以網路傳輸方式，向直轄市、縣（市）主管機關申報其廢棄物之產出、貯存、清除、處理、再利用、輸出、輸入、過境或轉口情形。但中央主管機關另有規定以書面申報者，不在此限。

三　中央主管機關指定公告之事業廢棄物清運機具，應依中央主管機關所定之規格，裝置即時追蹤系統並維持正常運作。

②前項第一款事業廢棄物清理計畫書之格式及應載明事項，由中央主管機關會商中央目的事業主管機關定之。

③第一項第一款事業廢棄物清理計畫書核准之審查作業、變更、撤銷、廢止及其他應遵行事項之辦法，由中央主管機關定之。

④第一項事業依規定應實施環境影響評估者，於提報環境影響評估相關文件時，得一併檢具事業廢棄物清理計畫書，送直轄市、縣（市）主管機關審查。俟環境影響評估審查通過後，由直轄市、縣（市）主管機關逕予核准。

⑤清除、處理第一項指定公告之事業所產生之事業廢棄物者，應依第一項第二款規定辦理申報。

第三二條

①新設工業區及科學園區之目的事業主管機關、開發單位或管理單位，應於區內或區外規劃設置事業廢棄物處理設施；並於事業廢棄物處理設施設置完成後，該工業區及科學園區始得營運。

②現有工業區及科學園區之目的事業主管機關、開發單位或管理單位，應於本法修正通過後六個月內，規劃完成事業廢棄物之處理設施，經中央目的事業主管機關核准後，最遲於中華民國九十三年十二月三十一日完成設置。

第三三條

事業無法自行處理其所產生之事業廢棄物，亦無事業廢棄物處理機構可供委託處理時，事業應妥善貯存其所產生之事業廢棄物。必要時，目的事業主管機關得向事業收取費用，自行或輔導設置事業廢棄物處理設施處理或暫時貯存之。

第三四條

事業無法自行清理其所產生之事業廢棄物，亦無事業廢棄物處理機構可供委託處理時，中央目的事業主管機關得會商中央主管機關，指定公告特定地區之事業，應將其事業廢棄物，送至中央目的事業主管機關自行或輔導設置之事業廢棄物處理設施處理。

第三五條

①中央主管機關，對於需經特殊技術處理之有害事業廢棄物，得會同中央目的事業主管機關，設置適當設施，代為貯存、清除或處理，並收取必要費用。

②前項有害事業廢棄物，由中央主管機關會同中央目的事業主管機關公告之。

第三六條

①事業廢棄物之貯存、清除或處理方法及設施，應符合中央主管機關之規定。

②前項事業廢棄物之貯存、清除、處理方法及設施標準，由中央主管機關定之。

第三七條

①事業對於有害事業廢棄物貯存、清除、處理之操作及檢測，應作成紀錄妥善保存三年以上，以供查核。

②前項檢測之項目、方法、頻率及其他應遵行事項之管理辦法，由中央主管機關定之。

第三八條 106

①事業廢棄物之輸入、輸出、過境、轉口，應向直轄市、縣（市）

主管機關申請核發許可文件，始得爲之；其屬有害事業廢棄物者，並應先經中央主管機關之同意。但經中央主管機關會商目的事業主管機關公告屬產業用料需求者，不在此限。

②有害事業廢棄物應以國內處理或再利用爲原則，並僅限輸出至經濟合作暨發展組織會員國、依據國際公約與我國簽署有害廢棄物越境轉移雙邊協定國家或其他經中央主管機關公告之國家、地區，且接受國處理機構應具有妥善處理及再利用能力。

③前二項之事業廢棄物輸入、輸出、過境、轉口之申請資格、文件、審查、許可、許可期限、廢止及其他應遵行事項之管理辦法，由中央主管機關定之。

④事業廢棄物有下列情形之一者，禁止輸入；其種類，由中央主管機關會商中央目的事業主管機關公告之：

一　有嚴重危害人體健康或生活環境之事實。

二　於國內無適當處理技術及設備。

三　直接固化處理、掩埋、焚化或海拋。

四　於國內無法妥善清理。

五　對國內廢棄物處理有妨礙。

⑤屬國際公約列管之一般廢棄物之輸入、輸出、過境、轉口，準用前四項規定辦理。

⑥第二項規定自中華民國一百零六年五月二十六日修正之條文公布後一年施行。但修正公布前，已取得第一項許可文件者，其有效期限至原核准許可期限屆至爲止。

第三九條 106

①事業廢棄物之再利用，應依中央目的事業主管機關或中央主管機關規定辦理，不受第二十八條、第四十一條之限制。

②前項再利用之事業廢棄物種類、數量、許可、許可期限、廢止、紀錄、申報、再利用產品之標示及其他應遵行事項之管理辦法，由中央目的事業主管機關會商中央主管機關、再利用用途的事業主管機關定之。但涉及二個以上目的事業共通性再利用之事業廢棄物，經中央主管機關認定有統一訂定再利用種類及管理方式之必要者，其管理辦法由中央主管機關定之。

第三九條之一 106

①再利用產品有下列情形之一，經中央主管機關指定公告者，由中央目的事業主管機關負責其流向追蹤管理，必要時並實施環境監測：

一　用於填海或填築土地者。

二　有不當利用、污染環境或危害人體健康之虞者。

三　其他經中央主管機關認定需加強管制者。

②前項環境監測之監測項目、採樣頻率、樣品採樣方法、檢測方法與程序及其他應遵行事項之辦法，由中央目的事業主管機關會商中央主管機關、再利用用途的事業主管機關定之。

第四〇條

事業於貯存、清除或處理事業廢棄物，危害人體健康或農、漁業時，主管機關應立即命其改善，並採取緊急措施。必要時，得命其停工或停業。

第四章 公民營廢棄物清除處理機構及廢棄物檢驗測定機構之管理

第四一條 106

① 從事廢棄物清除、處理業務者，應向直轄市、縣（市）主管機關或中央主管機關委託之機關申請核發公民營廢棄物清除處理機構許可文件後，始得受託清除、處理廢棄物業務。但有下列情形之一者，不在此限：

一　執行機關依第五條第二項、第六項、第十二條第一項辦理一般廢棄物之回收、清除、處理、再利用。

二　依第八條規定緊急清理廢棄物所指定之設施或設備。

三　依第十四條第二項規定依中央主管機關公告或核准之方式清除、處理一般廢棄物。

四　依第十八條第一項規定回收、貯存、清除、處理一般廢棄物。

五　第二十八條第一項第二款、第三款第二目至第五目、第四款之清除機具、處理設施或設備。

六　目的事業主管機關依第三十三條、第三十四條規定自行或輔導設置之處理設施。

七　中央主管機關會同中央目的事業主管機關依第三十五條第一項設置之設施。

八　其他經中央主管機關公告者。

② 前項公民營廢棄物清除處理機構許可文件之核發，應副知中央主管機關。

第四二條

前條第一項規定之公民營廢棄物清除處理機構應具備之條件、自有設施、分級、專業技術人員設置、許可、許可期限、廢止許可、停工、停業、歇業、復業及其他應遵行事項之管理辦法，由中央主管機關定之。

第四三條

① 檢驗測定機構應取得中央主管機關核發許可證，始得辦理本法規定之檢驗。

② 前項檢驗測定機構之條件、設施、檢驗測定人員學經歷、許可證之申請、審查、核（換）發、廢止、停業、復業、歇業、查核、評鑑等程序及其他應遵行事項之管理辦法，由中央主管機關定之。

第四四條

第二十八條第二項至第五項、第四十二條專業技術人員之資格、

合格證書取得、訓練、廢止及其他應遵行事項之管理辦法，由中央主管機關會同中央目的事業主管機關定之。

第五章　獎勵及處罰

第四五條 106

①違反第十二條、第十八條第一項、第二十八條第一項、第七項、第三十六條第一項、第三十八條第一項、第三十九條或第四十一條第一項規定，因而致人於死者，處無期徒刑或七年以上有期徒刑，得併科新臺幣三千萬元以下罰金；致重傷者，處三年以上十年以下有期徒刑，得併科新臺幣二千五百萬元以下罰金；致危害人體健康導致疾病者，處一年以上七年以下有期徒刑，得併科新臺幣二千萬元以下罰金。

②偽造、變造第二十四條第三項收費證明標誌者，處二年以上七年以下有期徒刑，得併科新臺幣一千萬元以下罰金。

③販賣前項收費證明標誌者，處一年以上七年以下有期徒刑，得併科新臺幣一千萬元以下罰金。

第四六條 106

有下列情形之一者，處一年以上五年以下有期徒刑，得併科新臺幣一千五百萬元以下罰金：

一　任意棄置有害事業廢棄物。

二　事業負責人或相關人員未依本法規定之方式貯存、清除、處理或再利用廢棄物，致污染環境。

三　未經主管機關許可，提供土地回填、堆置廢棄物。

四　未依第四十一條第一項規定領有廢棄物清除、處理許可文件，從事廢棄物貯存、清除、處理，或未依廢棄物清除、處理許可文件內容貯存、清除、處理廢棄物。

五　執行機關之人員委託未取得許可文件之業者，清除、處理一般廢棄物者；或明知受託人非法清除、處理而仍委託。

六　公民營廢棄物處理機構負責人或相關人員、或執行機關之人員未處理廢棄物，開具虛偽證明。

第四七條

法人之負責人、法人或自然人之代理人、受僱人或其他從業人員，因執行業務犯前二條之罪者，除處罰其行為人外，對該法人或自然人亦科以各該條之罰金。

第四八條 106

依本法規定有申報義務，明知為不實之事項而申報不實或於業務上作成之文書為虛偽記載者，處三年以下有期徒刑、拘役或科或併科新臺幣一千萬元以下罰金。

第四九條

有下列情形之一者，處新臺幣六萬元以上三十萬元以下罰鍰，並得沒入清除機具、處理設施或設備：

一　清除機具、處理設施或設備之所有人或使用人未於主管機關

依第九條第二項所定期限內清除處理其廢棄物、剩餘土石方。

二　清除廢棄物、剩餘土石方者，未隨車持有載明一般廢棄物、一般事業廢棄物、剩餘土石方產生源及處理地點之證明文件。

三　清除有害事業廢棄物者，未隨車持有載明有害事業廢棄物產生源及處理地點之證明文件。

第五〇條

有下列情形之一者，處新臺幣一千二百元以上六千元以下罰鍰。經限期改善，屆期仍未完成改善者，按日連續處罰：

一　不依第十一條第一款至第七款規定清除一般廢棄物。

二　違反第十二條之規定。

三　為第二十七條各款行為之一者。

第五〇條之一 102

①違反第二十七條第一款之隨地吐檳榔汁、檳榔渣之規定者，應接受四小時之戒檳班講習。

②前項戒檳班講習及其他應遵行事項之辦法，由中央主管機關定之。

第五一條 93

①未依第十六條第一項規定繳納回收清除處理費者，經限期繳納，屆期仍未繳納者，移送強制執行，並處應繳納費用一倍至二倍之罰鍰；提供不實申報資料者，除追繳應繳納之回收清除處理費外，並處應繳納費用一倍至三倍之罰鍰，屆期仍未繳納者，移送強制執行。

②有下列情形之一者，處新臺幣六萬元以上三十萬元以下罰鍰；經限期改善，屆期仍未完成改善者，按日連續處罰：

一　違反依第十六條第四項或第十八條第四項所定辦法。

二　違反第十八條第一項至第三項、第十九條、第二十二條或第二十三條規定。

三　無故規避、妨礙或拒絕第二十條之查核或索取有關資料規定。

四　違反第二十一條中央主管機關規定之禁用或限制製造、輸入之規定者。

③違反第二十一條中央主管機關規定之限制販賣、使用規定者，處新臺幣一千二百元以上六千元以下罰鍰。經限期改善，屆期仍未完成改善者，按日連續處罰。

④第一項及第二項情節重大者，並得處一個月以上一年以下停業處分，或命其部分或全部停工。

第五二條 106

貯存、清除、處理或再利用一般事業廢棄物，違反第二十八條第一項、第三十一條第一項、第五項、第三十四條、第三十六條第一項、第三十九條規定或依第二十九條第二項、第三十九條之一

第二項所定管理辦法者，處新臺幣六千元以上三百萬元以下罰鍰。經限期改善，屆期仍未完成改善者，按次處罰。

第五三條 106

有下列情形之一者，處新臺幣六萬元以上一千萬元以下罰鍰。經限期改善，屆期仍未完成改善者，按次處罰。情節重大者，並得命其停工或停業：

一　貯存、清除、處理或再利用有害事業廢棄物違反第二十八條第一項、第七項、第三十一條第一項、第五項、第三十四條、第三十九條規定或依第二十九條第二項、第三十九條之一第二項所定管理辦法。

二　貯存、清除或處理有害事業廢棄物，違反第三十六條第一項規定。

三　輸入、輸出、過境、轉口廢棄物違反第三十八條第一項至第五項規定。

第五四條

事業不遵行依本法所為停工或停業處分者，當地主管機關得報請中央主管機關轉請目的事業主管機關，予以歇業處分。

第五五條 106

有下列情形之一者，處新臺幣六千元以上三百萬元以下罰鍰，並限期令其改善，屆期仍未完成改善者，得按次處罰：

一　公民營廢棄物清除處理機構違反第十二條規定或依第四十二條所定管理辦法。

二　指定公告之事業違反第二十八條第二項應置專業技術人員或自行清除處理事業廢棄物違反依第二十八條第二項所定管理辦法。

三　廢棄物共同清除處理機構，清除處理設施所屬之公營事業或民間機構違反依第二十八條第三項至第五項所定管理辦法。

四　有害事業廢棄物貯存、清除、處理之操作及檢測違反依第三十七條第二項所定管理辦法。

五　廢棄物檢驗測定機構違反第四十三條第一項規定。

第五六條 106

違反第三十七條第一項規定或無故規避、妨礙或拒絕第九條第一項之攔檢、檢查、採樣或命令提供有關資料者，處新臺幣三萬元以上五百萬元以下罰鍰。

第五七條

從事廢棄物貯存、清除或處理業務，違反第四十一條第一項規定者，處新臺幣六萬元以上三十萬元以下罰鍰，並命其停止營業。

第五八條 106

廢棄物檢驗測定機構、檢驗檢測人員違反依第四十三條第二項所定管理辦法、廢棄物專業技術人員違反依第四十四條所定管理辦法者，處新臺幣六萬元以上一百萬元以下罰鍰。

第五九條

執行稽查人員請求違反本法之人提示身分證明，無故拒絕者，處新臺幣六百元以上三千元以下罰鍰。

第六〇條

本法第五十一條第三項、第五十三條所稱情節重大，係指有下列情形之一者：

一　違反本法同一規定，一年內經二次限期改善，仍繼續違反本法規定者。

二　非法棄置有害事業廢棄物者。

三　回收、貯存、清除、處理、再利用廢棄物，嚴重污染環境者。

四　申請及申報文件虛偽不實者。

五　其他經主管機關認定者。

第六一條

本法所稱按日連續處罰，其起算日、暫停日、停止日、改善完成認定查驗及其他應遵行事項，由中央主管機關定之。

第六二條

依本法限期改善或申報，其改善或申報期間，不得超過九十日。但情形特殊者，得申請直轄市、縣（市）主管機關准予延長。

第六三條

本法所定行政罰，由執行機關處罰之；執行機關應作為而不作為時，得由上級主管機關為之。

第六三條之一　106

① 依本法處罰鍰者，其額度應依污染程度、特性及危害程度裁處；其裁罰準則，由中央主管機關定之。

② 其違法所得之利益超過法定罰鍰最高額者，得於所得利益之範圍內酌量加重裁處，不受法定罰鍰最高額之限制。

③ 前項所得利益認定、核算辦法，由中央主管機關定之。

第六四條

依本法處罰鍰案件，涉及刑事責任者，應予分別處罰。

第六五條

依本法所處之罰鍰拒不繳納者，移送強制執行。

第六六條

未依第二十四條規定繳納一般廢棄物清除處理費者，經限期繳納，屆期仍未繳納者，移送強制執行。

第六七條

① 對於違反本法之行為，民眾得敘明事實或檢具證據資料，向所在地執行機關或主管機關檢舉。

② 主管機關或執行機關對於前項檢舉，經查屬實並處以罰鍰者，其罰鍰金額達一定數額時，得以實收罰鍰總金額收入之一定比例，提充檢舉獎金予檢舉人。

③ 前項檢舉及獎勵辦法由直轄市、縣（市）主管機關定之。

④主管機關或執行機關為前項查證時，對檢舉人之身分應予保密。

第六八條

①事業清理廢棄物所支出之費用，應予財稅減免。

②事業遵守本法有關規定，辦理廢棄物清理及資源減量、回收再利用績效優良者，應予獎勵；其獎勵辦法，由中央主管機關會商中央目的事業主管機關定之。

第六九條

①執行機關執行廢棄物回收工作，變賣所回收廢棄物之所得款項，應專款專用於辦理廢棄物回收工作，並得提撥一定比例作為從事廢棄物回收工作人員之獎勵金。

②前項回收廢棄物變賣所得款項提撥比例及運用辦法，由中央主管機關定之。

③政府機關、公立學校辦理一般廢棄物回收所得款項，應於公庫設置專戶，妥為管理運用。

第六章 附 則

第七〇條

執行機關、公民營廢棄物清除處理機構、共同清除處理機構處理或依第二十九條第一項提供處理設施之事業，得清理轄區以外之廢棄物，直轄市、縣（市）主管機關不得限制之。

第七一條 101

①不依規定清除、處理之廢棄物，直轄市、縣（市）主管機關或執行機關得命事業、受託清除處理廢棄物者、仲介非法清除處理廢棄物者、容許或因重大過失致廢棄物遭非法棄置於其土地之土地所有人、管理人或使用人，限期清除處理。屆期不為清除處理時，直轄市、縣（市）主管機關或執行機關得代為清除、處理，並向其求償清理、改善及衍生之必要費用。屆期未清償者，移送強制執行；直轄市、縣（市）主管機關或執行機關得免提供擔保向行政法院聲請假扣押、假處分。

②直轄市、縣（市）主管機關或執行機關依前項規定代為清除、處理廢棄物時，得不經土地所有人、管理人或使用人同意，強制進入公私場所進行有關採樣、檢測、清除或處理等相關措施。

③第一項必要費用之求償權，優於一切債權及抵押權。

④直轄市、縣（市）主管機關或執行機關代為清除、處理第一項廢棄物時，得委託適當公民營廢棄物清除處理機構清除、處理之。

第七二條

①公私場所違反本法或依本法授權訂定之相關命令，而主管機關疏於執行時，受害人民或公益團體得敘明疏於執行之具體內容，以書面告知主管機關。主管機關於書面告知送達之日起六十日內仍未依法執行者，受害人民或公益團體得以該主管機關為被告，對其怠於執行職務之行為，直接向高等行政法院提起訴訟，請求判令其執行。

②高等行政法院為前項判決時，得依職權判命被告機關支付適當律師費用、偵測鑑定費用或其他訴訟費用予對有效清除、處理廢棄物有具體貢獻之原告。

③第一項之書面告知格式，由中央主管機關會商有關機關定之。

第七三條

①各級主管機關依本法核（換）發許可文件、證照、受理審查、檢驗，應收取許可費、證照費、審查費或檢驗費。

②前項收費標準，由中央主管機關會商有關機關定之。

第七四條

主管機關、目的事業主管機關得指定或委託專責機構、相關機關，辦理廢棄物研究、訓練及管理之有關事宜。

第七五條

廢棄物檢測方法及品質管制事項，由中央主管機關定之。

第七六條

本法施行細則，由中央主管機關定之。

第七七條 101

①本法自公布日施行。

②本法中華民國九十五年五月五日修正之條文，自九十五年七月一日施行。

③本法中華民國一百零一年十一月十三日修正之條文，自一百零一年九月六日施行。

水污染防治法

①民國63年7月11日總統令制定公布全文28條。
②民國72年5月27日總統令修正公布全文32條。
③民國80年5月6日總統令修正公布全文63條。
④民國89年4月26日總統令修正公布第3、4、6、7、9、13～15、
　27、29、30、35、56條條文。
⑤民國91年5月22日總統令修正公布全文75條；並自公布日施行。
⑥民國96年12月12日總統令修正公布第40、44～46、48、56條條
　文；並增訂第66-1條條文。
⑦民國104年2月4日總統令修正公布第2、10、11、14、15、20、
　22、27、28、31、34～37、39、40、41、43～46、47～57、
　63、69、71、73條條文；增訂第14-1、18-1、39-1、46-1、
　63-1、66-2～66-4、71-1條條文；並刪除第38、65條條文。
⑧民國105年12月7日總統令修正公布第39條條文。
⑨民國107年6月13日總統令修正公布第11、32、36、44、53條條
　文；並增訂第57-1條條文。

第一章　總　則

第一條

為防治水污染，確保水資源之清潔，以維護生態體系，改善生活環境，增進國民健康，特制定本法。本法未規定者，適用其他法令之規定。

第二條 104

本法專用名詞定義如下：

一　水：指以任何形式存在之地面水及地下水。

二　地面水體：指存在於河川、海洋、湖潭、水庫、池塘、灌溉渠道、各級排水路或其他體系內全部或部分之水。

三　地下水體：指存在於地下水層之水。

四　污染物：指任何能導致水污染之物質、生物或能量。

五　水污染：指水因物質、生物或能量之介入，而變更品質，致影響其正常用途或危害國民健康及生活環境。

六　生活環境：指與人之生活有密切關係之財產、動、植物及其生育環境。

七　事業：指公司、工廠、礦場、廢水代處理業、畜牧業或其他經中央主管機關指定之事業。

八　廢水：指事業於製造、操作、自然資源開發過程中或作業環境所產生含有污染物之水。

九　污水：指事業以外所產生含有污染物之水。

十　廢（污）水處理設施：指廢（污）水為符合本法管制標準，而以物理、化學或生物方法處理之設施。

十一　水污染防治措施：指設置廢（污）水處理設施、納入污水下水道系統、土壤處理、委託廢水代處理業處理、設置管線排放於海洋、海洋投棄或其他經中央主管機關許可之防治水污染之方法。

十二　污水下水道系統：指公共下水道及專用下水道之廢（污）水收集、抽送、傳運、處理及最後處置之各種設施。

十三　放流口：指廢（污）水進入承受水體前，依法設置之固定放流設施。

十四　放流水：指進入承受水體前之廢（污）水。

十五　涵容能力：指在不妨害水體正常用途情況下，水體所能涵容污染物之量。

十六　水區：指經主管機關劃定範圍內之全部或部分水體。

十七　水質標準：指由主管機關對水體之品質，依其最佳用途而規定之量度。

十八　放流水標準：指對放流水品質或其成分之規定限度。

第三條

本法所稱主管機關：在中央為行政院環境保護署；在直轄市為直轄市政府；在縣（市）為縣（市）政府。

第四條

中央、直轄市、縣（市）主管機關得指定或委託專責機構，辦理水污染研究、訓練及防治之有關事宜。

第二章　基本措施

第五條

為避免妨害水體之用途，利用水體以承受或傳運放流水者，不得超過水體之涵容能力。

第六條

①中央主管機關應依水體特質及其所在地之情況，劃定水區，訂定水體分類及水質標準。

②前項之水區劃定、水體分類及水質標準，中央主管機關得交由直轄市、縣（市）主管機關為之。

③劃定水區應由主管機關會商水體用途相關單位訂定之。

第七條

①事業、污水下水道系統或建築物污水處理設施，排放廢（污）水於地面水體者，應符合放流水標準。

②前項放流水標準，由中央主管機關會商相關目的事業主管機關定之，其內容應包括適用範圍、管制方式、項目、濃度或總量限值、研訂基準及其他應遵行之事項。直轄市、縣（市）主管機關得視轄區內環境特殊或需特予保護之水體，就排放總量或濃度、管制項目或方式，增訂或加嚴轄內之放流水標準，報請中央主管

機關會商相關目的事業主管機關後核定之。

第八條

事業、污水下水道系統及建築物污水處理設施之廢（污）水處理，其產生之污泥，應妥善處理，不得任意放置或棄置。

第九條

①水體之全部或部分，有下列情形之一，直轄市、縣（市）主管機關應依該水體之涵容能力，以廢（污）水排放之總量管制方式管制之：

一 因事業、污水下水道系統密集，以放流水標準管制，仍未能達到該水體之水質標準者。

二 經主管機關認定需特予保護者。

②前項總量管制方式，由直轄市、縣（市）主管機關擬訂，報請中央主管機關會商相關目的事業主管機關後核定之；水體之部分或全部涉及二直轄市、縣（市）者，或涉及中央各目的事業主管機關主管之特定區域，由中央主管機關會商相關目的事業主管機關定之。

第一〇條 104

①各級主管機關應設水質監測站，定期監測及公告檢驗結果，並採取適當之措施。

②前項水質監測站採樣頻率，應視污染物項目特性每月或每季一次為原則，必要時，應增加頻率。

③水質監測採樣之地點、項目及頻率，應考量水域環境地理特性、水體水質特性及現況，並由各級主管機關依歷年水質監測結果及水污染整治需要定期檢討。第一項監測站之設置及監測準則，由中央主管機關定之。

④各級主管機關得委託有關機關（構）及中央主管機關許可之檢驗測定機構辦理第一項水質監測。

⑤第一項公告之檢驗結果未符合水質分類水質標準時，各目的事業主管機關應定期監測水體中食用植物、魚、蝦、貝類及底泥中重金屬、毒性化學物質及農藥含量，如有致危害人體健康、農漁業生產之虞時，並應採取禁止採捕食用水產動、植物之措施。

第一一條 107

①中央主管機關對於排放廢（污）水於地面水體之事業及污水下水道系統（不含公共污水下水道系統及社區專用污水下水道系統），應依其排放之水質水量或依中央主管機關規定之計算方式核定其排放之水質水量，徵收水污染防治費。

②地方政府應對依下水道法公告之下水道使用區域內，未將污水排洩於下水道之家戶，徵收水污染防治費。

③前二項水污染防治費應專供全國水污染防治之用，其支用類別及項目如下：

一 第一項徵收之水污染防治費：

(一)地面水體污染整治與水質監測。

㈡飲用水水源水質保護區水質改善。

㈢水污染總量管制區水質改善。

㈣水污染防治技術之研究發展、引進及策略之研發。

㈤執行收費工作所需人員之聘僱。

㈥其他有關水污染防治工作。

二 第二項徵收之水污染防治費：

㈠公共污水下水道系統主、次要幹管之建設。

㈡污水處理廠及廢（污）水截流設施之建設。

㈢水肥投入站及水肥處理廠之建設。

㈣廢（污）水處理設施產生之污泥集中處理設施之建設。

㈤公共污水下水道系統之操作維護費用。

㈥執行收費及公共污水下水道系統建設管理相關工作所需人員之聘僱。

㈦其他有關家戶污水處理工作之費用。

④前項第一款第五目及第二款第六目之支用比例不得高於各類別之百分之十。

⑤第一項水污染防治費，其中央與地方分配原則，由中央主管機關考量各直轄市、縣（市）主管機關水污染防治工作需求定之。

⑥第一項水污染防治費，各級主管機關應設置特種基金；其收支、保管及運用辦法，由行政院、直轄市及縣（市）政府分別定之。

⑦第二項水污染防治費，地方政府得設置特種基金；其收支、保管及運用辦法，由地方政府定之。

⑧第一項水污染防治費得分階段徵收，各階段之徵收時間、徵收對象、徵收方式、計算方式、繳費流程、繳費期限、階段用途及其他應遵行事項之收費辦法，由中央主管機關定之。水污染防治執行績效應逐年重新檢討並向立法院報告及備查。

⑨第二項水污染防治費之徵收時間、徵收對象、徵收方式、計算方式、繳費流程、繳費期限及其他應遵行事項之自治法規，由地方政府定之；其中水污染防治費費率應與下水道使用費費率一致。

⑩第一項水污染防治費，中央主管機關應成立水污染防治費費率審議委員會，其設置辦法由中央主管機關定之。

第一二條

①污水下水道建設與污水處理設施，應符合水污染防治政策之需要。

②中央主管機關應會商直轄市、縣（市）主管機關訂定水污染防治方案，每年向立法院報告執行進度。

第三章 防治措施

第一三條

①事業於設立或變更前，應先檢具水污染防治措施計畫及相關文件，送直轄市、縣（市）主管機關或中央主管機關委託之機關審查核准。

②前項事業之種類、範圍及規模，由中央主管機關會商目的事業主管機關指定公告之。

③第一項水污染防治措施計畫之內容、應具備之文件、申請時機、審核依據及其他應遵行事項，由中央主管機關定之。

④第一項水污染防治措施計畫，屬以管線排放海洋者，其管線之設置、變更、撤銷、廢止、停用、申請文件、程序及其他應遵行事項，由中央主管機關定之。

第一四條 104

①事業排放廢（污）水於地面水體者，應向直轄市、縣（市）主管機關申請核發排放許可證或簡易排放許可文件後，並依登記事項運作，始得排放廢（污）水。登記事項有變更者，應於變更前向直轄市、縣（市）主管機關提出申請，經審查核准始可變更。

②前項登記事項未涉及廢（污）水、污泥之產生、收集、處理或排放之變更，並經中央主管機關指定者，得於規定期限辦理變更。

③排放許可證與簡易排放許可文件之適用對象、申請、審查程序、核發、廢止及其他應遵行事項之管理辦法，由中央主管機關定之。

第一四條之一 104

①經中央主管機關指定公告之事業，於申請、變更水污染防治措施計畫、排放許可證或簡易排放許可文件時，應揭露其排放之廢（污）水可能含有之污染物及其濃度與排放量。

②事業排放之廢（污）水含有放流水標準管制以外之污染物項目，並經直轄市、縣（市）主管機關認定有危害生態或人體健康之虞者，應依中央主管機關之規定提出風險評估與管理報告，說明其廢（污）水對生態與健康之風險，以及可採取之風險管理措施。

③前項報告經審查同意者，直轄市、縣（市）主管機關應依審查結果核定其水污染防治措施計畫、排放許可證、簡易排放許可文件之污染物項目排放濃度或總量限值。

④第二項污染物項目經各級主管機關評估有必要者，應於放流水標準新增管制項目。

第一五條 104

①排放許可證及簡易排放許可文件之有效期間為五年。期滿仍繼續使用者，應自期滿六個月前起算五個月之期間內，向直轄市、縣（市）主管機關申請核准展延。每次展延，不得超過五年。

②前項許可證及簡易排放許可文件有效期間內，因水質惡化有危害生態或人體健康之虞時，直轄市、縣（市）主管機關認為登記事項不足以維護水體，或不廢止對公益將有危害者，應變更許可事項或廢止之。

第一六條

事業廢（污）水利用不明排放管排放者，由主管機關公告廢止，經公告一週尚無人認領者，得予以封閉或排除該排放管線。

第一七條

① 除納入污水下水道系統者外，事業依第十三條規定檢具水污染防治措施計畫及依第十四條規定申請發給排放許可證或辦理變更登記時，其應具備之必要文件，應經依法登記執業之環境工程技師或其他相關專業技師簽證。

② 符合下列情形之一者，得免再依前項規定經技師簽證：

一 依第十四條規定申請排放許可證時，應檢具之水污染防治措施計畫，與已依第十三條規定經審查核准之水污染防治措施計畫中，其應經技師簽證事項未變更者。

二 依第十五條規定申請展延排放許可證時，其應經技師簽證之事項未變更者。

③ 政府機關、公營事業機構或公法人於第一項情形，得由其內依法取得第一項技師證書者辦理簽證。

④ 第一項技師執行簽證業務時，其查核事項，由中央主管機關定之。

第一八條

事業應採行水污染防治措施；其水污染防治措施之適用對象、範圍、條件、必備設施、規格、設置、操作、監測、記錄、監測紀錄資料保存年限、預防管理、緊急應變，與廢（污）水之收集、處理、排放及其他應遵行事項之管理辦法，由中央主管機關會商相關目的事業主管機關定之。

第一八條之一 104

① 事業或污水下水道系統產生之廢（污）水，應經核准登記之收集、處理單元、流程，並由核准登記之放流口排放，或依下水道管理機關（構）核准之排放口排入污水下水道，不得繞流排放。

② 前項廢（污）水須經處理始能符合本法所定管制標準者，不得於排放（入）前，與無需處理即能符合標準之水混合稀釋。

③ 前二項繞流排放、稀釋行為，因情況急迫，為搶救人員或經主管機關認定之重大處理設施，並於三小時內通知直轄市、縣（市）主管機關者，不在此限。

④ 事業或污水下水道系統設置之廢（污）水（前）處理設施應具備足夠之功能與設備，並維持正常操作。

第一九條

污水下水道系統排放廢（污）水，準用第十四條、第十五條及第十八條之規定。

第二○條 104

① 事業或污水下水道系統貯留或稀釋廢水，應申請直轄市或縣（市）主管機關許可後，始得為之，並依登記事項運作。但申請稀釋廢水許可，以無其他可行之替代方法者為限。

② 前項申請貯留或稀釋廢水許可之適用條件、申請、審查程序、核發、廢止及其他應遵行事項之管理辦法，由中央主管機關定之。

③ 依第一項許可貯留或稀釋廢水者，應依主管機關規定之格式、內

容、頻率、方式，向直轄市、縣（市）主管機關申報廢水處理情形。

第二一條

① 事業或污水下水道系統應設置廢（污）水處理專責單位或人員。

② 專責單位或人員之設置及專責人員之資格、訓練、合格證書之取得、撤銷、廢止及其他應遵行事項之管理辦法，由中央主管機關定之。

第二二條 104

① 事業或污水下水道系統應依主管機關規定之格式、內容、頻率、方式，向直轄市、縣（市）主管機關申報廢（污）水處理設施之操作、放流水水質水量之檢驗測定、用電紀錄及其他有關廢（污）水處理之文件。

② 中央主管機關應依各業別之廢（污）水特性，訂定應檢測申報項目，直轄市、縣（市）主管機關得依實際排放情形，增加檢測申報項目。

第二三條

① 水污染物及水質水量之檢驗測定，除經中央主管機關核准外，應委託中央主管機關核發許可證之檢驗測定機構辦理。

② 檢驗測定機構之條件、設施、檢驗測定人員之資格限制、許可證之申請、審查、核發、換發、撤銷、廢止、停業、復業、查核、評鑑等程序及其他應遵行事項之管理辦法及收費標準，由中央主管機關定之。

第二四條

事業或污水下水道系統，其廢（污）水處理及排放之改善，由各目的事業主管機關輔導之；其輔導辦法，由各目的事業主管機關定之。

第二五條

① 建築物污水處理設施之所有人、使用人或管理人，應自行或委託清除機構清理之。

② 前項建築物污水處理設施之建造、管理及清理，應符合中央主管機關及目的事業主管機關之規定。

③ 建築物污水處理設施屬預鑄式者，其製造、審定、登記及查驗管理辦法，由中央主管機關會同相關目的事業主管機關定之。

第二六條

① 各級主管機關得派員攜帶證明文件，進入事業、污水下水道系統或建築物污水處理設施之場所，為下列各項查證工作：

一　檢查污染物來源及廢（污）水處理、排放情形。

二　索取有關資料。

三　採樣、流量測定及有關廢（污）水處理、排放情形之攝影。

② 各級主管機關依前項規定為查證工作時，其涉及軍事秘密者，應會同軍事機關為之。

③ 對於前二項查證，不得規避、妨礙或拒絕。

④檢查機關與人員，對於受檢之工商、軍事秘密，應予保密。

第二七條 104

①事業或污水下水道系統排放廢（污）水，有嚴重危害人體健康、農漁業生產或飲用水水源之虞時，負責人應立即採取緊急應變措施，並於三小時內通知當地主管機關。

②前項所稱嚴重危害人體健康、農漁業生產或飲用水之虞之情形，由中央主管機關定之。

③第一項之緊急應變措施，其措施內容與執行方法，由中央主管機關定之。

④第一項情形，主管機關應命其採取必要防治措施，情節嚴重者，並令其停業或部分或全部停工。

第二八條 104

①事業或污水下水道系統設置之輸送或貯存設備，有疏漏污染物或廢（污）水至水體之虞者，應採取維護及防範措施；其有疏漏致污染水體者，應立即採取緊急應變措施，並於事故發生後三小時內，通知當地主管機關。主管機關應命其採取必要之防治措施，情節嚴重者，並令其停業或部分或全部停工。

②前項之緊急應變措施，其措施內容與執行方法，由中央主管機關定之。

第二九條

①直轄市、縣（市）主管機關，得視轄境內水污染狀況，劃定水污染管制區公告之，並報中央主管機關。

②前項管制區涉及二直轄市、縣（市）以上者，由中央主管機關劃定並公告之。

第三〇條

①在水污染管制區內，不得有下列行為：

一 使用農藥或化學肥料，致有污染主管機關指定之水體之虞。

二 在水體或其沿岸規定距離內棄置垃圾、水肥、污泥、酸鹼廢液、建築廢料或其他污染物。

三 使用毒品、藥品或電流捕殺水生物。

四 在主管機關指定之水體或其沿岸規定距離內飼養家禽、家畜。

五 其他經主管機關公告禁止足使水污染之行為。

②前項第一款、第二款及第四款所稱指定水體及規定距離，由主管機關視實際需要公告之。但中央主管機關另有規定者，從其規定。

第三一條 104

①事業或污水下水道系統，排放廢（污）水於劃定為總量管制之水體，有下列情形之一，應自行設置放流水水質水量自動監測系統，予以監測：

一 排放廢（污）水量每日超過一千立方公尺者。

二 經直轄市、縣（市）主管機關認定係重大水污染源者。

②前項監測結果、監測儀器校正，應作成紀錄，並依規定向直轄市、縣（市）主管機關或中央主管機關申報。

第三二條 107

①廢（污）水不得注入於地下水體或排放於土壤。但廢（污）水經處理至合於土壤處理標準及依第十八條所定之辦法，經直轄市、縣（市）主管機關審查核准，發給許可證並報經中央主管機關核備者，得排放於土壤。

②前項許可證有效期間內，因水質惡化有危害生態或人體健康之虞時，直轄市、縣（市）主管機關認爲登記事項不足以維護水體或土壤，或不廢止對公益將有危害者，應變更許可事項或廢止之。

③第一項可排放於土壤之對象、適用範圍、項目、濃度或總量限值、管制方式及其他應遵行事項之土壤處理標準，由中央主管機關會商相關目的事業主管機關定之。

④依主管機關核定之土壤處理與作物吸收試驗及地下水質監測計畫，排放廢（污）水於土壤者，應依主管機關規定之格式、內容、頻率、方式，執行試驗、監測、記錄及申報。

⑤依第一項核發之許可證有效期間爲三年。期滿仍繼續使用者，應自期滿六個月前起算五個月之期間內，向直轄市、縣（市）主管機關申請核准展延。每次展延，不得超過三年。

第三三條

①事業貯存經中央主管機關公告指定之物質時，應設置防止污染地下水體之設施及監測設備，並經直轄市、縣（市）主管機關備查後，始得申辦有關使用事宜。

②前項監測設備應依主管機關規定之格式、內容、頻率、方式，監測、記錄及申報。

③第一項防止污染地下水體之設施、監測設備之種類及設置之管理辦法，由中央主管機關定之。

第四章 罰 則

第三四條 104

①違反第二十七條第一項、第二十八條第一項未立即採取緊急應變措施、不遵行主管機關依第二十七條第四項、第二十八條第一項所爲之命令或不遵行主管機關依本法所爲停工或停業之命令者，處三年以下有期徒刑、拘役或科或併科新臺幣二十萬元以上五百萬元以下罰金。

②不遵行主管機關依本法所爲停止作爲之命令者，處一年以下有期徒刑、拘役或科或併科新臺幣十萬元以上五十萬元以下罰金。

第三五條 104

依本法規定有申報義務，明知爲不實之事項而申報不實或於業務上作成之文書爲虛僞記載者，處三年以下有期徒刑、拘役或科或併科新臺幣二十萬元以上三百萬元以下罰金。

第三六條 107

①事業排放於土壤或地面水體之廢（污）水所含之有害健康物質超過本法所定各該管制標準者，處三年以下有期徒刑、拘役或科或併科新臺幣二十萬元以上五百萬元以下罰金。

②事業注入地下水體之廢（污）水含有害健康物質者，處一年以上七年以下有期徒刑、拘役或科或併科新臺幣二十萬元以上二千萬元以下罰金。

③犯第一項之罪而有下列情形之一者，處五年以下有期徒刑，得併科新臺幣二十萬元以上一千五百萬元以下罰金：
一　無排放許可證或簡易排放許可文件。
二　違反第十八條之一第一項規定。
三　違反第三十二條第一項規定。

④第一項、第二項有害健康物質之種類、限值，由中央主管機關公告之。

⑤負責人或監督策劃人員犯第三十四條至本條第三項之罪者，加重其刑至二分之一。

第三七條 104

犯第三十四條、前條之罪或排放廢（污）水超過放流水標準，因而致人於死者，處無期徒刑或七年以上有期徒刑，得併科新臺幣三千萬元以下罰金；致重傷者，處三年以上十年以下有期徒刑，得併科新臺幣二千五百萬元以下罰金；致危害人體健康導致疾病或嚴重污染環境者，處一年以上七年以下有期徒刑，得併科新臺幣二千萬元以下罰金。

第三八條　（刪除）104

第三九條 105

法人之負責人、法人或自然人之代理人、受僱人或其他從業人員，因執行業務犯第三十四條至第三十七條之罪者，除依各該條規定處罰其行為人外，對該法人或自然人亦科以各該條十倍以下之罰金。

第三九條之一 104

①事業或污水下水道系統不得因廢（污）水處理專責人員或其他受僱人，向主管機關或司法機關揭露違反本法之行為、擔任訴訟程序之證人或拒絕參與違反本法之行為，而予解僱、降調、減薪或其他不利之處分。

②事業或污水下水道系統或其行使管理權之人，為前項規定所為之解僱、降調、減薪或其他不利之處分者，無效。

③事業或污水下水道系統之廢（污）水處理專責人員或其他受僱人，因第一項規定之行為受有不利處分者，事業或污水下水道系統對於該不利處分與第一項規定行為無關之事實，負舉證責任。

④廢（污）水處理專責人員或其他受僱人曾參與依本法應負刑事責任之行為，而向主管機關揭露或司法機關自白或自首，因而查獲其他正犯或共犯者，減輕或免除其刑。

第四〇條 104

①事業或污水下水道系統排放廢（污）水，違反第七條第一項或第八條規定者，處新臺幣六萬元以上二千萬元以下罰鍰，並通知限期改善，屆期仍未完成改善者，按次處罰；情節重大者，得令其停工或停業；必要時，並得廢止其水污染防治許可證（文件）或勒令歇業。

②畜牧業違反第七條第一項或第八條之規定者，處新臺幣六千元以上六十萬元以下罰鍰，並通知限期改善，屆期仍未完成改善者，按次處罰；情節重大者，得令其停工或停業；必要時，並得廢止其水污染防治許可證（文件）或勒令歇業。

第四一條 104

建築物污水處理設施違反第七條第一項或第八條規定者，處新臺幣三千元以上三十萬元以下罰鍰。

第四二條

污水下水道系統或建築物污水處理設施違反第七條第一項或第八條規定者，處罰其所有人、使用人或管理人；污水下水道系統或建築物污水處理設施為共同所有或共同使用且無管理人者，應對共同所有人或共同使用人處罰。

第四三條 104

事業或污水下水道系統違反依第九條第二項所定之總量管制方式者，處新臺幣三萬元以上三百萬元以下罰鍰，並通知限期改善，屆期仍未完成改善者，按次處罰；情節重大者，得令其停工或停業，必要時，並得廢止其水污染防治許可證（文件）或勒令歇業。

第四四條 107

①事業或污水下水道系統（不含公共污水下水道系統及社區專用污水下水道系統）違反第十一條第八項所定辦法，未於期限內繳納費用者，應依繳納期限當日郵政儲金一年期定期存款固定利率按日加計利息一併繳納；逾期九十日仍未繳納者，處新臺幣六千元以上三十萬元以下罰鍰。

②家戶違反第十一條第九項所定自治法規，未於期限內繳納費用且逾九十日仍未繳納者，地方政府應對該家戶處新臺幣一千五百元以上三萬元以下罰鍰。

③前項處罰鍰額度應依違規情節裁處；其裁罰準則由地方政府定之，不適用第六十六條之一規定。

第四五條 104

①違反第十四條第一項未取得排放許可證或簡易排放許可文件而排放廢（污）水者，處新臺幣六萬元以上六百萬元以下罰鍰，主管機關並應令事業全部停工或停業；必要時，應勒令歇業。

②違反第十四條第一項未依排放許可證或簡易排放許可文件之登記事項運作者，處新臺幣六萬元以上六百萬元以下罰鍰，並通知限期補正，屆期仍未補正者，按次處罰；情節重大者，得令其停工

　或停業；必要時，並得廢止其水污染防治許可證（文件）或勒令歇業。

③違反第十四條第二項，處新臺幣一萬元以上六十萬元以下罰鍰，並通知限期補正，屆期仍未補正者，按次處罰。

第四六條 104

違反依第十三條第四項或第十八條所定辦法規定者，處新臺幣一萬元以上六百萬元以下罰鍰，並通知限期補正或改善，屆期仍未補正或完成改善者，按次處罰；情節重大者，得令其停工或停業；必要時，並得廢止其水污染防治許可證（文件）或勒令歇業。

第四六條之一 104

排放廢（污）水違反第十八條之一第一項、第二項或第四項規定者，處新臺幣六萬元以上二千萬元以下罰鍰，並通知限期改善，屆期仍未完成改善者，按次處罰；情節重大者，得令其停工或停業；必要時，並得廢止其水污染防治許可證（文件）或勒令歇業。

第四七條 104

污水下水道系統違反第十九條規定者，處新臺幣六萬元以上六百萬元以下罰鍰，並通知限期補正或改善，屆期仍未補正或完成改善者，按次處罰。

第四八條 104

①事業或污水下水道系統違反第二十條第一項未取得貯留或稀釋許可文件而貯留或稀釋廢（污）水者，處新臺幣三萬元以上三百萬元以下罰鍰，主管機關並應令事業全部停工或停業；必要時，應勒令歇業。

②事業或污水下水道系統違反第二十條第一項未依貯留或稀釋許可文件之登記事項運作者，處新臺幣三萬元以上三百萬元以下罰鍰，並通知限期補正，屆期仍未補正者，按次處罰；情節重大者，得令其停工或停業；必要時，並得廢止其水污染防治許可證（文件）或勒令歇業。

③事業或污水下水道系統違反第二十一條第一項或依第二十一條第二項所定辦法者，處新臺幣一萬元以上十萬元以下罰鍰，並通知限期補正或改善，屆期仍未補正或完成改善者，按次處罰。

④廢（污）水處理專責人員違反依第二十一條第二項所定辦法者，處新臺幣一萬元以上十萬元以下罰鍰；必要時，得廢止其廢水處理專責人員合格證書。

第四九條 104

違反第二十三條第一項或依第二十三條第二項所定管理辦法者，處新臺幣三萬元以上三百萬元以下罰鍰，並通知限期補正或改善，屆期仍未補正或完成改善者，按次處罰；情節重大者，得令其停業，必要時，並得廢止其許可證或勒令歇業。

第五〇條 104

規避、妨礙或拒絕第二十六條第一項之查證者，處新臺幣三萬元以上三百萬元以下罰鍰，並得按次處罰及強制執行查證工作。

第五一條 104

① 違反第二十七條第一項、第四項規定者，處新臺幣六萬元以上六百萬元以下罰鍰；必要時，並得廢止其水污染防治許可證（文件）或勒令歇業。

② 違反第二十八條第一項規定者，處新臺幣一萬元以上六百萬元以下罰鍰，並通知限期補正或改善，屆期仍未補正或完成改善者，按次處罰；必要時，並得廢止其水污染防治許可證（文件）或勒令歇業。

第五二條 104

違反第三十條第一項各款情形之一或第三十一條第一項規定者，處新臺幣三萬元以上三百萬元以下罰鍰，並通知限期改善，屆期仍未完成改善者，按次處罰；情節重大者，得令其停止作為或停工、停業，必要時，並得廢止其水污染防治許可證（文件）或勒令歇業。

第五三條 107

① 違反第三十二條第一項規定，將廢（污）水注入地下水體或未取得排放土壤處理許可證而排放廢（污）水於土壤者，處新臺幣六萬元以上六百萬元以下罰鍰；主管機關並應令事業全部停工或停業；必要時，應勒令歇業。

② 違反第三十二條第一項未依排放土壤處理許可證之登記事項運作者，處新臺幣六萬元以上六百萬元以下罰鍰，並通知限期補正，屆期仍未補正者，按次處罰；情節重大者，得令其停工或停業；必要時，並得廢止其水污染防治許可證（文件）或勒令歇業。

第五四條 104

違反第三十三條第一項、第二項規定者，處新臺幣六萬元以上六百萬元以下罰鍰，並通知限期改善，屆期仍未完成改善者，按次處罰；情節重大者，得令其停止貯存或停工、停業，必要時，並得勒令歇業。

第五五條 104

違反本法規定，經認定情節重大者，主管機關得依本法規定逕命停止作為、停止貯存、停工或停業；必要時，並勒令歇業。

第五六條 104

依第二十條第三項、第二十二條、第三十一條第二項、第三十二條第四項或第三十三條第二項有申報義務，不為申報者，處新臺幣六千元以上三百萬元以下罰鍰，並通知限期申報，屆期未申報或申報不完全者，按次處罰。

第五七條 104

本法所定屆期仍未補正或完成改善之按次處罰，其限期改善或補正之期限、改善完成認定查驗方式、法令執行方式及其他應遵行

事項之準則，由中央主管機關定之。

第五七條之一 107

事業及污水下水道系統於改善期間，排放之廢（污）水污染物項目超過原據以處罰之排放濃度或氫離子濃度指數更形惡化者，應按次處罰。

第五八條

同一事業設置數放流口，或數事業共同設置廢水處理設施或使用同一放流口，其排放廢水未符合放流水標準或本法其他規定者，應分別處罰。

第五九條

①廢（污）水處理設施發生故障時，符合下列規定者，於故障發生二十四小時內，得不適用主管機關所定標準：

一　立即修復或啟用備份裝置，並採行包括減少、停止生產或服務作業量或其他措施之應變措施。

二　立即於故障紀錄簿中記錄故障設施名稱及故障時間，並向當地主管機關以電話或電傳報備，並記錄報備發話人、受話人姓名、職稱。

三　於故障發生二十四小時內恢復正常操作或於恢復正常操作前減少、停止生產及服務作業。

四　於五日內向當地主管機關提出書面報告。

五　故障與所違反之該項放流水標準有直接關係者。

六　不屬六個月內相同之故障。

②前項第四款書面報告內容，應包括下列事項：

一　設施名稱及故障時間。

二　發生原因及修復方法。

三　故障期間所採取之污染防治措施。

四　防止未來同類故障再發生之方法。

五　前項第一款及第二款有關之證據資料。

六　其他經主管機關規定之事項。

第六〇條

事業未於依第四十條、第四十三條、第四十六條或第五十三條所為通知改善之期限屆滿前，檢具符合主管機關所定標準或其他規定之證明文件，送交主管機關收受者，視為未完成改善。

第六一條

依本法通知限期補正、改善或申報者，其補正、改善或申報期間，不得超過九十日。

第六二條

事業、污水下水道系統或建築物污水處理設施，因天災或其他不可抗力事由，致不能於改善期限內完成改善者，應於其原因消滅後繼續進行改善，並於十五日內以書面敘明理由，檢具有關證明文件，向當地主管機關申請核定贈餘期間之起算日。

第六三條 104

①事業經停業、部分或全部停工者，應於復工（業）前，檢具水污染防治措施及污泥處理改善計畫申請試車，經審查通過，始得依計畫試車。其經主管機關命限期改善而自報停工（業）者，亦同。

②前項試車之期限不得超過三個月，且應於試車期限屆滿前，申請復工（業）。主管機關於審查試車、復工（業）申請案期間，事業經主管機關同意，在其申報可處理至符合管制標準之廢（污）水產生量下，得繼續操作。

③前項復工（業）之申請，主管機關應於一個月期間內，經十五日以上之查驗及評鑑，始得按其查驗及評鑑結果均符合管制標準時之廢（污）水產生量，作爲核准其復工（業）之製程操作條件。事業並應據以辦理排放許可登記事項之變更登記。

④經查驗及評鑑不合格，未經核准復工（業）者，應停止操作，並進行改善，且一個月內不得再申請試車。

⑤事業於申請試車或復工（業）期間，如有違反本法規定者，主管機關應依本法規定按次處罰或命停止操作。

第六三條之一 104

①事業應將依前條第一項所提出之水污染防治措施及污泥處理改善計畫，登載於中央主管機關所指定之公開網頁供民衆查詢。

②主管機關爲前條第一項審查時，應給予利害關係人及公益團體於主管機關完成審查前表示意見，作爲主管機關審查時之參考；於會議後應作成會議紀錄並公開登載於前項中央主管機關指定之網頁。

第六四條

本法所定之處罰，除另有規定外，在中央由行政院環境保護署爲之，在直轄市由直轄市政府爲之，在縣（市）由縣（市）政府爲之。

第六五條 （刪除）104

第六六條

本法之停工或停業、撤銷、廢止許可證之執行，由主管機關爲之；勒令歇業，由主管機關轉請目的事業主管機關爲之。

第六六條之一 104

①依本法處罰鍰者，其額度應依污染特性及違規情節裁處。

②前項裁罰準則由中央主管機關定之。

第六六條之二 104

①違反本法義務行爲而有所得利益者，除應依本法規定裁處一定金額之罰鍰外，並得於所得利益之範圍內，予以追繳。

②爲他人利益而實施行爲，致使他人違反本法上義務應受處罰者，該行爲人因其行爲受有財產上利益而未受處罰時，得於其所受財產上利益價值範圍內，予以追繳。

③行爲人違反本法上義務應受處罰，他人因該行爲受有財產上利益

而未受處罰時，得於其所受財產上利益價值範圍內，予以追繳。

④前三項追繳，由為裁處之主管機關以行政處分為之；所稱利益得包括積極利益及應支出而未支出或減少支出之消極利益，其核算及推估辦法，由中央主管機關定之。

第六六條之三 104

①各級主管機關依第十一條第六項設置之特種基金，其來源除該條第一項水污染防治費徵收之費用外，應包括各級主管機關依前條追繳之所得利益及依本法裁處之部分罰鍰。

②前項基金來源屬追繳之所得利益及依本法裁處之罰鍰者，應優先支用於該違反本法義務者所污染水體之整治。

第六六條之四 104

①民眾得敘明事實或檢具證據資料，向直轄市、縣（市）主管機關檢舉違反本法之行為。

②直轄市、縣（市）主管機關對於檢舉人之身分應予保密；前項檢舉經查證屬實並處以罰鍰者，其罰鍰金額達一定數額時，得以實收罰鍰總額金額收入之一定比例，提充獎金獎勵檢舉人。

③前項檢舉及獎勵之檢舉人資格、獎金提充比例、分配方式及其他相關事項之辦法，由直轄市、縣（市）主管機關定之。

第五章 附 則

第六七條

①各級主管機關依本法核發許可證、受理變更登記或各項申請之審查、許可，應收取審查費、檢驗費或證書費等規費。

②前項收費標準，由中央主管機關會商有關機關定之。

第六八條

本法所定各項檢測之方法及品質管制事項，由中央主管機關指定公告之。

第六九條 104

①事業、污水下水道系統應將主管機關核准之水污染防治許可證（文件）、依本法申報之資料，與環境工程技師、廢水處理專責人員及環境檢驗測定機構之證號資料，公開於中央主管機關指定之網站。

②各級主管機關基於水污染防治研究需要，得提供與研究有關之事業、污水下水道系統或建築物污水處理設施之個別或統計性資料予學術研究機關（構）、環境保護事業單位、技術顧問機構、財團法人；其提供原則，由中央主管機關公告之。

③各級主管機關得於中央主管機關指定之網站，公開對事業、污水下水道系統、建築物污水處理設施、環境工程技師、廢水處理專責人員、環境檢驗測定機構查核、處分之個別及統計資訊。

第七○條

水污染受害人，得向主管機關申請鑑定其受害原因；主管機關得會同有關機關查明後，命排放水污染物者立即改善，受害人並得

請求適當賠償。

第七一條 104

①地面水體發生污染事件，主管機關應令污染行為人限期清除處理，屆期不為清除處理時，主管機關得代為清除處理，並向其求償清理、改善及衍生之必要費用。

②前項必要費用之求償權，優於一切債權及抵押權。

第七一條之一 104

為保全前條主管機關代為清理之債權、違反本法規定所裁處之罰鍰及第六十六條之二追繳所得利益之履行，主管機關得免提供擔保向行政法院聲請假扣押、假處分。

第七二條

①事業、污水下水道系統違反本法或依本法授權訂定之相關命令而主管機關疏於執行時，受害人民或公益團體得敘明疏於執行之具體內容，以書面告知主管機關。主管機關於書面告知送達之日起六十日內仍未依法執行者，受害人民或公益團體得以該主管機關為被告，對其怠忽執行職務之行為，直接向高等行政法院提起訴訟，請求判令其執行。

②高等行政法院為前項判決時，得依職權判命被告機關支付適當律師費用、監測鑑定費用或其他訴訟費用予對維護水體品質有具體貢獻之原告。

③第一項之書面告知格式，由中央主管機關會商有關機關定之。

第七三條 104

①本法第四十條、第四十三條、第四十六條、第四十六條之一、第四十九條、第五十二條、第五十三條及第五十四條所稱之情節重大，係指下列情形之一者：

一 未經合法登記或許可之污染源，違反本法之規定。

二 經處分後，自報停工改善，經查證非屬實。

三 一年內經二次限期改善，仍繼續違反本法規定。

四 工業區內事業單位，將廢（污）水納入工業區污水下水道系統處理，而違反下水道相關法令規定，經下水道機構依下水道法規定以情節重大通知停止使用，仍繼續排放廢（污）水。

五 大量排放污染物，經主管機關認定嚴重影響附近水體品質。

六 排放之廢（污）水中含有害健康物質，經主管機關認定有危害公眾健康之虞。

七 其他經主管機關認定嚴重影響附近地區水體品質之行為。

②主管機關應公開依前項規定認定情節重大之事業，由提供優惠待遇之目的事業主管機關或各該法律之主管機關停止並追回其違反行為所屬年度之優惠待遇，並於其後三年內不得享受政府之優惠待遇。

③前項所稱優惠待遇，包含中央或地方政府依法律或行政行為所給予該事業獎勵、補助、捐助或減免之租稅、租金、費用或其他一

切優惠措施。

第七四條

　本法施行細則，由中央主管機關定之。

第七五條

　本法自公布日施行。

刑

法

空氣污染防制法

①民國64年5月23日總統令制定公布全文21條。
②民國71年5月7日總統令修正公布全文27條。
③民國81年2月1日總統令修正公布全文55條。
④民國88年1月20日總統令修正公布全文78條。
⑤民國91年6月19日總統令修正公布全文86條；並自公布日施行。
⑥民國94年5月18日總統令修正公布第18條條文。
⑦民國95年5月30日總統令修正公布第59、86條條文；並自95年7月1日施行。
⑧民國100年4月27日總統令修正公布第2、13、34條條文；並增訂第34-1、63-1條條文。
⑨民國101年12月19日總統令修正公布第34-1條條文。
⑩民國107年8月1日總統令修正公布全文100條；並自公布日施行。

第一章 總 則

第一條

爲防制空氣污染，維護生活環境及國民健康，以提高生活品質，特制定本法。

第二條

本法所稱主管機關：在中央爲行政院環境保護署；在直轄市爲直轄市政府；在縣（市）爲縣（市）政府。

第三條

本法用詞，定義如下：

一 空氣污染物：指空氣中足以直接或間接妨害國民健康或生活環境之物質。

二 污染源：指排放空氣污染物之物理或化學操作單元，其類別如下：

（一）移動污染源：指因本身動力而改變位置之污染源。

（二）固定污染源：指移動污染源以外之污染源。

三 汽車：指在道路上不依軌道或電力架設，而以原動機行駛之車輛，包括機車。

四 生活環境：指與人之生活有密切關係之財產、動、植物及其生育環境。

五 排放標準：指排放廢氣所容許混存各種空氣污染物之最高濃度、總量或單位原（物）料、燃料、產品之排放量。

六 空氣品質標準：指室外空氣中空氣污染物濃度限值。

七 空氣污染防制區（以下簡稱防制區）：指視地區土地利用對

於空氣品質之需求，或依空氣品質現況，劃定之各級防制區。

八 自然保護（育）區：指生態保育區、自然保留區、野生動物保護區及國有林自然保護區。

九 總量管制：指在一定區域內，為有效改善空氣品質，對於該區域空氣污染物總容許排放數量所作之限制措施。

十 總量管制區：指依地形及氣象條件，按總量管制需求劃定之區域。

十一 控制技術：指固定污染源為減少空氣污染物所採取之污染減量技術，主要類別如下：

(一)最佳可行控制技術：指考量能源、環境、經濟之衝擊後，污染源應採取之商業化並可行污染排放最大減量技術。

(二)最低可達成排放率控制技術：指考量能源、環境、經濟、健康等衝擊後，並依據科學方法，污染源應採取之減少污染物排放至最低排放率之技術。

十二 怠速：指汽車停車時，維持引擎持續運轉之情形。

十三 空氣品質維護區：指為維護空氣品質，得限制或禁止移動污染源使用之特定區域。

十四 含揮發性有機物化學製品：指經使用有排放揮發性有機物之任何物質、產品或物品。

第四條

各級主管機關得指定或委託（任）專責機關（構），辦理空氣污染訓練及防制之有關事宜。

第二章 空氣品質維護

第五條

①中央主管機關應視土地用途對於空氣品質之需求或空氣品質狀況劃定直轄市、縣（市）各級防制區並公告之。

②前項防制區分為下列三級：

一 一級防制區：國家公園及自然保護（育）區等依法劃定之區域。

二 二級防制區：一級防制區外，符合空氣品質標準之區域。

三 三級防制區：一級防制區外，未符合空氣品質標準之區域。

③前項空氣品質標準，由中央主管機關會商有關機關定之，並應至少每四年檢討一次。

第六條

①一級防制區內，除維繫區內住戶民生需要之設施、國家公園經營管理必要設施或國防設施外，不得新設或變更固定污染源。

②二級防制區內，新設或變更之固定污染源污染物排放量達一定規模者，其污染物排放量須經模式模擬證明不超過污染源所在地之防制區及空氣品質同受影響之鄰近防制區污染物容許增量限值。

③三級防制區內，既存之固定污染源應削減污染物排放量；新設或

變更之固定污染源污染物排放量達一定規模者，應採用最佳可行控制技術，其屬特定大型污染源者，應採用最低可達成排放率控制技術，且新設或變更之固定污染源污染物排放量應經模式模擬證明不超過污染源所在地之防制區及空氣品質同受影響之鄰近防制區污染物容許增量限值。

④二、三級防制區之污染物排放量規模、污染物容許增量限值、空氣品質模式模擬規範、三級防制區特定大型污染源之種類及規模、最佳可行控制技術、最低可達成排放率控制技術及既存固定污染源應削減污染物排放量之準則，由中央主管機關定之。

第七條

①中央主管機關應訂定空氣污染防制方案，並應每四年檢討修正。

②直轄市、縣（市）主管機關應依前條規定及前項方案擬訂空氣污染防制計畫，報中央主管機關核定後公告之，並應每四年檢討修正。

③前項空氣污染防制計畫之擬訂，直轄市、縣（市）主管機關應考量空氣污染物流通性質，會商鄰近直轄市、縣（市）主管機關定之。

第八條

①中央主管機關得依地形、氣象條件，將空氣污染物互相流通之一個或多個直轄市、縣（市）指定為總量管制區，訂定總量管制計畫，公告實施總量管制。

②符合空氣品質標準之總量管制區，新設或變更之固定污染源污染物排放量達一定規模者，須經模式模擬證明不超過該區之污染物容許增量限值。

③未符合空氣品質標準之總量管制區，既存之固定污染源應向直轄市、縣（市）主管機關申請許可其污染物排放量，並依中央主管機關按空氣品質需求指定之目標與期限削減；新設或變更之固定污染源污染物排放量達一定規模者，應採用最佳可行控制技術，其屬特定大型污染源者，應採用最低可達成排放率控制技術，且新設或變更之固定污染源應取得足供抵換污染物增量之排放量。

④既存之固定污染源因採行防制措施致實際削減量較指定為多者，其差額經直轄市、縣（市）主管機關認可後，得保留、抵換或交易。但無法達成指定削減目標者，取得抵換之排放量。

⑤第二項污染物容許增量限值、第二項、第三項污染物排放量規模、第三項既存固定污染源污染物排放量認可之準則、新設或變更之特定大型污染源種類及規模、最佳可行控制技術、最低可達成排放率控制技術、前項實際削減量差額認可、保留、抵換及交易之辦法，由中央主管機關會商有關機關定之。

第九條

①前條第三項新設或變更之固定污染源供抵換污染物增量、第四項既存之固定污染源抵換之排放量，應自下列來源取得，並以較低之比例抵換：

一　固定污染源依規定保留之實際削減量差額。

二　交易或拍賣取得之排放量。

三　改善移動污染源所減少之排放量。

四　其他經中央主管機關認可之排放量。

②前項拍賣由各級主管機關辦理者，其拍賣辦法由中央主管機關定之。

第一○條

①符合空氣品質標準之總量管制區，其總量管制計畫應包括污染物容許增量限值、避免空氣品質惡化措施、新設或變更固定污染源審核原則、運作方式及其他事項。

②未符合空氣品質標準之總量管制區，其總量管制計畫應包括污染物種類、減量目標、減量程期、區內各直轄市、縣（市）主管機關須執行污染物削減量與程期、前條第一項污染物抵換之比例、新設或變更固定污染源審核原則、運作方式及其他事項。

第一一條

①總量管制區內之直轄市、縣（市）主管機關，應依前條總量管制計畫訂定及修正空氣污染防制計畫。

②前項空氣污染防制計畫於未符合空氣品質標準之總量管制區者，直轄市、縣（市）主管機關應依前條須執行污染物削減量與期程之規定，指定削減污染物排放量之固定污染源、削減量及期程。

第一二條

第八條至前條關於總量管制之規定，應於建立污染源排放量查核系統及排放交易制度後，由中央主管機關會商經濟部報請行政院分期分區核定公告實施之。

第一三條

①中央主管機關應於石化工業區所在之鄉鎮市區、各級主管機關應選定適當地點，設置空氣品質監測站，定期公布空氣品質狀況及其原始資料。

②前項空氣品質監測站設置及監測之準則，由中央主管機關定之。

第一四條

①因氣象變異或其他原因，致空氣品質有嚴重惡化之虞時，各級主管機關及公私場所應即採取緊急防制措施；各級主管機關應發布空氣品質惡化警告，並得禁止或限制交通工具之使用、公私場所空氣污染物之排放及機關、學校之活動。

②電業為執行前項緊急防制措施，或配合各級主管機關降低燃煤發電，調整發電使用之燃料種類，致增加燃氣發電之燃料用量及空氣污染物排放量，其增量得報經中央目的事業主管機關審核，並送中央主管機關核可後，不受依第二十四條第四項所定辦法核發之許可證登載之年許可燃料用量及排放量之限制；屬依環境影響評估法審查通過者，亦不受環境影響說明書或環境影響評估書所載之內容及審查結論記載年許可燃料用量及排放量之限制。

③前項調整增加之空氣污染物排放量，應低於執行緊急防制措施或

降低燃煤發電所減少之空氣污染物排放量；屬因執行緊急防制措施而調整者，中央主管機關核可之增量期間，應限於緊急狀況存續期間。

④第一項空氣品質嚴重惡化之警告發布、緊急防制措施及第二項核可程序之辦法，由中央主管機關會商有關機關報請行政院核定公告實施之。

⑤中華民國一百零七年六月二十五日修正之第二項及第三項規定，施行至一百十四年十二月三十一日止。

第一五條

①特殊性工業區開發者，應於區界內之四周規劃設置緩衝地帶及適當地區設置空氣品質監測設施。

②前項特殊性工業區之類別、緩衝地帶、空氣品質監測狀況記錄、申報、監測設施設置規範、記錄及申報之標準，由中央主管機關定之。

③中央主管機關應定期公布前項申報狀況及其原始資料。

第一六條

①各級主管機關得對排放空氣污染物之固定污染源及移動污染源徵收空氣污染防制費，其徵收對象如下：

一　固定污染源：依其排放空氣污染物之種類及數量，向污染源之所有人徵收，其所有人非使用人或管理人者，向實際使用人或管理人徵收；其為營建工程者，向營建業主徵收；經中央主管機關指定公告之物質，得依該物質之銷售數量，向銷售者或進口者徵收。

二　移動污染源：依其排放空氣污染物之種類及數量，向銷售者或使用者徵收，或依油燃料之種類成分與數量，向銷售者或進口者徵收。

②空氣污染防制費徵收方式、計算方式、申報、繳費流程、繳納期限、繳費金額不足之追補繳、收費之污染物排放量計算方法及其他應遵行事項之辦法，由中央主管機關會商有關機關定之。

第一七條

①前條空氣污染防制費除營建工程由直轄市、縣（市）主管機關徵收外，由中央主管機關徵收。中央主管機關由固定污染源所收款項，應以百分之六十比率將其撥交該固定污染源所在直轄市、縣（市）主管機關；由移動污染源所收款項，應以百分之二十比率將其撥交該移動污染源使用者設籍地或油燃料銷售地所在直轄市、縣（市）主管機關。但直轄市、縣（市）主管機關執行空氣品質維護或改善計畫成果，經中央主管機關認定不佳或未依第十八條規定使用者，中央主管機關得將減額撥交之款項。

②前項收費費率，由中央主管機關會商有關機關依空氣品質現況、污染源、污染物、油燃料種類及污染防制成本定之。

③前項費率施行滿一年後，得定期由總量管制區內之直轄市、縣（市）主管機關考量該管制區內環境空氣品質狀況，依前項費率增

減百分之三十範圍內，提出建議收費費率，由中央主管機關核定公告之。

第一八條

①空氣污染防制費專供空氣污染防制之用，其支用項目如下：

一　關於各級主管機關執行空氣污染防制工作事項。

二　關於空氣污染源查緝及執行成效之稽核事項。

三　關於補助及獎勵各類污染源辦理空氣污染改善工作事項。

四　關於委託或補助檢驗測定機構辦理汽車排放空氣污染物檢驗事項。

五　關於委託或補助專業機構辦理固定污染源之檢測、輔導及評鑑事項。

六　關於空氣污染防制技術之研發及策略之研訂事項。

七　關於涉及空氣污染之國際環保工作事項。

八　關於空氣品質監測及執行成效之稽核事項。

九　關於徵收空氣污染防制費之相關費用事項。

十　執行空氣污染防制相關工作所需人力之聘僱事項。

十一　關於空氣污染之健康風險評估及管理相關事項。

十二　關於潔淨能源使用推廣及研發之獎勵事項。

十三　關於空氣污染檢舉獎金事項。

十四　其他有關空氣污染防制工作事項。

②前項空氣污染防制費，各級主管機關得成立基金管理運用，並成立基金管理會監督運作，其中學者、專家及環保團體代表等，應占管理會名額三分之二以上，並不得由相關產業之大股東擔任，且環保團體代表不得低於管理會名額六分之一。

③前項基金管理會代表就審議案件之利益迴避，準用行政程序法第三十二條及第三十三條規定。

④第一項空氣污染防制費支用項目實際支用情形，應公開於中央主管機關指定之網站。

⑤第一項空氣污染防制費應優先運用於空氣污染嚴重地區，其有關各款獎勵及補助之對象、申請資格、審查程序、獎勵及補助之撤銷、廢止與追償及其他相關事項之辦法，由各級主管機關定之。

第一九條

①公私場所固定污染源，因採行污染防制減量措施，能有效減少污染排放量達一定程度者，得向直轄市、縣（市）主管機關申請獎勵；其已依第十六條第一項規定繳納空氣污染防制費者，得向直轄市、縣（市）主管機關申請減免空氣污染防制費。

②前項空氣污染防制費之減免與獎勵之對象、申請資格、審查程序、撤銷、廢止與追償及其他相關事項之辦法，由中央主管機關會商有關機關定之。

第三章　防　制

第二○條

①公私場所固定污染源排放空氣污染物，應符合排放標準。

②前項排放標準，由中央主管機關依特定業別、設施、污染物項目或區域會商有關機關定之。直轄市、縣（市）主管機關得因特殊需要，擬訂個別較嚴之排放標準，報請中央主管機關會商有關機關核定之。

③第一項排放標準應含有害空氣污染物，其排放標準值應依健康風險評估結果及防制技術可行性訂之。

④前項有害空氣污染物之種類及健康風險評估作業方式，由中央主管機關公告之。

第二一條

①公私場所具有經中央主管機關指定公告之固定污染源者，應按季於每年一月、四月、七月及十月底前，向直轄市、縣（市）主管機關申報其固定污染源前一季空氣污染物排放量。

②前項固定污染源空氣污染物季排放量之計算、記錄、申報內容、程序與方式、查核及其他應遵行事項之辦法，由中央主管機關定之。

第二二條

①公私場所具有經中央主管機關指定公告之固定污染源者，應於規定期限內完成設置自動監測設施，連續監測其操作或空氣污染物排放狀況，並向直轄市、縣（市）主管機關申請許可；其經指定公告應連線者，其監測設施應於規定期限內完成與直轄市、縣（市）主管機關連線，並公開於直轄市、縣（市）主管機關網站。

②前項以外之污染源，各級主管機關認為必要時，得指定公告其應自行或委託檢驗測定機構實施定期檢驗測定。

③前二項監測或檢驗測定結果，應作成紀錄，並依規定向直轄市、縣（市）主管機關申報；監測或檢驗測定結果之記錄、申報、保存、連線作業規範、完成設置或連線期限及其他應遵行事項之辦法，由中央主管機關定之。

第二三條

①公私場所應有效收集各種空氣污染物，並維持其空氣污染防制設施或監測設施之正常運作；其固定污染源之最大操作量，不得超過空氣污染防制設施之最大處理容量。

②固定污染源及其空氣污染物收集設施、防制設施或監測設施之規格、設置、操作、檢查、保養、記錄及其他應遵行事項之辦法，由中央主管機關定之。

第二四條

①公私場所具有經中央主管機關指定公告之固定污染源，應於設置或變更前，檢具空氣污染防制計畫，向直轄市、縣（市）主管機關或中央主管機關委託之機關申請及取得設置許可證，並依許可證內容進行設置或變更。

②前項固定污染源設置或變更後，應檢具符合本法相關規定之證明文件，向直轄市、縣（市）主管機關或經中央主管機關委託之機關申請及取得操作許可證，並依核發之許可證內容進行操作。

③直轄市、縣（市）主管機關或經中央主管機關委託之機關，應於前二項許可證核發前，將申請資料登載於公開網站，供民眾查詢並表示意見，作為核發許可證之參考。

④固定污染源設置與操作許可證之申請、審查程序、審查原則、公開內容、核發、撤銷、廢止、中央主管機關委託或終止委託及其他應遵行事項之辦法，由中央主管機關定之。

第二五條

①公私場所因遷移或變更產業類別，應重新申請核發設置及操作許可證。

②已取得操作許可證之公私場所，因中央主管機關公告實施總量管制或主管機關據以核發操作許可證之排放標準有修正，致其操作許可證內容不符規定者，應於中央主管機關公告之期限內，向直轄市、縣（市）主管機關或中央主管機關委託之機關重新申請核發操作許可證。

第二六條

①第二十四條第一項之空氣污染防制計畫及同條第二項之證明文件，應經依法登記執業之環境工程技師或其他相關專業技師簽證。

②政府機關、公營事業機構或公法人有前項情形，得由其內依法取得前項技師證書者辦理簽證。

第二七條

①同一公私場所，有數設放相同空氣污染物之固定污染源者，得向直轄市、縣（市）主管機關申請改善其排放空氣污染物總量及濃度，經審查核准後，其個別污染源之排放，得不受依第二十條第一項及第二項所定排放標準之限制。

②前項公私場所應以直轄市、縣（市）主管機關核准之空氣污染物總量及濃度限值為其排放標準。

③第一項排放空氣污染物之總量及濃度之申請、審查程序、核准、撤銷、廢止及其他應遵行事項之辦法，由中央主管機關定之。

第二八條

①公私場所固定污染源所使用之燃料及輔助燃料，含生煤或其他中央主管機關指定公告者，應符合中央主管機關所定燃料種類混燒比例及成分之標準，並申請及取得直轄市、縣（市）主管機關核發之使用許可證，始得為之；其使用情形，應作成紀錄，並依規定向直轄市、縣（市）主管機關申報。

②前項燃料種類混燒比例與成分之標準、及其使用許可證之申請、審查程序、許可條件、核發、撤銷、廢止、記錄、申報及其他應遵行事項之辦法，由中央主管機關會商有關機關定之。

第二九條

①使用易致空氣污染之物質者，應先檢具有關資料，向直轄市、縣（市）主管機關申請許可，經審查合格核發許可證後，始得為之；其使用情形，應作成紀錄，並依規定向直轄市、縣（市）主管機關申報。

②前項易致空氣污染之物質，由中央主管機關會商有關機關公告之。

③第一項使用許可證之申請、審查程序、許可條件、核發、撤銷、廢止、記錄、申報及其他應遵行事項之辦法，由中央主管機關會商有關機關定之。

第三〇條

①依第二十四條第一項、第二項、第二十八條第一項及前條第一項核發之許可證，其有效期間為五年；期滿仍須繼續使用者，應於屆滿前三至六個月內，向直轄市、縣（市）主管機關或中央主管機關委託之機關提出許可證之展延申請，經核准展延之許可證，其有效期間為三年以上五年以下。但有下列情形之一者，每次展延有效期間得縮減至未滿三年：

一 原許可證有效期間內，違反本法規定情節重大經處分確定。

二 固定污染源設置操作未達五年。

三 固定污染源位於總量管制區。

②公私場所申請許可證展延之文件不符規定或未能補正者，直轄市、縣（市）主管機關或中央主管機關委託之機關應於許可證期限屆滿前駁回其申請；未於許可證期限屆滿前三至六個月內申請展延者，直轄市、縣（市）主管機關或中央主管機關委託之機關於其許可證期限屆滿日尚未作成准駁之決定時，應於許可證期限屆滿日起停止設置、變更、操作或使用；未於許可證期限屆滿前申請展延者，於許可證期限屆滿日起其許可證失其效力，如需繼續設置、變更、操作或使用者，應重新申請設置、操作或使用許可證。

③公私場所固定污染源於第一項規定期間，向直轄市、縣（市）主管機關或中央主管機關委託之機關申請展延，因該機關之審查致許可證期限屆滿前無法完成展延准駁者，公私場所固定污染源於許可證屆滿日至完成審查期間內，得依原許可證內容設置、操作或使用。

④直轄市、縣（市）主管機關或中央主管機關委託之機關審查展延許可證，非有下列情形之一者，不得變更原許可證內容：

一 三級防制區內之既存固定污染源，依第六條第四項既存固定污染源應削減污染物排放量之準則規定削減。

二 屬第七條第二項所定空氣污染防制計畫指定削減污染物排放量之污染源，依規定期程計算之削減量。

三 公私場所使用燃料之種類、成分標準或混燒比例變更。

第三一條

①中央主管機關得禁止或限制國際環保公約管制之易致空氣污染物質及利用該物質製造或填充產品之製造、輸入、輸出、販賣或使用。

②前項物質及產品，由中央主管機關會商有關機關公告；其製造、輸入、輸出、販賣或使用之許可申請、審查程序、廢止、記錄、申報及其他應遵行事項之辦法，由中央主管機關會商有關機關定之。

第三二條

①在各級防制區或總量管制區內，不得有下列行為：

　一　從事燃燒、融化、煉製、研磨、鑄造、輸送或其他操作，致產生明顯之粒狀污染物，散布於空氣或他人財物。

　二　從事營建工程、粉粒狀物堆置、運送工程材料、廢棄物或其他工事而無適當防制措施，致引起塵土飛揚或污染空氣。

　三　置放、混合、攪拌、加熱、烘烤物質，管理不當產生自燃或從事其他操作，致產生異味污染物或有毒氣體。

　四　使用、輸送或貯放有機溶劑或其他揮發性物質，致產生異味污染物或有毒氣體。

　五　餐飲業從事烹飪，致散布油煙或異味污染物。

　六　其他經各級主管機關公告之空氣污染行為。

②前項空氣污染行為，係指未經排放管道排放之空氣污染行為。

③第一項執行行為管制之準則，由中央主管機關定之。

第三三條

①公私場所之固定污染源因突發事故，大量排放空氣污染物時，負責人應立即採取緊急應變措施，並至遲於一小時內通報直轄市、縣（市）主管機關。

②前項情形，直轄市、縣（市）主管機關除令公私場所採取必要措施或得令其停止該固定污染源之操作外，並應發布空氣品質惡化警告及採取因應措施。

③公私場所應擬訂空氣污染突發事故緊急應變措施計畫，並定期檢討，報經直轄市、縣（市）主管機關核定後切實執行。

④第二項之惡化警告發布、通知方式及因應措施、前項空氣污染突發事故緊急應變措施計畫之應記載內容及執行方法之辦法，由中央主管機關定之。

第三四條

①經中央主管機關指定公告之公私場所，應設置空氣污染防制專責單位或人員。

②經中央主管機關指定公告排放有害空氣污染物之公私場所，應設置健康風險評估專責人員。

③前二項專責人員，應符合中央主管機關規定之資格，並經訓練取得合格證書。

④專責單位或人員之設置、專責人員之資格、訓練、合格證書之取

得、撤銷、廢止及其他應遵行事項之辦法，由中央主管機關會商有關機關定之。

第三五條

①公私場所應將直轄市、縣（市）主管機關核發之固定污染源設置與操作許可證，其應含空氣污染防制計畫及空氣污染防制設施說明書；燃料使用許可證及依本法申報之資料，與環境工程技師、空氣污染防制專責人員及環境檢驗測定機構之證號資料，以及突發事故緊急應變措施計畫，公開於中央主管機關指定之網站。但涉及國防機密或經公私場所向直轄市、縣（市）主管機關申請核准之工商機密者，不在此限。

②各級主管機關得於中央主管機關指定之網站，公開公私場所、環境工程技師、空氣污染防制專責人員、環境檢驗測定機構查核、處分之個別及統計資訊。

③前二項資訊公開方式及工商機密審查之辦法，由中央主管機關定之。

第三六條

①移動污染源排放空氣污染物，應符合排放標準。

②前項排放標準，由中央主管機關會商有關機關定之；並得視空氣品質需求，加嚴出廠十年以上交通工具原適用之排放標準。

③使用中汽車無論國產或進口，均需逐車完成檢驗，並符合第一項之排放標準。

④前項使用中汽車之認定及檢驗實施方式，由中央主管機關公告之。

⑤汽車之製造者或進口商禁止安裝任何影響交通工具排放空氣污染物之減效裝置。但該減效裝置有下列情形之一者，不在此限：
一 具備保護或防止損壞，避免意外事故所必備之功能。
二 使引擎起動及暖車後不再作動之機制。

第三七條

①移動污染源使用人或所有人應維持其空氣污染防制設備之有效運作，並不得拆除或不得改裝非經中央主管機關認證之空氣污染防制設備。

②前項移動污染源空氣污染防制設備種類、規格、效能確認方式、標識、認證、撤銷、廢止及其他應遵行事項之辦法，由中央主管機關定之。

第三八條

①汽車於一定場所、地點、氣候條件以怠速停車時，其怠速時間應符合中央主管機關之規定。

②前項汽車之種類、一定場所、地點、氣候條件與停車怠速時間及其他應遵行事項之辦法，由中央主管機關定之。

第三九條

①製造、進口、販賣或使用供移動污染源用之燃料，應符合中央主管機關所定燃料種類或成分之標準。但專供出口者，不在此限。

②前項燃料製造者應取得中央主管機關核發之許可，其生產之燃料始得於國內販賣；進口者應取得中央主管機關核發之許可文件，始得向石油業目的事業主管機關申請輸入同意文件。製造或進口者應對每批（船）次燃料進行成分之檢驗分析，並作成紀錄，向中央主管機關申報。

③第一項燃料種類與成分之標準，及前項販賣、進口之許可、撤銷、廢止、記錄、申報及其他應遵行事項之辦法，由中央主管機關會商有關機關定之。

第四〇條

①各級主管機關得視空氣品質需求及污染特性，因地制宜劃設空氣品質維護區，實施移動污染源管制措施。

②前項移動污染源管制得包括下列措施：

一　禁止或限制特定汽車進入。

二　禁止或限制移動污染源所使用之燃料、動力型式、操作條件、運行狀況及進入。

三　其他可改善空氣品質之管制措施。

③第一項移動污染源管制措施由直轄市、縣（市）主管機關擬訂，報中央主管機關核定後公告之。

第四一條

①中央主管機關得抽驗使用中汽車空氣污染物排放情形，經研判其無法符合移動污染源空氣污染物排放標準，因設計或裝置不良所致者，應責令製造者或進口商將已出售之汽車限期召回改正；屆期仍不遵行者，應停止其製造、進口及銷售。

②汽車召回改正之辦法，由中央主管機關會商有關機關定之。

第四二條

①汽車應取得中央主管機關核發之車型排氣審驗合格證明，並經中央主管機關驗證核章，始得申請牌照。

②前項汽車車型排氣審驗合格證明之核發、撤銷、廢止及其他應遵行事項之辦法，由中央主管機關定之。

③第一項汽車空氣污染物驗證核章之辦法，由中央主管機關會商有關機關定之。

第四三條

①中央主管機關得委託其他機關辦理汽車排氣定期檢驗，並支付委託費用，其費用得由汽車排氣檢驗費扣抵。

②交通工具排放空氣污染物檢驗、處理、委託及其他應遵行事項之辦法，由中央主管機關會商中央交通主管機關定之。

第四四條

①汽車應實施排放空氣污染物定期檢驗，檢驗不符合第三十六條第二項所定排放標準之車輛，應於檢驗日起一個月內修復，並申請複驗。

②前項檢驗實施之對象、區域、頻率及期限，由中央主管機關公告之。

③汽車排放空氣污染物檢驗站設置之條件、設施、電腦軟體、檢驗人員資格、檢驗站之設置認可、撤銷、廢止、查核、停止檢驗及其他應遵行事項之辦法，由中央主管機關定之。

第四五條

①各級主管機關得於車（場）站、機場、道路、港區、水域或其他適當地點實施使用中移動污染源排放空氣污染物不定期檢驗或檢查，或通知有污染之虞交通工具於指定期限至指定地點接受檢驗。

②使用中移動污染源排放空氣污染物不定期檢驗之辦法，由中央主管機關會商有關機關定之。

第四六條

①使用中之汽車排放空氣污染物，經直轄市、縣（市）主管機關之檢查人員目測、目視或遙測不符合第三十六條第二項所定排放標準或中央主管機關公告之遙測篩選標準者，應於直轄市、縣（市）主管機關通知之期限內修復，並至指定地點接受檢驗。

②人民得向各級主管機關檢舉使用中汽車排放空氣污染物情形，被檢舉之車輛經各級主管機關通知者，應於指定期限內至指定地點接受檢驗。

第四七條

①製造、進口、販賣經中央主管機關指定公告含揮發性有機物之化學製品，應符合該化學製品之含揮發性有機物成分標準。但專供出口者，不在此限。

②前項含揮發性有機物化學製品成分之標準，由中央主管機關會商有關機關定之。

第四八條

①各級主管機關得派員攜帶證明文件，檢查或鑑定公私場所或移動污染源排放空氣污染物排放狀況、空氣污染物收集設施、防制設施、監測設施或產製、儲存、使用之燃料成分、製造、進口、販賣含揮發性有機物化學製品成分，並令提供有關資料。

②依前項規定令提供資料時，其涉及軍事機密者，應會同軍事機關為之。

③對於前二項之檢查、鑑定及命令，不得規避、妨礙或拒絕。

④公私場所應具備便於實施第一項檢查及鑑定之設施；其規格，由中央主管機關公告之。

第四九條

①檢驗測定機構應取得中央主管機關核給之許可證後，始得辦理本法規定之檢驗測定。

②前項檢驗測定機構應具備之條件、設施、檢驗測定人員資格限制、許可之申請、審查程序、撤銷、廢止、許可證核（換）發、停業、復業、查核、評鑑程序及其他應遵行事項之辦法，由中央主管機關定之。

③本法各項檢驗測定方法，由中央主管機關定之。

第五〇條

各種污染源之改善，由各目的事業主管機關輔導之，相關輔導成果，應每年公開於中央主管機關指定之網站，並定期檢討之。

第四章　罰　則

第五一條

違反第三十三條第一項未立即採取緊急應變措施或不遵行直轄市、縣（市）主管機關依第三十三條第二項所為之命令，因而致人於死者，處無期徒刑或七年以上有期徒刑，得併科新臺幣三千萬元以下罰金；致重傷者，處三年以上十年以下有期徒刑，得併科新臺幣二千五百萬元以下罰金；致危害人體健康導致疾病者，處六月以上五年以下有期徒刑，得併科新臺幣二千萬元以下罰金。

第五二條

違反第三十一條第二項所定辦法中有關輸入或輸出限制規定者，處六月以上五年以下有期徒刑，得併科新臺幣三十萬元以上一百五十萬元以下罰金。

第五三條

公私場所固定污染源排放管道排放空氣污染物違反第二十條第二項所定標準之有害空氣污染物排放限值，足以生損害於他人之生命、身體健康者，處七年以下有期徒刑，得併科新臺幣一百萬元以上一千五百萬元以下罰金。

第五四條

依本法規定有申請或申報義務，明知為不實之事項而申請、申報不實或於業務上作成之文書為虛偽記載者，處三年以下有期徒刑、拘役或科或併科新臺幣二十萬元以上五百萬元以下罰金。

第五五條

①無空氣污染防制設備或空氣污染防制設備未運作而燃燒易生特殊有害健康之物質者，處三年以下有期徒刑、拘役或科或併科新臺幣二十萬元以上五百萬元以下罰金。

②前項易生特殊有害健康之物質，由中央主管機關公告之。

第五六條

①公私場所不遵行主管機關依本法所為停工或停業之命令者，處負責人三年以下有期徒刑、拘役或科或併科新臺幣二十萬元以上五百萬元以下罰金。

②不遵行主管機關依第三十三條第二項、第六十七條第二項所為停止操作、或依第六十七條第二項所為停止作為之命令者，處一年以下有期徒刑、拘役或科或併科新臺幣二十萬元以上一百萬元以下罰金。

第五七條

法人之代表人、法人或自然人之代理人、受僱人或其他從業人員因執行業務，犯第五十一條至第五十四條、第五十五條第一項或

第五十六條之罪者，除依各該條規定處罰其行為人外，對該法人或自然人亦科以各該條十倍以下之罰金。

第五八條

特殊性工業區開發者有下列情形之一者，處新臺幣五十萬元以上二千萬元以下罰鍰，並通知限期改善，屆期仍未完成改善者，按次處罰：

一　違反第十五條第一項規定，未設置緩衝地帶或適當地區設置空氣品質監測設施。

二　違反第十五條第二項所定標準有關緩衝地帶設置、空氣品質監測設施設置規範、記錄、申報及管理事項之規定。

第五九條

公私場所有下列情形之一者，處新臺幣十萬元以上二千萬元以下罰鍰；情節重大者，得令其停工或停業，必要時，並得廢止其操作許可或勒令歇業：

一　違反第三十三條第一項規定，未採取緊急應變措施或未依規定通報直轄市、縣（市）主管機關。

二　不遵行直轄市、縣（市）主管機關依第三十三條第二項所為採取必要措施之命令。

三　違反第三十三條第三項規定，未切實執行空氣污染突發事故緊急應變措施計畫。

第六〇條

公私場所違反第六條第一項規定者，處新臺幣二萬元以上一百萬元以下罰鍰；其違反者為工商廠、場，處新臺幣十萬元以上二千萬元以下罰鍰，並令停工。

第六一條

公私場所有下列情形之一者，處新臺幣二萬元以上一百萬元以下罰鍰；其違反者為工商廠、場，處新臺幣十萬元以上二千萬元以下罰鍰，並通知限期補正或改善，屆期仍未補正或完成改善者，按次處罰；情節重大者，得令其停工或停業，必要時，並得廢止其操作許可或勒令歇業：

一　未依第八條第三項規定削減污染物排放量。

二　違反第八條第五項所定辦法有關實際削減差額認可、保留、抵換、交易及管理事項之規定。

第六二條

①公私場所有下列情形之一者，處新臺幣二萬元以上一百萬元以下罰鍰；其違反者為工商廠、場，處新臺幣十萬元以上二千萬元以下罰鍰，並通知限期補正或改善，屆期仍未補正或完成改善者，按次處罰；情節重大者，得令其停工或停業，必要時，並得廢止其操作許可或勒令歇業：

一　違反第二十條第一項規定。

二　違反第二十一條第一項規定或依同條第二項所定辦法有關空氣污染物季排放量之記錄、申報及管理事項之規定。

三　違反第二十二條第一項、第二項規定或依同條第三項所定辦法有關監測或檢驗測定結果之記錄、申報、保存、連線作業規範、完成設置或連線期限及管理事項之規定。

四　違反第二十三條第一項規定或同條第二項所定辦法有關空氣污染物收集、防制或監測設施之規格、設置、操作、檢查、保養、記錄及管理事項之規定。

五　違反第二十四條第一項、第二項規定未依許可證內容設置、變更或操作及第四項所定辦法有關設置與操作許可管理事項之規定。

六　違反第二十五條規定，未重新申請核發設置或操作許可證。

七　違反第二十七條第二項規定或依同條第三項所定辦法有關空氣污染物總量及濃度之核准內容及管理規定。

八　違反第三十三條第三項規定，未定期提報空氣污染突發事故緊急應變措施計畫或提報之空氣污染突發事故緊急應變措施計畫未符合同條第四項規定，經直轄市、縣（市）主管機關令限期補正而屆期未完成補正。

②前項情形，於同一公私場所有數固定污染源或同一固定污染源排放數空氣污染物者，應分別處罰。

第六三條

公私場所未依第二十四條第一項或第二項規定取得許可證，逕行設置、變更或操作者，處新臺幣二萬元以上一百萬元以下罰鍰；其違反者為工商廠、場，處新臺幣十萬元以上二千萬元以下罰鍰，並令停工及限期申請取得設置或操作許可證。

第六四條

公私場所有下列情形之一者，處新臺幣二萬元以上一百萬元以下罰鍰；其違反者為工商廠、場，處新臺幣十萬元以上二千萬元以下罰鍰，並通知限期補正或申報，屆期仍未遵行者，按次處罰；情節重大者，得令其停工或停業，必要時，並得廢止其使用許可或勒令歇業：

一　違反第二十八條第一項規定或依同條第二項所定辦法有關用許可證之許可條件、記錄、申報及管理事項之規定。

二　違反第二十九條第一項規定或依同條第三項所定辦法有關用許可證之許可條件、記錄、申報及管理事項之規定。

第六五條

①公私場所違反第十四條第一項規定或依同條第四項所定辦法中有關採取緊急防制措施之管理規定者，處新臺幣二萬元以上一百萬元以下罰鍰；其違反者為工商廠、場，處新臺幣十萬元以上二千萬元以下罰鍰；情節重大者，並得令其停工或停業。

②違反第十四條第一項規定或依同條第四項所定辦法中有關禁止或限制交通工具使用之管理規定者，處交通工具使用人或所有人新臺幣一千五百元以上三萬元以下罰鍰。

第六六條

①有下列情形之一者，處使用人或所有人新臺幣一千五百元以上六萬元以下罰鍰，並通知限期改善，屆期仍未完成改善者，按次處罰：

一　違反第三十六條第一項規定。

二　違反第三十七條第一項規定或依同條第二項所定辦法有關空氣污染防制設備種類、規格、效能、標識、認證及管理事項之規定。

②製造者或進口商違反第三十六條第五項規定者，按每輛汽車處新臺幣十萬元以上五百萬元以下罰鍰，並撤銷其汽車車型排氣審驗合格證明。

第六七條

①違反第三十二條第一項各款情形之一者，處新臺幣一千二百元以上十萬元以下罰鍰；其違反者為工商廠、場，處新臺幣十萬元以上五百萬元以下罰鍰。

②依前項處罰鍰者，並通知限期改善，屆期仍未完成改善者，按次處罰；情節重大者，得令其停止作為或污染源之操作，或令停工或停業，必要時，並得廢止其操作許可或勒令歇業。

第六八條

違反第三十一條第二項所定辦法有關製造、販賣或使用之許可、記錄、申報及管理事項之規定者，處新臺幣十萬元以上二百萬元以下罰鍰，並通知限期補正或申報，屆期仍未遵行者，按次處罰；情節重大者，得令其停工或停業，必要時，並得廢止其販賣或使用許可或勒令歇業。

第六九條

①公私場所有下列情形之一者，處新臺幣二十萬元以上二百萬元以下罰鍰，並通知限期補正或改善，屆期仍未補正或完成改善者，按次處罰：

一　違反第三十四條第一項、第二項規定或依同條第四項所定辦法有關專責單位或人員之設置條件及管理事項之規定。

二　違反第三十五條第一項規定。

②空氣污染防制專責人員及健康風險評估專責人員違反依第三十四條第四項所定辦法有關訓練及執行業務之規定者，處新臺幣一萬元以上十萬元以下罰鍰，必要時，中央主管機關並得廢止其專責人員之資格。

第七〇條

有下列情形之一者，處新臺幣二十萬元以上一百萬元以下罰鍰，並通知限期補正或改善，屆期仍未補正或完成改善者，按次處罰；情節重大者，得令其停業，必要時，並得廢止其許可或勒令歇業：

一　違反第四十九條第一項規定。

二　違反第四十九條第二項所定辦法有關檢驗測定機構應具備之

件、設施、檢驗測定人員資格、許可內容及管理事項之規定。

第七一條

規避、妨礙或拒絕依第四十八條第一項之檢查、鑑定或命令，或未依第四十八條第四項具備設施者，處公私場所新臺幣二十萬元以上一百萬元以下罰鍰；處移動污染源使用人或所有人新臺幣五千元以上十萬元以下罰鍰，並得按次處罰及強制執行檢查、鑑定。

第七二條

違反第四十七條第一項規定者，處製造、進口或販賣者新臺幣十萬元以上一百萬元以下罰鍰，並通知限期改善，屆期未完成改善者，按次處罰。

第七三條

①有下列情形之一者，處製造、販賣或進口者新臺幣十萬元以上一百萬元以下罰鍰，並通知限期改善，屆期未完成改善者，按次處罰：
一　違反第三十九條第一項或第二項規定。
二　違反第三十九條第三項所定辦法有關販賣、進口之許可內容、記錄、申報及管理事項之規定。
②違反第三十九條第一項規定，處使用人新臺幣五千元以上十萬元以下罰鍰。

第七四條

①未依第十六條第二項所定辦法，於期限內繳納費用者，每逾一日按滯納之金額加徵百分之零點五滯納金，一併繳納；逾期三十日仍未申報或繳納者，處新臺幣一千五百元以上六萬元以下罰鍰；其為工商廠、場者，處新臺幣十萬元以上一百萬元以下罰鍰，並限期繳納。
②前項應繳納費用，應自滯納期限屆滿之次日，至繳納之日止，依繳納當日郵政儲金一年期定期存款固定利率按日加計利息。

第七五條

①公私場所依第十六條第一項繳納空氣污染防制費，有偽造、變造或其他不正當方式短報或漏報與空氣污染防制費計算有關資料者，各級主管機關應依下列規定辦理：
一　移動污染源：中央主管機關得逐依移動污染源空氣污染防制費收費費率之二倍計算其應繳費額。
二　營建工程：直轄市、縣（市）主管機關得逐依查驗結果或相關資料，以營建工程空氣污染防制費收費費率之二倍計算其應繳費額。
三　營建工程以外固定污染源：中央主管機關得逐依排放係數或質量平衡核算該污染源排放量之二倍計算其應繳費額。
②公私場所以前項之方式逃漏空氣污染防制費者，各級主管機關除依前條計算及徵收逃漏之空氣污染防制費外，並追溯五年內之

應繳費額。但徵收空氣污染防制費之空氣污染物起徵未滿五年者，自起徵日起計算追溯應繳費額。

③前項追溯應繳費額，應自各級主管機關通知限期繳納截止日之次日或逃漏空氣污染防制費發生日起，至繳納之日止，依繳納當日郵政儲金一年期定期存款固定利率按日加計利息。

第七六條

①違反第三十八條第二項所定辦法有關怠速停車限制之規定者，處汽車使用人或所有人新臺幣一千五百元以上六萬元以下罰鍰，並得令其改善；未改善者，得按次處罰至改善為止。

②違反第四十條第三項直轄市、縣（市）主管機關公告之移動污染源管制措施者，處汽車使用人或所有人新臺幣五百元以上六萬元以下罰鍰；處汽車以外其他移動污染源使用人、所有人新臺幣五千元以上一百萬元以下罰鍰，並得令其改善，未改善者，得按次處罰至改善為止。

第七七條

①製造者或進口商違反第四十一條第一項規定，不遵行中央主管機關限期召回改正之命令者，按每輛汽車處新臺幣十萬元罰鍰。

②違反第四十一條第二項所定辦法有關召回改正之管理規定者，處新臺幣五千元以上二十萬元以下罰鍰，並通知限期補正或改善，屆期仍未補正或完成改善者，按次處罰。

第七八條

有下列情形之一者，處新臺幣五千元以上二十萬元以下罰鍰，並通知限期補正或改善，屆期仍未補正或完成改善者，按次處罰：

一　違反依第四十二條第二項所定辦法有關汽車車型排氣審驗合格證明之核發及管理事項之規定。

二　違反第四十三條第二項所定辦法有關交通工具排放空氣污染物之檢驗、處理管理事項之規定。

第七九條

不依第四十五條第一項、第四十六條第一項、第二項規定檢驗，或經檢驗不符合排放標準者，處移動污染源使用人或所有人新臺幣一千五百元以上六萬元以下罰鍰，並通知限期改善，屆期未完成改善者，按次處罰。

第八○條

①未依第四十四條第一項規定實施排放空氣污染物定期檢驗者，處汽車所有人新臺幣五百元以上一萬五千元以下罰鍰。

②經定期檢驗不符合排放標準之車輛，未於檢驗日起一個月內修復並複驗，或於期限屆滿後之複驗不合格者，處新臺幣一千五百元以上三萬元以下罰鍰。

③逾應檢驗日起六個月仍未實施定期檢驗、未依規定申請複驗或複驗仍不合格者，經直轄市、縣（市）主管機關通知限期改善，屆期未完成改善者，處新臺幣三千元以上六萬元以下罰鍰；經直轄市、縣（市）主管機關再通知限期改善，屆期仍未完成改善者，

　　得移請公路監理機關註銷其牌照。

④違反第四十四條第三項所定辦法有關檢驗站設置之條件、設施、電腦軟體、檢驗人員資格、檢驗站之設置認可及管理事項之規定者，處新臺幣一萬五千元以上六萬元以下罰鍰，並通知限期補正或改善，屆期仍未補正或完成改善者，按次處罰；情節重大者，令其停止檢驗業務，並得廢止其認可。

第八一條

①未於依本法通知改善之期限屆滿前，檢具已規劃、設置緩衝地帶及空氣品質監測設施、符合排放標準、燃料成分標準、含揮發性有機物化學製品成分標準或其他規定之證明文件，向直轄市、縣（市）主管機關申報請查驗者，視為未完成改善。

②本法所定屆期仍未補正、申報或完成改善之按次處罰，其限期改善或補正之期限、改善完成認定查驗方式、法令執行方式及其他管理事項之準則，由中央主管機關定之。

第八二條

①依本法通知限期補正、改善或申報者，其補正、改善或申報期間，以九十日為限。因天災或其他不可抗力事由致未能於改善期限內完成改善者，應於其原因消滅後繼續進行改善，並於十五日內，以書面敘明理由，檢具相關資料，向各級主管機關申請核定改善期限。

②公私場所未能於前項期限內完成改善者，得於接獲通知之日起三十日內提出具體改善計畫，向各級主管機關申請延長，各級主管機關應依實際狀況核定改善期限，最長以一年為限，必要時得再延長一年；未確實依改善計畫執行，經查屬實者，各級主管機關得立即終止其改善期限，並從重處罰。

③固定污染源及移動污染源於改善期間，排放之空氣污染物種類超過原據以處罰之排放濃度或排放量者，應按次處罰。

第八三條

　　本法所定之處罰，在中央由行政院環境保護署為之；在直轄市、縣（市）由直轄市、縣（市）政府為之。

第八四條

　　汽車所有人或使用人，拒不繳納罰鍰時，得由直轄市、縣（市）主管機關移請公路監理機關配合停止其辦理車輛異動。

第八五條

①依本法處罰鍰者，其額度應依污染源種類、污染物項目、程度、特性及危害程度裁處，其違規情節對學校有影響者，應從重處罰。

②前項裁罰之準則，由中央主管機關定之。

第八六條

①違反本法義務行為而有所得利益者，除應依本法規定裁處一定金額之罰鍰外，並得於所得利益之範圍內，予以追繳。

②為他人利益而實施行為，致使他人違反本法上義務應受處罰者，

該行為人因其行為受有財產上利益而未受處罰時，得於其所受財產上利益價值範圍內，予以追繳。

③行為人違反本法上義務應受處罰，他人因該行為受有財產上利益而未受處罰時，得於其所受財產上利益價值範圍內，予以追繳。

④前三項追繳，由為裁處之各級主管機關以行政處分為之；所稱利益得包括積極利益及應支出而未支出或減少支出之消極利益，其核算及推估辦法，由中央主管機關定之。

第五章　附　則

第八七條

各級主管機關依第十八條第二項設置之特種基金，其來源除第十六條第一項徵收之空氣污染防制費外，應包括下列收入：

一　第九條第一項第二款交易或拍賣所得。

二　各級主管機關依前條追繳之所得利益。

三　違反本法罰鍰之部分提撥。

四　依本法科處並繳納之罰金，及因違反本法規定沒收或追繳之現金或變賣所得。

第八八條

公私場所具有依第二十四條第一項指定公告之固定污染源，且該固定污染源，係於公告前設立者，應自公告之日起二年內，依第二十四條第二項申請操作許可證。

第八九條

固定污染源之相關設施故障致違反本法規定時，公私場所立即採取因應措施，並依下列規定處理者，得免依本法處罰：

一　故障發生後一小時內，向直轄市、縣（市）主管機關報備。

二　故障發生後二十四小時內修復或停止操作。

三　故障發生後十五日內，向直轄市、縣（市）主管機關提出書面報告。

第九〇條

①公私場所從事下列行為前，已逐案向直轄市、縣（市）主管機關申請並經審查核可者，免依本法處罰：

一　消防演練。

二　緊急防止傳染病擴散而燃燒受感染之動植物。

三　取得山林田野引火燃燒許可從事燃燒者。

四　其他經中央主管機關公告之行為。

②氣象條件不利於污染物擴散、空氣品質有明顯惡化之趨勢或公私場所未依核可內容實施時，直轄市、縣（市）主管機關得令暫緩或停止實施前項核可行為。

第九一條

①各級主管機關依本法規定所為之檢驗及核發許可證、證明或受理各項申請之審查、許可，應收取審查費、檢驗費或證書費等規費。

②前項收費標準，由中央主管機關會商有關機關定之。

第九二條

空氣污染物受害人，得向各級主管機關申請鑑定其受害原因；各級主管機關得會同有關機關查明原因後，令排放空氣污染物者立即改善，受害人並得請求適當賠償。

第九三條

①公私場所違反本法或依本法授權訂定之相關命令而各級主管機關疏於執行時，受害人民或公益團體得敘明疏於執行之具體內容，以書面告知各級主管機關。各級主管機關於書面告知送達之日起六十日內仍未依法執行者，受害人民或公益團體得以該主管機關為被告，對其怠於執行職務之行為，直接向行政法院提起訴訟，請求判令其執行。

②行政法院為前項判決時，得依職權判命被告機關支付適當律師費用、偵測鑑定費用或其他訴訟費用予對維護空氣品質有具體貢獻之原告。

③第一項之書面告知格式，由中央主管機關會商有關機關定之。

第九四條

①人民或團體得敘明事實或檢具證據資料，向直轄市、縣（市）主管機關檢舉公私場所違反本法規定之行為，或使用中汽車排放空氣污染物情形。

②前項檢舉及獎勵之辦法，由直轄市、縣（市）主管機關定之。

③被檢舉對象屬公私場所，且經查證檢舉屬實並處以罰鍰者，其罰鍰金額達一定數額時，得以實收罰鍰總金額收入之一定比例，提充獎金獎勵檢舉人。

④直轄市、縣（市）主管機關對於第一項檢舉人之身分應予保密。

第九五條

①公私場所不得因空氣污染防制專責人員或其他受僱人，向各級主管機關或司法機關揭露違反本法之行為、擔任訴訟程序之證人或拒絕參與違反本法之行為，而予解僱、降調、減薪或其他不利之處分。

②公私場所或其行使管理權之人，為前項規定所為之解僱、降調、減薪或其他不利之處分者，無效。

③公私場所之空氣污染防制專責人員或其他受僱人，因第一項規定之行為受有不利處分者，公私場所對於該不利處分與第一項規定行為無關之事實，負舉證責任。

④公私場所之空氣污染防制專責人員或其他受僱人因其揭露行為有犯刑法、特別刑法之妨害秘密罪或背信罪者，減輕或免除其刑。

⑤公私場所之空氣污染防制專責人員或其他受僱人曾參與依本法應負刑事責任之行為，而向各級主管機關揭露或司法機關自白或自首，因而查獲其他正犯或共犯者，減輕或免除其刑。

⑥公私場所之空氣污染防制專責人員或其他受僱人因第一項規定受有不利處分者，各級主管機關應提供必要之法律扶助。

⑦前項法律扶助之申請資格、扶助範圍、審核方式及委託辦理等事項之辦法，由中央主管機關定之。

第九六條

①第三十條第一項第一款、第五十九條、第六十一條、第六十二條第一項、第六十四條、第六十五條第一項、第六十七條第二項及第六十八條所稱之情節重大，指有下列情形之一者：

一　未經合法登記或許可之污染源，違反本法之規定。

二　經處分後，自報停工改善，經查證非屬實。

三　一年內經二次限期改善，仍繼續違反本法規定。

四　大量排放空氣污染物，嚴重影響附近地區空氣品質。

五　排放之空氣污染物中含有害空氣污染物質，有危害公眾健康之虞。

六　以未經固定污染源操作許可證核定之排放管道排放空氣污染物，或調整廢氣排放流向，致空氣污染物未經許可證核定之收集或處理設施排放。

七　其他嚴重影響附近地區空氣品質之行為。

②各級主管機關應公開依前項規定認定情節重大之公私場所，由提供優惠待遇之目的事業主管機關或各該法律之主管機關停止並追回其違規行為所屬年度之優惠待遇，並於其後三年內不得享受政府之優惠待遇。

③前項所稱優惠待遇，包含中央或地方政府依法律或行政行為所給予該事業獎勵、補助、捐助或減免之租稅、租金、費用或其他一切優惠措施。

第九七條

①公私場所經直轄市、縣（市）主管機關依第五十九條、第六十一條、第六十二條第一項、第六十四條、第六十五條第一項、第六十七條第二項或第六十八條令停止污染源之操作、停工（業）或經直轄市、縣（市）主管機關令改善而自報停工（業）者，應於恢復污染源操作或復工（業）前，檢具試車計畫，向直轄市、縣（市）主管機關申請試車，經直轄市、縣（市）主管機關核准後，始得進行試車；並於試車期限屆滿前，檢具符合排放標準之證明文件，報經直轄市、縣（市）主管機關評鑑合格後，始得恢復操作或復工（業）。

②前項試車、評鑑及管理事項之辦法，由中央主管機關定之。

第九八條

①公私場所應將依前條第一項所提出之試車計畫，登載於中央主管機關所指定之公開網站，供民眾查詢。

②直轄市、縣（市）主管機關為前條第一項核准前，應給予利害關係人及公益團體表示意見，作為直轄市、縣（市）主管機關核准之參考；以會議方式審查者，於會議後應作成會議紀錄，並公開登載於中央主管機關指定之網站。

第九九條

　本法施行細則，由中央主管機關定之。

第一○○條

　本法自公布日施行。

公職人員選舉罷免法

①民國69年5月14日總統令制定公布全文113條。
②民國72年7月8日總統令修正公布第3、4、7、8、12、15、32、34、36、38、41～46、49、51、52、55、56、61、62、79、81、88、89、92～98、100、101、103、110條條文；增訂第45-1～45-3、87-1、87-2、95-1、97-1、97-2、103-1條條文；並刪除第48、53條條文。
③民國78年2月3日總統令修正公布第3、4、8、15、20、31、32、34、35、37～39、42、45-2、46、50、51、52、55、56、59、66、86～88、95、97、103、108、109條條文；增訂第35-1、45-4、45-5、51-1、55-1、96-1條條文；並刪除第97-1條條文。
④民國80年8月2日總統令修正公布名稱及第1、3、8、11、15、16、20、23、25、31、34、36～38、41、42、45、45-2、45-4、45-5、47、49～52、55、55-1、57、60、65～67、69、70、74、87-2～89、91、93、94、95-1～97、100、103條條文；增訂第56-1、56-2、67-1、68-1條條文；並刪除第17～19、24、28、40條條文（原名稱：動員戡亂時期公職人員選舉罷免法）。
⑤民國81年11月6日總統令修正公布第31條條文。
⑥民國83年6月10日總統令修正公布第32條條文。
⑦民國83年7月23日總統令修正公布第2、3、7、14～16、20、21、31、32、38、39、45、45-1、46、49～51、51-1、52、55、57、61、62、64～67、68-1、70、74、79、83、86、87-2、88、89、91、93、94、97、103～109條條文；增訂第36-1、50-1、90-1、91-1、94-1、100-1條條文；並刪除第27、55-1、56、96、96-1條條文。
⑧民國83年10月18日總統令修正公布第80條條文。
⑨民國83年10月22日總統令修正公布第70、74、83條條文。
⑩民國86年6月18日總統令修正公布第45-5條條文。
⑪民國89年7月19日總統令修正公布第8、112條條文。
⑫民國89年11月1日總統令公布刪除第32條條文。
⑬民國91年1月25日總統令修正公布第67條條文。
⑭民國92年7月9日總統令修正公布第11、13、20、21、23、31、35、35-1、37、43、45-1、45-5、47、49、50、57、58、60、61、65～67、68-1、70、71、73、74、76、77、82、84條條文；並增訂第38-1、38-2、59-1、65-1、73-1條條文。
⑮民國93年4月7日總統令修正公布第63條條文；並增訂第93-1條條文。
⑯民國94年2月5日總統令修正公布第35條條文。
⑰民國94年6月22日總統令修正公布第38條條文。
⑱民國94年11月30日總統令修正公布第89、90-1、91、91-1條條文；並增訂第90-2條條文。
⑲民國95年2月3日總統令修正公布第42條條文；並增訂第68-2條條文。

⑳民國95年5月30日總統令修正公布第14、113條條文；並自95年7月1日施行。

㉑民國96年11月7日總統令修正公布全文134條；並自公布日施行。

㉒民國97年11月26日總統令修正公布第57條條文。

㉓民國98年5月27日總統令修正公布第14、26、134條條文；並自98年11月23日施行。

㉔民國99年9月1日總統令修正公布第35、37條條文。

㉕民國100年5月25日總統令修正公布第43條條文。

㉖民國103年5月28日總統令修正公布第2、7、13、24、34、36、37、38、40、41、46、68、70、71、80、83、100條條文；並增訂第37-1條條文。

㉗民國104年2月4日總統令修正公布第43條條文。

㉘民國105年4月13日總統令修正公布第47條條文。

㉙民國105年12月7日總統令修正公布第27條條文。

㉚民國105年12月14日總統令修正公布第11、40、42、45、49～56、59、76、79～81、83、86、87、90、94、102、104、110、124條條文及第三章章名、第六節節名、第九節第一～三款款名；增訂第86-1條條文及第九節節名；並刪除第四章章名。

㉛民國107年5月9日總統令修正公布第97、99～102、106條條文。

㉜民國108年1月9日總統令修正公布第61條條文。

㉝民國109年5月6日總統令修正公布第18、57、65條條文。

第一章　總　則

第一條

公職人員選舉、罷免，依本法之規定。

第二條 103

本法所稱公職人員，指下列人員：

一　中央公職人員：立法院立法委員。

二　地方公職人員：直轄市議會議員、縣（市）議會議員、鄉（鎮、市）民代表會代表、直轄市山地原住民區（以下簡稱原住民區）民代表會代表、直轄市長、縣（市）長、鄉（鎮、市）長、原住民區長、村（里）長。

第三條

① 公職人員選舉，以普通、平等、直接及無記名單記投票之方法行之。

② 全國不分區及僑居國外國民立法委員選舉，依政黨名單投票選出。

③ 公職人員罷免，由原選舉區之選舉人以無記名投票之方法決定。

第四條

① 選舉人、候選人年齡及居住期間之計算，均以算至投票日前一日為準，並以戶籍登記資料為依據。

② 前項居住期間之計算，自戶籍遷入登記之日起算。

③重行投票者，仍依原投票日計算。

第五條

①本法所定各種選舉、罷免期間之計算，除另有規定外，依行政程序法之規定。但期間之末日，除因天然災害政府機關停止上班外，其為星期六、星期日、國定假日或其他休息日時，不予延長。

②本法所定投票日前幾日，自投票日前一日起算，向前逆算至規定日數之當日；所定投票日後幾日，自投票日次日起算，向後算至規定日數之當日；所定投票日幾日前，其期限之最終期日之計算，自投票日前一日起算，向前逆算至規定日數之前一日，為該期限之終止日。

③選舉、罷免之各種申請，以郵寄方式向選舉機關提出者，以選舉機關收件日期為準。

第二章　選舉罷免機關

第六條

公職人員選舉，中央、直轄市、縣（市）各設選舉委員會辦理之。

第七條 103

①立法委員、直轄市議員、直轄市長、縣（市）議員及縣（市）長選舉，由中央選舉委員會主管，並指揮、監督直轄市、縣（市）選舉委員會辦理之。

②原住民區民代表及區長選舉，由直轄市選舉委員會辦理之；鄉（鎮、市）民代表及鄉（鎮、市）長選舉，由縣選舉委員會辦理之。

③村（里）長選舉，由各該直轄市、縣（市）選舉委員會辦理之。

④直轄市、縣（市）選舉委員會辦理前二項之選舉，並受中央選舉委員會之監督。

⑤辦理選舉期間，直轄市、縣（市）選舉委員會並於鄉（鎮、市、區）設辦理選務單位。

第八條

①中央選舉委員會隸屬行政院，置委員若干人，由行政院院長提請總統派充之，並指定一人為主任委員；其組織另以法律定之。

②直轄市、縣（市）選舉委員會隸屬中央選舉委員會，各置委員若干人，由中央選舉委員會提請行政院院長派充之，並指定一人為主任委員。

③直轄市、縣（市）選舉委員會組織規程，均由中央選舉委員會擬訂，報請行政院核定。

④各選舉委員會委員，應有無黨籍人士；其具有同一黨籍者，在中央選舉委員會不得超過委員總額五分之二，在直轄市、縣（市）選舉委員會不得超過該選舉委員會委員總額二分之一。

⑤各級選舉委員會，應依據法令公正行使職權。

第九條

公職人員罷免，由各級選舉委員會辦理，並準用第七條之規定。

第一〇條

各級選舉委員會在辦理選舉、罷免期間，得調用各級政府職員辦理事務。

第一一條 105

① 各級選舉委員會分別辦理下列事項：

一 選舉、罷免公告事項。

二 選舉、罷免事務進行程序及計畫事項。

三 候選人資格之審定事項。

四 選舉、罷免宣導之策劃事項。

五 選舉、罷免之監察事項。

六 投票所、開票所之設置及管理事項。

七 選舉、罷免結果之審查事項。

八 當選證書之製發事項。

九 訂定政黨使用電視及其他大眾傳播工具從事競選宣傳活動之辦法。

十 其他有關選舉、罷免事項。

② 直轄市、縣（市）選舉委員會就下列各種公職人員選舉、罷免事務，指揮、監督鄉（鎮、市、區）公所辦理：

一 選舉人名冊公告閱覽之辦理事項。

二 投票所、開票所設置及管理之辦理事項。

三 投票所、開票所工作人員遴報事項。

四 選舉、罷免票之轉發事項。

五 選舉公報及投票通知單之分發事項。

六 選舉及罷免法令之宣導事項。

七 其他有關選舉、罷免事務之辦理事項。

第一二條

① 中央選舉委員會置巡迴監察員若干人，由中央選舉委員會，遴選具有選舉權之公正人士，報請行政院院長聘任，並指定一人為召集人；直轄市、縣（市）選舉委員會各設監察小組，置小組委員若干人，由直轄市選舉委員會及縣（市）選舉委員會，分別遴選具有選舉權之公正人士，報請中央選舉委員會聘任，並各指定一人為召集人，執行下列事項：

一 候選人、罷免案提議人、被罷免人違反選舉、罷免法規之監察事項。

二 選舉人、罷免案投票人違反選舉、罷免法規之監察事項。

三 辦理選舉、罷免事務人員違法之監察事項。

四 其他有關選舉、罷免監察事項。

② 前項巡迴監察員、監察小組委員，均為無給職；其任期及人數於中央、直轄市、縣（市）選舉委員會組織規程規定之。

③ 直轄市、縣（市）選舉委員會，得遴聘具有選舉權之公正人士為

政見發表會監察員，執行有關政見發表之監察事項。

④各級選舉委員會執行監察職務準則，由中央選舉委員會定之。

第一三條 103

各級選舉委員會之經費預算，其年度經常費，由中央政府統籌編列。其辦理選舉、罷免所需經費，立法委員選舉、罷免由中央政府編列；直轄市議員、直轄市長選舉、罷免由直轄市政府編列；縣（市）議員、縣（市）長選舉、罷免由縣（市）政府編列；鄉（鎮、市）民代表、鄉（鎮、市）長、村（里）長選舉、罷免由鄉（鎮、市）公所編列；原住民區民代表、區長選舉、罷免由原住民區公所編列；直轄市、市之里長選舉、罷免由直轄市、市政府編列，但原住民區里長選舉、罷免由原住民區公所編列。

第三章 選舉及罷免 105

第一節 選舉人

第一四條 98

中華民國國民，年滿二十歲，除受監護宣告尚未撤銷者外，有選舉權。

第一五條

①有選舉權人在各該選舉區繼續居住四個月以上者，為公職人員選舉各該選舉區之選舉人。

②前項之居住期間，在其行政區域劃分選舉區者，仍以行政區域為範圍計算之。但於選舉公告發布後，遷入各該選舉區者，無選舉投票權。

第一六條

原住民公職人員選舉，以具有原住民身分並有前條資格之有選舉權人為選舉人。

第一七條

①選舉人，除另有規定外，應於戶籍地投票所投票。

②投票所工作人員，得在戶籍地或工作地之投票所投票。但在工作地之投票所投票者，以戶籍地及工作地在同一選舉區，並在同一直轄市、縣（市）為限。

第一八條 109

①選舉人投票時，應憑本人國民身分證領取選舉票。

②選舉人領取選舉票時，應在選舉人名冊上簽名或蓋章或按指印，按指印者，並應有管理員及監察員各一人蓋章證明。選舉人名冊上無其姓名或姓名不符者，不得領取選舉票。但姓名顯係筆誤、因婚姻關係而冠姓或回復本姓致與國民身分證不符者，經主任管理員會同主任監察員辨明後，應准領取選舉票。

③選舉人領得選舉票後應自行圈投。但因身心障礙不能自行圈投而能表示其意思者，得依其請求，由家屬或陪同之人一人在場，依據本人意思，眼同協助或代為圈投；其無家屬或陪同之人在場

者，亦得依其請求，由投票所管理員及監察員各一人，依據本人意思，眼同協助或代爲圈投。

④爲防止重複投票或冒領選舉票之情事，應訂定防範規定；其辦法由中央選舉委員會定之。

第一九條

①選舉人應於規定之投票時間內到投票所投票；逾時不得進入投票所。但已於規定時間內到達投票所尚未投票者，仍可投票。

②二種以上公職人員選舉或公職人員選舉與公民投票同日於同一投票所舉行投票時，選舉人應一次進入投票所投票，離開投票所後不得再次進入投票所投票。

第二節　選舉人名冊

第二〇條

①選舉人名冊，由鄉（鎮、市、區）戶政機關依據戶籍登記資料編造，應載明編號、姓名、性別、出生年月日及戶籍地址；投票日前二十日已登錄戶籍登記資料，依規定有選舉人資格者，一律編入名冊；投票日前二十日以後遷出之選舉人，仍應在原選舉區行使選舉權。

②原住民選舉人名冊，其原住民身分之認定，以戶籍登記資料爲準，由戶政機關依前項規定編造。

③選舉人名冊編造後，除選舉委員會、鄉（鎮、市、區）公所、戶政機關依本法規定使用外，不得以抄寫、複印、攝影、錄音或其他任何方式對外提供。

第二一條

二種以上公職人員選舉同日舉行投票時，選舉人名冊得視實際需要分別或合併編造。

第二二條

選舉人名冊編造後，戶政機關應送由鄉（鎮、市、區）公所函報直轄市、縣（市）選舉委員會備查，並由鄉（鎮、市、區）公所公開陳列、公告閱覽，選舉人發現錯誤或遺漏時，得於閱覽期間內申請更正。

第二三條

①選舉人名冊經公告閱覽期滿後，鄉（鎮、市、區）公所應將原冊及申請更正情形，送戶政機關查核更正。

②選舉人名冊經公告、更正後即爲確定，並由各直轄市、縣（市）選舉委員會公告選舉人數。

第三節　候選人

第二四條 103

①選舉人年滿二十三歲，得於其行使選舉權之選舉區登記爲公職人員候選人。但直轄市長、縣（市）長候選人須年滿三十歲；鄉（鎮、市）長、原住民區長候選人須年滿二十六歲。

②選舉人年滿二十三歲，得由依法設立之政黨登記為全國不分區及僑居國外國民立法委員選舉之全國不分區候選人。

③僑居國外之中華民國國民年滿二十三歲，在國內未曾設有戶籍或已將戶籍遷出國外連續八年以上者，得由依法設立之政黨登記為全國不分區及僑居國外國民立法委員選舉之僑居國外國民候選人。

④前二項政黨應符合下列規定之一：

一　於最近一次總統、副總統選舉，其所推薦候選人得票數之和，達該次選舉有效票總和百分之二以上。二個以上政黨共同推薦一組總統、副總統候選人者，各該政黨推薦候選人之得票數，以推薦政黨數除其推薦候選人得票數計算之。

二　於最近三次全國不分區及僑居國外國民立法委員選舉得票率，曾達百分之二以上。

三　現有立法委員五人以上，並於申請候選人登記時，備具名冊及立法委員出具之切結書。

四　該次區域及原住民立法委員選舉推薦候選人達十人以上，且經中央選舉委員會審查合格。

⑤第三項所稱八年以上之計算，以算至投票日前一日為準，並自戶籍遷出登記之日起算。

⑥政黨登記之全國不分區及僑居國外國民立法委員選舉候選人，應為該政黨黨員，並經各該候選人書面同意；其候選人名單應以書面為之，並排列順位。

⑦回復中華民國國籍滿三年或因歸化取得中華民國國籍滿十年者，始得依第一至第三項規定登記為候選人。

⑧前項所稱滿三年或滿十年之計算，均以算至投票日前一日為準。

第二五條

①二種以上公職人員選舉同日舉行投票時，其申請登記之候選人，以登記一種為限。為二種以上候選人登記時，其登記均無效。

②同種公職人員選舉具有二個以上之候選人資格者，以登記一個為限。為二個以上候選人登記時，其登記均無效。

第二六條 98

有下列情事之一者，不得登記為候選人：

一　動員戡亂時期終止後，曾犯內亂、外患罪，經依刑法判刑確定。

二　曾犯貪污罪，經判刑確定。

三　曾犯刑法第一百四十二條、第一百四十四條之罪，經判刑確定。

四　犯前三款以外之罪，判處有期徒刑以上之刑確定，尚未執行或執行未畢。但受緩刑宣告者，不在此限。

五　受保安處分或感訓處分之裁判確定，尚未執行或執行未畢。

六　受破產宣告確定，尚未復權。

七　依法停止任用或受休職處分，尚未期滿。

八　褫奪公權，尚未復權。

九　受監護或輔助宣告，尚未撤銷。

第二七條 105

① 下列人員不得登記爲候選人：

一　現役軍人。

二　服替代役之現役役男。

三　軍事學校學生。

四　各級選舉委員會之委員、監察人員、職員、鄉（鎮、市、區）公所辦理選舉事務人員及投票所、開票所工作人員。

五　依其他法律規定不得登記爲候選人者。

② 前項第一款之現役軍人，屬於後備軍人或補充兵應召者，在應召未入營前，或係爲教育、勤務及點閱召集，均不受限制。第二款服替代役之現役役男，屬於服役期滿後受召集服勤者，亦同。

③ 當選人就職後辭職或因第一百二十條第一項第二款、第三款情事之一，經法院判決當選無效確定者，不得申請登記爲該次公職人員補選候選人。

第二八條

① 依法設立之政黨，得推薦候選人參加公職人員選舉，經政黨推薦之候選人，應爲該政黨黨員，並檢附加蓋中央主管機關發給該政黨圖記之政黨推薦書，於候選人申請登記期間內，向選舉委員會辦理登記。

② 前項推薦書，應於申請登記候選人時繳送受理登記之選舉委員會，登記期間截止後補送者，不予受理。

第二九條

① 候選人名單公告後，經發現候選人在公告前或投票前有下列情事之一者，投票前由選舉委員會撤銷其候選人登記；當選後依第一百二十一條規定提起當選無效之訴：

一　候選人資格不合第二十四條第一項至第三項規定。

二　有第二十六條或第二十七條第一項、第三項之情事。

三　依第九十二條第一項規定不得登記爲候選人。

② 全國不分區及僑居國外國民立法委員選舉候選人名單公告後，經發現登記政黨之資格在公告前或投票前不合第二十四條第四項規定，投票前由中央選舉委員會撤銷其政黨候選人名單登記；投票後依第一百二十一條規定提起當選無效之訴。

第三〇條

① 區域立法委員、直轄市長及縣（市）長選舉候選人於登記截止後至選舉投票日前死亡者，選舉委員會應即公告該選舉區停止該項選舉，並定期重行選舉。

② 其他公職人員選舉候選人登記截止後至選舉投票日前，因候選人死亡，致該選舉區之候選人數未超過或不足該選舉區應選出之名額時，應即公告停止選舉，並定期重行選舉。

第三一條

① 經登記為候選人者，不得撤回其候選人登記。

② 經政黨推薦之區域、原住民立法委員及地方公職人員選舉候選人，政黨得於登記期間截止前，備具加蓋中央主管機關發給該政黨圖記之政黨撤回推薦書，向原受理登記之選舉委員會撤回推薦，逾期不予受理。

③ 經政黨登記之全國不分區及僑居國外國民立法委員選舉候選人名單，政黨得於登記期間截止前，備具加蓋中央主管機關發給該政黨圖記之政黨撤回或更換登記申請書，向原受理登記之選舉委員會撤回或更換，逾期不予受理。其候選人名單之更換，包括人數變更、人員異動、順位調整，其有新增之候選人者，政黨應依規定繳交件及保證金。

④ 經登記為候選人者，於登記後將戶籍遷出其選舉區者，不影響其候選人資格，並仍在原選舉區行使選舉權。

第三二條

① 登記為候選人時，應繳納保證金；其數額由選舉委員會先期公告。

② 全國不分區及僑居國外國民立法委員選舉候選人之保證金，依公告數額，由登記之政黨按登記人數繳納。

③ 保證金之繳納，以現金、金融機構簽發之本票、保付支票或郵局之劃撥支票為限；繳納現金不得以硬幣為之。

④ 保證金應於當選人名單公告日後三十日內發還。但有下列情事之一者，不予發還：

一　全國不分區及僑居國外國民立法委員選舉候選人未當選。

二　前款以外選舉未當選之候選人，得票不足各該選舉區應選出名額除該選舉區選舉人總數所得商數百分之十。

⑤ 前項第二款所稱該選舉區選舉人總數，應先扣除依戶籍法第四十七條第四項及第五項規定戶籍逕為遷入該戶政事務所之選舉人數。

⑥ 第四項保證金發還前，依第一百三十條第二項規定應逕予扣除者，應先予以扣除，有餘額時，發還其餘額。

第三三條

登記為候選人時，應備具選舉委員會規定之件及保證金，於規定時間內，向受理登記之選舉委員會辦理。表件或保證金不合規定，或未於規定時間內辦理者，不予受理。

第三四條 103

① 各種公職人員選舉候選人資格，應由主管選舉委員會審定公告。

② 全國不分區及僑居國外國民立法委員選舉，政黨所提名單中之候選人，經中央選舉委員會審查有不合規定者，不准予登記，其名單所排列之順位由後依序遞補。

③ 全國不分區及僑居國外國民立法委員選舉，申請登記之政黨，不符合第二十四條第四項之規定者，不准予登記。

④區域、原住民立法委員及地方公職人員選舉，經審定之候選人名單，其姓名次序，由選舉委員會通知各候選人於候選人名單公告三日前公開抽籤決定之。但鄉（鎮、市）民代表、原住民區民代表、鄉（鎮、市）長、原住民區長、村（里）長候選人姓名號次之抽籤得指定鄉（鎮、市、區）公所辦理之。

⑤前項候選人姓名號次之抽籤，應由監察人員在場監察。候選人未克親自到場參加抽籤者，得委託他人持候選人本人之委託書代為抽籤，候選人未親自參加或未委託他人代抽，或雖到場經唱名三次後仍不抽籤者，由辦理機關代為抽定。

⑥全國不分區及僑居國外國民立法委員選舉候選人名單公告之政黨號次，由中央選舉委員會於候選人名單公告三日前公開抽籤決定其號次。

⑦前項政黨號次之抽籤，由政黨指定之人員一人親自到場抽籤，政黨未指定或指定之人未親自到場參加抽籤或雖到場經唱名三次後仍不抽籤者，由中央選舉委員會代為抽定。

第四節　選舉區

第三五條 99

①立法委員選舉，其選舉區依下列規定：

一　直轄市、縣（市）選出者，應選名額一人之縣（市），以其行政區域為選舉區；應選名額二人以上之直轄市、縣（市），按應選名額在其行政區域內劃分同額之選舉區。

二　全國不分區及僑居國外國民選出者，以全國為選舉區。

三　平地原住民及山地原住民選出者，以平地原住民、山地原住民為選舉區。

②前項第一款直轄市、縣（市）選舉區應選出名額之計算所依據之人口數，應扣除原住民人口數。

③第一項第一款直轄市、縣（市）選出之立法委員，其名額分配及選舉區以第七屆立法委員為準，除本法或其他法律另有規定外，自該屆立法委員選舉區變更公告之日起，每十年重新檢討一次，如有變更之必要，應依第三十七條第三項至第五項規定辦理。

第三六條 103

①地方公職人員選舉，其選舉區依下列規定：

一　直轄市議員、縣（市）議員、鄉（鎮、市）民代表、原住民區民代表選舉，以其行政區域為選舉區，並得在其行政區域內劃分選舉區；其由原住民選出者，以其行政區域內之原住民為選舉區，並得按平地原住民、山地原住民或在其行政區域內劃分選舉區。

二　直轄市長、縣（市）長、鄉（鎮、市）長、原住民區長、村（里）長選舉，各依其行政區域為選舉區。

②前項第一款直轄市議員、縣（市）議員、鄉（鎮、市）民代表按行政區域劃分之選舉區，其應選名額之計算所依據之人口數，應

扣除原住民人口數。

第三七條 103

①第三十五條之立法委員選舉區及前條第一項第一款之直轄市議員、縣（市）議員選舉區，由中央選舉委員會劃分；前條第一項第一款之原住民區民代表、鄉（鎮、市）民代表選舉區，由直轄市、縣選舉委員會劃分之；並應於發布選舉公告時公告。但選舉區有變更時，應於公職人員任期或規定之日期屆滿一年前發布之。

②前項選舉區，應斟酌行政區域、人口分布、地理環境、交通狀況、歷史淵源及應選出名額劃分之。

③第一項立法委員選舉區之變更，中央選舉委員會應於本屆立法委員任期屆滿前二年二個月月底戶籍統計之人口數爲準，於一年八個月前，將選舉區變更案送經立法院同意後發布。

④立法院對於前項選舉區變更案，應以直轄市、縣（市）爲單位行使同意或否決。如經否決，中央選舉委員會應就否決之直轄市、縣（市），參照立法院各黨團意見，修正選舉區變更案，並於否決之日起三十日內，重行提出。

⑤立法院應於立法委員任期屆滿一年一個月前，對選舉區變更案完成同意，未能於期限內完成同意部分，由行政、立法兩院院長協商解決之。

第三七條之一 103

①縣（市）改制或與其他直轄市、縣（市）合併改制爲直轄市，改制後第一屆直轄市議員、直轄市長及里長之選舉，應依核定後改制計畫所定之行政區域爲選舉區，於改制日十日前完成選舉投票。

②原住民區以改制前之區或鄉爲其行政區域，其第一屆區民代表、區長之選舉以改制前區或鄉之行政區域爲選舉區，於改制日十日前完成選舉投票。

③前二項之直轄市議員、原住民區民代表選舉區之劃分，應於改制日六個月前公告，不受前條第一項但書規定之限制。

第五節　選舉公告

第三八條 103

①選舉委員會應依下列規定期間，發布各種公告：

一　選舉公告，須載明選舉種類、名額、選舉區之劃分、投票日期及投票起、止時間，並應於公職人員任期或規定之日期屆滿四十日前發布之。但總統解散立法院辦理之立法委員選舉、重行選舉、重行投票或補選之公告日期，不在此限。

二　候選人登記，應於投票日二十日前公告，其登記期間不得少於五日。但鄉（鎮、市）民代表、原住民區民代表、鄉（鎮、市）長、原住民區長、村（里）長之選舉，不得少於三日。

三　選舉人名冊，應於投票日十五日前公告，其公告期間，不得
　　少於三日。

四　候選人名單，應於競選活動開始前一日公告。

五　選舉人人數，應於投票日三日前公告。

六　當選人名單，應於投票日後七日內公告。

②前項第一款之名額，其依人口數計算者，以選舉投票之月前第六
個月月底戶籍統計之人口數爲準。

③第一項第二款候選人登記期間截止後，如有選舉區無人登記時，
得就無人登記之選舉區，公告辦理第二次候選人登記，其登記期
間，不得少於二日。

④第一項各款之公告，有全國或全省一致之必要者，上級選舉委員
會得逕行公告。

第三九條

①公職人員選舉，應於各該公職人員任期或規定之日期屆滿十日前
完成選舉投票。但重行選舉、重行投票或補選之投票完成日期，
不在此限。

②總統解散立法院後辦理之立法委員選舉，應於總統宣告解散立法
院之日起，六十日內完成選舉投票。

第六節　選舉及罷免活動 105

第四○條 105

①公職人員選舉競選及罷免活動期間依下列規定：

一　直轄市長爲十五日。

二　立法委員、直轄市議員、縣（市）議員、縣（市）長、鄉
　　（鎮、市）長、原住民區長爲十日。

三　鄉（鎮、市）民代表、原住民區民代表、村（里）長爲五
　　日。

②前項期間，以投票日前一日向前推算；其每日競選及罷免活動時
間，自上午七時起至下午十時止。

第四一條 103

①各種公職人員競選經費最高金額，除全國不分區及僑居國外國民
立法委員選舉外，應由選舉委員會於發布選舉公告之日同時公
告。

②前項競選經費最高金額，依下列規定計算：

一　立法委員、直轄市議員、縣（市）議員、鄉（鎮、市）民代
　　表、原住民區民代表選舉爲以各該選舉區之應選名額除選舉
　　區人口總數百分之七十，乘以基本金額新臺幣三十元所得數
　　額，加上一固定金額之和。

二　直轄市長、縣（市）長、鄉（鎮、市）長、原住民區長、村
　　（里）長選舉爲以各該選舉區人口總數百分之七十，乘以基
　　本金額新臺幣二十元所得數額，加上一固定金額之和。

③前項所定固定金額，分別定爲立法委員、直轄市議員新臺幣一千

萬元、縣（市）議員新臺幣六百萬元、鄉（鎮、市）民代表、原住民區民代表新臺幣二百萬元、直轄市長新臺幣五千萬元、縣（市）長新臺幣三千萬元、鄉（鎮、市）長、原住民區長新臺幣六百萬元、村（里）長新臺幣二十萬元。

④競選經費最高金額計算有未滿新臺幣一千元之尾數時，其尾數以新臺幣一千元計算之。

⑤第二項所稱選舉區人口總數，係指投票之月前第六個月之末日該選舉區戶籍統計之人口總數。

第四二條 105

①候選人競選經費之支出，於前條規定候選人競選經費最高金額內，減除政治獻金及依第四十三條規定之政府補貼競選經費之餘額，得於申報綜合所得稅時作為投票日年度列舉扣除額。

②各種公職人員罷免案，提議人之領銜人及被罷免人所為支出，於前條規定候選人競選經費最高金額內，得於申報綜合所得稅時作為罷免案宣告不成立之日或投票日年度列舉扣除額。

③前二項所稱之支出，指自選舉公告發布之日起至投票日後三十日內，或罷免案自領取連署人名冊格式之日起至宣告不成立之日止；已宣告成立者則延長至投票日後三十日內，以競選或罷免活動為目的，所支出之費用。

第四三條 104

①候選人除全國不分區及僑居國外國民立法委員選舉外，當選人在一人，得票數達各該選舉區當選票數三分之一以上者，當選人在二人以上，得票數達各該選舉區當選票數二分之一以上者，應補貼其競選費用，每票補貼新臺幣三十元。但其最高額，不得超過各該選舉區候選人競選經費最高金額。

②前項當選票數，當選人在二人以上者，以最低當選票數為準；其最低當選票數之當選人，以婦女保障名額當選，應以前一名當選人之得票數為最低當選票數。

③第一項對候選人競選費用之補貼，應於當選人名單公告日後三十日內，由選舉委員會核算補貼金額，並通知候選人於三個月內擎據，向選舉委員會領取。

④前項競選費用之補貼，依第一百三十條第二項規定應逕予扣除者，應先予以扣除，有餘額時，發給其餘額。

⑤領取競選費用補貼之候選人犯第九十七條、第九十九條第一項、第一百零一條第一項、第一百零二條第一項第一款之罪經判刑確定者或因第一百二十條第一項第三款之情事經法院判決當選無效確定者，選舉委員會應於收到法院確定判決書後，以書面通知其於三十日內繳回已領取及依前項先予扣除之補貼金額，屆期不繳回者，依法移送強制執行。

⑥國家應每年對政黨撥給競選費用補助金，其撥款標準以最近一次立法委員選舉為依據。全國不分區及僑居國外國民立法委員選舉政黨得票率達百分之三點五以上者，應補貼該政黨競選費用，每

年每票補貼新臺幣五十元，按會計年度由中央選舉委員會核算補貼金額，並通知政黨於一個月內擊據，向中央選舉委員會領取，至該屆立法委員任期屆滿爲止。

⑦候選人未於規定期限內領取競選費用補貼者，選舉委員會應催告其於三個月內具領；屆期未領者，視爲放棄領取。

⑧第一項、第六項所需補貼費用，依第十三條規定編列預算。

第四四條

①候選人於競選活動期間，得在其選舉區內設立競選辦事處；其設立競選辦事處二所以上者，除主辦事處以候選人爲負責人外，其餘各辦事處，應由候選人指定專人負責，並應將各辦事處地址、負責人姓名，向受理登記之選舉委員會登記。

②候選人競選辦事處不得設於機關（構）、學校、依法設立之人民團體或經常定爲投票所、開票所之處及其他公共場所。但政黨之各級黨部辦公處，不在此限。

第四五條 105

各級選舉委員會之委員、監察人員、職員、鄉（鎮、市、區）公所辦理選舉事務人員，於選舉公告發布或收到罷免案提議後，不得有下列行爲：

一 公開演講或署名推薦爲候選人宣傳或支持、反對罷免案。

二 爲候選人或支持、反對罷免案站台或亮相造勢。

三 召開記者會或接受媒體採訪時爲候選人或支持、反對罷免案宣傳。

四 印發、張貼宣傳品爲候選人或支持、反對罷免案宣傳。

五 懸掛或豎立標語、看板、旗幟、布條等廣告物爲候選人或支持、反對罷免案宣傳。

六 利用大衆傳播媒體爲候選人或支持、反對罷免案宣傳。

七 參與競選或支持、反對罷免案遊行、拜票、募款活動。

第四六條 103

①公職人員選舉，除全國不分區及僑居國外國民立法委員選舉外，選舉委員會應於競選活動期間內擧辦公辦政見發表會，候選人應親自到場發表政見。但經選舉區內候選人全體同意不辦理者，應予免辦；鄉（鎮、市）民代表、原住民區民代表及村（里）長選舉，得視實際情形辦理或免辦。

②前項公辦政見發表會，得透過電視或其他大衆傳播媒體辦理。

③前二項公辦政見發表會中候選人發表政見時間，每場每人以不少於十五分鐘爲原則；其擧辦之場數、時間、程序等事項之辦法，由中央選舉委員會定之。

第四七條 105

①選舉委員會應彙集下列資料及選舉投票等有關規定，編印選舉公報，並得錄製有聲選舉公報：

一 區域、原住民立法委員及地方公職人員選舉，各候選人之號次、相片、姓名、出生年月日、性別、出生地、推薦之政

黨、學歷、經歷及政見。

二 全國不分區及僑居國外國民立法委員選舉，各政黨之號次、名稱、政見及其登記候選人之姓名、出生年月日、性別、出生地、學歷及經歷。有政黨黨章者，其標章。

②前項第一款、第二款學歷，其為大學以上者，以經中央教育行政機關立案或認可之學校取得學位者為限。候選人並應於登記時檢附證明文件；未檢附證明文件者，不予刊登該學歷。

③第一項第一款學歷、經歷合計以一百五十字為限，同項第二款學歷、經歷合計以七十五字為限。

④第一項政見內容，得以文字、圖案為之，並應使所有候選人公平使用選舉公報版面；其辦法，由中央選舉委員會定之。

⑤第一項候選人及政黨之資料，應於申請登記時，一併繳送選舉委員會。

⑥第一項之政見內容，有違反第五十五條規定者，選舉委員會應通知限期自行修改；屆期不修改或修改後仍有未符規定者，對未符規定部分，不予刊登選舉公報。

⑦候選人個人及政黨資料，由候選人及政黨自行負責。其為選舉委員會職務上所已知或經查明不實者，不予刊登選舉公報。推薦之政黨欄，經政黨推薦之候選人，應刊登其推薦政黨名稱；非經政黨推薦之候選人，刊登無。

⑧第一項第二款之政黨標章，以經中央主管機關備案者為限；未經備案者不予刊登。

⑨選舉公報應於投票日二日前送達選舉區內各戶，並分別張貼適當地點。

⑩選舉委員會得視實際需要，選定公職人員選舉種類，透過電視或其他大眾傳播媒體，辦理選舉及政黨選舉活動；其舉辦之次數、時間、程序等事項之辦法，由中央選舉委員會定之。

第四八條

全國不分區及僑居國外國民立法委員選舉，中央選舉委員會應以公費，在全國性無線電視頻道，供登記之政黨從事競選宣傳，每次時間不得少於一小時，受指定之電視台不得拒絕；其舉辦之次數、時間、程序等事項之辦法，由中央選舉委員會定之。

第四九條 105

①廣播電視事業得有償提供時段，供推薦或登記候選人之政黨、候選人從事競選宣傳；供提議人之領銜人或被罷免人從事支持或反對罷免案之宣傳，並應為公正、公平之對待。

②公共廣播電視台及非營利之廣播電台、無線電視或有線電視台不得播送競選及支持或反對罷免案之宣傳廣告。

③廣播電視事業從事選舉或罷免相關議題之論政、新聞報導或邀請候選人、提議人之領銜人或被罷免人參加節目，應為公正、公平之處理，不得為無正當理由之差別待遇。

④廣播電視事業有違反前三項規定之情事者，任何人得於播出後一

個月內，檢具錄影帶、錄音帶等具體事證，向選舉委員會舉發。

第五〇條 105

中央及地方政府各級機關於公職人員選舉罷免或罷免活動期間，不得從事任何與競選或罷免宣傳有關之活動。

第五一條 105

報紙、雜誌及其他大眾傳播媒體所刊登或播送之競選或罷免廣告，應於該廣告中載明或敘明刊登者之姓名；其為法人或團體者，並應載明或敘明法人或團體之名稱及其代表人姓名。

第五二條 105

①政黨及任何人印發以文字、圖畫從事競選、罷免之宣傳品，應親自簽名；其為法人或團體者，並應載明法人或團體之名稱及其代表人姓名。宣傳品之張貼，以候選人競選辦事處、政黨辦公處、罷免辦事處及宣傳車輛為限。

②政黨及任何人不得於道路、橋樑、公園、機關（構）、學校或其他公共設施及其用地，懸掛或豎立標語、看板、旗幟、布條等競選或罷免廣告物。但經直轄市、縣（市）政府公告指定之地點，不在此限。

③前項直轄市、縣（市）政府公告之地點，應公平合理提供使用；其使用管理規則，由直轄市、縣（市）政府定之。

④廣告物之懸掛或豎立，不得妨礙公共安全或交通秩序，並應於投票日後七日內自行清除；違反者，依有關法令規定處理。

⑤違反第一項或第二項規定所張貼之宣傳品或懸掛、豎立之廣告物，並通知直轄市、縣（市）政府相關主管機關（單位）依規定處理。

第五三條 105

①政黨及任何人自選舉公告發布及罷免案成立宣告之日起至投票日十日前所為有關候選人、被罷免人或選舉、罷免民意調查資料之發布，應載明負責調查單位及主持人、辦理時間、抽樣方式、母體數、樣本數及誤差值、經費來源。

②政黨及任何人於投票日前十日起至投票時間截止前，不得以任何方式，發布有關候選人、被罷免人或選舉、罷免之民意調查資料，亦不得加以報導、散布、評論或引述。

第五四條 105

政黨及任何人從事競選或罷免活動使用擴音器，不得製造噪音。違反者，由環境保護主管機關或警察機關依有關法律規定處理。

第五五條 105

候選人或為其助選之人之競選言論；提議人之領銜人、被罷免人及為罷免案助勢之人、罷免案辦事處負責人及辦事人員之罷免言論，不得有下列情事：

一　煽惑他人犯內亂罪或外患罪。

二　煽惑他人以暴動破壞社會秩序。

三　觸犯其他刑事法律規定之罪。

第五六條 105

政黨及任何人，不得有下列情事：

一 於競選或罷免活動期間之每日上午七時前或下午十時後，從事公開競選、助選或罷免活動。但不妨礙居民生活或社會安寧之活動，不在此限。

二 於投票日從事競選、助選或罷免活動。

三 妨害其他政黨或候選人競選活動；妨害其他政黨或其他人從事罷免活動。

四 邀請外國國民、大陸地區人民或香港、澳門居民為第四十五條各款之行為。

第七節 投票及開票

第五七條 109

① 公職人員選舉，應視選舉區廣狹及選舉人分布情形，就機關（構）、學校、公共場所或其他適當處所，分設投票所。

② 前項之投票所應選擇具備無障礙設施之場地，若無符合規定之無障礙場地，應使用相關輔具或器材協助行動不便者完成投票。選舉委員會應視場所之無障礙程度，適度增加投票所之工作人力，主動協助行動不便者。

③ 原住民公職人員選舉，選舉委員會得斟酌實際情形，單獨設置投票所或於區域選舉投票所內辦理投票。

④ 投票所除選舉人及其照顧之六歲以下兒童、第十八條第三項規定之家屬或陪同之人外，未攜帶各級選舉委員會製發證件之人員不得進入。但檢察官依法執行職務者，不在此限。

⑤ 投票所於投票完畢後，即改為開票所，當眾唱名開票。開票完畢，開票所主任管理員與主任監察員即依投開票報告表宣布開票結果，除於開票所門口張貼外，並應將同一內容之投開票報告表副本，當場簽名交付推薦候選人之政黨，及非經政黨推薦之候選人所指派之人員；其領取，以一份為限。

⑥ 投開票完畢後，投開票所主任管理員應會同主任監察員，將選舉票按用餘票、有效票、無效票及選舉人名冊分別包封，並於封口處簽名或蓋章，一併送交鄉（鎮、市、區）公所轉送直轄市、縣（市）選舉委員會保管。

⑦ 前項選舉票除檢察官或法院依法行使職權外，不得開拆；前項選舉人名冊自投票日後第二日起十日內，選舉人得憑本人國民身分證向直轄市、縣（市）選舉委員會申請查閱，查閱以選舉人所屬投票所選舉人名冊為限；候選人或其指派人員得查閱所屬選舉區選舉人名冊。

⑧ 第六項選舉票及選舉人名冊，自開票完畢後，其保管期間如下：

一 用餘票為一個月。

二 有效票及無效票為六個月。

三 選舉人名冊為六個月。

⑨前項保管期間，發生訴訟時，其與訴訟有關部分，應延長保管至裁判確定後三個月。

第五八條

①投票所、開票所置主任管理員一人，管理員若干人，由選舉委員會派充，辦理投票、開票工作。

②前項主任管理員須為現任公教人員，管理員須半數以上為現任公教人員，選舉委員會得治請各級政府機關及公立學校推薦後遴定之，受治請之政府機關、公立學校及受遴派之政府機關職員、學校教職員，均不得拒絕。

③投票所、開票所置警衛人員，由直轄市、縣（市）選舉委員會治請當地警察機關調派之。

第五九條 105

①投票所、開票所置主任監察員一人，監察員若干人，監察投票、開票工作。除候選人僅一人時，置監察員一人外，每一投票所、開票所至少應置監察員二人。

②主任監察員須為現任公教人員，由選舉委員會治請各級政府機關及公立學校推薦後遴定之；受治請之政府機關、公立學校及受遴派之政府機關職員、學校教職員，均不得拒絕。

③監察員依下列方式推薦後，由選舉委員會審核派充之：

一　公職人員選舉，由候選人就所需人數平均推薦。但經政黨推薦之候選人，由其所屬政黨推薦。

二　公職人員選舉與總統、副總統選舉同日舉行投票時，依總統副總統選舉罷免法第五十五條第二項規定推薦。

三　立法委員、直轄市長、縣（市）長選舉與其他地方公職人員選舉同日舉行投票時，由立法委員、直轄市長、縣（市）長選舉之候選人依第一款規定推薦。

四　公職人員罷免由提議人之領銜人及被罷免人就所需人數平均推薦。

④候選人、政黨、提議人之領銜人或被罷免人得就其所推薦之監察員，指定投票所、開票所，執行投票、開票監察工作。如指定之監察員超過該投票所、開票所規定名額時，以抽籤定之。但投、開票所監察員不得全屬同一政黨推薦。

⑤除候選人僅一人外，各投票所推薦不足二名之監察員時，由選舉委員會就下列人員遴派之：

一　地方公正人士。

二　各機關（構）、團體、學校人員。

三　大專校院成年學生。

⑥監察員資格、推薦程序及服務之規則，由中央選舉委員會定之。

第六〇條

投票所、開票所之工作人員，應參加選舉委員會舉辦之講習。

第六一條 108

①各級選舉委員會之委員、監察人員、職員、鄉（鎮、市、區）公

所辦理選舉事務人員及投票所、開票所工作人員因執行職務致死亡、失能或傷害者，依其本職身分有關規定請領慰問金。

②前項人員不能依其本職身分請領慰問金者，由選舉委員會發給慰問金；其發給之對象、數額基準、程序及其他相關事項之辦法，由中央選舉委員會定之。

第六二條

①選舉票由選舉委員會按選舉區，依下列各款規定印製、分發及應用：

一　區域、原住民立法委員及地方公職人員選舉，選舉票應刊印各候選人之號次、姓名及相片；經政黨推薦之立法委員選舉候選人，應同時刊印推薦該候選人之政黨名稱；非經政黨推薦之候選人，刊印無。

二　全國不分區及僑居國外國民立法委員選舉，選舉票應刊印政黨之號次、標章及名稱。

②前項第二款之政黨標章，以經中央主管機關備案者為限；未經備案者不予刊登。

③第一項選舉票，由直轄市、縣（市）選舉委員會依中央選舉委員會規定之式樣及顏色印製，並由監察小組委員到場監印，於投票日前一日交各該投票所主任管理員會同主任監察員當眾點清。

第六三條

①選舉之投票，由選舉人於選舉票圈選欄上，以選舉委員會製備之圈選工具圈選一人。但全國不分區及僑居國外國民立法委員選舉，圈選一政黨。

②選舉人圈選後，不得將圈選內容出示他人。

③第一項圈選工具，由直轄市、縣（市）選舉委員會依中央選舉委員會規定之式樣製備。

第六四條

①選舉票有下列情事之一者，無效：

一　圈選二政黨或二人以上。

二　不用選舉委員會製發之選舉票。

三　所圈位置不能辨別為何政黨或何人。

四　圈後加以塗改。

五　簽名、蓋章、按指印、加入任何文字或符號。

六　將選舉票撕破致不完整。

七　將選舉票污染致不能辨別所圈選為何政黨或何人。

八　不加圈完全空白。

九　不用選舉委員會製備之圈選工具。

②前項無效票，應由開票所主任管理員會同主任監察員認定；認定有爭議時，由全體監察員表決之。表決結果正反意見同數者，該選舉票應為有效。

第六五條 109

①在投票所或開票所有下列情事之一者，主任管理員應會同主任監

察員令其退出：

一　在場喧嚷或干擾勸誘他人投票或不投票，不服制止。

二　攜帶武器或危險物品入場。

三　投票進行期間，穿戴或標示政黨、政治團體、候選人之旗幟、徽章、物品或服飾，不服制止。

四　干擾開票或妨礙他人參觀開票，不服制止。

五　有其他不正當行為，不服制止。

②選舉人有前項情事之一者，令其退出時，應將所持選舉票收回，並將事實附記於選舉人名冊內該選舉人姓名下；其情節重大者，並應專案函報各該選舉委員會。

③除執行公務外，任何人不得攜帶行動電話或具攝影功能之器材進入投票所。但已關閉電源之行動裝置，不在此限。

④任何人不得於投票所以攝影器材刺探選舉人圈選選舉票內容。

第六六條

①選舉投票日前或投開票當日，發生或可預見將發生天災或其他不可抗力情事，致個別投開票所，不能投票或開票時，投票日前應由直轄市、縣（市）選舉委員會報中央選舉委員會核准，改定投開票日期或場所；投開票當日，應由各該投、開票所主任管理員報經直轄市、縣（市）選舉委員會核准，改定投開票日期或場所，縣（市）級以上選舉，並報中央選舉委員會備查。

②前項不能投票或開票之投開票所，已達或可預見其將達各該選舉區三分之一以上投開票所不能投票或開票時，主管選舉委員會應逕行改定該選舉區投開票日期。

③改定之投開票日期，應於改定之投票日三日前公告。

④選舉投票日前或投開票當日發生天災或其他不可抗力情事處理辦法，由中央選舉委員會定之。

⑤選舉委員會於候選人競選活動期間公告改定投票日期時，該選舉之競選活動期間順延至新定之投票日前一日。但改定投票日期公告日距新定之投票日前一日之期間，長於原定之競選活動期間者，依新定之投票日前一日，重新計算競選活動期間。

第八節　選舉結果

第六七條

①公職人員選舉，除另有規定外，按各選舉區應選出之名額，以候選人得票比較多數者為當選；票數相同時，以抽籤決定之。

②全國不分區及僑居國外國民立法委員選舉當選名額之分配，依下列規定：

一　以各政黨得票數相加之和，除各該政黨得票數，求得各該政黨得票比率。

二　以應選名額乘前款得票比率所得積數之整數，即為各政黨分配之當選名額；按政黨名單順位依序當選。

三　依前款規定分配當選名額後，如有剩餘名額，應按各政黨分

配當選名額後之剩餘數大小，依序分配剩餘名額。剩餘數相同時，以抽籤決定之。

四　政黨登記之候選人名單人數少於應分配之當選名額時，視同缺額。

五　各該政黨之得票比率未達百分之五以上者，不予分配當選名額；其得票數不列入第一款計算。

六　第一款至第三款及前款小數點均算至小數點第四位，第五位以下四捨五入。

③前項各政黨當選之名額，婦女不得低於二分之一。

④各政黨分配之婦女當選名額，按各政黨登記之候選人名單順位依序分配當選名額；婦女當選人少於應行當選名額時，由名單在後之婦女優先分配當選。婦女候選人少於應分配之婦女當選名額時，視同缺額。

第六八條 103

地方公職人員選舉，其婦女當選人少於應行當選名額時，應將婦女候選人所得選舉票單獨計算，以得票比較多數者為當選；其計算方式，依下列規定。但無婦女候選人者，不在此限：

一　直轄市議員、縣（市）議員、鄉（鎮、市）民代表、原住民區民代表選舉，在各該直轄市、縣（市）、鄉（鎮、市、區）劃分選舉區時，各該選舉區開票結果，婦女當選人不足各該選舉區規定名額時，應將該選舉區未當選婦女候選人所得票數，單獨計算，以得票較多之婦女候選人，依序當選。

二　平地原住民、山地原住民直轄市議員、平地原住民、山地原住民縣（市）議員、平地原住民鄉（鎮、市）民代表選舉，婦女當選人不足規定名額時，應將各直轄市、縣（市）、鄉（鎮、市）選舉區未當選婦女候選人所得票數單獨計算，相互比較，以得票數較多之婦女候選人於其選舉區之當選名額中依序當選。

第六九條

①區域立法委員、直轄市長、縣（市）長選舉結果，得票數最高與次高之候選人得票數差距，或原住民立法委員選舉結果得票數第三高與第四高之候選人得票數差距，在有效票數千分之三以內時，次高或得票數第四高之候選人得於投票日後七日內，向第一百二十六條規定之管轄法院聲請查封全部或一部分投票所之選舉人名冊及選舉票，就查封之投票所於二十日內完成重新計票，並將重新計票結果通知各主管選舉委員會。各主管選舉委員會應於七日內依管轄法院重新計票結果，重行審定選舉結果。審定結果，有不應當選而已公告當選之情形，應予撤銷；有應當選而未予公告之情形，應重行公告。

②前項重新計票之申請，於得票數最高或原住民立法委員選舉得票數第三高之候選人有二人以上票數相同時，得由經抽籤而未抽中之候選人為之。

③第一項聲請，應以書面載明重新計票之投票所，並繳納一定金額之保證金；其數額以投票所之投票數每票新臺幣三元計。

④重新計票由管轄法院於直轄市、縣（市）分別選定地點，就查封之投票所選舉人名冊及選舉票逐張認定。

⑤管轄法院辦理重新計票，應通知各候選人或其指定人員到場，並得指揮直轄市、縣（市）選舉委員會、鄉（鎮、市、區）公所及投票所工作人員協助。

⑥重新計票結果未改變當選或落選時，第三項保證金不予發還；重新計票結果改變當選或落選時，保證金應予發還。

⑦任何人提起選舉訴訟時，依第一項規定查封之投票所選舉人名冊及選舉票，不得聲請重新計票。

⑧第一項辦理重新計票所需費用，由第十三條規定編列預算之機關負擔。

第七〇條 103

①候選人數未超過或不足各該選舉區應選出之名額時，以得票數達下列規定以上者，始為當選。但村（里）長選舉不在此限：

一　區域立法委員、直轄市長、縣（市）長、鄉（鎮、市）長、原住民區長選舉，為各該選舉區選舉人總數百分之二十。

二　原住民立法委員、直轄市議員、縣（市）議員、鄉（鎮、市）民代表、原住民區代表選舉，為各該選舉區應選出之名額除該選舉區選舉人總數所得商數百分之十。

②前項選舉結果未能當選或當選不足應選出之名額時，區域立法委員、直轄市長、縣（市）長、鄉（鎮、市）長、原住民區長，應自投票之日起三個月內完成重行選舉投票；原住民立法委員、直轄市議員、縣（市）議員、鄉（鎮、市）民代表、原住民區民代表視同缺額。同一選舉區內缺額達二分之一時，應自事實發生之日起三個月內完成補選投票。

第七一條 103

①當選人於就職前死亡或於就職前經判決當選無效確定者，依下列規定辦理：

一　區域立法委員、直轄市長、縣（市）長、鄉（鎮、市）長、原住民區長、村（里）長，應自死亡之日或選舉委員會收到法院確定判決證明書之日起三個月內完成重行選舉投票。

二　原住民立法委員、直轄市議員、縣（市）議員、鄉（鎮、市）民代表、原住民區民代表，視同缺額；同一選舉區內缺額達二分之一時，應自死亡之日或選舉委員會收到法院確定判決證明書之日起三個月內完成補選投票。

三　全國不分區及僑居國外國民立法委員，除以書面聲明放棄遞補者外，由該政黨登記之候選人名單按順位依序遞補；該政黨登記之候選人名單無人遞補時，視同缺額。

②全國不分區及僑居國外國民立法委員選舉當選人，在就職前喪失其所屬政黨黨籍者，自喪失其黨籍之日起，喪失其當選資格；其所

遺缺額，除以書面聲明放棄遞補者外，由該政黨登記之候選人名單按順位依序遞補；如該政黨登記之候選人名單無人遞補時，視同缺額。

③全國不分區及僑居國外國民立法委員選舉婦女當選人，在就職前死亡、就職前經判決當選無效確定或喪失其所屬政黨黨籍而出缺，致該政黨婦女當選人不足婦女應當選名額時，其遺缺額，除以書面聲明放棄遞補者外，由該政黨登記之候選人名單中之婦女候選人順位依序遞補；該政黨登記之候選人名單無婦女候選人遞補時，視同缺額。

④前二項政黨黨籍之喪失，應由所屬政黨檢附黨籍喪失證明書，向中央選舉委員會備案。

⑤第一項第三款、第二項及第三項所定立法委員之遞補，應自死亡之日、選舉委員會收到法院確定判決證明書或黨籍喪失證明書送達選舉委員會之日起十五日內，由中央選舉委員會公告遞補當選人名單。

第七二條

①當選人應於規定之日就職，重行選舉或重行投票之當選人未能於規定之日就職者，其任期仍應自該規定之日起算。

②前項當選人因徵集入營服役，尚未就職者，不得就職；已就職者，視同辭職。

第七三條

①立法委員於就職後因死亡、辭職、經判決當選無效確定或其他事由出缺時，依下列規定辦理：

一　區域選出者，應自死亡之日、辭職之日或選舉委員會收到法院確定判決證明書之日或其他出缺事由發生之日起三個月內完成補選投票。但其所遺任期不足一年時，不予補選。

二　原住民選出者，同一選舉區內缺額達二分之一時，應自死亡之日、辭職之日或選舉委員會收到法院確定判決證明書之日或其他出缺事由發生之日起三個月內完成補選投票。但其所遺任期不足一年時，不予補選。

三　全國不分區及僑居國外國民選出者，其所遺缺額，除以書面聲明放棄遞補者外，由該政黨登記之候選人名單按順位依序遞補；如該政黨登記之候選人名單無人遞補時，視同缺額。

②全國不分區及僑居國外國民立法委員，在就職後喪失其所屬政黨黨籍者，自喪失黨籍之日起，喪失其資格，由中央選舉委員會函請立法院予以註銷，其所遺缺額，除以書面聲明放棄遞補者外，由該政黨登記之候選人名單按順位依序遞補；如該政黨登記之候選人名單無人遞補時，視同缺額。

③全國不分區及僑居國外國民立法委員選舉婦女當選人，於就職後因死亡、辭職、經判決當選無效確定、喪失其所屬政黨黨籍或其他事由出缺，致該政黨婦女當選人不足婦女應當選名額時，其所遺缺額，除以書面聲明放棄遞補者外，由該政黨登記之候選人名

單中之婦女候選人順位依序遞補；如該政黨登記之候選人名單無婦女候選人遞補時，視同缺額。

④前二項政黨黨籍之喪失，應由所屬政黨檢附黨籍喪失證明書，向中央選舉委員會備案。

⑤第一項第三款、第二項及第三項所定立法委員之遞補，應自立法院註銷名籍公函送達之日起十五日內，由中央選舉委員會公告遞補名單。

第七四條

①當選人經判決當選無效確定，依法院確定判決認定之事實，候選人得票數有變動致影響當選或落選時，主管選舉委員會應依法院確定判決認定之事實，重行審定。審定結果，有不應當選而已公告當選之情形，應予撤銷；有應當選而未予公告之情形，應重行公告，不適用重行選舉或缺額補選之規定。

②地方民意代表當選人因第一百二十條第一項第三款之情事，經法院判決當選無效確定者或當選人有褫奪公權尚未復權之情形時，其缺額由落選人依得票數之高低順序遞補，不適用重行選舉或缺額補選之規定。但遞補人員之得票數不得低於選舉委員會原公告該選舉區得票數最低之當選人得票數二分之一。

第四章　（刪除）105

第九節　罷　免 105

第一款　罷免案之提出 105

第七五條

①公職人員之罷免，得由原選舉區選舉人向選舉委員會提出罷免案。但就職未滿一年者，不得罷免。

②全國不分區及僑居國外國民立法委員選舉之當選人，不適用罷免之規定。

第七六條 105

①罷免案以被罷免人原選舉區選舉人為提議人，由提議人之領銜人一人，填具罷免提議書一份，檢附罷免理由書正、副本各一份，提議人正本、影本名冊各一份，向選舉委員會提出。

②前項提議人人數應為原選舉區選舉人總數百分之一以上，其計算數值尾數如為小數者，該小數即以整數一計算。

③第一項提議人名冊，應依規定格式逐欄詳實填寫，並填具提議人國民身分證統一編號及戶籍地址分村（里）裝訂成冊。罷免理由書以不超過五千字為限。

④罷免案，一案不得為二人以上之提議。但有二個以上罷免案時，得同時投票。

⑤罷免案表件不合第一項、第三項、前項規定或提議人名冊不足第二項規定之提議人數者，選舉委員會應不予受理。

⑥中央選舉委員會應建置電子系統，提供提議人之領銜人徵求提議

及連署；其適用罷免種類、提議及連署方式、查對作業等事項之辦法及實施日期，由中央選舉委員會定之。

⑦採電子提議及連署者，其文件以電磁紀錄之方式提供。

第七七條

①現役軍人、服替代役之現役役男或公務人員，不得爲罷免案提議人。

②前項所稱公務人員，爲公務員服務法第二十四條規定之公務員。

第七八條

罷免案於未徵求連署前，經提議人總數三分之二以上同意，得以書面向選舉委員會撤回之。

第二款　罷免案之成立 105

第七九條 105

①選舉委員會收到罷免案提議後，應於二十五日內，查對提議人名冊，有下列情事之一者，應予刪除：

一　提議人不合第七十六條第一項規定。

二　提議人有第七十七條第一項之身分。

三　提議人姓名、國民身分證統一編號或戶籍地址書寫錯誤或不明。

四　提議人名冊未經提議人簽名或蓋章。

五　提議人提議，有僞造情事。

②提議人名冊，經依前項規定刪除後，如不足規定人數，由選舉委員會將刪除之提議人及其個別事由列冊通知提議人之領銜人於十日內補提，屆期不補提或補提仍不足規定人數者，均不予受理。符合規定人數，即函告提議人之領銜人自收到通知之次日起十日內領取連署人名冊格式，並於一定期間內徵求連署，未依限領取連署人名冊格式者，視爲放棄提議。

③前項補提，以一次爲限。補提之提議人名冊，應依第一項規定處理。如刪除後，不足規定人數，應予不受理。選舉委員會應將刪除之提議人及其個別事由列冊通知提議人之領銜人。

第八〇條 105

①前條第二項所定徵求連署之期間如下：

一　立法委員、直轄市議員、直轄市長、縣（市）長之罷免爲六十日。

二　縣（市）議員、鄉（鎮、市）長、原住民區長之罷免爲四十日。

三　鄉（鎮、市）民代表、原住民區民代表、村（里）長之罷免爲二十日。

②前項期間之計算，自領得連署人名冊格式之次日起算。

③罷免案提議人之領銜人，應將連署人名冊正、影本各一份，於第一項規定期間內向選舉委員會一次提出，逾期不予受理。

④前項連署人名冊，應依規定格式逐欄詳實填寫，並填具連署人國

民身分證統一編號及戶籍地址，分村（里）裝訂成冊，連署人名冊未依規定格式提出者，選舉委員會應不予受理。

第八一條 105

①罷免案之連署人，以被罷免人原選舉區選舉人為連署人，其人數應為原選舉區選舉人總數百分之十以上。

②前項罷免案連署人人數，其計算數值尾數如為小數者，該小數即以整數一計算。

③同一罷免案之提議人不得為連署人。提議人及連署人之人數應分別計算。

第八二條

第七十六條及前條所稱選舉人總數，以被罷免人當選時原選舉區之選舉人總數為準；所稱選舉人，其年齡及居住期間之計算，以罷免案提出日為準。

第八三條 105

①選舉委員會收到罷免案連署人名冊後，立法委員、直轄市議員、直轄市長、縣（市）長之罷免應於四十日內，縣（市）議員、鄉（鎮、市）長、原住民區長之罷免應於二十日內，鄉（鎮、市）民代表、原住民區民代表、村（里）長之罷免應於十五日內，查對連署人名冊，有下列各款情事之一者，應予刪除。但連署人名冊不足第八十一條第一項規定之連署人數者，選舉委員會應逕為不成立之宣告：

一 連署人不合第八十一條第一項規定。

二 連署人有第八十一條第三項規定情事。

三 連署人姓名、國民身分證統一編號或戶籍地址書寫錯誤或不明。

四 連署人名冊未經連署人簽名或蓋章。

五 連署人連署，有偽造情事。

②前項連署人名冊，經查對後，如不足規定人數，由選舉委員會通知提議人之領銜人於十日內補提，屆期不補提或補提仍不足第八十一條第一項規定人數，選舉委員會應為罷免案不成立之宣告，並應將刪除之連署人及其個別事由列冊通知提議人之領銜人；連署人數符合規定者，選舉委員會應為罷免案成立之宣告。

③前項補提，以一次為限。補提之連署人名冊，應依第一項規定處理。

④罷免案有下列情事之一者，原提議人對同一被罷免人，一年內不得再為罷免案之提案：

一 罷免案經宣告不成立。

二 未於第七十九條第二項規定期限內領取連署人名冊格式，視為放棄提議。

三 未於第八十條第一項規定期限內提出連署人名冊。

⑤罷免案提議人名冊及連署人名冊查對作業辦法，由中央選舉委員會定之。

第八四條

①罷免案宣告成立後，應將罷免理由書副本送交被罷免人，於十日內提出答辯書。

②前項答辯書內容，以不超過一萬字為限。

第八五條

選舉委員會應於被罷免人提出答辯書期間屆滿後五日內，就下列事項公告之：

一 罷免投票日期及投票起、止時間。

二 罷免理由書。

三 答辯書。但被罷免人未於規定期間內提出答辯書者，不予公告。答辯書內容，超過前條第二項規定字數者，其超過部分，亦同。

第八六條 105

①罷免案提議人、被罷免人，於罷免案提議後，得於罷免區內設立支持與反對罷免之辦事處，置辦事人員。

②前項罷免辦事處不得設於機關（構）、學校、依法設立之團體、經常定為投票所、開票所之處所及其他公共場所。但政黨之各級黨部及依人民團體法設立之社會團體、職業團體及政治團體辦公處，不在此限。

③罷免辦事處與辦事人員之設置及徵求連署之辦法，由中央選舉委員會定之。

④立法委員、直轄市議員、直轄市長及縣（市）長罷免活動期間，選舉委員會應舉辦公辦電視罷免說明會，提議人之領銜人及被罷免人，應親自到場發表。但經提議人之領銜人及被罷免人雙方同意不辦理者，應予免辦。

⑤前項公辦電視罷免說明會舉辦之場數、時間、程序等事項之辦法，由中央選舉委員會定之。

第八六條之一 105

①罷免案宣告成立者，其提議人名冊、連署人名冊應保管至開票後三個月。宣告不成立者，應保管至宣告不成立之日後一年二個月。

②罷免案不予受理者，其提議人名冊或連署人名冊應保管至不予受理之日後一年二個月。

③罷免案視為放棄提議或逾期未提出連署人名冊者，其提議人名冊應保管至視為放棄提議或連署期間屆滿之日後一年二個月。

④前三項保管期間，如有罷免訴訟，應延長保管至裁判確定後三個月。

第三款 罷免之投票及開票 105

第八七條 105

①罷免案之投票，應於罷免案宣告成立後二十日起至六十日內為之，該期間內有其他各類選舉時，應同時舉行投票。但被罷免人

同時為候選人時，應於罷免案宣告成立後六十日內單獨舉行罷免投票。

②被罷免人於投票日前死亡、去職或辭職者，選舉委員會應即公告停止該項罷免。

第八八條

①罷免票應在票上刊印同意罷免、不同意罷免二欄，由投票人以選舉委員會製備之圈選工具圈定。

②投票人圈定後，不得將圈定內容出示他人。

第八九條

罷免之投票人、投票人名冊及投票、開票，準用本法有關選舉人、選舉人名冊及投票、開票之規定。

第九○條 105

①罷免案投票結果，有效同意票數多於不同意票數，且同意票數達原選舉區選舉人總數四分之一以上，即為通過。

②有效罷免票數中，不同意票數多於同意票數或同意票數不足前項規定數額者，均為否決。

第九一條

①罷免案經投票後，選舉委員會應於投票完畢七日內公告罷免投票結果。罷免案通過者，被罷免人應自公告之日起，解除職務。

②前項罷免案通過後，依規定應辦理補選者，應自罷免投票結果公告之日起三個月內完成補選投票。但經提起罷免訴訟者，在訴訟程序終結前，不予補選。

第九二條

①罷免案通過者，被罷免人自解除職務之日起，四年內不得為同一公職人員候選人；其於罷免案進行程序中辭職者，亦同。

②罷免案否決者，在該被罷免人之任期內，不得對其再為罷免案之提議。

第五章　妨害選舉罷免之處罰

第九三條

違反第五十五條第一款規定者，處七年以上有期徒刑；違反第二款規定者，處五年以上有期徒刑；違反第三款規定者，依各該有關處罰之法律處斷。

第九四條 105

①利用競選、助選或罷免機會，公然聚眾，以暴動破壞社會秩序者，處七年以上有期徒刑；首謀者，處無期徒刑或十年以上有期徒刑。

②前項之未遂犯罰之。

第九五條

①意圖妨害選舉或罷免，對於公務員依法執行職務時，施強暴脅迫者，處五年以下有期徒刑。

②犯前項之罪，因而致公務員於死者，處無期徒刑或七年以上有期

徒刑；致重傷者，處三年以上十年以下有期徒刑。

第九六條

① 公然聚衆，犯前條之罪者，在場助勢之人，處三年以下有期徒刑、拘役或科新臺幣三十萬元以下罰金；首謀及下手實施強暴脅迫者，處三年以上十年以下有期徒刑。

② 犯前項之罪，因而致公務員於死者，首謀及下手實施強暴脅迫者，處無期徒刑或七年以上有期徒刑；致重傷者，處五年以上十二年以下有期徒刑。

第九七條 107

① 對於候選人或具有候選人資格者，行求期約或交付賄賂或其他不正利益，而約其放棄競選或爲一定之競選活動者，處三年以上十年以下有期徒刑，併科新臺幣二百萬元以上二千萬元以下罰金。

② 候選人或具有候選人資格者，要求期約或收受賄賂或其他不正利益，而許以放棄競選或爲一定之競選活動者，亦同。

③ 預備犯前二項之罪者，處一年以下有期徒刑。

④ 預備或用以行求期約或交付之賄賂，不問屬於犯罪行爲人與否，沒收之。

第九八條

① 以強暴、脅迫或其他非法之方法爲下列行爲之一者，處五年以下有期徒刑：
一　妨害他人競選或使他人放棄競選。
二　妨害他人爲罷免案之提議、連署或使他人爲罷免之提議、連署。

② 前項之未遂犯罰之。

第九九條 107

① 對於有投票權之人，行求期約或交付賄賂或其他不正利益，而約其不行使投票權或爲一定之行使者，處三年以上十年以下有期徒刑，得併科新臺幣一百萬元以上一千萬元以下罰金。

② 預備犯前項之罪者，處一年以下有期徒刑。

③ 預備或用以行求期約或交付之賄賂，不問屬於犯罪行爲人與否，沒收之。

④ 犯第一項或第二項之罪，於犯罪後六個月內自首者，減輕或免除其刑；因而查獲候選人爲正犯或共犯者，免除其刑。

⑤ 犯第一項或第二項之罪，在偵查中自白者，減輕其刑；因而查獲候選人爲正犯或共犯者，減輕或免除其刑。

第一〇〇條 107

① 直轄市、縣（市）議會議長、副議長、鄉（鎮、市）民代表會、原住民區民代表會主席及副主席之選舉，對於有投票權之人，行求期約或交付賄賂或其他不正利益，而約其不行使投票權或爲一定之行使者，處三年以上十年以下有期徒刑，得併科新臺幣二百萬元以上二千萬元以下罰金。

② 前項之選舉，有投票權之人，要求期約或收受賄賂或其他不正利

益，而許以不行使其投票權或為一定之行使者，亦同。

③預備犯前二項之罪者，處一年以下有期徒刑。

④預備或用以行求期約或交付之賄賂，不問屬於犯罪行為人與否，沒收之。

⑤犯第一項、第二項之罪，於犯罪後六個月內自首者，減輕或免除其刑；因而查獲候選人為正犯或共犯者，免除其刑。在偵查中自白者，減輕其刑；因而查獲候選人為正犯或共犯者，減輕或免除其刑。

第一〇一條 107

①政黨辦理第二條各種公職人員候選人黨內提名，自公告其提名作業之日起，於提名作業期間，對於黨內候選人有第九十七條第一項、第二項之行為者，依第九十七條第一項、第二項規定處斷；對於有投票資格之人，有第九十九條第一項之行為者，依第九十九條第一項規定處斷。

②預備犯前項之罪者，處一年以下有期徒刑。

③犯前二項之罪者，預備或用以行求期約、交付或收受之賄賂，不問屬於犯罪行為人與否，沒收之。

④犯第一項或第二項之罪，於犯罪後六個月內自首者，減輕或免除其刑；因而查獲正犯或共犯者，免除其刑。

⑤犯第一項或第二項之罪，在偵查中自白者，減輕其刑；因而查獲正犯或共犯者，免除其刑。

⑥意圖漁利，包攬第一項之事務者，依第一百零三條規定處斷。

⑦前項之未遂犯罰之。

⑧第一百十五條規定，於政黨辦理公職人員黨內提名時，準用之。

⑨政黨依第一項規定辦理黨內提名作業，應公告其提名作業相關事宜，並載明起止時間、作業流程、黨內候選人及有投票資格之人之認定等事項；各政黨於提名作業公告後，應於五日內報請內政部備查。

第一〇二條 107

①有下列行為之一者，處一年以上七年以下有期徒刑，併科新臺幣一百萬元以上一千萬元以下罰金：

一　對於該選舉區內之團體或機構，假借捐助名義，行求期約或交付財物或其他不正利益，使其團體或機構之構成員，不行使投票權或為一定之行使。

二　以財物或其他不正利益，行求期約或交付罷免案有提議權人或有連署權人，使其不為提議或連署，或為一定之提議或連署。

②預備犯前項之罪者，處一年以下有期徒刑。

③預備或用以行求期約或交付之賄賂，不問屬於犯罪行為人與否，沒收之。

第一〇三條

①意圖漁利，包攬第九十七條第一項、第二項、第九十九條第一

項、第一百條第一項、第二項或第一百零二條第一項各款之事務者，處三年以上十年以下有期徒刑，得併科新臺幣一百萬元以上一千萬元以下罰金。

②前項之未遂犯罰之。

第一〇四條 105

意圖使候選人當選或不當選，或意圖使被罷免人罷免案通過或否決者，以文字、圖畫、錄音、錄影、演講或他法，散布謠言或傳播不實之事，足以生損害於公眾或他人者，處五年以下有期徒刑。

第一〇五條

違反第六十三條第二項或第八十八條第二項規定或有第六十五條第一項各款情事之一，經命其退出而不退出者，處二年以下有期徒刑、拘役或科新臺幣二十萬元以下罰金。

第一〇六條 107

①違反第六十五條第三項規定者，處新臺幣三萬元以上三十萬元以下罰鍰。

②違反第六十五條第四項規定者，處五年以下有期徒刑，併科新臺幣五十萬元以下罰金。

第一〇七條

選舉、罷免之進行，有下列情事之一者，在場助勢之人，處一年以下有期徒刑、拘役或科新臺幣十萬元以下罰金；首謀及下手實施者，處五年以下有期徒刑：

一 聚眾包圍候選人、被罷免人、罷免案提議人、連署人或其辦事人員之服務機關、辦事處或住、居所。

二 聚眾以強暴、脅迫或其他非法之方法，妨害候選人從事競選活動、被罷免人執行職務或罷免案提議人、連署人或其辦事人員對罷免案之進行。

第一〇八條

①將領得之選舉票或罷免票攜出場外者，處一年以下有期徒刑、拘役或科新臺幣一萬五千元以下罰金。

②在投票所四周三十公尺內，喧嚷或干擾勸誘他人投票或不投票，經警衛人員制止後仍繼續為之者，處一年以下有期徒刑、拘役或科新臺幣一萬五千元以下罰金。

第一〇九條

意圖妨害或擾亂投票、開票而抑留、毀壞、隱匿、調換或奪取投票匭、選舉票、罷免票、選舉人名冊、投票報告表、開票報告表、開票統計或圈選工具者，處五年以下有期徒刑。

第一一〇條 105

①違反第四十四條、第四十五條、第五十二條第一項、第二項、第八十六條第二項、第三項所定辦法中關於登記設立及設立數量限制規定者，處新臺幣十萬元以上一百萬元以下罰鍰。

②廣播電視事業違反第四十九條第一項、第二項或第三項規定者，

處新臺幣二十萬元以上二百萬元以下罰鍰。

③中央及地方政府各級機關首長或相關人員違反第五十條規定者，處三年以下有期徒刑；並得就該機關所支之費用，予以追償。

④報紙、雜誌或其他大眾傳播媒體未依第五十一條規定於廣告中載明或敘明刊播者之姓名，法人或團體之名稱及其代表人姓名者，處報紙、雜誌事業新臺幣二十萬元以上二百萬元以下或該廣告費二倍之罰鍰。

⑤違反第五十三條或第五十六條規定者，處新臺幣五十萬元以上五百萬元以下罰鍰；違反第五十六條規定，經制止不聽者，按次連續處罰。

⑥政黨、法人或非法人團體違反第五十二條第一項、第二項規定者，依第一項規定，併處罰其代表人及行為人；違反第五十三條或第五十六條規定者，依前項規定，併處罰其代表人及行為人。

⑦委託大眾傳播媒體，刊登競選、罷免廣告或委託夾報散發宣傳品，違反第五十六條第二款規定者，依第五項規定，處罰委託人及受託人。委託人或受託人為政黨、法人或非法人團體者，併處罰其代表人及行為人。

⑧將選舉票或罷免票以外之物投入票匭，或故意撕毀領得之選舉票或罷免票者，處新臺幣五千元以上五萬元以下罰鍰。

第一一一條

①犯第九十七條第二項之罪或刑法第一百四十三條第一項之罪，於犯罪後三個月內自首者，免除其刑；逾三個月者，減輕或免除其刑；在偵查或審判中自白者，減輕其刑。

②意圖他人受刑事處分，虛構事實，而為前項之自首者，依刑法誣告罪之規定處斷。

第一一二條

①政黨推薦之候選人犯第九十四條至第九十六條、第九十七條第一項、第二項、第九十八條第一項第一款或其未遂犯、第九十九條、第一百零二條第一項第一款或其預備犯、第一百零九條、刑法第一百四十二條或第一百四十五條至第一百四十七條之罪，經判刑確定者，按其確定人數，各處推薦之政黨新臺幣五十萬元以上五百萬元以下罰鍰。

②政黨推薦之候選人，對於其他候選人犯刑法第二百七十一條、第二百七十七條、第二百七十八條、第三百零二條、第三百零四條、第三百零五條、第三百四十六條至第三百四十八條或其特別法之罪，經判刑確定者，依前項規定處罰。

第一一三條

①犯本章之罪，其他法律有較重處罰之規定者，從其規定。

②辦理選舉、罷免事務人員，假借職務上之權力、機會或方法，以故意犯本章之罪者，加重其刑至二分之一。

③犯本章之罪或刑法分則第六章之妨害投票罪，宣告有期徒刑以上之刑者，並宣告褫奪公權。

第一一四條

已登記爲候選人之現任公務人員，有下列情形之一者，經選舉委員會查明屬實後，通知各該人員之主管機關先行停止其職務，並依法處理：

一　無正當理由拒絕選舉委員會請協辦事項或請派人員。

二　干涉選舉委員會人事或業務。

三　藉名動用或挪用公款作競選之費用。

四　要求有部屬或有指揮、監督關係之團體暨各該團體負責人作競選之支持。

五　利用職權無故調動人員，對競選預作人事之安排。

第一一五條

①中央公職人員選舉，由最高法院檢察署檢察總長督率各級檢察官；地方公職人員選舉，由該管法院檢察署檢察長督率所屬檢察官，分區查察，自動檢舉有關妨害選舉、罷免之刑事案件，並接受機關、團體或人民是類案件之告發、告訴、自首，即時開始偵查，爲必要之處理。

②前項案件之偵查，檢察官得依刑事訴訟法及調度司法警察條例等規定，指揮司法警察人員爲之。

第一一六條

犯本章之罪或刑法第六章妨害投票罪之案件，各審受理法院應於六個月內審結。

第一一七條

①當選人犯第九十七條第一項至第三項、第九十九條第一項、第二項、第一百條第一項至第三項、第一百零二條第一項第一款或其預備犯或第一百零三條之罪，經法院判處有期徒刑以上之刑而未受緩刑之宣告者，自判決之日起，當然停止其職務或職權。

②依前項停止職務或職權之人員，經改判無罪時，於其任期屆滿前復職。

第六章　選舉罷免訴訟

第一一八條

①選舉委員會辦理選舉、罷免違法，足以影響選舉或罷免結果，檢察官、候選人、被罷免人或罷免案提議人，得自當選人名單或罷免投票結果公告之日起十五日內，以各該選舉委員會爲被告，向管轄法院提起選舉或罷免無效之訴。

②選舉委員會辦理全國不分區及僑居國外國民立法委員選舉違法，足以影響選舉結果，申請登記之政黨，得依前項規定提起選舉無效之訴。

第一一九條

選舉或罷免無效之訴，經法院判決無效確定者，其選舉或罷免無效，並定期重行選舉或罷免。其違法屬選舉或罷免之局部者，局部之選舉或罷免無效，並就該局部無效部分，定期重行投票。

第一二○條

①當選人有下列情事之一者，選舉委員會、檢察官或同一選舉區之候選人得以當選人為被告，自公告當選人名單之日起三十日內，向該管轄法院提起當選無效之訴：

一　當選票數不實，足認有影響選舉結果之虞。

二　對於候選人、有投票權人或選務人員，以強暴、脅迫或其他非法之方法，妨害他人競選、自由行使投票權或執行職務。

三　有第九十七條、第九十九條第一項、第一百零一條第一項、第一百零二條第一項第一款、刑法第一百四十六條第一項、第二項之行為。

②全國不分區及僑居國外國民立法委員選舉之當選人，因政黨得票數不實，而足認有影響選舉結果之虞，或有前項第二款、第三款所列情事之一者，其他申請登記之政黨得依前項規定提起當選無效之訴。

③前二項當選無效之訴經判決確定者，不因同一事由經刑事判決無罪而受影響。

第一二一條

①當選人有第二十九條第一項所列各款之一或第二項規定情事者，選舉委員會、檢察官或同一選舉區之候選人得以當選人為被告，於其任期或規定之日期屆滿前，向該管轄法院提起當選無效之訴。

②全國不分區及僑居國外國民立法委員選舉之當選人，有前項情事時，其他申請登記之政黨亦得依前項規定提起當選無效之訴。

第一二二條

當選無效之訴經判決無效確定者，當選人之當選，無效；已就職者，並應自判決確定之日起，解除職務。

第一二三條

選舉無效或當選無效之判決，不影響當選人就職後職務上之行為。

第一二四條 105

①罷免案之通過或否決，有下列情事之一者，選舉委員會、檢察官、被罷免人或罷免案提議人之領銜人，得於罷免投票結果公告之日起三十日內，以罷免案提議人之領銜人或被罷免人為被告，向管轄法院提起罷免案通過或否決無效之訴：

一　罷免案通過或否決之票數不實，足認有影響投票結果之虞。

二　被罷免人、罷免案提議人之領銜人或其各該辦事處負責人、辦事人員，對於有投票權人或選務人員，以強暴、脅迫或其他非法之方法，妨害他人自由行使投票權或執行職務。

三　被罷免人、罷免案提議人之領銜人或其各該辦事處負責人、辦事人員，有第九十九條第一項、刑法第一百四十六條第一項之行為。

四　被罷免人有第一百零二條第一項第二款之行為。

②罷免案否決無效之訴，經法院判決無效確定者，其罷免案之否決無效，並定重行投票。

③罷免案之通過經判決無效者，被罷免人之職務應予恢復。但無法恢復者，不在此限。

第一二五條

選舉人發覺有構成選舉無效、當選無效或罷免無效、罷免案通過或否決無效之情事時，得於當選人名單或罷免投票結果公告之日起七日內，檢具事證，向檢察官或選舉委員會舉發之。

第一二六條

選舉、罷免訴訟之管轄法院，依下列之規定：

一　第一審選舉、罷免訴訟，由選舉、罷免行為地之該管地方法院或其分院管轄，其行為地跨連或散在數地方法院或分院管轄區域內者，各該管地方法院或分院俱有管轄權。

二　不服地方法院或分院第一審判決而上訴之選舉、罷免訴訟事件，由該管高等法院或其分院管轄。

第一二七條

①選舉、罷免訴訟，設選舉法庭，採合議制審理，並應先於其他訴訟審判之，以二審終結，並不得提起再審之訴。各審受理之法院應於六個月內審結。

②法院審理選舉、罷免訴訟時，應依職權調查必要之事證。

第一二八條

選舉、罷免訴訟程序，除本法規定者外，準用民事訴訟法之規定。但關於捨棄、認諾、訴訟上自認或不爭執事實效力之規定，不在準用之列。

第一二九條

選舉訴訟程序中，訴訟當事人或其訴訟代理人得查閱、影印選舉票或選舉人名冊。

第七章　附　則

第一三〇條

①本法及組織犯罪防制條例第十四條第一項所定罰鍰，由選舉委員會處罰之。

②前項之罰鍰，候選人或政黨經通知後屆期不繳納者，選舉委員會並得於第三十二條候選人或政黨繳納之保證金或第四十三條所定應撥給候選人之競選費用補助金款項內逐予扣除。

第一三一條

本法修正施行前已發布選舉公告之選舉，或已向主管選舉委員會提出之罷免案，仍適用修正前之規定。

第一三二條

本法第六條、第八條及第十二條第一項至第三項規定，自中央選舉委員會組織法施行之日起不再適用。

第一三三條
　本法施行細則，由內政部會同中央選舉委員會定之。

第一三四條 98
①本法自公布日施行。
②本法中華民國九十八年五月十二日修正之條文，自九十八年十一月二十三日施行。

總統副總統選舉罷免法

①民國84年8月9日總統令制定公布全文107條。
②民國92年10月29日總統令修正公布全文117條；並自公布日施行。
③民國93年4月7日總統令修正公布第61條條文；並增訂第93-1條條文。
④民國95年5月30日總統令修正公布第11、86、89、117條條文；並自95年7月1日施行。
⑤民國96年8月8日總統令修正公布第55條條文。
⑥民國97年1月16日總統令修正公布第60條條文；增訂第63-1條條文；並自公布日施行。
⑦民國98年5月27日總統令修正公布第11、26、117條條文；並自98年11月23日施行。
⑧民國106年4月19日總統令修正公布第40、84、86、87、89、93-1條條文；並刪除第37、39、83、95條條文。
⑨民國107年12月5日總統令修正公布第57、116條條文。
⑩民國109年5月6日總統令修正公布第14、53、61條條文。

第一章 總 則

第一條

①本法依憲法第四十六條及憲法增修條文第二條第一項制定之。

②總統、副總統選舉、罷免，依本法之規定，本法未規定者，依其他有關法令之規定。

第二條

總統、副總統選舉、罷免，除另有規定外，以普通、平等、直接及無記名投票之方法行之。

第三條

總統、副總統選舉，以中華民國自由地區為選舉區。

第四條

①選舉人、候選人年齡及居住期間之計算，除另有規定外，均以算至投票日前一日為準，並以戶籍登記資料為依據。

②前項居住期間之計算，自戶籍遷入登記之日起算。

③重行投票者，仍依原投票日計算。

第五條

①選舉、罷免各種期間之計算，依行政程序法之規定。但期間之末日，除因天然災害行政機關停止上班外，其為星期六、星期日、國定假日或其他休息日時，不予延長。

②本法所定投票日前幾日，應自投票日前一日起算，向前逆算至規定日數之當日；所定投票日後幾日，應自投票日次日起算，向後

算至規定日數之當日；所定投票日幾日前，其期限之最終期日之計算，應自投票日前一日起算，向前逆算至規定日數之前一日，為該期限之終止日。

③選舉、罷免之各種申請，以郵寄方式向選舉機關提出者，以選舉機關收件日期為準。

第二章　選舉罷免機關

第六條

①總統、副總統選舉、罷免，由中央選舉委員會主管，並指揮、監督省（市）、縣（市）選舉委員會辦理之。但總統、副總統罷免案之提議、提出及副總統之缺位補選，由立法院辦理之。

②各級選舉委員會應依據法令公正行使職權。

第七條

中央選舉委員會辦理下列事項：

一　選舉、罷免之公告事項。

二　選舉、罷免事務進行程序及計畫事項。

三　候選人申請登記事項。

四　候選人資格之審定事項。

五　選舉宣導之策劃事項。

六　候選人電視政見發表會之辦理事項。

七　選舉、罷免之監察事項。

八　選舉、罷免結果之審定事項。

九　當選證書之製發事項。

十　候選人競選費用之補貼事項。

十一　其他有關選舉、罷免事項。

第八條

省選舉委員會指揮、監督縣（市）選舉委員會辦理本法所規定之事項。

第九條

①直轄市、縣（市）選舉委員會分別辦理下列事項：

一　投票所、開票所之設置及管理事項。

二　選舉、罷免票之印製事項。

三　選舉人名冊公告閱覽之督導事項。

四　選舉公報之印製事項。

五　選舉宣導之執行事項。

六　選舉、罷免之監察事項。

七　其他有關選舉、罷免事項。

②直轄市、縣（市）選舉委員會就下列選舉、罷免事務，指揮、監督鄉（鎮、市、區）公所辦理：

一　選舉人名冊公告閱覽之辦理事項。

二　投票所、開票所設置及管理之辦理事項。

三　投票所、開票所工作人員之遴報事項。

　四　選舉、罷免票之轉發事項。

　五　選舉公報及投票通知單之分發事項。

　六　選舉法令之宣導事項。

　七　其他有關選舉、罷免事務之辦理事項。

第一○條

各級選舉委員會在辦理選舉、罷免期間，得調用各級政府職員辦理事務。

第三章　選　舉

第一節　選舉人

第一一條 98

中華民國自由地區人民，年滿二十歲，除受監護宣告尚未撤銷者外，有選舉權。

第一二條

①前條有選舉權人具下列條件之一者，為選舉人：

　一　現在中華民國自由地區繼續居住六個月以上者。

　二　曾在中華民國自由地區繼續居住六個月以上，現在國外，持有效中華民國護照，並在規定期間內向其最後遷出國外時之原戶籍地戶政機關辦理選舉人登記者。

②前項第二款在國外之中華民國自由地區人民申請返國行使選舉權登記查核辦法，由中央選舉委員會會同外交部、僑務委員會另定之。

第一三條

①選舉人，除另有規定外，應於戶籍地投票所投票。

②返國行使選舉權之選舉人，應於最後遷出國外時之原戶籍地投票所投票。

③投票所工作人員，得在戶籍地或工作地之投票所投票。但在工作地之投票所投票者，以戶籍地及工作地在同一直轄市、縣（市）為限。總統、副總統選舉與他種公職人員選舉同日舉行投票時，並應在該選舉人行使他種公職人員選舉權之選舉區內。

第一四條 109

①選舉人投票時，除另有規定外，應憑本人國民身分證領取選舉票。

②返國行使選舉權之選舉人應憑本人有效之中華民國護照領取選舉票。

③選舉人領取選舉票時，應在選舉人名冊上簽名或蓋章或按指印，按指印者，並應有管理員及監察員各一人蓋章證明。選舉人名冊上其無姓名或姓名不符者，不得領取選舉票。但姓名顯係筆誤、因婚姻關係而冠姓或回復本姓致與國民身分證不符者，經主任管理員會同主任監察員辨明後，應准領取選舉票。

④選舉人領得選舉票後，應自行圈投。但因身心障礙不能自行圈投

而能表示其意思者，得依其請求，由家屬或陪同之人一人在場，依據本人意思，眼同協助或代爲圈投；其無家屬或陪同之人在場者，亦得依其請求，由投票所管理員及監察員各一人，依據本人意思，眼同協助或代爲圈投。

⑤爲防止重複投票或冒領選舉票之情事，應訂定防範規定；其辦法由中央選舉委員會定之。

第一五條

選舉人應於規定之投票時間內到投票所投票；逾時不得進入投票所。但已於規定時間內到達投票所尚未投票者，仍可投票。

第二節　選舉人名冊

第一六條

①選舉人名冊，除另有規定外，由鄉（鎮、市、區）戶政機關依據戶籍登記資料編造，載明編號、姓名、性別、出生年月日及戶籍地址；凡投票日前二十日已登錄戶籍登記資料，依規定有選舉人資格者，應一律編入名冊；投票日前二十日以後遷出之選舉人，仍應在原戶籍地行使選舉權。

②返國行使選舉權之選舉人名冊，應由最後遷出國外時之原戶籍地戶政機關編造，並註記僑居地。

③選舉人名冊編造後，除選舉委員會、鄉（鎮、市、區）公所、戶政機關依本法規定使用外，不得以抄寫、複印、攝影、錄音或其他任何方式對外提供。

第一七條

總統、副總統選舉與他種公職人員選舉同日舉行投票時，選舉人名冊得合併編造。

第一八條

選舉人名冊編造後，戶政機關應送由鄉（鎮、市、區）公所函報直轄市、縣（市）選舉委員會備查，並由鄉（鎮、市、區）公所公開陳列、公告閱覽，選舉人發現錯誤或遺漏時，得於閱覽期間內申請更正。

第一九條

①選舉人名冊經公告閱覽期滿後，鄉（鎮、市、區）公所應將原冊及申請更正情形，送戶政機關查核更正。

②選舉人名冊經公告、更正後即爲確定，並由各直轄市、縣（市）選舉委員會公告選舉人人數。

第三節　候選人

第二〇條

①在中華民國自由地區繼續居住六個月以上且曾設籍十五年以上之選舉人，年滿四十歲，得申請登記爲總統、副總統候選人。

②回復中華民國國籍、因歸化取得中華民國國籍、大陸地區人民或香港、澳門居民經許可進入臺灣地區者，不得登記爲總統、副總

統候選人。

第二一條

① 總統、副總統候選人，應備具中央選舉委員會規定之件及保證金，於規定時間內，向該會競名申請登記。未聯名申請登記、表件或保證金不合規定，或未於規定時間內辦理者，不予受理。

② 前項候選人，應經由政黨推薦或連署人連署。

③ 同一組總統、副總統候選人，如經審定一人或二人資格不符規定，則該組候選人，應不准予登記。

第二二條

① 依政黨推薦方式向中央選舉委員會申請登記為總統、副總統候選人者，應檢附加蓋內政部發給該政黨圖記之政黨推薦書；二個以上政黨共同推薦一組候選人時，應檢附一份政黨推薦書，排列推薦政黨之順序，並分別蓋用圖記。同一政黨，不得推薦二組以上候選人，推薦二組以上候選人者，其後登記者，不予受理。

② 前項之政黨，於最近任何一次總統、副總統或立法委員選舉，其所推薦候選人得票數之和，應達該次選舉有效票總和百分之五以上。二個以上政黨共同推薦一組總統、副總統候選人者，各該政黨推薦候選人之得票數，以推薦政黨數除其推薦候選人得票數計算之。

第二三條

① 依連署方式申請登記為總統、副總統候選人者，應於選舉公告發布後五日內，向中央選舉委員會申請為被連署人，申領連署人名冊格式，並繳交連署保證金新臺幣一百萬元。

② 中央選舉委員會受理前項申請後，應定期公告申請人為被連署人，並函請直轄市、縣（市）選舉委員會於公告之次日起四十五日內，受理被連署人或其代理人提出連署書件。但補選或重行選舉時，應於公告之次日起二十五日內為之。

③ 中華民國自由地區人民，於選舉公告日，年滿二十歲者，得為前項之連署人。

④ 連署人數，於第二項規定期間內，已達最近一次立法委員選舉選舉人總數百分之一點五者，中央選舉委員會應定期為完成連署之公告，發給被連署人完成連署證明書，並發還保證金。連署人數不足規定人數二分之一者，保證金不予發還。

⑤ 被連署人或其代理人應依中央選舉委員會規定之連署人名冊及切結書格式，依式印製，徵求連署。連署人連署時，並應附本人之國民身分證影本。同一連署人，以連署一組被連署人為限，同時為二組以上之連署時，其連署均無效。

⑥ 直轄市、縣（市）選舉委員會受理前項連署書件後，應予抽查，並應於抽查後，將受理及抽查結果層報中央選舉委員會。連署人之連署有下列情事之一者，應予刪除：

一　連署人不合第三項或第五項規定者。
二　連署人之國民身分證影本記載資料不明或影印不清晰，致不

　　　能辨認連署人之姓名、出生年月日或國民身分證統一編號者。

三　連署人名冊未經連署人簽名或蓋章者。

四　連署人連署，有偽造情事者。

⑦前項連署書件，應保管至開票後三個月。但保管期間，如有選舉訴訟者，應延長保管至裁判確定後三個月。

⑧連署及查核辦法，由中央選舉委員會定之。

第二四條

依連署方式向中央選舉委員會申請登記為總統、副總統候選人者，應檢附完成連署證明書。

第二五條

總統、副總統選舉與他種公職人員選舉同日舉行投票時，同時為二種以上候選人登記者，他種公職候選人之登記無效。

第二六條 98

有下列情事之一，不得登記為總統、副總統候選人：

一　動員戡亂時期終止後，曾犯內亂、外患罪，經判刑確定者。

二　曾犯貪污罪，經判刑確定者。

三　曾犯第八十四條第一項、第二項、第八十五條第一項第一款及其未遂犯、第八十六條第一項、第八十七條第一項第一款、第八十八條第一項、第八十九條第一項、公職人員選舉罷免法第八十九條第一項、第二項、第九十條第一項第一款及其未遂犯、第九十條之一第一項、第九十一條第一項第一款、第九十一條之一第一項、刑法第一百四十二條或第一百四十四條之罪，經判刑確定者。

四　曾犯組織犯罪防制條例之罪，經判刑確定者。

五　犯前四款以外之罪，判處有期徒刑以上之刑確定，尚未執行、執行未畢或於緩刑期間者。

六　受死刑、無期徒刑或十年以上有期徒刑之判決尚未確定者。

七　受宣告強制工作之保安處分或流氓感訓處分之裁判確定，尚未執行、執行未畢或執行完畢未滿十年者。

八　受其他保安處分之裁判確定，尚未執行或執行未畢者。

九　受破產宣告確定，尚未復權者。

十　依法停止任用或受休職處分，尚未期滿者。

十一　褫奪公權，尚未復權者。

十二　受監護或輔助宣告，尚未撤銷者。

第二七條

①下列人員不得申請登記為總統、副總統候選人：

一　現役軍人。

二　辦理選舉事務人員。

三　具有外國國籍者。

②前項第一款之現役軍人，屬於後備軍人應召者，在應召未入營前，或係受教育、勤務及點閱召集，均不受限制。

③當選人因第一百零四條第一項第二款至第四款所定情事之一，經法院判決當選無效確定者，不得申請登記為該次總統、副總統補選候選人。

第二八條

總統、副總統候選人名單公告後，經發現候選人在公告前或投票前有下列情事之一者，投票前由中央選舉委員會撤銷其候選人登記；當選後依第一百零五條規定提起當選無效之訴：

一　候選人資格不合第二十條規定者。

二　有第二十六條各款情事之一者。

三　依前條第一項、第三項規定不得登記為候選人者。

四　依第七十八條第一項規定不得登記為候選人者。

第二九條

①總統候選人之一於登記截止後至選舉投票日前死亡，中央選舉委員會應即公告停止選舉，並定期重行選舉。

②依前項規定辦理之重行選舉，於公告停止選舉前取得之總統、副總統選舉人完成連署證明書，於重行選舉仍適用之。

第三〇條

①經登記為總統、副總統候選人者，不得撤回其總統、副總統候選人登記。

②經政黨推薦為總統、副總統候選人者，其推薦之政黨，不得撤回其推薦。

第三一條

①登記為總統、副總統候選人時，各組應繳納保證金新臺幣一千五百萬元。

②前項保證金，應於公告當選人名單後十日內發還。但得票數不足選舉人總數百分之五者，不予發還。

第三二條

第二十三條第一項及前條第一項保證金之繳納，以現金、金融機構簽發之本票、保付支票或郵局之劃撥支票為限。

第三三條

①候選人資格，由中央選舉委員會審定公告，不合規定者，不准予登記。審定之候選人名單，其姓名號次，由中央選舉委員會，通知各組候選人於候選人名單公告三日前公開抽籤決定之。

②前項候選人姓名號次之抽籤，於候選人僅一組時，其號次為一號，免辦抽籤。

③候選人姓名號次之抽籤，應由監察人員在場監察。各組候選人由其中一人到場親自抽籤，各組候選人無人親自到場參加抽籤時，得委託他人持各組候選人之委託書代為抽籤，該組候選人均未親自參加或未委託他人代抽或雖到場經唱名三次後仍不抽籤者，由中央選舉委員會代為抽定。

第四節　選舉公告

第三四條

選舉委員會應依下列規定期間，發布各種公告：

一　選舉公告，須載明選舉種類、選舉區、投票日期及投票起、止時間，並應於總統、副總統任期屆滿一百二十日前發布之。但重行選舉、重行投票或補選之公告日期，不在此限。

二　候選人登記，應於投票日五十日前公告，其登記期間，不得少於五日。但補選或重行選舉之候選人登記，應於投票日三十五日前公告，其登記期間，不得少於三日。

三　選舉人名冊，應於投票日十五日前公告，其公告期間，不得少於三日。

四　候選人名單，應於競選活動開始前一日公告。

五　選舉人人數，應於投票日三日前公告。

六　當選人名單，應於投票日後七日內公告。

第三五條

總統、副總統選舉，應於總統、副總統任期屆滿三十日前完成選舉投票。但重行選舉、重行投票或補選之投票完成日期，不在此限。

第五節　選舉活動

第三六條

① 總統、副總統選舉，候選人競選活動期間為二十八日。

② 前項期間，以投票日前一日向前推算；其每日競選活動時間，自上午七時起至下午十時止。

第三七條 （刪除）106

第三八條

① 同一組候選人競選經費最高金額，由中央選舉委員會訂定，並於發布選舉公告之日同時公告之。

② 前項競選經費最高金額，應以中華民國自由地區人口總數百分之七十，乘以基本金額新臺幣二十元所得數額，加上新臺幣一億元之和。

③ 競選經費最高金額計算有未滿新臺幣一千元之尾數時，其尾數以新臺幣一千元計算之。

④ 第二項所稱中華民國自由地區人口總數，係指投票之月前第六個月月底戶籍統計之人口總數。

第三九條 （刪除）106

第四〇條 106

自選舉公告之日起，至投票日後三十日內，同一組候選人所支付與競選活動有關之競選經費，於第三十八條規定候選人競選經費最高金額內，減除接受捐贈，得於申報所得稅時合併作為當年度列舉扣除額。

第四一條

① 各組候選人選舉得票數達當選票數三分之一以上者，應補貼其競

選費用，每票補貼新臺幣三十元。但其最高額，不得超過候選人競選經費最高金額。

②政黨推薦之候選人其補貼費用，應由該推薦之政黨領取；二個以上政黨共同推薦一組候選人時，應共同具名領取。

③第一項候選人競選費用之補貼，應於當選人名單公告之次日起二十日內，由中央選舉委員會核算補貼金額，並通知依連署方式登記之同組候選人，或推薦候選人之政黨，於三個月內掣據，向中央選舉委員會領取。

④候選人或政黨未於規定期限內領取競選費用補貼者，中央選舉委員會應催告其於三個月內具領；屆期未領者，視為放棄領取。

第四二條

①同一組候選人於競選活動期間，得設立競選辦事處；其設立競選辦事處二所以上者，除主辦事處以候選人為負責人外，其餘各辦事處，應由候選人指定專人負責，並應將辦事處地址、負責人姓名，向中央選舉委員會登記。

②候選人競選辦事處不得設於機關（構）、學校、依法設立之人民團體或經常定為投票所、開票所之處所及其他公共場所。但政黨之各級黨部辦公處，不在此限。

第四三條

各級選舉委員會之委員、監察人員、職員、鄉（鎮、市、區）公所辦理選舉事務人員，於選舉公告發布後，不得有下列行為：

一　公開演講為候選人宣傳。

二　為候選人站台或亮相造勢。

三　召開記者會或接受媒體採訪時為候選人宣傳。

四　印發、張貼宣傳品為候選人宣傳。

五　懸掛或豎立標語、看板、旗幟、布條等廣告物為候選人宣傳。

六　利用大眾傳播媒體為候選人宣傳。

七　參與候選人遊行、拜票、募款活動。

第四四條

①中央選舉委員會應彙集各組候選人之號次、相片、姓名、出生年月日、性別、出生地、登記方式、住址、學歷、經歷及選舉投票等有關規定，編印選舉公報，並得錄製有聲選舉公報。

②前項所定學歷、經歷，合計以三百字為限；其為大學以上學歷，以經主管教育行政機關立案或認可之學校取得學位者為限。候選人並應於登記時檢附證明文件，未檢附證明文件者，不予刊登該學歷。

③第一項候選人資料，應於申請登記時，一併繳送中央選舉委員會。

④候選人個人資料，由候選人自行負責。其個人資料為中央選舉委員會職務上所已知或經查明不實者，不予刊登選舉公報。候選人登記方式欄，依政黨推薦方式登記之候選人應刊登推薦之政黨名

稱加推薦二字，二個以上政黨共同推薦一組總統、副總統候選人時，政黨名稱次序，依其政黨推薦書填列之順位；依連署方式登記之候選人，刊登連署。

⑤選舉公報應於投票日二日前送達選舉區內各戶，並分別張貼適當地點。

第四五條

①總統、副總統選舉，中央選舉委員會應以公費，在全國性無線電視頻道提供時段，供候選人發表政見，同一組候選人每次時間不得少於三十分鐘，受指定之電視台，不得拒絕；其實施辦法，由中央選舉委員會定之。

②經二組以上候選人同意，個人或團體得舉辦全國性無線電視辯論會，電視台應予受理，並應向中央選舉委員會申請經費補助；其補助辦法，由中央選舉委員會定之。

③前項總統電視辯論會以三場為限，每場每人限三十分鐘。副總統候選人電視辯論得比照辦理。但以一場為限。

④第一項、第二項候選人發表政見或辯論內容，應由候選人自行負責。

第四六條

①廣播電視事業得有償提供時段，供推薦候選人之政黨或候選人從事競選宣傳，並應為公正、公平之對待。

②廣播電視事業從事選舉相關議題之論政、新聞報導或邀請候選人參加節目，應為公正、公平之處理，不得為無正當理由之差別待遇。

③廣播電視事業有違反前二項規定之情事者，任何人得於播出後一個月內，檢具錄影帶、錄音帶等具體事證，向中央選舉委員會舉發。

第四七條

報紙、雜誌所刊登之競選廣告，應於該廣告中載明政黨名稱或候選人姓名。

第四八條

①候選人印發以文字、圖畫從事競選之宣傳品，應親自簽名；政黨於競選活動期間，得為其所推薦之候選人印發以文字、圖畫從事競選之宣傳品，並應載明政黨名稱，二個以上政黨共同推薦一組候選人者，應同時載明共同推薦之所有政黨名稱。宣傳品之張貼，以候選人競選辦事處、政黨辦公處及宣傳車輛為限。

②政黨及任何人不得於道路、橋樑、公園、機關（構）、學校或其他公共設施及其用地，懸掛或豎立標語、看板、旗幟、布條等競選廣告物。但經直轄市、縣（市）政府公告指定之地點，不在此限。

③前項直轄市、縣（市）政府公告指定之地點，各政黨或候選人應公平合理使用；其使用管理規則，由直轄市、縣（市）政府定之。

④競選廣告物之懸掛或豎立，不得妨礙公共安全或交通秩序，並應於投票日後七日內自行清除；違反者，依有關法令規定處理。

第四九條

候選人或為其助選之人之競選言論，不得有下列情事：

一　煽惑他人犯內亂罪或外患罪。

二　煽惑他人以暴動破壞社會秩序。

三　觸犯其他刑事法律規定之罪。

第五〇條

政黨及任何人，不得有下列情事：

一　於競選活動期間之每日上午七時前或下午十時後，從事公開競選或助選活動。但不妨礙居民生活或社會安寧之活動，不在此限。

二　於投票日從事競選或助選活動。

三　妨害其他政黨或候選人競選活動。

四　邀請外國人民、大陸地區人民或香港、澳門居民為第四十三條各款之行為。

第五一條

政黨及候選人從事競選活動使用擴音器，不得製造噪音。違反者，由環境保護主管機關或警察機關依有關法律規定處理。

第五二條

①政黨及任何人自選舉公告發布之日起至投票日十日前所為有關候選人或選舉民意調查資料之發布，應載明負責調查單位或主持人、抽樣方式、母體及樣本數、經費來源及誤差值。

②政黨及任何人於投票日前十日起至投票時間截止前，不得以任何方式，發布有關候選人或選舉之民意調查資料，亦不得加以報導、散布、評論或引述。

第六節　投票及開票

第五三條 109

①總統、副總統選舉，應視選舉人分布情形，就機關（構）、學校、公共場所或其他適當處所，分設投票所。

②前項之投票所應選擇具備無障礙設施之場地，若無符合規定之無障礙場地，應使用相關輔具或器材協助行動不便者完成投票。選舉委員會應視場所之無障礙程度，適度增加投票所之工作人力，主動協助行動不便者。

③投票所除選舉人及其照顧之六歲以下兒童、第十四條第四項規定之家屬或陪同之人外，未佩帶各級選舉委員會製發證件之人員，不得進入投票所。但檢察官依法執行職務者，不在此限。

④投票所於投票完畢後，即改為開票所，當眾唱名開票。開票完畢，開票所主任管理員及主任監察員即依投開票報告表宣布開票結果，於開票所門口張貼，並應將同一內容之投開票報告表副本，當場簽名交付推薦候選人之政黨或依連署方式登記之候選人

⑤投開票完畢後，投開票所主任管理員應會同主任監察員，將選舉票按用餘票、有效票、無效票及選舉人名冊分別包封，並於封口處簽名或蓋章，一併交送鄉（鎮、市、區）公所轉送直轄市、縣（市）選舉委員會保管。

⑥前項選舉票除檢察官或法院依法行使職權外，不得開拆；選舉人名冊自投票日後第二日起十日內，選舉人或候選人得向直轄市、縣（市）選舉委員會申請查閱，候選人得委託他人持委託書到場查閱，選舉人、候選人或受託人到場查閱時，均應攜帶本人國民身分證。但選舉人查閱，以其所屬投票所選舉人名冊為限。

⑦第五項選舉票及選舉人名冊，自開票完畢後，其保管期間如下：
一　用餘票為一個月。
二　有效票或無效票為六個月。
三　選舉人名冊為六個月。

⑧前項保管期間，發生訴訟時，其與訴訟有關部分，應延長保管至裁判確定後三個月。

第五四條

①投票所、開票所置主任管理員一人，管理員若干人，由直轄市、縣（市）選舉委員會派充，辦理投票、開票工作。

②前項主任管理員、管理員，得洽請各級政府機關及公立學校推薦後遴派之；受洽派之政府機關職員及學校教職員，不得拒絕。

③投票所、開票所置警衛人員，由直轄市、縣（市）選舉委員會洽請當地警察機關調派之。

第五五條 96

①投票所、開票所置主任監察員一人，監察員若干人，監察投票、開票工作。

②前項監察員之產生每一投票所，由各組候選人各自推薦一人，送由選舉委員會審核派充之。但經政黨推薦之候選人，由其所屬政黨推薦，二個以上政黨共同推薦一組候選人者，以一政黨計，並由政黨推薦書所填順序首位之政黨負責處理推薦事宜。

③主任監察員由選舉委員會就下列人員遴派之：
一　地方公正人士。
二　各機關、團體、學校人員。
三　大專校院成年學生。

④監察員資格、推薦程序及服務規則，由中央選舉委員會定之。

第五六條

投票所、開票所之工作人員，應參加選舉委員會舉辦之講習。

第五七條 107

①各級選舉委員會之委員、監察人員、職員、鄉（鎮、市、區）公所辦理選舉事務人員及投票所、開票所工作人員因執行職務致死亡、失能或傷害者，依其本職身分有關規定請領慰問金。

②前項人員不能依其本職身分請領慰問金者，由中央選舉委員會發

給慰問金；其發給之對象、數額基準、程序及其他相關事項之辦法，由中央選舉委員會定之。

第五八條

① 選舉票應由各直轄市、縣（市）選舉委員會印製、分發及應用。選舉票上應刊印各組總統、副總統候選人之號次、姓名、登記方式及相片；依政黨推薦方式登記之候選人應刊印推薦該組候選人之政黨名稱加推薦二字，二個以上政黨共同推薦一組候選人時，政黨名稱次序，依其政黨推薦書填列之順位；依連署方式登記之候選人，刊印連署。

② 前項選舉票，由直轄市、縣（市）選舉委員會依中央選舉委員會規定之式樣印製，並由監察小組委員到場監印，於投票日前一日交各該投票所主任管理員會同主任監察員當眾點清。

第五九條

① 選舉之投票，由選舉人於選舉票圈選欄上，以選舉委員會製備之圈選工具圈選一組。

② 選舉人圈選後，不得將圈選內容出示他人。

③ 第一項圈選工具，由直轄市、縣（市）選舉委員會依中央選舉委員會規定之式樣製備。

第六〇條 97

① 選舉票有下列情事之一者，無效：

　一　不用選舉委員會製發之選舉票。

　二　未依前條第一項規定圈選一組。

　三　所圈位置不能辨別為何組。

　四　圈後加以塗改。

　五　簽名、蓋章、按指印、加入任何文字或符號。

　六　將選舉票撕破致不完整。

　七　將選舉票污染致不能辨別所圈選為何組。

　八　不用選舉委員會製備之圈選工具。

② 前項無效票，應由開票所主任管理員會同主任監察員認定；認定有爭議時，由全體監察員表決之。表決結果正反意見同數者，該選舉票應為有效。

③ 本條文九十六年十二月二十日修正條文，自公布日施行，不適用第一百十五條之規定。

第六一條 109

① 在投票所或開票所有下列情事之一者，主任管理員應會同主任監察員令其退出：

　一　在場喧嚷或干擾勸誘他人投票或不投票，不服制止。

　二　攜帶武器或危險物品入場。

　三　投票進行期間，穿戴或標示政黨、政治團體、候選人之旗幟、徽章、物品或服飾，不服制止。

　四　干擾開票或妨礙他人參觀開票，不服制止。

　五　有其他不正當行為，不服制止。

②選舉人有前項情事之一者，令其退出時，應將所持選舉票收回，並將事實附記於選舉人名冊內該選舉人姓名下。其情節重大者，並應專案函報各該選舉委員會。

③除執行公務外，任何人不得攜帶行動電話或具攝影功能之器材進入投票所。但已關閉電源之行動裝置，不在此限。

④任何人不得於投票所以攝影器材刺探選舉人圈選選舉票內容。

第六二條

選舉投票或開票，遇有天災或其他不可抗力情事，致不能投票或開票時，應由投、開票所主任管理員報經直轄市、縣（市）選舉委員會層報中央選舉委員會核准，改定投票或開票日期或場所。

第七節 選舉結果

第六三條

①選舉結果以候選人得票最多之一組為當選；得票相同時，應自投票之日起三十日內重行投票。

②候選人僅有一組時，其得票數須達選舉人總數百分之二十以上，始為當選。選舉結果未能當選時，應自投票之日起三個月內，完成重行選舉投票。

第六三條之一 97

①選舉結果得票數最高與次高之候選人得票數差距，在有效票數千分之三以內時，次高票之候選人得於投票日後七日內，向第一百十條規定之管轄法院聲請查封全部或一部分投票所之選舉人名冊及選舉票，就查封之投票所於四十日內完成重新計票，並將重新計票結果通知中央選舉委員會。中央選舉委員會應於七日內依管轄法院重新計票結果，重行審定選舉結果。審定結果，有不應當選而已公告當選之情形，應予撤銷；有應當選而未予公告之情形，應重行公告。

②前項聲請，應以書面載明重新計票之投票所，並繳納一定金額之保證金；其數額以投票所之投票數每票新臺幣三元計。

③重新計票由管轄法院選定地點，就查封之投票所選舉人名冊及選舉票逐張認定。

④管轄法院辦理重新計票，應通知各候選人或其指定人員到場，並得指揮直轄市、縣（市）選舉委員會、鄉（鎮、市、區）公所及投票所工作人員協助。

⑤重新計票結果未改變當選或落選時，第二項保證金不予發還；重新計票結果改變當選或落選時，保證金應予發還。

⑥任何人提起選舉訴訟時，依第一項規定查封之投票所選舉人名冊及選舉票，不得聲請重新計票。

⑦第一項辦理重新計票所需費用，由中央選舉委員會編列預算負擔之。

⑧本條文九十六年十二月二十日修正條文，自公布日施行，不適用第一百十五條之規定。

第六四條

① 同一組副總統候選人死亡，該組總統候選人仍當選為總統時，其副總統視同缺位。

② 總統或副總統當選人之 在就職前死亡或就職前經判決當選無效確定者，視同缺位。

③ 總統、副總統當選人在就職前死亡或就職前經判決當選無效確定，致同時視同缺位時，應自死亡之日或中央選舉委員會收到法院判決書之日起三個月內，完成重行選舉投票。

第六五條

總統、副總統當選人應於現任總統、副總統任滿之日就職，重行選舉或重行投票之當選人，未能於現任總統、副總統任滿之日就職者，其任期仍應自該日起算。

第六六條

總統、副總統之當選證書，由中央選舉委員會製發。副總統缺位時之補選當選證書，由立法院製發。

第六七條

① 當選人經判決當選無效確定，依法院確定判決認定之事實，候選人得票數有變動致影響當選或落選時，中央選舉委員會應依法院確定判決認定之事實，重行審定。審定結果，有不應當選而已公告當選之情形，應予撤銷；如有應當選而未予公告之情形，應重行公告，不適用重行選舉之規定。

② 前項重行公告之當選人，其任期至原任總統、副總統任期屆滿日止。

第八節　副總統之缺位補選

第六八條

副總統缺位時，總統應於三個月內提名候選人，由立法院補選之。

第六九條

立法院補選之副總統，應於當選後二十日內就任。

第四章　罷　免

第七〇條

① 總統、副總統之罷免案，經全體立法委員四分之一之提議，全體立法委員三分之二之同意提出後，立法院應為罷免案成立之宣告。但就職未滿一年者，不得罷免。

② 前項罷免宣告成立後十日內，立法院應將罷免案連同罷免理由書及被罷免人答辯書移送中央選舉委員會。

第七一條

中央選舉委員會應於收到立法院移送之罷免理由書及答辯書次日起二十日內，就下列事項公告之：

一　罷免投票日期及投票起、止時間。

二　罷免理由書。

三　答辯書。

第七二條

罷免案宣告成立之日起，任何人不得有罷免或阻止罷免之宣傳活動。

第七三條

罷免案之投票，中央選舉委員會應於收到立法院移送之罷免理由書及答辯書次日起六十日內為之。但不得與各類選舉之投票同時舉行。

第七四條

①總統、副總統罷免票，應分別印製。但立法院移送之罷免案，同案罷免總統、副總統時，罷免票應將總統、副總統聯名同列一組印製。

②罷免票應在票上刊印同意罷免、不同意罷免二欄，由投票人以選舉委員會製備之工具圈定之。

③投票人圈定後，不得將圈定內容出示他人。

第七五條

罷免案之投票人、投票人名冊及投票、開票，準用本法有關選舉人、選舉人名冊及投票、開票之規定。

第七六條

罷免案經中華民國自由地區選舉人總額過半數之投票，有效票過半數同意罷免時，即為通過。

第七七條

罷免案經投票後，中央選舉委員會應於投票完畢七日內公告罷免投票結果。罷免案通過者，被罷免人應自公告之日起，解除職務。

第七八條

①罷免案通過者，被罷免人自解除職務之日起，四年內不得為總統、副總統候選人；其於罷免案宣告成立後辭職者，亦同。

②罷免案否決者，在該被罷免人之任期內，不得對其再為罷免案之提議。

第五章　妨害選舉罷免之處罰

第七九條

違反第四十九條第一款規定者，處七年以上有期徒刑；違反第二款規定者，處五年以上有期徒刑；違反第三款規定者，依各該有關處罰之法律處斷。

第八○條

①利用競選、助選或連署機會，公然聚眾，以暴動破壞社會秩序者，處七年以上有期徒刑；首謀者，處無期徒刑或十年以上有期徒刑。

②前項之未遂犯罰之。

第八一條

① 意圖妨害選舉或罷免，對於公務員依法執行職務時，施強暴脅迫者，處五年以下有期徒刑。

② 犯前項之罪，因而致公務員於死者，處無期徒刑或七年以上有期徒刑；致重傷者，處三年以上十年以下有期徒刑。

第八二條

① 公然聚眾，犯前條之罪者，在場助勢之人，處三年以下有期徒刑、拘役或科新臺幣三十萬元以下罰金；首謀及下手實施強暴脅迫者，處三年以上十年以下有期徒刑。

② 犯前項之罪，因而致公務員於死者，首謀及下手實施強暴脅迫者，處無期徒刑或七年以上有期徒刑；致重傷者，處五年以上十二年以下有期徒刑。

第八三條 （刪除）106

第八四條 106

① 對於候選人或具有候選人資格者，行求期約或交付賄賂或其他不正利益，而約其放棄競選或為一定之競選活動者，處三年以上十年以下有期徒刑，併科新臺幣二百萬元以上二千萬元以下罰金。

② 候選人或具有候選人資格者，要求期約或收受賄賂或其他不正利益，而許以放棄競選或為一定之競選活動者，亦同。

③ 預備犯前二項之罪者，處一年以下有期徒刑。

④ 犯第一項、前項之罪者，預備或用以行求期約或交付之賄賂，不問屬於犯罪行為人與否，沒收之。

第八五條

① 以強暴、脅迫或其他非法之方法為下列行為之一者，處五年以下有期徒刑：

一 妨害他人競選或使他人放棄競選者。

二 妨害他人依法為被連署人連署者。

三 妨害他人為罷免案之提議、同意或使他人為罷免案之提議、同意者。

② 前項之未遂犯罰之。

第八六條 106

① 對於有投票權之人，行求期約或交付賄賂或其他不正利益，而約其不行使投票權或為一定之行使者，處三年以上十年以下有期徒刑，得併科新臺幣一百萬元以上一千萬元以下罰金。

② 預備犯前項之罪者，處一年以下有期徒刑。

③ 預備或用以行求期約或交付之賄賂，不問屬於犯罪行為人與否，沒收之。

④ 犯第一項或第二項之罪，於犯罪後六個月內自首者，減輕或免除其刑；因而查獲候選人為正犯或共犯者，免除其刑。

⑤ 犯第一項或第二項之罪，在偵查中自白者，減輕其刑；因而查獲候選人為正犯或共犯者，減輕或免除其刑。

第八七條 106

① 有下列行為之一者，處一年以上七年以下有期徒刑，併科新臺幣一百萬元以上一千萬元以下罰金：

一 對於團體或機構，假借捐助名義，行求期約或交付財物或其他不正利益，使其團體或機構之構成員，不行使投票權或為一定之行使。

二 對連署人行求期約或交付賄賂或其他不正利益，使其為特定被連署人連署或不為連署。

三 對罷免案提議人或同意人行求期約或交付賄賂或其他不正利益，使其不為提議或同意，或為一定之提議或同意。

② 預備犯前項之罪者，處一年以下有期徒刑。

③ 預備或用以行求期約或交付之賄賂，不問屬於犯罪行為人與否，沒收之。

第八八條

① 意圖漁利，包攬第八十四條第一項、第二項、第八十六條第一項或前條第一項各款之事務者，處三年以上十年以下有期徒刑，得併科新臺幣一百萬元以上一千萬元以下罰金。

② 前項之未遂犯罰之。

第八九條 106

① 政黨辦理總統、副總統候選人黨內提名，自公告其提名作業之日起，於提名作業期間，對於黨內候選人有第八十四條第一項、第二項之行為者，依第八十四條第一項、第二項規定處斷；對於有投票資格之人，有第八十六條第一項之行為者，依第八十六條第一項規定處斷。

② 預備犯前項之罪者，處一年以下有期徒刑。

③ 犯前二項之罪者，預備或用以行求期約、交付或收受之賄賂，不問屬於犯罪行為人與否，沒收之。

④ 犯第一項或第二項之罪，於犯罪後六個月內自首者，減輕或免除其刑；因而查獲正犯或共犯者，免除其刑。

⑤ 犯第一項或第二項之罪，在偵查中自白者，減輕其刑；因而查獲正犯或共犯者，免除其刑。

⑥ 意圖漁利，包攬第一項之事務者，依前條之規定處斷。

⑦ 前項之未遂罰之。

⑧ 第一百條規定，於政黨辦理總統、副總統候選人黨內提名時，準用之。

⑨ 政黨依第一項規定辦理黨內提名作業，應公告其提名作業相關事宜，並載明起止時間、作業流程、黨內候選人及有投票資格之人之認定等事項；各政黨於提名作業公告後，應於五日內報請內政部備查。

第九〇條

意圖使候選人當選或不當選，以文字、圖畫、錄音、錄影、演講或他法，散布謠言或傳播不實之事，足以生損害於公眾或他人

者，處五年以下有期徒刑。

第九一條

違反第五十九條第二項或第七十四條第三項規定者或有第六十一條第一項各款情事之一　經令其退出而不退出者，處二年以下有期徒刑、拘役或科新臺幣二十萬元以下罰金。

第九二條

選舉、罷免之進行，有下列情事之一者，在場助勢之人，處一年以下有期徒刑、拘役或科新臺幣十萬元以下罰金；首謀及下手實施者，處五年以下有期徒刑：

一　聚眾包圍被連署人、連署人、候選人、被罷免人、罷免案提議人、同意人之服務機關或住、居所者。

二　聚眾以強暴、脅迫或其他非法之方法，妨害被連署人、連署人、候選人、被罷免人執行職務或罷免案提議人、同意人對罷免案之進行者。

第九三條

①將領得之選舉票或罷免票攜出場外者，處一年以下有期徒刑、拘役或科新臺幣一萬五千元以下罰金。

②在投票所四周三十公尺內，喧嚷、干擾或勸誘他人投票或不投票，經警衛人員制止後仍繼續為之者，處一年以下有期徒刑、拘役或科新臺幣一萬五千元以下罰金。

第九三條之一 106

①違反第六十一條第三項規定者，處一年以下有期徒刑、拘役或科新臺幣三萬元以下罰金。

②違反第六十一條第四項規定者，處五年以下有期徒刑，併科新臺幣五十萬元以下罰金。

第九四條

意圖妨害或擾亂投票、開票而抑留、毀壞、隱匿、調換或奪取投票匭、選舉票、罷免票、選舉人名冊、投票報告表、開票報告表、開票統計或圈選工具者，處五年以下有期徒刑。

第九五條　（刪除）106

第九六條

①違反第四十二條、第四十三條、第四十八條第一項、第二項或第七十二條規定者，處新臺幣十萬元以上一百萬元以下罰鍰。

②廣播電視事業違反第四十六條第一項或第二項規定者，處新臺幣二十萬元以上二百萬元以下罰鍰。

③報紙、雜誌未依第四十七條規定於廣告中載明政黨名稱或候選人姓名者，處新臺幣二十萬元以上二百萬元以下或該廣告費二倍之罰鍰。

④違反第五十條或第五十二條規定者，處新臺幣五十萬元以上五百萬元以下罰鍰；違反第五十條之規定，經制止不聽者，按次連續處罰。

⑤政黨、法人或非法人團體違反第四十八條第一項或第二項規定

者，依第一項規定，併處罰其代表人及行為人；違反第五十條或第五十二條規定者，依前項規定，併處罰其代表人及行為人。

⑥違反第四十八條第一項或第二項規定所張貼之競選宣傳品或懸掛、豎立之競選廣告物，並通知環境保護主管機關依廢棄物處理。

⑦委託大眾傳播媒體，刊播競選廣告或委託夾報散發宣傳品，違反第五十條第二款規定者，依第五項規定，處罰委託人及受託人。

⑧將選舉票或罷免票以外之物投入票匭，或故意撕毀領得之選舉票或罷免票者，處新臺幣五千元以上五萬元以下罰鍰。

第九十七條

①犯第八十四條第二項之罪或刑法第一百四十三條第一項之罪，於犯罪後三個月內自首者，免除其刑；逾三個月者，減輕或免除其刑；在偵查及審判中自白者，減輕其刑。

②意圖他人受刑事處分，虛構事實，而為前項之自首者，依刑法誣告罪之規定處罰之。

第九十八條

①政黨推薦之候選人犯第八十條至第八十二條、第八十四條第一項、第二項、第八十五條第一項第一款或其未遂犯、第八十六條第一項、第八十七條第一項第一款、第九十四條、刑法第一百四十二條或第一百四十五條至第一百四十七條之罪，經判刑確定者，處推薦之政黨新臺幣五百萬元以上五千萬元以下罰鍰。

②政黨推薦之候選人，對於其他候選人犯刑法第二百七十一條、第二百七十七條、第二百七十八條、第三百零二條、第三百零四條、第三百零五條、第三百四十六條至第三百四十八條或其特別法之罪，經判決確定者，依前項規定處罰。

第九十九條

①犯本章之罪，其他法律有較重處罰之規定者，從其規定。

②辦理選舉、罷免事務人員，假借職務上之權力、機會或方法，以故意犯本章之罪者，加重其刑至二分之一。

③犯本章之罪或刑法分則第六章之妨害投票罪，宣告有期徒刑以上之刑者，並宣告褫奪公權。

第一〇〇條

①總統、副總統選舉、罷免，由最高法院檢察署檢察總長督率各級檢察官分區查察，自動檢舉有關妨害選舉、罷免之刑事案件，並接受機關、團體或人民是類案件之告發、告訴、自首，即時開始偵查，為必要之處理。

②前項案件之偵查，檢察官得依刑事訴訟法及調度司法警察條例等規定，指揮司法警察人員為之。

第一〇一條

犯本章之罪或刑法第六章妨害投票罪之案件，各審受理法院應於六個月內審結。

第六章　選舉罷免訴訟

第一〇二條

選舉罷免機關辦理選舉、罷免違法，足以影響選舉或罷免結果，檢察官、候選人、被罷免人或罷免案提議人，得自當選人名單或罷免投票結果公告之日起十五日內，以各該選舉罷免機關為被告，向管轄法院提起選舉或罷免無效之訴。

第一〇三條

選舉或罷免無效之訴，經法院判決無效確定者，其選舉或罷免無效，並定期重行選舉或罷免。其違法屬選舉或罷免之局部者，局部之選舉或罷免無效，並就該局部無效部分，定期重行投票。

第一〇四條

① 當選人有下列情事之一者，選舉罷免機關、檢察官或候選人得以當選人為被告，自公告當選之日起三十日內，向管轄法院提起當選無效之訴：

一　當選票數不實，足認有影響選舉結果之虞者。

二　對於候選人、有投票權人或選務人員，以強暴、脅迫或其他非法之方法，妨害他人競選、自由行使投票權或執行職務者。

三　有第八十四條、第八十七條第一項第一款、第八十九條第一項或刑法第一百四十六條第一項之行為者。

四　有第八十六條第一項之行為，足認有影響選舉結果之虞者。

② 前項各款情事，經判決當選無效確定者，不因同一事由經刑事判決無罪而受影響。

第一〇五條

當選人有第二十八條各款規定情事之一者，選舉罷免機關、檢察官或候選人得以當選人為被告，於其任期屆滿前，向管轄法院提起當選無效之訴。

第一〇六條

當選無效之訴經判決無效確定者，原當選人之當選，無效；如已就職，並應自判決確定之日起，解除職務。

第一〇七條

選舉無效或當選無效之判決，不影響原當選人就職後職務上之行為。

第一〇八條

① 罷免案之通過或否決，有下列情事之一者，選舉委員會、檢察官、被罷免人或罷免案提議人，得於罷免投票結果公告之日起十五日內，以罷免案提議人或被罷免人為被告，向管轄法院提起罷免案通過或否決無效之訴：

一　罷免案通過或否決之票數不實，足認有影響投票結果之虞者。

二　被罷免人或罷免案提議人對於有投票權人或選務人員，以強

　　暴、脅迫或其他非法之方法，妨害他人自由行使投票權或執
　　行職務者。

三　被罷免人或罷免案提議人有刑法第一百四十六條第一項之行
　　為者。

四　被罷免人或罷免案提議人有第八十六條第一項之行為，足認
　　有影響選舉結果之虞者。

五　被罷免人有第八十七條第一項第三款之行為者。

②罷免案否決無效之訴，經法院判決無效確定者，其罷免案之否決
　無效，並定期重行投票。

③罷免案之通過經判決無效者，被罷免人之職務應予恢復。

第一〇九條

選舉人發覺有構成選舉無效、當選無效或罷免無效、罷免案通過
或否決無效之情事時，得於當選人名單或罷免投票結果公告之日
起七日內，檢具事證，向檢察官或選舉委員會舉發之。

第一一〇條

選舉、罷免訴訟，專屬中央政府所在地之高等法院管轄。

第一一一條

選舉、罷免訴訟，設選舉法庭，採合議制審理，並應先於其他訴
訟審判之，以二審終結，並不得提起再審之訴。各審受理之法院
應於六個月內審結。

第一一二條

選舉、罷免訴訟程序，除本法規定者外，準用民事訴訟法之規
定。但關於捨棄、認諾、訴訟上自認或不爭執事實效力之規定，
不在準用之列。

第七章　附　則

第一一三條

本法及組織犯罪防制條例第十四條第一項所定罰鍰，由中央選舉
委員會處罰之；經通知限期繳納，屆期不繳納者，依法移送強制
執行。

第一一四條

自候選人完成登記日起，至選舉投票日之翌日止，國家安全局應
協同有關機關掌理總統、副總統候選人在中華民國自由地區之安
全維護事項；其安全維護實施辦法，由國家安全局定之。

第一一五條

本法修正施行前已發布選舉公告之選舉或已移送中央選舉委員會
之罷免案，仍適用修正前之規定。

第一一六條 107

本法施行細則，由內政部會同中央選舉委員會定之。

第一一七條 98

①本法自公布日施行。

②本法中華民國九十五年五月五日修正之條文，自九十五年七月一

刑　法

社會秩序維護法

①民國80年6月29日總統令制定公布全文94條；並自公布日施行。
②民國99年5月19日總統令修正公布第79條條文。
③民國100年11月4日總統令修正公布第53、80、81、93條條文；增訂第91-1條條文；並刪除第47條條文。
④民國105年5月25日總統令修正公布第91-1條條文；並增訂第18-1條條文。
⑤民國105年6月1日總統令修正公布第85條條文。
⑥民國108年12月31日總統令修正公布第20條條文；並刪除第21條條文。
⑦民國110年1月20日總統令修正公布第83、87條條文。
⑧民國110年5月26日總統令修正公布第32、50條條文。

第一編　總　則

第一章　法　例

第一條

為維護公共秩序，確保社會安寧，特制定本法。

第二條

違反社會秩序行為之處罰，以行為時本法有明文規定者為限。

第三條

行為後本法有變更者，適用裁處時之規定。但裁處前之規定有利於行為人者，適用最有利於行為人之規定。

第四條

①在中華民國領域內違反本法者，適用本法。

②在中華民國領域外之中華民國船艦或航空器內違反本法者，以在中華民國領域內違反論。

第五條

稱以上、以下、以內者，俱連本數計算。

第六條

本法規定之解散命令、檢查命令、禁止或勸阻，應以書面為之。但情況緊急時，得以口頭為之。

第二章　責　任

第七條

違反本法行為，不問出於故意或過失，均應處罰。但出於過失者，不得罰以拘留，並得減輕之。

第八條

①左列各款之人之行為，不罰：

一 未滿十四歲人。

二 心神喪失人。

②未滿十四歲人有違反本法之行為者，得責由其法定代理人或其他相當之人加以管教；無人管教時，得送交少年或兒童福利機構收容。

③心神喪失人有違反本法之行為者，得責由其監護人加以監護；無人監護或不能監護時，得送交療養處所監護或治療。

第九條

①左列各款之人之行為，得減輕處罰：

一 十四歲以上未滿十八歲人。

二 滿七十歲人。

三 精神耗弱或瘖啞人。

②前項第一款之人，於處罰執行完畢後，得責由其法定代理人或其他相當之人加以管教。

③第一項第三款之人，於處罰執行完畢後，得責由其監護人加以監護；無人監護或不能監護時，得送交療養處所監護或治療。

第一〇條

未滿十八歲人、心神喪失人或精神耗弱人，因其法定代理人或監護人疏於管教或監護，致有違反本法之行為者，除依前兩條規定處理外，按其違反本法之行為處罰其法定代理人或監護人。但其處罰以罰鍰或申誡為限。

第一一條

依法令之行為，不罰。

第一二條

對於現在不法之侵害，而出於防衛自己或他人權利之行為，不罰。

第一三條

因避免自己或他人之緊急危難，而出於不得已之行為，不罰。

第一四條

因不可抗力之行為，不罰。

第一五條

二人以上，共同實施違反本法之行為者，分別處罰。其利用他人實施者，依其所利用之行為處罰之。

第一六條

教唆他人實施違反本法之行為者，依其所教唆之行為處罰。

第一七條

幫助他人實施違反本法之行為者，得減輕處罰。

第一八條

①經營特種工商業者之代表、受雇人或其他從業人員關於業務上違反本法之行為，得併罰其營業負責人。

②前項特種工商業，指與社會秩序或善良風俗有關之營業；其範圍，由內政部定之。

第一八條之一 105

①公司、有限合夥或商業之負責人、代表人、受僱人或其他從業人員，因執行業務而犯刑法妨害風化罪、妨害自由罪、妨害秘密罪，或犯人口販運防制法、通訊保障及監察法之罪，經判決有期徒刑以上之刑者，得處該公司、有限合夥或商業勒令歇業。

②前項情形，其他法律已有勒令歇業規定者，從其規定。

第三章 處 罰

第一九條

①處罰之種類如左：

　一　拘留：一日以上，三日以下；遇有依法加重時，合計不得逾五日。

　二　勒令歇業。

　三　停止營業：一日以上，二十日以下。

　四　罰鍰：新臺幣三百元以上，三萬元以下；遇有依法加重時，合計不得逾新臺幣六萬元。

　五　沒入。

　六　申誡：以書面或言詞為之。

②勒令歇業或停止營業之裁處，應符合比例原則。

第二〇條 108

①罰鍰應於裁處確定之翌日起十日內完納。

②被處罰人依其經濟狀況不能即時完納者，得准許其於三個月內分期完納。但遲誤一期不繳納者，以遲誤當期之到期日為餘額之完納期限。

第二一條 （刪除）108

第二二條

①左列之物沒入之：

　一　因違反本法行為所生或所得之物。

　二　查禁物。

②前項第一款沒入之物，以屬於行為人所有者為限；第二款之物，不問屬於行為人與否，沒入之。

③供違反本法行為所用之物，以行為人所有者為限，得沒入之。但沒入，應符合比例原則。

第二三條

沒入，與其他處罰併宣告之。但有左列各款情形之一者，得單獨宣告沒入：

　一　免除其他處罰者。

　二　行為人逃逸者。

　三　查禁物。

第二四條

①違反本法之數行為，分別處罰。但於警察機關通知單送達或逕行通知前，違反同條款之規定者，以一行為論，並得加重其處罰。

②一行為而發生二以上之結果者，從一重處罰；其違反同條款之規定者，從重處罰。

第二五條

違反本法之數行為，分別裁處並分別執行。但執行前之數確定裁處，依左列各款規定執行之：

一　裁處多數拘留者，併執行之，合計不得逾五日。

二　裁處多數勒令歇業，其營業處所相同者，執行其一；營業處所不同者，併執行之。

三　裁處多數停止營業者，併執行之；同一營業處所停止營業之期間，合計不得逾二十日。

四　分別裁處勒令歇業及停止營業，其營業處所相同者，僅就勒令歇業執行之；營業處所不同者，併執行之。

五　裁處多數罰鍰者，併執行之，合計不得逾新臺幣六萬元；如易以拘留，合計不得逾五日。

六　裁處多數沒入者，併執行之。

七　裁處多數申誡者，併一次執行之。

八　裁處不同種類之處罰者，併執行之。其中有勒令歇業及停止營業者，依第四款執行之。

第二六條

經依本法處罰執行完畢，三個月內再有違反本法行為者，得加重處罰。

第二七條

違反本法之行為人，於其行為未被發覺以前自首而受裁處者，減輕或免除其處罰。

第二八條

違反本法之案件，量罰時應審酌一切情狀，尤應注意左列事項，為量罰輕重之標準：

一　違反之動機、目的。

二　違反時所受之刺激。

三　違反之手段。

四　行為人之生活狀況。

五　行為人之品行。

六　行為人之智識程度。

七　行為人與被害人之關係。

八　行為人違反義務之程度。

九　行為所生之危險或損害。

十　行為後之態度。

第二九條

①違反本法行為之情節可憫恕者，得減輕或免除其處罰。

②依法令加重或減輕者，仍得依前項之規定，減輕其處罰。

第三○條

本法處罰之加重或減輕標準如左：

一　拘留或罰鍰之加重或減輕，得加至或減至本罰之二分之一。

二　因處罰之加重或減輕，致拘留有不滿一日、罰鍰不滿新臺幣三百元之零數者，其零數不算。

三　因處罰之減輕，致拘留不滿一日、罰鍰不滿新臺幣三百元者，易處申誡或免除之。

第四章　時　效

第三一條

①違反本法行為，逾二個月者，警察機關不得訊問、處罰，並不得移送法院。

②前項期間，自違反本法行為成立之日起算。但其行為有連續或繼續之狀態者，自行為終了之日起算。

第三二條 110

①違反本法行為之處罰，其為停止營業、沒入、申誡者，自裁處確定之日起，逾三個月未執行者，免予執行；為罰鍰者，自裁處確定之日起，逾三個月未移送行政執行者，免予移送；為拘留、勒令歇業者，自裁處確定之日起，逾六個月未執行者，免予執行。

②分期繳納罰鍰而遲誤者，前項三個月之期間，自其遲誤當期到期日之翌日起算。

第二編　處罰程序

第一章　管　轄

第三三條

違反本法之案件，由行為地或行為人之住所、居所或所在地之地方法院或其分院或警察機關管轄。

第三四條

在中華民國領域外之中華民國船艦或航空器內違反本法者，船艦本籍地、航空器出發地或行為後停泊地之地方法院或其分院或警察機關有管轄權。

第三五條

①警察局及其分局，就該管區域內之違反本法案件有管轄權。

②在地域遼闊交通不便地區，得由上級警察機關授權該管警察所、警察分駐所行使其管轄權。

③專業警察機關，得經內政部核准就該管區域內之違反本法案件行使其管轄權。

第三六條

地方法院或其分院為處理違反本法案件，視警察轄區及實際需要，分設簡易庭及普通庭。

第三七條

① 地方法院或其分院簡易庭（以下簡稱簡易庭），以法官一人獨任行之。

② 地方法院或其分院普通庭（以下簡稱普通庭），以法官三人合議行之。

第三八條

違反本法之行為，涉嫌違反刑事法律或少年事件處理法者，應移送檢察官或少年法庭依刑事法律或少年事件處理法規定辦理。但其行為應處停止營業、勒令歇業、罰鍰或沒入之部分，仍依本法規定處罰。

第二章　調　查

第三九條

警察機關因警察人員發現、民眾舉報、行為人自首或其他情形知有違反本法行為之嫌疑者，應即開始調查。

第四〇條

可為證據或應予沒入之物，應妥予保管。但在裁處確定後，保管物未經沒入者，予以發還所有人、持有人或保管人；如無所有人、持有人或保管人者，依法處理。

第四一條

① 警察機關為調查違反本法行為之事實，應通知嫌疑人，並得通知證人或關係人。

② 前項通知書應載明左列事項：

　一　被通知人之姓名、性別、出生年月日、籍貫及住所或居所。

　二　事由。

　三　應到之日、時、處所。

　四　無正當理由不到場者，得逕行裁處之意旨。

　五　通知機關之署名。

③ 被通知人之姓名不明或因其他情形有必要時，應記載其足資辨別之特徵；其出生年月日、籍貫、住所或居所不明者，得免記載。

④ 訊問嫌疑人，應先告以通知之事由，再訊明姓名、出生年月日、職業、住所或居所，並給予申辯之機會。

⑤ 嫌疑人於審問中或調查中得委任代理人到場。但法院或警察機關認為必要時，仍得命本人到場。

第四二條

對於現行違反本法之行為人，警察人員得即時制止其行為，並得逕行通知到場；其不服通知者，得強制其到場。但確悉其姓名、住所或居所而無逃亡之虞者，得依前條規定辦理。

第三章　裁　處

第四三條

① 左列各款案件，警察機關於訊問後，除有繼續調查必要者外，應

即作成處分書：

一　違反本法行為專處罰鍰或申誡之案件。

二　違反本法行為選擇處罰鍰或申誡之案件。

三　依第一款、第二款之處分，併宣告沒入者。

四　單獨宣告沒入者。

五　認為對第一款、第二款之案件應免除處罰者。

②前項處分書應載明左列事項：

一　行為人之姓名、性別、出生年月日、國民身分證統一號碼、職業、住所或居所。

二　主文。

三　事實及理由，得僅記載其要領。

四　適用之法條。

五　處分機關及年、月、日。

六　不服處分者，得於處分書送達之翌日起五日內，以書狀敘述理由，經原處分之警察機關，向該管簡易庭聲明異議。

第四四條

警察機關對於情節輕微而事實明確之違反本法案件，得不經通知、訊問逕行處分。但其處罰以新臺幣一千五百元以下罰鍰或申誡為限。

第四五條

①第四十三條第一項所列各款以外之案件，警察機關於訊問後，應即移送該管簡易庭裁定。

②前項警察機關移請裁定之案件，該管簡易庭認為不應處罰或以不處拘留、勒令歇業、停止營業為適當者，得逕為不罰或其他處罰之裁定。

第四六條

①法院受理警察機關移送之違反本法案件後，除須審問或調查者外，應迅速制作裁定書。

②前項裁定書應載明左列事項：

一　行為人之姓名、性別、出生年月日、國民身分證統一號碼、職業、住所或居所。

二　主文。

三　事實及理由，得僅記載其要領。

四　適用之法條。

五　裁定機關及年、月、日。

六　不服裁定者，得於裁定書送達之翌日起五日內，以書狀敘述理由，經原裁定之簡易庭，向同法院普通庭提起抗告。

第四七條　（刪除）100

第四八條

警察機關對於違反本法之嫌疑人，經合法通知，無正當理由不到場者，得逕行裁處之。

第四九條

① 違反本法案件之裁定書或處分書作成時，受裁定人或受處分人在場者，應宣示或宣告之，並當場交付裁定書或處分書。

② 未經當場宣示或宣告或不經訊問而逕行裁處之案件，其裁定書或處分書，應由警察機關於五日內送達之。

③ 前二項之裁定書並應送達原移送之警察機關。

第四章　執　行

第五〇條 110

處罰之執行，由警察機關為之。罰鍰逾期未完納者，由警察機關依法移送行政執行。

第五一條

違反本法案件之處罰，於裁處確定後執行。

第五二條

裁定拘留確定，經通知執行，無正當理由不到場者，強制其到場。

第五三條 100

拘留，應在拘留所內執行之。

第五四條

① 拘留之執行，即時起算，並以二十四小時為一日。

② 前項執行，期滿釋放。但於零時至八時間期滿者，得經本人同意於當日八時釋放之。

第五章　救　濟

第五五條

① 被處罰人不服警察機關之處分者，得於處分書送達之翌日起五日內聲明異議。

② 聲明異議，應以書狀敘明理由，經原處分之警察機關向該管簡易庭為之。

第五六條

原處分之警察機關認為聲明異議有理由者，應撤銷或變更其處分；認為不合法定程式或聲明異議權已經喪失或全部或一部無理由者，應於收受聲明異議書狀之翌日起三日內，送交簡易庭，並得添具意見書。

第五七條

① 簡易庭認為聲明異議不合法定程式或聲明異議權已經喪失者，應以裁定駁回之。但其不合法定程式可補正者，應定期先命補正。

② 簡易庭認為聲明異議無理由者，應以裁定駁回之。認為有理由者，以裁定將原處分撤銷或變更之。

③ 對於簡易庭關於聲明異議所為之裁定，不得抗告。

第五八條

受裁定人或原移送之警察機關對於簡易庭就第四十五條移送之案件所為之裁定，有不服者，得向同法院普通庭提起抗告；對於普

通庭之裁定，不得再行抗告。

第五九條

①抗告期間為五日，自送達裁定之翌日起算。

②提起抗告，應以書狀敘述理由提出於簡易庭為之。

第六〇條

①被處罰人或原移送之警察機關，得捨棄其抗告權。

②前項捨棄，應以書狀向原裁定機關為之。

第六一條

①聲明異議或抗告，於裁定前得撤回之。

②撤回聲明異議或抗告，應以書狀向受理機關為之。但於該案卷宗送交受理機關以前，得向原裁處機關為之。

第六二條

捨棄抗告權、撤回聲明異議或抗告者，喪失其聲明異議或抗告權。

第三編　分　則

第一章　妨害安寧秩序

第六三條

①有左列各款行為之一者，處三日以下拘留或新臺幣三萬元以下罰鍰：

一　無正當理由攜帶具有殺傷力之器械、化學製劑或其他危險物品者。

二　無正當理由鳴槍者。

三　無正當理由，攜帶用於開啟或破壞門、窗、鎖或其他安全設備之工具者。

四　放置、投擲或發射有殺傷力之物品而有危害他人身體或財物之虞者。

五　散佈謠言，足以影響公共之安寧者。

六　蒙面偽裝或以其他方法驚嚇他人有危害安全之虞者。

七　關於製造、運輸、販賣、貯存易燃、易爆或其他危險物品之營業，未經主管機關許可；或其營業設備及方法，違反法令規定者。

八　製造、運輸、販賣、攜帶或公然陳列經主管機關公告查禁之器械者。

②前項第七款、第八款，其情節重大或再次違反者，處或併處停止營業或勒令歇業。

第六四條

有左列各款行為之一者，處三日以下拘留或新臺幣一萬八千元以下罰鍰：

一　意圖滋事，於公園、車站、輪埠、航空站或其他公共場所，

任意聚眾，有妨害公共秩序之虞，已受該管公務員解散命令，而不解散者。

二　非供自用，購買運輸、遊樂票券而轉售圖利者。

三　車、船、旅店服務人員或搬運工人或其他接待人員，糾纏旅客或強行攬載者。

四　交通運輸從業人員，於約定報酬後，強索增加，或中途刁難或雖未約定，事後故意訛索，超出慣例者。

五　主持、操縱或參加不良組織有危害社會秩序者。

第六五條

有左各款行為之一者，處三日以下拘留或新臺幣一萬八千元以下罰鍰：

一　船隻當狂風之際或黑夜航行有危險之虞，而不聽禁止者。

二　對於非病死或可疑為非病死或來歷不明之屍體，未經報請相驗，私行殮葬或移置者。

三　無正當理由，攜帶類似真槍之玩具槍，而有危害安全之虞者。

四　不注意燃料物品之堆置使用，或在燃料物品之附近攜用或放置易起火警之物，不聽禁止者。

第六六條

有左列各款行為之一者，處三日以下拘留或新臺幣一萬八千元以下罰鍰：

一　吸食或施打煙毒或麻醉藥品以外之迷幻物品者。

二　冒用他人身分或能力之證明文件者。

第六七條

①有左列各款行為之一者，處三日以下拘留或新臺幣一萬二千元以下罰鍰：

一　禁止特定人涉足之場所之負責人或管理人，明知其身分不加勸阻而不報告警察機關者。

二　於警察人員依法調查或查察時，就其姓名、住所或居所為不實之陳述或拒絕陳述者。

三　意圖他人受本法處罰而向警察機關誣告者。

四　關於他人違反本法，向警察機關為虛偽之證言或通譯者。

五　藏匿違反本法之人或使之隱避者。

六　偽造、變造、湮滅或隱匿關係他人違反本法案件之證據者。

②因圖利配偶、五親等內之血親或三親等內之姻親，而為前項第四款至第六款行為之一者，處以申誡或免除其處罰。

第六八條

有左列各款行為之一者，處三日以下拘留或新臺幣一萬二千元以下罰鍰：

一　無正當理由，於公共場所、房屋近旁焚火而有危害安全之虞者。

二　藉端滋擾住戶、工廠、公司行號、公共場所或公眾得出入之

場所者。

三 強買、強賣物品或強索財務者。

第六九條

有左列各款行爲之一者，處三日以下拘留或新臺幣一萬二千元以下罰鍰：

一 渡船、橋樑或道路經主管機關定有通行費額，而超額收費或藉故阻礙通行者。

二 無票或不依定價擅自搭乘公共交通工具或進入遊樂場所，不聽勸阻或不照章補票或補價者。

第七〇條

有左列各款行爲之一者，處三日以下拘留或新臺幣一萬二千元以下罰鍰：

一 畜養危險動物，影響鄰居安全者。

二 畜養之危險動物，出入有人所在之道路、建築物或其他場所者。

三 驅使或縱容動物嚇人者。

第七一條

於主管機關明示禁止出入之處所，擅行出入不聽勸阻者，處新臺幣六千元以下罰鍰。

第七二條

有左列各款行爲之一者，處新臺幣六千元以下罰鍰：

一 於公共場所或公眾得出入之場所，酗酒滋事、謾罵喧鬧，不聽禁止者。

二 無正當理由，擅吹警笛或擅發其他警號者。

三 製造噪音或深夜喧嘩，妨害公眾安寧者。

第七三條

有左列各款行爲之一者，處新臺幣六千元以下罰鍰：

一 於學校、博物館、圖書館、展覽會、運動會或其他公共場所，口角紛爭或喧嘩滋事，不聽禁止者。

二 於自己經營地界內，當通行之處，有溝、井、坎、穴等，不設覆蓋或防圍者。

三 於發生災變之際，停聚圍觀，妨礙救助或處理，不聽禁止者。

四 污損祠宇、教堂、墓碑或公眾紀念之處所或設施者。

第七四條

有左列各款行爲之一者，處新臺幣六千元以下罰鍰：

一 深夜遊蕩，行跡可疑，經詢問無正當理由，不聽禁止而有危害安全之虞者。

二 無正當理由，隱藏於無人居住或無人看守之建築物、礦坑、壙洞、車、船或航空器內，而有危害安全之虞者。

三 收容或僱用身分不明之人，未即時向警察機關報告，而有危害安全之虞者。

四　未經警察機關許可，在公路兩旁，燃燒草木、雜物，有礙車輛駕駛人視線，影響交通安全者。

五　婚喪喜慶、迎神賽會結眾而行，未將經過路線報告警察機關，致礙公眾通行者。

六　無正當理由，停屍不殮、停厝不葬或藉故抬棺或抬屍滋擾。

第七五條

有左列各款行為之一者，處新臺幣六千元以下罰鍰：

一　擅自操縱路燈或交通號誌者。

二　毀損路燈、交通號誌、道旁樹木或其他公共設施者。

第七六條

①有左列各款行為之一者，處新臺幣三萬元以下罰鍰：

一　當舖、各種加工、寄存、買賣、修配業，發現來歷不明之物品，不即раз報告警察機關者。

二　發現槍械、彈藥或其他爆裂物，而不報告警察機關者。

②前項第一款其情節重大或再次違反者，處或併處停止營業或勒令歇業。

第七七條

公共遊樂場所之負責人或管理人，縱容兒童、少年於深夜聚集其內，而不即時報告警察機關者，處新臺幣一萬五千元以下罰鍰；其情節重大或再次違反者，處或併處停止營業或勒令歇業。

第七八條

有左列各款行為之一者，處新臺幣一萬五千元以下罰鍰：

一　影印、縮印、放大通用之紙幣，並散布或販賣者。

二　製造、散布或販賣通用紙幣、硬幣之仿製品者。

第七九條 99

有下列各款行為之一者，處新臺幣三千元以下罰鍰或申誡：

一　於公共場所任意叫賣物品，妨礙交通，不聽禁止。

二　跨越巷、道或在通道晾掛衣、物，不聽禁止。

三　虐待動物，不聽勸阻。

第二章　妨害善良風俗

第八○條 100

有下列各款行為之一者，處新臺幣三萬元以下罰鍰：

一　從事性交易。但符合第九十一條之一第一項至第三項之自治條例規定者，不適用之。

二　在公共場所或公眾得出入之場所，意圖與人性交易而拉客。

第八一條 100

有下列各款行為之一者，處三日以下拘留，併處新臺幣一萬元以上五萬元以下罰鍰；其情節重大者，得加重拘留至五日：

一　媒合性交易。但媒合符合前條第一款但書規定之性交易者，不適用之。

二　在公共場所或公眾得出入之場所，意圖媒合性交易而拉客。

第八二條

① 有左列各款行為之一者，處三日以下拘留或新臺幣一萬二千元以下罰鍰：

一　於公共場所或公眾得出入之場所，乞討叫化不聽勸阻者。

二　於公共場所或公眾得出入之場所唱演或播放淫詞、穢劇或其他妨害善良風俗之技藝者。

② 前項第二款唱演或播放之處所，為戲院、書場、夜總會、舞廳或同類場所，其情節重大或再次違反者，得處或併處停止營業或勒令歇業。

第八三條 110

有下列各款行為之一者，處新臺幣六千元以下罰鍰：

一　故意窺視他人臥室、浴室、廁所、更衣室，足以妨害其隱私者。

二　於公共場所或公眾得出入之場所，任意裸體或為放蕩之姿勢，而有妨害善良風俗，不聽勸阻者。

三　以猥褻之言語、舉動或其他方法，調戲他人者。

第八四條

於非公共場所或非公眾得出入之職業賭博場所，賭博財物者，處新臺幣九千元以下罰鍰。

第三章　妨害公務

第八五條 105

有左列各款行為之一者，處拘留或新臺幣一萬二千元以下罰鍰：

一　於公務員依法執行職務時，以顯然不當之言詞或行動相加，尚未達強暴脅迫或侮辱之程度者。

二　於公務員依法執行職務時，聚眾喧嘩，致礙公務進行者。

三　故意向該公務員謊報災害者。

四　無故撥打警察機關報案專線，經勸阻不聽者。

第八六條

於政府機關或其他辦公處所，任意喧嘩或兜售物品，不聽禁止者，處新臺幣三千元以下罰鍰或申誡。

第四章　妨害他人身體財產

第八七條 110

有下列各款行為之一者，處新臺幣一萬八千元以下罰鍰：

一　加暴行於人者。

二　互相鬥毆者。

三　意圖鬥毆而聚眾者。

第八八條

有左列各款行為之一者，處新臺幣三千元以下罰鍰：

一　未經他人許可，釋放他人之動物、船筏或其他物品，或擅駛

　　他人之車、船者。

二　任意採折他人竹木、菜果、花卉或其他植物者。

第八九條

有左列各款行為之一者，處新臺幣三千元以下罰鍰或申誡：

一　無正當理由，為人施催眠術或施以藥物者。

二　無正當理由，跟追他人，經勸阻不聽者。

第九〇條

有左列各款行為之一者，處新臺幣三千元以下罰鍰或申誡：

一　污損他人之住宅題誌、店舖招牌或其他正當之告白或標誌者。

二　未經他人許可，張貼、塗抹或畫刻於他人之交通工具、圍牆、房屋或其他建築物者。

第九一條

有左列各款行為之一者，處新臺幣一千五百元以下罰鍰或申誡：

一　污濕他人之身體、衣著或物品而情節重大者。

二　故意踐踏他人之田園或縱入牲畜者。

三　於他人之土地內，擅自釣魚、牧畜，不聽勸阻者。

四　於他人之土地內，擅自挖掘土石、棄置廢棄物或取水，不聽勸阻者。

第四編　附　則

第九一條之一 105

①直轄市、縣（市）政府得因地制宜，制定自治條例，規劃得從事性交易之區域及其管理。

②前項自治條例，應包含下列各款規定：

一　該區域為都市計畫地區，限於商業區範圍內。

二　該區域為非都市土地，限於以供遊憩為主之遊憩用地範圍內。但不包括兒童或青少年遊憩場。

三　前二款之區域，應與學校、幼兒園、寺廟、教會（堂）等建築物保持適當之距離。

四　性交易場所應辦理登記及申請執照，未領有執照，不得經營性交易。

五　曾犯刑法第二百三十一條、第二百三十一條之一、第二百三十三條、第二百四十條、第二百四十一條、第二百九十六條之一、兒童及少年性交易防制條例第二十三條至第二十七條、兒童及少年性剝削防制條例第三十二條至第三十七條或人口販運防制法之罪，經判決有罪者，不得擔任性交易場所之負責人。

六　性交易場所之負責人犯前款所定之罪，經判決有罪者，撤銷或廢止性交易場所執照。

七　性交易服務者，應辦理登記及申請證照，並定期接受健康檢

查。性交易場所負責人，亦應負責督促其場所內之性交易服務者定期接受健康檢查。

八　性交易服務者犯刑法第二百八十五條或人類免疫缺乏病毒傳染防治及感染者權益保障條例第二十一條之罪者，撤銷或廢止其證照。

九　性交易服務者經健康檢查發現有前款所定之疾病者，吊扣其證照，依法通知其接受治療，並於治療痊癒後發還證照。

十　不得有意圖性交易或媒合性交易，於公共場所或公眾得出入之場所廣告之行為。

③本法中華民國一百年十一月四日修正之條文施行前，已依直轄市、縣（市）政府制定之自治條例管理之性交易場所，於修正施行後，得於原地址依原自治條例之規定繼續經營。

④依前二項規定經營性交易場所者，不適用刑法第二百三十一條之規定。

⑤直轄市、縣（市）政府應依第八十條、本條第一項及第二項性交易服務者之申請，提供輔導轉業或推介參加職業訓練。

第九二條

法院受理違反本法案件，除本法有規定者外，準用刑事訴訟法之規定。

第九三條 100

①違反本法案件處理辦法，由行政院會同司法院定之。

②拘留所設置管理辦法、沒入物品處分規則，由行政院定之。

第九四條

本法自公布日施行。

違反社會秩序維護法案件處理辦法

①民國81年2月21日行政院、司法院令會同訂定發布全文65條。
②民國101年6月21日行政院、司法院令會同修正發布第33、50條條文；並刪除第12、34～37、60條條文。
③民國109年11月16日行政院、司法院令會同刪除發布第45、46條條文及第七章章名。

第一章　總則

第一條

本辦法依社會秩序維護法（以下簡稱本法）第九十三條第一項規定訂定之。

第二條

①本法規定之解散命令、檢查命令、禁止或勸阻，由警察機關或該管公務員爲之。

②因他人違反本法行爲致其權益直接遭受危害之人，亦得爲口頭勸阻。

第三條

依本法第八條第二項、第三項或第九條第二項、第三項規定責由法定代理人、監護人或其他相當之人加以管教或監護者，應以書面通知之。

第四條

處罰有二種以上之加重或減輕者，遞加或遞減之。

第五條

本法所稱裁處確定，係指左列各款情形而言：

一　經警察機關處分之案件，受處分人未依法聲明異議者，其處分自處分書送達之翌日起，至第五日期滿時確定。

二　地方法院或其分院簡易庭（以下簡稱簡易庭）關於聲明異議案件之裁定，於裁定宣示或送達時確定。

三　簡易庭就本法第四十五條案件所爲之裁定，受裁定人及原移送之警察機關未依法提起抗告者，其裁定自裁定書送達之翌日起，至第五日期滿時確定。

四　地方法院或其分院普通庭（以下簡稱普通庭）關於抗告案件之裁定，於裁定宣示或送達時確定。

五　捨棄抗告權、撤回聲明異議或抗告之案件，其裁處於捨棄或撤回書狀到達受理機關或原裁處機關時確定。

第六條

本法所稱查禁物，係指刑法第三十八條第一項第一款所定違禁物

以外，依法令禁止製造、運輸、販賣、陳列或持有之物。

第七條

本法第二十六條所稱再有違反本法行為者，不以前後兩次行為均違反本法同條款之規定為限。

第八條

本法分則各章條文中所稱再次違反，係指行為人前行為與本次行為均違反本法同一條款之規定而言。

第九條

本法所稱深夜，係指凌晨零時至五時而言。

第一〇條

本法所稱情節重大，應審酌左列事項認定之：

一　手段與實施之程度。

二　被害之人數與受害之程度。

三　違反義務之程度。

四　行為所生危險或損害之程度。

五　行為破壞社會秩序之程度。

第一一條

本法第七十二條第三款所稱噪音，係指噪音管制法令規定之管制標準以外，不具持續性或不易量測而足以妨害他人生活安寧之聲音。

第一二條　（刪除）101

第一三條

本法第八十四條所稱職業賭博場所，係指具有營利性之賭博場所而言。

第二章　警察機關之管轄

第一四條

本法第四十三條第一項各款所列由警察機關處分之案件如左：

一　所稱違反本法行為選擇處罰鍰或申誡之案件，係指本法分則條文法定本罰為選處罰鍰或申誡之案件。

二　所稱併宣告沒入者，係指本法第四十三條第一項第一款、第二款之案件，而依本法第二十三條前段規定併宣告沒入之案件。

三　所稱單獨宣告沒入者，係指依本法第二十三條但書規定得單獨宣告沒入之案件。但依同條第一款規定單獨宣告沒入者，以本法第四十三條第一項第一款、第二款規定之案件為限。

四　所稱認為應免除處罰之案件，係指本法第四十三條第一項第一款、第二款之案件，而依本法規定免除其處罰或得免除其處罰之案件。

第一五條

違反本法案件，數警察機關有管轄權者，由受理在先之警察機關管轄。但其有繼續調查必要不能及時處分，而行為人之住居所不

在其轄區內者，得移由其住居所地之警察機關處理。

第一六條

警察機關管轄案件有爭議者，由共同直接上級警察機關指定其管轄。

第一七條

警察機關對於違反本法案件，認無管轄權者，應即移送有管轄權之警察機關，並副知當事人。

第一八條

① 本法第三十八條所稱違反本法之行為涉嫌違反刑事法律或少年事件處理法者，係指同一之行為或牽連之行為涉嫌違反刑事法律或少年事件處理法而言。

② 前項案件，警察機關之處理程序如左：

　一　違反刑事法律或少年事件處理法部分，應即依本法第三十八條規定，移送該管檢察官或少年法庭依法辦理。

　二　違反本法應依本法第三十八條但書規定處罰部分，依本法第四十三條第一項及第四十五條第一項規定處理。

第三章　警察機關之調查程序

第一九條

① 查獲可為證據或應予沒入之物，應帶案處理並妥為保管，行為人逃逸而遺留現場者亦同。

② 前項情形，應當場製作紀錄，除行為人逃逸而遺留現場者外，並以一份交所有人、持有人、保管人或其他在場有關之人。

第二〇條

證人或關係人經合法通知，有正當理由不能到場者，得許其以書面陳述意見。

第二一條

依本法規定強制行為人到場者，應注意其身體及名譽，並不得逾必要之程度。

第二二條

① 警察人員因發現、受理民眾舉報、行為人自首或其他情形知有違反本法行為之嫌疑者，除應經必要調查者外，應即填具違反本法案件報告單，報請有管轄權之警察機關依法處理。

② 前項違反本法之行為人應隨案送交者，以其現行違反本法行為經逕行通知到場或強制到場，且其姓名、住所或居所不明，或有逃亡之虞者為限。

第二三條

訊問，應出於懇切之態度，不得用強暴、脅迫、利誘、詐欺或其他不正之方法。

第二四條

證人、關係人或違反本法之行為人、嫌疑人到場後，應即時訊問，並將到場時間及訊問起訖時間記明筆錄。

第二五條

訊問，應在警察機關內實施。但有左列情形之一者，得於其他適當處所為之：

一 現行違反本法之行為人，非即時訊問，證據有散失或湮滅之虞者。

二 證人、關係人或違反本法之行為人、嫌疑人不能到場而有訊問之必要者。

第二六條

實施訊問，應採問答方式，並當場製作筆錄，其記載要點如左：

一 受訊問人之姓名、性別、出生年月日、國民身分證統一編號、職業、住所或居所。

二 違反行為之事實。

三 訊問之年月日時及處所。

第二七條

違反本法之行為人或嫌疑人接受訊問時如有申辯者，應告知就其始末連續陳述，其陳述有利之事實者，並應告知其指出證明之方法。

第二八條

違反本法之行為人或嫌疑人有數人時，得隔離訊問之；為發現真實之必要，得命其對質；其有請求對質者，除顯無必要外，不得拒絕。

第二九條

①筆錄不得竄改或挖補，如有增刪、更改或附記者，應由製作人及受訊問人在其上簽名、蓋章或按指印，其刪除處應留存原字跡，並於眉欄處記明其字數。製作後應向受訊問人朗讀或令其閱覽，詢以記載有無錯誤。受訊問人請求將記載增刪、變更者，應將其陳述附記於筆錄。

②筆錄經受訊問人認明無誤後，應令受訊問人於緊接其記載之末行簽名、蓋章或按指印，再於其次行由訊問人、記錄人及通譯等依序簽名、蓋章或按指印。

③筆錄有二頁以上者，應立即裝訂，並由製作人及受訊問人當場於騎縫處加蓋印章或按指印。

④受訊問人如拒絕在筆錄簽名、蓋章或按指印時，不得強制為之。但應將其拒絕之事實或理由附記於筆錄。

第三〇條

①違反本法行為之事實，應依證據認定之。

②前項行為經警察人員當場發現者，其書面報告得為證據。

③行為人或嫌疑人之自白，非出於不正方法，且經調查與事實相符者，得為證據。

第三一條

①證據，應由警察機關依職權審慎調查；行為人或嫌疑人亦得請求調查。

②警察機關因調查證據之必要，得命行為人或嫌疑人提供必要之文書、資料或物品。但因其職業或職務上應守秘密者，不在此限。

第四章 移 送

第三二條

警察機關受理違反本法案件時，除依本法第四十三條第一項規定應自行處分者外，應依本法規定移送該管簡易庭。

第三三條 101

①警察機關依本法移送案件時，應檢具證據或其他可供參考之資料，並以移送書載明下列事項：

一　被移送人之姓名、性別、出生年月日、國民身分證統一編號、職業、住所或居所，及其他足資辨別之特徵。

二　具體事實。

三　被移送人所涉法條。

四　對本案之意見。

五　移送機關之主管長官署名蓋章。

②前項證據附送顯有困難或安全之虞者，得僅附送證據目錄、照片或影本。

③第一項被移送人須隨案移送者，以其現行違反本法行為經逕行通知或強制到場，且其姓名、住所或居所不明，或有逃亡之虞者為限。

第五章 裁 處

第三四條至第三七條 （刪除）101

第三八條

①處分之宣告，應朗讀主文，並告以處分之簡要理由及不服之救濟程序。

②處分書於宣告後，當場交付受處分人者，應命其於送達證書上簽名、蓋章或按指印；拒絕簽名、蓋章或按指印者，記明其事由。

第三九條

①處分書主文以外之內容，如有誤寫、誤算或其他類似之顯然錯誤者，原處分之警察機關應更正之。

②前項更正，應繕作表示更正意旨之通知送達受處分人。

③受處分人對第一項之錯誤，亦得申請更正。

第六章 救 濟

第四○條

聲明異議應提出異議書狀，載明左列事項：

一　聲明異議人之姓名、性別、出生年月日、國民身分證統一編號、職業及住所或居所。

二　聲明異議之事實及理由。

三　證據。

四 原處分之警察機關及處分書之字號。

第四一條

①原處分之警察機關收受異議書狀後，如認異議有理由者，應於收受之翌日起三日內，撤銷或變更原處分；並應於五日內將撤銷或變更原處分之處分書送達受處分人。

②原處分之警察機關收受異議書狀後，如認異議不合法定程式或聲明異議權已經喪失或全部或一部無理由者，應於收受之翌日起三日內，連同有關卷宗送交該管簡易庭，並得添具意見書。

第四二條

簡易庭受理聲明異議之案件，發現違反本法行為非屬本法第四十三條第一項各款所列之案件者，應裁定撤銷警察機關之處分，並通知該警察機關依本法第四十五條第一項之規定重行移送簡易庭審理。

第四三條

簡易庭審理依本法第四十五條第一項移送之案件，發現違反本法行為係屬本法第三十一條第一項或第四十三條第一項各款所列之案件者，應將該案件退回原移送之警察機關處理。

第四四條

①被處罰人之住所或居所不在法院所在地者，計算聲明異議期間時，準用司法院所定當事人在途期間表扣除在途期間。

②被處罰人非因過失遲誤聲明異議之期間者，於原因消滅後五日內，得聲請回復原狀。

③前項聲請，應以書狀釋明非因過失遲誤期間之原因及其原因消滅之時期，檢同聲明異議書狀，向原處分之警察機關提出。

④原處分之警察機關接受回復原狀之聲請，應即繕具意見書，一併送交簡易庭裁定。

⑤簡易庭受理回復原狀之聲請，應與補行之聲明異議合併裁定。

⑥回復原狀之聲請，於裁定前，警察機關或簡易庭得停止原處分之執行。

第七章　（刪除）109

第四五條（刪除）109
第四六條（刪除）109

第八章　執　行

第四七條

①違反本法案件之處罰，由原處分或原移送之警察機關執行之。

②簡易庭或普通庭受理違反本法案件，經裁定確定或終結後，應執行者，通知前項警察機關執行之。

第四八條

①執行前之數確定裁處，由繫屬在先之警察機關依本法第二十五條規定，製作合併執行書定其應執行之處罰，交付被處罰人，並執

行之。

②執行中或執行後發覺有應合併執行之處罰而未合併者，應更定其應執行之處罰並就未執行部分執行之。更定之合併執行書，發覺在執行中者當場交付，在執行後者送達之。

③前二項其應執行之處罰者，被處罰人或其法定代理人、配偶，亦得請求繫屬在先之警察機關辦理之。

④第一項、第二項執行情形應通知有關警察機關。

第四九條

①被處罰人之住、居所或所在地非在前二條執行之警察機關轄區內者，得以處分書、裁定書或合併執行書之副本或影本，囑託被處罰人住、居所或所在地之警察機關代為執行。

②受託之警察機關應將執行情形回復囑託機關。

第五〇條 101

①裁定拘留確定之案件，警察機關應於確定後即以執行通知單，通知被處罰人到場執行，其無正當理由不到場接受執行者，得以執行到場通知單強制其到場。

②前項被處罰人到場後，警察機關應作人別訊問，製作筆錄，送交拘留所執行之。

③執行拘留，應由警察機關於二十四小時內，以書面通知被處罰人指定之親友；其不願指定或不能指定者，記錄其事由，並命被處罰人簽名、蓋章或按捺印後，附卷備查。

④被處罰人為現役軍人者，警察機關應依職權通知當地憲兵隊及該軍人所屬機關、部隊。

第五一條

執行拘留有左列情形之一者，於其事故消滅前，停止其執行。

一　生產或流產後未滿二個月者。

二　懷胎滿五個月者。

三　被拘留人之父母、配偶或子女重病或喪亡，須其親自處理者。

四　現罹疾病，因執行致身體健康有重大影響者。

第五二條

依本法第五十四條第二項但書之規定執行至當日八時前釋放者，應取具被處罰人之同意書備查。

第五三條

罰鍰及沒入款項之收繳，依一般法定程序辦理。

第五四條

沒入物品之處理，依沒入物品處分規則之規定。

第五五條

裁處罰鍰確定之案件，警察機關應於確定後即以執行通知單，通知被處罰人依限完納。

第五六條

①被處罰人依其經濟狀況不能即時完納罰鍰者，得於執行通知單送

達之日起五日內，向執行之警察機關申請許可分期繳納。

②警察機關應於接受申請之日起五日內，斟酌被處罰人之經濟狀況，為分期繳納之准駁，並製作通知書送達之；其准以分期繳納者，並載明每期應繳納之日期、金額及不按期繳納之法律效果。

③前項分期繳納罰鍰，以十五日為一期，並以罰鍰總額平均分二至六期繳納之。

第五七條

①裁定停止營業或勒令歇業確定之案件，警察機關應於確定後即以執行通知單，命被處罰人於通知送達之翌日起，停止或歇閉其營業。

②被處罰人經通知後未停止或歇閉其營業者，得製作公告張貼於營業場所之明顯處或以其他適當方法強制其停業或歇業。

第五八條

申誡之執行，被處罰人在場者，以言詞予以告誡，其未在場者，應將處分書或裁定書送達之。

第五九條

執行通知單，應載明左列事項：

一　應受執行人之姓名、性別、出生年月日、國民身分證統一編號、職業、住所或居所。

二　應受執行之處罰。

三　裁處機關、裁定書或處分書字號及裁處確定之日期。

四　應受執行之時間、處所及違法之法律效果。

五　其他應告知應受執行人之記載事項。

六　通知機關及年月日。

第六〇條　（刪除）101

第九章　附　則

第六一條

警察機關處理違反本法案件，應設置「處理違反社會秩序維護法案件登記簿」登記之。

第六二條

警察機關處理違反本法案件，應就每一案件編訂卷宗；其保存屆滿三年者，得予銷燬。

第六三條

警察機關處理違反本法案件之書表格式，由內政部警政署訂之。

第六四條

警察機關處理違反本法案件，有關文書送達之程序，準用刑事訴訟法之規定。

第六五條

本辦法自發布日施行。

法院辦理社會秩序維護法案件應行注意事項

①民國80年7月10日司法院函訂定發布全文22點。
②民國81年7月21日司法院函修正發布第4、5、17、18、20點。
③民國93年11月3日司法院函修正發布第22點附件。
④民國100年11月30日司法院函修正發布第5、11、14點及第22點附件；刪除第16～18點；並自即日起生效。

一 辦理違反社會秩序維護法（以下稱本法）案件時，對於被移送人有利及不利之情形，應一律注意。

二 法院簡易庭對於違反本法案件之有無管轄權，應以受理時為準。
依調查之結果，認無管轄權者，應以裁定移轉於有管轄權之他法院簡易庭辦理；但同一法院簡易庭相互間之移案，毋庸以裁定為之。
同一案件繫屬於數簡易庭者，由繫屬在先之簡易庭審理。

三 簡易庭、普通庭管轄之案件，如被移送人或其他利害關係人誤向同法院之他簡易庭、普通庭為聲請或提起抗告時，均應認為合法，由簡易庭或普通庭函移該管簡易庭、普通庭處理。

四 受理違反本法案件，應即分案審理。如事證明確者，得逕依警察機關移送之卷證資料制作裁定書，以期迅速。

五 警察機關隨案解送被移送人時，簡易庭應即訊問調查，於訊問調查後，並即時宣示裁定，迅速製作裁定書，當場送達被移送人。但有再行調查之必要者，不在此限。

六 被移送人得於審理中依刑事訴訟法之規定選任辯護人辯護或陳報輔佐人到庭陳述意見，惟均應按審級提出委任狀。選任律師為辯護人者，得檢閱卷宗、證物及抄錄或攝影。

七 審理違反本法案件，必要時得通知原移送之警察機關派員到庭說明查獲之經過及其認定違反本法之事證。

八 簡易庭受理聲明異議之案件及依本法第四十五條第一項移送之案件暨普通庭受理抗告之案件，如認定行為應予處罰者，得分別於本法第四十三條第一項或第四十五條第一項所定案件之範圍內，就移送之事實，變更警察機關所引應適用之法條。

九 本法第三十八條之規定，少年違反本法之行為同時違反少年事件處理法，應移送少年法庭審理者，係指少年之行為有少年事件處理法第三條或第二十七條之情事。

一〇 簡易庭或普通庭之裁定正本，未當場送達被移送人者，應

至遲於收受裁定原本之翌日函囑原移送之警察機關送達予被移送人，或準用刑事訴訟法有關送達之規定為之。

一一 被移送人或移送之警察機關提起抗告者，簡易庭應於送達回證收齊後二日內檢卷移送普通庭。

一二 簡易庭、普通庭如認抗告不合法定程式或法律上不應准許或其抗告權已經喪失者，應以裁定駁回之。但其不合法定程式可補正者，應定期先命補正。

一三 違反本法案件，經提起抗告，普通庭如認其抗告有理由者，應以裁定將原裁定撤銷並自為裁定；如認抗告無理由者，應以裁定駁回。

一四 違反本法之行為經裁定處罰確定，應於送達回證繳齊後二日內檢同裁定正本及警察機關移送之證物或應予沒入之物送由原移送之警察機關執行。

一五 同一案件經提起抗告者，曾參與簡易庭裁判之法官，應自行迴避，不得再參與普通庭之審理。

一六至一八 （刪除）

一九 裁處停止營業者，不論有無其他依法加重事由，其停止營業期間，仍應依本法第十九條第一項第三款規定處罰一日以上二十日以下之期間內裁量之。

二〇 警察機關聲請易以拘留之案件，簡易庭應於受理後二日內，迅速裁定並制作正本送達。經提起抗告者，普通庭亦應依上開期限辦理。

二一 本法第九十二條準用刑事訴訟法之規定，除本法及其處理辦法另有規定外，凡性質上與本法規定不違背者，均在準用之範圍。

二二 社會秩序維護法案件事務管轄區分表（如附件）。

參、刑事訴訟法及相關法規

刑事訴訟法

①民國17年7月28日國民政府制定公布全文513條;並自17年9月1
　日施行。
②民國24年1月1日國民政府修正公布全文516條。
③民國34年12月26日國民政府修正公布第6、22、50、67、68、
　108、109、114、120、121、173、207、217、221、232、235、
　238、252、287、306、308、311、312、317、318、323、335、
　362、374～376、378、385、387、389、390、400、415、440、
　441、495、499、505、507、508、515條條文。
④民國56年1月28日總統令修正公布名稱及全文512條(原名稱:
　中華民國刑事訴訟法)。
⑤民國57年12月5日總統令修正公布第344、506條條文。
⑥民國71年8月4日總統令修正公布第27、29～31、33、34、150、
　245、255條條文;並增訂第71-1、88-1條條文。
⑦民國79年8月3日總統令修正公布第308、451、454條條文;並增
　訂第310-1、451-1、455-1條條文。
⑧民國82年7月30日總統令修正公布第61條條文。
⑨民國84年10月20日總統令修正公布第253、373、376、449、
　451、454條條文;並增訂第449-1條條文。
⑩民國86年12月19日總統令修正公布第27、31、35、91～93、
　95、98、101～103、105～108、110、111、114、117～119、
　121、146、226、228～230、259、271、311、379、449、451、
　451-1、452條條文;刪除第104、120條條文;並增訂第93-1、
　100-1、100-2、101-1、101-2、103-1、116-1、231-1條條文。
⑪民國87年1月21日總統令修正公布第55、100-1、100-2、420條條
　文;並增訂第100-3、248-1條條文。
⑫民國88年2月3日總統令修正公布第93-1、146條條文。
⑬民國88年4月21日總統令修正公布第101-1、147條條文。
⑭民國89年2月9日總統令修正公布第38、117、323、326、328、
　338、441、442條條文;並增訂第116-2、117-1條條文。
⑮民國89年7月19日總統令修正公布第245條條文。
⑯民國90年1月12日總統令修正公布第122、127、128、128-1、
　128-2、130、131、131-1、132-1、136、137、143、144、
　145、153、228、230、231、404、416條條文;增訂第128-1、
　128-2、131-1、132-1條條文;刪除第129條條文;並自90年7月1
　日施行。
⑰民國91年2月8日總統令修正公布第61、131、161、163、177、
　178、218、253、255～260、326條條文;並增訂第253-1～253-
　3、256-1、258-1～258-4、259-1條條文。
⑱民國91年6月5日總統令修正公布第101-1條條文。
⑲民國92年2月6日總統令修正公布第31、35、37、38、43、44、
　117-1、118、121、154～156、159、160、164、165～167、
　169～171、175、180、182～184、186、189、190、192、193、
　195、196、198、200、201、203～205、208、209、214、215、
　219、229、258-1、273、274、276、279、287、288、289、

303、307、319、320、327、329、331、449、455條條文；增
訂第43-1、44-1、158-1～158-4、159-1～159-5、161-1～161-
3、163-1、163-2、165-1、166-1～166-7、167-1～167-7、168-
1、176-1、176-2、181-1、196-1、203-1～203-4、204-1～204-
3、205-1、205-2、206-1、第五節節名、219-1～219-8、236-
1、236-2、271-1、273-1、273-2、284-1、287-1、287-2、288-
1～288-3條條文；並刪除第162、172～174、191、340條條文；
其中第117-1、118、121、175、182、183、189、193、195、
198、200、201、205、229、236-1、236-2、258-1、271-1、
303、307條自公布日施行，餘自92年9月1日施行。
⑳民國93年4月7日總統令增訂公布第七編之一編名及第455-2～
455-11條條文。
㉑民國93年6月23日總統令修正公布第308、309、310-1、326、
454條條文；並增訂第310-2、314-1條條文。
㉒民國95年5月24日總統令修正公布第31條條文。
㉓民國95年6月14日總統令修正公布第101-1、301、470、481條條
文；並自95年7月1日施行。
㉔民國96年3月21日總統令修正公布第284-1條條文。
㉕民國96年7月4日總統令修正公布第33、108、344、354、361、
367、455-1條條文。
㉖民國96年12月12日總統令修正公布第121條條文。
㉗民國98年7月8日總統令修正公布第93、253-2、449、479、480
條條文；其中第253-2、449、479、480條自98年9月1日施行；
第93條自99年1月1日施行。
㉘民國99年6月23日總統令修正公布第34、404、416條條文；並增
訂第34-1條條文。
㉙民國101年6月13日總統令修正公布第245條條文。
㉚民國102年1月23日總統令修正公布第31、95條條文。
㉛民國103年1月29日總統令修正公布第119、404、416條條文。
㉜民國103年6月4日總統令修正公布第253-2、370、455-2條條文。
㉝民國103年6月18日總統令增訂公布第119-1條條文；並自修正公
布後六個月施行。
㉞民國103年12月24日總統令修正公布第376條條文。
㉟民國104年1月14日總統令修正公布第27、31、35、93-1條條
文。
㊱民國104年2月4日總統令修正公布第420條條文。
㊲民國105年6月22日總統令修正公布第133、136、137、141、
143、145、259-1、309、310、404、416、455-2、470、473、
475條條文；增訂第3-1、133-1、133-2、142-1、310-3、455-
12～455-37條條文及第七編之二編名；並自105年7月1日施行。
㊳民國106年4月26日總統令修正公布第93、101條條文；並增訂第
31-1、33-1條條文；除第31-1條自107年1月1日施行外，餘自公
布日施行。
㊴民國106年11月16日總統令修正公布第253、284-1、376條條
文。
㊵民國107年11月21日總統令修正公布第57、61條條文。
㊶民國107年11月28日總統令修正公布第311條條文。
㊷民國108年6月19日總統令修正公布第33、404、416條條文；增
訂第93-2～93-6條條文及第八章之一章名；並自修正公布後六個
月施行。

㊸民國108年7月17日總統令修正公布第116-2、117、121、456、
469條條文。

㊹民國109年1月8日總統令修正公布第248-1、429、433、434條
條文；並增訂第248-2、248-3、271-2～271-4、429-1～429-3、
455-38～455-47條條文及第七編之三編名。

㊺民國109年1月15日總統令修正公布第15、17～26、38、41、
46、50、51、58、60、63、67、68、71、76、85、88-1、89、
99、101-1、114、121、142、158-2、163、192、256、256-1、
271-1、280、289、292、313、344、349、382、390、391、
394、426、454、457條條文；並增訂第38-1、89-1條條文；除第
38-1條、第51條第1項、第71條第2項、第85條第2項、第89、99
條、第142條第3項、第192、289條自公布後六個月施行外，自
公布日施行。

㊻民國110年6月16日修正公布第234、239、348條條文。

第一編　總　則

第一章　法　例

第一條

① 犯罪，非依本法或其他法律所定之訴訟程序，不得追訴、處罰。

② 現役軍人之犯罪，除犯軍法應受軍事裁判者外，仍應依本法規定
追訴、處罰。

③ 因受時間或地域之限制，依特別法所爲之訴訟程序，於其原因消
滅後，尚未判決確定者，應依本法追訴、處罰。

第二條

① 實施刑事訴訟程序之公務員，就該管案件，應於被告有利及不利
之情形，一律注意。

② 被告得請求前項公務員，爲有利於己之必要處分。

第三條

本法稱當事人者，謂檢察官、自訴人及被告。

第三條之一　105

本法所稱沒收，包括其替代手段。

第二章　法院之管轄

第四條

地方法院於刑事案件，有第一審管轄權。但左列案件，第一審管
轄權屬於高等法院：

一　內亂罪。

二　外患罪。

三　妨害國交罪。

第五條

①案件由犯罪地或被告之住所、居所或所在地之法院管轄。

②在中華民國領域外之中華民國船艦或航空機內犯罪者，船艦本籍地、航空機出發地或犯罪後停泊地之法院，亦有管轄權。

第六條

①數同級法院管轄之案件相牽連者，得合併由其中一法院管轄。

②前項情形，如各案件已繫屬於數法院者，經各該法院之同意，得以裁定將其案件移送於一法院合併審判之；有不同意者，由共同之直接上級法院裁定之。

③不同級法院管轄之案件相牽連者，得合併由其上級法院管轄。已繫屬於下級法院者，其上級法院得以裁定命其移送上級法院合併審判。但第七條第三款之情形，不在此限。

第七條

有左列情形之一者，為相牽連之案件：

一　一人犯數罪者。

二　數人共犯一罪或數罪者。

三　數人同時在同一處所各別犯罪者。

四　犯與本罪有關係之藏匿人犯、湮滅證據、偽證、贓物各罪者。

第八條

同一案件繫屬於有管轄權之數法院者，由繫屬在先之法院審判之。但經共同之直接上級法院裁定，亦得由繫屬在後之法院審判之。

第九條

①有左列情形之一者，由直接上級法院以裁定指定該案件之管轄法院：

一　數法院於管轄權有爭議者。

二　有管轄權之法院經確定裁判為無管轄權，而無他法院管轄該案件者。

三　因管轄區域境界不明，致不能辨別有管轄權之法院者。

②案件不能依前項及第五條之規定，定其管轄法院者，由最高法院以裁定指定管轄法院。

第一〇條

①有左列情形之一者，由直接上級法院，以裁定將案件移轉於其管轄區域內與原法院同級之他法院：

一　有管轄權之法院因法律或事實不能行使審判權者。

二　因特別情形由有管轄權之法院審判，恐影響公安或難期公平者。

②直接上級法院不能行使審判權時，前項裁定由再上級法院為之。

第一一條

指定或移轉管轄由當事人聲請者，應以書狀敘述理由向該管法院為之。

第一二條

訴訟程序不因法院無管轄權而失效力。

第一三條

法院因發見眞實之必要或遇有急迫情形時，得於管轄區域外行其職務。

第一四條

法院雖無管轄權，如有急迫情形，應於其管轄區域內爲必要之處分。

第一五條 109

第六條所規定之案件，得由一檢察官合併偵查或合併起訴；如該管他檢察官有不同意者，由共同之直接上級檢察署檢察長或檢察總長命令之。

第一六條

第十三條及第十四條之規定，於檢察官行偵查時準用之。

第三章　法院職員之迴避

第一七條 109

法官於該管案件有下列情形之一者，應自行迴避，不得執行職務：

一　法官爲被害人者。
二　法官現爲或曾爲被告或被害人之配偶、八親等內之血親、五親等內之姻親或家長、家屬者。
三　法官與被告或被害人訂有婚約者。
四　法官現爲或曾爲被告或被害人之法定代理人者。
五　法官曾爲被告之代理人、辯護人、輔佐人或曾爲自訴人、附帶民事訴訟當事人之代理人、輔佐人者。
六　法官曾爲告訴人、告發人、證人或鑑定人者。
七　法官曾執行檢察官或司法警察官之職務者。
八　法官曾參與前審之裁判者。

第一八條 109

當事人遇有下列情形之一者，得聲請法官迴避：

一　法官有前條情形而不自行迴避者。
二　法官有前條以外情形，足認其執行職務有偏頗之虞者。

第一九條 109

① 前條第一款情形，不問訴訟程度如何，當事人得隨時聲請法官迴避。
② 前條第二款情形，如當事人已就該案件有所聲明或陳述後，不得聲請法官迴避。但聲請迴避之原因發生在後或知悉在後者，不在此限。

第二〇條 109

① 聲請法官迴避，應以書狀舉其原因向法官所屬法院爲之。但於審判期日或受訊問時，得以言詞爲之。
② 聲請迴避之原因及前條第二項但書之事實，應釋明之。

③被聲請迴避之法官，得提出意見書。

第二一條 109

①法官迴避之聲請，由該法官所屬之法院以合議裁定之，其因不足法定人數不能合議者，由院長裁定之；如並不能由院長裁定者，由直接上級法院裁定之。

②前項裁定，被聲請迴避之法官不得參與。

③被聲請迴避之法官，以該聲請爲有理由者，毋庸裁定，即應迴避。

第二二條 109

法官被聲請迴避者，除因急速處分或以第十八條第二款爲理由者外，應即停止訴訟程序。

第二三條 109

聲請法官迴避經裁定駁回者，得提起抗告。

第二四條 109

①該管聲請迴避之法院或院長，如認法官有應自行迴避之原因者，應依職權爲迴避之裁定。

②前項裁定，毋庸送達。

第二五條 109

①本章關於法官迴避之規定，於法院書記官及通譯準用之。但不得以曾於下級法院執行書記官或通譯之職務，爲迴避之原因。

②法院書記官及通譯之迴避，由所屬法院院長裁定之。

第二六條 109

①第十七條至第二十條及第二十四條關於法官迴避之規定，於檢察官、檢察事務官及辦理檢察事務之書記官準用之。但不得以曾於下級檢察署執行檢察官、檢察事務官、書記官或通譯之職務，爲迴避之原因。

②檢察官、檢察事務官及前項書記官之迴避，應聲請所屬檢察長或檢察總長核定之。

③檢察長之迴避，應聲請直接上級檢察署檢察長或檢察總長核定之；其檢察署僅有一人者，亦同。

第四章　辯護人、輔佐人及代理人

第二七條 104

①被告得隨時選任辯護人。犯罪嫌疑人受司法警察官或司法警察調查者，亦同。

②被告或犯罪嫌疑人之法定代理人、配偶、直系或三親等內旁系血親或家長、家屬，得獨立爲被告或犯罪嫌疑人選任辯護人。

③被告或犯罪嫌疑人因精神障礙或其他心智缺陷無法爲完全之陳述者，應通知前項之人得爲被告或犯罪嫌疑人選任辯護人。但不能通知者，不在此限。

第二八條

每一被告選任辯護人，不得逾三人。

第二九條

辯護人應選任律師充之。但審判中經審判長許可者，亦得選任非律師爲辯護人。

第三〇條

① 選任辯護人，應提出委任書狀。

② 前項委任書狀，於起訴前應提出於檢察官或司法警察官；起訴後應於每審級提出於法院。

第三一條 104

① 有下列情形之一，於審判中未經選任辯護人者，審判長應指定公設辯護人或律師爲被告辯護：

一　最輕本刑爲三年以上有期徒刑案件。

二　高等法院管轄第一審案件。

三　被告因精神障礙或其他心智缺陷無法爲完全之陳述者。

四　被告具原住民身分，經依通常程序起訴或審判者。

五　被告爲低收入戶或中低收入戶而聲請指定者。

六　其他審判案件，審判長認有必要者。

② 前項案件選任辯護人於審判期日無正當理由而不到庭者，審判長得指定公設辯護人或律師。

③ 被告有數人者，得指定一人辯護。但各被告之利害相反者，不在此限。

④ 指定辯護人後，經選任律師爲辯護人者，得將指定之辯護人撤銷。

⑤ 被告或犯罪嫌疑人因精神障礙或其他心智缺陷無法爲完全之陳述或具原住民身分者，於偵查中未經選任辯護人，檢察官、司法警察官或司法警察應通知依法設立之法律扶助機構指派律師到場爲其辯護。但經被告或犯罪嫌疑人主動請求立即訊問或詢問，或等候律師逾四小時未到場者，得逕行訊問或詢問。

第三一條之一 106

① 偵查中之羈押審查程序未經選任辯護人者，審判長應指定公設辯護人或律師爲被告辯護。但等候指定辯護人逾四小時未到場，經被告主動請求訊問者，不在此限。

② 前項選任辯護人無正當理由而不到庭者，審判長得指定公設辯護人或律師。

③ 前條第三項、第四項之規定，於第一項情形準用之。

第三二條

被告有數辯護人者，送達文書應分別爲之。

第三三條 108

① 辯護人於審判中得檢閱卷宗及證物並得抄錄、重製或攝影。

② 被告於審判中得預納費用請求付與卷宗及證物之影本。但卷宗及證物之內容與被告被訴事實無關或足以妨害另案之偵查，或涉及當事人或第三人之隱私或業務秘密者，法院得限制之。

③ 被告於審判中經法院許可者，得在確保卷宗及證物安全之前提下

檢閱之。但有前項但書情形，或非屬其有效行使防禦權之必要者，法院得限制之。

④對於前二項之但書所為限制，得提起抗告。

⑤持有第一項及第二項卷宗及證物內容之人，不得就該內容為非正當目的之使用。

第三三條之一 106

①辯護人於偵查中之羈押審查程序，除法律另有規定外，得檢閱卷宗及證物並得抄錄或攝影。

②辯護人持有或獲知之前項證據資料，不得公開、揭露或為非正當目的之使用。

③無辯護人之被告於偵查中之羈押審查程序，法院應以適當之方式使其獲知卷證之內容。

第三四條 99

①辯護人得接見羈押之被告，並互通書信。非有事證足認其有湮滅、偽造、變造證據或勾串共犯或證人者，不得限制之。

②辯護人與偵查中受拘提或逮捕之被告或犯罪嫌疑人接見或互通書信，不得限制之。但接見時間不得逾一小時，且以一次為限。接見經過之時間，同為第九十三條之一第一項所定不予計入二十四小時計算之事由。

③前項接見，檢察官遇有急迫情形且具正當理由時，得暫緩之，並指定即時得為接見之時間及場所。該指定不得妨害被告或犯罪嫌疑人之正當防禦及辯護人依第二百四十五條第二項前段規定之權利。

第三四條之一 99

①限制辯護人與羈押之被告接見或互通書信，應用限制書。

②限制書，應記載下列事項：

一　被告之姓名、性別、年齡、住所或居所，及辯護人之姓名。

二　案由。

三　限制之具體理由及其所依據之事實。

四　具體之限制方法。

五　如不服限制處分之救濟方法。

③第七十一條第三項規定，於限制書準用之。

④限制書，由法官簽名後，分別送交檢察官、看守所、辯護人及被告。

⑤偵查中檢察官認羈押中被告有限制之必要者，應以書面記載第二項第一款至第四款之事項，並檢附相關文件，聲請該管法院限制。但遇有急迫情形時，得先為必要之處分，並應於二十四小時內聲請該管法院補發限制書；法院應於受理後四十八小時內核復。檢察官未於二十四小時內聲請，或其聲請經駁回者，應即停止限制。

⑥前項聲請，經法院駁回者，不得聲明不服。

第三五條 104

① 被告或自訴人之配偶、直系或三親等內旁系血親或家長、家屬或被告之法定代理人於起訴後，得向法院以書狀或於審判期日以言詞陳明爲被告或自訴人之輔佐人。

② 輔佐人得爲本法所定之訴訟行爲，並得在法院陳述意見。但不得與被告或自訴人明示之意思相反。

③ 被告或犯罪嫌疑人因精神障礙或其他心智缺陷無法爲完全之陳述者，應有第一項得爲輔佐人之人或其委任之人或主管機關、相關社福機構指派之社工人員或其他專業人員爲輔佐人陪同在場。但經合法通知無正當理由不到場者，不在此限。

第三六條

最重本刑爲拘役或專科罰金之案件，被告於審判中或偵查中得委任代理人到場。但法院或檢察官認爲必要時，仍得命本人到場。

第三七條 92

① 自訴人應委任代理人到場。但法院認爲必要時，得命本人到場。

② 前項代理人應選任律師充之。

第三八條 109

第二十八條、第三十條、第三十二條及第三十三條第一項之規定，於被告或自訴人之代理人準用之；第二十九條之規定，於被告之代理人並準用之。

第三八條之一 109

依本法於審判中得檢閱卷宗及證物或抄錄、重製或攝影之閱卷規則，由司法院會同行政院定之。

第五章 文　書

第三九條

文書由公務員制作者，應記載制作之年、月、日及其所屬機關，由制作人簽名。

第四〇條

公務員制作之文書，不得竄改或挖補；如有增加、刪除或附記者，應蓋章其上，並記明字數，其刪除處應留存字跡，俾得辨認。

第四一條 109

① 訊問被告、自訴人、證人、鑑定人及通譯，應當場制作筆錄，記載下列事項：

一　對於受訊問人之訊問及其陳述。

二　證人、鑑定人或通譯如未具結者，其事由。

三　訊問之年、月、日及處所。

② 前項筆錄應向受訊問人朗讀或令其閱覽，詢以記載有無錯誤。受訊問人爲被告者，在場之辯護人得協助其閱覽，並得對筆錄記載有無錯誤表示意見。

③ 受訊問人及在場之辯護人請求將記載增、刪、變更者，應將其陳

述附記於筆錄。但附記辯護人之陳述，應使被告明瞭後爲之。

④筆錄應命受訊問人緊接其記載之末行簽名、蓋章或按指印。但受訊問人拒絕時，應附記其事由。

第四二條

①搜索、扣押及勘驗，應制作筆錄，記載實施之年、月、日及時間、處所並其他必要之事項。

②扣押應於筆錄內詳記扣押物之名目，或制作目錄附後。

③勘驗得制作圖畫或照片附於筆錄。

④筆錄應令依本法命其在場之人簽名、蓋章或按指印。

第四三條 92

前二條筆錄應由在場之書記官製作之。其行訊問或搜索、扣押、勘驗之公務員應在筆錄內簽名；如無書記官在場，得由行訊問或搜索、扣押、勘驗之公務員親自或指定其他在場執行公務之人員製作筆錄。

第四三條之一 92

①第四十一條、第四十二條之規定，於檢察事務官、司法警察官、司法警察行訊問、搜索、扣押時，準之。

②前項犯罪嫌疑人詢問筆錄之製作，應由行詢問以外之人爲之。但因情況急迫或事實上之原因不能爲之，而有全程錄音或錄影者，不在此限。

第四四條 92

①審判期日應由書記官製作審判筆錄，記載下列事項及其他一切訴訟程序：

一　審判之法院及年、月、日。

二　法官、檢察官、書記官之官職、姓名及自訴人、被告或其代理人並辯護人、輔佐人、通譯之姓名。

三　被告不出庭者，其事由。

四　禁止公開者，其理由。

五　檢察官或自訴人關於起訴要旨之陳述。

六　辯論之要旨。

七　第四十一條第一項第一款及第二款所定之事項。但經審判長徵詢訴訟關係人之意見後，認爲適當者，得僅記載其要旨。

八　當庭曾向被告宣讀或告以要旨之文書。

九　當庭曾示被告之證物。

十　當庭實施之扣押及勘驗。

十一　審判長命令記載及依訴訟關係人聲請許可記載之事項。

十二　最後曾與被告陳述之機會。

十三　裁判之宣示。

②受訊問人就前項筆錄中關於其陳述之部分，得請求朗讀或交其閱覽，如請求將記載增、刪、變更者，應附記其陳述。

第四四條之一 92

①審判期日應全程錄音；必要時，並得全程錄影。

②當事人、代理人、辯護人或輔佐人如認爲審判筆錄之記載有錯誤或遺漏者，得於次一期日前，其案件已辯論終結者，得於辯論終結後七日內，聲請法院定期播放審判期日錄音或錄影內容核對更正之。其經法院許可者，亦得於法院指定之期間內，依據審判期日之錄音或錄影內容，自行就有關被告、自訴人、證人、鑑定人或通譯之訊問及其陳述之事項轉譯爲文書提出於法院。

③前項後段規定之文書，經書記官核對後，認爲其記載適當者，得作爲審判筆錄之附錄，並準用第四十八條之規定。

第四五條

審判筆錄，應於每次開庭後三日內整理之。

第四六條 109

審判筆錄應由審判長簽名；審判長有事故時，由資深陪席法官簽名；獨任法官有事故時，僅由書記官簽名；書記官有事故時，僅由審判長或法官簽名；並分別附記其事由。

第四七條

審判期日之訴訟程序，專以審判筆錄爲證。

第四八條

審判筆錄內引用附卷之文書或表示將該文書作爲附錄者，其文書所記載之事項，與記載筆錄者，有同一之效力。

第四九條

辯護人經審判長許可，得於審判期日攜同速記到庭記錄。

第五〇條 109

裁判應由法官制作裁判書。但不得抗告之裁定當庭宣示者，得僅命記載於筆錄。

第五一條 109

①裁判書除依特別規定外，應記載受裁判人之姓名、性別、出生年月日、身分證明文件編號、住、居所；如係判決書，並應記載檢察官或自訴人並代理人、辯護人之姓名。

②裁判之原本，應由爲裁判之法官簽名；審判長有事故不能簽名者，由資深法官附記其事由；法官有事故者，由審判長附記其事由。

第五二條

①裁判書或記載裁判之筆錄之正本，應由書記官依原本制作之，蓋用法院之印，並附記證明與原本無異字樣。

②前項規定，於檢察官起訴書及不起訴處分之正本準用之。

第五三條

文書由非公務員自作者，應記載年、月、日並簽名。其非自作者，應由本人簽名，不能簽名者，應使他人代書姓名，由本人蓋章或按指印。但代書之人，應附記其事由並簽名。

第五四條

①關於訴訟之文書，法院應保存者，由書記官編爲卷宗。

②卷宗滅失案件之處理，另以法律定之。

第六章　送　達

第五五條

①被告、自訴人、告訴人、附帶民事訴訟當事人、代理人、辯護人、輔佐人或被害人為接受文書之送達，應將其住所、居所或事務所向法院或檢察官陳明。被害人死亡者，由其配偶、子女或父母陳明之。如在法院所在地無住所、居所或事務所者，應陳明以在該地有住所、居所或事務所之人為送達代收人。

②前項之陳明，其效力及於同地之各級法院。

③送達向送達代收人為之者，視為送達於本人。

第五六條

①前條之規定，於在監獄或看守所之人，不適用之。

②送達於在監獄或看守所之人，應囑託該監所長官為之。

第五七條 109

應受送達人雖未為第五十五條之陳明，而其住、居所或事務所為書記官所知者，亦得向該處送達。

第五八條 109

對於檢察官之送達，應向承辦檢察官為之；承辦檢察官不在辦公處所時，向檢察長或檢察總長為之。

第五九條

被告、自訴人、告訴人或附帶民事訴訟當事人，有左列情形之一者，得為公示送達：

一　住、居所、事務所及所在地不明者。

二　掛號郵寄而不能達到者。

三　因住居於法權所不及之地，不能以其他方法送達者。

第六〇條 109

①公示送達應由書記官分別經法院或檢察總長、檢察長或檢察官之許可，除將應送達之文書或其節本張貼於法院或檢察署牌示處外，並應以其繕本登載報紙，或以其他適當方法通知或公告之。

②前項送達，自最後登載報紙或通知公告之日起，經三十日發生效力。

第六一條 107

①送達文書由司法警察或郵政機構行之。

②前項文書為判決、裁定、不起訴或緩起訴處分書者，送達人應作收受證書、記載送達證書所列事項，並簽名交受領人。

③拘提前之傳喚，如由郵務機構行送達者，以郵務人員為送達人，且應以掛號郵寄；其實施辦法由司法院會同行政院定之。

第六二條

送達文書，除本章有特別規定外，準用民事訴訟法之規定。

第七章　期日及期間

第六三條 109

審判長、受命法官、受託法官或檢察官指定期日行訴訟程序者，應傳喚或通知訴訟關係人使其到場。但訴訟關係人在場或本法有特別規定者，不在此限。

第六四條

① 期日，除有特別規定外，非有重大理由，不得變更或延展之。

② 期日經變更或延展者，應通知訴訟關係人。

第六五條

期間之計算，依民法之規定。

第六六條

① 應於法定期間內為訴訟行為之人，其住、居所或事務所不在法院所在地者，計算該期間時，應扣除其在途之期間。

② 前項應扣除之在途期間，由司法行政最高機關定之。

第六七條 109

① 非因過失，遲誤上訴、抗告或聲請再審之期間，或聲請撤銷或變更審判長、受命法官、受託法官裁定或檢察官命令之期間者，於其原因消滅後五日內，得聲請回復原狀。

② 許用代理人之案件，代理人之過失，視為本人之過失。

第六八條 109

① 因遲誤上訴或抗告或聲請再審期間而聲請回復原狀者，應以書狀向原審法院為之。其遲誤聲請撤銷或變更審判長、受命法官、受託法官裁定或檢察官命令之期間者，向管轄該聲請之法院為之。

② 非因過失遲誤期間之原因及其消滅時期，應於書狀內釋明之。

③ 聲請回復原狀，應同時補行期間內應為之訴訟行為。

第六九條

① 回復原狀之聲請，由受聲請之法院與補行之訴訟行為合併裁判之；如原審法院認其聲請應行許可者，應繕具意見書，將該上訴或抗告案件送由上級法院合併裁判。

② 受聲請之法院於裁判回復原狀之聲請前，得停止原裁判之執行。

第七〇條

遲誤聲請再議之期間者，得準用前三條之規定，由原檢察官准予回復原狀。

第八章　被告之傳喚及拘提

第七一條 109

① 傳喚被告，應用傳票。

② 傳票，應記載下列事項：

一　被告之姓名、性別、出生年月日、身分證明文件編號及住、居所。

二　案由。

三　應到之日、時、處所。

四　無正當理由不到場者，得命拘提。

③ 被告之姓名不明或因其他情形有必要時，應記載其足資辨別之特

徵。被告之出生年月日、身分證明文件編號、住、居所不明者，得免記載。

④傳票，於偵查中由檢察官簽名，審判中由審判長或受命法官簽名。

第七一條之一

①司法警察官或司法警察，因調查犯罪嫌疑人犯罪情形及蒐集證據之必要，得使用通知書，通知犯罪嫌疑人到場詢問。經合法通知，無正當理由不到場者，得報請檢察官核發拘票。

②前項通知書，由司法警察機關主管長官簽名，其應記載事項，準用前條第二項第一款至第三款之規定。

第七二條

對於到場之被告，經面告以下次應到之日、時、處所及如不到場得命拘提，並記明筆錄者，與已送達傳票有同一之效力；被告經以書狀陳明屆期到場者亦同。

第七三條

傳喚在監獄或看守所之被告，應通知該監所長官。

第七四條

被告因傳喚到場者，除確有不得已之事故外，應按時詢問之。

第七五條

被告經合法傳喚，無正當理由不到場者，得拘提之。

第七六條 109

被告犯罪嫌疑重大，而有下列情形之一者，必要時，得不經傳喚逕行拘提：

一 無一定之住、居所者。

二 逃亡或有事實足認為有逃亡之虞者。

三 有事實足認為有湮滅、偽造、變造證據或勾串共犯或證人之虞者。

四 所犯為死刑、無期徒刑或最輕本刑為五年以上有期徒刑之罪者。

第七七條

①拘提被告，應用拘票。

②拘票，應記載左列事項：

一 被告之姓名、性別、年齡、籍貫及住、居所。但年齡、住、居所不明者，得免記載。

二 案由。

三 拘提之理由。

四 應解送之處所。

③第七十一條第三項及第四項之規定，於拘票準用之。

第七八條

①拘提，由司法警察或司法警察官執行，並得限制其執行之期間。

②拘票得作數通，分交數人各別執行。

第七九條

拘票應備二聯，執行拘提時，應以一聯交被告或其家屬。

第八〇條

執行拘提後，應於拘票記載執行之處所及年、月、日、時；如不能執行者，記載其事由，由執行人簽名，提出於命拘提之公務員。

第八一條

司法警察或司法警察官必要時，得以管轄區域外執行拘提，或請求該地之司法警察官執行。

第八二條

審判長或檢察官得開具拘票應記載之事項，囑託被告所在地之檢察官拘提被告；如被告不在該地者，受託檢察官得轉囑託其所在地之檢察官。

第八三條

被告為現役軍人者，其拘提應以拘票知照該管長官協助執行。

第八四條

被告逃亡或藏匿者，得通緝之。

第八五條 109

①通緝被告，應用通緝書。

②通緝書，應記載下列事項：

  一　被告之姓名、性別、出生年月日、身分證明文件編號、住、居所，及其他足資辨別之特徵。但出生年月日、住、居所不明者，得免記載。

  二　被訴之事實。

  三　通緝之理由。

  四　犯罪之日、時、處所。但日、時、處所不明者，得免記載。

  五　應解送之處所。

③通緝書，於偵查中由檢察總長或檢察長簽名，審判中由法院院長簽名。

第八六條

通緝，應以通緝書通知附近或各處檢察官、司法警察機關；遇有必要時，並得登載報紙或以其他方法公告之。

第八七條

①通緝經通知或公告後，檢察官、司法警察官得拘提被告或逕行逮捕之。

②利害關係人，得逕行逮捕通緝之被告，送交檢察官、司法警察官，或請求檢察官、司法警察官逮捕之。

③通緝於其原因消滅或已顯無必要時，應即撤銷。

④撤銷通緝之通知或公告，準用前條之規定。

第八八條

①現行犯，不問何人得逕行逮捕之。

②犯罪在實施中或實施後即時發覺者，為現行犯。

③有左列情形之一者，以現行犯論：

一　被追呼為犯罪人者。

二　因持有兇器、贓物或其他物件，或於身體、衣服等處露有犯罪痕跡，顯可疑為犯罪人者。

第八八條之一 109

①檢察官、司法警察官或司法警察偵查犯罪，有下列情形之一而情況急迫者，得逕行拘提之：

一　因現行犯之供述，且有事實足認為共犯嫌疑重大者。

二　在執行或在押中之脫逃者。

三　有事實足認為犯罪嫌疑重大，經被盤查而逃逸者。但所犯顯係最重本刑為一年以下有期徒刑、拘役或專科罰金之罪者，不在此限。

四　所犯為死刑、無期徒刑或最輕本刑為五年以上有期徒刑之罪，嫌疑重大，有事實足認為有逃亡之虞者。

②前項拘提，由檢察官親自執行時，得不用拘票；由司法警察官或司法警察執行時，以其急迫情況不及報告檢察官者為限，於執行後，應即報請檢察官簽發拘票。如檢察官不簽發拘票時，應即將被拘提人釋放。

③檢察官、司法警察官或司法警察，依第一項規定程序拘提犯罪嫌疑人，應即告知本人及其家屬，得選任辯護人到場。

第八九條 109

①執行拘提或逮捕，應當場告知被告或犯罪嫌疑人拘提或逮捕之原因及第九十五條第一項所列事項，並注意其身體及名譽。

②前項情形，應以書面將拘提或逮捕之原因通知被告或犯罪嫌疑人及其指定之親友。

第八九條之一 109

①執行拘提、逮捕或解送，得使用戒具。但不得逾必要之程度。

②前項情形，應注意被告或犯罪嫌疑人之身體及名譽，避免公然暴露其戒具；認已無繼續使用之必要時，應即解除。

③前二項使用戒具之範圍、方式、程序及其他應遵行事項之實施辦法，由行政院會同司法院定之。

第九〇條

被告抗拒拘提、逮捕或脫逃者，得用強制力拘提或逮捕之。但不得逾必要之程度。

第九一條

拘提或因通緝逮捕之被告，應即解送指定之場所；如二十四小時內不能達到指定之處所者，應分別其命拘提或通緝者為法院或檢察官，先行解送較近之法院或檢察機關，訊問其人有無錯誤。

第九二條

①無偵查犯罪權限之人逮捕現行犯者，應即送交檢察官、司法警察官或司法警察。

②司法警察官、司法警察逮捕或接受現行犯者，應即解送檢察官。

　　但所犯最重本刑為一年以下有期徒刑、拘役或專科罰金之罪、告訴或請求乃論之罪，其告訴或請求已經撤回或已逾告訴期間者，得經檢察官之許可，不予解送。

③對於第一項逮捕現行犯之人，應詢其姓名、住所或居所及逮捕之事由。

第九三條 106

①被告或犯罪嫌疑人因拘提或逮捕到場者，應即時訊問。

②偵查中經檢察官訊問後，認有羈押之必要者，應自拘提或逮捕之時起二十四小時內，以聲請書敘明犯罪事實並所犯法條及證據與羈押之理由，備具繕本並檢附卷宗及證據，聲請該管法院羈押之。但有事實足認有湮滅、偽造、變造證據或勾串共犯或證人等危害偵查目的或危害他人生命、身體之虞之卷證，應另行分卷敘明理由，請求法院以適當之方式限制或禁止被告及其辯護人獲知。

③前項情形，未經聲請者，檢察官應即將被告釋放。但如認有第一百零一條第一項或第一百零一條之一第一項各款所定情形之一而無聲請羈押之必要者，得逕命具保、責付或限制住居；如不能具保、責付或限制住居，而有必要情形者，仍得聲請法院羈押之。

④前三項之規定，於檢察官接受法院依少年事件處理法或軍事審判機關依軍事審判法移送之被告時，準用之。

⑤法院於受理前三項羈押之聲請，付予被告及其辯護人聲請書之繕本後，應即時訊問。但至深夜仍未訊問完畢，被告、辯護人及得為被告輔佐人之人得請求法院於翌日日間訊問，法院非有正當理由，不得拒絕。深夜始受理聲請者，應於翌日日間訊問。

⑥前項但書所稱深夜，指午後十一時至翌日午前八時。

第九三條之一 104

①第九十一條及前條第二項所定之二十四小時，有下列情形之一者，其經過之時間不予計入。但不得有不必要之遲延：

一　因交通障礙或其他不可抗力事由所生不得已之遲滯。

二　在途解送時間。

三　依第一百條之三第一項規定不得為詢問者。

四　因被告或犯罪嫌疑人身體健康突發之事由，事實上不能訊問者。

五　被告或犯罪嫌疑人因表示選任辯護人之意思，而等候辯護人到場致未予訊問者。但等候時間不得逾四小時。其等候第三十一條第五項律師到場致未予訊問或因精神障礙或其他心智缺陷無法為完全之陳述，因等候第三十五條第三項經通知陪同在場之人到場致未予訊問者，亦同。

六　被告或犯罪嫌疑人須由通譯傳譯，因等候其通譯到場致未予訊問者。但等候時間不得逾六小時。

七　經檢察官命具保或責付之被告，在候保或候責付中者。但候

保或候責付時間不得逾四小時。

八　犯罪嫌疑人經法院提審之期間。

②前項各款情形之經過時間內不得訊問。

③因第一項之法定障礙事由致二十四小時內無法移送該管法院者，檢察官聲請羈押時，並應釋明其事由。

第八章之一　限制出境、出海 108

第九三條之二 108

①被告犯罪嫌疑重大，而有下列各款情形之一者，必要時檢察官或法官得逕行限制出境、出海。但所犯係最重本刑為拘役或專科罰金之案件，不得逕行限制之：

一　無一定之住、居所者。

二　有相當理由足認有逃亡之虞者。

三　有相當理由足認有湮滅、偽造、變造證據或勾串共犯或證人之虞者。

②限制出境、出海，應以書面記載下列事項：

一　被告之姓名、性別、出生年月日、住所或居所、身分證明文件編號或其他足資辨別之特徵。

二　案由及觸犯之法條。

三　限制出境、出海之理由及期間。

四　執行機關。

五　不服限制出境、出海處分之救濟方法。

③除被告住、居所不明而不能通知者外，前項書面至遲應於為限制出境、出海後六個月內通知。但於通知前已訊問被告者，應當庭告知，並付與前項之書面。

④前項前段情形，被告於收受書面通知前獲知經限制出境、出海者，亦得請求交付第二項之書面。

第九三條之三 108

①偵查中檢察官限制被告出境、出海，不得逾八月。但有繼續限制之必要者，應附具體理由，至遲於期間屆滿之二十日前，以書面記載前條第二項第一款至第四款所定之事項，聲請該管法院裁定之，並同時以聲請書繕本通知被告及其辯護人。

②偵查中檢察官聲請延長限制出境、出海，第一次不得逾四月，第二次不得逾二月，以延長二次為限。審判中限制出境、出海每次不得逾八月，犯最重本刑為有期徒刑十年以下之罪者，累計不得逾五年；其餘之罪，累計不得逾十年。

③偵查或審判中限制出境、出海之期間，因被告逃匿而通緝之期間，不予計入。

④法院延長限制出境、出海裁定前，應給予被告及其辯護人陳述意見之機會。

⑤起訴或判決後案件繫屬法院或上訴審時，原限制出境、出海所餘期間未滿一月者，延長為一月。

⑥前項起訴後繫屬法院之法定延長期間及偵查中所餘限制出境、出海之期間，算入審判中之期間。

第九三條之四 108

被告受不起訴處分、緩起訴處分，或經諭知無罪、免訴、免刑、緩刑、罰金或易以訓誡或第三百零三條第三款、第四款不受理之判決者，視為撤銷限制出境、出海。但上訴期間內或上訴中，如有必要，得繼續限制出境、出海。

第九三條之五 108

①被告及其辯護人得向檢察官或法院聲請撤銷或變更限制出境、出海。檢察官於偵查中亦得為撤銷之聲請，並得於聲請時先行通知入出境、出海之主管機關，解除限制出境、出海。

②偵查中之撤銷限制出境、出海，除依檢察官聲請者外，應徵詢檢察官之意見。

③偵查中檢察官所為限制出境、出海，得由檢察官依職權撤銷或變更之。但起訴後案件繫屬法院時，偵查中所餘限制出境、出海之期間，得由法院依職權或聲請為之。

④偵查及審判中法院所為之限制出境、出海，得由法院依職權撤銷或變更之。

第九三條之六 108

依本章以外規定得命具保、責付或限制住居者，亦得命限制出境、出海，並準用第九十三條之二第二項及第九十三條之三至第九十三條之五之規定。

第九章 被告之訊問

第九四條

訊問被告，應先詢其姓名、年齡、籍貫、職業、住、居所，以查驗其人有無錯誤，如係錯誤應即釋放。

第九五條 102

①訊問被告應先告知下列事項：

一 犯罪嫌疑及所犯所有罪名。罪名經告知後，認為應變更者，應再告知。

二 得保持緘默，無須違背自己之意思而為陳述。

三 得選任辯護人。如為低收入戶、中低收入戶、原住民或其他依法令得請求法律扶助者，得請求之。

四 得請求調查有利之證據。

②無辯護人之被告表示已選任辯護人時，應即停止訊問。但被告同意續行訊問者，不在此限。

第九六條

訊問被告，應與以辯明犯罪嫌疑之機會；如有辯明，應命就其始末連續陳述；其陳述有利之事實者，應命其指出證明之方法。

第九七條

①被告有數人時，應分別訊問之；其未經訊問者，不得在場。但因

發見眞實之必要，得命其對質，被告亦得請求對質。

②對於被告之請求對質，除顯無必要者，不得拒絕。

第九八條

訊問被告應以懇切之態度，不得用強暴、脅迫、利誘、詐欺、疲勞訊問或其他不正之方法。

第九九條 109

①被告為聽覺或語言障礙或語言不通者，應由通譯傳譯之；必要時，並得以文字訊問或命以文字陳述。

②前項規定，於其他受訊問或詢問人準用之。但法律另有規定者，從其規定。

第一〇〇條

被告對於犯罪之自白及其他不利之陳述，並其所陳述有利之事實與指出證明之方法，應於筆錄內記載明確。

第一〇〇條之一

①訊問被告，應全程連續錄音；必要時，並應全程連續錄影。但有急迫情況且經記明筆錄者，不在此限。

②筆錄內所載之被告陳述與錄音或錄影之內容不符者，除有前項但書情形外，其不符之部分，不得作為證據。

③第一項錄音、錄影資料之保管方法，分別由司法院、行政院定之。

第一〇〇條之二

本章之規定，於司法警察官或司法警察詢問犯罪嫌疑人時，準用之。

第一〇〇條之三

①司法警察官或司法警察詢問犯罪嫌疑人，不得於夜間行之。但有左列情形之一者，不在此限：

一　經受詢問人明示同意者。

二　於夜間經拘提或逮捕到場而查驗其人有無錯誤者。

三　經檢察官或法官許可者。

四　有急迫之情形者。

②犯罪嫌疑人請求立即詢問者，應即時為之。

③稱夜間者，為日出前，日沒後。

第十章　被告之羈押

第一〇一條 106

①被告經法官訊問後，認為犯罪嫌疑重大，而有下列情形之一，非予羈押，顯難進行追訴、審判或執行者，得羈押之：

一　逃亡或有事實足認為有逃亡之虞者。

二　有事實足認為有湮滅、偽造、變造證據或勾串共犯或證人之虞者。

三　所犯為死刑、無期徒刑或最輕本刑為五年以上有期徒刑之罪，有相當理由認為有逃亡、湮滅、偽造、變造證據或勾串

共犯或證人之虞者。

②法官為前項之訊問時，檢察官得到場陳述聲請羈押之理由及提出必要之證據。但第九十三條第二項但書之情形，檢察官應到場敘明理由，並指明限制或禁止之範圍。

③第一項各款所依據之事實、各項理由之具體內容及有關證據，應告知被告及其辯護人，並記載於筆錄。但依第九十三條第二項但書規定，經法院禁止被告及其辯護人獲知之卷證，不得作為羈押審查之依據。

④被告、辯護人得於第一項訊問前，請求法官給予適當時間為答辯之準備。

第一〇一條之一 109

①被告經法官訊問後，認為犯下列各款之罪，其嫌疑重大，有事實足認為有反覆實行同一犯罪之虞，而有羈押之必要者，得羈押之：

一　刑法第一百七十三條第一項、第三項、第一百七十四條第一項、第二項、第四項、第一百七十五條第一項、第二項之放火罪、第一百七十六條之準放火罪、第一百八十五條之一之劫持交通工具罪。

二　刑法第二百二十一條之強制性交、第二百二十二條之加重強制性交罪、第二百二十四條之強制猥褻罪、第二百二十四條之一之加重強制猥褻罪、第二百二十五條之乘機性交猥褻罪、第二百二十六條之一之強制性交猥褻之結合罪、第二百二十七條之與幼年男女性交或猥褻罪、第二百七十一條第一項、第二項之殺人罪、第二百七十二條之殺直系血親尊親屬罪、第二百七十七條第一項之傷害罪、第二百七十八條第一項之重傷罪、性騷擾防治法第二十五條第一項之罪。但其須告訴乃論，而未經告訴或其告訴已經撤回或已逾告訴期間者，不在此限。

三　刑法第二百九十六條之一之買賣人口罪、第二百九十九條之移送被誘人出國罪、第三百零二條之妨害自由罪。

四　刑法第三百零四條之強制罪、第三百零五條之恐嚇危害安全罪。

五　刑法第三百二十條、第三百二十一條之竊盜罪。

六　刑法第三百二十五條、第三百二十六條之搶奪罪、第三百二十八條第一項、第二項、第四項之強盜罪、第三百三十條之加重強盜罪、第三百三十二條之強盜結合罪、第三百三十三條之海盜罪、第三百三十四條之海盜結合罪。

七　刑法第三百三十九條、第三百三十九條之三之詐欺罪、第三百三十九條之四之加重詐欺罪。

八　刑法第三百四十六條之恐嚇取財罪、第三百四十七條第一項、第三項之擄人勒贖罪、第三百四十八條之擄人勒贖結合罪、第三百四十八條之一之準擄人勒贖罪。

九　槍砲彈藥刀械管制條例第七條、第八條之罪。

十　毒品危害防制條例第四條第一項至第四項之罪。

十一　人口販運防制法第三十四條之罪。

②前條第二項至第四項之規定，於前項情形準用之。

第一〇一條之二

被告經法官訊問後，雖有第一百零一條第一項或第一百零一條之一第一項各款所定情形之一而無羈押之必要者，得逕命具保、責付或限制住居；其有第一百十四條各款所定情形之一者，非有不能具保、責付或限制住居之情形，不得羈押。

第一〇二條

①羈押被告，應用押票。

②押票，應按被告指印，並記載左列事項：

一　被告之姓名、性別、年齡、出生地及住所或居所。

二　案由及觸犯之法條。

三　羈押之理由及其所依據之事實。

四　應羈押之處所。

五　羈押期間及其起算日。

六　如不服羈押處分之救濟方法。

③第七十一條第三項之規定，於押票準用之。

④押票，由法官簽名。

第一〇三條

①執行羈押，偵查中依檢察官之指揮；審判中依審判長或受命法官之指揮，由司法警察將被告解送指定之看守所，該所長官查驗人別無誤後，應於押票附記解到之年、月、日、時並簽名。

②執行羈押時，押票應分別送交檢察官、看守所、辯護人、被告或其指定之親友。

③第八十一條、第八十九條及第九十條之規定，於執行羈押準用之。

第一〇三條之一

①偵查中檢察官、被告或其辯護人認有維護看守所及在押被告安全或其它正當事由者，得聲請法院變更在押被告之羈押處所。

②法院依前項聲請變更被告之羈押處所時，應即通知檢察官、看守所、辯護人、被告及其指定之親友。

第一〇四條（刪除）

第一〇五條

①管束羈押之被告，應以維持羈押之目的及押所之秩序所必要者為限。

②被告得自備飲食及日用必需物品，並與外人接見、通信、受授書籍及其他物件。但押所得監視或檢閱之。

③法院認被告為前項之接見、通信及受授物件有足致其脫逃或湮滅、偽造、變造證據或勾串共犯或證人之虞者，得依檢察官之聲請或依職權命禁止或扣押之。但檢察官或押所遇有急迫情形時，

得先爲必要之處分，並應即時陳報法院核准。

④依前項所爲之禁止或扣押，其對象、範圍及期間等，偵查中由檢察官；審判中由審判長或受命法官指定並指揮看守所爲之。但不得限制被告正當防禦之權利。

⑤被告非有事實足認爲有暴行或逃亡、自殺之虞者，不得束縛其身體。束縛身體之處分，以有急迫情形者爲限，由押所長官行之，並應即時陳報法院核准。

第一〇六條

羈押被告之處所，檢察官應勤加視察，按旬將視察情形陳報主管長官，並通知法院。

第一〇七條

①羈押於其原因消滅時，應即撤銷羈押，將被告釋放。

②被告、辯護人及得爲被告輔佐人之人得聲請法院撤銷羈押。檢察官於偵查中亦得爲撤銷羈押之聲請。

③法院對於前項之聲請得聽取被告、辯護人或得爲被告輔佐人之人陳述意見。

④偵查中經檢察官聲請撤銷羈押者，法院應撤銷羈押，檢察官得於聲請時先行釋放被告。

⑤偵查中之撤銷羈押，除依檢察官聲請者外，應徵詢檢察官之意見。

第一〇八條 96

①羈押被告，偵查中不得逾二月，審判中不得逾三月。但有繼續羈押之必要者，得於期間未滿前，經法院依第一百零一條或第一百零一條之一之規定訊問被告後，以裁定延長之。在偵查中延長羈押期間，應由檢察官附具體理由，至遲於期間屆滿之五日前聲請法院裁定。

②前項裁定，除當庭宣示者外，於期間未滿前以正本送達被告者，發生延長羈押之效力。羈押期滿，延長羈押之裁定未經合法送達者，視爲撤銷羈押。

③審判中之羈押期間，自卷宗及證物送交法院之日起算。起訴或裁判後送交前之羈押期間算入偵查中或原審法院之羈押期間。

④羈押期間自簽發押票之日起算。但羈押前之逮捕、拘提期間，以一日折算裁判確定前之羈押日數一日。

⑤延長羈押期間，偵查中不得逾二月，以延長一次爲限。審判中每次不得逾二月，如所犯最重本刑爲十年以下有期徒刑以下之刑者，第一審、第二審以三次爲限，第三審以一次爲限。

⑥案件經發回者，其延長羈押期間之次數，應更新計算。

⑦羈押期間已滿未經起訴或裁判者，視爲撤銷羈押，檢察官或法院應將被告釋放；由檢察官釋放被告者，並應即時通知法院。

⑧依第二項及前項視爲撤銷羈押者，於釋放前，偵查中，檢察官得聲請法院命被告具保、責付或限制住居。如認爲不能具保、責付或限制住居，而有必要者，並得附具體理由一併聲請法院依第

一百零一條或第一百零一條之一之規定訊問被告後繼續羈押之。審判中，法院得命具保、責付或限制住居；如不能具保、責付或限制住居，而有必要者，並得依第一百零一條或第一百零一條之一之規定訊問被告後繼續羈押。但所犯爲死刑、無期徒刑或最輕本刑爲七年以上有期徒刑之罪者，法院就偵查中案件，得依檢察官之聲請；就審判中案件，得依職權，逕依第一百零一條之規定訊問被告後繼續羈押之。

⑨前項繼續羈押之期間自視爲撤銷羈押之日起算，以二月爲限，不得延長。繼續羈押期間屆滿者，應即釋放被告。

⑩第一百十一條、第一百十三條、第一百十五條、第一百十六條、第一百十六條之二、第一百十七條、第一百十八條第一項、第一百十九條之規定，於第八項之具保、責付或限制住居準用之。

第一〇九條

案件經上訴者，被告羈押期間如已逾原審判決之刑期者，應即撤銷羈押，將被告釋放。但檢察官爲被告之不利益而上訴者，得命具保、責付或限制住居。

第一一〇條

①被告及得爲其輔佐人之人或辯護人，得隨時具保，向法院聲請停止羈押。

②檢察官於偵查中得聲請法院命被告具保停止羈押。

③前二項具保停止羈押之審查，準用第一百零七條第三項之規定。

④偵查中法院爲具保停止羈押之決定時，除有第一百十四條及本條第二項之情形外，應徵詢檢察官之意見。

第一一一條

①許可停止羈押之聲請者，應命提出保證書，並指定相當之保證金額。

②保證書以該管區域內殷實之人所具者爲限，並應記載保證金額及依法繳納之事由。

③指定之保證金額，如聲請人願繳納或許由第三人繳納者，免提出保證書。

④繳納保證金，得許以有價證券代之。

⑤許可停止羈押之聲請者，得限制被告之住居。

第一一二條

被告係犯專科罰金之罪者，指定之保證金額，不得逾罰金之最多額。

第一一三條

許可停止羈押之聲請者，應於接受保證書或保證金後，停止羈押，將被告釋放。

第一一四條 109

羈押之被告，有下列情形之一者，如經具保聲請停止羈押，不得駁回：

一　所犯最重本刑爲三年以下有期徒刑、拘役或專科罰金之罪

者。但累犯、有犯罪之習慣、假釋中更犯罪或依第一百零一條之一第一項羈押者，不在此限。

二 懷胎五月以上或生產後二月未滿者。

三 現罹疾病，非保外治療顯難痊癒者。

第一一五條

①羈押之被告，得不命具保而責付於得為其輔佐人之人或該管區域內其他適當之人，停止羈押。

②受責付者，應出具證書，載明如經傳喚應令被告隨時到場。

第一一六條

羈押之被告，得不命具保而限制其住居，停止羈押。

第一一六條之一

第一百十條第二項至第四項之規定，於前二條之責付、限制住居準用之。

第一一六條之二 108

①法院許可停止羈押時，經審酌人權保障及公共利益之均衡維護，認有必要者，得定相當期間，命被告應遵守下列事項：

一 定期向法院、檢察官或指定之機關報到。

二 不得對被害人、證人、鑑定人、辦理本案偵查、審判之公務員或其配偶、直系血親、三親等內之旁系血親、二親等內之姻親、家長、家屬之身體或財產實施危害、恐嚇、騷擾、接觸、跟蹤之行為。

三 因第一百十四條第三款之情形停止羈押者，除維持日常生活及職業所必需者外，未經法院或檢察官許可，不得從事與治療目的顯然無關之活動。

四 接受適當之科技設備監控。

五 未經法院或檢察官許可，不得離開住、居所或一定區域。

六 交付護照、旅行文件；法院亦得通知主管機關不予核發護照、旅行文件。

七 未經法院或檢察官許可，不得就特定財產為一定之處分。

八 其他經法院認為適當之事項。

②前項各款規定，得依聲請或依職權變更、延長或撤銷之。

③法院於審判中許可停止羈押者，得命被告於宣判期日到庭。

④違背法院依第一項或第三項所定應遵守之事項者，得逕行拘提。

⑤第一項第四款科技設備監控之實施機關（構）、人員、方式及程序等事項之執行辦法，由司法院會同行政院定之。

第一一七條 108

①停止羈押後有下列情形之一者，得命再執行羈押：

一 經合法傳喚無正當之理由不到場者。

二 受住居之限制而違背者。

三 本案新發生第一百零一條第一項、第一百零一條之一第一項各款所定情形之一者。

四 違背法院依前條所定應遵守之事項者。

五 依第一百零一條第一項第三款羈押之被告，因第一百十四條
第三款之情形停止羈押後，其停止羈押之原因已消滅，而仍
有羈押之必要者。

②偵查中有前項情形之一者，由檢察官聲請法院行之。

③再執行羈押之期間，應與停止羈押前已經過之期間合併計算。

④法院依第一項之規定命再執行羈押時，準用第一百零三條第一項
之規定。

第一一七條之一 92

①前二條之規定，於檢察官依第九十三條第三項但書或第二百二十
八條第四項逕命具保、責付、限制住居，或法院依第一百零一條
之二逕命具保、責付、限制住居之情形，準用之。

②法院依前項規定羈押被告時，適用第一百零一條、第一百零一條
之一之規定。檢察官聲請法院羈押被告時，適用第九十三條第二
項之規定。

③因第一項之規定執行羈押者，免除具保之責任。

第一一八條 92

①具保之被告逃匿者，應命具保人繳納指定之保證金額，並沒入
之。不繳納者，強制執行。保證金已繳納者，沒入之。

②前項規定，於檢察官依第九十三條第三項但書及第二百二十八條
第四項命具保者，準用之。

第一一九條 103

①撤銷羈押、再執行羈押、受不起訴處分、有罪判決確定而入監執
行或因裁判而致羈押之效力消滅者，免除具保之責任。

②被告及具保證書或繳納保證金之第三人，得聲請退保，法院或檢
察官得准其退保。但另有規定者，依其規定。

③免除具保之責任或經退保者，應將保證書註銷或將未沒入之保證
金發還。

④前三項規定，於受責付者準用之。

第一一九條之一 103

①以現金繳納保證金具保者，保證金應給付利息，並於依前條第三
項規定發還時，實收利息併發還之。其應受發還人所在不明，或
因其他事故不能發還者，法院或檢察官應公告之；自公告之日起
滿十年，無人聲請發還者，歸屬國庫。

②依第一百十八條規定沒入保證金時，實收利息併沒入之。

③刑事保證金存管、計息及發還作業辦法，由司法院會同行政院定
之。

第一二○條　（刪除）

第一二一條 109

①第一百零七條第一項之撤銷羈押、第一百零九條之命具保、責付
或限制住居、第一百十條第一項、第一百十五條及第一百十六條
之停止羈押、第一百十六條之二第二項之變更、延長或撤銷、第
一百十八條第一項之沒入保證金、第一百十九條第二項之退保，

以法院之裁定行之。

②案件在第三審上訴中，而卷宗及證物已送交該法院者，前項處分、羈押、其他關於羈押事項及第九十三條之二至第九十三條之五關於限制出境、出海之處分，由第二審法院裁定之。

③第二審法院於為前項裁定前，得向第三審法院調取卷宗及證物。

④檢察官依第一百十七條之一第一項之變更、延長或撤銷被告應遵守事項、第一百十八條第二項之沒入保證金、第一百十九條第二項之退保及第九十三條第三項但書、第二百二十八條第四項命具保、責付或限制住居，於偵查中以檢察官之命令行之。

第十一章　搜索及扣押

第一二二條

①對於被告或犯罪嫌疑人之身體、物件、電磁紀錄及住宅或其他處所，必要時得搜索之。

②對於第三人之身體、物件、電磁紀錄及住宅或其他處所，以有相當理由可信為被告或犯罪嫌疑人或應扣押之物或電磁紀錄存在時為限，得搜索之。

第一二三條

搜索婦女之身體，應命婦女行之。但不能由婦女行之者，不在此限。

第一二四條

搜索應保守秘密，並應注意受搜索人之名譽。

第一二五條

經搜索而未發見應扣押之物者，應付與證明書於受搜索人。

第一二六條

政府機關或公務員所持有或保管之文書及其他物件應扣押者，應請求交付。但於必要時得搜索之。

第一二七條

①軍事上應秘密之處所，非得該管長官之允許，不得搜索。

②前項情形，除有妨害國家重大利益者外，不得拒絕。

第一二八條

①搜索，應用搜索票。

②搜索票，應記載下列事項：

一　案由。

二　應搜索之被告、犯罪嫌疑人或應扣押之物。但被告或犯罪嫌疑人不明時，得不予記載。

三　應加搜索之處所、身體、物件或電磁紀錄。

四　有效期間，逾期不得執行搜索及搜索後應將搜索票交還之意旨。

③搜索票，由法官簽名。法官並得於搜索票上對執行人員為適當之指示。

④核發搜索票之程序，不公開之。

第一二八條之一

① 偵查中檢察官認有搜索之必要者，除第一百三十一條第二項所定情形外，應以書面記載前條第二項各款之事項，並敘述理由，聲請該管法院核發搜索票。

② 司法警察官因調查犯罪嫌疑人犯罪情形及蒐集證據，認有搜索之必要時，得依前項規定報請檢察官許可後，向該管法院聲請核發搜索票。

③ 前二項之聲請經法院駁回者，不得聲明不服。

第一二八條之二

① 搜索，除由法官或檢察官親自實施外，由檢察事務官、司法警察官或司法警察執行。

② 檢察事務官為執行搜索，必要時，得請求司法警察官或司法警察輔助。

第一二九條 （刪除）

第一三〇條

檢察官、檢察事務官、司法警察官或司法警察逮捕被告、犯罪嫌疑人或執行拘提、羈押時，雖無搜索票，得逕行搜索其身體、隨身攜帶之物件、所使用之交通工具及其立即可觸及之處所。

第一三一條 91

① 有左列情形之一者，檢察官、檢察事務官、司法警察官或司法警察，雖無搜索票，得逕行搜索住宅或其他處所：

一 因逮捕被告、犯罪嫌疑人或執行拘提、羈押，有事實足認被告或犯罪嫌疑人確實在內者。

二 因追躡現行犯或逮捕脫逃人，有事實足認現行犯或脫逃人確實在內者。

三 有明顯事實足信為有人在內犯罪而情形急迫者。

② 檢察官於偵查中確有相當理由認為情況急迫，非迅速搜索，二十四小時內證據有偽造、變造、湮滅或隱匿之虞者，得逕行搜索，或指揮檢察事務官、司法警察官或司法警察執行搜索，並層報檢察長。

③ 前二項搜索，由檢察官為之者，應於實施後三日內陳報該管法院；由檢察事務官、司法警察官或司法警察為之者，應於執行後三日內報告該管檢察署檢察官及法院。法院認為不應准許者，應於五日內撤銷之。

④ 第一項、第二項之搜索執行後未陳報該管法院或經法院撤銷者，審判時法院得宣告所扣得之物，不得作為證據。

第一三一條之一

搜索，經受搜索人出於自願性同意者，得不使用搜索票。但執行人員應出示證件，並將其同意之意旨記載於筆錄。

第一三二條

抗拒搜索者，得用強制力搜索之。但不得逾必要之程度。

第一三二條之一

檢察官或司法警察官於聲請核發之搜索票執行後，應將執行結果陳報核發搜索票之法院，如未能執行者，應敘明其事由。

第一三三條 105

① 可為證據或得沒收之物，得扣押之。

② 為保全追徵，必要時得酌量扣押犯罪嫌疑人、被告或第三人之財產。

③ 對於應扣押物之所有人、持有人或保管人，得命其提出或交付。

④ 扣押不動產、船舶、航空器，得以通知主管機關為扣押登記之方法為之。

⑤ 扣押債權得以發扣押命令禁止向債務人收取或為其他處分，並禁止向被告或第三人清償之方法為之。

⑥ 依本法所為之扣押，具有禁止處分之效力，不妨礙民事假扣押、假處分及終局執行之查封、扣押。

第一三三條之一 105

① 非附隨於搜索之扣押，除以得為證據之物而扣押或經受扣押標的權利人同意者外，應經法官裁定。

② 前項之同意，執行人員應出示證件，並先告知受扣押標的權利人得拒絕扣押，無須違背自己之意思而為同意，並將其同意之意旨記載於筆錄。

③ 第一項裁定，應記載下列事項：

一　案由。

二　應受扣押裁定之人及扣押標的。但應受扣押裁定之人不明時，得不予記載。

三　得執行之有效期間及逾期不得執行之意旨；法官並得於裁定中，對執行人員為適當之指示。

④ 核發第一項裁定之程序，不公開之。

第一三三條之二 105

① 偵查中檢察官認有聲請前條扣押裁定之必要時，應以書面記載前條第三項第一款、第二款之事項，並敘述理由，聲請該管法院裁定。

② 司法警察官認有為扣押之必要時，得依前項規定報請檢察官許可後，向該管法院聲請核發扣押裁定。

③ 檢察官、檢察事務官、司法警察官或司法警察於偵查中有相當理由認為情況急迫，有立即扣押之必要時，得逕行扣押；檢察官亦得指揮檢察事務官、司法警察官或司法警察執行。

④ 前項之扣押，由檢察官為之者，應於實施後三日內陳報該管法院；由檢察事務官、司法警察官或司法警察為之者，應於執行後三日內報告該管檢察署檢察官及法院。法院認為不應准許者，應於五日內撤銷之。

⑤ 第一項及第二項之聲請經駁回者，不得聲明不服。

第一三四條

① 政府機關、公務員或曾為公務員之人所持有或保管之文書及其他物件，如為其職務上應守秘密者，非經該管監督機關或公務員允許，不得扣押。

② 前項允許，除有妨害國家之利益者外，不得拒絕。

第一三五條

① 郵政或電信機關，或執行郵電事務之人員所持有或保管之郵件、電報，有左列情形之一者，得扣押之：

一 有相當理由可信其與本案有關係者。

二 為被告所發或寄交被告者。但與辯護人往來之郵件、電報，以可認為犯罪證據或有湮滅、偽造、變造證據或勾串共犯或證人之虞，或被告已逃亡者為限。

② 為前項扣押者，應即通知郵件、電報之發送人或收受人。但於訴訟程序有妨害者，不在此限。

第一三六條 105

① 扣押，除由法官或檢察官親自實施外，得命檢察事務官、司法警察官或司法警察執行。

② 命檢察事務官、司法警察官或司法警察執行扣押者，應於交與之搜索票或扣押裁定內，記載其事由。

第一三七條 105

① 檢察官、檢察事務官、司法警察官或司法警察執行搜索或扣押時，發現本案應扣押之物為搜索票或扣押裁定所未記載者，亦得扣押之。

② 第一百三十一條第三項之規定，於前項情形準用之。

第一三八條

應扣押物之所有人、持有人或保管人無正當理由拒絕提出或交付或抗拒扣押者，得用強制力扣押之。

第一三九條

① 扣押，應制作收據，詳記扣押物之名目，付與所有人、持有人或保管人。

② 扣押物，應加封緘或其他標識，由扣押之機關或公務員蓋印。

第一四〇條

① 扣押物，因防其喪失或毀損，應為適當之處置。

② 不便搬運或保管之扣押物，得命人看守，或命所有人或其他適當之人保管。

③ 易生危險之扣押物，得毀棄之。

第一四一條 105

① 得沒收或追徵之扣押物，有喪失毀損、減低價值之虞或不便保管、保管需費過鉅者，得變價之，保管其價金。

② 前項變價，偵查中由檢察官為之，審理中法院得囑託地方法院民事執行處代為執行。

第一四二條 109

① 扣押物若無留存之必要者，不待案件終結，應以法院之裁定或檢察官命令發還之；其係贓物而無第三人主張權利者，應發還被害人。

② 扣押物因所有人、持有人或保管人之請求，得命其負保管之責，暫行發還。

③ 扣押物之所有人、持有人或保管人，有正當理由者，於審判中得預納費用請求付與扣押物之影本。

第一四二條之一 105

① 得沒收或追徵之扣押物，法院或檢察官依所有人或權利人之聲請，認為適當者，得以裁定或命令定相當之擔保金，於繳納後，撤銷扣押。

② 第一百十九條之一之規定，於擔保金之存管、計息、發還準用之。

第一四三條 105

被告、犯罪嫌疑人或第三人遺留在犯罪現場之物，或所有人、持有人或保管人任意提出或交付之物，經留存者，準用前五條之規定。

第一四四條

① 因搜索及扣押得開啟鎖扃、封緘或為其他必要之處分。

② 執行扣押或搜索時，得封鎖現場，禁止在場人員離去，或禁止前條所定之被告、犯罪嫌疑人或第三人以外之人進入該處所。

③ 對於違反前項禁止命令者，得命其離開或交由適當之人看守至執行終了。

第一四五條 105

法官、檢察官、檢察事務官、司法警察官或司法警察執行搜索及扣押，除依法得不用搜索票或扣押裁定之情形外，應以搜索票或扣押裁定示第一百四十八條在場之人。

第一四六條

① 有人住居或看守之住宅或其他處所，不得於夜間入內搜索或扣押。但經住居人、看守人或可為其代表之人承諾或有急迫之情形者，不在此限。

② 於夜間搜索或扣押者，應記明其事由於筆錄。

③ 日出已開始搜索或扣押者，得繼續至夜間。

④ 第一百條之三第三項之規定，於夜間搜索或扣押準用之。

第一四七條

左列處所，夜間亦得入內搜索或扣押：

一　假釋人住居或使用者。

二　旅店、飲食店或其他於夜間公眾可以出入之處所，仍在公開時間內者。

三　常用為賭博，妨害性自主或妨害風化之行為者。

第一四八條

在有人住居或看守之住宅或其他處所內行搜索或扣押者，應命住居人、看守人或可為其代表之人在場；如此等人在場時，得命鄰居之人或就近自治團體之職員在場。

第一四九條

在政府機關、軍營、軍艦或軍事上秘密處所內行搜索或扣押者，應通知該管長官或可為其代表之人在場。

第一五〇條

①當事人及審判中之辯護人得於搜索或扣押時在場。但被告受拘禁，或認其在場於搜索或扣押有妨害者，不在此限。

②搜索或扣押時，如認有必要，得命被告在場。

③行搜索或扣押之日、時及處所，應通知前二項得在場之人。但有急迫情形時，不在此限。

第一五一條

搜索或扣押暫時中止者，於必要時應將該處所閉鎖，並命人看守。

第一五二條

實施搜索或扣押時，發見另案應扣押之物亦得扣押之，分別送交該管法院或檢察官。

第一五三條

①搜索或扣押，得由審判長或檢察官囑託應行搜索、扣押地之法官或檢察官行之。

②受託法官或檢察官發現應在他地行搜索、扣押者，該法官或檢察官得轉囑託該地之法官或檢察官。

第十二章 證 據

第一節 通 則

第一五四條 92

①被告未經審判證明有罪確定前，推定其為無罪。

②犯罪事實應依證據認定之，無證據不得認定犯罪事實。

第一五五條 92

①證據之證明力，由法院本於確信自由判斷。但不得違背經驗法則及論理法則。

②無證據能力、未經合法調查之證據，不得作為判斷之依據。

第一五六條 92

①被告之自白，非出於強暴、脅迫、利誘、詐欺、疲勞訊問、違法羈押或其他不正之方法，且與事實相符者，得為證據。

②被告或共犯之自白，不得作為有罪判決之唯一證據，仍應調查其他必要之證據，以察其是否與事實相符。

③被告陳述其自白係出於不正之方法者，應先於其他事證而為調查。該自白如係經檢察官提出者，法院應命檢察官就自白之出於

自由意志，指出證明之方法。

④被告未經自白，又無證據，不得僅因其拒絕陳述或保持緘默，而推斷其罪行。

第一五七條

公眾週知之事實，無庸舉證。

第一五八條

事實於法院已顯著，或爲其職務上所已知者，無庸舉證。

第一五八條之一 92

前二條無庸舉證之事實，法院應予當事人就其事實有陳述意見之機會。

第一五八條之二 109

①違背第九十三條之一第二項、第一百條之三第一項之規定，所取得被告或犯罪嫌疑人之自白及其他不利之陳述，不得作爲證據。但經證明其違背非出於惡意，且該自白或陳述係出於自由意志者，不在此限。

②檢察事務官、司法警察官或司法警察詢問受拘提、逮捕之被告或犯罪嫌疑人時，違反第九十五條第一項第二款、第三款或第二項之規定者，準用前項規定。

第一五八條之三 92

證人、鑑定人依法應具結而未具結者，其證言或鑑定意見，不得作爲證據。

第一五八條之四 92

除法律另有規定外，實施刑事訴訟程序之公務員因違背法定程序取得之證據，其有無證據能力之認定，應審酌人權保障及公共利益之均衡維護。

第一五九條 92

①被告以外之人於審判外之言詞或書面陳述，除法律有規定者外，不得作爲證據。

②前項規定，於第一百六十一條第二項之情形及法院以簡式審判程序或簡易判決處刑者，不適用之。其關於羈押、搜索、鑑定留置、許可、證據保全及其他依法所爲強制處分之審查，亦同。

第一五九條之一 92

①被告以外之人於審判外向法官所爲之陳述，得爲證據。

②被告以外之人於偵查中向檢察官所爲之陳述，除顯有不可信之情況者外，得爲證據。

第一五九條之二 92

被告以外之人於檢察事務官、司法警察官或司法警察調查中所爲之陳述，與審判中不符時，其先前之陳述具有較可信之特別情況，且爲證明犯罪事實存否所必要者，得爲證據。

第一五九條之三 92

被告以外之人於審判中有下列情形之一，其於檢察事務官、司法警察官或司法警察調查中所爲之陳述，經證明具有可信之特別情

況，且爲證明犯罪事實之存否所必要者，得爲證據：
一　死亡者。
二　身心障礙致記憶喪失或無法陳述者。
三　滯留國外或所在不明而無法傳喚或傳喚不到者。
四　到庭後無正當理由拒絕陳述者。

第一五九條之四 92

除前三條之情形外，下列文書亦得爲證據：
一　除顯有不可信之情況外，公務員職務上製作之紀錄文書、證明文書。
二　除顯有不可信之情況外，從事業務之人於業務上或通常業務過程所須製作之紀錄文書、證明文書。
三　除前二款之情形外，其他於可信之特別情況下所製作之文書。

第一五九條之五 92

①被告以外之人於審判外之陳述，雖不符前四條之規定，而經當事人於審判程序同意作爲證據，法院審酌該言詞陳述或書面陳述作成時之情況，認爲適當者，亦得爲證據。
②當事人、代理人或辯護人於法院調查證據時，知有第一百五十九條第一項不得爲證據之情形，而未於言詞辯論終結前聲明異議者，視爲有前項之同意。

第一六〇條 92

證人之個人意見或推測之詞，除以實際經驗爲基礎者外，不得作爲證據。

第一六一條 91

①檢察官就被告犯罪事實，應負舉證責任，並指出證明之方法。
②法院於第一次審判期日前，認爲檢察官指出之證明方法顯不足認定被告有成立犯罪之可能時，應以裁定定期通知檢察官補正；逾期未補正者，得以裁定駁回起訴。
③駁回起訴之裁定已確定者，非有第二百六十條各款情形之一，不得對同一案件再行起訴。
④違反前項規定，再行起訴者，應諭知不受理之判決。

第一六一條之一 92

被告得就被訴事實指出有利之證明方法。

第一六一條之二 92

①當事人、代理人、辯護人或輔佐人應就調查證據之範圍、次序及方法提出意見。
②法院應依前項所提意見而爲裁定；必要時，得因當事人、代理人、辯護人或輔佐人之聲請變更之。

第一六一條之三 92

法院對於得爲證據之被告自白，除有特別規定外，非於有關犯罪事實之其他證據調查完畢後，不得調查。

第一六二條 （刪除）92

第一六三條 109

① 當事人、代理人、辯護人或輔佐人得聲請調查證據，並得於調查證據時，詢問證人、鑑定人或被告。審判長除認為有不當者外，不得禁止之。

② 法院為發見真實，得依職權調查證據。但於公平正義之維護或對被告之利益有重大關係事項，法院應依職權調查之。

③ 法院為前項調查證據前，應予當事人、代理人、辯護人或輔佐人陳述意見之機會。

④ 告訴人得就證據調查事項向檢察官陳述意見，並請求檢察官向法院聲請調查證據。

第一六三條之一 92

① 當事人、代理人、辯護人或輔佐人聲請調查證據，應以書狀分別具體記載下列事項：

一 聲請調查之證據及其與待證事實之關係。

二 聲請傳喚之證人、鑑定人、通譯之姓名、性別、住居所及預期詰問所需之時間。

三 聲請調查之證據文書或其他文書之目錄。若僅聲請調查證據文書或其他文書之一部分者，應將該部分明確標示。

② 調查證據聲請書狀，應按他造人數提出繕本。法院於接受繕本後，應速送達。

③ 不能提出第一項之書狀而有正當理由或其情況急迫者，得以言詞為之。

④ 前項情形，聲請人應就第一項各款所列事項分別陳明，由書記官製作筆錄；如他造不在場者，應將筆錄送達。

第一六三條之二 92

① 當事人、代理人、辯護人或輔佐人聲請調查之證據，法院認為不必要者，得以裁定駁回之。

② 下列情形，應認為不必要：

一 不能調查者。

二 與待證事實無重要關係者。

三 待證事實已臻明瞭無再調查之必要者。

四 同一證據再行聲請者。

第一六四條 92

① 審判長應將證物提示當事人、代理人、辯護人或輔佐人，使其辨認。

② 前項證物如係文書而被告不解其意義者，應告以要旨。

第一六五條 92

① 卷宗內之筆錄及其他文書可為證據者，審判長應向當事人、代理人、辯護人或輔佐人宣讀或告以要旨。

② 前項文書，有關風化、公安或有毀損他人名譽之虞者，應交當事人、代理人、辯護人或輔佐人閱覽，不得宣讀；如被告不解其意

義者，應告以要旨。

第一六五條之一 92

① 前條之規定，於文書外之證物有與文書相同之效用者，準用之。

② 錄音、錄影、電磁紀錄或其他相類之證物可爲證據者，審判長應以適當之設備，顯示聲音、影像、符號或資料，使當事人、代理人、辯護人或輔佐人辨認或告以要旨。

第一六六條 92

① 當事人、代理人、辯護人及輔佐人聲請傳喚之證人、鑑定人，於審判長爲人別訊問後，由當事人、代理人或辯護人直接詰問之。被告如無辯護人，而不欲行詰問時，審判長仍應予詢問證人、鑑定人之適當機會。

② 前項證人或鑑定人之詰問，依下列次序：

　　一　先由聲請傳喚之當事人、代理人或辯護人爲主詰問。

　　二　次由他造之當事人、代理人或辯護人爲反詰問。

　　三　再由聲請傳喚之當事人、代理人或辯護人爲覆主詰問。

　　四　再次由他造當事人、代理人或辯護人爲覆反詰問。

③ 前項詰問完畢後，當事人、代理人或辯護人，經審判長之許可，得更行詰問。

④ 證人、鑑定人經當事人、代理人或辯護人詰問完畢後，審判長得爲訊問。

⑤ 同一被告、自訴人有二以上代理人、辯護人時，該被告、自訴人之代理人、辯護人對同一證人、鑑定人之詰問，應推由其中一人代表爲之。但經審判長許可者，不在此限。

⑥ 兩造同時聲請傳喚之證人、鑑定人，其主詰問次序由兩造合意決定，如不能決定時，由審判長定之。

第一六六條之一 92

① 主詰問應就待證事項及其相關事項行之。

② 爲辯明證人、鑑定人陳述之證明力，得就必要之事項爲主詰問。行主詰問時，不得爲誘導詰問。但下列情形，不在此限：

　　一　未爲實體事項之詰問前，有關證人、鑑定人之身分、學歷、經歷、與其交游所關之必要準備事項。

　　二　當事人顯無爭執之事項。

　　三　關於證人、鑑定人記憶不清之事項，爲喚起其記憶所必要者。

　　四　證人、鑑定人對詰問者顯示敵意或反感者。

　　五　證人、鑑定人故爲規避之事項。

　　六　證人、鑑定人爲與先前不符之陳述時，其先前之陳述。

　　七　其他認有誘導詰問必要之特別情事者。

第一六六條之二 92

① 反詰問應就主詰問所顯現之事項及其相關事項或爲辯明證人、鑑定人之陳述證明力所必要之事項行之。

② 行反詰問於必要時，得爲誘導詰問。

第一六六條之三 92

①行反詰問時，就支持自己主張之新事項，經審判長許可，得為詰問。

②依前項所為之詰問，就該新事項視為主詰問。

第一六六條之四 92

①覆主詰問應就反詰問所顯現之事項及其相關事項行之。

②行覆主詰問，依主詰問之方式為之。

③前條之規定，於本條準用之。

第一六六條之五 92

①覆反詰問，應就辯明覆主詰問所顯現證據證明力必要之事項行之。

②行覆反詰問，依反詰問之方式行之。

第一六六條之六 92

①法院依職權傳喚之證人或鑑定人，經審判長訊問後，當事人、代理人或辯護人得詰問之，其詰問之次序由審判長定之。

②證人、鑑定人經當事人、代理人或辯護人詰問後，審判長得續行訊問。

第一六六條之七 92

①詰問證人、鑑定人及證人、鑑定人之回答，均應就個別問題具體為之。

②下列之詰問不得為之。但第五款至第八款之情形，於有正當理由時，不在此限：

一　與本案及因詰問所顯現之事項無關者。

二　以恫嚇、侮辱、利誘、詐欺或其他不正之方法者。

三　抽象不明確之詰問。

四　為不合法之誘導者。

五　對假設性事項或無證據支持之事實為之者。

六　重覆之詰問。

七　要求證人陳述個人意見或推測、評論者。

八　恐證言於證人或與其有第一百八十條第一項關係之人之名譽、信用或財產有重大損害者。

九　對證人未親身經歷事項或鑑定人未行鑑定事項為之者。

十　其他為法令禁止者。

第一六七條 92

當事人、代理人或辯護人詰問證人、鑑定人時，審判長除認其有不當者外，不得限制或禁止之。

第一六七條之一 92

當事人、代理人或辯護人就證人、鑑定人之詰問及回答，得以違背法令或不當為由，聲明異議。

第一六七條之二 92

①前條之異議，應就各個行為，立即以簡要理由為之。

②審判長對於前項異議，應立即處分。

③他造當事人、代理人或辯護人，得於審判長處分前，就該異議陳述意見。

④證人、鑑定人於當事人、代理人或辯護人聲明異議後，審判長處分前，應停止陳述。

第一六七條之三 92

審判長認異議有遲誤時機、意圖延滯訴訟或其他不合法之情形者，應以處分駁回之。但遲誤時機所提出之異議事項與案情有重要關係者，不在此限。

第一六七條之四 92

審判長認異議無理由者，應以處分駁回之。

第一六七條之五 92

審判長認異議有理由者，應視其情形，立即分別爲中止、撤回、撤銷、變更或其他必要之處分。

第一六七條之六 92

對於前三條之處分，不得聲明不服。

第一六七條之七 92

第一百六十六條之七第二項、第一百六十七條至第一百六十七條之六之規定，於行第一百六十三條第一項之詢問準用之。

第一六八條

證人、鑑定人雖經陳述完畢，非得審判長之許可，不得退庭。

第一六八條之一 92

①當事人、代理人、辯護人或輔佐人得於訊問證人、鑑定人或通譯時在場。

②前項訊問之日、時及處所，法院應預行通知之。但事先陳明不願到場者，不在此限。

第一六九條 92

審判長預料證人、鑑定人或共同被告於被告前不能自由陳述者，經聽取檢察官及辯護人之意見後，得於其陳述時，命被告退庭。但陳述完畢後，應再命被告入庭，告以陳述之要旨，並予詰問或對質之機會。

第一七〇條 92

參與合議審判之陪席法官，得於告知審判長後，訊問被告或準用第一百六十六條第四項及第一百六十六條之六第二項之規定，訊問證人、鑑定人。

第一七一條 92

法院或受命法官於審判期日前爲第二百七十三條第一項或第二百七十六條之訊問者，準用第一百六十四條至第一百七十條之規定。

第一七二條至第一七四條（刪除）92

第二節　人　證

第一七五條 92

① 傳喚證人，應用傳票。

② 傳票，應記載下列事項：

一 證人之姓名、性別及住所、居所。

二 待證之事由。

三 應到之日、時、處所。

四 無正當理由不到場者，得處罰鍰及命拘提。

五 證人得請求日費及旅費。

③ 傳票，於偵查中由檢察官簽名，審判中由審判長或受命法官簽名。

④ 傳票至遲應於到場期日二十四小時前送達。但有急迫情形者，不在此限。

第一七六條

第七十二條及第七十三條之規定，於證人之傳喚準用之。

第一七六條之一 92

除法律另有規定者外，不問何人，於他人之案件，有為證人之義務。

第一七六條之二 92

法院因當事人、代理人、辯護人或輔佐人聲請調查證據，而有傳喚證人之必要者，為聲請之人應促使證人到場。

第一七七條 91

① 證人不能到場或有其他必要情形，得於聽取當事人及辯護人之意見後，就其所在或於其所在地法院訊問之。

② 前項情形，證人所在與法院間有聲音及影像相互傳送之科技設備而得直接訊問，經法院認為適當者，得以該設備訊問之。

③ 當事人、辯護人及代理人得於前二項訊問證人時在場並得詰問之；其訊問之日時及處所，應預行通知之。

④ 第二項之情形，於偵查中準用之。

第一七八條 91

① 證人經合法傳喚，無正當理由而不到場者，得科以新臺幣三萬元以下之罰鍰，並得拘提之；再傳不到者，亦同。

② 前項科罰鍰之處分，由法院裁定之。檢察官為傳喚者，應聲請該管法院裁定之。

③ 對於前項裁定，得提起抗告。

④ 拘提證人，準用第七十七條至第八十三條及第八十九條至第九十一條之規定。

第一七九條

① 以公務員或曾為公務員之人為證人，而就其職務上應守秘密之事項訊問者，應得該管監督機關或公務員之允許。

② 前項允許，除有妨害國家之利益者外，不得拒絕。

第一八〇條 92

① 證人有下列情形之一者，得拒絕證言：

一 現為或曾為被告或自訴人之配偶、直系血親、三親等內之旁

　　　系血親、二親等內之姻親或家長、家屬者。

二　與被告或自訴人訂有婚約者。

三　現為或曾為被告或自訴人之法定代理人或現由或曾由被告或自訴人為其法定代理人者。

②對於共同被告或自訴人中一人或數人有前項關係，而就僅關於他共同被告或他共同自訴人之事項為證人者，不得拒絕證言。

第一八一條

證人恐因陳述致自己或與其有前條第一項關係之人受刑事追訴或處罰者，得拒絕證言。

第一八一條之一 92

被告以外之人於反詰問時，就主詰問所陳述有關被告本人之事項，不得拒絕證言。

第一八二條 92

證人為醫師、藥師、助產士、宗教師、律師、辯護人、公證人、會計師或其業務上佐理人或曾任此等職務之人，就其因業務所知悉有關他人秘密之事項受訊問者，除經本人允許外，得拒絕證言。

第一八三條 92

①證人拒絕證言者，應將拒絕之原因釋明之。但於第一百八十一條情形，得命具結以代釋明。

②拒絕證言之許可或駁回，偵查中由檢察官命令之，審判中由審判長或受命法官裁定之。

第一八四條 92

①證人有數人者，應分別訊問之；其未經訊問者，非經許可，不得在場。

②因發見真實之必要，得命證人與他證人或被告對質，亦得依被告之聲請，命與證人對質。

第一八五條

①訊問證人，應先調查其人有無錯誤及與被告或自訴人有無第一百八十條第一項之關係。

②證人與被告或自訴人有第一百八十條第一項之關係者，應告以得拒絕證言。

第一八六條 92

①證人應命具結。但有下列情形之一者，不得令其具結：

一　未滿十六歲者。

二　因精神障礙，不解具結意義及效果者。

②證人有第一百八十一條之情形者，應告以得拒絕證言。

第一八七條

①證人具結前，應告以具結之義務及偽證之處罰。

②對於不令具結之證人，應告以當據實陳述，不得匿、飾、增、減。

第一八八條

具結應於訊問前為之。但應否具結有疑義者，得命於訊問後為之。

第一八九條 92

① 具結應於結文內記載當據實陳述，決無匿、飾、增、減等語；其於訊問後具結者，結文內應記載係據實陳述，並無匿、飾、增、減等語。

② 結文應命證人朗讀；證人不能朗讀者，應命書記官朗讀，於必要時並說明其意義。

③ 結文應命證人簽名、蓋章或按指印。

④ 證人係依第一百七十七條第二項以科技設備訊問者，經具結之結文得以電信傳真或其他科技設備傳送予法院或檢察署，再行補送原本。

⑤ 第一百七十七條第二項證人訊問及前項結文傳送之辦法，由司法院會同行政院定之。

第一九〇條 92

訊問證人，得命其就訊問事項之始末連續陳述。

第一九一條 （刪除）92

第一九二條 109

第七十四條、第九十八條、第九十九條、第一百條之一第一項、第二項之規定，於證人之訊問準用之

第一九三條 92

① 證人無正當理由拒絕具結或證言者，得處以新臺幣三萬元以下之罰鍰，於第一百八十三條第一項但書情形為不實之具結者，亦同。

② 第一百七十八條第二項及第三項之規定，於前項處分準用之。

第一九四條

① 證人得請求法定之日費及旅費。但被拘提或無正當理由，拒絕具結或證言者，不在此限。

② 前項請求，應於訊問完畢後十日內，向法院為之。但旅費得請求預行酌給。

第一九五條 92

① 審判長或檢察官得囑託證人所在地之法官或檢察官訊問證人；如證人不在該地者，該法官、檢察官得轉囑託其所在地之法官、檢察官。

② 第一百七十七條第三項之規定，於受託訊問證人時準用之。

③ 受託法官或檢察官訊問證人者，與本案繫屬之法院審判長或檢察官有同一之權限。

第一九六條 92

證人已由法官合法訊問，且於訊問時予當事人詰問之機會，其陳述明確別無訊問之必要者，不得再行傳喚。

第一九六條之一 92

①司法警察官或司法警察因調查犯罪嫌疑人犯罪情形及蒐集證據之必要，得使用通知書通知證人到場詢問。

②第七十一條之一第二項、第七十三條、第七十四條、第一百七十五條第二項第一款至第三款、第四項、第一百七十七條第一項、第三項、第一百七十九條至第一百八十二條、第一百八十四條、第一百八十五條及第一百九十二條之規定，於前項證人之通知及詢問準用之。

第三節　鑑定及通譯

第一九七條

鑑定，除本節有特別規定外，準用前節關於人證之規定。

第一九八條 92

鑑定人由審判長、受命法官或檢察官就下列之人選任一人或數人充之：

一　就鑑定事項有特別知識經驗者。

二　經政府機關委任有鑑定職務者。

第一九九條

鑑定人，不得拘提。

第二○○條 92

①當事人得依聲請法官迴避之原因，拒卻鑑定人。但不得以鑑定人於該案件曾為證人或鑑定人為拒卻之原因。

②鑑定人已就鑑定事項為陳述或報告後，不得拒卻。但拒卻之原因發生在後或知悉在後者，不在此限。

第二○一條 92

①拒卻鑑定人，應將拒卻之原因及前條第二項但書之事實釋明之。

②拒卻鑑定人之許可或駁回，偵查中由檢察官命令之，審判中由審判長或受命法官裁定之。

第二○二條

鑑定人應於鑑定前具結，其結文內應記載必為公正誠實之鑑定等語。

第二○三條 92

①審判長、受命法官或檢察官於必要時，得使鑑定人於法院外為鑑定。

②前項情形，得將關於鑑定之物，交付鑑定人。

③因鑑定被告心神或身體之必要，得預定七日以下之期間，將被告送入醫院或其他適當之處所。

第二○三條之一 92

①前條第三項情形，應用鑑定留置票。但經拘提、逮捕到場，其期間未逾二十四小時者，不在此限。

②鑑定留置票，應記載下列事項：

一　被告之姓名、性別、年齡、出生地及住所或居所。

二　案由。

三　應鑑定事項。

四　應留置之處所及預定之期間。

五　如不服鑑定留置之救濟方法。

③第七十一條第三項之規定，於鑑定留置票準用之。

④鑑定留置票，由法官簽名。檢察官認有鑑定留置必要時，向法院聲請簽發之。

第二〇三條之二 92

①執行鑑定留置，由司法警察將被告送入留置處所，該處所管理人員查驗人別無誤後，應於鑑定留置票附記送入之年、月、日、時並簽名。

②第八十九條、第九十條之規定，於執行鑑定留置準用之。

③執行鑑定留置時，鑑定留置票應分別送交檢察官、鑑定人、辯護人、被告及其指定之親友。

④因執行鑑定留置有必要時，法院或檢察官得依職權或依留置處所管理人員之聲請，命司法警察看守被告。

第二〇三條之三 92

①鑑定留置之預定期間，法院得於審判中依職權或偵查中依檢察官之聲請裁定縮短或延長之。但延長之期間不得逾二月。

②鑑定留置之處所，因安全或其他正當事由之必要，法院得於審判中依職權或偵查中依檢察官之聲請裁定變更之。

③法院為前二項裁定，應通知檢察官、鑑定人、辯護人、被告及其指定之親友。

第二〇三條之四 92

對被告執行第二百零三條第三項之鑑定者，其鑑定留置期間之日數，視為羈押之日數。

第二〇四條 92

①鑑定人因鑑定之必要，得經審判長、受命法官或檢察官之許可，檢查身體、解剖屍體、毀壞物體或進入有人住居或看守之住宅或其他處所。

②第一百二十七條、第一百四十六條至第一百四十九條、第二百十五條、第二百十六條第一項及第二百十七條之規定，於前項情形準用之。

第二〇四條之一 92

①前條第一項之許可，應用許可書。但於審判長、受命法官或檢察官前為之者，不在此限。

②許可書，應記載下列事項：

一　案由。

二　應檢查之身體、解剖之屍體、毀壞之物體或進入有人住居或看守之住宅或其他處所。

三　應鑑定事項。

四　鑑定人之姓名。

五　執行之期間。

③許可書，於偵查中由檢察官簽名，審判中由審判長或受命法官簽名。

④檢查身體，得於第一項許可書內附加認爲適當之條件。

第二○四條之二　92

①鑑定人爲第二百零四條第一項之處分時，應出示前條第一項之許可書及足證明其身分之文件。

②許可書於執行期間屆滿後不得執行，應即將許可書交還。

第二○四條之三　92

①被告以外之人無正當理由拒絕第二百零四條第一項之檢查身體處分者，得處以新臺幣三萬元以下之罰鍰，並準用第一百七十八條第二項及第三項之規定。

②無正當理由拒絕第二百零四條第一項之處分者，審判長、受命法官或檢察官得率同鑑定人實施之，並準用關於勘驗之規定。

第二○五條　92

①鑑定人因鑑定之必要，得經審判長、受命法官或檢察官之許可，檢閱卷宗及證物，並得請求蒐集或調取之。

②鑑定人得請求訊問被告、自訴人或證人，並許其在場及直接發問。

第二○五條之一　92

①鑑定人因鑑定之必要，得經審判長、受命法官或檢察官之許可，採取分泌物、排泄物、血液、毛髮或其他出自或附著身體之物，並得採取指紋、腳印、聲調、筆跡、照相或其他相類之行爲。

②前項處分，應於第二百零四條之一第二項許可書中載明。

第二○五條之二　92

檢察事務官、司法警察官或司法警察因調查犯罪情形及蒐集證據之必要，對於經拘提或逮捕到案之犯罪嫌疑人或被告，得違反犯罪嫌疑人或被告之意思，採取其指紋、掌紋、腳印，予以照相、測量身高或類似之行爲；有相當理由認爲採取毛髮、唾液、尿液、聲調或吐氣得作爲犯罪之證據時，並得採取之。

第二○六條

①鑑定之經過及其結果，應命鑑定人以言詞或書面報告。

②鑑定人有數人時，得使其共同報告。但意見不同者，應使其各別報告。

③以書面報告者，於必要時得使其以言詞說明。

第二○六條之一　92

①行鑑定時，如有必要，法院或檢察官得通知當事人、代理人或辯護人到場。

②第一百六十八條之一第二項之規定，於前項情形準用之。

第二○七條

鑑定有不完備者，得命增加人數或命他人繼續或另行鑑定。

第二〇八條 92

① 法院或檢察官得囑託醫院、學校或其他相當之機關、團體爲鑑定，或審查他人之鑑定，並準用第二百零三條至第二百零六條之一之規定；其須以言詞報告或說明時，得命實施鑑定或審查之人爲之。

② 第一百六十三條第一項、第一百六十六條至第一百六十七條之七、第二百零二條之規定，於前項由實施鑑定或審查之人爲言詞報告或說明之情形準用之。

第二〇九條 92

鑑定人於法定之日費、旅費外，得向法院請求相當之報酬及預行酌給或償還因鑑定所支出之費用。

第二一〇條

訊問依特別知識得知已往事實之人者，適用關於人證之規定。

第二一一條

本節之規定，於通譯準用之。

第四節 勘 驗

第二一二條

法院或檢察官因調查證據及犯罪情形，得實施勘驗。

第二一三條

勘驗，得爲左列處分：

一 履勘犯罪場所或其他與案情有關係之處所。
二 檢查身體。
三 檢驗屍體。
四 解剖屍體。
五 檢查與案情有關係之物件。
六 其他必要之處分。

第二一四條 92

① 行勘驗時，得命證人、鑑定人到場。

② 檢察官實施勘驗，如有必要，得通知當事人、代理人或辯護人到場。

③ 前項勘驗之日、時及處所，應預行通知之。但事先陳明不願到場或有急迫情形者，不在此限。

第二一五條 92

① 檢查身體，如係對於被告以外之人，以有相當理由可認爲於調查犯罪情形有必要者爲限，始得爲之。

② 行前項檢查，得傳喚其人到場或指定之其他處所，並準用第七十二條、第七十三條、第一百七十五條及第一百七十八條之規定。

③ 檢查婦女身體，應命醫師或婦女行之。

第二一六條

① 檢驗或解剖屍體，應先查明屍體有無錯誤。

②檢驗屍體，應命醫師或檢驗員行之。

③解剖屍體，應命醫師行之。

第二一七條

①因檢驗或解剖屍體，得將該屍體或其一部暫行留存，並得開棺及發掘墳墓。

②檢驗或解剖屍體及開棺發掘墳墓，應通知死者之配偶或其他同居或較近之親屬，許其在場。

第二一八條 91

①遇有非病死或可疑為非病死者，該管檢察官應速相驗。

②前項相驗，檢察官得命檢察事務官會同法醫師、醫師或檢驗員行之。但檢察官認顯無犯罪嫌疑者，得調度司法警察官會同法醫師、醫師或檢驗員行之。

③依前項規定相驗完畢後，認為有繼續勘驗之必要時，檢察官如發現有犯罪嫌疑時，應繼續為必要之勘驗及調查。

第二一九條 92

第一百二十七條、第一百三十二條、第一百四十六條至第一百五十一條及第一百五十三條之規定，於勘驗準用之。

第五節　證據保全 92

第二一九條之一 92

①告訴人、犯罪嫌疑人、被告或辯護人於證據有湮滅、偽造、變造、隱匿或礙難使用之虞時，偵查中得聲請檢察官為搜索、扣押、鑑定、勘驗、訊問證人或其他必要之保全處分。

②檢察官受理前項聲請，除認其為不合法或無理由予以駁回者外，應於五日內為保全處分。

③檢察官駁回前項聲請或未於前項期間內為保全處分者，聲請人得逕向該管法院聲請保全證據。

第二一九條之二 92

①法院對於前條第三項之聲請，於裁定前應徵詢檢察官之意見，認為不合法律上之程式或法律上不應准許或無理由者，應以裁定駁回之。但其不合法律上之程式可以補正者，應定期間先命補正。

②法院認為聲請有理由者，應為准許保全證據之裁定。

③前二項裁定，不得抗告。

第二一九條之三 92

第二百十九條之一之保全證據聲請，應向偵查中之該管檢察官為之。但案件尚未移送或報告檢察官者，應向調查之司法警察官或司法警察所屬機關所在地之地方法院檢察署檢察官聲請。

第二一九條之四 92

①案件於第一審法院審判中，被告或辯護人認為證據有保全之必要者，得在第一次審判期日前，聲請法院或受命法官為保全證據處分。遇有急迫情形時，亦得向受訊問人住居地或證物所在地之地方法院聲請之。

②檢察官或自訴人於起訴後，第一次審判期日前，認有保全證據之必要者，亦同。

③第二百七十九條第二項之規定，於受命法官爲保全證據處分之情形準用之。

④法院認爲保全證據之聲請不合法律上之程序或法律上不應准許或無理由者，應即以裁定駁回之。但其不合法律上之程序可以補正者，應定期間先命補正。

⑤法院或受命法官認爲聲請有理由者，應爲准許保全證據之裁定。

⑥前二項裁定，不得抗告。

第二一九條之五 92

①聲請保全證據，應以書狀爲之。

②聲請保全證據書狀，應記載下列事項：

一　案情概要。

二　應保全之證據及保全方法。

三　依該證據應證之事實。

四　應保全證據之理由。

③前項第四款之理由，應釋明之。

第二一九條之六 92

①告訴人、犯罪嫌疑人、被告、辯護人或代理人於偵查中，除有妨害證據保全之虞者外，對於其聲請保全之證據，得於實施保全證據時在場。

②保全證據之日、時及處所，應通知前項得在場之人。但有急迫情形致不能及時通知，或犯罪嫌疑人、被告受拘禁中者，不在此限。

第二一九條之七 92

①保全之證據於偵查中，由該管檢察官保管。但案件在司法警察官或司法警察調查中，經法院爲准許保全證據之裁定者，由該司法警察官或司法警察所屬機關所在地之地方法院檢察署檢察官保管之。

②審判中保全之證據，由命保全之法院保管。但案件繫屬他法院者，應送交該法院。

第二一九條之八 92

證據保全，除有特別規定外，準用本章、前章及第二百四十八條之規定。

第十三章　裁　判

第二二〇條

裁判，除依本法應以判決行之者外，以裁定行之。

第二二一條

判決，除有特別規定外，應經當事人之言詞辯論爲之。

第二二二條

①裁定因當庭之聲明而爲之者，應經訴訟關係人之言詞陳述。

②爲裁定前有必要時，得調查事實。

第二二三條

判決應敍述理由；得爲抗告或駁回聲明之裁定亦同。

第二二四條

①裁決應宣示之。但不經言詞辯論之判決，不在此限。

②裁定以當庭所爲者爲限，應宣示之。

第二二五條

①宣示判決，應朗讀主文，說明其意義，並告以理由之要旨。

②宣示裁定，應告以裁定之意旨；其敍述理由者，並告以理由。

③前二項應宣示之判決或裁定，於宣示之翌日公告之，並通知當事人。

第二二六條

①裁判應製作裁判書者，應於裁判宣示後，當日將原本交付書記官。但於辯論終結之期日宣示判決者，應於五日內交付之。

②書記官應於裁判原本記明接受之年、月、日並簽名。

第二二七條

①裁判制作裁判書者，除有特別規定外，應以正本送達於當事人、代理人、辯護人及其他受裁判之人。

②前項送達，自接受裁判原本之日起，至遲不得逾七日。

第二編　第一審

第一章　公　訴

第一節　偵　查

第二二八條

①檢察官因告訴、告發、自首或其他情事知有犯罪嫌疑者，應即開始偵查。

②前項偵查，檢察官得限期命檢察事務官、第二百三十條之司法警察官或第二百三十一條之司法警察調查犯罪情形及蒐集證據，並提出報告。必要時，得將相關卷證一併發交。

③實施偵查非有必要，不得先行傳訊被告。

④被告經傳喚、自首或自行到場者，檢察官於訊問後，認有第一百零一條第一項各款或第一百零一條之一第一項各款所定情形之一而無聲請羈押之必要者，得命具保、責付或限制住居。但認有羈押之必要者，得予逮捕，並將逮捕所依據之事實告知被告後，聲請法院羈押之。第九十三條第二項、第三項、第五項之規定於本項之情形準用之。

第二二九條 92

①下列各員，於其管轄區域內爲司法警察官，有協助檢察官偵查犯罪之職權：

一　警政署署長、警察局局長或警察總隊總隊長。

二　憲兵隊長官。

三　依法令關於特定事項，得行相當於前二款司法警察官之職權者。

②前項司法警察官，應將調查之結果，移送該管檢察官；如接受被拘提或逮捕之犯罪嫌疑人，除有特別規定外，應解送該管檢察官。但檢察官命其解送者，應即解送。

③被告或犯罪嫌疑人未經拘提或逮捕者，不得解送。

第二三〇條

①下列各員為司法警察官，應受檢察官之指揮，偵查犯罪：

一　警察官長。

二　憲兵隊官長、士官。

三　依法令關於特定事項，得行司法警察官之職權者。

②前項司法警察官知有犯罪嫌疑者，應即開始調查，並將調查之情形報告該管檢察官及前條之司法警察官。

③實施前項調查有必要時，得封鎖犯罪現場，並為即時之勘察。

第二三一條

①下列各員為司法警察，應受檢察官及司法警察官之命令，偵查犯罪：

一　警察。

二　憲兵。

三　依法令關於特定事項，得行司法警察之職權者。

②司法警察知有犯罪嫌疑者，應即開始調查，並將調查之情形報告該管檢察官及司法警察官。

③實施前項調查有必要時，得封鎖犯罪現場，並為即時之勘察。

第二三一條之一

①檢察官對於司法警察官或司法警察移送或報告之案件，認為調查未完備者，得將卷證發回，命其補足，或發交其他司法警察官或司法警察調查。司法警察官或司法警察應於補足或調查後，再行移送或報告。

②對於前項之補足或調查，檢察官得限定時間。

第二三二條

犯罪之被害人，得為告訴。

第二三三條

①被害人之法定代理人或配偶，得獨立告訴。

②被害人已死亡者，得由其配偶、直系血親、三親等內之旁系血親、二親等內之姻親或家長、家屬告訴。但告訴乃論之罪，不得與被害人明示之意思相反。

第二三四條 110

①刑法第二百三十條之妨害風化罪，非下列之人不得告訴：

一　本人之直系血親尊親屬。

二　配偶或其直系血親尊親屬。

②刑法第二百四十條第二項之妨害婚姻及家庭罪，非配偶不得告訴。

③刑法第二百九十八條之妨害自由罪，被略誘人之直系血親、三親等內之旁系血親、二親等內之姻親或家長、家屬亦得告訴。

④刑法第三百十二條之妨害名譽及信用罪，已死者之配偶、直系血親、三親等內之旁系血親、二親等內之姻親或家長、家屬得爲告訴。

第二三五條

被害人之法定代理人爲被告或該法定代理人之配偶或四親等內之血親、三親等內之姻親或家長、家屬爲被告者，被害人之直系血親、三親等內之旁系血親、二親等內之姻親或家長、家屬得獨立告訴。

第二三六條

①告訴乃論之罪，無得爲告訴之人或得爲告訴之人不能行使告訴權者，該管檢察官得依利害關係人之聲請或依職權指定代行告訴人。

②第二百三十三條第二項但書之規定，本條準用之。

第二三六條之一 92

①告訴，得委任代理人行之。但檢察官或司法警察官認爲必要時，得命本人到場。

②前項委任應提出委任書狀於檢察官或司法警察官，並準用第二十八條及第三十二條之規定。

第二三六條之二 92

前條及第二百七十一條之一之規定，於指定代行告訴人不適用之。

第二三七條

①告訴乃論之罪，其告訴應自得爲告訴之人知悉犯人之時起，於六個月內爲之。

②得爲告訴之人有數人，其一人遲誤期間者，其效力不及於他人。

第二三八條

①告訴乃論之罪，告訴人於第一審辯論終結前，得撤回其告訴。

②撤回告訴之人，不得再行告訴。

第二三九條 110

告訴乃論之罪，對於共犯之一人告訴或撤回告訴者，其效力及於其他共犯。

第二四○條

不問何人知有犯罪嫌疑者，得爲告發。

第二四一條

公務員因執行職務知有犯罪嫌疑者，應爲告發。

第二四二條

①告訴、告發，應以書狀或言詞向檢察官或司法警察官爲之，其以言詞爲之者，應制作筆錄。爲便利言詞告訴、告發，得設置告

鈴。

②檢察官或司法警察官實施偵查，發見犯罪事實之全部或一部係告訴乃論之罪而未經告訴者，於被害人或其他得為告訴之人到案陳述時，應訊問其是否告訴，記明筆錄。

③第四十一條第二項至第四項及第四十三條之規定，於前二項筆錄準用之。

第二四三條

①刑法第一百十六條及第一百十八條請求乃論之罪，外國政府之請求，得經外交部長函請司法行政最高長官令知該管檢察官。

②第二百三十八條及第二百三十九條之規定，於外國政府之請求準用之。

第二四四條

自首向檢察官或司法警察官為之者，準用第二百四十二條之規定。

第二四五條 101

①偵查，不公開之。

②被告或犯罪嫌疑人之辯護人，得於檢察官、檢察事務官、司法警察官或司法警察訊問該被告或犯罪嫌疑人時在場，並得陳述意見。但有事實足認其在場有妨害國家機密或有湮滅、偽造、變造證據或勾串共犯或證人或妨害他人名譽之虞，或其行為不當足以影響偵查秩序者，得限制或禁止之。

③檢察官、檢察事務官、司法警察官、司法警察、辯護人、告訴代理人或其他於偵查程序依法執行職務之人員，除依法令或為維護公共利益或保護合法權益有必要者外，偵查中因執行職務知悉之事項，不得公開或揭露予執行法定職務必要範圍以外之人員。

④偵查中訊問被告或犯罪嫌疑人時，應將訊問之日、時及處所通知辯護人。但情形急迫者，不在此限。

⑤第一項偵查不公開作業辦法，由司法院會同行政院定之。

第二四六條

遇被告不能到場，或有其他必要情形，得就其所在訊問之。

第二四七條

關於偵查事項，檢察官得請該管機關為必要之報告。

第二四八條

①訊問證人、鑑定人時，如被告在場者，被告得親自詰問；詰問有不當者，檢察官得禁止之。

②預料證人、鑑定人於審判時不能訊問者，應命被告在場。但恐證人、鑑定人於被告前不能自由陳述者，不在此限。

第二四八條之一 109

①被害人於偵查中受訊問或詢問時，其法定代理人、配偶、直系或三親等內旁系血親、家長、家屬、醫師、心理師、輔導人員、社工人員或其信賴之人，經被害人同意後，得陪同在場，並得陳述意見。

②前項規定，於得陪同在場之人為被告，或檢察官、檢察事務官、司法警察官或司法警察認其在場，有礙偵查程序之進行時，不適用之。

第二四八條之二 109

①檢察官於偵查中得將案件移付調解；或依被告及被害人之聲請，轉介適當機關、機構或團體進行修復。

②前項修復之聲請，被害人無行為能力、限制行為能力或死亡者，得由其法定代理人、直系血親或配偶為之。

第二四八條之三 109

①檢察官於偵查中應注意被害人及其家屬隱私之保護。

②被害人於偵查中受訊問時，檢察官依被害人之聲請或依職權，審酌案件情節及被害人之身心狀況後，得利用遮蔽設備，將被害人與被告、第三人適當隔離。

③前二項規定，於檢察事務官、司法警察官或司法警察調查時，準用之。

第二四九條

實施偵查遇有急迫情形，得命在場或附近之人為相當之輔助。檢察官於必要時，並得請附近軍事官長派遣軍隊輔助。

第二五〇條

檢察官知有犯罪嫌疑而不屬其管轄或於開始偵查後認為案件不屬其管轄者，應即分別通知或移送該管檢察官。但有急迫情形時，應為必要之處分。

第二五一條

①檢察官依偵查所得之證據，足認被告有犯罪嫌疑者，應提起公訴。

②被告之所在不明者，亦應提起公訴。

第二五二條

案件有左列情形之一者，應為不起訴之處分：

一 曾經判決確定者。

二 時效已完成者。

三 曾經大赦者。

四 犯罪後之法律已廢止其刑罰者。

五 告訴或請求乃論之罪，其告訴或請求已經撤回或已逾告訴期間者。

六 被告死亡者。

七 法院對於被告無審判權者。

八 行為不罰者。

九 法律應免除其刑者。

十 犯罪嫌疑不足者。

第二五三條 106

第三百七十六條第一項各款所規定之案件，檢察官參酌刑法第五十七條所列事項，認為以不起訴為適當者，得為不起訴之處分。

第二五三條之一 91

①被告所犯為死刑、無期徒刑或最輕本刑三年以上有期徒刑以外之罪，檢察官參酌刑法第五十七條所列事項及公共利益之維護，認以緩起訴為適當者，得定一年以上三年以下之緩起訴期間為緩起訴處分，其期間自緩起訴處分確定之日起算。

②追訴權之時效，於緩起訴之期間內，停止進行。

③刑法第八十三條第三項之規定，於前項之停止原因，不適用之。

④第三百二十三條第一項但書之規定，於緩起訴期間，不適用之。

第二五三條之二 103

①檢察官為緩起訴處分者，得命被告於一定期間內遵守或履行下列各款事項：

一 向被害人道歉。

二 立悔過書。

三 向被害人支付相當數額之財產或非財產上之損害賠償。

四 向公庫支付一定金額，並得由該管檢察署依規定提撥一定比率補助相關公益團體或地方自治團體。

五 向該管檢察署指定之政府機關、政府機構、行政法人、社區或其他符合公益目的之機構或團體提供四十小時以上二百四十小時以下之義務勞務。

六 完成戒癮治療、精神治療、心理輔導或其他適當之處遇措施。

七 保護被害人安全之必要命令。

八 預防再犯所為之必要命令。

②檢察官命被告遵守或履行前項第三款至第六款之事項，應得被告之同意；第三款、第四款並得為民事強制執行名義。

③第一項情形，應附記於緩起訴處分書內。

④第一項之期間，不得逾緩起訴期間。

⑤第一項第四款提撥比率、收支運用及監督管理辦法，由行政院會同司法院另定之。

第二五三條之三 91

①被告於緩起訴期間內，有左列情形之一者，檢察官得依職權或依告訴人之聲請撤銷原處分，繼續偵查或起訴：

一 於期間內故意更犯有期徒刑以上刑之罪，經檢察官提起公訴者。

二 緩起訴前，因故意犯他罪，而在緩起訴期間內受有期徒刑以上刑之宣告者。

三 違背第二百五十三條之二第一項各款之應遵守或履行事項者。

②檢察官撤銷緩起訴之處分時，被告已履行之部分，不得請求返還或賠償。

第二五四條

被告犯數罪時，其一罪已受重刑之確定判決，檢察官認為他罪雖

行起訴，於應執行之刑無重大關係者，得爲不起訴之處分。

第二五五條

①檢察官依第二百五十二條、第二百五十三條、第二百五十三條之一、第二百五十三條之三、第二百五十四條規定爲不起訴、緩起訴或撤銷緩起訴或因其他法定理由爲不起訴處分者，應製作處分書敘述其處分之理由。但處分前經告訴人或告發人同意者，處分書得僅記載處分之要旨。

②前項處分書，應以正本送達於告訴人、告發人、被告及辯護人。緩起訴處分書，並應送達與遵守或履行行爲有關之被害人、機關、團體或社區。

③前項送達，自書記官接受處分書原本之日起，不得逾五日。

第二五六條 109

①告訴人接受不起訴或緩起訴處分書後，得於十日內以書狀敘述不服之理由，經原檢察官向直接上級檢察署檢察長或檢察總長聲請再議。但第二百五十三條、第二百五十三條之一之處分曾經告訴人同意者，不得聲請再議。

②不起訴或緩起訴處分得聲請再議者，其再議期間及聲請再議之直接上級檢察署檢察長或檢察總長，應記載於送達告訴人處分書正本。

③死刑、無期徒刑或最輕本刑三年以上有期徒刑之案件，因犯罪嫌疑不足，經檢察官爲不起訴之處分，或第二百五十三條之一之案件經檢察官爲緩起訴之處分者，如無得聲請再議之人時，原檢察官應依職權逕送直接上級檢察署檢察長或檢察總長再議，並通知告發人。

第二五六條之一 109

①被告接受撤銷緩起訴處分書後，得於十日內以書狀敘述不服之理由，經原檢察官向直接上級檢察署檢察長或檢察總長聲請再議。

②前條第二項之規定，於送達被告之撤銷緩起訴處分書準用之。

第二五七條 91

①再議之聲請，原檢察官認爲有理由者，應撤銷其處分，除前條情形外，應繼續偵查或起訴。

②原檢察官認聲請爲無理由者，應即將該案卷及證物送交上級法院檢察署檢察長或檢察總長。

③聲請已逾前二條之期間者，應駁回之。

④原法院檢察署檢察長認爲必要時，於依第二項之規定送交前，得親自或命令他檢察官再行偵查或審核，分別撤銷或維持原處分；其維持原處分者，應即送交。

第二五八條 91

上級法院檢察署檢察長或檢察總長認再議爲無理由者，應駁回之；認爲有理由者，第二百五十六條之一之情形應撤銷原處分，第二百五十六條之情形應分別爲左列處分：

一　偵查未完備者，得親自或命令他檢察官再行偵查，或命令原

　　　　法院檢察署檢察官續行偵查。

二　偵查已完備者，命令原法院檢察署檢察官起訴。

第二五八條之一 92

①告訴人不服前條之駁回處分者，得於接受處分書後十日內委任律師提出理由狀，向該管第一審法院聲請交付審判。

②律師受前項之委任，得檢閱偵查卷宗及證物並得抄錄或攝影。但涉及另案偵查不公開或其他依法應予保密之事項，得限制或禁止之。

③第三十條第一項之規定，於前二項之情形準用之。

第二五八條之二 91

①交付審判之聲請，於法院裁定前，得撤回之，於裁定交付審判後第一審辯論終結前，亦同。

②撤回交付審判之聲請，書記官應速通知被告。

③撤回交付審判聲請之人，不得再行聲請交付審判。

第二五八條之三 91

①聲請交付審判之裁定，法院應以合議行之。

②法院認交付審判之聲請不合法或無理由者，應駁回之；認為有理由者，應為交付審判之裁定，並將正本送達於聲請人、檢察官及被告。

③法院為前項裁定前，得為必要之調查。

④法院為交付審判之裁定時，視為案件已提起公訴。

⑤被告對於第二項交付審判之裁定，得提起抗告；駁回之裁定，不得抗告。

第二五八條之四 91

交付審判之程序，除法律別有規定外，適用第二編第一章第三節之規定。

第二五九條 91

①羈押之被告受不起訴或緩起訴之處分者，視為撤銷羈押，檢察官應將被告釋放，並應即時通知法院。

②為不起訴或緩起訴之處分者，扣押物應即發還。但法律另有規定、再議期間內、聲請再議中或聲請法院交付審判中遇有必要情形，或應沒收或為偵查他罪或他被告之用應留存者，不在此限。

第二五九條之一 105

檢察官依第二百五十三條或第二百五十三條之一為不起訴或緩起訴之處分者，對刑法第三十八條第二項、第三項之物及第三十八條之一第一項、第二項之犯罪所得，得單獨聲請法院宣告沒收。

第二六〇條 91

不起訴處分已確定或緩起訴處分期滿未經撤銷者，非有左列情形之一，不得對於同一案件再行起訴：

一　發現新事實或新證據者。

二　有第四百二十條第一項第一款、第二款、第四款或第五款所定得為再審原因之情形者。

第二六一條

犯罪是否成立或刑罰應否免除，以民事法律關係為斷者，檢察官應於民事訴訟終結前，停止偵查。

第二六二條

犯人不明者，於認有第二百五十二條所定之情形以前，不得終結偵查。

第二六三條

第二百五十五條第二項及第三項之規定，於檢察官之起訴書準用之。

第二節　起　訴

第二六四條

① 提起公訴，應由檢察官向管轄法院提出起訴書為之。

② 起訴書應記載左列事項：

　一　被告之姓名、性別、年齡、籍貫、職業、住所或居所或其他足資辨別之特徵。

　二　犯罪事實及證據並所犯法條。

③ 起訴時，應將卷宗及證物一併送交法院。

第二六五條

① 於第一審辯論終結前，得就與本案相牽連之犯罪或本罪之誣告罪，追加起訴。

② 追加起訴，得於審判期日以言詞為之。

第二六六條

起訴之效力，不及於檢察官所指被告以外之人。

第二六七條

檢察官就犯罪事實一部起訴者，其效力及於全部。

第二六八條

法院不得就未經起訴之犯罪審判。

第二六九條

① 檢察官於第一審辯論終結前，發見有應不起訴或以不起訴為適當之情形者，得撤回起訴。

② 撤回起訴，應提出撤回書敘述理由。

第二七○條

撤回起訴與不起訴處分有同一之效力，以其撤回書視為不起訴處分書，準用第二百五十五條至第二百六十條之規定。

第三節　審　判

第二七一條

① 審判期日，應傳喚被告或其代理人，並通知檢察官、辯護人、輔佐人。

② 審判期日，應傳喚被害人或其家屬並予陳述意見之機會。但經合法傳喚無正當理由不到場，或陳明不願到場，或法院認為不必要

刑事訴訟法（二七一之一～二七三條）

或不適宜者，不在此限。

第二七一條之一 109

①告訴人得於審判中委任代理人到場陳述意見。但法院認為必要時，得命本人到場。

②前項委任應提出委任書狀於法院，並準用第二十八條、第三十二條及第三十三條第一項之規定，但代理人為非律師者於審判中，對於卷宗及證物不得檢閱、抄錄或攝影。

第二七一條之二 109

①法院於審判中應注意被害人及其家屬隱私之保護。

②被害人依第二百七十一條第二項之規定到場者，法院依被害人之聲請或依職權，審酌案件情節及被害人之身心狀況，並聽取當事人及辯護人之意見後，得利用遮蔽設備，將被害人與被告、旁聽人適當隔離。

第二七一條之三 109

①被害人之法定代理人、配偶、直系或三親等內旁系血親、家長、家屬、醫師、心理師、輔導人員、社工人員或其信賴之人，經被害人同意後，得於審判中陪同被害人在場。

②前項規定，於陪同在場之人為被告時，不適用之。

第二七一條之四 109

①法院於言詞辯論終結前，得將案件移付調解；或依被告及被害人之聲請，於聽取檢察官、代理人、辯護人及輔佐人之意見後，轉介適當機關、機構或團體進行修復。

②前項修復之聲請，被害人無行為能力、限制行為能力或死亡者，得由其法定代理人、直系血親或配偶為之。

第二七二條

第一次審判期日之傳票，至遲應於七日前送達；刑法第六十一條所列各罪之案件至遲應於五日前送達。

第二七三條 92

①法院得於第一次審判期日前，傳喚被告或其代理人，並通知檢察官、辯護人、輔佐人到庭，行準備程序，為下列各款事項之處理：

一　起訴效力所及之範圍與有無應變更檢察官所引應適用法條之情形。

二　訊問被告、代理人及辯護人對於檢察官起訴事實是否為認罪之答辯，及決定可否適用簡式審判程序或簡易程序。

三　案件及證據之重要爭點。

四　有關證據能力之意見。

五　曉諭為證據調查之聲請。

六　證據調查之範圍、次序及方法。

七　命提出證物或可為證據之文書。

八　其他與審判有關之事項。

②於前項第四款之情形，法院依本法之規定認定無證據能力者，該

　　證據不得於審判期日主張之。

③前條之規定，於行準備程序準用之。

④第一項程序處理之事項，應由書記官製作筆錄，並由到庭之人緊接其記載之末行簽名、蓋章或按指印。

⑤第一項之人經合法傳喚或通知，無正當理由不到庭者，法院得對到庭之人行準備程序。

⑥起訴或其他訴訟行為，於法律上必備之程式有欠缺而其情形可補正者，法院應定期間，以裁定命其補正。

第二七三條之一 92

①除被告所犯為死刑、無期徒刑、最輕本刑為三年以上有期徒刑之罪或高等法院管轄第一審案件者外，於前條第一項程序進行中，被告先就被訴事實為有罪之陳述時，審判長得告知被告簡式審判程序之旨，並聽取當事人、代理人、辯護人及輔佐人之意見後，裁定進行簡式審判程序。

②法院為前項裁定後，認有不得或不宜者，應撤銷原裁定，依通常程序審判之。

③前項情形，應更新審判程序。但當事人無異議者，不在此限。

第二七三條之二 92

簡式審判程序之證據調查，不受第一百五十九條第一項、第一百六十一條之二、第一百六十一條之三、第一百六十三條之一及第一百六十四條至第一百七十條規定之限制。

第二七四條 92

法院於審判期日前，得調取或命提出證物。

第二七五條

當事人或辯護人，得於審判期日前，提出證據及聲請法院為前條之處分。

第二七六條 92

①法院預料證人不能於審判期日到場者，得於審判期日前訊問之。

②法院得於審判期日前，命為鑑定及通譯。

第二七七條

法院得於審判期日前，為搜索扣押及勘驗。

第二七八條

法院得於審判期日前，就必要之事項，請求該管機關報告。

第二七九條 92

①行合議審判之案件，為準備審判起見，得以庭員一人為受命法官，於審判期日前，使行準備程序，以處理第二百七十三條第一項、第二百七十四條、第二百七十六條至第二百七十八條規定之事項。

②受命法官行準備程序，與法院或審判長有同一之權限。但第一百二十一條之裁定，不在此限。

第二八〇條 109

審判期日，應由法官、檢察官及書記官出庭。

第二八一條

①審判期日，除有特別規定外，被告不到庭者，不得審判。

②許被告用代理人之案件，得由代理人到庭。

第二八二條

被告在庭時，不得拘束其身體。但得命人看守。

第二八三條

①被告到庭後，非經審判長許可，不得退庭。

②審判長因命被告在庭，得爲相當處分。

第二八四條

第三十一條第一項所定之案件無辯護人到庭者，不得審判。但宣示判決，不在此限。

第二八四條之一 106

除簡式審判程序、簡易程序及第三百七十六條第一項第一款、第二款所列之罪之案件外，第一審應行合議審判。

第二八五條

審判期日，以朗讀案由爲始。

第二八六條

審判長依第九十四條訊問被告後，檢察官應陳述起訴之要旨。

第二八七條 92

檢察官陳述起訴要旨後，審判長應告知被告第九十五條規定之事項。

第二八七條之一 92

①法院認爲適當時，得依職權或當事人或辯護人之聲請，以裁定將共同被告之調查證據或辯論程序分離或合併。

②前項情形，因共同被告之利害相反，而有保護被告權利之必要者，應分離調查證據或辯論。

第二八七條之二 92

法院就被告本人之案件調查共同被告時，該共同被告準用有關人證之規定。

第二八八條 92

①調查證據應於第二百八十七條程序完畢後行之。

②審判長對於準備程序中當事人不爭執之被告以外之人之陳述，得僅以宣讀或告以要旨代之。但法院認有必要者，不在此限。

③除簡式審判程序案件外，審判長就被告被訴事實爲訊問者，應於調查證據程序之最後行之。

④審判長就被告科刑資料之調查，應於前項事實訊問後行之。

第二八八條之一 92

①審判長每調查一證據畢，應詢問當事人有無意見。

②審判長應告知被告得提出有利之證據。

第二八八條之二 92

法院應予當事人、代理人、辯護人或輔佐人，以辯論證據證明力之適當機會。

第二八八條之三 92

① 當事人、代理人、辯護人或輔佐人對於審判長或受命法官有關證據調查或訴訟指揮之處分不服者，除有特別規定外，得向法院聲明異議。

② 法院應就前項異議裁定之。

第二八九條 109

① 調查證據完畢後，應命依下列次序就事實及法律分別辯論之：
　一　檢察官。
　二　被告。
　三　辯護人。

② 前項辯論後，應命依同一次序，就科刑範圍辯論之。於科刑辯論前，並應予到場之告訴人、被害人或其家屬或其他依法得陳述意見之人就科刑範圍表示意見之機會。

③ 已依前二項辯論者，得再為辯論，審判長亦得命再行辯論。

第二九〇條
審判長於宣示辯論終結前，最後應詢問被告有無陳述。

第二九一條
辯論終結後，遇有必要情形，法院得命再開辯論。

第二九二條 109

① 審判期日，應由參與之法官始終出庭；如有更易者，應更新審判程序。

② 參與審判期日前準備程序之法官有更易者，毋庸更新其程序。

第二九三條
審判非一次期日所能終結者，除有特別情形外，應於次日連續開庭；如下次開庭因事故間隔至十五日以上者，應更新審判程序。

第二九四條

① 被告心神喪失者，應於其回復以前停止審判。

② 被告因疾病不能到庭者，應於其能到庭以前停止審判。

③ 前二項被告顯有應諭知無罪或免刑判決之情形者，得不待其到庭，逕行判決。

④ 許用代理人案件委任有代理人者，不適用前三項之規定。

第二九五條
犯罪是否成立以他罪為斷，而他罪已經起訴者，得於其判決確定前，停止本罪之審判。

第二九六條
被告犯有他罪已經起訴應受重刑之判決，法院認為本罪科刑於他罪執行之刑無重大關係者，得於他罪判決確定前停止本罪之審判。

第二九七條
犯罪是否成立或刑罰應否免除，以民事法律關係為斷，而民事已經起訴者，得於其程序終結前停止審判。

第二九八條
第二百九十四條第一項、第二項及第二百九十五條至二百九十七

條停止審判之原因消滅時，法院應繼續審判，當事人亦得聲請法院繼續審判。

第二九九條

①被告犯罪已經證明者，應諭知科刑之判決。但免除其刑者，應諭知免刑之判決。

②依刑法第六十一條規定，為前項免刑判決前，並得斟酌情形經告訴人或自訴人同意，命被告為左列各款事項：

一　向被害人道歉。

二　立悔過書。

三　向被害人支付相當數額之慰撫金。

③前項情形，應附記於判決書內。

④第二項第三款並得為民事強制執行名義。

第三〇〇條

前條之判決，得就起訴之犯罪事實，變更檢察官所引應適用之法條。

第三〇一條 95

①不能證明被告犯罪或其行為不罰者應諭知無罪之判決。

②依刑法第十八條第一項或第十九條第一項其行為不罰，認為有諭知保安處分之必要者，並應諭知其處分及期間。

第三〇二條

案件有左列情形之一者，應諭知免訴之判決：

一　曾經判決確定者。

二　時效已完成者。

三　曾經大赦者。

四　犯罪後之法律已廢止其刑罰者。

第三〇三條 92

案件有下列情形之一者，應諭知不受理之判決：

一　起訴之程序違背規定者。

二　已經提起公訴或自訴之案件，在同一法院重行起訴者。

三　告訴或請求乃論之罪，未經告訴、請求或其告訴、請求經撤回或已逾告訴期間者。

四　曾為不起訴處分、撤回起訴或緩起訴期滿未經撤銷，而違背第二百六十條之規定再行起訴者。

五　被告死亡或為被告之法人已不存續者。

六　對於被告無審判權者。

七　依第八條之規定不得為審判者。

第三〇四條

無管轄權之案件，應諭知管轄錯誤之判決，並同時諭知移送於管轄法院。

第三〇五條

被告拒絕陳述者，得不待其陳述逕行判決；其未受許可而退庭者亦同。

第三〇六條

法院認為應科拘役、罰金或應諭知免刑或無罪之案件，被告經合法傳喚無正當理由不到庭者，得不待其陳述逕行判決。

第三〇七條 92

第一百六十一條第四項、第三百零二條至第三百零四條之判決，得不經言詞辯論為之。

第三〇八條 93

判決書應分別記載其裁判之主文與理由；有罪之判決書並應記載犯罪事實，且得與理由合併記載。

第三〇九條 105

有罪之判決書，應於主文內載明所犯之罪，並分別情形，記載下列事項：

一　諭知之主刑、從刑、刑之免除或沒收。
二　諭知有期徒刑或拘役者，如易科罰金，其折算之標準。
三　諭知罰金者，如易服勞役，其折算之標準。
四　諭知易以訓誡者，其諭知。
五　諭知緩刑者，其緩刑之期間。
六　諭知保安處分者，其處分及期間。

第三一〇條 105

有罪之判決書，應於理由內分別情形記載下列事項：

一　認定犯罪事實所憑之證據及其認定之理由。
二　對於被告有利之證據不採納者，其理由。
三　科刑時就刑法第五十七條或第五十八條規定事項所審酌之情形。
四　刑罰有加重、減輕或免除者，其理由。
五　易以訓誡或緩刑者，其理由。
六　諭知沒收、保安處分者，其理由。
七　適用之法律。

第三一〇條之一 93

①有罪判決，諭知六月以下有期徒刑或拘役得易科罰金、罰金或免刑者，其判決書得僅記載判決主文、犯罪事實、證據名稱、對於被告有利證據不採納之理由及應適用之法條。
②前項判決，法院認定之犯罪事實與起訴書之記載相同者，得引用之。

第三一〇條之二 93

適用簡式審判程序之有罪判決書之製作，準用第四百五十四條之規定。

第三一〇條之三 105

除於有罪判決諭知沒收之情形外，諭知沒收之判決，應記載其裁判之主文、構成沒收之事實與理由。理由內應分別情形記載認定事實所憑之證據及其認定之理由、對於被告有利證據不採納之理由及應適用之法律。

第三一一條 107

行獨任審判之案件宣示判決，應自辯論終結之日起二星期內為之；行合議審判者，應於三星期內為之。但案情繁雜或有特殊情形者，不在此限。

第三一二條

宣示判決，被告雖不在庭亦應為之。

第三一三條 109

宣示判決，不以參與審判之法官為限。

第三一四條

①判決得為上訴者，其上訴期間及提出上訴狀之法院，應於宣示時一併告知，並應記載於送達被告之判決正本。

②前項判決正本，並應送達於告訴人及告發人，告訴人於上訴期間內，得向檢察官陳述意見。

第三一四條之一 93

有罪判決之正本，應附記論罪之法條全文。

第三一五條

犯刑法偽證及誣告罪章或妨害名譽及信用罪章之罪者，因被害人或其他有告訴權人之聲請，得將判決書全部或一部登報，其費用由被告負擔。

第三一六條

羈押之被告，經諭知無罪、免訴、免刑、緩刑、罰金或易以訓誡或第三百零三條第三款、第四款不受理之判決者，視為撤銷羈押。但上訴期間內或上訴中，得命具保、責付或限制住居；如不能具保、責付或限制住居，而有必要情形者，並得繼續羈押之。

第三一七條

扣押物未經諭知沒收者，應即發還。但上訴期間內或上訴中遇有必要情形，得繼續扣押之。

第三一八條

①扣押之贓物，依第一百四十二條第一項應發還被害人者，應不待其請求即行發還。

②依第一百四十二條第二項暫行發還之物無他項諭知者，視為已有發還之裁定。

第二章 自 訴

第三一九條 92

①犯罪之被害人得提起自訴。但無行為能力或限制行為能力或死亡者，得由其法定代理人、直系血親或配偶為之。

②前項自訴之提起，應委任律師行之。

③犯罪事實之一部提起自訴者，他部雖不得自訴亦以得提起自訴論。但不得提起自訴部分係較重之罪，或其第一審屬於高等法院管轄，或第三百二十一條之情形者，不在此限。

第三二○條 92

① 自訴，應向管轄法院提出自訴狀為之。

② 自訴狀應記載下列事項：

　一　被告之姓名、性別、年齡、住所或居所，或其他足資辨別之特徵。

　二　犯罪事實及證據並所犯法條。

③ 前項犯罪事實，應記載構成犯罪之具體事實及其犯罪之日、時、處所、方法。

④ 自訴狀應按被告之人數，提出繕本。

第三二一條

對於直系尊親屬或配偶，不得提起自訴。

第三二二條

告訴或請求乃論之罪，已不得為告訴或請求者，不得再行自訴。

第三二三條

① 同一案件經檢察官依第二百二十八條規定開始偵查者，不得再行自訴。但告訴乃論之罪，經犯罪之直接被害人提起自訴者，不在此限。

② 於開始偵查後，檢察官知有自訴在先或前項但書之情形者，應即停止偵查，將案件移送法院。但遇有急迫情形，檢察官仍應為必要之處分。

第三二四條

同一案件經提起自訴者，不得再行告訴或為第二百四十三條之請求。

第三二五條

① 告訴或請求乃論之罪，自訴人於第一審辯論終結前，得撤回其自訴。

② 撤回自訴，應以書狀為之。但於審判期日或受訊問時，得以言詞為之。

③ 書記官應速將撤回自訴之事由，通知被告。

④ 撤回自訴之人，不得再行自訴或告訴或請求。

第三二六條 93

① 法院或受命法官，得於第一次審判期日前，訊問自訴人、被告及調查證據，於發見案件係民事或利用自訴程序恫嚇被告者，得曉諭自訴人撤回自訴。

② 前項訊問不公開之；非有必要，不得先行傳訊被告。

③ 第一項訊問及調查結果，如認為案件有第二百五十二條、第二百五十三條、第二百五十四條之情形者，得以裁定駁回自訴，並準用第二百五十三條之二第一項第一款至第四款、第二項及第三項之規定。

④ 駁回自訴之裁定已確定者，非有第二百六十條各款情形之一，不得對於同一案件再行自訴。

第三二七條 92

① 命自訴代理人到場，應通知之；如有必要命自訴人本人到場者，應傳喚之。

② 第七十一條、第七十二條及第七十三條之規定，於自訴人之傳喚準用之。

第三二八條

法院於接受自訴狀後，應速將其繕本送達於被告。

第三二九條 92

① 檢察官於審判期日所得為之訴訟行為，於自訴程序，由自訴代理人為之。

② 自訴人未委任代理人，法院應定期間以裁定命其委任代理人；逾期仍不委任者，應諭知不受理之判決。

第三三〇條

① 法院應將自訴案件之審判期日通知檢察官。

② 檢察官對於自訴案件，得於審判期日出庭陳述意見。

第三三一條 92

自訴代理人經合法通知無正當理由不到庭，應再行通知，並告知自訴人。自訴代理人無正當理由仍不到庭者，應諭知不受理之判決。

第三三二條

自訴人於辯論終結前，喪失行為能力或死亡者，得由第三百十九條第一項所列得為提起自訴之人，於一個月內聲請法院承受訴訟；如無承受訴訟之人或逾期不為承受者，法院應分別情形，逕行判決或通知檢察官擔當訴訟。

第三三三條

犯罪是否成立或刑罰應否免除，以民事法律關係為斷，而民事未起訴者，停止審判，並限期命自訴人提起民事訴訟，逾期不提起者，應以裁定駁回其自訴。

第三三四條

不得提起自訴而提起者，應諭知不受理之判決。

第三三五條

諭知管轄錯誤之判決者，非經自訴人聲明，毋庸移送案件於管轄法院。

第三三六條

① 自訴案件之判決書，並應送達於該管檢察官。

② 檢察官接受不受理或管轄錯誤之判決書後，認為應提起公訴者，應即開始或續行偵查。

第三三七條

第三百十四條第一項之規定，於自訴人準用之。

第三三八條

提起自訴之被害人犯罪，與自訴事實直接相關，而被告為其被害人者，被告得於第一審辯論終結前，提起反訴。

第三三九條

反訴，準用自訴之規定。

第三四〇條 （刪除）92

第三四一條

反訴應與自訴同時判決。但有必要時，得於自訴判決後判決之。

第三四二條

自訴之撤回，不影響於反訴。

第三四三條

自訴程序，除本章有特別規定外，準用第二百四十六條、第二百四十九條及前章第二節、第三節關於公訴之規定。

第三編 上 訴

第一章 通 則

第三四四條 109

①當事人對於下級法院之判決有不服者，得上訴於上級法院。

②自訴人於辯論終結後喪失行為能力或死亡者，得由第三百十九條第一項所列得為提起自訴之人上訴。

③告訴人或被害人對於下級法院之判決有不服者，亦得具備理由，請求檢察官上訴。

④檢察官為被告之利益，亦得上訴。

⑤宣告死刑之案件，原審法院應不待上訴依職權逕送該管上級法院審判，並通知當事人。

⑥前項情形，視為被告已提起上訴。

第三四五條

被告之法定代理人或配偶，得為被告之利益獨立上訴。

第三四六條

原審之代理人或辯護人，得為被告之利益而上訴。但不得與被告明示之意思相反。

第三四七條

檢察官對於自訴案件之判決，得獨立上訴。

第三四八條 110

①上訴得對於判決之一部為之。

②對於判決之一部上訴者，其有關係之部分，視為亦已上訴。但有關係之部分為無罪、免訴或不受理者，不在此限。

③上訴得明示僅就判決之刑、沒收或保安處分一部為之。

第三四九條 109

上訴期間為二十日，自送達判決後起算。但判決宣示後送達前之上訴，亦有效力。

第三五〇條

①提起上訴，應以上訴書狀提出於原審法院為之。

②上訴書狀應按他造當事人之人數，提出繕本。

第三五一條

①在監獄或看守所之被告，於上訴期間內向監所長官提出上訴書狀者，視為上訴期間內之上訴。

②被告不能自作上訴書狀者，監所公務員應為之代作。

③監所長官接受上訴書狀後，應附記接受之年、月、日、時，送交原審法院。

④被告之上訴書狀，未經監所長官提出者，原審法院之書記官於接到上訴書狀後，應即通知監所長官。

第三五二條

原審法院書記官，應速將上訴書狀之繕本，送達於他造當事人。

第三五三條

當事人得捨棄其上訴權。

第三五四條 96

上訴於判決前，得撤回之。案件經第三審法院發回原審法院，或發交與原審法院同級之他法院者，亦同。

第三五五條

為被告之利益而上訴者，非得被告之同意，不得撤回。

第三五六條

自訴人上訴者，非得檢察官之同意，不得撤回。

第三五七條

①捨棄上訴權，應向原審法院為之。

②撤回上訴，應向上訴審法院為之。但於該案卷宗送交上訴審法院以前，得向原審法院為之。

第三五八條

①捨棄上訴權及撤回上訴，應以書狀為之。但於審判期日，得以言詞為之。

②第三百五十一條之規定，於被告捨棄上訴權或撤回上訴準用之。

第三五九條

捨棄上訴權或撤回上訴者，喪失其上訴權。

第三六〇條

捨棄上訴權或撤回上訴，書記官應速通知他造當事人。

第二章 第二審

第三六一條 96

①不服地方法院之第一審判決而上訴者，應向管轄第二審之高等法院為之。

②上訴書狀應敘述具體理由。

③上訴書狀未敘述上訴理由者，應於上訴期間屆滿後二十日內補提理由書於原審法院。逾期未補提者，原審法院應定期間先命補正。

第三六二條

原審法院認為上訴不合法律上之程式或法律上不應准許或其上訴權已經喪失者，應以裁定駁回之。但其不合法律上之程式可補正者，應定期間先命補正。

第三六三條

①除前條情形外，原審法院應速將該案卷宗及證物送交第二審法院。

②被告在看守所或監獄而不在第二審法院所在地者，原審法院應命將被告解送第二審法院所在地之看守所或監獄，並通知第二審法院。

第三六四條

第二審之審判，除本章有特別規定外，準用第一審審判之規定。

第三六五條

審判長依第九十四條訊問被告後，應命上訴人陳述上訴之要旨。

第三六六條

第二審法院，應就原審判決經上訴之部分調查之。

第三六七條 96

第二審法院認為上訴書狀未敘述理由或上訴有第三百六十二條前段之情形者，應以判決駁回之。但其情形可以補正而未經原審法院命其補正者，審判長應定期間先命補正。

第三六八條

第二審法院認為上訴無理由者，應以判決駁回之。

第三六九條

①第二審法院認為上訴有理由，或上訴雖無理由，而原判不當或違法者，應將原審判決經上訴之部分撤銷，就該案件自為判決。但因原審判決諭知管轄錯誤、免訴、不受理係不當而撤銷之者，得以判決將該案件發回原審法院。

②第二審法院因原審判決未諭知管轄錯誤係不當而撤銷之者，如第二審法院有第一審管轄權，應為第一審之判決。

第三七〇條 103

①由被告上訴或為被告之利益而上訴者，第二審法院不得諭知較重於原審判決之刑。但因原審判決適用法條不當而撤銷之者，不在此限。

②前項所稱刑，指宣告刑及數罪併罰所定應執行之刑。

③第一項規定，於第一審或第二審數罪併罰之判決，一部上訴經撤銷後，另以裁定定其應執行之刑時，準用之。

第三七一條

被告經合法傳喚，無正當之理由不到庭者，得不待其陳述，逕行判決。

第三七二條

第三百六十七條之判決及對於原審諭知管轄錯誤、免訴或不受理之判決上訴時，第二審法院認其為無理由而駁回上訴，或認為有

理由而發回該案件之判決，得不經言詞辯論爲之。

第三七三條

第二審判決書，得引用第一審判決書所記載之事實、證據及理由，對案情重要事項第一審未予論述，或於第二審提出有利於被告之證據或辯解不予採納者，應補充記載其理由。

第三七四條

第二審判決，被告或自訴人得爲上訴者，應併將提出上訴理由書之期間，記載於送達之判決正本。

第三章　第三審

第三七五條

① 不服高等法院之第二審或第一審判決而上訴者，應向最高法院爲之。

② 最高法院審判不服高等法院第一審判決之上訴，亦適用第三審程序。

第三七六條 106

① 下列各罪之案件，經第二審判決者，不得上訴於第三審法院。但第一審法院所爲無罪、免訴、不受理或管轄錯誤之判決，經第二審法院撤銷並諭知有罪之判決者，被告或得爲被告利益上訴之人得提起上訴：

一　最重本刑爲三年以下有期徒刑、拘役或專科罰金之罪。
二　刑法第三百二十條、第三百二十一條之竊盜罪。
三　刑法第三百三十五條、第三百三十六條第二項之侵占罪。
四　刑法第三百三十九條、第三百四十一條之詐欺罪。
五　刑法第三百四十二條之背信罪。
六　刑法第三百四十六條之恐嚇罪。
七　刑法第三百四十九條第一項之贓物罪。

② 依前項但書規定上訴，經第三審法院撤銷並發回原審法院判決者，不得上訴於第三審法院。

第三七七條

上訴於第三審法院，非以判決違背法令爲理由，不得爲之。

第三七八條

判決不適用法則或適用不當者，爲違背法令。

第三七九條

有左列情形之一者，其判決當然違背法令：

一　法院之組織不合法者。
二　依法律或裁判應迴避之法官參與審判者。
三　禁止審判公開非依法律之規定者。
四　法院所認管轄之有無係不當者。
五　法院受理訴訟或不受理訴訟係不當者。
六　除有特別規定外，被告未於審判期日到庭而逕行審判者。
七　依本法應用辯護人之案件或已經指定辯護人之案件，辯護人

　　未經到庭辯護而逕行審判者。

八　除有特別規定外，未經檢察官或自訴人到庭陳述而為審判
　　者。

九　依本法應停止或更新審判而未經停止或更新者。

十　依本法應於審判期日調查之證據而未予調查者。

十一　未與被告以最後陳述之機會者。

十二　除本法有特別規定外，已受請求之事項未予判決，或未受
　　　請求之事項予以判決者。

十三　未經參與審理之法官參與判決者。

十四　判決不載理由或所載理由矛盾者。

第三八○條

除前條情形外，訴訟程序雖係違背法令而顯然於判決無影響者，
不得為上訴之理由。

第三八一條

原審判決後，刑罰有廢止、變更或免除者，得為上訴之理由。

第三八二條 109

①上訴書狀應敘述上訴之理由；其未敘述者，得於提起上訴後二十
　日內補提理由書於原審法院；未補提者，毋庸命其補提。

②第三百五十條第二項、第三百五十一條及第三百五十二條之規
　定，於前項理由書準用之。

第三八三條

①他造當事人接受上訴書狀或補提理由書之送達後，得於十日內提
　出答辯書於原審法院。

②如係檢察官為他造當事人者，應就上訴之理由提出答辯書。

③答辯書應提出繕本，由原審法院書記官送達於上訴人。

第三八四條

原審法院認為上訴不合法律上之程式或法律上不應准許或其上訴
權已經喪失者，應以裁定駁回之。但其不合法律上之程式可補正
者，應定期間先命補正。

第三八五條

①除前條情形外，原審法院於接受答辯書或提出答辯書之期間已滿
　後，應速將該案卷宗及證物，送交第三審法院之檢察官。

②第三審法院之檢察官接受卷宗及證物後，應於七日內添具意見書
　送交第三審法院。但於原審法院檢察官提出之上訴書或答辯書外
　無他意見者，毋庸添具意見書。

③無檢察官為當事人之上訴案件，原審法院應將卷宗及證物逕送於
　第三審法院。

第三八六條

①上訴人及他造當事人，在第三審法院未判決前，得提出上訴理由
　書、答辯書、意見書或追加理由書於第三審法院。

②前項書狀，應提出繕本，由第三審法院書記官送達於他造當事
　人。

第三八七條

第三審之審判，除本章有特別規定外，準用第一審審判之規定。

第三八八條

第三十一條之規定於第三審之審判不適用之。

第三八九條

①第三審法院之判決，不經言詞辯論爲之。但法院認爲有必要者，得命辯論。

②前項辯論，非以律師充任之代理人或辯護人，不得行之。

第三九〇條 109

第三審法院於命辯論之案件，得以庭員一人爲受命法官，調查上訴及答辯之要旨，制作報告書。

第三九一條 109

①審判期日，受命法官應於辯論前，朗讀報告書。

②檢察官或代理人、辯護人應先陳述上訴之意旨，再行辯論。

第三九二條

審判期日，被告或自訴人無代理人、辯護人到庭者，應由檢察官或他造當事人之代理人、辯護人陳述後，即行判決。被告及自訴人均無代理人、辯護人到庭者，得不行辯論。

第三九三條

第三審法院之調查，以上訴理由所指摘之事項爲限。但左列事項，得依職權調查之：

一 第三百七十九條各款所列之情形。

二 免訴事由之有無。

三 對於確定事實援用法令之當否。

四 原審判決後刑罰之廢止、變更或免除。

五 原審判決後之赦免或被告死亡。

第三九四條 109

①第三審法院應以第二審判決所確認之事實爲判決基礎。但關於訴訟程序及得依職權調查之事項，得調查事實。

②前項調查，得以受命法官行之，並得囑託他法院之法官調查。

③前二項調查之結果，認爲起訴程序違背規定者，第三審法院得命其補正；其法院無審判權而依原審判決後之法令有審判權者，不以無審判權論。

第三九五條

第三審法院認爲上訴有第三百八十四條之情形者，應以判決駁回之；其以逾第三百八十二條第一項所定期間，而於第三審法院未判決前，仍未提出上訴理由書狀者亦同。

第三九六條

①第三審法院認爲上訴無理由者，應以判決駁回之。

②前項情形，得同時諭知緩刑。

第三九七條

第三審法院認爲上訴有理由者，應將原審判決中經上訴之部份撤

銷。

第三九八條

第三審法院因原審判決有左列情形之一而撤銷之者，應就該案件自爲判決。但應爲後二條之判決者，不在此限：

一　雖係違背法令，而不影響於事實之確定，可據以爲裁判者。

二　應諭知免訴或不受理者。

三　有第三百九十三條第四款或五款之情形者。

第三九九條

第三審法院因原審判決諭知管轄錯誤、免訴或不受理係不當而撤銷之者，應以判決將該案件發回原審法院。但有必要時，得逕行發回第一審法院。

第四○○條

第三審法院因原審法院未諭知管轄錯誤係不當而撤銷之者，應以判決將該案件發交該管第二審或第一審法院。但第四條所列之案件，經有管轄權之原審法院爲第二審判決者，不以管轄錯誤論。

第四○一條

第三審法院因前三條以外之情形而撤銷原審判決者，應以判決將該案件發回原審法院，或發交與原審法院同級之他法院。

第四○二條

爲被告之利益而撤銷原審判決時，如於共同被告有共同之撤銷理由者，其利益並及於共同被告。

第四編　抗　告

第四○三條

①當事人對於法院之裁定有不服者，除有特別規定外，得抗告於直接上級法院。

②證人、鑑定人、通譯及其他非當事人受裁定者，亦得抗告。

第四○四條 108

①對於判決前關於管轄或訴訟程序之裁定，不得抗告。但下列裁定，不在此限：

一　有得抗告之明文規定者。

二　關於羈押、具保、責付、限制住居、限制出境、限制出海、搜索、扣押或扣押物發還、變價、擔保金、身體檢查、通訊監察、因鑑定將被告送入醫院或其他處所之裁定及依第一百零五條第三項、第四項所爲之禁止或扣押之裁定。

三　對於限制辯護人與被告接見或互通書信之裁定。

②前項第二款、第三款之裁定已執行終結，受裁定人亦得提起抗告，法院不得以已執行終結而無實益爲由駁回。

第四○五條

不得上訴於第三審法院之案件，其第二審法院所爲裁定，不得抗告。

第四〇六條

抗告期間，除有特別規定外，為五日，自送達裁定後起算。但裁定經宣示者，宣示後送達前之抗告，亦有效力。

第四〇七條

提起抗告，應以抗告書狀，敘述抗告之理由，提出於原審法院為之。

第四〇八條

①原審法院認為抗告不合法律上之程式或法律上不應准許，或其抗告權已經喪失者，應以裁定駁回之。但其不合法律上之程式可補正者，應定期間先命補正。

②原審法院認為抗告有理由者，應更正其裁定；認為全部或一部無理由者，應於接受抗告書狀後三日內，送交抗告法院，並得添具意見書。

第四〇九條

①抗告無停止執行裁判之效力。但原審法院於抗告法院之裁定前，得以裁定停止執行。

②抗告法院得以裁定停止裁判之執行。

第四一〇條

①原審法院認為有必要者，應將該案卷宗及證物送交抗告法院。

②抗告法院認為有必要者，得請原審法院送交該案卷宗及證物。

③抗告法院收到該案卷宗及證物後，應於十日內裁定。

第四一一條

抗告法院認為抗告有第四百零八條第一項前段之情形者，應以裁定駁回之。但其情形可以補正而未經原審法院命其補正者，審判長應定期間先命補正。

第四一二條

抗告法院認為抗告無理由者，應以裁定駁回之。

第四一三條

抗告法院認為抗告有理由者，應以裁定將原裁定撤銷；於有必要時，並自為裁定。

第四一四條

抗告法院之裁定，應速通知原審法院。

第四一五條

①對於抗告法院之裁定，不得再行抗告。但對於其就左列抗告所為之裁定，得提起再抗告：

一　對於駁回上訴之裁定抗告者。

二　對於因上訴逾期聲請回復原狀之裁定抗告者。

三　對於聲請再審之裁定抗告者。

四　對於第四百七十七條定刑之裁定抗告者。

五　對於第四百八十六條聲明疑義或異議之裁定抗告者。

六　證人、鑑定人、通譯及其他非當事人對於所受之裁定抗告者。

②前項但書之規定，於依第四百零五條不得抗告之裁定，不適用之。

第四一六條 108

①對於審判長、受命法官、受託法官或檢察官所爲下列處分有不服者，受處分人得聲請所屬法院撤銷或變更之。處分已執行終結，受處分人亦得聲請，法院不得以已執行終結而無實益爲由駁回：

一　關於羈押、具保、責付、限制住居、限制出境、限制出海、搜索、扣押或扣押物發還、變價、擔保金、因鑑定將被告送入醫院或其他處所之處分、身體檢查、通訊監察及第一百零五條第三項、第四項所爲之禁止或扣押之處分。

二　對於證人、鑑定人或通譯科罰鍰之處分。

三　對於限制辯護人與被告接見或互通書信之處分。

四　對於第三十四條第三項指定之處分。

②前項之搜索、扣押經撤銷者，審判時法院得宣告所扣得之物，不得作爲證據。

③第一項聲請期間爲五日，自爲處分之日起算，其爲送達者，自送達後起算。

④第四百零九條至第四百十四條規定，於本條準用之。

⑤第二十一條第一項規定，於聲請撤銷或變更受託法官之裁定者準用之。

第四一七條

前條聲請應以書狀敘述不服之理由，提出於該管法院爲之。

第四一八條

①法院就第四百十六條之聲請所爲裁定，不得抗告。但對於其就撤銷罰鍰之聲請而爲者，得提起抗告。

②依本編規定得提起抗告，而誤爲撤銷或變更之聲請者，視爲已提抗告；其得爲撤銷或變更之聲請而誤爲抗告者，視爲已有聲請。

第四一九條

抗告，除本章有特別規定外，準用第三編第一章關於上訴之規定。

第五編　再　審

第四二〇條 104

①有罪之判決確定後，有下列情形之一者，爲受判決人之利益，得聲請再審：

一　原判決所憑之證物已證明其爲僞造或變造者。

二　原判決所憑之證言、鑑定或通譯已證明其爲虛僞者。

三　受有罪判決之人，已證明其係被誣告者。

四　原判決所憑之通常法院或特別法院之裁判已經確定裁判變更者。

五　參與原判決或前審判決或判決前所行調查之法官，或參與偵

　　　　查或起訴之檢察官，或參與調查犯罪之檢察事務官、司法警察官或司法警察，因該案件犯職務上之罪已經證明者，或因該案件違法失職已受懲戒處分，足以影響原判決者。

六　因發現新事實或新證據，單獨或與先前之證據綜合判斷，足認受有罪判決之人應受無罪、免訴、免刑或輕於原判決所認罪名之判決者。

②前項第一款至第三款及第五款情形之證明，以經判決確定，或其刑事訴訟不能開始或續行非因證據不足者為限，得聲請再審。

③第一項第六款之新事實或新證據，指判決確定前已存在或成立而未及調查斟酌，及判決確定後始存在或成立之事實、證據。

第四二一條

不得上訴於第三審法院之案件，除前條規定外，其經第二審確定之有罪判決，如就足生影響於判決之重要證據漏未審酌者，亦得為受判決人之利益，聲請再審。

第四二二條

有罪、無罪、免訴或不受理之判決確定後，有左列情形之一者，為受判決人之不利益，得聲請再審：

一　有第四百二十條第一款、第二款、第四款或第五款之情形者。

二　受無罪或輕於相當之刑之判決，而於訴訟上或訴訟外自白，或發見確實之新證據，足認其有應受有罪或重刑判決之犯罪事實者。

三　受免訴或不受理之判決，而於訴訟上或訴訟外自述，或發見確實之新證據，足認其並無免訴或不受理之原因者。

第四二三條

聲請再審於刑罰執行完畢後，或已不受執行時，亦得為之。

第四二四條

依第四百二十一條規定，因重要證據漏未審酌而聲請再審者，應於送達判決後二十日內為之。

第四二五條

為受判決人之不利益聲請再審，於判決確定後，經過刑法第八十條第一項期間二分之一者，不得為之。

第四二六條 109

①聲請再審，由判決之原審法院管轄。

②判決之一部曾經上訴，一部未經上訴，對於各該部分均聲請再審，而經第二審法院就其在上訴審確定之部分為開始再審之裁定者，其對於在第一審確定之部分聲請再審，亦應由第二審法院管轄之。

③判決在第三審確定者，對於該判決聲請再審，除以第三審之法官有第四百二十條第一項第五款情形為原因外，應由第二審法院管轄之。

第四二七條

為受判決人之利益聲請再審，得由左列各人為之：

一　管轄法院之檢察官。

二　受判決人。

三　受判決人之法定代理人或配偶。

四　受判決人已死亡者，其配偶、直系血親、三親等內之旁系血親、二親等內之姻親或家長、家屬。

第四二八條

① 為受判決人之不利益聲請再審，得由管轄法院之檢察官及自訴人為之。但自訴人聲請再審者，以有第四百二十二條第一款規定之情形為限。

② 自訴人已喪失行為能力或死亡者，得由第三百十九條第一項所列得為提起自訴之人為前項之聲請。

第四二九條 109

聲請再審，應以再審書狀敘述理由，附具原判決之繕本及證據，提出於管轄法院為之。但經釋明無法提出原判決之繕本，而有正當理由者，亦得同時請求法院調取之。

第四二九條之一 109

① 聲請再審，得委任律師為代理人。

② 前項委任，應提出委任狀於法院，並準用第二十八條及第三十二條之規定。

③ 第三十三條之規定，於聲請再審之情形，準用之。

第四二九條之二 109

聲請再審之案件，除顯無必要者外，應通知聲請人及其代理人到場，並聽取檢察官及受判決人之意見。但無正當理由不到場，或陳明不願到場者，不在此限。

第四二九條之三 109

① 聲請再審得同時釋明其事由聲請調查證據，法院認有必要者，應為調查。

② 法院為查明再審之聲請有無理由，得依職權調查證據。

第四三○條

聲請再審，無停止刑罰執行之效力。但管轄法院之檢察官於再審之裁定前，得命停止。

第四三一條

① 再審之聲請，於再審判決前，得撤回。

② 撤回再審聲請之人，不得更以同一原因聲請再審。

第四三二條

第三百五十八條及第三百六十條之規定，於聲請再審及其撤回準用之。

第四三三條 109

法院認為聲請再審之程序違背規定者，應以裁定駁回之。但其不合法律上之程式可以補正者，應定期間先命補正。

第四三四條 109

①法院認為無再審理由者，應以裁定駁回之。

②聲請人或受裁定人不服駁回聲請之裁定者，得於裁定送達後十日內抗告。

③經前項裁定後，不得更以同一原因聲請再審。

第四三五條

①法院認為有再審理由者，應為開始再審之裁定。

②為前項裁定後，得以裁定停止刑罰之執行。

③對於第一項之裁定，得於三日內抗告。

第四三六條

開始再審之裁定確定後，法院應依其審級之通常程序，更為審判。

第四三七條

①受判決人已死亡者，為其利益聲請再審之案件，應不行言詞辯論，由檢察官或自訴人以書狀陳述意見後，即行判決。但自訴人已喪失行為能力或死亡者，得由第三百三十二條規定得為承受訴訟之人於一個月內聲請法院承受訴訟；如無承受訴訟之人或逾期不為承受者，法院得逕行判決，或通知檢察官陳述意見。

②為受判決人之利益聲請再審之案件，受判決人於再審判決前死亡者，準用前項規定。

③依前二項規定所為之判決，不得上訴。

第四三八條

為受判決人之不利益聲請再審之案件，受判決人於再審判決前死亡者，其再審之聲請及關於再審之裁定，失其效力。

第四三九條

為受判決人之利益聲請再審之案件，諭知有罪之判決者，不得重於原判決所諭知之刑。

第四四〇條

為受判決人之利益聲請再審之案件，諭知無罪之判決者，應將該判決書刊登公報或其他報紙。

第六編　非常上訴

第四四一條

判決確定後，發見該案件之審判係違背法令者，最高法院檢察署檢察總長得向最高法院提起非常上訴。

第四四二條

檢察官發見有前條情形者，應具意見書將該案卷宗及證物送交最高法院檢察署檢察總長，提起非常上訴。

第四四三條

提起非常上訴，應以非常上訴書敘述理由，提出於最高法院為之。

第四四四條

非常上訴之判決，不經言詞辯論爲之。

第四四五條

①最高法院之調查，以非常上訴理由所指摘之事項爲限。

②第三百九十四條之規定，於非常上訴準用之。

第四四六條

認爲非常上訴無理由者，應以判決駁回之。

第四四七條

①認爲非常上訴有理由者，應分別爲左列之判決：

一　原判決違背法令者，將其違背之部分撤銷。但原判決不利於被告者，應就該案件另行判決。

二　訴訟程序違背法令者，撤銷其程序。

②前項第一款情形，如係誤認爲無審判權而不受理，或其他有維持被告審級利益之必要者，得將原判決撤銷，由原審法院依判決前之程序更爲審判。但不得諭知較重於原確定判決之刑。

第四四八條

非常上訴之判決，除依前條第一項第一款但書及第二項規定者外，其效力不及於被告。

第七編　簡易程序

第四四九條 98

①第一審法院依被告在偵查中之自白或其他現存之證據，已足認定其犯罪者，得因檢察官之聲請，不經通常審判程序，逕以簡易判決處刑。但有必要時，應於處刑前訊問被告。

②前項案件檢察官依通常程序起訴，經被告自白犯罪，法院認爲宜以簡易判決處刑者，得不經通常審判程序，逕以簡易判決處刑。

③依前二項規定所科之刑以宣告緩刑、得易科罰金或得易服社會勞動之有期徒刑及拘役或罰金爲限。

第四四九條之一

簡易程序案件，得由簡易庭辦理之。

第四五〇條

①以簡易判決處刑時，得併科沒收或爲其他必要之處分。

②第二百九十九條第一項但書之規定，於前項判決準用之。

第四五一條

①檢察官審酌案件情節，認爲宜以簡易判決處刑者，應即以書面爲聲請。

②第二百六十四條之規定，於前項聲請準用之。

③第一項聲請，與起訴有同一之效力。

④被告於偵查中自白者，得請求檢察官爲第一項之聲請。

第四五一條之一

①前條第一項之案件，被告於偵查中自白者，得向檢察官表示願受

科刑之範圍或願意接受緩刑之宣告，檢察官同意者，應記明筆錄，並即以被告之表示爲基礎，向法院求刑或爲緩刑宣告之請求。

②檢察官爲前項之求刑或請求前，得徵詢被害人之意見，並斟酌情形，經被害人同意，命被告爲左列各款事項：

一 向被害人道歉。

二 向被害人支付相當數額之賠償金。

③被告自白犯罪未爲第一項之表示者，在審判中得向法院爲之，檢察官亦得依被告之表示向法院求刑或請求爲緩刑之宣告。

④第一項及前項情形，法院應於檢察官求刑或緩刑宣告請求之範圍內爲判決。但有左列情形之一者，不在此限：

一 被告所犯之罪不合第四百四十九條所定得以簡易判決處刑之案件者。

二 法院認定之犯罪事實顯然與檢察官據以求處罪刑之事實不符，或於審判中發現其他裁判上一罪之犯罪事實，足認檢察官之求刑顯不適當者。

三 法院於審理後，認應爲無罪、免赦、不受理或管轄錯誤判決之諭知者。

四 檢察官之請求顯有不當或顯失公平者。

第四五二條

檢察官聲請以簡易判決處刑之案件，經法院認爲有第四百五十一條之一第四項但書之情形者，應適用通常程序審判之。

第四五三條

以簡易判決處刑案件，法院應立即處分。

第四五四條 109

①簡易判決，應記載下列事項：

一 第五十一條第一項之記載。

二 犯罪事實及證據名稱。

三 應適用之法條。

四 第三百零九條各款所列事項。

五 自簡易判決送達之日起二十日內，得提起上訴之曉示。但不得上訴者，不在此限。

②前項判決書，得以簡略方式爲之，如認定之犯罪事實、證據及應適用之法條，與檢察官聲請簡易判決處刑書或起訴書之記載相同者，得引用之。

第四五五條 92

書記官接受簡易判決原本後，應立即製作正本爲送達，並準用第三百十四條第二項之規定。

第四五五條之一 96

①對於簡易判決有不服者，得上訴於管轄之第二審地方法院合議庭。

②依第四百五十一條之一之請求所爲之科刑判決，不得上訴。

③第一項之上訴，準用第三編第一章及第二章除第三百六十一條外之規定。

④對於適用簡易程序案件所為裁定有不服者，得抗告於管轄之第二審地方法院合議庭。

⑤前項之抗告，準用第四編之規定。

第七編之一　協商程序 93

第四五五條之二 105

①除所犯為死刑、無期徒刑、最輕本刑三年以上有期徒刑之罪或高等法院管轄第一審案件者外，案件經檢察官提起公訴或聲請簡易判決處刑，於第一審言詞辯論終結前或簡易判決處刑前，檢察官得於徵詢被害人之意見後，逕行或依被告或其代理人、辯護人之請求，經法院同意，就下列事項於審判外進行協商，經當事人雙方合意且被告認罪者，由檢察官聲請法院改依協商程序而為判決：

一　被告願受科刑及沒收之範圍或願意接受緩刑之宣告。

二　被告向被害人道歉。

三　被告支付相當數額之賠償金。

四　被告向公庫支付一定金額，並得由該管檢察署依規定提撥一定比率補助相關公益團體或地方自治團體。

②檢察官就前項第二款、第三款事項與被告協商，應得被害人之同意。

③第一項之協商期間不得逾三十日。

④第一項第四款提撥比率、收支運用及監督管理辦法，由行政院會同司法院另定之。

第四五五條之三 93

①法院應於接受前條之聲請後十日內，訊問被告並告以所認罪名、法定刑及所喪失之權利。

②被告得於前項程序終結前，隨時撤銷協商之合意。被告違反與檢察官協議之內容時，檢察官亦得於前項程序終結前，撤回協商程序之聲請。

第四五五條之四 93

①有下列情形之一者，法院不得為協商判決：

一　有前條第二項之撤銷合意或撤回協商聲請者。

二　被告協商之意思非出於自由意志者。

三　協商之合意顯有不當或顯失公平者。

四　被告所犯之罪非第四百五十五條之二第一項所得以聲請協商判決者。

五　法院認定之事實顯與協商合意之事實不符者。

六　被告有其他較重之裁判上一罪之犯罪事實者。

七　法院認應諭知免刑或免訴、不受理者。

②除有前項所定情形之一者外，法院應不經言詞辯論，於協商合意範圍內爲判決。法院爲協商判決所科之刑，以宣告緩刑、二年以下有期徒刑、拘役或罰金爲限。

③當事人如有第四百五十五條之二第一項第二款至第四款之合意，法院應記載於筆錄或判決書內。

④法院依協商範圍爲判決時，第四百五十五條之二第一項第三款、第四款並得爲民事強制執行名義。

第四五五條之五 93

①協商之案件，被告表示所願受科之刑逾有期徒刑六月，且未受緩刑宣告，其未選任辯護人者，法院應指定公設辯護人或律師爲辯護人，協助進行協商。

②辯護人於協商程序，得就協商事項陳述事實上及法律上之意見。但不得與被告明示之協商意見相反。

第四五五條之六 93

①法院對於第四百五十五條之二第一項協商之聲請，認有第四百五十五條之四第一項各款所定情形之一者，應以裁定駁回之，適用通常、簡式審判或簡易程序審判。

②前項裁定，不得抗告。

第四五五條之七 93

法院未爲協商判決者，被告或其代理人、辯護人在協商過程中之陳述，不得於本案或其他案件採爲對被告或其他共犯不利之證據。

第四五五條之八 93

協商判決書之製作及送達，準用第四百五十四條、第四百五十五條之規定。

第四五五條之九 93

①協商判決，得僅由書記官將主文、犯罪事實要旨及處罰條文記載於宣示判決筆錄，以代判決書。但於宣示判決之日起十日內，當事人聲請法院交付判決書者，法院仍應爲判決書之製作。

②前項筆錄正本或節本之送達，準用第四百五十五條之規定，並與判決書之送達有同一之效力。

第四五五條之一〇 93

①依本編所爲之科刑判決，不得上訴。但有第四百五十五條之四第一項第一款、第二款、第四款、第六款、第七款所定情形之一，或協商判決違反同條第二項之規定者，不在此限。

②對於前項但書之上訴，第二審法院之調查以上訴理由所指摘之事項爲限。

③第二審法院認爲上訴有理由者，應將原審判決撤銷，將案件發回第一審法院依判決前之程序更爲審判。

第四五五條之一一 93

①協商判決之上訴，除本編有特別規定外，準用第三編第一章及第二章之規定。

②第一百五十九條第一項、第二百八十四條之一之規定，於協商程序不適用之。

第七編之二　沒收特別程序 105

第四五五條之一二 105

①財產可能被沒收之第三人得於本案最後事實審言詞辯論終結前，向該管法院聲請參與沒收程序。

②前項聲請，應以書狀記載下列事項爲之：

一　本案案由及被告之姓名、性別、出生年月日、身分證明文件編號或其他足資辨別之特徵。

二　參與沒收程序之理由。

三　表明參與沒收程序之意旨。

③第三人未爲第一項聲請，法院認有必要時，應依職權裁定命該第三人參與沒收程序。但該第三人向法院或檢察官陳明對沒收其財產不提出異議者，不在此限。

④前三項規定，於自訴程序、簡易程序及協商程序之案件準用之。

第四五五條之一三 105

①檢察官有相當理由認應沒收第三人財產者，於提起公訴前應通知該第三人，予其陳述意見之機會。

②檢察官提起公訴時認應沒收第三人財產者，應於起訴書記載該意旨，並即通知該第三人下列事項：

一　本案案由及其管轄法院。

二　被告之姓名、性別、出生年月日、身分證明文件編號或其他足資辨別之特徵。

三　應沒收財產之名稱、種類、數量及其他足以特定之事項。

四　構成沒收理由之事實要旨及其證據。

五　得向管轄法院聲請參與沒收程序之意旨。

③檢察官於審理中認應沒收第三人財產者，得以言詞或書面向法院聲請。

第四五五條之一四 105

法院對於參與沒收程序之聲請，於裁定前應通知聲請人、本案當事人、代理人、辯護人或輔佐人，予其陳述意見之機會。

第四五五條之一五 105

①案件調查證據所需時間、費用與沒收之聲請顯不相當者，經檢察官或自訴代理人同意後，法院得免予沒收。

②檢察官或自訴代理人得於本案最後事實審言詞辯論終結前，撤回前項之同意。

第四五五條之一六 105

①法院認爲聲請參與沒收程序不合法律上之程式或法律上不應准許或無理由者，應以裁定駁回之。但其不合法律上之程式可補正者，應定期間先命補正。

②法院認為聲請參與沒收程序有理由者，應為准許之裁定。

③前項裁定，不得抗告。

第四五五條之一七 105

法院所為第三人參與沒收程序之裁定，應記載訴訟進行程度、參與之理由及得不待其到庭陳述逕行諭知沒收之旨。

第四五五條之一八 105

行簡易程序、協商程序之案件，經法院裁定第三人參與沒收程序者，適用通常程序審判。

第四五五條之一九 105

參與人就沒收其財產之事項，除本編有特別規定外，準用被告訴訟上權利之規定。

第四五五條之二〇 105

法院應將審判期日通知參與人並送達關於沒收其財產事項之文書。

第四五五條之二一 105

①參與人得委任代理人到場。但法院認為必要時，得命本人到場。

②第二十八條至第三十條、第三十二條、第三十三條第一項及第三十五條第二項之規定，於參與人之代理人準用之。

③第一項情形，如有必要命參與人本人到場者，應傳喚之；其經合法傳喚，無正當理由不到場者，得拘提之。

④第七十一條、第七十二條至第七十四條、第七十七條至第八十三條及第八十九條至第九十一條之規定，於前項參與人之傳喚及拘提準用之。

第四五五條之二二 105

審判長應於審判期日向到場之參與人告知下列事項：

一　構成沒收理由之事實要旨。

二　訴訟進行程度。

三　得委任代理人到場。

四　得請求調查有利之證據。

五　除本編另有規定外，就沒收其財產之事項，準用被告訴訟上權利之規定。

第四五五條之二三 105

參與沒收程序之證據調查，不適用第一百六十六條第二項至第六項、第一百六十六條之一至第一百六十六條之六之規定。

第四五五條之二四 105

①參與人就沒收其財產事項之辯論，應於第二百八十九條程序完畢後，依同一次序行之。

②參與人經合法傳喚或通知而不到庭者，得不待其陳述逕行判決；其未受許可而退庭或拒絕陳述者，亦同。

第四五五條之二五 105

法院裁定第三人參與沒收程序後，認有不應參與之情形者，應撤銷原裁定。

第四五五條之二六 105

①參與人財產經認定應沒收者，應對參與人諭知沒收該財產之判決；認不應沒收者，應諭知不予沒收之判決。

②前項判決，應記載其裁判之主文、構成沒收之事實與理由。理由內應分別情形記載認定事實所憑之證據及其認定應否沒收之理由、對於參與人有利證據不採納之理由及應適用之法律。

③第一項沒收應與本案同時判決。但必要時，得分別爲之。

第四五五條之二七 105

①對於本案之判決提起上訴者，其效力及於相關之沒收判決；對於沒收之判決提起上訴者，其效力不及於本案判決。

②參與人提起第二審上訴時，不得就原審認定犯罪事實與沒收其財產相關部分再行爭執。但有下列情形之一者，不在此限：

  一　非因過失，未於原審就犯罪事實與沒收其財產相關部分陳述意見或聲請調查證據。

  二　參與人以外得爭執犯罪事實之其他上訴權人，提起第二審上訴爭執犯罪事實及沒收參與人財產相關部分。

  三　原審有第四百二十條第一項第一款、第二款、第四款或第五款之情形。

第四五五條之二八 105

參與沒收程序之審判、上訴及抗告，除本編有特別規定外，準用第二編第一章第三節、第三編及第四編之規定。

第四五五條之二九 105

①經法院判決沒收財產確定之第三人，非因過失，未參與沒收程序者，得於知悉沒收確定判決之日起三十日內，向諭知該判決之法院聲請撤銷。但自判決確定後已逾五年者，不得爲之。

②前項聲請，應以書面記載下列事項：

  一　本案案由。

  二　聲請撤銷宣告沒收判決之理由及其證據。

  三　遵守不變期間之證據。

第四五五條之三〇 105

聲請撤銷沒收確定判決，無停止執行之效力。但管轄法院之檢察官於撤銷沒收確定判決之裁定前，得命停止。

第四五五條之三一 105

法院對於撤銷沒收確定判決之聲請，應通知聲請人、檢察官及自訴代理人，予其陳述意見之機會。

第四五五條之三二 105

①法院認爲撤銷沒收確定判決之聲請不合法律上之程式或法律上應准許或無理由者，應以裁定駁回之。但其不合法律上之程式可以補正者，應定期間先命補正。

②法院認爲聲請撤銷沒收確定判決有理由者，應以裁定將沒收確定判決中經聲請之部分撤銷。

③對於前二項抗告法院之裁定，得提起再抗告。

④聲請撤銷沒收確定判決之抗告及再抗告，除本編有特別規定外，
準用第四編之規定。

第四五五條之三三 105

撤銷沒收確定判決之裁定確定後，法院應依判決前之程序，更為
審判。

第四五五條之三四 105

單獨宣告沒收由檢察官聲請違法行為地、沒收財產所在地或其財
產所有人之住所、居所或所在地之法院裁定之。

第四五五條之三五 105

前條聲請，檢察官應以書狀記載下列事項，提出於管轄法院為
之：

一　應沒收財產之財產所有人姓名、性別、出生年月日、住居
　　所、身分證明文件編號或其他足資辨別之特徵。但財產所有
　　人不明時，得不予記載。

二　應沒收財產之名稱、種類、數量及其他足以特定沒收物或財
　　產上利益之事項。

三　應沒收財產所由來之違法事實及證據並所涉法條。

四　構成單獨宣告沒收理由之事實及證據。

第四五五條之三六 105

①法院認為單獨宣告沒收之聲請不合法律上之程式或法律上不應准
許或無理由者，應以裁定駁回之。但其不合法律上之程式可以補
正者，應定期間先命補正。

②法院認為聲請單獨宣告沒收有理由者，應為准許之裁定。

③對於前二項抗告法院之裁定，得提起再抗告。

第四五五條之三七 105

本編關於第三人參與沒收程序之規定，於單獨宣告沒收程序準用
之。

第七編之三　被害人訴訟參與 109

第四五五條之三八 109

①下列犯罪之被害人得於檢察官提起公訴後第二審言詞辯論終結
前，向該管法院聲請參與本案訴訟：

一　因故意、過失犯罪行為而致人於死或致重傷之罪。

二　刑法第二百三十一條、第二百三十一條之一、第二百三十二
　　條、第二百三十三條、第二百四十條、第二百四十一條、第
　　二百四十二條、第二百四十三條、第二百七十一條第一項、
　　第二項、第二百七十二條、第二百七十三條、第二百七十五
　　條第一項至第三項、第二百七十八條第一項、第三項、第二
　　百八十條、第二百八十六條第一項、第二項、第二百九十一
　　條、第二百九十六條、第二百九十六條之一、第二百九十七
　　條、第二百九十八條、第二百九十九條、第三百條、第

三百二十八條第一項、第二項、第四項、第三百二十九條、第三百三十條、第三百三十二條第一項、第二項第一款、第三款、第四款、第三百三十三條第一項、第二項、第三百三十四條第一項、第二項第一款、第三款、第四款、第三百四十七條第一項、第三項、第三百四十八條第一項、第二項第二款之罪。

三　性侵害犯罪防治法第二條第一項所定之罪。

四　人口販運防制法第三十一條至第三十四條、第三十六條之罪。

五　兒童及少年性剝削防制條例第三十二條至第三十五條、第三十六條第一項至第五項、第三十七條第一項之罪。

②前項各款犯罪之被害人無行為能力、限制行為能力、死亡或因其他不得已之事由而不能聲請者，得由其法定代理人、配偶、直系血親、三親等內之旁系血親、二親等內之姻親或家長、家屬為之。但被告具前述身分之一，而無其他前述身分之人聲請者，得由被害人戶籍所在地之直轄市、縣（市）政府或財團法人犯罪被害人保護協會為之。被害人戶籍所在地不明者，得由其住（居）所或所在地之直轄市、縣（市）政府或財團法人犯罪被害人保護協會為之。

第四五五條之三九 109

①聲請訴訟參與，應於每審級向法院提出聲請書狀。

②訴訟參與聲請書狀，應記載下列事項：

一　本案案由。

二　被告之姓名、性別、出生年月日、身分證明文件編號或其他足資辨別之特徵。

三　非被害人者，其與被害人之身分關係。

四　表明參與本案訴訟程序之意旨及理由。

第四五五條之四〇 109

①法院對於前條之聲請，認為不合法律上之程式或法律上不應准許者，應以裁定駁回之。但其不合法律上之程式可補正者，應定期間先命補正。

②法院於徵詢檢察官、被告、辯護人及輔佐人之意見，並斟酌案件情節、聲請人與被告之關係、訴訟進行之程度及聲請人之利益，認為適當者，應為准許訴訟參與之裁定；認為不適當者，應以裁定駁回之。

③法院裁定准許訴訟參與後，認有不應准許之情形者，應撤銷原裁定。

④前三項裁定，不得抗告。

第四五五條之四一 109

①訴訟參與人得隨時選任代理人。

②第二十八條至第三十條、第三十二條之規定，於訴訟參與人之代理人準用之；第三十一條第一項第三款至第六款、第二項至第四

項之規定，於訴訟參與人未經選任代理人者並準用之。

第四五五條之四二 109

①代理人於審判中得檢閱卷宗及證物並得抄錄、重製或攝影。但代理人為非律師，於審判中對於卷宗及證物不得檢閱、抄錄、重製或攝影。

②無代理人或代理人為非律師之訴訟參與人於審判中得預納費用請求付與卷宗及證物之影本。但卷宗及證物之內容與被告被訴事實無關或足以妨害另案之偵查，或涉及當事人或第三人之隱私或業務秘密者，法院得限制之。

③前項但書之限制，得提起抗告。

第四五五條之四三 109

①準備程序期日，應通知訴訟參與人及其代理人到場。但經合法通知無正當理由不到場或陳明不願到場者，不在此限。

②第二百七十三條第一項各款事項，法院應聽取訴訟參與人及其代理人之意見。

第四五五條之四四 109

審判期日，應通知訴訟參與人及其代理人。但經合法通知無正當理由不到場或陳明不願到場者，不在此限。

第四五五條之四五 109

①多數訴訟參與人得由其中選定一人或數人，代表全體或一部訴訟參與人參與訴訟。

②未依前項規定選定代表人者，法院認為必要時，得限期命為選定，逾期未選定者，法院得依職權指定之。

③前二項經選定或指定之代表人得更換、增減之。

④本編所定訴訟參與之權利，由經選定或指定之代表人行使之。

第四五五條之四六 109

①每調查一證據畢，審判長應詢問訴訟參與人及其代理人有無意見。

②法院應予訴訟參與人及其代理人，以辯論證據證明力之適當機會。

第四五五條之四七 109

審判長於行第二百八十九條關於科刑之程序前，應予訴訟參與人及其代理人、陪同人就科刑範圍表示意見之機會。

第八編 執 行

第四五六條 108

①裁判除關於保安處分者外，於確定後執行之。但有特別規定者，不在此限。

②前項情形，檢察官於必要時，得於裁判法院送交卷宗前執行之。

第四五七條 109

①執行裁判由為裁判法院對應之檢察署檢察官指揮之。但其性質應

由法院或審判長、受命法官、受託法官指揮，或有特別規定者，不在此限。

②因駁回上訴抗告之裁判，或因撤回上訴、抗告而應執行下級法院之裁判者，由上級法院對應之檢察署檢察官指揮之。

③前二項情形，其卷宗在下級法院者，由下級法院對應之檢察署檢察官指揮執行。

第四五八條

指揮執行，應以指揮書附具裁判書或筆錄之繕本或節本爲之。但執行刑罰或保安處分以外之指揮，毋庸制作指揮書者，不在此限。

第四五九條

二以上主刑之執行，除罰金外，應先執行其重者。但有必要時，檢察官得命先執行他刑。

第四六〇條

諭知死刑之判決確定後，檢察官應速將該案卷宗送交司法行政最高機關。

第四六一條

死刑，應經司法行政最高機關令准，於令到三日內執行之。但執行檢察官發見案情確有合於再審或非常上訴之理由者，得於三日內電請司法行政最高機關，再加審核。

第四六二條

死刑，於監獄內執行之。

第四六三條

①執行死刑，應由檢察官蒞視，並命書記官在場。

②執行死刑，除經檢察官或監獄長官之許可者外，不准入行刑場內。

第四六四條

①執行死刑，應由在場之書記官制作筆錄。

②筆錄應由檢察官及監獄長官簽名。

第四六五條

①受死刑之諭知者，如在心神喪失中，由司法行政最高機關命令停止執行。

②受死刑諭知之婦女懷胎者，於其生產前，由司法行政最高機關命令停止執行。

③依前二項規定停止執行者，於其痊癒或生產後，非有司法行政最高機關命令，不得執行。

第四六六條

處徒刑及拘役之人犯，除法律別有規定外，於監獄內分別拘禁之，令服勞役。但得因其情節，免服勞役。

第四六七條

受徒刑或拘役之諭知而有左列情形之一者，依檢察官之指揮，於其痊癒或該事故消滅前，停止執行：

一　心神喪失者。

二　懷胎五月以上者。

三　生產未滿二月者。

四　現罹疾病，恐因執行而不能保其生命者。

第四六八條

依前條第一款及第四款情形停止執行者，檢察官得將受刑人送入醫院或其他適當之處所。

第四六九條 108

①受罰金以外主刑之諭知，而未經羈押者，檢察官於執行時，應傳喚之；傳喚不到者，應行拘提。但經諭知死刑、無期徒刑或逾二年有期徒刑，而有相當理由認為有逃亡之虞者，得逕行拘提。

②前項前段受刑人，檢察官得依第七十六條第一款及第二款之規定，逕行拘提，及依第八十四條之規定通緝之。

第四七〇條 105

①罰金、罰鍰、沒收及沒入之裁判，應依檢察官之命令執行之。但罰金、罰鍰於裁判宣示後，如經受刑人同意而檢察官不在場者，得由法官當庭指揮執行。

②前項命令與民事執行名義有同一之效力。

③罰金及沒收，得就受刑人之遺產執行。

第四七一條

①前條裁判之執行，準用執行民事裁判之規定。

②前項執行，檢察官於必要時，得囑託地方法院民事執行處為之。

③檢察官之囑託執行，免徵執行費。

第四七二條

沒收物，由檢察官處分之。

第四七三條 105

①沒收物、追徵財產，於裁判確定後一年內，由權利人聲請發還者，或因犯罪而得使債權請求權之人已取得執行名義者聲請給付，除應破毀或廢棄者外，檢察官應發還或給付之；其已變價者，應給與變價所得之價金。

②聲請人對前項關於發還、給付之執行不服者，準用第四百八十四條之規定。

③第一項之變價、分配及給付，檢察官於必要時，得囑託法務部行政執行署所屬各分署為之。

④第一項之請求權人、聲請發還或給付之範圍、方式、程序與檢察官得發還或給付之範圍及其他應遵行事項之執行辦法，由行政院定之。

第四七四條

偽造或變造之物，檢察官於發還時，應將其偽造、變造之部分除去或加以標記。

第四七五條 105

①扣押物之應受發還人所在不明，或因其他事故不能發還者，檢察

官應公告之；自公告之日起滿二年，無人聲請發還者，以其物歸屬國庫。

②雖在前項期間內，其無價值之物得廢棄之；不便保管者，得命變價保管其價金。

第四七六條

緩刑之宣告應撤銷者，由受刑人所在地或其最後住所地之地方法院檢察官聲請該法院裁定之。

第四七七條

①依刑法第四十八條應更定其刑者，或依刑法第五十三條及第五十四條應依刑法第五十一條第五款至第七款之規定，定其應執行之刑者，由該案犯罪事實最後判決之法院之檢察官，聲請該法院裁定之。

②前項定其應執行之刑者，受刑人或其法定代理人、配偶，亦得請求前項檢察官聲請之。

第四七八條

依本法第四百六十六條但書應免服勞役者，由指揮執行之檢察官命令之。

第四七九條 98

①依刑法第四十一條、第四十二條及第四十二條之一易服社會勞動或易服勞役者，由指揮執行之檢察官命令之。

②易服社會勞動，由指揮執行之檢察官命令向該管檢察署指定之政府機關、政府機構、行政法人、社區或其他符合公益目的之機構或團體提供勞動，並定履行期間。

第四八〇條 98

①罰金易服勞役者，應與處徒刑或拘役之人犯，分別執行。

②第四百六十七條及第四百六十九條之規定，於易服勞役準用之。

③第四百六十七條規定，於易服社會勞動準用之。

第四八一條 95

①依刑法第八十六條第三項、第八十七條第三項、第八十八條第二項、第八十九條第二項、第九十條第二項或第九十八條第一項前段免其處分之執行，第九十條第三項許可延長處分，第九十三條第二項之付保護管束，或第九十八條第一項後段、第二項免其刑之執行，及第九十九條許可處分之執行，由檢察官聲請該案犯罪事實最後裁判之法院裁定之。第九十一條之一第一項之施以強制治療及同條第二項之停止強制治療，亦同。

②檢察官依刑法第十八條第一項或第十九條第一項而爲不起訴之處分者，如認有宣告保安處分之必要，得聲請法院裁定之。

③法院裁判時未併宣告保安處分，而檢察官認爲有宣告之必要者，得於裁判後三個月內，聲請法院裁定之。

第四八二條

依刑法第四十三條易以訓誡者，由檢察官執行之。

第四八三條

當事人對於有罪裁判之文義有疑義者，得向諭知該裁判之法院聲明疑義。

第四八四條

受刑人或其法定代理人或配偶以檢察官執行之指揮為不當者，得向諭知該裁判之法院聲明異議。

第四八五條

①聲明疑義或異議，應以書狀為之。

②聲明疑義或異議，於裁判前得以書狀撤回之。

③第三百五十一條之規定，於疑義或異議之聲明及撤回準用之。

第四八六條

法院應就疑義或異議之聲明裁定之。

第九編　附帶民事訴訟

第四八七條

①因犯罪而受損害之人，於刑事訴訟程序得附帶提起民事訴訟，對於被告及依民法負賠償責任之人，請求回復其損害。

②前項請求之範圍，依民法之規定。

第四八八條

提起附帶民事訴訟，應於刑事訴訟起訴後第二審辯論終結前為之。但在第一審辯論終結後提起上訴前，不得提起。

第四八九條

①法院就刑事訴訟為第六條第二項，第八條至第十條之裁定者，視為就附帶民事訴訟有同一之裁定。

②就刑事訴訟諭知管轄錯誤及移送該案件者，應併就附帶民事訴訟為同一之諭知。

第四九〇條

附帶民事訴訟除本編有特別規定外，準用關於刑事訴訟之規定。但經移送或發回、發交於民事庭後，應適用民事訴訟法。

第四九一條

民事訴訟法關於左列事項之規定，於附帶民事訴訟準用之：

一　當事人能力及訴訟能力。

二　共同訴訟。

三　訴訟參加。

四　訴訟代理人及輔佐人。

五　訴訟程序之停止。

六　當事人本人之到場。

七　和解。

八　本於捨棄之判決。

九　訴及上訴或抗告之撤回。

十　假扣押、假處分及假執行。

第四九二條

①提起附帶民事訴訟，應提出訴狀於法院為之。

②前項訴狀，準用民事訴訟法之規定。

第四九三條

訴狀及各當事人準備訴訟之書狀，應按他造人數提出繕本，由法院送達於他造。

第四九四條

刑事訴訟之審判期日，得傳喚附帶民事訴訟當事人及關係人。

第四九五條

①原告於審判期日到庭時，得以言詞提起附帶民事訴訟。

②其以言詞起訴者，應陳述訴狀所應表明之事項，記載於筆錄。

③第四十一條第二項至第四項之規定，於前項筆錄準用之。

④原告以言詞起訴而他造不在場，或雖在場而請求送達筆錄者，應將筆錄送達於他造。

第四九六條

附帶民事訴訟之審理，應於審理刑事訴訟後行之。但審判長如認為適當者，亦得同時調查。

第四九七條

檢察官於附帶民事訴訟之審判，毋庸參與。

第四九八條

當事人經合法傳喚，無正當之理由不到庭或到庭不為辯論者，得不待其陳述而為判決；其未受許可而退庭者亦同。

第四九九條

①就刑事訴訟所調查之證據，視為就附帶民事訴訟亦經調查。

②前項之調查，附帶民事訴訟當事人或代理人得陳述意見。

第五○○條

附帶民事訴訟之判決，應以刑事訴訟判決所認定之事實為據。但本於捨棄而為判決者，不在此限。

第五○一條

附帶民事訴訟，應與刑事訴訟同時判決。

第五○二條

①法院認為原告之訴不合法或無理由者，應以判決駁回之。

②認為原告之訴有理由者，應依其關於請求之聲明，為被告敗訴之判決。

第五○三條

①刑事訴訟諭知無罪、免訴或不受理之判決者，應以判決駁回原告之訴。但經原告聲請時，應將附帶民事訴訟移送管轄法院之民事庭。

②前項判決，非對於刑事訴訟之判決有上訴時，不得上訴。

③第一項但書移送案件，應繳納訴訟費用。

④自訴案件經裁定駁回自訴者，應以裁定駁回原告之訴，並準用前三項之規定。

第五〇四條

① 法院認附帶民事訴訟確係繁雜，非經長久時日不能終結其審判者，得以合議裁定移送該法院之民事庭；其因不足法定人數不能合議者，由院長裁定之。

② 前項移送案件，免納裁判費。

③ 對於第一項裁定，不得抗告。

第五〇五條

① 適用簡易訴訟程序案件之附帶民事訴訟，準用第五百零一條或第五百零四條之規定。

② 前項移送案件，免納裁判費用。

③ 對於第一項裁定，不得抗告。

第五〇六條

① 刑事訴訟之第二審判決不得上訴於第三審法院者，對於其附帶民事訴訟之第二審判決，得上訴於第三審法院。但應受民事訴訟法第四百六十六條之限制。

② 前項上訴，由民事庭審理之。

第五〇七條

刑事訴訟之第二審判決，經上訴於第三審法院，對於其附帶民事訴訟之判決所提起之上訴，已有刑事上訴書狀之理由可資引用者，得不敘述上訴之理由。

第五〇八條

第三審法院認為刑事訴訟之上訴無理由而駁回之者，應分別情形，就附帶民事訴訟之上訴，為左列之判決：

一　附帶民事訴訟之原審判決無可為上訴理由之違背法令者，應駁回其上訴。

二　附帶民事訴訟之原審判決有可為上訴理由之違背法令者，應將其判決撤銷，就該案件自為判決。但有審理事實之必要時，應將該案件發回原審法院之民事庭，或發交與原審法院同級之他法院民事庭。

第五〇九條

第三審法院認為刑事訴訟之上訴有理由，將原審判決撤銷而就該案件自為判決者，應分別情形，就附帶民事訴訟之上訴為左列之判決：

一　刑事訴訟判決之變更，其影響及於附帶民事訴訟，或附帶民事訴訟之原審判決有可為上訴理由之違背法令者，應將原審判決撤銷，就該案件自為判決。但有審理事實之必要時，應將該案件發回原審法院之民事庭，或發交與原審法院同級之他法院民事庭。

二　刑事訴訟判決之變更，於附帶民事訴訟無影響，且附帶民事訴訟之原審判決無可為上訴理由之違背法令者，應將上訴駁回。

第五一○條

第三審法院認爲刑事訴訟之上訴有理由，撤銷原審判決，而將該案件發回或發交原審法院或他法院者，應併就附帶民事訴訟之上訴，爲同一之判決。

第五一一條

①法院如僅應就附帶民事訴訟爲審判者，應以裁定將該案件移送該法院之民事庭。但附帶民事訴訟之上訴不合法者，不在此限。

②對於前項裁定，不得抗告。

第五一二條

對於附帶民事訴訟之判決聲請再審者，應依民事訴訟法向原判決法院之民事庭提起再審之訴。

國民法官法

民國109年8月12日總統令制定公布全文113條；除第17～20、33條自公布日施行，第5條第1項第1款自115年1月1日施行外，餘自112年1月1日施行。

第一章　總則

第一條

為使國民與法官共同參與刑事審判，提升司法透明度，反映國民正當法律感情，增進國民對於司法之瞭解及信賴，彰顯國民主權理念，特制定本法。

第二條

本法用詞，定義如下：

一　國民法官：指依本法選任，參與審判及終局評議之人。

二　備位國民法官：指法院視審理需要，依本法選任，於國民法官不能執行其職務時，依序遞補為國民法官之人。

三　終局評議：指國民法官法庭於辯論終結後，由法官與國民法官就事實之認定、法律之適用及科刑共同討論、表決之程序。

四　國民法官法庭：指由法官三人及國民法官六人共同組成，就本法所定行國民參與審判之案件，共同進行審判之合議庭。

第三條

①行國民參與審判之案件，由法官三人及國民法官六人共同組成國民法官法庭，共同進行審判，並以庭長充審判長；無庭長或庭長有事故時，以法官中資深者充之，資同以年長者充之。

②中華民國國民，有依本法規定擔任國民法官或備位國民法官，參與刑事審判之權利及義務。

③國民法官之選任，應避免選任帶有偏見、歧視、差別待遇或其他不當行為之人擔任。

第四條

行國民參與審判之案件，除本法有特別規定外，適用法院組織法、刑事訴訟法及其他法律之規定。

第二章　適用案件及管轄

第五條

①除少年刑事案件及犯毒品危害防制條例之罪之案件外，下列經檢察官提起公訴且由地方法院管轄之第一審案件應行國民參與審

判：

一 所犯最輕本刑為十年以上有期徒刑之罪。

二 故意犯罪因而發生死亡結果者。

②前項罪名，以起訴書記載之犯罪事實及所犯法條為準。

③檢察官非以第一項所定案件起訴，法院於第一次審判期日前，認為應變更所犯法條為第一項之罪名者，應裁定行國民參與審判。

④刑事訴訟法第二百六十五條之規定，於國民參與審判之案件，不適用之。

⑤行國民參與審判之案件，被告未經選任辯護人者，審判長應指定公設辯護人或律師。

⑥第一項案件，法院得設立專業法庭辦理。

第六條

①應行國民參與審判之案件，有下列情形之一者，法院得依職權或當事人、辯護人、輔佐人之聲請，於聽取當事人、辯護人、輔佐人之意見後，裁定不行國民參與審判：

一 有事實足認行國民參與審判有難期公正之虞。

二 對於國民法官、備位國民法官本人或其配偶、八親等內血親、五親等內姻親或家長、家屬之生命、身體、自由、名譽、財產有致生危害之虞。

三 案件情節繁雜或需高度專業知識，非經長久時日顯難完成審判。

四 被告就被訴事實為有罪之陳述，經審判長告知被告通常審判程序之旨，且依案件情節，認不行國民參與審判為適當。

五 其他有事實足認行國民參與審判顯不適當。

②於國民法官法庭組成後，法院於前項裁定前並應聽取國民法官、備位國民法官之意見。

③法院為第一項裁定，應審酌公共利益、國民法官與備位國民法官之負擔，及當事人訴訟權益之均衡維護。

④第一項裁定，當事人得抗告。抗告中，停止審判。抗告法院應即時裁定，認為抗告有理由者，應自為裁定。

⑤依第一項規定裁定不行國民參與審判之案件，裁定前已依法定程序所進行之訴訟程序，其效力不受影響。

第七條

①檢察官以被告犯應行國民參與審判之罪與非應行國民參與審判之罪，合併起訴者，應合併行國民參與審判。但關於非應行國民參與審判之罪，法院得於第一次審判期日前，聽取當事人、辯護人及輔佐人之意見後，裁定不行國民參與審判。

②前項裁定，當事人得抗告。抗告中，停止審判。

第三章 國民法官及備位國民法官

第一節 通 則

第八條

國民法官之職權，除本法另有規定外，與法官同。

第九條

①國民法官依據法律獨立行使職權，不受任何干涉。

②國民法官應依法公平誠實執行職務，不得爲有害司法公正信譽之行爲。

③國民法官不得洩漏評議秘密及其他職務上知悉之秘密。

第一〇條

①法院認有必要時，得選任一人至四人爲備位國民法官，於國民法官不能執行其職務時，依序遞補爲國民法官。

②前二條規定，於備位國民法官準用之。

第一一條

①國民法官、備位國民法官及受通知到庭之候選國民法官，應按到庭日數支給日費、旅費及相關必要費用。

②前項費用之支給辦法，由司法院定之。

第二節　國民法官及備位國民法官之資格

第一二條

①年滿二十三歲，且在地方法院管轄區域內繼續居住四個月以上之中華民國國民，有被選任爲國民法官、備位國民法官之資格。

②前項年齡及居住期間之計算，均以算至備選國民法官複選名冊供使用年度之一月一日爲準，並以戶籍登記資料爲依據。

③第一項居住期間之計算，自戶籍遷入登記之日起算。

第一三條

有下列情形之一者，不得被選任爲國民法官、備位國民法官：

一　褫奪公權，尚未復權。

二　曾任公務人員而受免除職務處分，或受撤職處分，其停止任用期間尚未屆滿。

三　現任公務人員而受休職、停職處分，其休職、停職期間尚未屆滿。

四　人身自由依法受拘束中。

五　因案經檢察官提起公訴或聲請以簡易判決處刑，或經自訴人提起自訴，尚未判決確定。

六　曾受有期徒刑以上刑之宣告確定。

七　受有期徒刑以上刑之宣告確定，現於緩刑期內或期滿後未逾二年。

八　於緩起訴期間內，或期滿後未逾二年。

九　受觀察勒戒或戒治處分，尚未執行，或執行完畢未滿二年。

十　受監護或輔助宣告，尚未撤銷。

十一　受破產宣告或經裁定開始清算程序，尚未復權。

第一四條

下列人員，不得被選任爲國民法官、備位國民法官：

一　總統、副總統。
二　各級政府機關首長、政務人員及民意代表。
三　政黨黨務工作人員。
四　現役軍人、警察。
五　法官或曾任法官。
六　檢察官或曾任檢察官。
七　律師、公設辯護人或曾任律師、公設辯護人。
八　現任或曾任教育部審定合格之大學或獨立學院專任教授、副教授或助理教授，講授主要法律科目者。
九　司法院、法務部及所屬各機關之公務人員。
十　司法官考試、律師考試及格之人員。
十一　司法警察官、司法警察。
十二　未完成國民教育之人員。

第一五條

下列人員，不得就行國民參與審判之案件被選任為國民法官、備位國民法官：

一　被害人。
二　現為或曾為被告或被害人之配偶、八親等內之血親、五親等內之姻親或家長、家屬。
三　與被告或被害人訂有婚約。
四　現為或曾為被告或被害人之法定代理人、輔助人。
五　現為或曾為被告或被害人之同居人或受僱人。
六　現為或曾為被告之代理人、辯護人或輔佐人或曾為附帶民事訴訟當事人之代理人、輔佐人。
七　現為或曾為告訴人、告訴代理人、告發人、證人或鑑定人。
八　曾參與偵查或審判者。
九　有具體事證足認其執行職務有難期公正之虞。

第一六條

①有下列情形之一者，得拒絕被選任為國民法官、備位國民法官：

一　年滿七十歲以上者。
二　公立或已立案私立學校之教師。
三　公立或已立案私立學校之在校學生。
四　有重大疾病、傷害、生理或心理因素致執行國民法官、備位國民法官職務顯有困難。
五　執行國民法官、備位國民法官職務有嚴重影響其身心健康之虞。
六　因看護、養育親屬致執行國民法官、備位國民法官職務顯有困難。
七　因重大災害生活所仰賴之基礎受顯著破壞，有處理為生活重建事務之必要時。
八　因生活上、工作上、家庭上之重大需要致執行國民法官、備位國民法官職務顯有困難。

九　曾任國民法官或備位國民法官未滿五年。

十　除前款情形外，曾爲候選國民法官經通知到庭未滿一年。

②前項年齡及期間之計算，均以候選國民法官通知書送達之日爲準。

第三節　國民法官及備位國民法官之選任

第一七條

①地方法院應於每年九月一日前，將所估算之次年度所需備選國民法官人數，通知管轄區域內之直轄市、縣（市）政府。

②前項之直轄市、縣（市）政府應於每年十月一日前，自地方法院管轄區域內具有第十二條第一項之資格者，以隨機抽選方式選出地方法院所需人數之備選國民法官，造具備選國民法官初選名冊，送交地方法院。

③前項備選國民法官初選名冊之製作及管理辦法，由司法院會同行政院定之。

第一八條

各地方法院應設置備選國民法官審核小組，院長或其指定之人爲當然委員兼召集人，其餘委員五人由院長聘任下列人員組成之：

一　該地方法院法官一人。

二　該地方法院對應之檢察署檢察官一人。

三　該地方法院管轄區域內之直轄市、縣（市）政府民政局（處）長或其指派之代表一人。

四　該地方法院管轄區域內律師公會推薦之律師代表一人；管轄區域內無律師公會者，得由全國律師聯合會推薦之。

五　前款以外之該地方法院管轄區域內之學者專家或社會公正人士一人。

第一九條

①備選國民法官審核小組之職權如下：

一　審查直轄市、縣（市）政府製作之備選國民法官初選名冊是否正確。

二　審查備選國民法官有無第十三條或第十四條所定情形。

三　造具備選國民法官複選名冊。

②備選國民法官審核小組爲前項審查之必要，得蒐集資料及調查，相關資料保管機關應予配合。

③前二項備選國民法官審核小組審查程序、蒐集資料與調查方法及其他職權行使事項之辦法，由司法院定之。

④備選國民法官審核小組委員及其他參與人員因執行職務所知悉之個人資料，應予保密。

第二○條

地方法院於備選國民法官複選名冊造具完成後，應以書面通知名冊內之各備選國民法官。

第二一條

①行國民參與審判之案件，於審判期日之訴訟程序前，法院應自備選國民法官複選名冊中，以隨機抽選方式選出該案所需人數之候選國民法官，並爲必要之調查，以審核其有無不具第十二條第一項所定資格，或有第十三條至第十五條所定情形而應予除名。

②前項情形，如候選國民法官不足該案所需人數，法院應依前項規定抽選審核補足之。

第二二條

①法院應於國民法官選任期日三十日前，以書面通知候選國民法官於選任期日到庭。

②前項通知，應併檢附國民參與審判制度概要說明書、候選國民法官調查表；候選國民法官應就調查表據實填載之，並於選任期日十日前送交法院。

③前項說明書及調查表應記載之事項，由司法院定之。

④法院於收受第二項之調查表後，應爲必要之調查，如有不具第十二條第一項所定資格，或有第十三條至第十五條所定情形，或有第十六條所定情形且經其陳明拒絕被選任者，應予除名，並通知之。

第二三條

①法院應於國民法官選任期日二日前，將應到庭之候選國民法官名冊，送交檢察官及辯護人。

②法院爲進行國民法官選任程序，應將應到庭之候選國民法官之調查表，提供檢察官及辯護人檢閱。但不得抄錄或攝影。

第二四條

①國民法官選任期日，法院應通知當事人及辯護人。

②被告於選任期日得不到場。法院認爲不適當者，亦得禁止或限制被告在場。

第二五條

①國民法官選任程序，不公開之；非經檢察官、辯護人到庭，不得進行。

②法院爲續行國民法官選任程序，經面告以下次應到之日、時、處所，及不到場之處罰，並記明筆錄者，與已送達通知有同一之效力。

第二六條

①法院爲踐行第二十七條之程序，得隨時依職權或檢察官、辯護人之聲請，對到庭之候選國民法官進行詢問。

②前項詢問，經法院認爲適當者，得由檢察官或辯護人直接行之。

③前二項之詢問，法院得視情形對候選國民法官之全體、部分或個別爲之，且不以一次爲限。

④候選國民法官對於第一項、第二項之詢問，不得爲虛僞之陳述；非有正當理由，不得拒絕陳述。

⑤候選國民法官不得洩漏因參與選任期日而知悉之秘密。

⑥法院應於第一次詢問前，告知候選國民法官前二項義務及違反之

法律效果。

第二七條

① 候選國民法官不具第十二條第一項所定資格，或有第十三條至第十五條所定情形，或違反第二十六條第四項規定者，法院應依職權或當事人、辯護人之聲請，裁定不選任之。但辯護人依第十五條第九款所為之聲請，不得與被告明示之意思相反。

② 法院認候選國民法官有第十六條第一項所定情形，且經其陳明拒絕被選任者，應為不選任之裁定。

第二八條

① 檢察官、被告與辯護人，於前條所定程序後，另得不附理由聲請法院不選任特定之候選國民法官。但檢察官、被告與辯護人雙方各不得逾四人。

② 辯護人之聲請，不得與被告明示之意思相反。

③ 雙方均提出第一項聲請者，應交互為之，並由檢察官先行聲請。

④ 法院對於第一項之聲請，應為不選任之裁定。

第二九條

① 法院應於踐行前二條之程序後，自到庭且未受不選任裁定之候選國民法官中，以抽籤方式抽選六名國民法官及所需人數之備位國民法官。

② 備位國民法官經選出後，應編定其遞補序號。

第三○條

① 除依前條之抽選方式外，法院認有必要且經檢察官、辯護人同意者，得先以抽籤方式自到庭之候選國民法官中抽出一定人數，對其編定序號並為第二十七條、第二十八條之不選任裁定。經抽出且未受裁定不選任者，依序號順次定為國民法官、備位國民法官至足額為止。

② 法院為選出足額之國民法官及備位國民法官，得重複為前項之程序。

③ 前條第二項規定，於前二項之情形準用之。

第三一條

無足夠候選國民法官可受抽選為國民法官或備位國民法官時，法院不得逕行抽選部分國民法官或備位國民法官，應重新踐行選任程序。

第三二條

關於選任程序之裁定，不得抗告。

第三三條

地方法院為調查第十二條第一項、第十三條至第十五條事項，得利用相關之個人資料資料庫進行自動化檢核，管理及維護之機關不得拒絕，並應提供批次化查詢介面及使用權限。

第三四條

關於踐行選任程序必要事項之辦法，由司法院定之。

第四節　國民法官及備位國民法官之解任

第三五條

①國民法官、備位國民法官有下列情形之一者，法院應依職權或當事人、辯護人、輔佐人之書面聲請，以裁定解任之：

一　不具第十二條第一項所定資格，或有第十三條至第十五條所定情形。

二　未依本法規定宣誓。

三　於選任程序受詢問時為虛偽之陳述，足認其繼續執行職務已不適當。

四　未依本法規定全程參與審判期日之訴訟程序、參與終局評議，足認其繼續執行職務已不適當。

五　不聽從審判長之指揮，致妨害審判期日之訴訟程序或終局評議之順暢進行，足認其繼續執行職務已不適當。

六　為有害司法公正信譽之行為或洩漏應予保密之事項，足認其繼續執行職務已不適當。

七　其他可歸責於國民法官、備位國民法官之事由，足認其繼續執行職務不適當。

八　因不可抗力事由致不能或不宜執行職務。

②法院為前項裁定前，應聽取當事人、辯護人及輔佐人之意見，並予該國民法官或備位國民法官陳述意見之機會；其程序，不公開之。

③第一項之裁定，當事人、辯護人或輔佐人得聲請撤銷並更為裁定。

④前項之聲請，由同法院之其他合議庭裁定，於程序終結前，應停止訴訟程序。

⑤前項裁定，應即時為之；認為聲請有理由者，應撤銷原裁定並自為裁定。

⑥第四項裁定，不得抗告。

第三六條

①國民法官、備位國民法官於受選任後有第十六條第一項第四款至第八款情形之一，致繼續執行職務顯有困難者，得以書面向法院聲請辭去其職務。

②法院認前項聲請為無理由者，應裁定駁回之；認為有理由者，應裁定解任之。

③前項裁定，不得抗告。

第三七條

①國民法官、備位國民法官因前二條之規定解任者，國民法官所生缺額，由備位國民法官依序遞補之；備位國民法官所生缺額，由序號在後之備位國民法官遞補之。

②無備位國民法官可遞補國民法官缺額時，法院應重新踐行選任程序補足之。

第三八條

有下列情形之一者，國民法官、備位國民法官之職務即告終了：
一 宣示判決。
二 經依第六條第一項之規定裁定不行國民參與審判確定。

第五節 國民法官、備位國民法官及候選國民法官之保護

第三九條

國民法官、備位國民法官於執行職務期間，或候選國民法官受通知到庭期間，其所屬機關（構）、學校、團體、公司、廠場應給予公假；並不得以其現任或曾任國民法官、備位國民法官或候選國民法官為由，予以任何職務上不利之處分。

第四〇條

①除有特別規定者外，任何人不得揭露個人資料保護法第二條第一款所定屬於國民法官、備位國民法官或候選國民法官之個人資料。
②國民法官、備位國民法官或候選國民法官個人資料保護之方式、期間、範圍、處理及利用等事項之辦法，由司法院會同行政院定之。

第四一條

①任何人不得意圖影響審判，而以任何方式與國民法官、備位國民法官或候選國民法官接觸、聯絡。
②任何人不得向現任或曾任國民法官、備位國民法官或候選國民法官之人，刺探依法應予保密之事項。

第四二條

法院得依職權或當事人、辯護人、輔佐人、國民法官或備位國民法官之聲請，對國民法官、備位國民法官，予以必要之保護措施。

第四章 審理程序

第一節 起 訴

第四三條

①行國民參與審判之案件，檢察官起訴時，應向管轄法院提出起訴書，並不得將卷宗及證物一併送交法院。
②起訴書應記載下列事項：
一 被告之姓名、性別、出生年月日、身分證明文件編號、住所或居所或其他足資辨別之特徵。
二 犯罪事實。
三 所犯法條。
③前項第二款之犯罪事實，以載明日、時、處所及方法特定之。
④起訴書不得記載使法院就案件產生預斷之虞之內容。

⑤刑事訴訟法第一百六十一條第二項至第四項之規定，於行國民參與審判之案件，不適用之。

第二節　基本原則

第四四條

①於起訴後至第一次審判期日前，有關強制處分及證據保全之事項，由未參與本案審判之管轄法院法官處理之。但因管轄法院法官員額不足，致不能由未參與本案審理之法官處理時，不在此限。

②前項但書情形，法官不得接受或命提出與該強制處分審查無關之陳述或證據。

第四五條

為使國民法官、備位國民法官易於理解、得以實質參與，並避免造成其時間與精神上之過重負擔，法官、檢察官或辯護人應為下列各款事項之處理：

一　於準備程序，進行詳盡之爭點整理。

二　於審判期日之訴訟程序，進行集中、迅速之調查證據及辯論。

三　於國民法官、備位國民法官請求時，進行足為釐清其疑惑之說明；於終局評議時，使其完整陳述意見。

第四六條

審判長指揮訴訟，應注意法庭上之言詞或書面陳述無使國民法官、備位國民法官產生預斷之虞或偏見之事項，並隨時為必要之闡明或釐清。

第三節　準備程序

第四七條

①法院應於第一次審判期日前，行準備程序。

②準備程序，得為下列各款事項之處理：

一　起訴效力所及之範圍與有無應變更檢察官所引應適用法條之情形。

二　訊問被告及辯護人對檢察官起訴事實是否為認罪之答辯。

三　案件爭點之整理。

四　曉諭為證據調查之聲請。

五　有關證據開示之事項。

六　有關證據能力及證據有無調查必要之事項。

七　依職權調查之證據，予當事人、辯護人或輔佐人陳述意見之機會。

八　命為鑑定或為勘驗。

九　確認證據調查之範圍、次序及方法。

十　與選任程序有關之事項。

十一　其他與審判有關之事項。

③法院應依前項整理結果，作成審理計畫。審理計畫之格式及應記載之事項，由司法院定之。

④準備程序，得以庭員一人爲受命法官行之。受命法官行準備程序，與法院或審判長有同一之權限。但第五十條第一項、第六十條第一項、第六十二條第一項、第二項、刑事訴訟法第一百二十一條之裁定，不適用之。

第四八條

①法院應指定準備程序期日，傳喚被告，並通知檢察官、辯護人及輔佐人到庭。

②法院認有必要者，得傳喚或通知訴訟關係人於準備程序期日到庭。

③檢察官、辯護人不到庭者，不得行準備程序。

④第一次準備程序期日之傳票或通知，至遲應於十四日前送達。

第四九條

法院爲處理第四十七條第二項之各款事項，得對當事人、辯護人、輔佐人及訴訟關係人爲必要之訊問。

第五〇條

①準備程序之進行，除有下列情形之一者外，應於公開法庭行之：
一　法律另有規定者。
二　有妨害國家安全、公共秩序或善良風俗之虞，經裁定不予公開。
三　爲期程序順利進行，經聽取當事人、辯護人及輔佐人之意見後，裁定不予公開。

②前項裁定，不得抗告。

③國民法官及備位國民法官，於準備程序期日無須到庭。

第五一條

①檢察官、辯護人因準備程序之必要，宜相互聯絡以確認下列事項：
一　檢察官起訴書記載之犯罪事實、所犯法條及被告之陳述或答辯。
二　本案之爭點。
三　雙方預定聲請調查證據項目、待證事實，及其範圍、次序及方法。
四　雙方對聲請調查證據之意見。

②辯護人應於第一次準備程序期日前，與被告事先確定事實關係，整理爭點。

③法院認爲適當者，得於準備程序期日前，聯繫檢察官、辯護人並協商訴訟進行之必要事項。

第五二條

①檢察官因準備程序之必要，應以準備程序書狀分別具體記載下列各款之事項，提出於法院，並將繕本送達於被告或辯護人：
一　聲請調查之證據及其與待證事實之關係。

　　二　聲請傳喚之證人、鑑定人、通譯之姓名、性別、住居所及預期詰問所需之時間。

②前項事項有補充或更正者，應另以準備程序書狀或當庭以言詞提出於法院。

③前二項書狀及陳述不得包含與被訴犯罪事實無關之事實、證據，及使法院就案件產生預斷之虞之內容。

④檢察官依第一項、第二項規定聲請調查證據，應慎選證據為之。

⑤法院得於聽取檢察官、辯護人之意見後，定第一項、第二項書狀或陳述之提出期限。

第五三條

①檢察官於起訴後，應即向辯護人或被告開示本案之卷宗及證物。但有下列情形之一者，檢察官得拒絕開示或限制開示，並應同時以書面告知理由：

　　一　卷宗及證物之內容與被訴事實無關。

　　二　妨害另案之偵查。

　　三　涉及當事人或第三人之隱私或業務秘密。

　　四　危害他人生命、身體之虞。

②前項之開示，係指賦予辯護人得檢閱、抄錄、重製或攝影卷宗及證物；或被告得預納費用向檢察官請求付與卷宗及證物之影本；或經檢察官許可，得在確保卷宗及證物安全之前提下檢閱原本之機會。其收費標準及方法，由行政院定之。

③檢察官應於受理辯護人或被告之聲請後五日內開示之。如無法於五日內開示完畢者，得與辯護人或被告合意為適當之延展。

第五四條

①辯護人於檢察官依前條之規定開示證據後，應以準備程序書狀分別具體記載下列各款之事項，提出於法院，並將繕本送達於檢察官：

　　一　被告對檢察官起訴事實認罪與否之陳述；如否認犯罪，其答辯，及對起訴事實爭執或不爭執之陳述。

　　二　對檢察官聲請調查證據之證據能力及有無調查必要之意見。

　　三　聲請調查之證據及其與待證事實之關係。

　　四　聲請傳喚之證人、鑑定人、通譯之姓名、性別、住居所及預期詰問所需之時間。

　　五　對檢察官所引應適用法條之意見。

②前項各款事項有補充或更正者，應另以準備程序書狀或當庭以言詞提出於法院。

③第五十二條第三項至第五項規定，於前二項之情形準用之。

④被告亦得提出關於第一項各款事項之書狀或陳述。於此情形，準用第五十二條第三項、第四項之規定。

第五五條

①辯護人或被告依前條第一項、第二項、第四項規定向法院聲請調查證據之情形，應即向檢察官開示下列項目：

一　聲請調查之證據。

二　聲請傳喚之證人、鑑定人或通譯於審判期日前陳述之紀錄，無該紀錄者，記載預料其等於審判期日陳述要旨之書面。

②第五十三條第三項之規定，於前項情形準用之。

第五六條

①檢察官於辯護人依前條之規定開示證據後，應表明對辯護人或被告聲請調查證據之證據能力及有無調查必要之意見。

②前項事項有補充或更正者，應另提出於法院。

③第五十二條第五項之規定，於前二項之情形準用之。

第五七條

①檢察官、辯護人認他造違反第五十三條、第五十五條規定未開示應開示之證據者，得聲請法院裁定命開示證據。

②前項裁定，法院得指定開示之日期、方法或附加條件。

③法院為第一項裁定前，應先聽取他造意見；於認有必要時，得命檢察官向法院提出證據清冊，或命當事人、辯護人向法院提出該證據，並不得使任何人檢閱、抄錄、重製或攝影之。

④關於第一項裁定，得抗告。法院裁定命開示證據者，抗告中，停止執行。

⑤抗告法院應即時裁定，認為抗告有理由者，應自為裁定。

第五八條

檢察官或辯護人未履行前條第一項之開示命令者，法院得以裁定駁回其調查證據之聲請，或命檢察官、辯護人立即開示全部持有或保管之證據。

第五九條

法院為前條之裁定前，應審酌其違反義務之態樣、原因及所造成之不利益等情事，審慎為之。

第六〇條

①持有第五十三條之卷宗及證物內容者，不得就該內容為非正當目的之使用。

②違反前項規定者，處一年以下有期徒刑、拘役或科新臺幣十五萬元以下罰金。

第六一條

①告訴代理人或訴訟參與人之代理人為律師者，於起訴後得向檢察官請求檢閱卷宗及證物並得抄錄、重製或攝影。

②無代理人或代理人為非律師之訴訟參與人於起訴後，得預納費用向檢察官請求付與卷宗及證物之影本。

③第一項及第二項卷宗及證物之內容與被告被訴事實無關或足以妨害另案之偵查，或涉及當事人或第三人之隱私或業務秘密，或有危害他人生命、身體之虞者，檢察官得限制之，並應同時以書面告知理由。

④對於檢察官依前項所為之限制不服者，告訴代理人、訴訟參與人或其代理人得聲請法院撤銷或變更之。但代理人所為之聲請，不

得與告訴人或訴訟參與人明示之意思相反。

⑤法院就前項之聲請所爲裁定，不得抗告。

第六二條

①法院應於準備程序終結前，就聲請或職權調查證據之證據能力有無爲裁定。但就證據能力之有無，有於審判期日調查之必要者，不在此限。

②當事人或辯護人聲請調查之證據，法院認爲不必要者，應於準備程序終結前以裁定駁回之。

③下列情形，應認爲不必要：

一　不能調查。

二　與待證事實無重要關係。

三　待證事實已臻明瞭無再調查之必要。

四　同一證據再行聲請。

④法院於第一項、第二項裁定前，得爲必要之調查。但非有必要者，不得命提出所聲請調查之證據。

⑤法院依第一項、第二項規定爲裁定後，因所憑之基礎事實改變，致應爲不同之裁定者，應即重新裁定；就聲請調查之證據，嗣認爲不必要者，亦同。

⑥審判期日始聲請或職權調查之證據，法院應於調查該項證據前，就其證據能力有無爲裁定；就聲請調查之證據認爲不必要者，亦同。

⑦證據經法院裁定無證據能力或不必要者，不得於審判期日主張或調查之。

⑧第一項、第二項、第五項及第六項之裁定，不得抗告。

第六三條

①法院於第四十七條第二項各款事項處理完畢後，應與當事人及辯護人確認整理結果及審理計畫內容，並宣示準備程序終結。

②法院認有必要者，得裁定命再開已終結之準備程序。

第六四條

①當事人、辯護人於準備程序終結後不得聲請調查新證據。但有下列情形之一者，不在此限：

一　當事人、辯護人均同意，且法院認爲適當者。

二　於準備程序終結後始取得證據或知悉其存在者。

三　不甚妨害訴訟程序之進行者。

四　爲爭執審判中證人證述內容而有必要者。

五　非因過失，未能於準備程序終結前聲請者。

六　如不許其提出顯失公平者。

②前項但書各款事由，應由聲請調查證據之人釋明之。

③違反第一項之規定者，法院應駁回之。

第四節　審判期日

第六五條

① 國民法官、備位國民法官於第一次審判期日前，應行宣誓。

② 備位國民法官經遞補為國民法官者，應另行宣誓。

③ 前二項宣誓之程序、誓詞內容及筆錄製作等事項之辦法，由司法院定之。

第六六條

① 審判長於前條第一項之程序後，應向國民法官、備位國民法官說明下列事項：

一 國民參與審判之程序。

二 國民法官、備位國民法官之權限、義務、違背義務之處罰。

三 刑事審判之基本原則。

四 被告被訴罪名之構成要件及法令解釋。

五 審判期日預估所需之時間。

六 其他應注意之事項。

② 審判期日之訴訟程序進行中，國民法官、備位國民法官就前項所定事項有疑惑者，得請求審判長釋疑。

第六七條

審判期日，國民法官有缺額者，不得審判。

第六八條

審判期日，除有特別情形外，應連日接續開庭。

第六九條

① 關於證據能力、證據調查必要性與訴訟程序之裁定及法令之解釋，專由法官合議決定之。於決定前認有必要者，得聽取檢察官、辯護人、國民法官及備位國民法官之意見。

② 國民法官、備位國民法官對於前項之決定有疑惑者，得請求審判長釋疑。

第七○條

① 檢察官於刑事訴訟法第二百八十八條第一項之調查證據程序前，應向國民法官法庭說明經依第四十七條第二項整理之下列事項：

一 待證事實。

二 聲請調查證據之範圍、次序及方法。

三 聲請調查之證據與待證事實之關係。

② 被告、辯護人主張待證事實或聲請調查證據者，應於檢察官為前項之說明後，向國民法官法庭說明之，並準用前項規定。

第七一條

審判長於前條程序完畢後，應說明準備程序整理爭點之結果及調查證據之範圍、次序及方法。

第七二條

審判長於聽取當事人、辯護人之意見後，得變更準備程序所擬定調查證據之範圍、次序及方法。

第七三條

① 當事人、辯護人聲請傳喚之證人、鑑定人、通譯，於審判長為人別訊問後，由當事人、辯護人直接詰問之。國民法官、備位國民

法官於證人、鑑定人、通譯經詰問完畢，得於告知審判長後，於待證事項範圍內，自行或請求審判長補充訊問之。

②國民法官、備位國民法官於審判長就被訴事實訊問被告完畢，得於告知審判長後，就判斷罪責及科刑之必要事項，自行或請求審判長補充訊問之。

③國民法官、備位國民法官於被害人或其家屬陳述意見完畢，得於告知審判長後，於釐清其陳述意旨之範圍內，自行或請求審判長補充詢問之。

④審判長認國民法官、備位國民法官依前三項所爲之訊問或詢問爲不適當者，得限制或禁止之。

第七四條

①當事人、辯護人聲請調查之筆錄及其他可爲證據之文書，由聲請人向國民法官法庭、他造當事人、辯護人或輔佐人宣讀。

②前項文書由法院依職權調查者，審判長應向國民法官法庭、當事人、辯護人或輔佐人宣讀。

③前二項情形，經當事人及辯護人同意，且法院認爲適當者，得以告以要旨代之。

④第一項及第二項之文書，有關風化、公安或有毀損他人名譽之虞者，應交國民法官法庭、當事人、辯護人或輔佐人閱覽，不得宣讀；如當事人或辯護人不解其意義者，並應由聲請人或審判長告以要旨。

第七五條

①前條之規定，於文書外之證物有與文書相同之效用者，準用之。

②錄音、錄影、電磁紀錄或其他相類之證物可爲證據者，聲請人應以適當之設備，顯示聲音、影像、符號或資料，使國民法官法庭、他造當事人、辯護人或輔佐人辨認或告以要旨。

③前項證據由法院依職權調查者，審判長應以前項方式使國民法官法庭、當事人、辯護人或輔佐人辨認或告以要旨。

第七六條

①當事人、辯護人聲請調查之證物，由聲請人提示予國民法官法庭、他造當事人、辯護人或輔佐人辨認。

②法院依職權調查之證物，審判長應提示予國民法官法庭、當事人、辯護人或輔佐人辨認。

③前二項證物如係文書而當事人或辯護人不解其意義者，並應由聲請人或審判長告以要旨。

第七七條

①當事人、辯護人或輔佐人得於個別證據調查完畢後請求表示意見。審判長認爲適當者，亦得請當事人、辯護人或輔佐人表示意見。

②審判長應於證據調查完畢後，告知當事人、辯護人或輔佐人得對證據證明力表示意見。

第七八條

依第七十四條至第七十六條所定程序調查之證據調查完畢後，應立即提出於法院。但經法院許可者，得僅提出複本。

第七九條

①調查證據完畢後，應命依下列次序就事實及法律分別辯論之：

一　檢察官。

二　被告。

三　辯護人。

②前項辯論後，應命依同一次序，就科刑範圍辯論之。於科刑辯論前，並應予到場之告訴人、被害人或其家屬或其他依法得陳述意見之人，就科刑範圍表示意見之機會。

③已依前二項辯論者，得再為辯論，審判長亦得命再行辯論。

第八〇條

①參與審判之國民法官有更易者，除第三十七條第一項之情形外，應更新審判程序，新任國民法官有疑惑者，得請求審判長釋疑。

②前項審判程序之更新，審判長應斟酌新任國民法官對於爭點、已經調查完畢證據之理解程度，及全體國民法官與備位國民法官負擔程度之均衡維護。

第五節　終局評議及判決

第八一條

終局評議，除有特別情形外，應於辯論終結後，即時行之。

第八二條

①終局評議，由國民法官法庭法官與國民法官共同行之，依序討論事實之認定、法律之適用與科刑。

②前項之評議，應由法官及國民法官全程參與，並以審判長為主席。

③評議時，審判長應懇切說明刑事審判基本原則、本案事實與法律之爭點及整理各項證據之調查結果，並予國民法官、法官自主陳述意見及充分討論之機會，且致力確保國民法官善盡其獨立判斷之職責。

④審判長認有必要時，應向國民法官說明經法官合議決定之證據能力、證據調查必要性之判斷、訴訟程序之裁定及法令之解釋。

⑤國民法官依前項之說明，行使第一項所定之職權。

⑥評議時，應依序由國民法官及法官就事實之認定、法律之適用及科刑個別陳述意見。

⑦國民法官不得因其就評議事項係屬少數意見，而拒絕對次一應行評議之事項陳述意見。

⑧旁聽之備位國民法官不得參與討論及陳述意見。

第八三條

①有罪之認定，以包含國民法官及法官雙方意見在內達三分之二以上之同意決定之。未獲該比例人數同意時，應諭知無罪之判決或

爲有利於被告之認定。

②免訴、不受理或管轄錯誤之認定，以包含國民法官及法官雙方意見在內過半數之同意決定之。

③有關科刑事項之評議，以包含國民法官及法官雙方意見在內過半數之意見決定之。但死刑之科處，非以包含國民法官及法官雙方意見在內達三分之二以上之同意，不得爲之。

④前項本文之評議，因國民法官及法官之意見歧異，而未達包含國民法官及法官雙方意見在內之過半數意見者，以最不利於被告之意見，順次算入次不利於被告之意見，至達包含國民法官及法官雙方意見在內之過半數意見爲止，爲評決結果。

第八四條

終局評議於當日不能結終者，除有特別情形外，應於翌日接續爲之。

第八五條

①國民法官及法官就終局評議時所爲之個別意見陳述、意見分布情形、評議之經過，應嚴守秘密。

②案件之當事人、辯護人或輔佐人，得於裁判確定後聲請閱覽評議意見。但不得抄錄、攝影或影印。

③前項之情形，個人資料保護法第二條第一款所定屬於國民法官之個人資料應予保密，不得供閱覽。

第八六條

①終局評議終結者，除有特別情形外，應即宣示判決。

②宣示判決，應朗讀主文，說明其意義。但科刑判決，得僅宣示所犯之罪及主刑。

③宣示判決，應通知國民法官到庭。但國民法官未到庭，亦得爲之。

④判決經宣示後，至遲應於判決宣示之日起三十日內，將判決書原本交付書記官。

第八七條

國民法官法庭宣示之判決，由法官製作判決書並簽名之，且應記載本件經國民法官全體參與審判之旨。

第八八條

有罪之判決書，有關認定犯罪事實之理由，得僅記載證據名稱及對重要爭點判斷之理由。

第六節　上　訴

第八九條

國民法官不具第十二條第一項所定之資格，或有第十三條、第十四條所定情形者，不得爲上訴之理由。

第九〇條

①當事人、辯護人於第二審法院，不得聲請調查新證據。但有下列情形之一，而有調查之必要者，不在此限：

一　有第六十四條第一項第一款、第四款或第六款之情形。

二　非因過失，未能於第一審聲請。

三　於第一審辯論終結後始存在或成立之事實、證據。

②有證據能力，並經原審合法調查之證據，第二審法院得逕作為判斷之依據。

第九一條

行國民參與審判之案件經上訴者，上訴審法院應本於國民參與審判制度之宗旨，妥適行使其審查權限。

第九二條

①第二審法院認為上訴有理由，或上訴雖無理由，而原審判決不當或違法者，應將原審判決經上訴之部分撤銷。但關於事實之認定，原審判決非違背經驗法則或論理法則，顯然影響於判決者，第二審法院不得予以撤銷。

②第二審法院撤銷原審判決者，應就該案件自為判決。但因原審判決有下列情形之一而撤銷者，應以判決將該案件發回原審法院：

一　諭知管轄錯誤、免訴、不受理係不當者。

二　有刑事訴訟法第三百七十九條第一款、第二款、第六款、第七款或第十三款之情形。

三　已受請求之事項未予判決。

四　諭知無罪，係違背法令而影響於事實之認定，或認定事實錯誤致影響於判決。

五　法院審酌國民參與審判制度之宗旨及被告防禦權之保障，認為適當時。

第七節　再　審

第九三條

判決確定後，參與判決之國民法官因該案件犯職務上之罪已經證明，且足以影響原判決者，亦得聲請再審。

第五章　罰　則

第九四條

①國民法官、備位國民法官要求、期約或收受賄賂或其他不正利益，而許以不行使其職務或為一定之行使者，處三年以上十年以下有期徒刑，得併科新臺幣二百萬元以下罰金。

②候選國民法官於未為國民法官或備位國民法官時，預以不行使國民法官或備位國民法官之職務或為一定之行使，要求、期約或收受賄賂或其他不正利益，而於為國民法官或備位國民法官後履行者，亦同。

③犯前二項之罪，於犯罪後自首，如有所得並自動繳交全部所得財物者，減輕或免除其刑；因而查獲其他正犯或共犯者，免除其刑。

④犯第一項、第二項之罪，在偵查中自白，如有所得並自動繳交全

部所得財物者，減輕其刑；因而查獲其他正犯或共犯者，減輕或免除其刑。

⑤犯第一項、第二項之罪，情節輕微，而其所得或所圖得財物或不正利益在新臺幣五萬元以下者，減輕其刑。

第九五條

①對於國民法官、備位國民法官，行求、期約或交付賄賂或其他不正利益，而約其不行使其職務或爲一定之行使者，處一年以上七年以下有期徒刑，得併科新臺幣一百萬元以下罰金。

②犯前項之罪而自首者，免除其刑；在偵查或審判中自白者，減輕或免除其刑。

③犯第一項之罪，情節輕微，而其行求、期約或交付之財物或不正利益在新臺幣五萬元以下者，減輕其刑。

第九六條

意圖使國民法官、備位國民法官不行使其職務或爲一定之行使，或意圖報復國民法官、備位國民法官之職務行使，對其本人或其配偶、八親等內血親、五親等內姻親或家長、家屬，實行犯罪者，依其所犯之罪，加重其刑至二分之一。

第九七條

①現任或曾任國民法官、備位國民法官之人，無正當理由而洩漏評議秘密者，處一年以下有期徒刑、拘役或科新臺幣十萬元以下罰金。

②除有特別規定者外，現任或曾任國民法官、備位國民法官之人，無正當理由而洩漏其他職務上知悉之秘密者，處六月以下有期徒刑、拘役或科新臺幣八萬元以下罰金。

第九八條

除有特別規定者外，有下列情形之一者，處六月以下有期徒刑、拘役或科新臺幣八萬元以下罰金：

一 無正當理由而違反第十九條第四項、第二十六條第五項或第四十條第一項不得洩漏所知悉秘密之規定。

二 意圖影響審判而違反第四十一條第二項不得刺探依法應予保密事項之規定。

第九九條

候選國民法官有下列情形之一者，得處新臺幣三萬元以下罰鍰：

一 明知爲不實之事項，而填載於候選國民法官調查表，提出於法院。

二 經合法通知，無正當理由而不於國民法官選任期日到場。

三 於國民法官選任期日爲虛僞之陳述或無正當理由拒絕陳述。

第一○○條

國民法官、備位國民法官拒絕宣誓者，得處新臺幣三萬元以下罰鍰。備位國民法官經遞補爲國民法官，拒絕另行宣誓者，亦同。

第一○一條

無正當理由而有下列情形之一者，得處新臺幣三萬元以下罰鍰：

一　國民法官不於審判期日或終局評議時到場。

二　國民法官於終局評議時，以拒絕陳述或其他方式拒絕履行其職務。

三　備位國民法官不於審判期日到場。

第一〇二條

國民法官、備位國民法官違反審判長所發維持秩序之命令，致妨害審判期日訴訟程序之進行，經制止不聽者，得處新臺幣三萬元以下罰鍰。

第一〇三條

①前四條罰鍰之處分，由國民法官法庭之法官三人合議裁定之。

②前項裁定，得抗告。

第六章　國民參與審判制度成效評估

第一〇四條

國民參與審判制度成效評估期間爲自中華民國一百十二年一月一日起六年；必要時，得由司法院延長或縮短之。

第一〇五條

①本法施行後，司法院應即成立國民參與審判制度成效評估委員會（以下簡稱成效評估委員會），進行必要之調查研究，並於每年就前一年度制度施行之成效，提出成效評估報告。

②成效評估委員會應於成效評估期間屆滿後一年內提出總結報告，其內容包括國民參與審判制度施行狀況之整體性評估，以及未來法律修正、有關配套措施之建議。

第一〇六條

①成效評估委員會置委員十五人，以司法院院長爲當然委員並任主席，與司法院代表二人、法務部代表一人，及法官、檢察官、律師之代表各二人，學者專家及社會公正人士共五人組成。委員任一性別比例，不得少於三分之一。

②前項學者專家及社會公正人士，應包含具法律及法律以外專業背景學者專家共三人，及其他背景之社會公正人士二人。

③成效評估委員會委員均爲無給職，除司法院院長外，應自本法施行日前，以下列方式產生：

一　司法院代表由司法院院長就所屬人員中指派兼任之，並依職務進退。

二　法務部代表由法務部部長就所屬人員中指派兼任之，並依職務進退。

三　法官、檢察官、律師代表由司法院、法務部、全國律師聯合會分別各自推舉。

四　學者專家及社會公正人士代表，由司法院院長、司法院及法務部代表，與前款法官、檢察官、律師代表共同推選之。

④委員出缺時，司法院院長、司法院代表、法務部代表及法官、檢察官、律師代表依原產生方式遞補缺額，學者專家及社會公正人

士代表由現任委員共同推選遞補其缺額。

第一〇七條

①成效評估委員會置執行秘書一人、助理二人至五人；執行秘書由司法院指定或聘用之，助理由司法院聘用之。

②執行秘書承主席之命蒐集資料、籌備會議及辦理其他經常性事務。

③執行秘書及助理之聘用、業務、管理及考核辦法，由司法院定之。

第一〇八條

①為評估制度必要，司法院得聘用適當人員為研究員。但不得逾六人。

②研究員承成效評估委員會之命，執行有關國民參與審判制度成效評估之研究。

③研究員之聘用、業務及考核辦法，由司法院定之。

第一〇九條

司法院應編列預算，支應成效評估委員會運作所必要之費用。

第一一〇條

成效評估委員會之組織規程，由司法院定之。

第七章 附 則

第一一一條

本法施行細則，由司法院會同行政院定之。

第一一二條

施行前已繫屬於各級法院而屬本法適用範圍之案件，仍應依施行前之法定程序終結之。

第一一三條

本法除第十七條至第二十條及第三十三條自公布日施行，第五條第一項第一款自中華民國一百十五年一月一日施行外，其餘條文自中華民國一百十二年一月一日施行。

刑事訴訟法施行法

①民國24年4月1日國民政府制定公布全文16條；並自24年7月1日施行。
②民國56年1月28日總統令修正公布名稱及全文7條（原名稱：中華民國刑事訴訟法施行法）。
③民國79年8月3日總統令修正公布第5條條文。
④民國84年10月20日總統令修正公布第1、5條條文。
⑤民國86年12月19日總統令修正公布第4條條文。
⑥民國90年1月12日總統令增訂公布第7-1條條文。
⑦民國92年2月6日總統令增訂公布第7-2、7-3條條文。
⑧民國95年6月14日總統令增訂公布第7-4條條文；並自95年7月1日施行。
⑨民國96年7月4日總統令增訂公布第7-5條條文。
⑩民國98年7月8日總統令增訂公布第7-6條條文。
⑪民國103年6月18日總統令增訂公布第7-7條條文；並自修正公布後六個月施行。
⑫民國104年2月4日總統令增訂公布第7-8條條文。
⑬民國105年6月22日總統令增訂公布第7-9條條文；並自105年7月1日施行。
⑭民國106年4月26日總統令增訂公布第7-10條條文。
⑮民國108年6月19日總統令增訂公布第7-11條條文；並自修正公布後六個月施行。
⑯民國109年1月15日總統令增訂公布第7-12條條文。
⑰民國110年6月16日總統令增訂公布第7-13條條文。

第一條

本法稱修正刑事訴訟法者，謂中華民國八十四年十月五日修正後公布施行之刑事訴訟法。

第二條

修正刑事訴訟法施行前，已經開始偵查或審判之案件，除有特別規定外，其以後之訴訟程序，應依修正刑事訴訟法終結之。

第三條

在未設置公設辯護人之法院，修正刑事訴訟法第三十一條之辯護人，由審判長指定律師或推事充之。

第四條

①刑事訴訟法關於羈押之規定於中華民國八十六年修正施行前羈押之被告，其延長或撤銷羈押，依修正後第一百零八條之規定，其延長羈押次數及羈押期間，連同施行前合併計算。

②前項羈押之被告，於偵查中經檢察官簽發押票，或禁止接見、通信、受授書籍及其他物件，或命扣押書信物件，或核准押所長官為束縛被告身體之處分者，其效力不受影響。

第五條

①修正刑事訴訟法施行前，原得上訴於第三審之案件，已繫屬於各級法院者，仍依施行前之法定程序終結之。

②修正刑事訴訟法施行前，已繫屬於各級法院之簡易程序案件，仍應依施行前之法定程序終結之。

第六條

修正刑事訴訟法施行前，已繫屬於各級法院之附帶民事訴訟，仍應依施行前之法定程序終結之。

第七條

本法自修正刑事訴訟法施行之日施行。

第七條之一

中華民國九十年一月三日修正之刑事訴訟法，自九十年七月一日施行。

第七條之二 92

中華民國九十二年一月十四日修正通過之刑事訴訟法第一百十七條之一、第一百十八條、第一百二十一條、第一百七十五條、第一百八十二條、第一百八十三條、第一百八十九條、第一百九十三條、第一百九十五條、第一百九十八條、第二百條、第二百零一條、第二百零五條、第二百二十九條、第二百三十六條之一、第二百三十六條之二、第二百五十八條之一、第二百七十一條之一、第三百零三條及第三百零七條自公布日施行；其他條文自中華民國九十二年九月一日施行。

第七條之三 92

中華民國九十二年一月十四日修正通過之刑事訴訟法施行前，已繫屬於各級法院之案件，其以後之訴訟程序，應依修正刑事訴訟法終結之。但修正刑事訴訟法施行前已依法定程序進行之訴訟程序，其效力不受影響。

第七條之四 95

中華民國九十五年五月二十三日修正通過之刑事訴訟法，自九十五年七月一日施行。

第七條之五 96

中華民國九十六年六月十五日修正通過之刑事訴訟法施行前，不服地方法院第一審判決而上訴者，仍適用修正前第三百六十一條、第三百六十七條規定。

第七條之六 98

中華民國九十八年六月十二日修正通過之刑事訴訟法第二百五十三條之二、第四百四十九條、第四百七十九條、第四百八十條，自九十八年九月一日施行；第九十三條自九十九年一月一日施行。

第七條之七 103

①中華民國一百零三年五月三十日修正通過之刑事訴訟法第一百十九條之一，自修正公布後六個月施行。

②自繳納之翌日起至前項所定施行之日止已逾十年之刑事保證金，於本法施行後經公告領取者，自公告之日起已滿二年，無人聲請發還者，歸屬國庫。

③自繳納之翌日起至第一項所定施行之日止未逾十年之刑事保證金，於本法施行後經公告領取者，適用刑事訴訟法第一百十九條之一第一項後段之規定。

第七條之八 104

①中華民國一百零四年一月二十三日修正通過之刑事訴訟法施行前，以不屬於修正前刑事訴訟法第四百二十條第一項第六款之新事實、新證據，依該規定聲請再審，經聲請人依刑事訴訟法第四百三十一條第一項撤回，或經法院專以非屬事實審法院於判決前因未發現而不及調查斟酌之新證據爲由，依刑事訴訟法第四百三十四條第一項裁定駁回，於施行後復以同一事實、證據聲請再審，而該事實、證據符合修正後規定者，不適用刑事訴訟法第四百三十一條第二項、第四百三十四條第二項規定。

②前項情形，經聲請人依刑事訴訟法第四百三十一條第一項撤回，或經法院依刑事訴訟法第四百三十四條第一項裁定駁回後，仍適用刑事訴訟法第四百三十一條第二項、第四百三十四條第二項規定。

第七條之九 105

①中華民國一百零五年五月二十七日修正通過之刑事訴訟法，自一百零五年七月一日施行。

②中華民國一百零五年五月二十七日修正通過之刑事訴訟法施行前，已繫屬於各級法院之案件，其以後之訴訟程序，應依修正刑事訴訟法終結之。但修正刑事訴訟法施行前已依法定程序進行之訴訟程序，其效力不受影響。

第七條之一〇 106

①中華民國一百零六年四月二十一日修正通過之刑事訴訟法第三十三條之一、第九十三條、第一百零一條，自公布日施行；第三十一條之一自一百零七年一月一日施行。

②中華民國一百零六年四月二十一日修正通過之刑事訴訟法施行前，法院已受理之偵查中聲請羈押案件，其以後之訴訟程序，應依修正刑事訴訟法終結之。但修正刑事訴訟法施行前已依法定程序進行之訴訟程序，其效力不受影響。

第七條之一一 108

①中華民國一百零八年五月二十四日修正通過之刑事訴訟法，自修正公布後六個月施行。

②中華民國一百零八年五月二十四日修正通過之刑事訴訟法施行前，偵查或審判中經限制出境、出海者，應於生效施行之日起二個月內，依刑事訴訟法第八章之一規定重爲處分，逾期未重爲處分者，原處分失其效力。

③依前項規定重爲處分者，期間依刑事訴訟法第九十三條之三之規

定重新起算。但犯最重本刑為有期徒刑十年以下之罪者，審判中之限制出境、出海期間，連同原處分期間併計不得逾五年。

第七條之一二 109

① 中華民國一百零八年十二月十七日修正通過之刑事訴訟法部分條文，除第三十八條之一、第五十一條第一項、第七十一條第二項、第八十五條第二項、第八十九條、第九十九條、第一百四十二條第三項、第一百九十二條、第二百八十九條自公布後六個月施行外，自公布日施行。

② 中華民國一百零八年十二月十七日修正通過之刑事訴訟法施行前，經宣告無期徒刑之案件，尚未依職權送交上級法院審判者，於施行後仍適用修正前第三百四十四條第五項規定。

③ 再議期間及上訴期間，於中華民國一百零八年十二月十七日修正通過之刑事訴訟法施行時，依修正前之規定尚未屆滿者，適用修正後第二百五十六條、第二百五十六條之一及第三百四十九條之規定。

④ 案件在第三審上訴中，於中華民國一百零八年十二月十七日修正通過之刑事訴訟法施行時，尚未判決者，其補提理由書期間，適用修正後第三百八十二條之規定。

第七條之一三 110

中華民國一百十年五月三十一日修正通過之刑事訴訟法施行前，已繫屬於各級法院之案件，於施行後仍適用修正前刑事訴訟法第三百四十八條規定；已終結或已繫屬於各級法院而未終結之案件，於施行後提起再審或非常上訴者，亦同。

刑事被告科技設備監控執行辦法

民國109年8月18日司法院、行政院令會同訂定發布全文14條；
並自109年9月1日施行。

第一條

本辦法依刑事訴訟法（以下簡稱本法）第一百十六條之二第五項
規定訂定之。

第二條

檢察官未聲請羈押或法院未予羈押或許可停止羈押，而對被告實
施科技設備監控者（以下簡稱受監控人），依本辦法之規定。

第三條

本辦法所稱科技設備監控，係指運用一切適當之科技工具或設備
系統，輔助查證受監控人於監控期間內是否遵守法院或檢察官所
命事項，及記錄其於監控期間內之行蹤或活動，並藉由信息之傳
送，通報法院、檢察署或其指定之人員。

第四條

①法院或檢察官定相當期間命被告接受科技設備監控，或變更、延
長或撤銷時，宜確實審酌原羈押、聲請羈押或替代羈押之目的、
科技設備監控之性質、功能及效果、所涉犯罪之刑度、案件情
節、訴訟進行之程度、被告之生活狀況、對被告之影響、有無較
輕微之替代措施等情狀，依比例原則妥適定之。

②前項所稱審酌科技設備監控之性質、功能及效果，係指如為具
保、責付、限制住居等羈押替代處分並命被告接受科技設備監
控，能否顯著降低被告逃亡或湮滅、偽造、變造證據或勾串共
犯、證人之風險，或達其他原羈押、聲請羈押或替代羈押之目
的。

③偵查中法院或檢察官或原審法院定相當期間命被告接受科技設備
監控，如案經起訴或上訴且該期間尚未屆滿者，受訴法院或上
訴審法院宜依第一項規定，審認有無繼續或予以變更、延長或撤
銷之必要。但案件在第三審上訴中，而卷宗及證物已送交該法院
者，其變更、延長或撤銷由第二審法院裁定之。

④法院或檢察官命被告接受科技設備監控，並不得離開住、居所
時，就其期間之決定，除第一項規定之情狀外，宜併審酌羈押、
延長羈押或繼續羈押之法定期限或次數、被告業經羈押之期間等
情狀定之。

⑤偵查中法院除第一項及前項所定情狀外，宜併審酌檢察官後續指
揮執行之可行性；除經檢察官請求者外，於裁定前應徵詢檢察官

之意見。

第五條

科技設備監控之實施，偵查中由檢察官、審判中由審判長或受命法官指揮執行之，並宜注意受監控人及其同居家屬之名譽及身體、財產安全，避免逾必要之程度。

第六條

法院及檢察署為辦理科技設備監控業務，應備置信息接收及其他必要之科技監控相關設備與器材，並得視需要以監控中心辦理。

第七條

①法院及檢察署為辦理科技設備監控業務，得委託相關機關（構）或團體建置監控設備、提供專業技術服務或囑託其協助實施。

②前項委託建置設備、提供服務或囑託協助實施所需費用，除另有約定外，由委託或囑託機關支付。

第八條

審判長、受命法官或檢察官依第五條指揮執行時，應核發記載下列事項之執行科技設備監控命令書（以下簡稱命令書）：

一　受監控人之姓名、性別、出生年月日、住所或居所、身分證明文件編號。

二　實施科技設備監控之法令依據。

三　配戴監控設備之身體部位或裝置監控設備之處所或物品。

四　實施科技設備監控之期間及時間。

五　應遵守之事項。

六　違反命令之法律效果。

七　不服指揮執行之救濟方法。

第九條

前條命令書應送達受監控人，並副知臺灣高等法院或臺灣高等檢察署、內政部警政署、移民署、海洋委員會海巡署及該案移送或輔助偵查之司法警察機關。其變更、延長或撤銷者，亦同。

第一〇條

受監控人依審判長、受命法官或檢察官之指揮執行，應遵守下列事項：

一　依指定之時間及地點接受監控設備之配戴、裝置或拆除。

二　為使科技設備監控有效運作，依審判長、受命法官、檢察官或其指定人員指示，配合為必要之行為或反應。

三　陳報隨身攜帶之行動電話號碼或其他得隨時聯繫之方式，且接受審判長、受命法官、檢察官或其指定人員或協助機關以電話、視訊等方式訪談、進入監控處所查訪或檢查、維修監控設備，不得拒絕。

四　保持監控設備之功能，不得擅自拆除、損壞、隱匿、阻斷或為其他妨害或影響其功能之行為。

五　保持監控設備具正常運作之能源（如電力）。

六　其他經審判長、受命法官或檢察官認為適當之事項。

第一一條

① 法院及檢察署應指定人員負責接收科技設備監控信息。

② 前項人員接獲異常之監控信息者，應即進行判讀或確認；除異常狀況係設備本身因素所致，且已排除者外，並應盡速通報審判長、受命法官、檢察官或其他有代理權限之人為適當之處理。

③ 前項情形，審判長、受命法官、檢察官或其他有代理權限之人得請警察、入出國管理、海岸巡防機關或該案移送或輔助偵查之司法警察機關為必要之協助；第一項人員為確認異常狀況之原因者，亦同。

④ 偵查中檢察官或其他有代理權限之人受第二項通報後，得轉知命被告接受科技設備監控之法院。

第一二條

受監控人於受科技設備監控期間，遇有危及生命、身體安全或其他特殊緊急狀態，致未遵守第十條應遵守事項者，應於該狀態發生後，迅即以電話或其他適當方式通知法院或檢察署，並於三日內以書面陳報證明文件。

第一三條

① 實施科技設備監控所得相關紀錄或資料，不得無故洩漏之。

② 前項紀錄或資料，應另行保存，不附於審判或偵查案卷內。但法院或檢察官認有必要者，得調閱之。

第一四條

本辦法自中華民國一百零九年九月一日施行。

刑事訴訟遠距訊問作業辦法

民國92年8月22日司法院、行政院令會銜訂定發布全文14條；並自發布日施行。

第一條

本辦法依刑事訴訟法第一百八十九條第五項規定訂定之。

第二條

本辦法所稱遠距訊問，指法官、檢察官對未到庭之證人，利用法庭與證人所在處所之聲音及影像相互同步傳送之科技設備進行直接訊問。

第三條

① 證人所在處所之政府機關設有遠距訊問設備者，對遠距訊問應依業務狀況配合辦理。

② 證人所在處所無遠距訊問設備者，法官、檢察官得利用證人所在地法院、檢察署之遠距訊問設備訊問之。

第四條

法院、檢察署作為遠距訊問之法庭得依業務狀況，指定時間供遠距訊問專用，以半小時為一時段，每次訊問最多可申請二時段，必要時得經訊問端機關首長核准延長。

第五條

① 法官、檢察官進行遠距訊問前，應親自或授權書記官，利用遠距訊問排程系統，於訊問前一日下午三時前，登記使用訊問端法庭；依第三條第二項規定方式訊問者，並應登記使用受訊問端法庭及通知受訊問人準時至受訊問端法庭應訊。

② 因案情需要須緊急訊問者，得不受前項規定之限制。但應由訊問端機關先行與受訊問端機關協調。

③ 第一項排程之登記，以登記順序在前者優先選擇，如同一日登記之排程已屆滿，該日之排程即不受理登記。

④ 依第一項排程登記後，如有異動，法官、檢察官應利用該系統為變更登記。

第六條

① 遠距訊問受訊問人應依法具結者，由受訊問人或受訊問端機關將結文以電信傳真或其他科技設備傳送予訊問之法官、檢察官。

② 受訊問端機關應於訊問後一週內，將結文原本寄回訊問端機關。

第七條

① 遠距訊問筆錄須受訊問人簽名者，由訊問端機關傳送至受訊問處所，經受訊問人確認內容無誤並簽名後，由受訊問端機關將筆錄

以電信傳真或其他科技設備，傳回訊問之法官、檢察官。

②受訊問端機關應於訊問後一週內將訊問筆錄原本寄回訊問端機關。

第八條

遠距訊問結束時，訊問之法官、檢察官及書記官應於證人旅費領據證明人項下簽名，傳真至受訊問處所，證人於該傳真簽章後，向受訊問端或訊問端機關具領日旅費。

第九條

受訊問端機關依前條規定支付證人日旅費者，得憑經證人簽章之領據向訊問端機關辦理核銷。

第一〇條

訊問端與受訊問端機關應指定庭務員或專人負責下列事宜：

一　視訊設備之開關機、保管及維護。

二　利用遠距訊問排程系統列印庭期表並予張貼。

三　進行遠距訊問時在旁協助視訊設備之操作及使用。

四　第六條及第七條有關結文、訊問筆錄傳真及補寄其原本回訊問端機關等事宜。

五　第八條有關證人日旅費領據傳真等事宜。

六　遇視訊設備故障或其他原因致不能使用時，於遠距訊問排程系統標註停用期間，並通知已登記之法官、檢察官。

第一一條

法院、檢察署應將負責前條事宜之庭務員或專人及其代理人姓名、職稱、電話號碼函報司法院、法務部之資訊管理單位。該等人員異動時，亦同。

第一二條

法官、檢察官對鑑定人、共同被告為遠距訊問或當事人、辯護人、代理人對遠距訊問之受訊問人行詰問、詢問時，準用本辦法之規定。

第一三條

檢察事務官依刑事訴訟法第一百九十六條之一第二項及第一百七十七條第四項規定詢問證人時，準用本辦法之規定。

第一四條

本辦法自發布日施行。

法院刑事訴訟須知

①民國69年10月14日司法院函訂定發布全文16點。
②民國81年1月11日司法院函修正發布第1、1-4、2、5、9、10、13、14點。
③民國84年7月31日司法院函修正發布全文16點。
④民國91年3月28日司法院函修正發布全文16點。
⑤民國92年8月27日司法院函修正發布第7、10點；增訂第11點；原第11～16點遞改爲第12～17點；並自92年9月1日起實施。
⑥民國93年4月16日司法院函修正發布全文18點。
⑦民國98年8月28日司法院函修正下達第5點；並增訂第8點；原第15點遞改爲第16點；原第8～14、16～18點遞移爲第9～15、17～19點。
⑧民國108年11月13日司法院函修正發布全文21點；並自108年12月19日起生效。

一 法院之管轄

法院對於刑事案件之管轄權，得依案件之內容、性質及處理情形等而爲種種區分，茲分別說明如下：（刑事訴訟法第四條至第十四條，以下略去刑事訴訟法五字）

(一)事物管轄

即以訴訟案件性質爲標準所定之管轄：

1. 地方法院之管轄
   地方法院對於刑事案件，除內亂罪、外患罪、妨害國交罪及其他法律規定之罪外，有第一審管轄權。

2. 高等法院之管轄
   (1)內亂罪、外患罪、妨害國交罪及其他法律規定應由高等法院管轄之罪名，有第一審管轄權。
   (2)不服地方法院及其分院之第一審判決而上訴之第二審案件。但法律另有規定者，依其規定。
   (3)不服地方法院及其分院之裁定，依法抗告之案件。

3. 最高法院之管轄
   最高法院有終審管轄權，即：
   (1)不服高等法院所爲之第一審判決而上訴之案件。
   (2)不服高等法院所爲之第二審判決而上訴之案件。
   (3)不服高等法院之裁定依法抗告之案件。
   (4)非常上訴案件。

(二)土地管轄

土地管轄係依土地區域與訴訟案件之關係而定，亦即被告之審判籍。凡屬刑事案件應由犯罪地或被告住所、居所或

所在地之法院管轄。所謂犯罪地即行為地或結果地。所謂住所，即依一定事實，足認被告以久住之意思，住於一定之地域。所謂居所，即被告以暫時目的居住之處所。所謂所在地，即被告現時身體所在之地。又在我國領域外之我國船艦或航空機內犯罪者，該船艦本籍地、航空機出發地或犯罪後停泊地之法院，亦有管轄權。

(三)指定管轄

刑事案件之管轄，有時可能發生下列各情事：即

1. 數法院於管轄權有爭議者。
2. 有管轄權之法院，經確定裁判為無管轄權，而無其他法院管轄該案件者。
3. 因管轄區域境界不明，致不能辨別有管轄權之法院者。

當事人（包括檢察官、自訴人及被告）遇前述情事，得以書狀敘述理由，聲請該數法院之共同直接上級法院以裁定指定該案件之管轄法院。

(四)移轉管轄

有管轄權之法院因法律（例如法官均迴避）或事實（例如法官病故而無其他同院法官）不能行使審判權，或因特別情形恐審判影響公安或難期公平者，當事人得以書狀敘述理由，聲請直接上級法院以裁定移轉於其管轄區域內與原法院同級之他法院管轄。

二 職員之迴避

當事人對於法院法官具有第十七條之情形而不自行迴避或其他情形而足認其執行職務有偏頗之虞者，得以書狀舉其原因，向法官所屬法院聲請迴避，惟以法官有偏頗之虞而聲請者，必須對該案件向未有所聲明或陳述，始得為之，但其聲請迴避之原因發生或知悉在後者，則雖在有所聲明或陳述後，仍得為之。書記官、通譯如有應行迴避情形，亦得聲請迴避。（第十七條至第二十五條）

三 刑事訴狀

刑事訴訟，除依法得用言詞陳述外，應按規定之書狀格式撰寫訴狀，如須購用司法狀紙者，其購用價格已於狀面標明。至於訴狀內容之繕寫，可參照司法狀紙內所載之注意事項作成之，自己能寫作者，購買狀紙後，即將案情楷書或打字清楚，不能自寫者，可持狀到法院服務中心之訴訟輔導處，說明案情，請求服務人員協助。訴狀寫好，須親自簽名蓋章或按指印。向法院收發室投遞，務必索取收條，查視填寫日期，妥為保存，以備日後查考之用。投遞訴狀並無費用，如用郵寄方法投遞訴狀時，係以法院收文戳日期為憑，而非於付郵時生效，應加注意。

被告如在監獄或看守所時，所有書狀可交由監所長官轉遞，其不能自作書狀者，監所公務員應為代作。

四　被告之傳喚、拘提

訊問被告須發票傳喚，受傳喚之被告有遵期到案之義務，如無正當理由拒絕到案，即得發票拘提，其犯罪嫌疑重大而有下列情形之一者，即不經傳喚亦得發票拘提：

(一)無一定之住居所。

(二)逃亡或有事實足認爲有逃亡之虞。

(三)事實足認爲有湮滅、僞造、變造證據或勾串共犯或證人之虞。

(四)所犯爲死刑、無期徒刑或最輕本刑爲五年以上有期徒刑之罪。（第七十五條、第七十六條）

五　限制出境、出海

被告犯罪嫌疑重大，有下列各款情形之一者，有必要時，檢察官或法官得逕行限制出境、出海，並以書面爲之，且於限制出境、出海後六個月內通知被告：

(一)無一定之住、居所。

(二)有相當理由足認有逃亡之虞。

(三)有相當理由足認有湮滅、僞造、變造證據或勾串共犯或證人之虞。

限制出境、出海應以書面爲之，且於限制出境、出海後六個月內通知被告。被告如於收受書面通知前即已獲知經限制出境、出海，得請求交付上開書面。偵查中檢察官限制被告出境、出海，不得逾八月。但有繼續限制之必要者，應附具體理由，至遲於期間屆滿之二十日前，聲請該管法院裁定之，並同時以聲請書繕本通知被告及其辯護人。偵查中檢察官聲請延長限制出境、出海，第一次不得逾四月，第二次不得逾二月，以延長二次爲限。審判中限制出境、出海每次不得逾八月，犯最重本刑爲有期徒刑十年以下之罪者，累計不得逾五年；其餘之罪，累計不得逾十年。法院延長限制出境、出海裁定前，應給予被告及其辯護人陳述意見之機會。被告及其辯護人亦得向檢察官或法院聲請撤銷或變更限制出境、出海。（第九十三條之二、第九十三條之三、第九十三條之五）

六　被告之羈押及具保

羈押被告係爲便利訴訟進行，並非斷定其犯罪，所以須經法官訊問被告後，認爲被告犯罪嫌疑重大，有第一百零一條或第一百零一條之一所定之情形，於必要時始得由法官簽發押票予以羈押。而法院受理檢察官羈押被告之聲請，並付予被告及其辯護人聲請書之繕本後，應即時訊問。但至深夜十一時仍未訊問完畢，被告、辯護人及得爲被告輔佐人之人得請求法院於翌日日間訊問。深夜十一時以後始受理聲請者，法院應於翌日日間訊問。羈押被告所依據之事實、各項理由之具體內容及有關證據應告知被告及其辯護人，並記載於筆

錄。執行羈押時，押票應分別送交檢察官、看守所、辯護人、被告及其指定之親友（第一百零三條第二項），如執行人員漏未送交時，被告或其辯護人得請求執行羈押之公務員或其所屬之機關付與押票，以期瞭解真相。被告在押如不妨害羈押之目的及押所之秩序，得與外人接見、通信、受授書籍及其他物件或自備飲食及日用必需物品。且羈押期間亦有定限，審判中不得逾三月，必要時雖得延長期限。但每次不得逾二月，其延長羈押次數，如所犯最重本刑為十年以下有期徒刑以下之刑者，第一審、第二審以三次為限，第三審以一次為限；如所犯最重本刑為死刑、無期徒刑或逾有期徒刑十年者，第一審、第二審以六次為限，第三審以一次為限，並須經過法院訊問及裁定之程序。被告及得為其輔佐人之人或辯護人均得隨時具保聲請停止羈押，如法院准許聲請而令提出保證書並指定保證金額時，保證書以法院管轄區域內殷實之人所具者為限，並應載明保證金額及依法繳納之事由，如聲請人願繳納或許第三人繳納者，免提出保證書。此項保證金得許以有價證券（如公債票等）代之。羈押被告有下列情形之一者，如經具保聲請停止羈押，法院不得駁回：

(一)所犯最重本刑為三年以下有期徒刑、拘役或專科罰金之罪。但累犯、常業犯、有犯罪之習慣、假釋中更犯罪或依第一百零一條之一第一項羈押，不在此限。

(二)懷胎五月以上或生產後二月未滿。

(三)現罹疾病，非保外治療顯難痊癒。

至於責付或限制住居而停止羈押，係由法官依職權為之者，則非被告等所得聲請。（第一百零一條至第一百十六條）法院許可停止羈押，得定相當期間，命被告遵守下列事項：

(一)定期向法院、檢察官或指定之機關報到。

(二)不得對被告人、證人、鑑定人、辦理本案偵查、審判之公務員或其配偶、直系血親、三親等內之旁系血親、二親等內之姻親、家長、家屬之身體或財產實施危害、恐嚇、騷擾、接觸、跟蹤之行為。

(三)因第一百十四條第三款之情形停止羈押者，除維持日常生活及職業所必需者外，未經法院或檢察官許可，不得從事與治療目的顯然無關之活動。

(四)接受適當之科技設備監控。

(五)未經法院或檢察官許可，不得離開住、居所或一定區域。

(六)交付護照、旅行文件：法院亦得通知主管機關不予核發護照、旅行文件。

(七)未經法院或檢察官許可，不得就特定財產為一定之處分。

(八)其他經法院認為適當之事項。（第一百十六條之二）

法院於審判中許可停止羈押者，得命被告於宣判期日到庭。

停止羈押後有下列情形之一者，得命再執行羈押：

㈠經合法傳喚無正當之理由不到場。

㈡受住居之限制而違背。

㈢本案新發生第一百零一條第一項、第一百零一條之一第一項各款所定情形之一。

㈣違背法院依前項所定應遵守之事項。

㈤依第一百零一條第一項第三款羈押之被告，因第一百十四條第三款之情形停止羈押後，其停止羈押之原因已消滅，而仍有羈押之必要。

偵查中有前項情形之一者，係由檢察官聲請法院行之。再執行羈押之期間，應與停止羈押前已經過之期間合併計算。法院命再執行羈押時，仍準用第一百零三條第一項之規定。（第一百十七條）

審判中被告羈押期滿而延長羈押之裁定未經合法送達者，或羈押期間已滿未經裁判，視為撤銷羈押者，法院得於釋放前命具保、責付或限制住居，如被告不能具保、責付或限制住居，而有必要者，法院訊問被告後，得繼續羈押之。但所犯為死刑、無期徒刑或最輕本刑為七年以上有期徒刑之罪者，法院得依職權，逕依第一百零一條之規定訊問被告後繼續羈押之。繼續羈押之期間自視為撤銷羈押之日起算，以二月為限，不得延長。（第一百零八條）

七　人證

到庭作證，原係法律上之一種義務，無論為當事人所舉或法院所指定，一經傳喚，即須遵時到庭，陳述所知之事實，並依法具結，於案情有重要關係之事項，陳述如有虛偽，應受刑法上偽證之處罰，如無正當理由不到庭，或到庭而不肯結，或不肯陳述，亦須受刑事訴訟法上罰鍰之制裁或拘提之強制處分，惟有時亦得拒絕具結或陳述，在第一百七十九條至第一百八十三條均有明白規定，證人受傳到庭作證，得請求法院發給應得之日費及旅費，旅費並可請求預行酌給。但證人如係被拘提或無正當理由，拒絕具結或證言者，不得請求日費及旅費。證人請求日旅費，應於訊問完畢後十日內，向法院提出聲請，逾時即喪失權利。（第一百九十四條）

八　代理人、辯護人及輔佐人

刑事自訴人應委任律師代理，被告就其所犯罪名最重本刑為拘役或專科罰金之案件，得委任律師代理訴訟，被告並得選任律師為辯護人（至多選任三人），於審判中，雖得委任或選任非律師為訴訟代理人或辯護人。但必須經審判長許可。

刑事被告如係低收入戶或中低收入戶未選任辯護人而聲請指定，或審判長認為有必要時，應指定公設辯護人或律師為其辯護，被告所犯最輕本刑為三年以上有期徒刑或高等法院管轄第一審之案件，或被告因精神障礙或其他心智缺陷無法為完全之陳述，或被告具原住民身分，經依通常程序起訴或

審判者，審判長並應指定公設辯護人或律師爲其辯護，被告對於指定之公設辯護人或律師無須給與費用。輔佐人非代理人亦非辯護人，依刑事訴訟法之規定，被告或自訴人之配偶、直系或三親等內旁系血親或家長、家屬或被告之法定代理人，於起訴後，得向法院陳明以輔佐人之身分輔助被告或自訴人爲第一百六十三條、第一百六十三條之一、第二百七十三條、第二百七十三條之一、第二百八十八條之二、第二百八十八條之三、第四百五十五條之十四等規定之訴訟行爲或陳述意見。但不得與被告或自訴人明示之意思相反。被告或犯罪嫌疑人因精神障礙或其他心智缺陷無法爲完全之陳述者，應有前述得爲被告輔佐人之人或其委任之人或主管機關、相關社福機構指派之社工人員或其他專業人員爲輔佐人陪同在場。但經合法通知無正當理由不到場者，不在此限。（第二十七條至第三十八條）

九 被告得預納費用請求付與卷宗及證物影本

被告在法院審判中得繳納費用，請求法院付與被告指定範圍的卷宗及證物影本。但卷宗及證物的內容與被告被訴事實無關，或足以妨害其他案件的偵查，或涉及當事人或第三人的隱私或業務秘密時，法院得限制之。

被告在法院審判中經許可者，可在確保卷宗及證物安全的前提下親自檢閱卷證。但有前項但書情形，或並非屬於有效行使防禦權的必要方式時，例如被告無正當理由未先請求付與卷宗及證物的影本，即逕請求檢閱卷證，或依被告所取得的影本已得完整獲知卷證資訊，而無直接檢閱卷證的實益等情形，法院得限制之。

對於經法院限制付與卷宗及證物影本或檢閱卷證者，被告得提起抗告。

持有卷宗及證物內容的人，不得就該內容爲非正當目的之使用。如因而違反相關法令或損害他人權益者，自應負相關法律責任。（第三十三條）

一〇 訴訟文件之送達

送達文件與訴訟期限有關，被告、自訴人、告訴人、附帶民事訴訟當事人、代理人、辯護人、輔佐人或被害人爲便利接受送達起見，應將其住址或事務所向法院陳明。被害人死亡者，由其配偶、子女或父母陳明之。如於法院所在地無一定住址或事務所，則應選定一送達代收人，並將該送達代收人之姓名、住址或事務所陳明，以便就其聲明之處所而爲送達。惟在監獄或看守所之人，因法院應囑託監所長官爲送達，故無須陳明其送達之住址。當事人接受送達文件，務於送達證書內註明收受日期，並簽名蓋章或按指印，其受送達之文書，如爲判決或裁定，應向送達之司法警察或郵務機構取得經其簽名或蓋章之收受證書，以備

將來訴訟期限進行之證明，此為應加注意者。（第五十五條、第五十六條、第六十一條）

一一　期限之遵守

當事人及其代理人對期限均有遵守之義務，切勿任意違誤，而對於法定期限，（如上訴期間十日，普通抗告期間五日等類）尤應特別注意，一經違誤，即喪失其訴訟行為之權利。惟當事人及其代理人非因過失而遲誤上訴抗告或聲請再審之期間，或聲請撤銷或變更審判長受命法官受託法官裁定或檢察官命令之期間者，於其原因消滅後五日內向審判聲請回復原狀，補行期間內應為之訴訟行為。再此項法定期限，在法律上亦有准許延長之規定，即當事人不住居法院所在地者，仍准其扣除在途所需之期間。該項應扣除之在途期間，由司法院定其標準。（第六十三條至第六十八條）

一二　告訴、告發及自首

所謂告訴，即被害人（因犯罪而直接受害之人）及其法定代理人或配偶，為求訴追犯罪起見，得以言詞或書狀向檢察官或司法警察官請求究辦。被害人已死亡者，得由其配偶、直系血親、三親等內之旁系血親、二親等內之姻親或家長、家屬告訴。但告訴乃論之罪，不得與被害人明示之意思相反，其無得為告訴之人或得為告訴之人不能行使告訴權者，該管檢察官得依利害關係人之聲請或依職權指定代行告訴人。告訴，得委任代理人行之。告訴人得於審判中委任代理人到場陳述意見，該代理人並不以具備律師資格為限。但檢察官、司法警察官或法院認為必要時，均得命告訴人本人到場。至於指定代行告訴人之情形，因檢察官於指定時，已考量受指定人之資格及能力，故不許受指定代行告訴之人再委任代理人。又法律上明定告訴乃論之罪係以告訴為訴訟條件，其告訴務須適法，無論以言詞或書狀為之，均應表明請求究辦之意思，且須於知悉犯人之時起六個月內為之，一經逾期，告訴即不生效力。此種告訴於第一審辯論終結前並得撤回，已經撤回者即不得再告訴。所謂告發，即被害人或有告訴權者以外之第三人，知他人有犯罪嫌疑，得以言詞或書狀將犯罪事實向檢察官或司法警察官舉發，俾得偵查究辦。所謂自首，即犯罪人在未被發覺前，以言詞或書狀向檢察官或司法警察官自述犯罪事實聽候裁判。按照法律規定，自首者，得減輕其刑。但有特別規定者，依其規定。（第二百三十二條至第二百四十四條、第二百七十一條之一）

一三　聲請交付審判

告訴人對於檢察官之不起訴或緩起訴處分，聲請再議經駁回後，如有不服，得於接受駁回之處分書後十日內，委任

律師提出理由狀，向該管第一審法院聲請交付審判，委任律師應提出委任書狀。聲請人於法院裁定前，或裁定交付審判後第一審辯論終結前，得撤回之，撤回交付審判聲請之人，不得再行聲請交付審判。法院如認聲請不合法或無理由，而為駁回交付審判之裁定時，不得抗告；法院如認為聲請有理由，而為交付審判之裁定時，被告則得提起抗告。法院為交付審判之裁定時，視為案件已經提起公訴，依第一審之審判程序規定審判。（第二百五十八條之一至第二百五十八條之四）

一四　審判之程序

當事人、代理人、辯護人或輔佐人得於法院審理案件時，聲請法院調查證據，並得於調查證據時，詢問證人、鑑定人或被告。審判長除認為有不當者，不得禁止之（第一百六十三條第一項）。聲請調查證據，原則上應以書狀為之，於有正當理由或情況急迫者，始得以言詞為之，而不論以言詞或書狀聲請法院調查證據，聲請人均應表明該證據之性質及其與待證事實之關係，聲請傳喚證人、鑑定人、通譯者，應陳報其姓名、性別、住居處所及預期詰問所需之時間，聲請調查物證或書證者，應標示其名稱或內容，以便法院斟酌有無調查之必要及調查之方法。（第一百六十三條之一）

法院審判時，依下列順序進行：

(一)檢察官陳述起訴要旨。

(二)審判長告知被告第九十五條規定之事項。

(三)調查證據：此部分依序為：

　　1.被告爭執其自白之任意性者，調查其自白之證據能力；

　　2.當事人聲請調查之證據及法院依職權調查之證據；

　　3.被告被訴之事實；

　　4.被告自白之內容。

(四)調查科刑之資料。

(五)辯論：依檢察官、被告、辯護人之次序為之。

(六)當事人就科刑範圍表示意見。

(七)被告之最後陳述。當事人及辯護人於陳述或辯論時，有何意見可儘量陳述，已辯論者得再為辯論。但宜把握重點，並應注意法庭禮儀，不能喧鬧爭吵，否則將因妨害法庭秩序致受處分。（第一百五十六條、第一百六十一條之三、第二百八十七條、第二百八十八條、第二百八十九條、第二百九十條）

辯論終結，必有判決。除案情繁雜或有特殊情形外，行獨任審判之案件宣示判決，應自辯論終結之日起二星期內為之；行合議審判者，應於三星期內為之。宣示判決，不論被告到庭與否均有效力。在第一審，被告到庭拒絕陳述，

或未受許可而退庭，或法院認為應科拘役、罰金或應諭知免刑、無罪之案件，被告經合法傳喚無正當理由不到庭者，均得不待其陳述，可以逕行判決。在第二審，被告經合法傳喚，無正當理由而不到庭，法院亦得不待其陳述，逕行判決。（第三百零五條、第三百零六條、第三百十一條、第三百十二條、第三百七十一條）

訊問筆錄，受訊問人可請求增、刪、變更，並得請求書記官朗讀或交其閱覽。當事人、代理人、辯護人或輔佐人如認為審判筆錄之記載有錯誤或遺漏者，得於次一期日前，其案件已辯論終結者，得於辯論終結後七日內，聲請法院播放審判期日錄音或錄影內容核對更正之。如經法院許可，亦得於法院指定之期間內，依據審判期日之錄音或錄影內容，自行就有關被告、自訴人、證人、鑑定人或通譯之訊問及其陳述之事項轉譯為文書提出於法院。此一文書，經書記官核對後，認為其記載適當者，得作為審判筆錄之附錄。其所記載之事項，與記載筆錄者，有同一之效力。（第四十一條、第四十四條、第四十四條之一、第四十八條）

一五 協商程序

除所犯為死刑、無期徒刑、最輕本刑三年以上有期徒刑之罪或高等法院管轄第一審案件者外，案件經檢察官提起公訴或聲請簡易判決處刑，於第一審言詞辯論終結前或簡易判決處刑前，檢察官得於徵詢被害人之意見後，逕行或依被告或其代理人、辯護人之請求，經法院同意，與被告於三十日內在審判外進行協商。被告未選任辯護人而其表示所願受科之刑逾有期徒刑六月，且未受緩刑宣告時，法院即應依法指定公設辯護人或律師為辯護人，協助被告進行協商。協商事項如下：

(一)被告願受科刑及沒收之範圍或願意接受緩刑之宣告。

(二)被告向被害人道歉。

(三)被告支付相當數額之賠償金。

(四)被告向公庫支付一定金額，並得由該管檢察署依規定提撥一定比率補助相關公益團體或地方自治團體。（第四百五十五條之二第一項第一款至第四款）

經當事人雙方合意且被告認罪者，由檢察官聲請法院改依協商程序而為判決。

法院應於接受聲請後十日內，開庭訊問被告並告以所認罪名、法定刑及所喪失之權利，以確保被告訴訟上之權益。

被告得於上開程序終結前，隨時撤銷協商之合意；被告違反與檢察官協議之內容時，檢察官亦得於上開程序終結前，撤回協商程序之聲請。法院如認有第四百五十五條之四第一項各款所列情形，即不得為協商判決，並裁定駁回

聲請，適用通常、簡式審判或簡易程序審判。法院未爲協商判決者，被告或其代理人、辯護人在協商過程中之陳述，不得於本案或其他案件採爲對被告或其他共犯不利之證據。

法院爲協商判決所科之刑，以宣告緩刑、二年以下有期徒刑、拘役或罰金爲限；依協商範圍爲判決時，第四百五十五條之二第一項第三款、第四款並得爲民事強制執行名義。

當事人對於法院所爲之協商判決，除有下列情形外，不得上訴：

(一)有第四百五十五條之三第二項之被告撤銷協商合意或檢察官撤回協商聲請者。

(二)被告協商之意思非出於自由意志者。

(三)被告所犯之罪非第四百五十五條之二第一項所定得以聲請協商判決者。

(四)被告有其他較重之裁判上一罪之犯罪事實者。

(五)法院認應論知免刑或免訴、不受理者。

(六)法院爲協商判決所科之刑，未宣告緩刑、二年以下有期徒刑、拘役或罰金。（第四百五十五條之二至第四百五十五條之十一）

一六 自訴

犯罪之被害人得提起自訴。但其無行爲能力或限制行爲能力或死亡者，由其法定代理人、直系血親或配偶爲之。自訴人應委任律師提起訴訟並出庭，公訴人於公訴程序所得爲之訴訟行爲，於自訴程序均由自訴代理人行之。對於直系尊親屬或配偶，不得提起自訴；同一案件經檢察官依第二百二十八條規定開始偵查者，亦不得提起自訴。但告訴乃論之罪經犯罪之直接被害人提起自訴者，不在此限。告訴或請求乃論之罪，自訴人在第一審辯論終結前得撤回自訴，經撤回後即不能再行自訴或告訴或請求。自訴代理人經合法通知無正當理由不到庭，經再行通知，並告知自訴人，自訴代理人無正當理由仍不到庭者，法院應論知不受理之判決。

提起自訴之被害人犯罪，與自訴事實直接相關，而被告爲其被害人者，被告於第一審辯論終結前，得對之提起反訴，並不受撤回自訴之影響。（第三百十九條至第三百四十三條）

一七 上訴、抗告及聲請

被告及自訴人不服法院所爲之判決應於接受判決之翌日起十日內，向原法院提出上訴狀（按他造當事人數附送繕本），請求上級法院撤銷原判。告訴人或被害人不服法院判決者，亦得具備理由請求檢察官上訴。不服地方法院之

第一審判而上訴者。不服地方法院之第一審判決而上訴者，上訴書狀應敘述具體理由，上訴書狀未敘述上訴理由者，應於上訴期間屆滿後二十日內補提理由書於原審法院。不服高等法院之第二審或第一審判決而上訴者，上訴書狀應敘述上訴之理由，如未敘述者，應於提起上訴後十日內補提理由書於原審法院，否則法院將駁回其上訴。被告之法定代理人或配偶為被告利益起見得獨立上訴，其辯護人或代理人雖亦得代被告上訴。但應以被告之名義為之，且不得與被告明示之意思相反。自訴人於辯論終結後喪失行為能力或死亡者，得由其法定代理人、直系血親或配偶上訴。

上訴本係一種權利，捨棄或撤回均無不可，惟捨棄上訴須於未提起上訴前，明白表示不為上訴之意，撤回上訴，則於未經上訴審裁判前為之，案件經第三法院發回原審法院，或發交與原審法院同級之他法院者，於上訴審裁判前，亦得撤回。其為被告利益而上訴者非經被告同意不得撤回；自訴人撤回上訴，檢察官如不同意亦不發生撤回之效力。上訴一經捨棄或撤回，則自聲明之日起即喪失上訴權，不得再行上訴。惟宣告死刑或無期徒刑之案件，應由原審法院依職權逕送該管上級法院審判，並通知當事人。

上訴得對於判決之一部為之，未聲明為一部者，視為全部上訴，對於判決之一部上訴者，其有關係之部分，視為亦已上訴。上訴第二審者，必為不服地方法院所為之第一審判決，當事人在第二審得提出新事實、新證據，惟被告於第二審開庭審判時，務須到庭候審，如受合法傳喚無正當理由而不出庭，法院得不待其陳述逕行判決。

上訴第三審者，以經第二審判決而有不服者為限。但下列各罪之案件，除第一審法院所為無罪、免訴、不受理或管轄錯誤之判決，經第二審法院撤銷並諭知有罪之判決者，被告或得為被告利益上訴之人得提起上訴外，經第二審判決後即告確定，不得上訴於第三審法院：

(一)最重本刑為三年以下有期徒刑、拘役或專科罰金之罪。

(二)刑法第三百二十條、第三百二十一條之竊盜罪。

(三)刑法第三百三十五條、第三百三十六條第二項之侵占罪。

(四)刑法第三百三十九條、第三百四十一條之詐欺罪。

(五)刑法第三百四十二條之背信罪。

(六)刑法第三百四十六條之恐嚇罪。

(七)刑法第三百四十九條第一項之贓物罪。

上訴於第三審，應以第二審判決違背法令為理由（第三百七十八條至第三百七十九條）。但訴訟程序雖係違背法令而判決顯然不受影響者，仍不得為上訴理由（第三百八十條）。

自訴人及被告不服法院之裁定者，除明文禁止抗告者外，得以書狀敘述不服理由，向原審法院提起抗告，請求直接上級法院撤銷或變更。所謂有明文禁止抗告者，即法院於判決前關於管轄或訴訟程序之裁定，不得抗告。但㈠關於羈押、具保、責付、限制住居、限制出境、限制出海、搜索、扣押或扣押物發還、變價、擔保金、身體檢查、通訊監察、因鑑定將被告送入醫院或其他處所之裁定及依第一百零五條第三項、第四項所爲之禁止或扣押之裁定，㈡對於限制辯護人與被告接見或互通書信之處分，有不服者，亦得抗告，抗告期限除有特別規定外，自送達裁定後五日內爲之。對於抗告法院之裁定准許再抗告者，第四百十五條有明定之範圍，非該條所列舉之裁定則不得再抗告。不得上訴第三審法院之案件，其第二審法院所爲裁定不得抗告。第四百十六條之聲請，係對於審判長、受命法官、受託法官、檢察官㈠關於羈押、具保、責付、限制住居、限制出境、限制出海、搜索、扣押或扣押物發還、變價、擔保金、因鑑定將被告送入醫院或其他處所之處分、身體檢查、通訊監察及依第一百零五條第三項、第四項所爲之禁止或扣押之處分，㈡對於證人、鑑定人或通譯科罰鍰之處分，㈢對於限制辯護人與被告接見或互通書信之處分，㈣對於第三十四條第三項指定之處分，有不服者，得以書狀敘述理由聲請該管法院撤銷或變更之程序，聲請之期間爲五日，自爲處分之日起算，其爲送達者自送達後起算，對於此項聲請所爲之裁定不得抗告。但對於其就撤銷罰鍰之聲請而爲者，得提起抗告。（第四百零三條至第四百十八條）

一八　**聲請再審**

再審爲救濟確定判決事實上重大錯誤之方法，不論第一審或第二審或第三審之確定判決，均得聲請再審，惟依第四百二十一條規定，因重要證據漏未審酌而聲請再審時，應注意第四百二十四條聲請期限之規定，於送達判決後二十日內爲之。凡有罪判決確定後，遇有第四百二十條第一項所列情形之一，或有第四百二十一條之情形者，管轄法院之檢察官、受判決人或其法定代理人或配偶，爲受判決人之利益得聲請再審，受判決人已死亡者，其配偶、直系血親、三親等內之旁系血親、二親等內之姻親或家長、家屬亦得聲請再審。如於有罪、無罪、免訴、不受理之判決確定後，遇有第四百二十條第一項第一、二、四、五款之情形，或受無罪或輕於相當之刑之判決，而於訴訟上或訴訟外自白，或發見確實之新證據，足認其有應受有罪或重刑判決之犯罪事實，或受免訴或不受理之判決，而於訴訟上或訴訟外自述，或發見確實之新證據，足認其並無免

訴或不受理之原因者，檢察官及自訴人為被告之不利益亦得聲請再審。但自訴人聲請再審者，以有第四百二十二條第一款規定之情形為限。聲請再審，由原判決之法院管轄。判決之一部曾經上訴，一部未經上訴，對於各該部分聲請再審，而經第二審法院就其上訴審確定之部分為開始再審之裁定者，其對於在第一審確定之部分聲請再審，亦應由第二審法院管轄，判決在第三審確定者，對於該判決聲請再審，除以第三審法院法官因該案件而犯職務上之罪已經證明者，或因該案件違法失職已受懲戒處分，足以影響原判決者外，應由第二審法院管轄之。聲請再審應以書狀敘述理由，附具原判決之繕本及證據，提出於管轄法院為之，於再審判決前，並得撤回之，撤回再審聲請之人不得更以同一原因聲請再審。（第四百二十條至第四百三十一條）

一九　聲明疑義或異議

當事人對於有罪裁判之文義有疑義者，得以書狀向諭知該裁判之法院聲明疑義；受刑人或其法定代理人或配偶，以檢察官之指揮執行為不當者，亦得以書狀向該裁判之法院聲明異議。經法院裁定後，如有不服，仍得抗告。（第四百八十三條至第四百八十六條）

二〇　沒收特別程序

財產可能被沒收之第三人得於本案最後事實審言詞辯論終結前，以書狀記載其財產可能被判沒收等參與沒收程序之理由與參與之意旨，向本案繫屬法院聲請參與沒收程序。所謂第三人係指被告以外之自然人、法人及非法人團體。未經起訴之共同正犯、教唆犯及幫助犯等，非刑事本案當事人，亦得以第三人地位聲請參與沒收程序。（第四百五十五條之十二）

案件調查證據所需時間、費用與沒收之聲請顯不相當者，經檢察官或自訴代理人同意後，法院得免予沒收。但檢察官或自訴代理人得於本案最後事實審言詞辯論終結前，撤回同意。（第四百五十五條之十五）

法院准許第三人參與程序之裁定，不得抗告。但駁回聲請參與沒收程序之裁定，得依法抗告。（第四百五十五條之十六）

參與人於所參與之沒收程序，準用被告訴訟上權利之規定，就沒收其財產事項，享有與被告相同之訴訟上權利，例如：第十八條、第十九條聲請迴避、第三十五條選任輔佐人、第三十三條第二項請求交付卷宗及證物之影本、第四十四條之一更正審判筆錄、第六十八條聲請回復原狀、緘默權、調查證據聲請權、詰問權等；並有總則編證據章規定之適用。（第四百五十五條之十九、第四百五十五條

之二十八）

沒收程序參與人得委任代理人到場，代理人應依第七編之二規定代理參與人為訴訟行為。法院就沒收參與人財產事項，於參與人到庭陳述對其權利之維護係屬重要或為發現真實等必要情形，得傳喚參與人本人到庭，傳票上並應載明經合法傳喚無正當理由不到場者得命拘提之法律效果。（第四百五十五條之二十一）

審判期日調查證據完畢後，參與人就沒收其財產之事項，應於檢察官、被告及辯護人就本案之事實及法律辯論及就科刑範圍表示意見後，再由檢察官、被告、辯護人、參與人或其代理人依序進行辯論。至於被告及辯護人於沒收參與人財產事項辯論後，認有必要時，得依第二百八十九條第二項規定再為辯論。（第四百五十五條之二十四）

本案判決經合法上訴者，相關之沒收判決縱未經參與人上訴，因為本案判決上訴效力所及，視為亦已上訴，故此部分沒收裁判之參與人亦取得於上訴審參與人之地位，法院仍應對其踐行相關之法定程序。至參與人僅就本案判決提起上訴者，其上訴因欠缺上訴利益而不合法，自無上訴效力及於相關沒收判決可言。若當事人就本案判決未上訴，僅參與人就其所受沒收判決提起上訴，因上訴效力不及於本案判決，本案判決即已確定。（第四百五十五條之二十七）

經法院判決沒收財產確定之第三人，非因過失，未參與沒收程序者，得於知悉沒收確定判決之日起三十日內，向論知該判決之法院以書狀聲請撤銷。但自判決確定後已逾五年者，不得為之。（第四百五十五條之二十九）

對於聲請撤銷沒收確定判決之裁定不服者，得提起抗告及再抗告。（第四百五十五條之三十二）

二一 附帶民事訴訟

因犯罪而受損害之人於刑事案件起訴後第二審辯論終結前，得以書狀或於審判期日到庭以言詞向刑事訴訟繫屬之法院提起附帶民事訴訟，請求判令被告及依民法負賠償責任之人回復其損害，例如傷害案件，被告人可以請求賠償醫藥費用。但在第一審刑事辯論終結後，尚未上訴第二審前不得提起附帶民事訴訟。附帶民事訴訟與獨立民事訴訟不同者，在附帶民事訴訟程序可使民事部分與刑事部分同時獲得裁判，且無須繳納裁判費。

法院辦理刑事訴訟案件應行注意事項

①民國69年11月18日司法院函訂定發布全文100點。

②民國84年7月31日司法院函修正發布全文100點。

③民國86年12月19日司法院函修正發布全文122點。

④民國90年6月29日司法院函修正發布全文135點。

⑤民國91年2月8日司法院函修正發布全文137點。

⑥民國92年8月27日司法院函修正發布全文181點；並自92年9月1日起實施。

⑦民國93年6月24日司法院函修正發布第143、146、147點；增訂第144點；原第144、150～156點遞改為第150～157點；並自93年6月25日生效。

⑧民國95年2月9日司法院函增訂發布第48-1點；並自即日生效。

⑨民國95年6月13日司法院函增訂發布第2-1、147-1點；並自95年7月1日生效。

⑩民國96年7月6日司法院函修正發布第50、162點；並自96年7月6日生效。

⑪民國98年5月12日司法院函增訂下達第176-1點；並自即日起生效。

⑫民國98年8月28日司法院函修正下達第25點；並自99年1月1日生效。

⑬民國102年1月29日司法院函修正發布第6、26、34點；並自即日生效。

⑭民國104年2月10日司法院函修正發布第6、7、34點；並自即日生效。

⑮民國105年6月30日司法院函修正發布第76點；增訂第2-1、70-1～70-8、76-1、179～196點；原第2-1、179～181點移列為第2-2、197～199點；並自105年7月1日生效。

⑯民國105年12月19日司法院函修正發布第88點；並自106年1月1日生效。

⑰民國105年12月30日司法院函修正發布第7、12、31、37、38、45、48-1、60、79、81、84、88、90～92、101、105、113、121、123、124、128、132、169點；並自106年1月1日生效。

⑱民國106年4月28日司法院函修正發布第25、33、35、39、48點；增訂第34-1～34-3、39-1、40-1點；並自106年4月28日生效。

⑲民國106年12月28日司法院函修正發布第34-1點；並自107年1月1日生效。

⑳民國107年1月18日司法院函增訂發布第62-1點；並自即日起生效。

㉑民國108年12月11日司法院函修正發布第6、18、19、25、31、34、37～39、40、57、60、62-1、64、130、133、186點；並增訂第6-1、24-1～24-5、41-1、177-1點；除第31點自109年6月10日生效外，餘自108年12月19日生效。

㉒民國109年1月8日司法院函修正發布第136、137、141點；增訂第135-1～135-10、177-2～177-5、178-1點；並自109年1月10日

㉓民國109年1月15日司法院函修正發布第8、12、19、141、159、161、190點；並增訂第27-1、27-2點；其中第8、19、159、161點自109年1月17日生效，餘自109年7月15日生效。

㉔民國109年2月24日司法院函修正發布第178-1點；並自即日起生效。

㉕民國109年3月13日司法院函增訂發布第76-2點；並自即日起生效。

㉖民國109年6月15日司法院函修正發布第186點；增訂第142-1點；並自即日起生效。

一　（刑訴審判法定程序之回復）

刑事訴訟案件之審判，本應依刑事訴訟法（以下簡稱刑訴法）所定之程序辦理，其因時間上或地域上特殊情形而適用其他法律所定程序辦理者，於該特殊情形消滅，尚未經判決確定者，即應適用刑訴法所定程序終結之。（刑訴法一）

二　（刑訴第二條用語之意義）

刑訴法第二條所謂實施刑事訴訟程序之公務員，係指司法警察、司法警察官、檢察官、檢察事務官、辦理刑事案件之法官而言。所謂被告，係指有犯罪嫌疑而被偵審者而言。所謂有利及不利之情形，則不以認定事實為限，凡有關訴訟資料及其他一切情形，均應為同等之注意。其不利於被告之情形有疑問者，倘不能為不利之證明時，即不得為不利之認定。（刑訴法二）

二之一　（沒收用語）

沒收之替代手段與沒收均為國家剝奪人民財產之強制處分，自同受刑訴法正當法律程序之規範。所稱沒收之替代手段，不限於刑法所規定之「追徵」，並及於其他法律所規定者。（刑訴法三之一、一四一、二五九、二五九之一、三一〇、三一〇之三、三一七、四五〇、四五五之二、四七〇）

二之二　（共犯用語）

刑訴法所稱「共犯」，原即包括正犯、教唆犯及幫助犯，不受刑法第四章規定「正犯與共犯」、「正犯或共犯」影響，務請注意適用。（刑訴法七、三四、七六、八八之一、一〇一、一〇五、一三五、一五六、二三九、二四五、四五五之七）

三　（管轄之指定及移轉）

管轄之指定及移轉，直接上級法院得以職權或據當事人之聲請為之，並不限於起訴以後，在起訴以前，亦得為之。其於起訴後移轉者，亦不問訴訟進行之程序及繫屬之審級如何。惟關於移轉裁定，直接上級法院不能行使審判權時應由再上級法院裁定之。至於聲請指定或移轉時，訴訟程序以不停止為原則。（刑訴法九、一〇，參照司法院字第五五號解釋）

四　（指定或移轉管轄之聲請人）

聲請指定或移轉管轄，須當事人始得為之，原告訴人、告發人雖無聲請權，可請求檢察官聲請。（刑訴法一一）

五 （指定或移轉管轄之裁定機關）

高等法院土地管轄範圍內地方法院之案件，如欲指定或移轉於分院土地管轄範圍內地方法院管轄，應由最高法院裁定，不得以行政上之隸屬關係，即由高法院指定或移轉。（參照司法院院字第二〇三號解釋）

六 （強制辯護及限制辯護人之接見）

有下列情形之一，於審判中未經選任辯護人者，審判長應指定公設辯護人或律師為被告辯護：㈠最輕本刑為三年以上有期徒刑案件。㈡高等法院管轄第一審案件。㈢被告因精神障礙或其他心智缺陷無法為完全之陳述者。㈣被告具原住民身分，經依通常程序起訴或審判者。㈤被告為低收入戶或中低收入戶而聲請指定者。㈥其他審判案件，審判長認有必要者。前述案件之選任辯護人於審判期日無正當理由而不到庭者，審判長亦均得指定公設辯護人或律師。在未設置公設辯護人之法院，可指定法官充之，不得以學習司法官、學習法官充任之。案件經指定辯護人後，被告又選任律師為辯護人者，得將指定之辯護人撤銷。至於辯護人接見羈押之被告，非有事證足認其有湮滅、偽造、變造證據或勾串共犯或證人者，不得限制之。（刑訴法三一、三四、施行法三）

六之一 （被告於審判中之卷證資訊獲取權）

被告於審判中得預納費用請求付與卷宗及證物之影本。但有刑訴法第三三條第二項但書情形，或屬已塗銷之少年前案紀錄及有關資料者，法院得予適當之限制。所稱之影本，在解釋上應及於複本（如翻拍證物之照片、複製電磁紀錄及電子卷證等）。

被告於審判中聲請檢閱卷宗及證物者，如無刑訴法第三三條第二項但書情形，且非屬已塗銷之少年前案紀錄及有關資料，並屬其有效行使防禦權所必要，法院方得於確保卷宗及證物安全之前提下，予以許可。

法院就被告前項聲請，得依刑訴法第二二二條第二項規定，衡酌個案情節，徵詢檢察官、辯護人等訴訟關係人，或權益可能受影響之第三人意見，或為其他必要之調查。法院於判斷檢閱卷證是否屬被告有效行使防禦權所必要時，宜審酌其充分防禦之需要、案件涉及之內容、有無替代程序、司法資源之有效運用等因素，綜合認定之，例如被告無正當理由未先請求付與卷宗及證物之影本，即逕請求檢閱卷宗，或依被告所取得之影本已得完整獲知卷證資訊，而無直接檢閱卷證之實益等情形，均難認屬其有效行使防禦權所必要。（刑訴法三三、少年事件處理法八三之一）

七 （精神障礙或其他心智缺陷者之法定輔佐人）

被告為精神障礙或其他心智缺陷無法為完全之陳述者，應由刑訴法第三五條第三項所列之人為其輔佐人，陪同在場，但經合法通知無正當理由不到場者，不在此限。其輔佐人得陳述意見，並得

為刑訴法所定之訴訟行為。被告因精神障礙或其他心智缺陷無法為完全之陳述者，並應通知其法定代理人、配偶、直系或三親等內旁系血親或家長、家屬得為被告選任辯護人。（刑訴法二七、三五）

八　（訊問、搜索、扣押、勘驗筆錄之製作方式）

刑訴法第四一條、第四二條所定之訊問、搜索、扣押或勘驗筆錄應由在場之書記官當場製作。受訊問人之簽名、蓋章或按指印，應緊接記載於末行，不得令其空白或以另紙為之；受訊問人拒絕簽名、蓋章或按指印者，應附記其事由。其行訊問或搜索、扣押、勘驗之公務員並應在筆錄內簽名。如無書記官在場，得由行訊問或搜索、扣押、勘驗之公務員親自或指定其他在場執行公務之人員，如司法警察（官）製作筆錄。（刑訴法四一、四二、四三）

九　（審判筆錄之製作方式）

審判期日應全程錄音；必要時，並得全程錄影。就刑訴法第四一條第一項第一款所定對於受訊問人之訊問及其陳述暨第二款所定證人、鑑定人或通譯未具結之事由等事項，審判長於徵詢受訊問人、當事人或代理人、辯護人及輔佐人等訴訟關係人之意見後，在認為適當之情況下（例如：為增進審判效率、節省法庭時），毋庸經其同意，即得斟酌個案之具體狀況，決定應記載之要旨，由書記官載明於審判筆錄，但須注意不可有斷章取義、扭曲訊問及陳述本旨之情事。審判期日有關證人、鑑定人、被告受訊問或詰問及其陳述事項之記載，亦包含在內。而受訊（詢、詰）問人就審判筆錄中關於其陳述之部分，仍得請求朗讀或交其閱覽，如請求將記載增、刪、變更者，書記官則應附記其陳述，以便查考。（刑訴法第四四、四四之一）

一〇　（審判筆錄之補正）

審判筆錄應於每次開庭後三日內整理。當事人、代理人、辯護人或輔佐人認為審判筆錄之記載有錯誤或遺漏，亦得於次一期日前；案件已辯論終結者，得於辯論終結後七日內，聲請法院定期播放審判期日錄音或錄影內容核對之。核對結果，如審判筆錄之記載確有錯誤或遺漏者，書記官應即更正或補充；如筆錄記載正確者，書記官應於筆錄內附記核對之情形。至於當事人、代理人、辯護人或輔佐人經法院許可後，依據法院所交付之審判期日錄音或錄影拷貝資料，自行就有關被告、自訴人、證人、鑑定人或通譯之訊（詢、詰）問及其陳述之事項轉譯為文書提出於法院時，書記官應予核對，如認為該文書記載適當者，則得作為審判筆錄之附錄，其文書內容並與審判筆錄同一效力。（刑訴法四四、四四之一、四五、四八）

一一　（審判長、法官簽名之必要）

筆錄及裁判書，審判長、法官應注意簽名，不得疏漏。（刑訴法四六、五一）

一二　（審判筆錄應記載事項（一））

審判筆錄中，對於有辯護人之案件，應記載辯護人為被告辯護，並應詳細記載檢察官到庭執行職務，審判長命檢察官（或自訴人）、被告、辯護人依次就事實、法律、科刑範圍辯論及被告之最後陳述等事項，以免原判決被認為當然違背法令。（刑訴法四四、二八九、二九〇）

一三　（審判筆錄應記載事項（二））

審判長已將採為判決基礎之人證、物證、書證提示被告，命其辯論者，審判筆錄應注意予以記載，以免原判決被認為有應於審判期日調查之證據，而未予調查之違法。（刑訴法四四、一六四、一六五、三七九）

一四　（審判筆錄應記載事項（三））

實際上參與審理及判決（亦即在判決原本上簽名）之法官為甲、乙、丙三人者，在審判筆錄中，不得將參與審理之法官，誤記為甲、丙、丁三人，以免被告認為未經參與審理之法官參與判決。（刑訴法四四、三七九）

一五　（審判筆錄應記載事項（四））

第二審審判筆錄應注意記載審判長命上訴人陳述上訴要旨，以免上訴範圍無從斷定。（刑訴法四七、三六五，參照最高法院六十八年台上字第二三三〇號判例）

一六　（辯護律師請求閱卷之准許）

刑事案件經各級法院裁判後，如已合法提起上訴或抗告，而卷證在原審法院者，其在原審委任之辯護律師因研究為被告之利益而上訴問題，向原審法院請求閱卷，或在上級審委任之辯護律師，在卷宗未送上級審法院前，向原審法院請求閱卷時，原審法院為便民起見，均應准許其閱卷。（刑訴法三三，參照最高法院六十三年八月十三日六十三年第三次刑庭庭推總會議決定）

一七　（訴訟案件之編訂）

訴訟案卷，應將關於訴訟之文書法院應保存者，依訴訟進行之次序，隨收隨訂，並應詳填目錄及刑事案件進行期限檢查表。至於各級法院法官製作之裁判書原本，應另行保存，僅以正本編訂卷內。（刑訴法五四）

一八　（送達證書與收受證書）

送達證書，關係重大，務必切實記載明確。如應送達之文書為判決、裁定者，司法警察或郵務機構應作收受證書，記明送達證書所列事項，並簽名後交故領人。其向檢察官送達判決、裁定書者，亦應作收受證書，交與承辦檢察官，若承辦檢察官不在辦公處所時，則向檢察長為之。至於向在監獄、看守所、少年觀護所或保安處分場所之人為送達時，囑託典獄長、看守所長、少年觀護所主任或保安處分場所長官代為送達，須經送達其本人收受始生效力，不能僅送達於監所或保安處分場所而以其收文印章為憑。（刑訴法五六、五八、六一）

一九（文書之送達）

文書之送達，由書記官交由司法警察或郵務機構執行，不得徵收任何費用。至關於送達證書之製作，及送達日時之限制與拒絕收受之文件，其如何處置，應注意準用民事訴訟法之規定。

公示送達應由書記官經法院之許可，將應送達之文書或其節本張貼於法院牌示處，並應以其繕本登載報紙、公告於法院網站或以其他適當方法通知或公告之。自最後登載報紙或通知公告之日起，經三十日發生送達效力。（刑訴法六〇、六一、六二、民訴法一三九、一四〇、一四一）

二〇（得聲請回復原狀之事由）

得聲請回復原狀者，以遲誤上訴、抗告、或聲請再審之期間、或聲請撤銷或變更審判長、受命法官、受託法官裁定或檢察官命令之期間者為限。（刑訴法六七、六八）

二一（駁回上訴效力之阻卻）

上訴逾期，經上訴法院判決駁回確後，如原審法院依聲請以裁定准予回復原狀，業經確定者，上訴法院仍應受理上訴。上訴並未逾期，由於原審法院漏未將上訴書狀送交上訴法院，以致上訴法院判決誤認為逾期予以駁回者，如經查明確有合法上訴書狀，即足防阻駁回判決效力之發生，重入於上訴審未判決前之狀態，雖應由上訴法院依照通常程序進行審判，唯由上訴法院係將不利益於被告之合法上訴誤認逾期而予判決駁回並告確定者，即應先依非常上訴程序將該確定判決撤銷後，始得回復原訴訟程序就合法上訴部分進行審判。（刑訴法六七、六八，參照最高法院八十年十一月五日八十年第五次刑事庭會議決議及司法院院字第八一六號、大法官釋字第二七一號解釋）

二二（對在監所被告之傳喚）

對於在監獄、看守所、少年觀護所或保安處分場所之被告傳喚時，應通知該監所或保安處分場所之長官，並先填具傳票囑託送達，至訊問期日，再提案審訊。（刑訴法七三）

二三（執行拘提之程序）

法院依法拘提者，應用拘票。拘票應備二聯，執行拘提時，由司法警察或司法警察官以一聯交被拘人或其家屬。如拘提之人犯，不能於二十四小時內到達指定之處所者，應先行解送較近之法院，訊問其人有無錯誤。（刑訴法七七、七九、九一）

二四（通緝書之記載與撤銷通緝）

通緝書應依刑訴法第八五條之規定記載。如其通緝之原因消滅，或已顯無通緝之必要時，應即撤銷通緝，予以通知或公告之。（刑訴法八五、八七）

二四之一（限制出境或出海之要件）

法院於審判中，認被告犯罪嫌疑重大，且有刑訴法第九三條之二第一項各款情形之一，於必要時得逕行限制被告出境、出海。但所犯係最重本刑為拘役或專科罰金之案件，既許被告委任代理人

到場，自不得逕行限制之。

限制出海之範圍，包含所有得利用出海逃匿之方式，惟仍應審酌個案情節，於保全被告或證據之必要範圍內為之，故限制出海之裁定非不得附有「得搭乘國內核定航線（含外、離島航線）之交通船」、「得許漁（船）員於領海範圍內出海作業」或「得在領海範圍內從事水上休憩活動」等條件，以兼顧被告權益或生活需求。（刑訴法九三之二）

二四之二 （限制出境、出海之要式與通知）

審判中限制出境、出海，應以書面記載刑訴法第九三條之二第二項所定各款事項，除被告住、居所不明而不能通知者外，應儘速以該書面通知被告，不得有不必要之遲延。如認通知有導致被告逃匿或湮滅、偽造或變造證據、勾串共犯或證人之虞，而未能立即通知者，至遲亦應於限制出境、出海後六個月內為之。但於通知前已訊問被告者，法院應當庭告知，並付與前揭書面。

被告於收受書面通知前獲知經限制出境、出海者，亦得向法院請求交付前項書面，法院非有正當理由，不得拒絕。（刑訴法九三之二）

二四之三 （限制出境、出海之期間）

檢察官於偵查中為延長限制出境、出海之聲請，違反刑訴法第九三條之三第一項所定「至遲於期間屆滿之二十日前」之規定，致法院無從於期間屆滿前給予被告及其辯護人陳述意見之機會、調查延長限制出境、出海之原因等必要程序時，應以聲請不合法，予以駁回。

刑訴法第九三條之三第一項所定「具體理由」，係指就延長限制出境、出海期間之必要性，予以具體敘明其理由，與同法第九三條之二第二項第三款所定「限制出境、出海之理由」，係指敘明具備同條第一項限制出境、出海之法定要件，並不相同。法院受理檢察官於偵查中延長限制出境、出海之聲請時，如檢察官並未敘明具體理由，或未依同法第九三條之三第一項以聲請書繕本通知被告及其辯護人者，自得據為是否致法院未及進行必要程序或調查事證而予以駁回聲請之審理事由。檢察官未依法於聲請書繕本通知被告及其辯護人者，法院無庸代行通知。

偵查中檢察官聲請法院延長限制出境、出海，第一次不得逾四個月，第二次不得逾二個月，至多以此兩次為限，不得再予延長。

審判中延長限制出境、出海，每次限制期間最長以八個月為限，雖無延長次數之限制，惟仍應注意最重本刑為有期徒刑十年以下之罪者，累計不得逾五年；其餘之罪，累計不得逾十年。但被告逃匿而通緝之期間，不予計入。又不論就同一被告所為獨立型之逕行限制出境、出海處分，或可羈押審查程序後所為之替代型限制出境、出海處分，其審判中累計期間均予併計，而非分別計算。

法院為是否延長限制出境、出海裁定前給予被告及其辯護人陳述

意見之機會時，得審酌個案情節，決定是否開庭調查事證，或逕依書面意見予以裁定，且除因檢察官聲請不合法而得逕予駁回外，法院均應賦予被告及其辯護人陳述意見之機會，非得任意裁量不予其意見陳述權。

案經起訴後繫屬法院時，或案件經提起上訴後卷證送交上訴審法院時，如原限制出境、出海所餘期間未滿一個月者，一律延長為一個月。故案件繫屬法院後，應盡速辦理分案並即通知入出境、出海之主管機關法定延長期限之屆滿日，法官於收案後，應即審查是否符合限制出境、出海之法定要件及其必要性，速為妥適之決定。如決定予以限制出境、出海者，其期間接續在原限制出境、出海所餘期間及法定延長期間屆滿後重新起算。但不得逾八個月。

偵查中所餘限制出境、出海之期間及法定延長期間，均不計入前項重新起算之期間。但算入審判中之限制出境、出海總期間。（刑訴法九三之三）

二四之四　（視為撤銷限制出境、出海）

被告經諭知無罪、免訴、免刑、緩刑、罰金或易以訓誡或刑訴法第三〇三條第三款、第四款不受理之判決者，視為撤銷限制出境、出海，法院應即通知入出境、出海之主管機關解除限制。但上訴期間內或上訴中，如有必要，得繼續限制出境、出海。

前項但書情形，法院應於宣示該判決時裁定之，並應付與被告刑訴法第九三條之二第二項所定之書面或為通知，俾其獲悉繼續限制之理由及為後續救濟程序。繼續限制之期間，仍應受審判中最長限制期間之拘束。（刑訴法九三之四）

二四之五　（限制出境、出海之撤銷與變更）

偵查中法院撤銷限制出境、出海前，除依檢察官聲請者外，應徵詢檢察官之意見，並為必要之斟酌；變更限制出境、出海者，亦宜徵詢並斟酌檢察官之意見。

法院為前項徵詢時，得限定檢察官陳報其意見之期限。此項徵詢，得命書記官以電話、傳真或其他迅捷之方式行之，並作成紀錄。逾期未為陳報者，得逕行裁定。

偵查中檢察官所為之限制出境、出海，於案件起訴後繫屬法院時，其所餘限制出境、出海之期間，並非當然屆至，法官收案後，如認限制出境、出海之原因消滅或其必要性已失或減低者，得依職權或被告及其辯護人之聲請撤銷或變更之。除被告住、居所不明而不能通知者外，法院依職權或依聲請撤銷或變更限制出境、出海者，均應速通知被告。（刑訴法九三之五）

二五　（即時審問與羈押）

偵查中之羈押審查程序係指檢察官聲請羈押、延長羈押、再執行羈押被告之法院審查及其救濟程序。但不包括法院已裁准羈押後之聲請撤銷羈押、停止羈押、具保、責付、限制住居、限制出境或出海等程序。

拘提或逮捕被告到場者，或法院於受理檢察官所為羈押之聲請，經人別訊問後，除有刑訴法第九三條第五項但書所定至深夜仍未訊問完畢，被告、辯護人及得為被告輔佐人之人請求法院於翌日日間訊問，及深夜始受理聲請者之情形外，應即時訊問。所謂「即時訊問」係指不得有不必要之遲延，例如辯護人閱卷、被告及其辯護人請求法官給予適當時間為答辯之準備、法官閱卷後始進行訊問、為避免疲勞訊問而令已長時間受訊問之被告先適當休息後再予訊問等情形，均非屬不必要之遲延。法官訊問被告後，認無羈押必要，應即釋放或命具保、責付、限制住居、限制出境或出海。（刑訴法三一之一、九三、九三之六、一〇一至一〇一之二）

二六 （訊問被告之態度與方式）

訊問被告應先告知：犯罪嫌疑及所犯所有罪名，罪名經告知後，認為應變更者，應再告知；得保持緘默，無須違背自己之意思而為陳述；得選任辯護人；如為低收入戶、中低收入戶、原住民或其他依法令得請求法律扶助者，得請求之；得請求調查有利之證據。訊問時，應出以懇切和藹之態度，不得用強暴、脅迫、利誘、詐欺、疲勞訊問或其他不正之方法。被告有數人時，應分別訊問。被告請求對質者，除顯無必要者外，不得拒絕。無辯護人之被告表示已選任辯護人時，除被告同意續行訊問外，應即停止訊問。（刑訴法九五、九七、九八）

二七 （訊問被告）

訊問被告，固重在辨別犯罪事實之有無，但與犯罪構成要件、加重要件、量刑標準或減免原因有關之事實，均應於訊問時，深切注意，研訊明確，倘被告提出有利之事實，更應就其證明方法及調查途徑，逐層追求，不可漠然置之，遇有被告或共犯自白犯罪，仍應調查其他必要之證據，詳細推鞫是否與事實相符，不得以被告或共犯之自白作為有罪判決之唯一證據。對於得為證據之被告自白之調查，除有特別規定外，應於有關犯罪事實之其他證據調查完畢後為之。（刑訴法九六、一五六、一六一之一、一六一之三）

二七之一 （對聽覺或語言障礙或語言不通之訊問）

法院訊問聽覺或語言障礙或語言不通之被告或其他受訊問人，應由通譯傳譯之；必要時，並得以文字訊問或命以文字陳述。（刑訴法九九、一九二、一九七、二一〇）

二七之二 （全程連續錄音、錄影）

法院訊問被告、證人、鑑定人或鑑定證人，應全程連續錄音；必要時，並應全程連續錄影。但有急迫情況且經記明筆錄者，不在此限。

筆錄內所載之前項受訊問人陳述與錄音或錄影之內容不符者，除有前項但書情形外，其不符之部分，不得作為證據。（刑訴法一〇〇之一、一九二、一九七、二一〇）

二八　（濫行羈押之禁止）

對於被告實施羈押，務須慎重將事，非確有刑訴法第一〇一條第一項或第一〇一條之一第一項各款所定情形，而有羈押之必要者，不得羈押。尤對第一〇一條之一第一項之預防性羈押，須至為審慎。至上揭規定所謂「犯罪嫌疑重大」者，係指其所犯之罪確有重大嫌疑而言，與案情重大不同。（刑訴法一〇一、一〇一之一）

二九　（逕行拘提之事由）

刑訴法第七六條所列之情形，雖其標目為四款，惟在第二款中，包含有兩種情形，故其所列，實有五種：㈠無一定之住、居所者。㈡逃亡者。㈢有事實足認為有逃亡之虞者。㈣有事實足認為有湮滅、偽造、變造證據或勾串共犯或證人之虞者。（本款及前款所謂「有事實足認為」之標準，應依具體事實，客觀認定之，並應於卷內記明其認定之根據。）㈤所犯為死刑、無期徒刑或最輕本刑為五年以上有期徒刑之罪者。（刑訴法七六）

三〇　（押票之製作及使用）

羈押被告所用之押票，應載明法定必須記載之事項，命被告按捺指印，並應備數聯，分別送交看守所、辯護人、被告及其指定之親友。偵查中並應送交檢察官。偵查中之羈押，押票應記載之事項，與檢察官聲請書所載相同者，得以聲請書為附件予以引用。（刑訴法一〇二、一〇三）

三一　（延長羈押之次數與裁定）

延長被告之羈押期間，偵查中以一次為限；審判中如所犯最重本刑為十年以下有期徒刑以下之刑之罪，應注意第一、二審均以三次為限，第三審以一次為限；如所犯最重本刑為死刑、無期徒刑或逾有期徒刑十年者，第一、二審均以六次為限，第三審以一次為限，且審判中之羈押期間，累計不得逾五年。起訴後送交前之羈押期間算入偵查中之羈押期間。裁判後送交前之羈押期間，算入原審法院之羈押期間。案件經發回者，其延長羈押期間之次數，應更新計算。（刑訴法一〇八、刑事妥速審判法五）

三二　（偵查中羈押資料之管理）

法院對於偵查中聲請羈押之案件，應製作紀錄，記載檢察官聲請之案號、時間（含年、月、日、時、分）、被告之姓名及身分資料暨羈押或免予羈押之情形。每一案件建一卷宗，嗣後之延長羈押、撤銷羈押或停止羈押、再執行羈押等相關資料，應併入原卷宗。（刑訴法九三、一〇七、一〇八、一一〇、一一五、一一六、一一七）

三三　（隨時受理羈押之聲請並付與羈押聲請書繕本）

法院應隨時受理偵查中羈押被告之聲請，於收文同時立即建立檔案，完成分案，並送請法官依法辦理。法官受理後訊問被告前，應付與羈押聲請書之繕本。（刑訴法九三）

三四　（羈押訊問，應通知辯護人到場）

法官爲羈押訊問時，如被告表示已選任辯護人者，法院應以電話、傳眞或其他迅捷之方法通知該辯護人，由書記官作成通知紀錄。被告陳明已自行通知辯護人或辯護人已自行到場者，毋庸通知。（刑訴法三一之一、九五、一〇一、一〇一之一）

三四之一 （偵查中之羈押審查程序）

偵查中之羈押審查程序被告未經選任辯護人者，審判長即應指定公設辯護人或律師爲被告辯護。在未設置公設辯護人之法院或公設辯護人不足以因應時，即應指定律師爲被告辯護。如等候指定辯護人逾四小時，而指定辯護人仍未能到場者，經被告主動請求訊問時，始得逕行訊問。所謂「等候指定辯護人逾四小時未到場」係指法院已經完成指定特定辯護人之程序，該經指定之辯護人已逾四小時仍未能到場者而言。被告選任之辯護人如無正當理由而不到庭者，審判長亦得指定公設辯護人或律師爲被告辯護。偵查中之羈押審查程序除第九十三條第二項但書之卷證外，辯護人得向法院請求檢閱卷宗及證物並抄錄或攝影。法官於訊問無辯護人之被告時，應審酌個案情節，主動以提示或交付閱覽等適當方式，使被告獲知檢察官據以聲請羈押所憑之證據。（刑訴法三三之一、一〇一、一〇一之一、三一之一、施行法七之一〇）

三四之二 （檢察官聲請羈押主張限制或禁止部分卷證之處理）

偵查中之羈押審查程序經檢察官另行分卷請求應限制或禁止被告及其辯護人獲知之卷證，法院應妥爲保密，不得於羈押審查程序前提供辯護人檢閱、抄錄或攝影。（刑訴法九三）

三四之三 （限制或禁止部分證據之審查與禁止效果）

檢察官另行分卷請求法院限制辯護人獲知之卷證，法官應於羈押審查程序中以提供被告及其辯護人檢閱、提示或其他適當方式爲之，以兼顧偵查目的之維護以及被告及其辯護人防禦權之行使。惟應注意，所謂其他適當之方式，不包括間接獲知資訊之告以要旨。

檢察官另行分卷遮掩、封緘後，請求法院禁止被告及其辯護人獲知之卷證，基於檢察官爲偵查程序之主導者，熟知案情與偵查動態，法院自應予適度之尊重，該經法官禁止被告及其辯護人獲知之卷證，亦不得採爲羈押審查之依據。（刑訴法九三、一〇一、一〇一之一）

三五 （通知檢察官到場與偵查不公開原則）

偵查中之羈押審查程序檢察官得到場之情形，法官於必要時得指定應到場之時間及處所，通知檢察官到場陳述聲請羈押之理由或提出證據。但檢察官應到場之情形，法官應指定到場之時間及處所，通知檢察官到場敘明理由，並指明限制或禁止獲知卷證資訊之範圍。此項通知，得命書記官以電話、傳眞或其他迅捷方式行之，作成紀錄。檢察官未遵限到場者，得逕行裁定。

法院對於偵查中之羈押審查程序須注意偵查不公開原則，業經檢察官遮掩或封緘後請求法院應禁止被告及其辯護人獲知之卷證，

不得任意揭露，而其審查目的亦僅在判斷檢察官提出之羈押或延長羈押聲請是否符合法定要件，並非認定被告是否成立犯罪，故其證據法則無須嚴格證明，僅以自由證明爲已足。（刑訴法三一之一、九三、一〇一、一〇一之一、一〇八、二四五，參照最高法院七十一年台上字第五六五八號判例）

三六 （偵查中聲請羈押之前提）

偵查中之羈押，除刑訴法第九三條第四項之情形外，以被告係經合法拘提或逮捕且於拘捕後二十四小時內經檢察官聲請爲前提。檢察官聲請時所陳法定障礙事由經釋明者，其經過之時間，應不計入前開二十四小時內。（刑訴法九三、九三之一）

三七 （檢察官爲具保、責付、限制住居、限制出境或出海命令之失效）

察官依刑訴法第九三條第三項但書後段或第二二八條第四項但書聲請羈押者，其原來所爲具保、責付、限制住居、限制出境或出海之命令即失其效力。（刑訴法九三、九三之六、二二八）

三八 （檢察官聲請羈押，法院得逕爲具保、責付、限制住居、限制出境或出海）

檢察官聲請羈押之案件，法官於訊問被告後，認爲雖有刑訴法第一〇一條第一項或第一〇一條之一第一項各款所定情形之一，而無羈押必要者，得逕命具保、責付、限制住居、限制出境或出海，不受原聲請意旨之拘束。其有第一一四條所定情形者，非有不能具保、責付、限制住居、限制出境或出海之情形者，不得逕予羈押。（刑訴法九三、九三之六、一〇一、一〇一之一、一〇一之二、一一四）

三九 （偵查中羈押案件不公開）

法官於駁回檢察官之羈押聲請或改命具保、責付、限制住居、限制出境或出海時，應以書面附理由行之，俾便檢察官即時提起抗告。法官爲上述裁定時，應注意偵查不公開之原則，業經檢察官遮掩、封緘後請求法院應禁止被告及其辯護人獲知之卷證，經法院禁止被告及其辯護人獲知者，不得公開揭露或載於裁定書內。（刑訴法九三、九三之六、一〇一、一〇一之一、二四五、四〇四、四一三）

三九之一 （羈押裁定之記載）

偵查中之羈押審查程序經訊問被告後，法院裁定所依據之事實、各項理由之具體內容及有關證據，均應將其要旨告知被告及其辯護人，並記載於筆錄。但未載明於羈押聲請書證據清單之證據資料，既不在檢察官主張之範圍內，法院自毋庸審酌。（刑訴法九三、一〇一）

四〇 （抗告法院宜自爲裁定）

檢察官對法官駁回羈押聲請或命具保、責付、限制住居、限制出境或出海之裁定提起抗告者，該管抗告法院須以速件之方式爲審理，並儘量自爲羈押與否之裁定（刑訴法九三之六、四〇四、

四一三）

四〇之一　（抗告法院之審查）

偵查中之羈押審查程序卷證在原審經檢察官遮掩、封緘後請求法院禁止被告及其辯護人獲知之部分，經法院禁止者，發生證據禁止之效果，抗告法院亦不得採為判斷之依據。（刑訴法九三、一〇一）

四一　（審慎禁止接見、通信或命扣押之原則）

禁止接見、通信或命扣押物件，係與羈押有關之處分，對羈押中之被告，有重大影響，法院應審慎依職權行之。偵查中檢察官為該處分之聲請時，法院應審有無具體事證，足認確有必要，如未附具體事證，或所附事證難認有其必要者，不宜漫然許可。（刑訴法一〇五）

四一之一　（禁止接見、通信或受授物件應為妥適裁量）

法院認被告與外人接見、通信及受授物件有足致其脫逃或湮滅、偽造、變造證據或勾串共犯或證人之虞者，審判長或受命法官於依檢察官之聲請或依職權命禁止或扣押時，應審酌個案情節，在不得限制被告正當防禦權利之前提下，依比例原則裁量決定其禁止或扣押之對象、範圍及期間等事項，並宜於押票上記載明確，俾利看守所執行之。（刑訴法一〇五）

四二　（同時聲請羈押及其他處分之處理）

檢察官聲請羈押時，一併聲請禁止接見、通信或命扣押物件，法院認前一聲請有理由，後一聲請無理由者，關於前者應簽發押票交付執行，關於後者，應予駁回。（刑訴法一〇二、一〇三、一〇五）

四三　（聲請解除禁止接見、通信案件之處理）

聲請撤銷禁止接見、通信之處分者，法院應斟酌具體情形及相關證據，審慎判斷，如認聲請無理由，即予裁定駁回。（刑訴法一〇五）

四四　（慎重審核緊急處分）

對於檢察官或押所所為禁止接見、通信或扣押物件之緊急處分，及押所長官為束縛身體之報告，均應慎重審核，注意有無違法或不當情事。（刑訴法一〇五）

四五　（徵詢檢察官意見之方式）

法院為審於偵查中撤銷羈押或停止羈押，依法應徵詢檢察官之意見時，得限定檢察官陳報其意見之期限。此項徵詢，得命書記官以電話、傳真或其他迅捷之方式行之，並作成紀錄。逾期未為陳報者，得逕行裁定。（刑訴法一〇七、一一〇、一一五、一一六、一一六之一）

四六　（檢察官意見之審酌）

檢察官所提關於偵查中撤銷羈押或停止羈押之意見，固無拘束法院之效力，但法院仍宜為必要之斟酌，以期周延。（刑訴法一〇七、一一〇、一一五、一一六、一一六之一）

四七　（許可延長羈押之理由）

檢察官於偵查中所為延長羈押期間之聲請，未附具體理由或所附理由不足以形成應延長羈押之心證者，法院得以裁定駁回之。（刑訴法一○八）

四八　（延長羈押期間前之訊問）

法院於裁定延長羈押期間前，須先依刑訴法第一○一條第一項或第一○一條之一第一項訊問被告，給予陳述之機會。被告有選任或指定辯護人者，法院應通知該辯護人到場。（刑訴三之一、一○八）

四八之一　（羈押期間之計算）

刑訴法第一○八條第三項係規定羈押中之被告於偵查與審判、原審與上訴審法院審判中之羈押期間，分別以卷宗及證物送交管轄法院或上訴審法院之日起算；同條第四項則規定逮捕、拘提被告後，經過一定期間，例如同法第九三條第二項、第九三條之一第一項各款情形之經過期間，始羈押被告時，羈押期間以簽發押票之日起算。但自逮捕、拘提起，實際上已限制被告人身自由，為顧及被告權益，羈押前之逮捕、拘提期間，以一日折算裁判確定前之羈押日數一日，以保障人權，二者有明確區分，務須注意適用。（刑訴法九三、九三之一、一○八）

四九　（檢察官遲延聲請延長羈押之處理）

檢察官於偵查中為延長羈押期間之聲請，違反刑訴法第一○八條第一項所定「至遲於期間屆滿之五日前」之規定，致法院無從於期間屆滿前辦理訊問被告、調查延長羈押期間之原因、依法宣示延長羈押期間之裁定，製作裁定並送達裁定正本者，應以聲請不合法，予以駁回。（刑訴法一○八）

五○　（延長羈押裁定正本之送達及保全措施）

延長羈押期間之裁定，除當庭宣示者外，須於期間未滿前，以正本送達於被告，始發生延長羈押之效力。此項正本之製作及送達，務須妥速為之。刑訴法第一○八條第八項關於得停繼續羈押之適用，須以已經羈押之期間未逾同條第五項規定之期間為基礎，故如所犯最重本刑為十年以下有期徒刑之刑，第一、二審法院已經為第三次延長羈押，期滿未經裁判並將卷宗送交上級法院者，法院當無再予繼續羈押之餘地。（刑訴法一○八）

五一　（應依職權注意撤銷或停止羈押）

法院應隨時依職權注意羈押原因是否仍然存在，及有無繼續羈押之必要，羈押原因消滅者，應即撤銷羈押，將被告釋放，已無羈押必要者，應命停止羈押。（刑訴法一○七、一一○、一一五、一一六、一一六之一）

五二　（聲請撤銷羈押或停止羈押案件之審理）

被告、辯護人或得為被告輔佐人之人聲請撤銷或停止羈押者，法院認有必要時，得聽取其陳述。偵查中檢察官聲請停止羈押者，法院認為必要時，亦得聽取被告、辯護人或得為被告輔佐人之人

之陳述。（刑訴法一〇七、一一〇、一一五、一一六、一一六之一）

五三 （檢察官於偵查中聲請撤銷羈押之處理）

偵查中檢察官聲請撤銷羈押者，法院應予准許，不得駁回。（刑訴法一〇七）

五四 （貫徹當事人平等原則）

檢察官僅於偵查中始得聲請羈押、延長羈押、撤銷羈押或停止羈押。在審判中，並無上揭各項處分之聲請權，其提出聲請者，應以聲請為不合法，予以駁回。（刑訴法九三）

五五 （審慎處理變更羈押所之聲請）

偵查中檢察官、被告或其辯護人依刑訴法第一〇三條之一聲請變更羈押處所者，法院應斟酌其具體情形及相關證據，審慎判斷。（刑訴法一〇三之一）

五六 （偵查中經檢察官命具保之被告逃匿者，其保證金之處理）

檢察官依刑訴法第九三條或第二二八條命具保之被告在審判中逃匿者，應由法院依刑訴法第一一八條第一項處理。（刑訴法九三、一一八、二二八、一二一）

五七 （羈押逾刑期之釋放）

案件經上訴者，被告羈押期間如已逾原審判決之刑期者，應即撤銷羈押，將被告釋放。但檢察官為被告之不利益而上訴者，得命具保、責付、限制住居、限制出境或出海。（刑訴法九三之六、一〇九）

五八 （許可具保責付應注意事項）

許可具保而停止羈押，固應指定保證金額，惟保證金額須審酌案情及被告身分核定相當之數額，除聲請人或第三人願納保證金或有價證券外，應依法命其提出保證書，不得強令提出保證金。於聲請人或第三人已依指定之保證金額提出現金或有價證券時，應予准許，不得強令提出保證書。遇有可用責付、限制住居、限制出境或出海之方法停止羈押者，亦應切實採行其方法。其具保或責付之人是否適當，應由各該命為具保或責付之法院親自核定。（刑訴法一一一、一一五、一一六）

五九 （具保人之限制）

准為具保時，應注意刑訴法第一一一條第二項之規定，凡該管區域內殷實之人皆得出具保證書。惟公司董事長或經理不得以公司為刑事具保之保證人。（刑訴法一一一）

六〇 （職權停止羈押之事由）

羈押之被告，如其犯最重本刑為三年以下有期徒刑、拘役或專科罰金之罪且無刑訴法第一一四條第一款即書情形，或懷胎五月以上或生產未滿二月，或現罹疾病非保外治療顯難痊癒者，如經具保聲請停止羈押固應准許，其聲請者，亦得命具保、責付、限制住居、限制出境或出海後停止羈押。（刑訴法九三之六、一一四、一一五、一一六）

六一　（保證金之沒入）

因具保而停止羈押之被告，如非逃匿，不得僅以受有合法傳喚無故不如期到案之理由，沒入其保證金。（刑訴法一一八）

六二　（受責付人之責任）

被告於責付後，潛逃無蹤，固得令受責付人追交被告。但除受責付人確有藏匿或使之隱避情事，應受刑事制裁外，不得將其拘押。（參照司法院院字第八一五號解釋）

六二之一　（羈押替代處分類型之限制出境、出海）

依刑訴法第一編第八章之一以外規定得命具保、責付或限制住居者，亦得命限制出境、出海，性質上屬於羈押替代處分類型，除其限制出境、出海之法定原因，須附隨於羈押審查程序加以認定，而無從準用同法第九三條之二第一項規定外，得準用同法第九三條之二第二項及第九三條之三至第九三條之五之規定。

前項之限制出境、出海，既係當庭諭知，自應將刑訴法第九三條之二第二項所定書面當庭付與被告。（刑訴法九三之六）

六三　（搜索之要件與釋明）

對於被告、犯罪嫌疑人或第三人之搜索，以「必要時」或有「相當理由」為要件。所稱「必要時」，須有合理之根據認為被告、犯罪嫌疑人之身體、物件、居住處所或電磁紀錄可能藏（存）有得作為犯罪或與之相關之證據存在；而是否有「相當理由」，非以搜索者主觀標準判斷，尚須有客觀之事實為依據，其與「必要時」之於搜索權之發動，差別在「相當理由」之標準要比「必要時」高。此二要件均應由搜索票之聲請人於聲請書上釋明之。（刑訴法一二二）

六四　（搜索票之簽發與保密）

搜索票務須填載刑訴法第一二八條第二項各款法定必要記載之事項，不得遺漏，尤其第四款「有效期間」，應審酌聲請人之請求及實際需要，慎重決定。為確保人權不受公權力過度侵害，法官得視個案具體狀況，於搜索票上對執行人員為適當之指示，例如指示應會同相關人員或採隱密方式等。對於偵查中聲請核發搜索票之程序，包括受理、訊問、補正、審核、分案、執行後陳報、事後審查、撤銷、抗告、抗告法院裁定等程序，各相關人員於本案起訴前均應依法保守秘密，不得公開。（刑訴法一二八、二四五）

六五　（搜索票聲請與審核）

檢察官、司法警察官聲請核發搜索票，應以書面記載刑訴法第一二八條第二項各款事項，其中第四款部分，係指預定實施搜索之時間。處理檢察官、司法警察官聲請核發搜索票之案件，由聲請人或其指定之人，持聲請書直接請求值日法官受理（不先分案，俟次一上班日再送分案室）。法官應妥速審核、即時裁定。對於重大刑事案件或社會矚目案件之聲請搜索票，必要時得組合議庭辦理。法官於裁定前，如認有必要時，得通知聲請人或其指定

到場之人補正必要之理由或資料，或爲必要之訊問或即時之調查後，逕行審核裁定之。法院審核搜索票之聲請，應就聲請書所敘述之理由及其釋明是否合於刑訴法第一二二條所規定之「必要時」或「有相當理由」之要件爲之，其證據法則無庸嚴格證明，以行自由證明爲已足，如經綜合判斷，具有一定可信度之傳聞、傳述，亦得據爲聲請之理由。法院審核搜索票之聲請，不論准駁，得以簡便方式直接在聲請書上批示其要旨，如准予核發，書記官應於聲請書上將實際擎給搜索票之時間予以明確記載，並確實核對聲請人或其指定之人之職員證件後由其簽收搜索票。如爲駁回之裁定，書記官應將聲請書原本存查，影本交付聲請人；聲請人於法院裁定前撤回聲請者，亦同。（刑訴法一二八之一、一五六，參照最高法院七十一年台上字第五六五八號判例）

六六 （法官親自搜索）

法官爲勘驗或調查證據，固得親自實施搜索，但應以受聲請爲原則，且不論在法庭內或法庭外爲之，除法律另有規定外，均應簽發搜索票，記載刑訴法第一二八條第二項各款事項，並應將之出示在場之人。（刑訴法一二八之二、一四五、二一二）

六七 （附帶搜索）

依法逮捕、拘提、覊押被告或犯罪嫌疑人後，雖無搜索票，亦得逕行對其身體、隨身攜帶之物件、所使用之交通工具及其立即可觸及之處所，例如身旁之手提袋或其他物件，一併搜索。（刑訴法一三〇）

六八 （逕行搜索之審查）

檢察官依刑訴法第一三一條第二項規定，得逕行搜索，乃係偵查中檢察官基於保全證據之必要，確有相當理由，認爲在二十四小時內，證據有僞造、變造、湮滅或隱匿之虞，情況急迫，所爲之強制處分。法院受理檢察官、司法警察官逕行搜索之陳報案件，於審查時，得爲必要之訊問或調查，務須注意是否具有相當性、必要性及急迫性，並不得公開行之。審查結果，認爲尚未見有違反法律規定者，可逕於陳報書上批示「備查」後逕予報結（歸檔）；如認爲有不符合法律規定或係無特定標的物之搜索，應於受理後五日內以裁定撤銷之，此項裁定僅撤銷其搜索程序。又逕行搜索後未陳報或經法院撤銷者，其扣押之物是否得爲證據，由將來受審判之法院審酌人權保障與公衆利益之均衡維護（例如：㈠違背法定程序之情節。㈡違背法定程序時之主觀意圖。㈢侵害犯罪嫌疑人或被告權益之種類及輕重。㈣犯罪所生危險或實害。㈤禁止使用證據對於預防將來違法取得證據之效果。㈥偵查人員如依法定程序有無發現該證據之必然性。㈦證據取得之違法對被告訴訟上防禦不利益之程度。）決定之。撤銷之裁定正本應送達檢察官、司法警察官、受搜索人或利害關係人。逕行搜索之陳報若逾法定之三日期限者，法院得函請該管長官予以瞭解並爲適當之處理。（刑訴法一三一）

六九 （同意搜索）

搜索係經受搜索人同意者，執行人員應先查明其是否確具同意之權限，並應將其同意之意旨記載於筆錄，由受搜索人簽名或出具書面表明同意之旨；所稱自願性同意，須綜合一切情狀而為判斷，例如搜索訊問的方式是否有威脅性、同意者意識強弱、教育程度、智商等，均應綜合考慮。（刑訴法四二、一三一之一、一四六）

七〇 （搜索票之交還）

搜索票執行後，聲請人所陳報之執行結果暨搜索、扣押筆錄，應連同繳回之搜索票，由各法院依其事務分配決定送原核發搜索票之法官或其他法官核閱後，併入原聲請案件。（刑訴法一三二之一）

七〇之一 （不動產、船舶、航空器之扣押方法）

法院扣押不動產、船舶、航空器，得以通知主管機關為查封登記之方式為之。例如：已登記之不動產，得囑託地政機關辦理查封登記；船舶得囑託航政機關為查封登記，囑託海關禁止辦理結關及囑託航政機關之港務局禁止船舶之出海；航空器得囑託交通部民用航空局辦理查封登記，並禁止該航空器飛航。（刑訴法第一三三條第四項）

七〇之二 （禁止處分效力之擔保）

依刑訴法所為之扣押，具有禁止處分之效力。諭知沒收、追徵之裁判宣示時，得沒收、追徵之財產尚未扣押或扣押尚有不足時，為保全沒收、追徵，應迅依職權，依刑訴法第一三三條之規定，予以扣押。（刑訴法一三三）

七〇之三 （扣押裁定之核發與保密）

扣押裁定應記載刑訴法第一三三條之一第三項各款事項。其第三款之「有效期間」，應審酌聲請人之請求及實際需要，審慎決定；為確保扣押標的所有人之權利不受公權力過度侵害，法官並得視個案具體狀況，於扣押裁定內對執行人員為適當之指示。又為落實扣押保全刑事證據、沒收及追徵之規範目的，關於核發扣押裁定之程序，各相關人員均應依法保守秘密，不得公開。（刑訴法一三三之一）

七〇之四 （扣押裁定聲請與審核）

聲請核發扣押裁定，應以書面記載刑訴法第一三三條之一第三項第一、二款事項，並敘明執行扣押之期間；法官應妥速審核、即時裁定，關涉重大或社會矚目案件者，必要時得合議之，裁定前，並得命聲請人補正理由、資料，或為必要之訊問、調查。審核扣押之聲請，應視聲請之目的係為保全沒收或追徵，就其所敘述之理由及所為之釋明，是否屬於刑訴法第一三三條第一項所列「得沒收之物」，或是否符合同條第二項所規定「必要」、「酌量」等要件，而為准否之裁定；其證據法則無庸嚴格證明，以自由證明為已足，如經綜合判斷，具有一定可信度之傳聞、傳述，

亦得據為聲請之理由。法院審核結果，不論准駁，均應以裁定為之。准許之裁定，並應記載刑事法第一三三之一條第三項各款事項；書記官並應確實核對聲請人或其指定之人身分證件後，由其簽收。駁回之裁定，書記官應將聲請書原本存查，影本交付聲請人或其指定之人；聲請人於法院裁定前撤回聲請者，亦同。（刑訴法一三三、一三三之一、一三三之二）

七〇之五　（對相對人送達扣押裁定之時期）

准許扣押之裁定，應於裁定得執行之有效期間屆滿後，送達裁定於應受扣押裁定之人；駁回之裁定，則無須送達。（刑訴法一三三之二）

七〇之六　（同意扣押）

非附隨於搜索之扣押，經受扣押標的權利人同意者，無須經法官裁定。故執行人員應查明同意人是否確具同意之權限；記載該同意旨之筆錄，並應由表示同意之受扣押標的權利人簽名。命司法警察官或司法警察執行時，應確實指示務須依刑訴法第四三條之一第二項之規定製作筆錄（刑訴法一三三之一、四三之一）

七〇之七　（逕行扣押之審查）

刑訴法第一三三條之二第三項規定之逕行扣押，係檢察官、檢察事務官、司法警察官或司法警察於偵查中，基於相當理由認情況急迫，有立即扣押之必要時，出於保全沒收、追徵之目的所實施之強制處分。故逕行扣押後之陳報案件，法院審查時，得為必要之訊問或調查，以明其是否具備相當性、必要性及急迫性，且應不公開行之。審查結果，認為未違反法律規定者，可逕於陳報書上批示「備查」後逕予報結（歸檔）；否則，應於受理後五日內以裁定撤銷其扣押程序。撤銷之裁定應以正本送達於實施扣押之檢察官、檢察事務官、司法警察官、司法警察或利害關係人。逕行扣押未陳報、逾期陳報或經法院撤銷者，其扣押之物是否得沒收、追徵，應由將來刑事本案之審判法院，審酌人權保障與沒收、追徵目的之均衡維護決定之；法院並得函請該管上官瞭解並為適當之處理。（刑訴法一三三之二）

七〇之八　（法官親自扣押）

法官為保全證據、沒收、追徵，雖得親自實施扣押，但在現行加強當事人進行主義色彩之刑事訴訟架構下，法院依職權調查證據係居於補充性、輔佐性之地位，法院實施扣押仍以受聲請為原則，且不論在法庭內、外為之，除僅為保全證據之扣押或經受扣押標的權利人同意者外，均應為扣押裁定，依法記載刑事法第一三三之一條第三項各款事項，出示於在場之人，或函知辦理登記之機關。（刑訴法一三六）

七一　（搜索之必要處分）

搜索之封鎖現場、禁止在場人員離去、禁止他人進入、命違反禁止命令者離開或交由適當之人看守等處分，係對受搜索、扣押之相關人員之強制處分，應記明於搜索、扣押筆錄內，必要時得調

度司法警察協助，或命爲攝影、錄影等存證。（刑訴法四二、一四四）

七二　（夜間搜索）

依刑訴法第一四六條第一項規定，有人住居或看守之住宅或其他處所，原則上不得於夜間入內搜索或扣押。但經住居人、看守人或可爲其代表之人承諾或有急迫之情形者，不在此限。此種例外情形，係屬執行範圍，法官於簽發搜索票時，無庸贅載「准予夜間搜索」之意旨。（刑訴一四六）

七三　（搜索之抗告）

受搜索人對於值日法官、獨任制之審判長、合議庭所爲准許搜索之裁定有不服者，得依法於五日內提起抗告；檢察官、司法警察官對於法院依刑訴法第一三一條第三項撤銷逕行搜索之裁定有不服者，得於收受送達後五日內提起抗告。（刑訴法一二八、一三一、四〇四）

七四　（搜索之準抗告）

受搜索人對於合議制之審判長或受命法官、受託法官所爲搜索之處分或檢察官逕行搜索處分有不服者，得依法於五日內，聲請所屬法院撤銷之。（刑訴法一二八、一三一、四一六）

七五　（偵查中搜索抗告程序不公開）

法院就前兩點之抗告或聲請爲裁定時，應注意偵查不公開之原則，避免將具體偵查資料載於裁定書內，並不得將裁定內容及相關偵查卷證資料公開揭露。（刑訴法二四五）

七六　（扣押物之保存）

扣押物爲犯人所有者，若犯人業已逃匿，科刑前提既尚未確定，除違禁物外，法院祇能扣押保存，不得遽予處分；僅於得沒收或追徵之扣押物，有喪失毀損、減低價值之虞或不便保管、保管須費過鉅者，始得予以變價而保管其價金。（刑訴法一三三、一四一）

七六之一　（扣押財物之替代處分）

得沒收或追徵之扣押物，依其所有人或權利人之聲請，認爲適當者，得定相當之擔保金，於所有人或權利人繳納後，撤銷扣押。其所謂「適當」，係指沒收擔保金亦可達沒收之目的者而言。許可供擔保者，應於收受擔保金後，始撤銷扣押。（刑訴法一四二之一）

七六之二　（就扣押物留存、繼續扣押或發還宜審酌相關情狀及比例原則）

法院認定扣押物之扣押原因是否消滅或有無留存或繼續扣押之必要時，宜確實審酌案件情節及與扣押物之關聯性、訴訟進行之程度、扣押標的之價值、對受處分人之影響等一切情狀，依比例原則妥適定之；如扣押原因消滅或無留存或繼續扣押之必要者，不待案件終結或確定，應即發還。（刑訴法一三三、一四二、三一七）

七七 （強制處分之慎重實施）

實施拘提、羈押、搜索、扣押等強制處分時，不得超過必要之程度，關於被告之身體及名譽，固須顧及，即社會之公益亦應注意，其為社會注目或涉外之案件，尤宜慎重處理。（刑訴法八九、一二四）

七八 （證據法定主義與自由心證主義）

法院認定犯罪事實，應憑證據。證據之證明力，固由法院自由判斷，但應注意所憑證據，必須經過法定調查之程序；所下判斷，必須斟酌各方面之情形，且不違背一般人之共同經驗，所得結論，不能有論理上之矛盾，仍應有證據之存在，斷不可憑空推測，僅以理想之詞，如「難保」、「自屬當然」等字樣為結論。凡為判決資料之證據，務須於審判時提示當事人，詢以有無意見，賦予當事人、代理人、辯護人或輔佐人辯論證據證明力之適當機會，並告知被告得提出有利之證據，必要時更得依職權調查有利於被告之證據。即第二審得有新證據時，亦應照此辦理，其不得上訴第三審之案件，所有重要證據，尤須逐一予以審酌。

（刑訴法一五四、一五五、一六三、一六四、一六五、一六五之一、二八八之一、二八八之二，參照最高法院五十三年台上字第二〇六七號判例）

七九 （無證據能力之意義）

刑訴法一五五條所謂無證據能力，係指不得作為證據者而言。茲舉述如次：㈠筆錄內所載之被告陳述與錄音或錄影之內容不符者，其不符之部分，原則上無證據能力。㈡被告因受強暴、脅迫、利誘、詐欺、疲勞訊問、違法羈押或其他不正方法所為之自白，其自白不具證據能力。㈢實施刑事訴訟程序之公務員違背刑訴法第九三條之一第二項、第一〇〇條之三第一項之規定，或檢察事務官、司法警察（官）詢問受拘提、逮捕之被告或犯罪嫌疑人，違背刑訴法第九五條第一項第二款、第三款之規定，所取得被告或犯罪嫌疑人之自白及其他不利之陳述，不具證據能力（但經證明其等違背上述規定，非出於惡意，且該自白或陳述係出於自由意志者，不在此限）。㈣證人、鑑定人依法應具結而未具結，其證言或鑑定意見，無證據能力。㈤被告以外之人於審判外之言詞或書面陳述，除法律有規定者外，不具證據能力。㈥證人之個人意見或推測之詞，非以實際經驗為基礎者，不具證據能力。㈦被告以外之人（包括共同被告、共犯及其他證人）因受恫嚇、侮辱、利誘、詐欺或其他不正方法所為不利於被告之陳述，不具證據能力。㈧關於組織犯罪防制條例之罪，訊問證人之筆錄非於檢察官、法官面前作成或未經踐行刑訴法所定訊問證人之程序者，無證據能力。（刑訴法一〇〇之一、一五五、一五六、一五八之二、一五八之三、一五九、一六〇、一六六之七、組織犯罪防制條例一二）

八〇 （採取自白之注意事項）

法院在採取被告或共犯之自白為證據時除應注意非出於強暴、脅迫、利誘、詐欺、疲勞訊問、違法羈押或其他不正方法外，並須於裁判書理由內，說明其自白如何與事實相符之情形。關於證明被告或共犯自白與事實相符所憑之補強證據，係指除被告或共犯自白外，其他足資以證明被告或共犯自白之犯罪事實確具有相當程度真實性之證據而言，並非以證明犯罪構成要件之全部事實為必要。若被告陳述其自白係出於不正之方法者，法院應先於其他事證而為調查。該自白如經檢察官提出者，法院應命檢察官就自白之任意性，指出證明之方法，例如：由檢察官提出訊（詢）問被告之錄音帶或錄影帶或舉出訊（詢）問被告及製作筆錄者以外之其他人證，作為證明。（刑訴法一五六、三一○，參照最高法院七十三年台上字第五六三八號及七十四年台覆字第一○號判例）

八一　（被告緘默權之保障）

刑訴法第一五六條第四項明定不得僅因被告拒絕陳述或保持緘默而推斷其罪行，故法院訊問時，宜特加注意調查其他證據，不得僅以被告拒絕陳述或保持緘默即指為理屈詞窮而推斷其有罪。（刑訴法一五六）

八二　（舉證責任之例外㈠）

刑訴法第一五七條所謂公眾周知之事實，係指一般人所通曉，無誤認之可能者而言，亦即自然之物理，生活之常態，普通經驗知識，無可爭執之事項。（刑訴法一五七）

八三　（舉證責任之例外㈡）

刑訴法第一五八條所謂事實於法院已顯著者，係指某事實在社會上為一般所已知而法官現時亦知之者而言。又所謂事實為法院職務上所已知者，指該事實即屬構成法院之法官於職務上所為之行為或係其職務上所觀察之事實，現尚在該法官記憶中，無待閱卷者而言。（刑訴法一五八，參照最高法院二十八年上字第二三七九號判例）

八四　（違背法定程序取得被告或犯罪嫌疑人之自白或其他不利陳述之證據能力）

實施刑事訴訟程序之公務員違背刑訴法第九三條之一第二項、第一○○條之三第一項之規定，所取得被告或犯罪嫌疑人之自白及其他不利之陳述，不得作為證據。但實施刑事訴訟程序之公務員若能證明其違背非出於明知而故犯，且該自白或不利之陳述係出於被告或犯罪嫌疑人之自由意志者，則不在此限。至於檢察事務官、司法警察官或司法警察詢問受拘提、逮捕之被告或犯罪嫌疑人時，若違反刑訴法第九五條第一項第二款、第三款之規定者，亦準用刑訴法第一五八條之二第一項之規定。而違背前述法定程序所取得之被告及犯罪嫌疑人之自白或其他不利之陳述如係由檢察官提出作為證據者，應由檢察官就執行人員非明知而故意違法，且所取得之自白或陳述係出於被告或犯罪嫌疑人之自由意

志，負舉證之責任。（刑訴法一五八之二）

八五 （證人傳票待證事由欄之記載）

證人傳票「待證之事由」一欄，僅表明與何人有關案件作證即可，不須明白告知到場作證之事實，以免發生串證而失發現真實之旨。（刑訴法一七五）

八六 （具結）

證人、鑑定人依法應具結而未具結者，其證言或鑑定意見，不得作為證據。故法官訊問證人、鑑定人時，應注意具結之規定。如應具結者，應命證人或鑑定人自行朗讀結文，必須證人或鑑定人不能自行朗讀者，始令書記官朗讀，於必要時說明結文之意義並記明筆錄。（刑訴法一五八之三、一八四、一八六、一八九）

八七 （違背法定程序所取得證據之證據能力）

除法律對於違法取得證據之證據能力已有明文規定外，實施刑事訴訟程序之公務員因違背法定程序取得之證據，其有無證據能力之認定，應權酌人權保障及公共利益之均衡維護。而法院於個案權衡時，允宜審酌㈠違背法定程序之情節。㈡違背法定程序時之主觀意圖。㈢侵害犯罪嫌疑人或被告權益之種類及輕重。㈣犯罪所生之危險或實害。㈤禁止使用證據對於預防將來違法取得證據之效果。㈥偵審人員如依法定程序有無發現該證據之必然性及㈦證據取得之違法對被告訴訟上防禦不利益之程度等各種情形，以為認定證據能力有無之標準。（刑訴法一五八之四）

八八 （傳聞證據之排除）

為保障被告之反對詰問權，並符合直接審理主義之要求，若提出被告以外之人（含共同被告、共犯、證人、鑑定人、被害人）於審判外之言詞或書面陳述，作為證據以證明其所述之事項為真實者，該被告以外之人於審判外之陳述應屬於傳聞證據，除法律另有規定外，無證據能力，不得作為證據使用。所稱法律另有規定，例如：刑訴法第一五九條之一至第一五九條之五、第二〇六條、性侵害犯罪防治法第十七條、兒童及少年性剝削防制條例第十三條及組織犯罪防制條例第十二條中有關秘密證人筆錄等多種刑事訴訟特別規定之情形。惟簡式審判程序之證據調查，依刑訴法第二七三條之二之規定，不受同法第一五九條第一項之限制；又簡易程序乃對於情節輕微，證據明確，已足認定其犯罪者，規定迅速審判之訴訟程序，其不以行言詞審理為必要，是以行簡式審判及簡易程序之案件，無須適用刑訴法第一五九條一項所定之傳聞法則。而刑訴法第一六一條第二項有關起訴審查之規定，則係法院於第一次審判期日前，斟酌檢察官起訴或移送併辦意旨及全案卷證資料，依客觀之經驗法則與論理法則，從客觀上判斷被告是否顯無成立犯罪之可能；另關於羈押、搜索、鑑定留置、許可、證據保全及其他依法所為強制處分之審查，除偵查中特重急迫性及隱密性，應即處理且審查內容不得公開外，其目的僅在判斷有無實施證據保全或強制處分之必要，因上開審查程序均非

認定被告有無犯罪之實體審判程序，其證據法則毋須嚴格證明，僅以自由證明爲已足，故亦不適用刑訴法第一五九條第一項有關傳聞法則之規定。（刑訴法一五九）

八九　（傳聞證據排除之例外㈠）

依刑訴法第一五九條之一規定，被告以外之人於審判外向法官所爲之陳述，得爲證據。被告以外之人於偵查中向檢察官所爲之陳述，除顯有不可信之情況者外，亦得爲證據。故而，被告以外之人（含共同被告、共犯、證人、鑑定人、被害人）於法官面前依循法定程序所爲之書面或言詞陳述，不論係於其他刑事案件之準備程序、審判期日或民事事件乃至其他訴訟程序之陳述，均得作爲證據，法院就被告以外之人接受審訊時所製成之訊問、審判筆錄或陳述之錄音或錄影紀錄，在踐行刑訴法第一六五條或第一六五條之一所定調查程序後，得援爲判決之基礎。另所謂不可信之情況，法院應審酌被告以外之人於陳述時之外在環境及情況，例如：陳述時之心理狀況、有無受到外力干擾等，以爲判斷之依據，故係決定陳述有無證據能力，而非決定陳述內容之證明力。（刑訴法一五九之一）

九〇　（傳聞證據排除之例外㈡）

依刑訴法第一五九條之二之規定，被告以外之人（含共同被告、共犯、證人、鑑定人、被害人等）於檢察事務官、司法警察官或司法警察調查中所爲之陳述，與審判中不符時，其先前之陳述具有較可信之特別情況，且爲證明犯罪事實存否所必要者，得爲證據。故被告以外之人於審判中之陳述與其先前在檢察事務官、司法警察（官）調查中所爲陳述不符時，其先前陳述必須具備特別可信性及必要性兩項要件，始得作爲證據。而所稱「具有可信之特別情況」係屬於證據能力之要件，法院應比較其前後陳述時之外在環境及情況，以判斷何者較可信，例如：陳述時有無其他訴訟關係人在場，陳述時之心理狀況、有無受到強暴、脅迫、詐欺、利誘等外力之干擾。又法院在調查被告以外之人先前不一致陳述是否具有特別可信情況時，亦應注意保障被告詰問之權利，並予被告陳述意見之機會，倘採用先前不一致陳述爲判決基礎時，並須將其理由載明，以昭公信。（刑訴法一五九之二）

九一　（傳聞證據排除之例外㈢）

爲發見眞實，並兼顧實務運作之需要，被告以外之人於審判中有下列情形之一：㈠死亡。㈡身心障礙致記憶喪失或無法陳述。㈢滯留國外或所在不明而無從傳喚或傳喚不到。㈣到庭後無正當理由拒絕陳述。其先前於檢察事務官、司法警察官或司法警察調查中所爲陳述，若經證明具有可信之特別情形（指陳述時之外在環境及情況具有特別可信之情形），且爲證明犯罪事實之存否所必要者，即具有證據之適格，法院對於此類被告以外之人之先前陳述筆錄或陳述之錄音或錄影紀錄，在踐行刑訴法第一六五條或第一六五條之一所定調查程序後，得援爲判決之基礎。（刑訴法

一五九之三）

九二　（傳聞證據排除之例外四）

實施刑事訴訟程序之公務員記錄被告以外之人於審判外之言詞或書面陳述之筆錄，如審判筆錄、法官訊問筆錄、檢察官偵訊筆錄或檢察事務官、司法警察官詢問筆錄，必須符合刑事法第一五九條之一至一五九條之三或其他法律所定傳聞例外要件，始得作為證據。而除刑訴法第一五九條之一至一五九條之三或其他法律所定之情形外，公務員職務上製作之紀錄文書、證明文書，例如：戶籍謄本、公證書，或從事業務之人於業務上或通常業務過程所須製作之紀錄文書、證明文書，例如：醫師診斷病歷、商業帳簿，航海日誌等，若無顯然不可信之情況，亦得作為證據；其他於可信之特別情況下所製作之文書，例如：政府公報、家族譜、商業調查報告、統計表、商品行情表、曆書、學術論文等，亦同。（刑訴法一五九之四）

九三　（傳聞證據排除之例外五）

被告以外之人於審判外之言詞或書面陳述，雖不符刑訴法第一五九條之一至一五九條之四之規定，惟當事人於準備程序或審判期日仍以言詞或書面明示同意以其陳述作為證據時，則法院可審酌該陳述作成時之情況，於認為適當之前提下，例如：證據之取得過程並無瑕疵，其與待證事實具有關連性、證明力非明顯過低等，賦予其證據能力。又基於訴訟程序安定性、確實性之要求，若當事人已於準備程序或審判期日明示同意以被告以外之人於審判外之陳述作為證據，而其意思表示又無瑕疵者，不宜准許當事人撤回同意；但其撤回符合下列情形時，則不在此限：㈠尚未進行該證據之調查。㈡他造當事人未提出異議。㈢法院認為適當。至於當事人、代理人或辯護人於法院調查證據時，知有刑訴法第一五九條第一項不得為證據之情形，卻未於言詞辯論終結前聲明異議者，亦視為有將被告以外之人於審判外之陳述作為證據之同意。為避免發生爭執，法院得於審判前之準備程序，將此擬制同意之法律效果告知當事人，促其注意。（刑訴法一五九之五）

九四　（意見證言之證據能力）

證人之個人意見或推測之詞，除以實際經驗為基礎者外，不得作為證據，法官訊問證人時，應注意告知證人為明確之陳述，勿摻雜非以實際經驗為基礎之個人意見或推測之詞。（刑訴法一六〇）

九五　（舉證責任與起訴之審查）

檢察官對被告犯罪事實應負舉證責任，並指出證明之方法，係指檢察官除應就被告之犯罪事實負提出證據之責任外，並應負說服之責任，使法官確信被告犯罪構成事實之存在。而法院於第一次審判期日前，審查檢察官起訴或移送併辦意旨及全案卷證資料，依客觀之論理與經驗法則，從形式上審查，即可判斷被告顯無成立犯罪之可能者，例如：㈠起訴書證據及所犯法條欄所記載之證據

明顯與卷證資料不符，檢察官又未提出其他證據可資證明被告犯罪；㈡僅以被告或共犯之自白或告訴人之指訴，或被害人之陳述為唯一之證據即行起訴；㈢以證人與實際經驗無關之個人意見或臆測之詞等顯無證據能力之資料（有無證據能力不明或尚有爭議，即非顯然）作為起訴證據，又別無其他證據足資證明被告成立犯罪；㈣檢察官所指出之證明方法過於空泛，如僅稱有證物若干箱或帳冊若干本為憑，至於該證物或帳冊之具體內容為何，均未經說明；㈤相關事證未經鑑定或勘驗，如扣案物是否為毒品、被告尿液有無毒物反應、竊佔土地坐落何處等，苟未經鑑定或勘驗，顯不足以認定被告有成立犯罪可能等情形，均應以裁定定出相當合理之期間通知檢察官補正證明方法。其期間，宜審酌個案情形及補正所需時間，妥適定之。

法院通知檢察官補正被告犯罪之證明方法，乃因法院認為檢察官指出之證明方法顯不足認定被告有成立犯罪之可能，故法院除於主文諭知：「應補正被告犯罪之證據及指出證明之方法」外，於理由欄內自應說明其認為檢察官指出之證明方法顯不足認定被告有成立犯罪可能之理由，俾使檢察官將來如不服駁回起訴之裁定時，得據以向上級審法院陳明其抗告之理由。又法院於通知檢察官補正證明方法之裁定書中，不宜具體記載法院認為所應補正之證據資料或證明方法，以避免產生引導檢察官追訴犯罪之現象，牴觸法院應客觀、公正審判之立場。檢察官提出之證據及指出之證明方法，從形式上觀察，已有相當之證據，嗣後被告或其辯護人對證據之證明力有所爭執，而已經過相當時日之調查，縱調查之結果，認檢察官之舉證不足以證明被告犯罪時，即非所謂「顯」不足以認定被告有成立犯罪可能之情形，此際，法院應以實體判決終結訴訟，不宜以裁定駁回檢察官之起訴。

法院駁回檢察官起訴之裁定，依刑訴法第四〇三條第一項規定，當事人若有不服者，得抗告於直接上級法院，法院於該駁回起訴之裁定中，應明確記載駁回起訴之理由。

法院駁回起訴之裁定確定後，具有限制之確定力，非有刑訴法第二六〇條各款情形之一，檢察官不得對於同一案件再行起訴。法院對於再行起訴之案件，應詳實審核是否具備法定要件，如僅提出相同於原案之事證，或未舉出新事實、新證據，或未提出該當於刑訴法第四二〇條第一項第一款、第二款、第四款或第五款所定得為再審原因之情形者，法院應諭知不受理之判決。（刑訴法一六一）

九六（調查證據聲請權與法院調查義務）

當事人、代理人、辯護人或輔佐人有聲請調查證據之權利；並得於調查證據時，詢問證人、鑑定人或被告，審判長除認為該詢問係不當者外，不得禁止之。故凡當事人等所聲請調查之證據與待證事實具有關聯性，且有調查之必要與可能，客觀上確為法院認定事實及適用法律之基礎者，法院均有調查之職責，不得駁回調

查證據之聲請（刑訴法第一六三條之二反面解釋參照）。而法院於當事人所主導之證據調查完畢後，認為事實仍有待澄清時，得斟酌具體個案情形，毋待聲請，主動依職權調查。又關於公平正義之維護及被告利益保障之重大事項，法院則應依職權調查，無裁量選擇之餘地。所稱「公平正義之維護」之重大事項，例如案件攸關國家、社會或個人重大法益之保護，或牽涉整體法律目的之實現及國民法律感情之維繫者均屬之。而法院就「公平正義」之規範性概念予以價值補充時，必須參酌法律精神、立法目的、依據社會之情形及實際需要，予以具體化，以求實質之妥當，是以法院於訴訟程序之進行，除須遵循正當程序原則外，於作成判決時，亦須將相關理由記載明確，不宜過分簡略含糊。至於對「被告利益」有重大關係之事項，係指該等事實或訴訟資料之存在對被告有直接且重大之利益，例如案件是否具備阻卻違法、阻卻責任、得或應減輕或免除刑罰等有利於被告之情形，法院均應特加注意，依職權主動調查。法院根據刑訴法第一六三條第二項之規定，發動職權進行證據之調查，須維持客觀、公正之立場，於調查證據前，應先予當事人、代理人、辯護人或輔佐人就證據調查範圍、順序及方法陳述意見之機會，避免以突襲性之證據調查作為判決基礎，影響當事人訴訟權益。（刑訴法一六三之二）

九七　（聲請調查證據之駁回）

當事人、代理人、辯護人或輔佐人聲請調查之證據，法院認為不必要者，得以裁定駁回之，或在判決內說明不予調查之理由。下列情形，應認為不必要：㈠不能調查者。㈡與待證事實無重要關係者。㈢待證事實已臻明瞭無再調查之必要者。㈣同一證據再行聲請者（但因待證事實不同，而有取得不同證據資料之必要時，則不在此限）。（刑訴法一六三之二）

九八　（實質發見主義與證人作證義務）

刑事訴訟係採實質的真實發見主義，欲認定事實，自須賴證據以證明。而證人係指在他人之訴訟案件中，陳述自己所見所聞具體事實之第三人，為證據之一種，故凡居住於我國領域內，應服從我國法權之人，無分國籍身分，原則上均有在他人為被告之案件中作證之義務，俾能發見事實真相。惟證人中有因公務關係應保守秘密而得拒絕言者（刑訴法一七九），有因與當事人之身分關係得拒絕證言者（刑訴法一八〇），有因業務關係有保密義務而得拒絕言者（刑訴法一八二），有因利害關係而得拒絕證言者（刑訴法一八一），法院訊問此等證人之前，除刑訴法第一八五條第二項明定「證人與被告或自訴人有第一百八十條第一項之關係者，應告以得拒絕證言」、第一八六條第二項明定「證人有第一百八十一條之情形者，應告以得拒絕證言」外，其他情形，亦宜告知證人除有刑訴法第一七九條第二項、第一八二條所列不得拒絕證言之法定原因外，得拒絕證言，以昭程序之允當。

（刑訴法一七六之一、一八五、一八六）

九九（交互詰問）

當事人、代理人（指被告或自訴人之代理人，不包含告訴人之代理人）、辯護人及輔佐人聲請傳喚之證人、鑑定人，於審判長為人別訊問後，由當事人、代理人或辯護人直接詰問之。但被告如無辯護人，而不欲行詰問時，審判長則應予詢問證人、鑑定人之適當機會，以保障被告之發問權。至於兩造詰問證人或鑑定人之次序依刑訴法第一六六條第二項定之，其輪序如下：㈠主詰問。㈡反詰問。㈢覆主詰問。㈣覆反詰問。審判長行使訴訟指揮權時應予注意。如同一被告、自訴人有二以上代理人、辯護人（合同一被告兼有代理人及辯護人之情形）時，該被告、自訴人之代理人、辯護人對同一證人、鑑定人之詰問，應推由其中一人代表為之，非經審判長許可，不得由數代理人或數辯護人為詰問。（刑訴法一六六）證據，其有無證據能力之認定，應審酌人權保障及公共利益之均衡維護。而法院於個案權衡時，允宜斟酌㈠違背法定程序之情節。㈡違背法定程序時之主觀意圖。㈢侵害犯罪嫌疑人或被告權益之種類及輕重。㈣犯罪所生之危險或實害。㈤禁止使用證據對於預防將來違法取得證據之效果。㈥偵審人員如依法定程序有無發現該證據之必要性及㈦證據取得之違法對被告訴訟上防禦不利益之程度等各種情形，以為認定證據能力有無之標準。（刑訴法一五八之四）

一〇〇（主詰問）

主詰問應就待證事項及其相關事項行之，不得以欠缺關連性之事項為詰問。又為辯明證人、鑑定人記憶及陳述之正確性，或證人、鑑定人之憑信性，得就必要事項為詰問。又誘導詰問乃指詰問者對供述者暗示其所希望之供述內容，而於「問話中含有答話」之詰問方式，有鑑於當事人、代理人、辯護人或輔佐人主動聲請傳喚之證人、鑑定人，一般是有利於該造當事人之友性證人。因此，若行主詰問者為誘導詰問，證人或鑑定人往往有可能迎合主詰問者之意思或受其暗示之影響，而做非真實之供述。為避免前述情形發生，行主詰問時，不得為誘導詰問。僅於符合刑訴法第一六六條之一第三項但書規定之情形時，始容許行誘導詰問。惟行誘導詰問時，仍應注意避免採用朗讀書面或使用其他對證人或鑑定人之陳述產生不當影響之方式。（刑訴法一六六之一）

一〇一（反詰問）

反詰問應就主詰問所顯現之事項及其相關事項或為辯明證人、鑑定人記憶及陳述之正確性，或證人、鑑定人之憑信性所必要之事項行之。行反詰問於必要時，雖得為誘導詰問。但審判長認為有影響真實發見之虞，或為避免證人、鑑定遭致羞辱或難堪，例如：證人、鑑定人於反詰問之回答或陳述明顯與詰問者配合而有串匿之虞，抑證人為兒童或性侵害之被害人者，恐兒童之理解

問題能力不足或性侵害被害人有遭受差辱之情形時，仍得予以限制或禁止。又行反詰問時，如審判長認為適當者，可准許當事人、代理人或辯護人就支持其主張之新事項進行詰問，該新事項視為主詰問。（刑訴法一六六之二、一六六之三、一六六之七、一六七）

一〇二　（覆主詰問）

覆主詰問應就反詰問所顯現之事項及其相關事項行之，其方式依循主詰問，如審判長認為適當者，亦可准許當事人、代理人或辯護人就支持其主張之新事項進行詰問，該事項視為主詰問。（刑訴法一六六之四）

一〇三　（覆反詰問）

為避免詰問事項不當擴張、延滯訴訟程序，覆反詰問應就辯明覆主詰問所顯現證據證明力必要之事項行之，至於其進行方式則依循反詰問。（刑訴法一六六之五）

一〇四　（法院依職權傳訊證人、鑑定人之詰問次序）

法院依職權傳喚證人、鑑定人時，該證人、鑑定人具有何種經驗、知識，所欲證明者為何項待證事實，因以審判長最為明確，故應由審判長先為訊問，此時之訊問相當於主詰問之性質，而當事人、代理人及辯護人於審判長訊問後，接續詰問之，其性質則相當於反詰問。至於當事人、代理人及辯護人間之詰問次序，則由審判長本其訴訟指揮，依職權定之。而為發見真實，證人、鑑定人經當事人、代理人或辯護人詰問後，審判長仍得續行訊問。（刑訴法一六六之六）

一〇五　（不當詰問之禁止）

詰問證人、鑑定人及證人、鑑定人之回答，均應就個別問題具體為之。審判長於詰問程序進行時，尤須妥適行使訴訟指揮權及法庭秩序維持權，以限制或禁止不當之詰問。下列之詰問，即屬不當之詰問。但第五款至第八款之情形，於有正當理由時，例如為發見真實所必要，則不在此限：㈠與本案及因詰問所顯現之事項無關者。㈡以恫嚇、侮辱、利誘、詐欺或其他不正之方法者。㈢抽象不明確之詰問。㈣為不合法之誘導者。㈤對假設性事項或無證據支持之事實為之者。㈥同一造對同一證人、鑑定人為重覆之詰問。㈦要求證人陳述非基於實際經驗之個人意見或推測、評論者。㈧恐證言於證人或與其有第一百八十條第一項關係之人之名譽、信用或財產有重大損害者。㈨對證人未親身經歷事項或鑑定人未行鑑定事項為之者。㈩其他法令禁止者（例如：性侵害犯罪防治法第十六條第四項規定：性侵害犯罪之被告或其辯護人不得詰問或提出有關被害人與被告以外之人之性經驗證據。但法官、軍事審判官如認有必要，例如為探究被害人身上精液、血液之來源時，即不在此限。又為保障證人之生命、身體、自由、財產之安全，證人保護法及組織犯罪防制條例就特定案件之證人身分、住居所資料有應予以保密之特別規定，依法亦不能以此作

為詰問之事項。另法官就涉及國家機密之案件，依國家機密保護法〈九十二年二月六日公布，施行日期由行政院定〉第二十五條規定，對有洩漏國家機密之虞者，亦得限制或拒絕對質或詰問。）（刑訴法一六六之七）

一〇六　（審判長依職權限制或禁止不當之詰問）

詰問為當事人、代理人及辯護人之權利，原則上不得予以限制或禁止。但為避免不必要及不當之詰問，致使訴訟程序遲滯、浪費法庭時間，甚而侵擾證人、鑑定人，審判長仍得依職權適當限制或禁止詰問之方式及時間。（刑訴法一六七）

一〇七　（詰問之聲明異議）

當事人、代理人或辯護人就證人、鑑定人之詰問及回答，得以違背法令或不當為由，依刑訴法第一六七條之一規定聲明異議。惟其應即就各個行為，以簡要理由為之，例如：「審判長，對造之誘導詰問不合法，請制止。」審判長對於聲明異議，應立即處分，不得無故遲延，並應於處分前，先命行詰問之人或受詰問之證人、鑑定人停止詰問或陳述，再命被異議一方之當事人、代理人或辯護人就該異議陳述意見，以維法庭秩序。（刑訴法一六七之一、一六七之二）

一〇八　（聲明異議遲誤時機之效力）

審判長認聲明異議有遲誤時機、意圖延滯訴訟或其他不合法之情形，例如：未附理由之聲明異議，應以處分駁回之。但遲誤時機所提出之聲請事項若與案情有重要關係，為認定事實或適用法律之重要基礎者，則不在此限。（刑訴法一六七之三）

一〇九　（聲明異議無理由之處理）

審判長認聲明異議無理由者，應即處分駁回之。（刑訴法一六七之四）

一一〇　（聲明異議有理由之處理）

審判長認為聲明異議有理由者，應視其情形，立即為中止、撤回、撤銷、變更或其他必要之處分，例如：㈠禁止詰問人對同一事項繼續詰問。㈡命詰問人修正詰問之方式。㈢請證人、鑑定人停止陳述或修正回答之方式。㈣勸諭證人、鑑定人回答問題，必要時得重述詰問者所提問題，直接詰問證人或鑑定人。㈤依職權或聲請命書記官將不當詰問之情形及處理方式記載於筆錄。㈥其他為維持公平審判或法庭秩序所得為之處理。（刑訴法一六七之五）

一一一　（審判長處分之效力）

當事人、代理人及辯護人對於審判長有關詰問聲明異議之處分，不得聲明不服，如其聲明不服，法院應即以裁定駁回之。（刑訴法一六七之六）

一一二　（不當詢問之禁止及準用之規定）

當事人、辯護人、代理人或輔佐人得於調查證據時，詢問證人鑑定人及被告。前述詢答如有不當之情形，審判長應依職權或依他

造當事人、代理人或辯護人之聲明異議予以限制、禁止，或為其他必要之處分，其處理方式準用刑訴法第一六六條之七第二項、第一六七至第一六七條之六之規定。（刑訴法一六七之七）

一二三（告訴人為證人）

公訴案件之告訴人，雖非當事人，然法院為證明事實起見，認為有訊問之必要時，自得適用刑訴法關於證人之規定，予以傳喚，其無正當理由不到者，得適用同法第一七八條之規定辦理，惟此項證言可採與否，法院應據其情慎重判斷。（刑訴法一七八，參照司法院院字第四七號、第一一五號、第二四五號及大法官釋字第二四九號解釋、最高法院五十二年台上字第一三〇〇號判例）

一二四（主詰問已陳述有關被告本人之事項，反詰問時不得拒絕證言）

證人恐因陳述致自己或與其有刑訴法第一八〇條第一項關係之人受刑事追訴或處罰者，依刑訴法第一八一條之規定，固得拒絕證言，但被告以外之人（含共同被告、共犯、證人、鑑定人、被害人）於反詰問時，就主詰問所陳述有關被告本人之事項，不得行使拒絕證言權，務須注意。（刑訴法一八一、一八一之一）

一二五（鑑定人之書面報告）

受審判長、受命法官或檢察官選任之鑑定人所為之書面鑑定報告，屬傳聞證據排除之例外，具有證據能力。（刑訴法一五九、二〇六）

一二六（偽證人之適用）

證人、鑑定人、通譯，於法院審判時，或於檢察官偵查時，供前供後具結陳述不實者，應注意刑法第一六八條之規定，酌為處理。（刑訴法一八七、一八八）

一二七（鑑定通譯準用人證之規定）

關於鑑定及通譯事項，應注意準用人證之各規定。（刑訴法一九七、二一一）

一二八（鑑定留置之聲請與審核）

對被告之鑑定留置，以有鑑定其心神或身體之必要為要件。偵查中檢察官聲請鑑定留置，應以書面記載刑訴法第二〇三條之一第二項第一至四款之事項，並釋明有合理根據認為有鑑定被告心神或身體之必要。法官決定應否鑑定留置前，得為必要之訊問及調查，或通知檢察官補正必要之理由或資料。（刑訴法二〇三、二〇三之一）

一二九（鑑定留置票之製作及使用）

鑑定留置票應以書面記載刑訴法第二〇三條之一第二項各款事項及簽發日期，偵查中之鑑定留置票應記載事項與檢察官聲請書所載相同者，得引用聲請書為附件；鑑定留置票應備數聯，分別送交鑑定人、辯護人、被告及其指定之親友，偵查中並應送交檢察官。鑑定留置票簽發後，其所記載之應留置處所或預定之留置期間經裁定變更或縮短、延長者，應再行通知上開應受送交鑑定留置票

之人（刑訴法二〇三之一、二〇三之二、二〇三之三）

一二〇　（鑑定留置之期間）

鑑定留置，法院應審酌鑑定事項之具體內容、檢查之方法、種類及難易程度等情狀，預定七日以下之留置期間；並得於審判中依職權，偵查中依檢察官之聲請，視實際狀況所需，在期滿前以裁定縮短或延長之，惟延長之期間不得逾二月，以保障人權。延長留置之裁定，除當庭宣示者外，於期滿前以正本送達被告者，始生延長留置之效力。鑑定留置期間自簽發鑑定留置票之日起算，其日數於執行時，得折抵刑期。（刑訴法第二〇三、二〇三之三、二〇三之四）

一二一　（鑑定留置被告之看守）

刑訴法第二〇三條之二第四項之命司法警察看守被告，屬鑑定留置之執行事項，於偵查中由檢察官，審判中由法院依職權或依留置處所管理人員之聲請命檢察署、法院之法警為之；若法警人力不足時，得洽請移送該案件或留置處所當地之司法警察機關為之。該聲請應以書狀敘述有必要看守之具體理由。（刑訴法二〇三之二）

一二二　（偵查中鑑定留置資料之管理）

法院對於偵查中聲請鑑定留置之案件，應製作紀錄，記載檢察官聲請之案號、被告之姓名及身分資料與准予鑑定留置或駁回聲請之情形；並應每一案建一卷宗，嗣後鑑定留置期間之延長、縮短、處所之變更及看守被告之聲請等相關資料，應併入原卷宗。（刑訴法二〇三、二〇三之三）

一二三　（鑑定許可之審查）

應經許可始得進行之鑑定行為，尤其刑訴法第二〇五條之一第一項之採取出自或附著身體之物，例如：分泌物、排泄物、血液、毛髮、膽汁、胃液、留存於陰道中之精液等檢查身體之鑑定行為，係對人民身體之侵害，法院核發鑑定許可書前，應本於發現真實之目的，詳實審酌該鑑定對於確定訴訟上重要事實是否必要，以符合鑑定應遵守之必要性與重要性原則，並慎重評估鑑定人是否適格。鑑定許可，審判長、受命法官得依職權或依聲請為之（檢察官亦有鑑定許可之權限）。聲請鑑定許可，應以鑑定人為聲請人。鑑定人聲請核發鑑定許可書，得以言詞或書面為之，其書面格式不拘，惟不論以言詞或書面聲請，均應敘明有必要為刑訴法第二〇四條第一項、第二〇五條之一第一項所列行為之具體理由。（刑訴法二〇四、二〇四之一、二〇五之一）

一二四　（鑑定許可書之製作及使用）

鑑定許可書除應載明刑訴法第二〇四條之一第二項所定應記載事項、對檢查身體附加條件者其條件、經許可得為之刑訴法第二〇五條之一第一項所列之處分行為、執行期間經過後不能執行時應交還許可書之旨及簽發日期外，並宜載明第二〇四條第二項應準用之搜索、扣押相關條文之內容暨鑑定人進入有人居住或看守之

住宅、處所行鑑定時，不得為搜索行為等意旨，以促請鑑定人注意及兼顧人權之保障。鑑定許可書得於選任鑑定人或囑託鑑定機關鑑定時，隨函送達於鑑定人或鑑定機關。（刑訴法二○四、二○四之一、二○四之二、二○五之一）

一二五　（對拒絕鑑定之處理）

對無正當理由而拒絕檢查身體、解剖屍體及毀壞物體之鑑定處分者，審判長、受命法官或檢察官得率同鑑定人實施之，並對拒卻者施以必要之強制力；該無正當理由拒絕接受身體檢查者若係被告以外之人，且得課以新台幣三萬元以下之罰鍰。該罰鍰之處分，由法院裁定，偵查中由檢察官聲請與其所屬檢察署相對應之法院法官裁定；受裁定之人不服者，得提起抗告。（刑訴法第二○四之三、二一九、一三二、一七八）

一二六　（囑託鑑定）

應行鑑定時，除以專家為鑑定人外，並得囑託國內、外醫院、學校或其他相當之機關、團體為鑑定或審查他人之鑑定，如須以言詞報告或說明時，得命實施鑑定或審查之人為之，其報告或說明時，有具結之義務，且當事人、代理人、辯護人均得詢問或詰問之，輔佐人亦得詢問之。（刑訴法二○八）

一二七　（勘驗應注意事項）

法院調查證據及犯罪情形，能勘者總以勘驗為妥，以期發現真實，不得以法文規定係「得實施勘驗」，輒將該項程序任意省略。勘驗應製作筆錄，記載勘驗始末及其情況，並履行法定之方式，如有勘驗物之狀態，非文字所能形容者，宜製作圖畫或照片附於筆錄之後。履勘犯所，檢驗屍傷或屍骨，均應將當場勘驗情形詳細記載，不得有含糊模稜或遺漏之處，例如殺人案件自殺、他殺、過失致死，應當場留心辨別，倘係毒殺者，應須立予搜索有無殘餘之毒物。又如勘驗盜所，應察看周圍之狀況，並注意事主有無裝假捏報情弊；他如放火案件，目的物被燒之結果，是否已喪失其效用（全部或一部）；傷害案件，被害人受傷之程度，是否已達重傷；至性侵害、墮胎、毀損等案件，關於生理上所呈之異狀，與物質上所受之損害（喪失效用，抑僅減少價值），均應親驗明白，不可專憑他人報告。（刑訴法四二、四三、二一二）

一二八　（對被告以外之人檢查身體之傳喚、拘提）

為檢查被告以外之人之身體時，得以傳票傳喚其到場，經合法傳喚，無正當理由而不到場者，除得處以罰鍰外，並得命拘提。前開傳票、拘票除分別記載刑訴法第一百七十五條第二項、第七十七條第二項所列各款事項外，應併載明因檢查身體而傳喚或拘提之旨。（刑訴法二一五）

一二九　（證據保全之要件）

證據保全，以證據有湮滅、偽造、變造、隱匿或礙難使用之虞為要件，例如：保存有一定期限之電訊通聯紀錄、證人身罹重病

恐將死亡或即將遠行久居國外、證物不易保存有腐敗、滅失之可能、避免醫院之病歷遭篡改、確定人身受傷之程度、原因或違法濫墾山坡地、於水利地違法傾倒垃圾及不動產遭竊佔之範圍等。該要件即為應保全證據之理由，應由聲請證據保全之人於聲請書上記載並聲明。（刑訴法二一九之一、二一九之五）

一三○　（證據保全之聲請及審核）

聲請保全證據，偵查中由告訴人、犯罪嫌疑人、被告或辯護人，於案件移送或報告檢察官前，向調查該案之司法警察（官）所屬機關所在地之地方檢察署檢察官為之，案件移送或報告檢察官後，向該管檢察官為之，若檢察官駁回聲請或逾法定期間未為保全處分時，直接向與該檢察官所屬檢察署相對應之法院法官聲請；審判中由檢察官、自訴人、被告或辯護人，向案件繫屬之法院或受命法官為之，但有急迫情形時，亦得向受訊問人住居地或證物所在地（包括應搜索、扣押物之所在地、應搜索、勘驗之身體、處所或物件之所在地、應訊問證人之所在地、應鑑定對象之所在地）之地方法院聲請。

法院受理證據保全之聲請，除審核其是否符合法定程式及要件外，如認有必要，得通知聲請人提出必要之資料，就偵查中之案件並應於斟酌檢察官之意見後裁定之，如認為不合法律上之程式（例如：書狀不合程式或聲請人不適格）、法律上不應准許（例如：聲請保全證據要求限制證人住居或出境，於法無據）或無理由（例如：不具保全證據之必要性或急迫性），應予駁回；認聲請有理由者，應裁定准許。但不合法律上之程式可以補正者，應定期先命補正。

法院不論准駁，均得以簡便之方式直接在聲請書上批示其要旨，如裁定准許，即應定期實施必要之保全處分；如裁定駁回，書記官亦應將原聲請書原本存查，影本交付聲請人，不得無故延宕，以免錯失保全證據之先機。（刑訴法二一九之一、二一九之二、二一九之三、二一九之四、二一九之六、二一九之八）

一三一　（實施證據保全時應通知聲請人在場）

實施證據保全程序時，除有妨害證據保全之虞（例如：有串證、湮滅、偽造或變造證據、妨害鑑定、勘驗之虞）、急迫致不能及時通知或聲請人受拘禁中之情形外，應通知聲請人及其辯護人、代理人到場。（刑訴法二一九之六）

一三二　（實施證據保全之程序）

案件於偵查中或審判中，法院或受命法官為保全證據之處分後，為執行該處分所為之搜索、扣押、鑑定、勘驗、訊問證人或其他必要之保全處分，其性質仍屬蒐集證據之行為，除有特別規定外，須依其實施之具體方法，分別準用刑訴法第一編第十一章「搜索及扣押」、第十二章「證據」之規定行之。而所謂「特別規定」，例如依刑訴法第一五○條之規定，偵查中行搜索、扣押時，辯護人無在場權，惟偵查中，辯護人既得提出證據保全之聲

請，就辯護人所聲請之保全證據行搜索扣押時，除有妨害證據之保全外，自應許其在場，是刑訴法第二一九條之六即為「特別規定」。（刑訴法二一九之八）

一三三　（告訴之代理）

告訴人於偵查及審判中，均得委任代理人，該代理人並不以具備律師資格者為限。告訴代理人不論為律師或非律師，於偵查中，基於偵查不公開原則，本無檢閱、抄錄、重製或攝影卷宗、證物之問題。但於審判中，代理人如為律師者，則許檢閱、抄錄、重製或攝影卷宗、證物；如為非律師者，則不許為之。

於指定代行告訴人之情形，因檢察官於指定時，已考量受指定人之資格及能力，故不許受指定代行告訴之人再委任代理人。

外國人如委任告訴代理人，其委任狀（或授權書）之審核，應與審理本國人案件持相同之態度，如依卷證資料已足認其委任（或授權）為眞正，而他造亦不爭執，即無須要求其委任狀（或授權書）應經認證。（刑訴法二三六之一、二三六之二、二七一之一）

一三四　（法院對於聲請交付審判之審查）

法院受理聲請交付審判之案件，應詳加審核有無管轄權、聲請人是否為告訴人、已否逾十日之期間、有無委任律師提出理由狀等法定要件，及其聲請有無理由。法院於審查交付審判之聲請有無理由時，得為必要之調查，惟其調查範圍，應以偵查中曾發現之證據為限，不可就聲請人新提出之證據再為調查，亦不可蒐集偵查卷以外之證據。除認為不起訴處分書所載理由違背經驗法則、論理法則或其他證據法則，否則，不宜率予裁定交付審判。駁回交付審判聲請之裁定，不得抗告；被告對於法院為交付審判之裁定，則得提起抗告。而法院為交付審判之裁定，因該案件視為提起公訴，法院允宜於裁定理由中敘明被告所涉嫌之犯罪事實、證據及所犯法條，俾使被告行使防禦權，並利於審判程序之進行。（刑訴法二五八之一、二五八之三）

一三五　（聲請交付審判之閱卷）

律師受告訴人委任聲請交付審判，如欲檢閱、抄錄或攝影偵查卷宗及證物，不論是否已向法院提出理由狀，均應向該管檢察署檢察官聲請之，律師如誤向法院聲請，法院應移由該管檢察官處理。該卷宗或證物如由法院調借中，法院速將卷證送還檢察官，以俾檢察官判斷是否有涉及另案偵查不公開或其他依法應予保密之情形。法院如悉律師聲請閱卷，於交付審判裁定前，宜酌留其提出補充理由狀之時間。另法院如需向檢察官調借卷宗時，並宜考量律師閱卷之需求，儘量於其閱畢後再行調借，以免卷證往返之勞費。（刑訴法二五八之一）

一三五之一　（被害人及其家屬之隱私保護）

法院於審判中為保障被害人及其家屬之隱私，應就足以識別該個人之資料採取適當保護措施。

法院於確認被害人及其家屬之人別時，得由其等繕寫個人資料、提供證明文件或以其他適當之方式為之。

法院使用科技設備或電子卷證時，尤應注意被害人及其家屬個人資料之保護，避免其等之個人資料遭不當公開。（刑訴法第二七一條之二第一項）

一三五之二 （被害人之隔離保護）

刑訴法第二七一條之二第二項所稱「遮蔽設備」，可採用簡易屏風、拉簾、單面鏡、聲音及影像相互傳送之科技設備或其他措施，由法院視案件情節及法庭設備等具體情況定之被害人依刑訴法第二七一條之二第二項規定聲與被告、旁聽人適當隔離，法院裁定駁回者，屬判決前關於訴訟程序之裁定，不得抗告。（刑訴法第二七一條之二第二項）

一三五之三 （陪同被害人在場）

刑訴法第二七一條之三第一項所稱「其信賴之人」，係指與被害人關係緊密之褓母、師長、好友、同性伴侶或其他重要他人。

陪同人陪同被害人出庭時，得與被害人並坐於被害人席。

陪同人不得妨害法官訊問或當事人、代理人或辯護人詰問。

陪同人有影響訴訟進行之不當言行，或影響被害人、證人、鑑定人或其他訴訟關係人陳述者，審判長應視具體情況適時勸告或制止，以維法庭秩序。

陪同人同時具有被害人家屬之身分者，因中華民國一百零八年十二月十日修正通過之刑訴法施行後，不影響刑訴法第二七一條第二項規定之適用，法院自得傳喚其到場，並適時予以陳述意見之機會。（刑訴法第二七一條第二項、二七一之三）

一三五之四 （轉介修復式司法程序）

被告及被害人聲請進行修復式司法程序時，法院於聽取檢察官、代理人、辯護人及輔佐人之意見後，得將案件轉介適當機關、機構或團體進行修復，由該機關、機構或團體就被告、被害人是否適合進入修復式司法程序予以綜合評估。如其認案件不適宜進入修復式司法程序，應將該案移由法院繼續審理；反之，則由該機關、機構或團體指派之人擔任修復促進者進行修復式司法程序，並於個案完成修復時，將個案結案報告送回法院，以供法院審理時參考。

法院裁定駁回進行修復式司法程序之聲請者，屬判決前關於訴訟程序之裁定，不得抗告。（刑訴法二七一之四）

一三五之五 （聲請訴訟參與之相關要件及證明事項）

刑訴法第四五五條之三八第一項各款所列罪名，以檢察官起訴法條為準。但法院審理結果與檢察官起訴法條相異，而諭知變更起訴法條者，以法院審理結果認定之法條為準。

刑訴法第四五五條之三八第二項本文所稱「因其他不得已之事由而不能聲請」，係指被害人除無行為能力、限制行為能力或死亡外，因住院治療中，或已不能為意思表示，而尚未經法院為監護

宣告等其他原由，事實上不能到庭行使訴訟參與權之情形。

刑訴法第四五五條之三八第二項但書所定情形，法院宜請聲請訴訟參與之直轄市、縣（市）政府或財團法人犯罪被害人保護協會提出相關文件，用以證明下列事項：

(一)被害人無行為能力、限制行為能力、死亡或因其他不得已之事由而不能聲請訴訟參與。

(二)被告為被害人之法定代理人、配偶、直系血親、三親等內之旁系血親、二親等內之姻親或家長、家屬。（刑訴法四五五之三八）

一三五之六 （聲請訴訟參與之補正及應斟酌之情事）

聲請人未依刑訴法第四五五條之三九提出聲請書狀而可補正者，法院應依刑訴法第四五五條之四十第一項但書規定，定期間先命補正。

法院依刑訴法第四五五條之四十第二項為裁定前，應斟酌之案件情節、聲請人與被告之關係、訴訟進行之程度及聲請人之利益等情事，認為准許訴訟參與有助於達成被害人訴訟參與制度之目的，且無不適當之情形者，即應為准許之裁定。

法院斟酌前項各該情事時，應綜合考量之。其中就「案件情節」而言，應審酌相關犯罪之動機、態樣、手段、被害結果等因素，例如敵對性極高之組織或團體間因夙怨仇恨所生之犯罪案件，應考量若准許被害人訴訟參與，是否有擾亂法庭秩序之虞；就「聲請人與被告之關係」而言，例如被害人與被告具有組織內上下從屬之關係，應考量若准許被害人訴訟參與，是否有實質上不利於被告防禦之虞；就「訴訟進行之程度」而言，例如被害人於第一審之審理期間並未聲請訴訟參與，迄至第二審接近審結之時始聲請訴訟參與，即應考量是否有對於被告防禦權產生無法預期之不利益之虞；若就案件情節、聲請人與被告之關係或訴訟進行之程度而言，有諸如前述之情形，則聲請人就訴訟參與即須具有較大之利益，始能衡平因其訴訟參與對於法庭秩序或被告防禦權所生之不利益。（刑訴法第四五五條之三九、第四五五條之四十第一項、第二項）

一三五之七 （撤銷准許訴訟參與裁定之情形）

法院依聲請裁定准許訴訟參與後，認不應准許者，例如法院變更檢察官起訴法條為刑訴法第四五五條之三八第一項各款所列罪名以外之罪名，或聲請人原與被害人具有刑訴法第四五五條之三八第二項本文所定身分關係，嗣後變更為不具此等關係等情形，應撤銷原裁定。（刑訴法第四五五條之四○第三項）

一三五之八 （審判長指定律師代理訴訟參與人）

訴訟參與人因精神障礙或其他心智缺陷無法為完全之陳述、具原住民身分、為低收入戶或中低收入戶而聲請指定代理人或審判長認有必要之情形，未經選任代理人者，審判長應指定律師為其代理人。

前項案件訴訟參與人選任之代理人於審判日無正當理由不到庭者，審判長得視爲其未經選任代理人，並指定律師爲其代理人。

訴訟參與人有數人者，得指定一人爲其代理人。但各訴訟參與人之利害相反者，不在此限。

依前三項指定代理人後，經選任律師爲代理人者，得將指定之代理人撤銷。（刑訴法三一、四五五之四一）

一三五之九　（訴訟參與人之卷證資訊獲知權）

無代理人或代理人爲非律師之訴訟參與人於審判中得預納費用請求付與卷宗及證物之影本。但有刑訴法第四五五條之四二第二項但書情形者，法院得以裁定適當限制之，訴訟參與人如有不服，得提起抗告。

前項本文所稱之影本，在解釋上應及於複本，例如翻拍證物之照片、複製電磁紀錄及電子卷證等。（刑訴法四五五之四二）

一三五之一〇　（選定或指定訴訟參與代表人）

訴訟參與人爲多數且未自行選定代表人參與訴訟時，法院審酌訴訟參與人之人數、案件情節之繁雜程度及訴訟程序之進行狀況後，如認有指定代表人之必要，得先定期命訴訟參與人自行選定代表人，逾期未選定代表人者，始由法院依職權指定之。

法院依職權指定代表人後，得審酌訴訟進行之程度及訴訟參與人之意願，更換或增減代表人。

法院依前二項規定指定、更換或增減代表人者，屬判決前關於訴訟程序之裁定，不得抗告。（刑訴法四五五之四五）

一三六　（審判期日前之準備）

法院爲使審理程序集中化，應於審判期日前，先爲種種之準備，以求審判之順暢、迅速。例如：處理刑訴法第二七三條第一項所定各款之事項，其中第一款有關起訴效力所及之範圍，目的在於釐清法院審判之範圍，並便於被告防禦權之行使，仍無礙於法院依刑訴法第二六七條規定對於案件起訴效力所爲之判斷；第二款決定可否適用簡式審判程序或簡易程序時，應注意是否符合同法第二七三條之一第一項及第四四九條第二項之要件；第四款有關證據能力之意見，由法院或受命法官處理之，如檢察官、被告（辯護人）兩造對某項證據無證據能力不予爭執，或經簡單釐清即可判斷無證據能力時，法院即得於準備程序認定該證據無證據能力，倘經法院（或受命法官）依本法之規定，認定無證據能力者，因該證據不得於審判日主張之，故應於筆錄中明確記載，以杜爭議，惟如兩造對某項證據有無證據能力有所爭執，須進行實質上之調查始能認定有無證據能力者，因準備程序不進行實質性之調查，故應留待審判期日由法院調查認定之；第八款所謂其他與審判有關之事項，例如有無同法第三〇二條至第三〇四條所定應爲免訴、不受理或管轄錯誤判決之情形。

法院應予訴訟參與人及其代理人，就刑訴法第二七三條第一項各款事項陳述意見之機會。

除前二項規定外，如需調取證物、命為鑑定及通譯，或搜索、扣押及勘驗，或有必要之事項請求該管機關報告，或應訊問之證人預料其不能於審判期日到場者，均不妨於審判期日前為之。此際，如需對被告或證人、鑑定人為訊問者，應注意依刑訴法第一七一條規定辦理。（刑訴法二七三、二七四、二七六、二七七、二七八、四五五之四三）

一三七　（準備程序及審判期日傳票之送達及通知到場）

第一次審判期日之傳票，至遲應於開庭前七日送達被告。但刑法第六一條所列各罪案件之傳票，至遲應於開庭前五日送達。此一就審期間之規定，於法院行準備程序時，亦準用之。故在定期時，務須酌留相當時間，以便送達。

準備程序及審判期日，均應注意通知訴訟參與人及其代理人到場。審判期日並應注意依刑訴法第二七一條第二項傳喚被害人或其家屬到場，適時予以陳述意見之機會。（刑訴法二七一、二七二、二七三、四五五之四三、四五五之四四）

一三八　（簡式審判程序之開啟）

通常程序之案件，不論由法院或受命法官行準備程序，如被告所犯為死刑、無期徒刑、最輕本刑為三年以上有期徒刑之罪或高等法院管轄第一審案件以外之案件，且被告就被訴事實為有罪之陳述，又無其他不宜適用簡式審判程序之情形時，得於告知簡式審判程序之旨後，由法院裁定改行獨任審判，進行簡式審判程序。

通常程序案件於審判期日，如被告已就被訴事實為有罪之陳述，法院認符合前述得適用簡式審判程序之要件時，得由審判長告知被告簡式審判程序之旨，在聽取當事人、代理人、辯護人及輔佐人之意見後，裁定進行簡式審判程序，此項裁定無須拘於一定形式，為求簡便，可當庭諭知並記明筆錄即可。（刑訴法二七三、二七三之一）

一三九　（不得或不宜為簡式審判程序）

刑訴法第二七三條之一第二項所謂「不得」為簡式審判程序者，包括被告所犯為死刑、無期徒刑、最輕本刑為三年以上有期徒刑之罪或高等法院管轄第一審之案件，或被告未就被訴事實為有罪之陳述等情形。另所謂「不宜」為簡式審判程序者，例如：被告雖就被訴事實為有罪之陳述，但其自白是否真實，尚有可疑；或被告對於裁判上一罪或數罪併罰之案件，僅就部分案情自白犯罪等情形。案件行簡式審判程序後，若認為有前述「不得」或「不宜」之情形時，應由原合議庭撤銷原裁定並行通常審判程序。原裁定撤銷後，應更新審判程序，但檢察官、被告對於程序之進行無意見者，得載明筆錄，此時依刑訴法第二七三條之一第三項但書規定，即無庸更新審判程序。惟如有同法第二九二條第一項之情形，仍應更新審判程序。（刑訴法二七三之一、二九二）

一四〇　（簡式審判程序之證據調查）

簡式審判程序貴在審判程序之簡省便捷，故調查證據之程序宜由

審判長便宜行事，以適當方法行之即可，不受嚴格證明法則之限制，除不適用有關傳聞法則之規定外，另要求調查證據程序之簡化，關於證據調查之次序、方法之預定、證據調查請求之限制、證據調查之方法，及證人、鑑定人詰問之方式等，均不須強制適用。（刑訴法一五九、二七三之二）

一四一　（審判程序之進行）

審判程序之進行，應依下列順序為之：

㈠檢察官陳述起訴要旨。

㈡審判長告知被告刑事訴訟法第九五條規定之事項。

㈢調查證據：此部分依序為：1.被告爭執其自白之任意性者，以明其自白有無證據能力；2.當事人聲請調查之證據及法院依職權調查之證據；3.被告被訴之事實；4.被告自白之內容，以明其自白之證明力。

㈣調查科刑之資料。

㈤就事實及法律辯論：依檢察官、被告、辯護人之次序為之。

㈥就科刑範圍表示意見：由到場之告訴人、被害人或其家屬，或訴訟參與人及其代理人、陪同人等其他依法得陳述意見之人為之。

㈦就科刑範圍辯論：依檢察官、被告、辯護人之次序為之。

㈧被告之最後陳述。（刑訴法一五六、一六一之三、二八七、二八八、二八九、二九〇、四五五之四八）

一四二　（聲明異議之對象）

刑事訴訟法第二八八條之三所定當事人、代理人、辯護人或輔佐人之聲明異議，其對象包括審判長或受命法官有關「證據調查」及「訴訟指揮」之處分，且此之「處分」，包含積極之行為及消極之不作為在內，但僅以該處分「不法」為限，不包括「不當」之處分。如審判長或受命法官怠於調查證據或維持訴訟秩序，而有違法情事時，當事人、代理人、辯護人或輔佐人即得向法院聲明異議。（刑訴法二八八之三）

一四二之一　（裁定宣告監護或禁戒處分）

法院於偵查中經檢察官聲請，或於判決前認有緊急必要時，得以裁定宣告監護或禁戒處分。

前項裁定，應速移送該管檢察官執行，且抗告無停止執行之效力。但原審法院及抗告法院，均得以裁定停止執行。（刑訴法四五六至四五八、保安處分執行法四）

一四三　（判決書之記載）

無罪、免訴、不受理、管轄錯誤之判決書，應分別記載主文及理由；有罪之判決書除分別記載主文及理由外，並應記載犯罪事實，且得與理由合併記載。（刑訴法三〇八）

一四四　（有罪判決書犯罪事實之記載）

有罪判決書應記載之「犯罪事實」，係指符合犯罪構成要件之具體社會事實，如被告犯罪之時間、地點、手段以及其他該當於犯

罪構成要件而足資認定既判力範圍之具體社會事實。至於構成要件以外之其他適用法律事實，例如刑法總則之加重或減輕事由，可無須在「犯罪事實」欄中記載。（刑訴法三〇八）

一四五　（判決書生效之程序）

法院之判決，如僅製作判決書，未依法宣示或送達者，不生判決效力，此項程序，最為重要，宣示筆錄及送達證書，均應附卷，以為履行此項程序之證明，不可忽略。（刑訴法二二四、五四）

一四六　（裁判書之製作、簽名及送達）

裁判書，應於宣示前製作完成，並於宣示後，如期將原本交付書記官。書記官接受之年、月、日，務須依法記明，不得疏略，裁判書之原本，為裁判之法官應注意簽名者，裁判之送達，固屬書記官職權，是否逾七日之期限，該承辦法官仍應負監督之責。

有罪判決書之正本，應附記論罪法條全文；關於裁判上一罪之案件，應附記所有成立犯罪各罪之處罰條文。（刑訴法五一、二二七、三一四之一）

一四七　（有罪判決理由之記載）

有罪之判決書，應詳述理由。惟簡式審判及諭知六月以下有期徒刑或拘役得易科罰金、罰金或免刑之判決書，其認定犯罪事實所憑之證據，得僅標明「證據名稱」，除認有特別說明之必要者外，無庸敘明證據之具體內容及認定之理由；後者並應敘明對於被告有利證據不予採納之理由。

數罪併罰之各罪均受六月以下有期徒刑得易科罰金之宣告，而定應執行刑逾六月者，亦屬前項所稱諭知六月以下有期徒刑得易科罰金之情形。（刑訴法三〇九、三一〇、三一〇之一、三一〇之二、四五四）

一四七之一　（緩刑宣告注意事項）

法院依刑法第七十四條第二項規定於緩刑宣告時，命被告為該條項各款事項，雖不以經被告或被害人同意為必要，但為保障當事人訴訟權益，並兼顧緩刑本旨，宜先徵詢當事人或被害人之意見，並將違反之法律效果告知被告。所命事項尤應注意明確可行、公平妥適。例如命向被害人道歉，其方式究為口頭、書面或登報；命支付之金額，是否相當；命被告為預防再犯之一定行為，是否過度影響被告日常就業（學）等。所命事項係緩刑宣告內容之一部，應記載於判決主文，其得為民事強制執行名義者，應特別注意力求內容明確，俾得為強制執行。（刑訴法三〇九、三一〇、三一〇之一、三一〇之二、四五四）

一四八　（諭知免刑之注意事項）

依刑法第六十一條之規定諭知免刑時，應注意有無徵詢告訴人或自訴人同意命被告向被害人道歉，立悔過書，或向被害人支付相當金額慰撫金之情事，如經告訴人或自訴人同意者，應記載筆錄，並於判決書內敘明之。（刑訴法二九九）

一四九 （免訴判決之理由）

免訴判決，不得以被告就他罪已受重刑判決確定而認本罪無庸科刑之情事爲免訴之理由。（刑訴法三〇二）

一五〇 （裁定之注意事項）

法院或審判長、受命法官、受託法官之裁判，除依法應用判決行之者外，概以裁定行之，其得爲抗告或駁回聲明之裁定，應注意敍述理由，如係當庭所爲之裁定應併宣示之。（刑訴法二二〇、二二三、二二四）

一五一 （收受自訴案件後之審查）

法院受理自訴案件時，應詳加審核自訴之提起，有無委任律師行之、自訴人是否爲犯罪之直接被害人、是否爲被告之直系血親卑親屬或配偶，及自訴狀有無記載犯罪事實及證據並所犯法條、犯罪事實有無記載構成犯罪之具體事實及其犯罪之日、時、處所、方法；被害人無行爲能力或限制行爲能力，或死亡者，其法定代理人、直系血親或配偶，提起自訴時，法院應先查明該自訴人與被告人之身分關係。審核結果設有欠缺時，如能補正，應裁定命自訴人限期補正，逾期未補正，應諭知不受理判決；如不能補正，則逕諭知不受理判決；但對於與自訴人直系血親尊親屬或配偶共犯告訴乃論罪者，並非不得依法提起自訴，故不得以其違反刑訴法第三二一條規定爲由，諭知不受理判決。（刑訴法三一九、三二〇、三二一、三二九、三三四、三四三、三〇三，參照司法院院字第一三〇六號、釋字第五六九號解釋）

一五二 （自訴之傳訊被告）

對於自訴案件，非有必要，不得先傳訊被告。（刑訴法三二六）

一五三 （自訴人及自訴代理人之傳喚）

自訴人經合法傳喚，無正當理由不到庭者，不得拘提。又自訴代理人經合法通知無正當理由不到庭時，應再行通知，並告知自訴人，以使自訴人有督促或另行委任代理人之機會；自訴代理人如仍不到庭者，應諭知不受理判決。（刑訴法三二七、三三一）

一五四 （自訴之停止審判）

自訴人提起自訴所指被告犯罪是否成立或刑罰應否免除，以民事法律關係爲斷，而民事未起訴者，法院於停止審判之同時，應注意期限命自訴人提起民事訴訟，必俟其逾期不提起民事訴訟，始得以裁定駁回自訴。（刑訴法三三三）

一五五 （審查順序）

法院對於刑事訴訟案件，應依下列順序審查之：㈠審判權之有無。㈡管轄權之有無。㈢其他不受理原因之有無。㈣免訴原因之有無。

一五六 （緩起訴規定於自訴案件之準用）

法院依訊問或調查之結果，認爲自訴案件有刑訴法第二五二條、第二五三條、第二五四條之情形者，得以裁定駁回自訴，並得斟酌情形，命被告遵守或履行下列事項：一、向被害人道歉；二、

立悔過書；三、向被害人支付相當數額之財產或非財產之損害賠償；四、向公庫（包含國、市、縣庫）或指定之公益團體、地方自治團體支付一定之金額。惟須注意命被告履行前述第三款、第四款之事項時，須得被告之同意。法院命被告遵守或履行前述各款事項，應附記於裁定內。因上述第三、四等情形，自訴人均得以法院之裁定為民事執行名義，因此，法院就各該應支付金額、支付方式及對象等，均應記載明確，以免執行時發生疑義。（刑訴法三二六）

一五七　（判決或裁定應宣示之公告及通知）
判決或裁定應宣示者，於宣示之翌日應行公告，並將判決主文或裁定要旨通知當事人。（刑訴法二二五）

一五八　（引用證據與卷載資料應相符）
判決書所引用之證據，應與卷載資料相符。例如被告對於犯罪構成要件之事實，並未自白，判決理由內即不得謂被告對於犯罪事實業經供認不諱。（參照最高法院二十九年上字第二七八二號判例）

一五九　（判決書末之法律引用）
判決書據上論結部分，得僅引用應適用之程序法。（刑訴法三一〇）

一六〇　（判決書正確繕寫法院組織）
合議審判法官為甲、乙、丙三人，在判決正本上，不得繕寫為甲、乙、丙、丁四人或甲、丙、丁三人或將甲、乙、丙三人中一人姓名繕寫錯誤，以免被認為法院之組織不合法，或有未經參與審判之法官參與判決情形。（刑訴法五二，參照最高法院二十一年上字第一九八八號判例）

一六一　（職權上訴與當事人之通知）
宣示死刑之案件，應不待上訴依職權逕送上訴審法院，並通知當事人，視為被告提起上訴。（刑訴法三四四、三五〇）

一六二　（上訴書狀之效力）
提起上訴案件，應注意其曾否向原審法院提出上訴書狀，如僅以言詞聲明不服，雖記載筆錄，亦不生上訴效力。第二審上訴書狀，應敘述「具體理由」，所稱具體理由，係指就不服之判決為具體之指摘而言，如僅泛言原判決認事用法不當或採證違法、判決不公等，均非具體理由。至於理由之具體與否屬第二審法院審查範圍，不在第一審法院命補正之列，是上訴書狀如已敘述理由，無論其具體與否，即無待其補提理由書或命補正之問題。又被告就有罪之判決，為求自己利益而有所陳述者，雖書狀未揭用提起上訴字樣，如其內容係對於原判決有不服之表示，即應認為係提起上訴。具有完全行為能力之被告，雖不得由父母、兄弟、子姪以自己名義獨立上訴，但其上訴，如於書狀內述明確出於被告本人之意思，委任親屬代為撰狀上訴，亦不能謂其上訴為不合法。原審辯護人為被告之利益提起上訴，而未於上訴狀內

表明以被告名義上訴字樣者，法院應先定期間命爲補正，亦不得遽認其上訴爲不合法。（刑訴法三四五、三五〇、三六一、三六七，參照最高法院二十一年抗字第一一二號、二十五年上字第二一〇號判例、司法院釋字第三〇六號解釋）

一六三　（上訴或抗告程式之補正及原判決之撤銷或發回）

上訴或抗告，有不合法律上之程式而可補正者，應定期間先命補正，不得遽予駁回。其上訴雖無理由，但原判決不當或違法者，應予撤銷或發回。在被告上訴或爲被告之利益而上訴之案件，除原判決適用法條不當而撤銷者外，不得僅因量刑失出而撤銷之。（刑訴法三六二、三六九、三七〇）

一六四　（上訴期間之計算）

上訴期間之起算，以送達判決之日爲準，期間之始日不得算入，期間之末日，如值例假日或其他休息日，亦不得算入。提起上訴之當事人，如不在原審法院所在居住，應將在途期間，扣除計算。原審送達判決程序如不合法，則上訴期間，無從進行，因之，當事人無論何時提起上訴，均不得謂爲逾期。（刑訴法三四九、六五、六六、民法一二二，最高法院二十九年上字第二三四七號、五十九年台抗字第二三〇號判例）

一六五　（上訴期間之計算）

上訴無論爲被告或自訴人或檢察官提起者，除上訴書狀經監所長官轉提者外，均應以書狀提出於法院之日爲準，不得以作成日期爲準。苟其提出書狀之日，業已逾期，則作成書狀之日，雖在法定期間以內，亦不能生上訴效力。對於抗告書狀之提起，亦應爲同樣之注意。（刑訴法三五〇，參照最高法院二十三年上字第一九一九號判例）

一六六　（捨棄及撤回上訴之方式）

捨棄上訴權及撤回上訴，除於審判期日，得以言詞爲之外，餘概應用書狀。其以言詞爲之者，應聽其自由表示，不得有強制、暗示、引逗等情事，遇有於審判期日前訊問時，以言詞撤回上訴者，應即諭知補具書狀。又被告捨棄上訴權及撤回上訴之效力，不影響其法定代理人或配偶獨立之上訴權。（刑訴法三五八，參照最高法院二十八年抗字第一五五號判例）

一六七　（捨棄及撤回上訴之通知）

當事人提出上訴書狀之繕本，法院書記官應送達於他造當事人，俾知上訴之意旨；其捨棄上訴權或撤回上訴，祇應由書記官通知他造當事人，法院無須予以任何裁判。（刑訴法三五二、三六〇）

一六八　（審判不可分原則）

實質上或裁判上一罪，僅撤回其一部上訴者，因其有關係之部分視爲亦已上訴，上訴審法院仍應就其全部加以審判。（刑訴法三四八，參照最高法院六十二年七月二十四日六十二年度第一次刑庭庭推總會決議）

一六九　（審理範圍－覆審制）

第二審審判範圍，雖應僅就上訴之部分加以調查，但並非如第三審以上訴理由所指摘之事項為限。故凡第一審所得審理者，第二審均得審理之。例如上訴人對於事實點並未加以攻擊，而實際上第一審認定之事實不無可疑者，第二審自應本其職權，重加研鞫。其因上訴而審理結果，如應為與第一審相異之判決時，其上訴即為有理由，應為與第一審相同之判決時，即為無理由，不得單就當事人上訴理由所主張之事項，為審理之範圍。（刑訴法三六六、三六九）

一七○　（準用第一審程序之原則及例外）

第二審之審判程序，以準用第一審審判程序為原則，但須注意者，即在第一審程序，被告在審判期日不出庭者，除許用代理人案件外，原則上不許開庭審判，如在第二審程序，則被告經合法傳喚無正當理由不出庭者，仍得開庭審判，並得不待其陳述，逕行判決，惟仍聽取他造當事人之陳述，並調查必要之證據。蓋此項條文，專為防訴訟延滯之弊而設，乃兩造審判主義之例外，而非言詞審理主義之例外，不可誤解為不待被告陳述，即可運用書面審理。（刑訴法三七一，參照最高法院二十二年上字第四五四號判例）

一七一　（第一審判決書引用之限制）

第二審判決書引用第一審判決書所記載之事實及證據，須以第一審合法認定或採取並無疑誤者為限，不得稍涉牽強。（刑訴法三七三）

一七二　（第三審上訴理由之審核㈠）

第三審上訴書狀已否具體指明原判決違法，應注意審查，若泛稱認事用法均有未當，或原判決實難甘服等，應認為上訴不附理由，以上訴不合法駁回之。（刑訴法二七七、三八二）

一七三　（第三審上訴理由之審核㈡）

第三審為法律審，非以判決違背法令為理由不得上訴，對於上訴理由，應嚴加審核。如原審判決確有違背法令之處，而發回更審者，尤應詳閱卷證，就應調查之事項詳予指示，避免為多次之發回。若認為有言詞辯論之必要，亦儘可能舉行言詞辯論，俾案件早歸確定。（刑訴法三八九）

一七四　（第三審之裁判基礎）

第三審法院，應以第二審判決確定之事實為判決基礎，不得另行認定事實。（刑訴法三九四）

一七五　（第三審之自為判決）

刑事案件第三審法院認為上訴有理由，且原審判決雖係違背法令，而不影響於事實之確定可據為裁判者，應將原審判決經上訴之部分撤銷，自為判決。（刑訴法三九八）

一七六　（抗告之審查）

法院接受抗告書狀或原法院意見書後，應先審查抗告是否為法律

所許，抗告人是否有抗告權，抗告權已否喪失及抗告是否未逾期限。其抗告有無理由，並非取決於所指摘之事實，故因抗告而發現原裁定不當時，即為有理由，反是則為無理由，務須注意。（刑訴法四〇八）

一七六之一　（準抗告之審理）

法院受理刑訴法第四百十六條第一項之案件，應由與原處分之審判長、陪席法官、受命法官所屬合議庭以外之另一合議庭審理。

一七七　（聲請再審之期間）

聲請再審，於判決確定後，為受判決人之利益，隨時均得為之，並無期間之限制，即於刑罰執行完畢後或已不受執行時，亦得為之。但不得上訴第三審案件，因重要證據漏未審酌而聲請再審者，應於送達判決後二十日內為之。又為受判決人之不利益聲請再審，於判決確定後，經過刑法第八十條第一項期間二分之一者，不得為之。且此項期間之進行，並無關於追訴權時效停止規定之適用。（刑訴法四二三、四二四、四二五）

一七七之一　（聲請再審之程式）

聲請再審，應以再審書狀敘述理由，附具原判決之繕本及證據，提出於管轄法院為之。所謂「原判決繕本」，乃指原確定判決之繕本而言，並非指該案歷審判決，聲請人向第二審法院聲請再審，附具第二審確定判決繕本即已足。縱該案提起第三審上訴，經第三審法院以上訴不合法而判決駁回確定，因該判決不具實體確定力，非該條所稱之原判決，自無庸附具該案之第一審及第三審判決繕本。（刑訴法四二九）

一七七之二　（聲請再審不合法律上程式之處理）

聲請再審，其不合法律上之程式可以補正者，法院應定期間先命補正；逾期不補正者，應以裁定駁回之。再審書狀未附具原判決之繕本，且聲請人未釋明無法提出該繕本之正當理由者，亦同。聲請人經釋明無法提出原判決之繕本，而有正當理由者，得同時請求法院調取之。（刑訴法四二九、四三三）

一七七之三　（行使卷證資訊獲知權時之卷證調取）

聲請權人或其代理人於聲請再審前以聲請再審為理由，或於其聲請再審程序中，依刑訴法第四二九條之一第三項準用刑訴法第三三條向法院聲請獲知卷證資訊，而相關卷證置於指揮執行機關或其他機關者，法院宜審酌個案情形盡速調取之。（刑訴法三三、四二九之一）

一七七之四　（通知到場及聽取意見）

聲請再審之案件，除顯無必要者外，應通知聲請人及其代理人到場，並聽取檢察官及受判決人之意見。但無正當理由不到場，或陳明不願到場者，不在此限。

前項本文所稱「顯無必要者」，係指聲請顯屬程序上不合法且無可補正或顯無理由而應逕予駁回，例如非聲請權人、逾法定期間、以撤回或駁回再審聲請之同一原因聲請再審等情形，或再審

原因已明，顯有理由而應逕爲開始再審之裁定。（刑訴法四二九之二）

一七七之五　（裁定前之調查與自由證明）

聲請再審之案件，法院於裁定前調查事實或證據者，以自由證明爲已足。（刑訴法二二二、四二九之三）

一七八　（再審無理由之裁定駁回）

法院認爲無再審理由，應以裁定駁回之，駁回後，不得更以同一原因聲請再審。稱同一原因，係指聲請再審之原因事實，已爲實體上之裁判者而言，若僅以其聲請程序不合法，予以駁回者，自不包括在內。（刑訴法四三四，參照最高法院二十五年抗字第二九二號判例）

一七八之一　（以無理由駁回再審聲請之抗告期間）

聲請人或受裁定人不服以無理由駁回再審聲請之裁定者，得於裁定送達後十日內抗告。但對於抗告法院所爲裁定之再抗告期間，或對於刑訴法第四三三條裁定之抗告期間，均仍爲五日。

前項規定，不影響刑訴法第四〇五條、第四一五條或其他特別規定之適用。

以無理由駁回再審聲請之抗告期間，於中華民國一〇八年十二月十日修正通過之刑訴法第四三四條施行時，依修正前之規定尚未屆滿者，適用修正後之規定，得於裁定送達後十日內抗告；已屆滿者，其抗告權因逾期而喪失，不適用修正後之規定。

經以無理由駁回再審聲請之裁定後，不得更以同一原因聲請再審。（刑訴法四〇六、四三四）

一七九　（聲請參與沒收程序之審查）

刑訴法第四五五條之十二第一項所稱財產可能被沒收之第三人，係指被告以外之自然人、法人及非法人團體。未經起訴之共同正犯、教唆犯及幫助犯等，非刑事本案當事人，亦得以第三人地位聲請參與沒收程序。聲請參與沒收程序應以書狀記載其財產可能被判決沒收等參與沒收程序之理由與參與之意旨，向本案繫屬法院爲之。（刑訴法四五五之一二）

一八〇　（法院依職權命第三人參與沒收程序）

刑訴法第四五五條之十二第三項所稱「必要時」，須依現存卷證資料，綜合一切情狀而爲判斷。例如：無沒收第三人財產之可能；沒收之第三人財產若爲違禁物，其合法持有之可能性；第三人有無已陳明不提出異議而毋庸命參與程序之情形等，以爲判斷有無必要之依據。（刑訴法四五五之一二）

一八一　（檢察官通知及審理中聲請沒收第三人財產之處理）

審理中檢察官聲請沒收第三人財產時，法院應注意有無依職權命該第三人參與沒收程序之必要，有必要者，應即命參與，無必要者，應於所附隨之刑事本案終局判決中爲必要之裁判、說明。（刑訴法四五五之一三）

一八二　（免予沒收）

法院受理參與沒收程序之聲請，爲避免造成被告本案程序延宕，應妥速審核，裁定前並應通知聲請人等，予其陳述意見之機會；通知書宜註記陳述意見得到庭或不到庭逕以書面爲之。法院審核，如認不合法律上之程式（例如：書狀不合程式）而可補正者，應定期間先命補正；如已無從補正（例如：聲請人不適格）、或認法律上不應准許或無理由者，應予駁回。法院准許第三人參與程序之裁定，固不得抗告，但駁回聲請參與沒收程序之裁定，屬終局裁定，得依法抗告，自不待言。（刑訴法四五五之一四、四五五之一六）

一八三 （參與沒收程序裁定之通知與記載事項）

法院關於免予沒收第三人財產之裁量，應妥適衡酌程序耗費與免予沒收之結果，是否符合規範目的；所考量之訴訟經濟因素，例如：訊問證人、鑑定或勘驗所需時間及費用，訴訟程序是否過於冗長、繁雜，致與沒收第三人財產所欲達成之效果顯不相當等均屬之。檢察官或自訴代理人同意免予沒收之旨應記載於筆錄。另刑法第三八條之二第二項之減免沒收，雖不以經檢察官或自訴代理人同意爲必要，惟法院仍宜於裁判中適當說明裁量之理由。（刑訴法四五五之一五）

一八四 （程序轉換規定）

法院依聲請或依職權所爲准許或命第三人參與沒收程序之裁定，應記載第三人參與程序之理由、得爲缺席判決之法律效果及對沒收該第三人財產事項具重要性之已進行及擬進行之訴訟程序；併同審判期日通知、相關之訴訟資料送達該參與人，以利其進行訴訟上之防禦。（刑訴法四五五之一七、四五五之一〇）

一八五 （參與人之權利）

行簡易、協商程序案件，因第三人參與沒收程序而改行通常程序審判者，仍得裁定進行簡式審判程序。惟應注意保障參與人訴訟上權利之行使，不受本案因被告就被訴事實已爲有罪之陳述，調查證據之方式較爲簡化之影響。（刑訴法四五五之一八）

一八六 （參與人到庭）

參與人於所參與之沒收程序，因準用被告訴訟上權利之規定，就沒收其財產事項，享有與被告相同之訴訟上權利，例如：刑訴法第十八條、第十九條聲請迴避、第三三條第二項請求交付卷宗及證物之影本、第三三條第三項經法院許可檢閱卷宗及證物、第四四條之一更正審判筆錄、第六八條聲請回復原狀、緘默權、調查證據聲請權、詰問權等；並有本法總則編證據章規定之適用。惟參與人於法院調查被告本人之事項時，有作證之義務，此情形下，依刑訴法第四五五條之二八、第二八七條之二，應準用證人之規定，參與人自不得主張緘默權，此於法律適用上，請一併注意及之。（刑訴法四五五之一九、四五五之二八）

一八七 （審判期日應向參與人告知事項）

沒收程序參與人得委任代理人到場，代理人應依本編規定代理參

與人為訴訟行為。法院就沒收參與人財產事項，於參與人到庭陳述其權利之維護係屬重要或為發現真實等必要情形，得傳喚參與人本人到庭，傳票上並載明經合法傳喚無正當理由不到場者得命拘提之法律效果。（刑訴法四五五之二一）

一八八　（參與人之詰問方式）

法院於審判期日到場之參與人，應依刑訴法第四五五條之二二踐行告知義務：記載於參與沒收程序裁定之訴訟進行程度若有變動，尤應注意再行告知。上開告知義務之踐行，應記明筆錄。（刑訴法四五五之二二）

一八九　（參與人參與沒收程序之證據調查）

沒收程序參與人就對沒收其財產有關之事項，所享有之詰問權，為避免延滯被告本案訴訟程序，宜於當事人及其代理人、辯護人之詰問進行完畢後為之，且不適用交互詰問規則。至於為保障參與人反對詰問權之傳聞法則，則不在排除之列，故審判外之傳聞，縱對被告而言，已符合傳聞法則之例外規定而不受傳聞不得作為證據之限制，或依本即毋庸再予調查傳喚（例如：被告之本案部分經法院裁定行簡式審判程序）等情形，法院仍應依法提供參與人詰問證人之機會，自不待言，此於法律之適用時，亦請一併注意及之。（刑訴法四五五之二三）

一九○　（參與人最終辯論權）

審判期日調查證據完畢後，參與人就沒收其財產之事項，應於檢察官、被告及辯護人就本案之事實、法律事項及科刑範圍辯論後，再由檢察官、被告、辯護人、參與人或其代理人依序進行辯論。已辯論者，得再為辯論，審判長亦得命再行辯論。（刑訴法四五五之二四）

一九一　（裁定准許參與後之撤銷）

關於沒收參與人財產之裁判，應以參與人為對象，於判決主文對第三人諭知，且參與沒收程序係以參與人為特定對象，針對特定財產為範圍，進行審理，故判決結果無論該等財產應否沒收，均須逐一於主文內諭知，並於判決中說明認定所憑之證據與形成心證之理由。此與沒收被告財產之裁判，僅應諭知沒收之財產始需於判決主文中諭知，不予沒收部分僅於判決理由中說明即可之情形不同。法院就刑事本案與沒收之裁判，原則上固應同時為之，但於法院裁定參與沒收程序後，本案部分如有被告因病不能到庭而停止審判等情形，致無法續續進行者，法院自得就參與沒收部分先為判決。（刑訴法四五五之二六）

一九二　（沒收判決之諭知）

參與人為關於沒收其財產裁判之受判決人，就其所受之沒收裁判，本得自行決定是否依刑訴法一般上訴之規定提起上訴。惟本案判決經合法上訴者，相關之沒收判決縱未經參與人上訴，因為本案判決上訴效力所及，視為亦已上訴，故此部分沒收裁判之參與人亦取得於上訴審參與人之地位，法院仍應對其踐行相關之法

定程序。至參與人僅就本案判決提起上訴者，其上訴因欠缺上訴利益而不合法，自無上訴效力及於相關沒收判決可言。若當事人就本案判決未上訴，僅參與人就其所受沒收判決提起上訴，因上訴效力不及於本案判決，本案判決已確定，法院應妥速檢卷送檢察官執行。（刑訴法四五五之二七）

一九三　（上訴範圍及上訴爭點之限制）

刑訴法第一三三條及刑法第三八條之三，分別就保全扣押裁定及未確定之沒收裁判訂有禁止處分之效力規定，故法院於撤銷沒收確定裁判後，該沒收標的若經保全扣押或尚有其他未確定之沒收裁判存在，宜併採取適當之禁止措施；若未經保全扣押，宜採取適當之保全措施，以落實上開規定禁止處分之效力。（刑訴法四五五之二九）

一九四　（聲請撤銷沒收確定裁判）

撤銷沒收確定裁判程序，係對於沒收裁判前，因非可歸責於其本人之事由，未參與沒收程序之財產所有人，賦予其於判決確定後主張權利之機會，並非審查沒收裁判之妥當與否。撤銷沒收確定裁判後，應重新踐行合法之訴訟程序；聲請人於回復原訴訟程序後，當然參與沒收程序。（刑訴法四五五之三三）

一九五　（撤銷沒收確定裁判效力）

檢察官聲請單獨宣告沒收，應就刑訴法第四五五之三五第二款至第四款所定沒收之前提要件提出證據；其中與沒收財產事項有關之刑事違法事實在部分，並應負說服之責任。（刑訴法四五五之三五、四五五之三六）

一九六　（單獨宣告沒收檢察官聲請書應記載事項）

有關參與沒收程序中，參與人享有之訴訟上權利及聲請撤銷沒收確定判決請求救濟之權利等規定，於單獨宣告沒收程序應予準用。（刑訴法四五五之三七）

一九七　（提起附帶之民事訴訟之條件）

刑訴法第四八七條所謂因犯罪而受損害者，係指因刑事被告之犯罪行為而受有損害者而言。換言之，即受損害原因之事實，即係被告之犯罪事實。故附帶民事訴訟之是否成立，應注意其所受損害，是否因犯罪行為所生。至其損害之為直接間接，在所不問，不能因其非直接被害之人，即認其附帶民事訴訟為不合法，而不予受理。（刑訴法四八七）

一九八　（附帶民事訴訟應注意事項㈠）

附帶民事訴訟當事人或代理人，得於刑事訴訟調查證據時到場陳述意見，除確係繁雜者外，附帶民事訴訟應與刑事訴訟同時判決，以期便捷。故在刑事訴訟中，有附帶民事訴訟時，應注意通知附帶民事訴訟當事人或代理人到場。其因確係繁雜而應移送民事庭之附帶民事訴訟，須以合議裁定之；如人數不足不能為合議者，則由院長裁定。（刑訴法四九九、五〇一、五〇四）

一九九　（附帶民事訴訟應注意事項㈡）

刑事訴訟之第二審判決，不得上訴於第三審法院者，對於其附帶民事訴訟之第二審判決，仍得向第三審法院民事庭上訴，但應受民事訴訟法第四百六十六條之限制。（刑訴法五〇六）

刑事妥速審判法

①民國99年5月19日總統令制定公布全文14條；其中第5條第2～4項自公布後二年施行；第9條自公布後一年施行；餘條文施行日期由司法院定之。
民國99年5月19日司法院令發布定自99年9月1日施行。
②民國103年6月4日總統令修正公布第5、7條條文。
民國103年6月4日司法院令發布定自103年6月6日施行。
③民國108年6月19日總統令修正公布第5、14條條文；第5條第3項自修正公布後一年施行；第5條第5項之刪除自修正公布後六個月施行。

第一條

①為維護刑事審判之公正、合法、迅速，保障人權及公共利益，特制定本法。

②本法未規定者，適用其他法律之規定。

第二條

法院應依法迅速周詳調查證據，確保程序之公正適切，妥慎認定事實，以為裁判之依據，並維護當事人及被害人之正當權益。

第三條

當事人、代理人、辯護人及其他參與訴訟程序而為訴訟行為者，應依誠信原則，行使訴訟程序上之權利，不得濫用，亦不得無故拖延。

第四條

法院行準備程序時，應落實刑事訴訟法相關規定，於準備程序終結後，儘速行集中審理，以利案件妥速審理。

第五條 108

①法院就被告在押之案件，應優先且密集集中審理。

②審判中之延長羈押，如所犯最重本刑為死刑、無期徒刑或逾有期徒刑十年者，第一審、第二審以六次為限，第三審以一次為限。

③審判中之羈押期間，累計不得逾五年。

④前項羈押期間已滿，仍未判決確定者，視為撤銷羈押，法院應將被告釋放。

第六條

檢察官對於起訴之犯罪事實，應負提出證據及說服之實質舉證責任。倘其所提出之證據，不足為被告有罪之積極證明，或其指出證明之方法，無法說服法院以形成被告有罪之心證者，應貫徹無罪推定原則。

第七條 103

自第一審繫屬日起已逾八年未能判決確定之案件，除依法應諭知無罪判決者外，法院依職權或被告之聲請，審酌下列事項，認侵害被告受迅速審判之權利，且情節重大，有予適當救濟之必要者，應減輕其刑：

一　訴訟程序之延滯，是否係因被告之事由。

二　案件在法律及事實上之複雜程度與訴訟程序延滯之衡平關係。

三　其他與迅速審判有關之事項。

第八條

案件自第一審繫屬日起已逾六年且經最高法院第三次以上發回後，第二審法院更審維持第一審所爲無罪判決，或其所爲無罪之更審判決，如於更審前曾經同審級法院爲二次以上無罪判決者，不得上訴於最高法院。

第九條

①除前條情形外，第二審法院維持第一審所爲無罪判決，提起上訴之理由，以下列事項爲限：

一　判決所適用之法令牴觸憲法。

二　判決違背司法院解釋。

三　判決違背判例。

②刑事訴訟法第三百七十七條至第三百七十九條、第三百九十三條第一款規定，於前項案件之審理，不適用之。

第一〇條

前二條案件於本法施行前已經第二審法院判決而在得上訴於最高法院之期間內、已在上訴期間內提起上訴或已繫屬於最高法院者，適用刑事訴訟法第三編第三章規定。

第一一條

法院爲迅速審理需相關機關配合者，相關機關應優先儘速配合。

第一二條

爲達安速審判及保障人權之目的，國家應建構有效率之訴訟制度，增加適當之司法人力，建立便於國民利用律師之體制及環境。

第一三條

①本法施行前已繫屬於法院之案件，亦適用本法。

②第五條第二項至第四項施行前，被告經法院延長羈押者，其效力不受影響。

第一四條 108

①第五條第二項至第四項，自公布後二年施行；第九條自公布後一年施行；其他條文施行日期由司法院定之。

②中華民國一百零八年五月二十四日修正通過之第五條第三項，自修正公布後一年施行；第五條第五項之刪除，自修正公布後六個月施行，並適用中華民國一百零八年五月二十四日修正通過之刑事訴訟法施行法第七條之十一第二項、第三項規定。

法院適用刑事妥速審判法應行注意事項

①民國99年8月16日司法院函訂定發布全文12點；並自99年9月1日生效。
②民國104年9月11日司法院函修正發布第5點；並自即日生效。
③民國104年10月14日司法院函修正發布第7點；並自即日生效。
④民國105年12月12日司法院函修正發布第2點；並自106年1月1日生效。
⑤民國108年11月13日司法院函修正發布第2、4、5、12點；並自108年12月19日起生效。
⑥民國109年5月22日司法院函修正發布第5、12點；並自109年6月19日即日生效。
⑦民國109年6月9日司法院函修正發布第12點；並自109年6月19日生效。

一　關於第一條部分：

(一)為維護刑事審判之公正、合法、迅速，保障人權及公共利益，法院審理刑事案件，應於適當期間內審理終結，並應兼顧案件審理之品質。

(二)刑事妥速審判法（下稱本法）未規定者，與刑事訴訟有關之事項，自應適用刑事訴訟法之規定。

(三)本法之規定，未特別區分公訴、自訴程序，自訴程序亦有適用。

二　關於第二條部分：

(一)法院審理刑事案件，應依法迅速周詳調查證據，妥慎認定事實，以為裁判之依據。

(二)法院應確保程序之公正適切，如認起訴書、追加起訴書、請求併辦意旨書所載證據有不明確，致客觀上無從透過起訴書之記載，知悉具體之起訴依據，有礙被告之防禦及答辯者，例如：未具體指明特定證據項目、所在，或僅於「待證事實欄」籠統記載「證明全部起訴事實」，得定期間命檢察官或自訴人，以證據清單逐一具體指明各該證據所在卷宗頁次或其保管情形及其與犯罪事實之關聯性，以具體落實刑事訴訟法第一百六十一條第一項「指出證明方法」之規定。於審判期日以言詞追加起訴或請求併辦起訴效力所及之犯罪事實者，亦同。

(三)法院應兼顧被害人之正當權益，並注意刑事訴訟法第二百七十一條第二項、證人保護法、性侵害犯罪防治法、家庭

暴力防治法、兒童及少年性剝削防制條例、人口販運防制法、兒童及少年福利與權益保障法等與被害人權益有關之規定。

三　關於第三條部分：

㈠告訴代理人、被告或自訴人之輔佐人均屬本法第三條所稱之其他參與訴訟程序而為訴訟行為之人。

㈡本法第三條所謂誠信原則指當事人、代理人、辯護人及其他參與訴訟程序而為訴訟行為之人，行使訴訟上之權利，不得濫用、以損害其他訴訟行為人之利益或延滯訴訟程序為主要目的。

㈢被告或自訴人在場時，證人已由法院（法官）合法訊問，且經代理人或辯護人詰問，在場之被告或自訴人雖未親自詰問，但無任何主張或異議，除有新事證足認證人陳述不明確而有再行詰問之必要者外，被告、自訴人或代理人、辯護人於嗣後審理中或提起上訴時，意圖延滯訴訟，就同一證人再行聲請傳喚，即屬違反本法第三條之誠信原則。

四　關於第四條部分：

㈠法院於第一次審判期日前，形式上審查檢察官起訴或請求移送併辦意旨及全案卷證資料，依客觀之論理與經驗法則，即可判斷被告顯無成立犯罪之可能者，宜定期間，以裁定通知檢察官補正。（刑訴法第一百六十一條第二項）

㈡法院為使審理程序集中化，宜於審判期日前，先為充分之準備，儘速完成準備程序，以求審判之順暢、迅速。

㈢法院得為適當之訴訟指揮，促使當事人、代理人、辯護人及其他參與訴訟程序而為訴訟行為者，於準備程序前，妥為準備，並嚴守期日，俾審理程序得以迅速進行。

㈣法院於寄發第一次準備程序傳票或通知書時，宜檢附相關注意事項告知書或說明書。

㈤準備程序之進行，依下列順序為之：

　1.人別訊問。

　2.檢察官陳述起訴概要。

　3.審判長告知被告刑事訴訟法第九十五條規定之事項。

　4.被告、代理人及辯護人對起訴事實為是否認罪之答辯。

　5.決定可否適用簡式審判程序或簡易程序。

　6.整理案件及證據之重要爭點。

　7.處理有關證據能力之意見。

　8.命提出證據。

　9.曉諭聲請調查證據。

　10.決定證據調查之範圍、次序及方法。

　11.其他處理事項。（刑訴法第二百七十三條第一項）

㈥法院、審判長或受命法官得於審判期日前，就證據能力之有無，依刑事訴訟法第一百七十一條之規定，為必要之調

查。如調查之結果，經法院裁定認無證據能力之證據，不得於審判期日主張之。（刑訴法第二百七十三條）

(七)法院、審判長或受命法官為行準備程序，得定期間命被告之代理人或辯護人於準備程序前，為下列事項：

　　1.聯繫被告，事先確定事實關係，整理爭點。

　　2.檢閱卷宗及證物，並抄錄、重製或攝影，以釐清證據能力之爭點。

(八)法院、審判長或受命法官為行準備程序，得定期間命被告之代理人或辯護人於準備程序前，以準備程序書狀分別具體記載下列各款事項，提出於法院：

　　1.被告對檢察官起訴事實認罪與否之陳述；如否認犯罪，其答辯，暨對起訴事實爭執或不爭執之事項。

　　2.對證據能力爭執或不爭執之意見。

　　3.證明答辯事實所憑之證據。

　　4.對檢察官所引應適用法條之意見。

　　5.刑事訴訟法第一百六十三條之一第一項各款事項。

(九)法院處理刑事訴訟法第二百七十三條第一項第一款至第五款規定之事項，對到庭之當事人、代理人、辯護人及輔佐人得為必要之訊問，聽取意見，俾彙整訴訟資料，以利審判之準備。

(十)為利法院指定審判期日，法院、審判長或受命法官，得命當事人、代理人或辯護人陳明預期調查證據或相關事項所需時間。

(十一)審判程序之進行，宜依下列順序為之：

　　1.檢察官陳述起訴要旨。

　　2.審判長告知被告刑事訴訟法第九十五條規定之事項。

　　3.依序調查證據：

　　　(1)當事人聲請調查之證據及法院依職權調查之證據。

　　　(2)被告被訴事實之訊問與詢問。

　　　(3)被告自白之證明力。

　　4.調查科刑之資料。

　　5.依檢察官、被告、辯護人之次序就事實及法律辯論之。

　　6.當事人就科刑範圍表示意見。

　　7.被告之最後陳述。

(十二)法院於當事人、代理人、辯護人及其他參與訴訟程序而為訴訟行為者，因事故不能遵期到庭時，得命陳明具體事由及期間，並提出診斷書或其他資料釋明，由法院變更或延展期日。

(十三)審判長於詰問程序進行前，得曉諭詰問權人遵守下列事項：

　　1.詰問之重點。

　　2.不得詰問之事項。

3. 得逕為誘導詰問之事項。

4. 毋庸建立前提，得逕行詰問之事項。

㈥第二審上訴，法院、審判長或受命法官為行準備程序，得定期間命上訴人、代理人或辯護人於準備程序前，以準備程序書狀分別具體記載下列各款事項，提出於法院：

1. 上訴理由所指事實上之爭點。

2. 上訴理由所指原審判決採證違誤之爭點。

3. 上訴理由所指法律適用之爭點及其正確適用之法律依據。

4. 聲請調查證據之範圍、次序及方法。

㈦上訴人、代理人或辯護人，就原審法院已經詰問、詢問、勘驗或鑑定之同一證據方法重行聲請調查者，法院得命以書狀釋明其重行調查之必要性。

五 關於第五條部分：

㈠法院審理被告在押之案件，應優先、迅速處理，並注意刑事訴訟法第二百九十三條之規定。（刑訴法第二百九十三條）

㈡審判中之延長羈押，每次不得逾二月。如所犯最重本刑為死刑、無期徒刑或逾有期徒刑十年者，第一審、第二審以六次為限，第三審以一次為限。其餘案件，第一審、第二審以三次為限，第三審以一次為限。（刑訴法第一百零八條第五項）

㈢案件經發回者，其延長羈押期間之次數，應更新計算。（刑訴法第一百零八條第六項）

㈣本法第五條第三項所定「審判中之羈押期間，累計不得逾五年」，係指該案繫屬法院期間，各審級（包含更審）實際因該案件羈押被告之期間。刑事訴訟法第一百零八條第八項之繼續羈押、第一百十七條之再執行羈押，其羈押期間均應併予累計。偵查中羈押、另案羈押、借執行期間或少年刑事案件於少年法院調查中之收容，則不予計入。

㈤審判中羈押之被告，法院同時為觀察、勒戒之裁定，觀察、勒戒之執行期間，與羈押期間同時進行，對本法第五條第三項羈押期間之計算，不生影響。（毒品危害防制條例施行細則第十七條）

㈥本法第五條第三項所定「審判中之羈押期間，累計不得逾五年」，如羈押期間為連續，則依曆計算；如羈押期間非連續，每年為三百六十五日。（民法第一百十九條、第一百二十三條）

㈦羈押之始日及開釋日均計入本法第五條之審判中之羈押期間。羈押前之拘提、逮捕期間，固得於判決確定後折抵刑期，惟不計入羈押期間之計算。（刑訴法第一百零八條第四項）

(八)法院於收案時，應分別詳予計算各審級已實際羈押之日數，並記載於卷面。於案件送上級法院或發回、發交下級法院時，應於函文內記載被告於審判中已實際羈押之日數。

(九)審判中之羈押期間，累計已滿五年，仍未判決確定者，視為撤銷羈押，法院應於期間屆滿之日將被告釋放。

(十)本法第五條第二項、第三項或刑事訴訟法第一百零八條第五項之羈押期間屆滿前，如被告有具保、責付、限制住居、限制出境、限制出海之必要者，法院應酌留相當之期間諭知之。

六　關於第六條部分：

本法第六條就刑事訴訟法第一百五十四條第一項之無罪推定原則所為之闡釋，以宣示無罪推定原則之重要性。法院於審理具體案件時，認不能證明被告犯罪而應諭知無罪之判決者，仍應援引刑事訴訟法第三百零一條第一項為判決根據。

七　關於第七條部分：

(一)依本法第七條減輕其刑，應符合下列條件：

　1.案件自第一審繫屬日起已逾八年未能判決確定。

　2.法院依職權或經被告提出聲請。

　3.經法院綜合審酌該條各款情形，認侵害被告受迅速審判之權利，且情節重大，有予適當救濟之必要者。

(二)依本法第七條減輕其刑者，除法院依職權以外，僅被告有聲請權。檢察官、代理人、辯護人、輔佐人均無聲請權。被告以書面或當庭以言詞提出者，均屬合法。被告提出聲請者，如案件自第一審繫屬日起，尚未逾八年，屬聲請不合法。

(三)案件並非一旦逾八年未判決確定，法院即當然認被告受迅速審判之權利受侵害且情節重大。法院仍應綜合審酌第七條各款情形，如認被告受迅速審判之權利確已受侵害且情節確屬重大，有予適當救濟之必要時，始減輕其刑。

(四)本法第七條規定「除依法應諭知無罪判決者外」，係為彰顯無罪推定原則，避免予人本條係有罪推定之誤解，至於免訴、不受理等判決，本即無減輕其刑之適用。

(五)本法第七條所定八年期間計算，自第一審繫屬日起算，第二審、第三審及發回更審之期間均累計在內。案件如經再審、非常上訴，自判決確定日起至更為審判繫屬前之期間，應予扣除。

(六)本法第七條第一款所稱「訴訟程序之延滯，是否係因被告之事由」，係指如訴訟程序因被告逃亡而遭通緝、因病而停止審判、另案長期在國外羈押或服刑、意圖阻撓訴訟程序之順利進行，一再無理由之聲請迴避等，屬被告個人事由所造成案件之延滯而言。第二款所稱「案件在法律及事

實上之複雜程度與訴訟程序延滯之衡平關係」，應由法官於具體個案中慎重斟酌，例如考量案件是否係重大繁雜之犯罪事件、待證事實是否需經多次鑑定、訴訟當事人的多寡、經濟犯罪之資金流向複雜等。第三款所稱「其他與迅速審判有關之事項」，例如鑑定需時過久、調查程序需在國外或大陸地區進行、有法定停止審判等情形即是。

(七)法院依本法第七條規定減輕其刑者，應於判決理由中記載審酌之情形，並援引本法第七條為適用法律之依據。

八　關於第八條部分：

(一)依本法第八條，下列案件，經第二審法院更審為無罪判決者，檢察官、自訴人不得上訴於最高法院：

　　1.自第一審繫屬日起已逾六年且經最高法院第三次以上發回後，第二審法院更審維持第一審所為無罪判決。

　　2.自第一審繫屬日起已逾六年且經最高法院第三次以上發回後，第二審法院為無罪之更審判決，如於更審前曾經同審級法院為二次以上無罪判決。

(二)本法第八條所定六年期間之計算，自第一審繫屬日起算，第二審、第三審及發回更審之期間均累計在內。案件若經再審、非常上訴，自判決確定日起至更為審判繫屬前之期間，應予扣除。

(三)本法第八條所定「經最高法院第三次以上發回後」，包含最高法院第三次發回之情形。

(四)本法第八條前段所謂「案件自第一審繫屬日起已逾六年且經最高法院第三次以上發回後，第二審法院更審維持第一審所為無罪判決」，係指該案件第一審判決無罪，於符合自第一審繫屬日起已逾六年且經最高法院第三次以上發回之要件後，最後一次第二審法院更審判決維持第一審所為無罪判決者而言。

(五)本法第八條後段所謂「案件自第一審繫屬日起已逾六年且經最高法院第三次以上發回後，第二審法院為無罪之更審判決，如於更審前曾經同審級法院為二次以上無罪判決」，係指第一審法院為有罪判決，於符合自第一審繫屬日起已逾六年且經最高法院第三次以上發回之要件後第二審法院連同最後一次更審無罪判決在內，有三次以上為無罪判決者而言。

九　關於第九條部分：

(一)本法第九條第一項所定「除前條情形外」，指案件同時符合本法第八條、第九條之要件者，應優先適用本法第八條之規定。

(二)本法第九條第一項所謂「第二審法院」包含第二審更審法院。

(三)依本法第九條第一項規定提起上訴者，上訴書狀內應具體

　　載明原審判決有何本法第九條第一項各款所定事由。

一〇　關於第十條部分：

　　本法第十條所定「前二條案件於本法施行前」係指本法第八條、第九條各該條文施行前而言。

一一　關於第十一條部分：

　　法院審理案件，需其他機關配合者，例如：鑑定或調取相關文書紀錄等，如相關機關未能積極配合，必將造成案件之延宕，為達到妥速審結之目的，法院得依本法第十一條要求相關機關優先儘速配合。

一二　關於第十三條、第十四條部分：

　㈠本法第五條第二項至第四項自中華民國一百零一年五月十九日施行；第九條自一百年五月十九日施行；其他條文自九十九年九月一日施行。

　㈡本法適用於全部之刑事訴訟案件；於施行前已繫屬於法院之案件，亦適用之。

　㈢本法第五條第二項至第四項施行前，被告經法院依當時有效法律所為羈押及延長羈押，效力不受影響，故縱羈押已逾第五條第二項所定次數或第三項所定期間，仍屬有效。

　㈣在押被告最後一次羈押或延長羈押之裁定係於羈押累計滿五年後始羈押期滿，則該次羈押或延長羈押仍屬有效，惟法院應依本法第五條第四項之規定於該次羈押或延長羈押期滿後釋放被告。

　㈤中華民國一百零八年五月二十四日修正通過本法第五條第五項之刪除，自一百零八年十二月十九日施行，並適用一百零八年五月二十四日修正通過之刑事訴訟法施行法第七條之十一第二項、第三項規定。

　㈥中華民國一百零八年五月二十四日修正通過之本法第五條第三項，自修正公布後一年施行。

法院辦理刑事訴訟簡易程序案件應行注意事項

①民國79年8月6日司法院函訂定發布全文16項。
②民國81年4月30日司法院函修正發布第6項。
③民國84年7月31日司法院函修正發布第3、9項。
④民國84年10月23日司法院函修正發布全文16項。
⑤民國87年4月2日司法院函修正發布全文15點。
⑥民國92年8月27日司法院函修正發布第2、8、10、15點；並自92年9月1日起實施。
⑦民國93年6月24日司法院函修正發布第11點；並自93年6月25日生效。
⑧民國98年8月28日司法院函修正下達第1點；並自98年9月1日生效。

一　得適用簡易程序之案件，以宣告緩刑、得易科罰金或得易服社會勞動之有期徒刑及拘役或罰金者為限。第一審法院依被告在偵查中之自白或其他現存之證據，已足認定其犯罪者，得因檢察官之聲請，不經通常審判程序，逕以簡易判決處刑。但有必要時，應於處刑前訊問被告。所稱「必要時」，指對於檢察官聲請以簡易判決處刑之犯罪事實，或其他與犯罪或科刑有關之事實有加調查之必要者而言。（刑訴法四四九Ⅰ、Ⅲ）。

二　刑訴法第四四九條第一項之案件，檢察官依通常程序起訴，經被告自白犯罪，不論該自白是否於法院訊問時所為，如法院認為宜以簡易判決處刑，即得不經通常審判程序，逕以簡易判決處刑。惟如被告於法院訊問時否認犯罪，並聲請調查證據者，自應詳予調查後，再判斷是否宜以簡易判決處刑。（刑訴法四四九Ⅱ）

三　各地方法院或其分院，宜由簡易庭或設專股辦理簡易程序案件；其經上訴之案件，則由專股以外之刑事庭法官組成合議庭審理，並得視上訴案件數酌設專庭辦理。（刑訴法四四九之一）

四　少年刑事案件經檢察官聲請以簡易判決處刑者，應由少年法院（庭）適用簡易程序辦理。（參照少年事件處理法五、六七Ⅰ）

五　簡易程序案件，被告自白犯罪者，得於偵查中或審判中表示願受科刑之範圍或願意接受緩刑之宣告；於偵查中，經檢察官同意記明筆錄，並以被告之表示為基礎，向法院求刑或為

緩刑宣告之請求者，法院於裁判時，應先審查被告自白之文書資料或筆錄。

檢察官聲請簡易判決處刑時之求刑或為緩刑宣告之請求，與被告之罪責不相當，或忽視、損害被害人權益等，即屬刑訴法第四五一條之一第四項但書第四款之情形，而有刑訴法第四五二條之適用。（刑訴法四五一之一Ⅰ、Ⅲ、四五二）。

六　檢察官聲請以簡易判決處刑之案件，經法院認為有刑訴法第四五一條之一第四項但書之情形者，應適用通常程序審判，並移由刑事庭辦理。

檢察官以通常程序起訴之案件，經法院認宜依刑訴法第四四九條第二項逕以簡易判決處刑者，由原承辦股繼續審理。

前二種情形，應另分新案號，原案號結，其由原承辦股繼續審理者，辦案期限應接續計算。（刑訴法四五二、四四九Ⅱ）

七　適用簡易程序之案件，如免除其刑者，應諭知免刑之判決。以簡易判決處刑時，得併科沒收為其他必要之處分。（刑訴三〇九Ⅰ、四五〇、四五四Ⅰ4）

八　裁判上一罪之案件，其一部分犯罪不能適用簡易程序者，全案應依通常程序辦理之。（刑訴法四五二）

九　適用簡易程序所提起之附帶民事訴訟，除確係繁雜者外，應與刑事訴訟同時判決。其為實體判決者，應經當事人之辯論為之。（刑訴法五〇五Ⅰ、五〇一、五〇四Ⅰ）

一〇　以簡易判決處刑案件，法院應立即處分。書記官接受簡易判決原本後，應立即製作正本送達於當事人、辯護人、代理人、告訴人、告發人。各項相關之行政作業並應密切配合，以求案件迅速終結。（刑訴法二七七Ⅰ、三一四Ⅱ、四五三、四五五）

一一　法官於簡易判決書之製作，得以簡略方式為之，認定犯罪事實所憑之證據，得僅記載證據之名稱，無庸記載證據之具體內容；如認定之犯罪事實、證據及應適用法條與檢察官聲請簡易判決處刑書與起訴書之記載相同者，得引用之。（刑訴法四五四）

一二　當事人依刑訴法第四五一條之一第一項或第三項規定表示願受科刑範圍（指被告）或為求刑或為緩刑宣告之請求（指檢察官）者，法院如於被告所表示範圍內科刑，或依檢察官之請求（求刑或請求宣告緩刑）為判決者，各該當事人不得上訴，並應於判決書內載明之。（刑訴法四五五之一Ⅱ）

一三　對於簡易程序案件之裁判上訴或抗告者，由地方法院合議庭管轄第二審。曾參與第一審裁判之法官，應依刑事訴訟法第十七條第八款規定迴避，不得於第二審合議庭執行職務。（刑訴法四五五之一Ⅰ、Ⅳ）

一四　對於簡易判決之上訴，準用刑訴法第三編第一章及第二章之規定。管轄第二審之地方法院合議庭受理簡易判決上訴案件，應依通常程序審理。其認案件有刑訴法第四五二條之情形者，應撤銷原判決，逕依通常程序為第一審判決。（刑訴法四五五之一Ⅲ、四五二、三六九）

一五　九十二年一月十四日修正通過之刑事訴訟法施行前，已繫屬於各級法院之簡易程序案件，其以後之訴訟程序，應依修正後之刑事訴訟法終結之。但施行前已依法定程序進行之訴訟程序，其效力不受影響。（刑訴施行法七之三）

法院辦理重大刑事案件速審速結注意事項

① 民國69年8月25日司法院函訂定發布全文24項。
② 民國72年8月17日司法院修正發布全文23項。
③ 民國76年8月17日司法院函修正發布全文23項。
④ 民國78年4月12日司法院修正發布第23項。
⑤ 民國79年6月22日司法院函修正發布全文29項。
⑥ 民國80年12月12日司法院函修正發布第2、9項。
⑦ 民國81年10月20日司法院函修正發布第2項。
⑧ 民國84年11月16日司法院修正發布第2、14項。
⑨ 民國87年8月1日司法院函修正發布全文29項。
⑩ 民國89年7月12日司法院函修正發布。
⑪ 民國89年9月6日司法院函修正發布全文30點。
⑫ 民國91年3月28日司法院函修正發布全文29點。
⑬ 民國91年8月13日司法院函修正發布第2點。
⑭ 民國92年1月21日司法院函修正發布第7、8、9、12、26點；並自即日起實施。
⑮ 民國92年8月27日司法院函修正發布第3、11、12點；並自92年9月1日起實施。
⑯ 民國93年12月13日司法院函修正發布第2點；並自即日生效。
⑰ 民國96年1月26日司法院函修正發布第2點；並自即日生效。
⑱ 民國104年1月29日司法院函修正發布第2點；並自即日生效。
⑲ 民國105年12月19日司法院函修正發布第2點；並自106年1月1日生效。
⑳ 民國107年7月23日司法院函修正發布第18、19、22、25點；並自即日起生效。
㉑ 民國108年8月26日司法院函修正發布第2點；並自即日起生效。
㉒ 民國109年1月15日司法院函修正發布第19、23、24點；並自109年1月17日起生效。
㉓ 民國109年2月17日司法院函修正發布第2、7、8、10、15點；並自即日起生效。

一 為期重大刑事案件速審速結，特訂定本注意事項。

二 下列案件第一審法院應認為重大刑事案件，適用本注意事項審理之：

（一）犯刑法第二百二十六條第一項之強制性交、猥褻等而致被害人於死罪。

（二）犯刑法第二百二十六條之一之強制性交、猥褻等而故意殺被害人既遂罪。

（三）犯刑法第二百七十一條第一項之殺人既遂罪。

（四）犯刑法第二百七十二條、第二百七十一條第一項之殺直系

血親尊親屬既遂罪。

（五）犯刑法第三百三十二條之強盜結合罪。

（六）犯刑法第三百四十七條第一項之擄人勒贖既遂罪。

（七）犯刑法第三百四十七條第二項之擄人勒贖既遂而致人於死或重傷罪。

（八）犯刑法第三百四十八條之擄人勒贖結合罪。

（九）犯毒品危害防制條例第四條第一項之製造、運輸、販賣第一級毒品既遂罪而數量達二百公克以上者。

（十）犯毒品危害防制條例第四條第二項之製造、運輸、販賣第二級毒品既遂罪而數量達二千公克以上者。

（土）犯毒品危害防制條例第五條第一項之意圖販賣而持有第一級毒品罪而數量達二百公克以上者。

（土）犯毒品危害防制條例第六條第一項之以強暴等非法方法，使人施用第一級毒品既遂罪。

（吉）犯毒品危害防制條例第六條第二項之以強暴等非法方法，使人施用第二級毒品既遂罪。

（古）犯毒品危害防制條例第十二條第一項之意圖供製造毒品之用，而栽種罌粟或古柯之罪，而栽種數量達一萬株以上者。

（齿）犯槍砲彈藥刀械管制條例第七條第一項之未經許可，製造、販賣或運輸槍砲、彈藥既遂罪。

（共）犯槍砲彈藥刀械管制條例第七條第二項之未經許可，轉讓、出租或出借槍砲、彈藥既遂罪。

（宅）犯槍砲彈藥刀械管制條例第七條第三項之意圖供自己或他人犯罪之用，而犯第七條第一、二項既遂罪。

（大）犯槍砲彈藥刀械管制條例第八條第一項或第三項之既遂罪。

（克）犯兒童及少年性剝削防制條例第三十七條之犯同條例第三十三條第一項、第二項、第三十四條第二項、第三十五條第二項或第三十六條第三項之罪，而故意殺害被害人或因而致被害人於死罪。

（卅）違反銀行法、證券交易法、期貨交易法、洗錢防制法、信託業法、金融控股公司法、票券金融管理法、信用合作社法、保險法、農業金融法等案件，被害法益達新臺幣一億元以上，或其他使用不正之方法，侵害他人財產法益或破壞社會經濟秩序，被害法益達新臺幣一億元以上者。

（三）犯食品安全衛生管理法第四十九條第一項前段、第二項、第三項之罪，或因行為人執行業務犯前述之罪，而依第五項之規定對法人或自然人科以罰金之案件。

（三）犯營業秘密法第十三條之一、第十三條之二、第十三條之四之罪，且營業秘密為實收資本額相當於新臺幣五千萬元以上之本國公司或經辦理分公司登記之外國公司所有。

(三)下列刑事案件，報經院長核定者：

1. 違反組織犯罪條例案件。
2. 以強暴、脅迫或其他非法方法介入公共工程之案件。
3. 案情繁雜或社會矚目之貪污案件。
4. 案情繁雜或社會矚目之賄選案件。
5. 其他認為於社會治安有重大影響之案件。

第二審法院於前開案件經第一審判處死刑、無期徒刑或犯罪手段殘酷，所生損害重大或嚴重影響社會治安，引起公眾關注，或經第一審法院長核定為重大刑事案件者，及第一審管轄權隸屬於高等法院或其分院之內亂罪、外患罪、刑法第一百十六條之對於友邦元首或派至中華民國之外國代表犯故意傷害罪、妨害自由罪者適用之。

第三審法院於前開案件經第二審判處死刑、無期徒刑或宣告無罪而經檢察官提起上訴者適用之。

三　適用本注意事項審理之案件，應迅速週詳調查證據，妥慎認定事實，以為裁判之依據。並依法通知檢察官全程到庭，予檢察官、辯護人直接詰問證人、鑑定人或予被告詰問、詢問證人、鑑定人之機會。

四　法院為審理重大刑事案件，得預為指定庭或專人辦理之。

五　第一審、第二審法院於收到移送之有關案卷後，應於當日分案；下午收案者，至遲於翌日上午分案，分案後應即送法官核閱。第三審法院應於卷證齊全後次一分案日期，保密分案。

六　數人共犯一罪或一人犯數罪之相牽連重大刑事案件，宜分由同股審理；被告犯數罪分別繫屬數同級法院者，宜合併由受理重大刑事案件之法院審理。

七　審理事實之法官應於收受卷宗後七日內指定期日。但重大金融刑事案件，帳證浩繁者；重大營業秘密案件，涉及專業知識、技術或卷證繁雜者，得延長七日。

八　法院為準備審判起見，得於第一次審判期日前先行準備程序，處理調查證據之範圍、順序及詰問證人、鑑定人之次序，整理關係證據能力之前提爭點，其指定之準備程序期日不得逾收案後二十一日。但重大金融刑事案件、重大營業秘密案件不得逾收案後三十日。

九　第一次審判期日應於準備程序後七日內指定。

一〇　審判或訊問被告，非一次期日所能終結者，應儘量於次日連續行之。同一期日上午開庭未能終了者，應儘量於下午連續行之。重大營業秘密案件應注意是否不公開審判及限制訴訟資料之閱覽、抄錄、重製或攝影。

一一　向機關團體調查證據者，應儘量以勘驗之方式行之。

一二　第一審法院審理本注意事項之案件，如遇案情繁雜，必要時應影印卷證，分送審判長及陪席法官，共同研擬調查意

見，俾能充分發揮合議審判功能。

一三　重大刑事案件人犯之提解，應兼顧迅速與安全。以在押或執行中之重大刑事案件被告或受刑人爲證人，其所在與法院間有聲音及影像相互傳送之科技設備者，儘量以該設備訊問之。

一四　重大刑事案件之量刑，除應依刑法第五十七條審酌一切情狀，以爲科刑輕重之標準外，尤應注意其犯罪對於社會安全秩序所生危害，爲妥適之量刑。

一五　重大刑事案件於宣判後，應主動發布消息，以收社會教育功能及嚇阻犯罪之目的。重大營業秘密案件認有適度發布新聞之必要時，得聽取營業秘密所有人或被害人意見，並避免揭露有關營業秘密之實質內容。

一六　判決正本應於宣示判決五日內指派專人送達當事人，將送達證書附卷。

一七　前點送達之規定，於書記官收到上訴理由書狀或答辯書狀時之送達準用之。

一八　被告對第一審判決上訴者，書記官應於收到上訴狀後二日內檢卷送上級法院。對第二審判決上訴者，書記官應於收到上訴理由狀後當日送請檢察官從速答辯，於收到檢察官答辯書後二日內檢卷送最高檢察署，並函請最高檢察署儘速轉送最高法院。

一九　宣告死刑之案件，原審法院應於被告及檢察官收受判決正本之送達回證齊附卷後二日內，依刑事訴訟法第三百四十四條第五項規定，以職權逕送該管上級法院審判，並從速通知當事人如有意見，應逕向該管上級法院陳明。在第二審法院並應檢同第二審判決副知最高檢察署。

二〇　第二審法院依職權逕送上級法院審判時，應將前開通知當事人之函稿隨同附送。

二一　已依職權逕送上級法院審判視爲被告已提起上訴之案件，被告再向原審法院提起上訴或補提上訴理由者，應將該書狀以最速件函送上級法院處理。如理由書狀未提出繕本者，在第二審法院，應即通知逕向最高法院補正，並副知最高法院書記廳。

二二　依第十九點規定檢卷逕送上級法院審判時，如該被告或同案其他被告另受有期徒刑以下刑之宣告者，原審法院應將原卷有關部分影印留存。該部分之判決如因未上訴而確定者，即依該影印卷宗移送檢察官執行。如就該部分之判決提起上訴者，在第一審法院應將上訴狀連同影印卷宗檢送上級法院。在第二審法院於答辯期間已滿後函送最高檢察署者，亦同。

二三　上級法院就前點有期徒刑以下刑之部分爲審判時，其宣告之死刑部分尚未終結者，得併案審判，如認爲併案審判將

使他部分延滯時，得分別審判，其分別審判時，應調閱原卷。

二四 宣告死刑之案件，在未依職權逕送上級法院審判前，當事人或其他得為上訴之人已提起上訴者，應依上訴程序及本注意事項第十八點辦理，不適用刑事訴訟法第三百四十四條第五項、第六項及本注意事項第十九點至前點之規定。

二五 第二審法院檢卷送最高檢察署或逕將卷宗送交第三審法院時，應同時另行函知最高法院書記廳。

二六 第三審法院法官配受重大刑事案件，應提前審理，並於收案後三週內提付評議。

二七 重大刑事案件之傳票、判決正本等訴訟文書之製作及交付送達，與上訴、抗告或移送執行之送卷程序，應設置專簿並指定專人辦理，力求縮短作業流程。

二八 重大刑事案件內容繁雜者，承辦法官得報請院長斟酌停分新案。

二九 辦理重大刑事案件之績效，除應優先列入各級法院年終考成及承辦人員年終考績之參考外，其特著績效者，得列舉具體事蹟專案報請敘獎。如有重大違失者，亦應依有關規定議處。

檢察機關辦理刑事訴訟案件應行注意事項

①民國57年2月28日司法行政部發布。
②民國70年6月16日法務部函修正發布。
③民國71年10月7日法務部函修正發布全文104點。
④民國74年11月11日法務部函修正發布全文105點。
⑤民國83年10月14日法務部函修正發布第101點。
⑥民國85年2月2日法務部函修正發布名稱及全文99點（原名稱：檢察處辦理刑事偵查及執行案件應行注意事項）。
⑦民國87年10月22日法務部函修正發布全文103點。
⑧民國92年1月6日法務部函修正發布全文103點。
⑨民國93年6月23日法務部令修正發布全文148點；並自即日起生效。
⑩民國95年12月8日法務部令修正發布第100、101、103、142、144～150點；並自95年12月11日生效。
⑪民國97年5月19日法務部函修正發布第101、125點。
⑫民國97年6月4日法務部函修正發布第138、139、141、142點；並自97年6月1日起實施。
⑬民國97年9月23日法務部函修正發布第31點；並自97年9月23日實施。
⑭民國106年7月31日法務部函修正發布第21、33、36點；並自106年7月31日生效。
⑮民國108年3月20日法務部函修正發布第3、27、28、64、87、136、146、149點；並自108年3月20日生效。
⑯民國109年1月8日法務部函修正發布第40點；並自109年18月8日生效。
⑰民國109年8月7日法務部函修正發布第138～142點；並自109年8月7日生效。
⑱民國109年12月31日法務部函增訂發布第97-1點；並自110年1月1日生效。

壹　通　則

一　（刑事訴訟法與特別法適用關係）

　　刑事訴訟案件之偵查，本應依刑事訴訟法（以下簡稱本法）所定之程序辦理，其因時間上或地域上之特殊情形而適用其他法律所定程序辦理者，於該特殊情形消滅後，尚未偵查終結者，即應適用本法所定程序終結之。（刑事訴訟法一）

二　（本法第二條用語之意義）

　　本法第二條所謂實施刑事訴訟程序之公務員，在偵查中，係指司法警察、司法警察官、檢察事務官及檢察官而言。所謂被告，係指有犯罪嫌疑而被偵、審者而言。所謂有利及不利之情形，並不以認定事實為限，凡有關訴訟資料及其他一切情形，均應為同等

之注意。其不利被告之情形有疑問者，倘不能爲不利之證明，即不得爲不利之認定。（刑訴法二）

三　（命令移轉管轄）

高等檢察署或其檢察分署檢察長於高等法院或其分院裁定駁回聲請移轉管轄後，仍得將原檢察官之事務，移轉於管轄區域內其他檢察署或其檢察分署檢察官。（刑訴法一五、一六）

四　（指定或移轉管轄之聲請人）

聲請指定或移轉管轄，須當事人始得爲之。原告訴人、告發人雖無聲請權，可請求檢察官聲請。（刑訴法一一）

五　（訊問、詢問筆錄之製作）

訊問、詢問筆錄應當場製作，受訊問人、受詢問人之簽名、蓋章或指印，應緊接記載之末行，不得令其於空白紙上或以另紙爲之。至檢察官行訊問或搜索、扣押、勘驗時，如無書記官在場，得由其親自或指定其他在場執行公務之人員，依法製作筆錄。

前項在場執行公務之人員，係指檢察事務官、司法警察官、司法警察或其他與該案有關而在現場執行公務之人員。

檢察事務官行詢問時，有關詢問筆錄之製作，應由行詢問以外之人爲之。但因情況急迫或事實上之原因不能爲之，而有全程錄音或錄影者，不在此限。（刑訴法三九、四一、四三、四三之一）

六　（文書製作之簽名）

筆錄、起訴書、聲請簡易判決處刑書、不起訴處分書、緩起訴處分書、上訴書、抗告書、聲請書及其他由檢察官製作之文書，檢察官應注意簽名，不得疏漏。檢察事務官受檢察官指揮獨立製作文書時，亦同。（刑訴法三九、四三，參照最高法院二十八年上字第二三三號判例）

七　（卷宗之編訂）

檢察署應保存之訴訟文書，依進行之次序，隨收隨訂案卷內，並應詳加目錄及刑事案件進行期限檢查表。檢察官製作之起訴書、聲請簡易判決處刑書、不起訴處分書、緩起訴處分書、上訴書及駁回再議聲請處分書原本應另行編訂卷宗保存，而以正本附於案卷內。（刑訴法五四）

八　（送達證書及其收受）

送達證書，務必切實記載明確。如應送達之文書爲起訴書、聲請簡易判決處刑書、不起訴處分書或緩起訴處分書者，送達人應作收受證書，記明送達證書所列事項，並簽名後交受領人。至於向在監獄、看守所、少年觀護所、少年輔育院、少年矯正學校、技能訓練所或其他保安處分處所之人爲送達時，應囑託典獄長、看守所所長、少年觀護所主任、少年輔育院院長、少年矯正學校校長、技能訓練所所長或其他保安處分處所長官代爲送達其本人收受，不得僅送達於監獄所校或保安處分處所而以其收受印章爲憑。（刑訴法六一、五六、六二準用民訴法一四一）

九　（文書送達不徵費用及準用規定）

文書之送達，不得徵收任何費用，由書記官交由司法警察或郵政機關之。至關於送達證書之製作及送達日時之限制，與拒絕收受之文件應如何處置，應注意準用民事訴訟法之規定。（刑訴法六一、六二準用民訴法一三九、一四〇、一四一）

一〇　（遲誤聲請再議期間之回復）

遲誤聲請再議之期間者，檢察官得依聲請，准予回復原狀。（刑訴法六七、七〇）

貳　強制處分

一一　（對在監所被告或證人之傳喚）

檢察官於偵查中傳喚在監獄、看守所、少年觀護所、少年輔育院、少年矯正學校、技能訓練所或其他保安處分處所之被告或證人時，應通知該監所校或其他保安處分處所長官，並填具傳票囑託送達被告或證人。（刑訴法七一、七三、一七六）

一二　（拘票之簽發）

檢察官於司法警察官或司法警察依本法第七十一條之一第一項規定聲請簽發拘票時，務須詳為審查，核與規定相符後，始得簽發拘票，並即層報檢察長分案辦理。（刑訴法七一之一、法院組織法六三）

一三　（拘提之執行）

拘提應用拘票者，應備拘票二聯，於執行拘提時，由執行拘提之檢察事務官、司法警察官或司法警察以一聯交被拘人或其家屬，並以書面通知被拘人指定之親友。如拘提之人犯，不能於二十四小時內到達指定之處所者，應不待其聲請，即解送較近之檢察署訊問其人有無錯誤。（刑訴法七七、七九、九一、九二）

一四　（本法第八十八條之一「急迫情況」、「不及報告檢察官」之意義）

本法第八十八條之一第一項之情況急迫，係指如不及時拘提，人犯即有逃亡之虞或偵查犯罪顯有重大困難者而言。同條第二項之其急迫情況不及報告檢察官者，係指檢察事務官、司法警察官或司法警察遇有上開情況急迫情事而不及報告檢察官簽發拘票者而言。（刑訴法八八之一）

一五　（本法第八十八條之一第一項「現行犯」之意義）

本法第八十八條之一第一項第一款所謂現行犯，係指本法第八十八條第二項之現行犯及同條第三項以現行犯論者而言。檢察官如認犯罪嫌疑人所犯之罪情節輕微或顯係最重本刑為拘役或專科罰金之罪者，即令現行犯之供述，且有事實足認為共犯嫌疑重大，亦不得逕行拘提。（刑訴法八八之一）

一六　（本法第八十八條之一第一項「在執行或在押中脫逃者」之意義）

本法第八十八條之一第一項第二款所謂在執行中脫逃者，係指經依刑事法律指揮在監獄、看守所、少年輔育院、少年矯正學校或

其他保安處分處所執行中脫逃者而言。所謂在押中脫逃者，係指經依刑事法律逮捕、拘提、羈押或收容中脫逃者而言。（刑訴法八八之一）

一七　（本法第七十六條及第八十八條之一第一項有事實足認爲之意義）

本法第七十六條第二款、第三款及第八十八條之一第一項第一款、第三款、第四款所謂有事實足認爲，係指必先有具體事實之存在，且據此事實客觀上顯可認爲犯罪嫌疑人，有逃亡之虞，有湮滅、偽造、變造證據或勾串共犯或證人之虞，或所犯之罪確有重大嫌疑等情形而言，檢察官應慎重認定，且應於卷內記明其認定之依據。本法第八十八條之一第一項第三款所謂有事實足認爲，尤應注意不得僅憑主觀認定其行跡可疑或未帶身分證，即遽予盤查及逕行拘提。（刑訴法七六、八八之一）

一八　（檢察官親自實施逕行拘提）

檢察官依本法第八十八條之一第一項規定拘提犯罪嫌疑人時，應出示證件，並告知其本人及以電話或書面告知其指定之家屬，得選任辯護人到場，並將訊問之時間、處所一併告知，如辯護人不到場者，仍應即時訊問。（刑訴法八八之一、二四五）

一九　（檢察官實施逕行拘提後之處置）

前點告知被拘人，應將告知事由，記明筆錄，交被拘人簽名、蓋章或按指印後附卷。告知其家屬者，如以電話行之，應將告知人、受告知人之姓名、住址、電話號碼及告知之時間，記載於公務電話記錄表，層送檢察長核閱後附卷，如以書面行之，應將送達證書或收據附卷。（刑訴法八八之一）

二〇　（逕行拘提後拘票之核發與審查）

檢察官於檢察事務官、司法警察官或司法警察依本法第八十八條之一第二項規定聲請簽發拘票時，應詳核其逕行拘提之理由，確與本法第八十八條之一第一項、第二項所定情形相符者，始予簽發拘票；如其陳報逕行拘提之理由與該條規定情形不合或被拘人爲未滿十四歲之人者，應不予簽發，檢察事務官、司法警察官或司法警察應即將被拘人釋放，並將釋放之時間記明筆錄，交被拘人簽名、蓋章或按指印後附卷。經核准簽發拘票者，仍應於法定時間內將被拘人解送檢察官。如該被拘人爲十四歲以上未滿十八歲之少年犯，應由檢察官或司法警察官移送該管少年法院（庭）。如檢察事務官、司法警察官或司法警察於執行拘提後，不立即陳報檢察官簽發拘票者，應查究其責任。（刑訴法八八之一、少年事件處理法一之一、一八）

二一　拘提或逮捕被告到場者，應即時訊問，不得延擱。檢察官於訊問後如認無聲請羈押必要者，應即釋放或命具保、責付或限制住居。如認有聲請羈押必要者，應即製作羈押聲請書，載明犯罪事實、所犯法條及證據清單，並具體敘明被告犯罪嫌疑重大及具有本法第一百零一條第一項、第一百零一條之一第一

項各款羈押理由所依據之事實，備具繕本連同相關卷證及人犯一併送交法院，聲請羈押。檢察官聲請羈押及其准駁情形，應設簿登記。

前項聲請羈押之卷證，如有事實足認有湮滅、偽造、變造證據或勾串共犯或證人等危害偵查目的或危害他人生命、身體之虞，而應限制或禁止被告及其辯護人獲知者，應於送交法院前，另行分卷予以適當之區隔，並於羈押聲請書敘明分卷之理由，請求法院以適當方式限制或禁止被告及其辯護人獲知。（刑訴法九三、一〇一之一、二二八第四項）

二二　（羈押聲請未受准許裁定之收受與抗告）

前點羈押聲請，經法院裁定駁回或逕命具保、責付、限制住居者，檢察官如有不服，應於法院為裁定後迅速敘明不服之理由，提起抗告，以免使被告羈押與否之程序延宕不決。前述法院之裁定如為送達時，承辦檢察官應於裁定送達辦公處所後立即收受，如檢察官不在辦公處所時，由檢察長收受後，指定其他檢察官處理提起抗告事宜。（刑訴法四〇三、四〇四）

二三　（訊問或詢問時對辯護人之通知）

訊問或詢問被告或犯罪嫌疑人，應將訊問或詢問之日、時及處所，以電話或書面通知辯護人。於訊問或詢問證人如被告在場時亦同。但情形急迫者，不在此限。（刑訴法二四五）

二四　（通知辯護人準用之規定）

前點通知方式，準用第十九點告知被拘人家屬之規定。（刑訴法二四五）

二五　（對辯護人調查證據或證據意見之尊重與徵詢）

檢察官對辯護人所提關於調查證據以供偵查案件參考之聲請，應予重視。如於訊問被告後認有必要時，亦應主動提示證物，徵詢在場辯護人意見。（刑訴法二四五）

二六　（辯護人接見在押被告及通信之限制）

檢察官對於辯護人依本法第三十四條規定接見羈押中之被告並互通信件，僅得加以限制而不得禁止之，且其限制必須有事實足認辯護人有湮滅、偽造、變造證據或勾串共犯或證人之虞，始得為之，縱該被告經依同法第一百零五條第三項規定禁止與外人接見及通信，其效力亦不及於辯護人。（刑訴法三四、一〇五）

二七　（辯護人接見、通信之限制）

檢察官依本法第三十四條但書規定，限制辯護人接見、通信，務須審慎認定，並應將所限制或禁止所依據之事實及限制之方法及範圍記明於卷內並通知辯護人。（刑訴法三四）

二八　（辯護人之在場權及限制）

檢察官、檢察事務官訊問、詢問被告時，應依本法第二百四十五條第二項規定，准許辯護人在場、陳述意見並札記訊問要點。但有事實足認有下列情形之一者，檢察官、檢察事務官報請檢察官同意後，得限制或禁止之：

一　有妨害國訟機密之虞。

二　有湮滅、偽造、變造證據或勾串共犯或證人之虞。

三　有妨害他人名譽之虞。

四　其行為不當足以影響偵查秩序。

檢察官、檢察事務官依本法第二百四十五條第二項但書規定，限制或禁止辯護人在場、陳述意見或札記訊問要點，宜審慎認定，將其限制或禁止所依據之事由、限制之方法及範圍告知辯護人及被告，並命書記官記明於訊問或詢問筆錄。

檢察官、檢察事務官就辯護人在場製作之札記，除法律另有規定外，不得扣押。

檢察官、檢察事務官於訊問、詢問完畢後，宜詢問辯護人有無意見，並將其陳述之意見要旨記明筆錄。（刑訴法四一、二四五）

二九　（律師登錄及加入公會之查對）

律師非經向法院登錄並加入執行業務所在地之律師公會後，不得執行辯護人職務。檢察官對被告或本法第二十七條第二項所列之人提出選任辯護人之委任書狀，應即查對律師名簿或其他證件，並應注意律師法有關法院登錄及加入律師公會之規定。（律師法九、一一）

三〇　（辯護人經通知未到場之處置）

被告因傳喚到場，其選任辯護人已經合法通知而未到場者，檢察官或檢察事務官仍應按時訊問或詢問。對於自首或自行到場之被告，經以電話將訊問或詢問之時間、處所通知其辯護人而不到場者，亦同。如係對受逮捕拘禁中之被告訊問或詢問者，其辯護人如未到場，檢察官或檢察事務官仍宜為適當之等候後再行訊問或詢問，以保障受逮捕拘禁被告之防禦權，但應注意本法第九十三條之一第一項第五款等候時間不得逾四小時之規定。（刑訴法六三、七四、九三之一、二四五）

三一　（訊、詢問筆錄內容之確認）

訊問或詢問完畢後令被告閱覽筆錄時，應許在場之辯護人協助閱覽。但應於筆錄上簽名。

辯護人請求將筆錄內容增、刪、變更者，應使被告明瞭增、刪、變更之內容後，將辯護人之陳述附記於筆錄。（刑訴法四一、二四五）

三二　（聲請羈押傳喚、自首或自行到場被告應踐行之程式）

對於傳喚、自首或自行到場之被告，檢察官於訊問完畢後，認為有羈押之必要者，應依本法第二百二十八條第四項規定，於踐行逮捕及告知手續後，向法院聲請羈押，並適用第二十一點、第二十二點規定。前述逮捕之告知，應以書面記載逮捕之事由、所依據之事實及逮捕時間，交付受逮捕之被告。（刑訴法二二八條第四項）

三三　訊問或詢問被告前，應先告知被告犯罪嫌疑及所犯所有罪名、得保持緘默無須違背自己之意思而為陳述、得選任辯護

人、得請求調查有利之證據後，始能進行犯罪事實之訊問或詢問；如發現被告符合法律扶助法所定得申請法律扶助之要件者，並應告知其得依該法申請法律扶助。前述告知，應確實以口頭爲之並記明筆錄。如有必要，並得將所告知之事項記載於書面交付被告閱覽。

被告或犯罪嫌疑人爲精神障礙或其他心智缺陷無法爲完全之陳述者，應通知其法定代理人、配偶、直系或三親等內旁系血親或家長、家屬得爲其選任辯護人。但不能通知者，不在此限。被告或犯罪嫌疑人爲精神障礙或其他心智缺陷無法爲完全之陳述或具原住民身分者，偵查中未經選任辯護人，應通知依法設立之法律扶助機構指派律師到場辯護。但經被告或犯罪嫌疑人主動請求立即訊問或詢問，或等候律師逾四小時未到者，得逕行訊問或詢問。被告或犯罪嫌疑人爲精神障礙或其他心智缺陷無法爲完全之陳述者，應由本法第三十五條第三項所列之人爲其輔佐人，陪同在場。但經合法通知無正當理由而不到場者，不在此限。（刑訴法二七、三一、三五、九五、法律扶助法六五）

三四　（不正方法訊問之禁止）

訊問或詢問被告時，應出於懇切和藹之態度，不但不得用強暴、脅迫、利誘、詐欺、疲勞訊問、違法聲請羈押及其他不正之方法，即笑謔及怒罵之情形，亦應擯除。被告有數人時，應分別訊問或詢問之，其未經訊問或詢問者，不得在場。又對於被告之請求對質，除顯無必要者外，不得拒絕。（刑訴法九七、九八、一五六）

三五　（訊問、詢問被告應注意之事項）

訊問或詢問被告，固重在辨別犯罪事實之有無，但與犯罪構成要件、量刑標準或加重、減免原因有關之事實，均應於訊問或詢問時，深切注意，研訊明確，倘被告提出有利之事實，自應就其證明方法及調查途徑，逐層追求，不可漠然視之。遇有被告自白犯罪，仍應調查其他必要之證據，詳細推訊是否與事實相符，以防作僞。（刑訴法二、九六、一五六）

三六　對於被告聲請羈押，務須愼重將事，非確有本法第一百零一條第一項、第一百零一條之一第一項各款所列之情形，不得濫行聲請羈押。有無上述情形，自應先行訊問，經訊問後，縱有本法第一百零一條第一項、第一百零一條之一第一項各款之情形，如無羈押之必要亦得不聲請羈押，逕命具保責付或限制住居。至本法第一百零一條第一項、第一百零一條之一第一項所謂犯罪嫌疑重大或嫌疑重大者，係指其所犯之罪確有重大嫌疑而言，與案情重大不同，檢察官應依個案之證據審愼認定。聲請羈押之卷證，如有事實足認有湮滅、僞造、變造證據或勾串共犯或證人等危害偵查目的或危害他人生命、身體之虞，檢察官於羈押審查程序應到庭說明理由，並指明限制或禁止被告及其辯護人獲知之範圍。

對於重大刑事案件、社會矚目案件，檢察官依卷證資料認有聲請羈押被告必要，而聲請羈押時，宜主動向庭陳述聲請羈押之理由或以其他適當之方法提出必要之說明，及相關之證據，以期毋枉毋縱。（刑訴法九三、一〇一、一〇一之一）

三七　（到庭陳述聲請羈押意見應注意事項）

檢察官於法院審查羈押之聲請時，如到庭陳述意見，應注意其審查目的僅在判斷檢察官提出之羈押或延長羈押聲請是否符合法定要件，並非認定被告是否成立犯罪，必要時宜提醒法院無須進行辯論程序，並注意偵查不公開原則，避免揭露無關之偵查資料。且關於聲請羈押之理由，以釋明爲已足。（刑訴法一五九第二項）

三八　（羈押要件「有事實足認爲」之意義）

本法第一百零一條第一項第一款、第二款、第一百零一條之一第一項所謂有事實足認爲之標準，應依具體事實，客觀認定之，並應於羈押聲請書內敘明其認定之根據。（刑訴法一〇一、一〇一之一）

三九　（對於涉案外國人、大陸地區人民或香港及澳門居民之處置事宜）

檢察官對於因涉嫌犯罪在偵查中之外國人、大陸地區人民或香港及澳門居民，依本法第九十三條或第二百二十八條第四項規定實施訊問後，認有聲請羈押之必要者，應向法院聲請羈押，不宜命警察機關收容以代羈押，如無聲請羈押之必要，予以釋放或命具保、責付或限制住居時，宜立即將上開處分內容通知移送機關，由移送機關轉知收容主管機關本其權責，根據客觀之事實及法律之規定，自行決定對該涉案之外國人、大陸地區人民或香港及澳門居民是否予以強制收容。

對於前項受收容人涉嫌之偵查案件，應速偵速結，避免延宕而影響受收容人之權益，於案件偵查終結時並應盡速通知移送機關。（刑訴法九三、入出國及移民法三六、同法施行細則六四、台灣地區與大陸地區人民關係條例一八、香港澳門關係條例一四）

四〇　（許可具保責付等羈押替代處分注意事項）

檢察官依本法第九十三條第三項、第二百二十八條第四項逕命被告具保者，應指定保證金額，其保證金額須審酌被告所涉罪嫌、犯罪情節、所生危害及被告之身分、資力、犯罪所得等事項。如具保人已依指定之保證金額提出現金或有價證券時，應予准許，不得強令提出保證書。遇有以責付或限制住居之方法較適當者，亦應切實採行其方法。

檢察官依第一百十七條之一準用第一百十六條之二第一項，命被告遵守該條各款之附隨處分者，應遵守比例原則，區分各該事項之目的、性質、功能及所能達成之替代羈押效果，並考量被告所涉罪嫌與所生危害、對被告身體、自由及名譽之影響、被害人受害情節及權利受損程度、保全司法機關追訴、審判或執行之功

效等事項，另應注意與本法搜索及扣押、限制出境、出海等章節之適用關係，於衡酌人權保障及國家社會整體公共利益之均衡維護後，審慎酌定適當之處分及相當期間，不得超過必要之程度。（刑訴法一一一、一一五、一一六之二、一一七之一）

四一　（覓保無著之處置）

第三十六點受具保或責付之被告，於本法所定候保時限內仍覓無保時，檢察官於依前點規定審酌被告之身分、資力及其犯罪情節後，認為不宜降低保證金額或改命限制住居或釋回，而有羈押之必要者，應迅於本法第九十三條第二項所定時限內聲請法院羈押。（刑訴法九三）

四二　（保證金之沒入）

檢察官逕命具保之被告，需經合法傳喚無故不到場，並經拘提無著，足以認定係逃匿者，始得沒入其保證金。（刑訴法一一八）

四三　（保證人或令受責付人逮捕與拘提之禁止）

檢察官逕命具保或責付之被告，於具保或責付後，潛逃無蹤，檢察官固得依規定沒入保證金或令受責付人追交被告，但除保證人或受責付人確有藏匿或使之隱避情事，應受刑事制裁外，不得對其逮捕或拘提。（刑訴法一一一、一一五、一一八）

四四　（具保停止羈押或撤銷羈押意見之提出）

對於偵查中羈押之被告，法院為決定是否准予具保停止羈押或撤銷羈押，而徵詢檢察官意見時，檢察官應迅就具保停止羈押或撤銷羈押之適當與否，以書面、電話或其他迅捷方式具體表示意見；如以電話行之者，須作成公務電話紀錄附卷。前述意見，應注意於法院指定之期限內提出。（刑訴法一〇七、一一〇）

四五　（搜索票之聲請）

檢察官實施搜索、扣押時，除應遵守本法第十一章規定外，應依照檢察機關實施搜索扣押應行注意事項辦理。

四六　（強制處分執行之監督）

檢察官依第二十點或依本法第一百三十一條第三項，審核簽發拘票或檢察事務官、司法警察官、司法警察陳報逕行搜索之原因時，如發見檢察事務官、司法警察官或司法警察有濫用職權為拘提、搜索或藉詞延擱釋放被拘提人而涉有犯罪嫌疑或廢弛職務時，應即主動偵辦或簽報檢察長依調度司法警察條例第十一條至第十三條規定處理。（刑訴法八八之一、一三〇、一三一、二二八）

四七　（扣押物之發還）

檢察官依職權或依聲請發還扣押物或留存物時，原則上應發還權利人，但應注意審酌該物之私權狀態，如有私權之爭執時，應由聲請發還之人循法定程序確認權利之歸屬，檢察官不宜逕自介入私權之認定。（刑訴法一四二）

四八　（強制處分之慎重實施）

實施拘提、逮捕、搜索、扣押等強制處分時，不得超過必要之程

度，並應注意當事人之身體及名譽。又社會之公益亦應注意，其為社會注目或涉外之案件，尤宜審慎為之。（刑訴法七七、七八、八九、九〇、一二二、一二四、一三二）

四九　（偵查指揮書之簽發㈠）

檢察官依檢察官與司法警察機關執行職務聯繫辦法規定填發偵查指揮書，以確有繼續追查贓證、共犯之必要者為限。其指揮書並應記載追查贓證、共犯之意旨。（調度司法警察條例一〇）

五〇　（偵查指揮書之簽發㈡）

檢察官對於司法警察機關依檢察官與司法警察機關執行職務聯繫辦法規定請求帶同被告追查贓證、共犯之報告，應從嚴審核，認確有必要者，應依前點規定辦理。（調度司法警察條例一〇）

五一　（訊問解還被告應注意事項）

檢察官依檢察官與司法警察機關執行職務聯繫辦法規定訊問解還之被告時，應注意司法警察人員追查贓證、共犯之結果，及追查贓證、共犯有無不當情事，載明筆錄。

五二　（空白令狀交付之禁止）

檢察官依檢察官與司法警察機關執行職務聯繫辦法規定將傳票、拘票、搜索票、扣押命令或其他文件交付檢察事務官、司法警察官、司法警察執行時，應記載法定事項，或核對有無缺漏，不得交付空白之傳票、拘票、搜索票、扣押命令或其他文件。（刑訴法七一、七七、一二八）

參　證　據

五三　（調查事證、認定事實應注意事項）

檢察官偵查案件，應詳盡調查事證，認定事實應憑證據，所下判斷必須斟酌各方面之情形，且不違背一般人之經驗法則，所得結論不能有論理上之矛盾，斷不可憑空推測，僅以臆想之詞，如「難保」、「自屬當然」等字樣為結論。（刑訴法一五四、一五五）

五四　（無證據能力之意義）

本法第一百五十五條第二項所謂無證據能力，係指不作為證據者而言，茲例示如下：

㈠被告因強暴、脅迫、利誘、詐欺、疲勞訊問、違法羈押或其他不正方法所為之自白，其自白無證據能力。（刑訴法一五六）

㈡實施刑事訴訟程序之公務員違背本法第九十三條之一第二項、第一百條之三第一項規定，或檢察事務官、司法警察官、司法警察詢問受拘提、逮捕之被告或犯罪嫌疑人，違背本法第九十五條第二款、第三款規定，所取得被告或犯罪嫌疑人之自白及其他不利之陳述，無證據能力，但經證明其等違背上述規定，非出於惡意，且該自白或陳述係出於自由意志者，不在此限。（刑訴法一五八之二）

㈢證人、鑑定人依法應具結而未具結者，其證言或鑑定意見，無

證據能力。（刑訴法一五八之三）

(四)被告以外之人於審判外之陳述，除法律有規定者外，無證據能力。（刑訴法一五九）

(五)證人之個人意見或推測之詞，非以實際經驗為基礎者，無證據能力。（刑訴法一六〇）

五五　（以被告之自白為證據）

檢察官以被告之自白為證據時，除應注意非出於強暴、脅迫、利誘、詐欺、疲勞訊問、違法羈押或其他不正方法外，並須於起訴書或聲請簡易判決處刑書內，說明其自白與事實相符之情形。

檢察官用以證明犯罪事實之證據，不得僅憑被告或共犯之自白為已足，尚應提出足以證明被告或共犯自白與事實相符之補強證據。此一補強證據係指除被告或共犯自白外，其他足資以證明被告或共犯自白之犯罪事實確具有相當程度真實性之證據而言，並非以證明犯罪構成要件之全部事實為必要。（刑訴法一五六、最高法院七十三年台上字第五六三八號及七十四年台覆字第一〇號判例參照）

五六　（對被告自白之任意性應指出證明方法）

審判中被告陳述其自白係出於不正之方法，該自白如係經檢察官提出者，檢察官須就該自白之出於自由意志，指出證明之方法。所謂指出證明之方法，須被告先對自白任意性有爭執，如被告僅為抽象之抗辯，檢察官得請求質問被告，藉以明瞭具體爭點所在，於被告釋明後，檢察官得以提出錄音帶、錄影帶、舉出證人等方式，作為該自白出於自由意志之證明方法。此項證明以釋明為已足。（刑訴法一五六）

五七　（被告陳述任意性之主動調查）

為保障刑事訴訟程序之公正，檢察官對於隨案解送之人犯，於訊問時，應問明在警詢中之陳述是否出於自由意志，以確保被告於警詢中陳述之任意性。如有被告指控遭受司法警察人員刑求時，應要求該被告詳細敘述遭刑求之過程，並予記明筆錄，必要時得當場勘驗身體有無留下遭刑求之痕跡，且予以拍照，並命法醫師、檢驗員對其驗傷或檢查身體，以便作為日後查證之依據。如被告指控遭司法警察人員刑求一節並非屬實，上開程序亦可作為被告陳述出於自由意志之證明方法。（刑訴法一五六）

五八　（被告緘默權之保障）

本法第一百五十六條第四項明定不得僅因被告拒絕陳述或保持緘默而推斷其罪行，故檢察官訊問時，宜特加注意調查其他證據，不得僅以被告拒絕陳述或保持緘默即指為理屈詞窮而推斷其為有犯罪嫌疑。（刑訴法一五六）

五九　（本法第一百五十七條「公眾週知之事實」之意義）

本法第一百五十七條所謂公眾週知之事實，係指一般人所通曉，無誤認之可能者而言，亦即自然之物理、生活之常態、普通經驗、無可爭執之事項。（刑訴法一五七）

六〇 （對於違法取證非出於惡意之舉證）

實施刑事訴訟程序之公務員違背本法第一百五十八條之二所列法定程序而取得之被告或犯罪嫌疑人之自白或其他不利之陳述，如係由檢察官提出作為證據者，應由檢察官就執行人員非明知而故意違法，且所得之自白或陳述係出於被告或犯罪嫌疑人之自由意志，負舉證之責任，其舉證以釋明為已足。（刑訴法一五八之二）

六一 （證人傳票待證事由欄之記載）

證人傳票中待證之事由一欄，僅表明與何人有關案件作證即可，不須明白告知到場作證之事實，以免發生串證而失發見真實之旨。（刑訴法一七五）

六二 （具結義務及未具結之效果）

證人、鑑定人依法應具結而未具結者，其證言或鑑定意見，不得作為證據。故檢察官訊問證人、鑑定人時，應注意具結之規定。證人如應具結者，應命證人自行朗讀結文，必須證人不能自行朗讀，始命書記官朗讀，於必要時說明結文之意義並記明筆錄。檢察官訊問證人，應注意告知證人為明確之陳述，如非以實際經驗為基礎者，不得摻雜個人意見或為推測之詞。（刑訴法一五八之三、一六〇、一八九）

六三 （違背法定程序取得證據之證據能力）

實施刑事訴訟程序之公務員因違背法定程序取得之證據，其證據能力除法律已有明文規定外，其有無證據能力之認定，應審酌人權保障及公共利益之均衡維護。檢察官對法院於個案權衡時，應注意法院是否斟酌下列事項：

(一)違背法定程序之情節。

(二)違背法定程序時之主觀意圖。

(三)侵害犯罪嫌疑人或被告權益之種類及輕重。

(四)犯罪所生之危險或實害。

(五)禁止使用證據對於預防將來違法取得證據之效果。

(六)偵查人員如依法定程序有無發現該證據之必然性。

(七)證據取得之違法對被告訴訟上防禦不利益之程度。（刑訴法一五八之四）

六四 （證人親自到場陳述之義務）

證人必須到場親自陳述，雖有不得已情形，亦須就其所在或於其所在檢察署或其檢察分署訊問，其僅以書面代陳述者，不得作為證據採用，但應注意傳聞法則之例外規定。又證人委託他人代表受訊，既非親歷之人，亦不得視為合法證言。（刑訴法一五五、一五九、一七七）

六五 （傳聞證據之排除）

被告以外之人如共同被告、共犯、證人、鑑定人、被害人等，以審判外之言詞或書面陳述，作為證據以證明其所敘述之事項為真實者，該審判外之陳述即屬於傳聞證據，除法律另有規定外，無

證據能力，不得作爲證據使用。所稱法律另有規定，係指本法第一百五十九條之一至第一百五十九條之五、第二百零六條、性侵害犯罪防治法第十五條第二項、兒童及少年性交易防制條例第十條第二項、家庭暴力防治法第二十八條第二項、組織犯罪防制條例第十二條及檢肅流氓條例第十二條中有關秘密證人筆錄等多種刑事訴訟特別規定之情形。另簡易程序及簡式審判程序，亦不適用本法一百五十九條第一項所定之傳聞法則，檢察官對於上開傳聞之例外情形，應予注意並適時主張。（刑訴法一五九）

六六 （傳聞證據排除之適用範圍）

偵查中關於羈押、搜索、鑑定留置、許可、證據保全及其他依法所爲強制處分之審查，除特重急迫性及隱密性，應立即處理且審查內容不得公開外，其目的僅在判斷有無實施證據保全或強制處分之必要，因上開審查程序均非認定被告有無犯罪之實體審判程序，其證明法則僅以釋明爲已足，故亦不適用本法第一百五十九條第一項有關傳聞法則之規定。檢察官實施上開強制處分前，如需向法官聲請核票者，對於上開傳聞之例外情形，應予注意並適時主張。（刑訴法一五九）

六七 （傳聞證據排除之例外㈠）

被告以外之人於偵查中向檢察官所爲之陳述，除顯有不可信之情況者外，得爲證據。所謂顯有不可信之情況，應審酌被告以外之人於陳述時之心理狀況、有無受到外力干擾等外在環境及情況，綜合判斷之。

對於顯有不可信之情況，審判中雖應由主張排除該陳述證據能力之被告或其辯護人釋明之，檢察官仍宜予注意並適時主張之。（刑訴法一五九之一）

六八 （傳聞證據排除之例外㈡）

被告以外之人於審判中之陳述與其先前在檢察事務官、司法警察官或司法警察調查中所爲陳述不符時，其先前陳述必須具有可信之特別情況及爲證明犯罪事實存否所必要者兩項要件，始得作爲證據。而檢察官於審判中主張具有可信之特別情況，應比較其先後陳述時有無其他訴訟關係人在場，陳述時之心理狀況、有無受到強暴、脅迫、詐欺、利誘等外力干擾之外在環境及情況，如有必要，得聲請法院傳喚詢問或製作筆錄之檢察事務官、司法警察官、司法警察或其他在場之證人作證；或勘驗詢問時之錄音帶、錄影帶。（刑訴法一五九之二、一五九之三）

六九 （傳聞證據排除之例外㈢）

除本法第一百五十九條之一至第一百五十九條之三或其他法律所定之情形外，公務員職務上製作之紀錄文書、證明文書，如戶籍謄本、公證書等，或從事業務之人於業務上或通常業務過程所須製作之紀錄文書、證明文書，如醫師診斷病歷、商業帳簿、航海日誌等，若無顯然不可信之情況，亦得作爲證據；其他於可信之特別情況下所製作之文書，如政府公報、家族譜、商業調查報

告、統計表、商品行情表、曆書、學術論文等，亦同。檢察官對於上開屬傳聞例外之文書，應予注意並適時主張之。（刑訴法一五九之四）

七〇　（檢察官之舉證責任(一)）

檢察官就被告犯罪事實，應負舉證責任，並指出證明之方法。故檢察官依偵查所得之證據，足認被告有犯罪嫌疑，提起公訴時，起訴書內記載之犯罪事實及證據並所犯法條等事項，應指明證據方法或證據資料與待證事實之關係，如係移送併案審理之案件，亦應檢具併案意旨書，以落實舉證責任。（刑訴法一六一）

七一　（檢察官之舉證責任(二)）

檢察官對於法院於第一次審判期日前，認為指出之證明方法顯不足認定被告有成立犯罪之可能，以裁定命補正時，檢察官如認為上開裁定為有理由，應即在法院所指定之相當期間內，補正相關證據資料或證明之方法；如無法在指定期間內完成者，應即聲請法院酌予延長，不得延宕不予處理。檢察官對於法院命補正之事項，如須發動強制處分權時，應向法院聲請保全證據，不宜逕自實施強制處分。檢察官如已盡調查能事認無從補正者，或依卷內其他證據已足資證明被告成立犯罪者，應函復法院並說明不補正之原因。

檢察官對於案件已逾第一次審判期日或經法院為相當時日之調查，或被告及其辯護人對證據之證明力已有所爭執，而非所謂顯不足以認定被告有成立犯罪之可能情形，此時法院所為通知補正之裁定，尚與本法第一百六十一條第二項之要件不符，檢察官為落實舉證責任固無妨加強舉證，惟認已無補充證據之必要時，應請法院以實體判決終結訴訟。（刑訴法一六一）

七二　（檢察官之舉證責任(三)）

檢察官對法院依本法第一百六十一條第二項所為駁回起訴之裁定，如有不服，應敘明理由，依本法第四百零三條第一項規定提起抗告。如法院駁回起訴之裁定已確定者，非有本法第二百六十條各款情形之一，不得對於同一案件再行起訴。

檢察官對於駁回起訴之案件，為竭盡調查之能事，仍應分案再行偵查，如發現新事實、新證據，或有本法第四百二十條第一項第一款、第二款、第四款或第五款所定得為再審原因之情形者，自得再行起訴，但不得僅提出與原案相同之事證即再行起訴。（刑訴法一六一、二六〇）

七三　（聲請調查證據應注意事項）

檢察官於審判程序中，有聲請法院調查證據之權利，並得於調查證據時，詢問證人、鑑定人或被告，審判長除認為該詢問係不當者外，不得禁止之。故檢察官對有利於真實發現之證據，且該證據與待證事實具有關連性，並有調查之可能，在客觀上確為法院認定事實及適用法律之基礎者，均得聲請法院調查。

檢察官對於法院依本法第一百六十三條第二項規定行職權調查證

據前，依同條第三項之規定，有權對於證據調查範圍、順序及方法等陳述意見，如法院為上開調查前，未給予陳述意見之機會，而檢察官有意見陳述者，應主動請求法院給予陳述意見之機會。（刑訴法一六三）

七四　（勘驗之必要性）

檢察官實施勘驗應製作筆錄，記載勘驗始末及其情況，並履行法定之方式。如有勘驗物之狀態，非文字所能形容者，宜製作圖畫或照片，附於筆錄之後。履勘犯罪場所或其他與案情有關係之處所，均須將當場勘驗情形詳細記載，不得有含糊模稜或遺漏之處。

檢察官勘驗屍傷應應依檢察機關與司法警察機關勘驗屍傷應行注意事項規定辦理。（刑訴法四二、四三、二一二、二一三）

七五　（有關證人拒絕證言權之告知義務）

除法律另有規定者外，不問何人，在他人為被告之案件，均有作證之義務，期能有助於發見事實之真相。惟證人中有因公務關係應保守秘密而得拒絕證言者、有因與當事人之身分關係得拒絕證言者、有因業務關係有保密義務而得拒絕證言者、有因利害關係而得拒絕證言者，訊問或詢問此等證人之前，除本法第一百八十五條第二項明定證人與被告有第一百八十條第一項之關係者，應告以得拒絕證言、第一百八十六條第二項明定證人有第一百八十一條之情形者，應告以得拒絕證言外，其他情形，亦應告知證人得拒絕證言，以昭程序之允當。（刑訴法一七六之一、一七九、一八〇、一八一、一八二、一八五、一八六）

七六　（證人、鑑定人等真實陳述之義務）

證人、鑑定人、通譯，於檢察官偵查時，供前或供後具結陳述不實者，應注意刑法第一百六十八條規定，又關於鑑定及通譯事項並應注意關於準用人證之各規定。（刑訴法一九七、二〇二、二一一）

七七　（鑑定人或鑑定機關書面鑑定報告之證據能力）

受檢察官選任之鑑定人或囑託之鑑定機關、團體所為之書面鑑定報告，屬本法第一百五十九條所定傳聞之例外規定，具有證據能力。檢察官對於上開傳聞之例外情形，應予注意並適時主張之。（刑訴法一五九、一九八、二〇六、二〇八）

七八　（鑑定）

檢察官行鑑定時，除以專家為鑑定人外，得囑託醫院、學校或其他相當之機關、團體為鑑定或審查他人之鑑定。鑑定之經過及結果，應以言詞或書面報告，其以書面為之者，於必要時得使其以言詞說明。鑑定人或受囑託之醫院、學校、機關、團體實施鑑定或審查之人，為言詞報告或說明時，有具結之義務。（刑訴法二〇二、二〇六、二〇八）

七九　（鑑定留置之聲請）

為鑑定被告心神或身體，檢察官認有必要對被告為鑑定留置時，

無論被告是否同意，均應聲請法院簽發鑑定留置票。

檢察官對被告聲請鑑定留置時，應就鑑定留置之必要性，於聲請書內釋明之。（刑訴法二〇三、二〇三之一）

八〇 （審酌提出鑑定留置聲請之應注意事項）

檢察官聲請鑑定留置之期間，應審酌鑑定事項之具體內容、檢查之方法、種類及難易程度等情狀，預定七日以下之期間，向該管法院聲請之；如依實際狀況所需，在期滿前須延長者，應及早聲請該管法院延長。

鑑定留置期間自法院簽發鑑定留置票之日起算，該期間於執行時，依刑法第四十六條規定折抵。（刑訴法二〇三、二〇三之三、二〇三之四）

八一 （鑑定留置期間之戒護）

鑑定留置期間，被告有看守之必要者，偵查中檢察官得依職權或依留置處所管理人員之聲請命檢察署之法警或洽請移送（報告）該案件或留置處所當地之司法警察機關派人執行。該聲請應以書狀敘述有必要看守之具體理由。（刑訴法二〇三之二）

八二 （鑑定許可書之核發）

應經許可始得進行之鑑定行為，尤其本法第二百零五條之一第一項之採取出自或附著身體之物如：分泌物、排泄物、血液、毛髮、膽汁、胃液、留存於陰道中之精液等檢查身體之鑑定行為，係對人民身體之侵害，偵查中檢察官核發鑑定許可書前，應本於發現真實之目的，詳實審查該鑑定對於確定訴訟上重要事實是否必要，以符合鑑定應遵守之必要性與重要性原則，並慎重評估鑑定人是否適格。

鑑定許可，檢察官得依職權或依聲請為之，司法警察機關因調查案件之必要，亦得陳請檢察官依職權為之。

聲請鑑定許可，應以鑑定人為聲請人。鑑定人聲請核發鑑定許可書，得以言詞或書面為之，其書面格式不拘，惟不論以言詞或書面聲請，均應敘明有必要為本法第二百零四條第一項、第二百零五條之一第一項所列行為之具體理由。（刑訴法二〇四、二〇四之一、二〇五之一）

八三 （檢察官核發鑑定許可書）

鑑定許可書應載明本法第二百零四條之一第二項所定應記載事項、對檢查身體附加條件者其條件、經許可得為之本法第二百零五條之一第一項所處分行為、簽發日期及執行期間屆滿後不得執行，應即將許可書交還之意旨。鑑定許可書得於選任鑑定人或囑託鑑定機關鑑定時，隨函送達於鑑定人或鑑定機關。（刑訴法二〇四、二〇四之一、二〇四之二、二〇五之一）

八四 （拒絕鑑定之處置）

檢察官對無正當理由而拒絕接受檢查身體、解剖屍體及毀壞物體之鑑定處分者，得率同鑑定人實施之，並對拒絕者施以必要之強制力；該拒絕接受身體檢查者若係被告以外之人，且得處以新台

幣三萬元以下之罰鍰。該罰鍰之處分，檢察官應聲請該管法院裁定之。（刑訴法二〇四之三、二一九、一三二、一七八）

八五　（對被告以外之人檢查身體之傳喚與拘提）

檢察官為檢查被告以外之人之身體，得以傳票傳喚其到場或至指定之其他處所，經合法傳喚，無正當理由而不到場者，除得處以罰鍰外，並命令拘提。前開傳票、拘票除分別記載本法第一百七十五條第二項、第七十七條第二項所列各款事項外，應併載明因檢查身體而傳喚或拘提之旨。（刑訴法二一五）

八六　（聲請證據保全之要件）

證據保全，以證據有湮滅、偽造、變造、隱匿或礙難使用之虞為要件，如：保存有一定期限之電訊通聯紀錄、證人身罹重病恐將死亡或即將遠行久居國外、證物不易保存有腐敗、滅失之可能、避免醫院之病歷遭篡改、確定人身受傷之程度、原因或違法濫墾山坡地、於水利地違法傾倒垃圾及不動產遭竊佔之範圍等，該案件即為應保全證據之理由。檢察官受理證據保全之聲請，應詳為審的聲請證據保全之人於聲請書上有無記載明確並加以釋明。（刑訴法二一九之一、二一九之五）

八七　（檢察官受理證據保全之聲請）

檢察官受理偵查中證據保全之聲請，須由告訴人、犯罪嫌疑人、被告、辯護人或代理人所提出者，方屬適格。

如案件尚未移送或報告檢察官，前項聲請應由調查該案之司法警察（官）所屬機關所在地之地方檢察署檢察官受理；如案件已移送或報告檢察官或由檢察官自行偵查中，前項聲請應由承辦該案件之檢察官受理。（刑訴法二一九之一、二一九之三）

八八　（檢察官駁回保全證據之聲請或逾五日不為保全處分）

檢察官受理證據保全之聲請，如為駁回處分時，得以簡便函文載明該聲請不合法或無理由，通知聲請人，並於函內加註聲請人得逕向該管法院聲請保全證據之意旨。如檢察官基於偵查必要性之考量，對該聲請不擬於五日內處理者，應將其暫不處理之理由，以適當方式留下記錄，俾便日後稽考。（刑訴法二一九之一）

八九　（檢察官對法院徵詢聲請證據保全意見之提出）

偵查中檢察官駁回保全證據之聲請或逾法定期間未為保全處分，而由法院受理告訴人、犯罪嫌疑人、被告或辯護人提出保全證據之聲請，法院於決定是否准許前徵詢檢察官意見時，檢察官應就保全證據適當與否，以書面、電話或其他方式具體表示意見；如以電話行之者，須作成公務電話記錄附卷。前述意見，應注意於法院指定之期限內提出。（刑訴法二一九之二）

九〇　（保全證據之實施）

檢察官決定為保全證據之處分後，為執行該處分所為搜索、扣押、鑑定、勘驗、訊問證人或其他必要之保全處分，除有特別規定外，須依其實施之具體方法，分別準用本法第一編第十一章搜索及扣押、第十二章證據之規定。

前項所謂特別規定，如本法第二百十九條之六所定辯護人得於實施保全證據時在場之規定即是。此種情形即不再準用本法第一百五十條第一項規定。（刑訴法二一九之八）

肆　偵　查

九一　（告訴之代理）

告訴人於偵查中，得委任代理人，該代理人並不以具備律師資格者爲限。告訴代理人不論爲律師或非律師，於偵查中，基於偵查不公開原則，不得檢閱、抄錄或攝影卷宗、證物。

外國人如委任告訴代理人，其委任狀或授權書之審核，應與受理本國人案件持相同之態度，如依卷證資料已足認其委任或授權爲眞正，而他造亦不爭執，即無須要求其委任狀或授權書應經認證。（刑訴法二三六之一）

九二　（聲請交付審判之閱卷）

律師受告訴人委任聲請交付審判，如欲檢閱、抄錄或攝影偵查卷宗及證物，不論是否已向法院提出理由狀，均應向該管檢察署檢察官聲請之。該卷宗或證物如由法院調借中，檢察官應通知調借之法院速將卷證送還，俾便向律師聲請閱卷。

檢察官就卷宗或證物提供律師閱覽前，應仔細檢查及判斷是否有涉及另案偵查不公開或其他依法應予保密之情形，如有上開情事，依本法第二百五十八條之一第二項但書規定，得限制或禁止之。（刑訴法二五八之一）

九三　（轄區外行使職務）

檢察官因發現眞實之必要或遇有急迫情形時，得就管轄區域外行其職務。（刑訴法一三、一六）

九四　（言詞告訴之處理）

遇有以言詞告訴、告發、自首者，應立即製作筆錄，向告訴、告發、自首人朗讀或令其閱覽，詢以記載有無錯誤後，命其簽名、蓋章或按指印，如係委託他人代行告訴者，應注意其委任是否眞確及本人有無意思能力，與是否自由表示。（刑訴法二四二）

九五　（告訴乃論之罪應先調查事項）

告訴乃論之罪，應先注意其告訴是否經過法定告訴期間及告訴人是否有告訴權。若告訴人於合法告訴後死亡，或其身分關係消滅，仍於告訴效力不生影響。惟所告訴者，如係刑法第二百三十九條之通姦罪，並應注意其有無縱容或宥恕情形。（刑訴法二三二、二三七）

九六　（告訴乃論之罪，被害人死亡時應注意事項）

告訴乃論罪，被害人已死亡者，應注意本法第二百三十三條第二項及第二百三十六條第二項之適用。但依各該規定告訴者，除被害人之法定代理人或配偶有獨立告訴權者外，不得與被害人明示之意思相反。

如被害人年齡幼稚，不解告訴意義，而其法定代理人又係被告或

因與被告有親屬關係而不爲告訴，復無本法第二百三十五條後段所示之告訴人時，檢察官得依利害關係人之聲請或依職權指定代行告訴人，並注意通知兒童及少年福利主管機關提出告訴。（刑訴法二三三、二三六、兒童及少年福利法七〇）

九七　（檢察官偵查犯罪應注意事項）

檢察官偵查案件，除依本法第一編第八章至第十二章辦理外，應以一切方法爲必要之調查，遇有犯罪嫌疑人未明者，仍應設法偵查。關於犯罪相關之地點、遺留器械物品、犯人之來蹤去跡及其身材、相貌、口音、指紋與其他特徵，並被害人之身分、職業、家庭、交際或其他關係，均可爲偵查之線索，應隨時注意之。（刑訴法二二八）

九七之一　（聲請法院裁定宣告監護處分）

檢察官於偵查中，認被告有應付監護、禁戒、強制治療之情形而有先行保安處分之必要者，得依保安處分執行法第四條第三項規定，向法院聲請裁定宣告保安處分。

檢察官於案件審理中，認被告有應付監護、禁戒、強制治療之情形而有緊急必要時，得出具補充理由書，促請法院是否依保安處分執行法第四條第二項之規定，於判決前，先以裁定宣告保安處分。

九八　（行政違法情節之通知）

檢察官偵查犯罪應依本法或其他法律之規定行使職權，如發現偵查中之案件有違反行政規定之情節，本於檢察官爲國家公益代表人之身分，宜函知行政主管機關本於權責依法處理，其函知之目的係促請該行政主管機關知並依法處理之意，自不宜有命令性質，以避免干涉該主管機關依法行政。至於處理方式，應由該行政機關本於權責，根據客觀之事實，依據法令之規定處理之，檢察官不宜給予具體指示。

九九　（指認犯罪嫌疑人之方式）

檢察官對於有必要指認犯罪嫌疑人或被告之案件，爲期勿枉勿縱，應審慎爲之，確實依照本法之規定，實施全程錄音及必要時全程錄影，並依案情之需要，以各檢察署所設置單面指認玻璃及雙向視訊系統，實地操作使用。

指認前應由指認人先陳述犯罪嫌疑人之特徵，於有數人可供指認時，對於可供選擇指認之人，其外型不得有重大之差異。指認前必須告知指認人，眞正之犯罪嫌疑人並不一定存在於被指認人之中，且不得有任何可能誘導之安排出現。

檢察官行訊問或檢察事務官行詢問及製作指認之供述筆錄時，應要求證人將目擊經過、現場視線及犯罪嫌疑人之容貌、外型、衣著或其他明顯特徵等查證結果予以詳述，命書記官一併附記於筆錄內，以便與指認之結果進行核對查考。

一〇〇　（偵查不公開）

偵查不公開之，如依法令或爲維護公共利益或保護合法權益有必

要，而需公開揭露偵查中因執行職務知悉之事項時，應注意檢察、警察暨調查機關偵查刑事案件新聞處理注意要點之規定，妥適發布新聞，以免因違反偵查不公開而受行政或刑事處罰。（刑訴法二四五）

伍　偵查之終結

一〇一　提起公訴，除與本案相牽連之犯罪或本罪之誣告罪，得於第一審辯論終結前之審判期日，以言詞追加起訴外，應以起訴書為之。

起訴書除應記載本法第二百六十四條第二項所規定之事項外，對惡性重大，嚴重危害社會治安之犯罪，如認有具體求刑之必要，應於起訴書中就刑法第五十七條所列情狀事證，詳細說明求處該刑度之理由；案件於法院審理時，公訴檢察官除就事實及法律舉證證明並為辯論外，並應就量刑部分，提出具體事證，表示意見。如被告合於刑法第七十四條之要件者，亦可為緩刑期間及條件之表示，惟應注意國家當前刑事政策及被告主觀情形，妥適運用。對於有犯罪習慣之被告，應注意請法院宣告保安處分，被告有自首、累犯等刑之減輕或加重之原因，以及應處以沒收、褫奪公權等從刑亦宜併予表明，以促使法院注意。

起訴書內應記載之事項，如有疏漏，應即依式補正。（刑訴法二六四、二六五）

一〇二　（提起公訴應注意事項）
檢察官依偵查所得之證據，是否足認被告有犯罪嫌疑，及有無本法二百五十二條至第二百五十四條所列之情形，均為起訴前應注意之事項。至被告在偵查中曾否到場及起訴時被告之所在是否明瞭，均於起訴不生影響。（刑訴法二五二至二五四）

一〇三　（緩起訴處分）
檢察官為緩起訴處分時，應注意適用檢察機關辦理緩起訴處分作業要點之規定。（刑訴法三七六、二五三之一、二五三之二）

一〇四　（受理少年案件之處置）
司法警察機關移送檢察官偵查，或人民逕向檢察官告訴、告發之刑事案件，經查明被告係少年事件處理法第二條所稱之少年，或係未滿十二歲之人而有觸犯刑罰法律之行為者，檢察官應即製作移送書，將原案送由該管少年法院或少年法庭處理，其有刑法第十八條第一項之情形者，無須適用本法第二百五十二條第八款為不起訴之處分。（少年事件處理法一之一、一八、八五之一）

一〇五　（少年刑事案件不起訴處分後之處置㈠）
少年法院或地方法院少年法庭依少年事件處理法第二十七條第一項第一款之規定移送之刑事案件，經檢察官調查結果，認為非屬該款所列之罪者，應按本法第二百五十五條第一項為不起訴之處分，俟處分確定後，將原案件函送該管少年法院或少年法庭另依保護事件程序處理。但處分確定後被告已滿二十歲者，應另分偵

字案逕依本法實施偵查。（少年事件處理法二七、少年事件處理法施行細則八、一二）

一〇六 （少年刑事案件不起訴處分後之處置㈡）

少年法院或地方法院少年法庭移送之刑事案件，經檢察官調查結果，認爲有應不起訴之情形者，應適用本法第二百五十二條各款、第二百五十五條第一項有關規定，爲不起訴處分；其係告訴乃論之罪而未經告訴者，應簽結他結。但有下列情形之一者，應於處分確定或簽結後被告未滿二十歲前，將原案函送該管少年法院或少年法庭另依少年保護事件程序處理：

㈠依本法第二百五十二條第五款爲不起訴之處分者。

㈡告訴乃論之罪因告訴不合法、依法不得告訴而告訴，或已經撤回告訴後再行告訴，而依本法第二百五十五條第一項爲不起訴之處分者。

㈢告訴乃論之罪未經告訴而簽結他結者。

㈣少年法院或少年法庭移送之非屬少年事件處理法第二十七條所列之案件，經依本法二百五十五條第一項爲不起訴處分者。

（少年事件處理法施行細則八、一〇、刑訴法二五二、二五五）

一〇七 （少年刑事案件不起訴處分後之處置㈢）

檢察官對於少年法院或地方法院少年法庭移送之少年事件處理法第二十七條第二項之案件，經調查結果，認屬最重本刑五年以下有期徒刑之罪，參酌刑法第五十七條所列事項，認以不起訴爲適當者，得依少年事件處理法第六十七條前段規定，爲職權不起訴之處分，移送少年法院或少年法庭依少年保護事件程序審理，但處分確定後，被告已滿二十歲者，無庸移送。（少年事件處理法六七、少年事件處理法施行細則八）

一〇八 （少年刑事案件經不受理判決後之處置）

少年刑事案件因起訴程序違背少年事件處理法第六十五條第一項規定而經法院判決不受理確定者，檢察官應於收案審核登記後，迅將全案送出該管少年法院或少年法庭處理。但收受確定案卷，被告已滿二十歲者，應即另分偵字案逕依本法實施偵查。（少年事件處理法六五、少年事件處理法施行細則八）

一〇九 （案件不起訴處分或緩起訴處分後之處置）

偵查中羈押之被告，受不起訴或緩起訴之處分者，檢察官應即將被告釋放，並即時通知法院。案件經不起訴處分確定或緩起訴處分確定且期滿者，扣押之物件，除應沒收或爲偵查他罪或他案被告之用應留存者外，應即發還，以後非具有本法第二百六十條所列情形之一者，不得對於同一案件再行起訴。惟本法第二百六十條所稱之新事實或新證據，只須爲不起訴處分以前未經發現至其後始行發現，且足認被告有犯罪嫌疑者爲已足，並不以確能證明犯罪爲必要。（刑訴法二五九、二六〇、最高法院四十四年台上字第四六七號、五十七年台上字第一二五六號判例參照）

——〇 （聲請再行起訴之處理）

告訴人於再議期間經過再議駁回後，以發現新事實、新證據或有再審原因為理由，請求起訴，經檢察官查明並無可以起訴之新事實、新證據或有再審之原因者，於結後，祇須將理由以書面通知告訴人，不必再製作不起訴處分書。其由上級檢察長於再議期間經過後，復令偵查者亦同。（刑訴法二五七、二五八、二六〇、司法院字第二八四號解釋參照）

——— （再議聲請之處理）

原檢察官接受聲請再議書狀，應先行查核聲請人是否為告訴人、已否逾七日之期間及其聲請有無理由，並製作審核聲請再議意見書。若聲請人非告訴人或聲請已逾期者，其再議聲請為不合法，原檢察官應駁回再議之聲請，並予簽結。認為有理由者，應自行撤銷原處分，繼續偵查或起訴。繼續偵查之結果，仍得為不起訴處分或緩起訴處分，並另製作不起訴處分書或緩起訴處分書，依法送達。認為無理由者，應將審核聲請再議意見書連同卷宗及證物盡速送交上級檢察署檢察長或檢察總長，不得無故延宕。原檢察署檢察長於原檢察官認聲請為無理由，應行送交卷證時，如認案件尚有偵查之必要，在送交前得親自或指定其他檢察官再行偵查。其聲請逾期者，原檢察長應予駁回。告訴人於不起訴處分書或緩起訴處分書送達前，聲請再議而不合程式者，如以言詞聲請，未具書狀，或具書狀未敘理由等，應通知其依本法第二百五十六條第一項前段規定辦理。（刑訴法二五六、二五六之一、二五七）

——二 （職權送再議之處理）

依職權送再議之案件，檢察官於處分書送達後，應盡速將卷連同證物送交上級檢察署檢察長或檢察總長，不得無故延宕。（刑訴法二五六）

——三 （再議聲請撤回之效力）

告訴人於檢察官將卷證送交上級檢察署檢察長或檢察總長以前，撤回再議之聲請時，原不起訴處分或緩起訴處分，即行確定。但原檢察官或其他檢察官，先已認聲請為有理由，撤銷原處分而繼續偵查或起訴者，不受撤回之影響。（刑訴法二五七）

——四 （上級檢察長或檢察總長對再議聲請之處理）

上級檢察署檢察長或檢察總長，命令原檢察署檢察官續行偵查或起訴時，只應於令文內敘明理由，毋庸另作處分書。至命令續行偵查或起訴案件，本法雖未明定如何方式，但按其性質自應以命令行之。（刑訴法二五八、司法院字第一六九號解釋參照）

——五 （再議聲請之駁回）

上級檢察署檢察長或檢察總長駁回再議，應製作處分書，由檢察長或檢察總長簽名蓋章。但因聲請再議不合法而駁回者，毋庸製作處分書。（刑訴法二五八、最高法院解字第二一〇號、司法院院字第一四二號解釋參照）

一一六　（停止偵查之事由）

犯罪是否成立或刑罰應否免除，以民事法律關係為斷者，本法第二百六十一條雖規定應於民事訴訟終結前，停止偵查，但必須該民事訴訟之法律關係確為犯罪是否成立或刑罰應否免除之先決問題者，始可停止，不得以有該規定，輒予擱置，延滯案件之進行。（刑訴法二六一）

一一七　（續行偵查後之不起訴處分）

檢察官接受上級檢察署檢察長或檢察總長命令續行偵查之案件，如偵查結果仍予不起訴處分或緩起訴處分，應即製作處分書依法送達，告訴人對之並得於法定期間內聲請再議。（司法院院字第八十二號解釋參照）

一一八　（聲請交付審判）

檢察官所為不起訴或緩起訴處分，告訴人不服駁回再議之處分者，得於接受處分書後十日內委任律師提出理由狀，向該管第一審法院聲請交付審判。

上級檢察署駁回再議聲請之處分書正本，應於尾頁末行附記上開事由，送達於聲請再議之人，以維告訴人之權益。並於結案後將全案卷證送還原檢察署，俾便該管第一審法院受理交付審判之聲請後，向原檢察署調取該案卷證。

有關交付審判之要件是否具備，係由受理交付審判聲請之該管第一審法院為審查，如聲請人誤向駁回再議聲請之上級檢察署遞狀聲請，該上級檢察署於收受後，應即將該聲請狀轉送該管第一審法院辦理，並副知聲請人。（刑訴法二五八之一）

一一九　（交付審判閱卷聲請之處理）

律師受告訴人委任聲請交付審判，如欲檢閱、抄錄或攝影偵查卷宗及證物，不論是否已向法院提出理由狀，均應向該管檢察署檢察官聲請之。該卷宗或證物如由法院調借中，檢察官應將律師聲請閱卷之事由通知法院，於法院將卷證送還後，除涉及另案偵查不公開或其他依法應予保密之情形，得予限制或禁止之外，應即儘速提供偵查卷宗及證物供其檢閱、抄錄或攝影。（刑訴法二五八之一）

一二〇　（交付審判程序之準用）

檢察官對於法院裁定交付審判之案件，因視為已提起公訴，其程序準用本法第二編第一章第三節之審判程序，應到庭實行公訴。檢察官基於公益代表人之身分，對於該案件，自不得因前經不起訴處分且駁回再議之聲請，而有懈怠，仍應與一般提起公訴之案件為相同處理。（刑訴法二五八之四）

一二一　（聲請單獨宣告沒收）

檢察官為職權不起訴處分或緩起訴處分時，對被告供犯罪所用或供犯罪預備或因犯罪所得之物品，得依本法第二百五十九條之一規定，單獨聲請法院宣告沒收。但緩起訴之案件，因日後仍有起訴之可能，檢察官對該類案件宜於緩起訴處分確定且期滿後，始

單獨聲請法院宣告沒收。（刑訴法二五九之一）

陸　實行公訴

一二二　（簡式審判程序）

簡式審判程序貴在審判程序之簡省便捷，故調查證據之程序不受嚴格證明法則之限制，且因被告對於犯罪事實並不爭執，故不適用有關傳聞法則之規定。另為求調查證據程序之簡化，關於證據調查之次序、方法之預定、證據調查請求之限制，及證人、鑑定人詰問之方式等，均不須強制適用，檢察官於實行公訴時，得視情況便宜處理。（刑訴法二七三之一、二七三之二）

一二三　（檢察官實行公訴之職責）

檢察官有實行公訴之職責。對於提起公訴之案件，應於法院通知之審判期日始終到庭，不得無故缺席或先行離庭；如有正當理由預期無法到庭或全程在庭者，應洽請法院改期或為適當之處理，或事先將其事由陳報該管檢察長，由該管檢察長指派或自行委託其他檢察官，依檢察一體原則到庭接替執行職務。（法院組織法六〇、刑訴法二七三、二八〇）

一二四　（起訴或上訴要旨之陳述）

檢察官在第一審審判期日，應為起訴要旨之陳述，在上訴審審判期日，如其上訴係由檢察官提起者，應為上訴要旨之陳述，其陳述旨就起訴書或上訴理由書之綱領，提要說明，不得以詳述起訴書或上訴理由書為詞，而將陳述省去，至於事實上或法律上意見，應於辯論時，詳細說明。（刑訴法二八六、二八九、三六五）

一二五　檢察官實行公訴前，應詳研案卷，並預作摘記，俾資為實行公訴攻擊防禦之準備。實行公訴時，必須專注在庭，不得旁騖，對於在庭被告及被害人之陳述、證人之證言、鑑定人之報告、審判長提示之證物及宣讀之文件，暨其他對於被告有利不利之證據，均應密切注意。如有意見，並應適時表示，以協助法庭發見真實。於審判中發見之情形與偵查時不同，自得變更起訴之法條，另為適當之主張。論告時除應就本案事實之證明、法律之適用及有無刑之加重減輕原因，詳為陳述意見，確實辯論，並應就量刑部分，提出具體事證，表示意見。倘發現有利於被告之證據，亦應為有利於被告之論告。（刑訴法二八九）

一二六　（續為蒐集證據）

案件經起訴後，實行公訴之檢察官於必要時，仍得續為證據之蒐集。

公訴檢察官續為證據之蒐集時，應避免行使強制處分權。如有必要於審判外訪談證人時，應以通知書為之。

一二七　（證人詰問、詢問之禁止）

於行證人之詰問程序時，除本法第一百六十六條之七規定外，檢

察官應注意特別法，如性侵害犯罪防治法第十四條、證人保護法第十一條、組織犯罪防制條例第十二條及國家機密保護法第二十五條第二項對證人禁止詰問事項或應予保密事項之規定。如辯護人或其他行詢問或詰問之人對證人有違反規定之詰問或詢問時，應即時提出異議。（刑訴法一六六之七、性侵害犯罪防治法一四、證人保護法一一、組織犯罪防制條例一二、國家機密保護法二五）

一二八　（審理中之併案）

檢察官在偵查中發現有裁判上一罪關係之案件於法院審理中者，如欲移送該法院併案審理時，應敘明併案部分之犯罪事實及併案之理由，並知會該審理案件實行公訴之檢察官。（刑訴法二六七）

一二九　（追加起訴）

檢察官實行公訴時，如遇有追加起訴之情形，應於追加起訴後，立即簽報檢察長，並通知原起訴檢察官，以利稽考。（刑訴法二六五）

一三〇　（撤回起訴）

檢察官實行公訴時，於第一審辯論終結前，發現有應不起訴或以不起訴為適當之情形而欲撤回起訴者，如該案件係有告訴人之案件，為兼顧其權益，宜先以電話、傳真、書面、電子郵件或當面告知等適當方式通知告訴人或其代理人。

基於檢察一體之原則，擬撤回起訴之案件如係由其他檢察官提起公訴者，撤回起訴應先知會提起公訴之檢察官表示意見，經檢察長核可後，始得提出。原起訴檢察官如認其起訴之案件有應不起訴或以不起訴為適當之情形時，亦得請實行公訴之檢察官撤回起訴，並準用上開程序辦理。（刑訴法二六九）

一三一　（訴訟程序之監督）

檢察官實行公訴時，對於審判長或受命法官有關證據調查及訴訟指揮之處分，無論是積極之作為或消極之不作為，如認審判長或受命法官有怠於調查證據、維持訴訟秩序或有其他違法情事者，檢察官即得依本法第二百八十八條之三規定向法院聲明異議。（刑訴法二八八之三）

一三二　（協助自訴）

檢察官有協助自訴之義務，對於法院通知審判期日之自訴案件，如有事實上或法律上之意見，或認為與社會或國家之法益有重大關係，務於審判期日出庭陳述意見，不得以法文係得出庭陳述意見而予忽略。又自訴案件，如具有法定原因，經法院通知檢察官擔當訴訟時，即應擔當。（法院組織法六〇、刑訴法三三〇、三三二）

一三三　（聲請繼續審判）

檢察官對於法院依本法第二百九十四條第一項、第二項、第二百九十五條至第二百九十七條及商標法第四十九條停止審判等之案

件，於停止之原因消滅後，亦得聲請繼續審判。（刑訴法二九四至二九七、商標法四九）

柒 上 訴

一三四 （檢察官裁判正本之收受與審查）

檢察官於裁判正本送至其辦公處所時，即時收受送達，不得無故擱置，致延誤裁判確定之時間。收受裁判正本後，應立就原裁判認定事實有無錯誤、適用法則是否恰當，以及訴訟程序有無瑕疵、量刑標準及緩刑宣告是否適當，分別審查，以決定應否提起上訴或抗告，不得任意擱置，致遲誤上訴或抗告期間。如認原判決量刑失當或漏未宣告保安處分或緩刑者，應即提起上訴或為被告之利益聲明上訴。其上訴書，提起第三審上訴者，必須敘述理由。上訴第二審者，雖無必敘述理由之規定，但為明瞭上訴範圍及要旨，仍以敘述理由為宜。（刑訴法三四四、三七七、三八二）

一三五 （違法不當判決之上訴）

檢察官發見原判決有違法或不當之處，無論被告上訴與否，應於法定期間內提起上訴，不得因被告已經提起上訴，即不予上訴或僅於答辯書內指摘其不當。如告訴人或被害人對於下級法院之判決有不服者，亦得請求檢察官上訴，除其請求顯無理由者外，檢察官不得拒絕。所謂顯無理由，係指該項請求之內容，在表面上不須再經調查，即可認為無理由者而言。（刑訴法三四四）

一三六 （聲請提起非常上訴）

凡依法不得上訴者，檢察官雖不得依通常上訴程序提起上訴，但遇有違背法令情形，仍可俟原判決確定後，出具意見書，報請最高檢察署檢察總長提起非常上訴，以資糾正。（刑訴法四四二）

一三七 （上訴之提起及撤回）

檢察官提起上訴，並不限於原偵查起訴之檢察官，亦不限於原出庭辯論之檢察官。至下級檢察官提起上訴之案件，經上級檢察官查核，認為程序顯不合法或實體上顯無理由者，得於上訴法院裁判前，撤回上訴。（刑訴法三五四）

捌 協商程序

一三八 （聲請進行協商應注意事項）

案件有被害人者，檢察官於聲請法院同意進行協商前，應徵詢被害人之意見。

檢察官聲請法院同意進行協商前，必要時，得先與被告或辯護人交換有關本法第四百五十五條之二第一項所列事項之意見，且應先告知關於協商之條件，仍應以法院同意後進行協商程序所示之意見為據。

檢察官與被告於審判外進行協商時，應先簽會原偵查檢察官、主任檢察官表示意見。但被告所犯最重本刑為三年以下有期徒刑、

拘役或專科罰金之罪者，不在此限。

檢察官爲辦理與被告於審判外進行協商之事宜，得命檢察事務官爲之。（刑訴法四五五之二）

一三九 （協商與協商前意見交換之進行）

檢察官與被告於審判外進行協商或與被告或辯護人爲協商前之意見交換時，非有特殊必要情形經報請檢察長核可者外，應於上班時間，在法院或檢察署之公務場所行之。協商前先行聽取被告有關認罪與否或刑度之意見者，亦同。

協商之案件，預期被告願受法院處之刑逾有期徒刑六月，且未受緩刑宣告者，於進行協商時，應有被告之辯護人在場。被告未選任辯護人者，應待法院指定公設辯護人或律師爲辯護人後行之。

檢察官對於協商之進行、合意之達成及協商前之意見交換，應注意不得違反被告之自由意志。（刑訴法四五五之二、四五五之四、四五五之五）

一四〇 （協商與協商前意見交換之內容）

檢察官與被告協商時，不得同意與被告罪責顯不相當之刑，且不得逾有期徒刑二年。是否同意緩刑之宣告，除應注意是否符合緩刑之要件外，亦應注意審酌被告之前科紀錄與本案之罪責及有無再犯之虞。

協商之內容不得承諾法律許可以外之利益，亦不得要求被告履行法律所不允許之事項。

前二項之規定，於協商前意見交換時，準用之。（刑訴法四五五之二、四五五之三）

一四一 （協商與協商前意見交換之記錄與送閱）

檢察官與被告進行協商前，就協商之時間、地點填寫協商進行單。於協商時，倘檢察官親自爲之，應有檢察事務官或書記官在場協助，如檢察官命檢察事務官爲之者，應有書記官在場，並均應將協商結果作成書面紀錄，由參與協商之人簽名。

前項協商之過程，於必要時得以錄音方式留存紀錄。

第一項協商結果，應送請主任檢察官或檢察長核定。

關於協商前交換意見之過程，應以書面留存紀錄；必要時，得以錄音方式爲之。

前項協商前交換意見之書面，應送請主任檢察官備查，於必要時，再由主任檢察官層報檢察長。

一四二 （協商判決之聲請）

檢察官經與被告達成協商合意，應以言詞或書面向法院聲請爲協商判決。

聲請協商判決時，對於應諭知沒收或追徵者，應一併聲請法院依法諭知。（刑訴法四五五之二）

玖 執 行

一四三 （死刑執行之審核）

諭知死刑之確定判決，經法務部核准執行之命令到達後，執行檢察官應即詳閱全卷，如發見有再審或非常上訴之理由者，應於三日內報請法務部再加審核。（刑訴法四六一）

一四四　（罰金、罰鍰、追徵、追繳或抵償之執行）

罰金、罰鍰、追徵、追繳或抵償應就受裁判人本人之財產執行，其執行之程序準用執行民事裁判之規定，於必要時，得囑託地方法院民事執行處行之。（刑訴法四七一）

一四五　（褫奪公權）

褫奪公權，經判決確定者，應即將被褫奪公權者之姓名、年籍等，函知受刑人、中央選舉委員會、行政院人事行政局、銓敘部或服務之公職機關。（刑法三六）

一四六　（緩刑之執行）

受緩刑宣告之案件，應隨時檢查有無應撤銷或得撤銷緩刑宣告之情形。

受緩刑宣告之案件，如有應撤銷或得撤銷緩刑宣告之情形，收受他罪判決確定執行案件之檢察署，應立即通知受刑人所在地或其最後住所地之地方檢察署。

緩刑附條件者，於緩刑期滿前六十日，應再檢查有無得撤銷緩刑宣告之情形。（刑法七四、七五、七五之一、刑訴法四七六）

一四七　（協商判決、緩刑附條件之執行）

緩刑附條件者，其條件之執行作業程序準用檢察機關辦理緩起訴處分作業要點之相關規定。協商判決宣告本法第四百五十五條之二第一項第二款至第四款事項者，亦同。（刑法七四、七五之一、刑訴法四五五之二）

一四八　（保安處分之聲請）

檢察官依刑法第十九條第一項認被告行為不罰而為不起訴處分，如認有宣告保安處分之必要者，依本法第四百八十一條第二項規定，應注意聲請法院裁定之。又於法院裁判未併宣告保安處分而檢察官認有宣告之必要者，依同條第三項之規定應注意於裁判後三個月內聲請法院裁定之。（刑訴法四八一）

一四九　（假釋中付保護管束之聲請及執行）

假釋中付保護管束，由該案犯罪事實最後裁判法院相對應之檢察署檢察官依法務部核准之監獄受刑人假釋名冊向法院聲請裁定。於收受裁定正本後應即檢送並函請執行監獄所在地之地方檢察署命令該假釋受刑人於出獄後之指定期日內向其居住處所之地方檢察署報到，接受保護管束之執行。假釋經撤銷後，則無須聲請法院裁定撤銷保護管束。（刑法九三、刑訴法四八一、保安處分執行法六五之一）

一五〇　（保護管束執行之監督）

檢察官對於執行保護管束者，應實行其監督權。關於受保護管束人之感化、監護、禁戒或工作及身體、品行、生計等情況，應隨時加以調查，不得僅以執行保護管束者之報告為憑。如發現執行

保護管束者有違背義務情事，亦應隨時督促糾正，必要時得予警告或另行指定執行保護管束者執行之。至接受執行保護管束之報告事項，更應即時予以適當之處理。（保安處分執行法六五）

檢察機關辦理重大刑事案件注意事項

①民國67年3月23日司法行政部函訂定發布全文22點。
②民國76年8月29日法務部函修正發布名稱及全文14點（原名稱：重大刑事案件速審速結注意事項）。
③民國80年12月31日法務部函修正發布全文14點。
④民國81年10月28日法務部函修正發布第2點。
⑤民國85年3月13日法務部函修正發布全文12點。
⑥民國92年2月14日法務部函修正發布全文13點。
⑦民國97年5月20日法務部函修正發布第7點。

一 為期檢察官偵查重大刑事案件妥速辦結，特訂定本注意事項。

二 下列案件，應認為重大刑事案件，適用本注意事項偵查之：

　(一)犯刑法第二百二十六條第一項前段強制性交、猥褻等而致被害人於死。

　(二)犯刑法第二百二十六條之一強制性交、猥褻等而故意殺人或重傷害罪。

　(三)犯刑法第二百七十一條第一項殺人罪及第二百七十二條第一項殺害直系血親尊親屬罪。

　(四)犯刑法第三百三十二條第一項第一項之強盜而故意殺人罪。

　(五)犯刑法第三百三十二條第二項所列各罪。

　(六)犯刑法第三百四十七條第一項意圖勒贖而擄人罪及第三百四十八條之一準擄人勒贖罪。

　(七)犯刑法第三百四十八條第一項之擄人勒贖而故意殺人罪。

　(八)犯刑法第三百四十八條第二項擄人勒贖而強制性交或使人受重傷罪。

　(九)犯毒品危害防制條例第四條第一項之製造、運輸、販賣第一級毒品罪而數量達一千公克以上者。

　(十)犯毒品危害防制條例第四條第二項之製造、運輸、販賣第二級毒品罪而數量達一千公克以上者。

　(土)犯毒品危害防制條例第五條第一項之意圖販賣而持有第一級毒品罪而數量達一千公克以上者。

　(圭)犯毒品危害防制條例第六條第一項之以強暴等非法之方法，使人施用第一級毒品罪。

　(圭)犯毒品危害防制條例第六條第二項之以強暴等非法之方法，使人施用第二級毒品罪。

　(崙)犯槍砲彈藥刀械管制條例第七條第一項之未經許可，製

　　造、販賣或運輸槍砲、彈藥罪。

（宝）犯槍砲彈藥刀械管制條例第七條第三項之意圖供自己或他人犯罪之用，而犯第七條第一項、第二項罪。

（夫）犯兒童及少年性交易防制條例第二十四條第一項、第二項或第二十五條第二項之罪，而故意殺害被害人或因而致人於死或重傷罪。

（芼）其他認為嚴重侵害國家或社會法益或於社會治安、經濟秩序有重大危害之刑事案件。

三　適用本注意事項偵查之案件，應迅依職權週詳調查證據，妥慎認定事實。

四　重大刑事案件於收文當日分案，並於卷面加蓋「重大刑事案件」戳記，分案後應即時送交檢察官核閱。

五　訊問被告非一次期日所能終結者，應儘量於次日連續行之。同一時日訊問未能終了者，應儘量於下午連續行之。

六　向機關團體調查證據者，宜以勘驗或就其所在訊問證人之方式行之。

七　檢察官於調查證據完畢後，認為應行起訴者，應於三日內結案，提出起訴書原本送請檢察長核閱，並督促書記官於起訴後二日內，將有關卷移送法院審理。

　　檢察官就該重大刑事案件，如認有具體求刑之必要，應於起訴書中就刑法第五十七條所列情狀事證，詳細說明求處該刑度之理由，並依情節聲請法院宣告保安處分；案件於法院審理時，公訴檢察官除就事實及法律舉證證明並為辯論外，並應就量刑部分，提出具體事證，表示意見，以供法官量刑之參考。

八　重大刑事案件應行送達之文書，於交付法警室送達時，應加蓋「重大刑事案件，迅派專人送達」紅色印戳，法警室應即派專人於當日送達完畢，並將送達證書繳回承辦書記官附卷。

九　各檢察機關對於重大刑事案件起訴後，應確實全程到庭實行公訴。

一○　檢察官於法警送達判決書正本時，應即時收受，不得延擱，認應提起上訴者，於收到判決三日內詳敘理由，提起上訴。

一一　重大刑事案件之被告對第二審判決上訴者，檢察官應於收到上訴理由狀後三日內提出答辯書，最高法院檢察署應於收到案卷後三日內轉送最高法院。

一二　重大刑事案件內容繁雜者，檢察長得依職權或應承辦檢察官之請求，劃前停分或減分新案。

一三　辦理重大刑事案件之績效，應列入各機關年終成及承辦人年終考績之參考。

　　前項所稱之績效，係指偵查及起訴後全程到庭實行公訴之

成果。

偵查不公開作業辦法

①民國101年12月5日司法院、行政院令會同訂定發布全文11條；並自發布日施行。
②民國102年8月1日司法院、行政院令會同修正發布第8～10條條文。
③民國108年3月15日司法院、行政院令會同修正發布全文15條；並自發布後三個月施行。

第一條
本辦法依刑事訴訟法（以下簡稱本法）第二百四十五條第五項規定訂定之。

第二條
為維護偵查程序之順利進行及真實發現，與保障被告、犯罪嫌疑人、被害人或其他訴訟關係人之名譽、隱私、安全，並確保被告受公平審判之權利，以落實無罪推定原則，偵查不公開之。

第三條
①本辦法所稱偵查程序，指偵查機關或偵查輔助機關因告訴、告發、自首或其他情事知有犯罪嫌疑開始偵查起至偵查終結止，對被告、犯罪嫌疑人、被害人或其他訴訟關係人所為之偵查活動及計畫。
②本辦法所稱偵查內容，指因偵查活動而蒐集、取得之被告、犯罪嫌疑人、被害人或其他訴訟關係人個人資料或相關之證據資料。

第四條
①本辦法所稱公開，指一切足使不特定人或多數人得以見聞、知悉之行為。
②本辦法所稱揭露，指公開以外，揭示、提供或其他足使特定人或不特定人得以見聞、知悉之行為。

第五條
①應遵循偵查不公開原則之人員，指檢察官、檢察事務官、司法警察官、司法警察、辯護人、告訴代理人或其他於偵查程序依法執行職務之人員。
②前項所稱其他於偵查程序依法執行職務之人員，指檢察官、檢察事務官、司法警察官、司法警察、辯護人及告訴代理人以外，依其法定職務於偵查程序為訴訟行為或從事輔助工作之人員。

第六條
檢察官、檢察事務官、司法警察官、司法警察得告知被告、犯罪嫌疑人、被害人或其他訴訟關係人關於偵查不公開之規定，並得曉示如公開或揭露偵查中所知悉程序或內容對案件之可能影響。

第七條

偵查不公開，包括偵查程序、內容及所得之心證均不公開。

第八條

①案件在偵查中，有下列各款情形之一者，經審酌公共利益之維護或合法權益之保護，認有必要時，偵查機關或偵查輔助機關得適度公開或揭露偵查程序或偵查內容。但其他法律有不得公開或揭露資訊之特別規定者，從其規定：

一 對於國家安全、社會治安有重大影響、重大災難或其他社會矚目案件，有適度公開說明之必要。

二 越獄脫逃之人犯或通緝犯，經緝獲歸案。

三 影響社會大眾生命、身體、自由、財產之安全，有告知民眾注意防範之必要。

四 對於社會治安有重大影響之案件，依據查證，足認為犯罪嫌疑人，而有告知民眾注意防範或籲請民眾協助指認之必要。

五 對於社會治安有重大影響之案件，因被告或犯罪嫌疑人逃亡、藏匿或不詳，為期早日查獲或防止再犯，籲請社會大眾協助提供偵查之線索及證物，或懸賞緝捕。

六 對於現時難以取得或調查之證據，為被告、犯罪嫌疑人行使防禦權之必要，而請求社會大眾協助提供證據或資訊。

七 對於媒體查證、報導或網路社群傳述之內容與事實不符，影響被告、犯罪嫌疑人、被害人或其他訴訟關係人之名譽、隱私等重大權益或影響案件之偵查，認有澄清之必要。

②前項第一款至第三款及第七款得適度公開或揭露之偵查程序及偵查內容，應經去識別化處理，且對於犯罪行為不得作詳盡深刻之描述或加入個人評論。

第九條

①前條得適度公開或揭露之案件，除法律另有規定外，下列事項不得公開或揭露之：

一 被告、少年或犯罪嫌疑人之具體供述及是否自首或自白。

二 有關尚未聲請或實施、應繼續實施之逮捕、羈押、搜索、扣押、限制出境、資金清查、通訊監察等偵查方法或計畫。

三 有關勘驗、現場模擬或鑑定之詳細時程及計畫。

四 有招致湮滅、偽造、變造證據之虞者。

五 被害人被挾持中尚未脫險，安全堪虞者。

六 偵查中之卷宗、筆錄、影音資料、照片、電磁紀錄或其他重要文件、物品。

七 被告或犯罪嫌疑人之犯罪前科資料。

八 被告、犯罪嫌疑人或訴訟關係人之性向、親屬關係、族群、交友狀況、宗教信仰或其他無關案情、公共利益或隱私事項。

九 有關被害人或其親屬之照片、姓名、其他足以識別其身分之

　　　　資訊及有關其隱私或名譽之事項。

十　　有關少年事件之資料、少年或兒童之照片、姓名、居住處所、就讀學校、家長、家屬姓名及其案件之內容，或其他足以識別其身分之資訊。

十一　檢舉人或證人之姓名、身分資料、居住處所、聯絡方式、其他足以識別其身分之資訊及其陳述之內容或所提出之證據。

②前項第六款之影音資料、照片或物品，有前條第一項第一款、第七款之情形，而有特別說明或澄清之必要者，於以書面敘明理由，經機關首長核准，以去識別化處理後，得適度公開。但為維護重大公共利益之情形，得不以去識別化處理。

③被告或犯罪嫌疑人有前條第一項第四款至第六款情形者，必要時得公開其聲音、面貌之圖畫、相片、影像、犯罪前科、犯罪情節或其他相類之資訊。

④案件在偵查中，不得帶同媒體辦案，或不當使被告、犯罪嫌疑人受媒體拍攝、直接採訪或藉由監視器畫面拍攝；亦不得發表公開聲明指稱被告或犯罪嫌疑人有罪，或對審判結果作出預斷。

第一〇條

①偵查機關及偵查輔助機關應指定新聞發言人。

②依第八條、前條第二項、第三項公開之事項，應經各該機關首長、新聞發言人或依個案受指定人員審酌之考量後，統一由發言人或受指定人員發布。

③偵查機關及偵查輔助機關除前項人員外，對偵查中之案件，不得公開、揭露或發布新聞。

④偵查輔助機關對於已繫屬偵查機關之案件，偵查中有發布新聞之必要者，應事先徵詢偵查機關意見。

⑤各機關應應設置適當處所作為媒體採訪地點，並應劃定採訪禁制區。

第一一條

①偵查機關及偵查輔助機關首長，應指定該機關有關人員三人至五人，組成偵查不公開檢討小組，由機關首長或其指定之人負責召集，就當季媒體報導該機關有關偵查案件等之新聞加以檢討。遇有重大事故，得隨時召集之；當季無新聞得免召開。偵查不公開檢討小組會議，必要時得報請上級機關派員列席。

②上級機關首長應指定其有關人員三人至五人，組成偵查不公開督導小組，由上級機關首長為召集人，於發現所屬偵查機關或偵查輔助機關於偵查中有違反本辦法，認有必要時，應即予調查並採取有效防止措施。

③偵查不公開檢討小組對未遵守本辦法之人員，應報請機關首長，依各該應負之行政、懲戒或其他法律規定之責任，送交各權責機關依法官法、公務員懲戒法、公務人員考績法或其他法律規定處理。如涉及刑事犯罪者，應向偵查機關告發。

④偵查機關及偵查輔助機關發現辯護人、告訴代理人或其他從事輔助工作之人員違反本辦法者，應送交權責機關依律師法或其他法律之規定處理。如涉及刑事犯罪者，應向偵查機關告發。

⑤第一項檢討報告及第三項查辦處分情形，偵查機關及各偵查輔助機關應定期公布。

第一二條

偵查機關及各偵查輔助機關應定期舉辦教育訓練，加強對偵查不公開原則之認識及落實。

第一三條

偵查機關及偵查輔助機關不得將偵查案件之媒體曝光度，做為績效考評之依據。

第一四條

被告、犯罪嫌疑人、被害人或其他訴訟關係人為少年或兒童時，除法律另有規定外，準用本辦法之規定。

第一五條

本辦法自發布後三個月施行。

法院辦理刑事訴訟案件被告具保責付要點

①民國69年8月25日司法院函訂定發布全文16條；並自發布之日施行。
②民國77年2月12日司法院函修正發布全文16條。
③民國80年10月9日司法院函修正發布。
④民國84年7月31日司法院函修正名稱及全文15點（原名稱：法院辦理刑事訴訟案件被告具保責付辦法）。
⑤民國91年3月13日司法院令修正發布全文15點。
⑥民國93年12月13日司法院函修正發布第2、3、5、7、9、10點及附件一～八為直式橫書；並自94年1月1日生效。

一　刑事訴訟被告具保或責付手續，除法律另有規定外，依本要點辦理之。
　　法院辦理違反社會秩序維護法案件之具保責付手續，準用本要點之規定辦理。

二　被告經諭知具保者，應審酌其涉嫌犯罪之情節與身分及家庭環境，指定相當之保證金額，命提出由該管區域內殷實之人所具之保證書。如聲請人自願繳納保證金或由第三人繳納者，由法警填具報告書（格式如附件㈠），經法官批准後，由書記官開具繳納保證金通知單（格式如附件㈡）交由法警帶同聲請人逕向出納室繳納，並將收據第二聯附卷存查。
　　前項保人如一人資力不足時，得由二人以上為之。
　　諭知責付者，應由得為其輔佐人或該管區域內其他適當之人出具責付證書。

三　保證書應記載保證金額及依法繳納之事由，責付證書應載明如經傳喚願負責被告隨時到場。其格式由各級法院統一印制（如附件㈢、㈣），免費供用，並應備置於法警室或服務處（含服務臺、服務中心或訴訟輔導處，以下同），以便被告或其親友取用，法警或服務處職員並應指導其填寫方法，或代為填寫。

四　諭知准予交保責付者，如有得為被告輔佐人之人或親友在場，可逕命出外代為覓保或受責付人，並代辦一切具保責付手續。如其中有可為具保人或受責付人，或其辯護人有可為受責付人之情形，而應繳驗之身分證等證明文件已攜帶齊全者，應命當庭即時辦理一切具保或責付手續。
　　書記官於開庭前應攜帶印就之空白保證書、責付證書等到庭，以供遇有前項情形時，可當庭將空白保證書或責付證書

交付被告或其親友應用，並指導其填寫方法。

五　被告不能當庭辦理具保責付手續者，應准用電話或以其他方法，通知其在法院所在地之親友或願爲其保受責付之人，攜帶必需之身證證等證明文件，逕向法院書記官辦理具保責付手續。對於當日不能辦妥具保責付手續之被告或其親友，應交付「被告具保責付處理紀錄單」（格式如附件（五）），以便其於五日內憑單繼續辦理。羈押於看守所之被告，經裁定准予具保責付者亦同。被告陳述須出外覓保或受責付人時，得指派法警隨同前往，注意戒護，以防脫逃。如非有脫逃之虞時，不得以戒具束縛其身體。

六　被告未能照指定之保證金額覓保，斟酌其涉犯罪之情節能降低原定之保證金額者，法官得將原指定之保證金額酌予減低，命繼續覓保。認爲以責付爲適當者，法官亦得逕命責付。

七　被告在法院所在地無法覓保，經准許在鄉區覓保，得由法官以電話或以書面囑託該管警察機關，就近辦理對保手續，並將電話囑託情形，記載於電話查保登記簿（格式如附件（六））。

八　出具保證書人須提出財產證明文件，證明確已超過指定之保證金額。具保而免提保證書者，除繳納之保證金爲現金外，其許以有價證券代繳時，應按時價折算之。

受責付者除得爲被告輔佐人之人或其選任辯護人、委任代理人外，以居住該管區域內被告之尊長親友或其他有正當職業或有聲譽信用之人，而對被告具有約束力影響力者爲適當。

九　法院應於法警室備置具保證人稽核登記卡（格式如附件（七）），對於聲請具保之人，由法警檢查其是否有經常爲人在法院具保及超過其資產能力具保情事，如發現有上述情事者，應報告法官，拒絕其保證，並注意查究有無不法情事。

一〇　被告經法官諭知具保或責付時，應由承辦人員依據「具保責付辦理程序單」（格式如附件（八））循序辦理具保責付手續，並逐項將辦理時間詳實登載於各欄，於辦完手續後，由書記官附卷存查。

一一　前條辦理程序單分由下列人員記載：

　（一）日期至書記官開具繳納保證金通知單時間（採二十四小時制）各欄，由書記官記載。

　（二）分配法警查保時間欄，由法警長記載。

　（三）法警協助通知被告親友時間欄，由候室值勤法警記載；被告親友辦妥手續時間欄及查保完畢時間欄，由查保法警記載並簽名或蓋章。

　（四）收受保證金時間欄，由收受人記載，如保證金係向駐法院之銀行櫃台繳交者，由帶領繳款人前往繳款之法警記載。

㈤被告保外時間欄，由候保室值勤法警或查保法警記載並簽名或蓋章。

㈥法官批保時間欄至書記官交付釋票時間各欄，由書記官記載。（看守所收受釋票時間，可依據釋票登記簿上看守所簽收人員之簽收時間記載）。

一二　被告經准予具保或責付者，如覓妥具保人或受責付人時，已逾辦公時間，或屬例假日，得由原承辦人員委託值日法官代為審查批准，辦理釋放手續。

一三　法警室應備置被告具保責付登記簿，按日將具保責付被告之案號、案由、姓名登載，報經書記官長轉陳院長核閱。

一四　被告未能覓得具保人或受責付人時，法警室應即將經過情形，填具報告書（格式如附件㈠）報請法官核辦。

一五　奉派辦理具保責付手續之人員，不得藉故刁難拖延，或所有需索，或接受招待餽贈，或將被告帶至他處辦理與覓保無關之事，違者從嚴議處。

檢察機關辦理刑事被告具保責付要點

①民國54年7月1日司法行政部函訂定發布全文11條。
②民國70年10月3日法務部函修正發布名稱及全文22條（原名稱：刑事訴訟保責付辦法）。
③民國73年4月27日法務部函修正發布全文22條。
④民國83年10月19日法務部函修正發布全文22條。
⑤民國85年8月7日法務部函修正發布名稱及全文22條；並自85年8月9日起實施（原名稱：檢察機關辦理刑事被告具保責付辦法）。
⑥民國110年6月22日法務部函修正發布第4、6、10點、第2點之附件一、第8點之附件四、第15點之附件六、第16點之附件七、第21點之附件八；並自發布日生效。

一 檢察機關辦理刑事被告具保或責付，除法律另有規定外，依本要點辦理。

二 被告經檢察官命具保者，應審酌案情與被告身分及家庭環境，指定相當之保證金額。其由該管區域內殷實之人或商舖具保證書者，並應記載保證金額及依法繳納之事由。如聲請人自願納保證金額或由第三人繳納者，由書記官開具繳納保證金通知單（格式如附件一）交保證人辦理繳納手續，或由法警帶同被告逕向出納室繳納，並將收據第二聯附卷存查。

前項保證得由二以上殷實之人或商舖共同為之。

繳納保證金額及以有價證券代保證金額之繳納者，如被告在法院所在地無住居所，應命其指定送達代收人，並請繳款人詳載其住所及身分證統一號碼。

三 被告經檢察官命責付者，應由得為其輔佐人之人或該管區域內其他適當之人出具受責付證書，載明如經傳喚願負責被告隨時到場。

四 保證書及受責付證書由各級檢察署統一印製（格式如附件二、三）免費供用，並應備置於服務處，以便取用，服務處人員並應指導其填寫方法，代為填寫。

五 被告經命具保或責付者，如有得為被告之輔佐人之人或親友伺候於偵查場所外，可請其出外代為覓保或受責付人，並代辦一切具保或責付手續。如其中有可為具保人或受責付人，而應驗之身分證或營業執照等證明文件已攜帶齊全者，應即時受理一切具保或責付手續。

書記官於偵訊前應攜帶印就之空白保證書及受責付證書等到場備用，具保人或受責付人不明填寫之方法時，並應加以指導。

六　被告不能當場辦理具保或責付手續者，應准借用電話或以其他方法通知其住居於檢察署所在地願為具保或受責付之人，攜帶必需之身分證，營業執照及繳納稅捐等證明文件，逕向承辦書記官辦理具保或責付手續。羈押於看守所之被告，經命具保或責付者亦同。

七　被告陳明須出外覓保或受責付人時，應指派法警隨同前往。途中如非顯有脫逃之虞時，不得束縛其身體。

八　被告當日未能覓得具保人或受責付人者，應由承辦書記官當場製作「具保責付處理紀錄單」（格式如附件四），將檢察官所命具保責付情形查明，交付被告或得為其輔佐人之人收執，俾其可持單至法警室續辦手續。

九　被告未能照指定之保證金額覓得妥保時，命適用前點規定辦理外，檢察官得視案情酌減其保證金額，命再繼續覓保，或不命具保而責付於得為其輔佐人之人或該管區域內其他適當之人。

一○　被告在檢察署所在地無法覓保，經准許在鄉區覓保者，得由承辦檢察官以電話或以書面囑託該管警察機關，就近辦理對保手續，並將電話囑託情形，記載於電話查保登記簿（格式如附件五）。

一一　出具保證書之人，如為該管區域內之商舖，其登記之資本額應在指定之保證金額以上，但其實際資產多於登記之資本額者，不在此限。

一二　出具保證書之人非該管區域內之商舖，而係有資產之人，須其財產確已超過指定之保證金額者，方得許可。

一三　具保願繳納指定之保證金額而免提出保證書時，如係以有價證券以代保證金之繳納時，其繳納之有價證券，應按時價折算之。

一四　受責付除係得為被告輔佐人之人或其委任之代理人外，以居住該管區域內被告之尊長親友或其他有正當職業或有聲譽信用之人，而對被告具有拘束力、影響力者為適當。

一五　法警室應備置具保商舖（或殷實之人）稽核登記卡（格式如附件六）以備隨時稽查。如發現有經常為人在法院或檢察署具保情事應報告檢察官，拒絕其保證，並嚴查究其有無包攬訴訟或招搖撞騙之不法情事。

一六　被告經檢察官命具保或責付時，應由承辦人員依據「具保責付辦理程序」單一（格式如附件七）循序辦理具保或責付手續，並逐項將辦理時間載明，於辦完手續後，由書記官附卷存查。

一七　前點辦理程序單分由左列人員記載：
　(一)日期至檢察官命具保責付之時間（採二十四小時制）各欄，由紀錄書記官或法警長記載。
　(二)分配法警查保時間欄，由法警長記載。

　　㈢法警查保完畢時間欄，由查保法警記載並簽名或蓋章。

　　㈣被告保外時間欄，由候保室值勤法警或查保法警記載並簽名或蓋章。

　　㈤檢察官批保時間欄及書記官交付釋票時間欄，由書記官記載。（看守所收受釋票時間，可依據釋票登記簿上看守所簽收人員之簽收時間記載）。

一八　被告經承辦檢察官准予具保責付後，如於辦公時間外或例假日覓妥具保人或受責付人時，應由值日檢察官負責審查並辦理釋放手續。

一九　法警室應備置值星主任檢察官（或檢察官）之牌示，值星官及法警室應隨時注意辦理具保責付之情形，如發現有稽延之情事，應即報請檢察長作適當之處理。

二○　法警室應備置被告具保責付登記簿，按日將具保責付被告之案號、案由、姓名登載，報經書記官長轉陳檢察長核閱。

二一　被告未能覓得具保人或受責付人時，法警室應即將經過情形，以書面報告檢察官核辦（報告書格式如附件八）。

二二　奉派辦理具保責付手續之人員，不得藉故刁難、拖延、需索、或接受招待、餽贈、或將被告帶至其他處所辦理與覓保、責付無關之事件，違者從嚴議處。

檢察機關實施搜索扣押應行注意事項

①民國90年6月22日法務部函訂定發布全文29點；並自90年7月1日起實施。
②民國92年9月4日法務部函修正發布全文32點；並自修正發布日起實施。
③民國106年5月24日法務部函修正發布全文39點；並自106年5月24日生效。
④民國107年8月30日法務部函修正發布第12、14點；並自107年5月25日生效。

一　為使各級檢察機關檢察官、檢察事務官審慎實施搜索、扣押，加強保障人權，特訂定本注意事項。

二　檢察官於偵查犯罪認有必要實施搜索、扣押時，其執行程序應依刑事訴訟法（以下簡稱本法）及本注意事項規定辦理。

三　檢察官實施搜索、扣押，應嚴格遵守偵查不公開規定，並依比例原則，擇其適當方法，務期於損害最小、影響最少之情形下，審慎執行之。

四　檢察官偵查犯罪，於必要時，得對被告或犯罪嫌疑人之身體、物件、電磁紀錄、住宅或其他處所實施搜索。

前項所稱必要時，指一般理性之人依其正常判斷，可認為有犯罪證據存在之相當可能性之情形；有無相當可能性之判斷，以有相當或然性存在為足，不以達到充分可信或確定程度為必要。

五　檢察官偵查犯罪認有相當理由可信為被告或犯罪嫌疑人或應扣押之物或電磁紀錄存在時，得對第三人之身體、物件、電磁紀錄、住宅或其他處所實施搜索。

前項所稱有相當理由，指所認定有犯罪證據存在之相當可能性，其程度高於前點所稱之必要時。

六　檢察官實施搜索、扣押前，宜初估被告或犯罪嫌疑人之犯罪所得，並預估足資沒收財產標的之所在、狀態、數量及價值等，再衡量扣押或沒收所可能耗費之成本後，決定有無扣押之必要。認有扣押之必要者，應確認法律依據，並確實遵循法定程序。

檢察官為保全追徵，必要時得酌量扣押犯罪嫌疑人、被告或第三人之財產。

前項所稱財產，指動產、不動產、船舶、航空器、有價證券、債權及其他一切有財產價值之權利；所稱酌量，以所扣押之財產價值，足供追徵之數額為限。

七　檢察官扣押不動產、船舶或航空器時，得以通知主管機關爲扣押登記之方法爲之。

前項登記方法，依下列規定辦理：

㈠已登記之不動產：於公文載明所有人、建（地）號、面積、法律依據及所欲達成之扣押或禁止處分之狀態，囑託地政事務所爲查封登記。

㈡船舶：通知內政部警政署所屬各港務警察總隊協助並囑託交通部航港局辦理查封登記。

㈢航空器：通知內政部警政署航空警察局協助並囑託交通部民用航空局辦理查封登記。

八　檢察官扣押債權時，得以發扣押命令禁止被告、犯罪嫌疑人或第三人向債務人收取或爲其他處分，並禁止債務人向被告、犯罪嫌疑人或第三人清償之方法爲之。

前項扣押標的爲帳戶者，宜於公文載明應扣押之帳戶、金額及法律依據，並載明所欲達成之扣押或禁止處分之狀態，行文金融機構爲之。

九　非附隨於搜索之扣押，其標的屬得爲證據之物，且非兼具犯罪物或犯罪所得性質者，得逕行爲之，免經法官裁定。

一〇　檢察官向法院聲請搜索票、扣押裁定時，應備妥聲請書，分別將本法第一百二十八條第二項各款、第一百三十三條之一第三項第一款、第二款規定所列之事項，逐一記載，且力求明確。

因有正當理由無法具體載明前項規定之事項時，仍應記載其可得特定之範圍，並於聲請時，向法官爲適當之說明。第四點、第五點所定實施搜索之必要性或相當理由，並應於搜索票之聲請書中加以釋明。

一一　檢察官於司法警察官依本法第一百二十八條之一第二項、第一百三十三條之二第二項規定報請許可聲請搜索票、扣押裁定時，應先審查該聲請名義人是否屬本法第二百二十九條、第二百三十條規定所列之司法警察官；對於聲請書之內容，應詳予審查所記載之事項，是否符合法律規定及所附資料是否齊備後，在聲請書上直接批示許可或不許可，並得附加理由。但對於記載不全或資料不齊備而屬可得補正之案件，應命其儘速補正，勿逕行批駁。

檢察官許可聲請者，應留存聲請書影本，正本交還司法警察官或其指定之人持向法院聲請；不許可聲請者，應留存聲請書正本，將影本退還。

一二　檢察官就偵查中之案件需聲請搜索票、扣押裁定時，其係地方法院管轄之案件，應由地方檢察署之檢察官向該管地方法院聲請；其係高等法院或其分院管轄之案件，應由高等檢察署或其檢察分署之檢察官向該管高等法院或其分院聲請。

前項案件屬於相牽連之案件，認有在管轄區域外實施搜索、扣押之必要者，得逕向有管轄權之任一法院聲請核發搜索票、扣押裁定。

一三　檢察官對承辦之案件，認有必要搜索中央政府相當於部會級及其所屬一級以上機關、各直轄市、縣（市）政府、軍事上應秘密之處所、立法院或各直轄市、縣（市）議會、各大專院校或媒體事業機構時，除情況急迫，確有絕對必要即時依法逕行搜索者外，應於向法院聲請搜索票、扣押裁定前，報告其主任檢察官層報檢察長，必要時檢察長得召集該案件之承辦檢察官及其主任檢察官共同研商決定是否應行搜索、扣押及其執行方式，檢察官應依該研商結論執行之。

承辦檢察官不同意前項規定之研商結論時，應依法務部訂頒之「檢察一體制度透明化實施方案」所定之方式處理。

第一項規定之研商結論應留存書面紀錄，另卷保存。

一四　前點規定之情形，屬社會矚目之案件或搜索、扣押之執行足以嚴重影響政府之公信或議會議事之正常進行者，聲請搜索、扣押之檢察署檢察長應報告其上級檢察署檢察長層報最高檢察署檢察總長。

一五　檢察官除於情況急迫，確有絕對必要者外，對第十三點所定之處所不宜逕行搜索；其依法逕行搜索者，應於開始搜索時，即時以適當方式報告主任檢察官層報檢察長，並聽取指示。

一六　檢察官聲請搜索票、扣押裁定時，得指定檢察事務官或書記官持聲請書向法院辦理。但法院於審核聲請書認有必要請檢察官說明時，檢察官應即以適當方式向法官為必要之說明。

檢察官於司法警察官聲請搜索票、扣押裁定時，應請該案件之承辦人或熟悉案情之人員持聲請書向檢察官及法院辦理聲請事宜，以便必要時得就案情及聲請之理由加以解說。

一七　聲請搜索票、扣押裁定經法院駁回者，依本法第一百二十八條之一第三項、第一百三十三條之二第五項規定均不得聲明不服。檢察官仍認為確有實施搜索、扣押之必要時，得再補充相關事證後，重新向法院聲請。

一八　執行搜索、扣押，除依法律不用搜索票、扣押裁定之情形外，應先出示搜索票、扣押裁定，使受搜索人、扣押標的權利人明瞭執行搜索、扣押之案由及應受搜索、扣押之人及範圍。

實施搜索、扣押後，應製作筆錄，將搜索、扣押過程、執行方法、在場之人及所扣押之物記明筆錄。

一九　實施搜索或扣押時，應遵守搜索票、扣押裁定上法官對執

行人員所爲之指示，針對案情內容之需要執行搜索，不應爲漫無目標之搜索、扣押。

二〇 依本法第一百三十條規定實施附帶搜索，且係針對受搜索人之住居所或所使用之公共交通工具爲之者，仍應有相當範圍之限制（例如：非指整棟樓房或整列火車、整架飛機、整艘輪船）。

二一 檢察官、檢察事務官依本法第一百三十一條第一項第一款、第二款規定爲逕行搜索時，是否具有急迫性及必要性，應於實施前，依客觀之事實判斷，足認被告、犯罪嫌疑人、現行犯或脫逃人確實在其內者，始得爲之，以避免不必要之廣泛式、地毯式搜索。

依本法同條第一項第三款規定有人在內犯罪而情形急迫所爲之逕行搜索，應限於有明顯事實足信有此情況時始得爲之，以避免濫用。

二二 檢察官依本法第一百三十一條第二項規定爲逕行搜索時，應以具有相當理由顯示其情況急迫，且如不實施搜索，證據在二十四小時內有遭僞造、變造、湮滅或隱匿之危險情形，而無法及時向法院聲請搜索票者爲限。

檢察官、檢察事務官依本法第一百三十三條之二第三項規定爲逕行扣押時，應以具有相當理由顯示其情況急迫，有立即扣押之必要，而無法及時向法院聲請扣押裁定者爲限。

前二項之相當理由，應依當時情況是否急迫、犯罪證據是否存在、是否有立即實施搜索之確實必要等情審愼衡量判斷之。

二三 檢察官依本法第一百三十一條第二項、第一百三十三條之二第三項規定指揮檢察事務官、司法警察官、司法警察執行逕行搜索、逕行扣押時，爲迅速及便捷起見，得以口頭指揮或發指揮書之方式爲之；其以口頭爲之者，於執行搜索、扣押後應補發指揮書。

二四 檢察官於司法警察官依本法第二百三十條第二項規定或司法警察依本法第二百三十一條第二項規定調查犯罪時，認有本法第一百三十一條第二項、第一百三十三條之二第三項規定之情事，而報告該管檢察署檢察官時，經檢察官衡酌該具體情節確係符合逕行搜索、逕行扣押之要件者，得依第二十二點規定指揮逕行搜索、逕行扣押。

檢察官對於前項規定之報告，應以錄音、電話紀錄、傳眞文件或其他方式留存紀錄，以便檔查。

二五 依本法第一百三十一條、第一百三十三條之二第三項規定實施或執行逕行搜索、逕行扣押時，應出示證件，並分別告知逕行搜索、逕行扣押之理由及本法第一百二十八條第二項第一款至第三款規定之搜索票、第一百三十三條之一

第三項第一款、第二款規定之扣押裁定應記載事項，且將上揭告知意旨載明於搜索、扣押筆錄。

二六　檢察官依本法第一百三十一條第二項規定實施逕行搜索，應於實施完畢後，儘速檢附搜索、扣押筆錄及相關卷證，簽報該管檢察長核閱，以完成層報之程序。

二七　依本法第一百三十一條之一規定經受搜索人自願性同意之搜索，應注意同意人其對受搜索之標的，有無同意之權，並斟酌同意當時之客觀情境、同意人之精神狀態、理解能力等一切情狀予以判斷，必須受搜索人具有實質之同意能力，方得為之；執行搜索人員對受搜索人，不得施以任何強暴脅迫、詐欺或其他不正之方法，使其同意。

二八　依本法第一百三十三條之一第一項規定，經受扣押標的權利人同意之扣押，應注意同意人其對受扣押之標的，有無同意之權，執行人員並應出示證件，先告知受扣押標的權利人得拒絕扣押，無須違背自己之意思而為同意，並斟酌同意當時之客觀情境、同意人之精神狀態、理解能力等一切情狀予以判斷，必須受扣押標的權利人具有實質之同意能力，方得為之，並將其同意之意旨記載於筆錄；執行扣押人員對受扣押標的權利人，不得施以任何強暴脅迫、詐欺或其他不正之方法，使其同意。

二九　搜索、扣押應製作筆錄，記載實施之年、月、日及時間、處所並其他必要之事項，並令依本法命其在場之人簽名、蓋章或按指印。其有扣押者，應於筆錄內詳記扣押物之名目，或製作目錄附後，並另立扣押物品收據付與被扣押人；其未發現應扣押之物品，亦應付與證明書。

　　前項筆錄之製作，無書記官在場時，得由行搜索、扣押之公務員親自或指定其他在場執行公務之人員製作筆錄。

三〇　實施或執行搜索、扣押，於有必要時，得開啟鎖局、封緘、封鎖現場、禁止有關人員在場或離去，對於不聽從制止者，執行人員得命令其離去或交由適當之人看守，迄執行終了。

　　實施或執行搜索、扣押，遇有辯護人請求在場，應斟酌有無妨礙搜索、扣押之執行，以決定是否准許；於准許後，認有妨害搜索、扣押之執行者，得排除其在場。但於現場對被告或犯罪嫌疑人實施訊問者，應准辯護人在場陪同。

　　採行前二項規定之限制措施，不得逾越必要之程度，且均應記明於搜索、扣押筆錄。

三一　檢察官對於第十三點規定之處所及其他政府機關之搜索，宜親率檢察事務官、司法警察官或司法警察為之，並盡量一次完成，非有絕對必要，應避免重複為之。

　　實施前項搜索時，應通知該機關長官或可為其代表之人員在場，其係大專院校，則應通知該校之主任秘書（聯繫窗

口）負責聯繫、安排。搜索機關應儘量於下班時間為之，於確有必要於上班時間實施時，應在案情必要之範圍內，以影響最小之方式實施，並應注意維護該機關之形象及儘量避免對該機關人員公務、業務之執行發生影響。

三二 搜索執行完畢後，而有扣押之物者，應將搜索票正本及搜索扣押筆錄連同扣押物清冊之影本，以密件封緘並註明法院核發搜索票之日期、文號後，儘速函陳報核發搜索票之法院，不得無故延宕；其未查獲應扣押之物者，應付與受搜索人證明書，並將該事由在搜索扣押筆錄內敘明後，將搜索票正本與搜索扣押筆錄之影本，一併隨函陳報法院。

於核發搜索票後因故未能執行者，應敘明未能執行之事由，並將搜索票隨函繳還核發之法院。

三三 於聲請核發之扣押裁定執行後，宜以密件封緘並註明法院核發扣押裁定之日期、文號後，將執行結果陳報核發扣押裁定之法院，其未能執行者，宜敘明其事由。

三四 檢察官依本法第一百三十一條第一項、第二項規定所為之逕行搜索、依第一百三十三條之二第三項規定所為之逕行扣押，應於實施後三日內，將搜索、扣押筆錄影本，以密件封緘隨函陳報該管法院，如有扣押物時須連同扣押物清冊影本一併陳報。

檢察官依第一百三十一條第二項後段、第一百三十三條之二第三項後段之規定指揮檢察事務官、司法警察官或司法警察執行逕行搜索、逕行扣押，應要求執行人員於執行完畢後，至遲在十二小時內以密件封緘回報，俾檢察官於實施後三日內陳報法院。

檢察官於檢察事務官、司法警察官、司法警察依本法第一百三十一條第一項、第一百三十三條之二第三項規定執行逕行搜索、逕行扣押後，應要求於執行後三日內，將執行結果同時分別陳報該管檢察署檢察官及法院。

三五 逕行搜索、逕行扣押實施或執行完畢，將結果陳報法院後，經法院為撤銷之裁定者，得於收受該裁定送達後五日內，依本法第四百零四條第一項第二款之規定提起抗告。

三六 逕行搜索、逕行扣押經法院裁定撤銷者，仍應視所偵辦案件之具體情節，斟酌該扣押物之性質、對於公眾利益之影響及日後是否具有作為證據之可能性等因素決定應否發還扣押物。但檢察官之扣押或關於扣押物不宜發還之處分，經法院依法撤銷者，該扣押物應即發還。

三七 檢察官對於已實施扣押之財產，於視偵查進度審酌已無留存或禁止處分之必要者，應全部或一部發還或撤銷扣押。

對於已實施扣押之財產，所有人或權利人聲請以繳納擔保金取代原物扣押時，檢察官權衡扣押之保全目的以及比例

原則後，認爲適當者，得命其繳納相當數額之金錢供扣押後，將扣押中之財產撤銷扣押。

三八　檢察官對其承辦之案件，認有進入第十三點規定之處所逮捕、拘提被告或犯罪嫌疑人之必要時，除法律另有規定者外，準用第十三點、第十四點及第三十一點之相關規定。

三九　實施搜索、扣押後，於確有對外發布新聞之必要時，應由檢察長或其指定之發言人爲之，實施搜索、扣押之檢察官不得自行發布新聞或召開記者會。

軍事審判法

① 民國45年7月7日總統令制定公布全文252條；並自45年10月1日
　 起施行。
② 民國45年12月24日總統令修正公布第188條條文。
③ 民國56年12月14日總統令修正公布第17條條文。
④ 民國88年10月2日總統令修正公布全文238條；並自88年10月3日
　 起施行。
⑤ 民國91年1月30日總統令修正公布第111、112、215條條文；並
　 增訂第111-1條條文。
⑥ 民國92年6月11日總統令修正公布第29、36、59～61、109、
　 133、181、206、238條條文；增訂第112-1、112-2、234-1條條
　 文；並自公布日施行。
⑦ 民國95年6月14日總統令修正公布第80、89、102、103、238條
　 條文；並自95年7月1日施行。
⑧ 民國102年8月13日總統令修正公布第1、34、237條條文；除第1
　 條第2項第2款自公布後五個月施行外，自公布日施行。
⑨ 民國103年6月4日總統令修正公布第69、70、74條條文；並增訂
　 第82-1條條文。
⑩ 民國108年4月3日總統令修正公布第11、45條條文。

第一編　總　則

第一章　法　例

第一條 102
① 現役軍人戰時犯陸海空軍刑法或其特別法之罪，依本法追訴、處
　 罰。
② 現役軍人非戰時犯下列之罪者，依刑事訴訟法追訴、處罰：
　 一　陸海空軍刑法第四十四條至第四十六條及第七十六條第一
　 　　項。
　 二　前款以外陸海空軍刑法或其特別法之罪。
③ 非現役軍人不受軍事審判。

第二條
　 本法稱現役軍人者，謂依兵役法或其他法律服現役之軍官、士
　 官、士兵。

第三條
　 依法成立之武裝團隊，戰時納入戰鬥序列者，視同現役軍人。

第四條
　 俘虜或投降人犯罪，得依本法追訴審判之。

第五條

①犯罪在任職服役前，發覺在任職服役中者，依本法追訴審判。但案件在追訴審判中而離職離役者，初審案件應移送該管第一審之法院，上訴案件應移送該管第二審之法院審判。

②犯罪在任職服役中，發覺在離職離役後者，由法院審判。

③前二項規定，按行為時之身分適用法律。

第六條

本法稱當事人者，謂軍事檢察官及被告。

第七條

①本法稱戰時者，謂抵禦侵略而由總統依憲法宣告作戰之期間。

②戰爭或叛亂發生而宣告戒嚴之期間，視同戰時。

第八條

本法所稱軍事法院分為下列三級：

一　地方軍事法院。

二　高等軍事法院。

三　最高軍事法院。

第九條

①依本法實施訴訟程序之公務員，就該管案件應於被告有利及不利之情形，一律注意。

②被告得請求前項公務員，為有利於己之必要處分。

第二章　軍法人員

第一〇條

①本法稱軍法人員者，謂軍法機關之軍法官、主任公設辯護人、公設辯護人、觀護人、書記官、法醫官、檢驗員、通譯及執行官兵。

②本法稱軍法官者，謂軍事法院院長、庭長、軍事審判官、軍事法院檢察署檢察長、主任軍事檢察官、軍事檢察官。

第一一條 108

①軍法官由國防部就具有下列資格之一者，依法任用之：

一　經軍法官或司法官考試及格者。

二　經律師考試、司法事務官考試、檢察事務官考試或公務人員高等考試法制類科及格，並經國防專業訓練合格者。

三　曾在公立或經立案之私立大學、獨立學院法律學系或法律研究所畢業，而在公立或經立案之私立大學、獨立學院任教授、副教授三年、助理教授四年或講師五年，講授國防部所定主要法律科目二年以上，有法律專門著作，經審查合格，具有薦任職任用資格，並經國防專業訓練合格者。

②前項第一款軍法官考試，由考試院舉辦。

③第一項第二款、第三款人員甄選條件、程序、年齡限制與受國防專業訓練之方式、課程、時數、程序、成績計算及其他應遵行事項之辦法，由國防部定之。

④公設辯護人、觀護人、書記官、法醫官、檢驗員及通譯之任用，除另有規定外，準用司法人員及其他法令之規定。

第一二條

①軍法官非依法律不得減俸、停職或免職，非得本人同意，不得調任軍法官以外職務。

②軍法官調任軍法官以外職務者，其年資及待遇，仍依軍法官之規定列計。

第一三條

軍法官任職期間不得參加政黨活動。

第一四條

①軍法官因組織或編制變更而被編餘，未派新職者，仍按原階支全數薪給，並儘速指派新職。

②前項編餘期間不得逾一年。

第三章　軍事法院

第一節　軍事法院之組織

第一五條

國防部視部隊任務之需要，於適當地區設地方軍事法院或其分院。戰時得授權地方軍事法院，於特定部隊設臨時法庭。

第一六條

國防部視部隊任務之需要，於適當地區設高等軍事法院或其分院。戰時得授權高等軍事法院，於作戰區設臨時法庭。

第一七條

國防部於中央政府所在地，設最高軍事法院。戰時得授權最高軍事法院，於戰區設臨時法庭。

第一八條

①各級軍事法院及分院置院長一人、軍事審判官若干人，院長由軍事審判官兼任，綜理各該法院行政事務。

②各級軍事法院軍法行政之監督，依下列規定。但不得影響審判權之行使：

一　國防部部長監督各級軍事法院及分院。

二　最高軍事法院院長監督該院與所屬下級軍事法院及其分院。

三　高等軍事法院院長監督該院及其分院與所屬下級軍事法院及其分院。

四　高等軍事法院分院院長監督該分院與所屬下級軍事法院及其分院。

五　地方軍事法院院長監督該院及其分院。

六　地方軍事法院分院院長監督該分院。

第一九條

①各級軍事法院及分院依本法所定之管轄設審判庭，其庭數視事務繁簡定之。

② 前項各庭置庭長一人，由軍事審判官兼任，監督各該庭事務。

第二〇條

① 各級軍事法院及分院置公設辯護人若干人，掌理指定辯護案件之辯護。

② 有二以上公設辯護人時，以一人為主任公設辯護人，監督及分配公設辯護事務。

第二一條

① 各級軍事法院及分院辦理審判事務，置書記官若干人，受軍事審判官之指揮監督，綜理記錄、編案、統計、文書等事務。

② 有二以上書記官時，以一人為主任書記官。

第二二條

各級軍事法院及分院得置通譯及執法官兵，其執行職務，受軍事審判官之指揮監督。

第二三條

各級軍事法院及分院之編裝、員額，由國防部定之。

第二四條

① 地方軍事法院及其分院審判案件，以審判官一人獨任或三人合議行之。

② 高等軍事法院及其分院審判案件，以審判官三人合議行之，其上校以上或簡任審判官不得少於二人。

③ 最高軍事法院審判案件，以上校以上或簡任審判官五人合議行之。

第二五條

① 合議審判以庭長充任審判長，無庭長或庭長有事故時，以庭員中階高資深者充任之。

② 獨任審判，以該軍事審判官行審判長之職權。

第二六條

合議庭之組織，因軍事審判官迴避或其他原因致員額不足時，得呈由上級軍事法院就同級軍事法院臨時調充之。

第二節　軍事法院之管轄

第二七條

地方軍事法院管轄尉官、士官、士兵及其同等軍人犯罪之初審案件。

第二八條

高等軍事法院管轄案件如下：

一　將官、校官及其同等軍人犯罪之初審案件。

二　不服地方軍事法院及其分院初審判決而上訴之案件。

三　不服地方軍事法院及其分院裁定而抗告之案件。

第二九條 92

最高軍事法院管轄案件如下：

一　不服高等軍事法院及其分院初審判決而上訴之案件。

二　不服高等軍事法院及其分院初審裁定而抗告之案件。

三　本法第二百零四條之案件。

第三〇條

① 第一條第二項但書規定，非現役軍人犯罪案件之管轄，依士兵之規定。但文職公務員應比照軍官、士官官階，非現役之軍官、士官，依其原有官階定其管轄。

② 俘虜、投降人犯罪案件之管轄，依士兵之規定。

第三一條

① 現役軍人之犯罪案件，由犯罪地或被告之駐地或所在地之軍事法院管轄。

② 非現役軍人犯罪，依法受軍事審判之案件，由犯罪地或被告之住所、居所或所在地之軍事法院管轄。

③ 在中華民國領域外之中華民國航空機或船艦內犯罪者，由該航空機、船艦之駐地、出發地、犯罪後降落地或停泊地之軍事法院管轄。

④ 不能依前三項規定定其管轄之軍事法院者，由中央政府所在地之軍事法院管轄。

第三二條

非現役軍人與現役軍人共同犯罪之案件，依前條第二項規定；其管轄之軍事法院不同時，由管轄現役軍人之軍事法院管轄。但非現役軍人犯罪案件，應由高等軍事法院管轄者，全部由高等軍事法院管轄。

第三三條

① 上級軍事法院遇有第二十六條情形或為期審理之公平或因事實上之需要，得以裁定將被告移送於其他同級軍事法院管轄；軍事法院管轄有變更時，得將受理之案件，移送就近同級之軍事法院管轄。

② 前項受移送之軍事法院不得拒絕。

第三四條 102

犯罪事實之一部應依刑事訴訟法追訴、審判時，全部依刑事訴訟法追訴、審判之。

第三五條

刑事訴訟法或其他法律關於法院管轄之規定，與本節不相牴觸者，準用之。

第三節　軍事法庭之開閉及用語

第三六條 92

① 軍事法庭開庭，於軍事法院內為之。但必要時，得在管轄區域內指定適當地方臨時開庭。

② 前項但書情形，於戰時上訴以提審或蒞審行言詞審理時準用之。

第三七條

① 軍事法庭訴訟之辯論及裁判之宣示，應公開行之。但有妨害國家

安全、公共秩序、善良風俗或危害證人生命、身體安全之虞時，得不予公開。

②軍事法庭不公開時，審判長應將不公開之理由宣示。

③前項情形，審判長仍得允許無妨礙之人旁聽。

第三八條

①審判長於軍事法庭之開閉及審理訴訟有指揮之權。

②軍事法庭開庭時，審判長有維持秩序之權。

第三九條

①有妨害法庭秩序或其他不當行為者，審判長得禁止其進入法庭或命其退出法庭，必要時得看管至閉庭時。

②前項處分，不得聲明不服。

③前二項之規定，於審判長在法庭外執行職務時準用之。

第四〇條

律師在法庭辯護案件，其言語行動如有不當，審判長得加以警告或禁止其開庭當日之辯護。非律師而為辯護人者，亦同。

第四一條

審判長為前二條之處分時，應記明其事由於筆錄。

第四二條

第三十六條至第四十一條有關審判長執行職務之規定，於受命軍事審判官、受託軍事審判官執行職務時準用之。

第四三條

軍事審判官及書記官在法庭執行職務時，應服制服，軍事檢察官、公設辯護人及律師在法庭執行職務時，亦同。

第四四條

軍事法庭為審判時，應用中華民國語言。

第四五條 108

被告、證人、鑑定人及其他有關係之人，如有不通中華民國語言者，由通譯傳譯之，其為聽覺或語言障礙者，亦同。

第四六條

訴訟文書應用中華民國文字。但有供參考之必要時，得附記所用方言或外國語言。

第四七條

前三條之規定，於軍事檢察官辦理檢察事務時，準用之。

第四八條

法院組織法之規定與本節不相牴觸者，準用之。

第四章　軍事檢察署

第四九條

國防部於各級軍事法院及分院各配置檢察署。

第五〇條

①各級軍事法院及分院檢察署置檢察長一人、軍事檢察官若干人，檢察長綜理各該檢察署行政事務。

②各級軍事法院及分院檢察署軍事檢察官員額在六人以上者，得分組辦事，每組以一人爲主任軍事檢察官，監督各該組事務。

③各級軍事法院及分院檢察署軍法行政之監督，依下列規定：

一 國防部部長監督各級軍事法院及分院檢察署。

二 最高軍事法院檢察署檢察長監督該署與所屬下級軍事法院及其分院檢察署。

三 高等軍事法院檢察署檢察長監督該署及其分院檢察署與所屬下級軍事法院及其分院檢察署。

四 高等軍事法院分院檢察署檢察長監督該署與所屬下級軍事法院及其分院檢察署。

五 地方軍事法院檢察署檢察長監督該署及其分院檢察署。

六 地方軍事法院分院檢察署檢察長監督該署。

第五一條

①高等以下軍事法院及分院檢察署置法醫官或檢驗員若干人，受軍事檢察官之指揮執行職務。

②地方軍事法院及分院檢察署置觀護人若干人，執行保護管束事務。

③前二項人員，其員額在二人以上者，得以一人爲主任。

第五二條

第二十一條至第二十三條之規定，於各級軍事法院及分院檢察署準用之。

第五三條

軍事檢察官之職權如下：

一 實施偵查、提起公訴、實行公訴及指揮裁判之執行。

二 其他法令所定職務之執行。

第五四條

軍事檢察官對於軍事法院獨立行使職權。

第五五條

①軍事法院檢察署檢察長依本法及其他法律之規定，指揮監督該署軍事檢察官及其所屬檢察署軍事檢察官。

②軍事檢察官應服從前項指揮監督長官之命令。

第五六條

軍事法院檢察署檢察長得親自處理其所指揮監督之軍事檢察官之事務，並得將該事務移轉於其所指揮監督之其他軍事檢察官處理之。

第五七條

軍事檢察官執行職務時，得請軍事官長指撥相當武裝部隊擔任警備及一般軍法警察事宜。

第五八條

①下列人員爲軍法警察官，於其管轄或防區內，有協助軍事檢察官偵查犯罪之職權：

一 憲兵長官。

二　警察長官。

三　特設軍事機關之稽查長官。

四　軍事機關、部隊、學校、獨立或分駐之長官或艦船長。

五　依法成立之武裝團隊，戰時參加作戰之長官或艦船長。

②前項軍法警察官，應將偵查之結果，移送該管軍事檢察官，如接受被拘提或逮捕之犯罪嫌疑人，除有特別規定外，應解送該管軍事檢察官。但軍事檢察官命其解送者應即解送。

③被告或犯罪嫌疑人未經拘提或逮捕者，不得解送。

第五九條 92

①下列人員為軍法警察官，應受軍事檢察官之指揮，偵查犯罪。

一　憲兵官長、士官。

二　警察長官。

三　特設軍事機關之稽查長官。

四　依法令關於特定事項，得使用司法警察官之職權者。

②前項軍法警察官知有犯罪嫌疑者，應即開始調查，並將調查之情形報告該管軍事檢察官及前條之軍法警察官或其直屬長官。

③實施前項調查有必要時，得封鎖犯罪現場，並為即時之勘察。

第六〇條 92

①下列人員為軍法警察，應受軍事檢察官及軍法警察官之命令，偵查犯罪。

一　憲兵。

二　警察。

三　特設軍事機關之巡查及稽查隊員。

四　依法令關於特定事項，得使用司法警察之職權者。

②前項軍法警察知有犯罪嫌疑者，應即開始調查，並將調查之情形報告該管軍事檢察官、軍法警察官或其直屬長官。

③實施前項調查有必要時，得封鎖犯罪現場，並為即時之勘察。

第六一條 92

①軍事檢察官依前三條之規定，執行職務時，應出示指揮證。

②前項規定，於軍事審判官依法執行職務時，準用之。

第六二條

①軍事檢察官於審判庭審判期日，應蒞庭執行職務。

②軍事檢察官於戰時上訴案件，得提出意見書。

第五章　軍法人員之迴避

第六三條

軍事審判官於該案件有下列情形之一者，應自行迴避：

一　軍事審判官為被害人者。

二　軍事審判官現為或曾為被告或被害人之配偶、八親等內之血親、五親等內之姻親或家長、家屬者。

三　軍事審判官與被告或被害人訂有婚約者。

四　軍事審判官現為或曾為被告或被害人之法定代理人者。

五　軍事審判官曾爲被告之代理人、辯護人或輔佐人者。
六　軍事審判官曾爲告訴人、告發人、證人或鑑定人者。
七　軍事審判官曾執行軍事檢察官或軍法警察官之職務者。
八　軍事審判官曾參與前審之裁判或更審前之原裁判者。

第六四條

①當事人遇有下列情形之一者，得隨時以書狀向軍事審判官所屬軍事法院聲請軍事審判官迴避；於審判期日或受訊問時，得以言詞爲之：

一　軍事審判官有前條情形而不自行迴避者。
二　軍事審判官有前條以外情形，足認其執行職務有偏頗之虞者。

②前項第二款情形，如當事人已就該案件有所聲明或陳述後，不得聲請審判官迴避。但聲請迴避之原因發生在後或知悉在後者，不在此限。

③聲請迴避之原因及前項但書之事實，應釋明之。

④被聲請迴避之審判官，得提出意見書。

第六五條

①軍事審判官迴避之聲請，由該軍事審判官所屬之軍事法院以合議裁定之，其因不足法定人數不能合議者，由院長裁定之；若不能由院長裁定者，由直接上級軍事法院裁定之。

②前項裁定，被聲請迴避之軍事審判官，不得參與。

③被聲請迴避之軍事審判官，以該聲請爲有理由者，毋庸裁定，即應迴避。

④聲請軍事審判官迴避，經裁定駁回者，得提起抗告。

第六六條

軍事審判官被聲請迴避者，除因急速處分或以第六十四條第一項第二款爲理由者外，應即停止訴訟程序。

第六七條

①該管聲請迴避之軍事法院或院長，如認軍事審判官有應自行迴避之原因者，應依職權爲迴避之裁定。

②前項裁定，毋庸送達。

第六八條

①本章關於軍事審判官迴避之規定，於軍事檢察官、書記官及通譯準用之。但不得以曾於下級軍事法院執行軍事檢察官、書記官或通譯之職務，爲迴避之原因。

②軍事法院書記官及通譯之迴避，由所屬軍事法院院長裁定之。

③軍事檢察官、辦理檢察事務書記官及通譯之迴避，應聲請所屬軍事法院檢察署檢察長核定之。

④軍事法院檢察署檢察長之迴避，應聲請直接上級軍事法院檢察署檢察長核定之。

第六章　辯護人及輔佐人

第六九條 103

①被告得隨時選任辯護人。犯罪嫌疑人受軍法警察官或軍法警察調查者，亦同。

②被告或犯罪嫌疑人之直屬長官、法定代理人、配偶、直系或三親等內旁系血親或家長、家屬，得獨立為被告或犯罪嫌疑人選任辯護人。

③被告或犯罪嫌疑人因神經系統構造及精神、心智功能有損傷或不全，無法為完全之陳述者，應通知前項之人得為被告或犯罪嫌疑人選任辯護人。但不能通知者，不在此限。

第七○條 103

①被告之直屬長官、配偶、直系或三親等內旁系血親或家長、家屬或法定代理人，於起訴後得聲請為輔佐人，於審判期日到庭陳述意見。

②被告或犯罪嫌疑人因神經系統構造及精神、心智功能有損傷或不全，無法為完全之陳述者，應有第一項得為輔佐人之人或其委任之人或主管機關指派之社工人員為輔佐人陪同在場。但經合法通知無正當理由不到場者，不在此限。

③前二項規定，於有關國防機密之案件，得限制之。

第七一條

辯護人應選任向最高軍事法院登錄之律師充之。但審判中經審判長許可者，亦得選任非律師為辯護人。

第七二條

辯護人有數人者，送達文書，應分別為之。

第七三條

①每一被告選任辯護人不得逾三人。

②選任辯護人，應提出委任書狀。

③前項委任書狀，於起訴前應提出於軍事檢察官、軍法警察官或軍法警察；起訴後應於每審級提出於軍事法院。

第七四條 103

①被告所犯最輕本刑為三年以上有期徒刑，或被告因神經系統構造及精神、心智功能有損傷或不全，無法為完全之陳述，於審判中未經選任辯護人者，審判長應指定公設辯護人為其辯護，其他案件認為有必要者，亦同。

②前項案件，選任辯護人於審判期日無正當理由而不到庭者，得指定公設辯護人。

③被告有數人者，得指定一人辯護。但各被告之利害相反者，不在此限。

④指定公設辯護人後，經選任律師為辯護人者，得將指定之辯護人撤銷。

第七五條

公設辯護人得依被告之請求，代撰申辯及其他合法請求之文書。

第七六條

公設辯護人不得收受被告及關係人之報酬或其他利益。

第七七條

公設辯護人對於軍事法院及軍事檢察官，獨立行使職務。

第七八條

公設辯護人對於軍事法院指定案件，負辯護之責，並應盡量蒐集有利被告之辯護資料。

第七九條

辯護人於審判中得檢閱卷宗及證物，並得抄錄或攝影。但於國防機密有關之案件，得限制攝影。

第八〇條 95

辯護人得接見犯罪嫌疑人及羈押之被告，並互通書信。但有事實足認其有湮滅、偽造、變造證據或勾串其他正犯、共犯或證人之虞者，得限制之。

第八一條

辯護人對於承辦案件，應提出辯護書。

第八二條

公設辯護人條例之規定與本章不相牴觸者，準用之。

第八二條之一 103

持有依身心障礙者權益保障法一百零一年七月十一日前規定核發之身心障礙手冊，障別為智能障礙、慢性精神病、自閉症、失智症者，適用第六十九條第三項、第七十條第二項以及第七十四條第一項之規定。

第七章　文書、送達、期日及期間

第八三條

① 裁判書除依特別規定外，現役軍人應記載其姓名、性別、年齡、出生地、軍事機關、部隊或學校之名稱或番號、職階、及其住居所或其他足資辨別之特徵；非現役軍人記載其姓名、性別、年齡、出生地、住居所；如係判決書，並應記載軍事檢察官及辯護人之姓名。

② 裁判書之原本，應由為裁判之審判長、軍事審判官簽名，審判長有事故不能簽名時，由資深之軍事審判官附記其事由，軍事審判官有事故時，由審判長附記其事由。

第八四條

① 送達文書由軍事法院或軍事法院檢察署書記官交執法官兵、軍法警察或郵政機關行之。

② 送達文書於應受送達人，應向該管軍事機關、部隊、學校或其陳明之住居所、事務所或送達代收人為之。

③ 應受送達人在監獄或看守所者，應囑託該監所長官為之。

④ 應受送達人住居於軍事法院所在地以外者，現役軍人得囑託其所在地之軍法警察官、軍事法院或軍事法院檢察署代為送達，非現

役軍人得囑託其所在地之法院或檢察署代為送達。

第八五條

公示送達對法權所不及之地，必要時得以公開播送方式行之，其方法及效力發生期間，由國防部定之。

第八六條

刑事訴訟法關於文書及送達之規定，與本章不相牴觸者，準用之。

第八七條

期日及期間準用刑事訴訟法之規定。

第八章　被告之傳喚及拘提

第八八條

①傳喚被告應用傳票。但必要時，得以其他方法行之。

②傳票應記載下列事項：

一　被告之姓名、性別、軍事機關、部隊或學校之名稱或番號及其駐在地或其住居所。

二　案由。

三　應到之日、時、處所。

四　無正當理由不到場者，得命拘提。

③被告之姓名不明，或因其他情形有必要時，應記載其足資辨別之特徵，被告所屬之軍事機關、部隊或學校之名稱或番號、駐在地或住居所不明者，毋庸記載。

④傳票於偵查中由軍事檢察官簽名，審判中由審判長或受命軍事審判官簽名。

第八九條 95

被告犯罪嫌疑重大，而有下列情形之一者，得不經傳喚逕行拘提：

一　無一定之住所或居所者。

二　逃亡或有事實足認為有逃亡之虞者。

三　有事實足認為有湮滅、偽造、變造證據或勾串其他正犯、共犯或證人之虞者。

四　所犯為死刑、無期徒刑或最輕本刑為五年以上有期徒刑之罪者。

第九〇條

①拘提被告，應用拘票，並記載下列事項：

一　被告之姓名、性別、軍事機關、部隊或學校之名稱或番號及其駐在地或住居所。

二　案由。

三　拘提之理由。

四　應解送之處所。

②第八十八條第三項、第四項之規定，於拘票準用之。

③拘提由執法官兵、軍法警察或軍法警察官執行。

第九一條

①拘提被告，應責成或會同該管長官行之。但被告離去駐地者，不在此限。

②被告為將級人員或少校以上部隊長官時，其拘票於偵查中由軍事法院檢察署檢察長簽名，審判中由軍事法院院長簽名。

③被告為非現役軍人時，其拘提應會同該管警察機關或自治單位主管人員為之。

第九二條

被告逃亡或藏匿者，得通緝之。

第九三條

①通緝被告，應用通緝書。

②通緝書，應記載下列事項：

　一　被告之姓名、性別、年齡、出生地、職階、軍事機關、部隊或學校之名稱或番號、住所或居所及其他足資辨別之特徵。但不明者，得免記載。

　二　被訴之事實。

　三　通緝之理由。

　四　犯罪之日、時、處所。但日、時、處所不明者，得免記載。

　五　應解送之處所。

③通緝書，於偵查中由軍事法院檢察署檢察長簽名，審判中由軍事法院院長簽名。

第九四條

①通緝經發布後，軍事檢察官或軍法警察官、軍法警察得拘提被告或逕行逮捕之。

②利害關係人，得逕行逮捕通緝之被告，送交軍事檢察官、軍法警察官、軍法警察或請求軍事檢察官、軍法警察官、軍法警察逮捕之。

③通緝於其原因消滅或已顯無必要時，應即撤銷。

第九五條

①軍事檢察官或軍法警察官、軍法警察遇有下列情形之一而情況急迫者，得逕行拘提之：

　一　因現行犯之供述，且有事實足認為共犯嫌疑重大而有逃亡之虞者。

　二　在執行或在押中脫逃者。

　三　有事實足認為犯罪嫌疑重大，經被盤查而逃逸者。但所犯顯係最重本刑為一年以下有期徒刑、拘役或專科罰金之罪者，不在此限。

　四　所犯為死刑、無期徒刑或最輕本刑為五年以上有期徒刑之罪，嫌疑重大，有事實足認為有逃亡之虞者。

②前項拘提，由軍事檢察官親自執行時，得不用拘票；由軍法警察官或軍法警察執行時，以其急迫情況不及報告軍事檢察官者為限，於執行後，應即報軍事檢察官簽發拘票。如軍事檢察官不簽

發拘票時，應即將被拘提人釋放。

③第一百十二條之規定，於第一項情形準用之。但應即報軍事檢察官。

④軍事檢察官、軍法警察官或軍法警察依第一項規定程序拘提犯罪嫌疑人，應即告知其本人及其家屬，得選任辯護人到場。

第九六條

①無偵查犯罪權限之人，逮捕現行犯時，應即送交就近之軍事檢察官、軍法警察官或軍法警察。

②軍法警察官或軍法警察於接受或逮捕現行犯後，應即解送軍事檢察官。但所犯最重本刑為一年以下有期徒刑、拘役或專科罰金之罪、告訴或請求乃論之罪，其告訴或請求已經撤回或已逾告訴期間者，得經軍事檢察官之許可，不予解送。

③對於第一項逮捕現行犯之人，應詢其姓名、住居所及逮捕之事由。

第九七條

①拘提被告除有特別規定外，應示以拘票。

②拘提或逮捕後，應將拘提或逮捕之原因，以書面告知其本人指定之親友。

③拘提或因通緝逮捕之被告，應即解送指定之處所；如二十四小時內不能達到指定之處所者，應分別其命拘提或通緝者為軍事法院或軍事檢察官，先行解送較近之軍事法院或軍事法院檢察署，訊問其人有無錯誤。

第九八條

①被告或犯罪嫌疑人因拘提或逮捕到場者，應即時訊問。

②偵查中經軍事檢察官訊問後，認有羈押之必要者，應自拘提或逮捕之時起二十四小時內敘明羈押之理由，聲請該管軍事法院羈押之。

③前項情形，未經聲請者，軍事檢察官應即將被告釋放。但如認有第一百零二條第一項或第一百零三條第一項各款所定情形之一而無聲請羈押之必要者，得逕命具保、責付或限制住居，如不能具保、責付或限制住居，而有必要情形者，仍得聲請軍事法院羈押之。

④第一項至第三項之規定，於軍事檢察官受理軍、司法機關移送之被告時，準用之。

⑤軍事法院於受理前三項羈押之聲請後，應即時訊問。

第九九條

①第九十七條第三項及前條第二項所定之二十四小時，有下列情形之一者，其經過之時間不予計入。但不得有不必要之遲延：

　一　因交通障礙或其他不可抗力事由所生不得已之遲滯。

　二　在途解送時間。

　三　夜間不得為詢問者。

　四　因被告或犯罪嫌疑人身體健康之事由，事實上無法訊問者。

五　被告或犯罪嫌疑人表示已選任辯護人或應有輔佐人陪同在場，因等候其辯護人或輔佐人到場致未予訊問者。但等候時間不得逾四小時。

六　被告或犯罪嫌疑人須由通譯傳譯，因等候其通譯到場致未予訊問者。但等候時間不得逾六小時。

七　經軍事檢察官命具保或責付之被告，在等候交保或責付者。但等候時間不得逾四小時。

八　犯罪嫌疑人經軍事法院提審之期間。

②前項各款情形之經過時間內不得訊問。

③因第一項之法定障礙事由致二十四小時內無法移送該管軍事法院者，軍事檢察官聲請羈押時，並應釋明其事由。

第一〇〇條

刑事訴訟法關於被告之傳喚及拘提之規定，與本章不相牴觸者，準用之。

第九章　被告之訊問及羈押

第一〇一條

①訊問被告，應先詢其姓名、年齡、出生地、職階、任職或服役之期間、軍事機關、部隊或學校之名稱或番號及其駐在地或住居所，以辨識其有無錯誤，如係錯誤，應即釋放，如係管轄錯誤，應即移送。

②訊問被告應一併詢其有無戰功戰績，及其直屬長官之姓名、職務及其軍事機關、部隊或學校之名稱或番號及駐在地，如其長官為共同被告，並遞問其再上級之長官。

第一〇二條 95

①被告經軍事審判官訊問後，認為犯罪嫌疑重大，而有下列情形之一，非予羈押，顯難進行追訴、審判或執行者，得羈押之：

一　逃亡或有事實足認有逃亡之虞者。

二　有事實足認為有湮滅、偽造、變造證據或勾串其他正犯、共犯或證人之虞者。

三　所犯為死刑、無期徒刑或最輕本刑為五年以上有期徒刑之罪者。

四　有事實足認非予羈押即有妨害軍事安全之虞者。

②軍事審判官為前項之訊問時，軍事檢察官得到場陳述聲請羈押之理由及提出必要之證據。

③第一項各款所依據之事實，應告知被告及其辯護人，並記載於筆錄。

第一〇三條 95

①被告經軍事審判官訊問後，認為犯下列各款之罪，其嫌疑重大，有事實足認為有反覆實施同一犯罪之虞，而有羈押之必要者，得羈押之：

一　刑法第一百七十四條第一項、第二項、第四項、第一百七十

五條第一項之放火罪、第一百七十六條之準放火罪。

二　刑法第二百二十四條之強制猥褻罪、第二百二十七條與幼年男女性交或猥褻罪。但未經告訴或其告訴已經撤回或已逾告訴期間者，不在此限。

三　刑法第三百零二條之妨害自由罪。

四　刑法第三百二十條、第三百二十一條之竊盜罪。

五　刑法第三百二十五條、第三百二十六條之搶奪罪。

六　刑法第三百二十九條之準強盜罪。

七　刑法第三百四十六條之恐嚇取財罪。

②前條第二項、第三項之規定，於前項情形準用之。

第一○四條

①羈押被告，偵查中不得逾二月，審判中不得逾三月。但有繼續羈押之必要者，得於期間未滿前，經軍事法院依第一百零二條或第一百零三條之規定訊問被告後，以裁定延長之。但偵查中延長羈押期間，應由軍事檢察官附具體理由，至遲於期間屆滿之五日前聲請軍事法院裁定。

②前項裁定，除當庭宣示者外，於期間未滿前以正本送達於被告者，發生延長羈押之效力。羈押期滿，延長羈押之裁定未經合法送達者，視為撤銷羈押。

③審判中之羈押期間，自卷宗及證物送交軍事法院或最高法院、高等法院之日起算。起訴或裁判後送交前之羈押期間算入偵查中或原審軍事法院之羈押期間。

④羈押期間自簽發押票之日起算。但羈押前之逮捕、拘提期間，以一日折算裁判確定前之羈押日數一日。

⑤延長羈押期間，偵查中不得逾二月，以延長一次為限。審判中每次不得逾二月，如所犯最重本刑為十年以下有期徒刑以下之刑者，初審及第二審以三次為限，第三審以一次為限。

⑥案件經發回者，其延長羈押期間之次數，應更新計算。

⑦羈押期間已滿未經起訴或裁判者，視為撤銷羈押，軍事檢察官或軍事法院應將被告釋放；由軍事檢察官釋放被告者，並應即時通知軍事法院。

第一○五條

①羈押被告，應用押票。

②押票，應按被告指印，並記載下列事項：

一　被告之姓名、性別、年齡、軍事機關、部隊或學校之名稱或番號，及其駐在地或住居所。

二　案由及觸犯之法條。

三　羈押之理由及其所依據之事實。

四　應羈押之處所。

五　羈押期間及其起算日。

六　如不服羈押處分之救濟方法。

③第八十八條第三項之規定，於押票準用之。

④押票，由軍事審判官簽名。

⑤執行羈押，應將被告解送於指定之軍事看守所，無軍事看守所者，寄押於司法看守所或營房內。

第一〇六條

①被告及得為其輔佐人之人或辯護人，得隨時具保，向軍事法院聲請停止羈押。

②軍事檢察官於偵查中得聲請軍事法院命被告具保停止羈押。

③軍事法院對於前二項聲請，得聽取被告、辯護人或得為被告輔佐人之人陳述意見。

④偵查中軍事法院為具保停止羈押之決定時，除有第一百零七條及本條第二項之情形外，應徵詢軍事檢察官之意見。

第一〇七條

羈押之被告，有下列情形之一者，如經具保聲請停止羈押，不得駁回：

一 所犯最重本刑為一年以下有期徒刑、拘役或專科罰金之罪者。

二 懷胎五月以上或生產後二月未滿者。

三 現罹疾病，非保外治療顯難痊癒者。

第一〇八條

羈押之被告，得不命具保，責付於其該管長官或其他適當之人，停止羈押。

第一〇九條 92

①關於撤銷或停止羈押及其命具保、責付、限制住居、沒入保證金或退保，以軍事法院之裁定行之。

②案件在第三審上訴中，而卷宗及證物已送交該管法院者，前項處分及其他各項羈押被告之處分，仍由第二審之軍事法院裁定之。

③軍事檢察官於偵查中命具保、責付或限制住居及為沒入保證金、退保之處分者，以命令行之。

第一一〇條

刑事訴訟法關於被告訊問及羈押之規定，與本章不相牴觸者，準用之。

第十章 搜索及扣押

第一一一條 91

①搜索，應用搜索票。

②搜索票，應記載下列事項：

一 案由。

二 應搜索之被告、犯罪嫌疑人或應扣押之物。但被告或犯罪嫌疑人不明時，得不予記載。

三 應加搜索之處所、身體、物件或電磁紀錄。

四 有效期間，逾期不得執行搜索及搜索後應將搜索票交還之意旨。

③搜索票，由軍事審判官簽名。軍事審判官並得於搜索票上對執行人員爲適當之指示。

④核發搜索票之程序，不公開之。

⑤搜索，除由軍事檢察官或軍事審判官親自實施外，由軍法警察官或軍法警察執行。

第一一一條之一 91

①偵查中軍事檢察官認有搜索之必要者，除依法得不用搜索票之情形外，應以書面記載前條第二項各款之事項，並敘述理由，聲請該管軍事法院核發搜索票。

②軍法警察官因調查犯罪嫌疑人犯罪情形及蒐集證據，認有搜索之必要時，得依前項規定報請軍事檢察官許可後，向該管軍事法院聲請核發搜索票。

③前二項之聲請經軍事法院駁回者，不得聲明不服。

第一一二條 91

①軍事檢察官、軍法警察官、軍法警察或執行官兵逮捕被告、犯罪嫌疑人或執行拘提、羈押時，雖無搜索票，得逕行搜索其身體、隨身攜帶之物件、所使用之交通工具及其立即可觸及之處所。

②有下列情形之一者，軍事檢察官、軍法警察官、軍法警察雖無搜索票，得逕行搜索住宅或其他處所：

一　因逮捕被告、犯罪嫌疑人或執行拘提、羈押者。

二　因追躡現行犯或逮捕脫逃人者。

三　有事實足信爲有人在內犯罪而情形急迫者。

③軍事檢察官於偵查中有相當理由認爲情況急迫，非迅速搜索，證據有僞造、變造、湮滅或隱匿之虞者，得逕行搜索，或指揮軍法警察官、軍法警察或執法官兵執行搜索。

④前二項搜索，由軍事檢察官爲之者，應於實施後三日內陳報該管軍事法院；由軍法警察官、軍法警察或執行官兵爲之者，應於執行後三日內報告該管軍事法院檢察署軍事檢察官及軍事法院。軍事法院認爲不應准許者，得於三日內撤銷之。

第一一二條之一 92

搜索，經受搜索人出於自願性同意者，得不使用搜索票。但執行人員應出示證件，並將其同意之意旨記載於筆錄。

第一一二條之二 92

軍事檢察官或軍法警察官於聲請核發之搜索票執行後，應將執行結果陳報核發搜索票之軍事法院，如未能執行者，應敘明其事由。

第一一三條

①政府機關、公務員或曾爲公務員之人所持有或保管之文書及其他物件應扣押者，應請求交付。但於必要時得搜索之。

②前項情形，如爲其職務上應守秘密者，非經該管監督機關或公務員允許，不得扣押。

③前項允許，除有妨害國家之利益者外，不得拒絕。

第一一四條

①於機關、部隊、學校或軍事上應秘密之處所內行搜索時，應會同其長官或其所派之代表行之。

②搜索住宅應會同該管憲警人員並得命鄰居之人或就近自治團體之職員在場。

③同一案件，由同一地區二以上機關行搜索者，應會同行之。

第一一五條

刑事訴訟法關於搜索及扣押之規定，與本章不相牴觸者，準用之。

第十一章 證 據

第一一六條

犯罪事實應依證據認定之，無證據不得推定其犯罪事實，並不得以無反證即認定其犯罪。

第一一七條

①證據之證明力，由軍事法院自由判斷之。

②無證據能力，未經合法調查，顯與事理有違，或與認定事實不符之證據，不得作為判斷之依據。

第一一八條

①卷宗內之筆錄及其他文書可為證據者，應向被告宣讀或告以要旨，被告請求閱覽者，不得拒絕。

②前項文書有關國防機密、風化、公安或有毀損他人名譽之虞者，應交被告閱覽，不得宣讀，如被告不解其意義者，應告以要旨。

第一一九條

①傳喚證人應用傳票。

②傳票，應記載下列事項：

　一　證人之姓名、性別及住、居所。

　二　待證之事由。

　三　應到之日、時、處所。

　四　無正當理由不到場者，得科罰鍰及命拘提。

　五　證人得請求日費及旅費。

③第八十八條第四項之規定，於證人傳票準用之。

④傳票至遲應於到場期日三日前送達。但有急迫情形者，不在此限。

⑤軍法警察官或軍法警察於調查證據期間，必要時亦得以書面或口頭通知證人到場。

第一二〇條

①證人經合法傳喚，無正當理由不到庭或到庭後無正當理由拒絕具結或證言者，得科以新臺幣一萬五千元以下之罰鍰，並得拘提之，再傳不到者，亦同。

②前項罰鍰之處分，現役軍人由軍事法院裁定之，軍事檢察官為傳喚者，應請該管軍事法院裁定之，非現役軍人送法院裁定之。

③對於前項裁定，得提起抗告。

④拘提證人，準用拘提被告之規定。

第一二一條

①審判長或軍事檢察官，得囑託證人所在地之軍事審判官、軍事檢察官、法院法官或檢察官訊問證人，如證人不在該地者，得轉為囑託代訊。

②受託訊問證人者，與本案繫屬之軍事法院審判長或軍事檢察官有同一之權限。

第一二二條

軍事法院或軍事檢察官，因調查證據及犯罪情形，得實施勘驗。

第一二三條

①勘驗，得為下列處分：

一　履勘犯罪場所或其他與案情有關係之處所。

二　檢查身體。

三　檢驗屍體。

四　解剖屍體。

五　檢查與案情有關係之物件。

六　其他必要之處分。

②前項第三款之規定，得囑託法院或檢察官為之。

第一二四條

前條第一項第一款、第二款、第五款、第六款之規定，軍法警察官於必要時，亦得為之。

第一二五條

刑事訴訟法關於證據之規定，與本章不相牴觸者，準用之。

第十二章　裁　判

第一二六條

①合議裁判應經評議決定之，並將參與評議者發表之意見，記載於評議簿。

②前項評議簿之公開，準用法院組織法之規定。

第一二七條

①裁判評議以審判長為主席，由階低者首先發言，階同以資淺者先發言，階資均同者以年少者為先，遞推至審判長為止，以過半數之意見決定之，必要時，並得投票決定，由階資低者檢票。

②關於金額如意見分三說以上，各不達過半數時，以最多額之意見順次算入次多額之意見，至達過半數為止。

③關於刑事如意見分三說以上，各不達過半數時，以最不利於被告之意見順次算入次不利於被告之意見，至達過半數為準。

第一二八條

①判決，應宣示之。但不經言詞辯論之判決，不在此限。

②裁定，以當庭所為者為限，應宣示之。

③第一項應宣示之判決，於宣示後，應即通知被告上級軍事機關長

官。

第一二九條

　刑事訴訟法關於裁判規定，與本章不相牴觸者，準用之。

第二編　初　審

第一章　偵　查

第一三〇條

① 不問何人知現役軍人有犯罪嫌疑者，得爲告發。

② 現役軍人犯罪之被害人，得爲告訴。

③ 告發、告訴應以文書或言詞，向該管軍事檢察官、軍法警察官、軍法警察或各級軍事機關或部隊長官爲之，其以言詞爲之者，應製作筆錄。

第一三一條

① 以文書爲告發者，得先調查告發人。

② 告發人得要求代守秘密。

第一三二條

　自首向軍事檢察官、軍法警察官、軍法警察或其長官爲之者，準用第一百三十條第三項之規定。

第一三三條 92

① 軍事檢察官因告發、告訴、自首或其他情事，知有犯罪嫌疑者，應即開始偵查。

② 前項偵查，軍事檢察官得限期命第五十九條之軍法警察官或第六十條之軍法警察調查犯罪情形及蒐集證據，並提出報告。必要時，得將相關卷證一併發交。

第一三四條

　刑法第一百十六條、第一百十八條請求乃論之罪，外國政府之請求，應由外交部轉請國防部令知該管軍事檢察官偵查。

第一三五條

　實施偵查，非有必要不得先行傳訊被告。

第一三六條

　被告經傳喚、自首或自行到場者，軍事檢察官於訊問後認有第一百零二條第一項各款或第一百零三條第一項各款所定情形之一而無聲請羈押之必要者，得命具保、責付或限制住居。但認有羈押之必要者，得予逮捕，並將逮捕所依據之事實告知被告後，聲請軍事法院羈押之。第九十八條第二項、第三項、第五項之規定於本條之情形準用之。

第一三七條

　軍法警察官知有犯罪嫌疑，而不屬其管轄，或於開始偵查後，認爲該案件不屬其管轄者，除有急迫情形應爲必要之處分外，應檢同卷證，移送於該管軍事檢察官，如有依法逮捕或拘提之犯罪嫌疑

人或被告，一併解送。

第一三八條

① 軍事檢察官依偵查所得之證據，足認被告有犯罪嫌疑者，應提起公訴。

② 被告之所在不明或為法權所不及者，亦應提起公訴。

第一三九條

① 案件有下列情形之一者，應為不起訴之處分：

一　曾經判決確定者。

二　時效已完成者。

三　曾經大赦者。

四　犯罪後之法律已廢止其刑罰者。

五　告訴或請求乃論之罪，告訴或請求已經撤回或已逾告訴期間者。

六　被告已死亡者。

七　軍事法院對於被告無審判權者。

八　行為不罰者。

九　法律應免除其刑者。

十　犯罪嫌疑不足者。

② 依前項第七款之規定，為不起訴之處分者，應將案件移送於該管法院檢察署。

第一四〇條

① 下列各罪，軍事檢察官參酌刑法第五十七條所列事項，認以不起訴為適當者，得為不起訴處分：

一　最重本刑為三年以下有期徒刑、拘役或罰金之罪。

二　刑法第三百二十條、第三百二十一條之竊盜罪。

三　刑法第三百三十六條第二項之侵占罪。

四　刑法第三百四十一條之詐欺罪。

五　刑法第三百四十二條之背信罪。

六　刑法第三百四十六條之恐嚇罪。

② 軍事檢察官為前項不起訴處分前，並得斟酌情形，經告訴人及被告直屬長官之同意，命被告為下列各款事項：

一　向被害人道歉。

二　立悔過書。

三　向被害人支付相當數額之慰撫金。

③ 前項情形，應附記於不起訴處分書內。

④ 第二項第三款並得為民事強制執行名義。

第一四一條

軍事檢察官為不起訴之處分者，應製作處分書，敘述不起訴之理由，以正本送達於被害人、告訴人、被告、辯護人及被告直屬長官並上級軍事法院檢察署。

第一四二條

被害人、告訴人及被告直屬長官，接受不起訴處分書後，得於七

日內以書面敘述不服之理由，經原軍事檢察官向直接上級軍事法院檢察署檢察長聲請再議。但有第一百四十條第二項之情形者，不得聲請再議。

第一四三條

上級軍事法院檢察署檢察長認再議之聲請為無理由者，應駁回之，認為有理由者，應分別為下列處分：

一　偵查未完備者，命令原軍事法院檢察署軍事檢察官續行偵查。

二　偵查已完備者，命令原軍事法院檢察署軍事檢察官起訴。

第一四四條

不起訴處分已確定者，非有下列情形之一，不得對於同一案件再行起訴：

一　發見新事實或新證據者。

二　有第二百十八條第一項第一款、第二款、第四款或第五款所定，得為再審原因之情形者。

第一四五條

犯人不明或為法權所不及者，於認有第一百三十九條所定之情形以前，不得終結偵查。

第一四六條

刑事訴訟法關於偵查之規定，與本章不相牴觸者，準用之。

第二章　起　訴

第一四七條

①提起公訴，應由軍事檢察官向管轄軍事法院提出起訴書為之。

②起訴書應記載下列事項：

一　被告之姓名、性別、年齡、出生地、軍事機關、部隊或學校之名稱或番號、職階及其住居所或其他足資辨別之特徵。

二　犯罪事實及證據並所犯法條。

③起訴時應將卷宗及證物一併移送。

第一四八條

起訴書之送達，準用第一百四十一條之規定。

第一四九條

軍事檢察官於初審辯論終結前，發見有應不起訴或得不起訴之情形者，得撤回起訴。

第一五〇條

刑事訴訟法關於起訴之規定，與本章不相牴觸者，準用之。

第三章　審　判

第一五一條

①行合議審判之案件，為準備審判起見，得由庭員中指定軍事審判官一員為受命審判官，於審判期日前訊問被告及蒐集或調查證據。

②受命軍事審判官關於訊問被告及蒐集或調查證據，與軍事法院或審判長有同一之權限。但第一百零九條之裁定，不在此限。

第一五二條
軍事法院獨立行使審判權，不受任何干涉。

第一五三條
①審判期日應傳喚被告，並通知軍事檢察官、辯護人、輔佐人。
②審判期日，應傳喚被害人或其家屬並予陳述意見之機會。但經合法傳喚無正當理由不到場，或陳明不願到場，或軍事法院認爲不必要或不適宜者，不在此限。

第一五四條
起訴或其他訴訟行爲，於法律上必備之程式有欠缺而其情形可以補正者，軍事法院應定期間命其補正。

第一五五條
審判期日，應由軍事審判官、軍事檢察官及書記官出庭。

第一五六條
①審判期日，除有特別規定外，被告不到庭者，不得審判。
②第七十四條第一項所定之案件，無辯護人到庭者，不得審判。但宣示判決不在此限。

第一五七條
審判長依第一百零一條訊問被告後，軍事檢察官應陳述起訴之要旨。

第一五八條
軍事檢察官陳述起訴要旨後，審判長應就被訴事實訊問被告。

第一五九條
訊問被告後，審判長應調查證據。

第一六〇條
①調查證據完畢後，應命依下列次序就事實及法律辯論之：
　一　軍事檢察官。
　二　被告。
　三　辯護人。
②已辯論者，得再爲辯論，審判長亦得命再行辯論。

第一六一條
審判長於宣示辯論終結前，最後應詢問被告有無陳述。

第一六二條
辯論終結後，遇有必要情形，軍事法院得命再開辯論。

第一六三條
①審判期日，應由參與之軍事審判官始終出庭，如有更易者，應更新審判程序。
②參與審判期日前準備程序之軍事審判官有更易者，毋庸更新其程序。

第一六四條
審判非一次期日所能終結者，除有特別情形外，應於次日連續開

庭；如下次開庭因事故間隔至十五日以上者，應更新審判程序。

第一六五條

① 被告犯罪已經證明者，應諭知科刑之判決。但免除其刑者，應諭知免刑之判決。

② 依刑法第六十一條規定，為前項免刑判決前，並得斟酌情形，經告訴人及被告直屬長官之同意，命被告為下列各款事項：

一　向被害人道歉。

二　立悔過書。

三　向被害人支付相當數額之慰撫金。

③ 前項情形，應附記於判決書內。

④ 第二項第三款並得為民事強制執行名義。

第一六六條

① 前條之判決，得就起訴之犯罪事實，變更軍事檢察官所引應適用之法條。

② 前項變更，未告知當事人並予適當之辯論機會者，不得為之。

第一六七條

不能證明被告犯罪或其行為不罰者，應諭知無罪之判決。

第一六八條

案件有下列情形之一者，應諭知免訴之判決：

一　曾經判決確定者。

二　時效已完成者。

三　曾經大赦者。

四　犯罪後之法律已廢止其刑罰者。

五　被告就他罪受重刑之判決，已經確定，因於其執行之刑無重大關係，認為本罪毋庸科刑者。

第一六九條

案件有下列情形之一者，應諭知不受理之判決：

一　起訴之程序違背規定者。

二　已經提起公訴之案件，在同一軍事法院重行起訴者。

三　告訴或請求乃論之罪，未經告訴、請求，或其告訴、請求經撤回或已逾告訴期間者。

四　曾為不起訴處分或撤回起訴，而違背第一百四十四條之規定再行起訴者。

五　被告死亡者。

六　對於被告無審判權者。

七　對於管轄權競合之同一案件，不得為審判者。

第一七〇條

前條第六款因無審判權而諭知不受理之判決，應同時諭知移送於管轄法院檢察署。

第一七一條

無管轄權之案件，應諭知管轄錯誤之判決，並同時諭知移送於管轄軍事法院。

第一七二條

戰時犯叛亂罪，其以軍隊、艦船、飛機交付敵人，經依第一百三十八條第二項之規定起訴者，爲公示送達後，於審判期日得不待其陳述逕行判決。

第一七三條

第一百六十八條至第一百七十一條之判決，得不經言詞辯論爲之。

第一七四條

裁判書應分別記載裁判之主文及理由；有罪之判決書並應記載事實。

第一七五條

有罪之判決書，應於主文內分別情形，記載下列事項：

一　所諭知之主刑、從刑或刑之免除。
二　諭知六月以下有期徒刑或拘役者，如易科罰金，其折算之標準。
三　諭知罰金者，如易服勞役，其折算之標準。
四　諭知易以訓誡者，其諭知。
五　諭知緩刑者，其緩刑之期間。
六　諭知保安處分者，其處分及期間。

第一七六條

有罪之判決書，應於理由內分別情形，記載下列事項：

一　認定犯罪事實所憑之證據及其認定之理由。
二　對被告有利之陳述，及辯護意旨不採納之理由。
三　科刑時就刑法第五十七條或第五十八條規定事項，所審酌之情形。
四　刑罰有加重、減輕或免除者，其理由。
五　易以訓誡或緩刑者，其理由。
六　諭知保安處分者，其理由。
七　適用之法律。

第一七七條

①判決得爲上訴者，其上訴期間，提出上訴之軍事法院及第一百八十二條、第一百八十三條第一項之規定，應於宣示時一併告知，並應記載於送達被告之判決正本。

②合於職權上訴者，宣示時應告知提出答辯書之期間及上訴之軍事法院。

③第一項判決正本，並應送達於被害人、告訴人、被告之直屬長官及其上級軍事機關長官，受送達人於上訴期間內，得向軍事檢察官陳述意見。

第一七八條

羈押之被告，經諭知無罪、免訴、免刑、緩刑、罰金或易以訓誡或第一百六十九條第三款、第四款不受理之判決者，視爲撤銷羈押。但上訴期間內或上訴中，得命具保、責付或限制住居，如不

能具保、責付或限制住居，而有必要情形者，並得繼續羈押之。

第一七九條

刑事訴訟法關於審判之規定，與本章不相牴觸者，準用之。

第三編 上 訴

第一八○條

①當事人不服初審之判決者，得上訴於上級軍事法院。

②告訴人、被害人或被告上級軍事機關長官不服初審之判決者，得具備理由，請求軍事檢察官上訴於上級軍事法院。

③軍事檢察官為被告之利益，亦得上訴於上級軍事法院。

④被告之直屬長官、法定代理人或配偶，得為被告之利益，獨立上訴於上級軍事法院。

⑤原審之辯護人，得為被告之利益，以被告名義上訴於上級軍事法院。但不得與被告明示之意思相反。

⑥對於上訴軍事法院之判決，除依本法上訴最高法院或高等法院者外，不得再上訴。

第一八一條 92

①判決經依前條上訴後，由原審軍事法院轉送管轄之上級軍事法院審判。但將官案件之判決或宣告死刑或無期徒刑之判決，應不待上訴依職權送請管轄之上級軍事法院審判，並通知當事人。

②宣告死刑、無期徒刑之上訴判決，原上訴軍事法院應依職權逕送最高法院審判，並通知當事人。

③第一項但書及前項情形，視為被告已提起上訴。

④當事人不服最高軍事法院宣告有期徒刑以上，或高等軍事法院宣告死刑、無期徒刑之上訴判決者，得以判決違背法令為理由，向最高法院提起上訴。

⑤當事人不服高等軍事法院宣告有期徒刑之上訴判決者，得以判決違背法令為理由，向高等法院提起上訴。

⑥對於前項高等法院之判決，不得再上訴。

⑦第二項、第四項及第五項之規定，於戰時及第二百零四條不適用之。

第一八二條

上訴期間為十日，自送達判決後起算。但判決宣示後送達前之上訴，亦有效力。

第一八三條

①上訴應以書狀提出於原審軍事法院為之。但被告於宣示判決時，當庭以言詞為之者，由書記官製作筆錄。

②前項上訴，非由被告為之者，應由軍事法院以繕本送達於被告，其為被告不利益上訴者，並應通知其答辯。

第一八四條

①在監所之被告，於上訴期間內向監所長官提出上訴書狀者，視為

上訴期間內之上訴。

②被告不能自作上訴書狀者，應由監所公務員代作。

③監所長官接受第一項上訴書狀後，應附記接受之年、月、日、時，送交原審軍事法院。

第一八五條

①有上訴權之人，得捨棄其上訴權。

②上訴於判決前，得撤回之。但為被告之利益而上訴者，非得被告之同意，不得為之。

③前二項之上訴，非由被告為之者，應即通知被告。

第一八六條

①捨棄上訴權，應向原審軍事法院為之。

②撤回上訴，應向上訴審法院為之。但於該案卷宗仍在原審軍事法院者，得向原審軍事法院為之。

第一八七條

①捨棄上訴權及撤回上訴，應以書狀為之。但於審判期日，得以言詞為之。

②第一百八十四條之規定，於捨棄上訴權或撤回上訴準用之。

③捨棄上訴權或撤回上訴者，喪失其上訴權。

第一八八條

捨棄上訴權或撤回上訴，書記官應速通知他造當事人。

第一八九條

原審軍事法院認為上訴不合法律上之程式或法律上不應准許或其上訴權已喪失者，應以裁定駁回之。但其不合法律上之程式可補正者，應定期間，命其補正。

第一九〇條

上訴之案件，原審軍事法院應速將該案卷宗及證物送交上訴審軍事法院。

第一九一條

①上訴得對於判決之一部為之，未聲明為一部者，視為全部上訴。

②對於判決之一部上訴者，其有關係之部分，視為亦已上訴。

第一九二條

上訴軍事法院之案件，審判長於依第一百零一條訊問被告後，應命上訴人陳述上訴要旨。

第一九三條

上訴軍事法院，應就原判決經上訴之部分調查之。

第一九四條

被告經上訴軍事法院依法傳喚，無正當理由不到庭者，得不待其陳述逕行判決。

第一九五條

上訴軍事法院認為上訴不合法律上之程式或法律上不應准許或其上訴權已經喪失者，應以判決駁回之。但不合法律之程式可以補正而未經原審軍事法院命其補正者，應定期間命其補正。

第一九六條

判決不適用法則或適用不當者，為違背法令。

第一九七條

有下列情形之一者，其判決當然為違背法令：

一　軍事法院之組織不合法者。

二　依法律或裁判應迴避之軍事審判官參與審判者。

三　禁止審判公開非依法律之規定者。

四　軍事法院所認管轄之有無係不當者。

五　軍事法院受理案件或不受理案件係不當者。

六　除有特別規定外，被告未於審判期日到庭而逕行審判者。

七　依本法應用辯護人之案件或已經指定辯護人之案件，辯護人未經到庭辯護而逕行審判者。

八　除有特別規定外，未經軍事檢察官到庭陳述而為審判者。

九　依本法應停止或更新審判而未經停止或更新者。

十　依本法應於審判期日調查之證據，未予調查者。

十一　未與被告以最後陳述之機會者。

十二　除本法有特別規定外，已受請求之事項未予判決，或未受請求之事項予以判決者。

十三　未經參與審理之軍事審判官參與判決者。

十四　判決不載理由或所載理由矛盾者。

十五　判決理由對於被告有利之陳述或辯護意旨不予採納，而未經記載者。

第一九八條

① 上訴軍事法院認為上訴無理由者，應以判決駁回之。認為上訴有理由，或上訴雖無理由，而原判不當或違法者，應將原審判決經上訴之部分撤銷，就該案件自為判決。但因原審諭知管轄錯誤、免訴或不受理係不當而撤銷之者，得以判決將該案件發回原審軍事法院。

② 上訴軍事法院因原審判決未諭知管轄錯誤不當而撤銷之者，如上訴軍事法院有初審管轄權，應為初審之判決。

③ 第一項但書之規定，不適用於提審或蒞審。

第一九九條

最高法院或高等法院對於上訴之案件，因原判決違背法令致影響事實之認定，或未諭知管轄錯誤係不當而撤銷者，應發回或發交原上訴或初審軍事法院。

第二〇〇條

① 由被告上訴或為被告利益而上訴者，不得諭知較重於原審判決之刑。但因原審判決適用法條不當而撤銷之者，不在此限。

② 前項規定於強制工作準用之。

第二〇一條

上訴軍事法院之判決書得引用原審判決書記載之事實、證據及理由。對於案情重要事項原審未予論述，或於上訴審提出有利於被

告之證據或辯解不予採納者，應補充記載其理由。

第二〇二條

① 戰時上訴案件以書面審理，於必要時，得提審或蒞審以行言詞審理。

② 提審或蒞審，應通知原審軍事法院，如被告在押，並應由其轉知在押被告之監所長官。

第二〇三條

第七十四條之規定，於戰時上訴之案件，不適用之。但提審或蒞審之案件，不在此限。

第二〇四條

① 敵前犯事科死刑之案件，宣告死刑者，於作戰區域內，對作戰確有重大關係時，原審軍事法院得先摘敘被告姓名、年齡、犯罪事實、證據、所犯法條及必須緊急處置之理由，電請最高軍事法院先予審理，隨後補送卷宗及證物。但最高軍事法院認為有疑義時，應電令速即補送卷宗及證物。

② 前項規定，如事後發覺所處罪刑與事實證據不符或有重大錯誤者，原審軍事法院之審判人員應依法治罪。

第二〇五條

① 最高軍事法院於前條第一項為駁回時，得以電文為之。

② 最高軍事法院檢察署應自收受駁回電文之日起五日內，送請國防部准執行。

第二〇六條 92

① 上訴除本編另有規定外，準用第二編第三章審判之規定及刑事訴訟法關於上訴第二審之規定。但上訴最高法院或高等法院之案件，準用刑事訴訟法關於上訴第三審之規定。

② 戰時上訴案件除本編有特別規定外，準用刑事訴訟法關於上訴第三審之規定。

第四編　抗　告

第二〇七條

① 當事人及被告直屬長官，對軍事法院之裁定，除有特別規定外，得提起抗告。

② 證人、鑑定人、通譯及其他非當事人受裁定者，亦得抗告。

第二〇八條

抗告期間為五日，自送達裁定後起算。但裁定經宣示者，宣示後送達前之抗告，亦有效力。

第二〇九條

提起抗告，應以書狀敘述抗告之理由，提出於原審軍事法院為之。

第二一〇條

① 原審軍事法院認為抗告不合法律上之程式或法律上不應准許或其

抗告權已經喪失者，應以裁定駁回之。但其不合法律上之程式可補正者，應定期間先命補正。

②原審軍事法院認為抗告有理由者，應更正其裁定；認為全部或一部無理由者，應於接受抗告書狀後三日內，送交抗告軍事法院，並得添具意見。

第二一一條

抗告軍事法院認為抗告無理由，或有前條第一項前段之情形者，應以裁定駁回之。但其不合法律上之程式可以補正而未經原審軍事法院命其補正者，應定期間先命補正。

第二一二條

抗告軍事法院認為抗告有理由者，應以裁定將原裁定撤銷，於有必要時，並自為裁定。

第二一三條

抗告軍事法院之裁定，應速通知原審軍事法院。

第二一四條

對於抗告軍事法院之裁定，不得再行抗告。

第二一五條 91

①對於審判長、受命軍事審判官、受託軍事審判官或軍事檢察官所為下列之處分有不服者，受處分人得聲請其所屬或該管軍事法院撤銷或變更之：

一 關於羈押、具保、責付、限制住居、搜索、扣押或扣押物發還、因鑑定將被告送入醫院或其他處所、及對被告所為禁止接見、通信、受授物件或扣押之處分。

二 對於證人、鑑定人或通譯科罰鍰之處分。

②前項之搜索、扣押經撤銷者，審判時該管軍事法院或法院得宣告所扣得之物，不得作為證據。

③第一項聲請期間為五日，自為處分之日起算，其為送達者，自送達後起算。

④第二百十一條至第二百十三條之規定，於本條準用之。

⑤第六十五條第一項之規定，於聲請撤銷或變更受託軍事審判官之裁定者，準用之。

第二一六條

①軍事法院就前條第一項聲請撤銷或變更之裁定，不得抗告。但對於其就撤銷罰鍰之聲請而為者，得提起抗告。

②依本編規定得提起抗告，而誤為撤銷或變更之聲請者，視為已提抗告；其得為撤銷或變更之聲請而誤為抗告者，視為已有聲請。

第二一七條

刑事訴訟法關於抗告之規定，與本編不相牴觸者，準用之。

第五編　再　審

第二一八條

刑事訴訟

①有罪之判決確定後，有下列情形之一者，為受判決人之利益，得聲請再審：

一　原判決所憑之證物，已證明其為偽造或變造者。

二　原判決所憑之證言、鑑定或通譯，已證明其為虛偽者。

三　受有罪判決之人，已證明其係被誣告者。

四　原判決所憑之法院或軍事法院之裁判，已經確定裁判變更者。

五　參與原判決或前審判決或判決前所行調查之軍事審判官，或參與偵查或起訴之軍事檢察官，因該案件犯職務上之罪，已經證明者，或因該案件違法失職已受懲戒或懲罰處分，足以影響原判決者。

六　因發見確實之新證據，足認受有罪判決之人，應受無罪、免訴、免刑或輕於原判決所認罪名之判決者。

七　原判決對足生影響判決之重要證據，漏未調查或審酌者。

②前項第一款至第三款及第五款情形之證明，以經判決確定，或其軍事審判不能開始或續行，非因證據不足者為限，得聲請再審。

第二一九條

有罪、無罪、免訴或不受理之判決確定後，有下列情形之一者，為受判決人之不利益，得聲請再審：

一　有前條第一款、第二款、第四款或第五款之情形者。

二　受無罪或輕於相當之刑之判決，而於訴訟上或訴訟外自白，或發見確實之新證據，足認其有應受有罪或重刑判決之犯罪事實者。

三　受免訴或不受理之判決，而於訴訟上或訴訟外自述，或發見確實之新證據，足認其並無免訴或不受理之原因者。

第二二〇條

依第二百十八條第一項第七款規定，因重要證據漏未調查或審酌而聲請再審者，應於確定判決送達後二十日內為之。

第二二一條

為受判決人之利益聲請再審，得由下列各人為之：

一　原審軍事法院檢察署之軍事檢察官。

二　受判決人。

三　受判決人之法定代理人或配偶。

四　受判決人已死亡，或在心神喪失中者，其配偶、直系血親、三親等內之旁系血親、二親等內之姻親或家長、家屬。

五　受判決人之直屬長官。

第二二二條

為受判決人之不利益聲請再審，得由原審軍事法院檢察署之軍事檢察官為之。

第二二三條

原審軍事法院認為聲請再審之程序違背規定者，應以裁定駁回之。

第二二四條

聲請再審，無停止刑罰執行之效力。但該管軍事法院檢察署之軍事檢察官於再審之裁定前，得命停止執行。

第二二五條

刑事訴訟法關於再審之規定，與本編不相牴觸者準用之。

第六編　非常上訴

第二二六條

判決確定後，發見該案件之審判係違背法令者，最高軍事法院檢察署檢察長得向最高法院提起非常上訴。但案件係由最高法院或高等法院判決確定者，仍由最高法院檢察署檢察總長提起之。

第二二七條

軍事檢察官發見有前條情形者，應具意見書將該案卷宗及證物送請最高軍事法院檢察署檢察長或最高法院檢察署檢察總長，聲請提起非常上訴。

第二二八條

刑事訴訟法關於非常上訴之規定，與本編不相牴觸者，準用之。

第七編　執　行

第二二九條

①執行裁判，由為裁判之軍事法院檢察署之軍事檢察官指揮之。但其他性質應由軍事法院或審判長、受命軍事審判官、受託軍事審判官指揮或有特別規定者，不在此限。

②因駁回上訴、抗告之裁判，或因撤回上訴、抗告而應執行下級軍事法院之裁判者，由上級軍事法院檢察署之軍事檢察官指揮之。

③前二項情形，其卷宗在下級軍事法院者，由該軍事法院檢察署之軍事檢察官指揮執行。

④案件經最高法院或高等法院判決確定者，由上訴軍事法院檢察署之軍事檢察官指揮執行。

第二三〇條

諭知死刑之判決確定後，最高法院應速將該案卷宗送交最高軍事法院檢察署轉送國防部。

第二三一條

死刑之執行，由國防部長發布執行命令，於令到三日內執行之。但執行軍事檢察官發見案情確有合於再審或非常上訴之理由者，得於三日內電請國防部再加審核。

第二三二條

死刑於軍事監獄內執行。但必要時，得另定刑場執行。

第二三三條

①受死刑之諭知者，如在心神喪失中，由國防部命令停止執行。

②受死刑諭知之婦女懷胎者，於其生產前，由國防部命令停止執行。

③依前二項規定停止執行者，於其痊癒或生產後，非有國防部命令，不得執行。

第二三四條

①處徒刑及拘役之人犯，除別有規定外，於軍事監獄內執行之；無軍事監獄之處所，得由軍事看守所代監執行或囑託司法監獄或看守所執行。

②受保安處分之人，於國防部指定之相當處所或囑託司法保安處分處所執行。

第二三四條之一 92

軍事監獄之編裝、員額，由國防部定之。

第二三五條

扣押物之應受發還人所在不明，或因其他事故不能發還者，戰時認為必要，得不經公告，逕行拍賣，保管其價金。

第二三六條

刑事訴訟法關於執行之規定，與本編不相牴觸者，準用之。

第八編　附　則

第二三七條 102

①本法中華民國一百零二年八月六日修正之條文施行前，已依本法開始偵查、審判或執行之第一條第二項案件，依下列規定處理之：

一　偵查、審判程序尚未終結者，偵查中案件移送該管檢察官偵查，審判中案件移送該管法院審判。但本法修正施行前已依法定程序進行之訴訟程序，其效力不受影響。

二　裁判確定之案件，不得向該管法院上訴或抗告。但有再審或非常上訴之事由者，得依刑事訴訟法聲請再審或非常上訴。

三　刑事裁判尚未執行或在執行中者，移送該管檢察官指揮執行。

②本法中華民國一百零二年八月六日修正之條文，除第一條第二項第二款自公布後五個月施行外，自公布日施行。

第二三八條 95

①本法自中華民國八十八年十月三日施行。

②本法修正條文，除中華民國九十五年五月十九日修正之條文自中華民國九十五年七月一日施行者外，自公布日施行。

軍事審判法施行法

①民國45年7月19日總統令制定公布全文10條；並自45年10月1日施行。
②民國88年10月2日總統令修正公布全文6條。

第一條
①本法稱舊法者，謂中華民國四十五年十月一日軍事審判法施行前之陸海空軍審判法及其有關軍事審判程序之命令。
②本法稱軍事審判法者，謂中華民國四十五年十月一日施行之軍事審判法。
③本法稱修正軍事審判法者，謂中華民國八十八年十月三日修正施行之軍事審判法。

第二條
修正軍事審判法施行前，已開始偵查或審判之案件，除有特別規定外，其以後之訴訟程序，適用修正軍事審判法。

第三條
①軍事審判法施行前，經依舊法確定之案件，不得聲請上訴。但合於軍事審判法之規定者，得聲請再審或提起非常上訴。
②軍事審判法施行前，非現役軍人依舊法判決案件，合於戒嚴法第十條之規定者，從其規定。但法律另有規定者，不在此限。

第四條
前條第一項之再審案件，由該管實審軍事法院管轄。

第五條
刑事訴訟法施行法之規定，與本法不相牴觸者，準用之。

第六條
本法自修正軍事審判法施行之日施行。

通訊保障及監察法

①民國88年7月14日總統令制定公布全文34條；並自公布日起施行。
②民國95年5月30日總統令修正公布第5、34條條文；並自95年7月1日施行。
③民國96年7月11日總統令修正公布第5～7、11、12、14～17、32、34條條文；並自公布後五個月施行。
④民國103年1月29日總統令修正公布第1、5～7、12、13、15、16、18、27、32條條文；增訂第3-1、11-1、16-1、18-1、32-1條條文；並自公布後五個月施行。
⑤民國105年4月13日總統令修正公布第5、34條條文。
民國105年12月14日行政院令發布定自106年1月1日施行。
⑥民國107年5月23日總統令公布刪除第26條條文。

第一條 103
為保障人民秘密通訊自由及隱私權不受非法侵害，並確保國家安全，維護社會秩序，特制定本法。

第二條
①通訊監察，除為確保國家安全、維持社會秩序所必要者外，不得為之。
②前項監察，不得逾越所欲達成目的之必要限度，且應以侵害最少之適當方法為之。

第三條
①本法所稱通訊如下：
　一　利用電信設備發送、儲存、傳輸或接收符號、文字、影像、聲音或其他信息之有線及無線電信。
　二　郵件及書信。
　三　言論及談話。
②前項所稱之通訊，以有事實足認受監察人對其通訊內容有隱私或秘密之合理期待者為限。

第三條之一 103
①本法所稱通信紀錄者，謂電信使用人使用電信服務後，電信系統所產生之發送方、接收方之電信號碼、通信時間、使用長度、位址、服務型態、信箱或位置資訊等紀錄。
②本法所稱之通訊使用者資料，謂電信使用者姓名或名稱、身分證明文件字號、地址、電信號碼及申請各項電信服務所填列之資料。

第四條
本法所稱受監察人，除第五條及第七條所規定者外，並包括為其發送、傳達、收受通訊或提供通訊器材、處所之人。

第五條 105

① 有事實足認被告或犯罪嫌疑人有下列各款罪嫌之一，並危害國家安全、經濟秩序或社會秩序情節重大，而有相當理由可信其通訊內容與本案有關，且不能或難以其他方法蒐集或調查證據者，得發通訊監察書。

一　最輕本刑為三年以上有期徒刑之罪。

二　刑法第一百條第二項之預備內亂罪、第一百零一條第二項之預備暴動內亂罪或第一百零六條第三項、第一百零九條第一項、第三項、第四項、第一百二十一條第一項、第一百二十二條第三項、第一百三十一條第一項、第一百四十二條、第一百四十三條第一項、第一百四十四條、第一百四十五條、第二百零一條之一、第二百五十六條第一項、第三項、第二百五十七條第一項、第四項、第二百九十八條第二項、第三百條、第三百三十九條、第三百三十九條之三或第三百四十六條之罪。

三　貪污治罪條例第十一條第一項、第四項關於違背職務行為之行賄罪。

四　懲治走私條例第二條第一項、第二項或第三項之罪。

五　藥事法第八十二條第一項、第四項或第八十三條第一項、第四項之罪。

六　證券交易法第一百七十三條第一項之罪。

七　期貨交易法第一百十二條或第一百十三條第一項、第二項之罪。

八　槍砲彈藥刀械管制條例第十二條第一項、第二項、第四項、第五項或第十三條第二項、第四項、第五項之罪。

九　公職人員選舉罷免法第一百零二條第一項第一款之罪。

十　農會法第四十七條之一或第四十七條之二之罪。

十一　漁會法第五十條之一或第五十條之二之罪。

十二　兒童及少年性剝削防制條例第三十二條第一項、第三項、第四項、第五項之罪。

十三　洗錢防制法第十一條第一項至第三項之罪。

十四　組織犯罪防制條例第三條第一項後段、第二項後段、第六條或第十一條第三項之罪。

十五　陸海空軍刑法第十四條第二項、第十七條第三項、第十八條第三項、第十九條第三項、第二十條第五項、第二十二條第四項、第二十三條第三項、第二十四條第二項、第四項、第五十八條第五項、第六十三條第一項之罪。

十六　營業秘密法第十三條之二第一項、第二項之罪。

十七　森林法第五十二條第一項、第二項之罪。

十八　廢棄物清理法第四十六條之罪。

② 前項通訊監察書，偵查中由檢察官依司法警察機關聲請或依職權以書面聲請該管法院核發。聲請書應記載偵、他字案號及第十一

條之事項，其監察對象非電信服務用戶，應予載明；並檢附相關文件及監察對象住居所之調查資料，釋明有相當理由可信其通訊內容與本案有關，且曾以其他方法調查仍無效果，或以其他方法調查，合理顯示爲不能達成目的或有重大危險情形。檢察官受理聲請案件，應於四小時內核復；如案情複雜，得經檢察長同意延長四小時。法院於接獲檢察官核轉受理聲請案件，應於四十八小時內核復。審判中由法官依職權核發。法官並得於通訊監察書上對執行人員爲適當之指示。

③前項聲請不合法定程序、不備理由、未經釋明或釋明不足者，法院應予駁回。其聲請經法院駁回者，不得聲明不服。

④執行機關應於執行監聽期間內，每十五日至少作成一次以上之報告書，說明監聽行爲之進行情形，以及有無繼續執行監聽之需要。檢察官或核發通訊監察書之法官並得隨時命執行機關提出報告。法官依據經驗法則、論理法則自由心證判斷後，發現有不應繼續執行監聽之情狀時，應撤銷原核發之通訊監察書。

⑤通訊監察書之聲請，應以單一監察對象爲限，同一偵、他字或相牽連案件，得同時聲請數張通訊監察書。

第六條 103

①有事實足認被告或犯罪嫌疑人有犯刑法妨害投票罪章、公職人員選舉罷免法、總統副總統選舉罷免法、槍砲彈藥刀械管制條例第七條、第八條、毒品危害防制條例第四條、擄人勒贖罪或以投擲炸彈、爆裂物或投放毒物方法犯恐嚇取財罪、組織犯罪條例第三條、洗錢防制法第十一條第一項、第二項、第三項、刑法第二百二十二條、第二百二十六條、第二百七十一條、第三百二十五條、第三百二十六條、第三百二十八條、第三百三十條、第三百三十二條及第三百三十九條，爲防止他人生命、身體、財產之急迫危險；或有事實足信有其他通訊作爲前條第一項犯罪連絡而情形急迫者，司法警察機關得報請該管檢察官以口頭通知執行機關先行執行通訊監察。但檢察官應告知執行機關第十一條所定之事項，並於二十四小時內陳報該管法院補發通訊監察書；檢察機關爲受理緊急監察案件，應指定專責主任檢察官或檢察官爲緊急聯繫窗口，以利掌握偵辦時效。

②法院應設置專責窗口受理前項聲請，並應於四十八小時內補發通訊監察書；未於四十八小時內補發者，應即停止監察。

第七條 103

①爲避免國家安全遭受危害，而有監察下列通訊，以蒐集外國勢力或境外敵對勢力情報之必要者，綜理國家情報工作機關首長得核發通訊監察書。

一 外國勢力、境外敵對勢力或其工作人員在境內之通訊。

二 外國勢力、境外敵對勢力或其工作人員跨境之通訊。

三 外國勢力、境外敵對勢力或其工作人員在境外之通訊。

②前項各款通訊之受監察人在境內設有戶籍者，其通訊監察書之核

發，應先經綜理國家情報工作機關所在地之高等法院專責法官同意。但情況急迫者不在此限。

③前項但書情形，綜理國家情報工作機關應即將通訊監察書核發情形，通知綜理國家情報工作機關所在地之高等法院之專責法官補行同意；其未在四十八小時內獲得同意者，應即停止監察。

第八條

前條第一項所稱外國勢力或境外敵對勢力如下：

一　外國政府、外國或境外政治實體或其所屬機關或代表機構。

二　由外國政府、外國或境外政治實體指揮或控制之組織。

三　以從事國際或跨境恐怖活動為宗旨之組織。

第九條

第七條第一項所稱外國勢力或境外敵對勢力工作人員如下：

一　為外國勢力或境外敵對勢力從事秘密情報蒐集活動或其他秘密情報活動，而有危害國家安全之虞，或教唆或幫助他人為之者。

二　為外國勢力或境外敵對勢力從事破壞行為或國際或跨境恐怖活動，或教唆或幫助他人為之者。

三　擔任外國勢力或境外敵對勢力之官員或受僱人或國際恐怖組織之成員者。

第一〇條

依第七條規定執行通訊監察所得資料，僅作為國家安全預警情報之用。但發現有第五條所定情事者，應將所得資料移送司法警察機關、司法機關或軍事審判機關依法處理。

第一一條 96

①通訊監察書應記載下列事項：

一　案由及涉嫌觸犯之法條。

二　監察對象。

三　監察通訊種類及號碼等足資識別之特徵。

四　受監察處所。

五　監察理由。

六　監察期間及方法。

七　聲請機關。

八　執行機關。

九　建置機關。

②前項第八款之執行機關，指蒐集通訊內容之機關。第九款之建置機關，指單純提供通訊監察軟硬體設備而未接觸通訊內容之機關。

③核發通訊監察書之程序，不公開之。

第一一條之一 103

①檢察官偵查最重本刑三年以上有期徒刑之罪，有事實足認通信紀錄及通信使用者資料於本案之偵查有必要性及關聯性時，除有急迫情形不及事先聲請者外，應以書面聲請該管法院核發調取票。

聲請書之應記載事項，準用前條第一項之規定。

②司法警察官因調查犯罪嫌疑人犯罪情形及蒐集證據，認有調取通信紀錄之必要時，得依前項規定，報請檢察官許可後，向該管法院聲請核發調取票。

③檢察官、司法警察官為偵辦最輕本刑十年以上有期徒刑之罪、強盜、搶奪、詐欺、恐嚇、擄人勒贖，及違反人口販運防制法、槍砲彈藥刀械管制條例、懲治走私條例、毒品危害防制條例、組織犯罪防制條例等罪，而有需要時，得由檢察官依職權或司法警察官向檢察官聲請同意後，調取通信紀錄，不受前二項之限制。

④第一項之急迫原因消滅後，應向法院補行聲請調取票。

⑤調取票，應記載下列事項：
一　案由。
二　應調取之通信紀錄或使用者資料。
三　有效期間，逾期不得執行調取及調取後應將調取票交回之意旨。

⑥第一項、第二項及第四項之聲請經法院駁回者，不得聲明不服。

⑦核發調取票之程序，不公開之。

⑧有調取第七條之監察對象通信紀錄及通訊使用者資料必要者，由綜理國家情報工作機關向電信或郵政事業調取，不受前七項之限制。

第一二條 103

①第五條、第六條之通訊監察期間，每次不得逾三十日，第七條之通訊監察期間，每次不得逾一年；其有繼續監察之必要者，應釋明具體理由，至遲於期間屆滿之二日前，提出聲請。但第五條、第六條繼續之監察期間，不得逾一年，執行機關如有繼續監察之必要者，應依第五條、第六條重行聲請。

②第五條、第六條之通訊監察期間屆滿前，偵查中檢察官、審判中法官認已無監察之必要者，應即停止監察。

③第七條之通訊監察期間屆滿前，綜理國家情報工作機關首長認已無監察之必要者，應即停止監察。

第一三條 103

①通訊監察以截收、監聽、錄音、錄影、攝影、開拆、檢查、影印或其他類似之必要方法為之。但不得於私人住宅裝置竊聽器、錄影設備或其他監察器材。

②執行通訊監察，除經依法處置者外，應維持通訊暢通。

③執行機關除有正當理由者外，應至少每三日派員取回監錄內容。

④前項監錄內容顯然與監察目的無關者，不得作成譯文。

第一四條 96

①通訊監察之執行機關及處所，得依聲請機關之聲請定之。法官依職權核發通訊監察書時，由核發人指定之；依第七條規定核發時，亦同。

②電信事業及郵政事業有協助執行通訊監察之義務；其協助內容為

執行機關得使用該事業之通訊監察相關設施與其人員之協助。

③前項因協助執行通訊監察所生之必要費用，於執行後，得請求執行機關支付；其項目及費額由交通部會商有關機關訂定公告之。

④電信事業之通訊系統應具有配合執行監察之功能，並負有協助建置機關建置、維持通訊監察系統之義務。但以符合建置時之科技及經濟上合理性為限，並不得逾越期待可能性。

⑤前項協助建置通訊監察系統所生之必要費用，由建置機關負擔。另因協助維持通訊監察功能正常作業所生之必要費用，由交通部會商有關機關訂定公告之。

第一五條 103

①第五條、第六條及第七條第二項通訊監察案件之執行機關於監察通訊結束時，應即敘明受監察人之姓名、住所或居所、該監察案件之第十一條第一項各款及通訊監察書核發機關文號、實際監察期間、有無獲得監察目的之通訊資料及救濟程序由檢察官、綜理國家情報工作機關陳報法院通知受監察人。如認通知有妨害監察目的之虞或不能通知者，應一併陳明。

②通訊監察結束後，檢察官、綜理國家情報工作機關逾一個月仍未為前項之陳報者，法院應於十四日內主動通知受監察人。但不能通知者，不在此限。

③法院對於第一項陳報，除有具體理由足認通知有妨害監察目的之虞或不能通知之情形外，應通知受監察人。

④前項不通知之原因消滅後，執行機關應報由檢察官、綜理國家情報工作機關陳報法院補行通知。原因未消滅者，應於前項陳報後每三個月向法院補行陳報未消滅之情形。逾期未陳報者，法院應於十四日內主動通知受監察人。

⑤關於執行機關陳報事項經法院審查後，交由司法事務官通知受監察人與該受監察之電信服務用戶。但不能通知者，不在此限。

⑥前項受監察之電信服務用戶包括個人、機關（構）、或團體等。

第一六條 103

①執行機關於監察通訊後，應按月向檢察官、核發通訊監察書之法官或綜理國家情報工作機關首長報告執行情形。檢察官、核發通訊監察書之法官或綜理國家情報工作機關首長並得隨時命執行機關提出報告。

②第五條、第六條通訊監察之監督，偵查中由檢察機關、審判中由法院，第七條通訊監察之監督，由綜理國家情報工作機關，派員至建置機關，或使用電子監督設備，監督通訊監察執行情形。偵查中案件，法院應定期派員監督執行機關執行情形。

第一六條之一 103

①通訊監察執行機關、監督機關每年應製作該年度通訊監察之相關統計資料年報，定期上網公告並送立法院備查。

②前項定期上網公告，於第七條規定之通訊監察，不適用之。

③第一項統計資料年報應包含下列事項：

一　依第五條、第六條、第七條及第十二條第一項聲請及核准通訊監察之案由、監察對象數、案件數、線路數及線路種類。依第十一條之一之調取票件，亦同。

二　依第十二條第二項、第三項之停止監察件，其停止情形。

三　依第十五條之通知或不通知、不通知之原因種類及原因消滅或不消滅之情形。

四　法院依前條規定監督執行機關執行之情形。

五　依第十七條資料銷燬之執行情形。

六　截聽紀錄之種類及數量。

第一七條 96

①監察通訊所得資料，應加封緘或其他標識，由執行機關蓋印，保存完整真實，不得增、刪、變更，除已供案件證據之用留存於該案卷或為監察目的有必要長期留存者外，由執行機關於監察通訊結束後，保存五年，逾期予以銷燬。

②通訊監察所得資料全部與監察目的無關者，執行機關應即報請檢察官、依職權核發通訊監察書之法官或綜理國家情報工作機關首長許可後銷燬之。

③前二項之資料銷燬時，執行機關應記錄該通訊監察事實，並報請檢察官、依職權核發通訊監察書之法官或綜理國家情報工作機關首長派員在場。

第一八條 103

①依本法監察通訊所得資料，不得提供與其他機關（構）、團體或個人。但符合第五條或第七條規定之監察目的或其他法律另有規定者，不在此限。

②依第五條及第六條規定通訊監察書之聲請、核發、執行、通訊監察所得資料之保管、使用、銷燬，應就其辦理、閱讀及接觸者，建立連續流程履歷紀錄，並應與臺灣高等法院通訊監察管理系統連線。

③前項其他執行通訊監察之機關每月應將所有截聽紀錄以專線或保密方式傳遞至臺灣高等法院通訊監察管理系統。

第一八條之一 103

①依第五條、第六條或第七條規定執行通訊監察，取得其他案件之內容者，不得作為證據。但於發現後七日內補行陳報法院，並經法院審查認可該案件與實施通訊監察之案件具有關連性或為第五條第一項所列各款之罪者，不在此限。

②依第五條、第六條或第七條規定執行通訊監察所取得之內容或所衍生之證據與監察目的無關者，不得作為司法偵查、審判、其他程序之證據或其他用途，並依第十七條第二項規定予以銷燬。

③違反第五條、第六條或第七條規定進行監聽行為所取得之內容或所衍生之證據，於司法偵查、審判或其他程序中，均不得採為證據或其他用途，並依第十七條第二項規定予以銷燬。

第一九條

① 違反本法或其他法律之規定監察他人通訊或洩漏、提供、使用監察通訊所得之資料者，負損害賠償責任。

② 被害人雖非財產上之損害，亦得請求賠償相當之金額；其名譽被侵害者，並得請求為回復名譽之適當處分。

③ 前項請求權，不得讓與或繼承。但以金額賠償之請求權已依契約承諾或已起訴者，不在此限。

第二〇條

① 前條之損害賠償總額，按其監察通訊日數，以每一受監察人每日新臺幣一千元以上五千元以下計算。但能證明其所受之損害額高於該金額者，不在此限。

② 前項監察通訊日數不明者，以三十日計算。

第二一條

損害賠償請求權，自請求權人知有損害及賠償義務人時起，因二年間不行使而消滅；自損害發生時起，逾五年者亦同。

第二二條

① 公務員或受委託行使公權力之人，執行職務時違反本法或其他法律之規定監察他人通訊或洩漏、提供、使用監察通訊所得之資料者，國家應負損害賠償責任。

② 依前項規定請求國家賠償者，適用第十九條第二項、第三項及第二十條之規定。

第二三條

損害賠償除依本法規定外，適用民法及國家賠償法規定。

第二四條

① 違法監察他人通訊者，處五年以下有期徒刑。

② 執行或協助執行通訊監察之公務員或從業人員，假借職務或業務上之權力、機會或方法，犯前項之罪者，處六月以上五年以下有期徒刑。

③ 意圖為利而犯前二項之罪者，處一年以上七年以下有期徒刑。

第二五條

① 明知為違法監察通訊所得之資料，而無故洩漏或交付之者，處三年以下有期徒刑。

② 意圖營利而犯前項之罪者，處六月以上五年以下有期徒刑。

第二六條 （刪除）107

第二七條 103

① 公務員或曾任公務員之人因職務知悉或持有依本法或其他法律之規定監察通訊所應秘密之資料，而無故洩漏或交付之者，處三年以下有期徒刑。

② 法官或檢察官執行本法而有法官法第三十條第二項或第八十九條第四項各款情事者，應移送個案評鑑。

③ 公務員或曾任公務員之人違反第十八條之一第二項、第三項規定，將本案通訊監察資料挪作他用者，處三年以下有期徒刑。

第二八條

非公務員因職務或業務知悉或持有依本法或其他法律之規定監察通訊所得應秘密之資料，而無故洩漏或交付之者，處二年以下有期徒刑、拘役或新臺幣二萬元以下罰金。

第二九條

監察他人之通訊，而有下列情形之一者，不罰：

一　依法律規定而為者。

二　電信事業或郵政機關（構）人員基於提供公共電信或郵政服務之目的，而依有關法令執行者。

三　監察者為通訊之一方或已得通訊之一方事先同意，而非出於不法目的之者。

第三〇條

第二十四條第一項、第二十五條第一項及第二十八條之罪，須告訴乃論。

第三一條

有協助執行通訊監察義務之電信事業及郵政機關（構），違反第十四條第二項之規定者，由交通部處以新臺幣五十萬元以上二百五十萬元以下罰鍰；經通知限期遵行而仍不遵行者，按日連續處罰，並得撤銷其特許或許可。

第三二條 103

軍事審判機關於偵查、審判現役軍人犯罪時，其通訊監察準用本法之規定。

第三二條之一 103

①法務部每年應向立法院報告通訊監察執行情形。立法院於必要時，得請求法務部報告並調閱相關資料。

②立法院得隨時派員至建置機關、電信事業、郵政事業或其他協助執行通訊監察之機關、事業及處所，或使用電子監督設備，監督通訊監察執行情形。

③本法未規定者，依立法院職權行使法或其他法律之規定。

第三三條

本法施行細則，由行政院會同司法院定之。

第三四條 105

本法施行日期，除中華民國九十五年五月三十日修正公布之條文，自九十五年七月一日施行；九十六年七月十一日及一百零三年一月二十九日修正公布之條文，自公布後五個月施行；一百零五年三月二十五日修正之條文，由行政院定之外，自公布施行。

通訊保障及監察法施行細則

①民國89年3月15日行政院、司法院令會同訂定發布全文30條；並自發布日起施行。
②民國91年6月27日行政院、司法院令修正發布第25條條文。
③民國96年12月11日行政院、司法院令銜修正發布全文36條；並自96年12月11日施行。
民國101年12月25日行政院公告第3條所列舉「國防部憲兵司令部」之權責事項，自102年1月1日起改由「國防部憲兵指揮部」管轄。
④民國103年6月26日行政院、司法院令會同修正發布第3～5、8、16、20、27～30、35、36條條文；增訂第13-1、13-2、16-1、16-2、23-1條條文；並自103年6月29日施行。
民國107年4月27日行政院公告第3條所列舉「行政院海岸巡防署與所屬偵防查緝隊、各海巡隊、各機動查緝隊以上單位」之權責事項，自107年4月28日起改由「海洋委員會海巡署及所屬機關（構）」管轄。

第一條
本細則依通訊保障及監察法（以下簡稱本法）第三十三條規定訂定之。

第二條
①本法第三條第一項第一款所稱有線及無線電信，包括電信事業所設公共通訊系統及專用電信。
②本法第三條第一項第二款所稱郵件及書信，指信函、明信片、特製郵簡、新聞紙、雜誌、印刷物、盲人文件、小包、包裹或以電子處理或其他具有通信性質之文件或物品。
③本法第三條第一項第三款所稱言論及談話，指人民非利用通訊設備所發表之言論或面對面之對話；其以手語或其他方式表達意思者，亦包括在內。
④本法第三條第二項所稱有事實足認受監察人對其通訊內容有隱私或秘密之合理期待者，應就客觀事實加以認定。

第三條 103
本法所稱司法警察機關，指內政部警政署與各直轄市、縣（市）警察局所屬分局或刑事警察大隊以上單位、法務部調查局與所屬各外勤調查處（站）、工作組以上單位、國防部憲兵指揮部與所屬各地區憲兵隊以上單位、行政院海岸巡防署與所屬偵防查緝隊、各海巡隊、各機動查緝隊以上單位及其他同級以上之司法警察機關。

第四條 103

① 檢察官依本法第五條或第六條規定聲請核發通訊監察書者，應備聲請書，載明偵、他字案號及本法第十一條第一項所列之事項，其監察對象非電信服務用戶，應予註明；並檢附相關文件及監察對象住所之調查資料，釋明有相當理由可信其通訊內容與本案有關，且曾以其他方法調查仍無效果，或以其他方法調查，合理顯示為不能達成目的或有重大危險情形，向該管法院為之。

② 司法警察機關依本法第五條規定向檢察官提出聲請者，應備文載明本法第十一條第一項所列之事項，其監察對象非電信服務用戶，應予載明；並檢附前項後段所定相關文件與調查資料，及釋明有相當理由之情形，向有管轄權之檢察機關為之。

③ 司法警察機關依本法第六條規定報請檢察官以口頭通知先予執行通訊監察者，應於十六小時內備妥前項文件陳報該管檢察官。

第五條 103

法院就核發通訊監察書之聲請，其准予核發者，應即製作通訊監察書交付聲請人；不予核發者，應以書面復知聲請人。就本法第十一條之一調取票聲請之准駁，亦同。

第六條

執行機關執行通訊監察時，如發現有危害國家安全情事者，應將相關資料移送綜理國家情報工作機關。

第七條

① 法官依本法第五條第四項規定撤銷原核發之通訊監察書者，應以書面通知檢察官。

② 前項情形，檢察官應立即通知執行機關，執行機關應立即停止監聽，填寫停止執行通知單送建置機關或協助執行之電信事業及其他協助執行機關，並陳報檢察官及法院。

第八條 103

① 檢察官依本法第六條第一項規定以口頭通知執行機關先予執行通訊監察者，執行機關應製作紀錄，載明通知之時間、方式、內容及檢察官之姓名，留存以備查考。

② 前項情形，檢察官應於通知執行機關之時起二十四小時內，備聲請書，載明第四條第一項所列事項，敘明具體理由及通知先予執行之時間，聲請該管法院補發通訊監察書，並副知執行機關。

③ 執行機關依第一項規定先予執行通訊監察者，如經法院核復不予補發，或自檢察官向法院聲請之時起四十八小時未獲法院補發通訊監察書者，執行機關應立即停止監察，並陳報檢察官及法院。

④ 前項情形，執行機關應即通知建置機關或協助執行之電信事業或郵政事業及其他協助執行機關停止監察。

第九條

本法第七條所稱綜理國家情報工作機關，指國家安全局。

第一○條

依本法第十條但書規定將通訊監察所得資料移送司法警察機關、司法機關或軍事審判機關者，應移送有管轄權之機關，管轄權不

明者，移送其直接上級機關依法處理。

第一一條

依本法第五條或第六條規定聲請通訊監察者，其聲請書所載明本法第十一條第一項第五款之監察理由，應包括下列事項：

一　受監察人涉嫌本法第五條第一項或第六條第一項犯罪之具體事實。

二　受監察之通訊與上述犯罪具有關連性之具體事證。

三　就上述犯罪曾經嘗試其他蒐證方法而無效果之具體事實，或不能或難以其他方法蒐集或調查證據之具體理由。

第一二條

綜理國家情報工作機關依本法第七條第二項及第三項規定，通知高等法院專責法官同意通訊監察者，應備聲請書並記載下列事項：

一　案由。

二　監察對象及其境內戶籍資料。

三　監察通訊種類及號碼等足資識別之特徵。

四　受監察處所。

五　監察理由及其必要性。

六　監察期間。

七　監察方法。

八　執行機關。

九　建置機關。

第一三條

本法第七條第三項之停止監察，執行機關應立即填寫停止執行通知單送建置機關或協助執行之電信事業或郵政事業及其他協助執行機關，並陳報綜理國家情報工作機關首長及高等法院專責法官。

第一三條之一　103

①本法第十一條之一第一項所稱通信使用者資料，指本法第三條之一第二項之通訊使用者資料。

②檢察官依本法第十一條之一第一項聲請核發調取票者，應備聲請書並記載下列事項，向該管法院為之。但因急迫情形不及事先聲請而先為調取者，於取得相關資料後，應盡速向該管法院補發調取票：

一　案由及涉嫌觸犯之法條。

二　調取種類。

三　聲請理由。

四　執行機關。

③司法警察官依本法第十一條之一第二項報請檢察官許可或依本法第十一條之一第三項聲請檢察官同意者，應備聲請書載明前項內容，向檢察機關為之。

④檢察官受理司法警察官報請許可或聲請同意之案件，應盡速為准

駁之核復。法院接獲檢察官聲請或核轉許可司法警察官聲請之案件，亦同。

⑤法院核發調取票調取通信紀錄或通訊使用者資料者，執行機關應於調取完畢後，將調取票送繳法院。

第一三條之二 103

①各情報機關依本法第十一條之一第八項請綜理國家情報工作機關向電信或郵政事業調取通信紀錄及通訊使用者資料者，應備文載明下列事項為之：

一 案（事）由及涉嫌觸犯法條。但無觸犯法條者，得免記載。

二 調取種類。

三 申請理由。

四 執行機關。

②前項調取所需費用，由電信或郵政事業向申請機關請求支付。

第一四條

本法第十二條第一項通訊監察期間之起算，依通訊監察書之記載；未記載者，自通訊監察書核發日起算。但依本法第六條第一項先予執行通訊監察者，自通知先予執行之日起算；依本法第七條第二項但書先予核發通訊監察書者，自核發之日起算。

第一五條

本法第十二條第二項、第三項之停止監察，執行機關應立即填寫停止執行通知單送建置機關或協助執行之電信事業或郵政事業及其他協助執行機關，並陳報檢察官、依職權核發通訊監察書之法官或綜理國家情報工作機關首長。

第一六條 103

①建置機關所屬人員不得接觸通訊內容，亦不得在現譯區域直接截收、聽取或以其他方法蒐集通訊內容。

②本法第十三條第四項所定監錄內容顯然與監察目的無關者，不得作成譯文，不包含依本法第十八條之一第一項但書陳報法院審查其他案件之內容。

第一六條之一 103

①本法第十八條之一第一項所稱其他案件，指與原核准進行通訊監察之監察對象或涉嫌觸犯法條不同者。

②本法第十八條之一第一項但書所定之發現後七日內，自執行機關將該內容作成譯文並綜合相關事證研判屬其他案件之內容，報告檢察官時起算。執行機關為報告時，應以書面載明下列事項，報由檢察官陳報法院審查：

一 本案通訊監察之監察對象及涉嫌觸犯法條。

二 該其他案件之內容。

三 該其他案件之內容與實施通訊監察之案件有關連性或為本法第五條第一項所列各款之罪之理由。

③本法第十八條之一第一項但書所定之法院，於本法第七條第二項之通訊監察，為綜理國家情報工作機關所在地之高等法院之專責

刑事訴訟

法官。

第一六條之二 103

本法第二十七條第三項所稱之挪作他用，指無故作不正當之使用。

第一七條

①執行電信監察之執行處所，應置監察機房工作日誌，由工作人員按日登載，並陳報機房所屬單位主管核閱。

②前項執行處所，應訂定有關監察機關進出人員之資格限制、進出之理由及時間等規定，送上級機關備查。

第一八條

執行機關於執行通訊監察時，發現有應予扣押之物，或有迅速處理之必要者，應即報告檢察官、依職權核發通訊監察書之法官或綜理國家情報工作機關首長。

第一九條

執行機關執行通訊監察，應依通訊監察書所載內容，以通訊監察書及協助執行通知單通知建置機關或協助執行之電信事業或郵政事業及其他協助執行機關協助執行。但依本法第六條第一項規定先予執行通訊監察者，得僅以協助執行通知單通知之。

第二〇條 103

①臺灣高等法院得建置通訊監察管理系統，供監督通訊監察之用。

②建置機關應設置能立即自動傳輸全部上線及下線資訊之設備，即時將全部上線及下線之資訊，以專線或其他保密方式，傳輸至臺灣高等法院通訊監察管理系統。但軍事審判官核發之通訊監察書及依本法第七條規定無須經法院同意之通訊監察案件，不在此限。

第二一條

①電信事業為協助執行通訊監察，應將電信線路以專線接至建置機關監察機房。但專線不敷使用或無法在監察機房內實施時，執行機關得請求建置機關與電信事業協商後，派員進入電信機房附設之監錄場所執行。

②執行機關依前項但書指派之人員，不得進入電信機房。

③第一項發生專線不敷使用情形時，電信事業應依執行機關或建置機關之需求，儘速擴增軟、硬體設施。

第二二條

①為監督執行機關執行情形，司法院於必要時，得提出需求，由電信事業設置能立即自動傳輸行動電信通訊監察上線及下線資訊之設備，即時將有關第二十條第二項前段全部行動通訊監察上線及下線資訊，以專線或其他保密方式，傳輸至台灣高等法院通訊監察管理系統。

②行動以外電信有關前項通訊監察上線及下線資訊，電信事業應即時以專線或其他保密方式，傳輸至台灣高等法院通訊監察管理系統。

第二三條

①執行機關依第二十一條第一項但書規定派員至電信機房附設之監錄場所執行通訊監察時，應備函將該執行人員之姓名及職級通知該電信事業。

②前項執行人員應遵守電信事業之門禁管制及機房管理相關規定；如有違反，電信事業得拒絕其進入機房附設之監錄場所，並得通知其所屬機關。

③因可歸責於第一項執行人員之事由致電信事業之機房設備損壞者，執行機關應負賠償責任。

第二三條之一 103

①本法第三十二條之一第一項所定之調閱相關資料、第二項所定之監督通訊監察執行情形，均不包括偵查中之案件，且不得違反偵查不公開之規定。

②依本法第三十二條之一第二項規定使用電子監督設備時，不得聽取尚在偵查中案件之內容。派員前往監督時，則應備文將所派人員之姓名及職級通知各該機關、事業，所派人員進出各該機關、事業所應遵守門禁管制及機房管理相關規定，如有違反，該機關及事業得拒絕之。

第二四條

①電信事業及郵政事業依本法第十四條第二項規定協助執行通訊監察時，以不影響其正常運作及通訊暢通為原則，且不得直接參與執行本法第十三條第一項所定之監察方法。

②執行機關因特殊案件需要，得請求建置機關要求電信事業指派技術人員協助執行，並提供通訊系統及通訊網路等相關資料。電信事業如有正當理由無法提供協助，應以書面告知執行機關。

③電信事業之通訊系統應具有可立即以線路調撥執行通訊監察之功能；線路調撥後執行通訊監察所需之器材，由建置機關或執行機關自備。

第二五條

①執行機關透過郵政事業之協助執行通訊監察時，執行人員應持通訊監察書及協助執行通知單，會同該郵政事業指定之工作人員，檢出受監察人之郵件，並由郵政人員將該郵件之種類、號碼、寄件人及收件人之姓名、地址、原寄局名及寄交日期等資料，登入一式三份之清單，一份交執行人員簽收，二份由郵政事業留存。

②受監察人之郵件應依通訊監察書所記載內容處理，其時間以當班或二小時內放行為原則。放行之郵件應恢復原狀並保持完整，由郵政人員在留存之二份清單上簽名，並註明回收字樣，其中一份清單交執行人員收執，一份併協助執行通知單及通訊監察書由郵政事業存檔。

第二六條

①本法第十四條第二項所稱協助執行通訊監察之義務，指電信事業及郵政事業應使其通訊系統之軟硬體設備具有配合執行通訊監察

時所需之功能，並於執行機關執行通訊監察予以協助，必要時並應提供場地、電力及相關介接設備及本施行細則所定之其他配合事項。

②國家通訊傳播委員會應將本細則施行前經特許或許可設置完成之第一類電信事業之通訊系統及通訊網路等相關資料，提供予法務部調查局或內政部警政署評估其所需之通訊監察功能後，由法務部調查局或內政部警政署依第一類電信事業之業務及設備設置情形，向第一類電信事業提出需求；第一類電信事業應依該需求，擬定所需軟硬體設備、建置時程及費用之建置計畫，與法務部調查局或內政部警政署協商確定後辦理建置。必要時，由國家通訊傳播委員會協助之。

③第一類電信事業於本細則施行前已經同意籌設或許可之新設、新增或擴充通訊系統，於本細則施行時尚未完成籌設或建置者，於其通訊系統開始運作前，應依前項之規定擬定配合執行通訊監察所需軟硬體設備、建置時程及費用之建置計畫及辦理建置，並於其通訊系統開始運作時同時協助執行通訊監察。本細則施行前交通部已公告受理特許經營之第一類電信業務，其經核可籌設者，亦同。

④第一類電信事業新設、新增或擴充通訊系統者，為確認其通訊系統具有配合執行監察之功能，應由法務部調查局或內政部警政署提出監察需求，該電信事業儘速擬定應配合執行通訊監察所需軟硬體設備、建置時程及費用之建置計畫，經法務部調查局或內政部警政署與該電信事業協商確定後，由國家通訊傳播委員會核發建（架）設計可證（函）後辦理建置，並經國家通訊傳播委員會與法務部調查局或內政部警政署確認符合通訊監察功能後，於其通訊系統開始運作時同時協助執行通訊監察。

⑤前項建置計畫是否具有配合通訊監察所需之功能發生爭執時，由國家通訊傳播委員會認定並裁決之。第一類電信事業應即依裁決結果辦理。

⑥第二類電信事業須設置通訊監察設備之業務種類，由國家通訊傳播委員會邀集法務部調查局或內政部警政署協定之，並準用前四項規定辦理。

⑦本法第十四條第三項所稱必要費用，指電信事業及郵政事業因協助執行而實際使用之設施及人力成本。

第二七條 103

①執行機關應於通訊監察結束後十五日內，依本法第十五條第一項規定，以書面載明該條第一項內容，報由檢察官、綜理國家情報工作機關於收文後十日內陳報法院審查。

②前項所稱通訊監察結束，指該監察對象之監察期間全部結束日，且包括本法第五條第四項之撤銷原核發之通訊監察書、本法第十二條第一項通訊監察期間屆滿、本法第六條第二項、第七條第三項、第十二條第二項及第十二條第三項其受監察人在境內設有

戶籍之停止監察之情形。

③法院依本法第十五條第一項至第四項規定通知受監察人時，應以書面載明下列事項：

一　通訊監察書核發機關及文號。

二　案由。

三　監察對象。

四　監察通訊種類及號碼等足資識別之特徵。

五　受監察處所。

六　監察期間及方法。

七　聲請機關。

八　執行機關。

九　有無獲得監察目的之通訊資料。

第二八條 103

法院依本法第十五條第一項至第四項通知受監察人時，應副知執行機關、檢察官或綜理國家情報工作機關首長。

第二九條 103

①執行機關依本法第十六條第一項規定按月向綜理國家情報工作機關首長報告通訊監察執行情形，應於次月七日前以書面載明本法第十五條第一項內容報告之；依本法第七條第二項但書先予核發通訊監察書者，自核發之日起算。

②執行機關依本法第五條第四項每十五日為報告時，自通訊監察書核發之日起算。但依本法第六條第一項先予執行通訊監察者，自通知先予執行之日起算。

③執行機關依前項規定向檢察官、核發通訊監察書之法官報告通訊監察執行情形時，應以書面敘明本法第十五條第一項內容。

第三〇條 103

①執行機關依本法第七條之通訊監察為通訊監察者，應於通訊監察結束或停止後七日內，以書面向綜理國家情報工作機關首長提出報告。綜理國家情報工作機關首長命執行機關報告者，執行機關應即報告。

②前項書面，應載明本法第十五條第一項內容。

第三一條

①法院、檢察機關為使用電子監督設備執行監督，得建置相應之通訊監察線上查核系統。

②依本法第七條所為之通訊監察，其監督除由綜理國家情報工作機關首長派員為之之外，亦得由高等法院專責法官會同監督。

第三二條

電信事業或郵政事業與其他協助執行機關保管之通訊監察書及執行通知單等與通訊監察有關之文件，應妥善保管，並於通訊監察結束二年後依該事業或協助執行機關之規定辦理銷毀。

第三三條

本法第二十條第二項所稱監察通訊日數不明，包括下列情形：

一　違反本法或其他法律規定監察他人通訊，而其監察通訊日數不明或無從計算者。

二　違反本法或其他法律規定洩漏、提供或使用通訊監察所得之資料，而無從計算其監察日數者。

第三四條

①本法第三十二條所稱現役軍人，依軍事審判法之規定。

②本細則關於司法警察機關之規定，於軍法警察機關準用之。

第三五條 103

①檢察官、法官、綜理國家情報工作機關首長於本法中華民國九十六年七月十一日修正之條文施行前依法核發通訊監察書，仍應依修正條文施行前之法定程序執行通訊監察、報告執行情形及通知受監察人。

②法官、綜理國家情報工作機關首長於本法中華民國一百零三年一月二十九日修正之條文施行前依法核發通訊監察書，仍應依修正條文施行前之法定程序執行通訊監察及報告執行情形。但本法第五條、第六條繼續之監察期間，於修正施行後已逾一年，執行機關於通訊監察書之監察期間屆滿後，得依本法重行聲請。

第三六條 103

①本細則自中華民國九十六年十二月十一日施行。

②本細則修正條文自中華民國一百零三年六月二十九日施行。

檢察機關實施通訊監察應行注意要點

①民國81年11月26日法務部函訂定發布全文12點。
②民國83年6月4日法務部函修正發布第2點。
③民國83年11月11日法務部函修正發布第2點。
④民國86年3月17日法務部函修正發布第2點。
⑤民國87年11月5日法務部函修正發布第2點。
⑥民國89年3月30日法務部函修正發布全文7點；並自即日起施行。
⑦民國96年12月7日法務部函修正發布全文7點；並自96年12月11日實施。
⑧民國103年6月27日法務部函修正發布全文14點；並自103年6月29日生效。
⑨民國103年8月13日法務部函修正發布第12點；並自103年8月13日生效。
⑩民國104年3月2日法務部函修正發布第2點附件二、四、第4點附件六、七；並自104年3月2日生效。
⑪民國107年10月23日法務部函修正發布第12點及第2點附件一、第4點附件六～附件八；並自107年5月25日生效。

一　檢察機關為偵查犯罪而監察通訊，除依通訊保障及監察法（以下簡稱本法）及其施行細則之相關規定外，並應依本注意要點辦理。

二　司法警察機關聲請檢察官向法院聲請核發通訊監察書時，除依本法及其施行細則第十一條各款規定備文（如附件一）附具填妥之聲請表（如附件二）外、並應檢附案情報告書、監察對象住居所之調查資料、監察電話一覽表及監察對象前科表等資料，以利審核。

檢察官受理司法警察機關之聲請後，應審慎評估其必要性、妥適性，依前項重點嚴密審查，以避免浮濫。並應於四小時內核復。如案情複雜，得經檢察長同意延長四小時。書記官應將檢察官受理與核復之時間及准駁之情形登簿以利督促考核。其登記簿之格式如附件三。

前項聲請案件，檢察官應於司法警察機關之聲請函上逐為核復，並批註受理及核復之日期及時間。其經檢察長同意延長者，檢察長應予批註。

檢察官依本法第五條或第六條規定聲請核發通訊監察書時，應依本法施行細則第四條第一項規定辦理（聲請書格式如附件四）。

司法警察機關依本法第五條第四項作成報告書向法院說明監聽行為之進行情形，應將報告書副本陳送聲請通訊監察書之

檢察官。

三　檢察官依本法第六條第一項規定以口頭通知先予執行通訊監察者，執行機關於開始監察之時應即回報檢察官及該股書記官開始監察之時間。建置機關於協助執行機關先予執行時，應主動向該管檢察官查證是否確實。

前項通訊監察，檢察官應儘速於二十四小時內聲請該管法院補發通訊監察書，聲請書上需特別載明通知先予執行通訊監察之時間。

書記官應分別將已聲請補發之情事，法院受理聲請之時間，及法院核復是否補發等事項，以電話通知執行機關並登簿以利督促考核。其登記簿之格式如附件五。

四　檢察官依本法第十一條之一第一項規定向法院聲請核發調取票時，應依本法施行細則第十三條之一第二項規定辦理（聲請書格式如附件六）。

司法警察官依本法第十一條之一第二項規定報請檢察官許可，向法院聲請核發通信紀錄調取票；或依本法第十一條之一第三項規定聲請檢察官同意調取通信紀錄時，應依本法施行細則第十三條之一第三項規定，提出聲請書（格式如附件七、八）。

五　檢察官依本法第十一條之一第一項規定，因急迫情形指揮檢察事務官、司法警察官、司法警察執行逕行調取通信紀錄或通信使用者資料時，爲迅速及便捷起見，得以口頭指揮或發指揮書之方式爲之。但以口頭爲之者，於執行後應補發指揮書。

六　檢察官於司法警察官依本法第十一條之一第二項規定報請許可時，應先審查該聲請名義人是否確屬刑事訴訟法第二百二十九條、第二百三十條所列之司法警察官；對於聲請書之內容，應詳予審查所記載之事項是否符合法律規定及所附資料是否齊備後，在聲請書上直接批示許可或不許可，並得附加理由。對於記載不全或資料不齊備而屬可得補正之案件，應命其儘速補正，勿逕行批示不許可。

檢察官許可聲請者，應留存聲請書影本，正本交還司法警察官或其指定之人持向法院聲請；其不許可聲請者，應留存聲請書正本，將影本退還。

檢察官不許可司法警察官依第一項所爲聲請者，司法警察官如仍認爲確有調取之必要時，得再補充相關事證後，重新向檢察官報請許可。

七　檢察官依本法第十一條之一第一項規定聲請調取票時，得指定檢察事務官或書記官持聲請書向法院辦理。但法院於審核聲請書認有必要請檢察官說明時，檢察官應即以適當方式向法院爲必要之說明。

司法警察官依本法第十一條之一第二項規定聲請調取票時，

應請該案件之承辦人或熟悉案情之人員持聲請書向檢察官及法院辦理聲請事宜，以便必要時得就案情及聲請之理由加以解說。

八 聲請調取票經法院駁回者，依本法第十一條之一第六項規定不得聲明不服。檢察官或司法警察官如仍認為確有調取之必要時，得再補充相關事證後，重新向法院聲請。

九 檢察官於司法警察官依本法第十一條之一第三項聲請同意時，應先審查該聲請名義人是否確屬刑事訴訟法第二百二十九條、第二百三十條所列之司法警察官；對於聲請書之內容，應詳予審查所記載之事項是否符合法律規定及所附資料是否齊備後，在聲請書上直接批示同意或不同意，並得附加理由。對於記載不全或資料不齊備而屬可得補正之案件，應命其儘速補正，勿逕行批示不同意。

檢察官同意聲請者，應留存聲請書影本，正本交還司法警察官或其指定之人辦理後續調取通信紀錄事宜；其不同意聲請者，應留存聲請書正本，將影本退還。

司法警察官聲請檢察官為第一項之同意時，應請該案件之承辦人或熟悉案情之人員持聲請書向檢察官辦理聲請事宜，以便必要時得就案情及聲請之理由加以解說。

檢察官不同意司法警察官依第一項所為聲請者，司法警察官如仍認為確有調取之必要時，得再補充相關事證後，重新向檢察官聲請。

一〇 司法警察官於調取通信紀錄後，應將執行結果陳報許可或同意聲請之檢察官，如未能執行者，應敘明其事由。

一一 本法第十五條第一項所謂有妨害監察目的之虞者，包括相關案件仍在蒐證階段，如通知受監察人，恐有礙相關案件之繼續偵查，或案件已經偵查終結，尚有其他共犯待追查等情形。

一二 臺灣高等檢察署得建置通訊監察線上查核系統，隨時查核執行中之通訊監察有無未依核發之通訊監察書執行或逾期監察之情形。

檢察官應將法院核復之結果及核發之通訊監察書，交由書記官登錄臺灣高等檢察署建置之電腦查核系統；臺灣高等檢察署應將前項查核結果，通知各檢察機關。

一三 檢察機關應指派檢察官或檢察事務官持機關公函，至轄區建置機房或執行處所監督通訊監察執行情形，每季至少一次。其監督重點如下：

(一)查核監察機房工作日誌及其門禁管制情形。

(二)實施通訊監察者，有無合法之通訊監察書。

(三)實施通訊監察者，有無逾期監察情事。

(四)通訊監察所得資料有無依規定保管及交付。

(五)執行機關有無未請求交付通訊監察所得資料之情形。

（六）通訊監察書及相關資料。

　　檢察官於執行監督後，應將監督結果陳報檢察長。其監督報告書如附件九。

一四　依本法第十七條將通訊監察所得資料銷燬時，應依下列方式辦理：

（一）執行機關備文向檢察官、依職權核發通訊監察書之法官或綜理國家情報工作機關首長聲請許可銷燬，並敘明係屬本法第十七條第一項、第二項、第十八條之一第二項或第三項之情形。

（二）檢察官審核前款之聲請後，應復知執行機關是否許可銷燬。

（三）各管轄區域內之直轄市、縣市政府警察局、調查處站、海巡單位應各自集中所屬單位已獲許可銷燬之案件資料，於每年一月、四月、七月、十月之五日（如遇假日順延至上班日首日）集中銷燬，並於銷燬日前，函請檢察機關首長派員在場監督。

（四）執行機關應將銷燬過程全程錄影後製作光碟，連同銷燬日之人員簽到表、銷燬案件一覽表（敘明案號、銷燬資料種類及數量）備文函復前款監督機關。

調度司法警察條例

①民國34年4月10日國民政府制定公布全文14條。
②民國36年11月27日國民政府修正公布第1、2條條文。
③民國69年7月4日總統令修正公布第12、13條條文。

第一條

檢察官因辦理偵查執行事件，有指揮司法警察官，命令司法警察之權；推事於辦理刑事案件時亦同。

第二條

左列各員，於其管轄區域內為司法警察官，有協助檢察官、推事執行職務之責：

一 市長、縣長、設治局長。

二 警察廳長、警保處長、警察局長或警察大隊長以上長官。

三 憲兵隊營長以上長官。

第三條

①左列各員為司法警察官，應聽檢察官、推事之指揮，執行職務：

一 警察分局長或警察隊長以下官長。

二 憲兵隊連長以下官長。

三 鐵路、森林、漁業、礦業或其他各種專業警察機關之警察官長。

四 海關、鹽場之巡緝隊官長。

②前項第三款、第四款人員受檢察官、推事之指揮，以與其職務有關之事項為限。

第四條

①左列各員為司法警察，應受檢察官、推事之命令，執行職務：

一 警長、警士。

二 憲兵。

三 鐵路、森林、漁業、礦業或其他各種專業警察機關之警長、警士。

四 海關、鹽場之巡緝員警。

②前項第三款、第四款人員受檢察官、推事之命令，以與其職務有關之事項為限。

第五條

區長、鄉鎮長，或其他依法令關於特定事項得執行司法警察官或司法警察職務之人員，就與其職務有關及該特定事項，應受檢察官、推事之指揮命令。

第六條

檢察官、推事辦理刑事案件，於必要時，得商請所在地保安機關、警備機關協助。

第七條

檢察官、推事請求協助或為指揮命令時，得以書面或提示指揮證以言詞行之；必要時得以電話行之。

第八條

指揮證由行政院制定頒行之。

第九條

受檢察官、推事之指揮命令者，應即照辦，不得藉詞延擱。

第一○條

檢察官與司法警察機關關於職務之執行，應密切聯繫；其辦法由行政院定之。

第一一條

本條例第三條及第四條規定之司法警察官及司法警察，辦理本條例規定事項，著有成績或有廢弛職務之情形者，該管首席檢察官或法院院長得逕予嘉獎、記功、記大功或申誡、記過、記大過，其廢弛職務情節重大者，並得函請該管長官予以撤職或其他處分。

第一二條

依前條逕行獎懲之事件，該管首席檢察官或法院院長，除應通知受獎懲人之主管長官外，應陳報法務部或司法院，並分送主管銓敘機關登記。

第一三條

本條例第二條規定之司法警察官，辦理本條例規定事項，著有成績或有廢弛職務之情形者，由該管首席檢察官陳請上級檢察長官或法務部，或由該管法院院長陳請上級法院或司法院，轉請其該管長官予以獎懲，該管長官應即切實辦理函復。

第一四條

本條例自公布日施行。

警察職權行使法

①民國92年6月25日總統令制定公布全文32條；並自92年12月1日施行。
②民國100年4月27日總統令修正公布第15條條文。

第一章　總　則

第一條

　為規範警察依法行使職權，以保障人民權益，維持公共秩序，保護社會安全，特制定本法。

第二條

①本法所稱警察，係指警察機關與警察人員之總稱。

②本法所稱警察職權，係指警察為達成其法定任務，於執行職務時，依法採取查證身分、鑑識身分、蒐集資料、通知、管束、驅離、直接強制、物之扣留、保管、變賣、拍賣、銷毀、使用、處置、限制使用、進入住宅、建築物、公共場所、公眾得出入場所或其他必要之公權力之具體措施。

③本法所稱警察機關主管長官，係指地區警察分局長或其相當職務以上長官。

第三條

①警察行使職權，不得逾越所欲達成執行目的之必要限度，且應以對人民權益侵害最少之適當方法為之。

②警察行使職權已達成其目的，或依當時情形，認為目的無法達成時，應依職權或因義務人、利害關係人之申請終止執行。

③警察行使職權，不得以引誘、教唆人民犯罪或其他違法之手段為之。

第四條

①警察行使職權時，應著制服或出示證件表明身分，並應告知事由。

②警察未依前項規定行使職權者，人民得拒絕之。

第五條

　警察行使職權致人受傷者，應予必要之救助或送醫救護。

第二章　身分查證及資料蒐集

第六條

①警察於公共場所或合法進入之場所，得對於下列各款之人查證其身分：

一　合理懷疑其有犯罪之嫌疑或有犯罪之虞者。

二　有事實足認其對已發生之犯罪或即將發生之犯罪知情者。

三　有事實足認為防止其本人或他人生命、身體之具體危害，有查證其身分之必要者。

四　滯留於有事實足認有陰謀、預備、著手實施重大犯罪或有人犯藏匿之處所者。

五　滯留於應有停（居）留許可之處所，而無停（居）留許可者。

六　行經指定公共場所、路段及管制站者。

②前項第六款之指定，以防止犯罪，或處理重大公共安全或社會秩序事件而有必要者為限。其指定應由警察機關主管長官為之。

③警察進入公眾得出入之場所，應於營業時間為之，並不得任意妨礙其營業。

第七條

①警察依前條規定，為查證人民身分，得採取下列之必要措施：

一　攔停人、車、船及其他交通工具。

二　詢問姓名、出生年月日、出生地、國籍、住居所及身分證統一編號等。

三　令出示身分證明文件。

四　若有明顯事實足認其有攜帶足以自殺、自傷或傷害他人生命或身體之物者，得檢查其身體及所攜帶之物。

②依前項第二款、第三款之方法顯然無法查證身分時，警察得將該人民帶往勤務處所查證；帶往時非遇抗拒不得使用強制力，且其時間自攔停起，不得逾三小時，並應即向該管警察勤務指揮中心報告及通知其指定之親友或律師。

第八條

①警察對於已發生危害或依客觀合理判斷易生危害之交通工具，得予以攔停並採行下列措施：

一　要求駕駛人或乘客出示相關證件或查證其身分。

二　檢查引擎、車身號碼或其他足資識別之特徵。

三　要求駕駛人接受酒精濃度測試之檢定。

②警察因前項交通工具之駕駛人或乘客有異常舉動而合理懷疑其將有危害行為時，得強制其離車；有事實足認其有犯罪之虞者，並得檢查交通工具。

第九條

①警察依事實足認集會遊行或其他公共活動參與者之行為，對公共安全或秩序有危害之虞時，於該活動期間，得攝影、錄音或以其他科技工具，蒐集參與者現場活動資料。資料蒐集無法避免涉及第三人者，得及於第三人。

②依前項規定蒐集之資料，於集會遊行或其他公共活動結束後，應即銷毀之。但為調查犯罪或其他違法行為，而有保存之必要者，不在此限。

③依第二項但書規定保存之資料，除經起訴且審判程序尚未終結或違反組織犯罪防制條例案件者外，至遲應於資料製作完成時起一年內銷毀之。

第一○條

①警察對於經常發生或經合理判斷可能發生犯罪案件之公共場所或公眾得出入之場所，為維護治安之必要時，得協調相關機關（構）裝設監視器，或以現有之攝影或其他科技工具蒐集資料。

②依前項規定蒐集之資料，除因調查犯罪嫌疑或其他違法行為，有保存之必要者外，至遲應於資料製作完成時起一年內銷毀之。

第一一條

①警察對於下列情形之一者，為防止犯罪，認有必要，得經由警察局長書面同意後，於一定期間內，對其無隱私或秘密合理期待之行為或生活情形，以目視或科技工具，進行觀察及動態掌握等資料蒐集活動：

　一　有事實足認其有觸犯最輕本刑五年以上有期徒刑之罪之虞者。

　二　有事實足認其有參與職業性、習慣性、集團性或組織性犯罪之虞者。

②前項之期間每次不得逾一年，如有必要得延長之，並以一次為限。已無蒐集必要者，應即停止之。

③依第一項蒐集之資料，於達成目的後，除為調查犯罪行為，而有保存之必要者外，應即銷毀之。

第一二條

①警察為防止危害或犯罪，認對公共安全、公共秩序或個人生命、身體、自由、名譽或財產，將有危害行為，或有觸犯刑事法律之虞者，得遴選第三人秘密蒐集其相關資料。

②前項資料之蒐集，必要時，得及於蒐集對象接觸及隨行之人。

③第一項所稱第三人，係指非警察人員而經警察遴選，志願與警察合作之人。經遴選為第三人者，除得支給實際需要工作費用外，不給予任何名義及證明文件，亦不具本法或其他法規賦予警察之職權。其從事秘密蒐集資料，不得有違反法規之行為。

④第三人之遴選、聯繫運用、訓練考核、資料評鑑及其他應遵行事項之辦法，由內政部定之。

第一三條

①警察依前條規定遴選第三人秘密蒐集特定人相關資料，應敘明原因事實，經該管警察局長或警察分局長核准後實施。

②蒐集工作結束後，警察應與第三人終止合作關係。但新發生前條第一項原因事實，而有繼續進行蒐集必要且經核准者，得繼續合作關係。

③依前條第一項所蒐集關於涉案對象及待查事實之資料，如於相關法律程序中作為證據使用時，應依相關訴訟法之規定。該第三人為證人者，適用關於證人保護法之規定。

第一四條

① 警察對於下列各款之人，得以口頭或書面敘明事由，通知其到場：

一 有事實足認其能提供警察完成防止具體危害任務之必要資料者。

二 有事實足認為防止具體危害，而有對其執行非侵入性鑑識措施之必要者。

② 依前項通知到場者，應即時調查或執行鑑識措施。

第一五條 100

① 警察為維護社會治安，並防制下列治安顧慮人口再犯，得定期實施查訪：

一 曾犯殺人、強盜、搶奪、放火、妨害性自主、恐嚇取財、擄人勒贖、竊盜、詐欺、妨害自由、組織犯罪之罪，經執行完畢或假釋出獄者。

二 受毒品戒治人或曾犯製造、運輸、販賣、持有毒品或槍砲彈藥之罪，經執行完畢或假釋出獄者。

② 前項查訪期間，以刑執行完畢或假釋出獄後三年內為限。但假釋經撤銷者，其假釋期間不列入計算。

③ 治安顧慮人口查訪項目、方式及其他應遵行事項之辦法，由內政部定之。

第一六條

① 警察於其行使職權之目的範圍內，必要時，得依其他機關之請求，傳遞與個人有關之資料。其他機關亦得依警察之請求，傳遞其保存與個人有關之資料。

② 前項機關對其傳遞個人資料之正確性，應負責任。

第一七條

警察對於依本法規定所蒐集資料之利用，應於法令職掌之必要範圍內為之，並須與蒐集之特定目的相符。但法律有特別規定者，不在此限。

第一八條

① 警察依法取得之資料對警察之完成任務不再有幫助者，應予以註銷或銷毀。但資料之註銷或銷毀將危及被蒐集對象值得保護之利益者，不在此限。

② 應註銷或銷毀之資料，不得傳遞，亦不得為不利於被蒐集對象之利用。

③ 除法律另有特別規定者外，所蒐集之資料，至遲應於資料製作完成時起五年內註銷或銷毀之。

第三章 即時強制

第一九條

① 警察對於有下列情形之一者，得為管束：

一 瘋狂或酒醉，非管束不能救護其生命、身體之危險，或預防

他人生命、身體之危險。

二　意圖自殺，非管束不能救護其生命。

三　暴行或鬥毆，非管束不能預防其傷害。

四　其他認爲必須救護或有危害公共安全之虞，非管束不能救護或不能預防危害。

②警察爲前項管束，應於危險或危害結束時終止管束，管束時間最長不得逾二十四小時；並應即時以適當方法通知或交由其家屬或其他關係人，或適當之機關（構）或人員保護。

③警察依第一項規定爲管束時，得檢查受管束人之身體及所攜帶之物。

第二○條

①警察依法留置、管束人民，有下列情形之一者，於必要時，得對其使用警銬或其他經核定之戒具：

一　抗拒留置、管束措施時。

二　攻擊警察或他人，毀損執行人員或他人物品，或有攻擊、毀損行爲之虞時。

三　自殺、自傷或有自殺、自傷之虞時。

②警察對人民實施查證身分或其他詢問，不得依管束之規定，令其供述。

第二一條

警察對軍器、凶器或其他危險物品，爲預防危害之必要，得扣留之。

第二二條

①警察對於依法扣留之物，應簽發扣留物清單，載明扣留之時間、處所、扣留物之名目及其他必要之事項，交付該物之所有人、持有人或保管人；依情況無法交付清單時，應製作紀錄，並敘明理由附卷。

②依法扣留之物，應加封緘或其他標示妥善保管。因物之特性不適於由警察保管者，得委託其他機關或私人保管之，並通知所有人、持有人或保管人。必要時，得以處分之相對人爲保管人。

③前項扣留之物，除依法應沒收、沒入、毀棄或應變價發還者外，期間不得逾三十日；扣留原因未消失時，得延長之，其延長期間不得逾二個月。

第二三條

①有下列情形之一者，扣留之物得予變賣：

一　有腐壞或價值重大減損之虞。

二　保管、照料或持有所費過鉅或有其困難。

三　扣留期間逾六個月，無法返還所有人、持有人或保管人，且不再合於扣留之要件。

四　經通知三個月內領取，且註明未於期限內領取，將予變賣，而所有人、持有人或保管人未於期限內領取。

②前項之物變賣前，應將變賣之程序、時間及地點通知所有人、持

有人或保管人。但情況急迫者，不在此限。

③物之變賣，採公開方式行之。因物之性質認難以賣出，或估計變賣之費用超出變賣所得時，得不經公開方式逕行處置之。第一項第三款、第四款之物，於六個月內未賣出者，歸屬各該級政府所有，並得將該物提供公益目的之使用；其屬第一項第四款之物者，應將處理情形通知所有人、持有人或保管人。

④扣留之物因腐壞、腐敗等理由而不能變賣者，得予銷毀之。

⑤第二項通知之規定，於前項情形準用之。

第二四條

①扣留之物無繼續扣留之必要者，應將該物返還所有人、持有人或保管人；所有人、持有人或保管人不明時，得返還其他能證明對該物有權利之人。

②扣留及保管費用，由物之所有人、持有人或保管人負擔。扣留之物返還時，得收取扣留及保管費用。

③物經變賣後，於扣除扣留費、保管費、變賣費及其他必要費用後，應返還其價金與第一項之人。第一項之人不明時，經公告一年期滿無人申請發還者，繳交各該級政府之公庫。

第二五條

警察遇有天災、事變或交通上或公共安全上有危害情形，非使用或處置人民之土地、住宅、建築物、物品或限制其使用，不能達防護之目的時，得使用、處置或限制其使用。

第二六條

警察因人民之生命、身體、財產有迫切之危害，非進入不能救護時，得進入住宅、建築物或其他處所。

第二七條

警察行使職權時，為排除危害，得將妨礙之人、車暫時驅離或禁止進入。

第二八條

①警察為制止或排除現行危害公共安全、公共秩序或個人生命、身體、自由、名譽或財產之行為或事實狀況，得行使本法規定之職權或採取其他必要之措施。

②警察依前項規定，行使職權或採取措施，以其他機關就該危害無法或不能即時制止或排除者為限。

第四章 救　濟

第二九條

①義務人或利害關係人對警察依本法行使職權之方法、應遵守之程序或其他侵害利益之情事，得於警察行使職權時，當場陳述理由，表示異議。

②前項異議，警察認為有理由者，應立即停止或更正執行行為；認為無理由者，得繼續執行，經義務人或利害關係人請求時，應將異議之理由製作紀錄交付之。

③義務人或利害關係人因警察行使職權有違法或不當情事，致損害其權益者，得依法提起訴願及行政訴訟。

第三〇條

警察違法行使職權，有國家賠償法所定國家負賠償責任之情事者，人民得依法請求損害賠償。

第三一條

①警察依法行使職權，因人民特別犧牲，致其生命、身體或財產遭受損失時，人民得請求補償。但人民有可歸責之事由時，法院得減免其金額。

②前項損失補償，應以金錢爲之，並以補償實際所受之特別損失爲限。

③對於警察機關所爲損失補償之決定不服者，得依法提起訴願及行政訴訟。

④損失補償，應於知有損失後，二年內向警察機關請求之。但自損失發生後，經過五年者，不得爲之。

第五章 附 則

第三二條

本法自中華民國九十二年十二月一日施行。

警械使用條例

①民國22年9月25日國民政府制定公布全文11條。
②民國57年11月22日總統令修正公布全文14條。
③民國74年1月18日總統令修正公布第3～5、12條條文。
④民國91年5月15日總統令修正公布第10條條文。
⑤民國91年5月29日總統令修正公布第13條條文。
⑥民國91年6月26日總統令修正公布全文15條；並自公布日施行。

第一條

①警察人員執行職務時，所用警械為棍、刀、槍及其他經核定之器械。

②警察人員依本條例使用警械時，須依規定穿著制服，或出示足資識別之警徽或身分證件。但情況急迫時，不在此限。

③第一項警械之種類及規格，由行政院定之。

第二條

警察人員執行職務時，遇有下列各款情形之一者，得使用警棍指揮：

一　指揮交通。

二　疏導群眾。

三　戒備意外。

第三條

警察人員執行職務時，遇有下列各款情形之一者，得使用警棍制止：

一　協助偵查犯罪，或搜索、扣押、拘提、羈押及逮捕等須以強制力執行時。

二　依法令執行職務，遭受脅迫時。

三　發生第四條第一項各款情形之一，認為以使用警棍制止為適當時。

第四條

①警察人員執行職務時，遇有下列各款情形之一者，得使用警刀或槍械：

一　為避免非常變故，維持社會治安時。

二　騷動行為足以擾亂社會治安時。

三　依法應逮捕、拘禁之人拒捕、脫逃，或他人助其拒捕、脫逃時。

四　警察人員所防衛之土地、建築物、工作物、車、船、航空器或他人之生命、身體、自由、財產遭受危害或脅迫時。

五　警察人員之生命、身體、自由、裝備遭受強暴或脅迫，或有

事實足認為有受危害之虞時。

六　持有兇器有滋事之虞者，已受警察人員告誡拋棄，仍不聽從時。

七　有前條第一款、第二款之情形，非使用警刀、槍械不足以制止時。

②前項情形於必要時，得併使用其他經核定之器械。

第五條

警察人員依法令執行取締、盤查等勤務時，如有必要得命其停止舉動或高舉雙手，並檢查是否持有兇器。如遭抗拒，而有受到突擊之虞時，得依本條例規定使用警械。

第六條

警察人員應基於急迫需要，合理使用槍械，不得逾越必要程度。

第七條

警察人員使用警械之原因已消滅者，應立即停止使用。

第八條

警察人員使用警械時，應注意勿傷及其他之人。

第九條

警察人員使用警械時，如非情況急迫，應注意勿傷及其人致命之部位。

第一〇條

警察人員使用警械後，應將經過情形，即時報告該管長官。但使用警棍指揮者，不在此限。

第一一條

①警察人員依本條例規定使用警械，因而致第三人受傷、死亡或財產損失者，應由各該級政府支付醫療費、慰撫金、補償金或喪葬費。

②警察人員執行職務違反本條例使用警械規定，因而致人受傷、死亡或財產損失者，由各該級政府支付醫療費、慰撫金、補償金或喪葬費；其出於故意之行為，各該級政府得向其求償。

③前二項醫療費、慰撫金、補償金或喪葬費之標準，由內政部定之。

第一二條

警察人員依本條例使用警械之行為，為依法令之行為。

第一三條

①本條例於其他司法警察人員及憲兵執行司法警察、軍法警察職務或經內政部核准設置之駐衛警察執行職務時，準用之。

②駐衛警察使用警械管理辦法，由內政部定之。

第一四條

①警械非經內政部或其授權之警察機關許可，不得定製、售賣或持有，違者由警察機關沒入。但法律另有規定者，從其規定。

②前項許可定製、售賣或持有之警械種類規格、許可條件、許可之申請、審查、註銷、撤銷或廢止及其他應遵行事項之辦法，由內

政部定之。

第一五條

　本條例自公布日施行。

去氧核醣核酸採樣條例

①民國88年2月3日總統令制定公布全文14條。
②民國101年1月4日總統令修正公布第1、3、5～7、12、14條條文；並自公布後六個月施行。

第一條 101

①爲維護人民安全、協助司法鑑定、協尋失蹤人口、確定親子血緣、提昇犯罪偵查效能、有效防制犯罪，特制定本條例。

②本條例未規定者，適用其他有關法律之規定。

第二條

本條例所稱之主管機關爲內政部。

第三條 101

本條例用詞定義如下：

一　去氧核醣核酸：指人體中記載遺傳訊息之化學物質。

二　去氧核醣核酸樣本：指採自人體含有去氧核醣核酸之生物樣本。

三　去氧核醣核酸紀錄：指將去氧核醣核酸樣本，以科學方法分析，所取得足以識別基因特徵之資料。

四　去氧核醣核酸型別出現頻率：指主管機關所採用之鑑定系統，在特定人口中，去氧核醣核酸型別重複出現之頻率。

五　去氧核醣核酸資料庫：指主管機關所建立儲存去氧核醣核酸紀錄之資料系統。

六　去氧核醣核酸人口統計資料庫：指主管機關所建立關於去氧核醣核酸型別出現頻率之資料系統。

第四條

主管機關應指定或設立專責單位，辦理下列事項：

一　鑑定、分析及儲存去氧核醣核酸樣本。

二　蒐集、建立及維護去氧核醣核酸紀錄、型別出現頻率、資料庫及人口統計資料庫。

三　應檢察官、法院、軍事檢察官、軍事法庭或司法警察機關之請求，提供去氧核醣核酸紀錄及相關資料，或進行鑑定。

四　研究發展鑑定去氧核醣核酸之技術、程序及標準。

五　其他與去氧核醣核酸有關之事項。

第五條 101

①犯下列各罪之被告或犯罪嫌疑人，應接受去氧核醣核酸之強制採樣：

一　刑法公共危險罪章第一百七十三條第一項與第三項、第一

百七十四條第一項、第二項與第四項、第一百七十五條第一項。

二　刑法妨害性自主罪章第二百二十一條至第二百二十七條、第二百二十八條、第二百二十九條之罪。

三　刑法殺人罪章第二百七十一條之罪。

四　刑法傷害罪章第二百七十七條第二項、第二百七十八條之罪。

五　刑法搶奪強盜及海盜罪章第三百二十五條第二項、第三百二十六條至第三百三十四條之一之罪。

六　刑法恐嚇及擄人勒贖罪章之罪。

②犯下列各款之罪經有罪判決確定，再犯本項各款之罪之被告或犯罪嫌疑人，應接受去氧核醣核酸之強制採樣：

一　刑法公共危險罪章第一百八十三條第一項與第四項、第一百八十四條第一項、第二項與第五項、第一百八十五條之一、第一百八十六條、第一百八十六條之一第一項、第二項與第四項、第一百八十七條、第一百八十七條之一、第一百八十八條、第一百八十九條第一項、第二項與第五項、第一百九十條第一項、第二項與第四項、第一百九十一條之一及故意犯第一百七十六條之罪。

二　刑法妨害自由罪章第二百九十六條、第二百九十六條之一及第三百零二條之罪。

三　刑法竊盜罪章第三百二十一條之罪。

四　刑法搶奪強盜及海盜罪章第三百二十五條第一項之罪。

五　槍砲彈藥刀械管制條例第七條、第八條、第十二條及第十三條之罪。

六　毒品危害防制條例第四條至第八條、第十條及第十二條之罪。

第六條 101

①法院或檢察官認為有必要進行去氧核醣核酸比對時，應以傳票通知前條所列之人接受去氧核醣核酸採樣。

②前項傳票應記載接受去氧核醣核酸採樣之事由。

③受第一項傳票通知之人無正當理由拒絕去氧核醣核酸採樣者，法院或檢察官得將提之並強制採樣。

④前項拘提應用拘票，拘票應記載接受去氧核醣核酸強制採樣之事由。

第七條 101

①司法警察機關依第五條實施去氧核醣核酸強制採樣前，應以通知書通知犯罪嫌疑人或被告，經合法通知無正當理由不到場者，得報請檢察官核發拘票。

②前項通知書應記載下列事項，並由司法警察機關主管長官簽名：

一　被採樣人之姓名或足資識別之特徵、性別、年齡及住所或居所。

　　二　案由及接受去氧核醣核酸採樣之事由。

　　三　應到之日、時、處所。

　　四　無正當理由不到場者，得報請檢察官核發拘票。

③前項之通知書，準用刑事訴訟法第七十九條之規定。

第八條

①司法警察機關、檢察官或法院執行採樣完畢後，應將去氧核醣核酸樣本送交主管機關之專責單位，並應發予被採樣人已接受採樣之證明書。

②依本條例應受採樣人得出具前項證明書拒絕採樣。但下列情形不在此限：

　　一　原採樣本無法取得足以識別基因特徵之資料。

　　二　有事實足認原採樣本可能非受採樣人所有。

　　三　由原採樣本取得之去氧核醣核酸紀錄滅失。

第九條

①為尋找或確定血緣關係之血親者，得請求志願自費採樣。

②限制行為能力人或無行為能力人之請求，應經法定代理人、監護人、社會行政機關或警政機關協助。

第一○條

去氧核醣核酸採樣，應依醫學上認可之程序及方法行之，並應注意被採樣人之身體及名譽。

第一一條

①主管機關對依本條例取得之被告及經司法警察機關移送之犯罪嫌疑人之去氧核醣核酸樣本，應妥為儲存並建立紀錄及資料庫。

②前項樣本、紀錄及資料庫，主管機關非依本條例或其他法律規定，不得洩漏或交付他人；保管或持有機關亦同。

第一二條 101

①依本條例採樣、儲存之去氧核醣核酸樣本、紀錄，前者至少應保存十年，後者至少保存至被採樣人死亡後十年。

②依第五條接受採樣之人，受不起訴處分或經法院無罪判決確定者，主管機關應刪除其去氧核醣核酸樣本及紀錄；被採樣人亦得申請刪除。但涉及他案有應強制採樣情形者，得不予刪除。

③第八條第一項之證明書，應記載被採樣人前項之權利。

④去氧核醣核酸樣本之採集準則，由主管機關定之。

⑤去氧核醣核酸樣本之鑑定、儲存、管理、銷毀與紀錄之建立、使用、提供、刪除及監督管理之辦法，由主管機關定之。

第一三條

本條施行細則，由主管機關定之。

第一四條 101

①本條例自公布後一年施行。

②本條例修正條文自公布後六個月施行。

去氧核醣核酸採樣條例施行細則

①民國89年7月18日內政部令訂定發布全文13條；並自去氧核醣核酸採樣條例施行之日施行。

②民國101年7月4日內政部令修正發布全文11條；並自101年7月4日施行。

民國101年12月25日行政院公告第3條所列屬「國防部憲兵司令部」之權責事項，自102年1月1日起改由「國防部憲兵指揮部」管轄。

民國103年12月26日行政院公告第3條所列屬「內政部入出國及移民署」之權責事項，自104年1月2日起改由「內政部移民署」管轄。

民國107年4月27日行政院公告第3條所列屬「行政院海岸巡防署」之權責事項，自107年4月28日起改由「海洋委員會海巡署及所屬機關（構）」管轄。

③民國110年4月6日內政部令修正發布第3、11條條文；並自發布日施行。

第一條

本細則依去氧核醣核酸採樣條例（以下簡稱本條例）第十三條規定訂定之。

第二條

主管機關依本條例第四條規定，指定內政部警政署刑事警察局（以下簡稱刑事局）為專責單位。

第三條 110

本條例所稱司法警察機關，指下列各款機關及其所屬機關：

一　內政部警政署。

二　內政部移民署。

三　法務部調查局。

四　國防部憲兵指揮部。

五　海洋委員會海巡署。

六　各直轄市、縣（市）政府警察局。

七　其他同級以上之司法警察機關。

第四條

①有本條例第五條所定情形之少年被告，應接受去氧核醣核酸之強制採樣。

②法院或檢察官認為有必要對少年被告進行去氧核醣核酸採樣時，得指揮司法警察機關執行之。

③司法警察機關接獲法院處理少年事件裁定書後，如少年被告有第一項情形，應依本條例第七條規定以通知書通知少年被告接受去氧核醣核酸採樣。

第五條

①依本條例第六條第一項、第三項或第七條第一項規定傳喚、拘提或通知到場之被採樣人，法院、軍事法院、檢察官、軍事檢察官或司法警察機關應即時執行採樣，並於採樣後十五日內，將去氧核醣核酸樣本連同傳票、拘票或通知書影本送交刑事局。

②司法警察機關依前條第三項規定採集之少年被告去氧核醣核酸樣本，應連同法院裁定書影本一併送交刑事局。

第六條

依本條例第十條規定所採得之去氧核醣核酸樣本，應記載下列事項：

一　被採樣人之姓名、性別、出生年月日及國民身分證統一編號、護照或旅行證件號碼。

二　樣本之型態、數量、採樣時間及採樣地點。

三　採樣人之姓名、職稱及服務機關。

第七條

司法警察機關依第五條第一項規定，送交去氧核醣核酸樣本連同傳票、拘票或通知書影本後，於所涉案件移送時，應將移送書影本送交刑事局。

第八條

本條例第八條第一項所定證明書，應記載下列事項：

一　被採樣人之姓名、性別、出生年月日及國民身分證統一編號、護照或旅行證件號碼。

二　接受去氧核醣核酸採樣之案由或事由。

三　採樣時間及採樣地點。

四　採樣機關。

五　本條例第十二條第一項、第二項所定被採樣人之權利。

第九條

①依本條例第九條規定請求志願自費採樣者，應先填妥申請書，向刑事局提出；其為限制行為能力人或無行為能力人者，由法定代理人、監護人、直轄市、縣（市）社會行政主管機關或警政機關代為申請。

②前項請求人應依刑事局通知之時間，攜帶身分證明文件，親至刑事局繳納費用及採樣；其為限制行為能力人或無行為能力人者，應由代為申請之人或機關派員陪同前往。

第一○條

法院、軍事法院、檢察官、軍事檢察官或司法警察機關對於依其他法律傳喚、通知、拘提、逮捕或自行到場之被告或犯罪嫌疑人，認有依本條例第五條規定強制採樣之必要時，仍應依本條例第六條第一項或第七條第一項規定，製作傳票或通知書當場交付。

第一一條 110

①本細則自中華民國一百零一年七月四日施行。

②本細則修正條文，自發布日施行。

刑事案件確定後去氧核醣核酸鑑定條例

民國105年11月16日總統令制定公布全文10條；並自公布日施行。

第一條

① 為維護刑事審判之正確，避免無辜之人受有冤抑，保障人權，維護正義，特制定本條例。

② 本條例未規定者，適用其他有關法律之規定。

第二條

有罪判決確定後，具備下列各款要件，而合理相信就本案相關聯之證物或檢體進行去氧核醣核酸鑑定之結果，可作為刑事訴訟法第四百二十條第一項第六款之新事實或新證據者，得聲請就該證物或檢體進行去氧核醣核酸之鑑定：

一 聲請鑑定之證物或檢體為政府機關保管。

二 聲請鑑定之證物或檢體未曾進行去氧核醣核酸之鑑定，或曾進行去氧核醣核酸之鑑定，但現已有新鑑定方法。

三 聲請進行鑑定之方法具有科學上合理性。

第三條

依前條所為之聲請，由判決之原審法院管轄。

第四條

第二條之聲請，得由下列之人為之：

一 受判決人。

二 受判決人之法定代理人或配偶。

三 受判決人已死亡者，其配偶、直系血親、三親等內之旁系血親、二親等內之姻親或家長、家屬。

第五條

依第二條所為之聲請，應以書狀敘述該條所列事項之具體理由及鑑定方法或技術，提出於管轄法院。

第六條

法院認有必要時，得就第二條事項為相當之調查，並通知聲請人、辯護人到庭陳述意見。

第七條

① 法院對於第二條之聲請，認為不合法律上之程式或無理由者，應以裁定駁回之。但其不合法律上之程式可以補正者，應定期間先命補正。

② 法院認為聲請有理由者，應為准許鑑定之裁定。

③聲請人不服駁回聲請之裁定者，得於裁定送達後十日內，以書狀敘明理由，抗告於直接上級法院。

④抗告法院認為抗告不合法或無理由者，應以裁定駁回之；認為抗告有理由者，應以裁定將原裁定撤銷，並自為准駁之裁定。

⑤前項裁定，不得再抗告。

第八條

法院於鑑定結果對聲請人有利時，應命鑑定機關將鑑定結果送交去氧核醣核酸資料庫之主管機關，並由其進行比對。

第九條

偵查機關就證物及檢體，應妥善採取、保管、移轉，以確保證物及檢體之正確無誤。

第一〇條

本條例自公布日施行。

赦免法

①民國42年3月7日總統令制定公布全文8條。
②民國80年9月24日總統令修正公布第6條條文；並增訂第5-1條條文。

第一條

本法稱赦免者，謂大赦、特赦、減刑及復權。

第二條

大赦之效力如左：

一　已受罪刑之宣告者，其宣告為無效。
二　未受罪刑之宣告者，其追訴權消滅。

第三條

受罪刑宣告之人經特赦者，免除其刑之執行；其情節特殊者，得以其罪刑之宣告為無效。

第四條

受罪刑宣告之人經減刑者，減輕其所宣告之刑。

第五條

受褫奪公權宣告之人經復權者，回復其所褫奪之公權。

第五條之一

因有罪判決確定所生之既成效果，不因大赦、特赦、減刑或復權而受影響。但因罪刑之宣告而喪失之公職，經大赦或依第三條後段特赦後，有向將來回復之可能者，得由當事人申請該管主管機關回復。其經准許者，溯自申請之日起生效。

第六條

總統得命令行政院轉令主管部為大赦、特赦、減刑、復權之研議。全國性之減刑，得依大赦程序辦理。

第七條

經總統命令特赦、減刑或復權者，由主管部發給證明於受赦免人。

第八條

本法自公布日施行。

提審法

① 民國24年6月21日國民政府制定公布全文11條；並自35年3月15日起施行。
② 民國37年4月26日國民政府修正公布全文10條。
③ 民國88年12月15日總統令修正公布第1、3、4、6、9條條文。
④ 民國103年1月8日總統令修正公布全文12條；並自公布後六個月施行。

第一條

① 人民被法院以外之任何機關逮捕、拘禁時，其本人或他人得向逮捕、拘禁地之地方法院聲請提審。但其他法律規定得聲請即時由法院審查者，依其規定。

② 前項聲請及第十條之抗告，免徵費用。

第二條

① 人民被逮捕、拘禁時，逮捕、拘禁之機關應即將逮捕、拘禁之原因、時間、地點及得依本法聲請提審之意旨，以書面告知本人及其指定之親友，至遲不得逾二十四小時。

② 本人或其親友亦得請求爲前項之告知。

③ 本人或其親友不通曉國語者，第一項之書面應附記其所理解之語文；有不能附記之情形者，應另以其所理解之語文告知之。

第三條

① 聲請提審應以書狀或言詞陳明下列事項：

一 聲請人之姓名、性別、出生年月日、身分證明文件編號及住所或居所；他人爲聲請時，並應記載被逮捕、拘禁人之姓名、性別或其他足資辨別之特徵。

二 已知逮捕、拘禁之原因、時間及地點。

三 逮捕、拘禁之機關或其執行人員之姓名。

四 受聲請之法院。

五 聲請之年、月、日。

② 前情形，以言詞陳明者，應由書記官製作筆錄。

③ 第一項聲請程式有欠缺者，法院應依職權查明。

第四條

地方法院受理提審之聲請後，依聲請提審意旨所述事實之性質，定其事務分配，其辦法由司法院定之。

第五條

① 受聲請法院，於繫屬後二十四小時內，應向逮捕、拘禁之機關發提審票，並即通知該機關之直接上級機關。但有下列情形之一者，得以裁定駁回之：

　一　經法院逮捕、拘禁。

　二　依其他法律規定得聲請即時由法院審查。

　三　被逮捕、拘禁人已回復自由。

　四　被逮捕、拘禁人已死亡。

　五　經法院裁判而剝奪人身自由。

　六　無逮捕、拘禁之事實。

②受聲請法院，不得以無管轄權而裁定駁回之。

第六條

①提審票應記載下列事項：

　一　逮捕、拘禁之機關及其所在地。

　二　被逮捕、拘禁人之姓名、性別或其他足資辨別之特徵。

　三　發提審票之法院。

　四　應解交之法院。

　五　發提審票之年、月、日。

②提審票應以正本送達逮捕、拘禁之機關，並副知聲請人及被逮捕、拘禁人；發提審票之法院與應解交之法院非同一者，提審票正本應連同提審卷宗併送應解交之法院。

③提審票、提審卷宗於必要時，得以電傳文件、傳真或其他電子文件代之。

第七條

①逮捕、拘禁之機關，應於收受提審票後，二十四小時內將被逮捕、拘禁人解交；如在收受提審票前已將該人移送他機關者，應即回復發提審票之法院，並即將該提審票轉送受移送之機關，由該機關於二十四小時內逕行解交；如法院自行迎提者，應立即交出。

②前項情形，因特殊情況致解交或迎提困難，被逮捕、拘禁人所在與法院間有聲音及影像相互傳送之設備而得直接訊問，經法院認為適當者，得以該設備訊問，逮捕、拘禁之機關免予解交。

③逮捕、拘禁之機關，在收受提審票前，被逮捕、拘禁人已回復自由或死亡者，應將其事由速即回復發提審票之法院。

④第二項之視訊過程，應全程錄音錄影。

第八條

①法院審查逮捕、拘禁之合法性，應就逮捕、拘禁之法律依據、原因及程序為之。

②前項審查，應予聲請人、被逮捕、拘禁人及逮捕、拘禁之機關到場陳述意見之機會。必要時，並得通知相關第三人到場陳述意見。

③法院關於提審聲請之處理，除本法規定外，準用其他相關法律規定之程序。

第九條

①法院審查後，認為不應逮捕、拘禁者，應即裁定釋放；認為應予逮捕、拘禁者，以裁定駁回之，並將被逮捕、拘禁人解返原解交

之機關。

②前項釋放之裁定，不得聲明不服。

第一○條

①聲請人或受裁定人不服駁回聲請之裁定者，得於裁定送達後十日內，以書狀敘明理由，抗告於直接上級法院。

②抗告法院認為抗告不合法或無理由者，應以裁定駁回之；認為抗告有理由者，應以裁定將原裁定撤銷，並即釋放被逮捕、拘禁人。

③前項裁定，不得再抗告。

第一一條

①逮捕、拘禁機關之人員，違反第二條第一項之規定者，科新臺幣十萬元以下罰金。

②逮捕、拘禁機關之人員，違反第七條第一項之規定者，處三年以下有期徒刑、拘役或科或併科新臺幣十萬元以下罰金。

第一二條

本法自公布後六個月施行。

引渡法

①民國43年4月17日總統令制定公布全文26條。
②民國69年7月4日總統令修正公布第15～18、20～22條文。

第一條

引渡依條約；無條約或條約無規定者，依本法之規定。

第二條

①凡於請求國領域內犯罪，依中華民國及請求國法律規定均應處罰者，得准許引渡。但中華民國法律規定法定最重本刑爲一年以下有期徒刑之刑者，不在此限。

②凡於請求國及中華民國領域外犯罪，依兩國法律規定均應處罰者，得准許引渡。但中華民國法律規定法定最重本刑爲一年以下有期徒刑之刑者，不在此限。

第三條

犯罪行爲具有軍事、政治、宗教性時，得拒絕引渡。但左列行爲不得視爲政治性之犯罪：
一　故意殺害國家元首或政府要員之行爲。
二　共產黨之叛亂活動。

第四條

①請求引渡之人犯，爲中華民國國民時，應拒絕引渡。但該人犯取得中華民國國籍在請求引渡後者不在此限。

②中華民國國民在外國領域內犯本法第二條及第三條但書所定之罪，於拒絕外國政府引渡之請求時，應即移送該管法院審理。

第五條

①請求引渡之犯罪，業經中華民國法院不起訴，或判決無罪、免刑、免訴、不受理，或已判處罪刑，或正在審理中，或已赦免者，應拒絕引渡。

②請求引渡之人犯另犯他罪，已繫屬中華民國法院者，其引渡應於訴訟程序終結或刑罰執行完畢後爲之。

第六條

數國對同一人犯請求引渡，而依條約或本法應爲允許時，依左列順序定其解交之國：
一　依條約提出請求引渡之國。
二　數請求國均爲締約國或均非締約國時，解交於犯罪行爲地國。
三　數請求國均爲締約國或均非締約國，而無一國爲犯罪行爲地國時，解交於犯人所屬國。

四　數締約國或數非締約國請求引渡，而指控之罪名不同者，解交於最重罪行為地國；其法定刑度輕重相同者，解交於首先正式請求引渡之國。

第七條

①請求國非經中華民國政府同意，不得追訴或處罰引渡請求書所載以外之犯罪。但引渡之人犯，在請求國之訴訟程序終結或刑罰執行完畢後，尚自願留居已達九十日以上者，不在此限。

②引渡人犯於引渡後，在請求國另犯他罪者，該請求國仍得追訴或處罰之。

第八條

請求國非經中華民國政府同意，不得將引渡之人犯再引渡與第三國。但引渡之人犯有前條第一項但書之情形者，不在此限。

第九條

引渡之請求，循外交途徑向外交部為之。

第一〇條

外國政府請求引渡時，應提出引渡請求書，記載左列事項：

一　人犯之姓名、性別、年齡、籍貫、職業、住所或居所，或其他足資辨別之特徵。

二　犯罪事實及證據並所犯法條。

三　請求引渡之意旨及互惠之保證。

四　關於遵守第七條第一項前段及第八條前段所定限制之保證。

第一一條

①提出引渡請求書應附具左列文件：

一　引渡請求書內所引之證據。

二　請求國該管法院之拘票及起訴書或有罪判決書。

三　請求國有關處罰該罪之現行法規。

②前項文件應經合法簽證，其以外國文作成者，並附經簽證之中文譯本。

第一二條

①外國政府於提出引渡請求書前，遇有緊急情形，得以函電請求拘提羈押所擬引渡之人犯。但應載明第十條所列事項，及已起訴或判決有罪之事實。

②前項情形，其提出引渡請求書，應自羈押人犯之日起三十日內為之，逾期應即撤銷羈押，並不得再就同一案件請求引渡。

第一三條

被請求引渡人之財物、文件並經請求扣押時，應記載其品名、數量予以保管，於引渡之請求獲准後，與人犯一併解交。但屬於第三人所有，或依中華民國法律不得扣押者，不在此限。

第一四條

外國政府間引渡人犯，於徵得中華民國政府之同意後，得通過中華民國領域。但人犯之通過，有妨礙中華民國利益之虞時，得不准許之。

第一五條

外交部收到引渡之請求後，應連同有關文件，送請法務部發交人犯所在地之地方法院檢察處辦理。如人犯所在不明時，應發交適當之地方法院檢察處辦理。

第一六條

該管法院檢察處，受理請求引渡之案件後，檢察官依刑事訴訟法之規定，對於人犯得命拘提羈押。

第一七條

①人犯到場後，檢察官應於二十四小時內加以訊問，告以請求引渡之內容，並儘速將案件移送法院。

②法院受理前項移送案件後，依刑事訴訟法之規定，對於人犯得命拘提羈押。

第一八條

法院收到請求引渡之案件後，應將請求引渡之事實證據，告知被請求引渡人，並命被請求引渡人於告知之日起六十日內提出答辯書。

第一九條

被請求引渡人得選任律師為辯護人，其程序準用刑事訴訟法關於選任辯護之規定。

第二〇條

①第十二條第二項及第十八條規定之期間屆滿時，法院應即指定期日，通知檢察官、被請求引渡人及其辯護人為言詞辯論。

②法院應於言詞辯論終結後五日內制作決定書，敘述應否准許引渡。

③請求引渡之案件，法院應於收到被請求引渡人答辯書後三十日內終結之。

第二一條

①法院制作決定書後，應將案件送由檢察處報請法務部移送外交部陳請行政院核請總統核定之。

②不能依第六條之規定定解交國時，亦應於決定書內敘明呈請總統決定之。

第二二條

①總統准許引渡時，該管法院檢察處於接獲法務部函知後，應即通知被請求引渡人。

②總統拒絕引渡時，該管法院檢察處應即撤銷羈押，請求國不得再就同一案件請求引渡。

第二三條

①外交部應將准許引渡之事由，通知請求國政府，指定人員於六十日內在中華民國領域內最適當之地點接受引渡。

②請求國未於前項期間內指定人員將人犯接收押離中華民國領域者，被請求引渡人應即釋放，請求國嗣後不得再就同一案件提出請求。

第二四條

引渡，由行政院指派人員執行之。

第二五條

因請求引渡所生之費用，不問引渡是否准許，均由請求國負擔。

第二六條

本法自公布日施行。

國際刑事司法互助法

民國107年5月2日總統令制定公布全文38條；並自公布日施行。
民國107年6月28日行政院公告第36條所列屬「行政院大陸委員會」之權責事項，自107年7月2日起改由「大陸委員會」管轄。

第一章 總 則

第一條

在相互尊重與平等之基礎上，爲促進國際間之刑事司法互助，共同抑制及預防犯罪，並兼顧人民權益之保障，特制定本法。

第二條

有關國際間之刑事司法互助事項，依條約；無條約或條約未規定者，依本法；本法未規定者，適用刑事訴訟法及其他相關法律之規定。

第三條

本法之主管機關爲法務部。

第四條

本法用詞定義如下：

一 刑事司法互助：指我國與外國政府、機構或國際組織間提供或接受因偵查、審判、執行等相關刑事司法程序及少年保護事件所需之協助。但不包括引渡及跨國移交受刑人事項。

二 請求方：指向我國請求提供刑事司法互助事項之外國政府、機構或國際組織。

三 受請求方：指受我國請求提供刑事司法互助事項之外國政府、機構或國際組織。

四 協助機關：指法務部接受請求後轉交之檢察署，或委由司法院轉請提供協助之各級法院。

第五條

依本法提供之刑事司法互助，本於互惠原則爲之。

第六條

得依本法請求或提供之協助事項如下：

一 取得證據。
二 送達文書。
三 搜索。
四 扣押。
五 禁止處分財產。
六 執行與犯罪有關之沒收或追徵之確定裁判或命令。

七　犯罪所得之返還。

八　其他不違反我國法律之刑事司法協助。

第二章　外國政府、機構或國際組織向我國請求協助

第七條

向我國提出刑事司法互助請求，應經由外交部向法務部爲之。但有急迫情形時，得逕向法務部爲之。

第八條

① 依前條規定經由外交部向法務部提出請求時，應送交請求書。

② 有前項但書情形者，得以其他方式附加必要資料提出。法務部審查後，得轉交或委由協助機關就請求協助事項爲必要之保全行爲。請求方應於提出請求後三十日內向外交部補提請求書；逾期未提出者，法務部得拒絕協助，並通知協助機關撤銷已爲之保全行爲。

③ 前二項之請求書應記載下列事項，並附加與執行請求相關之文件或資料：

一　提出請求及進行偵查、審判或執行之機關名稱。

二　請求之目的。

三　請求所涉之犯罪事實、罪名及所依據之證據。但請求送達文書者，不在此限。

四　請求協助之事項及其理由。

五　特定之執行方式、期限及其理由。

六　其他依本法規定應說明或記載之事項。

④ 請求書之內容不完備致無法執行時，外交部或法務部得要求請求方提出補充說明或資料。

⑤ 請求書及其附件資料應用中文，如非用中文者，應檢附中文譯本，並註明譯本與原本內容相符。但附件資料經法務部同意者，得不提供中文譯本，或以其他語文譯本代之。

第九條

① 外交部於收受請求書後，應儘速送交法務部。如認有第十條第一項或第二項各款情形之一者，得添註意見。

② 法務部接受請求書，經審查同意予以協助後，應視其性質，轉交或委由協助機關處理。

第一〇條

① 有下列情形之一者，法務部應拒絕提供協助：

一　提供協助對我國主權、國家安全、公共秩序、國際聲譽或其他重大公共利益有危害之虞。

二　提供協助有使人因種族、國籍、性別、宗教、階級或政治理念而受刑罰或其他不利益處分之虞。

② 有下列情形之一者，法務部得拒絕提供協助：

一　未依本法規定提出請求。

二　提供協助違反第五條所定之互惠原則。

三　請求方未提出第十六條、第十九條第四項、第二十條或互惠之保證。

四　請求所涉之犯罪事實依我國法律不構成犯罪。

五　請求所涉行為係觸犯軍法而非普通刑法。

六　提供協助，對我國進行中之刑事調查、追訴、審判、執行或其他刑事司法程序有妨礙之虞。

七　請求所依據之同一行為業經我國為不起訴處分、緩起訴處分、撤回起訴、判決、依少年事件處理法裁定不付審理、不付保護處分或保護處分確定。

③前二項情形，法務部得於請求方補充必要資料或修正請求內容後，同意提供協助。

第一一條

①數請求方對同一事項為請求，執行其一將影響其他請求之執行者，應綜合考量下列情形，以決定優先執行之順序：

一　是否與我國訂有刑事司法互助條約。

二　收受請求之先後。

三　請求之性質。

四　執行請求所需之時間。

②前項情形及決定，應通知所有請求方。

第一二條

執行請求時應依我國相關法律規定為之；於不違反我國法律規定時，得依請求方要求之方式執行。

第一三條

協助機關得審酌本法及相關法律所規定與請求事項有關之要件，必要時，得經由法務部向請求方要求補正或為拒絕協助之表示。

第一四條

對請求協助及執行請求之相關資料應予保密。但為執行請求所必要、雙方另有約定或法律另有規定者，不在此限。

第一五條

法務部得向請求方要求分擔執行請求所需費用。

第一六條

法務部得要求請求方保證，非經我國同意，不得將我國提供之證據或資料，使用於請求書所載以外之目的。

第一七條

①請求方請求我國詢問或訊問請求案件之被告、證人、鑑定人或其他相關人員時，應於請求書載明待證事項、參考問題及相關說明。

②協助機關得以聲音及影像相互傳送之科技設備，將詢問或訊問之狀況即時傳送至請求方。

③前項情形，請求方人員發現有請求書未記載之相關必要事項，得立即表明補充請求之旨，經協助機關同意後，由協助機關補充詢

問或訊問之。

第一八條

①請求方人員經協助機關同意後，得於執行請求時在場。

②前項情形，請求方人員於協助機關詢問或訊問時，發現有請求書未記載之相關必要事項時，適用前條第三項之規定。

第一九條

①我國得依請求方之請求，協助安排人員至我國領域外之指定地點提供證據、陳述、鑑定意見或其他協助。請求方並應於請求書中說明其應支付之費用及協助之期限。

②前項受安排人員，不包括該請求案件之被告、犯罪嫌疑人，及在我國人身自由受限制或經限制出境之人。

③執行第一項請求應經該人員之同意，並不得使用強制力。

④請求方就我國安排之協助人員應保證下列事項：

一　除經法務部及該人員事前同意外，不得因該人員於進入請求方指定地點前之任何犯行而予以起訴、羈押、處罰、傳喚、限制出境，或以其他形式限制其行動自由，亦不得要求其對於請求以外之事項，提供證言、陳述、鑑定意見或其他協助。

二　不得因該人員於進入請求方指定地點後拒絕到場、未到場或到場後拒絕陳述，而予以起訴、羈押、處罰、限制出境或爲其他不利於該人員之處置。

第二〇條

我國得依請求方之請求，提供物證或書證。法務部得要求請求方保證使用完畢立即或於指定期限內返還。

第二一條

①請求送達文書者，應於請求書記載下列事項：

一　應受送達人及其法定代理人、代表人、管理人之姓名、名稱、國籍或其他足資識別身分之資料。

二　應受送達人之住所、居所、事務所、營業所或其他得以收受送達之處所。

②請求方無法特定收受送達之處所時，得同時表明請求查明送達處所之旨。

第二二條

請求方請求協助提供第六條第三款至第七款，或其他刑事強制處分事項，以其所涉行爲在我國亦構成犯罪者爲限。

第二三條

①請求方法院所爲與犯罪有關之沒收或追徵之確定裁判或命令，符合下列各款規定者，請求方得請求協助執行：

一　該確定裁判或命令所認定之事實，依請求方及我國法律均構成犯罪。

二　請求方之法院有管轄權。

三　依請求方及我國之法律，其犯罪之追訴權時效及沒收或追徵

之執行期間均未完成。

四　請求方之法院係獨立審判，而該確定裁判或命令係依請求方之法定程序作成，且無顯失公平之情形。

五　該確定裁判或命令之內容或訴訟程序，不違背我國之公共秩序或善良風俗。

六　該確定裁判或命令涉及第三人之權利者，該第三人已獲得充分機會主張其權利。

②請求方提出前項請求時，應檢附確定裁判書或命令正本與相關資料，並載明下列事項：

一　該裁判或命令業已確定。

二　依請求方之法律構成犯罪，且其犯罪之追訴權時效及沒收或追徵之執行期間均未完成。

三　符合前項第二款、第四款、第六款之規定。

四　受執行財產之範圍及所在地。

五　對於受執行財產主張權利之人及其姓名、出生年月日、住所或居所。

③前項第一款至第三款之記載，得以聲明書代之。

第二四條

①法務部認為請求方前條之請求適當且不違反本法或其他法律規定者，應通知該管檢察署，由檢察官檢附符合前條第一項規定之資料，以書面向法院聲請裁定許可執行。

②第三人對於受執行財產主張權利時，檢察官應通知法院。

第二五條

①前條第一項之聲請，由受請求執行人之住所、居所、所在地，或其財產所在地之地方法院管轄。

②同一請求數法院均有管轄權者，得向其中一法院聲請。其向數法院聲請時，由繫屬在先之法院管轄。

③數法院於管轄權有爭議時，由共同之直接上級法院以裁定指定該案件之管轄法院。

④不能依前三項規定定管轄法院者，由中央政府所在地之地方法院管轄。

第二六條

①法院為第二十四條第一項之裁定前，應定七日以上之期間，檢附聲請書，通知受請求執行人及第二十四條第二項所定主張權利之人到庭陳述意見。

②前項之受通知人得委任代理人到場。但法院認為必要時，得命本人到場。

③法院應通知檢察官得於第一項所定期日到場陳述聲請之理由。

④第一項所定之人或其代理人經合法通知無正當理由不到庭者，法院得不待其陳述逕行裁定。

第二七條

①法院認為第二十四條第一項之聲請不合法律上之程式或法律上不

應准許或無理由者，應以裁定駁回之。但其不合法律上之程式可補正者，應定期間先命補正。

②法院認為前項之聲請符合第二十三條規定者，應裁定許可執行，其範圍應依我國法律規定。

③檢察官、受請求執行人、對於受執行財產主張權利之第三人，就法院所為之前二項裁定，得提起抗告。

④前項抗告準用刑事訴訟法第四編抗告之規定。

對於受執行財產主張權利，已提起民事訴訟，而第二項裁定許可執行財產之範圍，須以該民事法律關係為斷者，法院得依職權或聲請，於該民事訴訟終結前，裁定停止許可執行沒收或追徵裁判或命令之程序。但下列之人所提起之民事訴訟，不在此限：

一　受請求執行人。

二　第二十三條第一項第六款所定已獲得充分機會主張權利之人。

第二八條

前條第二項裁定之執行，準用刑事訴訟法第八編執行之規定。

第二九條

第十六條及第二十條所定情形涉及相關機關之職掌者，法務部應先徵詢該機關意見。

第三章　我國向外國政府、機構或國際組織請求協助

第三〇條

向受請求方提出刑事司法互助請求，應檢附符合受請求方所要求之請求書及相關文件，經法務部轉請外交部向受請求方提出。但有急迫或特殊情形時，法務部得逕向受請求方提出請求，或由法院知會法務部，檢察署經法務部同意後，向外國法院、檢察機關或執法機關直接提出請求。

第三一條

①向受請求方提出詢問或訊問我國請求案件之被告、證人、鑑定人或其他相關人員之請求時，得依受請求方之法律規定請求以聲音及影像相互傳送之科技設備，將詢問或訊問之狀況即時傳送至我國。

②前項情形，發現有請求書未記載之相關必要事項，得立即表明補充請求之旨，經受請求方同意後補充詢問或訊問之。

第三二條

①法務部提出刑事司法互助請求時，得為下列事項之保證：

一　互惠原則。

二　未經受請求方之同意，不將取得之證據或資料，使用於請求書所載用途以外之任何調查或其他訴訟程序。

三　其他不違反我國法律規定之事項。

②我國相關機關應受前項保證效力之拘束，不得違反保證之內容。

③法務部得應受請求方之請求，對於前來我國提供證言、陳述、鑑定意見或其他協助之人員，豁免下列義務或責任：

一　因拒絕到場、未到場或到場後拒絕陳述，而予以起訴、羈押、處罰、限制出境或為其他不利於該人員之處置。

二　對於請求以外之事項提供證言、陳述、鑑定意見或其他協助。

三　因該人員於進入我國前之任何犯行而受起訴、羈押、處罰、傳喚、限制出境，或以其他形式限制其行動自由。

④前項豁免之效力於我國通知受請求方及該人員已毋需應訊十五日後，或於該人員離開我國後終止。

第四章　附　則

第三三條

①外國政府、機構或國際組織提供協助，有助於我國沒收或追徵與犯罪有關之財產，或我國協助外國政府、機構或國際組織沒收或追徵與犯罪有關之財產者，法務部得與其協商分享該財產之全部或一部。

②返還財產予外國政府、機構或國際組織前，應扣除我國因提供外國政府、機構或國際組織協助而支出之費用，並尊重原合法權利人及犯罪被害人之權益。

第三四條

①扣押物、沒收物及追徵財產，有事實足認得請求發還或給付者為外國人，經依刑事訴訟法所定程序，仍不能或難以發還或給付時，法務部得基於互惠原則，依所簽訂之條約、協定或協議，經該外國人所屬政府之請求，個案協商將該扣押物、沒收物及追徵財產之全部或一部交付該外國人所屬之政府發還或給付之。

②前項請求，應於不起訴處分、緩起訴處分或裁判確定後三年內為之。被告有數人，或與扣押物、沒收物及追徵財產相關案件有數案，其不起訴處分、緩起訴處分或裁判確定日期不同者，以最後確定者為準。

③第一項扣押物、沒收物及追徵財產之交付，由該管檢察官執行之。

④扣押物、沒收物及追徵財產依前三項規定，已交付外國政府後，該外國人不得再向我國政府請求發還或給付。

⑤本法施行前已不起訴處分、緩起訴處分或裁判確定，尚未彙解國庫存款戶或歸入國庫之扣押物、沒收物及追徵財產，關於第二項規定外國政府得請求交付之期間，自本法施行之日起算。

第三五條

臺灣地區與大陸地區間之刑事司法互助請求，準用本法規定，並由法務部與大陸地區權責機關相互為之。

第三六條

臺灣地區與香港及澳門間之刑事司法互助請求，準用本法規定，

並由法務部經行政院大陸委員會與香港、澳門之權責機關相互為之。

第三七條

本法施行前已開始進行協助之案件，於本法施行後，適用本法規定。

第三八條

本法自公布日施行。

跨國移交受刑人法

民國102年1月23日總統令制定公布全文25條；並自公布日後六個月施行。

第一章　總　則

第一條

為移交受刑人至其本國執行，以彰顯人道精神，達成刑罰教化目的，特制定本法。

第二條

移交受刑人依我國與移交國簽訂之條約；無條約或條約未規定者，依本法；本法未規定者，適用刑法、刑事訴訟法、少年事件處理法及其他相關法律之規定。

第三條

本法用詞，定義如下：

一　受刑人：指因犯罪經法院判處徒刑確定而受執行及應受執行者。

二　接收：指接回我國受刑人在我國執行徒刑之程序。

三　遣送：指將外國受刑人交予其本國執行徒刑之程序。

四　移交：指接收及遣送受刑人。

五　移交國：指與我國進行移交受刑人之外國。

第二章　接收受刑人

第四條

接收受刑人，應符合下列條件：

一　移交國及我國雙方均同意移交。

二　受刑人經移交國法院判處徒刑確定。

三　受刑人之犯行如發生在我國，依我國法律亦構成犯罪。

四　受刑人具有我國國籍且在臺灣地區設有戶籍。

五　受刑人或其法定代理人以書面表示同意。但法定代理人之表示不得與受刑人明示之意思相反。

六　移交國或我國提出移交請求書時，殘餘刑期一年以上。但經移交國及我國雙方同意者，不在此限。

七　依我國法律，該裁判刑罰權時效尚未完成。

八　同一行為於移交國法院裁判確定前，未經我國法院判決確定。

九　受刑人在移交國接受公正審判之權利已受保障。如受刑人及

其法定代理人未為相反主張，推定受刑人接受公正審判之權利已受保障。

第五條

①法務部應派員或委託關指派人員確認受刑人或其法定代理人所為前條第五款之同意出於自願，並告知受刑人及其法定代理人接收後之法律效果。

②前項之同意，經確認後不得撤回。

③第一項之人員應依受刑人之請求，協助其依移交國之法令，閱覽卷證取得相關資料，併送返國。

④第一項之人員應告知受刑人有前項之權利。

第六條

法務部接獲移交國提出接收受刑人之請求時，認為符合第四條規定，經徵詢相關機關之意見，而認為適當者，應通知該管檢察署，由檢察官檢附移交國提供之裁判書、請求時已執行徒刑日數及執行前拘束受刑人人身自由日數之證明，並附上其他足資釋明符合第四條條件之文件，以書面向法院聲請許可執行移交國法院裁判。

第七條

許可執行移交國法院裁判之案件，專屬中央政府所在地之地方法院管轄。

第八條

①法院認為檢察官之聲請符合第四條之規定，且得依第九條規定轉換移交國法院宣告之徒刑者，應裁定許可執行並宣告依第九條規定轉換之刑。

②聲請不合程式或不應准許者，應裁定駁回。

③檢察官、受刑人或其法定代理人對法院所為裁定不服者，得抗告於直接上級法院。但抗告法院所為之裁定，不得再抗告。

第九條

移交國法院宣告之徒刑，依下列各款轉換：

一　原經宣告無期徒刑之同一行為，依我國法律亦得處無期徒刑者，宣告無期徒刑。

二　原經宣告無期徒刑之同一行為，依我國法律其最重本刑為有期徒刑者，宣告依我國法律對同一行為所得科處之最重刑，且不得易科罰金。

三　原宣告之刑，未逾依我國法律對同一行為所得科處之最重刑，或低於依我國法律所得科處之最輕刑者，依原宣告之刑。

四　原宣告之刑，逾依我國法律對同一行為所得科處之最重刑者，宣告依我國法律所得科處之最重刑，且不得易科罰金。

五　原宣告之多數有期徒刑，已經移交國法院定應執行之刑者，依原宣告應執行之刑。但不得逾三十年。

六　原宣告之多數有期徒刑，未經移交國法院定應執行之刑，

經依第一款至第四款轉換後，依我國法律定其應執行之刑。

七　原宣告徒刑附加未違反我國強制或禁止規定、公共秩序或善良風俗者之條件者，得併予附加條件。但原附加條件違反我國強制或禁止規定、公共秩序或善良風俗者，得視同未附加條件。

第一〇條

接收前在移交國已執行徒刑之日數、執行前拘束受刑人身自由之日數及接收程序所經之日數，均應以一日分別抵依前條轉換之有期徒刑一日。

第一一條

① 第八條第一項裁定確定後，該管檢察署應陳報法務部。法務部認為接收受刑人為適當者，得核發接收命令，交由該管檢察署指派檢察官指揮執行。

② 法務部核發前項接收命令前，應徵詢相關機關意見。

第一二條

依本法接收之受刑人，應依我國法律執行其徒刑。

第一三條

① 依第八條第一項規定許可在我國執行之同一行為，不得再依我國法律處斷。

② 刑法累犯之規定，於前所犯罪在外國法院受裁判，而該裁判依第八條第一項規定許可在我國執行者，亦適用之。

第一四條

接收而返國執行後，發現移交國宣告徒刑之裁判違背移交國法令或發現新事實、新證據者，僅得請求移交國依法處理。

第一五條

① 經接收在我國執行之受刑人，有下列情形之一者，得由執行之矯正機關報請法務部，許可假釋出獄：

一　一般受刑人合併其國內外已執行之徒刑，符合刑法第七十七條第一項規定，悛悔有據，且無同條第二項之情形。

二　少年受刑人合併其國內外已執行之徒刑，符合少年事件處理法第八十一條第一項之規定，悛悔有據。

② 受刑人於移交前在移交國受執行之紀錄，得按行刑累進處遇條例所定類別之責任分數換算所得分數，並視為認定前項有悛悔之依據。其換算標準、認定依據及有關事項之辦法，由法務部定之。

第一六條

法務部經移交國通知已免除或減輕接收受刑人所受宣告之徒刑，應立即通知該管檢察署指派檢察官，以書面向法院聲請免除或減輕依第八條第一項、第九條規定宣告許可執行並轉換之徒刑。

第一七條

經移交國同意後，得依我國法律赦免經接收返國執行之受刑人。

第三章　遣送受刑人

第一八條

遣送受刑人，應符合下列條件：

一　移交國及我國雙方均同意移交。

二　受刑人具有移交國國籍。但受刑人同時具有我國國籍且在臺灣地區設有戶籍者，不得遣送。

三　受刑人或其法定代理人以書面表示同意。但法定代理人之表示不得與受刑人明示之意思相反。

四　請求遣送時，殘餘刑期一年以上者。但經移交國及我國雙方同意者，不在此限。

五　移交國已以書面保證互惠。

六　受刑人在我國無其他刑事案件在偵查或審判中。

第一九條

①法務部應派員確認受刑人或其法定代理人同意回國執行出於自願，並告知受刑人及其法定代理人遣送後之法律效果。

②移交國得指派人員於前項確認及告知之場合到場。

③第一項之同意，經確認後不得撤回。

第二○條

法務部接獲移交國提出遣送受刑人之請求，認為符合第十八條規定，經邀集相關機關共同審議，認為適當者，得核發遣送受刑人命令，交由該管檢察署執行。

第二一條

受刑人經我國遣送至移交國執行完畢者，其在我國未執行之徒刑，以已執行論。

第四章　附　則

第二二條

本法對施行前經刑事裁判確定之受刑人，亦適用之。

第二三條

臺灣地區與大陸地區、香港及澳門間之受刑人移交，準用本法規定，不受臺灣地區與大陸地區人民關係條例第七十五條及香港澳門關係條例第四十四條規定之限制。

第二四條

本法施行細則，由行政院會同司法院定之。

第二五條

本法自公布日後六個月施行。

跨國移交受刑人法施行細則

①民國102年7月26日行政院、司法院令會同訂定發布全文16條；並自102年7月23日施行。
②民國108年4月11日行政院、司法院令會同修正發布第14、16條條文；並自發布日施行。

第一條

本細則依跨國移交受刑人法（以下簡稱本法）第二十四條規定訂定之。

第二條

①本法第四條第一款、第六款及第十八條第一款、第四款所定同意之機關為移交國之權責機關或我國法務部。

②前項同意，應以書面為之。

③前項書面之傳送，必要時得以電信傳真或其他科技設備為之，並於傳送後一個月內補送同意書正本。

第三條

①本法第四條第五款及第十八條第三款所定之受刑人或其法定代理人書面同意，應載明下列事項：

一 受刑人所犯罪名及刑期。

二 有回國執行意願。

三 理解並同意移交之法律效果。

②前項書面應由受刑人或其法定代理人簽名。

第四條

①法務部或委託機關指派之人員依本法第五條規定為告知及確認同意，應於受刑人及其法定代理人面前為之，並應作成受刑人接收回國同意書或其他證明文件，由受刑人與其法定代理人及法務部或委託機關指派之人員簽名。

②前項告知及確認同意顯有困難時，得以聲音及影像相互傳送之科技設備為之，並提出前項同意書或證明文件之原本。

第五條

①受刑人依本法第五條第三項請求協助時，同條第一項之人員應依其請求確認閱覽卷證之範圍與目的，協助以受刑人名義依移交國法令向移交國提出閱覽卷證取得相關資料之請求。

②前項閱覽卷證取得相關資料如應支付費用者，應告知受刑人依移交國法令自行繳納。

③依本法進行之受刑人移交程序，不因受刑人無法依移交國之法令閱覽卷證而受影響。

第六條

依本法第六條、第十一條第一項接收刑人及第二十條遣送受刑人之認定是否適當時，應考量我國與移交國雙方法律規定、人道精神、國家安全、公共秩序、矯治成效及當事人之意願等因素。

第七條

①法務部為前條接收受刑人之認定時，得以召開會議、函請提出書面資料或其他適當之方式徵詢相關機關之意見。

②相關機關之意見涉及國防或其他國家安全機密，認有保密之必要者，相關書件應予封存。

第八條

①檢察官依本法第六條提出之書面聲請，應記載下列事項並釋明之：

一　接收受刑人之姓名、出生年月日、身分證明文件編號、戶籍地址，及其受執行之矯正機關。其有法定代理人者，法定代理人之姓名、住所或居所。

二　移交國法院裁判之法院名稱。

三　移交國法院確定裁判所宣告之刑與裁判確定日。

四　接收受刑人所犯之罪名與移交國法院認定之犯罪事實。

五　移交國就接收受刑人之犯行所適用之處罰規定，及我國與之相當之處罰規定。

②移交國法院宣告之徒刑，依本法第九條規定得轉換之刑度，宜於聲請書內記載之。

③第一項聲請書所附本法第六條規定之書件，如以外國文字作成者，應附我國文字譯本。

④本法第六條所定之裁判書，其依移交國法律與裁判書具同一效力之文件亦屬之。

⑤本法第六條之聲請不合程式，而其情形可補正者，法院得定期間通知檢察官補正。

第九條

法院認有必要時，得通知檢察官到庭陳述意見。

第一〇條

檢察官於法院為本法第八條第一項、第二項之裁定前，得以書面撤回聲請。

第一一條

①本法第九條所稱最重刑、最輕刑，指依我國法律規定之法定最重本刑、法定最輕本刑。其有加重或減輕事由者，不包括依中華民國刑法總則性質加重或減輕情形在內。

②前項之加重或減輕事由，專以移交國法院認定之事實認定之。

第一二條

本法第十八條第三款所定之遣送受刑人或其法定代理人書面同意，宜檢附受刑人本人所能理解語言之譯文。

第一三條

依本法第十九條所定告知，應儘可能使用受刑人及其法定代理人所能理解之語言。

第一四條 108

本法第二十條所定該管檢察署，為受刑人執行徒刑之矯正機關所在地之地方檢察署。

第一五條

① 法務部辦理遣送受刑人而為第六條之認定時，應召開會議邀請相關機關代表出席共同審議之，並得邀請專家學者提供諮詢。

② 相關機關之意見涉及國防或其他國家安全等機密，認有保密之必要者，相關書件應予封存。

第一六條 108

① 本細則自中華民國一百零二年七月二十三日施行。

② 本細則修正條文自發布日施行。

駐美國台北經濟文化代表處與美國在台協會間之刑事司法互助協定

民國91年3月26日駐美國台北經濟文化代表處代表程建人與美國在台協會理事主席卜睿哲於華盛頓哥倫比亞特區簽訂；並於91年3月26日生效。

美國在台協會與駐美國台北經濟文化代表處基於相互尊重、互惠與共同利益，藉由刑事事務之司法互助，以增進雙方所屬領土內執法機關有效之合作，同意訂立下列條款：

第一條　用詞定義

除另有規定外，本協定所用名詞定義如下：

(1)所稱"**AIT**"係指美國在台協會，乃依一九七九年四月十日之台灣關係法、九六一八公法（22U.S.C第三三○一條以下），在哥倫比亞特區法令規定之下，組織設立之非營利法人；且

(2)所稱"**TECRO**"係指駐美國台北經濟文化代表處，乃由台灣當局所設立之駐美機構。

(3)所稱"締約之一方"或"締約雙方"係指美國在台協會及／或駐美國台北經濟文化代表處。

第二條　協助之範圍

1.締約雙方應經由其所屬領土內之相關主管機關，依本協定之規定，提供有關調查、追訴、犯罪防制及相關刑事司法程序中之相互協助。

2.協助應包括：

(1)取得證言或陳述；

(2)提供供證之文件、紀錄及物品；

(3)確定關係人之所在或確認其身分；

(4)送達文件；

(5)為作證或其他目的而解送受拘禁人；

(6)執行搜索及扣押之請求；

(7)協助凍結及沒收資產、歸還補償、罰金之執行程序；

(8)不違反受請求方所屬領土內法律之任何形式之協助。

3.在請求方所屬領土內受調查、追訴或進行司法程序之行為，不論依受請求方所屬領土內之法律規定是否構成犯罪，除本協定另有規定外，都應提供協助。

4.本協定係僅供締約雙方間司法互助之用，並不因而使私人得以獲取、隱匿、排除證據或阻礙執行請求之權利。

第三條　受指定之代表

1. 任何一方應指定受指定代表人，以依照本協定提出或受理請求。
2. 對美國在台協會而言，該受指定代表人係美國在台協會所屬領土之司法部長或受司法部長指定之人；對駐美國台北經濟文化代表處而言，其受指定代表人係駐美國台北經濟文化代表處所屬領土之法務部長或受法務部長指定之人。
3. 為遂行本協定之目的，受指定代表人應彼此直接連繫，但依本條第四項和第五項之規定，當事人之一方依本協定匯款至他方者，應由美國在台協會及駐美國台北經濟文化代表處為之。
4. 依本協定之任何匯至美國在台協會之款項，應由駐美國台北經濟文化代表處以美金匯款至美國在台協會。該款項應寄至：

   副執行理事
   美國在台協會
   1700, N. Moore Street, Suite 1700
   Arlington, VA. 22209
   Telephone Number: (703)525-8474
   Facsimile Number: (703)841-1385

   依本協定之任何匯至駐美國台北經濟文化代表處之款項，應由美國在台協會以新台幣或美金匯款至北美事務協調委員會。款項應寄至：

   秘書長
   北美事務協調委員會
   台灣台北市（郵遞區號：100）博愛路133號
   電話：(02)23116970
   傳眞：(02)23822651

5. 依本協定之任何匯款及匯款請求必須附隨與該請求相關之文件，並列明特定之協助行為及其有關費用。

第四條　協助之限制

1. 有下列情形之一者，受請求之指定代表人得拒絕協助：
   (1) 所涉行為係觸犯軍法而非觸犯普通刑法；
   (2) 該請求之執行將有害於受請求方所屬領土內之安全、公共秩序或類似之重要利益；或
   (3) 該請求與本協定不符者；
   (4) 依第十五條規定所為之請求，其所涉行為在受請求方所屬領土內不構成犯罪者。
2. 受請求方之指定代表人依本條規定拒絕提供協助前，應與請求方之指定代表人協商考量是否附加必要之條件後，再提供協助，如請求方之指定代表人接受該附加條件之協助，則其所屬領土內之相關機關應遵守該條件。
3. 受請求方之指定代表人如拒絕提供協助，應將拒絕之理由通知請求方之指定代表人。

第五條　請求之形式及其內容

1. 請求協助，應以書面為之，但在緊急情形下，經受請求方指定代

表人同意以其他方式提出者，不在此限；以其他方式提出請求者，除經受請求方指定代表人之同意外，應於提出請求後十日內以書面確認之。請求協助除經同意外，應以受請求方所屬領土內所使用之語文提出。

2.請求應包括以下事項：

(1)執行調查、追訴或相關訴訟程序之機關名稱；

(2)請求事項及調查、追訴或訴訟程序性質之說明，包括請求事項涉及之特定刑事罪行、罪名及其法定刑責；

(3)所要尋找的證據、資料或其他協助之敘述；

(4)所要尋找的證據、資料或其他協助之目的之陳述。

3.在可能及必要之程度內，請求亦應包括以下事項：

(1)提供證據者之身分及其處所；

(2)應受送達者之身分及處所、於訴訟程序中之關係及送達方式；

(3)受尋找人之身分及處所；

(4)受搜索之處所、人及應扣押物品之確切描述；

(5)有關取得及記錄證詞或陳述之方式之說明；

(6)訊問證人之問題表；

(7)執行請求時，應行遵守之特別程序；

(8)經要求在請求方所屬領土內出庭者可得之津貼及費用；

(9)其他有助於受請求方執行請求之相關資料。

4.如受請求方認為請求之內容不充足，以致不能執行時，可要求提供補充資料。

5.協助之請求及其輔助文件無需任何形式之證明或認證。

第六條　請求之執行

1.受請求方之指定代表人應立即執行請求，如由相關機關執行較為適當者，應移轉之。受請求方之主管機關應依其權責盡力執行請求。

2.受請求方之指定代表人，應在請求方經費允許範圍內，為其在受請求方所屬領土內因請求協助而產生之任何訴訟程序，做一切必要之安排。

3.請求之執行應依受請求方所屬領土內之法律規定程序為之。請求書所指定之執行方法，除違反受請求方所屬領土內之法律者外，應予遵守。

4.受請求方指定代表人如認執行請求有礙於在受請求方所屬領土內進行之刑事調查、追訴或其他訴訟程序時，得延緩執行；或依照與請求方指定代表人協商後所定之必要條件執行之。請求方指定代表人如接受該附加條件之協助，則其所屬領土內之機關應遵守這些條件。

5.受請求方所屬領土內之相關機關，於請求方指定代表人要求時，對於協助之請求及其內容，應盡力保密；如為執行該請求而無法保密時，受請求方指定代表人應通知請求方指定之代表人，由請

求方指定之代表人決定該請求是否仍應執行。

6. 受請求方指定代表人對於請求方指定代表人就執行請求進展所提出之合理詢問，應予回應。

7. 受請求方之指定代表人應將執行結果，立即通知請求方指定代表人。如該請求遭拒絕時，受請求方指定代表人應將拒絕理由通知請求方指定代表人。

第七條　費用

1. 受請求方所屬領土內之主管機關應支付與執行請求有關之費用，但請求方所屬領土內之主管機關應負擔下列費用：

(1) 根據請求方所屬領土之規定，支付本協定第十一條及第十二條規定人員津貼或旅費；

(2) 有關人員按照第九條第三項之規定，前往、停留和離開受請求方所屬領土之費用；

(3) 專家之費用及報酬；以及

(4) 筆譯、口譯及謄寫費用。

2. 如請求之執行明顯須支出超乎尋常之費用，締約雙方指定之代表人應協商以決定該請求可被執行之條件。

第八條　用途之限制

1. 受請求方之指定代表人得請求請求方所屬領土內之機關在未經受請求方指定代表人同意之前，不得將依本協定而取得之資料或證據，使用於請求（書）所載以外用途之任何調查、起訴或訴訟程序。於此情形下，請求方所屬領土內之機關應遵守此條件。

2. 受請求方之指定代表人對於依本協定而提供之資料及證據，得請求應予保密，或僅得依其所指定之條件使用。請求方之指定代表人如在該等指定條件下接受資料或證據，則其所代表領土內之機關應盡力遵守之。

3. 在刑事追訴程序中，如依美國在台協會所屬領土之憲法或依駐美國台北經濟文化代表處所屬領土之憲法或法律，有義務使用或公開資料時，不應以本條之限制規定排除之。請求方之指定代表人應將此準備公開之情形預先通知受請求方之指定代表人。

4. 依本條第一、二、三項之規定，在請求方所屬領土內已公開之資料或證據，得使用於任何用途。

第九條　受請求方所屬領土內之證言或證據

1. 受請求方所屬領土內之人經依本協定受請求自其取得證據者，必要時應強制其出庭、作證或提供包括供證之文件、紀錄及物品在內之證物。受請求而做虛偽證言者，無論以口頭或書面方式，須在受請求方所屬領土內，依該領土內之刑事法規定予以追訴及處罰。

2. 受請求方之指定代表人於受請求時，應先行提供有關依本條規定取得證言或證據之日期及地點之資料。

3. 受請求方所屬領土之主管機關在執行請求時，應准許請求中所指明之人在場，並依照受請求方所屬領土之主管機關所同意之方

式，准許其詢問作證或提供證據之人，並進行逐字紀錄。

4. 如第一項規定之人依請求方所屬領土內法律之規定主張豁免、無行為能力或特權時，受請求方指定代表人仍應取得任何所請求之證據，並使請求方之指定代表人知悉該人之主張，俾使請求方所屬領土內有關當局解決之。

5. 依本條規定在受請求方所屬領土內所取得之證據或依本條規定取得之證詞，得以聲明方式，包括業務上紀錄之情形，依本協定附表A所示之證明方式確認證實。依附表A所證明之文件，應准許在請求方所屬領土內之法院作為證據使用。

第一〇條　雙方所屬領土內之紀錄

1. 受請求方之指定代表人，應對請求方之指定代表人，提供受請求方所屬領土內政府各主管機關所持有得公開之紀錄，包括任何形式之文件或資料。

2. 受請求方之指定代表人，得以對待受請求方所屬領土內執法機關或司法當局相同的程度及條件，提供任何在其所屬領土內政府主管機關持有之不公開文件、紀錄或資料之副本。受請求方指定之代表人得根據本項規定，依職權拒絕全部或部分之請求。

3. 依本條規定所提出之紀錄，得由負責保管之人依附表B填載聲明確認證實，毋需提出其他證明。依本項規定經認定為真正之文件，應准許在請求方所屬領土內之法院作為證據使用。

第一一條　解送受拘禁人

1. 基於本協定所定協助之目的，經受請求方所屬領土內主管當局拘禁之人，被請求在請求方所屬領土內出庭者，如經其本人及締約雙方指定代表人之同意，得由受請求方所屬領土解送至請求方所屬領土內，以達協助之目的。

2. 基於本協定所定協助之目的，經請求方所屬領土內主管當局拘禁之人，被請求在受請求方所屬領土出庭者，如經其本人及締約雙方指定代表人之同意，得由請求方所屬領土解送至受請求方所屬領土內，以達協助之目的。

3. 為達本條之目的：

(1) 受移送方所屬領土內之主管機關，除經移送方所屬領土內之當局授權外，應有使被移送之人繼續受拘禁之權力與義務。

(2) 受移送方所屬領土內之主管機關，應在解送之日起三十日內，或在情況許可之下，或經雙方指定代表人同意之情形下，儘速將被移送之人解還移送方所屬領土受拘禁。

(3) 受移送方所屬領土內之主管機關不得要求移送方所屬領土內之主管機關發動引渡程序以遞送還被移送之人之目的；並且

(4) 被移送之人於受移送方所屬領土內受拘禁期間，應折抵其在移送方所屬領土內所受判決之服刑期間。

第一二條　在請求方所屬領土內作證

1. 請求方之指定代表人請求某人在請求方所屬領土內應訊時，受請求方之指定代表人應要求該人至請求方所屬領土內相關機關應

訊。請求方指定代表人應表明其願支付費用之額度。受請求方之指定代表人應立即通知請求方之指定代表人有關該人之回應。

2. 受請求方指定代表人可要求請求方指定代表人承諾，對於依本條被要求至請求方所屬領土內應訊之人員，不得因該人於進入請求方所屬領土前之任何作為、不作為或有罪判決而予以起訴、羈押、傳喚或以其他形式限制其人身自由，亦不應強制該人在該請求所未涉及之任何其他偵查、起訴或訴訟程序中作證或協助，除非事先取得受請求方之指定代表人與該人之同意。如請求方之指定代表人不能作出上述保證，則被要求前往之人可拒絕接受該請求。

3. 依本條規定所賦予之安全維護行為，應於請求方之指定代表人通知受請求方之指定代表人，該人已毋需應訊七日後，或於該人離開請求方所屬領土而自願返回時，終止之。請求方之指定代表人認有正當理由時，得依職權延長該期間至十五日。

第一三條　人或證物之所在或其辨識

如請求方之指定代表人尋求在受請求方所屬領土內之人或證物之所在，或為身分、物件之辨識時，受請求方所屬領土內之主管機關應盡其最大努力以確定其所在或為人身、物件之辨識。

第一四條　送達文件

1. 受請求方所屬領土內之主管機關應盡最大努力以有效送達請求方之指定代表人依本協定規定所提出與任何協助之請求全部或部分有關之文書。

2. 請求方之指定代表人於請求送達文件，要求特定人至請求方所屬領土內機關應訊時，應於指定應訊時間前之合理期間內提出協助送達文件之請求。

3. 受請求方之指定代表人應依請求所指定之方式返還送達證明。

第一五條　搜索及扣押

1. 如依受請求方所屬領土內之法律，請求方指定代表人所提出搜索、扣押及移轉證物之請求為正當時，受請求方之指定代表人即應執行此等請求。

2. 每一保管扣押物品之人，於受請求時，應使用本協定附表Ｃ，以證明其保管之連續性、證物之辨識及其狀態之完整，毋需提出其他證明。此證明應准許在請求方所代表領土內之法院作為證據使用。

3. 受請求方之指定代表人得要求請求方之指定代表人同意遵守必要條件以保護第三方對於被移轉證物之權益。

第一六條　返還證物

得要求請求方之指定代表人，儘速返還任何依本協定執行請求時所提供之證物，包括供證之文件、紀錄或物品。

第一七條　沒收程序之協助

1. 締約之一方所指定之代表人，知有犯罪所得或犯罪工具在締約他

方所屬領土內，且係締約他方所屬領土內之法律得予沒收或扣押之物者，得通知締約他方之指定代表人。如締約他方所屬領土內之主管機關對沒收或扣押程序有管轄權時，締約他方之指定代表人得就其主管機關提出此等資料俾其決定是否採取適當行動。該主管機關應依其領土內之法律做出決定，並應經由其指定之代表人就其所採取之行動通知對方之指定代表人。

2.締約雙方指定之代表人應在所屬領土內之相關法律許可範圍內，在沒收犯罪所得或犯罪工具、被害人求償、刑事判決罰金之執行等程序中，彼此協助。此協助包括在等候進一步程序前之暫時凍結該所得或工具。

3.犯罪所得或犯罪工具須依締約雙方所屬領土內之法律規定予以處理。締約之任何一方在其所屬領土內之法律所許可之範圍，且認為適當時，得移轉該財物、變賣所得之全部或部分予他方。

第一八條　與其他協定之關係

本協定所規定之協助及程序，並不禁止締約之任何一方或其指定之代表人依其他協定或各自所屬領土內之法律之規定，對他方提供協助。締約雙方亦得依任何可適用之安排、協定或實務做法，提供協助。

第一九條　諮商

締約雙方之指定代表人，於相互同意時，應諮商以促進本協定之有效運用。受指定之代表人亦得同意採用有助於履行本協定所必要之實際方法。

第二〇條　生效；終止

1.本協定自最後簽署之日起生效。

2.締約之一方得以書面通知他方後，終止本協定。該終止自收受通知後六個月生效。

3.本協定適用於其生效後提出之任何請求，即使有關犯罪係發生於本協定生效之前。

茲證明以下簽名者經充分授權簽署本協定。

（本協定以英文及中文各繕製兩份，兩種文字之約本同一作準。西元二〇〇二年三月二十六日訂於華盛頓哥倫比亞特區）

美國在台協會	駐美國台北經濟文化代表處
姓名：卜睿哲Richard C. Bush	姓名：程建人
職稱：Chairman	職稱：代表Representative
日期：MARCH 26, 2002	日期：MARCH 26, 2002

海峽兩岸共同打擊犯罪及司法互助協議

民國98年4月26日簽署。
民國98年4月30日行政院函依「臺灣地區與大陸地區人民關係條例」第5條第2項予以核定：並送立法院備查。

爲保障海峽兩岸人民權益，維護兩岸交流秩序，財團法人海峽交流基金會與海峽兩岸關係協會就兩岸共同打擊犯罪及司法互助與聯繫事宜，經平等協商，達成協議如下：

第一章　總　則

一　合作事項

雙方同意在民事、刑事領域相互提供以下協助：

㈠共同打擊犯罪；
㈡送達文書；
㈢調查取證；
㈣認可及執行民事裁判與仲裁判斷（仲裁裁決）；
㈤接返（移管）受刑事裁判確定人（被判刑人）；
㈥雙方同意之其他合作事項。

二　業務交流

雙方同意業務主管部門人員進行定期工作會晤、人員互訪與業務培訓合作，交流雙方制度規範、裁判文書及其他相關資訊。

三　聯繫主體

①本協議議定事項，由各方主管部門指定之聯絡人聯繫實施。必要時，經雙方同意得指定其他單位進行聯繫。

②本協議其他相關事宜，由財團法人海峽交流基金會與海峽兩岸關係協會聯繫。

第二章　共同打擊犯罪

四　合作範圍

①雙方同意採取措施共同打擊雙方均認爲涉嫌犯罪的行爲。

②雙方同意著重打擊下列犯罪：

㈠涉及殺人、搶劫、綁架、走私、槍械、毒品、人口販運、組織偷渡及跨境有組織犯罪等重大犯罪；
㈡侵占、背信、詐騙、洗錢、僞造或變造貨幣及有價證券等經濟犯罪；
㈢貪污、賄賂、瀆職等犯罪；

㈣劫持航空器、船舶及涉恐怖活動等犯罪；

㈤其他刑事犯罪。

③一方認為涉嫌犯罪，另一方認為未涉嫌犯罪但有重大社會危害，得經雙方同意個案協助。

五　協助偵查

雙方同意交換涉及犯罪有關情資，協助緝捕、遣返刑事犯與刑事嫌疑犯，並於必要時合作協查、偵辦。

六　人員遣返

①雙方同意依循人道、安全、迅速、便利原則，在原有基礎上，增加海運或空運直航方式，遣返刑事犯、刑事嫌疑犯，並於交接時移交有關卷證（證據）、簽署交接書。

②受請求方已對遣返對象進行司法程序者，得於程序終結後遣返。

③受請求方認為有重大關切利益等特殊情形者，得視情決定遣返。

④非經受請求方同意，請求方不得對遣返對象追訴遣返請求以外的行為。

第三章　司法互助

七　送達文書

①雙方同意依己方規定，盡最大努力，相互協助送達司法文書。

②受請求方應於收到請求書之日起三個月內及時協助送達。

③受請求方應將執行請求之結果通知請求方，並及時寄回證明送達與否之證明資料；無法完成請求事項者，應說明理由並送還相關資料。

八　調查取證

①雙方同意依己方規定相互協助調查取證，包括取得證言及陳述；提供書證、物證及視聽資料；確定關係人所在或確認其身分；勘驗、鑑定、檢查、訪視、調查；搜索及扣押等。

②受請求方在不違反己方規定前提下，應儘量依請求方要求之形式提供協助。

③受請求方協助取得相關證據資料，應及時移交請求方。但受請求方已進行偵查、起訴或審判程序者，不在此限。

九　罪贓移交

雙方同意在不違反己方規定範圍內，就犯罪所得移交或變價移交事宜給予協助。

一〇　裁判認可

雙方同意基於互惠原則，於不違反公共秩序或善良風俗之情況下，相互認可及執行民事確定裁判與仲裁判斷（仲裁裁決）。

一一　罪犯接返（移管）

雙方同意基於人道、互惠原則，在請求方、受請求方及受刑事裁判確定人（被判刑人）均同意移交之情形下，接返（移管）受刑事裁判確定人（被判刑人）。

一二　人道探視

雙方同意及時通報對方人員被限制人身自由、非病死或可疑為非病死等重要訊息，並依己方規定為家屬探視提供便利。

第四章　請求程序

一三　提出請求

①雙方同意以書面形式提出協助請求。但緊急情況下，經受請求方同意，得以其他形式提出，並於十日內以書面確認。

②請求書應包含以下內容：請求部門、請求目的、事項說明、案情摘要及執行請求所需其他資料等。

③如因請求書內容欠缺致無法執行請求，可要求請求方補充資料。

一四　執行請求

①雙方同意依本協議及己方規定，協助執行對方請求，並及時通報執行情況。

②若執行請求將妨礙正在進行之偵查、起訴或審判程序，可暫緩提供協助，並及時向對方說明理由。

③如無法完成請求事項，應向對方說明並送還相關資料。

一五　不予協助

雙方同意因請求內容不符合己方規定或執行請求將損害己方公共秩序或善良風俗等情形，得不予協助，並向對方說明。

一六　保密義務

雙方同意對請求協助與執行請求的相關資料予以保密。但依請求目的使用者，不在此限。

一七　限制用途

雙方同意僅依請求書所載目的事項，使用對方協助提供之資料。但雙方另有約定者，不在此限。

一八　互免證明

雙方同意依本協議請求及協助提供之證據資料、司法文書及其他資料，不要求任何形式之證明。

一九　文書格式

雙方同意就提出請求、答復請求、結果通報等文書，使用雙方商定之文書格式。

二〇　協助費用

雙方同意相互免除執行請求所生費用。但請求方應負擔下列費用：

㈠鑑定費用；

㈡筆譯、口譯及謄寫費用；

㈢為請求方提供協助之證人、鑑定人，因前往、停留、離開請求方所生之費用；

㈣其他雙方約定之費用。

第五章　附　則

二一　協議履行與變更

①雙方應遵守協議。

②協議變更，應經雙方協商同意，並以書面形式確認。

二二　爭議解決

因適用本協議所生爭議，雙方應儘速協商解決。

二三　未盡事宜

本協議如有未盡事宜，雙方得以適當方式另行商定。

二四　簽署生效

①本協議自簽署之日起各自完成相關準備後生效，最遲不超過六十日。

②本協議於四月二十六日簽署，一式四份，雙方各執兩份。

財團法人海峽交流基金會　　海峽兩岸關係協會

董事長　江丙坤　　　　　　會長　陳雲林

公民與政治權利國際公約

1966年12月16日聯合國大會決議通過；1976年3月23日生效。
民國98年12月10日總統令公布。

前文

本公約締約國，鑒於依據聯合國憲章揭示之原則，人類一家，對於人人天賦尊嚴及其平等而且不可割讓權利之確認，實係世界自由、正義與和平之基礎，確認此種權利源於天賦人格尊嚴，確認依據世界人權宣言之昭示，唯有創造環境，使人人除享有經濟社會文化權利而外，並得享受公民及政治權利，始克實現自由人類享受公民及政治自由無所恐懼不虞匱乏之理想。

鑒於聯合國憲章之規定，各國負有義務，必須促進人權及自由之普遍尊重及遵守，明認個人對他人及對其隸屬之社會，負有義務，故職責所在，必須力求本公約所確認各種權利之促進及遵守，爰議定條款如下：

第壹編

第一條

①所有民族均享有自決權，根據此種權利，自由決定其政治地位並自由從事其經濟、社會與文化之發展。

②所有民族得為本身之目的，自由處置其天然財富及資源，但不得妨害因基於互惠原則之國際經濟合作及因國際法而生之任何義務。無論在何種情形下，民族之生計，不容剝奪。

③本公約締約國，包括負責管理非自治及託管領土之國家在內，均應遵照聯合國憲章規定，促進自決權之實現，並尊重此種權利。

第貳編

第二條

①本公約締約國承允尊重並確保所有境內受其管轄之人，無分種族、膚色、性別、語言、宗教、政見或其他主張民族本源或社會階級、財產、出生或其他身分等等，一律享受本公約所確認之權利。

②本公約締約國承允遇現行立法或其他措施尚無規定時，各依本國憲法程序，並遵照本公約規定，採取必要步驟，制定必要之立法或其他措施，以實現本公約所確認之權利。

③本公約締約國承允：

㈠確保任何人所享本公約確認之權利或自由如遭受侵害，均獲有效之救濟，公務員執行職務所犯之侵權行為，亦不例外；

㈡確保上項救濟聲請人之救濟權利，由主管司法、行政或立法當局裁定，或由該國法律制度規定之其他主管當局裁定，並推廣司法救濟之機會；

㈢確保上項救濟一經核准，主管當局概予執行。

第三條

本公約締約國承允確保本公約所載一切公民及政治權利之享受，男女權利，一律平等。

第四條

①如經當局正式宣布緊急狀態，危及國本，本公約締約國得在此種危急情勢絕對必要之限度內，採取措施，減免履行其依本公約所負之義務，但此種措施不得牴觸其依國際法所負之其他義務，亦不得引起純粹以種族、膚色、性別、語言、宗教或社會階級為根據之歧視。

②第六條、第七條、第八條（第一項及第二項）、第十一條、第十五條、第十六條及第十八條之規定，不得依本條規定減免履行。

③本公約締約國行使其減免履行義務之權利者，應立即將其減免履行之條款，及減免履行之理由，經由聯合國秘書長轉知本公約其他締約國。其終止減免履行之日期，亦應另行移文秘書長轉知。

第五條

①本公約條文不得解釋為國家、團體或個人有權從事活動或實行行為，破壞本公約確認之任何一種權利與自由，或限制此種權利與自由逾越本公約規定之程度。

②本公約締約國內依法律、公約、條例或習俗而承認或存在之任何基本人權，不得藉口本公約未予確認或確認之範圍較狹，而加以限制或減免義務。

第參編

第六條

①人人皆有天賦之生存權。此種權利應受法律保障。任何人之生命不得無理剝奪。

②凡未廢除死刑之國家，非犯情節最重大之罪，且依照犯罪時有效並與本公約規定及防止及懲治殘害人群罪公約不牴觸之法律，不得科處死刑。死刑非依管轄法院終局判決，不得執行。

③生命之剝奪構成殘害人群罪時，本公約締約國公認本條不得認為授權任何締約國以任何方式減免其依防止及懲治殘害人群罪公約規定所負之任何義務。

④受死刑宣告者，有請求特赦或減刑之權。一切判處死刑之案件均

得邀赦、特赦或減刑。

⑤未滿十八歲之人犯罪，不得判處死刑；懷胎婦女被判死刑，不得執行其刑。

⑥本公約締約國不得援引本條，而延緩或阻止死刑之廢除。

第七條

任何人不得施以酷刑，或予以殘忍、不人道或侮辱之處遇或懲罰。非經本人自願同意，尤不得對任何人作醫學或科學試驗。

第八條

①任何人不得使充奴隸；奴隸制度及奴隸販賣，不論出於何種方式，悉應禁止。

②任何人不得使充奴工。

③㈠任何人不得使服強迫或強制之勞役；

㈡凡犯罪刑罰得科苦役徒刑之國家，如經管轄法院判處此刑，不得根據第三項㈠款規定，而不服苦役；

㈢本項所稱「強迫或強制勞役」不包括下列各項：

(1)經法院依法命令拘禁之人，或在此種拘禁假釋期間之人，通常必須擔任而不屬於㈡款範圍之工作或服役；

(2)任何軍事性質之服役，及在承認人民可以本其信念反對服兵役之國家，依法對此種人徵服之國民服役；

(3)遇有緊急危難或災害禍患危及社會生命安寧時徵召之服役；

(4)為正常公民義務一部分之工作或服役。

第九條

①人人有權享有身體自由及人身安全。任何人不得無理予以逮捕或拘禁。非依法定理由及程序，不得剝奪任何人之自由。

②執行逮捕時，應當場向被捕人宣告逮捕原因，並應隨即告知被控案由。

③因刑事罪名而被逮捕或拘禁之人，應迅即解送法官或依法執行司法權力之其他官員，並應於合理期間內審訊或釋放。候訊人通常不得加以羈押，但釋放得令具報，於審訊時，於司法程序之任何其他階段、並於一旦執行判決時，候傳到場。

④任何人因逮捕或拘禁而被奪自由時，有權聲請法院提審，以迅速決定其拘禁是否合法，如屬非法，應即令釋放。

⑤任何人受非法逮捕或拘禁者，有權要求執行損害賠償。

第一〇條

①自由被剝奪之人，應受合於人道及尊重其天賦人格尊嚴之處遇。

②㈠除特殊情形外，被告應與判決有罪之人分別羈押，且應另予與其未經判決有罪之身分相稱之處遇；

㈡少年被告應與成年被告分別羈押，並應儘速即予判決。

③監獄制度所定監犯之處遇，應以使其悛悔自新，重適社會生活為基本目的。少年犯人應與成年犯人分別拘禁，且其處遇應與其年齡及法律身分相稱。

第一一條

任何人不得僅因無力履行契約義務，即予監禁。

第一二條

①在一國領土內合法居留之人，在該國領土內有遷徙往來之自由及擇居之自由。

②人人應有自由離去任何國家，連其本國在內。

③上列權利不得限制，但法律所規定、保護國家安全、公共秩序、公共衛生或風化、或他人權利與自由所必要，且與本公約所確認之其他權利不牴觸之限制，不在此限。

④人人進入其本國之權，不得無理褫奪。

第一三條

本公約締約國境內合法居留之外國人，非經依法判定，不得驅逐出境，且除事關國家安全必須急速處分者外，應准其提出不服驅逐出境之理由，及聲請主管當局或主管當局特別指定之人員予以覆判，並為此目的委託代理人到場申訴。

第一四條

①人人在法院或法庭之前，悉屬平等。任何人受刑事控告或因其權利義務涉訟須予判定時，應有權受獨立無私之法定管轄法庭公正公開審問。法院得因民主社會之風化、公共秩序或國家安全關係，或於保護當事人私生活有此必要時，或因情形特殊公開審判勢必影響司法而在其認為絕對必要之限度內，禁止新聞界及公眾旁聽審判程序之全部或一部；但除保護少年有此必要，或事關婚姻爭執或子女監護問題外，刑事民事之判決一律公開宣示。

②受刑事控告之人，未經依法確定有罪以前，應假定其無罪。

③審判被控刑事罪時，被告一律有權平等享受下列最低限度之保障：

　㈠迅即以其通曉之語言，詳細告知控罪名及案由；

　㈡給予充分之時間及便利，準備答辯並與其選任之辯護人聯絡；

　㈢立即受審，不得無故稽延；

　㈣到庭受審，及親自答辯或由其選任辯護人答辯；未經選任辯護人者，應告以有此權利；法院認為審判有此必要時，應為其指定公設辯護人，如被告無資力酬償，得免付之；

　㈤得親自或間接詰問他造證人，並得聲請法院傳喚其證人在與他造證人同等條件下出庭作證；

　㈥如不通曉或不能使用法院所用之語言，應免費為備通譯協助之；

　㈦不得強迫被告自供或認罪。

④少年之審判，應顧念被告年齡及宜使其重適社會生活，而酌定程序。

⑤經判定犯罪者，有權聲請上級法院依法覆判其有罪判決及所科刑罰。

⑥經終局判決判定犯罪，如後因提出新證據或因發現新證據，確實

證明原判錯誤而經撤銷原判或免刑者，除經證明有關證據之未能及時披露，應由其本人全部或局部負責者外，因此判決而服刑之人應依法受損害賠償。

⑦任何人依一國法律及刑事程序經終局判決定有罪或無罪開釋者，不得就同一罪名再予審判或科刑。

第一五條

①任何人之行為或不行為，於發生當時依內國法及國際法均不成罪者，不為罪。刑罰不得重於犯罪時法律所規定。犯罪後之法律規定減科刑罰者，從有利於行為人之法律。

②任何人之行為或不行為，於發生當時依各國公認之一般法律原則為有罪者，其審判與刑罰不受本條規定之影響。

第一六條

人人在任何所在有被承認為法律人格之權利。

第一七條

①任何人之私生活、家庭、住宅或通信，不得無理或非法侵擾，其名譽及信用，亦不得非法破壞。

②對於此種侵擾或破壞，人人有受法律保護之權利。

第一八條

①人人有思想、信念及宗教之自由。此種權利包括保有或採奉自擇之宗教或信仰之自由，及單獨或集體、公開或私自以禮拜、戒律、躬行及講授表示其宗教或信仰之自由。

②任何人所享保有或採奉自擇之宗教或信仰之自由，不得以脅迫侵害之。

③人人表示其宗教或信仰之自由，非依法律，不受限制，此項限制以保障公共安全、秩序、衛生或風化或他人之基本權利自由所必要者為限。

④本公約締約國承允尊重父母或法定監護人確保子女接受符合其本人信仰之宗教及道德教育之自由。

第一九條

①人人有保持意見不受干預之權利。

②人人有發表自由之權利；此種權利包括以語言、文字或出版物、藝術或自己選擇之其他方式，不分國界，尋求、接受及傳播各種消息及思想之自由。

③本條第二項所載權利之行使，附有特別責任及義務，故應予以某種限制，但此種限制以經法律規定，且為下列各項所必要者為限：

㈠尊重他人權利或名譽；

㈡保障國家安全或公共秩序，或公共衛生或風化。

第二〇條

①任何鼓吹戰爭之宣傳，應以法律禁止之。

②任何鼓吹民族、種族或宗教仇恨之主張，構成煽動歧視、敵視或強暴者，應以法律禁止之。

第二一條

和平集會之權利，應予確認。除依法律之規定，且為民主社會維護國家安全或公共安寧、公共秩序、維持公共衛生或風化、或保障他人權利自由所必要者外，不得限制此種權利之行使。

第二二條

①人人有自由結社之權利，包括為保障其本身利益而組織及加入工會之權利。

②除依法律之規定，且為民主社會維護國家安全或公共安寧、公共秩序、維持公共衛生或風化、或保障他人權利自由所必要者外，不得限制此種權利之行使。本條並不禁止對軍警人員行使此種權利，加以合法限制。

③關於結社自由及保障組織權利之國際勞工組織一九四八年公約締約國，不得根據本條採取立法措施或應用法律，妨礙該公約所規定之保證。

第二三條

①家庭為社會之自然基本團體單位，應受社會及國家之保護。

②男女已達結婚年齡者，其結婚及成立家庭之權利應予確認。

③婚姻非經婚嫁雙方自由完全同意，不得締結。

④本公約締約國應採取適當步驟，確保夫妻在婚姻方面，在婚姻關係存續期間，以及在婚姻關係消滅時，雙方權利責任平等。婚姻關係消滅時，應訂定辦法，對子女予以必要之保護。

第二四條

①所有兒童有權享受家庭、社會及國家為其未成年身分給予之必需保護措施，不因種族、膚色、性別、語言、宗教、民族本源或社會階級、財產、或出生而受歧視。

②所有兒童出生後應立予登記，並取得名字。

③所有兒童有取得國籍之權。

第二五條

凡屬公民，無分第二條所列之任何區別，不受無理限制，均應有權利及機會：

㈠直接或經由自由選擇之代表參與政事；

㈡在真正、定期之選舉中投票及被選。選舉權必須普及而平等，選舉應以無記名投票行之，以保證選民意志之自由表現；

㈢以一般平等之條件，服本國公職。

第二六條

人人在法律上一律平等，且應受法律平等保護，無所歧視。在此方面，法律應禁止任何歧視，並保證人人享受平等而有效之保護，以防因種族、膚色、性別、語言、宗教、政見或其他主張、民族本源或社會階級、財產、出生或其他身分而生之歧視。

第二七條

凡有種族、宗教或語言少數團體之國家，屬於此類少數團體之人，與團體中其他分子共同享受其固有文化、信奉躬行其固有宗

教或使用其固有語言之權利，不得剝奪之。

第肆編

第二八條

①茲設置人權事宜委員會（本公約下文簡稱委員會）委員十八人，執行以下規定之職務。

②委員會委員應為本公約締約國國民，品格高尚且在人權問題方面聲譽素著之人士；同時並應計及宜選若干具有法律經驗之人士擔任委員。

③委員會委員以個人資格當選任職。

第二九條

①委員會之委員應自具備第二十八條所規定資格並經本公約締約國為此提名之人士名單中以無記名投票選舉之。

②本公約各締約國提出人選不得多於二人，所提人選應為提名國國民。

③候選人選，得續予提名。

第三〇條

①初次選舉至遲應於本公約開始生效後六個月內舉行。

②除依據第三十四條規定宣告出缺而舉行之補缺選舉外，聯合國秘書長至遲應於委員會各次選舉日期四個月前以書面邀請本公約締約國於三個月內提出委員會委員候選人。

③聯合國秘書長應就所提出之候選人，按照字母次序編製名單，標明推薦其候選之締約國，至遲於每次選舉日期一個月前，送達本公約締約國。

④委員會委員之選舉應由聯合國秘書長在聯合國會所召集之締約國會議舉行之，該會議以締約國之三分之二出席為法定人數，候選人獲票最多且得出席及投票締約國代表絕對過半數票者當選為委員會委員。

第三一條

①委員會不得有委員一人以上為同一國家之國民。

②選舉委員會委員時應計及地域公匀分配及確能代表世界不同文化及各主要法系之原則。

第三二條

①委員會委員任期四年。續經提名者連選得連任。但第一次選出之委員中九人任期應為二年；任期二年之委員九人，應於第一次選舉完畢後，立由第三十條第四項所稱會議之主席，以抽籤方法決定之。

②委員會委員任滿時之改選，應依照本公約本編以上各條舉行之。

第三三條

①委員會某一委員倘經其他委員一致認為由於暫時缺席以外之其他原因，業已停止執行職務時，委員會主席應通知聯合國秘書長，

由其宣告該委員出缺。

②委員會委員死亡或辭職時，委員會主席應即通知聯合國秘書長，由其宣告該委員自死亡或辭職生效之日起出缺。

第三四條

①遇有第三十三條所稱情形宣告出缺，且須行補選之委員任期不在宣告出缺後六個月內屆滿者，聯合國秘書長應通知本公約各締約國，各締約國得於兩個月內依照第二十九條提出候選人，以備補缺。

②聯合國秘書長應就所提出之候選人，按照字母次序編製名單，送達本公約締約國。補缺選舉應於編送名單後依照本公約本編有關規定舉行之。

③委員會委員之當選遞補依第三十三條規定宣告之懸缺者，應任職至依該條規定出缺之委員會委員任期屆滿時爲止。

第三五條

委員會委員經聯合國大會核准，自聯合國資金項下支取報酬，其待遇及條件由大會參酌委員會所負重大責任定之。

第三六條

聯合國秘書長應供給委員會必要之辦事人員及便利，俾得有效執行本公約所規定之職務。

第三七條

①委員會首次會議由聯合國秘書長在聯合國會所召集之。

②委員會舉行首次會議後，遇委員會議事規則規定之情形召開會議。

③委員會會議通常應在聯合國會所或日內瓦聯合國辦事處舉行之。

第三八條

委員會每一委員就職時，應在委員會公開集會中鄭重宣言，必當秉公竭誠，執行職務。

第三九條

①委員會應自行選舉其職員，任期二年，連選得連任。

②委員會應自行制定議事規則，其中應有下列規定：

(一)委員十二人構成法定人數；

(二)委員會之決議以出席委員過半數之同意爲之。

第四〇條

①本公約締約國承允依照下列規定，各就其實施本公約所確認權利而採取之措施，及在享受各種權利方面所獲之進展，提具報告書：

(一)本公約對關係締約國生效後一年內；

(二)其後遇委員會提出請求時。

②所有報告書應交由聯合國秘書長轉送委員會審議。如有任何因素及困難影響本公約之實施，報告書應予說明。

③聯合國秘書長與委員會商洽後得將報告書中屬於關係專門機關職權範圍之部分副本轉送各該專門機關。

④委員會應研究本公約締約國提出之報告書。委員會應向締約國提送其報告書及其認為適當之一般評議。委員會亦得將此等評議連同其自本公約締約國收到之報告書副本轉送經濟暨社會理事會。

⑤本公約締約國得就可能依據本條第四項規定提出之任何評議向委員會提出意見。

第四一條

①本公約締約國得依據本條規定，隨時聲明承認委員會有權接受並審議一締約國指稱另一締約國不履行本公約義務之來文。依本條規定而遞送之來文，必須為曾聲明其本身承認委員會有權之締約國所提出方得予以接受並審查。如來文關涉未作此種聲明之締約國，委員會不得接受之。依照本條規定接受之來文應照下開程序處理：

（一）如本公約某一締約國認為另一締約國未實施本公約條款，得書面提該締約國注意。受請國應於收到此項來文三個月內，向遞送來文之國家書面提出解釋或任何其他聲明，以闡明此事，其中應在可能及適當範圍內，載明有關此事之本國處理辦法，及業經採取或正在決定或可資援用之救濟辦法。

（二）如在受請國收到第一件來文後六個月內，問題仍未獲關係締約國雙方滿意之調整，當事國任何一方均有權通知委員會及其他一方，將事件提交委員會。

（三）委員會對於提請處理之事件，應於查明對此事件可以運用之國內救濟辦法悉已援用無遺後，依照公認之國際法原則處理之。但如救濟辦法之實施有不合理之拖延，則不在此限。

（四）委員會審查本條所稱之來文時應舉行不公開會議。

（五）以不牴觸（三）款之規定為限，委員會應斡旋關係締約國俾以尊重本公約所確認之人權及基本自由為基礎，友善解決事件。

（六）委員會對於提請處理之任何事件，得請（二）款所稱之關係締約國提供任何有關情報。

（七）（二）款所稱關係締約國有權於委員會審議此事件時出席並提出口頭及／或書面陳述。

（八）委員會應於接獲依（一）款所規定通知之日起十二個月內提出報告書：

　　（1）如已達成（五）款規定之解決辦法，委員會報告書應以扼要敘述事實及所達成之解決辦法為限。

　　（2）如未達成（五）款規定之解決辦法，委員會報告書應以扼要敘述事實為限；關係締約國提出之書面陳述及口頭陳述紀錄應附載於報告書內。

關於每一事件，委員會應將報告書送達各關係締約國。

②本條之規定應於本公約十締約國發表本條第一項所稱之聲明後生效。此種聲明應由締約國交存聯合國秘書長，由秘書長將聲明副本轉送其他締約國。締約國得隨時通知秘書長撤回聲明。此種撤回不得影響對業經依照本條規定遞送之來文中所提事件之審議；

秘書長接得撤回通知後，除非關係締約國另作新聲明，該國再有來文時不予接受。

第四二條

①(一)如依第四十一條之規定提請委員會處理之事件不能獲得關係締約國滿意之解決，委員會得經關係締約國事先同意，指派一專設和解委員會（下文簡稱和委會）。和委會應為關係締約國斡旋，俾以尊重本公約為基礎，和睦解決問題；

(二)和委會由關係締約國接受之委員五人組成之。如關係締約國於三個月內對和委會組成之全部或一部未能達成協議，未得協議之和委會委員應由委員會用無記名投票法以三分之二之多數自其本身委員中選出之。

②和委會委員以個人資格任職。委員不得為關係締約國之國民，或為非本公約締約國之國民，或未依第四十一條規定發表聲明之締約國國民。

③和委會應自行選舉主席及制定議事規則。

④和委會會議通常應在聯合國會所或日內瓦聯合國辦事處舉行，但亦得和和委會諮商聯合國秘書長及關係締約國決定之其他方便地點舉行。

⑤依第三十六條設置之秘書處應亦為依本條指派之和委會服務。

⑥委員會所蒐集整理之情報，應提送和委會，和委會亦得請關係締約國提供任何其他有關情報。

⑦和委會於詳盡審議案件後，無論如何應於受理該案件十二個月內，向委員會主席提出報告書，轉送關係締約國：

(一)和委會如未能於十二個月內完成案件之審議，其報告書應以扼要說明審議案件之情形為限；

(二)和委會如能達成以尊重本公約所確認之人權為基礎之和睦解決問題辦法，其報告書應以扼要說明事實及所達成之解決辦法為限；

(三)如未能達成(二)款規定之解決辦法，和委會報告書應載有其對於關係締約國爭執事件之一切有關事實問題之結論，以及對於事件和睦解決各種可能性之意見。此項報告書應亦載有關係締約國提出之書面陳述及所作口頭陳述之紀錄；

(四)和委會報告書如係依(三)款之規定提出，關係締約國應於收到報告書後三個月內通知委員會主席願否接受和委會報告書內容。

⑧本條規定不影響委員會依第四十一條所負之責任。

⑨關係締約國應依照聯合國秘書長所提概算，平均分擔和委會委員之一切費用。

⑩聯合國秘書長有權於必要時在關係締約國依本條第九項償還用款之前，支付和委會委員之費用。

第四三條

委員會委員，以及依第四十二條可能指派之專設和解委員會委員，應有權享受聯合國特權豁免公約內有關各款為因聯合國公務

出差之專家所規定之便利、特權與豁免。

第四四條

本公約實施條款之適用不得妨礙聯合國及各專門機關之組織約章及公約在人權方面所訂之程序，或根據此等約章及公約所訂之程序，亦不得阻止本公約各締約國依照彼此間現行之一般或特別國際協定，採用其他程序解決爭端。

第四五條

委員會應經由經濟暨社會理事會向聯合國大會提送常年工作報告書。

第伍編

第四六條

本公約之解釋，不得影響聯合國憲章及各專門機關組織法內規定聯合國各機關及各專門機關分別對本公約所處理各種事項所負責任之規定。

第四七條

本公約之解釋，不得損害所有民族充分與自由享受及利用其天然財富與資源之天賦權利。

第陸編

第四八條

①本公約聽由聯合國會員國或其專門機關會員國、國際法院規約當事國及經聯合國大會邀請為本公約締約國之任何其他國家簽署。

②本公約須經批准。批准書應送交聯合國秘書長存放。

③本公約聽由本條第一項所稱之任何國家加入。

④加入應以加入書交存聯合國秘書長為之。

⑤聯合國秘書長應將每一批准書或加入書之交存，通知已經簽署或加入本公約之所有國家。

第四九條

①本公約應自第三十五件批准書或加入書送交聯合國秘書長存放之日起三個月後發生效力。

②對於在第三十五件批准書或加入書交存後批准或加入本公約之國家，本公約應自該國交存批准書或加入書之日起三個月後發生效力。

第五〇條

本公約各項規定應一律適用於聯邦國家之全部領土，並無限制或例外。

第五一條

①本公約締約國得提議修改本公約，將修正案提交聯合國秘書長。秘書長應將提議之修正案分送本公約各締約國，並請其通知是否

贊成召開締約國會議，以審議並表決所提議案。如締約國三分之一以上贊成召開會議，秘書長應以聯合國名義召集之。經出席會議並投票之締約國過半數通過之修正案，應提請聯合國大會核可。

②修正案經聯合國大會核可，並經本公約締約國三分之二各依本國憲法程序接受後，即發生效力。

③修正案生效後，對接受此種修正之締約國具有拘束力；其他締約國仍受本公約原訂條款及其前此所接受修正案之拘束。

第五二條

除第四十八條第五項規定之通知外，聯合國秘書長應將下列事項通知同條第一項所稱之所有國家：

㈠依第四十八條所爲之簽署、批准及加入；

㈡依第四十九條本公約發生效力之日期，及依第五十一條任何修正案發生效力之日期。

第五三條

①本公約應交存聯合國檔庫，其中、英、法、俄及西文各本同一作準。

②聯合國秘書長應將本公約正式副本分送第四十八條所稱之所有國家。

爲此，下列各代表秉其本國政府正式授予之權，謹簽字於自一九六六年十二月十九日起得由各國在紐約簽署之本公約，以昭信守。

公民與政治權利國際公約及經濟社會文化權利國際公約施行法

民國98年4月22日總統令制定公布全文9條。
民國98年10月29日行政院令發布定自98年12月10日施行。

第一條
為實施聯合國一九六六年公民與政治權利國際公約（International Covenanton Civil and Political Rights）及經濟社會文化權利國際公約（International Covenanton Economic Social and Cultural Rights）（以下合稱兩公約），健全我國人權保障體系，特制定本法。

第二條
兩公約所揭示保障人權之規定，具有國內法律之效力。

第三條
適用兩公約規定，應參照其立法意旨及兩公約人權事務委員會之解釋。

第四條
各級政府機關行使其職權，應符合兩公約有關人權保障之規定，避免侵害人權，保護人民不受他人侵害，並應積極促進各項人權之實現。

第五條
①各級政府機關應確實依現行法令規定之業務職掌，負責籌劃、推動及執行兩公約規定事項；其涉及不同機關業務職掌者，相互間應協調連繫辦理。
②政府應與各國政府、國際間非政府組織及人權機構共同合作，以保護及促進兩公約所保障各項人權之實現。

第六條
政府應依兩公約規定，建立人權報告制度。

第七條
各級政府機關執行兩公約保障各項人權規定所需之經費，應依財政狀況，優先編列，逐步實施。

第八條
各級政府機關應依兩公約規定之內容，檢討所主管之法令及行政措施，有不符兩公約規定者，應於本法施行後二年內，完成法令之制（訂）定、修正或廢止及行政措施之改進。

第九條
本法施行日期，由行政院定之。

肆、監　所

羈押法

① 民國35年1月19日國民政府制定公布全文39條；並自36年6月10日施行。
② 民國43年12月25日總統令修正公布全文39條。
③ 民國46年1月17日總統令修正公布第17條條文。
④ 民國65年5月15日總統令修正公布第5-7、10、14、15、17、22、38條條文；並增訂第5-1、7-1、38-1條條文。
⑤ 民國69年7月4日總統令修正公布第4、17、34、38-1條條文。
⑥ 民國86年5月21日總統令修正公布第4、6、17條條文。
⑦ 民國95年12月27日總統令增訂第27-1條條文。
⑧ 民國98年5月13日總統令修正公布第23條條文；增訂第23-1條條文；並刪除第28條條文。
⑨ 民國99年5月26日總統令修正公布第14條條文。
⑩ 民國109年1月15日總統令修正公布全文117條；並自公布日後六個月施行。

第一章 總 則

第一條
　為確保受羈押被告之權利及訴訟程序順利進行，並達成羈押之目的，特制定本法。

第二條
① 本法之主管機關為法務部。
② 看守所之監督機關為法務部矯正署。
③ 監督機關應派員視察看守所，每季至少一次。
④ 少年法院法官得隨時訪視其命羈押之少年被告。

第三條
① 刑事被告應羈押者，於看守所羈押之。
② 少年被告，應羈押於少年觀護所。於年滿二十歲時，應移押於看守所。
③ 看守所對羈押之被告，應按其性別嚴為分界。
④ 少年被告羈押相關事項，其他法律另有規定者，從其規定。

第四條
① 看守所人員執行職務應尊重被告之尊嚴及維護其人權，不得逾越所欲達成羈押目的及維護羈押處所秩序之必要限度。
② 對羈押被告不得因人種、膚色、性別、語言、宗教、政治立場、國籍、種族、社會階級、財產、出生、身心障礙或其他身分而有歧視。
③ 看守所應保障身心障礙被告在看守所內之無障礙權益，並採取適

當措施為合理調整。

④看守所不得對被告施以逾十五日之單獨監禁。看守所因對被告依法執行職務，而附隨有單獨監禁之狀態時，應定期報監督機關備查，並由醫事人員持續評估被告身心狀況。經醫事人員認為不適宜繼續單獨監禁者，應停止之。

第五條

①為落實透明化原則，保障被告權益，看守所應設獨立之外部視察小組，置委員三人至七人，任期二年，均為無給職，由監督機關陳報法務部核定後遴聘之。

②前項委員應就法律、醫學、公共衛生、心理、犯罪防治或人權領域之專家學者遴選。其中任一性別委員不得少於三分之一。

③視察小組應就看守所運作及被告權益等相關事項，進行視察並每季提出報告，由看守所經監督機關陳報法務部備查，並以適當方式公開，由相關權責機關回應處理之。

④前三項視察小組之委員資格、遴（解）聘、視察方式、權限、視察報告之製作、提出與公開期間等事項及其他相關事項之辦法，由法務部定之。

第六條

看守所得依媒體之請求，同意其進入適當處所採訪或參觀；並得依民眾之請求，同意其進入適當處所參觀。

第二章　入　所

第七條

①被告入所時，看守所應查驗法院簽署之押票；其附送身分證明者，應一併查驗。

②無前項押票者，應拒絕入所。

第八條

被告入所後，看守所應編列號數，並編製身分簿及名籍資料。

第九條

①被告入所時，看守所應調查與被告有關之資料。

②為實施前項調查，得於必要範圍內蒐集、處理或利用被告之個人資料，並得請求機關（構）、法人、團體或個人提供相關資料，機關（構）、法人、團體或個人無正當理由不得拒絕。

③第一項與被告有關之資料調查之範圍、期間、程序、方法、審議及其他遵行事項之辦法，由法務部定之。

第一〇條

①入所或在所婦女請求攜帶未滿三歲之子女，經看守所檢具相關資料通知子女戶籍所在地直轄市、縣（市）社會福利主管機關評估認符合子女最佳利益者，看守所得准許之。

②前項直轄市、縣（市）社會福利主管機關評估期間以二個月為限，並應將評估報告送交看守所。

③於前項評估期間，看守所得於所內暫時安置入所或在所婦女攜入

之子女。

④子女隨母入所最多至滿三歲爲止。但經第一項社會福利主管機關評估，認在所符合子女最佳利益者，最多得延長在所安置期間至子女滿三歲六個月爲止。

⑤安置在所之子女有下列情形之一，看守所應通知子女戶籍所在地直轄市、縣（市）社會福利主管機關進行訪視評估，辦理轉介安置或爲其他必要處置：

一 子女出現畏懼、退縮或其他顯不適於在所安置之狀況。

二 滿三歲或前項但書安置期間屆滿。

三 經第一項評估認在所安置不符合子女最佳利益。

四 因情事變更須離開看守所。

⑥被告於所內生產之子女，適用前五項規定；其出生證明書不得記載與羈押有關之事項。

⑦爲照顧安置在所之子女，看守所應規劃活動空間及提供必要之設施或設備，並得洽請社會福利及相關機關（構）、法人、團體或個人協助被告育兒相關教育與指導。子女戶籍所在地直轄市、縣（市）社會福利主管機關對於在所子女照顧安置事項，應提供必要之協助。

⑧子女戶籍所在地直轄市、縣（市）社會福利主管機關於必要時得委託其他直轄市、縣（市）社會福利主管機關辦理第一項、第二項、第四項、第五項及前項所定事項。

第一一條

①被告入所時，應行健康檢查，被告不得拒絕；有下列情形之一者，應收容於病舍、隔離、護送醫院或爲其他適當之處置，並即通報爲裁定羈押之法院或檢察官：

一 有客觀事實足認其身心狀況欠缺辨識能力，致不能處理自己事務。

二 現罹患疾病，因羈押而不能保其生命。

三 懷胎五月以上，或生產未滿二月。

四 罹患法定傳染病，因羈押有引起群聚感染之虞。

五 衰老、身心障礙，不能於看守所自理生活。

六 有明顯外傷且自述遭刑求。

②看守所於被告有前項第一款、第二款、第六款之情形，且知其有辯護人者，應通知其辯護人。

③施行第一項檢查時，應由醫師進行，並得爲醫學上之必要處置。經檢查後認有必要時，看守所得委請其他專業人士協助之。

④第一項之檢查，在所內不能實施者，得戒送醫院爲之。

⑤經裁定羈押之法院禁止其接見通信者，有前項情形時，看守所應依職權或依被告申請檢具診斷及相關資料速送裁定羈押之法院爲准駁之裁定，經裁定核後後由看守所護送至醫療機構檢查。但有急迫情形時，看守所得先將其護送至醫療機構檢查，並即時通知爲裁定羈押之法院，法院認爲不應准許者，應於五日內裁定撤銷

監 所

之。

⑥經裁定羈押之法院禁止其接見通信者，有第一項後段護送醫院之必要時，看守所應依職權或依被告申請檢具診斷資料速送裁定羈押之法院為准駁之裁定，經裁定核准後由看守所護送至醫療機構醫治。但有急迫情形時，看守所得先將其護送至醫療機構治療，並即時通知為裁定羈押之法院，法院認為不應准許者，應於五日內裁定撤銷之。

第一二條

①為維護看守所秩序及安全，防止違禁物品流入，被告入所時，應檢查其身體、衣類及攜帶之物品，必要時，得採集其尿液檢驗，並得運用科技設備輔助之。

②前項檢查身體，如須脫衣檢查時，應於有遮蔽之處所為之，並注意維護被告隱私及尊嚴。男性被告應由男性職員執行，女性被告應由女性職員執行。

③非有事實足認被告有夾藏違禁物品或有其他危害看守所秩序及安全之虞，不得為侵入性檢查；如須為侵入性檢查，應經看守所長官核准，並由醫事人員為之。

④為辨識被告身分，應照相、採取指紋或記錄其他身體特徵，並得運用科技設備輔助之。

第一三條

①被告入所後，看守所應准其通知指定之親屬、友人及辯護人。但裁定羈押之法院或檢察官禁止其通信者，由看守所代為通知。

②前項代為通知，應包含下列事項：

一　被告羈押之處所。

二　被告羈押之原因。

三　刑事訴訟法第二十七條得選任辯護人之規定。

第一四條

①被告入所講習時，應告知下列事項，並製作手冊交付其使用：

一　在所應遵守事項。

二　接見及通信事項。

三　獎懲事項。

四　陳情、申訴及訴訟救濟之規定。

五　衛生保健及醫療事項。

六　金錢及物品保管之規定。

七　法律扶助事項之宣導。

八　其他應注意事項。

②被告為身心障礙者、不通中華民國語言或有其他理由，致其難以瞭解前項各款所涉內容之意涵者，看守所應提供適當之協助。

③與被告在所權利義務相關之重要法規、行政規則及函釋等，宜以適當方式公開，使被告得以知悉。

第三章　監禁及戒護

第一五條

①監禁之舍房分爲單人舍房及多人舍房。

②被告入所後，以分配於多人舍房爲原則。看守所得依其管理需要配房。

③共同被告或案件相關者，應分配於不同舍房。

④被告因衰老、疾病或身心障礙，不宜與其他被告群居者，得收容於病舍。

第一六條

①看守所應嚴密戒護，並得運用科技設備輔助之。

②看守所認有必要時，得對被告居住之舍房及其他處所實施搜檢，並準用第十二條有關檢查身體及辨識身分之規定。

③爲戒護安全目的，看守所得於必要範圍內，運用第一項科技設備蒐集、處理、利用被告或進出人員之個人資料。

④看守所爲維護安全，得檢查出入者之衣類及攜帶物品，並得運用科技設備輔助之。

⑤第一項、第二項與前項之戒護、搜檢及檢查，不得逾必要之程度。

⑥第一項至第四項科技設備之種類、設置、管理、運用、資料保存及其他應遵行事項之辦法，由法務部定之。

第一七條

①有下列情形之一者，看守所得施以隔離保護：

　一　被告有危害看守所安全之虞。

　二　被告之安全有受到危害之虞。

②前項隔離保護應經看守所長官核准。但情況緊急時，得先行爲之，並立即報告看守所長官。

③看守所應將第一項措施之決定定期報監督機關備查。看守所施以隔離保護後，除應以書面告知被告外，應通知其家屬或最近親屬，並安排醫事人員持續評估其身心狀況。醫事人員認爲不適宜繼續隔離保護者，應停止之。其家屬或最近親屬有數人者，得僅通知其中一人。

④第一項隔離保護不得逾必要之程度，於原因消滅時應即解除之，最長不得逾十五日。

⑤第一項施以隔離保護之生活作息、處遇、限制、禁止、第三項通知及其他應遵行事項之辦法，由法務部定之。

第一八條

①看守所對於刑事被告，爲達羈押之目的及維持秩序之必要時，得限制其行動。

②被告有下列情形之一，經爲羈押之法院裁定核准，看守所得單獨或合併施用戒具、施以固定保護或收容於保護室，並應通知被告之辯護人：

　一　有脫逃、自殘、暴行、其他擾亂秩序行爲之虞。

　二　有救護必要，非管束不能預防危害。

③前項施用戒具、施以固定保護或收容於保護室，看守所不得作為懲罰被告之方法。施以固定保護，每次最長不得逾四小時；收容於保護室，每次最長不得逾二十四小時。看守所除應以書面告知被告外，並應通知其家屬或最近親屬。家屬或最近親屬有數人者，得僅通知其中一人。

④第二項情形如屬急迫，得由看守所先行為之，並應即時陳報為羈押之法院裁定核准，法院不予核准時，應立即停止使用。

⑤戒具以腳鐐、手銬、聯鎖、束繩及其他經法務部核定之戒具為限，施用戒具逾四小時者，看守所應製作紀錄使被告簽名，並交付繕本；每次施用戒具最長不得逾四十八小時，並應記明起訖時間，但被告有暴行或其他擾亂秩序行為致發生騷動、暴動事故，看守所認為仍有繼續施用之必要者，不在此限。

⑥第四項措施應經看守所長官核准。但情況緊急時，得先行為之，並立即報告看守所長官核准之。看守所應定期將第二項、第四項措施實施情形，陳報監督機關備查。

⑦被告有第二項、第四項情形者，看守所應儘速安排醫事人員評估其身心狀況，並提供適當之協助。如認有必要終止或變更措施，應即報告看守所長官，看守所長官應為適當之處理。

⑧第二項及第四項施用戒具、固定保護及收容於保護室之程序、方式、規格、第二項、第三項之通知及其他應遵行事項之辦法，由法務部定之。

第一九條

①看守所戒護被告外出，認有其脫逃、自殘、暴行之虞時，得經看守所長官核准後施用戒具。但不得逾必要之程度。

②被告外出時，看守所得運用科技設備，施以電子監控措施。

第二○條

①有下列情形之一，看守所人員得使用法務部核定之棍、刀、槍及其他器械為必要處置：

一　被告對於他人之生命、身體、自由為強暴、脅迫或有事實足認為將施強暴、脅迫時。

二　被告持有足供施強暴、脅迫之物，經命其放棄而不遵從時。

三　被告聚眾騷動或為其他擾亂秩序之行為，經命其停止而不遵從時。

四　被告脫逃，或圖謀脫逃不服制止時。

五　看守所之裝備、設施遭受劫奪、破壞或有事實足認為有受危害之虞時。

②看守所人員使用槍械，以自己或他人生命遭受緊急危害為限，並不得逾必要之程度。

③前二項棍、刀、槍及器械之種類、使用時機、方法及其他應遵行事項之辦法，由法務部定之。

第二一條

①看守所遇有重大特殊情形，為加強安全戒備及被告之戒護，必要

時得請求警察機關或其他相關機關協助。

②遇有天災、事變，為防護看守所設施及被告安全時，得由被告分任災害防救工作。

第二二條

①遇有天災、事變在看守所內無法防避時，得將被告護送於相當處所；不及護送時，得暫行釋放。

②前項暫行釋放之被告，由離所時起限四十八小時內，至該所或警察機關報到。其按時報到者，在外期間予以計算羈押日數；屆期不報到者，以脫逃罪論處，並通報為羈押之法院及檢察官。

第二三條

①被告之祖父母、父母、配偶、子女、兄弟姐妹或配偶之父母喪亡時，得經看守所長官核准戒護返家探視，並於二十四小時內回所；其在外期間，予以計算羈押日數。

②被告因重大或特殊事故，有返家探視之必要者，經報請監督機關核准後，準用前項之規定。

③被告返家探視條件、對象、次數、期間、費用、實施方式、核准程序、審查基準、核准後之變更或取消及其他應遵行事項之辦法，由法務部定之。

第四章　志願作業

第二四條

①看守所得准被告依其志願參加作業。監督機關得商洽勞動部協助各看守所發展作業項目，提升作業效能。

②作業應斟酌衛生、生活輔導、經濟效益與被告之健康、知識、技能及出所後之生計定之。

③看守所應按作業性質分設各種工場或其他特定場所；其作業之種類、設備及材料，應注意被告之安全及衛生。

④第一項作業之項目，得依當地經濟環境、社區產業、物品供求狀況及未來發展趨向，妥為選定，以符合社會及市場需求。

⑤被告從事炊事、打掃、營繕、看護及其他由看守所指定之事務，視同作業。

⑥監督機關得商洽勞動部協助各看守所發展職業訓練項目，提升訓練效能。

第二五條

①作業時間應斟酌生活輔導、數量、作業之種類、設備之狀況及其他情形定之，每日不得逾八小時。但有特殊情形，得將作業時間延長，延長之作業時間連同正常作業時間，一日不得超過十二小時。

②前項延長被告作業時間，應經本人同意後實施，並應給與超時勞作金。

第二六條

①被告之作業以勞動能率或作業時間作為課程；其勞動能率應依一

般人平均工作產能酌定。

②看守所得延聘具有專業之人員協同指導被告之作業。

第二七條

①看守所作業方式，以自營、委託加工、承攬或其他作業為之。

②前項作業之開辦計畫及相關契約，應報經監督機關核准。

第二八條

①有下列情形之一者，得停止被告之作業：

一　國定例假日。

二　被告之配偶、直系親屬或三親等內旁系親屬喪亡。但停止作業期間最長以七日為限。

三　因其他情事，看守所認為必要時。

②就炊事、打掃及其他需急速之作業者，除前項第二款外，不停止作業。

③第一項之情形，經被告請求繼續作業，且符合看守所管理需求者，從其意願。

第二九條

①參加作業者應給與勞作金。

②前項勞作金之計算及給與，應將勞作金總額依比率分別提撥，並依被告實際作業時間及勞動能率合併計算給與金額。其提撥比率設定及給與分配等相關事項之辦法，由法務部定之。

第三〇條

作業收入扣除作業支出後稱作業賸餘，分配如下：

一　提百分之六十充前條勞作金。

二　提百分之十充被告飲食補助費用。

三　其餘充被告職業訓練、改善生活設施及照顧被告與其家屬之補助費用。

四　如有賸餘，撥充法務部矯正機關作業基金（以下簡稱作業基金）循環應用。

第三一條

①被告因作業或職業訓練致受傷、罹病、重傷、失能或死亡者，應發給補償金。

②前項補償金由作業基金項下支付；其受傷、罹病、重傷、失能認定基準、發給金額、申請程序、領受人資格及其他應遵行事項之辦法，由法務部定之。

第三二條

被告死亡時，其勞作金或補償金，經依第七十三條及第七十四條第一項第四款規定處理而未領回或申請發還者，歸入作業基金。

第五章　生活輔導及文康

第三三條

看守所對於被告應施以生活輔導，並製作生活輔導紀錄。

第三四條

①看守所得設置圖書設施、提供圖書資訊服務或發行出版物，供被告閱讀。

②除法律另有規定外，看守所得提供適當之資訊設備予被告使用。

第三五條

被告得自備書籍、報紙、點字讀物或請求使用紙筆及其他必要之用品。但有礙看守所作息、管理或安全之虞者，得限制或禁止之。

第三六條

為增進被告之身心健康，看守所應適時辦理各種文化及康樂活動。

第三七條

看守所得辦理修復式司法相關宣導課程，並配合進行被告與被害人間之調解及修復事宜。

第三八條

①除法律另有規定外，看守所得提供廣播、電視設施、視聽器材或資訊設備為生活輔導。

②被告經看守所許可，得持有個人之收音機、電視機或視聽器材為收聽、收看。

③看守所對身心障礙被告應考量收容特性、現有設施狀況及身心障礙者特殊需求，提供視、聽、語等無障礙輔助措施。

④前二項收聽、收看，於有礙看守所生活作息，或看守所管理或安全之虞時，得限制或禁止之。

第三九條

①被告有信仰宗教之自由，不得限制或禁止之。但宗教活動有妨害看守所秩序或安全者，不在此限。

②看守所得依被告請求安排適當之宗教師，實施輔導。

③看守所得邀請宗教人士舉行有助於被告生活輔導之宗教活動。

④被告得持有與其宗教信仰有關之物品或典籍。但有妨害看守所秩序、安全及管理之情形，得限制或禁止之。

第四〇條

①看守所得聘請或邀請具生活輔導相關知識或熱誠之社會人士，協助輔導活動，並得延聘熱心公益社會人士為志工，協助生活輔導工作。

②前項志工，由看守所報請監督機關核定後延聘之。

第六章　給　養

第四一條

①為維護被告之身體健康，看守所應供給飲食，並提供必要之衣類、寢具、物品及其他器具。

②被告得因宗教信仰或其他因素，請求看守所提供適當之飲食。

第四二條

攜帶入所或在所生產之被告子女，其食物、衣類及必需用品，均應由被告自備；無力自備者，得由看守所提供之。

第四三條

①被告禁用酒類、檳榔。

②看守所得許被告於指定之時間、處所吸菸，並應對被告施以菸害防制教育及宣導，對戒菸之被告給予適當之獎勵。

③前項被告吸菸之資格、時間、地點、設施、數量、菸害防制教育與宣導、戒菸計畫、獎勵及其他應遵行事項之辦法，由法務部定之。

第七章 衛生及醫療

第四四條

①看守所應掌握被告身心狀況，辦理被告疾病醫療、預防保健、篩檢、傳染病防治及飲食衛生等事項。

②看守所依其規模及收容對象、特性，得在資源可及範圍內備置相關醫事人員，於夜間及假日為戒護外醫之諮詢判斷。

③前二項業務，看守所得委由醫療機構或其他專業機構辦理。

④衛生福利部、教育部、國防部、國軍退除役官兵輔導委員會、直轄市或縣（市）政府所屬之醫療機構，應協助看守所辦理第一項及第二項業務。

⑤衛生主管機關應定期督導、協調、協助改善前四項業務，看守所並應協調所在地之衛生主管機關辦理之。

第四五條

看守所內應保持清潔，定期舉行環境衛生檢查，並適時使被告從事打掃、洗滌及整理衣被、器具等必要事務。

第四六條

①被告舍房、作業場所及其他處所，應維持保健上必要之空間、光線及通風，且有足供被告生活所需之衛浴設施。

②看守所提供予被告使用之物品，須符合衛生安全需求。

第四七條

為維護被告之健康及衛生，應依季節供應冷熱水及清潔所需之用水，要求其沐浴，並得依其意願理剪髮鬚。

第四八條

①看守所應提供被告適當之運動場地、器材及設備。

②看守所除國定例假日、休息日或有特殊事由外，應給予被告每日運動一小時。

③為維持被告健康，運動處所以安排於戶外為原則；必要時，得使其於室內適當處所從事運動或其他舒展身心之活動。

第四九條

①看守所對於被告應定期為健康評估，並視實際需要施行健康檢查及推動自主健康管理措施。

②施行前項健康檢查時，得為醫學上之必要處置。

③被告或其最近親屬及家屬，在不妨礙看守所秩序及經醫師評估有必要之情形下，得請求看守所准許自費延請醫事人員於看守所內實施健康檢查。

④第一項健康檢查結果，看守所應被告之請求提供之。

⑤被告因健康需求，在不妨害看守所安全及秩序之情形下，經醫師評估可行性後，得請求自費購入或送入低風險性醫療器材或衛生保健物品。

⑥前項購入或送入物品之退回或領回，準用第七十條、第七十二條至第七十四條規定。

第五○條

①為維護被告健康或掌握其身心狀況，看守所得蒐集、處理或利用被告之病歷、醫療及前條第一項之個人資料，以作適當之處置。

②前項情形，看守所得請求機關（構）、法人、團體或個人提供相關資料，機關（構）、法人、團體或個人無正當理由不得拒絕。

③第一項與被告健康有關資料調查之範圍、期間、程序、方法、審議及其他應遵行事項之辦法，由法務部定之。

第五一條

①經看守所通報有疑似傳染病病人時，地方衛生主管機關應協助看守所預防及處理。必要時，得請求中央衛生主管機關協助之。

②收容來自傳染病流行地或經過其地之被告，得為一定期間之隔離；其攜帶物品，應為必要之處置。

③看守所收容經醫師診斷疑似或確診罹患傳染病之被告，得由醫師評估為一定期間之隔離，並給予妥適治療，治療期間之長短或方式應遵循醫師之醫囑或衛生主管機關之處分或指導，且應對於其攜帶物品，施行必要之處置。

④經衛生主管機關依傳染病防治法規定，通知罹患傳染病之被告於指定隔離治療機構施行治療者，看守所應即與治療機構協調戒送及戒護之作業，並陳報監督機關。接受隔離治療之被告視為在所羈押。

第五二條

罹患疾病經醫師評估認需密切觀察及處置之被告，得於看守所病舍收容之。

第五三條

①依全民健康保險法規定應納保之被告或其攜帶入所或在所生產之子女罹患疾病時，除已獲准自費醫療者外，應以全民健康保險保險對象身分就醫；其無全民健康保險憑證者，得由看守所逕行代為申請。

②被告為全民健康保險保險對象，經暫行停止保險給付者，其罹患疾病時之醫療費用由被告自行負擔。

③被告應繳納下列各項費用時，看守所得由被告保管金或勞作金中扣除：

一 接受第一項全民健康保險醫療衍生之費用。

二 換發、補發、代為申請全民健康保險憑證衍生之費用。

三 前項應自行負擔之醫療費用。

④被告或其攜帶入所或在所生產之子女如不具全民健康保險之保險資格，或被告因經濟困難無力繳納前項第一款之費用，其於收容或安置期間罹患疾病時，由看守所委請醫療機構或醫師診治。

⑤前項經濟困難資格之認定、申請程序及其他應遵行事項之辦法，由法務部定之。

第五四條

①被告因受傷或罹患疾病，拒不就醫，致有生命危險之虞，看守所應即請醫師逕行救治或將被告逕送醫療機構治療。

②前項逕送醫療機構治療之醫療及交通費用，由被告自行負擔。

③第一項逕送醫療機構治療期間，視為在所羈押。

第五五條

①受傷或罹患疾病之被告接受全民健康保險提供之醫療服務或經看守所委請之醫師診治後，有正當理由認需由其他醫師診治，而請求自費於看守所內延醫診治時，看守所得予准許。

②前項自費延醫診治需護送醫療機構進行者，應於事後以書面陳報為裁定羈押之法院或檢察官。

③經裁定羈押之法院禁止其接見通信者，有前項護送醫療機構進行自費延醫診治情形時，看守所依職權或依被告申請檢具診斷資料速送裁定羈押之法院為准駁之裁定，經裁定核准後由看守所護送至醫療機構醫治。但有急迫情形時，看守所得先將其護送至醫療機構治療，並即時通知為裁定羈押之法院，法院認為不應准許者，應於五日內裁定撤銷之。

④第一項自費延醫之申請程序、要件、實施方式、時間、地點、費用支付及其他應遵行事項之辦法，由法務部定之。

第五六條

①被告受傷或罹患疾病，經醫師診治後認有必要時，看守所得護送醫療機構醫治，事後由看守所檢具診斷資料以書面陳報為裁定羈押之法院或檢察官。

②經裁定羈押之法院禁止其接見通信者，有前項情形時，看守所應依職權或依被告申請檢具診斷資料速送裁定羈押之法院為准駁之裁定，經裁定核准後由看守所護送至醫療機構醫治。但有急迫情形時，看守所得先將其護送至醫療機構治療，並即時通知為裁定羈押之法院，法院認為不應准許者，應於五日內裁定撤銷之。

③看守所於被告有前二項之情形，且知其有辯護人者，應通知其辯護人。

④護送至醫療機構治療之交通費用，應由被告自行負擔。但被告經濟困難無力負擔者，不在此限。

⑤被告經護送至醫療機構治療者，視為在所羈押。

第五七條

被告因拒絕飲食或未依醫囑服藥而有危及生命之虞時，看守所應即請醫師進行診療，並得由醫師施以強制營養或採取醫療上必要之強制措施。

第五八條

①任何可能有損健康之醫學或科學試驗，除法律另有規定外，縱經被告同意，亦不得為之。

②因診療或健康檢查而取得之被告血液或其他檢體，除法律另有規定外，不得為目的外之利用。

第八章　接見及通信

第五九條

①被告之接見或通信對象，除法規另有規定或依被告意願拒絕外，看守所不得限制或禁止。

②看守所依被告之請求，應協助其與所屬國或地區之外交、領事人員或可代表其國家或地區之人員接見及通信。

第六〇條

①看守所應於平日辦理接見；國定例假日或其他休息日之接見，得由看守所斟酌情形辦理之。

②被告接見，每日一次；其接見時間，不得逾三十分鐘。但看守所長官認有必要時，得增加或延長之。

第六一條

①請求接見者，應繳驗身分證明文件，登記其姓名、職業、年齡、住居所、被告姓名及與被告之關係。

②看守所對於請求接見者認為有妨害看守所秩序或安全時，得拒絕之。

③接見應於接見室為之。但因患病或於管理上之必要，得准於適當處所行之。

④接見，每次不得逾三人。但本法或其他法規另有規定，或經看守所長官許可者，不在此限。

⑤被許可接見者，得攜帶未滿十二歲之兒童，不計入前項人數限制。

第六二條

①看守所對被告之接見，除法律另有規定外，應監看並以錄影、錄音方式記錄之，其內容不得違法利用。

②有事實足認有妨害看守所秩序或安全之虞者，看守所得於被告接見時聽聞或於接見後檢視錄影、錄音內容。

③接見過程中發現有妨害看守所秩序或安全時，戒護人員得中止其接見，並以書面載明事由。

④與被告接見者不得使用通訊、錄影或錄音器材；違者，得依前項規定辦理。

第六三條

①看守所認被告或請求接見者有相當理由時，得准其使用電話或其他通訊方式接見。

②前項通訊費用，由被告或請求接見者自付。但被告無力負擔且看守所認為適當時，得由看守所支付之。

③前二項接見之條件、對象、次數之限制、通訊方式、通訊申請程序、時間、監看、聽聞、收費及其他應遵行事項之辦法，由法務部定之。

第六四條

看守所基於管理、生活輔導、被告個人重大事故或其他事由，認為必要時，得酌准被告於看守所內指定處所辦理接見，並彈性放寬第六十條及第六十一條第三項、第四項有關接見時間、次數、場所及人數之限制。

第六五條

①被告與其律師、辯護人接見時，除法律另有規定外，看守所人員僅得監看而不與聞，不予錄影、錄音；除有事實上困難外，不限制接見次數及時間。

②為維護看守所秩序及安全，除法律另有規定外，看守所人員對被告與其律師、辯護人接見時往來之文書，僅得檢查有無夾藏違禁物品。

③第一項之接見，於看守所指定之處所為之。

④第五十九條第一項、第六十條第一項、第六十一條第一項及第六十二條第三項、第四項規定，於律師、辯護人接見時準用之。

⑤前四項規定於未受委任之律師請求接見被告洽談委任事宜時，準用之。

第六六條

①被告寄發及收受之書信，看守所人員得開拆或以其他適當方式檢查有無夾藏違禁物品。

②前項情形，有下列各款情形之一者，除法律另有規定外，看守所人員得閱讀其書信內容。但屬被告與其律師、辯護人或公務機關互通之書信，不在此限：

一　被告有妨害看守所秩序或安全之行為，尚在調查中。

二　被告於受懲罰期間內。

三　有事實而合理懷疑被告有脫逃之虞。

四　矯正機關收容人間互通之書信。

五　有事實而合理懷疑有危害看守所安全或秩序之虞。

③看守所閱讀被告書信後，有下列各款情形之一者，得敘明理由刪除之：

一　顯有危害看守所之安全或秩序。

二　教唆、煽惑他人犯罪或違背法規。

三　使用符號、暗語或其他方法，使檢查人員無法瞭解書信內容。

四　涉及脫逃情事。

五　敘述矯正機關之警備狀況、舍房、工場位置，足以影響戒護安全。

④前項書信之刪除，依下列方式處理：

一　被告係發信者，看守所應敘明理由，退還被告保管或要求其修改後再行寄發，如拒絕修改，看守所得逕予刪除後寄發。

二　被告係受信者，看守所應敘明理由，逕予刪除再行交付。

⑤前項刪除之書信，應影印原文由看守所保管，並於被告出所時發還之。被告於出所前死亡者，依第七十三條及第七十四條第一項第四款規定處理。

⑥被告發送之文件，屬文稿性質者，得准其投寄報章雜誌或媒體，並準用前五項之規定。

⑦發信郵資，由被告自付。但被告無力負擔且看守所認為適當時，得由看守所支付之。

第六七條

被告以書面向法院、檢察官或其他公務機關有所請求，或公務機關送達被告之文書，看守所應速為轉送。

第九章　保　管

第六八條

①被告攜帶、在所取得或外界送入之金錢及物品，經檢查後，由看守所代為保管。但認有必要且無妨害看守所秩序或安全之虞者，得准許被告在所使用，或依被告之請求交由他人領回。

②前項物品屬易腐敗、有危險性、有害或不適於保管者，看守所得通知被告後予以毀棄或為其他適當之處理。

③看守所代為保管之金錢，除酌留一定金額作為週轉金外，應設專戶管理。

④前項專戶管理之金錢，其所孳生之利息統籌運用於增進被告生活福利事項。

⑤前四項被告之金錢與物品送入、檢查、登記、保管、使用、毀棄、處理、領回、查核、孳息運用、週轉金保留額度及其他應遵行事項之辦法，由法務部定之。

第六九條

①外界得對被告送入金錢、飲食、必需物品或其他經看守所長官許可之財物。

②看守所對於前項外界送入之金錢、飲食、必需物品及其他財物，所實施之檢查不得逾必要之程度。

③經前項檢查認有妨害看守所秩序或安全時，得限制或禁止送入。

④前三項金錢、飲食、必需物品及其他財物之送入方式、時間、次數、種類、數額、數量、限制或禁止方式及其他應遵行事項之辦法，由法務部定之。

第七○條

①看守所對前條外界送入之金錢、飲食及物品，因送入人或其居住處所不明，或為被告拒絕收受者，應退回之；無法退回者，經公告六個月後仍無人領取時，歸屬國庫或毀棄。

②於前項待領回或公告期間，看守所得將易腐敗、有危險性、有害或不適於保管物品毀棄之。

第七一條

經檢查發現被告未經許可持有之金錢或物品，看守所得視情節予以歸屬國庫、毀棄或另為其他適當之處理；其金錢或物品持有人不明者，亦同。

第七二條

看守所代被告保管之金錢及物品，於其出所時交還之；其未領回者，應限期通知其領回。

第七三條

①被告死亡後遺留之金錢及物品，應限期通知其繼承人領回。

②前項繼承人有數人者，看守所得僅通知其中一人或由其中一人領回。

③前二項情形，因其繼承人有無或居住處所不明無法通知，應予公告並限期領回。

第七四條

①被告有下列各款情形之一，自各款規定之日起算，經六個月後，未申請發還者，其所留之金錢及物品，予以歸屬國庫、毀棄或另為其他適當處理：

一　出所者，依第七十二條限期通知期滿起算。

二　脫逃者，自脫逃之日起算。

三　依第二十二條第一項規定釋放，未遵守同條第二項報到規定，自最後應報到之日起算。

四　被告死亡者，依前條第一項、第三項通知或公告期限領回期滿之日起算。

②於前項待領回、通知或公告期間，看守所得將易腐敗、有危險性、有害或不適於保管之物品予以毀棄或另為其他適當處理。

第十章　獎懲及賠償

第七五條

被告除依法規規定應予獎勵外，有下列各款行為之一者，得予以獎勵：

一　舉發其他被告圖謀脫逃、暴行或將為脫逃、暴行。

二　救護人命或捕獲脫逃。

三　於天災、事變或傳染病流行時，擔任應急事務有勞績。

四　作業成績優良。

五　有特殊貢獻，足以增進看守所榮譽。

六　對作業技術、產品、機器、設備、衛生、醫藥等有特殊設

　　計，足資利用。

七　對看守所管理之改進，有卓越建議。

八　其他優良行為確有獎勵必要。

第七六條

① 前條情形，得給予下列一款或數款之獎勵：

一　公開表揚。

二　發給獎狀。

三　增加接見次數。

四　給與適當之獎金或獎品。

五　其他特別獎勵。

② 前項獎勵之基準、第五款特別獎勵之種類、對象、實施方式、程序及其他應遵行事項之辦法，由法務部定之。

第七七條

看守所非依本法或其他法律規定，對於被告不得加以懲罰，同一事件不得重複懲罰。

第七八條

① 被告有妨害看守所秩序或安全之行為時，得施以下列一款或數款之懲罰：

一　警告。

二　停止接受送入飲食一日至三日。

三　停止使用自費購買之非日常生活必需品三日至十日。

四　移入違規舍七日至二十日。

② 前項妨害秩序或安全之行為樣態與應施予懲罰之種類、期間、違規舍之生活管理、限制、禁止及其他應遵行事項之辦法，由法務部定之。

第七九條

① 看守所依本法或其他法律懲罰前，應給予被告陳述意見之機會，並告知其違規之原因事實及科處之懲罰。

② 被告違規情節輕微或顯堪憫恕者，得免其懲罰之執行或緩予執行。

③ 被告罹患疾病或有其他特別事由者，得停止執行。

④ 看守所為調查被告違規事項，得對相關被告施以必要之區隔，期間不得逾二十日。

第八〇條

① 依前條第二項規定免予執行或緩予執行後，如受懲罰者已保持一月以上之改悔情狀，得廢止其懲罰。

② 依前條第三項規定停止執行者，於其停止原因消滅後繼續執行。但停止執行逾六個月不再執行。

③ 受懲罰者，在執行中有改悔情狀時，得終止其執行。

第八一條

① 被告因故意或重大過失，致損害器具、成品、材料或其他物品時，應賠償之。

②前項賠償之金額，被告未爲給付者，得自其保管金或勞作金內扣還之。

第十一章　陳情、申訴及起訴

第八二條

看守所對被告處分或管理措施之執行，不因提起陳情或申訴而停止。但看守所於必要時，得停止其執行。

第八三條

看守所對於被告，不得因陳情、申訴或訴訟救濟之提出，而施以歧視待遇或藉故懲罰。

第八四條

①被告得以言詞或書面向看守所、視察小組或其他視察人員提出陳情。

②看守所應於適當處所設意見箱，供被告提出陳情或提供意見使用。

③看守所對於被告之陳情或提供意見，應爲適當之處理。

第八五條

①被告因羈押有下列情形之一者，得以書面或言詞向看守所提起申訴：

　一　不服看守所所爲影響其個人權益之處分或管理措施。

　二　因看守所對其依本法請求之事件，拒絕其請求或於二個月內不依其請求作成決定，認爲其權利或法律上利益受損害。

　三　因羈押之公法上原因發生之財產給付爭議。

②前項第一款處分或管理措施、第二款、第三款拒絕請求之申訴，應自被告收受或知悉處分或管理措施之次日起，十日不變期間內爲之。前項第二款、第三款不依請求作成決定之申訴，應自被告提出請求屆滿二個月之次日起，十日不變期間內爲之。

③看守所認爲被告之申訴有理由者，應逐項立即停止、撤銷或變更原處分、管理措施之決定或執行，或依其請求或申訴作成決定。

④以書面以外方式所爲之處分或管理措施，其相對人有正當理由請求作成書面時，看守所不得拒絕。

⑤前項書面應附記理由，並表明救濟方法、期間及受理機關。

第八六條

①被告提起前條申訴及第一百零二條第二項之訴訟救濟，得委任律師爲代理人行之，並應向看守所或法院提出委任狀。

②被告或代理人經看守所或法院之許可，得偕同輔佐人到場。

③看守所或法院認爲必要時，得命被告或代理人偕同輔佐人到場。

④前二項之輔佐人，看守所或法院認爲不適當時，得撤銷其許可或禁止其陳述。

⑤輔佐人所爲之陳述，被告或代理人未立即提出異議者，視爲其所自爲。

第八七條

看守所爲處理申訴事件，應設申訴審議小組（以下簡稱審議小組），置委員九人，經監督機關核定後，由所長指派之代表三人及學者專家或社會公正人士六人組成之，並由所長指定之委員爲主席。其中任一性別委員不得少於三分之一。

第八八條

① 以書面提起申訴者，應填具申訴書，並載明下列事項，由申訴人簽名或捺印：

一　申訴人之姓名。有委任代理人或輔佐人者，其姓名、住居所。

二　申訴事實及發生時間。

三　申訴理由。

四　申訴年、月、日。

② 申訴人以言詞提起申訴者，由看守所人員代爲填具申訴書，經向申訴人朗讀或使其閱覽，確認內容無誤後，交其簽名或捺印。

第八九條

審議小組認爲申訴書不合法定程式，而其情形可補正者，應通知申訴人於五日內補正。

第九〇條

① 審議小組須有全體委員過半數之出席，始得開會；其決議以出席人數過半數同意行之，可否同數時，取決於主席。

② 審議小組決議時，迴避之委員不計入出席委員人數。

第九一條

① 審議小組委員於申訴事件有下列情形之一者，應自行迴避，不得參與決議：

一　審議小組委員現爲或曾爲申訴人之配偶、四親等內之血親、三親等內之姻親或家長、家屬。

二　審議小組委員現爲或曾爲申訴人之代理人、辯護人、輔佐人。

三　審議小組委員現爲申訴人、其申訴對象、或申訴人曾提起申訴之對象。

② 有具體事實足認審議小組委員就申訴事件有偏頗之虞者，申訴人得舉其原因及事實，向審議小組申請迴避。

③ 前項申請，由審議小組決議之。不服審議小組之駁回決定者，得於五日內提請監督機關覆決，監督機關除有正當理由外，應於十日內爲適當之處置。

④ 申訴人不服監督機關所爲覆決決定，僅得於對實體決定提起行政訴訟時一併聲明不服。

⑤ 審議小組委員有第一項情形不自行迴避，而未經申訴人申請迴避者，應由看守所依職權命其迴避。

第九二條

提起申訴後，於決定書送達申訴人前，申訴人得撤回之。申訴經

撤回者，不得就同一原因事實重行提起申訴。

第九三條

①審議小組應自受理申訴之次日起二十日內作成決定，必要時得延長十日，並通知申訴人。

②前項期間，於依第八十九條通知補正情形，自補正之次日起算。

③審議小組屆期不為決定者，視為撤銷原處分。

第九四條

①審議小組進行審議時，應通知申訴人、委任代理人及輔佐人列席陳述意見。

②申訴人因案收容於其他處所者，其陳述意見得以書面、影音、視訊、電話或其他方式為之。

③前項以書面以外方式陳述意見者，看守所應作成紀錄，經向陳述人朗讀或使閱覽確認其內容無誤後，由陳述人簽名或捺印；其拒絕簽名或捺印者，應記明其事由。陳述人對紀錄有異議者，應更正之。

第九五條

申訴審議資料，不得含與申訴事項無關之罪名、刑期、犯次或之前違規紀錄等資料。

第九六條

審議小組應依職權調查證據，不受申訴人主張之拘束，對申訴人有利及不利事項一律注意。

第九七條

申訴人於申訴程序中，得申請審議小組調查事實及證據。審議小組認無調查必要者，應於申訴決定中敘明不為調查之理由。

第九八條

①審議小組應製作會議紀錄。

②前項會議紀錄應載明到場人所為陳述之要旨及其提出之文書、證據。委員於審議中所持與決議不同之意見，經其請求者，亦應列入紀錄。

第九九條

審議小組認申訴有下列情形之一者，看守所應為不受理之決定：

一　申訴內容非屬第八十五條第一項之事項。

二　提起申訴已逾第八十五條第二項所定期間。

三　申訴書不合法定程式不能補正，或經依第八十九條規定通知補正，屆期不補正。

四　對於已決定或撤回之申訴事件，就同一原因事實重行提起申訴。

五　申訴人非受第八十五條第一項第一款處分或管理措施之相對人，或非第八十五條第一項第二款、第三款之請求人。

六　看守所已依第八十五條第三項為停止、撤銷或變更原處分、管理措施之決定或執行，或已依其請求或申訴作成決定。

第一〇〇條

① 審議小組認申訴有理由者，看守所應為停止、撤銷或變更原處分、管理措施之決定或執行，或依被告之請求或申訴作成決定。但不得為更不利益之變更、處分或管理措施。

② 審議小組認申訴無理由者，看守所應為駁回之決定。

③ 原處分或管理措施所憑理由雖屬不當，但依其他理由認為正當者，應以申訴為無理由。

第一〇一條

① 審議小組依前二條所為之決定，看守所應作成決定書。

② 申訴決定書，應載明下列事項：

一　申訴人姓名、出生年月日、住居所、身分證明文件字號。

二　有委任代理人或輔佐人者，其姓名、住居所。

三　主文、事實及理由。其係不受理決定者，得不記載事實。

四　附記如依本法規定得向法院起訴者，其救濟方法、期間及其受理機關。

五　決定機關及其首長。

六　年、月、日。

③ 前項決定書應送達申訴人及委任代理人，並副知監督機關及為裁定羈押之法院或檢察官。

④ 監督機關收受前項決定書後，應詳閱其內容，如看守所之原處分或管理措施有缺失情事者，應督促其改善。

⑤ 申訴決定書附記提起行政訴訟期間錯誤時，應由看守所以通知更正之，並自更正通知送達之日起，計算法定期間。

⑥ 申訴決定書未依第二項第四款規定為附記，或附記錯誤而未依前項規定通知更正，致被告遲誤行政訴訟期間者，如自申訴決定書送達之日起三個月內提起行政訴訟，視為於法定期間內提起。

第一〇二條

① 不服裁定羈押之法院或檢察官依本法所為裁定或處分，除有特別規定外，得提起抗告或聲請撤銷或變更之，並準用刑事訴訟法第一編第十三章關於裁定及第四編抗告之規定。

② 被告對看守所執行刑事訴訟法第一百零五條第三項、第四項所為禁止或扣押處置所生之爭議，得於原禁止或扣押之指揮解除前，以書面或言詞向看守所聲明異議，看守所應於三日內作成決定。看守所認聲明異議有理由者，應為停止、撤銷或變更原處置，或依被告之請求或聲明異議作成決定；認聲明異議無理由者，應為駁回之決定。

③ 被告不服前項看守所所為決定，應於五日內，偵查中向檢察官；審判中向裁定羈押之法院聲請以處分或裁定撤銷或變更之。對於法院之裁定，不得聲明不服。

④ 除前三項之情形及法律另有規定外，被告因羈押所生之公法上爭議，應依本法提起行政訴訟。

⑤ 被告依本法提起申訴而不服其決定者，應向看守所所在地之地方

法院行政訴訟庭提起下列各款訴訟：

一 認為看守所處分逾越達成羈押目的所必要之範圍，而不法侵害其憲法所保障之基本權利且非顯屬輕微者，得提起撤銷訴訟。

二 認為前款處分違法，因已執行而無回復原狀可能或已消滅，有即受確認判決之法律上利益者，得提起確認處分違法之訴訟。其認為前款處分無效，有即受確認判決之法律上利益者，得提起確認處分無效之訴訟。

三 因看守所對其依本法請求之事件，拒絕其請求或未於二個月內依其請求作成決定，認為其權利或法律上利益受損害，或因羈押之公法上原因發生財產上給付之爭議，得提起給付訴訟。就看守所之管理措施認為逾越達成羈押目的所必要之範圍，而不法侵害其憲法所保障之基本權利且非顯屬輕微者，亦同。

⑥前項各款訴訟之提起，應以書狀為之。

第一〇三條

①前條訴訟，不得與其他訴訟合併提起，且不得合併請求損害賠償。

②前條訴訟之提起，應於申訴決定書送達後三十日之不變期間內為之。

③審議小組逾二十日不為決定或延長申訴決定期間逾十日不為決定者，被告自該應為決定期限屆滿後，得逕提起前條第五項第二款、第三款之訴訟。但自該應為決定期限屆滿後逾六個月者，不得提起。

第一〇四條

①被告於起訴期間內向看守所長官提出起訴狀，或於法院裁判確定前向看守所長官提出撤回書狀者，分別視為起訴期間內之起訴或法院裁判確定前之撤回。

②被告不能自作起訴狀者，看守所人員應為之代作。

③看守所長官接受起訴狀或撤回書狀後，應附記接受之年、月、日、時，儘速送交法院。

④被告之起訴狀或撤回書狀，非經看守所長官提出者，法院之書記官於接受起訴狀或撤回書狀後，應即通知看守所長官。

⑤看守所應依職權或依法院之通知，將與申訴案件有關之卷宗及證物送交法院。

第一〇五條

①依第一百零二條規定提起之訴訟，為簡易訴訟程序事件，除本法或其他法律另有規定外，適用行政訴訟法簡易訴訟程序之規定，其裁判費用減徵二分之一。

②前項裁判得不經言詞辯論為之，並得引用申訴決定書所記載之事實、證據及理由，對案情重要事項申訴決定書未予論述，或不採被告之主張、有利於被告之證據，應補充記載其理由。

第十二章　釋放及保護

第一〇六條

① 看守所非有法院或檢察官之釋放通知書，不得將被告釋放。

② 前項通知書格式由法務部定之。

第一〇七條

① 看守所收受前條通知書後，應立即釋放被告，釋放前應與入所時所建立之人別辨識資料核對明確。

② 法院或檢察官當庭釋放被告者，應即通知看守所。

第一〇八條

被告移送監獄執行時，應附送人相表、身分單、生活輔導紀錄及獎懲紀錄，以作爲執行之參考。

第一〇九條

① 被告出所時，應斟酌其身體狀況，並按時令使其準備相當之衣類及出所旅費。

② 前項衣類、旅費不敷時，得由看守所提供，或通知適當公益團體斟酌給與之。

第一一〇條

① 釋放衰老、重病、身心障礙不能自理生活之被告前，應通知家屬或被告認爲適當之人來所接回。無法通知或經通知後拒絕接回者，看守所應檢具相關資料通知被告戶籍所在地直轄市、縣（市）社會福利主管機關辦理轉介安置或爲其他必要之處置。

② 依其他法規規定於被告釋放前應通知相關個人、法人、團體或機關（構）者，看守所應依規定辦理。

第十三章　死　亡

第一一一條

① 被告在所死亡，看守所應即通知其家屬或最近親屬、辯護人、承辦檢察官及法院，並逕報檢察署指派檢察官相驗。家屬或最近親屬有數人者，得僅通知其中一人。

② 看守所如知悉前項被告有委任律師，且其委任事務尚未處理完畢，亦應通知之。

③ 第一項情形，看守所應檢附相關資料，陳報監督機關。

第一一二條

死亡者之屍體，經通知前條相驗並通知後七日內無人請領或無法通知者，得火化之，並存放於骨灰存放設施。

第十四章　附　則

第一一三條

依第五十四條第二項及第五十六條第四項規定，應由被告自行負擔之交通費用，由看守所先行支付者，看守所得由被告保管金或勞作金扣除，無可供扣除之款項，由看守所以書面行政處分命被

告於三十日內償還；屆期未償還者，得移送行政執行。

第一一四條

①本法中華民國一百零八年十二月十日修正之條文施行前已受理之申訴事件，尚未作成決定者，適用修正施行後之規定。

②本法中華民國一百零八年十二月十日修正之條文施行前得提起申訴之事件，於修正施行日尚未逾法定救濟期間者，得於修正施行日之次日起算十日內，依本法規定提起申訴。

③本法中華民國一百零八年十二月十日修正之條文施行前，有第八十五條第一項第二款、第三款之情形，其按第八十五條第二項計算之申訴期間於修正施行日尚未屆滿者，其申訴自修正施行日之次日起算十日不變期間。

④本法中華民國一百零八年十二月十日修正之條文施行前，依司法院釋字第七二○號解釋已繫屬於法院之準抗告案件，尚未終結者，於修正施行後，仍由原法院依司法院釋字第七二○號解釋意旨，依刑事訴訟法之規定審理。

⑤本法中華民國一百零八年十二月十日修正之條文施行前，依司法院釋字第七二○號解釋得提起準抗告之案件，得於修正施行日之次日起算三十日內，依本法規定向管轄地方法院行政訴訟庭提起訴訟。

第一一五條

依軍事審判法羈押之被告，準用本法之規定。

第一一六條

本法施行細則，由行政院會同司法院定之。

第一一七條

本法自公布日後六個月施行。

羈押法施行細則

①民國65年11月27日司法行政部令訂定發布全文94條。
②民國66年5月13日司法行政部令修正發布第19條條文。
③民國84年10月11日法務部令修正發布第8、12、19、31、69、88條條文。
④民國86年4月2日法務部令修正發布第19條條文。
⑤民國94年9月23日法務部令修正發布第74條條文。
⑥民國109年12月31日行政院、司法院令會同修正發布全文50條；並自109年7月15日施行。

第一章 總 則

第一條

本細則依羈押法（以下簡稱本法）第一百十六條規定訂定之。

第二條

本法之主管機關、監督機關及看守所，就執行本法事項，應於被告有利及不利之情形，一律注意。

第三條

本法及本細則用詞，定義如下：

一 看守所：指法務部矯正署所屬看守所及看守所設置之分所、女所。

二 看守所長官：指前款看守所之首長及其授權之人。

三 看守所人員：指第一款看守所之相關承辦業務人員。

四 家屬：指依民法第一千一百二十二條及第一千一百二十三條規定，以與被告永久共同生活為目的而同居一家之人。

五 最近親屬：指被告之配偶、直系血親、三親等內之旁系血親、二親等內之姻親。

第四條

本法第三條第三項規定所稱嚴為分界，指以所內建築物、同一建築物之不同樓層或圍牆隔離監禁之。

第五條

依本法第四條第三項規定，監督機關應就相關法令規定，並因應各看守所場域狀況等因素，逐步訂定合理調整之指引。

第六條

①民眾或媒體依本法第六條規定請求參觀時，應以書面為之。

②前項書面格式，由監督機關定之。

③看守所應事先審慎規劃參觀動線，不宜行經禁止接見通信被告者之收容處所，並避免侵害被告之隱私或其他權益。

④看守所於民眾或媒體參觀前，應告知並請其遵守下列事項：

一　提出身分證明文件，並配合依本法第十六條規定所為之檢查。

二　穿著適當服裝及遵守秩序，不得鼓譟及喧嘩。

三　未經看守所許可，不得攜帶、使用通訊、錄影、攝影及錄音器材。

四　依引導路線參訪，不得擅自行動或滯留。

五　禁止擅自與被告交談及傳遞物品。

六　不得違反看守所所為之相關管制措施或處置。

七　不得有其他妨害看守所秩序、安全或被告權益之行為。

⑤參觀者有違反前項規定之行為者，看守所得停止其參觀。

⑥未滿十八歲之人參觀時，應由其法定代理人、監護人、師長或其他適當之成年人陪同。

第七條

①媒體依本法第六條規定請求採訪，應以書面申請，經看守所同意後為之。

②書面格式由監督機關定之。

③境外媒體請求採訪或採訪內容於境外報導時，應經看守所陳報監督機關核准後為之。

④經法院裁定禁止接見之被告及少年被告，不得接受採訪。

⑤媒體採訪涉及看守所人員或個別被告者，應經看守所取得受訪者之同意始得為之。

⑥媒體採訪時，看守所得採取適當措施，維護被告或相關人員之尊嚴及權益。

⑦媒體採訪對象或內容如涉及兒童或少年、性犯罪、家暴、疾病或其他法令有限制或禁止報導之規定者，應遵循其規定。

⑧媒體進行採訪時，如有影響看守所安全或秩序之情形，得停止其採訪。

⑨媒體採訪後報導前應事先告知看守所或被告。報導如有不符合採訪內容及事實情形，看守所或被告得要求媒體更正或以適當方式澄清。

第二章　入　所

第八條

①押票有記載禁止被告接見、通信或授受物件者，看守所應予注意並依其記載事項辦理；記載有不明確者，看守所應洽詢確補。

②被告入所時，押票以外之其他應備文件有欠缺者，得通知補正。

第九條

依本法第八條規定編製之身分簿及名籍資料，得以書面、電子或其他適當方式為之。

第一〇條

看守所人員執行職務知悉或經法院、檢察署通知入所之收容人係

共同被告或案件相關者，應依本法第十五條第三項規定分配於不同舍房。

第三章　監禁及戒護

第一一條

①看守所應將被告監禁區域依其活動性質，劃分為教區、工場、舍房或其他特定之區域。

②看守所應按所內設施情形，劃分區域，實施被告分區管理輔導工作；指派所內輔導、作業、戒護及相關人員組成分區教輔小組，執行有關被告管理、輔導及其他處遇之事項。

③前項教輔小組，應每月至少開會一次，就所屬分區內之管理、輔導或其他重要事務等，研商合理性、公平性之處遇方式並執行之。

④看守所應每季邀集分區教輔小組成員，舉行全所聯合教輔小組會議，處理前項事務。

第一二條

為維護看守所秩序及安全，看守所得要求被告穿著一定之外衣，以利人員辨識。

第一三條

法院或檢察署提解被告出庭應訊時，看守所得許被告換穿適當自備之衣服、鞋、襪。

第一四條

看守所依其管理需要，依本法第十五條第二項規定分配舍房時，應注意本法第四條第二項規定，並避免發生欺凌情事。

第一五條

①看守所為達本法第十六條第一項規定嚴密戒護之目的，應依警備、守衛、巡邏、管理、檢查等工作之性質，妥善部署。

②出入戒護區者應接受檢查。但有緊急狀況或特殊事由，經看守所長官之准許，得免予檢查。

③看守所人員或經看守所准予進入戒護區之人員，除依法令或經許可攜入，或因其進入戒護區目的所需之物品外，應將其攜帶之其他物品，存置於看守所指定之處所。

④前項人員有下列各款情形之一者，看守所得禁止其進入戒護區或命其離開：

一　拒絕或逃避檢查。

二　未經許可攜帶或使用通訊、攝影、錄影或錄音器材。

三　酒醉、疑似酒醉或身心狀態有異常情形。

四　規避、妨害或拒絕看守所依傳染病防治法令所為之傳染病監控防疫措施。

五　有其他妨害看守所秩序或安全之行為。

第一六條

①本法第十二條第一項、第三項、第六十五條第二項及第六十六

第一項規定所稱違禁物品，指在看守所禁止或限制使用之物品。監督機關得考量秩序、安全及管理等因素，訂定違禁物品之種類及管制規範。

②看守所應將前項違禁物品及其管制規範，以適當方式公開，使被告、看守所人員及其他准予進入戒護區之人員知悉。

第一七條

①看守所應安排被告志願作業、輔導、文康、飲食、醫療、運動及其他生活起居作息。

②前項作息時程，看守所應以適當方式公開，使被告得以知悉。

第一八條

①看守所依本法第十九條第一項規定核准施用戒具者，應於外出施用戒具紀錄表記明被告施用戒具之日期、起訖時間、施用原因、戒具種類及數量，並陳送看守所長官核閱。

②看守所人員應隨時觀察被告之行狀，無施用戒具必要者，應即解除。

第一九條

①本法第十八條第五項規定所稱暴動，指三人以上之被告集體以強暴、脅迫之方式，而有下列行為之一，造成看守所戒護管理失控或無法正常運作：

一 實施占據重要設施。

二 控制看守所管制鑰匙、通訊或其他重要安全設備。

三 奪取攻擊性械器或其他重要器材。

四 脅持被告、看守所人員或其他人員。

五 造成人員死亡或重大傷害。

六 其他嚴重妨害看守所秩序或安全之行為。

②本法第十八條第五項及第二十條第一項第三款規定所稱騷動，指被告聚集三人以上，以作為或不作為方式，遂行妨害看守所秩序或安全之行為，其規模已超越一般暴行或擾亂秩序，經命其停止而不遵從，尚未達暴動之情狀者。

③前二項情形是否達本法第十八條第五項規定繼續施用戒具之程度，看守所仍應斟酌各項狀況綜合判斷之，不得逾越必要之程度。

第二〇條

看守所應依本法第二十一條第一項規定與警察機關或其他相關機關保持聯繫。必要時，並得洽訂聯繫、支援或協助之相關計畫或措施，以利實際運作。

第四章 志願作業

第二一條

看守所得依本法第二十七條及相關法令規定，承攬公、私立機關（構）、法人、團體或個人之勞務或成品產製。

第二二條

① 看守所辦理本法第二十七條規定之委託加工，應定期以公開方式徵求委託加工廠商，並注意廠商財務、履約能力及加工產品之市價情形，以取得委託加工之合理價格。

② 承攬委託加工前，得先行試作，以測試作業適性及勞動能率。

第二三條

① 看守所辦理自營、委託加工、承攬或其他作業，得組成自營作業成品及勞務承攬評價會議，評估相關價格，報看守所長官核定後為之。

② 前項情形，看守所得先行派員進行訪價，以供前項評價會議評估價格之參考。

第五章　生活輔導及文康

第二四條

① 看守所應指派專人，瞭解被告個別情況及需要，對於被告施以生活輔導。

② 被告有法律扶助或法律諮詢之需要時，看守所應予以協助安排或轉介。

第二五條

看守所對上訴第二審法院之在押被告，應於移押時，併將其生活輔導紀錄與獎懲紀錄及相關資料，移送第二審法院所在地之看守所參考。

第二六條

看守所依本法第三十四條第二項規定，提供之適當資訊設備，包括相關複印設備，由被告申請自費使用。

第二七條

看守所自行或結合外界舉辦各種活動，應注意被告及家屬隱私之維護。

第二八條

監督機關應訂定修復式司法相關宣導計畫，推動辦理調解及修復事宜，以利看守所執行之。

第二九條

① 看守所應尊重被告宗教信仰自由，不得強制被告參與宗教活動或為宗教相關行為。

② 看守所應允許被告以符合其宗教信仰及合理方式進行禮拜，維護被告宗教信仰所需。

第三〇條

看守所依本法第三十八條第一項規定，於提供廣播、電視設施、資訊設備或視聽器材實施生活輔導時，教材或內容應安慎審查，並依智慧財產權相關法令辦理。

第三一條

① 看守所應依本法第三十八條第三項規定，就有關身心障礙被告之

視、聽、語等特殊需求，採取適當及必要措施。

②看守所就不通中華民國語言或有其他理由，致其難以瞭解看守所所爲相關事務內容之意涵者，得提供適當之協助。

第六章　給　養

第三二條

①被告飲食之營養，應足敷其保健需要，品質須合衛生標準，適時調製，按時供餐，並備充足之飲用水。

②疾患、高齡被告之飲食，得依健康或醫療需求調整之。無力自備飲食之被告所攜帶入所或在所生產之子女之飲食，亦同。

③看守所辦理前二項飲食得參考衛生福利部國民健康署發布之飲食指南建議；必要時，得諮詢營養師之意見。

第三三條

看守所依本法第四十一條第一項規定提供必要之衣類、寢具、物品及其他器具，不得違反相關衛生、環境保護或其他法令之規定。

第三四條

①依第十二條規定被告所須穿著之外衣，應基於衛生保健需求，採用涼爽透氣或符合保健所需之質料；其顏色、式樣，由監督機關定之。

②因應氣溫或保健上有必要者，經看守所核准，被告得使用自備或送入之衣類、帽、襪、寢具及適當之保暖用品。

第三五條

①被告因經濟狀況欠佳，缺乏非屬本法第四十一條第一項規定之日常生活必需品者，得請求看守所提供之；其經濟狀況欠佳之認定基準及提供之品項、數量，由監督機關定之。

②被告急需非屬本法第四十一條第一項規定之日常生活必需品者，得請求看守所提供之；看守所所得於其原因消滅時，指定原物、作價或其他方式返還之。

③前二項所提供之日常生活必需品，非屬一次性使用者，如提供予不同被告使用，看守所應注意維持其清潔衛生。

第三六條

少年被告之飲食及處遇，應注意其營養及身心發育所需，並重視其疾病醫治及權益保障。

第七章　衛生及醫療

第三七條

①看守所應注意環境衛生。依本法第四十五條規定定期舉行之環境衛生檢查，其期間由各看守所依當地狀況定之，每年不得少於二次。

②前項環境衛生檢查，看守所得請當地衛生、環境保護機關（單位）或相關機關（單位）協助辦理；並就衛生、環境保護及其

他有關設備（施）之需求，即時或逐步採取必要、可行之改善措施。

③被告應配合看守所執行環境清潔工作，維持公共及個人衛生。

第三八條

①看守所爲依本法第四十九條第一項規定推動被告自主健康管理，應實施衛生教育，並得請當地衛生主管機關或醫療機構協助辦理。

②除管制藥品、醫囑或經看守所人員觀察結果，須注意特定被告保管藥物及服藥情形者外，看守所得依本法第四十九條第一項推行自主健康管理規定，使被告自行管理及服用其藥物。

③被告依本法第四十九條第五項規定請求自費購入或送入低風險性醫療器材或衛生保健物品，不得提供他人使用。

第三九條

被告或其最近親屬及家屬依本法第四十九條第三項規定，請求於看守所內實施健康檢查，依下列規定辦理：

一　應以書面敘明申請理由、欲自費延請之醫事人員，並檢附經醫師評估認有實施檢查必要之文件。

二　經看守所審查核准後，被告得自行或由其最近親屬或家屬自費延請醫事人員進入看守所進行健康檢查。健康檢查對象爲經裁定羈押之法院禁止其接見通信之被告時，看守所應檢具檢查相關資料，通知爲裁定羈押之法院或檢察官。

三　自費延請之醫事人員進入看守所提供醫療服務時，應向看守所出示執業執照及核准至執業場所以外處所執行業務之證明文件，必要時，看守所得向其執業場所確認。

四　自費延請之醫事人員應依醫療法及相關醫事人員法規規定製作及保存紀錄，並將檢查紀錄交付看守所留存。開立之檢查報告應秉持醫療專業，依檢查結果記載。

五　自費實施健康檢查所需之費用，由醫事人員所屬之機構開立收據，由被告之最近親屬或家屬支付爲原則，必要時得由看守所自被告之保管金或勞作金中扣繳支付。

六　自費延請醫事人員於看守所內實施健康檢查之實施時間、地點、方式，由看守所依其特性與實際情形決定之。

第四○條

被告就醫時，應據實說明症狀，並配合醫囑接受治療，不得要求醫師加註與病情無關之文字。被告如提出非治療必須之處置或要求特定處遇，醫師應予拒絕。

第八章　接見及通信

第四一條

①視覺、聽覺或語言障礙被告接見及發信，得使用手語、點字或其他適當輔助方式。

②被告不識字或因故不能書寫信件者，得徵得其他被告或適當之人

同意後代為書寫，經本人確認並簽名或按捺指印後依規定發送之。

第四二條

除依刑事訴訟法所定之辯護人外，其他依法指定、選任或受委任之律師，或依本法第六十五條第五項規定未受委任之律師，請求接見經法院裁定禁止接見之羈押被告時，看守所應檢具相關資料依刑事訴訟法第一百零五條第三項、第四項規定，偵查中報請檢察官、審判中報請法院同意後，始得辦理接見。

第四三條

經法院裁定禁止通信之羈押被告，依本法第六十六條第六項規定發送書信以外之文件時，看守所應檢具相關資料依刑事訴訟法第一百零五條第三項、第四項規定，偵查中報請檢察官、審判中報請法院同意後，始得發送。

第九章 獎懲及賠償

第四四條

看守所依本法第七十九條第四項規定，為調查被告違規事項，對相關被告施以必要之區隔者，其區隔期間不得逾必要之程度。區隔期間，相關被告之生活輔導、給養、衛生醫療、接見通信及其他處遇，仍應依本法相關規定辦理。

第十章 陳情及申訴

第四五條

看守所依本法第八十五條第三項作成決定或停止執行者，應通知申訴審議小組。

第十一章 釋放及保護

第四六條

看守所釋放被告時，應確實核對簽發釋放通知書之法官或檢察官簽名或印鑑，如有辨識不清者，得送回補正。

第四七條

釋放之被告請求更生保護者，看守所應查核其需要保護之事項，通知當地更生保護機構處理。

第十二章 死 亡

第四八條

看守所應商請地方政府機關提供骨灰存放設施處所，以供本法第一百十二條之死亡被告火化後存放骨灰之用。

第十三章 附 則

第四九條

少年被告羈押於少年觀護所或看守所時，其與少年保護性質不相

違反者，適用本法及本細則之規定。

第五〇條

　本細則自中華民國一百零九年七月十五日施行。

監獄行刑法

①民國35年1月19日國民政府制定公布全文98條。
②民國43年12月25日總統令修正公布全文94條。
③民國46年1月7日總統令修正公布第27、32、33條條文。
④民國63年12月12日總統令修正公布第11、14、15、18、24、26、30、33、34、58、70、71、75、76、81、82、84、88、90條條文；並增訂第26-1、93-1條條文。
⑤民國69年12月1日總統令修正公布第5、26-1、27、32、33、75、81、90、93-1條條文。
⑥民國81年4月6日總統令修正公布第75條條文。
⑦民國82年7月28日總統令修正公布第24、25、26-1、31、34、44、47、51、66、69、87、90條；並增訂第93-2條條文。
⑧民國83年6月6日總統令修正公布第19、20條條文。
⑨民國86年5月14日總統令修正公布第3、32、33、35、36、81、93條條文；並增訂第26-2條條文。
⑩民國91年6月12日總統令修正公布第58條條文。
⑪民國92年1月22日總統令修正公布第81條條文。
⑫民國94年6月1日總統令修正公布第81、83、94條條文；增訂第82-1條條文；並自95年7月1日施行。
⑬民國99年5月26日總統令修正公布第11、17、26-2、58條條文。
⑭民國109年1月15日總統令修正公布全文156條；並自公布日後六個月施行。

第一章　總　則

第一條

為達監獄行刑矯治處遇之目的，促使受刑人改悔向上，培養其適應社會生活之能力，特制定本法。

第二條

①本法之主管機關為法務部。

②監獄之監督機關為法務部矯正署。

③監督機關應派員視察監獄，每季至少一次。

④少年法院法官、檢察官執行刑罰有關事項，得隨時訪視少年矯正學校、監獄。

第三條

①處徒刑、拘役及罰金易服勞役之受刑人，除法律另有規定外，於監獄內執行之。

②處拘役及罰金易服勞役者，應與處徒刑者分別監禁。

第四條

①未滿十八歲之少年受刑人，應收容於少年矯正學校，並按其性別

分別收容。

②收容中滿十八歲而殘餘刑期未滿三個月者，得繼續收容於少年矯正學校。

③滿十八歲之少年受刑人，得依其教育需要，收容於少年矯正學校至滿二十三歲為止。

④前三項受刑人滿二十三歲而未完成該級教育階段者，得由少年矯正學校報請監督機關同意，收容至完成該級教育階段為止。

⑤本法所稱少年受刑人，指犯罪行為時未滿十八歲之受刑人。

⑥第一項至第四項所定少年受刑人矯正教育之實施，其他法律另有規定者，從其規定。

第五條

監獄對收容之受刑人，應按其性別嚴為分界。

第六條

①監獄人員執行職務應尊重受刑人之尊嚴及維護其人權，不得逾越所欲達成矯治處遇目的之必要限度。

②監獄對受刑人不得因種族、膚色、性別、語言、宗教、政治立場、國籍、種族、社會階級、財產、出生、身心障礙或其他身分而有歧視。

③監獄應保障身心障礙受刑人在監獄內之無障礙權益，並採取適當措施為合理調整。

④監獄應以積極適當之方式及措施，使受刑人瞭解其所受處遇及刑罰執行之目的。

⑤監獄不得對受刑人施以逾十五日之單獨監禁。監獄因對受刑人依法執行職務，而附隨有單獨監禁之狀態時，應定期報監督機關備查，並由醫事人員持續評估受刑人身心狀況。經醫事人員認為不適宜繼續單獨監禁者，應停止之。

第七條

①為落實透明化原則，保障受刑人權益，監獄應設獨立之外部視察小組，置委員三人至七人，任期二年，均為無給職，由監督機關陳報法務部核定後遴聘之。

②前項委員應就法律、醫學、公共衛生、心理、犯罪防治或人權領域之專家學者遴選之。其中任一性別委員不得少於三分之一。

③視察小組應就監獄運作及受刑人權益等相關事項，進行視察並每季提出報告，由監獄經監督機關陳報法務部備查，並以適當方式公開，由相關權責機關回應處理之。

④前三項視察小組之委員資格、遴（解）聘、視察方式、權限、視察報告之製作、提出與公開期間等事項及其他相關事項之辦法，由法務部定之。

第八條

監獄得依媒體之請求，同意其進入適當處所採訪或參觀；並得依民眾之請求，同意其進入適當處所參觀。

第九條

① 為達到矯治處遇之目的，監獄應調查與受刑人有關之資料。

② 為實施前項調查，得於必要範圍內蒐集、處理或利用受刑人之個人資料，並得請求機關（構）、法人、團體或個人提供相關資料，機關（構）、法人、團體或個人無正當理由不得拒絕。

③ 第一項與受刑人有關資料調查之範圍、期間、程序、方法、審議及其他應遵行事項之辦法，由法務部定之。

第二章 入 監

第一〇條

① 受刑人入監時，指揮執行之檢察署應將指揮書附具裁判書及其他應備文件，以書面、電子傳輸或其他適當方式送交監獄。

② 前項文件不具備時，得拒絕收監，或通知補送。

③ 第一項之應備文件，於少年受刑人入少年矯正學校或監獄時，應包括其犯罪原因、動機、境遇、學歷、經歷、身心狀況及可供處遇之參考事項。

第一一條

① 對於新入監者，應就其個性、身心狀況、經歷、教育程度及其他相關事項，加以調查。

② 前項調查期間，不得逾二個月。

③ 監獄應於受刑人入監後三個月內，依第一項之調查資料，訂定其個別處遇計畫，並適時修正。

第一二條

① 殘餘刑期在二個月以下之入監或在監婦女請求攜帶未滿三歲之子女，監獄得准許之。

② 殘餘刑期逾二個月之入監或在監婦女請求攜帶未滿三歲之子女，經監獄檢具相關資料通知子女戶籍所在地直轄市、縣（市）社會福利主管機關評估認符合子女最佳利益者，監獄得准許之。

③ 前項直轄市、縣（市）社會福利主管機關評估期間以二個月為限，並應將評估報告送交監獄。

④ 在前項評估期間，監獄得於監內暫時安置入監或在監婦女攜入之子女。

⑤ 子女隨母入監最多至滿三歲為止。但經第二項社會福利主管機關評估，認在監符合子女最佳利益者，最多得延長在監安置期間至子女滿三歲六個月為止。

⑥ 安置在監之子女有下列情形之一，監獄應通知子女戶籍所在地直轄市、縣（市）社會福利主管機關進行訪視評估，辦理轉介安置或為其他必要處置：

一 子女出現畏懼、退縮或其他顯不適於在監安置之狀況。

二 滿三歲或前項但書安置期間屆滿。

三 經第二項評估認在監安置不符合子女最佳利益。

四 因情事變更須離開監獄。

⑦受刑人於監獄內生產之子女，適用前六項規定；其出生證明書不得記載與監獄有關之事項。

⑧為照顧安置在監子女，監獄應規劃活動空間及提供必要之設施或設備，並得洽請社會福利及相關機關（構）、法人、團體或個人協助受刑人育兒相關教育與指導。子女戶籍所在地直轄市、縣（市）社會福利主管機關對於在監子女照顧安置事項，應提供必要之協助。

⑨子女戶籍所在地直轄市、縣（市）社會福利主管機關於必要時得委託其他直轄市、縣（市）社會福利主管機關辦理第二項、第三項、第五項、第六項及前項所定事項。

第一三條

①受刑人入監時，應行健康檢查，受刑人不得拒絕；有下列情形之一者，應拒絕收監：
一 有客觀事實足認其身心狀況欠缺辨識能力，致不能處理自己事務。
二 現罹患疾病，因執行而不能保其生命。
三 懷胎五月以上，或生產未滿二月。
四 罹患法定傳染病，因執行有引起群聚感染之虞。
五 衰老、身心障礙，不能於監獄自理生活。

②施行前項檢查時，應由醫師進行，並得為醫學上必要處置。經檢查後認有必要時，監獄得委請其他專業人士協助之。

③第一項之檢查，在監獄內不能實施者，得送醫院為之。

④前三項之檢查未能於當日完成者，監獄得同意暫時收容。但收容檢查期間不得逾十日。

⑤收容檢查結果符合第一項所列各款拒絕收監之情形者，其收容檢查之日數，以一日抵有期徒刑或拘役一日，或刑法第四十二條第六項裁判所定之罰金額數。

⑥第一項被拒絕收監者，應送交檢察官斟酌情形為具保、責付、限制住居、限制出境、出海或為其他適當之處置，並準用刑事訴訟法第九十三條之二第二項至第四項、第九十三條之五第一項前段及第三項前段、第一百十一條之命提出保證書、指定保證金額、限制住居、第一百十五條、第一百十六條、第一百十八條第一項之沒入保證金、第一百十九條第二項、第三項之退保、第一百二十一條第四項准用退保及第四百十六條第一項第一款、第三項、第四項、第四百十七條、第四百十八條第一項本文聲請救濟之規定。

第一四條

①為維護監獄秩序及安全，防止違禁物品流入，受刑人入監時，應檢查其身體、衣類及攜帶之物品，必要時，得採集其尿液檢驗，並得運用科技設備輔助之。

②前項檢查身體，如須脫衣檢查時，應於有遮蔽之處所為之，並注意維護受刑人隱私及尊嚴。男性受刑人應由男性職員執行，女性

受刑人應由女性職員執行。

③非有事實足認受刑人有夾藏違禁物品或其他危害監獄秩序及安全之虞，不得為侵入性檢查；如須為侵入性檢查，應經監獄長官核准，並由醫事人員為之。

④為辨識受刑人身分，應照相、採取指紋或記錄其他身體特徵，並得運用科技設備輔助之。

第一五條

①受刑人入監講習時，應告知下列事項，並製作手冊交付其使用：

一 在監應遵守事項。

二 接見及通信事項。

三 獎懲事項。

四 編級及累進處遇事項。

五 報請假釋應備條件及相關救濟事項。

六 陳情、申訴及訴訟救濟之規定。

七 衛生保健及醫療事項。

八 金錢及物品保管之規定。

九 法律扶助事項之宣導。

十 其他應注意事項。

②受刑人為身心障礙者、不通中華民國語言或有其他理由，致其難以瞭解前項各款所涉內容之意涵者，監獄應提供適當之協助。

③與受刑人在監服刑權利義務相關之重要法規、行政規則及函釋等，宜以適當方式公開，使受刑人得以知悉

第三章 監 禁

第一六條

①監禁之舍房分為單人舍房及多人舍房。

②受刑人入監後，以分配於多人舍房為原則。監獄得依其管理需要配房。

第一七條

①監獄受刑人人數嚴重超額時，監督機關視各監獄收容之實際狀況，必要時得機動調整移監。

②有下列情形之一者，監獄得報請監督機關核准移送指定之監獄：

一 受刑人有特殊且必要之處遇需求，而本監無法提供相應之資源。

二 監獄依據受刑人調查分類之結果，認須加強教化。

三 受刑人對於其他受刑人有顯著之不良影響，有離開本監之必要。

四 因不可抗力，致本監須為重大之施工、修繕；或有急迫之安全或衛生危險。

五 出於其他獄政管理上之正當且必要之理由。

六 經受刑人主動提出申請，經監獄認為有正當且必要之理由。

③前二項移監之程序與條件、受刑人審查條件、移送之審查程序、

辦理方式、對受刑人本人、家屬或最近親屬之告知、前項第六款得提出申請之資格條件及其他相關事項之辦法，由法務部定之。

第一八條

① 對於刑期六月以上之受刑人，爲促使其改悔向上，培養其適應社會生活之能力，其處遇應分爲數個階段，以累進方法爲之。但因身心狀況或其他事由認爲不適宜者，得暫緩適用累進處遇。

② 累進處遇事項及方法，另以法律定之。

第一九條

① 前條適用累進處遇之受刑人有下列情形之一者，監獄得給予和緩處遇：

一 患有疾病經醫師證明需長期療養。

二 有客觀事實足認其身心狀況欠缺辨識能力，致不能處理自己事務，或其辨識能力顯著減低。

三 衰老、身心障礙、行動不便或不能自理生活。

四 懷胎期間或生產未滿二月。

五 其他事實認爲有必要。

② 依前項給予和緩處遇之受刑人，應報請監督機關核定之。

③ 和緩處遇原因消滅後，回復依累進處遇規定辦理。

第二〇條

① 前條受刑人之和緩處遇，依下列方法爲之：

一 教化：以個別教誨及有益其身心之方法行之。

二 作業：依其志趣，並斟酌其身心健康狀況參加輕便作業，每月所得之勞作金並得自由使用。

三 監禁：視其個別情況定之。爲維護其身心健康，並得與其他受刑人分別監禁。

四 接見及通信：因疾病或於管理教化上之必要，得許其與最近親屬、家屬或其他人接見及發受書信，並得於適當處所辦理接見。

五 給養：罹患疾病者之飲食，得依醫師醫療行爲需要換發適當之飲食。

六 編級：適用累進處遇者，依行刑累進處遇條例之規定予以編級，編級後之責任分數，依同條例第十九條之標準八成計算。

② 刑期未滿六個月之受刑人，有前條第一項各款情形之一者，得準用前項第一款至第五款之規定。

第四章 戒 護

第二一條

① 監獄應嚴密戒護，並得運用科技設備輔助之。

② 監獄認有必要時，得對受刑人居住之舍房及其他處所實施搜檢，並準用第十四條有關檢查身體及辨識身分之規定。

③ 爲戒護安全目的，監獄得於必要範圍內，運用第一項科技設備蒐

集、處理、利用受刑人或進出人員之個人資料。

④監獄為維護安全，得檢查出入者之衣類及攜帶物品，並得運用科技設備輔助之。

⑤第一項、第二項與前項之戒護、搜檢及檢查，不得逾必要之程度。

⑥第一項至第四項科技設備之種類、設置、管理、運用、資料保存及其他應遵行事項之辦法，由法務部定之。

第二二條

①有下列情形之一者，監獄得施以隔離保護：

一 受刑人有危害監獄安全之虞。

二 受刑人之安全有受到危害之虞。

②前項隔離保護應經監獄長官核准。但情況緊急時，得先行為之，並立即報告監獄長官。

③監獄應將第一項措施之決定定期報監督機關備查。監獄施以隔離保護後，除應以書面告知受刑人外，應通知其家屬或最近親屬，並安排醫事人員持續評估其身心狀況。醫事人員認為不適宜繼續隔離保護者，應停止之。家屬或最近親屬有數人者，得僅通知其中一人。

④第一項隔離保護不得逾必要之程度，於原因消滅時應即解除之，最長不得逾十五日。

⑤第一項施以隔離保護之生活作息、處遇、限制、禁止、第三項之通知及其他應遵行事項之辦法，由法務部定之。

第二三條

①受刑人有下列情形之一，監獄得單獨或合併施用戒具、施以固定保護或收容於保護室：

一 有脫逃、自殘、暴行、其他擾亂秩序行為之虞。

二 有救護必要，非管束不能預防危害。

②前項施用戒具、施以固定保護或收容於保護室，監獄不得作為懲罰受刑人之方法。施以固定保護，每次最長不得逾四小時；收容於保護室，每次最長不得逾二十四小時。監獄除應以書面告知受刑人外，並應通知其家屬或最近親屬。家屬或最近親屬有數人者，得僅通知其中一人。

③戒具以腳鐐、手銬、聯鎖、束繩及其他經法務部核定之戒具為限，施用戒具逾四小時者，監獄應製作紀錄使受刑人簽名，並交付繕本；每次施用戒具最長不得逾四十八小時，並應記明起訖時間，但受刑人有暴行或其他擾亂秩序行為致發生騷動、暴動事故，監獄認為仍有繼續施用之必要者，不在此限。

④第一項措施應經監獄長官核准。但情況緊急時，得先行為之，並立即報請監獄長官核准之。監獄應定期將第一項措施實施情形，陳報監督機關備查。

⑤受刑人有第一項情形者，監獄應盡速安排醫事人員評估其身心狀況，並提供適當之協助。如認有必要終止或變更措施，應即報告

　　監獄長官，監獄長官應爲適當之處理。

⑥第一項施用戒具、固定保護及收容於保護室之程序、方式、規格、第二項之通知及其他應遵行事項之辦法，由法務部定之。

第二四條

①監獄戒護受刑人外出，認其有脫逃、自殘、暴行之虞時，得經監獄長官核准後施用戒具。但不得逾必要之程度。

②受刑人外出或於監獄外從事活動時，監獄得運用科技設備，施以電子監控措施。

第二五條

①有下列情形之一，監獄人員得使用法務部核定之棍、刀、槍及其他器械爲必要處置：

一　受刑人對於他人之生命、身體、自由爲強暴、脅迫或有事實足認爲將施強暴、脅迫時。

二　受刑人持有足供施強暴、脅迫之物，經命其放棄而不遵從時。

三　受刑人聚衆騷動或爲其他擾亂秩序之行爲，經命其停止而不遵從時。

四　受刑人脫逃，或圖謀脫逃不服制止時。

五　監獄之裝備、設施遭受劫奪、破壞或有事實足認爲有受危害之虞時。

②監獄人員使用槍械，以自己或他人生命遭受緊急危害爲限，並不得逾必要之程度。

③前二項棍、刀、槍及器械之種類、使用時機、方法及其他應遵行事項之辦法，由法務部定之。

第二六條

①監獄遇有重大特殊情形，爲加強安全戒備及受刑人之戒護，必要時得請求警察機關或其他相關機關協助。

②遇有天災、事變，爲防護監獄設施及受刑人安全時，得由受刑人分任災害防救工作。

第二七條

①遇有天災、事變在監獄內無法防避時，得將受刑人護送於相當處所；不及護送時，得暫行釋放。

②前項暫行釋放之受刑人，由離監時起限四十八小時內，至該監或警察機關報到。其按時報到者，在外期間予以計算刑期；屆期不報到者，以脫逃罪論處。

第二八條

①受刑人之祖父母、父母、配偶之父母、配偶、子女或兄弟姊妹喪亡時，得經監獄長官核准戒護返家探視，並於二十四小時內回監；其在外期間，予以計算刑期。

②受刑人因重大或特殊事故，有返家探視之必要者，經報請監督機關核准後，準用前項之規定。

③受刑人返家探視條件、對象、次數、期間、費用、實施方式、核

准程序、審查基準、核准後之變更或取消及其他應遵行事項之辦法，由法務部定之。

第二九條

① 受刑人在監執行逾三月，行狀善良，得報請監督機關核准其於一定期間內外出。但受刑人有不適宜外出之情事者，不在此限。

② 經核准外出之受刑人，應於指定時間內回監，必要時得向指定處所報到。

③ 受刑人外出期間，違反外出應遵守規定或發現有不符合第五項所定辦法有關資格、條件之規定者，得變更或取消其外出之核准；外出核准經取消者，其在外期間不算入執行刑期。外出期間表現良好者，得予以獎勵。

④ 受刑人外出，無正當理由未於指定時間內回監或向指定處所報到者，其在外期間不算入執行刑期，並以脫逃罪論處。

⑤ 受刑人外出之資格、條件、實施方式與期間、安全管理方式、應遵守規定、核准程序、變更、取消及其他相關事項之辦法，由法務部定之。

第三〇條

監獄得遴選具有特殊才藝或技能之受刑人，於徵得其同意後，報請監督機關核准，戒護外出參加公益活動、藝文展演、技職檢定、才藝競賽或其他有助於教化之活動。

第五章 作　業

第三一條

① 受刑人除罹患疾病、入監調查期間、戒護安全或法規別有規定者外，應參加作業。為落實復歸社會目的，監督機關得商洽勞動部協助各監獄發展作業項目，提升作業效能。

② 監獄對作業應斟酌之衛生、教化、經濟效益與受刑人之刑期、健康、知識、技能及出獄後之生計定之，並按作業性質，使受刑人在監內、外工場或其他特定場所為之。監獄應與受刑人晤談後，於個別處遇計畫中訂定適當作業項目，並得依職權適時調整之。

③ 受刑人從事炊事、打掃、營繕、看護及其他由監獄指定之事務，視同作業。

④ 受刑人在監外作業，應於指定時間內回監，必要時得向指定處所報到。其無正當理由未於指定時間內回監或向指定處所報到者，在外期間不算入執行刑期，並以脫逃罪論處。

⑤ 第二項在監內、外作業項目、遴選條件、編組作業、契約要項、安全管理方式及其他應遵行事項之辦法，由法務部定之。

⑥ 監督機關得商洽勞動部協助各監獄發展職業訓練項目，提升訓練效能。

第三二條

① 作業時間應斟酌教化、數量、作業之種類、設備之狀況及其他情形定之，每日不得逾八小時。但有特殊情形，得將作業時間延

長之,延長之作業時間連同正常作業時間,一日不得超過十二小時。

②前項延長受刑人作業時間,應經本人同意後實施,並應給與超時勞作金。

第三三條

①受刑人之作業以勞動能率或作業時間作為課程;其勞動能率應依一般人平均工作產能而定。

②監獄得延聘具有專業之人員協同指導受刑人之作業。

第三四條

①監獄作業方式,以自營、委託加工、承攬、指定監外作業或其他作業為之。

②前項作業之開辦計畫及相關契約,應報經監督機關核准。

第三五條

①有下列情形之一者,得停止受刑人之作業:
一 國定例假日。
二 受刑人之配偶、直系親屬或三親等內旁系親屬喪亡。但停止作業期間最長以七日為限。
三 因其他情事,監獄認為必要時。

②就炊事、打掃及其他需急速之作業者,除前項第二款外,不停止作業。

③第一項之情形,經受刑人請求繼續作業,且符合監獄管理需求者,從其意願。

第三六條

①參加作業者應給與勞作金。

②前項勞作金之計算及給與,應將勞作金總額依比率分別提撥,並依受刑人實際作業時間及勞動能率合併計算給與金額。其提撥比率設定及給與分配等相關事項之辦法,由法務部定之。

第三七條

①作業收入扣除作業支出後稱作業賸餘,分配如下:
一 提百分之六十充前條勞作金。
二 提百分之十充犯罪被害人補償費用。
三 提百分之十充受刑人飲食補助費用。
四 其餘充受刑人職業訓練、改善生活設施及照顧受刑人與其家屬之補助費用。
五 如有賸餘,撥充法務部矯正機關作業基金(以下簡稱作業基金)循環應用。

②前項第二款提撥犯罪被害人補償費用,應專戶存儲,並依犯罪被害人保護法規定支付。

第三八條

①受刑人因作業或職業訓練致受傷、罹病、重傷、失能或死亡者,應發給補償金。

②前項補償金由作業基金項下支付;其受傷、罹病、重傷、失能認

定基準、發給金額、申請程序、領受人資格及其他應遵行事項之辦法，由法務部定之。

第三九條

受刑人死亡時，其勞作金或補償金，經依第八十一條及第八十二條第一項第四款規定處理而未領回或申請發還者，歸入作業基金。

第六章　教化及文康

第四〇條

①對於受刑人，應施以教化。

②前項教化，應參酌受刑人之入監調查結果及個別處遇計畫，施以適當之輔導與教育。

③前項輔導內容，得委由心理學、社會工作、醫療、教育學、犯罪學或法律學等相關領域專家設計、規劃，並得以集體、類別及個別輔導等方式為之。

④第二項之教育，監獄得自行或與學校合作辦理補習教育、進修教育或推廣教育；其辦理方式、協調支援、師資、課程與教材、學習評量、修業期限、學籍管理、證書之頒發、撤銷、廢止及其他相關事項之辦法，由法務部會同教育部定之。

第四一條

①受刑人有信仰宗教之自由，不得限制或禁止之。但宗教活動有妨害監獄秩序或安全者，不在此限。

②監獄得依受刑人請求安排適當之宗教師，實施教誨。

③監獄得邀請宗教人士舉行有助於受刑人之宗教活動。

④受刑人得持有與其宗教信仰有關之物品或典籍。但有妨害監獄秩序、安全及管理之情形，得限制或禁止之。

第四二條

監獄得安排專人或轉介機關（構）、法人、團體協助受刑人與被害人進行調解及修復事宜。

第四三條

①監獄得聘請或邀請具矯治處遇相關知識或熱誠之社會人士，協助教化活動，並得延聘熱心公益社會人士為志工，協助教化工作。

②前項志工，由監獄報請監督機關核定後延聘之。

第四四條

①監獄得設置圖書設施、提供圖書資訊服務或發行出版物，供受刑人閱讀。

②受刑人得自備書籍、報紙、點字讀物或請求使用紙筆及其他必要之用品。但有礙監獄作息、管理、教化或安全之虞者，得限制或禁止之。

③監獄得辦理圖書展示，供受刑人購買優良圖書，以達教化目的。

④監獄得提供適當之資訊設備予受刑人使用。

⑤為增進受刑人之身心健康，監獄應適時辦理各種文化及康樂活

動。

第四五條

① 監獄得提供廣播、電視設施、資訊設備或視聽器材實施教化。

② 受刑人經監獄許可，得持有個人之收音機、電視機或視聽器材為收聽、收看。

③ 監獄對身心障礙受刑人應考量收容特性、現有設施狀況及身心障礙者特殊需求，提供視、聽、語等無障礙輔助措施。

④ 前二項收聽、收看，於有礙受刑人生活作息，或監獄管理、教化、安全之虞時，得限制或禁止之。

第七章　給　養

第四六條

① 為維護受刑人之身體健康，監獄應供給飲食，並提供必要之衣類、寢具、物品及其他器具。

② 受刑人得因宗教信仰或其他因素，請求監獄提供適當之飲食。

第四七條

攜帶入監或在監生產之受刑人子女，其食物、衣類及必需用品，均應由受刑人自備；無力自備者，得由監獄提供之。

第四八條

① 受刑人禁用酒類、檳榔。

② 監獄得許可受刑人於指定之時間、處所吸菸，並應對受刑人施以菸害防制教育、宣導，對戒菸之受刑人給予適當之獎勵。

③ 前項受刑人吸菸之資格、時間、地點、設施、數量、菸害防制教育與宣導、戒菸計畫、獎勵及其他應遵行事項之辦法，由法務部定之。

第八章　衛生及醫療

第四九條

① 監獄應掌握受刑人身心狀況，辦理受刑人疾病醫療、預防保健、篩檢、傳染病防治及飲食衛生等事項。

② 監獄依其規模及收容對象、特性，得在資源可及範圍內備置相關醫事人員，於夜間及假日為戒護外醫之諮詢判斷。

③ 前二項業務，監獄得委由醫療機構或其他專業機構辦理。

④ 衛生福利部、教育部、國防部、國軍退除役官兵輔導委員會、直轄市或縣（市）政府所屬之醫療機構，應協助監獄辦理第一項及第二項業務。

⑤ 衛生主管機關應定期督導、協調、協助改善前四項業務，監獄並應協調所在地之衛生主管機關辦理之。

第五○條

① 為維護受刑人在監獄內醫療品質，並提供住院或療養服務，監督機關得設置醫療監獄；必要時，得於監獄附設之。

② 醫療監獄辦理受刑人疾病醫療、預防保健、篩檢、傳染病防治及

飲食衛生等業務，得委由醫療機構或其他專業機構辦理。

第五一條

監獄內應保持清潔，定期舉行環境衛生檢查，並適時使受刑人從事打掃、洗濯及整理衣被、器具等必要事務。

第五二條

①受刑人舍房、作業場所及其他處所，應維持保健上必要之空間、光線及通風，且有足供生活所需之衛浴設施。

②監獄提供予受刑人使用之物品，須符合衛生安全需求。

第五三條

為維護受刑人之健康及衛生，應依季節供應冷熱水及清潔所需之用水，並要求其沐浴及理剃鬚髮。

第五四條

①監獄應提供受刑人適當之運動場地、器材及設備。

②監獄除國定例假日、休息日或有特殊事由外，應給予受刑人每日運動一小時。

③為維持受刑人健康，運動處所以安排於戶外為原則；必要時，得使其於室內適當處所從事運動或其他舒展身心之活動。

第五五條

①監獄對於受刑人應定期為健康評估，並視實際需要施行健康檢查及推動自主健康管理措施。

②施行前項健康檢查時，得為醫學上之必要處置。

③受刑人或其最近親屬及家屬，在不妨礙監獄秩序及經醫師評估有必要之情形下，得請求監獄准許自費延請醫事人員於監獄內實施健康檢查。

④第一項健康檢查結果，監獄得應受刑人之請求提供之。

⑤受刑人因健康需求，在不妨害監獄安全及秩序之情形下，經醫師評估可行性後，得請求自費購入或送入低風險性醫療器材或衛生保健物品。

⑥前項購入或送入物品之退回或領回，準用第七十八條、第八十條至第八十二條規定。

第五六條

①為維護受刑人健康或掌握其身心狀況，監獄得蒐集、處理或利用受刑人之病歷、醫療及前條第一項之個人資料，以作適當之處置。

②前項情形，監獄得請求機關（構）、法人、團體或個人提供相關資料，機關（構）、法人、團體或個人無正當理由不得拒絕。

③第一項與受刑人健康有關資料調查之範圍、期間、程序、方法、審議及其他應遵行事項之辦法，由法務部定之。

第五七條

①經監獄通報有疑似傳染病病人時，地方衛生主管機關應協助監獄預防及處理。必要時，得請求中央衛生主管機關協助之。

②監獄收容來自傳染病流行地或經過其地之受刑人，得為一定期間

之隔離；其攜帶物品，應為必要之處置。

③監獄收容經醫師診斷疑似或確診罹患傳染病之受刑人，得由醫師評估為一定期間之隔離，並給予妥適治療，治療期間之長短或方式應遵循醫師之醫囑或衛生主管機關之處分或指導，且應對於其攜帶物品，施行必要之處置。

④經衛生機關依傳染病防治法規定，通知罹患傳染病之受刑人於指定隔離治療機構施行治療者，監獄應即與治療機構協調戒送及戒護之作業，並陳報監督機關。接受隔離治療之受刑人視為在監執行。

第五八條

罹患疾病經醫師評估認需密切觀察及處置之受刑人，得於監獄病舍或附設之病監收容之。

第五九條

①依全民健康保險法規定應納保之受刑人或其攜帶入監或在監生產之子女罹患疾病時，除已獲准自費醫療者外，應以全民健康保險保險對象身分就醫；其無全民健康保險憑證者，得由監獄逕行代為申請。

②受刑人為全民健康保險保險對象，經暫行停止保險給付者，其罹患疾病時之醫療費用由受刑人自行負擔。

③受刑人應繳納下列各項費用時，監獄得由受刑人保管金或勞作金中扣除：
一 接受第一項全民健康保險醫療衍生之費用。
二 換發、補發、代為申請全民健康保險憑證衍生之費用。
三 前項應自行負擔之醫療費用。

④受刑人或其攜帶入監或在監生產子女如不具全民健康保險之保險資格，或受刑人因經濟困難無力繳納前項第一款之費用，其於收容或安置期間罹患疾病時，由監獄委請醫療機構或醫師診治。

⑤前項經濟困難資格之認定、申請程序及其他應行事項之辦法，由法務部定之。

第六〇條

①受刑人因受傷或罹患疾病，拒不就醫，致有生命危險之虞，監獄應即請醫師逕行救治或將受刑人逕送醫療機構治療。

②前項逕送醫療機構治療之醫療及交通費用，由受刑人自行負擔。

③第一項逕送醫療機構治療期間，視為在監執行。

第六一條

①受傷或罹患疾病之受刑人接受全民健康保險提供之醫療服務或經監獄委請之醫師診治後，有正當理由認需由其他醫師診治，而請求自費於監獄內延醫診治時，監獄得予准許。

②前項自費延醫之申請程序、要件、實施方式、時間、地點、費用支付及其他應行事項之辦法，由法務部定之。

第六二條

①受刑人受傷或罹患疾病，有醫療急迫情形，或經醫師診治後認有

必要，監獄得戒送醫療機構或病監醫治。

②前項經醫師診治後認有必要戒送醫療機構醫治之交通費用，應由受刑人自行負擔。但受刑人經濟困難無力負擔者，不在此限。

③第一項戒送醫療機構醫治期間，視為在監執行。

第六三條

①經採行前條第一項醫治方式後，仍不能或無法為適當之醫治者，監獄得報請監督機關參酌醫囑後核准保外醫治；其有緊急情形時，監獄得先行准予保外醫治，再報請監督機關備查。

②前項保外醫治期間，不算入刑期。

③依第一項核准保外醫治者，監獄應即報由檢察官命具保、責付、限制住居或限制出境、出海後釋放之。

④前項命具保、責付、限制住居或限制出境、出海者，準用刑事訴訟法第九十三條之二第二項至第四項、第九十三條之五第一項前段及第三項前段、第一百十一條之命提出保證書、指定保證金額、限制住居、第一百十五條、第一百十六條、第一百十八條第一項之沒入保證金、第一百十九條第二項、第三項之退還、第一百二十一條第四項准其退還及第四百十六條第一項第一款、第三項、第四項、第四百十七條、第四百十八條第一項本文聲請救濟之規定。

⑤保外醫治受刑人違反保外醫治應遵守事項者，監督機關或監獄得廢止保外醫治之核准。

⑥第一項核准保外醫治之基準，及前項保外醫治受刑人應遵守事項、廢止核准之要件、程序及其他應遵行事項之辦法，由法務部定之。

⑦懷胎五月以上或生產未滿二月者，得準用前條及第一項前段、第二項至前項之規定。

第六四條

依前條報請保外醫治受刑人，無法辦理具保、責付、限制住居時，監獄應檢具相關資料通知監獄所在地直轄市、縣（市）社會福利主管機關辦理轉介安置或為其他必要之處置。

第六五條

受刑人因拒絕飲食或未依醫囑服藥而有危及生命之虞時，監獄應即請醫師進行診療，並得由醫師施以強制營養或採取醫療上必要之強制措施。

第六六條

①任何可能有損健康之醫學或科學試驗，除法律另有規定外，縱受刑人同意，亦不得為之。

②因診察或健康檢查而取得之受刑人血液或其他檢體，除法律另有規定外，不得為目的外之利用。

第九章　接見及通信

第六七條

①受刑人之接見或通信對象，除法規另有規定或依受刑人意願拒絕外，監獄不得限制或禁止。

②監獄依受刑人之請求，應協助其與所屬國或地區之外交、領事人員或可代表其國家或地區之人員接見及通信。

第六八條

①監獄應於平日辦理接見；國定例假日或其他休息日之接見，得由監獄斟酌情形辦理之。

②受刑人之接見，除法規另有規定外，每星期一次，接見時間以三十分鐘為限。但監獄長官認有必要時，得增加或延長之。

第六九條

①請求接見者，應繳驗身分證明文件，登記其姓名、職業、年齡、住居所、受刑人姓名及與受刑人之關係。

②監獄對於請求接見者認為有妨害監獄秩序、安全或受刑人利益時，得拒絕之。

③接見應於接見室為之。但因患病或於管理教化上之必要，得准於適當處所行之。

④接見，每次不得逾三人。但本法或其他法規另有規定，或經監獄長官許可者，不在此限。

⑤被許可接見者，得攜帶未滿十二歲之兒童，不計入前項人數限制。

第七〇條

監獄基於管理、教化輔導、受刑人個人重大事故或其他事由，認為必要時，監獄長官得准受刑人於監獄內指定處所辦理接見，並酌予調整第六十八條及前條第三項、第四項有關接見場所、時間、次數及人數之限制。

第七一條

①監獄對受刑人之接見，除法律另有規定外，應監看並以錄影、錄音方式記錄之，其內容不得違法利用。

②有事實足認有妨害監獄秩序或安全之虞者，監獄得於受刑人接見時聽聞或於接見後檢視錄影、錄音內容。

③接見過程中發現有妨害監獄秩序或安全時，戒護人員得中止其接見，並以書面載明事由。

④與受刑人接見者不得使用通訊、錄影或錄音器材；違者，得依前項規定辦理。

第七二條

①受刑人與其律師、辯護人接見時，除法律另有規定外，監獄人員僅得監看而不與聞，不予錄影、錄音；除有事實上困難外，不限制接見次數及時間。

②為維護監獄秩序及安全，除法律另有規定外，監獄人員對受刑人與其律師、辯護人接見時往來之文書，僅得檢查有無夾藏違禁物品。

③第一項之接見，於監獄指定之處所爲之。

④第六十七條第一項、第六十八條第一項、第六十九條第一項及前條第三項、第四項規定，於律師、辯護人接見時準用之。

⑤前四項規定於未受委任之律師請求接見受刑人洽談委任事宜時，準用之。

第七三條

①監獄認受刑人或請求接見者有相當理由時，得准其使用電話或其他通訊方式接見。

②前項通訊費用，由受刑人或請求接見者自付。但受刑人無力負擔且監獄認爲適當時，得由監獄支付之。

③前二項接見之條件、對象、次數之限制、通訊方式、通訊申請程序、時間、監看、聽聞、收費及其他應遵行事項之辦法，由法務部定之。

第七四條

①受刑人寄發及收受之書信，監獄人員得開拆或以其他適當方式檢查有無夾藏違禁物品。

②前項情形，除法律另有規定外，有下列各款情形之一者，監獄人員得閱讀其書信內容。但屬受刑人與其律師、辯護人或公務機關互通之書信，不在此限：

一　受刑人有妨害監獄秩序或安全之行爲，尚在調查中。

二　受刑人於受懲罰期間內。

三　有事實而合理懷疑受刑人有脫逃之虞。

四　有事實而合理懷疑有意圖加害或騷擾他人之虞。

五　矯正機關收容人間互通之書信。

六　有事實而合理懷疑有危害監獄安全或秩序之虞。

③監獄閱讀受刑人書信後，有下列各款情形之一者，得敘明理由刪除之：

一　顯有危害監獄之安全或秩序。

二　教唆、煽惑他人犯罪或違背法規。

三　使用符號、暗語或其他方法，使檢查人員無法瞭解書信內容。

四　涉及脫逃情事。

五　敘述矯正機關之警備狀況、舍房、工場位置，足以影響戒護安全。

④前項書信之刪除，依下列方式處理：

一　受刑人係發信者，監獄應敘明理由，退還受刑人保管或要求其修改後再行寄發，如拒絕修改，監獄得逕予刪除後寄發。

二　受刑人係受信者，監獄應敘明理由，逕予刪除再行交付。

⑤前項刪除之書信，應影印原文由監獄保管，並於受刑人出監時發還之。受刑人於出監前死亡者，依第八十一條及第八十二條第一項第四款規定處理。

⑥受刑人發送之文件，屬文稿性質者，得准其投寄報章雜誌或媒

　體，並準用前五項之規定。

⑦發信郵資，由受刑人自付。但受刑人無力負擔且監獄認爲適當時，得由監獄支付之。

第七五條

受刑人以書面向法院、檢察官或其他公務機關有所請求，或公務機關送達受刑人之文書，監獄應速爲轉送。

第十章　保　管

第七六條

①受刑人攜帶、在監取得或外界送入之金錢及物品，經檢查後，由監獄代爲保管。但認有必要且無妨害監獄秩序或安全之虞者，得准許受刑人在監使用，或依受刑人之請求交由他人領回。

②前項物品屬易腐敗、有危險性、有害或不適於保管者，監獄得通知受刑人後予以毀棄或爲其他適當之處理。

③監獄代爲保管之金錢，除酌留一定金額作爲週轉金外，應設專戶管理。

④前項專戶管理之金錢，其所孳生之利息統籌運用於增進受刑人生活福利事項。

⑤前四項受刑人之金錢與物品送入、檢查、登記、保管、使用、毀棄、處理、領回、查核、孳息運用、週轉金保留額度及其他應遵行事項之辦法，由法務部定之。

第七七條

①外界得對受刑人送入金錢、飲食、必需物品或其他經監獄長官許可之財物。

②監獄對於前項外界送入之金錢、飲食、必需物品及其他財物，所實施之檢查不得逾必要之程度。

③經前項檢查認有妨害監獄秩序或安全時，得限制或禁止送入。

④前三項金錢、飲食、必需物品及其他財物之送入方式、時間、次數、種類、數額、數量、限制或禁止方式及其他應遵行事項之辦法，由法務部定之。

第七八條

①監獄對前條外界送入之金錢、飲食及物品，因送入人或其住居處所不明，或爲受刑人拒絕收受者，應退回之；無法退回者，經公告六個月後仍無人領取時，歸國庫或毀棄。

②於前項待領回或公告期間，監獄得將易腐敗、有危險性、有害或不適於保管之物品毀棄之。

第七九條

經檢查發現受刑人未經許可持有之金錢或物品，監獄得視情節予以歸屬國庫、毀棄或另爲其他適當之處理；其金錢或物品持有人不明者，亦同。

第八〇條

受刑人經釋放者，監獄應將代爲保管之金錢及物品交還之；其未

領回者，應限期通知其領回。

第八一條

① 受刑人死亡後遺留之金錢及物品，應限期通知其繼承人領回。

② 前項繼承人有數人者，監獄得僅通知其中一人或由其中一人領回。

③ 前二項情形，因其繼承人有無或居住處所不明無法通知，應予公告並限期領回。

第八二條

① 受刑人有下列各款情形之一，自各款規定之日起算，經六個月後，未申請發還者，其所留之金錢及物品，予以歸屬國庫、毀棄或另為其他適當處理：

一 釋放者，依第八十條限期通知期滿之日起算。

二 脫逃者，自脫逃之日起算。

三 依第二十七條第一項規定暫行釋放，未遵守同條第二項報到規定，自最後應報到之日起算。

四 受刑人死亡者，依前條第一項、第三項通知或公告限期領回期滿之日起算。

② 於前項待領回、通知或公告期間，監獄得將易腐敗、有危險性、有害或不適於保管之物品予以毀棄或另為其他適當處理。

第十一章　獎懲及賠償

第八三條

受刑人除依法規規定應予獎勵外，有下列各款行為之一者，得予以獎勵：

一 舉發受刑人圖謀脫逃、暴行或將為脫逃、暴行。

二 救護人命或捕獲脫逃。

三 於天災、事變或傳染病流行時，充任應急事務有勞績。

四 作業成績優良。

五 有特殊貢獻，足以增進監獄榮譽。

六 對作業技術、產品、機器、設備、衛生、醫藥等有特殊設計，足資利用。

七 對監內外管理之改進，有卓越建議。

八 其他優良行為確有獎勵必要。

第八四條

① 前條情形，得給予下列一款或數款之獎勵：

一 公開表揚。

二 增給成績分數。

三 給與書籍或其他獎品。

四 增加接見或通信次數。

五 發給獎狀。

六 給與相當數額之獎金。

七 其他特別獎勵。

②前項獎勵之基準、第七款特別獎勵之種類、對象、實施方式、程序及其他應遵行事項之辦法，由法務部定之。

第八五條

監獄非依本法或其他法律規定，對於受刑人不得加以懲罰，同一事件不得重複懲罰。

第八六條

①受刑人有妨害監獄秩序或安全之行爲時，得施以下列一款或數款之懲罰：

一　警告。

二　停止接受送入飲食三日至七日。

三　停止使用自費購買之非日常生活必需品七日至十四日。

四　移入違規舍十四日至六十日。

②前項妨害監獄秩序或安全之行爲態樣與施予懲罰之種類、期間、違規舍之生活管理、限制、禁止及其他應遵行事項之辦法，由法務部定之。

第八七條

①監獄依本法或其他法律懲罰前，應給予受刑人陳述意見之機會，並告知其違規之原因事實及科處之懲罰。

②受刑人違規情節輕微或顯堪憫恕者，得免其懲罰之執行或緩予執行。

③受刑人罹患疾病或有其他特別事由者，得停止執行。

④監獄爲調查受刑人違規事項，得對相關受刑人施以必要之區隔，期間不得逾二十日。

第八八條

①依前條第二項規定免予執行或緩予執行後，如受懲罰者已保持一月以上之改悔情狀，得廢止其懲罰。

②依前條第三項規定停止執行者，於其停止原因消滅後繼續執行。但停止執行逾六個月不再執行。

③受懲罰者，在執行中有改悔情狀時，得終止其執行。

第八九條

①受刑人因故意或重大過失，致損害器具、成品、材料或其他物品時，應賠償之。

②前項賠償之金額，受刑人未爲給付者，得自其保管金或勞作金內扣還之。

第十二章　陳情、申訴及起訴

第九〇條

監獄對受刑人處分或管理措施之執行，不因提起陳情或申訴而停止。但監獄於必要時，得停止其執行。

第九一條

監獄對於受刑人，不得因陳情、申訴或訴訟救濟之提出，而施以歧視待遇或藉故懲罰。

第九二條

①受刑人得以書面或言詞向監獄、視察小組或其他視察人員提出陳情。

②監獄應於適當處所設意見箱，供受刑人提出陳情或提供意見使用。

③監獄對於受刑人之陳情或提供意見，應爲適當之處理。

第九三條

①受刑人因監獄行刑有下列情形之一者，得以書面或言詞向監獄提起申訴：

　一　不服監獄所爲影響其個人權益之處分或管理措施。

　二　因監獄對其依本法請求之事件，拒絕其請求或於二個月內不依其請求作成決定，認爲其權利或法律上利益受損害。

　三　因監獄行刑之公法上原因發生之財產給付爭議。

②前項第一款處分或管理措施、第二款、第三款拒絕請求之申訴，應自受刑人收受或知悉處分或管理措施之次日起，十日不變期間內爲之。前項第二款、第三款不依請求作成決定之申訴，應自受刑人提出請求屆滿二個月之次日起，十日不變期間內爲之。

③監獄認爲受刑人之申訴有理由者，應逕予立即停止、撤銷或變更原處分、管理措施之決定或執行，或依其請求或申訴作成決定。

④以書面以外方式所爲之處分或管理措施，其相對人有正當理由請求作成書面時，監獄不得拒絕。

⑤前項書面應附記理由，並表明救濟方法、期間及受理機關。

第九四條

①受刑人提起前條申訴及第一百十一條第二項之訴訟救濟，得委任律師爲代理人行之，並應向監獄或法院提出委任狀。

②受刑人或代理人經監獄或法院之許可，得偕同輔佐人到場。

③監獄或法院認爲必要時，得命受刑人或代理人偕同輔佐人到場。

④前二項之輔佐人，監獄或法院認爲不適當時，得撤銷其許可或禁止其陳述。

⑤輔佐人所爲之陳述，受刑人或代理人未立即提出異議者，視爲其所自爲。

第九五條

監獄爲處理申訴事件，應設申訴審議小組（以下簡稱審議小組），置委員九人，經監督機關核定後，由典獄長指派之代表三人及學者專家或社會公正人士六人組成之，並由典獄長指定之委員爲主席。其中任一性別委員不得少於三分之一。

第九六條

①以書面提起申訴者，應填具申訴書，載明下列事項，由申訴人簽名或捺印：

　一　申訴人之姓名。有委任代理人或輔佐人者，其姓名、住居所。

　二　申訴事實及發生時間。

三　申訴理由。

四　申訴年、月、日。

②以言詞提起申訴者，由監獄人員代爲塡具申訴書，經向申訴人朗讀或使其閱覽，確認內容無誤後，交其簽名或捺印。

第九七條

審議小組認爲申訴書不合法定程式，而其情形可補正者，應通知申訴人於五日內補正。

第九八條

①審議小組須有全體委員過半數之出席，始得開會；其決議以出席人數過半數同意行之，可否同數時，取決於主席。

②審議小組決議時，迴避之委員不計入出席委員人數。

第九九條

①審議小組委員於申訴事件有下列情形之一者，應自行迴避，不得參與決議：

一　審議小組委員現爲或曾爲申訴人之配偶、四親等內之血親、三親等內之姻親或家長、家屬。

二　審議小組委員現爲或曾爲申訴人之代理人、辯護人、輔佐人。

三　審議小組委員現爲申訴人、其申訴對象、或申訴人曾提起申訴之對象。

②有具體事實足認審議小組委員就申訴事件有偏頗之虞者，申訴人得舉其原因及事實，向審議小組申請迴避。

③前項申請，由審議小組決議之。不服審議小組之駁回決定者，得於五日內提請監督機關覆決，監督機關除有正當理由外，應於十日內爲適當之處置。

④申訴人不服監督機關所爲覆決決定，僅得於對實體決定提起行政訴訟時一併聲明不服。

⑤審議小組委員有第一項情形不自行迴避，而未經申訴人申請迴避者，應由監獄依職權命其迴避。

第一○○條

提起申訴後，於決定書送達申訴人前，申訴人得撤回之。申訴經撤回者，不得就同一原因事實重行提起申訴。

第一○一條

①審議小組應自受理申訴之次日起三十日內作成決定，必要時得延長十日，並通知申訴人。

②前項期間，於依第九十七條通知補正情形，自補正之次日起算。

③審議小組屆期不爲決定者，視爲撤銷原處分。

第一○二條

①審議小組進行審議時，應通知申訴人、委任代理人及輔佐人列席陳述意見。

②申訴人因案收容於其他處所者，其陳述意見得以書面、影音、視訊、電話或其他方式爲之。

③前項以書面以外方式陳述意見者，監獄應作成紀錄，經向陳述人朗讀或使閱覽確認其內容無誤後，由陳述人簽名或捺印；其拒絕簽名或捺印者，應記明其事由。陳述人對紀錄有異議者，應更正之。

第一○三條
申訴審議資料，不得含與申訴事項無關之罪名、刑期、犯次或之前違規紀錄等資料。

第一○四條
審議小組應依職權調查證據，不受申訴人主張之拘束，對申訴人有利及不利事項一律注意。

第一○五條
申訴人於申訴程序中，得申請審議小組調查事實及證據。審議小組認無調查必要者，應於申訴決定中敘明不為調查之理由。

第一○六條
①審議小組應製作會議紀錄。
②前項會議紀錄應載明到場人所為陳述之要旨及其提出之文書、證據。委員於審議中所持與決議不同之意見，經其請求者，亦應列入紀錄。

第一○七條
審議小組認申訴有下列情形之一者，監獄應為不受理之決定：
一　申訴內容非屬第九十三條第一項之事項。
二　提起申訴已逾第九十三條第二項所定期間。
三　申訴書不合法定程式不能補正，或經依第九十七條規定通知補正，屆期不補正。
四　對於已決定或已撤回之申訴事件，就同一原因事實重行提起申訴。
五　申訴人非受第九十三條第一項第一款處分或管理措施之相對人，或非第九十三條第一項第二款、第三款之請求人。
六　監獄已依第九十三條第三項為停止、撤銷或變更原處分、管理措施之決定或執行，或已依其請求或申訴作成決定。

第一○八條
①審議小組認申訴有理由者，監獄應為停止、撤銷或變更原處分、管理措施之決定或執行，或依受刑人之請求或申訴作成決定。但不得為更不利益之變更、處分或管理措施。
②審議小組認申訴無理由者，監獄應為駁回之決定。
③原處分或管理措施所憑理由雖屬不當，但依其他理由認為正當者，應以申訴為無理由。

第一○九條
①審議小組依前二條所為之決定，監獄應作成決定書。
②申訴決定書，應載明下列事項：
一　申訴人姓名、出生年月日、住居所、身分證明文件字號。
二　有委任代理人或輔佐人者，其姓名、住居所。

三 主文、事實及理由。其係不受理決定者，得不記載事實。

四 附記如依本法規定得向法院起訴者，其救濟方法、期間及其受理機關。

五 決定機關及其首長。

六 年、月、日。

③前項決定書應送達申訴人及委任代理人，並副知監督機關。

④監督機關收受前項決定書後，應詳閱其內容，如認監獄之原處分或管理措施有缺失情事者，應督促其改善。

⑤申訴決定書附記提起行政訴訟期間錯誤時，應由監獄以通知更正之，並自更正通知送達之日起，計算法定期間。

⑥申訴決定書未依第二項第四款規定爲附記，或附記錯誤而未依前項規定通知更正，致受刑人遲誤行政訴訟期間者，如自申訴決定書送達之日起三個月內提起行政訴訟，視爲於法定期間內提起。

第一一〇條

①受刑人與監督機關間，因監獄行刑有第九十三條第一項各款情事，得以書面向監督機關提起申訴，並準用第九十條、第九十三條第二項至第五項、第九十四條第一項、第九十五條、第九十六條第一項、第九十七條至第一百零一條、第一百零二條第二項、第三項、第一百零五條至第一百零八條及前條第一項至第三項、第五項、第六項規定。

②受刑人依前項規定提起申訴而不服其決定，或提起申訴逾三十日不爲決定或延長申訴決定期間逾三十日不爲決定者，準用第一百十一條至第一百十四條之規定。

第一一一條

①受刑人因監獄行刑所生之公法爭議，除法律另有規定外，應依本法提起行政訴訟。

②受刑人依本法提起申訴而不服其決定者，應向監獄之所在地之地方法院行政訴訟庭提起下列各款訴訟：

一 認爲監獄處分逾越達成監獄行刑目的所必要之範圍，而不法侵害其憲法所保障之基本權利且非顯屬輕微者，得提起撤銷訴訟。

二 認爲前款處分違法，因已執行而無回復原狀可能或已消滅，有即受確認判決之法律上利益者，得提起確認處分違法之訴訟。其認爲前款處分無效，有即受確認判決之法律上利益者，得提起確認處分無效之訴訟。

三 因監獄對其依本法請求之事件，拒絕其請求或未於二個月內依其請求作成決定，認爲其權利或法律上利益受損害，或因監獄行刑之公法上原因發生財產上給付之爭議，得提起給付訴訟。就監獄之管理措施認爲逾越達成監獄行刑目的所必要之範圍，而不法侵害其憲法所保障之基本權利且非顯屬輕微者，亦同。

③前項各款訴訟之提起，應以書狀爲之。

第一一二條

① 前條訴訟，不得與其他訴訟合併提起，且不得合併請求損害賠償。

② 前條訴訟之提起，應於申訴決定書送達後三十日之不變期間內為之。

③ 審議小組逾三十日不為決定或延長申訴決定期間逾十日不為決定者，受刑人自該應為決定期限屆滿後，得逕提起前條第二項第二款、第三款之訴訟。但自該應為決定期限屆滿後逾六個月者，不得提起。

第一一三條

① 受刑人於起訴期間內向監獄長官提出起訴狀，或於法院裁判確定前向監獄長官提出撤回書狀者，分別視為起訴期間內之起訴或法院裁判確定前之撤回。

② 受刑人不能自作起訴狀者，監獄人員應為之代作。

③ 監獄長官接受起訴狀或撤回書狀後，應附記接受之年、月、日、時，儘速送交法院。

④ 受刑人之起訴狀或撤回書狀，非經監獄長官提出者，法院之書記官於接受起訴狀或撤回書狀後，應即通知監獄長官。

⑤ 監獄應依職權或依法院之通知，將與申訴案件有關之卷宗及證物送交法院。

第一一四條

① 依第一百十一條規定提起之訴訟，為簡易訴訟程序事件，除本法或其他法律另有規定外，適用行政訴訟法簡易訴訟程序之規定，其裁判費用減徵二分之一。

② 前項裁判得不經言詞辯論為之，並得引用申訴決定書所記載之事實、證據及理由，對案情重要事項申訴決定書未予論述，或不採受刑人之主張、有利於受刑人之證據，應補充記載其理由。

第十三章 假　釋

第一一五條

① 監獄對於受刑人符合假釋要件者，應提報其假釋審查會決議後，報請法務部審查。

② 依刑法第七十七條第二項第三款接受強制身心治療或輔導教育之受刑人，應附具曾受治療或輔導之紀錄及個案自我控制再犯預防成效評估報告，如顯有再犯之虞，不得報請假釋。

③ 前項強制身心治療或輔導教育之處理程序、評估機制及其他相關事項之辦法，由法務部定之。

第一一六條

① 假釋審查應參酌受刑人之犯行情節、在監行狀、犯罪紀錄、教化矯治處遇成效、更生計畫及其他有關事項，綜合判斷其悛悔情形。

② 法務部應依前項規定內容訂定假釋審查參考基準，並以適當方式

公開之。

第一一七條

①監獄召開假釋審查會前，應以適當之方式給予受刑人陳述意見之機會。

②受刑人得向監獄請求閱覽、抄錄、複製假釋審查相關資料。但所涉資料屬政府資訊公開法第十八條第一項或檔案法第十八條所定情形者，不在此限。

第一一八條

①法務部參酌監獄依第一百十五條第一項陳報假釋之決議，應為許可假釋或不予許可假釋之處分；如原決議所載理由或所憑資料未臻完備，得通知監獄再行補正，其不能補正者，得予退回。

②經法務部不予許可假釋之處分案，除進級者外，監獄應逾四月始得再行陳報。但該受刑人嗣後獲第八十四條第一項第五款至第七款所列之獎勵者，監獄得提前一個月陳報。

第一一九條

①監獄應設假釋審查會，置委員七人至十一人，除典獄長及其指派監獄代表二人為當然委員外，其餘委員由各監獄遴選具有心理、教育、法律、犯罪、監獄學、觀護、社會工作或相關專門學識之人士，報請監督機關核准後聘任之。其中任一性別委員不得少於三分之一。

②監獄得將所設分監受刑人假釋案件審查之事項，委託該分監所在之矯正機關辦理。

③第一百十五條陳報假釋之程序、文件資料，與第一項假釋審查會委員任期、召開方式、審議要項、委員迴避、釋放程序及其他相關事項之辦法，由法務部定之。

第一二〇條

①假釋出監受刑人刑期變更者，監獄於接獲相關執行指揮書後，應依刑法第七十七條規定重新核算，並提報其假釋審查會決議後，報請法務部辦理維持或廢止假釋。

②前項經維持假釋者，監督機關應通知該假釋案犯罪事實最後裁判法院相對應檢察署向法院聲請裁定假釋中付保護管束；經廢止假釋者，由監獄通知原指揮執行檢察署辦理後續執行事宜。

③第一項情形，假釋期間已屆滿且假釋未經撤銷者，已執行保護管束日數全部計入刑期；假釋尚未期滿者，已執行保護管束日數，應於日後再假釋時，折抵假釋及保護管束期間。

④受刑人於假釋核准後，未出監前，發生重大違背紀律情事，監獄應立即報請法務部停止其假釋處分之執行，並即提報假釋審查會決議後，再報請法務部廢止假釋，如法務部不同意廢止，停止假釋之處分即失其效力。

⑤受刑人不服停止假釋處分時，僅得於對廢止假釋處分聲明不服時一併聲明之。

第一二一條

① 受刑人對於前條廢止假釋及第一百十八條不予許可假釋之處分，如有不服，得於收受處分書之翌日起十日內向法務部提起復審。假釋出監受刑人以其假釋之撤銷爲不當者，亦同。

② 前項復審無停止執行之效力。

③ 在監之復審人於第一項所定期間向監獄提起復審者，視爲已在復審期間內提起復審。

第一二二條

① 受刑人提起前條復審及第一百三十四條第一項之訴訟救濟，得委任律師爲代理人行之，並應向法務部或法院提出委任狀。

② 受刑人或代理人經法務部或法院之許可，得偕同輔佐人到場。

③ 法務部或法院認爲必要時，得命受刑人或代理人偕同輔佐人到場。

④ 前二項之輔佐人，法務部及法院認爲不適當時，得撤銷其許可或禁止其陳述。

⑤ 輔佐人所爲之陳述，受刑人或代理人未立即提出異議者，視爲其所自爲。

第一二三條

法務部爲處理復審事件，應設復審審議小組，置委員九人，由法務部或所屬機關代表四人、學者專家或社會公正人士五人組成之，由部長指定之委員爲主席。其中任一性別委員不得少於三分之一。

第一二四條

復審應填具復審書，並載明下列事項，由復審人簽名或捺印：

一 復審人之姓名。有委任代理人或輔佐人者，其姓名、住居所。

二 復審事實。

三 復審理由。

四 復審年、月、日。

第一二五條

復審審議小組認爲復審書不合法定程式，而其情形可補正者，應通知復審人於五日內補正。

第一二六條

① 復審審議小組須有全體委員過半數之出席，始得開會；其決議以出席人數過半數同意行之，可否同數時，取決於主席。

② 復審審議小組會決議時，迴避之委員不計入出席委員人數。

第一二七條

① 復審審議小組委員於復審事件有下列情形之一者，應自行迴避，不得參與決議：

一 復審審議小組委員現爲或曾爲復審人之配偶、四親等內血親、三親等內姻親或家長、家屬。

二 復審審議小組委員現爲或曾爲復審人之代理人、辯護人、輔

　　　佐人。

三　復審審議小組委員現爲復審人、其申訴對象、或復審人曾提起申訴之對象。

②有具體事實足認復審審議小組委員就復審事件有偏頗之虞者，復審人應舉其原因及事實，向復審審議小組申請迴避。

③前項申請，由復審審議小組決議之。

④不服復審審議小組之駁回決定者，得於五日內提請法務部覆決，法務部除有正當理由外，應於十日內爲適當之處置。

⑤復審人不服法務部所爲覆決決定，僅得於對實體決定提起行政訴訟時，一併聲明不服。

⑥復審審議小組委員有第一項情形不自行迴避，而未經復審人申請迴避者，應由法務部依職權命其迴避。

第一二八條

提起復審後，於決定書送達復審人前，復審人得撤回之。復審經撤回者，不得就同一原因事實重行提起復審。

第一二九條

①復審審議小組之決定，應自受理復審之次日起二個月內爲之。

②前項期間，於依第一百二十五條通知補正情形，自補正之次日起算。未爲補正者，自補正期間屆滿之次日起算。

③復審事件不能於第一項期間內決定者，得予延長，並通知復審人。延長以一次爲限，最長不得逾二個月。

④受刑人不服復審決定，或提起復審逾二個月不爲決定，或延長復審決定期間逾二個月不爲決定者，得依本法規定提起行政訴訟。

第一三〇條

①復審審議小組會議時，應通知復審人、委任代理人及輔佐人陳述意見，其陳述意見得以書面、影音、視訊、電話或其他方式爲之。

②前項以書面以外方式陳述意見者，應作成紀錄，經向陳述人朗讀或使閱覽確認其內容無誤後，由陳述人簽名或捺印；其拒絕簽名或捺印者，應記明其事由。陳述人對於紀錄有異議者，應更正之。

第一三一條

復審有下列情形之一者，應爲不受理之決定：

一　復審內容非屬第一百二十一條之事項。

二　提起復審已逾第一百二十一條所定期間。

三　復審書不合法定程式不能補正，或經依第一百二十五條規定通知補正，屆期不補正。

四　對於已決定或撤回之復審事件，就同一原因事實重行提起復審。

五　復審人非受第一百二十一條處分之當事人。

六　原處分已撤銷或變更。

第一三二條

①復審有理由者，應爲撤銷或變更原處分。

②復審無理由者，應爲駁回之決定。

③原處分所憑理由雖屬不當，但依其他理由認爲正當者，應以復審爲無理由。

第一三三條

①復審決定書，應載明下列事項：

一　復審人姓名、出生年月日、住居所、身分證明文件字號。

二　有委任代理人或輔佐人者，其姓名、住居所。

三　主文、事實及理由。其係不受理決定者，得不記載事實。

四　附記如依本法規定得向法院起訴，其救濟方法、期間及其受理機關。

五　決定機關及其首長。

六　年、月、日。

②前項決定書應送達復審人及委任代理人。

③復審決定書附記提起行政訴訟期間錯誤時，應由法務部以通知更正之，並自更正通知送達之日起，計算法定期間。

④復審決定書未依第一項第四款規定爲附記，或附記錯誤而未依前項規定通知更正，致受刑人遲誤行政訴訟期間者，如自復審決定書送達之日起三個月內提起行政訴訟，視爲於法定期間內提起。

第一三四條

①受刑人對於廢止假釋、不予許可假釋或撤銷假釋之處分不服，經依本法提起復審而不服其決定，或提起復審逾二個月不爲決定或延長復審決定期間逾二個月不爲決定者，應向監獄所在地或執行保護管束地之地方法院行政訴訟庭提起撤銷訴訟。

②前項處分因已執行而無回復原狀可能或已消滅，有即受確認判決之法律上利益者，得提起確認處分違法之訴訟。其認爲前項處分無效，有即受確認判決之法律上利益者，得提起確認處分無效之訴訟。

③前二項訴訟之提起，應以書狀爲之。

第一三五條

①前條訴訟，不得與其他訴訟合併提起，且不得合併請求損害賠償。

②前條訴訟之提起，應於復審決定書送達後三十日之不變期間內爲之。

③復審逾二個月不爲決定或延長復審決定期間逾二個月不爲決定者，前條訴訟自該應爲決定期限屆滿後始得提起。但自該應爲決定期限屆滿後逾六個月者，不得提起。

第一三六條

第一百十一條第一項、第一百十三條、第一百十四條之規定，於第一百三十四條之訴訟準用之。

第一三七條

法務部得將假釋之審查、維持、停止、廢止、撤銷、本章有關審審議及其相關事項之權限，委任所屬矯正署辦理。

第十四章　釋放及保護

第一三八條

① 執行期滿者，應於其刑期終了之當日午前釋放之。

② 核准假釋者，應於保護管束命令送交監獄後二十四小時內釋放之。但有移交、接管、護送、安置、交通、銜接保護管束措施或其他安全顧慮特殊事由者，得於指定日期辦理釋放。

③ 前項釋放時，由監獄給與假釋證書，並告知如不於特定時間內向執行保護管束檢察署檢察官報到，得撤銷假釋之規定，並將出監日期通知執行保護管束之機關。

④ 受赦免者，應於公文到達後至遲二十四小時內釋放之。

第一三九條

釋放後之保護扶助事項，除法規另有規定外，應於受刑人執行期滿出監前或提報假釋前先行調查，必要時，得於釋放前再予覆查。

第一四〇條

① 受刑人依刑法第九十一條之一或性侵害犯罪防治法第二十二條之一規定，經鑑定、評估，認有再犯之危險，而有施以強制治療之必要者，監獄應於刑期屆滿前四月，將受刑人應接受強制治療之鑑定、評估報告等相關資料，送請該管檢察署檢察官，檢察官至遲應於受刑人刑期屆滿前二月，向法院聲請出監後強制治療之宣告。

② 前項強制治療宣告之執行，應於監獄以外之適當醫療機構為之。

③ 第一項受刑人實際入監執行之刑期不足六月，無法進行評估者，監獄應檢具相關資料通知其戶籍所在地之直轄市、縣（市）主管機關，於受刑人出監後依性侵害犯罪防治法第二十條規定辦理。

第一四一條

① 釋放時，應斟酌被釋放者之健康，並按時令使其準備相當之衣類及出獄旅費。

② 前項衣類、旅費不敷時，監獄應通知當地更生保護團體或相關團體斟酌給與之。

第一四二條

① 釋放衰老、重病、身心障礙不能自理生活之受刑人前，應通知家屬或受刑人認為適當之人來監接回。無法通知或經通知後拒絕接回者，監獄應檢具相關資料通知受刑人戶籍所在地直轄市、縣（市）社會福利主管機關辦理轉介安置或為其他必要之處置。

② 依其他法規規定於受刑人釋放前應通知相關個人、法人、團體或機關（構）者，監獄應依規定辦理。

第十五章　死　亡

第一四三條

① 受刑人於執行中死亡，監獄應即通知家屬或最近親屬，並逕報檢

察署指派檢察官相驗。家屬或最近親屬有數人者，得僅通知其中一人。

②監獄如知前項受刑人有委任律師，且其委任事務尚未處理完畢，亦應通知之。

③第一項情形，監獄應檢附相關資料，陳報監督機關。

第一四四條

死亡者之屍體，經依前條相驗並通知後七日內無人請領或無法通知者，得火化之，並存放於骨灰存放設施。

第十六章　死刑之執行

第一四五條

①死刑在監獄特定場所執行之。

②執行死刑之方式、限制、程序及相關事項之規則，由法務部定之。

第一四六條

執行死刑，應於當日告知本人

第一四七條

第一百四十四條之規定，於執行死刑之屍體準用之。

第一四八條

①死刑定讞待執行者，應由檢察官簽發死刑確定待執行指揮書，交由監獄收容。

②死刑定讞待執行者，得準用本法有關戒護、作業、教化與文康、給養、衛生及醫療、接見及通信、保管、陳情、申訴及訴訟救濟等規定。

③監獄得適度放寬第一項之待執行者接見、通信，並依其意願提供作業及教化輔導之機會。

第十七章　附　則

第一四九條

為使受刑人從事生產事業、服務業、公共建設或其他特定作業，並實施階段性處遇，使其逐步適應社會生活，得設外役監；其管理及處遇之實施另以法律定之。

第一五〇條

依第六十條第二項及第六十二條第二項規定，應由受刑人自行負擔之交通費用，由監獄先行支付者，監獄得由受刑人保管金或勞作金中扣除，無可供扣除之款項，由監獄以書面行政處分命受刑人於三十日內償還；屆期未償還者，得移送行政執行。

第一五一條

①本法中華民國一百零八年十二月十七日修正之條文施行前已受理之申訴事件，尚未作成決定者，適用修正施行後之規定。

②本法中華民國一百零八年十二月十七日修正之條文施行前得提起申訴之事件，於修正施行日尚未逾法定救濟期間者，得於修正施

行日之次日起算十日內，依本法規定提起申訴。

③本法中華民國一百零八年十二月十七日修正之條文施行前，有第九十三條第一項第二款、第三款之情形，其按第九十三條第二項計算之申訴期間於修正施行日尚未屆滿者，其申訴自修正施行日之次日起算十日不變期間。

第一五二條

①本法中華民國一百零八年十二月十七日修正之條文施行前，已受理之假釋訴願事件，尚未作成決定者，於修正施行後仍由原受理訴願機關依訴願法之規定決定之。訴願人不服其決定，或提起訴願逾三個月不為決定，或延長訴願決定期間逾二個月不為決定者，得依本法規定向管轄地方法院行政訴訟庭提起訴訟。

②本法中華民國一百零八年十二月十七日修正之條文施行前已提起假釋訴願之事件，於修正施行日尚未逾法定救濟期間者，得於修正施行日之次日起算十日內，依本法規定提起復審。

③本法中華民國一百零八年十二月十七日修正之條文施行前已提起假釋行政訴訟之事件，於修正施行日尚未逾法定救濟期間者，得於修正施行日之次日起算十日內，依本法規定向管轄地方法院行政訴訟庭提起訴訟。

第一五三條

①本法中華民國一百零八年十二月十七日修正之條文施行前，因撤銷假釋已繫屬於法院之聲明異議案件，尚未終結者，於修正施行後，仍由原法院依司法院釋字第六八一號解釋意旨，依刑事訴訟法之規定審理。

②前項裁定之抗告、再抗告及本法中華民國一百零八年十二月十七日修正之條文施行前已由地方法院或高等法院終結之聲明異議案件之抗告、再抗告案件，尚未終結者，於修正施行後由高等法院或最高法院依司法院釋字第六八一號解釋意旨，依刑事訴訟法之規定審理。

③本法中華民國一百零八年十二月十七日修正之條文施行前，因撤銷假釋而聲明異議之案件，得於修正施行日之次日起算三十日內，依本法規定向管轄地方法院行政訴訟庭提起訴訟。

④本法中華民國一百零八年十二月十七日修正之條文施行前，因不予許可假釋而依司法院釋字第六九一號解釋已繫屬於高等行政法院之行政訴訟事件，於修正施行後，依下列規定辦理：

一　尚未終結者：由高等行政法院裁定移送管轄之地方法院行政訴訟庭，依本法規定審理；其上訴、抗告，亦同。

二　已終結者：其上訴、抗告，仍依原訴訟程序規定辦理，不適用修正施行後之規定。

⑤本法中華民國一百零八年十二月十七日修正之條文施行前，因不予許可假釋而依司法院釋字第六九一號解釋已繫屬於最高行政法院，而於修正施行時，尚未終結之前項事件，仍依原訴訟程序規定辦理，不適用修正施行後之規定。如認上訴或抗告不合法或無

理由者，應予駁回；有理由者，應為上訴人或抗告人勝訴之裁判；必要時，發交管轄之地方法院行政訴訟庭依修正施行後之條文審判之。

⑥本法中華民國一百零八年十二月十七日修正之條文施行前確定之不予許可假釋行政訴訟事件裁判，其再審之提起或聲請，由高等行政法院、最高行政法院依原訴訟程序規定辦理，不適用修正施行後之規定。

第一五四條
依軍事審判法執行之軍事受刑人準用本法之規定。

第一五五條
本法施行細則，由法務部定之。

第一五六條
本法自公布日後六個月施行。

執行死刑規則

①民國37年7月30日司法行政部訂定發布全文10條。
②民國44年8月17日司法行政部修正發布全文10條。
③民國64年3月17日司法行政部令修正發布全文9條。
④民國79年10月24日司法行政部令修正發布全文9條。
⑤民國80年5月17日司法行政部令修正發布第2、3、5條條文。
⑥民國91年12月31日法務部令修正發布第1、3、5條條文。
⑦民國109年7月15日法務部令修正發布全文12條；並自109年7月15日施行。

第一條

本規則依監獄行刑法第一百四十五條第二項規定訂定之。

第二條

①法務部收受最高檢察署陳報之死刑案件時，應注意審核下列事項：

一　檢察官、被告及其辯護人有無已收受確定判決之判決書。
二　確定判決送達被告及其辯護人有無已逾二十日。
三　有無非常上訴、再審程序在進行中。
四　有無聲請司法院大法官解釋程序在進行中。
五　有無書面回覆經赦免。
六　有無收受依赦免法規定為大赦、特赦或減刑之研議之書面。
七　有無刑事訴訟法第四百六十五條之事由。

②法務部審核結果認有前項情形或事由之一者，不得於相關程序終結前令准執行。

③有第一項第三款之情形或理由之疑義者，法務部得將該案件函請最高檢察署再為審核。

第三條

①法務部核准死刑案件之執行後，應即函送最高檢察署轉送相關之高等檢察署或其檢察分署指派執行檢察官於三日內依法執行死刑。但執行檢察官發現案情確有合於再審、非常上訴之理由者，得於三日內電請法務部再加審核。

②法務部對於執行檢察官依前項但書電請審核後，應將該案件函請最高檢察署再為審核。

第四條

①執行死刑，由檢察官會同監獄典獄長或其職務代理人，或該管分監監長蒞視驗明，確認受刑人之身分。

②檢察官應訊問受刑人下列事項，並由在場之書記官製作筆錄：

一　受刑人之姓名、出生年月日、身分證明文件編號。

二　告以當日執行死刑。

三　有無最後留言及是否通知其指定之家屬或親友。但指定通知之人不得逾三人。

四　其他認有訊問之必要。

③前項第三款，受刑人之最後留言，得以錄音或錄影方式為之，時間不得逾十分鐘。

④前項最後留言，應由書記官立即交付監獄，於執行後二十四小時內以適當方式通知受刑人指定之家屬或親友。但不能或無法通知，或經檢察官認留言內容有脅迫、恐嚇他人、違反法令或其他不適宜通知之具體事由者，免予通知。

⑤除依前項規定通知之家屬或親友外，第二項第三款之最後留言不公開之。

⑥第一項筆錄，應由檢察官及在場之典獄長或其職務代理人或該管分監長簽名。

第五條

監獄應依受刑人之意願，安排適當之宗教師，於受刑人進入刑場執行前，在合理範圍內為其舉行宗教儀式。

第六條

①執行死刑，用槍決、藥劑注射或其他符合人道之適當方式為之。

②執行槍決時，應由法醫師先對受刑人以施打或其他適當方式使用麻醉劑，俟其失去知覺後，再執行之。

③執行槍決時，應對受刑人使用頭罩，使其背向行刑人，行刑時射擊部位定為心部，於受刑人背後定其目標。行刑人與受刑人距離，不得逾二公尺。

④第一項藥劑注射或其他符合人道之適當方式執行方法，由法務部公告後為之。

第七條

①行刑人，由高等檢察署或其檢察分署之法警擔任。

②高等檢察署或其檢察分署對於法警，平日應給予適當之教育訓練；於執行後，對於相關人員應予輔導或心理諮商。

第八條

①執行死刑逾二十分鐘後，由范場檢察官會同法醫師立即覆驗。

②執行死刑後，執行死刑機關應將執行經過及法醫師覆驗結果，併同訊問筆錄、鑑定書、執行照片與相關資料，層報法務部備查。

③受刑人經覆驗確認死亡，監獄應將執行完畢結果立即通知受刑人家屬或最近親屬。家屬或最近親屬有數人者，得僅通知其中一人。

④受刑人之屍體，經依前項規定通知後七日內無人請領或無法通知者，得由監獄協助辦理火化之，並存放於骨灰存放設施。

第九條

執行死刑於監獄內擇定適當特定場所行之。

第一〇條

行刑應嚴守秘密，除經檢察官、典獄長或其職務代理人或該管分監監長許可者外，不得進入行刑場內。

第一一條

①國定例假日及受刑人之配偶、直系親屬或三親等內旁系親屬喪亡七日內，不執行死刑。

②前項喪亡，以該管檢察官或監獄經受刑人之家屬或親屬通知，或已知悉者為限。

第一二條

本規則自中華民國一百零九年七月十五日施行。

監獄行刑法施行細則

①民國64年3月5日司法行政部令訂定發布全文97條。
②民國70年4月1日法務部令修正發布第12、24、25、26、32、58、73、74、84、89條條文。
③民國80年4月29日法務部令修正發布第6、9、12、15、18、20、23～25、28、29、41、44、50、58、70、73～75、81、82、88、89條條文。
④民國84年10月21日法務部令修正發布第18、76、88條條文。
⑤民國86年4月2日法務部令修正發布第29條條文。
⑥民國91年12月25日法務部令修正發布第82條條文；並增訂第82-1條條文。
⑦民國92年6月6日法務部令修正發布第89條條文。
⑧民國93年11月16日法務部令修正發布第58條條文。
⑨民國94年9月23日法務部令修正發布第81條條文。
⑩民國107年5月10日法務部令修正發布第26條條文。
⑪民國109年7月15日法務部令修正發布全文59條；並自109年7月15日施行。

第一章 總 則

第一條

本細則依監獄行刑法（以下簡稱本法）第一百五十五條規定訂定之。

第二條

本法之主管機關與監督機關及監獄，就執行本法事項，應於受刑人有利及不利之情形，一律注意。

第三條

本法及本細則用詞定義如下：

一 監獄：指法務部矯正署所屬監獄，及監獄設置之分監、女監。

二 監獄長官：指前款監獄之首長，及其授權之人。

三 監獄人員：指第一款監獄之相關承辦業務人員。

四 家屬：指依民法第一千一百二十二條及第一千一百二十三條規定，與受刑人有永久共同生活為目的之同居一家之人。

五 最近親屬：指受刑人之配偶、直系血親、三親等內之旁系血親、二親等內之姻親。

第四條

受刑人於徒刑執行中、執行完畢或假釋後，接續執行拘役或罰金易服勞役者，不適用本法第三條第二項之規定。

第五條

本法所稱嚴為分界、分別監禁，其含義如下：
一　嚴為分界：指以監內建築物、同一建築物之不同樓層或圍牆隔離監禁之。
二　分別監禁：指於監獄內之不同舍房、工場或指定之區域分別監禁之。

第六條

依本法第六條第三項規定，監督機關應就相關法令規定，並因應各監獄場域狀況等因素，逐步訂定合理調整之指引。

第七條

①民眾或媒體依本法第八條規定請求參觀時，應以書面為之。

②前項書面格式由監督機關定之。

③監獄應事先審慎規劃參觀動線，以避免侵害受刑人之隱私或其他權益。

④監獄於民眾或媒體參觀前，應告知並請其遵守下列事項：

一　提出身分證明文件，並配合依本法第二十一條規定所為之檢查。

二　穿著適當服裝及遵守秩序，不得鼓譟或喧嘩。

三　未經監獄許可，不得攜帶、使用通訊、錄影、攝影及錄音器材。

四　依引導路線參訪，不得擅自行動或滯留。

五　禁止擅自與受刑人交談或傳遞物品。

六　不得違反監獄所為之相關管制措施或處置。

七　不得有其他妨害監獄秩序、安全或受刑人權益之行為。

⑤參觀者有違反前項規定之行為者，監獄得停止其參觀。

⑥未滿十八歲之人請求參觀者，應由其法定代理人、監護人、師長或其他適當之成年人陪同為之。

第八條

①媒體依本法第八條請求採訪，應以書面申請，經監獄同意後為之。書面格式由監督機關定之。

②境外媒體請求採訪或採訪內容於境外報導時，監獄應陳報監督機關核准後為之。

③媒體採訪涉及監獄人員或個別受刑人者，監獄應取得受訪者之同意始得為之。

④媒體採訪時，監獄得採取適當措施，維護受刑人或相關人員之尊嚴及權益。

⑤媒體採訪對象或內容如涉及兒童或少年、性犯罪或家暴、疾病或其他法令有限制或禁止報導之規定者，應遵循其規定。

⑥媒體進行採訪時，如有影響監獄安全或秩序之情形，得停止其採訪。

⑦媒體採訪後報導前應事先告知監獄或受刑人。報導如有不符合採訪內容及事實情形，監獄或受刑人得要求媒體更正或以適當方式澄清。

第二章 入 監

第九條

受刑人入監時，無指揮書者，應拒絕收監；裁判書及其他應備文件有欠缺時，得通知補正。

第一〇條

本法第十一條第一項所稱新入監者，係指監獄依本法第十條辦理受刑人入監，不包含本法第十七條由其他監獄移監之情形。

第一一條

依本法第十一條第三項為受刑人訂定之個別處遇計畫，於入監後，由監獄所設之調查小組擬具，提調查審議會議審議後，由相關單位人員執行之，並應告知受刑人。個別處遇計畫修正時，亦同。

第一二條

依本法第十三條第一項拒絕收監者，監獄應記明其原因，並依同條第六項規定處理之。

第一三條

①受刑人入監後應編列號數，並編製身分簿及名籍資料。

②前項身分簿及名籍資料得以書面、電子或其他適當方式為之。

第三章 監 禁

第一四條

監獄依其管理需要，依本法第十六條第二項分配舍房時，應注意本法第六條第二項之規定，並避免發生欺凌情事。

第一五條

①監獄應將受刑人監禁區域依其活動性質，劃分為教區、工場、舍房或其他特定之區域。

②監獄應按監內設施情形，劃分區域，實施受刑人分區管理教化工作；指派監內教化、作業、戒護及相關人員組成分區教輔小組，執行有關受刑人管理、教化及其他處遇之事項。

③前項教輔小組，應每月至少開會一次，就所屬分區內之管理、教化、輔導或其他重要事務等，研商合理性、公平性之處遇方式並執行之。

④監獄作每季邀集分區教輔小組成員，舉行全監聯合教輔小組會議，處理前項事務。

第一六條

①監獄應安排受刑人作業、教化、文康、飲食、醫療、運動及其他生活起居作息。

②前項作息時程表，監獄應以適當方式公開，使受刑人得以知悉。

第一七條

①本法第十九條第一項各款得給予和緩處遇情形，應參酌的診斷書、身心障礙證明、健康檢查報告或相關醫囑證明文件，並由醫師評

估受刑人之身心狀況後認定之。必要時，監獄得委請其他專業人士協助評估。

②前項情形，監獄應將有關資料及名冊報請監督機關核定之。如監督機關認不符合者，應回復一般處遇。

③第一項文件，除明列效期者外，以提出前三個月內開立者爲限。

第四章 戒 護

第一八條

①監獄爲達本法第二十一條第一項嚴密戒護之目的，應依警備、守衛、巡邏、管理、檢查等工作之性質，妥善部署。

②出入戒護區域應接受檢查。但有緊急狀況或特殊事由，經監獄長官之准許，得免予檢查。

③監獄人員或經監獄准予進入戒護區之人員，除依法令或經許可攜入，或因其進入戒護區目的所需之物品外，應將其攜帶之其他物品，存置於監獄指定之處所。

④前項人員有下列各款情形之一者，監獄得禁止其進入戒護區或命其離開：

一 拒絕或逃避檢查。

二 未經許可攜帶或使用通訊、攝影、錄影或錄音器材。

三 酒醉或疑似酒醉或身心狀態有異常情形。

四 規避、妨害或拒絕監獄依傳染病防治法令所爲之傳染病監控防疫措施。

五 有其他妨害監獄秩序或安全之行爲。

第一九條

①本法第十四條第一項、第三項、第七十二條第二項及第七十四條第一項所稱違禁物品，指在監獄禁止或限制使用之物品。監督機關得考量秩序、安全及管理等因素，訂定違禁物品之種類及管制規範。

②監獄應將前項違禁物品及其管制規範，以適當方式公開，使受刑人、監獄人員及其他准予進入戒護區之人員知悉。

第二〇條

爲維護監獄秩序及安全，監獄得要求受刑人穿著一定之外衣，以利人員辨識。

第二一條

①監獄依本法第二十四條第一項核准施用戒具者，應於外出施用戒具紀錄表記明受刑人施用戒具之日期、起訖時間、施用原因與戒具種類及數量，並陳送監獄長官核閱。

②監獄人員應隨時觀察受刑人之行狀，無施用戒具必要者，應即解除。

第二二條

①本法第二十三條第三項所稱暴動，指受刑人集體達三人以上，以強暴、脅迫方式，而有下列行爲之一，造成監獄戒護管理失控或

無法正常運作：

一　實施占據重要設施。

二　控制監獄管制鑰匙，通訊或其他重要安全設備。

三　奪取攻擊性器械或其他重要器材。

四　脅持受刑人、監獄人員或其他人員。

五　造成人員死亡或重大傷害。

六　其他嚴重妨害監獄秩序或安全之行為。

②本法第二十三條第三項及第二十五條第一項第三款所稱騷動，指受刑人聚集三人以上，以作為或不作為方式，逐行妨害監獄秩序或安全之行為，其規模已超越一般暴行或擾亂秩序，經命其停止而不遵從，尚未達暴動所定之情狀者。

③前二項情形是否達於本法第二十三條第三項繼續施用戒具之程度，監獄仍應斟酌之各項狀況綜合判斷之，不得逾越必要之程度。

第二三條

監獄應依本法第二十六條第一項規定與警察機關或其他相關機關保持聯繫。必要時，並得洽訂聯繫、支援或協助之相關計畫或措施，以利實際運作。

第五章　作　業

第二四條

監獄為辦理本法第三十一條所定之作業或職業訓練，得使具有專門知識或技能之受刑人，協助辦理相關作業或職業訓練事務。

第二五條

監獄得依本法第三十四條及相關法令規定，承攬公、私立機關（構）、團體或個人之勞務或成品產製。

第二六條

①監獄辦理本法第三十四條之委託加工，應定期以公開方式徵求委託加工廠商，並注意廠商財務、履約能力及加工產品之市價情形，以取得委託加工之合理價格。

②承辦委託加工前，得先行試作，以測試作業適性及勞動能率。

第二七條

①監獄辦理自營、委託加工、承攬、指定監外作業或其他作業，得組成自營作業成品及勞務承攬評價會議，評估相關價格，報監獄長官核定後為之。

②前項情形，監獄得預行派員進行訪價，以供前項評價會議評估價格之參考。

第二八條

①外役監受刑人關於作業收入之分配方式，於外役監條例第二十三條修正施行前，準用本法第三十七條之規定。

②強制工作受處分人關於作業收入之分配方式，於保安處分執行法第五十七條之一修正施行前，準用本法第三十七條之規定。

第六章 教化及文康

第二九條

① 本法第四十條第三項所稱集體、類別及個別輔導，辦理之方式如下：

一 集體輔導：以群體爲單位實施輔導，以授課、演講、視聽教材或其他適當之方式行之。

二 類別輔導：依共通性處遇需求，分類實施之輔導，以分組授課、團體工作、小組討論或其他適當之方式行之。

三 個別輔導：輔導人員針對受刑人個別狀況，以晤談或其他適當方式行之。

② 前項輔導，應於適當場所爲之，並留存紀錄。

第三〇條

① 監獄得自行或邀請外界團體或個人，辦理有助於受刑人社會生活及人格發展之教化課程。

② 監獄得使具有專門知識之受刑人，協助辦理參與、實施或指導相關教化事務。

第三一條

監獄自行或結合外界舉辦各種活動，應注意受刑人及家屬隱私之維護。

第三二條

① 監獄應尊重受刑人宗教信仰自由，不得強制受刑人參與宗教活動或爲宗教相關行爲。

② 監獄應允許受刑人以符合其宗教信仰及合理方式進行禮拜，維護受刑人宗教信仰所需。

第三三條

監督機關應依本法第四十二條規定擬定計畫，推動辦理調解及修復事宜，以利監獄執行之。

第三四條

監獄依本法第四十四條第四項規定，提供之適當資訊設備，包括相關複印設備，由受刑人申請自費使用之。

第三五條

監獄依本法第四十五條第一項規定，於提供廣播、電視設施、資訊設備或視聽器材實施教化時，教材或內容應妥愼審查，並依保護智慧財產及相關法令辦理。

第三六條

① 監獄應依本法第四十五條第三項規定，就有關身心障礙受刑人的視、聽、語等特殊需求採取適當及必要措施。

② 監獄就不通中華民國語言或有其他理由，致其難以了解監獄所爲相關事務內容之意涵者，得提供適當之協助。

第七章 給 養

第三七條

①受刑人飲食之營養，應足敷其保健需要，品質須合衛生標準，適時調製，按時供餐，並備充足之飲用水。

②疾患、高齡受刑人之飲食，得依健康或醫療需求調整之。無力自備飲食之受刑人所攜帶入監或在監產子女之飲食，亦同。

③監獄辦理前二項飲食得參考衛生福利部國民健康署發布之飲食指南建議；必要時，得諮詢營養師之意見。

第三八條

監獄依本法第四十六條第一項提供必要之衣類、寢具、物品及其他器具，不得違反相關衛生、環境保護或其他法令之規定。

第三九條

①依第二十條規定受刑人所須穿著之外衣，其顏色、式樣，由監督機關定之；並基於衛生保健需求，採用涼爽透氣或符合保暖所需之質料。

②因應氣溫或保健上有必要者，經監獄許可，受刑人得使用自備或送入之衣類、帽、襪、寢具及適當之保暖用品。

第四〇條

①受刑人因經濟狀況欠佳，缺乏日常生活必需品者，得請求監獄提供之；其經濟狀況欠佳之認定基準及提供之品項、數量，由監督機關定之。

②受刑人因急需日常生活必需品者，得請求監獄提供之，監獄得於其原因消滅時，指定原物、作價或其他方式返還之。

③非一次性使用之日常生活必需品，如提供予不同受刑人使用，監獄應注意維持其清潔衛生。

第八章　衛生及醫療

第四一條

①監獄應注意環境衛生。依本法第五十一條定期舉行之環境衛生檢查，其期間由各監獄依當地狀況定之，每年不得少於二次。

②前項環境衛生檢查，監獄得請當地衛生、環境保護機關（單位）或相關機關（單位）協助辦理；並就衛生、環境保護及其他有關設備（施）之需求，即時或逐步採取必要、可行之改善措施。

③受刑人應配合監獄執行環境清潔工作，維持公共及個人衛生。

第四二條

監獄依本法第五十三條要求受刑人沐浴及理剃鬚髮，以維持公共衛生或個人健康為原則。

第四三條

①監獄為依本法第五十五條第一項推動受刑人自主健康管理，應實施衛生教育，並得請當地衛生主管機關或醫療機構協助辦理。

②除管制藥品、醫囑或經監獄人員觀察結果，須注意特定受刑人保管藥物及服藥情形者外，監獄得依本法第五十五條第一項推行自主健康管理規定，使受刑人自行管理及服用其藥物。

③受刑人依本法第五十五條第五項請求自費購入或送入低風險性醫療器材或衛生保健物品，不得提供他人使用。

第四四條

受刑人或其最近親屬及家屬依本法第五十五條第三項規定，請求於監獄內實施健康檢查，依下列規定辦理：

一 應以書面敘明申請理由、欲自費延請之醫事人員，並檢附經醫師評估認有實施檢查必要之文件。

二 經監獄審查核准後，受刑人得自行或由其最近親屬或家屬自費延請醫事人員進入監獄進行健康檢查。

三 自費延請之醫事人員進入監獄提供醫療服務時，應向監獄出示執業執照及核准至執業場所以外處所執行業務之證明文件，必要時，監獄得向其執業場所確認。

四 自費延請之醫事人員應依醫療法及相關醫事人員法規規定製作及保存紀錄，並將檢查紀錄交付監獄留存。開立之檢查報告應秉持醫療專業，依檢查結果記載。

五 自費實施健康檢查所需之費用，由醫事人員所屬之醫療機構開立收據，由受刑人之最近親屬或家屬支付為原則，必要時得由監獄自受刑人之保管金或勞作金中扣繳轉付。

六 自費延請醫事人員於監獄內實施健康檢查之實施時間、地點、方式，由監獄依其特性與實際情形決定之。

第四五條

受刑人就醫時，應據實說明症狀，並配合醫囑接受治療，不得要求醫師加註與病情無關之文字。受刑人如提出非治療必須之處置或要求特定處遇，醫師應予拒絕。

第四六條

①本法第六十四條所稱相關資料，應包括醫療需求與照護計畫及期程。

②監獄對於無法依本法第六十三條規定辦理具保、責付、限制住居時，應即依本法第六十四條規定通知直轄市、縣（市）社會福利主管機關辦理轉介安置或為其他必要之處置。於相當時間內，未接獲回復者，監獄應再行函催辦理。

③監獄檢具直轄市、縣（市）社會福利主管機關所回復預定辦理前項安置之文件資料，報請檢察官辦理釋放，並通知該管社會福利主管機關，派員護送至特定安置處所完成接收；必要時，監獄得協助派員護送。

第九章 接見及通信

第四七條

①視覺、聽覺或語言障礙受刑人接見及發信，得使用手語、點字或其他適當輔助方式。

②受刑人不識字或因故不能書寫信件者，得徵得其他受刑人或適當之人同意後代為書寫，經本人確認並簽名或按捺指印後依規定發

送之。

第十章　賞罰與賠償

第四八條

監獄依本法第八十七條第四項規定，爲調查受刑人違規事項，對相關受刑人施以必要之區隔者，其區隔期間不得逾必要之程度。區隔期間，相關受刑人之教化、給養、衛生醫療、接見通信及其他處遇，仍應依本法相關規定辦理。

第十一章　陳情及申訴

第四九條

監獄依本法第九十三條第三項規定作成決定或執行者，應通知申訴審議小組。

第五〇條

受刑人與監督機關間，因依本法第一百十條規定提起申訴時，除依該條所定準用相關規定外，其申訴審議資料不得含與申訴事項無關之罪名、刑期、犯次或之前違規紀錄等資料；且監督機關申訴審議小組應依職權調查證據，不受申訴人主張之拘束。

第十二章　假　釋

第五一條

監獄辦理維持或廢止受刑人假釋中，發現已有刑法第七十八條或保安處分執行法第七十四條之三所定應撤銷或得撤銷假釋之情形者，應僅辦理撤銷假釋，其餘不予以處理。

第五二條

監獄接獲依本法第一百二十條第一項假釋出監受刑人因刑期變更之相關執行指揮書，辦理重新核算假釋，如新併入之刑期有本法第一百十五條第二項不得報請假釋之情形者，應層報法務部廢止原假釋。

第五三條

依本法第一百二十條第一項規定，廢止受刑人之假釋，有本法第一百二十條第三項後段假釋役向未期滿之情形，嗣後再假釋時，監獄應將原執行指揮書所載前案假釋已執行保護管束日數相關文件，通知嗣後執行保護管束機關辦理折抵假釋及保護管束期間。

第五四條

本法第一百二十條第四項所稱未出獄前，指受刑人尚未離開監獄而言，包含在監內接續執行拘役或罰金易服勞役等刑期，尚未出獄者；所稱發生重大違背紀律情事，指受刑人發生依本法第八十六條第一項所定妨害監獄秩序或安全之行爲，經依同條第一項第四款規定，受移入違規舍之懲罰。

第十三章　釋放及保護

第五五條

① 本法第一百三十八條第三項假釋證書內容，應記載受刑人姓名、身分證明文件字號、許可假釋日期文號、假釋起訖期間及其他經指定之內容。

② 監獄依本法第一百三十八條第三項辦理釋放時，應於釋放當日通知執行保護管束機關，監獄人員並應告知假釋出監受刑人於假釋期間應遵守事項，作成紀錄使其簽名。

第五六條

釋放受刑人時應查對名籍，核驗相片、指紋或其他身體特徵。

第十四章 死 亡

第五七條

監獄應商請地方政府機關提供骨灰存放設施處所，以供本法第一百四十四條之死亡受刑人火化後存放骨灰之用。

第十五章 附 則

第五八條

有關少年矯正學校、少年輔育院、技能訓練所、戒治所辦理少年受刑人、感化教育受處分人、強制工作受處分人及受戒治人之相關執行業務，得準用本細則之規定。

第五九條

本細則自中華民國一百零九年七月十五日施行。

外役監條例

① 民國51年6月5日總統令制定公布全文25條。
② 民國63年6月27日總統令修正公布全文26條。
③ 民國67年5月26日總統令修正公布第4、14、15條條文。
④ 民國69年12月1日總統令修正公布第2、5、9、14、15、18、21、23條條文。
⑤ 民國83年1月31日總統令修正公布第4、5、11、14、19、21條條文。
⑥ 民國86年4月23日總統令修正公布第22、23條條文。
⑦ 民國103年6月18日總統令修正公布第4、9、14條條文。
⑧ 民國109年6月10日總統令修正公布第4條條文。

第一條
① 本條例依監獄行刑法第九十三條制定之。
② 本條例未規定者，適用監獄行刑法、監獄組織條例、行刑累進處遇條例，及其他有關法令之規定。

第二條
外役監由法務部設立之。

第三條
外役監置典獄長一人，承監督長官之命，綜理全監事務；必要時得設副典獄長一人，輔助典獄長處理全監事務。

第四條　109
① 外役監受刑人，應由法務部矯正署就各監獄受刑人中，合於下列各款規定者遴選之：
　一　受有期徒刑之執行逾二個月。
　二　刑期七年以下，或刑期逾七年未滿十五年而累進處遇進至第三級以上，或刑期十五年以上而累進處遇進至第二級以上。無期徒刑累進處遇應進至第一級。
　三　有悛悔實據，身心健康適於外役作業。
② 受刑人有下列各款情形之一者，不得遴選：
　一　犯刑法第一百六十一條之罪。
　二　犯毒品危害防制條例之罪。
　三　累犯。但已執行完畢之前案均為受六月以下有期徒刑之宣告者，不在此限。
　四　因犯罪而撤銷假釋。
　五　另有保安處分待執行。
　六　犯性侵害犯罪防治法第二條第一項所列各款之罪或家庭暴力防治法第二條第二款所稱之家庭暴力罪。
③ 遴選外役監受刑人之辦理方式、程序、遴調條件、審查基準及其

他應遵行事項之辦法，由法務部定之。

第五條

國家遇有緊急需要時，法務部得選調有期徒刑之受刑人撥交外役監執行，不受前條第一項、第二項之限制。

第六條

外役監辦理作業，應注意配合農作、公共建設及經濟開發計畫。

第七條

受刑人外役作業每十人以上、二十人以下為一組，由典獄長擇優指定其中一人為組長。

第八條

受刑人作業成績優良或有專長技能者，得令其擔任輔導作業。

第九條 103

①受刑人以分類群居為原則。但典獄長認為必要時，得令獨居。

②典獄長視受刑人行狀，得許與眷屬在指定區域及期間內居住；其辦法由法務部定之。

第一〇條

受刑人在離監較遠地區工作，得設臨時食宿處所。

第一一條

外役監之管理、戒護事項，於必要時，得商請地方軍警協助之。

第一二條

典獄長及有關主管人員，應隨時前往外役作業地區巡視，並加督導。

第一三條

受刑人工作時，不得施用聯鎖。

第一四條 103

①受刑人經遴選至外役監執行者，除到監之當月，仍依行刑累進處遇條例第二十八條之一之規定辦理縮短刑期外，自到監之翌月起，每執行一個月，依下列各款之規定，縮短其刑期：

一　第四級或未編級受刑人，每月縮短刑期四日。

二　第三級受刑人，每月縮短刑期八日。

三　第二級受刑人，每月縮短刑期十二日。

四　第一級受刑人，每月縮短刑期十六日。

②前項縮短之刑期，應經監務委員會議決議後，告知本人，並報請法務部矯正署備查。

③受刑人經縮短刑期執行期滿釋放前，由典獄長將受刑人實際服刑執行完畢日期，函知指揮執行之檢察官。

第一五條

①受刑人如工作成績低劣，不守紀律或受降級處分時，按其情節輕重，仍留外役監者，當月不縮短刑期；被解送其他監獄者，其前已縮短之日數，應全部回復之。

②前項處分，應經監務委員會議決議後，告知本人，並報請法務部核備。

第一六條

① 受刑人經縮短應執行之刑期者，其累進處遇或假釋之刑期，應以其縮短後之刑期計算之。

② 前項假釋經撤銷者，回復其縮短前之刑期。

第一七條

外役監每日工作八小時，必要時，典獄長得令於例假日及紀念日照常工作。

第一八條

① 受刑人有左列各款情形之一者，應經監務委員會議之決議，報請法務部核准後，解送其他監獄執行：

一　違背紀律或怠忽工作，情節重大，屢誡不悛者。

二　其他重大事故，不宜於外役監繼續執行者。

② 前項經核准解送其他監獄執行之受刑人，並得依監獄行刑法之規定，施以懲罰。

第一九條

受刑人違背紀律，或怠忽工作，情節輕微者，得經監務委員會議之決議，施以左列一款或數款之懲罰：

一　訓誡。

二　停止戶外活動一日至七日。

第二〇條

受刑人因工作受傷或罹病有療養之必要者，應即移送適當處所治療。

第二一條

① 受刑人作業成績優良者，得許於例假日或紀念日返家探視。

② 受刑人遇有祖父母、父母、配偶之父母、配偶、子女或兄弟姊妹喪亡時，得許其返家探視。

③ 受刑人經依前二項規定許其返家探視，無正當理由未於指定期日回監者，其在外日數不算入執行刑期。其故意者，並以脫逃論罪。

④ 受刑人返家探視之辦法，由法務部定之。

第二二條

① 作業者給予勞作金，其金額斟酌作業者之行狀及作業成績給付。

② 前項給付辦法，由法務部定之。

第二三條

① 外役監之作業收入，扣除作業支出後，提百分之五十充勞作金；勞作金總額，提百分之二十五充犯罪被害人補償費用。

② 前項作業賸餘提百分之四十補助受刑人飲食費用；百分之十充受刑人獎勵費用；百分之十充作業管理人員獎勵費用；年度賸餘應循預算程序分配百分之三十充改善受刑人生活設施之用，其餘百分之七十撥充作業基金，其獎勵辦法，由法務部定之。

③ 第一項提充犯罪被害人補償之費用，於犯罪被害人補償法公布施行後提撥，專戶存儲；第二項改善受刑人生活設施購置之財產設

備免提折舊。

第二四條

外役監之承攬作業，應視同監獄作業工廠，免徵營業稅。

第二五條

其他監獄如遇承攬外役作業時，得準用本條例第四條、第六條至第八條、第十條至第十三條、第十七條、第十九條、第二十條及第二十四條之規定。

第二六條

本條例自公布日施行。

外役監受刑人返家探視辦法

① 民國63年8月30日司法行政部令訂定發布全文7條。
② 民國64年11月27日司法行政部令修正發布第5條條文；並刪除第9條條文；原第10條遞改為第9條，以下依次遞改。
③ 民國69年8月26日法務部令修正發布第6、7、8條條文。
④ 民國84年2月8日法務部令修正發布第2、4條條文。
⑤ 民國90年3月28日法務部令修正發布全文11條；並自發布日起實施。
⑥ 民國91年10月15日法務部令修正發布全文12條；並自發布日施行。
⑦ 民國101年7月30日法務部令修正發布全文11條；並自發布日施行。
⑧ 民國105年11月8日法務部令修正發布第2、4條條文。

第一條

本辦法依外役監條例（以下簡稱本條例）第二十一條第四項規定訂定之。

第二條 105

外役監受刑人有配偶、親屬或家屬而合於下列各款規定者，得依申請准於例假日或紀念日返家探視：
一 移入外役監執行期間，作業成績連續二個月均達法定最高額百分之八十以上。
二 申請返家探視前二個月均無違規紀錄且教化、操行成績均無減分紀錄。

第三條

本辦法所稱例假日或紀念日，指下列各款之日：
一 星期六、日。
二 應放假之紀念日及其他經中央人事主管機關規定應放假之日。

第四條 105

① 受刑人依第二條申請返家探視之次數如下：
一 刑期未滿三年，每月一次。
二 刑期三年以上七年以下，每二個月一次。但累進處遇進至第二級以上，得每月一次。
三 刑期逾七年未滿十五年而累進處遇第三級，每三個月一次。但累進處遇進至第二級，得每二個月一次；其進至第一級，得每月一次。
四 刑期十五年以上而累進處遇第二級，每三個月一次。但累進處遇進至第一級，得每二個月一次。

五　無期徒刑，每三個月一次。

②六十五歲以上之受刑人，得每月申請返家探視一次，不受前項第二款至第四款規定之限制。

③依本條例第二十一條第二項申請返家探視，同一事由以一次為原則。

④前三項返家探視由外役監指定期日並發給返家探視證明書。

第五條

①受刑人返家探視期間，每次最多不得超過四十小時。但例假日或紀念日有連續三日以上時，得延長二十四小時。

②前項期間不包括在途期間。外役監應依受刑人返家探視路程訂定在途期間，並告知受刑人。

第六條

①受刑人申請返家探視須附家屬同意書，獲准返家探視後應持返家探視證明書向返家當地警察機關報到。

②前項返家探視之活動範圍，除往返行程所必要外，以申請所在地之直轄市或縣（市）境內為限。

③受刑人返家探視前，外役監應辦理講習，發給返家探視應遵守事項及家屬聯絡簿供其持用，並發函返家當地警察機關，請其協助查訪。

④前項家屬聯絡簿應由家屬記載受刑人返家期間之生活情形及到、離家時間。

⑤外役監應按在途期間規定返家探視受刑人到家及離家時回報時間，並抽查其在家活動情形。

第七條

①返家探視受刑人有下列各款正當理由之一，未於指定期日回監時，應於原指定回監期日前向原執行外役監報告：

一　因天災或其他不可避之事變，致交通中斷或急需處理者。

二　突染疾病，經公、私立醫院證明住院醫療或隔離者。

②外役監接獲前項報告後，應另行指定受刑人回監期日，並令其定時回報。

③前項回監期日，以外役監認定已無正當理由後之八小時為限。

④第一項及第二項事由，由外役監應陳報法務部矯正署備查。

第八條

①返家探視之受刑人無正當理由，未於指定期日內回監者，外役監應即移送該管法院檢察署偵辦及通知返家當地警察機關，並陳報法務部矯正署。

②受刑人有前項情形時，應依本條例第十八條規定處理，並將其逐月逐級縮短之日數全部回復。

第九條

①外役監應按月將受刑人返家探視名冊，陳報法務部矯正署。

②前項名冊應記載受刑人姓名、編號、罪名、刑期、級別、作業成績、行狀、共同生活之親屬、返家日期、指定返監時間、前往地

點，過去返家次數等項。

第一○條

返家探視旅費應由受刑人自理，必要時得請求更生保護會資助。

第一一條

本辦法自發布日施行。

受刑人保外醫治審核基準及管理辦法

①民國92年3月28日法務部令訂定發布全文6條；並自發布日施行。
②民國109年7月15日法務部令修正發布名稱及全文16條；並自109年7月15日施行（原名稱：保外醫治受刑人管理規則）。

第一條

本辦法依監獄行刑法（以下簡稱本法）第六十三條第六項規定訂定之。

第二條

本辦法用詞定義如下：

一　監獄：法務部矯正署所屬監獄，及監獄設置之分監、女監。

二　監獄長官：指前款監獄之首長，及其授權之人。

第三條

①本法第六十三條第一項所稱不能或無法為適當之醫治，指下列各款情形之一者：

一　罹患致死率高疾病，恐因執行而不能保其生命。

二　衰老或有客觀事實足認其身心障礙嚴重而無法自理生活，在監難獲適當醫治照護。

三　病情嚴重必須長期在監外住院治療。

四　肢體障礙嚴重，必須長期在監外復健。

五　病情複雜，難以控制，隨時有致死之危險。

六　罹患法定傳染病，在監難以適當隔離治療。

②監獄報請監督機關核准辦理保外醫治時，應先參酌醫囑並綜合評估病況嚴重性、疾病治療計畫、生活自理能力、親友照顧能力或社福機構安置規劃。

③於前項評估中，必要時，監獄得委請其他專業機關（構）、團體或個人協助之。

④受刑人向監獄請求保外醫治者，監獄應即交由醫事人員，依前三項規定審酌，並將處理結果通知受刑人。受刑人不服監獄不予報請監督機關核准保外醫治者，得依本法第九十三條提起申訴。

第四條

①監獄辦理先行保外醫治或報請監督機關准其保外醫治，經核准者，監獄應即報由檢察官依監獄行刑法第六十三條規定命具保、責付、限制住居或限制出境、出海，並經檢察官開立釋票後始能辦理釋放。

②為確保前項保外醫治受刑人日後刑罰之執行，監獄得函請檢察署

檢察官審酌併爲限制出境、出海。

第五條

受刑人依本法第六十三條第一項規定辦理保外醫治者，應居住於醫療機構或其他特定處所接受治療或照護。

第六條

① 保外醫治受刑人出監前，監獄應告知其保外醫治期間應遵守事項，並作成紀錄使其簽名。

② 前項受刑人屬意識不清時，監獄得將前項應遵守事項告知其保證人，並作成紀錄使其簽名。

③ 前二項情形，受刑人拒絕或無法簽名者，應記明其事由。

第七條

① 保外醫治受刑人於保外醫治期間應遵守下列事項：

一 不得有違反法令之行爲。

二 應依醫囑接受治療。

三 不得無故擅離或變更原醫療機構或處所。

四 應主動與監獄保持聯繫，不得無故失聯。

五 於監獄訪察人員訪視時，應就其健康、就醫或照護、居住、生活狀況等情形提出報告，並提供醫院診斷書或其他足資證明之文件。

六 除維持日常居住及生活所必需外，未經監獄核准，不得從事與治療目的不符或顯然無關之活動。

七 不得對被害人、告訴人、告發人、證人或其他利害關係人實施危害、恐嚇、騷擾、跟蹤、糾纏或其他不法行爲。

八 其他經監獄認爲應遵守之事項。

② 前項第三款情形，如保外醫治受刑人因病情治療或照護需要時，得檢附相關證明文件，向原執行監獄申請核准變更醫療機構或處所。但情況急迫時，保外醫治受刑人得先自行變更，並於五日內陳報原執行監獄並申請核准。

第八條

依本法第六十三條第四項命提出保證書者，其保證書應記載下列注意事項：

一 約束保外醫治受刑人於保外醫治期間不得有違背法令之行爲。

二 保外醫治受刑人保外醫治期間屆滿或病況改善時，應依監獄之通知將其送至指定之檢察署報到。

三 於保外醫治受刑人未依法定程序擅離或變更醫療機構或處所，應將其行蹤立即告知監獄。

第九條

① 受刑人保外醫治期間，監獄評估有展延必要者，應於保外醫治期間屆滿十日前，陳報監督機關核准展延，每次展延期間不得逾三個月。其於長期照顧、安養或教養機構接受照護者，每次展延期間不得逾六個月。

②前項展延，保外醫治受刑人應檢具醫療機構最近三十日內之診斷書。必要時，監獄得再行指定其他醫療機構予以檢查，並提出診斷書，以供辦理展延之審酌。

③受刑人保外醫治期間，監獄長官應按月至少派員察看一次；其屆展延前一個月內應指派醫事人員察看。

第一〇條

①保外醫治受刑人違反第七條應遵守事項者，監獄應先以書面命其限期改善，屆期未改善者，監獄得報請監督機關廢止其保外醫治核准。

②保外醫治受刑人有下列各款情形之一者，監獄得逕報監督機關廢止其保外醫治核准：

一　違反第七條應遵守事項，其情節重大。

二　經醫事人員評估其病況已治癒或改善，未依監獄指定之期日至檢察署報到。

第一一條

監獄辦理廢止保外醫治時，應檢附最近一次保外醫治核准函、診斷書、訪察紀錄及相關資料，報請監督機關廢止其保外醫治核准。

第一二條

受刑人保外醫治期間屆滿、經廢止保外醫治、病況已治癒或改善時，監獄應指定七日以上之期日，以書面通知受刑人至指定之檢察署報到返監執行。

第一三條

①受刑人未依前條規定，於監獄指定之期日至檢察署報到者，檢察署應即通知監獄。

②監獄接獲檢察署為前項之通知，或知悉前項情事時，應檢具相關資料送請檢察官依刑事訴訟法第四百六十九條規定辦理傳喚、拘提或通緝。

第一四條

受刑人保外醫治經核准並依第四條第一項規定辦理釋放後，其出監日期、保外醫治期間、嗣後展延期間及返監日期，監獄應通知指揮執行之檢察署，並報請監督機關備查。

第一五條

有關受觀察、勒戒人、受戒治人、強制工作受處分人、感化教育受處分人之保外醫治事項，得準用本辦法之規定。

第一六條

本辦法自中華民國一百零九年七月十五日施行。

行刑累進處遇條例

①民國35年3月6日國民政府制定公布全文77條；並自36年6月10日施行。
②民國46年1月7日總統令修正公布第1、10、11、14、16、29、31、35、38、39、41、45、56、55、66、68、74條條文。
③民國64年5月10日總統令修正公布第9、11、16、17、19、20、27、28、49、56、66、69、75～77條條文及第七章章名；並增訂第28-1、76-1條條文。
④民國69年12月1日總統令修正公布第11、28、28-1、64、76-1條條文。
⑤民國83年6月6日總統令修正公布第19條條文。
⑥民國86年5月14日總統令修正公布第28條條文。
⑦民國86年11月26日總統令修正公布第19條條文；並增訂第19-1條條文。
⑧民國95年6月14日總統令修正公布第19、19-1、77條條文：增訂第19-2條條文；並自95年7月1日施行。

第一章　總　則

第一條

依監獄行刑法第二十條受累進處遇者，適用本條例之規定。

第二條

關於累進處遇之事項，本條例未規定者，仍依監獄行刑法之規定。

第二章　受刑人之調查及分類

第三條

①對於新入監者，應就其個性，心身狀況、境遇、經歷、教育程度及其他本身關係事項，加以調查。

②前項調查期間，不得逾二月。

第四條

調查受刑人之個性及心身狀況，應依據醫學、心理學、教育學及社會學等判斷之。

第五條

為調查之必要，得向法院調閱訴訟卷宗，並得請自治團體、警察機關、學校或與有親屬、雇傭或保護關係者為報告。

第六條

調查事項，應記載於調查表。

第七條

調查期間內之受刑人，除防止其脫逃、自殺、暴行或其他違反紀律之行爲外，應於不妨礙發見個性之範圍內施以管理。

第八條

調查期間內，對於與受刑人接近之人，均應注意其語言、動作，如發見有影響受刑人個性或心身狀況之情形，應即報告主管人員。

第九條

調查期間內之受刑人，應按其情形使從事作業，並考察其體力、忍耐、勤勉、技巧、效率，以定其適當之工作。

第一〇條

調查完竣後，關於受刑人應否適用累進處遇，由典獄長迅予決定。其適用累進處遇者，應將旨趣告知本人；不適宜於累進處遇者，應報告監務委員會議。

第一一條

①適用累進處遇之受刑人，應分別初犯、再犯、累犯，並依其年齡、罪質、刑期，及其他調查所得之結果爲適當之分類，分別處遇。

②受刑人調查分類辦法，由法務部定之。

第一二條

對於第一級、第二級之受刑人，得不爲前條之分類。

第三章　累進處遇

第一三條

累進處遇分左列四級，自第四級依次漸進：

第四級。

第三級。

第二級。

第一級。

第一四條

受刑人如富有責任觀念，且有適於共同生活之情狀時，經監務委員會議之議決，得不拘前條規定，使進列適當之階級。

第一五條

各級受刑人應佩標識。

第一六條

受刑人由他監移入者，應照原級編列。

第一七條

因撤銷假釋或在執行中脫逃後又入監者，以新入監論。

第一八條

受刑人遇有移轉他監時，應將關於累進審查之一切文件，一併移轉。

第一九條 95

①累進處遇依受刑人之刑期及級別，定其責任分數如下：

類別	刑名及刑期	第一級	第二級	第三級	第四級
一	有期徒刑六月以上一年六月未滿	三六分	三〇分	二四分	一八分
二	有期徒刑一年六月以上三年未滿	六〇分	四八分	三六分	二四分
三	有期徒刑三年以上六年未滿	一四四分	一〇八分	七二分	三六分
四	有期徒刑六年以上九年未滿	一八〇分	一四四分	一〇八分	七二分
五	有期徒刑九年以上十二年未滿	二一六分	一八〇分	一四四分	一〇八分
六	有期徒刑十二年以上十五年未滿	二五二分	二一六分	一八〇分	一四四分
七	有期徒刑十五年以上十八年未滿	二八八分	二五二分	二一六分	一八〇分
八	有期徒刑十八年以上二十一年未滿	三二四分	二八八分	二五二分	二一六分
九	有期徒刑二十一年以上二十四年未滿	三六〇分	三二四分	二八八分	二五二分
十	有期徒刑二十四年以上二十七年未滿	三九六分	三六〇分	三二四分	二八八分
十一	有期徒刑二十七年以上三十年未滿	四三二分	三九六分	三六〇分	三二四分
十二	有期徒刑三十年以上三十三年未滿	四六八分	四三二分	三九六分	三六〇分
十三	有期徒刑三十三年以上三十六年未滿	五〇四分	四六八分	四三二分	三九六分
十四	有期徒刑三十六年以上三十九年未滿	五四〇分	五〇四分	四六八分	四三二分
十五	有期徒刑三十九年以上	五七六分	五四〇分	五〇四分	四六八分
十六	無期徒刑	六一二分	五七六分	五四〇分	五〇四分

②前項表列責任分數，於少年受刑人減少三分之一計算。

③累犯受刑人之責任分數，按第一項表列標準，逐級增加其責任分

數三分之一。

④撤銷假釋受刑人之責任分數，按第一項表列標準，逐級增加其責任分數二分之一。

第一九條之一 95

①於中華民國八十六年十一月二十八日刑法第七十七條修正生效前犯罪者，其累進處遇責任分數，適用八十三年六月八日修正生效之本條例第十九條規定。但其行為終了或犯罪結果之發生在八十六年十一月二十八日後者，其累進處遇責任分數，適用八十六年十一月二十八日修正生效之本條例第十九條規定。

②因撤銷假釋執行殘餘刑期，其撤銷之原因事實發生在八十六年十一月二十八日刑法第七十九條之一修正生效前者，其累進處遇責任分數，適用八十三年六月八日修正生效之本條例第十九條規定。但其原因事實行為終了或犯罪結果之發生在八十六年十一月二十八日後者，其累進處遇責任分數，適用八十六年十一月二十八日修正生效之本條例第十九條規定。

第一九條之二 95

①於中華民國八十六年十一月二十八日刑法第七十七條修正生效後，九十五年七月一日刑法第七十七條修正生效前犯罪者，其累進處遇責任分數，適用八十六年十一月二十八日修正生效之本條例第十九條規定。但其行為終了或犯罪結果之發生在九十五年七月一日後者，其累進處遇責任分數，適用九十五年七月一日修正生效之本條例第十九條規定。

②因撤銷假釋執行殘餘刑期，其撤銷之原因事實發生在八十六年十一月二十八日刑法第七十九條之一修正生效後，九十五年七月一日刑法第七十九條之一修正生效前者，其累進處遇責任分數，適用八十六年十一月二十八日修正生效之本條例第十九條規定。但其原因事實行為終了或犯罪結果之發生在九十五年七月一日後者，其累進處遇責任分數，適用九十五年七月一日修正生效之本條例第十九條規定。

第二〇條

各級受刑人每月之成績分數，按左列標準分別記載：

一 一般受刑人：
　(一)教化結果最高分數四分。
　(二)作業最高分數四分。
　(三)操行最高分數四分。

二 少年受刑人：
　(一)教化結果最高分數五分。
　(二)操行最高分數四分。
　(三)作業最高分數三分。

第二一條

①各級受刑人之責任分數，以其所得成績分數抵銷之，抵銷淨盡者，令其進級。

② 本級責任分數抵銷淨盡後，如成績分數有餘，併入所進之級計算。

第二二條

① 進級之決定，至遲不得逾應進級之月之末日。

② 前項決定，應即通知本人。

第二三條

對於進級者，應告以所進之級之處遇，並令其對於應負之責任具結遵行。

第二四條

責任分數雖未抵銷淨盡，而其差數在十分之一以內，操作曾得最高分數者，典獄長如認為必要時，得令其假進級，進級之月成績佳者，即為確定，否則令復原級。

第二五條

對於受刑人應給以定式之記分表，使本人記載其每月所得之分數。

第四章 監禁及戒護

第二六條

第四級及第三級之受刑人，應獨居監禁。但處遇上有必要時，不在此限。

第二七條

第二級以上之受刑人，晝間應雜居監禁，夜間得獨居監禁。

第二八條

① 第一級受刑人，應收容於特定處所，並得為左列之處遇：

一 住室不加鎖。

二 不加監視。

三 准與配偶及直系血親在指定處所及期間內同住。

② 前項第三款實施辦法，由法務部定之。

第二八條之一

① 累進處遇進至第三級以上之有期徒刑受刑人，每月成績總分在十分以上者，得依左列規定，分別縮短其刑執行之刑期：

一 第三級受刑人，每執行一個月縮短刑期二日。

二 第二級受刑人，每執行一個月縮短刑期四日。

三 第一級受刑人，每執行一個月縮短刑期六日。

② 前項縮短刑期，應經監務委員會決議後告知其本人，並報法務部核備。

③ 經縮短應執行之刑期者，其累進處遇及假釋，應依其縮短後之刑期計算。

④ 受刑人經縮短刑期執行期滿釋放時，由典獄長將受刑人實際服刑執行完畢日期，函知指揮執行之檢察官。

第二九條

① 第一級之少年受刑人，遇有直系血親尊親屬病危或其他事故時，

監所

得經監務委員會議決議，限定期間，許其離監。

②前項許其離監之少年受刑人，在指定期間內未回監者，其在外日數不算入執行刑期。

第三〇條

典獄長得使各工場之受刑人，於第二級受刑人中選舉有信望者若干人，由典獄長圈定，使其整理工場或從事其他必要任務。但每一工場不得超過二人。

第三一條

第二級受刑人至少每月一次從事於監內之洒掃、整理事務，不給勞作金。

第三二條

對於第一級受刑人，非有特別事由，不得為身體及住室之搜檢。

第三三條

第一級受刑人於不違反監獄紀律範圍內許其交談，並在休息時間得自由散步於監獄內指定之處所。

第三四條

①第一級受刑人為維持全體之紀律及陳述其希望，得互選代表。

②前項代表人數，至多不得逾三人，經受刑人加倍互選後，由典獄長圈定之。

第三五條

①第一級受刑人關於其本級全體受刑人住室之整理及秩序之維持，對典獄長連帶負責。

②前項受刑人有不履行責任者，得經監務委員會議之決議，於一定期間，對於其全體或一部，停止本章所定優待之一種或數種。

第五章 作 業

第三六條

受刑人於調查完竣後，應即使其作業。

第三七條

第四級及第三級之受刑人不許轉業。但因處遇上或其他有轉業之必要時，不在此限。

第三八條

第四級受刑人，得准其於每月所得作業勞作金五分之一範圍內，第三級受刑人於四分之一範圍內，自由使用。

第三九條

第二級受刑人，得使用自備之作業用具，並得以其所得之作業勞作金購用之。

第四〇條

①第二級受刑人中，如有技能而作業成績優良者，得使其為作業指導之輔助。

②前項受刑人，得於作業時間外，為自己之勞作。但其勞作時間，每日二小時為限。

第四一條

第二級受刑人，得准其於每月所得作業勞作金三分之一範圍內，自由使用。

第四二條

第二級受刑人作業熟練者，得許其轉業。

第四三條

第一級受刑人作業時，得不加監視。

第四四條

第一級受刑人中，如有技能而作業成績優良者，得使爲作業之指導或監督之輔助。

第四五條

第一級受刑人，得准其於每月所得作業勞作金二分之一範圍內，自由使用。

第四六條

第三十九條、第四十條第二項及第四十二條之規定，於第一級受刑人準用之。

第六章　教　化

第四七條

對於第一級及第四級之受刑人，應施以個別教誨。

第四八條

第三級以上之受刑人，得聽收音機及留聲機。

第四九條

①第二級以上之受刑人得爲集會。但第二級每月以一次、第一級每月以二次爲限。

②少年受刑得不受前項限制。

③集會時，典獄長及教化科職員均應到場。

第五〇條

①第一級之受刑人，許其在圖書室閱覽圖書。

②圖書室得備置適當之報紙及雜誌。

第五一條

第二級以上之受刑人，於不違反監獄紀律範圍內，許其閱讀自備之書籍；對於第三級以下之受刑人，於教化上有必要時亦同。

第五二條

①第二級以上之受刑人，得使其競技、遊戲或開運動會。但第二級每月以一次、第一級每月以二次爲限。

②少年受刑人，得不受前項之限制。

第五三條

第二級以上受刑人之獨居房內，得許其置家屬照片；如教化上認爲有必要時，得許其置家屬以外之照片。

第七章　接見及寄發書信

第五四條

第四級受刑人，得准其與親屬接見及發受書信。

第五五條

第三級以上之受刑人，於不妨害教化之範圍內，得准其與非親屬接見，並發受書信。

第五六條

各級受刑人接見及寄發書信次數如左：

一　第四級受刑人每星期一次。

二　第三級受刑人每星期一次或二次。

三　第二級受刑人每三日一次。

四　第一級受刑人不予限制。

第五七條

①第二級以下之受刑人，於接見所接見。

②第一級受刑人，得准其於適當場所接見。

第五八條

第二級以上之受刑人，於接見時，得不加監視。

第五九條

典獄長於教化上或其他事由，認為必要時，得准受刑人不受本章之限制。

第八章　給　養

第六〇條

受刑人之飲食及其他保持健康所必需之物品，不因級別而有差異。

第六一條

第一級受刑人，得准其著用所定之普通衣服。

第六二條

第一級受刑人，得准其在住室內備置花草或書畫；對於第二級以下之少年受刑人亦同。

第六三條

對於第一級受刑人，得供用共同食器或其他器具；第二級以下之少年受刑人亦同。

第六四條

①依本條例所得自由使用之物品，以經法務部核定者為限。

②前項物品之種類及數量，由典獄長依其級別定之。

第九章　累進處遇之審查

第六五條

①監獄設累進處遇審查會，審查關於交付監務委員會會議之累進處遇事項。

②累進處遇審查會審查受刑人之個性、心身狀況、境遇、經歷、教育程度、人格成績及其分類編級與進級、降級等事項，並得直接

向受刑人考詢。

第六六條

累進處審查會以教化科、調查分類科、作業科、衛生科、戒護科及女監之主管人員組織之，由教化科科長擔任主席，並指定紀錄。

第六七條

累進處審查會認為第二級以上之受刑人有獨居之必要時，應聲敘理由，報請典獄長核准。但獨居期間不得逾一月。

第六八條

①累進處審查會每月至少開會一次，其審查意見取決於多數。

②前項審查意見，應速報告典獄長，提交監務委員會議。

第十章　留級及降級

第六九條

①受刑人違反紀律時，得斟酌情形，於二個月內停止進級，並不計算分數；其再違反紀律者，得令降級。

②前項停止進級期間，不得縮短刑期；受降級處分者，自當月起，六個月內不予縮短刑期。

第七〇條

應停止進級之受刑人，典獄長認為情有可恕，得於一定期間內，不為停止進級之宣告。但在指定期間內再違反紀律者，仍應宣告之。

第七一條

①被停止進級之受刑人，於停止期間有悛悔實據時，得撤銷停止進級之處分。

②被降級之受刑人，有悛悔實據時，得不按分數，令復原級，並重新計算分數。

第七二條

留級之受刑人有紊亂秩序之情事者，得予降級。

第七三條

在最低之受刑人有紊亂秩序情事，認為不適宜於累進處遇者，得不為累進處遇。

第七四條

關於本章之處分，由監務委員會會議議決之。

第十一章　假　釋

第七五條

第一級受刑人合於法定假釋之規定者，應速報請假釋。

第七六條

第二級受刑人已適於社會生活，而合於法定假釋之規定者，得報請假釋。

第七六條之一

　　本條例施行細則，由法務部定之。

第十二章　附　則

第七七條 95

①本條例自公布日施行。

②本條例中華民國九十五年五月十九日修正之第十九條、第十九條之一及第十九條之二，自中華民國九十五年七月一日施行。

行刑累進處遇條例施行細則

①民國64年8月18日司法行政部令訂定發布全文58條。
②民國70年2月2日法務部令修正發布第2、29、51、52條條文。
③民國83年6月23日法務部令修正發布第8、9、17、21條條文；並刪除第9條條文。
④民國86年12月17日法務部令修正發布第14、21條條文；並增訂第21-1條條文。
⑤民國95年9月1日法務部令修正發布第21-1、58條條文；並自95年7月1日施行。
⑥民國107年5月10日法務部令修正發布第7條條文。
⑦民國109年7月31日法務部令修正發布第58條條文；刪除第7、16、31、33、34、40、43、56條條文；並自109年7月15日施行。

第一章 通 則

第一條

本細則依行刑累進處遇條例（以下簡稱本條例）第七十六條之一訂定之。

第二條

對受刑人之調查及各項成績考核記分，應分別由調查員及本細則所定人員親自辦理。

第二章 受刑人之調查及分類

第三條

調查人員對於新入監之受刑人，應依受刑人調查分類辦法之規定，於二個月內完成各項調查事項，並繕具副本送總務科計入身分簿存查。其調查內容有增減變更時，由調查分類科通知總務科登記。

第四條

調查時應按部頒各項調查表所載事項詳細記載，不得遺漏。

第五條

監獄應劃定部分監房收容新入監之受刑人，在調查期間，於不妨礙發見個性之範圍內，施以集中管理，注意其語言動作，就其個性、心身狀況有關之情形予以紀錄，以供調查人員之參考。

第六條

監獄對調查期間內之受刑人，應依初步擬訂之作業處遇計畫，使其從事作業，以考察其體力、忍耐、勤勉、技巧、效率，以定其適當之作業。

第七條（刪除）109

第八條

①調查人員對於適用累進處遇之受刑人，應依據有關資料，分別初犯、再犯、累犯，並依其年齡、罪質、刑期及其他調查所得之結果，作爲研議處遇計畫之基礎。

②前項稱初犯者，指無犯罪前科者而言。

③稱再犯者，指有犯罪前科，但不合刑法第四十七條之規定者而言。稱累犯者，指合於刑法第四十七條之規定者而言。

④在執行中發覺受刑人爲累犯或撤銷假釋者，自發覺之月起更正其責任分數。

⑤再犯者責任分數與初犯者相同。

第九條（刪除）

第三章　累進處遇

第一〇條

①對於入監前曾受羈押之受刑人，應依看守所送之被告性行考核表等資料，於調查期間內切實考核其行狀，如富有責任觀念，且有適於共同生活之情狀時，經監務委員會之決議，得使其進列適當之階級。但不得進列二級以上。

②依前項規定進列適當之階級者，應檢具有關資料及監務委員會會議紀錄報請法務部核定。

第一一條

監獄對於各級受刑人，應按其階級運用教室、工場、監房等現有設備，予以分別處遇。

第一二條

本條例第十五條所規定之「標識」，使用布質長方型。長四公分，寬八公分，以紅色爲第一級，藍色爲第二級，黃色爲第三級，白色爲第四級，由各級受刑人於胸前右上方佩帶之。

第一三條

受累進處遇之受刑人，遇有移送他監時，應將關於累進處遇審查之一切文件一併移送，受移送之監獄，對原監移送之成績記分總表應繼續使用，以畢後接用新表，以保持原始資料完整，而利查考。

第一四條

①在執行中脫逃後又入監者，應依前案殘餘刑期及後案刑期合併計算之刑期定其責任分數。但其中一案爲無期徒刑者，應依無期徒刑定其分數。

②撤銷假釋執行殘餘刑期，不適用合併計算刑期定責任分數之規定。

第一五條

①對於二以上刑期之受刑人，應本分別執行合併計算之原則，由指揮執行之檢察官於執行指揮書上註明合併計算之刑期，以定其責

任分數。

②二以上之刑期分別有本條例第十九條各項所定之情事者，應先依同條規定分別定其責任分數後，合併計算其責任分數。

第一六條 （刪除）109

第一七條

本條例第十九條第四項所稱「撤銷假釋受刑人」，指執行撤銷假釋殘餘刑期之受刑人而言。撤銷假釋受刑人之殘餘刑期，如有本條例第十九條第三項之情形者，其殘餘刑期應依本條例第十九條第四項定其責任分數。

第一八條

在監已受累進處遇之各級受刑人，應於本條例公布施行後之次月，按其刑期依本條例第十九條之規定調整其類別，但其原級不變。調整後責任分數變更者，依受刑人在原級已抵銷之責任分數與原類別所定責任分數之比率，換算爲調整類別後受刑人已抵銷之責任分數。

第一九條

在監已受累進處遇各級受刑人之成績記分標準，應於本條例公布實施後之次月，依本條例第二十條之規定辦理。

第二〇條

受刑人遇有減刑，縮短刑期而應調整其類別時，其已抵銷之責任分數，應按其比率依本條例第十九條之規定予以換算。

第二一條

監獄管理人員對各級受刑人之成績分數，應依照累進處遇由嚴而寬之原則，嚴加核記。各級受刑人每月教化、操行成績分數，在下列標準以上者，應提出具體事證，監務委員會並得複查核減之。

一　一般受刑人：
    ㈠第四級受刑人教化、操行各二・五分。
    ㈡第三級受刑人教化、操行各三・〇分。
    ㈢第二級受刑人教化、操行各三・五分。
    ㈣第一級受刑人教化、操行各四・〇分。

二　少年受刑人：
    ㈠第四級受刑人教化三・五分、操行二・五分。
    ㈡第三級受刑人教化四・〇分、操行三・〇分。
    ㈢第二級受刑人教化四・五分、操行三・五分。
    ㈣第一級受刑人教化五・〇分、操行四・〇分。

第二一條之一 95

①受刑人適用本條例第十九條之一定其累進處遇責任分數者，其教化、操行成績分數核記標準，適用中華民國八十三年六月二十五日修正生效之本細則第二十一條規定。

②受刑人適用本條例第十九條之二定其累進處遇責任分數者，其教化、操行成績分數核記標準，適用中華民國八十六年十二月十九

日修正生效之本細則第二十一條規定。

③受刑人執行二以上之徒刑，有分別依本條例第十九條、第十九條之一第一項、第十九條之二第一項規定定其累進處遇責任分數者，其教化、操行成績分數核記標準，適用中華民國八十六年十二月十九日修正生效之本細則第二十一條規定。

第二二條

①受刑人之教化、作業、操行各項成績分數，分別由左列人員依平日實際情形考核記分：

一　作業成績分數：由作業導師會同工場主管考查登記，由作業科長初核。

二　教化成績分數：由教誨師會同監房及工場主管考查登記，由教化科長初核。

三　操行成績分數：由監房及工場主管考查登記，由戒護科長初核。

②前項各成績分數經初核後，由累進處遇審查會覆核，監務委員會審定之。

第二三條

受刑人記分表之種類如左：

一　教化結果記分表。

二　作業記分表。

三　操行記分表。

四　少年受刑人學業成績記分表。

五　各項成績記分總表。

第二四條

本條例第二十二條所稱「應進級之月」，指本級責任分數抵銷淨盡或有餘之次月而言。

第二五條

受刑累進處遇之受刑人，因患病需要較長期間治療，無法參加作業，經衛生科證明，提經監務委員會決議者，其作業成績依本條例第二十條所定作業最高分數二分之一計算。

第二六條

①辦理累進處遇除依照規定表式外，並應備置左列文書，分別裝訂，以備查閱。

一　審查會議紀錄。

二　監務委員會會議紀錄。

三　作業課程表。

四　受刑人入監調查表。

五　編級名冊。

六　進級名冊。

七　不編級名冊。

②監獄派遣受刑人外役時，應由該管人員攜帶前項有關文書隨時記載，以便彙製總表。

第四章　監禁及戒護

第二七條

①監獄應選擇適當環境與設備較爲完善之監房，以供一、二級受刑人獨居或雜居之用。

②一級受刑人住室得不加鎖，不加監視，但管理人員對其言行應注意考核，並予紀錄。

第二八條

①辦理受刑人縮短刑期依月曆計算，每執行一個月，按本條例第二十八條之一所定縮短刑期日數，分別縮短各級受刑人應執行之刑期。

②殘餘刑期不滿一個月者，不得辦理縮短刑期。

第二九條

①經縮短刑期之受刑人，監獄應於次月十五日以前造具名冊一份，連同監務委員會之決議紀錄，報請法務部核備。

②縮短刑期名冊格式另訂之。

第三〇條

①教化科應將合於縮短刑期受刑人之資料，交由總務科製作縮短刑期名冊二份，一份報部，一份附卷，並辦理名籍登記。

②辦理受刑人縮短刑期，應備置紀錄總表，其表式另訂之。

③前項紀錄總表應裝訂於身分簿內之首頁，由辦理名籍人員按月依表式逐欄登記，不得遺漏。

第三一條　（刪除）109

第三二條

①受刑人操行成績應依左列標準記分，每月每款最高四分，遞減至零分。

- 一　服從指揮，遵守規章。
- 二　誠實守信，毫不虛僞。
- 三　態度和平，舉止正常。
- 四　節用守儉，確知自勵。
- 五　其他可嘉許之行爲。

②前項記分，應以獎懲紀錄、書信、接見紀錄，日記、自傳、言行表現及教誨紀錄等爲依據，主管人員平時並應注意觀察考核。

③第一項分數於月末相加後以五相除，爲本月之操行成績分數。

第三三條　（刪除）109

第三四條　（刪除）109

第五章　作　業

第三五條

本條例第三十六條所稱「受刑人於調查完竣後，應即使其作業」，指受刑人由接收組擬訂之個別處遇計畫核定後，應即依其處遇參加作業而言。

第三六條

本條例第三十七條所稱「處遇上或其他有轉業之必要時」，指受刑人不適於初訂個別處遇計畫所指定之作業，提經累進處遇審查會複核變更原處遇，有使其從事其他適當作業之必要者而言。

第三七條

作業成績記分標準如左：

一　一般受刑人作業以一般勞動能率（工作數量）為課程時，其每日成績分數依左列標準記分：

　㈠課程超過者四分。

　㈡課程終結者三‧五分。

　㈢課程完成十分之八以上未終結者三分。

　㈣課程完成十分之六以上未滿十分之八者二‧五分。

　㈤課程完成十分之四以上未滿十分之六者二分。

　㈥課程完成十分之二以上未滿十分之四者一分。

　㈦課程完成十分之二者零分。

二　一般受刑人作業以工作時間為課程時，其每日成績依左列標準記分：

　㈠提前完工繼續工作者四分。

　㈡按時完工者三‧五分。

　㈢定時工作延誤一小時未滿者三分。

　㈣定時工作延誤二小時未滿二‧五分。

　㈤定時工作延誤三小時未滿二分。

　㈥定時工作延誤四小時未滿一分。

　㈦定時工作延誤五小時者零分。

三　作業成績不能以等級規定者（例如工場雜役清理工作等），參酌其勤惰記分。

四　少年受刑人作業成績，比照一般受刑人記分標準四分之三比率計算。

第三八條

少年刑人因學業依規定不參加作業者，以每月之學業成績分數為其作業分數，依左列標準記分：

一　月考成績總平均在八十分以上者二‧五分至三分。

二　月考成績總平均在七十分至七十九分者，二分至二‧四分。

三　月考成績總平均在六十分至六十九分者，一‧五分至一‧九分。

四　月考成績總平均在五十分至五十九分者，一分至一‧四分。

五　月考成績總平均在四十分至四十九分者，零‧五分至零‧九分。

六　月考成績總平均在三十九分以下者，零分至○‧四分。

第三九條

①受刑人每日作業得分於月末相加後，以該月之就業日數相除，所得分數為本月作業成績分數。

②停止作業之日數應予扣除。但受刑人無故不作業者，不在此限。

第四〇條　（刪除）109

第六章　教　化

第四一條

對於編級及進級受刑人，應施以個別教誨，告以累進處遇旨趣及應遵守事項。

第四二條

①教化結果依左列標準記分：

一　一般受刑人依左列各目記分，每月最高四分，遞減至零分。

㈠省悔向上，心情安定。

㈡思想正確，不受誘惑。

㈢克己助人，適於群處。

㈣刻苦耐勞，操作有恆。

㈤愛護公物，始終不渝。

二　少年受刑人依前款各目記分時，每目每月最高五分，遞減至零分。

②前項記分，應以獎懲紀錄、書信、接見紀錄、言行表現、教誨紀錄、學業成績等為依據。

③第一項分數相加後，以五相除，為本月成績分數。

第四三條　（刪除）109

第四四條

①本條例第四九條所稱「集會」，指左列集會而言：

一　級會：依各級教育班次舉行之。討論學習心得或教化人員所指定之題目。

二　工作檢討會：依作業或工場類別舉行之。討論作業之得失，作業技術心得之交換，工場設施之改進等事項。

三　生活檢討會：依管教區為單位舉行之。討論有關本身之學業、娛樂、飲食、起居事項，作為自我檢討之依據。

②前項集會之時間、地點、方式，應由教化、戒護兩科會商報請典獄長核准。

第七章　接見及寄發書信

第四五條

第一級受刑人之接見及寄發書信，不予限制。但不得影響監獄管理及監獄紀律。

第四六條

本條例第五七條第二項所稱「適當場所」，指接見室以外經指定之場所而言。

第八章　給　養

第四七條

本條例第六十一條所稱「普通衣服」，指由監獄許可穿著之自備衣服，如汗衫、襯衣、棉衣、毛衣、西裝、大衣等屬之。

第四八條

①本條例第六十二條所稱「花草」，指盆景花草而言。並應作適當之佈置。

②同條所稱書畫，應於佈置前經教化科之審閱。

第九章　累進處遇之審查

第四九條

監獄管教小組應於累進處遇審查會開會前，將受刑人各項成績及有關提會審查事項資料，妥善準備，以便提會審查。

第五〇條

累進處遇審查會應於監務委員會會期前開會，其決議應經監務委員會期決議辦理之。

第五一條

①累進處遇審查會對於受刑人之成績分數、編級、進級、降級、違規事件等事項應切實審核，必要時得請承辦人員列席備詢。

②前項會議紀錄提經監務委員會審定後，一併報請法務部核備。

第十章　留級及降級

第五二條

本條例所定留級依左列程序辦理：

一　停止進級之受刑人，典獄長認爲情有可恕者，得於一定期間內不爲停止進級之宣告。

二　前款所稱一定期間，應經監務委員會決定，但不得超過三個月。

三　留級期間仍應計算其成績分數。

四　留級期間所在級之責任分數抵銷後，仍不予進級，予以原級處遇，如有餘分，於其留級屆滿後，准予抵銷所進級之責任分數。

五　留級期間內再有違反紀律時，應爲停止進級，並不計算分數之宣告，有紊亂秩序之情事者，得予降級。

第五三條

本條例第七十二條所稱「紊亂秩序之情事」，指意圖脫逃、暴行、喧嘩或其他重大事故而言。

第五四條

降級之受刑人，以在原級已抵銷之責任分數抵銷降級後本級之責任分數，如有餘分不予計算，但視爲抵銷淨盡降級後本級之責任分數。

第五五條

被降級之受刑人有悛悔實據時，經監務委員會審定後，令復原

級，並回復銷除之成績分數，如回復銷除之成績分數，連同降級期間所得分數，合計超過令復原級之責任分數者，於准予進級時，可抵銷所進級之責任分數。

第十一章　假　釋

第五六條　（刪除）109

第五七條

依本條例第七十五條及七十六條之規定為受刑人辦理假釋時，一般受刑人最近三個月內教化、作業、操行各項分數，均應在三分以上，少年受刑人最近三個月內教化分數應在四分以上，操行分數在三分以上，作業分數應在二分以上。

第十二章　附　則

第五八條　109

①本細則自發布日施行。

②本細則中華民國九十五年九月一日修正發布之第二十一條之一，自中華民國九十五年七月一日施行。

③本細則中華民國一百零九年七月三十一日修正之條文，自一百零九年七月十五日施行。

受刑人假釋實施辦法

民國109年7月15日法務部令訂定發布全文17條；並自發布日施行。

第一條

本辦法依監獄行刑法（以下簡稱本法）第一百十九條第三項規定訂定之。

第二條

監獄應將受刑人假釋審查資料填載於假釋報告表及交付保護管束名冊，並提報假釋審查會審議。

第三條

①前條有關受刑人假釋審查資料，應包含下列事項：

一 犯行情節：
  (一)犯罪動機。
  (二)犯罪方法及手段。
  (三)犯罪所生損害。

二 在監行狀：
  (一)平日考核紀錄。
  (二)輔導紀錄。
  (三)獎懲紀錄。

三 犯罪紀錄：
  (一)歷次裁判摘要或紀錄。
  (二)歷次執行刑罰及保安處分紀錄。
  (三)撤銷假釋或緩刑紀錄。

四 教化矯治處遇成效：
  (一)累進處遇各項成績。
  (二)個別處遇計畫執行情形。
  (三)參與教化課程或活動、職業訓練及相關作業情形。

五 更生計畫：
  (一)出監後有無適當工作或生活之計畫。
  (二)出監後有無謀生技能。
  (三)出監後有無固定住居所或安置處所。

六 其他有關事項：
  (一)接見通信對象、頻率及家庭支持情形。
  (二)同案假釋情形。
  (三)對犯罪行為之實際賠償或規劃、及進行修復情形。
  (四)對宣告沒收犯罪所得之繳納或規劃情形。

(五)被害人或其遺屬之陳述意見。

(六)受刑人之陳述意見。

(七)其他有關受刑人執行事項。

②前項第六款第五目之當事人有數人時，如不能或無法取得其全部之陳述者，得僅由其中一人或數人爲之。

第四條

①前條第一項第六款第五目及第六目所定陳述意見，得以言詞或書面方式爲之，並得委任律師或輔佐人行之。

②前項以言詞之陳述，得以影音、視訊、電話或其他方式爲之，並作成紀錄。其紀錄經由陳述人朗讀或使閱覽確認其內容無誤後，由陳述人簽名或捺印；拒絕簽名或捺印者，應記明其事由；陳述人對紀錄有異議者，應更正之。

第五條

①假釋審查會除典獄長及其指派監獄代表二人爲當然委員外，其餘委員爲外聘委員。除典獄長外，其餘當然委員因職務異動或有其他原因致無法行使職務時，典獄長得另指派適當人選擔任之。

②外聘委員任期一年，均爲無給職，期滿得續聘之。但有不適任或無法行使職務時，監獄得隨時報請監督機關核准後解聘，另行遴選適當人員依本法規定辦理補聘之，補聘委員之任期至原委員任期屆滿之日爲止。

第六條

①假釋審查會由典獄長擔任召集人並任主席，所需工作人員就機關員額內派兼之，並得請承辦假釋人員或其他相關人員列席說明。

②召集人不能主持會議時，由出席委員互推一人擔任主席。

第七條

①假釋審查會每月至少舉行一次。必要時，得增加次數。

②假釋審查會須有全體委員過半數出席，始得開會。但本法第一百二十條第一項有關維持或廢止假釋之案件，應有四分之一之委員出席。

③假釋審查之決議採無記名投票方式，由出席委員過半數同意行之。

④其他事項之決議，由出席委員過半數同意行之；可否同數時，取決於主席。

⑤前二項之決議，應作成紀錄備查。

第八條

①假釋審查會委員於假釋案件有下列情形之一者，應自行迴避，不得參與決議：

一　現爲或曾爲受刑人之配偶、四親等內血親、三親等內姻親或家長。

二　現爲或曾爲受刑人之代理人、辯護人或輔佐人。

三　現爲或曾爲受刑人之被害人、被害人之配偶、四親等內血親、三親等內姻親或家長、家屬。

② 有具體事實足認假釋審查會委員就假釋案件有偏頗之虞者，受刑人應舉其原因及事實，向假釋審查會申請迴避。

③ 前項申請，由假釋審查會決議之，並作成紀錄。監獄應將決議要旨以書面通知受刑人。

④ 受刑人不服第二項申請經假釋審查會之駁回決定者，僅得於對實體決定提起復審或行政訴訟時，一併聲明不服。

⑤ 假釋審查會主席明知當然委員或外聘委員有第一項情形不自行迴避，且未經受刑人申請迴避者，應依職權命其迴避。

⑥ 依第一項及第五項規定迴避之委員，不計入該假釋案件之出席委員人數，並作成紀錄。

第九條

① 假釋審查會委員對假釋案件，應參酌第三條及第四條有關事項，綜合判斷受刑人悛悔情形，並作成決議。

② 出席委員、工作人員及列席人員，對於會議討論事項、決議內容、被害人身分及其意見，應確實保密。

第一〇條

對於本法第一百十八條第一項退回之假釋案件，監獄於完備理由或資料後，應重新辦理假釋審議程序。

第一一條

本法第一百十八條第二項所稱逾四月，指以監獄陳報假釋案件之當月為計算基礎。

第一二條

假釋案件經法務部不予許可時，監獄應速將處分書交由受刑人親自收受，並製作書面文件供受刑人簽名及載明收受日期。

第一三條

假釋釋放前，除法規另有規定外，應注意受刑人另案接續執行情形、保護管束銜接措施、相關機關（構）之聯繫及通報機制。

第一四條

假釋釋放前，監獄應給與假釋證書及執行保護管束相關文件，並告以保護管束應遵守事項及違反規定得撤銷假釋。

第一五條

監獄依本法第一百十九條第二項規定委託辦理假釋案件之矯正機關，由該受委託機關之首長擔任假釋審查會召集人，並準用本辦法之規定。

第一六條

於少年矯正學校執行之少年受刑人，其假釋之實施，除少年矯正學校設置及教育實施通則另有規定外，得準用本辦法之規定。

第一七條

本辦法自中華民國一百零九年七月十五日施行。

保安處分執行法

①民國52年7月3日總統令制定公布全文89條。
　民國53年8月1日行政院令以臺灣省為本法施行區域。
②民國56年8月1日總統令修正公布第5條條文。
　民國56年10月4日行政院令以臺灣地區為本法施行區域。
③民國64年1月28日總統令修正公布第2、65、66、68、69條條文；並增訂第4-1、44-1、65-1、69-1、74-1～74-3、77-1條條文。
④民國69年7月4日總統令修正公布第2、3、15、36、45、64條條文。
⑤民國84年1月18日總統令修正公布第17條條文。
⑥民國91年6月5日總統令修正公布第57條條文；並增訂第54-1、56-1、57-1條條文。
　民國91年11月25日行政院令發布溯自91年7月1日施行。
⑦民國95年5月30日總統令修正公布第46、47條條文。
　民國98年2月12日行政院令發布第46、47條溯自95年7月1日施行，並以臺灣地區為施行區域。
⑧民國95年5月26日總統令修正公布第6條條文。
　民國99年7月5日行政院令發布定自99年7月1日施行，並以臺灣地區為施行區域。
⑨民國100年1月26日總統令修正公布第26、78、80條條文。
　民國100年3月7日行政院令發布定自100年3月8日施行，並以臺灣地區為施行區域。
⑩民國110年6月16日總統令修正公布第2、15、89條條文；並自公布日施行。

第一章　通　則

第一條

執行保安處分，除法律別有規定外，依本法行之。

第二條 110

①保安處分執行處所如下：

一　感化教育及強制工作處所。

二　監護、禁戒及強制治療處所。

②前項保安處分執行處所，由法務部設置，必要時法務部得請行政院協調相關中央主管機關設置或委任、委託或委辦其他機關（構）設置或辦理。

③保安處分之實施，受法務部之指揮、監督。

第三條

①法務部應派員視察保安處分處所，每年至少一次，並得授權各高等法院檢察處隨時派員視察。

②檢察官對於保安處分之執行，應隨時視察，如有改善之處，得建議改善，並得專案陳報法務部。

第四條

①執行保安處分，應依裁判行之。

②法院對於應付監護、禁戒、強制治療之人，認為有緊急必要時，得於判決前，先以裁定宣告保安處分。

③檢察官對於應付監護、禁戒、強制治療之人，於偵查中認為有先付保安處分之必要，亦得聲請法院裁定之。

④前二項裁定，得於收受送達後五日內提起抗告。

⑤抗告無停止執行之效力。但原審法院及抗告法院，均得以裁定停止執行。

第四條之一

①宣告多數保安處分者，依左列各款執行之：

一　宣告多數感化教育，期間相同者，執行其一；期間不同者，僅就其中最長期間者執行之；有不定期者，僅就不定期者執行之。

二　因同一原因宣告多數監護，期間相同者，執行其一；期間不同者，僅就其中最長期間者執行之；其因不同原因而宣告者，就其中最適合於受處分人者，擇一執行之；如依其性質非均執行，不能達其目的時，分別或同時執行之。

三　因同一原因，宣告多數禁戒，期間相同者，執行其一；期間不同者，僅就其中最長期間者執行之；其因不同原因宣告者，同時執行之；如不能同時執行時，分別執行之

四　宣告多數強制工作者，比照第一款規定執行之。

五　宣告感化教育之外，另宣告強制工作者，僅就強制工作執行之。

六　宣告多數保護管束，期間相同者，執行其一；期間不同者，僅就其中最長期間者執行之。但另因緩刑期內或假釋中付保護管束者，同時執行之。

七　宣告保護管束之外，另宣告感化教育或強制工作者，僅就感化教育或強制工作執行之。

八　因同一原因宣告多數強制治療者，執行其一；其原因不同者，同時執行之；如不能同時執行時，分別執行之。

九　宣告監護之外，另宣告禁戒或強制治療者，同時執行之；如不能同時執行者，分別執行之。

十　宣告禁戒、監護或強制治療之外，另宣告感化教育或強制工作者，先執行監護、禁戒或強制治療。但無礙於感化教育或強制工作之執行者，同時執行之。

十一　宣告多數保安處分，其中有驅逐出境者，得僅就驅逐出境執行之。

②保安處分開始執行後，未執行完畢前，又受同一保安處分之宣告者，仍僅就原執行之保安處分繼續執行之。但後宣告保安處分之

法院檢察官認以執行後宣告之保安處分爲適當者，得聲請該法院裁定，就後宣告之保安處分執行之。

③依前二項規定執行之處分，應在刑之執行前者，於刑之執行前爲之；在刑之執行完畢或赦免後者，於刑之執行完畢或赦免後爲之。

第五條

①保安處分之執行，檢察官應將受處分人連同裁判書及應備文件，命司法警察或司法警察官解送至保安處分處所。

②刑事訴訟法第四百六十九條之規定，於保安處分之執行，除感化教育外準用之。

第六條 95

①受處分人經檢查後，罹有急性傳染病或重大疾病者，檢察官不得命令解送，並應斟酌情形，先送醫院治療或責付於相當之人。但發見受處分人身體有畸形、身心障礙或痼疾不適於強制工作者，檢察官得聲請法院裁定免其處分之執行。

②懷胎五月以上或分娩未滿二月者，得準用前項前段之規定。

第七條

保安處分處所，對於移送執行之受處分人，有前條情形者，得拒絕執行。但應先送醫院治療或責付相當之人，並通知檢察官。

第八條

受處分人入保安處分處所時，應調查其裁判書及應備文件，如不具備時，得通知檢察官補送之。

第九條

①受處分人入保安處分處所時，應調查其個人關係、犯罪原因、動機、性行、境遇、學歷、經歷、身心狀況及其他可供執行保安處分之參考事項，並命捺指紋或爲照相等識別之必要事項。

②前項調查，得請求機關、團體或私人提出報告。

第一〇條

對於受感化教育或強制工作之處分者，爲促其改悔向上，應劃分等級，以累進方法處遇之。

第一一條

①受處分人入保安處分處所時，應即檢查其身體及攜帶之財物。

②前項財物，應保管者爲之登記保管，除有正當理由得許其使用全部或一部外，於執行完畢時交還，其不適於保管者，通知其家屬領回，如不領回者，得沒入或廢棄之。

③由保安處分處所以外之人送入之財物，準用前二項之規定。

第一二條

受處分人死亡時，遺留之財物，應通知其最近親屬或家屬或其他應得之人領取。自死亡之日起，一年內無人領取時，歸入國庫；其脫逃經過一年尚未緝獲者亦同。

第一三條

受處分人入保安處分處所時，應告知遵守之事項。

第一四條

① 受處分人不服保安處分處所之處置時，得經由保安處分處所主管長官，申訴於監督機關。

② 保安處分處所主管長官，接受前項申訴時，應即轉報該管監督機關。

第一五條 110

① 保安處分執行處所應分別情形，施以適當之戒護；戒護人員為制止或排除危害，得採取必要之措施。

② 前項保安處分執行處所施以戒護之條件、方式，戒護人員之資格、遴用、採取必要措施之種類與限制及其他相關事項之辦法，由法務部定之。

第一六條

保安處分處所，應商請公私機關、團體，或延聘犯罪學、心理學、社會學、教育學等專家，協助策進其業務。

第一七條

① 保安處分處所對於受處分人，應供給飲食衣被及其他維持身體健康之必要設備。但執行感化教育及禁戒或強制治療所需之費用，得斟酌情形，向受處分人或其扶養義務人收取，其無力負擔者，仍由保安處分處所，按一般標準供給之。

② 保安處分受處分人禁用菸酒。但非受感化教育之受處分人年滿十八歲者，得許於指定之時間、處所吸菸。

③ 保安處分處所對於戒菸之受處分人應給予適當之獎勵。

④ 受處分人吸菸管理及戒菸獎勵辦法，由法務部定之。

第一八條

① 保安處分處所，對於受處分人罹有疾病，應急予醫治，並為必要之保護，其經醫師診療後，認為有停止工作之必要者，應停止其工作。

② 保安處分處所，對於受處分人之疾病，認為不能施以適當之醫治，或無相當之醫療設備者，得呈請監督機關之許可，將其移送病院或保外醫治，於治癒後，繼續執行。

③ 保安處分處所，認為有緊急情形，不能施以相當之醫治，得先為前項之處分，再自呈報核准。

④ 保外醫治期間，不算入保安處分之執行期間。

⑤ 懷胎五月以上或分娩未滿二月者，得準用第二項至第四項之規定。

第一九條

受處分人拒絕飲食，經勸告仍不飲食，而有生命之危險者，得由醫師施予強制營養。

第二〇條

罹有疾病之受處分人，請求自費延醫診治者，保安處分處所，應予許可。

第二一條

保安處分處所，對於受處分人，除防止其脫逃、自殺、暴行或其他違反紀律之行為外，應於不妨礙個性發展之範圍內，施以管理。

第二二條

①保安處分處所，應許受處分人與其家屬及親友接見。

②請求接見受處分人者，應登記其姓名、年齡、住所、職業及受處分人之姓名及其關係與接見事由。

③請求接見，如認為有妨害保安處分處所之紀律，或受處分人之利益者，不予准許。

第二三條

接見除另有規定外，應加監視；如在接見中發見有前條第三項之情形，應停止其接見。

第二四條

接見每星期不得逾二次，每次以三十分鐘為限。但經保安處分處所長官特許者，得增加或延長之。

第二五條

受處分人發受書信，應加檢查。書信內容有妨害保安處分處所紀律者，得分別情形，不許發受，或令刪除後，再行發受。

第二六條 100

①保安處分處所，對於執行完畢之受處分人，除法律另有規定外，應於執行完畢之當日午前釋放。

②釋放後之保護事項，應於初入處所時，即行調查，將釋放時，再予覆查，並經常與保護機關或團體，密切聯繫。對於釋放後，職業之介紹輔導，及衣食住行之維持等有關事項，預行策劃，予以適當解決。

③前項保護事務，除經保安處分處所，指定團體或受處分人最近親屬承擔外，司法保護團體應負責處理之。

第二七條

保安處分處所，對於釋放之受處分人，確無衣類旅費者，應酌給相當衣類及費用，其因重病請求容留繼續醫治者，應予准許，並應通知其最近親屬、家屬或其他適當之人。

第二八條

①保安處分定有期間者，在期間未終了前，認無繼續執行之必要時，除法律另有規定外，應報請指揮執行法院之檢察官，聲請免其處分之執行；認有延長之必要時，得報請指揮執行法院之檢察官，聲請延長其處分之執行。

②保安處分處所為前項請求時，應依據受處分人每月成績分數之記載，列舉事實，並述明其理由。

③對於法院依第一項聲請所為之裁定，得於五日內，提起抗告，對於抗告法院之裁定，並得提起再抗告。

第二九條

受處分人於執行中死亡或執行完畢時，應報告指揮執行法院之檢

察官；其於執行中逃亡者，應立即報告檢察官拘提或通緝之。

第二章　感化教育

第三〇條

①實施感化教育，採用學校方式，兼施軍事管理。未滿十四歲者，得併採家庭方式，為教育之實施。

②感化教育處所，應分別設置教員、技師、醫生、生活輔導員等人員，辦理各項事宜。

第三一條

實施感化教育，應依受處分人之性別、年齡、性行、知識程度、身心狀況等，分班施教。

第三二條

感化教育，應注重國民道德之培養，及增進生活必需之知識與技能。

第三三條

受處分人得依其所屬之宗教，舉行禮拜、祈禱或其他適當之儀式。但以不妨害紀律者為限。

第三四條

感化教育之授課時間，應審酌受處分人之年齡，每日以四小時至六小時為限。

第三五條

感化教育處分，應有康樂之設備。

第三六條

①感化教育之課程與作業，由法務部會同教育部、內政部定之。

②感化教育期滿時，得由所在地教育行政機關檢定其學業程度，並發給證明書。

第三七條

①感化教育處所，應設置簡易工場，使受處分人從事適當之作業。

②前項作業時間，每日為二小時至四小時。但未滿十四歲或有特殊情形，不適於作業者，得免除其作業。

第三八條

①累進處遇分一至四等，自第四等依次漸進。

②受處分人，如品行善良，具有適於共同生活之情形者，得逕編入第三等。

第三九條

受處分人執行一年以上，而達第一等時，感化教育處所長官得檢具有關事證，報請上級機關核准，通知檢察官轉請法院裁定，免予繼續執行。

第四〇條

①受處分人執行一年以上，而達第二等以上時，得準用前條之規定，停止其感化教育處分之執行。但停止期間應併付保護管束。

②前項停止執行期間，如違反保護管束規則情節重大者，法院得依

檢察官之聲請，爲撤銷停止執行之裁定。

③停止執行之裁定，經撤銷後，其停止之期間，不算入感化教育之執行期間。

第四一條

受處分人於執行感化教育期間已達十分之九而仍不能進列第三等者，感化教育處所長官，應列舉事實，檢同有關證據報請檢察官，聲請法院裁定延長其感化教育期間。

第四二條

①受處分人在感化教育期間作業者，應依其成績按月給與勞作金。

②前項給與之勞作金，每月得於二分之一範圍內，自由使用。其餘由感化教育處所代爲保管，於出保安處分處所時發還之。

第四三條

在保之受處分人，檢察官通知其到案移送執行而不到者，得強制其到案。執行感化教育之期間之始日，自受處分人到案之日起算。

第四四條

①強制受處分人到案，應用同行書。

②同行書記載左列事項：

  一　受處分人之姓名、性別、年齡、籍貫、住居所或其他足資辨別之特徵。

  二　事由。

  三　發同行書之理由。

③同行書應由檢察官簽名，交由司法警察偕同受處分人到案。

第四四條之一

①受處分人行蹤不明者，得請有關機關協尋之。

②協尋受處分人應用協尋書，通知各地法院、檢察官、司法警察機關。但不得公告或登載新聞紙，或以其他方式公開之。

③協尋書應記載左列事項，由檢察官簽名：

  一　受處分人之姓名、性別、年齡、籍貫、國民身分證字號、住居所及其他足資辨別之特徵。但籍貫、國民身分證字號、住居所不明者，得免記載。

  二　事件之內容。

  三　協尋之理由。

  四　應護送之處所。

④受處分人經協尋獲後，檢察官、司法警察官、司法警察得逕行護送受處分人至應赴之處所。

⑤協尋於其原因消滅或已顯無必要時，應即撤銷。撤銷協尋之通知，準用第二項之規定。

第四五條

①感化教育累進處遇規程，由法務部定之。

②感化教育作業規則，由法務部會同教育部、內政部定之。

第三章 監 護

第四六條 95

因有刑法第十九條第一項、第二項或第二十條之情形，而受監護處分者，檢察官應按其情形，指定精神病院、醫院、慈善團體及其最近親屬或其他適當處所。

第四七條 95

受執行監護之精神病院、醫院，對於因有刑法第十九條第一項或第二項之情形，而受監護處分者，應分別情形，注意治療及監視其行動。

第四八條

檢察官對於受監護處分之人，於指揮執行後，至少每月應視察一次，並制作紀錄。

第四章 禁 戒

第四九條

執行禁戒處分處所，應設置醫師及適當之治療設備。

第五〇條

執行禁戒處分之處所，應切實注意治療，並注意受禁戒處分人之身體健康。

第五一條

禁戒處分執行中，受禁戒處分人如有更犯吸用煙毒情形，執行禁戒處分處所，應即報告指揮執行之檢察官。

第五章 強制工作

第五二條

①實施強制工作處所，應斟酌當地社會環境，分設各種工場或農場。

②強制工作處所，必要時，得呈准監督機關，使受處分人在強制工作處所以外公設或私設之工場、農場及其他作業場所作業。

第五三條

實施強制工作，應依受處分人之性別、年齡、身體健康、知識程度、家庭狀況、原有職業技能、保安處分期間等標準，分類管理，酌定課程，訓練其謀生技能及養成勞動習慣，使具有就業能力。

第五四條

強制工作時間，每日六小時至八小時，斟酌作業種類，設備狀況及其他情形定之。炊事、打掃、看管、及其在工作場所之事務，視同作業。

第五四條之一 91

①停止作業日如左：

一 國定例假日。

二　直系親屬及配偶喪七日，三親等內旁系親屬喪三日。

三　其他認爲必要時。

②就炊事、灑掃及其他特需急速之作業者，除前項第二款規定外，不停止作業。

③入強制工作處所後三日及釋放前七日，得免作業。

第五五條

對於受強制工作處分者，應施以教化，灌輸生活知識，啓發國民責任觀念。

第五六條

前條教化之實施，得依類別或個別之方式行之，每日以二小時爲限，並得利用電影，音樂等爲輔導工具，及聘請有學識德望之人演講。

第五六條之一 91

①受處分人於強制工作期間作業者，給與勞作金；其金額應斟酌作業者之行狀及作業成績給付。

②前項作業受處分人有具體應獎勵事實者，發給獎勵金。

第五七條 91

第三十八條、第四十條、第四十一條、第四十二條第二項及第四十五條之規定，於本章準用之。

第五七條之一 91

①作業收入扣除作業支出後，提百分之五十充勞作金；勞作金總額，提百分之二十五充犯罪被害人補償費用。

②前項作業賸餘提百分之三十補助受處分人飲食費用；百分之五充受處分人獎勵費用；百分之五充作業管理人員獎勵費用；年度賸餘應循預算程序以百分之三十充改善受處分人生活設施之用，其餘百分之七十撥充作業基金。

③第一項提充犯罪被害人補償之費用，應專戶存儲；前項爲改善受處分人生活設施購置之財產設備，免提折舊。

第五八條

受處分人有左列各款行爲之一者，應予獎賞：

一　作業成績優良者。

二　行爲善良足爲受處分人之表率者。

三　舉發受處分人圖謀脫逃或暴行者。

四　其他足資鼓勵之事項。

第五九條

獎賞之方法如左：

一　公開嘉獎。

二　給與獎狀或獎品。

三　其他適當之方法。

第六〇條

①受處分人行狀不良或違反紀律時，得由保安處分處所長官施以左列一款或數款之懲罰：

一　面責。

二　停止戶外活動一日至五日。

三　扣分。

四　停止接見一次至三次。

五　停止發受書信一次至三次。

六　每日增加工作二小時，以一日至五日爲限。

②前項第二款及第六款之處分，應於懲處前徵求醫務人員之意見。

第六一條

爲前條懲罰前，應與本人以辯解之機會，認爲有理由者，予以免除。

第六二條

受處分人因作業受傷罹病而致死亡者，應酌予卹金。

第六三條

①受處分人死亡時，其勞作金或撫卹金，交付本人之最近親屬、家屬或其他應得之人領取。

②前項領取，應於強制工作處所長官通知後六個月內爲之。

第六章　保護管束

第六四條

①保護管束，應按其情形交由受保護管束人所在地或所在地之外之警察機關、自治團體、慈善團體、本人最近親屬、家屬或其他適當之人執行之。

②法務部得於地方法院檢察處置觀護人，專司由檢察官指揮執行之保護管束事務。

第六五條

檢察官對於執行保護管束者，負隨時調查、監督之責；必要時，得予以警告，或另行指定執行保護管束者執行之。

第六五條之一

①檢察官應告知受保護管束人所應遵守之事項，並指定日期，命往執行保護管束者之處所報到。

②檢察官爲前項指揮執行時，應將關於受保護管束人之裁判書、身世調查表暨其他有關書類，通知執行保護管束者。執行保護管束者於受保護管束人報到後，應立即報告檢察官；其未依指定日期報到者亦同。

第六六條

執行保護管束者，對於受保護管束人，得指定其遵守一定之事項；受保護管束人不遵守時，得予以告誡，或報請指揮執行之檢察官爲適當之處理；必要時，得限制其自由。

第六七條

執行保護管束者，如遷徙他處，或有其他不能執行職務事由時，應事先報由檢察官另行指定。

第六八條

① 執行保護管束者，應按月將受保護管束人之執行情形，報告檢察官。其有違反第七十四條之二各款情形之一時，應列舉事實，立即報告。

② 對於假釋中付保護管束者，檢察官認有違反第七十四條之二各款情形之一時，應即通知原執行監獄之典獄長。

第六九條

① 受保護管束人逃匿、死亡或復犯他罪時，執行保護管束者，應即報告檢察官；假釋中付保護管束者，並應由檢察官通知原執行監獄之典獄長。

② 受保護管束人應召服役，準用前項規定。

第六九條之一

受保護管束人住、居所遷移時，應報經執行保護管束者轉請檢察官核准之。檢察官應將執行保護管束情形，連同執行書類，函請遷入地區之管轄法院檢察官，另行指定保護管束者，繼續執行未了期間之保護管束。

第七〇條

以保護管束代感化教育者，對於受保護管束人，應注意其性行、生活習慣等情況。

第七一條

以保護管束代監護者，對於受保護管束人，應注意其心身狀態及其行動與療養。

第七二條

以保護管束代禁戒處分者，對於受保護管束人應促其禁戒及治療，並隨時察看之；必要時，得報請警察機關協助。

第七三條

以保護管束代強制工作處分者，對於受保護管束人應輔導以適當之工作，並考察之。

第七四條

緩刑或假釋期內，執行保護管束者，對於受保護管束人應注意其生活行動及交往之人。

第七四條之一

① 對於外國人保護管束者，得以驅逐出境代之。

② 前項驅逐出境，準用第八章之規定。

第七四條之二

受保護管束人在保護管束期間內，應遵守左列事項：

一　保持善良品行，不得與素行不良之人往還。

二　服從檢察官及執行保護管束者之命令。

三　不得對被害人、告訴人或告發人尋釁。

四　對於身體健康、生活情況及工作環境等，每月至少向執行保護管束者報告一次。

五　非經執行保護管束者許可，不得離開受保護管束地；離開在十日以上時，應經檢察官核准。

第七四條之三

①受保護管束人違反前條各款情形之一，情節重大者，檢察官得聲請撤銷保護管束或緩刑之宣告。

②假釋中付保護管束者，如有前項情形時，典獄長得報請撤銷假釋。

第七五條

執行保護管束之期間，已達一年以上者，檢察官綜核各月報告表，並徵詢執行保護管束者之意見，認爲無繼續執行之必要時，應聲請法院裁定免除其執行。

第七六條

保護管束期間，執行已達十分之九，檢察官綜核各月報告表，並徵詢執行保護管束者之意見，認爲有繼續執行之必要時，應聲請法院延長之。

第七七條

執行保護管束者，得報請檢察官爲前二條之聲請。

第七七條之一

執行保護管束者，於受保護管束人保護管束期間屆滿時，應報告檢察官。假釋中付保護管束者，檢察官並應通知原執行監獄之典獄長。

第七章　強制治療

第七八條 100

強制治療處所爲公私立醫療機構。

第七九條

執行強制治療處分之處所，應切實治療，並注意受強制治療處分人之身體健康。

第八〇條 100

強制治療處所，對於患嚴重之花柳病者，應予隔離，並監視其行動。

第八一條

強制治療處所，於治癒時，應通知指揮執行之檢察官。

第八章　驅逐出境

第八二條

受驅逐出境處分之外國人，由檢察官交由司法警察機關執行之。

第八三條

受驅逐出境處分之外國人，檢察官應於刑之執行完畢一個月前或赦免後，先行通知司法警察機關。

第八四條

檢察官應將受驅逐出境處分外國人之經過詳情彙送外交部；必要時，由外交部通知受處分人所屬國之駐中華民國使領館。

第八五條

①受驅逐出境處分之外國人，持有其本國護照前往其所屬國，或持有其他地區之入境許可，公私舟、車、航空器在該地設有停站者，不得拒絕搭乘。

②前項舟、車、航空站拒絕被驅逐之外國人搭乘，得由當地司法警察機關，依違警罰法第五十四條第十一款處罰之。

第八六條

①受驅逐出境處分之外國人，於刑之執行完畢或赦免後，如因即時無相當舟、車、航空器可供搭乘，而生活困難者，其居留期間，仍應供給飲食及住宿。

②前項居留期間內，警察機關應負責監視其行動，非有重大事由，不得拘束其身體。

第八七條

受驅逐出境處分之外國人所需旅費，應由其本人負擔。如確屬赤貧無力負擔時，執行機關應另請專款辦理之。

第九章 附 則

第八八條

①保安處分處所之組織，另以法律定之。

②保安處分處所專門技術人員，聘任之。

第八九條 110

①本法施行之日期及區域，由行政院以命令定之。

②本法中華民國一百十年五月三十一日修正之條文，自公布日施行。

保安處分累進處遇規程

①民國62年4月19日司法行政部令訂定發布全文12條。
②民國70年7月28日法務部令修正發布第7、9、13、17條條文。
③民國71年4月2日法務部函修正發布附表四。
④民國78年4月4日法務部令修正發布第1、2、7～11、16～19條條文；並增訂第10-1、17-1條條文。
⑤民國81年7月29日法務部令修正發布第4、6～9、10-1、11、13、14、16、17、17-1、18、19條條文。
⑥民國95年10月19日法務部令修正發布第6～9、11、17、17-1、20條條文；增訂第17-2條條文；並自95年7月1日起施行。

第一條

本規程依保安處分執行法第四十五條第一項及第五十七條規定訂定之。

第二條

感化教育及強制工作之累進處遇，除法律別有規定外，依本規程之規定。

第三條

本規程所稱之受處分人，係指依法宣付感化教育或強制工作之人。

第四條

①執行機關對於受處分人，應於執行開始時，就其個人關係、犯罪原因、動機、性向、境遇、學歷、經歷、身心狀況及其他可供執行之參考事項詳加調查，作成調查表，其格式另定之。（如附表一）

②前項調查期間不得逾二個月。

第五條

執行機關依前條規定調查完畢後，應即決定受處分人應否適用累進處遇，並告知本人。

第六條 95

①累進處遇分下列四等，自第四等依次漸進：

一　第四等。

二　第三等。

三　第二等。

四　第一等。

②感化教育受處分人，如品行善良，具有適於共同生活之情形者，得逕編入第三等。

第七條 95

①累進處遇，依處分期間以每月十五分定其責任總分數，以其總分數十分之四為第一等之責任分數，十分之三為第二等之責任分數，十分之二為第三等之責任分數，十分之一為第四等之責任分數（其計算方法如附表二）。感化教育未諭知期間者以三年計算。

②累犯受強制工作處分者，按附表二之表列標準，逐等增加其責任分數五分之一（其計算方法如附表三）。

附表二　保安處分累進處遇等別及責任分數表

處分期間	一年	一年六個月	二年	二年六個月	三年
責任總分數	一八〇	二七〇	三六〇	四五〇	五四〇
第一等	七二	一〇八	一四四	一八〇	二一六
第二等	五四	八一	一〇八	一三五	一六二
第三等	三六	五四	七二	九〇	一〇八
第四等	一八	二七	三六	四五	五四

附表三　累犯強制工作受處分人責任分數表

處分期間	一年	一年六個月	二年	二年六個月	三年
責任總分數	二一六	三二四	四三二	五四〇	六四八
第一等	八六·四	一二九·六	一七二·八	二一六	二五九·二
第二等	六四·八	九七·二	一二九·六	一六二	一九四·四
第三等	四三·二	六四·八	八六·四	一〇八	一二九·六
第四等	二一·六	三二·四	四三·二	五四	六四·八

第八條 95

感化教育受處分人，除因獎賞增加分數外，每月最高成績分數如下：

一　操行成績：最高二十二分。

二　教育成績：最高十六分。

三　習藝成績：最高十六分。

第九條 95

①強制工作受處分人，除因獎賞增加分數外，每月最高成績分數如下：

一　責任觀念及意志：最高六分。

二　操行：最高六分。

三　學習：最高八分。

四　作業：最高八分。

②前項第三款之學習分數，應以受處分人參加教育課程、技能訓練

或接受指導之態度及其學業成績分數為依據，詳實核給其分數。

第一〇條

①受處分人之責任分數，以每月所得成績分數抵銷之，抵銷淨盡者令其進等。進等時成績分數有餘者，併入所進之等計算。

②受處分人因受懲罰而扣分時，就其既得之成績分數予以扣減，如所在之等無分可扣時，降等扣減之，無等可降且無分可扣時，於將來得分中扣除之。

第一〇條之一

強制工作處所管教人員對各等受處分人之成績分數，應依照累進處遇由嚴而寬之原則，嚴加核記。各等受處分人每月責任觀念及意志、操行、學習成績在下列標準以上者，應提出具體事證，所務委員會議並爲複查核之。

一　第四等受處分人責任觀念及意志、操行各三點七分；學習四點九分。

二　第三等受處分人責任觀念及意志、操行各四點五分；學習五點九分。

三　第二等受處分人責任觀念及意志、操行各五點二分；學習六點九分。

四　第一等受處分人責任觀念及意志、操行各六點；學習八分。

第一一條 95

①獎賞之加分及懲罰之扣分按月計算。

②獎賞之加分標準如下：

一　嘉獎：每次零點五分。

二　給予獎品或獎狀：每次零點五分。

三　增加接見：每次零點五分。

四　增發書信：每次零點五分。

五　其他獎賞：每次零點五分。

③懲罰之扣分標準如下：

一　告誡或面責者，每次零點五分。

二　感化教育獨居或停止戶外活動者，每日零點五分。

三　停止接見者，每次零點五分。

四　停發書信者，每次零點五分。

五　勞動服務或每日增加工作時間二小時者，每日零點五分。

第一二條

①進等之決定，至遲不得逾應進等之月之末日。

②前項決定，應即通知本人。

第一三條

①各等受處分人之處遇如附表四。

②感化教育受處分人之處遇，如按其性質有變更前項規定之必要者，得報請法務部變更之。

第一四條

依保安處分執行法第四十條第二項、第四十一條、第五十七條，

刑法第九十七條或竊盜犯贓物犯保安處分條例第五條之規定延長
處分期間或撤銷停止執行者，執行機關如決定仍應適用累進處遇
時，應依裁定延長之期間或撤銷後之殘餘期間，重新編等計分。

第一五條

受處分人在執行中故意犯罪經判處有期徒刑以上之刑確定者，自
繼續執行之日起重新編等計分。

第一六條

受處分人在執行中由其他機關借提者，應由原執行處所函請寄禁
之監獄、看守所或少年觀護所代爲考核計分。

第一七條 95

① 受處分人如有下列情形之一者，得免予繼續執行：

一　依竊盜犯贓物犯保安處分條例宣告之強制工作受處分人，執
行滿一年六個月，已晉入第一等，其最近六個月內，每月得
分在二十二分以上，執行機關認爲無繼續執行之必要者，得
檢具事證，報請檢察官聲請法院免予繼續執行。

二　依組織犯罪防制條例宣告之強制工作受處分人，執行滿一年
六個月，已晉入第一等，其最近六個月內，每月得分在二十
二分以上，執行機關認爲無繼續執行之必要者，得檢具事
證，報請檢察官聲請法院免予繼續執行。

三　依刑法宣告之強制工作受處分人，執行滿一年六個月，已晉
入第一等，其最近六個月內，每月得分在二十二分以上，執
行機關認爲無繼續執行之必要者，得檢具事證，報經上級主
管機關核准後，報請檢察官聲請法院免予繼續執行。

四　依刑法宣告之感化教育受處分人，執行逾六個月，已晉入第
一等，而其第一等成績最近三個月內，每月得分在四十二分
以上，執行機關認爲無繼續執行必要者，得檢具事證，報經
上級主管機關核准後，報請檢察官聲請法院免予繼續執行。

五　依少年事件處理法諭知之感化教育受處分人，執行逾六個
月，已晉入第一等，而其第一等成績最近三個月內，每月得
分在四十二分以上，執行機關認爲無繼續執行之必要者，得
檢具事證，聲請原爲感化教育處分之少年法院或地方法院少
年法庭裁定免除執行。

② 受處分人如有下列情形之一者，得停止執行：

一　依竊盜犯贓物犯保安處分條例宣告之強制工作受處分人，執
行滿一年六個月，已晉入第二等，其最近三個月內，每月得
分在二十二分以上，執行機關認爲無繼續執行之必要者，得
檢具事證，報請檢察官聲請法院裁定停止其處分之執行，停
止期間並付保護管束。

二　依組織犯罪防制條例宣告之強制工作受處分人，執行滿一
年六個月，已晉入第二等，其最近三個月內，每月得分在
二十二分以上，執行機關認爲無繼續執行之必要者，得檢具
事證，報請檢察官聲請法院裁定停止其處分之執行，停止期

間並付保護管束。

三 依刑法宣告之強制工作受處分人，執行滿一年，已晉入第二等，其最近三個月內，每月得分在十七分以上，執行機關認為無繼續執行之必要者，得檢具事證，報經上級主管機關核准後，報請檢察官聲請法院裁定停止其處分之執行，停止期間並付保護管束。

四 依刑法宣告之感化教育受處分人，執行逾六個月，已晉入第二等，而其第二等成績最近三個月內，每月得分在四十二分以上，執行機關認為無繼續執行必要者，得檢具事證，報經上級主管機關核准後，報請檢察官聲請法院裁定停止其處分之執行，停止期間並付保護管束。

五 依少年事件處理法諭知之感化教育受處分人，執行逾六個月，已晉入第二等，而其第二等成績最近三個月內，每月得分在四十二分以上，執行機關認為無繼續執行之必要者，得檢具事證，聲請原為感化教育處分之少年法院或地方法院少年法庭裁定停止執行，停止期間，應裁定交付保護管束。

第一七條之一 95

①前條所稱「執行機關認為無繼續執行之必要者」，應審酌下列事項加以認定：
一 釋放後須有適當之職業。
二 釋放後須有謀生之技能。
三 釋放後須有固定之住所或居所。
四 釋放後社會對其無不良觀感。

②依少年事件處理法諭知之感化教育受處分人，出院後能就學者，視為具備前項第一款之要件。

第一七條之二 95

依刑法宣告之強制工作受處分人，其犯罪行為終了或結果之發生在中華民國九十五年七月一日刑法第九十條修正生效前者，報請免予繼續執行之累進處遇標準，適用八十一年七月二十九日修正發布之本規程第十七條第一項第二款規定。但其犯罪行為終了或結果之發生在九十五年七月一日後者，報請免予繼續執行之累進處遇標準，適用九十五年十月十九日修正施行之本規程第十七條第一項第三款規定。

第一八條

①依竊盜犯贓物犯保安處分條例或依刑法宣告之受處分人，執行期間已達十分之九，仍不能晉入第三等者，執行機關應檢具事證，報請檢察官聲請法院裁定延長其期間。

②依竊盜犯贓物犯保安處分條例第五條第二項之規定免予繼續延長執行者，執行機關應檢具事證，報請檢察官聲請法院裁定之。

第一九條

辦理受處分人之累進處遇事項，本規程未規定者，準用行刑累進處遇條例施行細則之規定。

監所

第二〇條 95

①本規程自發布日施行。

②本規程中華民國九十五年十月十九日修正發布之條文，自九十五
年七月一日起施行。

妨害性自主罪與妨害風化罪受刑人強制身心治療及輔導教育實施辦法

①民國87年4月1日法務部令訂定發布全文9條。
②民國92年4月24日法務部令修正發布名稱及全文9條；並自發布日施行（原名稱：妨害風化罪受刑人輔導與治療實施辦法）。
③民國95年6月30日法務部令修正發布名稱及全文8條；並自95年7月1日施行（原名稱：妨害性自主罪及妨害風化罪受刑人輔導與治療實施辦法）。
④民國102年9月12日法務部令修正發布第5條條文。
⑤民國106年6月13日法務部令修正發布全文8條；並自發布日施行。
⑥民國109年7月15日法務部令修正發布名稱及全文12條；並自109年7月15日施行（原名稱：妨害性自主罪與妨害風化罪受刑人輔導與治療實施辦法）。

第一條
　　本辦法依監獄行刑法（以下簡稱本法）第一百十五條第三項規定訂定之。

第二條
　　本辦法用詞定義如下：
　一　監獄：法務部矯正署所屬監獄，及監獄設置之分監、女監。
　二　執行機關：指對受刑人施以強制身心治療或輔導教育之監獄或少年矯正學校。

第三條
　　本辦法所定受強制身心治療或輔導教育之適用對象，為刑法第九十一條之一所列之罪之受刑人。

第四條
　　執行機關應充實各項相關設施與資源，以符合辦理強制身心治療或輔導教育之專業需求。

第五條
　　執行機關應訂定受刑人強制身心治療及輔導教育實施計畫報請監督機關核定，並將辦理情形每年報請監督機關備查。

第六條
①執行機關得委由下列機構、團體或個人實施受刑人輔導教育：
　一　經中央衛生主管機關公告醫院評鑑合格設有精神科門診或精神科病房。
　二　經中央衛生主管機關公告精神科醫院評鑑合格者。
　三　領有醫事、社工相關專業證照之人員。

四 具有性侵害犯罪防治實務經驗之專業人員。

五 經政府立案且具性侵害犯罪防治實務經驗之機構、團體。

②執行機關得委由前項第一款至第三款之機構或個人實施受刑人強制身心治療。

③執行強制身心治療或輔導教育處遇之人員，應依中央性侵害犯罪防治主管機關所定之性侵害犯罪加害人身心治療及輔導教育處遇人員訓練課程基準，完成相關教育訓練。

第七條

監獄無相應之資源以對第三條所定對象施以強制身心治療或輔導教育時，應於下列期間內報請監督機關核定後，將受刑人移至經核定之執行機關辦理：

一 入監後，符合刑法第七十七條所定假釋條件前二年六個月。

二 入監後，刑期將屆滿前二年六個月。

第八條

①執行機關應成立篩選評估小組、治療評估小組及輔導評估小組。

②篩選評估小組由執行機關副首長或秘書、教化、醫事或社工人員計三人，及精神科專科醫師、心理師、社會工作師、觀護人、少年保護官、法律或犯罪防治專家學者、犯罪被害人保護團體人員計四人組成之，其中任一性別委員不得少於三分之一，並由副首長或秘書擔任主席，定期或遇案召開會議，以篩選受刑人須受強制身心治療或輔導教育之處遇。

③治療評估小組由執行機關遴聘精神科專科醫師、心理師、社會工作師、觀護人、少年保護官、特殊教育、犯罪防治、專業醫事人員及監獄管教人員至少七人以上組成，其中任一性別委員不得少於三分之一，並由該小組委員推選主席，定期或遇案召開會議，以評估實施身心治療之成效。

④輔導評估小組由執行機關副首長或秘書、管教人員計三人，精神科專科醫師、心理師、社會工作師、觀護人、少年保護官、特殊教育、犯罪防治、專業醫事人員計四人組成之，其中任一性別委員不得少於三分之一，並由副首長或秘書擔任主席，定期或遇案召開會議，以評估實施輔導教育之成效。

⑤前三項之小組委員，由執行機關遴聘，任期一年，期滿得續聘之，並報請監督機關備查。

第九條

①執行機關應於對受刑人施以強制身心治療或輔導教育前二個月召開篩選評估會議，並參酌受刑人之犯行、在機關情狀、家庭成長背景、人際互動關係、就學歷程、生理與精神狀態或治療及其他相關資料進行評估。

②前項篩選評估完成後，執行機關至遲應於符合刑法第七十七條假釋條件或刑期將屆滿前二年，開始對受刑人施以強制身心治療或輔導教育，每月不得少於二小時。每屆滿一年應至少評估成效一次為原則，至通過強制身心治療或輔導教育為止。

③治療評估或輔導評估小組開會時，應參酌受刑人之犯行、在機關情狀、治療或輔導成效、再犯危險程度、社會網絡保護因子、受刑人陳述意見及其他相關資料進行評估，參與治療或輔導人員並應列席報告個案治療或輔導狀況。

④前三項之評估結果，如有事實足認得予變更者，應遇案召開前條各該評估小組會議決議變更之。

⑤前四項評估及變更之結果，應附理由以書面通知受刑人。

第一〇條

①辦理受刑人假釋案件，應附具曾受強制身心治療或輔導教育之紀錄及個案自我控制再犯預防成效評估報告，並由治療評估或輔導評估小組會議認定其再犯危險已顯著降低者，始得提報假釋。

②受刑人依本法第一百四十條第一項規定，經治療評估或輔導評估小組會議認有再犯之危險，而有施以強制治療之必要者，執行機關應將鑑定、評估報告及其他相關資料，送請該管檢察署檢察官，向法院聲請出監後強制治療之宣告。

第一一條

執行機關應依性侵害犯罪防治法第二十條第六項授權訂定之性侵害犯罪加害人身心治療及輔導教育辦法第六條第二項規定，落實受刑人釋放前資料轉銜，並加強與地方性侵害犯罪防治主管機關聯繫。

第一二條

本辦法自中華民國一百零九年七月十五日施行。

鑑

所

伍、少年事件

少年事件處理法

① 民國51年1月31日總統令制定公布全文80條。
② 民國56年8月1日總統令修正公布第42、64條條文。
③ 民國60年5月14日總統令修正公布全文87條。
④ 民國65年2月12日總統令修正公布第3、12、13、18、19、22、23、26、27、39、42、43、45、50、55～57、59～61、74、77、81、84、85及第三章第三節節名；並增訂第23-1、64-1、83-1、85-1條條文。
⑤ 民國69年7月4日總統令修正公布第85-1、86條條文。
⑥ 民國86年10月29日總統令修正公布全文87條。
⑦ 民國89年2月2日總統令修正公布第13、27、43、49、54、55-3、68、78條條文。
⑧ 民國91年6月5日總統令修正公布第84條條文。
⑨ 民國94年5月18日總統令修正公布第24、29、42、61、84條條文；並刪除第68條條文。
⑩ 民國108年6月19日總統令修正公布第3、3-1、17～19、26、26-2、29、38、42、43、49、52、54、55-2、55-3、58、61、64-2、67、71、82、83-1、83-3、84、86、87條條文；增訂第3-2～3-4條條文；並刪除第72、85-1條條文；除第18條第2～7項自112年7月1日施行；第42條第1項第3款關於交付安置於適當之醫療機構、執行過渡性教育措施或其他適當措施之處所輔導部分及刪除之第85-1條自公布一年後施行外，餘自公布日施行。

第一章　總　則

第一條
　為保障少年健全之自我成長，調整其成長環境，並矯治其性格，特制定本法。

第一條之一
　少年保護事件及少年刑事案件之處理，依本法之規定；本法未規定者，適用其他法律。

第二條
　本法稱少年者，謂十二歲以上十八歲未滿之人。

第三條 108
① 下列事件，由少年法院依本法處理之：
一　少年有觸犯刑罰法律之行為者。
二　少年有下列情形之一，而認有保障其健全自我成長之必要者：
㈠年無正當理由經常攜帶危險器械。
㈡有施用毒品或迷幻物品之行為而尚未觸犯刑罰法律。

　　　(三)有預備犯罪或犯罪未遂而為法所不罰之行為。

②前項第二款所指之保障必要，應依少年之性格及成長環境、經常往來對象、參與團體、出入場所、生活作息、家庭功能、就學或就業等一切情狀而為判斷。

第三條之一 108

①詢問或訊問少年時，應通知其法定代理人、現在保護少年之人或其他適當之人陪同在場。但經合法通知，無正當理由不到場或有急迫情況者，不在此限。

②依法應於二十四小時內護送少年至少年法院之事件，等候前項陪同之人到場之時間不予計入，並應釋明其事由。但等候時間合計不得逾四小時。

③少年因精神或其他心智障礙無法為完全之陳述者，必要時，得請兒童及少年心理衛生或其他專業人士協助。

④少年不通曉詢問或訊問之人所使用之語言者，應由通譯傳譯之。其為聽覺、語言或多重障礙者，除由通譯傳譯外，並得以文字、手語或其他適當方式詢問或訊問，亦得許其以上開方式表達。

第三條之二 108

①詢問或訊問少年時，應先告知下列事項：

一　所涉之觸犯刑罰法律事實及法條或有第三條第一項第二款各目事由；經告知後，認為應變更者，應再告知。

二　得保持緘默，無須違背自己之意思而為陳述。

三　得選任輔佐人；如依法令得請求法律扶助者，得請求之。

四　得請求調查有利之證據。

②少年表示已選任輔佐人時，於被選任之人到場前，應即停止詢問或訊問。但少年及其法定代理人或現在保護少年之人請求或同意續行詢問或訊問者，不在此限。

第三條之三 108

詢問、訊問、護送少年或使其等候時，應與一般刑事案件之嫌疑人或被告隔離。但偵查、審判中認有對質、詰問之必要者，不在此限。

第三條之四 108

①連續詢問或訊問少年時，得有和緩之休息時間。

②詢問或訊問少年，不得於夜間行之。但有下列情形之一者，不在此限：

一　有急迫之情形。

二　查驗其人有無錯誤。

三　少年、其法定代理人或現在保護少年之人請求立即詢問或訊問。

③前項所稱夜間者，為日出前，日沒後。

第四條

少年犯罪依法應受軍事審判者，得由少年法院依本法處理之。

第二章　少年法院之組織

第五條

① 直轄市設少年法院，其他縣（市）得視其地理環境及案件多寡分別設少年法院。

② 尚未設少年法院地區，於地方法院設少年法庭。但得視實際情形，其職務由地方法院原編制內人員兼任，依本法執行之。

③ 高等法院及其分院設少年法庭。

第五條之一

少年法院分設刑事庭、保護庭、調查保護處、公設輔佐人室，並應配置心理測驗員、心理輔導員及佐理員。

第五條之二

少年法院之組織，除本法有特別規定者外，準用法院組織法有關地方法院之規定。

第五條之三

① 心理測驗員、心理輔導員及佐理員配置於調查保護處。

② 心理測驗員、心理輔導員，委任第五職等至薦任第八職等。佐理員委任第三職等至薦任第六職等。

第六條　（刪除）

第七條

① 少年法院院長、庭長及法官、高等法院及其分院少年法庭庭長及法官、公設輔佐人，除須具有一般之資格外，應遴選具有少年保護之學識、經驗及熱忱者充之。

② 前項院長、庭長及法官遴選辦法，由司法院定之。

第八條　（刪除）

第九條

① 少年調查官職務如左：
一　調查、蒐集關於少年保護事件之資料。
二　對於少年觀護所少年之調查事項。
三　法律所定之其他事務。

② 少年保護官職務如左：
一　掌理由少年保護官執行之保護處分。
二　法律所定之其他事務。

③ 少年調查官及少年保護官執行職務，應服從法官之監督。

第一〇條

調查保護處置處長一人，由少年調查官或少年保護官兼任，綜理及分配少年調查及保護事務；其人數合計在六人以上者，應分組辦事，各組並以一人兼任組長，襄助處長。

第一一條

心理測驗員、心理輔導員、書記官、佐理員及執達員隨同少年調查官或少年保護官執行職務者，應服從其監督。

第一二條　（刪除）

第一三條

①少年法院兼任處長或組長之少年調查官、少年保護官薦任第九職等或簡任第十職等，其餘少年調查官、少年保護官薦任第七職等至第九職等。

②高等法院少年法庭少年調查官薦任第八職等至第九職等或簡任第十職等。

第三章　少年保護事件

第一節　調查及審理

第一四條

少年保護事件由行為地或少年之住所、居所或所在地之少年法院管轄。

第一五條

少年法院就繫屬中之事件，經調查後認為以由其他有管轄權之少年法院處理，可使少年受更適當之保護者，得以裁定移送於該管少年法院；受移受之法院，不得再行移送。

第一六條

刑事訴訟法第六條第一項、第二項，第七條及第八條前段之規定，於少年保護事件準用之。

第一七條　108

不論何人知有第三條第一項第一款之事件者，得向該管少年法院報告。

第一八條　108

①司法警察官、檢察官或法院於執行職務時，知有第三條第一項第一款之事件者，應移送該管少年法院。

②司法警察官、檢察官或法院於執行職務時，知有第三條第一項第二款之情形者，得通知少年住所、居所或所在地之少年輔導委員會處理之。

③對於少年有監督權人、少年之肄業學校、從事少年保護事業之機關或機構，發現少年有第三條第一項第二款之情形者，得通知少年住所、居所或所在地之少年輔導委員會處理之。

④有第三條第一項第二款情形之少年，得請求住所、居所或所在地之少年輔導委員會協助之。

⑤少年住所、居所或所在地之少年輔導委員會知悉少年有第三條第一項第二款情形之一者，應結合福利、教育、心理、醫療、衛生、戶政、警政、財政、金融管理、勞政、移民及其他相關資源，對少年施以適當期間之輔導。

⑥前項輔導期間，少年輔導委員會如經評估認由少年法院處理，始能保障少年健全之自我成長者，得敘明理由並檢具輔導相關紀錄及有關資料，請求少年法院處理之，並續依前項規定辦理。

⑦直轄市、縣（市）政府少年輔導委員會應由具備社會工作、心

理、教育、家庭教育或其他相關專業之人員，辦理第二項至第六項之事務；少年輔導委員會之設置、輔導方式、辦理事務、評估及請求少年法院處理等事項之辦法，由行政院會同司法院定之。

⑧於中華民國一百十二年七月一日前，司法警察官、檢察官、法院、對於少年有監督權人、少年之肄業學校、從事少年保護事業之機關或機構，發現少年有第三條第一項第二款之情形者，得移送或請求少年法院處理之。

第一九條 108

①少年法院接受移送、報告或請求之事件後，應先由少年調查官調查該少年與事件有關之行為、其人之品格、經歷、身心狀況、家庭情形、社會環境、教育程度以及其他必要之事項，於指定之期限內提出報告，並附具建議。

②少年調查官調查之結果，不得採為認定事實之唯一證據。

③少年調查官到庭陳述調查及處理之意見時，除有正當理由外，應由進行第一項之調查者為之。

④少年法院訊問關係人時，書記官應製作筆錄。

第二〇條

少年法院審理少年保護事件，得以法官一人獨任行之。

第二一條

①少年法院法官或少年調查官對於事件之調查，必要時得傳喚少年、少年之法定代理人或現在保護少年之人到場。

②前項調查，應於相當期日前將調查之日、時及處所通知少年之輔佐人。

③第一項之傳喚，應用通知書，記載左列事項，由法官簽名；其由少年調查官傳喚者，由少年調查官簽名：

一　被傳喚人之姓名、性別、年齡、出生地及住居所。

二　事由。

三　應到場之日、時及處所。

四　無正當理由不到場者，得強制其同行。

④傳喚通知書應送達於被傳喚人。

第二二條

①少年、少年之法定代理人或現在保護少年之人，經合法傳喚，無正當理由不到場者，少年法院法官得依職權或依少年調查官之請求發同行書，強制其到場。但少年有刑事訴訟法第七十六條所列各款情形之一，少年法院法官並認為必要時，得不經傳喚，逕發同行書，強制其到場。

②同行書應記載左列事項，由法官簽名：

一　應同行人之姓名、性別、年齡、出生地、國民身分證字號、住居所及其他足資辨別之特徵。但年齡、出生地、國民身分證字號或住居所不明者，得免記載。

二　事由。

三　應與執行人同行到達之處所。

　　四　執行同行之期限。

第二三條

①同行書由執達員、司法警察官或司法警察執行之。

②同行書應備三聯，執行同行時，應各以一聯交應同行人及其指定之親友，並應注意同行人之身體及名譽。

③執行同行後，應於同行書內記載執行之處所及年、月、日；如不能執行者，記載其情形，由執行人簽名提出於少年法院。

第二三條之一

①少年行蹤不明者，少年法院得通知各地區少年法院、檢察官、司法警察機關協尋之。但不得公告或登載報紙或以其他方法公開之。

②協尋少年，應用協尋書，記載左列事項，由法官簽名：

　　一　少年之姓名、性別、年齡、出生地、國民身分證字號、住居所及其他足資辨別之特徵。但年齡、出生地、國民身分證字號或住居所不明者，得免記載。

　　二　事件之內容。

　　三　協尋之理由。

　　四　應護送之處所。

③少年經尋獲後，少年調查官、檢察官、司法警察官或司法警察，得逕行護送少年至應到之處所。

④協尋於其原因消滅或顯無必要時，應即撤銷。撤銷協尋之通知，準用第一項之規定。

第二四條 94

刑事訴訟法關於人證、鑑定、通譯、勘驗、證據保全、搜索及扣押之規定，於少年保護事件性質不相違反者準用之。

第二五條

少年法院因執行職務，得請警察機關、自治團體、學校、醫院或其他機關、團體為必要之協助。

第二六條 108

少年法院於必要時，對於少年得以裁定為下列之處置：

　　一　責付於少年之法定代理人、家長、最近親屬、現在保護少年之人或其他適當之機關（構）、團體或個人，並得在事件終結前，交付少年調查官為適當之輔導。

　　二　命收容於少年觀護所進行身心評估及行為觀察，並提供鑑別報告。但以不能責付或以責付為顯不適當，而需收容者為限；少年、其法定代理人、現在保護少年之人或輔佐人，得隨時向少年法院聲請責付，以停止收容。

第二六條之一

①收容少年應用收容書。

②收容書應記載左列事項，由法官簽名：

　　一　少年之姓名、性別、年齡、出生地、國民身分證字號、住居所及其他足資辨別之特徵。但年齡、出生地、國民身分證字

　　　號或住居所不明者，得免記載。

二　事件之內容。

三　收容之理由。

四　應收容之處所。

③第二十三條第二項之規定，於執行收容準用之。

第二六條之二 108

①少年觀護所收容少年之期間，調查或審理中均不得逾二月。但有繼續收容之必要者，得於期間未滿前，由少年法院裁定延長之；延長收容期間不得逾一月，以一次為限。收容之原因消滅時，少年法院應依職權或依少年、其法定代理人、現在保護少年之人或輔佐人之聲請，將命收容之裁定撤銷之。

②事件經抗告者，抗告法院之收容期間，自卷宗及證物送交之日起算。

③事件經發回者，其收容及延長收容之期間，應更新計算。

④裁定後送交前之收容期間，算入原審法院之收容期間。

⑤少年觀護所之人員，應於職前及在職期間接受包括少年保護之相關專業訓練；所長、副所長、執行鑑別及教導業務之主管人員，應遴選具有少年保護之學識、經驗及熱忱者充任。

⑥少年觀護所之組織、人員之遴聘及教育訓練等事項，以法律定之。

第二七條

①少年法院依調查之結果，認少年觸犯刑罰法律，且有左列情形之一者，應以裁定移送於有管轄權之法院檢察署檢察官。

一　犯最輕本刑為五年以上有期徒刑之罪者。

二　事件繫屬後已滿二十歲者。

②除前項情形外，少年法院依調查之結果，認犯罪情節重大，參酌其品行、性格、經歷等情狀，以受刑事處分為適當者，得以裁定移送於有管轄權之法院檢察署檢察官。

③前二項情形，於少年犯罪時未滿十四歲者，不適用之。

第二八條

①少年法院依調查之結果，認為無付保護處分之原因或以其他事由不應付審理者，應為不付審理之裁定。

②少年因心神喪失而為前項裁定者，得令入相當處所實施治療。

第二九條 108

①少年法院依少年調查官調查之結果，認為情節輕微，以不付審理為適當者，得為不付審理之裁定，並為下列處分：

一　告誡。

二　交付少年之法定代理人或現在保護少年之人嚴加管教。

三　轉介福利、教養機構、醫療機構、執行過渡性教育措施或其他適當措施之處所為適當之輔導。

②前項處分，均交由少年調查官執行之。

③少年法院為第一項裁定前，得斟酌情形，經少年、少年之法定代

理人及被害人之同意，轉介適當機關、機構、團體或個人進行修復，或使少年爲下列各款事項：

一　向被害人道歉。

二　立悔過書。

三　對被害人之損害負賠償責任。

④前項第三款之事項，少年之法定代理人應負連帶賠償之責任，並得爲民事強制執行之名義。

第三〇條

少年法院依調查之結果，認爲應付審理者，應爲開始審理之裁定。

第三一條

①少年或少年之法定代理人或現在保護少年之人，得隨時選任少年之輔佐人。

②犯最輕本刑爲三年以上有期徒刑之罪，未經選任輔佐人者，少年法院應指定適當之人輔佐少年。其他案件認有必要者亦同。

③前項案件，選任輔佐人無正當理由不到庭者，少年法院亦得指定之。

④前兩項指定輔佐人之案件，而該地區未設置公設輔佐人時，得由少年法院指定適當之人輔佐少年。

⑤公設輔佐人準用公設辯護人條例有關規定。

⑥少年保護事件中之輔佐人，於與少年保護事件性質不相違反者，準用刑事訴訟法辯護人之相關規定。

第三一條之一

選任非律師爲輔佐人者，應得少年法院之同意。

第三一條之二

輔佐人除保障少年於程序上之權利外，應協助少年法院促成少年之健全成長。

第三二條

①少年法院審理事件應定審理期日。審理期日應傳喚少年、少年之法定代理人或現在保護少年之人，並通知少年之輔佐人。

②少年法院指定審理期日時，應考慮少年、少年之法定代理人、現在保護少年之人或輔佐人準備審理所需之期間。但經少年及其法定代理人或現在保護少年之人之同意，得及時開始審理。

③第二十一條第三項、第四項之規定，於第一項傳喚準用之。

第三三條

審理期日，書記官應隨同法官出席，製作審理筆錄。

第三四條

調查及審理不公開。但得許少年之親屬、學校教師、從事少年保護事業之人或其他認爲相當之人在場旁聽。

第三五條

審理應以和藹懇切之態度行之。法官參酌事件之性質與少年之身心、環境狀態，得不於法庭內進行審理。

第三六條

審理期日訊問少年時，應予少年之法定代理人或現在保護少年之人及輔佐人陳述意見之機會。

第三七條

①審理期日，應調查必要之證據。

②少年應受保護處分之原因、事實，應依證據認定之。

第三八條 108

①少年法院認爲必要時，得爲下列處置：

一 少年爲陳述時，不令少年以外之人在場。

二 少年以外之人爲陳述時，不令少年在場。

②前項少年爲陳述時，少年法院應依其年齡及成熟程度權衡其意見。

第三九條

①少年調查官應於審理期日出庭陳述調查及處理之意見。

②少年法院不採少年調查官陳述之意見者，應於裁定中記載不採之理由。

第四○條

少年法院依審理之結果，認爲事件有第二十七條第一項之情形者，應爲移送之裁定；有同條第二項之情形者，得爲移送之裁定。

第四一條

①少年法院依審理之結果，認爲事件不應或不宜付保護處分者，應裁定諭知不付保護處分。

②第二十八條第二項、第二十九條第三項、第四項之規定，於少年法院認爲事件不宜付保護處分，而依前項規定爲不付保護處分裁定之情形準用之。

第四二條 108

①少年法院審理事件，除爲前條處置外，應對少年以裁定諭知下列之保護處分：

一 訓誡，並得予以假日生活輔導。

二 交付保護管束並得命爲勞動服務。

三 交付安置於適當之福利、教養機構、醫療機構、執行過渡性教育措施或其他適當措施之處所輔導。

四 令入感化教育處所施以感化教育。

②少年有下列情形之一者，得於前項保護處分之前或同時諭知下列處分：

一 少年施用毒品或迷幻物品成癮，或有酗酒習慣者，令入相當處所實施禁戒。

二 少年身體或精神狀態顯有缺陷者，令入相當處所實施治療。

③第一項處分之期間，毋庸諭知。

④第二十九條第三項、第四項之規定，於少年法院依第一項爲保護處分之裁定情形準用之。

⑤少年法院爲第一項裁定前，認有必要時，得徵詢適當之機關（構）、學校、團體或個人之意見，亦得召開協調、諮詢或整合符合少年所需之福利服務、安置輔導、衛生醫療、就學、職業訓練、就業服務、家庭處遇計畫或其他資源與服務措施之相關會議。

⑥前項規定，於第二十六條、第二十八條、第二十九條第一項、第四十一條第一項、第四十四條第一項、第五十一條第三項、第五十五條第一項、第四項、第五十五條之二第二項至第五項、第五十五條之三、第五十六條第一項及第三項情形準用之。

第四三條 108

①刑法及其他法律有關沒收之規定，於第二十八條、第二十九條、第四十一條及前條之裁定準用之。

②少年法院認供第三條第一項第二款各目行爲所用或所得之物不宜發還者，得沒收之。

第四四條

①少年法院爲決定宜否爲保護處分或應爲何種保護處分，認有必要時，得以裁定將少年交付少年調查官爲六月以內期間之觀察。

②前項觀察，少年法院得徵詢少年調查官之意見，將少年交付適當之機關、學校、團體或個人爲之，並受少年調查官之指導。

③少年調查官應將觀察結果，附具建議提出報告。

④少年法院得依職權或少年調查官之請求，變更觀察期間或停止觀察。

第四五條

①受保護處分之人，另受有期徒刑以上刑之宣告確定者，爲保護處分之少年法院，得以裁定將該處分撤銷之。

②受保護處分之人，另受保安處分之宣告確定者，爲保護處分之少年法院，應以裁定定其應執行之處分。

第四六條

①受保護處分之人，復受另件保護處分，分別確定者，後爲處分之少年法院，得以裁定定其應執行之處分。

②依前項裁定爲執行之處分者，其他處分無論已否開始執行，視爲撤銷。

第四七條

①少年法院爲保護處分後，發見其無審判權者，應以裁定將該處分撤銷之，移送於有審判權之機關。

②保護處分之執行機關，發見足認爲有前項情形之資料者，應通知該少年法院。

第四八條

少年法院所爲裁定，應以正本送達於少年、少年之法定代理人或現在保護少年之人、輔佐人及被害人，並通知少年調查官。

第四九條 108

①文書之送達，除本法另有規定外，適用民事訴訟法關於送達之規

定。

②前項送達，對少年、少年之法定代理人、現在保護少年之人、輔佐人，及依法不得揭露足以識別其身分資訊之被害人或其法定代理人，不得爲公示送達。

③文書之送達，不得於信封、送達證書、送達通知書或其他對外揭示之文書上，揭露足以使第三人識別少年或其他依法應保密其身分者之資訊。

第二節　保護處分之執行

第五〇條

①對於少年之訓誡，應由少年法院法官向少年指明其不良行爲，曉諭以將來應遵守之事項，並命立悔過書。

②行訓誡時，應通知少年之法定代理人或現在保護少年之人及輔佐人到場。

③少年之假日生活輔導爲三次至十次，由少年法院交付少年保護官於假日爲之，對少年施以個別或群體之品德教育，輔導其學業或其他作業，並得命爲勞動服務，使其養成勤勉習慣及守法精神；其次數由少年保護官視其輔導成效而定。

④前項假日生活輔導，少年法院得依少年保護官之意見，將少年交付適當之機關、團體或個人爲之，受少年保護官之指導。

第五一條

①對於少年之保護管束，由少年保護官掌理之；少年保護官應告少年以應遵守之事項，與之常保接觸，注意其行動，隨時加以指示；並就少年之教養、醫治疾病、謀求職業及改善環境，予以相當輔導。

②少年保護官因執行前項職務，應與少年之法定代理人或現在保護少年之人爲必要之洽商。

③少年法院得依少年保護官之意見，將少年交付適當之福利或教養機構、慈善團體、少年之最近親屬或其他適當之人保護管束，受少年保護官之指導。

第五二條 108

①對於少年之交付安置輔導及施以感化教育時，由少年法院依其行爲性質、身心狀況、學業程度及其他必要事項，分類交付適當之福利、教養機構、醫療機構、執行過渡性教育措施、其他適當措施之處所或感化教育機構執行之，受少年法院之指導。

②感化教育機構之組織及其教育之實施，以法律定之。

第五三條

保護管束與感化教育之執行，其期間均不得逾三年。

第五四條 108

①少年轉介輔導處分及保護處分之執行，至多執行至滿二十一歲爲止。

②執行安置輔導之福利及教養機構之設置及管理辦法，由兒童及少

年福利機構之中央主管機關定之。

第五五條

①保護管束之執行，已逾六月，著有成效，認無繼續之必要者，或因事實上原因，以不繼續執行爲宜者，少年保護官得檢具事證，聲請少年法院免除其執行。

②少年、少年之法定代理人、現在保護少年之人認保護管束之執行有前項情形時，得請求少年保護官爲前項之聲請，除顯無理由外，少年保護官不得拒絕。

③少年在保護管束執行期間，違反應遵守之事項，不服從勸導達二次以上，而有觀察之必要者，少年保護官得聲請少年法院裁定留置少年於少年觀護所中，予以五日以內之觀察。

④少年在保護管束期間違反應遵守之事項，情節重大，或曾受前項觀察處分後，再違反應遵守之事項，足認保護管束難收效果者，少年保護官得聲請少年法院裁定撤銷保護管束，將所餘之執行期間令入感化處所施以感化教育，其所餘之期間不滿六月者，應執行至六月。

第五五條之一

保護管束所命之勞動服務爲三小時以上五十小時以下，由少年保護官執行，其期間視輔導之成效而定。

第五五條之二 108

①第四十二條第一項第三款之安置輔導爲二月以上二年以下。

②前項執行已逾二月，著有成效，認無繼續執行之必要者，或有事實上原因以不繼續執行爲宜者，少年保護官、負責安置輔導之福利、教養機構、醫療機構、執行過渡性教育措施或其他適當措施之處所、少年、少年之法定代理人或現在保護少年之人得檢具事證，聲請少年法院免除其執行。

③安置輔導期滿，少年保護官、負責安置輔導之福利、教養機構、醫療機構、執行過渡性教育措施或其他適當措施之處所、少年、少年之法定代理人或現在保護少年之人認有繼續安置輔導之必要者，得聲請少年法院裁定延長，延長執行之次數以一次爲限，其期間不得逾二年。

④第一項執行已逾二月，認有變更安置輔導之福利、教養機構、醫療機構、執行過渡性教育措施或其他適當措施之處所之必要者，少年保護官、少年、少年之法定代理人或現在保護少年之人得檢具事證或敘明理由，聲請少年法院裁定變更。

⑤少年在安置輔導期間違反應遵守之事項，情節重大，或曾受第五十五條之三留置觀察處分後，再違反應遵守之事項，足認安置輔導難收效果者，少年保護官、負責安置輔導之福利、教養機構、醫療機構、執行過渡性教育措施或其他適當措施之處所、少年、少年之法定代理人或現在保護少年之人得檢具事證，聲請少年法院裁定撤銷安置輔導，將所餘之執行期間令入感化處所施以感化教育，其所餘之期間不滿六月者，應執行至六月。

第五五條之三 108

少年無正當理由拒絕接受第二十九條第一項或第四十二條第一項第一款、第三款之處分，少年調查官、少年保護官、少年之法定代理人或現在保護少年之人、福利、教養機構、醫療機構、執行過渡性教育措施或其他適當措施之處所，得聲請少年法院核發勸導書，經勸導無效者，各該聲請人得聲請少年法院裁定留置少年於少年觀護所中，予以五日內之觀察。

第五六條

① 執行感化教育已逾六月，認無繼續執行之必要者，得由少年保護官或執行機關檢具事證，聲請少年法院裁定免除或停止其執行。

② 少年或少年之法定代理人認感化教育之執行有前項情形時，得請求少年保護官為前項之聲請，除顯無理由外，少年保護官不得拒絕。

③ 第一項停止感化教育之執行者，所餘之執行時間，應由少年法院裁定交付保護管束。

④ 第五十五條之規定，於前項之保護管束準用之；依該條第四項應繼續執行感化教育時，其停止期間不算入執行期間。

第五七條

① 第二十九條第一項之處分、第四十二條第一項第一款之處分及第五十五條第三項或第五十五條之三之留置觀察，應自處分裁定之日起，二年內執行之；逾期免予執行。

② 第四十二條第一項第二款、第三款、第四款及同條第二項之處分，自應執行之日起，經過三年未執行者，非經少年法院裁定應執行時，不得執行之。

第五八條 108

① 第四十二條第二項第一款、第二款之處分期間，以戒絕治癒或至滿二十歲為止。但認無繼續執行之必要者，少年法院得免除之。

② 前項處分與保護管束一併諭知者，同時執行之；與安置輔導或感化教育一併諭知者，先執行之。但其執行無礙於安置輔導或感化教育之執行者，同時執行之。

③ 依禁戒或治療處分之執行，少年法院認為無執行保護處分之必要者，得免其保護處分之執行。

第五九條

① 少年法院法官因執行轉介處分、保護處分或留置觀察，於必要時，得對少年發通知書、同行書或請有關機關協尋之。

② 少年保護官因執行保護處分，於必要時得對少年發通知書。

③ 第二十一條第三項、第四項、第二十二條第二項、第二十三條及第二十三條之一規定，於前二項通知書、同行書及協尋書準用之。

第六〇條

① 少年法院諭知保護處分之裁定確定後，其執行保護處分所需教養費用，得斟酌少年本人或對少年負扶養義務人之資力，以裁定命

其負擔全部或一部；其特殊清寒無力負擔者，豁免之。

② 前項裁定，得為民事強制執行名義，由少年法院囑託各該法院民事執行處強制執行，免徵執行費。

第三節　抗告及重新審理

第六一條 108

少年、少年之法定代理人、現在保護少年之人或輔佐人，對於少年法院所為下列之裁定有不服者，得提起抗告。但輔佐人提起抗告，不得與選任人明示之意思相反：

一　第二十六條第一款交付少年調查官為適當輔導之裁定。

二　第二十六條第二款命收容或駁回聲請責付之裁定。

三　第二十六條之二第一項延長收容或駁回聲請撤銷收容之裁定。

四　第二十七條第一項、第二項之裁定。

五　第二十九條第一項之裁定。

六　第四十條之裁定。

七　第四十二條之處分。

八　第五十五條第三項、第五十五條之三留置觀察之裁定及第五十五條第四項之撤銷保護管束執行感化教育之處分。

九　第五十五條之二第三項延長安置輔導期間之裁定、第五項撤銷安置輔導執行感化教育之處分。

十　駁回第五十六條第一項聲請免除或停止感化教育執行之裁定。

十一　第五十六條第四項命繼續執行感化教育之處分。

十二　第六十條命負擔教養費用之裁定。

第六二條

① 少年行為之被害人或其法定代理人，對於少年法院之左列裁定，得提起抗告：

一　依第二十八條第一項所為不付審理之裁定。

二　依第二十九條第一項所為不付審理，並為轉介輔導、交付嚴加管教或告誡處分之裁定。

三　依第四十一條第一項諭知不付保護處分之裁定。

四　第四十二條第一項諭知保護處分之裁定。

② 被害人已死亡或有其他事實上之原因不能提起抗告者，得由其配偶、直系血親、三親等內之旁系血親、二親等內之姻親或家長家屬提起抗告。

第六三條

① 抗告以少年法院之上級法院為管轄法院。

② 對於抗告法院之裁定，不得再行抗告。

第六四條

① 抗告期間為十日，自送達裁定後起算。但裁定宣示後送達前之抗告亦有效力。

②刑事訴訟法第四百零七條至第四百十四條及本章第一節有關之規定，於本節抗告準用之。

第六四條之一

①諭知保護處分之裁定確定後，有左列情形之一，認為應不付保護處分者，少年保護官、少年、少年之法定代理人、現在保護少年之人或輔佐人得聲請為保護處分之少年法院重新審理：

一 適用法規顯有錯誤，並足以影響裁定之結果者。

二 因發見確實之新證據，足認受保護處分之少年，應不付保護處分者。

三 有刑事訴訟法第四百二十條第一項第一款、第二款、第四款或第五款所定得為再審之情形者。

②刑事訴訟法第四百二十三條、第四百二十九條、第四百三十條前段、第四百三十一條至第四百三十四條、第四百三十五條第一項、第二項、第四百三十六條之規定，於前項之重新審理程序準用之。

③為保護處分之少年法院發見有第一項各款所列情形之一者，亦得依職權為應重新審理之裁定。

④少年受保護處分之執行完畢後，因重新審理之結果，須受刑事訴追者，其不利益不及於少年，毋庸裁定移送於有管轄權之法院檢察署檢察官。

第六四條之二 108

①諭知不付保護處分之裁定確定後有下列情形之一，認為應諭知保護處分者，少年行為之被害人或其法定代理人得聲請為不付保護處分之少年法院重新審理：

一 有刑事訴訟法第四百二十二條第一款得為再審之情形。

二 經少年自白或發見確實之新證據，足認其有第三條第一項行為應諭知保護處分。

②刑事訴訟法第四百二十九條、第四百三十一條至第四百三十四條、第四百三十五條第一項、第二項及第四百三十六條之規定，於前項之重新審理程序準用之。

③為不付保護處分之少年法院發見有第一項各款所列情形之一者，亦得依職權為應重新審理之裁定。

④第一項或前項之重新審理於諭知不付保護處分之裁定確定後，經過一年者不得為之。

第四章 少年刑事案件

第六五條

①對於少年犯罪之刑事追訴及處罰，以依第二十七條第一項、第二項移送之案件為限。

②刑事訴訟法關於自訴之規定，於少年刑事案件不適用之。

③本章之規定，於少年犯罪後已滿十八歲者適用之。

第六六條

檢察官受理少年法院移送之少年刑事案件，應即開始偵查。

第六七條 108

① 檢察官依偵查之結果，對於少年犯最重本刑五年以下有期徒刑之罪，參酌刑法第五十七條有關規定，認以不起訴處分而受保護處分為適當者，得為不起訴處分，移送少年法院依少年保護事件審理；認應起訴者，應向少年法院提起公訴。

② 前項經檢察官為不起訴處分而移送少年法院依少年保護事件審理之案件，如再經少年法院裁定移送，檢察官不得依前項規定，再為不起訴處分而移送少年法院依少年保護事件審理。

第六八條 （刪除）94

第六九條

對於少年犯罪已依第四十二條為保護處分者，不得就同一事件再為刑事追訴或處罰。但其保護處分經依第四十五條或第四十七條之規定撤銷者，不在此限。

第七〇條

少年刑事案件之偵查及審判，準用第三章第一節及第三節有關之規定。

第七一條 108

① 少年被告非有不得已情形，不得羈押之。

② 少年被告應羈押於少年觀護所。於年滿二十歲時，應移押於看守所。

③ 少年刑事案件，前於法院調查及審理中之收容，視為未判決前之羈押，準用刑法第三十七條之二折抵刑期之規定。

第七二條 （刪除）108

第七三條

① 審判得不公開之。

② 第三十四條但書之規定，於審判不公開時準用之。

③ 少年、少年之法定代理人或現在保護少年之人請求公開審判者，除有法定不得公開之原因外，法院不得拒絕。

第七四條

① 法院審理第二十七條之少年刑事案件，對於少年犯最重本刑十年以下有期徒刑之罪，如顯可憫恕，認為依刑法第五十九條規定減輕其刑仍嫌過重，且以受保護處分為適當者，得免除其刑，諭知第四十二條第一項第二款至第四款之保護處分，並得同時諭知同條第二項各款之處分。

② 前項處分之執行，適用第三章第二節有關之規定。

第七五條至第七七條 （刪除）

第七八條

① 對於少年不得宣告褫奪公權及強制工作。

② 少年受刑之宣告，經執行完畢或赦免者，適用關於公權資格之法令時，視為未曾犯罪。

第七九條
刑法第七十四條緩刑之規定，於少年犯罪受三年以下有期徒刑、拘役或罰金之宣告者適用之。

第八〇條
少年受刑人徒刑之執行，應注意監獄行刑法第三條、第八條及第三十九條第二項之規定。

第八一條
①少年受刑之執行而有悛悔實據者，無期徒刑逾七年後，有期徒刑逾執行期三分之一後，得予假釋。
②少年於本法施行前，已受徒刑之執行者，或在本法施行前受徒刑宣告確定之案件於本法施行後執行者，準用前項之規定。

第八二條 108
①少年在緩刑或假釋期中應付保護管束。
②前項保護管束，於受保護管束人滿二十三歲前，由檢察官囑託少年法院少年保護官執行之。

第五章　附　則

第八三條
①任何人不得於媒體、資訊或以其他公示方式揭示有關少年保護事件或少年刑事案件之記事或照片，使閱者由該項資料足以知悉其人為該保護事件受調查、審理之少年或該刑事案件之被告。
②違反前項規定者，由主管機關依法予以處分。

第八三條之一 108
①少年受第二十九條第一項之處分執行完畢二年後，或受保護處分或刑之執行完畢或赦免三年後，或受不付審理或不付保護處分之裁定確定後，視為未曾受各該宣告。
②少年有前項或下列情形之一者，少年法院應通知保存少年前案紀錄及有關資料之機關、機構及團體，將少年之前案紀錄及有關資料予以塗銷：
一　受緩刑之宣告期滿未經撤銷，或受無罪、免訴、不受理判決確定。
二　經檢察機關將緩起訴處分期滿，未經撤銷之事由通知少年法院。
三　經檢察機關將不起訴處分確定，毋庸移送少年法院依少年保護事件審理之事由通知少年法院。
③前項紀錄及資料，除下列情形或本法另有規定外，少年法院及其他任何機關、機構、團體或個人不得提供：
一　為少年本人之利益。
二　經少年本人同意，並應依其年齡及身心發展程度衡酌其意見；必要時得聽取其法定代理人或現在保護少年之人之意見。
④少年之前案紀錄及有關資料之塗銷、利用、保存、提供、統計及

研究等相關事項之辦法，由司法院定之。

第八三條之二

違反前條規定未將少年之前科紀錄及有關資料塗銷或無故提供者，處六月以下有期徒刑、拘役或新臺幣三萬元以下罰金。

第八三條之三　108

①外國少年受轉介處分、保護處分、緩刑或假釋期內交付保護管束者，少年法院得裁定以驅逐出境代之。

②前項裁定，得由少年調查官或少年保護官聲請；裁定前，應予少年、其法定代理人或現在保護少年之人陳述意見之機會。但經合法通知，無正當理由不到場者，不在此限。

③對於第一項裁定，得提起抗告，並準用第六十一條、第六十三條及第六十四條之規定。

④驅逐出境由司法警察機關執行之。

第八四條　108

①少年之法定代理人，因忽視教養，致少年有第三條第一項之情形，而受保護處分或刑之宣告，或致保護處分之執行難收效果者，少年法院得裁定命其接受八小時以上五十小時以下之親職教育輔導，以強化其親職功能。

②少年法院為前項親職教育輔導裁定前，認為必要時，得先命少年調查官就忽視教養之事實，提出調查報告並附具建議。

③親職教育輔導之執行，由少年法院交付少年保護官為之，並得依少年保護官之意見，交付適當之機關、團體或個人為之，受少年保護官之指導。

④親職教育輔導應於裁定之日起三年內執行之；逾期免予執行，或至多執行至少年滿二十歲為止。但因事實上原因以不繼續執行為宜者，少年保護官得檢具事證，聲請少年法院免除其執行。

⑤拒不接受親職教育輔導或時數不足者，少年法院得裁定處新臺幣六千元以上三萬元以下罰鍰；經再通知仍不接受者，得按次連續處罰，至其接受為止。其經連續處罰三次以上者，並得裁定公告法定代理人之姓名。

⑥前項罰鍰之裁定，得為民事強制執行名義，由少年法院囑託各該地方法院民事執行處強制執行之，免徵執行費。

⑦少年之法定代理人或監護人有第一項情形，情況嚴重者，少年法院並得裁定公告其姓名。

⑧第一項、第五項及前項之裁定，受處分人得提起抗告，並準用第六十三條、第六十四條之規定。

第八五條

①成年人教唆、幫助或利用未滿十八歲之人犯罪或與之共同實施犯罪者，依其所犯之罪，加重其刑至二分之一。

②少年法院得裁定命前項之成年人負擔第六十條第一項教養費用全部或一部，並得公告其姓名。

第八五條之一 （刪除）108

第八六條 108

①本法施行細則，由司法院會同行政院定之。

②少年保護事件審理細則，由司法院定之。

③少年法院與相關行政機關處理少年事件聯繫辦法，由司法院會同行政院定之。

④少年偏差行為之輔導及預防辦法，由行政院會同司法院定之。

第八七條 108

①本法自中華民國六十年七月一日施行。

②本法修正條文，除中華民國一百零八年五月三十一日修正公布之第十八條第二項至第七項自一百十二年七月一日施行；第四十二條第一項第三款關於交付安置於適當之醫療機構、執行過渡性教育措施或其他適當措施之處所輔導部分及刪除第八十五條之一自公布一年後施行外，自公布日施行。

少年事件處理法施行細則

①民國60年6月21日司法行政部令訂定發布全文14條。
②民國65年2月12日司法行政部令修正發布全文19條。
③民國69年12月31日司法院、行政院令會同修正發布全文19條。
④民國87年5月4日司法院、行政院令會銜修正發布全文21條。
⑤民國90年6月29日司法院、行政院令會銜修正發布第1、8、9條
　條文；增訂第3-1條條文；並刪除第17條條文。
⑥民國108年8月21日司法院、行政院令會同修正發布全文19條；
　並自發布日施行。

第一條
本細則依少年事件處理法（以下簡稱本法）第八十六條第一項規定訂定之。

第二條
本法規定由少年法院行使之職權，於未設少年及家事法院地區，由地方法院設少年法庭依本法辦理之。

第三條
本法所稱少年刑事案件，係指少年於十四歲以上未滿十八歲時，有觸犯刑罰法律之行為，經少年法院依本法第二十七條裁定移送檢察官開始偵查之案件。本細則第七條第二項規定之案件，亦同。

第四條
少年觸犯刑罰法律，於滿十八歲後，始經報告或移送少年法院之事件，仍由少年法院依本法第三章之規定處理。但事件繫屬後少年已滿二十歲，且少年法院依調查之結果，認少年觸犯刑罰法律者，應以裁定移送有管轄權之檢察署檢察官。

第五條
本法修正施行前已受理之事件，除有特別規定外，其調查、審理及執行程序，應依修正後之規定處理；於本法修正施行前已依法定程序進行之處理，其效力不受影響。

第六條
①本法中華民國一百零八年六月十九日修正公布之第三條施行前，僅依修正前該條第二款第一目至第四目規定移送少年法院之事件，於修正施行後，應視其進行情形，分別諭知不付審理或不付保護處分之裁定；收容中之少年，並應立即釋放。

②前項事件經裁定交付轉介輔導或保護處分確定，其尚未執行或未執行完畢者，自本法中華民國一百零八年六月十九日修正公布之第三條施行之日起，免予執行或中止執行。

③前二項少年之法定代理人或監護人經少年法院裁定命接受親職教育確定，其尚未執行或未執行完畢者，自本法中華民國一百零八年六月十九日修正公布之第三條施行之日起，免予執行或中止執行。

④前三項情形，少年法院尚未通知保存少年前案紀錄及有關資料之機關、機構及團體，將少年之前案紀錄及有關資料塗銷者，自本法中華民國一百零八年六月十九日修正公布之第三條施行之日起，應通知予以塗銷。

第七條

①檢察官受理一般刑事案件，發現被告於犯罪時未滿十八歲者，應移送該管少年法院。但被告已滿二十歲者，不在此限。

②前項但書情形，檢察官應適用本法第四章之規定進行偵查，認應起訴者，應向少年法院提起公訴。

③少年刑事案件，少年法院就犯罪事實之一部移送者，其效力及於全部，檢察官應就全部犯罪事實加以偵查。

第八條

本法中華民國八十九年二月二日修正公布施行前，已依修正前第二十七條第一項或第二項規定移送檢察官或提起公訴之案件，依修正施行後之規定處理。但案件已判決確定者，不在此限。

第九條

①少年法院於調查或審理中，對於觸犯告訴乃論之罪，而其未經告訴、告訴已經撤回或已逾告訴期間之十四歲以上少年，應逕依少年保護事件處理，毋庸裁定移送檢察官。

②檢察官偵查少年刑事案件，認有前項情形者，應依刑事訴訟法第二百五十二條第五款規定為不起訴處分，並於處分確定後，將案件移送少年法院依少年保護事件處理。其因未經告訴或告訴不合法而未為處分者，亦同。

③少年法院審理少年刑事案件，認有第一項情形者，應依刑事訴訟法第三百零三條第三款規定諭知不受理判決，並於判決確定後，依少年保護事件處理。其因檢察官起訴違背本法第六十五條第一項、第三項規定，經依刑事訴訟法第三百零三條第一款規定諭知不受理判決確定，而應以少年保護事件處理者，亦同。

④前三項所定應依保護事件處理之情形，於少年超過二十一歲者，不適用之。

第一〇條

①檢察官、司法警察官或法院於執行職務時，知七歲以上未滿十二歲之兒童有觸犯刑罰法律之行為者，應依本法第八十五條之一第一項規定移送該管少年法院。

②不論何人知兒童有前項之行為者，得向該管少年法院報告。

③前二項規定自本法修正刪除第八十五條之一於中華民國一百零八年六月十九日施行之日起，不再適用；已移送少年法院之事件，應準用第六條規定處理之。

第一一條

檢察官對少年法院依本法第二十七條第一項第一款規定移送之案件，經偵查結果，認為係犯該款規定以外之罪者，應依刑事訴訟法第二百五十五條第一項規定為不起訴處分，並於處分確定後，將案件移送少年法院。

第一二條

少年受保安處分之保護管束宣告，並另受保護處分之保護管束宣告，依本法第四十五條第二項定其應執行處分者，少年法院得裁定執行其一，或併執行之。

第一三條

本法修正施行前規定不得抗告之裁定，依修正後本法規定得為抗告，其確定在修正施行前者，仍不得抗告；其確定在修正施行後者，適用修正後之規定。

第一四條

本法第六十四條之二規定，於本法中華民國八十六年十月二十九日修正公布施行後受理之案件始有適用。

第一五條

少年保護官於本法中華民國一百零八年六月十九日修正公布之第八十二條施行前辦理之保護管束案件，執行期間受保護管束人滿二十三歲者，應報請檢察官交由檢察署觀護人執行之。

第一六條

少年法院審理少年刑事案件認有必要時，得依本法第十九條規定辦理。

第一七條

①本法中華民國一百零八年六月十九日修正公布之第八十三條之一第二項、第三項關於塗銷少年前案紀錄及有關資料與不得無故提供之規定，及依同條第四項所定之辦法，於本法修正施行前之少年事件，亦有適用。

②前項紀錄及有關資料塗銷之規定，於法院不適用之。

③本法所稱塗銷，係指予以塗抹、刪除或遮掩，使一般人無法直接或經比對後可辨識為少年者而言；經塗銷後紀錄及檔案資料之保存及銷毀，仍依保存機關、機構或團體對各該檔案之保存及銷毀有關法規辦理。

第一八條

本法所稱之少年前案紀錄及有關資料，係指保存機關、機構及團體依其業務就本法第八十三條之一第一項事件或案件所建立之移送、調查、偵查、審理、執行之紀錄。但不含保存機關、機構及團體因調查、偵查、審理、執行該事件或案件所編纂之卷宗。

第一九條

本細則自發布日施行。

少年保護事件審理細則

①民國69年11月25日司法院令訂定發布全文43條。
②民國88年3月5日司法院函修正發布名稱及全文51條（原名稱：少年管訓事件審理細則）。
③民國90年5月30日司法院令修正發布第20條條文。
④民國93年10月28日司法院令修正發布第42條條文。
⑤民國98年3月5日司法院令修正發布第2、9、19、20、22、23、49、50條條文；並刪除第4條條文。
⑥民國109年1月17日司法院令修正發布全文64條；並自發布日施行。

第一條

本細則依少年事件處理法（以下簡稱本法）第八十六條第二項規定訂定之。

第二條

本法用詞定義如下：

一　危險器械：指槍砲彈藥刀械管制條例所定以外之槍砲、彈藥、刀械等危險器械。

二　現在保護少年之人：指少年之親屬、家長、家屬、師長、雇主等，具有長期性或繼續性，且於少年法院、機關（構）、學校或團體處理少年事件時，得保護少年之人。

三　其他適當之人：指少年之法定代理人或現在保護少年之人外，得依事務性質，提供少年必要協助之人。

第三條

①詢（訊）問少年或告知法律所定應告知事項時，應以和藹懇切之態度、適當方式，及使用少年易於瞭解之用語為之，並使少年得自由表達意見。

②少年因精神或其他心智障礙無法為完全之陳述者，必要時，得請兒童及少年心理衛生或其他專業人士協助。

③少年不通曉詢（訊）問之人所使用之語言者，應由通譯傳譯之；其為聽覺、語言或多重障礙者，除由通譯傳譯外，並得以文字、手語或其他適當方式詢（訊）問，少年亦得以上開方式表達。

第四條

①本法第十七條之報告及第十八條之移送或請求，應表明下列事項：

一　少年、少年之法定代理人或現在保護少年之人姓名、住居所、電話號碼，少年性別、出生年月日、出生地、國民身分證字號或其他足資辨別之特徵。

二　少年觸犯刑罰法律或有本法第三條第一項第二款各目之事實。

三　有關證據及可資參考之資料。

②本法第十八條第一項之移送，應以書面爲之。同法第十七條之報告及第十八條第八項之請求，得以書面或言詞爲之；其以言詞爲之者，報告人或請求人應就前項各款所列事項分別陳明，由書記官記明筆錄，交報告人或請求人簽名或按指印。

③少年法院爲受理前項言詞報告或請求，得設置適當處所，並印製報告或請求之書面格式備用。

第五條

警察機關之移送書，除應記載前條所規定之事項外，並應一併附送扣押物及有關資料。

第六條

少年法院先後受理同一少年之本法第三條第一項所列事件者，應併案處理之。

第七條

少年法院對於保護事件管轄權之有無，除別有規定外，應以受理時爲準。

第八條

少年法院受理本法第三條第一項之事件，依調查結果，認無管轄權者，應以裁定移送於有管轄權之少年法院。

第九條

①少年法院之法官、書記官、通譯之迴避，準用刑事訴訟法有關之規定。

②少年調查官、少年保護官、心理測驗員、心理輔導員之迴避，準用刑事訴訟法有關書記官迴避之規定。

第一〇條

①本法第三十一條第二項之事件，如未選任輔佐人，或其選任之非律師爲少年法院所不同意者，少年法院應於調查及審理程序中指定適當之人輔佐少年。

②少年法院依前項或本法第三十一條第三項規定指定適當之人時，得指定法院公設辯護人或律師輔佐少年；指定時，以具有少年保護之學識、經驗及熱忱者優先。

③指定輔佐人後，經選任律師爲輔佐人者，得將指定之輔佐人撤銷。

第一一條

①選任輔佐人應以書面爲之，除律師外，並應記載受選任人與少年之關係。

②前項選任之輔佐人，除律師外，少年法院認爲被選任人不適當時，得禁止之。

③輔佐人之選任，應於每審級爲之。

④輔佐人於調查及審理中得檢閱卷宗及證物，並得抄錄或攝影。但

於下列情形，少年法院得限制之：

一　其內容與少年經移送之事實無關。

二　有事實足認妨害另案之調查、審理或偵查。

三　涉及少年、被害人或其他第三人之隱私或業務秘密。

四　有妨害少年健全自我成長之虞。

第一二條

輔佐人應依少年年齡及心智成熟程度，以少年、少年之法定代理人或現在保護少年之人所能理解之適當方式，告知進行之程序、情形及結果。

第一三條

①輔佐人為協助促成少年之健全成長，得就下列事項向少年法院提出建議：

一　少年對於處理程序之理解能力；通譯、兒童及少年心理衛生或其他專業人士協助之需求。

二　有利於少年健全成長之處遇方案、可連結或轉介之資源，以及少年、少年之法定代理人或現在保護少年之人之意願。

三　進行親職教育或親子關係輔導與修復、心理諮商或心理輔導、其他醫療行為之可能性或必要性；進行之適當方式、時間或場所。

四　本法第二十六條第一項第一款、第二十八條第二項、第二十九條第一項第三款、第三項、第四十一條第二項、第四十二條第一項第三款、第二項、第四十四條第二項所定責付、轉介或交付對象、實施禁戒或治療之處所。

五　收容期間之鑑別事項。

六　其他認為適當之事項。

②前項建議，經少年法院同意以言詞提出者，並載明於筆錄。

第一四條

少年保護事件之調查及審理，法官、書記官執行職務時，均得不著制服；律師及其他人員在少年法院執行職務時，亦同。

第一五條

執行同行時，應各以同行書之一聯交付應同行人及其指定之親友。應同行人不願或無法指定親友者，應記明筆錄或於同行書上註記事由。

第一六條

①執行同行認有必要時，得檢查應同行人之身體；檢查婦女之身體，應命婦女行之，但不能由婦女行之者，不在此限。

②前項身體之檢查，應注意隱私、名譽維護及性別尊重，並不得逾必要之程度。

第一七條

①少年法院於將少年責付於其他適當之機關（構）、團體或個人前，得通知少年調查官先行聯繫。

②少年法院於少年責付後，得將少年交付少年調查官為適當之輔

導。

③前項情形，少年法院得依少年之需要，就輔導方法為適當之指示，並得準用有關保護管束之規定。

④第二項事件終結前，少年調查官應提出輔導報告。

第一八條

①本法第二十六條第一項第一款所定之輔導，少年法院得依少年調查官之聲請或依職權停止之。

②本法第二十六條第一項第二款所稱之責付酌不適當，應以少年之行為、性格及環境等為基礎，並注意下列事項：

一　有自傷或暴力攻擊傾向。

二　有暫時隔離不良環境之必要。

三　有危害被害人或證人安全之虞。

四　有反覆實施觸犯刑罰法律行為之虞。

第一九條

①少年法院為收容之處分時，應斟酌其必要性及最後手段原則；知悉少年有身心特殊情狀或其他應注意事項，宜附記於收容書。

②少年收容期間，少年法院如認有禁止接見、通信、扣押受授書籍或其他物件之必要時，應審查是否具法定限制原因及符合比例原則，並考量少年健全自我成長與親情維繫等需求，決定禁止或扣押之對象、範圍及期間。

③少年經收容後，應注意不得逾法定期限，並應持續評估收容之必要性，以符比例原則。如認有改以他案收容，或由調查程序改為審理程序收容之必要者，應換發收容書。

第二〇條

①少年法院受理少年事件後，應即通知少年調查官為必要之調查，並得指示應調查之事項、範圍與期限。

②少年調查官除有特殊情事經陳明法官外，應於指定之期限內完成調查及提出報告，並附具對少年處遇之具體建議。

③少年法院對於前項之調查報告認有必要時，得交由少年調查官補足或重新調查。

第二一條

①少年調查官依本法第十九條第一項為調查時，除有事實足認顯無必要或有妨難情事者外，應進行訪視；須與少年、少年之法定代理人或現在保護少年之人及其他關係人談話時，得以通知書傳喚到場會談。

②為前項訪視或會談時，得錄音及製作筆錄；筆錄由陳述人簽名或按指印。

③少年調查官於必要時，得以電話或其他科技設備進行第一項之談話，並製作談話紀錄或留存談話往來紀錄。

第二二條

①詢（訊）問少年前，應通知少年之法定代理人、現在保護少年之人或其他適當之人到場。但有急迫情況者，不在此限。

②前項通知，得以書面、電話、傳真、資訊網路或其他適當方式為之，並應留存紀錄，以備查考。

第二三條

①詢（訊）問少年時，應由少年之法定代理人、現在保護少年之人或其他適當之人陪同在場。但經合法通知，無正當理由不到場或有急迫情形者，不在此限。

②前項情形，應注意保障少年得自由表示其意見。

第二四條

①同一少年同時有本法第三條第一項第一款、第二款之二件以上事件繫屬，少年法院依調查或審理結果，將第一款之事件裁定移送檢察官者，在少年刑事案件處分或裁判確定前，少年法院得停止少年保護事件之調查或審理。

②前項情形，少年經受有期徒刑以上刑之宣告確定，少年法院除認有另付保護處分之必要者外，得依本法第二十八條第一項以其他事由不應付審理或依第四十一條第一項以事件不宜付保護處分為由，裁定諭知不付審理或不付保護處分。

第二五條

調查期日應通知少年調查官到庭陳述調查及處理之意見。但少年法院認無必要者，不在此限。

第二六條

①少年法院得囑託其他少年法院，就繫屬中之少年事件為必要之協助。

②少年法院因執行職務，得請警察機關、自治團體、學校、醫療機構或其他機關、團體或適當之人為必要之協助，並得依本法第四十二條第五項徵詢意見，亦得召開協調、諮詢或整合資源與服務措施之相關會議。

③少年法院召開前項會議，認有行專家諮詢之必要時，得以電話、請其到院、參與會議或其他方式，請專家提供專業意見。

第二七條

①少年法院對於少年調查官提出之處遇意見之建議，經徵詢少年、少年之法定代理人或現在保護少年之人及輔佐人之同意，依本法第二十九條第一項為不付審理之裁定並當場宣示主文及認定之事實者，得僅由書記官記載於筆錄，不另作裁定書；認定之事實與報告、移送或請求之內容不同者，應於宣示時一併告知事實及理由要旨，並記載於筆錄。

②前項筆錄正本或節本之送達，準用本法第四十八條之規定，並與裁定正本之送達，有同一之效力。

第二八條

①少年調查官為執行本法第二十九條第一項各款之處分，得通知少年、少年之法定代理人或現在保護少年之人到場。

②少年調查官執行本法第二十九條第一項第三款之處分時，得於必要時通知受轉介之福利、教養機構、醫療機構、執行過渡性教育

措施或其他適當措施之處所之人員到場。

第二九條

①少年法院依本法第二十九條第三項轉介適當機關（構）、團體或個人進行修復前，應說明轉介修復之性質，經少年、少年之法定代理人及被害人之同意，並告知得諮詢律師，且必要時，得由通譯協助。

②參與修復程序未達成協議，或未履行協議，均不得作為裁定認定事實或處遇決定之依據。

③第一項之轉介之機關（構）、團體或個人於進行修復前，應注意下列事項，並告知參與者知悉：

一　對少年個人資料及少年事件之記事或照片應予保密。

二　對修復程序期間非公開進行之討論，除當事人同意或法律另有規定外，應予保密且不得以任何方式對參與修復程序以外之人揭示相關訊息。

三　未成年人得由其法定代理人協助。

第三〇條

少年法院依調查結果，認為有下列情形之一者，應諭知不付審理之裁定：

一　報告、移送或請求之要件不備，而無法補正或不遵照補正。

二　本法第三條第一項第一款之事件，如屬告訴乃論之罪未經告訴或其告訴已經撤回或已逾告訴期間，而於裁定前已滿二十一歲。

三　少年有本法第三條第一項第二款或於未滿十四歲時有該項第一款之事件，裁定前少年已滿二十一歲。

四　同一事件，業經有管轄權之少年法院為實體上之裁定確定。

五　少年因受感化教育處分之裁判確定，無再受其他保護處分執行之必要。

六　少年現居國外，於滿二十一歲前無法回國，事實上無法進行調查；或罹疾病，短期內顯難痊癒，無法受保護處分之執行；或已死亡。

七　其他不應或不宜付審理之事由。

第三一條

①調查期日，應由書記官依進行事項製作調查筆錄；事件依本法第二十九條第一項各款裁定終結前，宜注意使少年調查官陳述調查及處理之意見，及最後予到場之少年陳述之機會。

②受訊問人就前項筆錄中，關於其陳述之部分，得請求朗讀或交其閱覽，如請求將記載增、刪、變更者，應附記其陳述。

③調查筆錄應由到場之人緊接其記載之末行簽名、蓋章或按指印；到場之人拒絕簽名、蓋章或按指印時，附記其事由。

第三二條

①少年法院開始審理之裁定，得於調查時以言詞為之，並由書記官記明筆錄。其經到場之少年、少年之法定代理人或現在保護少年

之人同意者，得即時開始審理。

②前項即時開始審理情形，於少年之輔佐人聲請檢閱卷宗及證物時，少年法院應另行指定審理期日。

第三三條

第一次審理期日之傳喚通知書，除下列情形外，至遲應於五日前送達：

一 依前條規定即時開始審理者。

二 經到場之少年、少年之法定代理人或現在保護少年之人同意進行審理者。

第三四條

①少年法院依本法第四十四條第一項將少年交付觀察時，應於裁定內指定其觀察期間，並得就應觀察事項為適當之指示。

②少年經依本法第四十四條第二項交付適當之機關、學校、團體或個人為觀察時，少年調查官應與各該受交付者隨時保持聯繫，並為適當之指導。

③前二項觀察之執行，除另有規定外，得準用有關執行保護管束之規定。

④少年調查官應於觀察期滿後十四日內，就觀察結果提出報告，並附具對少年處遇之具體建議。

第三五條

審理期日，除有特別規定外，少年不到庭者不得審理。

第三六條

少年法院為留置觀察、撤銷保護管束或安置輔導之處分前，應予少年、少年之法定代理人或現在保護少年之人陳述意見之機會。

第三七條

①少年法院受理免除或停止感化教育之聲請，除顯無必要外，應指派少年保護官進行訪查，並得命感化教育執行機關（構）或其他機關（構）提供少年在感化教育期間之紀錄、復歸社會事宜等相關資料。

②少年法院為前項裁定前，得依本法第四十二條第五項徵詢意見，亦得召開協調、諮詢或整合資源與服務措施之相關會議，並準用第二十六條第三項之規定。

第三八條

審理期日，少年拒絕陳述或未受許可而退庭者，得不待其陳述逕行審理及裁定。

第三九條

審理期日，少年、少年之法定代理人或現在保護少年之人經合法傳喚，無正當理由不到場者，少年法院認為應依本法第四十一條第一項或少年已滿二十歲而應依本法第四十條前段裁定之事件，得不待其陳述，逕行審理及裁定。

第四〇條

審理期日，應由審理之法官始終出庭；如有更易者，應更新審理

程序，並記明筆錄。

第四一條

審理非一次期日所能終結者，除有特別情形外，應於次日連續開庭；如下次開庭因故間隔至十五日以上者，應更新審理程序，並記明筆錄。

第四二條

①審理期日，應由書記官製作審理筆錄，記載下列事項及其他一切審理程序：

一　審理之少年法院及年月日時。

二　法官、少年調查官、書記官、到場通譯之姓名。

三　少年、少年之法定代理人或現在保護少年之人、輔佐人或其他在場之人之姓名。

四　少年不出庭者，其事由。

五　訊問證人、鑑定人或其他關係人事項。

六　少年調查官、少年之法定代理人或現在保護少年之人、輔佐人陳述之要旨。

七　當庭宣讀或告以要旨之文書。

八　當庭出示之證據。

九　當庭實施之扣押或勘驗。

十　法官命令記載或關係人聲請經法官許可記載之事項。

十一　最後予少年陳述之機會。

十二　裁定之宣示。

②受訊問人就前項筆錄中，關於其陳述之部分，得請求朗讀或交其閱覽，如請求將記載增、刪、變更者，應附記其陳述。

第四三條

前條之筆錄，應於每次開庭後二日內整理之。

第四四條

調查或審理筆錄應由法官及書記官簽名；法官有事故時，僅由書記官簽名，書記官有事故時，僅由法官簽名，並分別附記其事由。

第四五條

調查或審理期日之程序專以筆錄爲證。

第四六條

筆錄內引用附卷之文書或表示將文書附錄者，其文書所記載之事項與記載於筆錄有同一之效力。

第四七條

已審理終結之事件在宣示前，遇有必要情形，少年法院得裁定重開審理。

第四八條

宣示裁定，應自審理終結之日起七日內爲之。但案情繁雜或有特殊情形者，不在此限。

第四九條

宣示裁定應向少年為之。但少年不到庭者，不在此限。

第五〇條

宣示裁定，不以參與審理之法官為限。

第五一條

未經審理程序之裁定，毋庸宣示。

第五二條

① 保護處分之裁定書，應分別記載主文、事實與理由。

② 第二十七條之規定，於前項保護處分之裁定時準用之；諭知本法第四十二條第一項第三款、第四款之保護處分時，應一併告知其處遇必要性及相當性之理由要旨，並由書記官記載於筆錄。

③ 前項理由要旨，得由法官另紙製作並引為宣示筆錄之附件。

第五三條

① 諭知安置輔導處分之裁定書，應於主文中指明受交付之機構或處所名稱。

② 前項情形，如受交付機構或處所無法接受少年，應由少年法院另以裁定指定之。

第五四條

諭知保護處分之裁定書，應於理由內分別記載下列事項：

一 認定應付保護處分事實所憑之證據及其認定之理由。

二 對於少年有利之證據不採納者，其理由。

三 依本法第四十二條第一項各款諭知保護處分所審酌之必要性、相當性及執行方法之理由。

四 對於少年調查官到庭陳述意見不採納者，其理由。

五 諭知沒收或附隨處分者，其理由。

六 適用之法律。

第五五條

① 少年法院為親職教育輔導處分之裁定前，認有必要時，得準用第二十條之規定。

② 諭知親職教育輔導處分之裁定書，應於主文中指明其執行之時數，並得準用第二十七條之規定。

第五六條

不得抗告之裁定經當庭宣示者，得僅命記載於筆錄；未經當庭宣示者，應以適當方法通知受裁定人。

第五七條

裁定得為抗告者，其抗告期間及提出抗告狀之法院，應於宣示時一併告知，並應記載於送達之裁定正本、筆錄正本或節本。

第五八條

本法規定得為抗告之人，對於少年法院依第二十七條第一項、第五十二條第二項及第五十五條第二項規定製作筆錄之事件提合法抗告者，原裁定之少年法院應於七日內補行製作理由書，送達於少年及其他關係人。但案情複雜或有特殊情形者，不在此限。

第五九條

①少年保護事件經抗告者，收容中之少年應連同卷宗及證物，一併護送抗告法院。

②抗告法院受理少年抗告事件，除抗告不合法定程式或顯無理由而應裁定駁回外，得準用有關少年法院調查及審理之規定，並通知少年調查官再為調查。

③高等法院或其分院少年法庭對於抗告事件，除有由原裁定法院續為調查之必要外，應自為裁定。

第六〇條

依本法第二十七條或第四十條規定裁定移送檢察官者，收容中之少年應連同卷宗及證物，一併護送該管檢察署。

第六一條

收容於少年觀護所之少年，經諭知不付審理、不付保護處分或訓誡者，視為撤銷收容。但抗告期間得命責付。

第六二條

被收容之少年，於抗告期間內，向少年觀護所長官提出抗告書狀，視為已向原裁定之少年法院提起抗告。少年不能自作抗告書狀者，少年觀護所公務員應為之代作。

第六三條

少年觀護所長官接受抗告書狀後，應附記接受之年、月、日、時，送交原裁定之少年法院。

第六四條

本細則自發布日施行。

少年及兒童保護事件執行辦法

①民國60年6月29日司法行政部令訂定發布。
②民國60年12月24日司法行政部令修正發布。
③民國65年2月12日司法行政部令修正發布。
④民國65年12月17日司法行政部、內政部函銜修正發布全文35條。
⑤民國70年3月6日行政院、司法院令會銜修正發布全文35條。
⑥民國86年2月14日行政院、司法院令會銜修正發布第2、3、16、31、35條條文；並刪除第21、24條條文。
⑦民國89年9月20日行政院、司法院令會銜修正發布名稱及全文45條；並自發布日起施行（原名稱：少年及兒童管訓事件執行辦法）。
民國102年7月19日行政院公告第32條第2項第1款所列屬「內政部性侵害防治委員會或家庭暴力防治委員會」之權責事項，自102年7月23日起改由「衛生福利部」管轄。

第一章 通 則

第一條

①本辦法依少年事件處理法（以下簡稱本法）第八十五條之一第二項及第八十六條第三項規定訂定之。

②少年保護處分之執行，適用本辦法之規定。未滿十二歲之兒童，應受保護處分之執行者，亦同。

③前項受保護處分之兒童，執行開始前或執行中已滿十五歲者，逕依本辦法第二章之規定執行之，不適用第三章之規定。

第二條

保護事件之執行，應注意受執行人之安全、智能、體能、名譽及尊嚴。

第三條

少年依其他法律應受感化教育或保護管束之執行者，仍適用本法及本辦法之規定；其行為時未滿十八歲而裁判時已滿十八歲者，亦同。本法及本辦法未規定者，仍適用其他法律之規定。

第二章 少年保護處分之執行

第四條

①訓誡處分由少年法院法官執行，書記官應製作筆錄，由少年及其到場之法定代理人或現在保護少年之人與輔佐人簽名。

②前項處分宣示時，少年及其法定代理人或現在保護少年之人在場捨棄抗告權，且無被害人者，得於宣示後當場執行。

③執行訓誡處分時，少年法院法官應以淺顯易懂之言語加以勸導，並將曉諭少年應遵守之事項，以書面告知少年及其法定代理人或現在保護少年之人。

第五條

①假日生活輔導處分由少年法院法官於訓誡處分執行後，將少年交付少年保護官或依少年保護官之意見，交付其他具有社會、教育、輔導、心理學或醫學等專門知識之適當機關（構）、團體或個人，於假日利用適當場所行之。

②前項所稱假日，不以國定例假日為限，凡少年非上課、非工作或無其他正當待辦事項之時間均屬之。

③假日生活輔導交付適當機關（構）、團體或個人執行時，應由少年保護官指導，並與各該機關（構）、團體或個人共同擬訂輔導計畫，並保持聯繫；其以集體方式辦理者，應先訂定集體輔導計畫，經少年法院核定後為之。

④少年於假日生活輔導期間，無正當理由遲到、早退且情節重大者，該次假日生活輔導不予計算。

第六條

①保護管束及勞動服務處分由少年法院法官簽發執行書，連同裁判書及其他相關資料，交付少年保護官執行或依少年保護官之意見，將少年交付其他適當之福利或教養機構、慈善團體、少年之最近親屬或其他適當之人執行之。

②少年法院法官為前項指揮執行時，除應以書面指定日期，命少年前往執行者之處所報到外，另應以書面通知少年之法定代理人或現在保護少年之人。

③少年無正當理由未依指定日期報到，經少年保護官限期通知其報到，屆期仍不報到者，少年保護官應前往受執行少年住居所查訪，或報請少年法院法官簽發同行書，強制其到場；其有協尋之必要者，並應報請協尋之。

第七條

保護管束處分交由適當之福利或教養機構、慈善團體、少年之最近親屬或其他適當之人執行時，應由少年保護官指導，並與各該執行者共同擬訂輔導計畫，及隨時保持聯繫。少年有前條第三項或本法第五十五條規定情事時，執行者應即通知指導之少年保護官為適當之處置。

第八條

保護管束處分之執行期間，自少年報到之日起算，至期間屆滿或免除、撤銷執行之日終止。

第九條

執行保護管束應依少年個別情狀告知其應遵守之事項，輔導其行為或就學、就醫、就業、就養及改善環境等事項，並應將輔導內容詳為記錄。

第一〇條

① 少年保護官每三個月應將執行或指導執行保護管束之少年輔導案卷，送調查保護處組長、處長檢閱後轉少年法院法官核備。

② 組長、處長應詳細檢閱少年輔導紀錄，並提供少年保護官必要之指導。

第一一條

① 調查保護處處長每三個月應召開個案研討會一次，請少年法院庭長、法官列席指導，召集全體少年保護官討論執行或指導執行之特殊個案。必要時，並得隨時召開之。

② 前項個案研討會，得邀集與討論個案有關之社政、教育、輔導、衛生醫療等機關（構）、團體或個人參加。

第一二條

① 勞動服務處分之執行期間，自少年開始勞動服務之時起算，至服務時間屆滿之時終止。

② 前項執行期間，少年未依指示從事勞動服務者，其時間不予計算。

第一三條

① 在保護管束期間，少年應遵守下列事項：

一　保持善良品性，不得與素行不良之人交往。

二　服從少年法院及執行保護管束者之命令。

三　不得對被害人、告訴人或告發人尋釁。

四　將身體健康、生活情況及工作環境等情形報告執行保護管束者。

五　非經執行保護管束者許可，不得離開受保護管束地七日以上。

六　經諭知勞動服務者，應遵照執行保護管束者之命令，從事勞動服務。

七　其他經少年保護官指定必須遵守之事項。

② 少年違反前項應遵守事項，少年保護官依本法第五十五條第三項或第四項規定，聲請少年法院裁定時，應檢具輔導紀錄及其他相關事證。

第一四條

① 少年違反前條規定，經少年法院依本法第五十五條第三項或第五十六條第四項規定裁定留置觀察時，由少年法院法官簽發通知書傳喚之。

② 少年經合法傳喚無正當理由不到場者，得發同行書強制其到場，並於少年到場後，通知少年保護官。

③ 留置觀察期間，少年保護官應與少年觀護所保持聯繫，並由少年觀護所將留置觀察之輔導紀錄函報少年法院。

④ 依本法第五十五條之三規定裁定留置觀察者，準用前二項之規定。

第一五條

少年於保護管束及勞動服務處分執行中，遷往他少年法院管轄區域者，原少年法院得檢送有關資料，移轉該少年住居所或所在地之少年法院繼續執行。

第一六條

受保護管束少年應徵集、志願入營服役或入軍事學校就讀時，除依本法第五十五條第一項規定認為以不繼續執行為宜者外，少年法院得交由其服役部隊或就讀學校之長官執行之。但退營離營或離校時，原保護管束期間尚未屆滿，又無免除執行之事由者，應由原少年法院繼續執行之。

第一七條

少年法院如認執行保護管束者不宜執行時，得另行指定執行保護管束者執行。

第一八條

少年法院得視實際需要，聘請志願服務之機構、團體或個人協助輔導少年。

第一九條

①安置輔導處分由少年法院法官簽發執行書，連同裁判書及其他相關資料，交付少年保護官執行之。

②少年保護官應通知少年依執行書指定之日期報到，轉付福利或教養機構執行之。

③第六條第二項後段、第三項之規定，於前項執行準用之。

第二〇條

安置輔導處分之執行期間，自少年報到之日起算，至期間屆滿或免除、撤銷執行之日終止。

第二一條

①少年保護官與執行安置輔導者，應共同訂定輔導計畫，並保持聯繫。

②前項計畫，宜使少年有重返家庭、學校及參加社會活動之機會，期能達成安置輔導之目的。

第二二條

①執行安置輔導，應提供適當之居住處所，並予妥善之生活照顧，對少年施以個別或群體之品德教育，輔導其學業或其他作業，使其養成勤勉習慣及守法精神。

②執行安置輔導，應按月將少年安置輔導紀錄函報少年法院，並應於輔導結束後十日內，將結束日期連同執行情形相關資料，通知原發交執行之少年法院。

第二三條

感化教育處分由少年法院法官簽發執行書，連同裁判書及其他相關資料，交付感化教育機關（構）執行。依本法第五十五條第四項、第五十五條之二第五項及第五十六條第四項規定將所餘之執行期間交付感化教育時，並應附送保護管束或安置輔導期間執行

紀錄及相關資料。

第二四條

①感化教育處分之執行期間，自交付執行之日起算，至期間屆滿或免除、停止執行之日終止。

②前項處分確定前，經少年法院裁定命收容或羈押於少年觀護所者，得以收容與羈押期間折抵感化教育處分執行之期間；少年觀護所並應將少年在所期間實施矯治之成績，移送感化教育執行機關（構），作為執行成績之一部。

第二五條

感化教育處分之執行，除本法及本辦法有特別規定者外，適用其他法律有關之規定。

第二六條

少年法院得指派少年保護官與感化教育執行機關（構）隨時保持聯繫，並得指派適當之人共同輔導少年。

第二七條

①少年法院受理本法第五十六條第一項免除或停止感化教育之聲請，得命感化教育執行機關（構）提供該少年在感化教育期間之紀錄及相關資料，並得指派少年保護官實地查證，瞭解詳情。

②前項規定，於少年保護官受理本法第五十六條第二項規定之請求時，準用之。

第二八條

①少年經依本法第五十六條第一項及第三項規定交付保護管束者，感化教育機關（構）應將該少年感化教育期間之紀錄及相關資料函送少年法院，並應將預定移出之日期，與執行保護管束之少年保護官密切聯繫。

②感化教育機關（構）已依前項規定將少年之紀錄及相關資料函送少年法院者，如無其他新紀錄、資料，得免再函送。

第二九條

少年保護官於受本法第五十五條第二項或第五十六條第二項之請求而拒絕時，應自受請求時起十四日內，以書面敘明拒絕理由，函復請求人。

第三〇條

宣告多數保護管束或感化教育處分時，除依本法第四十五條、第四十六條或本法施行細則第十三條規定處理外，準用保安處分執行法第四條之一之有關規定執行之；保護處分與保安處分併存時，亦同。

第三一條

①少年法院於少年有下列情形之一時，應通知各保存少年前科紀錄及有關資料之機關（構），將其依主管業務所建立之移送、調查、偵查、審理及執行等紀錄及資料塗銷之：
　一　受本法第二十九條第一項之轉介處分執行完畢滿二年。
　二　受保護處分之執行完畢或撤銷確定滿三年。

三　受刑之執行完畢或赦免滿三年。

四　受不付審理之裁定確定。但本法第二十九條第一項之規定，不在此限。

五　受不付保護處分之裁定確定。

六　受無罪判決確定。

②少年法院應於下列期限前，為前項之通知：

一　不付審理裁定、不付保護處分裁定或無罪判決確定者，裁判確定後十日內。

二　受轉介處分、受保護處分或刑之執行者，應塗銷日期十日前。

第三二條

①前條應受通知塗銷紀錄及資料及機關（構），依下列情形定之：

一　轉介處分、假日生活輔導、保護管束、安置輔導、不付審理、不付保護處分裁定：受轉介之福利或教養機關（構）、受交付執行假日生活輔導之機關（構）、團體、受交付執行保護管束之福利或教養機構、慈善團體、執行安置輔導機關（構）、內政部警政署、少年案發時戶籍地警察局、原移案機關、禁戒或勒戒機關（構）、治療或戒治機關（構）。

二　感化教育：臺灣高等法院檢察署、少年矯正機關（構）、內政部警政署、少年案發時戶籍地警察局、原移案機關。

三　刑事判決、不起訴處分：臺灣高等法院檢察署、原偵查地方法院檢察署、少年矯正機關（構）、內政部警政署、少年案發時戶籍地警察局、原移案機關。

②少年前科紀錄及有關資料之塗銷，除應依前項規定通知有關機關（構）外，並依下列規定辦理：

一　少年為性侵害犯罪防治法或家庭暴力防治法之加害人者，另應通知內政部性侵害防治委員會或家庭暴力防治委員會。

二　曾通知少年輔導委員會、更生保護會、直轄市、縣（市）社政、勞工或教育主管機關者，另應通知各該曾受通知機關或單位。

三　有其他曾受通知之機關（構）、團體者，另應通知該機關（構）、團體。

第三三條

①少年之法定代理人或監護人受親職教育輔導處分者，由少年法院法官簽發執行書，連同裁定書及其他相關資料，交由少年保護官自行或轉交適當之教育訓練機構或團體執行之。

②前項受執行之人自行參加經少年保護官認可之訓練課程者，以其訓練課程之時數折抵相當執行時數。

③執行親職教育輔導認有必要時，得報請少年保護官通知少年到場，共同接受家族團體輔導。

第三章　兒童保護處分之執行

第三四條

兒童保護處分之執行，除本章有特別規定外，準用前章之規定。

第三五條

兒童不解簽名之意義者，免在訓誡處分執行筆錄簽名。

第三六條

①少年法院指揮執行兒童保護管束處分時，應以書面指定日期，命兒童之法定代理人或現在保護兒童之人，帶領兒童向少年保護官報到。

②兒童無正當理由未依指定日期報到時，由少年保護官限期通知其法定代理人或現在保護兒童之人帶領其前來報到。

第三七條

少年法院執行兒童保護管束處分時，應遴選具有兒童教育、兒童福利或兒童心理學之專門知識者，充任執行保護管束者。

第三八條

執行保護管束者與受保護管束兒童接談時，應選擇適當之處所為之。

第三九條

少年法院交付留置觀察、安置輔導或感化教育之兒童，以能自理生活者為限。

第四〇條

①對於兒童之安置輔導、感化教育處分，應視個案情節及矯治不良習性之需要，分別交由寄養家庭、兒童福利、教養、身心障礙福利服務機構或其他適當處所執行之。

②各少年法院得在管轄區域內徵聘生活美滿並熱心兒童福利之家庭為寄養家庭，接受兒童之寄養。

③第一項之教養處所設置前，得將受感化教育處分兒童交付少年矯正機關（構）執行之。但應與受感化教育處分少年隔離，並採家庭型態之教養方式執行之。

第四一條

對兒童之感化教育處分，其執行期間應給予維護身心健康、促進正常發育及增進生活知識所必要之教養；為課業輔導時，應力求配合現行國民教育學制。

第四章 附 則

第四二條

少年法院執行保護處分認有必要時，得洽請少年及兒童福利主管機關為必要之協助。

第四三條

①少年法院、少年保護官及其他執行保護處分者，應督促受執行人之法定代理人或現在保護受執行人之人善盡親職教育之責。受執行人如係在學中，並應加強與其就讀學校聯繫。

②前項受執行人之法定代理人或現在保護受執行人之人為政府機關

時，由少年法院、少年保護官負督促之責。

第四四條

① 轉介處分或保護處分執行者，應於執行完畢或執行中經撤銷確定而停止執行後十日內，報請少年法院備查；其為受囑託執行者，應報請原裁定少年法院備查。

② 檢察機關應於少年刑罰執行完畢或赦免後十日內，將執行完畢日期連同執行情形相關資料，通知原發交執行之少年法院。

第四五條

本辦法自發布日施行。

少年輔育院條例

①民國56年8月28日總統令制定公布全文52條。
　民國60年10月14日行政院令發布定自60年11月1日起施行。
②民國68年4月4日總統令修正公布第14條條文。
③民國70年1月12日總統令修正公布第4、39、40、44、51條條
　文。
④民國96年7月11日總統令修正公布第5條條文。
⑤民國99年5月26日總統令修正公布第24條條文。
　民國99年7月5日行政院令發布定自99年7月1日施行。

第一章　總　則

第一條
　本條例依少年事件處理法第五十二條第二項制定之。

第二條
　少年輔育院，依法執行感化教育處分，其目的在矯正少年不良習
性，使其悔過自新；授予生活智能，俾能自謀生計；並按其實際
需要，實施補習教育，得有繼續求學機會。

第三條
　在院接受感化教育之少年稱爲學生，男女學生分別管理。但爲教
學上之便利，得合班授課。

第四條
　少年輔育院，由法務部或由法務部委託地方行政最高機關設置，
受法務部指導、監督。

第二章　編制及職掌

第五條 96
　少年輔育院置院長一人，薦任第九職等至簡任第十職等或聘任，
綜理全院事務。

第六條
　少年輔育院院長，應就具有薦任或薦聘任用資格，並有左列資歷
之一者遴任之：
一　曾任少年法庭主任觀護人，成績優良者。
二　曾任少年感化教育機構主管人員，成績優良者。
三　曾任中等以上學校校長三年以上，或國民學校校長七年以
　　上，成績卓著者。
四　曾任司法、社會或教育行政人員五年以上，並具有關於少年
　　管訓之學識與經驗者。

五　曾任專科以上學校副教授或教授，對於少年之管訓，具有專門研究者。

第七條

少年輔育院置秘書一人，薦任；輔助院長處理全院事務。

第八條

少年輔育院分設教務、訓導、保健、總務四組，每組置組長一人，薦任或薦派；承院長之命，掌理各該組事務。

第九條

教務組掌理事項如左：

一　關於學生之註冊、編級及課程之編排事項。

二　關於教學實施及習藝計劃之擬訂事項。

三　關於學生課業成績及習藝成績之考核事項。

四　關於學生閱讀書刊之審核事項。

五　關於院內出版書刊之設計及編印事項。

六　關於習藝場所之管理及成品獎金之核算與分配事項。

七　關於其他教務事項。

第一〇條

訓導組掌理事項如左：

一　關於訓育實施計劃之擬訂事項。

二　關於學生生活之指導及管理事項。

三　關於學生思想行為之指導及考查事項。

四　關於學生之指紋及照相事項。

五　關於學生個案資料之調查、蒐集及研究與分析事項。

六　關於學生體育訓練事項。

七　關於學生課外康樂活動事項。

八　關於學生紀律及獎懲事項。

九　關於學生家庭訪問及社會聯繫事項。

十　關於戒護勤務分配及執行事項。

十一　關於學生出院升學、就業指導及通訊連繫事項。

第一一條

保健組掌理事項如左：

一　關於全院衛生之計劃、設施及考核事項。

二　關於學生之健康診查、疾病醫療及傳染病防治事項。

三　關於學生心理健康測驗、生理檢查及智力測驗事項。

四　關於學生個案資料之研判及心理狀態之分析與鑑定事項。

五　關於學生心理衛生之指導與矯治事項。

六　關於藥品之調劑、儲備及醫療、檢驗器材之購置與管理事項。

七　關於病房管理事項。

八　關於學生疾病及死亡之呈報與通知事項。

第一二條

總務組掌理事項如左：

一　關於文件收發、撰擬及保管事項。
二　關於印信典守事項。
三　關於經費出納事項。
四　關於房屋建築及修繕事項。
五　關於物品採購、分配及保管事項。
六　關於習藝器械、材料之購置及保管事項。
七　關於學生入院、出院之登記事項。
八　關於學生死亡及遺留物品處理事項。
九　其他不屬於各組之事項。

第一三條

① 少年輔育院學生人數在一百人以下者，置導師及訓導員各四人，聘任；學生人數在一百人以上者，每編組一班，增設導師及訓導員各一人。但最多均不得超過十六人。

② 每班學生以三十人爲原則；女生或有其他特殊情形不足三十人者，亦得另編一班。

第一四條

少年輔育院置技師四人至八人，薦派或聘任；技術員二人至八人，委任或委派；調查員四人至八人，心理測驗員及智力測驗員各一人或二人，均薦派或聘任；醫師二人至五人，聘任，其中一人兼任保健組組長；藥師一人，聘任；護士二人至五人，委任或委派；組員六人至十二人，委任或委派，分配各組辦事。

第一五條

少年輔育院秘書、教務組組長、訓導組組長、導師、訓導員及調查員，應就有左列資歷之一，並具有各該職務任用資格者遴任之：

一　曾任少年法庭觀護人，成績優良者。
二　曾任少年輔育院導師兼教員或社會工作人員，成績優良者。
三　曾任中等以上學校教員或曾任小學教員五年以上，具有訓導工作經驗者。
四　曾任司法行政或社會行政人員，並具有關於少年管訓之學識與經驗者。

第一六條

少年輔育院得雇用員十六人至三十六人，分別擔任戒護、紀錄或繕寫等工作。

第一七條

少年輔育院得視實際需要，聘請兼任教師授課。

第一八條

少年輔育院設主計室，置主任一人，薦任；主計佐理員二人至四人，委任；依法辦理主計事務。

第一九條

少年輔育院設人事室，置主任一人，薦任；人事佐理員一人至三人，委任；依法辦理人事管理事務。

第二〇條

①少年輔育院設院務委員會，由院長、秘書、組長及各主管人員組織之，以院長為主席。

②關於學生之管理，感化教育之免除或停止執行之聲請及其他院內行政之重要事項，應經院務委員會之決議。但有急速處分之必要時，得先由院長行之，提報院務委員會。

第二一條

①少年輔育院為指導習藝、保健、心理衛生及就學、就業之實施，得設立左列各種委員會：

一　習藝指導委員會。

二　保健指導委員會。

三　心理衛生指導委員會。

四　就學就業指導委員會。

②前項委員會之委員為無給職，由院長延聘社會熱心人士或專家擔任之。

第三章　入院出院

第二二條

①少年輔育院於學生入院時，應查驗少年法庭之裁定及交付書，並核對其身分證件。

②少年法庭交付執行感化教育處分時，應附送該少年及其家庭與事件有關之資料。

第二三條

學生入院時，應製作調查表，並捺印指紋及照相。

第二四條 99

①學生入院時，應行健康檢查；其有下列情形之一者，應暫緩令其入院，並敘明理由，請由少年法庭斟酌情形送交醫院，或交其父母或監護人，或交其他適當處所：

一　心神喪失。

二　現罹疾病，因執行而有身心障礙或喪生之虞。

三　罹急性傳染病。

四　懷胎五月以上或分娩未滿二月。

②發現前項第三款情事時，應先為必要之處置。

第二五條

學生入院時，應檢查其身體及衣物。女生之檢查，由女訓導員或調查員為之。

第二六條

學生入院時，應告以應遵守之事項，並應將院內各主管人員姓名及接見、通訊等有關章則，通知其父母或監護人。

第二七條

學生出院時，應於核准命令預定出院日期或期滿之次日午前，辦畢出院手續離院。

第二八條

①學生出院後之保護事項，應於初入院時即行調查；將出院時，再予復查；對於出院後之升學或就業輔導，預行策劃，予以適當解決。

②學生出院前，應將預定出院日期，通知其父母或監護人，或有關保護機關或團體。

第二九條

停止感化教育執行交付保護管束之學生出院時，應報知該管少年法庭，並附送在院之鑑別、學業、習藝及其言行紀錄。

第三〇條

①學生在院內死亡時，應即報知檢察官檢驗，並通知其父母、監護人或最近親屬領取屍體，經通知後滿二十四小時無人請領者，埋葬之。

②前項情形，應專案報告主管機關。

第三一條

死亡學生遺留之金錢、物品及其應得之獎金，應通知其父母、監護人或其他最近親屬具領。逾一年無人請領者，其所有權歸屬國庫。

第三二條

在院學生逃亡者，除報知檢察官查緝外，應報告主管機關，並報知少年法庭。

第三三條

逃亡學生遺留之金錢及物品，自逃亡之日起，經過一年尚未緝獲者，應通知其父母、監護人或最近親屬領回；無法通知者，應公告之，經通知或公告後逾六個月無人請領者，其所有權歸屬國庫。

第四章　個案分析

第三四條

①少年輔育院對於新入院學生，由有關各組聯合組織接收小組，根據少年法庭移送之資料，加以調查分析，提經院務委員會決定分班、分級施教方法。

②前項個案分析，應依據心理學、教育學、社會學及醫學判斷之。

第三五條

前條調查分析期間，不得逾一個月，其所得資料，應設卡詳爲記載，分別保存之。

第三六條

少年輔育院應隨時訪問學生家庭及有關社會機關、團體，調查蒐集個案資料，分析研究，作爲教育實施之參考。

第三七條

對於調查分析期間內之學生，應予以表現個性之機會，其生活之管理，應在防止脫逃、自殺、暴行或其他違反紀律之原則下行

之。

第五章　教育及管理

第三八條

在院學生生活之管理，應採學校方式，兼施童子軍訓練及軍事管理；對於未滿十四歲之學生，併採家庭方式。

第三九條

① 在院學生，為促其改悔向上，適於社會生活，應劃分班級，以積分進級方法管理之。

② 前項積分進級規則，由法務部定之。

第四○條

① 少年輔育院應以品德教育為主，知識技能教育為輔：

一　品德教育之內容，應包括公民訓練、童子軍訓練、軍事訓練、體育活動、康樂活動及勞動服務等項目。

二　入院前原在中等以上學校肄業，或已完成國民教育而適合升學之學生，應在院內實施補習教育；尚未完成國民教育之學生，應在院內補足其學業，其課程應按教育行政機關規定之課程標準實施。

三　技能教育應按學生之性別、學歷、性情、體力及其志願分組實施。

② 前項實施辦法，由法務部會同教育部定之。

第四一條

① 在院學生之被服、飲食、日用必需品及書籍簿冊，均由少年輔育院供給，其經少年法庭依少年事件處理法第六十條之規定，由少年本人或對少年負扶養義務人負全部或一部教養費用者，應以市價折算，命其繳納之。

② 學生私有之書籍，經檢查後，得許閱讀。

第四二條

在院學生之飲食及其他保持健康所必需之物品，不因班級或教育種類組別不同而有差異。

第四三條

① 在院學生應斟酌情形予以分類離居。但有違反團體生活紀律之情事而情形嚴重者，經院長核定，得使獨居。

② 前項獨居之期間，每次不得逾七日。

第四四條

① 在院學生得接見親友及發受書信。但院長認為有妨礙感化教育之執行或學生之利益者，得禁止之。

② 前項接見，每週不得逾二次，每次以三十分鐘為限。但經院長特許者，得增加或延長之。

③ 學生發受書信，訓導組組長得檢閱之，如發現第一項但書情形，得不予發受或命刪除後再行發受。

④ 學生接見規則，由法務部定之。

第四五條

①在院學生罹傳染病或其他重大疾病，認爲在院內不能爲適當之醫治者，得斟酌情形，呈請主管機關許可移送醫院，或保外醫治。

②院長認爲有緊急情形時，得先爲前項處理，再行呈報主管機關核備。

③移送醫院者，視爲在院執行，保外就醫期間，不算入感化教育期內。

④爲第一項處理時，應通知學生之父母、監護人或其最近親屬。

第四六條

前條所定患病之學生，請求自費延醫診治者，應許其與院醫會同診治。

第六章 獎 懲

第四七條

在院學生有左列各款行爲之一時，予以獎勵：

一 行爲善良，足爲其他學生之表率者。

二 學習教育課程或技能，成績優良者。

三 體育優異者。

四 有特殊貢獻，足以增進榮譽者。

第四八條

前條之獎勵方法如左：

一 公開嘉獎。

二 發給獎狀或獎章。

三 發給獎金、書籍或其他獎品。

第四九條

在院學生有違背紀律行爲時，得施以左列一款或數款之懲罰：

一 誥誡。

二 停止發受書信。但每次不得逾七日。

三 停止接見一次至三次。

四 勞動服務一日至三日，每日以二小時爲限。

第五○條

學生受獎懲時，應即通知其父母、監護人或最近親屬。

第七章 附 則

第五一條

本條例施行細則，由法務部會同內政部、教育部定之。

第五二條

本條例施行日期，由行政院以命令定之。

少年觀護所設置及實施通則

①民國53年9月4日總統令制定公布全文34條。
  民國60年9月16日行政院令發布定自60年7月1日施行。
②民國61年1月29日總統令修正公布第3、5-8、13-16條條文；並增
  訂第17條條文；原第17條改為第18條以下條文依次遞改。
③民國63年12月21日總統令修正公布第5-7、13-16條條文；並刪除
  第17條條文。
④民國68年4月4日總統令修正公布第13條條文。
⑤民國69年7月23日總統令修正公布第4、19條條文。
⑥民國91年1月25日總統令修正公布名稱及全文37條；並自公布日
  施行（原名稱：少年觀護所條例）。
⑦民國96年7月11日總統令修正公布第11條條文。

第一章　總　則

第一條
本通則依少年事件處理法第二十六條之二第五項制定之。

第二條
①少年觀護所隸屬於高等法院檢察署，其設置地點及管轄，由高等
  法院檢察署報請法務部核定之。
②關於少年保護事件少年之收容及少年刑事案件審理中少年之羈押
  事項，並受該管法院及其檢察署之督導。

第三條
少年觀護所以協助調查依法收容少年之品性、經歷、身心狀況、
教育程度、家庭情形、社會環境及其他必要之事項，供處理時之
參考。

第四條
①少年觀護所之組織及被收容少年之處理，依本通則之規定。
②依少年事件處理法第七十一條收容之刑事被告，與依同法第
  二十六條收容之少年，應予分界。
③女性少年與男性少年，應分別收容。

第二章　組　織

第五條
少年觀護所分設鑑別、教導及總務三組；容額在三百人以上者，
並設醫務組。

第六條
鑑別組掌理事項如下：
一　少年之個案調查事項。

二　少年之心理測驗事項。

三　少年指紋、照相等事項。

四　少年處遇之建議事項。

五　少年社會環境之協助調查事項。

六　其他鑑別事項。

第七條

教導組掌理事項如下：

一　少年生活之指導事項。

二　少年之教學事項。

三　少年習藝之指導事項。

四　少年之康樂活動事項。

五　少年之同行護送及戒護事項。

六　少年接見、發受書信及送入物品之處理事項。

七　少年紀律之執行事項。

八　少年之飲食、衣類、臥具用品之分給、保管事項。

九　所內戒護勤務之分配及管理事項。

十　其他教導事項。

第八條

①醫務組掌理事項如下：

一　全所衛生計畫設施事項。

二　少年之健康檢查事項。

三　傳染病之預防事項。

四　少年疾病之醫治事項。

五　病室之管理事項。

六　藥品調劑、儲備及醫療器材之管理事項。

七　藥物濫用之防治及輔導等事項。

八　少年疾病、死亡之陳報及通知事項。

九　其他醫務事項。

②未設醫務組者，前項業務由教導組兼辦。

第九條

總務組掌理事項如下：

一　文件之收發、撰擬及保存事項。

二　印信之典守事項。

三　經費之出納事項。

四　建築修繕事項。

五　少年之入所、出所登記事項。

六　名籍簿、身分簿之編製及管理事項。

七　糧食之收支、保管、核算及造報事項。

八　其他不屬於各組之事項。

第一〇條

①少年觀護所之類別及員額，依附表之規定。

②各少年觀護所應適用之類別，由法務部視其容額擬訂，報請行政

少年事件

院核定之。

第一一條 96

少年觀護所置所長一人，職務列薦任第九職等至簡任第十職等，承監督長官之命，綜理全所事務，並指揮監督所屬職員；置副所長一人，職務列薦任第八職等至第九職等，襄助所長處理全所事務。

第一二條

①少年觀護所置組長，職務列薦任第七職等至第八職等；專員、調查員、導師，職務均列薦任第六職等至第八職等；管理師，職務列薦任第七職等；組員、技士，職務均列委任第五職等或薦任第六職等至第七職等；主任管理員、操作員，職務均列委任第四職等至第五職等，其中二分之一職等得列薦任第六職等；管理員、辦事員，職務均列委任第三職等至第五職等；書記，職務列委任第一職等至第三職等。

②醫務組組長，列師（二）級；醫師、藥師、醫事檢驗師、護理師均列師（三）級；藥劑生、醫事檢驗生、護士，均列士（生）級。

③本通則修正施行前僱用之管理員、雇員，其未具公務人員任用資格者，得繼續僱用至其離職為止。

第一三條

①少年觀護所設女所者，置主任一人，職務列薦任第七職等至第八職等，管理女所事務。

②女所之主任、主任管理員及管理員均以女性擔任。

第一四條

①少年觀護所所長、副所長、鑑別、教導組組長及女所主任，應就具有下列資格之一者遴任之：

一　經觀護人考試或觀護官考試及格者。

二　經少年調查官、少年保護官考試及格者。

三　經監獄官考試或犯罪防治人員特考及格者。

②前項所稱人員，應遴選具有少年保護之學識、經驗及熱忱者充任之。

第一五條

少年觀護所設人事室，置主任一人，職務列薦任第七職等至第八職等，依法辦理人事管理事項；所需工作人員應就本通則所定員額內派充之。

第一六條

少年觀護所設會計室，置會計主任一人，職務列薦任第七職等至第八職等，依法辦理歲計、會計事項；所需工作人員應就本通則所定員額內派充之。

第一七條

少年觀護所設統計室，置統計主任一人，職務列薦任第七職等至第八職等，依法辦理統計事項；所需工作人員應就本通則所定員額內派充之。

第一八條

少年觀護所設政風室，置主任一人，職務列薦任第七職等至第八職等，依法辦理政風事項；事務較簡者，其政風業務由其上級機關之政風機構統籌辦理；所需工作人員應就本通則所定員額內派充之。

第一九條

①第十一條至第十三條、第十五條至第十八條所定列有官等職等人員，其所適用之職系，依公務人員任用法之規定，就有關職系選用之。

②醫事人員依醫事人員人事條例規定進用之。

第三章 入所及出所

第二〇條

少年觀護所於少年入所時，應辦理下列事項：

一 查驗身分證及法官或檢察官簽署之文件。

二 製作調查表及身分單，並捺印指紋及照相。

三 檢查身體、衣物。女性少年之檢查由女管理員為之。

四 指定所房並編號。

第二一條

少年觀護所非有該管法官或檢察官之通知，不得將被收容之少年釋放。

第二二條

被收容之少年應釋放者，觀護所於接到釋放通知書之當日，即予釋放。釋放前，應令其按捺指紋，並與調查表詳為對照。移送法院之少年，經法院法官或檢察官當庭將其釋放者，應即通知觀護所。

第二三條

被收容之少年移送感化教育機構者，應附送調查表、身分單及觀護鑑別之紀錄。

第二四條

被收容之少年在所死亡者，應即陳報該管法官、檢察官，並通知其家屬。

第四章 處遇及賞罰

第二五條

①被收容少年之飲食，由所供應，並注意其營養。衣被及日常必需品自備，其無力負擔或自備者，由所供應。

②前項經諭知保護處分，並受裁定負擔全部或一部教養費用，已先由所供應飲食、衣被或日常必需品者，應依少年事件處理法第六十條之規定辦理。

第二六條

被收容之少年禁用菸、酒。

第二七條

被收容之少年得閱讀書報。但私有之書報，須經檢查。

第二八條

①被收容之少年得接見親友、發受書信。但少年觀護所所長認為有礙於案情之調查與被收容少年之利益者，得不許其接見。

②被收容少年之書信，觀護所所長認為必要時，得檢閱之。

第二九條

接見時間，自上午九時至下午五時止，每次不得逾三十分鐘。但經少年觀護所所長許可者，不在此限。

第三〇條

①依少年事件處理法第三條第二款收容之在校少年，應通知其所肄業之學校，在觀護期內，學校應保留其學籍。

②前項被收容之少年，經依同法第二十六條之二第一項撤銷收容裁定者，其原肄業之學校，應許其返校就讀。

第三一條

①少年觀護所得令被收容之少年，學習適當技藝，每日以二小時至四小時為限。

②前項習藝所需之工具材料費用，由觀護所供給之，其習藝成品之盈餘，得充獎勵習藝少年之用。

第三二條

被收容之少年，其在學校肄業者，得減少其學習技藝時間，督導進修學校所規定之課程。

第三三條

被收容之少年罹患疾病，認為在所內不能適當之醫治者，得斟酌情形，報請該管法官或檢察官許可，保外醫治或移送病院。觀護所所長認為有緊急情形時，得先為前項處分，再行報核。

第三四條

被收容之少年有下列各款行為之一時，應予獎賞：

一　學習教育課程或技藝，成績優良者。

二　行為善良，足為其他收容少年之表率者。

第三五條

前條之獎賞方法如下：

一　公開嘉獎。

二　給與獎金、書籍或其他獎品。

第三六條

被收容之少年有違背觀護所所規之行為時，得施以下列一款或數款之處罰：

一　告誡。

二　勞動服務一日至三日，每日以二小時為限。

第五章　附　則

第三七條

本通則自公布日施行。

少年事件

陸、保　護

證人保護法

① 民國89年2月9日總統令制定公布全文23條；並自公布日起施行。

② 民國95年5月30日總統令修正公布第2、14、23條條文；並自95年7月1日施行。

③ 民國103年6月18日總統令修正公布第2、14條條文。

④ 民國105年4月13日總統令修正公布第2、23條條文。
民國105年12月14日行政院令發布定自106年1月1日施行。

⑤ 民國107年1月17日總統令修正公布第14條條文。

⑥ 民國107年6月13日總統令修正公布第2條條文。

第一條

① 為保護刑事案件及檢肅流氓案件之證人，使其勇於出面作證，以利犯罪之偵查、審判，或流氓之認定、審理，並維護被告或被移送人之權益，特制定本法。

② 本法未規定者，適用其他法律之規定。

第二條 107

本法所稱刑事案件，以下列各款所列之罪為限：

一 最輕本刑為三年以上有期徒刑之罪。

二 刑法第一百條第二項之預備內亂罪、第一百零一條第二項之預備暴動內亂罪或第一百零六條第三項、第一百零九條第一項、第三項、第四項、第一百二十一條第一項、第一百二十二條第三項、第一百三十一條第一項、第一百四十二條、第一百四十三條第一項、第一百四十四條、第一百四十五條、第二百五十六條第一項、第三項、第二百五十七條第一項、第四項、第二百九十六條之一第三項、第二百九十八條第二項、第三百條、第三百三十九條、第三百三十九條之三或第三百四十六條之罪。

三 貪污治罪條例第十一條第一項、第二項之罪。

四 懲治走私條例第二條第一項、第二項或第三項之罪。

五 藥事法第八十二條第一項、第二項或第八十三條第一項、第三項之罪。

六 銀行法第一百二十五條之罪。

七 證券交易法第一百七十一條或第一百七十三條第一項之罪。

八 期貨交易法第一百十二條或第一百十三條第一項、第二項之罪。

九 槍砲彈藥刀械管制條例第八條第四項、第十一條第四項、第十二條第一項、第二項、第四項、第五項或第十三條第二

項、第四項、第五項之罪。

十　公職人員選舉罷免法第八十八條第一項、第八十九條第一項、第二項、第九十條之一第一項、第九十一條第一項第一款或第九十一條之一第一項之罪。

十一　農會法第四十七條之一或第四十七條之二罪。

十二　漁會法第五十條之一或第五十條之二之罪。

十三　兒童及少年性剝削防制條例第三十二條第一項、第三項、第四項之罪。

十四　洗錢防制法第十四條第一項、第二項、第十五條或第十七條之罪。

十五　組織犯罪防制條例第三條第一項後段、第二項、第五項、第七項、第八項、第四條、第六條或第十一條第三項之罪。

十六　營業秘密法第十三條之二之罪。

十七　陸海空軍刑法第四十二條第一項、第四十三條第一項、第四十四條第二項前段、第五項、第四十五條、第四十六條之罪。

第三條

依本法保護之證人，以願在檢察官偵查中或法院審理中到場作證，陳述自己見聞之犯罪或流氓事證，並依法接受對質及詰問之人為限。

第四條

①證人或與其有密切利害關係之人因證人到場作證，致生命、身體、自由或財產有遭受危害之虞，而有受保護之必要者，法院於審理中或檢察官於偵查中得依職權或依證人、被害人或其代理人、被告或其辯護人、被移送人或其選任律師、輔佐人、司法警察官、案件移送機關、自訴案件之自訴人之聲請，核發證人保護書。但時間急迫，不及核發證人保護書者，得先採取必要之保護措施。

②司法警察機關於調查刑事或流氓案件時，如認證人有前項受保護必要之情形者，得先採取必要之保護措施，並於七日內將所採保護措施陳報檢察官或法院。檢察官或法院如認該保護措施不適當者，得命變更或停止之。

③聲請保護之案件，以該管刑事或檢肅流氓案件之法院，為管轄法院。

第五條

聲請核發證人保護書時，應以書面記載下列事項：

一　聲請人及受保護人之姓名、性別、出生年月日、住所、身分證統一編號或護照號碼。

二　作證之案件。

三　作證事項。

四　請求保護之事由。

　五　有保護必要之理由。
　六　請求保護之方式。

第六條

檢察官或法院依職權或依聲請核發證人保護書，應參酌下列事項定之：

一　證人或與其有密切利害關係之人受危害之程度及迫切性。
二　犯罪或流氓行為之情節。
三　犯罪或流氓行為人之危險性。
四　證言之重要性。
五　證人或與其有密切利害關係之人之個人狀態。
六　證人與犯罪或流氓活動之關連性。
七　案件進行之程度。
八　被告或被移送人權益受限制之程度。
九　公共利益之維護。

第七條

①檢察官或法院核發證人保護書，應記載下列事項：

一　聲請人及受保護人之姓名、性別、出生年月日、住所、身分證統一編號或護照號碼。
二　作證之案件。
三　保護之事由。
四　有保護必要之理由。
五　保護之措施。
六　保護之期間。
七　執行保護之機關。

②前項第五款之保護措施，應就第十一條至第十三條所列方式酌定之。

第八條

①證人保護書，由檢察官或法院自行或發交司法警察機關或其他執行保護機關執行之。
②前項執行機關，得依證人保護書之意旨，命受保護人遵守一定之事項，並得於管轄區域外，執行其職務。
③所有參與核發及執行第一項保護措施之人，對保護相關事項，均負保密義務。

第九條

執行證人保護之案件有下列情形之一者，檢察官或法院得依職權或依第四條第一項之人或執行保護機關之聲請，停止或變更保護措施：

一　經受保護人同意者。
二　證人就本案有偽證或誣告情事，經有罪判決確定者。
三　受保護人違反前條第二項應遵守之事項者。
四　受保護人因案經羈押、鑑定留置、收容、觀察勒戒、強制戒治或移送監獄或保安處分處所執行者。

五 應受保護之事由已經消滅或已無保護之必要者。

第一〇條

①保護措施之執行機關，應隨時檢討執行情形，如危害之虞已消失或無繼續保護之必要者，經法院、檢察官或司法警察官同意後，停止執行保護措施。但其因情事變更仍有繼續保護之必要者，得經法院、檢察官或司法警察官同意，變更原有之保護措施。

②停止執行保護之案件，有重新保護之必要者，檢察官或法院得依職權或依第四條第一項之人或執行保護機關之聲請，再許可執行保護證人之措施。

第一一條

①有保密身分必要之證人，除法律另有規定者外，其真實姓名及身分資料，公務員於製作筆錄或文書時，應以代號為之，不得記載證人之年籍、住居所、身分證統一編號或護照號碼及其他足資識別其身分之資料。該證人之簽名以按指印代之。

②載有保密證人真實身分資料之筆錄或文書原本，應另行製作卷面封存。其他文書足以顯示應保密證人之身分者，亦同。

③前項封存之筆錄、文書，除法律另有規定者外，不得供閱覽或提供偵查、審判機關以外之其他機關、團體或個人。

④對依本法有保密身分必要之證人，於偵查或審判中為訊問時，應以蒙面、變聲、變像、視訊傳送或其他適當隔離方式為之。於其依法接受對質或詰問時，亦同。

第一二條

①證人或與其有密切利害關係之人之生命、身體或自由有遭受立即危害之虞時，法院或檢察官得命令司法警察機關派員於一定期間內隨身保護證人或與其有密切利害關係之人之人身安全。

②前項情形於必要時，並得禁止或限制特定之人接近證人或與其有密切利害關係之人之身體、住居所、工作之場所或為一定行為。

③法院或檢察官為前項之禁止或限制時，應核發證人保護書行之，並載明下列事項：

一 受保護之人及保護地點。

二 受禁止或限制之特定人。

三 執行保護之司法警察機關。

四 禁止或限制特定人對受保護人為特定行為之內容。

五 執行保護之司法警察機關應對受保護人為特定行為之內容。

④前項證人保護書，應送達聲請人、應受禁止或限制之人及執行保護措施之司法警察或其他相關機關。

⑤受禁止或限制之人，得向檢察官或法院第二項之命令或裁定聲明不服，其程序準用刑事訴訟法之規定。

第一三條

①證人或與其有密切利害關係之人之生命、身體、自由或財產有遭受危害之虞，且短期內有變更生活、工作地點及方式之確實必要者，法院或檢察官得命令付短期生活安置，指定安置機關，在一

　定期間內將受保護人安置於適當環境或協助轉業，並給予生活照料。

②前項期間最長不得逾一年，但必要時，經檢察官或法院之同意，得延長一年。所需安置相關經費，由內政部編列預算支應。

③法院或檢察官為第一項短期生活安置之決定，應核發證人保護書行之，並應送達聲請人、安置機關及執行保護措施之相關機關。

第一四條 107

①第二條所列刑事案件之被告或犯罪嫌疑人，於偵查中供述與該案案情有重要關係之待證事項或其他正犯或共犯之犯罪事證，因而使檢察官得以追訴該案之其他正犯或共犯者，以經檢察官事先同意者為限，就其因供述所涉之犯罪，減輕或免除其刑。

②被告或犯罪嫌疑人雖非前項案件之正犯或共犯，但於偵查中供述其犯罪之前手、後手或相關犯罪之網絡，因而使檢察官得以追訴與該犯罪相關之第二條所列刑事案件之被告者，參酌其犯罪情節之輕重、被害人所受之損害、防止重大犯罪危害社會治安之重要性及公共利益等事項，以其所供述他人之犯罪情節或法定刑較重於其本身所涉之罪且經檢察官事先同意者為限，就其因供述所涉之犯罪，得為不起訴處分。

③被告或犯罪嫌疑人非第一項案件之正犯或共犯，於偵查中供述其犯罪之前手、後手或相關犯罪之網絡，因而使檢察官得以追訴與該犯罪相關之第二條所列刑事案件之被告，如其因供述所涉之犯罪經檢察官起訴者，以其所供述他人之犯罪情節或法定刑較重於其本身所涉之罪且曾經檢察官於偵查中為第二項之同意者為限，得減輕或免除其刑。

④刑事訴訟法第二百五十五條至第二百六十條之規定，於第二項情形準用之。

第一五條

①檢舉人、告發人、告訴人或被害人有保護必要時，準用保護證人之規定。

②政府機關依法受理人民檢舉案件而認應保密檢舉人之姓名及身分資料者，於案件移送司法機關或司法警察機關時，得請求法院、檢察官或司法警察官依本法身分保密之規定施以保護措施。

第一六條

①公務員洩漏或交付關於依本法應受身分保密證人之文書、圖畫、消息、相貌、身分資料或其他足資辨別證人之物品者，處一年以上七年以下有期徒刑。

②前項之未遂犯，罰之。

③因過失犯前兩項之罪者，處二年以下有期徒刑、拘役或科新臺幣三十萬元以下罰金。

④非公務員因職務或業務知悉或持有第一項之文書、圖畫、消息、相貌、身分資料或其他足資辨別證人之物品，而洩漏或交付之者，處三年以下有期徒刑、拘役或科新臺幣五十萬元以下罰金。

第一七條

受禁止或限制之人故意違反第十二條第二項之規定，經執行機關制止不聽者，處三年以下有期徒刑、拘役或科新臺幣五十萬元以下罰金。

第一八條

意圖妨害或報復依本法保護之證人到場作證，而對被保護人實施犯罪行為者，依其所犯之罪，加重其刑至二分之一。

第一九條

依本法保護之證人，於案情有重要關係之事項，向該管公務員為虛偽陳述者，以偽證論，處一年以上七年以下有期徒刑。

第二〇條

訴訟之辯論，有危害證人生命、身體或自由之虞者，法院得決定不公開。

第二一條

本法之規定，於軍事法院及軍事法院檢察署檢察官受理之案件，準用之。

第二二條

本法之施行細則，由行政院會同司法院定之。

第二三條 105

本法施行日期，除中華民國九十五年五月三十日修正公布之條文，自九十五年七月一日施行，及一百零五年三月二十五日修正之條文，由行政院定之外，自公布日施行。

證人保護法施行細則

民國90年7月4日行政院、司法院令會銜訂定發布全文26條；並自發布日施行。
民國101年12月25日行政院公告第4條第2項所列屬「國防部憲兵司令部」之權責事項，自102年1月1日起改由「國防部憲兵指揮部」管轄。
民國107年4月27日行政院公告第4條第2項所列屬「行政院海岸巡防署海洋巡防總局與所屬偵查緝隊、直屬船隊及海巡隊、海岸巡防總局與各地區巡防局及其所屬機動查緝隊、岸巡總隊以上單位」之權責事項，自107年4月28日起改由「海洋委員會海巡署及所屬機關（構）」管轄。

第一條
本細則依證人保護法（以下簡稱本法）第二十二條規定訂定之。

第二條
依本法第三條規定受保護之證人，於受保護前應書立切結書，表明願在偵查或審判中到場作證，依法接受對質及詰問，與執行證人保護計畫相關人員合作，並同意採取各種方式，避免被察知參與證人保護計畫等意旨。

第三條
本法所稱有密切利害關係之人，指證人之配偶、直系血親、三親等內旁系血親、二親等內姻親或家長、家屬、與證人訂有婚約者或其他身分上或生活上有密切利害關係之人。

第四條
① 本法所稱司法警察官，指刑事訴訟法第二百二十九條、第二百三十條所定之司法警察官。
② 本法所稱司法警察機關，指內政部警政署與各直轄市、縣（市）警察局分局以上單位、法務部調查局與所屬各直轄市、縣（市）調查處、站以上單位、憲兵司令部與所屬各地區憲兵隊以上單位、行政院海岸巡防署海洋巡防總局與所屬偵查緝隊、直屬船隊及海巡隊、海岸巡防總局與各地區巡防局及其所屬機動查緝隊、岸巡總隊以上單位及其他同級之司法警察機關。

第五條
本法所稱保護之必要，應就各觀事實認定之。

第六條
① 法院或檢察官依本法第四條第一項核發身分保密之證人保護書，雖保護期間屆滿，除法律另有規定者外，不得供閱覽或提供偵

査、審判機關以外之其他機關、團體或個人。

②司法警察機關依本法第四條第二項規定先採取身分保密之保護措施，如陳報檢察官或法院未獲同意者，除法律另有規定者外，不得供閱覽或提供偵查、審判機關以外之其他機關、團體或個人。

第七條

①法院或檢察官依本法第四條第一項但書規定發交司法警察機關或其他執行保護機關執行，而先採取必要之保護措施者，應以言詞、書面、電信傳真或其他科技設備，通知執行機關主管或承辦人先予執行，並於三日內補發證人保護書。

②前項執行機關應製作紀錄，載明通知之時間、方式、內容及檢察官或法官之姓名，以保密方式處理。

第八條

①司法警察機關依本法第四條第二項規定先採取必要之保護措施者，其保護之對象包括證人或與其有密切利害關係之人。

②司法警察機關採取前項保護措施後，應於七日內載明本法第五條規定應記載之事項，以保密方式陳報檢察官或法院核發證人保護書。

③證人於司法警察機關調查刑事或流氓案件時，如認其本人或與其有密切利害關係之人有受保護之必要，得以本法第五條之聲請書，附具釋明聲請事由之相關資料，促請調查之司法警察機關依本法第四條第二項之規定先採取必要之保護措施。

第九條

①依本法規定向法院或檢察官聲請核發證人保護書或聲請停止、變更、同意停止或變更或再許可證人保護措施者，應以書面附具釋明聲請事由之相關資料，向該管之法院或檢察官為之。

②依前項聲請證人保護者，除本法第十二條第二項之禁止或限制特定人接近之措施或其他認無保密必要之情形外，應以保密方式處理。

③法院或檢察官核發證人保護書或停止、變更、同意停止或變更或再許可證人保護措施時，應盡速以書面答復。

第一○條

法院或檢察官核發證人保護書或停止、變更、同意停止或變更或再許可證人保護措施前，得訊問聲請人、受保護人或相關之人；必要時，並得徵詢執行機關之意見。

第一一條

①法院或檢察官受理證人保護之聲請，應即時處理。

②核發證人保護書，應記載本法第七條第一項各款所列事項，並依本法第十二條第三項、第十三條第三項及本細則第二十條第二項規定載明一定事項。

第一二條

①本法第十二條第二項之證人保護書，自送達受禁止或限制之特定人時起生效。

本法證人保護期間之起算，除前項情形外，依證人保護書之記載，未記載者，自證人保護書核發之日起算。

②保護期間屆滿，未經檢察官或法院再許可執行保護證人之措施者，執行機關應即停止執行保護措施。

第一三條

核發證人保護書或停止、變更、同意停止或變更證人保護措施之書面，除本法另有規定者外，應送達聲請人、受保護人及執行證人保護之機關。依本法第十條第二項再許可執行保護證人之措施者，亦同。

第一四條

①檢察官或法院依本法第八條第一項、第二項規定核發證人保護書，以發交承辦該案之司法警察機關為原則。但必要時，得自行或發交其他執行保護機關執行。

②前項執行保護之機關如無法執行或執行確有困難者，應即陳報檢察官或法院另行指定或協調其他機關協助。

第一五條

①執行證人保護之機關依本法第八條第二項規定命受保護人遵守一定之事項，應具體明確、可行且不違背證人保護之旨，並以書面由受保護人簽名後執行之，且於七日內以保密方式陳報核發證人保護書之檢察官或法院。

②前項書面應備一式三份，一份陳報核發證人保護書之檢察官或法院，一份交受保護人收存，一份由執行機關自存。

第一六條

①司法警察官依本法第十條第一項規定同意執行機關停止或變更保護措施者，以司法警察機關依本法第四條第二項規定先採取之必要保護措施為限。

②第九條規定，於前項情形準用之。

③第一項同意停止或變更證人保護措施，應即通知執行機關及受保護人，並於四十八小時內以書面陳報法院或檢察官。

第一七條

①對受身分保密之證人製作筆錄、文書或其他足資識別其身分之資料時，應以代號為之，並應製作代號及真實姓名對照表，以密封套密封附卷。

②前項代號及真實姓名對照表，應由啟封者及傳閱者在卷面騎縫處簽名，載明啟封及傳閱日期，並由啟封者併前手封存卷面，重新製作卷面封之。

第一八條

①法院、檢察官或司法警察機關，應注意避免有人藉偽證、誣告或其他案件之告訴、告發探知受保護人之姓名及身分資料，並應注意對當事人以外使用代號之受保護人身分資料予以保密。

②前項受理告訴、告發案件機關，有向法院、檢察官或司法警察機關借調受保護人案卷之必要者，應函告其偵、審之對象及案由。

法院、檢察官或司法警察機關應將偵、審範圍以外有關使用代號之受保護人姓名及身分等資料封存保密後，再行借閱。

第一九條

本法第十二條第四項所稱其他相關機關，為執行保護措施之司法警察機關以外，受保護人所在地、住居所、工作場所或安置場所之司法警察機關。

第二〇條

①司法警察機關對安置機關應為必要之協助。

②法院或檢察官核發短期生活安置之保護書時，並應載明安置機關名稱及生活安置之內容。

第二一條

本法第十四條第一項及第二項所稱檢察官事先同意，指檢察官本案偵查終結前之同意。檢察官同意者，應記明筆錄。

第二二條

本法第十四條第二項所稱就被告或犯罪嫌疑人因供述所涉之犯罪得為不起訴處分者，不限於本法第二條所列之罪。

第二三條

①政府機關依本法第十五條第二項規定請求法院、檢察官或司法警察官保密檢舉人之姓名及身分資料者，應以保密方式移送之。

②司法機關或司法警察機關認無保密必要時，應以書面通知前項機關。

第二四條

司法警察機關或其他執行保護機關對執行證人保護等與證人保護有關之文件，應以保密方式妥善保管，除法律另有規定者外，並於執行保護結束二年後，依該機關（構）之規定，辦理銷毀。但執行身分保密之保護措施，其案件尚未不起訴處分或判決確定者，不在此限。

第二五條

本法及本細則應用之書表文件，其格式由法務部定之。

第二六條

本細則自發布日施行。

犯罪被害人保護法

① 民國87年5月27日總統令制定公布全文36條；並自87年10月1日施行。
② 民國91年7月10日總統令修正公布第12、25、27、29條條文；並增訂第12-1條條文。
民國91年9月26日行政院令發布定於91年10月1日施行。
③ 民國98年5月27日總統令修正公布第1、3～5、7、9、29、30條條文；並增訂第4-1條條文。
民國98年7月21日行政院令發布定自98年8月1日施行。
④ 民國100年11月30日總統令修正公布第30條條文；並刪除第33條條文。
民國100年12月9日行政院令發布定自100年12月10日施行。
⑤ 民國102年5月22日總統令修正公布第9、11、29、30、32條條文；並增訂第29-1、30-1、34-1～34-6條條文。
民國102年5月31日行政院令發布定自102年6月1日施行。
⑥ 民國104年12月30日總統令修正公布第3條條文。
民國105年11月21日行政院令發布定自106年1月1日施行。

第一條 98
為保護因犯罪行為被害而死亡之遺屬、受重傷者及性侵害犯罪行為被害人，以保障人民權益，促進社會安全，特制定本法。

第二條
犯罪被害人之保護，依本法之規定。但其他法律另有規定者，從其規定。

第三條 104
本法用詞，定義如下：
一　犯罪行為：指在中華民國領域內，或在中華民國領域外之中華民國船艦或航空器內，故意或過失侵害他人生命、身體，依中華民國法律有刑罰規定之行為及刑法第十八條第一項、第十九條第一項及第二十四條第一項段規定不罰之行為。
二　性侵害犯罪行為被害人：指犯刑法第二百二十一條、第二百二十二條、第二百二十四條、第二百二十四條之一、第二百二十五條、第二百二十六條、第二百二十六條之一、第二百二十八條、第二百二十九條、第三百三十二條第二項第二款、第三百三十四條第二項第二款、第三百四十八條第二項第一款與兒童及少年性剝削防制條例第三十三條、第三十四條第一項至第五項、第三十五條第二項或其未遂犯、第三十六條第三項或其未遂犯、第三十七條之罪之被害人。犯刑法第二百二十七條之罪而被害人有精神、身體障礙、心智缺陷或其他相類情形或因受利誘、詐術等不正當方法而被害，或

加害人係利用權勢而犯之，或加害人與被害人爲家庭暴力防治法第三條所定之家庭成員者，亦同。

三 犯罪被害補償金：指國家依本法補償因犯罪行爲被害而死亡者之遺屬、受重傷者及性侵害犯罪行爲被害人所受財產及精神上損失之金錢。

第四條 98

①因犯罪行爲被害而死亡者之遺屬、受重傷者及性侵害犯罪行爲被害人，得申請犯罪被害補償金。

②前項犯罪被害補償金，由地方法院或其分院檢察署支付；所需經費來源如下：

一 法務部編列預算。

二 監所作業者之勞作金總額提撥部分金額。

三 犯罪行爲人因犯罪所得或其財產經依法沒收變賣者。

四 犯罪行爲人因宣告緩刑、緩起訴處分或協商判決而應支付一定之金額總額提撥部分金額。

五 其他收入。

第四條之一 98

法務部爲加強推動犯罪被害保護相關工作，得設犯罪被害人保護基金。

第五條 98

①犯罪被害補償金之種類及支付對象如下：

一 遺屬補償金：支付因犯罪行爲被害而死亡者之遺屬。

二 重傷補償金：支付因犯罪行爲被害而受重傷者。

三 性侵害補償金：支付因性侵害犯罪行爲而被害者。

②前項補償金應一次支付。但得因申請人之申請分期支付。

第六條

①得申請遺屬補償金之遺屬，依下列順序定之：

一 父母、配偶及子女。

二 祖父母。

三 孫子女。

四 兄弟姊妹。

②前項第二、三、四款所列遺屬，申請第九條第一項第三款所定補償金者，以依賴被害人扶養維持生活者爲限。

第七條 98

①被害人因重傷或受性侵害，無法申請重傷或性侵害補償金時，得委任代理人代爲申請。被害人無法委任代理人者，得由其最近親屬、戶籍所在地之各直轄市及縣（市）政府或財團法人犯罪被害人保護協會代爲申請。

②受重傷或性侵害犯罪行爲之被害人如係未成年、受監護宣告或輔助宣告之人，而其法定代理人或輔助人爲加害人時，被害人之最近親屬、戶籍所在地之各直轄市及縣（市）政府或財團法人犯罪被害人保護協會得代爲申請。

第八條

有下列各款情形之一者，不得申請遺屬補償金：

一 故意或過失使被害人死亡者。

二 被害人死亡前，故意使因被害人死亡而得申請遺屬補償金之先順序或同順序之遺屬死亡者。

三 被害人死亡後，故意使得申請遺屬補償金之先順序或同順序之遺屬死亡者。

第九條 102

①補償之項目及其金額如下：

一 因被害人受傷所支出之醫療費，最高金額不得逾新臺幣四十萬元。

二 因被害人死亡所支出之殯葬費，最高金額不得逾新臺幣三十萬元。但申請殯葬費於二十萬元以內者，得不檢具憑證，即逕行核准，並優先於其他申請項目核發予遺屬。

三 因被害人死亡致無法履行之法定扶養義務，最高金額不得逾新臺幣一百萬元。

四 受重傷或性侵害犯罪行為之被害人所喪失或減少之勞動能力或增加之生活上需要，最高金額不得逾新臺幣一百萬元。

五 精神撫慰金，最高金額不得逾新臺幣四十萬元。

②因犯罪行為被害而死亡之遺屬，得申請前項第一款至第三款及第五款所定補償金；因犯罪行為被害而受重傷者或性侵害犯罪行為而被害者，得申請前項第一款、第四款及第五款所定補償金。

③得申請補償金之遺屬有數人時，除殯葬費外，每一遺屬均得分別申請，其補償數額於第一項各款所定金額內酌定之。

④申請第一項第三款、第五款補償金之遺屬如係未成年人，於其成年前、受監護宣告或輔助宣告之人於撤銷宣告前，其補償金額得委交犯罪被害人保護機構信託管理，分期或以其孳息按月支付之。申請第一項補償金之性侵害犯罪行為被害人如係未成年人、受監護宣告或輔助宣告之人，而其法定代理人或輔助人為加害人時，亦同。

第一〇條

有下列各款情形之一者，得不補償其損失之全部或一部：

一 被害人對其被害有可歸責之事由者。

二 斟酌被害人或其遺屬與犯罪行為人之關係及其他情事，依一般社會觀念，認為支付補償金有失妥當者。

第一一條 102

依本法請求補償之人，因犯罪行為被害已受有損害賠償給付、依強制汽車責任保險法或其他法律規定得受之金錢給付，應自犯罪被害補償金中減除之。

第一二條 91

①國家於支付犯罪被害補償金後，於補償金額範圍內，對犯罪行為人或依法應負賠償責任之人有求償權。

②前項求償權，由支付補償金之地方法院或其分院檢察署行使。必要時，得報請上級法院檢察署指定其他地方法院或其分院檢察署為之。

③第一項之求償權，因二年間不行使而消滅。於支付補償金時，犯罪行為人或應負賠償責任之人不明者，自得知犯罪行為人或應負賠償責任之人時起算。

第一二條之一 91

地方法院或其分院檢察署依前條規定行使求償權時，得向稅捐及其他有關機關、團體，調查犯罪行為人或依法應負賠償責任之人之財產狀況，受調查者不得拒絕。

第一三條

受領之犯罪被害補償金有下列情形之一者，應予返還：

一　有第十一條所定應減除之情形或復受損害賠償者，於其所受或得受之金額內返還之。

二　經查明其係不得申請犯罪被害補償金者，全部返還之。

三　以虛偽或其他不正當方法受領犯罪被害補償金者，全部返還之，並加計自受領之日起計算之利息。

第一四條

①地方法院及其分院檢察署設犯罪被害人補償審議委員會（以下簡稱審議委員會），掌理補償之決定及其他有關事務。

②高等法院及其分院檢察署設犯罪被害人補償覆審委員會（以下簡稱覆審委員會），就有關犯罪被害人補償事務，指揮監督審議委員會，並受理不服審議委員會決定之覆議事件及逕為決定事件。

③覆審委員會及審議委員會均置主任委員一人，分別由高等法院或其分院檢察署檢察長、地方法院或其分院檢察署檢察長兼任；委員六人至十人，由檢察長遴選檢察官及其他具有法律、醫學或相關專門學識之人士，報請法務部核定後聘兼之；職員由檢察署就其員額內調兼之。

第一五條

①申請犯罪被害補償金者，應以書面向犯罪地之審議委員會為之。

②有下列各款情形之一者，由中央政府所在地之覆審委員會指定應受理之審議委員會：

一　犯罪地不明者。

二　應受理之委員會有爭議者。

三　無應受理之委員會者。

第一六條

前條申請，自知有犯罪被害時起已逾二年或自犯罪被害發生時起已逾五年者，不得為之。

第一七條

審議委員會對於補償申請之決定，應參酌司法機關調查所得資料，自收受申請書之日起三個月內，以書面為之。

第一八條

①申請人不服審議委員會之決定者，得於收受決定書後三十日內，以書面敘明理由向覆審委員會申請覆議。

②審議委員會未於前條所定期間內為決定者，申請人得於期間屆滿後三十日內，以書面向覆審委員會申請逕為決定。

③前條規定，於覆審委員會為覆議決定及逕為決定時準用之。

第一九條

申請人不服覆審委員會之覆議決定或逕為決定，或覆審委員會未於第十七條所定期間內為決定者，得於收受決定書或期間屆滿後三十日內，逕行提起行政訴訟。

第二〇條

①覆審委員會及審議委員會因調查之必要，得通知申請人及關係人到場陳述意見、提出文書或其他必要之資料或接受醫師診斷，並得請有關機關或團體為必要之協助。

②申請人無正當理由，拒絕到場陳述意見、提出文書或其他必要之資料或接受醫師之診斷者，覆審委員會及審議委員會得逕行駁回其申請或逕為決定。

第二一條

①覆審委員會或審議委員會對於補償之申請為決定前，於申請人因犯罪行為被害致有急迫需要者，得先為支付暫時補償金之決定。

②關於暫時補償金之決定，不得申請覆議或提起行政訴訟。

第二二條

①暫時補償金不得超過新臺幣四十萬元。

②經決定支付犯罪被害補償金者，應扣除已領取之暫時補償金後支付之。暫時補償金多於補償總額或補償申請經駁回者，審議委員會應命其返還差額或全數返還。

第二三條

第九條第一項各款所定最高金額及前條第一項所定數額，法務部得因情勢變更需要，報請行政院核定調整之。

第二四條

犯罪被害補償金及暫時補償金之領取，自通知受領之日起逾二年，不得為之。

第二五條 91

①審議委員會依第十三條或第二十二條第二項規定，以決定書決定應返還之補償金，該決定書經確定者，得為執行名義。審議委員會應於決定書或另以書面命務人限期返還，屆期未返還者，依法移送強制執行。

②前項應返還之補償金，優先於普通債權而受償。

③不服第一項應返還之決定者，準用第十七條、第十八條第一項及第十九條之規定。

第二六條

受領犯罪被害補償金及暫時補償金之權利，不得扣押、讓與或供

擔保。

第二七條 91

① 地方法院或其分院檢察署為保全第十二條求償權之行使，得對犯罪行為人或其他依法應負賠償責任之人之財產，向法院聲請假扣押。

② 民事訴訟法第七編保全程序之規定，於地方法院或其分院檢察署為前項行為時適用之。但民事訴訟法第五百二十三條、第五百二十六條第二項至第四項及第五百三十一條不在此限。

第二八條

① 被害人或本法第六條之人非依刑事附帶民事訴訟程序向加害人起訴請求本法第九條第一項各款之損害賠償時，暫免繳納訴訟費用。

② 前項當事人無資力支出假扣押擔保金者，得由犯罪被害人保護機構出具之保證書代之。但顯無勝訴之望者，不在此限。

第二九條 102

① 為協助重建被害人或其遺屬生活，法務部應會同內政部成立犯罪被害人保護機構。

② 犯罪被害人保護機構為財團法人，受法務部之指揮監督；登記前應經法務部許可；其組織及監督辦法，由法務部定之。

③ 犯罪被害人保護機構經費之來源如下：

一 法務部、內政部編列預算。

二 私人或團體捐贈。

三 犯罪行為人因宣告緩刑、緩起訴處分或協商判決者應支付一定之金額總額中提撥部分金額。

第二九條之一 102

① 對於本法保護及扶助對象，相關機關與相關駐外單位應提供必要之協助及主動告知其相關權益。

② 檢察機關因執行職務認有符合本法保護及扶助對象時，應告知其得依本法申請補償及保護措施之權益。

第三〇條 102

① 犯罪被害人保護機構應辦理下列業務：

一 緊急之生理、心理醫療及安置之協助。

二 偵查、審判中及審判後之協助。

三 申請補償、社會救助及民事求償等之協助。

四 調查犯罪行為人或依法應負賠償責任之人財產之協助。

五 安全保護之協助。

六 生理、心理治療、生活重建及職業訓練之協助。

七 被害人保護之宣導。

八 其他之協助。

② 前項規定之保護措施除第三款申請補償外，於下列之對象準用之：

一 家庭暴力或人口販運犯罪行為未死亡或受重傷之被害人。

二　兒童或少年爲第一條以外之犯罪行爲之被害人。

三　依第三十四條之一得申請扶助金之遺屬。

四　依第三十四條之三第二款不得申請扶助金之遺屬。

③其他法律對前項保護對象，有相同或較優保護措施規定者，應優先適用。

④第一項保護措施之提供，以在臺灣地區爲限。

⑤第一項保護措施之提供，犯罪被害人保護機構及政府機關駐外單位應爲緊急之必要協助。

第三〇條之一 102

①媒體於報導犯罪案件或製作相關節目時，應注意被害人或其遺屬之名譽及隱私。

②被害人或其遺屬如認爲媒體之報導有錯誤時，得於該報導播送或刊登之日起十五日內要求更正。媒體應於接到要求後十五日內，在該報導播送之原節目或同一時段之節目或刊登報導之同一刊物、同一版面加以更正。媒體如認爲報導無誤時，應將理由以書面答覆被害人或其遺屬。

③被害人或其遺屬因媒體報導受有損害，媒體與其負責人及有關人員應依相關法律規定負民事、刑事及行政責任。

第三一條

送達文書，準用民事訴訟法之規定。

第三二條 102

本法於大陸地區人民、香港或澳門居民於大陸地區、香港或澳門因犯罪行爲被害時，不適用之。

第三三條 （刪除）

第三四條

依本法規定申請補償者，以犯罪行爲或犯罪結果發生在本法施行後者爲限。

第三四條之一 102

中華民國國民於中華民國領域外，因他人之故意行爲被害，於中華民國一百年十二月九日以後死亡，且符合下列條件者，其遺屬得申請扶助金：

一　被害人於臺灣地區設有戶籍，且未爲遷出國外登記。

二　被害人無非法出境或因案遭我國通緝情事。

三　故意行爲依行爲時中華民國法律有刑罰規定。

第三四條之二 102

①得申請扶助金之遺屬，依下列順序定之：

一　父母、配偶及子女。

二　祖父母。

三　孫子女。

四　兄弟姊妹。

②前項同一順序之遺屬有數人時，其扶助金均分之。

第三四條之三 102

有下列各款情形之一者，不得申請扶助金：

一　有第八條各款所定故意行為之一。

二　已受有損害賠償或外國犯罪被害補償之給付。

第三四條之四 102

①被害人之遺屬得申請扶助金之總額為新臺幣二十萬元。

②國家於支付扶助金後，於扶助金額範圍內，對犯罪行為人或依法應負賠償責任之人有求償權。但求償權之行使耗費過鉅或礙難行使時，得不予求償。

③受領之扶助金有下列情形之一者，返還之：

一　經查明其係不得申請扶助金。

二　以虛偽或其他不正當方法受領扶助金者，並加計自受領日起計算之法定利息。

三　已受有損害賠償或外國犯罪被害補償之給付者，於其所受之金額內返還之。

第三四條之五 102

申請扶助金者，應以書面向被害人在我國戶籍所在地之審議委員會為之。

第三四條之六 102

第四條第二項、第十條、第十二條第二項、第三項、第十二條之一、第十四條、第十六條至第二十條、第二十四條至第二十八條之規定，於申請扶助金時，準用之。

第三五條

本法施行細則，由法務部定之。

第三六條

本法施行日期，由行政院定之。

犯罪被害人保護法施行細則

① 民國87年9月28日法務部令訂定發布全文22條。
② 民國91年10月23日法務部令修正發布第3、9、17條條文。
③ 民國98年12月4日法務部令修正發布第3、8、22條條文；並自發布日施行。
④ 民國102年11月20日法務部令修正發布第3、8、12條條文；並增訂第18-1、20-1條條文。

第一條
本細則依犯罪被害人保護法（以下簡稱本法）第三十五條規定訂定之。

第二條
本法所定重傷，依刑法第十條第四項之規定。

第三條 102
① 本法第四條第二項第二款所定監所作業者勞作金之提撥，依羈押法第十七條、監獄行刑法第三十三條、外役監條例第二十三條及保安處分執行法第五十七條之一規定辦理。
② 本法第四條第二項第三款所定犯罪行為人因犯罪所得或其財產經依法沒收變賣者，由該管法院或其分院檢察署悉數撥入第二十一條所定犯罪被害補償金專戶。
③ 前項所稱犯罪所得，指本法第三條第一款所定犯罪行為之所得。
④ 本法第四條第二項第四款所稱之部分金額，由法務部每年依下年度犯罪被害補償金經費需求及本法第四條第二項其他各款規定之金額估算之，並由指定之地方法院或其分院檢察署將指定金額匯入第二十一條所定犯罪被害補償金專戶。
⑤ 本法第四條第二項第五款所定其他收入，包括依其他法律撥付或私人、團體捐贈之所得。

第四條
申請遺屬補償金，依本法第六條第一項所定順序在後之遺屬，應於無順序在先之遺屬，或順序在先之遺屬均拋棄其權利時，始得申請。

第五條
① 本法第九條第一項第一款所稱醫療費，指因被害人受傷所支出之必要醫療費用之總額。
② 本法第九條第一項第二款所稱殯葬費，指因被害人死亡所支出之必要殯葬費用之總額。
③ 本法第九條第三項所定每一遺屬均得分別申請，以本法第六條第一項所定同一順序之遺屬為限。

第六條

本法第九條第四項所定犯罪被害人保護機構，除指本法第二十九條規定之保護機構外，得由法務部另行指定之。

第七條

本法第十條第一款所定可歸責之事由，得依下列情形審酌之：

一　被害人以強暴、脅迫、侮辱等不正當之行為引起該犯罪行為者。

二　被害人承諾或教唆、幫助該犯罪行為者。

三　被害人對其被害之發生與有過失者。

第八條 102

本法第十一條所定因犯罪行為被害人依其他法律規定得受之金錢給付，指依國家賠償法或其他法律受領之賠償。

第九條

地方法院或其分院檢察署行使本法第十二條第二項所定求償權時，得先與犯罪行為人或依法應負賠償責任之人協商，並審酌犯罪行為人之一切情況，准予分期給付或延期清償。協商不成立時，依訴訟程序行使求償權。

第一〇條

依本法第十二條規定求償之金額及本法第二十五條規定返還之補償金，應悉數撥入第二十一條所定犯罪被害補償金專戶。

第一一條

① 本法第十三條第一款所稱復受損害賠償，指本法第九條第一項所定補償之項目。

② 本法第十三條第三款所定利息，依郵政儲金匯業局一年期定期利率計算。

第一二條 102

① 本法第十五條第一項所定犯罪被害補償金之申請，應以書面載明下列事項，並檢附相關資料，由申請人或代理人簽名或蓋章，向犯罪地之犯罪被害人補償審議委員會（以下簡稱審議委員會）為之：

一　申請人之姓名、性別、出生年月日、國民身分證統一編號、職業、住所或居所。有代理人者，其姓名、性別、出生年月日、國民身分證統一編號、職業、住居所或事務所。

二　申請補償金之種類、補償項目及補償金額；數人共同申請時，並應分別載明申請補償之金額。

三　申請補償之事實及理由。

四　申請人與被害人之關係。

五　補償金之支付方式。

六　已受有強制汽車責任保險、損害賠償給付或因犯罪行為被害依其他法律規定得受之金錢給付之情形。

七　審議委員會。

八　申請年、月、日。

②犯罪被害補償金之申請，不合規定程式或資料不全者，審議委員會應定相當期間命其補正；逾期不補正或無可補正者，應以決定駁回之。

第一三條

審議委員會對於補償之申請，經審議結果，認有理由者，應為補償之決定，並定其金額及支付方式；認無理由者，應為駁回之決定。

第一四條

①本法第十八條第一項所定覆議之申請，應以書面載明下列事項，並檢附相關資料，由申請人或代理人簽名或蓋章，向該管犯罪被害人補償覆審委員會（以下簡稱覆審委員會）為之：

一 申請人之姓名、性別、出生年月日、國民身分證統一編號、職業、住所或居所。有代理人者，其姓名、性別、出生年月日、國民身分證統一編號、職業、住所或事務所。

二 對於原決定不服之程度及應如何撤銷或變更之申明。

三 覆議之事實及理由。

四 覆審委員會。

五 申請年、月、日。

②覆議之申請，不合規定程式或資料不全者，覆審委員會應定相當期間命其補正；逾期不補正或無可補正者，應以決定駁回之。

③覆議之申請，逾越本法第十八條第一項所定期限者，應以決定駁回之。

第一五條

①依本法第十八條第二項規定申請覆審委員會逕為決定時，除準用第十二條規定外，並應載明審議委員會未於所定期間決定之事實。

②第十三條規定，於覆審委員會為覆議決定或逕為決定時準用之。

第一六條

審議委員會及覆審委員會依本法第十七條及第十八條所為之決定，應作成決定書，記載下列事項：

一 申請人之姓名、性別、出生年月日、國民身分證統一編號、職業、住所或居所。有代理人者，其姓名、性別、出生年月日、國民身分證統一編號、職業、住所或事務所。

二 主旨。

三 事實、理由及其法令依據。

四 決定機關。

五 決定文號及年、月、日。

六 不服決定之救濟方法、期間及其受理機關。

第一七條

本法第二十五條第一項所定返還補償金之決定書，應記載下列事項：

一 犯罪被害補償金或暫時補償金返還義務人之姓名、性別、出

生年月日、國民身分證統一編號、職業、住所或居所。

二　返還之金額及期限。

三　事實、理由及其法令依據。

四　決定機關。

五　決定文號及年、月、日。

六　不服決定之救濟方法、期間及其受理機關。

第一八條

本法第二十八條第二項但書所稱顯無勝訴之望者，得依下列情形審酌之：

一　不依調查辯論，即知該當事人可得敗訴之結果者。

二　起訴或上訴不合法者。

三　提起上訴已逾上訴期間者。

第一八條之一 102

①本法第三十四條之五所定扶助金之申請，應以書面載明下列事項，並檢附相關資料，由申請人或代理人簽名或蓋章，向被害人在我國戶籍所在地之審議委員會爲之：

一　申請人之姓名、性別、出生年月日、國民身分證統一編號、職業、住所或居所。有代理人者，其姓名、性別、出生年月日、國民身分證統一編號、職業、住所或事務所。

二　申請扶助金之資格、事實及理由。

三　申請人與被害人之關係。

四　優先申請順序之同一順位遺屬之人數。

五　已受有損害賠償給付或外國犯罪被害補償給付之情形。

六　審議委員會。

七　申請年、月、日。

②扶助金之申請，不合規定程式或資料不全者，審議委員會應定相當期間命其補正；逾期不補正或無可補正者，應以決定駁回之。

第一九條

本法第三十條第八款所定其他之協助，包括本法第九條第四項所定之信託管理事項。

第二〇條

犯罪被害人保護機構辦理本法第三十條所定業務時，各級政府相關機關應予必要之協助。

第二〇條之一 102

本法第二十九條第三項第三款所稱之部分金額，由法務部每年依下年度犯罪被害人保護機構之經費需求及本法第二十條第三項其他各款規定之金額估算之，並由指定之地方法院或其分院檢察署將指定金額匯入犯罪被害人保護機構專戶。

第二一條

法務部爲管理本法第四條第二項各款所列經費及本法第十二條及第二十五條所定受償之金錢，應設置犯罪被害補償金專戶。

第二二條

①本細則自本法施行之日施行。
②本細則修正條文自發布日施行。

更生保護法

①民國65年4月8日總統令制定公布全文19條。
②民國69年7月4日總統令修正公布第4、10、12、18條條文。
③民國91年7月10日總統令修正公布第4條條文；並增訂第9-1、16-1條條文。
④民國99年5月26日總統令修正公布第11條條文。

第一條

為保護出獄人及依本法應受保護之人，使其自立更生，適於社會生活；預防其再犯，以維社會安寧，特制定本法；本法未規定者，適用其他法律。

第二條

左列之人，得予以保護：

一　執行期滿，或赦免出獄者。

二　假釋、保釋出獄，或保外醫治者。

三　保安處分執行完畢，或免其處分之執行者。

四　受少年管訓處分，執行完畢者。

五　依刑事訴訟法第二百五十三條或軍事審判法第一百四十七條，以不起訴為適當，而予以不起訴之處分者。

六　受免除其刑之宣告，或免其刑之執行者。

七　受緩刑之宣告者。

八　受徒刑或拘役之宣告，在停止執行中或經拒絕收監者。

九　在觀護人觀護中之少年。

十　在保護管束執行中者。

第三條

①前條所定之人，得向其住所、居所或所在地之更生保護會或其分會聲請保護。

②檢察官、軍事檢察官、觀護人或監獄長官，對前條所定之人，認有應受保護之必要者，應通知各該受保護人之住所、居所或所在地之更生保護會或其分會，經其同意保護之。

第四條 91

①更生保護會為財團法人，辦理更生保護事業，受法務部之指揮、監督，登記前應經法務部之許可。

②前項更生保護會之組織及管理辦法，由法務部定之。

第五條

更生保護會設於各高等法院所在地。各地方法院所在地，得設分會。

第六條

更生保護會設更生保護輔導區，配置更生輔導員，執行有關更生保護事項。

第七條

①更生輔導員，由更生保護會或分會，遴聘更生保護輔導區內適當人士擔任之。

②更生輔導員為無給職，其聘任之期間與表揚方法，由更生保護會以章程定之。

第八條

更生保護會為實施更生保護，得設收容機構，創辦各種生產事業或技藝訓練機構。

第九條

①更生保護會實施更生保護或辦理更生保護事業所需經費，由更生保護會就其財產統籌支應，並得向會外籌募。

②為加強更生保護事業之推進，各級政府得按更生保護會及其分會之實際需要，予以補助。

第九條之一 91

更生保護會財產之使用、收益、處分及接受政府補助、向外籌募經費之處理與運用等事項之管理辦法，由法務部定之。

第一〇條

法務部為輔助更生保護事業，得設置更生保護基金，其設置及管理辦法，由法務部擬訂，報請行政院核定之。

第一一條 99

實施更生保護，得依其情狀，分別採用下列方式：

一 直接保護：以教導、感化或技藝訓練之方式行之，其衰老、疾病或身心障礙者，送由救濟或醫療機構安置或治療。

二 間接保護：以輔導就業、就學或其他適當方式行之。

三 暫時保護：以資送回籍或其他處所，或予以小額貸款或其他適當方式行之。

第一二條

更生保護會實施更生保護時，應與當地法院、法院檢察處、監獄、警察機關、就業輔導、慈善、救濟及衛生醫療等機構密切聯繫，並請予以協助。

第一三條

①對於受保護人之保護方式，由更生保護會或分會定之。

②更生輔導員在執行更生保護中，對於受保護人認有改變保護方式必要時，應敘明理由，報請所屬更生保護會或分會許可。

第一四條

更生保護會或分會，對於收容之受保護人，得按性別、年齡、性行，分別收容。

第一五條

受保護人有左列情事之一者，停止其保護：

一 原保護之目的已完成者。

二　習藝中已能自立謀生者。

三　已輔導就業、就學或自覓工作者。

四　違反會規，情節重大者。

五　受保護人請求停止保護者。

六　其他經更生保護分會認為已無保護之必要者。

第一六條

受直接保護之人死亡時，更生保護會或分會應通知檢察官相驗；有家屬者，並應通知其家屬。

第一六條之一 91

更生保護事業辦理不善或違反法令或設立許可條件者，法務部得視情節，分別為下列之處理：

一　糾正。

二　限期整頓改善。

三　解散董事會。

第一七條

本法施行前，高等法院轄區內所設更生保護會，應依法辦理變更登記。

第一八條

本法施行細則，由法務部定之。

第一九條

本法自公布日施行。

更生保護法施行細則

①民國65年7月24日司法行政部令訂定發布全文36條。
②民國69年9月4日法務部令修正發布第3、11、16～20、23～26、29、31、32條條文。
③民國78年5月22日法務部令修正發布第2、3、5、8、9、10、11、30條條文。
④民國88年10月13日法務部令修正發布第30、31條條文。
⑤民國92年2月14日法務部令修正發布全文19條；並自發布日施行。
民國102年7月19日行政院公告第7條所列屬「內政部」之權責事項，自102年7月23日起改由「衛生福利部」管轄。

第一條

本細則依更生保護法（以下簡稱本法）第十八條規定訂定之。

第二條

從事更生保護事業人員，應本仁愛精神，輔導受保護人自立更生。

第三條

①更生保護會依法辦理更生保護事業，並監督及考核所屬各分會之業務。

②更生保護會設有分會者，每年至少派員視察各分會一次。必要時，得隨時派員視察之。

第四條

本法第五條所定更生保護會分會，其轄區以各地方法院管轄區域為準；在其轄區內，以鄉（鎮、市）或區為本法第六條所定之更生保護輔導區（以下簡稱輔導區）。

第五條

更生保護會依本法第八條規定創辦生產事業或技藝訓練機構時，得聘請適當人員擔任技術輔導，並應擬定實施計畫，報請法務部核定。

第六條

①更生輔導員應由更生保護會發給志願服務證，並將名冊報請法務部備查。

②前項人員執行職務時，應避免洩露本人及受保護人之身分。

第七條

更生輔導員之召募、訓練、管理、運用、輔導、考核及其服務項目，應由更生保護會依志願服務法之規定擬定志願服務計畫，報請內政部及法務部備案。

第八條

更生輔導員因業務上之需要，至犯罪矯正機關訪視本法第二條所定得予以保護之人時，各有關機關應予必要之協助。

第九條

法務部應派員視察更生保護會，每年至少一次。

第一〇條

更生保護會之會計制度及其會計報告程序，由更生保護會擬定，報請法務部核定。

第一一條

更生保護會應編列年度預算，報請法務部核定。

第一二條

法務部對推動更生保護事業成績卓著者，應予獎勵。

第一三條

本法第十一條第一款所定直接保護方式如下：

一 受保護人確需收容者，得暫時收容於更生保護會設置之收容機構，施予教導或從事各種生產事業及技藝訓練。

二 更生保護會或分會對有工作能力之受保護人，得視其人數多寡，與有關機關、團體合作辦理短期技藝訓練或轉介參加職業訓練。

三 更生保護會或分會對衰老、疾病或身心障礙之受保護人，得轉介收容或醫療機構安置或治療。

第一四條

①更生保護會或分會接獲申請保護或通知保護後，認有本法第十一條第二款所定間接保護之必要者，應以保護通知書通知更生輔導員，實施保護。

②更生輔導員對受保護人實施保護，認有必要時，得由更生保護會或分會向犯罪矯正機關請求提供各該受保護人之有關資料。但對外不得洩漏資料之內容。

③更生保護會或分會得知受保護管束之受保護人有再犯之虞時，應通知指揮執行保護管束之檢察官及觀護人。

第一五條

更生保護會或分會接獲申請保護或通知保護後，應審查受保護人之需要，為下列一種或數種之暫時保護：

一 旅費之資助。

二 各種車票之代購及供給。

三 膳宿費之資助。

四 戶口之協助申報。

五 醫藥費之資助。

六 護送受保護人回籍、回家或護送至其他處所。

七 小額借款。

八 其他必要之保護。

第一六條

　本法第十二條所定之各機關（構），應協助更生保護會或分會推動更生保護事業。

第一七條

　更生保護會或分會得聘請專家、學者及社會熱心公益適當人士組成諮詢小組，提供有關策進更生保護事業之意見或協助推展更生保護事業。

第一八條

　更生保護會或分會依本法第十五條規定，對受保護人停止保護時，其為受保護管束之人者，更生保護會或分會應通知指揮執行保護管束之檢察官及觀護人。

第一九條

　本細則自發布日施行。

個人資料保護法

①民國84年8月11日總統令制定公布全文45條。

②民國99年5月26日總統令修正公布名稱及全文56條；施行日期，由行政院定之，但刪除之第19～22、43條自公布日施行（原名稱：電腦處理個人資料保護法）。

民國101年9月21日行政院令發布除第6、54條外，餘定自101年10月1日施行。

③民國104年12月30日總統令修正公布第6～8、11、15、16、19、20、41、45、53、54條條文。

民國105年2月25日行政院令發布定自105年3月15日施行。

民國108年1月10日法務部、國家發展委員會銜公告第53、55條所列屬「法務部」之權責事項，改由「國家發展委員會」管轄。

第一章 總 則

第一條

為規範個人資料之蒐集、處理及利用，以避免人格權受侵害，並促進個人資料之合理利用，特制定本法。

第二條

本法用詞，定義如下：

一 個人資料：指自然人之姓名、出生年月日、國民身分證統一編號、護照號碼、特徵、指紋、婚姻、家庭、教育、職業、病歷、醫療、基因、性生活、健康檢查、犯罪前科、聯絡方式、財務情況、社會活動及其他得以直接或間接方式識別該個人之資料。

二 個人資料檔案：指依系統建立而得以自動化機器或其他非自動化方式檢索、整理之個人資料之集合。

三 蒐集：指以任何方式取得個人資料。

四 處理：指為建立或利用個人資料檔案所為資料之記錄、輸入、儲存、編輯、更正、複製、檢索、刪除、輸出、連結或內部傳送。

五 利用：指將蒐集之個人資料為處理以外之使用。

六 國際傳輸：指將個人資料作跨國（境）之處理或利用。

七 公務機關：指依法行使公權力之中央或地方機關或行政法人。

八 非公務機關：指前款以外之自然人、法人或其他團體。

九 當事人：指個人資料之本人。

第三條

當事人就其個人資料依本法規定行使之下列權利，不得預先拋棄或以特約限制之：

一 查詢或請求閱覽。

二 請求製給複製本。

三 請求補充或更正。

四 請求停止蒐集、處理或利用。

五 請求刪除。

第四條

受公務機關或非公務機關委託蒐集、處理或利用個人資料者，於本法適用範圍內，視同委託機關。

第五條

個人資料之蒐集、處理或利用，應尊重當事人之權益，依誠實及信用方法為之，不得逾越特定目的之必要範圍，並應與蒐集之目的具有正當合理之關聯。

第六條 104

①有關病歷、醫療、基因、性生活、健康檢查及犯罪前科之個人資料，不得蒐集、處理或利用。但有下列情形之一者，不在此限：

一 法律明文規定。

二 公務機關執行法定職務或非公務機關履行法定義務必要範圍內，且事前或事後有適當安全維護措施。

三 當事人自行公開或其他已合法公開之個人資料。

四 公務機關或學術研究機構基於醫療、衛生或犯罪預防之目的，為統計或學術研究而有必要，且資料經過提供者處理後或經蒐集者依其揭露方式無從識別特定之當事人。

五 為協助公務機關執行法定職務或非公務機關履行法定義務必要範圍內，且事前或事後有適當安全維護措施。

六 經當事人書面同意。但逾越特定目的之必要範圍或其他法律另有限制不得僅依當事人書面同意蒐集、處理或利用，或其同意違反其意願者，不在此限。

②依前項規定蒐集、處理或利用個人資料，準用第八條、第九條規定；其中前項第六款之書面同意，準用第七條第一項、第二項及第四項規定，並以書面為之。

第七條 104

①第十五條第二款及第十九條第一項第五款所稱同意，指當事人經蒐集者告知本法所定應告知事項後，所為允許之意思表示。

②第十六條第七款、第二十條第一項第六款所稱同意，指當事人經蒐集者明確告知特定目的外之其他利用目的、範圍及同意與否對其權益之影響後，單獨所為之意思表示。

③公務機關或非公務機關明確告知當事人第八條第一項各款應告知事項時，當事人如未表示拒絕，並已提供其個人資料者，推定當事人已依第十五條第二款、第十九條第一項第五款之規定表示同意。

④蒐集者就本法所稱經當事人同意之事實，應負舉證責任。

第八條 104

①公務機關或非公務機關依第十五條或第十九條規定向當事人蒐集個人資料時，應明確告知當事人下列事項：

一　公務機關或非公務機關名稱。

二　蒐集之目的。

三　個人資料之類別。

四　個人資料利用之期間、地區、對象及方式。

五　當事人依第三條規定得行使之權利及方式。

六　當事人得自由選擇提供個人資料時，不提供將對其權益之影響。

②有下列情形之一者，得免為前項之告知：

一　依法律規定得免告知。

二　個人資料之蒐集係公務機關執行法定職務或非公務機關履行法定義務所必要。

三　告知將妨害公務機關執行法定職務。

四　告知將妨害公共利益。

五　當事人明知應告知之內容。

六　個人資料之蒐集非基於營利之目的，且對當事人顯無不利之影響。

第九條

①公務機關或非公務機關依第十五條或第十九條規定蒐集非由當事人提供之個人資料，應於處理或利用前，向當事人告知個人資料來源及前條第一項第一款至第五款所列事項。

②有下列情形之一者，得免為前項之告知：

一　有前條第二項所列各款情形之一。

二　當事人自行公開或其他已合法公開之個人資料。

三　不能向當事人或其法定代理人為告知。

四　基於公共利益為統計或學術研究之目的而有必要，且該資料須經提供者處理後或蒐集者依其揭露方式，無從識別特定當事人者為限。

五　大眾傳播業者基於新聞報導之公益目的而蒐集個人資料。

③第一項之告知，得於首次對當事人為利用時併同為之。

第一○條

公務機關或非公務機關應依當事人之請求，就其蒐集之個人資料，答覆查詢、提供閱覽或製給複製本。但有下列情形之一者，不在此限：

一　妨害國家安全、外交及軍事機密、整體經濟利益或其他國家重大利益。

二　妨害公務機關執行法定職務。

三　妨害該蒐集機關或第三人之重大利益。

第一一條 104

① 公務機關或非公務機關應維護個人資料之正確，並應主動或依當事人之請求更正或補充之。

② 個人資料正確性有爭議者，應主動或依當事人之請求停止處理或利用。但因執行職務或業務所必須，或經當事人書面同意，並經註明其爭議者，不在此限。

③ 個人資料蒐集之特定目的消失或期限屆滿時，應主動或依當事人之請求，刪除、停止處理或利用該個人資料。但因執行職務或業務所必須或經當事人書面同意者，不在此限。

④ 違反本法規定蒐集、處理或利用個人資料者，應主動或依當事人之請求，刪除、停止蒐集、處理或利用該個人資料。

⑤ 因可歸責於公務機關或非公務機關之事由，未為更正或補充之個人資料，應於更正或補充後，通知曾提供利用之對象。

第一二條

公務機關或非公務機關違反本法規定，致個人資料被竊取、洩漏、竄改或其他侵害者，應查明後以適當方式通知當事人。

第一三條

① 公務機關或非公務機關受理當事人依第十條規定之請求，應於十五日內，為准駁之決定；必要時，得予延長，延長之期間不得逾十五日，並應將其原因以書面通知請求人。

② 公務機關或非公務機關受理當事人依第十一條規定之請求，應於三十日內，為准駁之決定；必要時，得予延長，延長之期間不得逾三十日，並應將其原因以書面通知請求人。

第一四條

查詢或請求閱覽個人資料或製給複製本者，公務機關或非公務機關得酌收必要成本費用。

第二章　公務機關對個人資料之蒐集、處理及利用

第一五條 104

公務機關對個人資料之蒐集或處理，除第六條第一項所規定資料外，應有特定目的，並符合下列情形之一者：

一　執行法定職務必要範圍內。

二　經當事人同意。

三　對當事人權益無侵害。

第一六條 104

公務機關對個人資料之利用，除第六條第一項所規定資料外，應於執行法定職務必要範圍內為之，並與蒐集之特定目的相符。但有下列情形之一者，得為特定目的外之利用：

一　法律明文規定。

二　為維護國家安全或增進公共利益所必要。

三　為免除當事人之生命、身體、自由或財產上之危險。

四　爲防止他人權益之重大危害。

五　公務機關或學術研究機構基於公共利益爲統計或學術研究而有必要，且資料經過提供者處理後或經蒐集者依其揭露方式無從識別特定之當事人。

六　有利於當事人權益。

七　經當事人同意。

第一七條

公務機關應將下列事項公開於電腦網站，或以其他適當方式供公眾查閱；其有變更者，亦同：

一　個人資料檔案名稱。

二　保有機關名稱及聯絡方式。

三　個人資料檔案保有之依據及特定目的。

四　個人資料之類別。

第一八條

公務機關保有個人資料檔案者，應指定專人辦理安全維護事項，防止個人資料被竊取、竄改、毀損、滅失或洩漏。

第三章　非公務機關對個人資料之蒐集、處理及利用

第一九條 104

① 非公務機關對個人資料之蒐集或處理，除第六條第一項所規定資料外，應有特定目的，並符合下列情形之一者：

一　法律明文規定。

二　與當事人有契約或類似契約之關係，且已採取適當之安全措施。

三　當事人自行公開或其他已合法公開之個人資料。

四　學術研究機構基於公共利益爲統計或學術研究而有必要，且資料經過提供者處理後或經蒐集者依其揭露方式無從識別特定之當事人。

五　經當事人同意。

六　爲增進公共利益所必要。

七　個人資料取自於一般可得之來源。但當事人對該資料之禁止處理或利用，顯有更值得保護之重大利益者，不在此限。

八　對當事人權益無侵害。

② 蒐集或處理者知悉或經當事人通知依前項第七款但書規定禁止對該資料之處理或利用時，應主動或依當事人之請求，刪除、停止處理或利用該個人資料。

第二〇條 104

① 非公務機關對個人資料之利用，除第六條第一項所規定資料外，應於蒐集之特定目的必要範圍內爲之。但有下列情形之一者，得爲特定目的外之利用：

一　法律明文規定。

二 為增進公共利益所必要。

三 為免除當事人之生命、身體、自由或財產上之危險。

四 為防止他人權益之重大危害。

五 公務機關或學術研究機構基於公共利益為統計或學術研究而有必要，且資料經過提供者處理後或經蒐集者依其揭露方式無從識別特定之當事人。

六 經當事人同意。

七 有利於當事人權益。

②非公務機關依前項規定利用個人資料行銷者，當事人表示拒絕接受行銷時，應即停止利用其個人資料行銷。

③非公務機關於首次行銷時，應提供當事人表示拒絕接受行銷之方式，並支付所需費用。

第二一條

非公務機關為國際傳輸個人資料，而有下列情形之一者，中央目的事業主管機關得限制之：

一 涉及國家重大利益。

二 國際條約或協定有特別規定。

三 接受國對於個人資料之保護未有完善之法規，致有損當事人權益之虞。

四 以迂迴方法向第三國（地區）傳輸個人資料規避本法。

第二二條

①中央目的事業主管機關或直轄市、縣（市）政府為執行資料檔案安全維護、業務終止資料處理方法、國際傳輸限制或其他例行性業務檢查而認有必要或有違反本法規定之虞時，得派員攜帶執行職務證明文件，進入檢查，並得命相關人員為必要之說明、配合措施或提供相關證明資料。

②中央目的事業主管機關或直轄市、縣（市）政府為前項檢查時，對於得沒入或可為證據之個人資料或其檔案，得扣留或複製之。對於應扣留或複製之物，得要求其所有人、持有人或保管人提出或交付；無正當理由拒絕提出、交付或抗拒扣留或複製者，得採取對該非公務機關權益損害最少之方法強制為之。

③中央目的事業主管機關或直轄市、縣（市）政府為第一項檢查時，得率同資訊、電信或法律等專業人員共同為之。

④對於第一項及第二項之進入、檢查或處分，非公務機關及其相關人員不得規避、妨礙或拒絕。

⑤參與檢查之人員，因檢查而知悉他人資料者，負保密義務。

第二三條

①對於前條第二項扣留物或複製物，應加封緘或其他標識，並為適當之處置；其不便搬運或保管者，得命人看守或交由所有人或其他適當之人保管。

②扣留物或複製物已無留存之必要，或決定不予處罰或未為沒入之裁處者，應發還之。但應沒入或為調查他案應留存者，不在此

限。

第二四條

①非公務機關、物之所有人、持有人、保管人或利害關係人對前二條之要求、強制、扣留或複製行為不服者，得向中央目的事業主管機關或直轄市、縣（市）政府聲明異議。

②前項聲明異議，中央目的事業主管機關或直轄市、縣（市）政府認為有理由者，應立即停止或變更其行為；認為無理由者，得繼續執行。經該聲明異議之人請求時，應將聲明異議之理由製作紀錄交付之。

③對於中央目的事業主管機關或直轄市、縣（市）政府前項決定不服者，僅得於對該案件之實體決定聲明不服時一併聲明之。但第一項之人依法不得對該案件之實體決定聲明不服時，得單獨對第一項之行為逕行提起行政訴訟。

第二五條

①非公務機關有違反本法規定之情事者，中央目的事業主管機關或直轄市、縣（市）政府除依本法規定裁處罰鍰外，並得為下列處分：

一 禁止蒐集、處理或利用個人資料。

二 命令刪除經處理之個人資料檔案。

三 沒入或命銷燬違法蒐集之個人資料。

四 公布非公務機關之違法情形，及其姓名或名稱與負責人。

②中央目的事業主管機關或直轄市、縣（市）政府為前項處分時，應於防制違反本法規定情事之必要範圍內，採取對該非公務機關權益損害最少之方法為之。

第二六條

中央目的事業主管機關或直轄市、縣（市）政府依第二十二條規定檢查後，未發現有違反本法規定之情事者，經該非公務機關同意後，得公布檢查結果。

第二七條

①非公務機關保有個人資料檔案者，應採行適當之安全措施，防止個人資料被竊取、竄改、毀損、滅失或洩漏。

②中央目的事業主管機關得指定非公務機關訂定個人資料檔案安全維護計畫或業務終止後個人資料處理方法。

③前項計畫及處理方法之標準等相關事項之辦法，由中央目的事業主管機關定之。

第四章　損害賠償及團體訴訟

第二八條

①公務機關違反本法規定，致個人資料遭不法蒐集、處理、利用或其他侵害當事人權利者，負損害賠償責任。但損害因天災、事變或其他不可抗力所致者，不在此限。

②被害人雖非財產上之損害，亦得請求賠償相當之金額；其名譽被

侵害者，並得請求爲回復名譽之適當處分。

③依前二項情形，如被害人不易或不能證明其實際損害額時，得請求法院依侵害情節，以每人每一事件新臺幣五百元以上二萬元以下計算。

④對於同一原因事實造成多數當事人權利受侵害之事件，經當事人請求損害賠償者，其合計最高總額以新臺幣二億元爲限。但因該原因事實所涉利益超過新臺幣二億元者，以該所涉利益爲限。

⑤同一原因事實造成之損害總額逾前項金額時，被害人所受賠償金額，不受第三項所定每人每一事件最低賠償金額新臺幣五百元之限制。

⑥第二項請求權，不得讓與或繼承。但以金額賠償之請求權已依契約承諾或已起訴者，不在此限。

第二九條

①非公務機關違反本法規定，致個人資料遭不法蒐集、處理、利用或其他侵害當事人權利者，負損害賠償責任。但能證明其無故意或過失者，不在此限。

②依前項規定請求賠償者，適用前條第二項至第六項規定。

第三〇條

損害賠償請求權，自請求權人知有損害及賠償義務人時起，因二年間不行使而消滅；自損害發生時起，逾五年者，亦同。

第三一條

損害賠償，除依本法規定外，公務機關適用國家賠償法之規定，非公務機關適用民法之規定。

第三二條

依本章規定提起訴訟之財團法人或公益社團法人，應符合下列要件：

一　財團法人之登記財產總額達新臺幣一千萬元或社團法人之社員人數達一百人。

二　保護個人資料事項於其章程所定目的範圍內。

三　許可設立三年以上。

第三三條

①依本法規定對於公務機關提起損害賠償訴訟者，專屬該機關所在地之地方法院管轄。對於非公務機關提起者，專屬其主事務所、主營業所或住所地之地方法院管轄。

②前項非公務機關爲自然人，而其在中華民國現無住所或住所不明者，以其在中華民國之居所，視爲其住所；無居所或居所不明者，以其在中華民國最後之住所，視爲其住所；無最後住所者，專屬中央政府所在地之地方法院管轄。

③第一項非公務機關爲自然人以外之法人或其他團體，而其在中華民國現無主事務所、主營業所或主事務所、主營業所不明者，專屬中央政府所在地之地方法院管轄。

第三四條

① 對於同一原因事實造成多數當事人權利受侵害之事件，財團法人或公益社團法人經受有損害之當事人二十人以上以書面授與訴訟實施權者，得以自己之名義，提起損害賠償訴訟。當事人得於言詞辯論終結前以書面撤回訴訟實施權之授與，並通知法院。

② 前項訴訟，法院得依聲請或依職權公告曉示其他因同一原因事實受有損害之當事人，得於一定期間內向前項提訴之財團法人或公益社團法人授與訴訟實施權，由該財團法人或公益社團法人於第一審言詞辯論終結前，擴張應受判決事項之聲明。

③ 其他因同一原因事實受有損害之當事人未依前項規定授與訴訟實施權者，亦得於法院公告曉示之一定期間內起訴，由法院併案審理。

④ 其他因同一原因事實受有損害之當事人，亦得聲請法院為前項之公告。

⑤ 前二項公告，應揭示於法院公告處、資訊網路及其他適當處所；法院認為必要時，並得命登載於公報或新聞紙，或用其他方法公告之，其費用由國庫墊付。

⑥ 依第一項規定提起訴訟之財團法人或公益社團法人，其標的價額超過新臺幣六十萬元者，超過部分暫免徵裁判費。

第三五條

① 當事人依前條第一項規定撤回訴訟實施權之授與者，該部分訴訟程序當然停止，該當事人應即聲明承受訴訟，法院亦得依職權命該當事人承受訴訟。

② 財團法人或公益社團法人依前條規定起訴後，因部分當事人撤回訴訟實施權之授與，致其餘部分不足二十人者，仍得就其餘部分繼續進行訴訟。

第三六條

各當事人於第三十四條第一項及第二項之損害賠償請求權，其時效應分別計算。

第三七條

① 財團法人或公益社團法人就當事人授與訴訟實施權之事件，有為一切訴訟行為之權。但當事人得限制其為捨棄、撤回或和解。

② 前項當事人中一人所為之限制，其效力不及於其他當事人。

③ 第一項之限制，應於第三十四條第一項之文書內表明，或以書狀提出於法院。

第三八條

① 當事人對於第三十四條訴訟之判決不服者，得於財團法人或公益社團法人上訴期間屆滿前，撤回訴訟實施權之授與，依法提起上訴。

② 財團法人或公益社團法人於收受判決書正本後，應即將其結果通知當事人，並應於七日內將是否提起上訴之意旨以書面通知當事人。

第三九條

①財團法人或公益社團法人應將第三十四條訴訟結果所得之賠償，扣除訴訟必要費用後，分別交付授與訴訟實施權之當事人。

②提起第三十四條第一項訴訟之財團法人或公益社團法人，均不得請求報酬。

第四〇條

依本章規定提起訴訟之財團法人或公益社團法人，應委任律師代理訴訟。

第五章 罰 則

第四一條 104

意圖為自己或第三人不法之利益或損害他人之利益，而違反第六條第一項、第十五條、第十六條、第十九條、第二十條第一項規定，或中央目的事業主管機關依第二十一條限制國際傳輸之命令或處分，足生損害於他人者，處五年以下有期徒刑，得併科新臺幣一百萬元以下罰金。

第四二條

意圖為自己或第三人不法之利益或損害他人之利益，而對於個人資料檔案為非法變更、刪除或以其他非法方法，致妨害個人資料檔案之正確而足生損害於他人者，處五年以下有期徒刑、拘役或科或併科新臺幣一百萬元以下罰金。

第四三條

中華民國人民在中華民國領域外對中華民國人民犯前二條之罪者，亦適用之。

第四四條

公務員假借職務上之權力、機會或方法，犯本章之罪者，加重其刑至二分之一。

第四五條 104

本章之罪，須告訴乃論。但犯第四十一條之罪者，或對公務機關犯第四十二條之罪者，不在此限。

第四六條

犯本章之罪，其他法律有較重處罰規定者，從其規定。

第四七條

非公務機關有下列情事之一者，由中央目的事業主管機關或直轄市、縣（市）政府處新臺幣五萬元以上五十萬元以下罰鍰，並令限期改正，屆期未改正者，按次處罰之：

一 違反第六條第一項規定。

二 違反第十九條規定。

三 違反第二十條第一項規定。

四 違反中央目的事業主管機關依第二十一條規定限制國際傳輸之命令或處分。

第四八條

非公務機關有下列情事之一者，由中央目的事業主管機關或直轄市、縣（市）政府限期改正，屆期未改正者，按次處新臺幣二萬元以上二十萬元以下罰鍰：

一 違反第八條或第九條規定。

二 違反第十條、第十一條、第十二條或第十三條規定。

三 違反第二十條第二項或第三項規定。

四 違反第二十七條第一項或未依第二項訂定個人資料檔案安全維護計畫或業務終止後個人資料處理方法。

第四九條

非公務機關無正當理由違反第二十二條第四項規定者，由中央目的事業主管機關或直轄市、縣（市）政府處新臺幣二萬元以上二十萬元以下罰鍰。

第五〇條

非公務機關之代表人、管理人或其他有代表權人，因該非公務機關依前三條規定受罰鍰處罰時，除能證明已盡防止義務者外，應並受同一額度罰鍰之處罰。

第六章 附 則

第五一條

①有下列情形之一者，不適用本法規定：

一 自然人為單純個人或家庭活動之目的，而蒐集、處理或利用個人資料。

二 於公開場所或公開活動中所蒐集、處理或利用之未與其他個人資料結合之影音資料。

②公務機關及非公務機關，在中華民國領域外對中華民國人民個人資料蒐集、處理或利用者，亦適用本法。

第五二條

①第二十二條至第二十六條規定由中央目的事業主管機關或直轄市、縣（市）政府執行之權限，得委任所屬機關、委託其他機關或公益團體辦理；其成員因執行委任或委託事務所知悉之資訊，負保密義務。

②前項之公益團體，不得依第三十四條第一項規定接受當事人授與訴訟實施權，以自己之名義提起損害賠償訴訟。

第五三條 104

法務部應會同中央目的事業主管機關訂定特定目的及個人資料類別，提供公務機關及非公務機關參考使用。

第五四條 104

①本法中華民國九十九年五月二十六日修正公布之條文施行前，非由當事人提供之個人資料，於本法一百零四年十二月十五日修正之條文施行後為處理或利用者，應於處理或利用前，依第九條規定向當事人告知。

②前項之告知，得於本法中華民國一百零四年十二月十五日修正之條文施行後首次利用時併同為之。

③未依前二項規定告知而利用者，以違反第九條規定論處。

第五五條

本法施行細則，由法務部定之。

第五六條

①本法施行日期，由行政院定之。

②現行條文第十九條至第二十二條及第四十三條之刪除，自公布日施行。

③前項公布日於現行條文第四十三條第二項指定之事業、團體或個人應於指定之日起六個月內辦理登記或許可之期間內者，該指定之事業、團體或個人得申請終止辦理，目的事業主管機關於終止辦理時，應退還已繳規費。已辦理完成者，亦得申請退費。

④前項退費，應自繳費義務人繳納之日起，至目的事業主管機關終止辦理之日止，按退費額，依繳費之日郵政儲金之一年期定期存款利率，按日加計利息，一併退還。已辦理完成者，其退費，應自繳費義務人繳納之日起，至目的事業主管機關核准申請之日止，亦同。

個人資料保護法施行細則

①民國85年5月1日法務部令訂定發布全文46條。
②民國101年9月26日法務部令修正發布名稱及全文33條；並自
101年10月1日施行（原名稱：電腦處理個人資料保護法施行細
則）。
③民國105年3月2日法務部令修正發布第9～15、17、18條條文；
並自105年3月15日施行。
民國108年1月10日法務部、國家發展委員會會銜公告第33條所
列屬「法務部」之權責事項，改由「國家發展委員會」管轄。

第一條

本細則依個人資料保護法（以下簡稱本法）第五十五條規定訂定
之。

第二條

本法所稱個人，指現生存之自然人。

第三條

本法第二條第一款所稱得以間接方式識別，指保有該資料之公務
或非公務機關僅以該資料不能直接識別，須與其他資料對照、組
合、連結等，始能識別該特定之個人。

第四條

①本法第二條第一款所稱病歷之個人資料，指醫療法第六十七條第
二項所列之各款資料。

②本法第二條第一款所稱醫療之個人資料，指病歷及其他由醫師或
其他之醫事人員，以治療、矯正、預防人體疾病、傷害、殘缺
為目的，或其他醫學上之正當理由，所為之診察及治療；或基於
以上之診察結果，所為處方、用藥、施術或處置所產生之個人資
料。

③本法第二條第一款所稱基因之個人資料，指由人體一段去氧核醣
核酸構成，為人體控制特定功能之遺傳單位訊息。

④本法第二條第一款所稱性生活之個人資料，指性取向或性慣行之
個人資料。

⑤本法第二條第一款所稱健康檢查之個人資料，指非針對特定疾病
進行診斷或治療之目的，而以醫療行為施以檢查所產生之資料。

⑥本法第二條第一款所稱犯罪前科之個人資料，指經緩起訴、職權
不起訴或法院判決有罪確定、執行之紀錄。

第五條

本法第二條第二款所定個人資料檔案，包括備份檔案。

第六條

① 本法第二條第四款所稱刪除，指使已儲存之個人資料自個人資料檔案中消失。

② 本法第二條第四款所稱內部傳送，指公務機關或非公務機關本身內部之資料傳送。

第七條

受委託蒐集、處理或利用個人資料之法人、團體或自然人，依委託機關應適用之規定為之。

第八條

① 委託他人蒐集、處理或利用個人資料時，委託機關應對受託者為適當之監督。

② 前項監督至少應包含下列事項：

一　預定蒐集、處理或利用個人資料之範圍、類別、特定目的及其期間。

二　受託者就第十二條第二項採取之措施。

三　有複委託者，其約定之受託者。

四　受託者或其受僱人違反本法、其他個人資料保護法律或其法規命令時，應向委託機關通知之事項及採行之補救措施。

五　委託機關如對受託者有保留指示者，其保留指示之事項。

六　委託關係終止或解除時，個人資料載體之返還，及受託者履行委託契約以儲存方式而持有之個人資料之刪除。

③ 第一項之監督，委託機關應定期確認受託者執行之狀況，並將確認結果記錄之。

④ 受託者僅得於委託機關指示之範圍內，蒐集、處理或利用個人資料。受託者認委託機關之指示有違反本法、其他個人資料保護法律或其法規命令者，應立即通知委託機關。

第九條 105

本法第六條第一項但書第一款、第八條第二項第一款、第十六條但書第一款、第十九條第一項第一款、第二十條第一項但書第一款所稱法律，指法律或法律具體明確授權之法規命令。

第一〇條 105

本法第六條第一項但書第二款及第五款、第八條第二項第二款及第三款、第十條但書第二款、第十五條第一款、第十六條所稱法定職務，指於下列法規中所定公務機關之職務：

一　法律、法律授權之命令。

二　自治條例。

三　法律或自治條例授權之自治規則。

四　法律或中央法規授權之委辦規則。

第一一條 105

本法第六條第一項但書第二款及第五款、第八條第二項第二款所稱法定義務，指非公務機關依法律或法律具體明確授權之法規命令所定之義務。

第一二條 105

① 本法第六條第一項但書第二款及第五款所稱適當安全維護措施、第十八條所稱安全維護事項、第十九條第一項第二款及第二十七條第一項所稱適當之安全措施，指公務機關或非公務機關為防止個人資料被竊取、竄改、毀損、滅失或洩漏，採取技術上及組織上之措施。

② 前項措施，得包括下列事項，並以與所欲達成之個人資料保護目的間，具有適當比例為原則：

一 配置管理之人員及相當資源。
二 界定個人資料之範圍。
三 個人資料之風險評估及管理機制。
四 事故之預防、通報及應變機制。
五 個人資料蒐集、處理及利用之內部管理程序。
六 資料安全管理及人員管理。
七 認知宣導及教育訓練。
八 設備安全管理。
九 資料安全稽核機制。
十 使用紀錄、軌跡資料及證據保存。
十一 個人資料安全維護之整體持續改善。

第一三條 105

① 本法第六條第一項但書第三款、第九條第二項第二款、第十九條第一項第三款所稱當事人自行公開之個人資料，指當事人自行對不特定人或特定多數人揭露其個人資料。

② 本法第六條第一項但書第三款、第九條第二項第二款、第十九條第一項第三款所稱已合法公開之個人資料，指依法律或法律具體明確授權之法規命令所公示、公告或以其他合法方式公開之個人資料。

第一四條 105

本法第六條第一項但書第六款、第十一條第二項及第三項但書所定當事人書面同意之方式，依電子簽章法之規定，得以電子文件為之。

第一五條 105

本法第七條第二項所定單獨所為之意思表示，如係與其他意思表示於同一書面為之者，蒐集者應於適當位置使當事人得以知悉其內容並確認同意。

第一六條

依本法第八條、第九條及第五十四條所定告知之方式，得以言詞、書面、電話、簡訊、電子郵件、傳真、電子文件或其他足以使當事人知悉或可得知悉之方式為之。

第一七條 105

本法第六條第一項但書第四款、第九條第二項第四款、第十六條但書第五款、第十九條第一項第四款及第二十條第一項但書第五

款所稱無從識別特定當事人，指個人資料以代碼、匿名、隱藏部分資料或其他方式，無從辨識該特定個人者。

第一八條 105
本法第十條但書第三款所稱妨害第三人之重大利益，指有害於第三人個人之生命、身體、自由、財產或其他重大利益。

第一九條
當事人依本法第十一條第一項規定向公務機關或非公務機關請求更正或補充其個人資料時，應適當之釋明。

第二○條
本法第十一條第三項所稱特定目的之消失，指下列各款情形之一：
一　公務機關經裁撤或改組而無承受業務機關。
二　非公務機關歇業、解散而無承受機關，或所營事業營業項目變更而與原蒐集目的不符。
三　特定目的已達成而無繼續處理或利用之必要。
四　其他事由足認該特定目的已無法達成或不存在。

第二一條
有下列各款情形之一者，屬於本法第十一條第三項但書所定因執行職務或業務所必須：
一　有法令規定或契約約定之保存期限。
二　有理由足認刪除將侵害當事人值得保護之利益。
三　其他不能刪除之正當事由。

第二二條
①本法第十二條所稱適當方式通知，指即時以言詞、書面、電話、簡訊、電子郵件、傳真、電子文件或其他足以使當事人知悉或可得知悉之方式為之。但需費過鉅者，得斟酌技術之可行性及當事人隱私之保護，以網際網路、新聞媒體或其他適當公開方式為之。
②依本法第十二條規定通知當事人，其內容應包括個人資料被侵害之事實及已採取之因應措施。

第二三條
①公務機關依本法第十七條規定為公開，應於建立個人資料檔案後一個月內為之；變更時，亦同。公開方式應予以特定，並避免任意變更。
②本法第十七條所稱其他適當方式，指利用政府公報、新聞紙、雜誌、電子報或其他可供公眾查閱之方式為公開。

第二四條
公務機關保有個人資料檔案者，應訂定個人資料安全維護規定。

第二五條
①本法第十八條所稱專人，指具有管理及維護個人資料檔案之能力，且足以擔任機關之個人資料檔案安全維護經常性工作之人員。
②公務機關為使專人具有辦理安全維護事項之能力，應辦理或使專

人接受相關專業之教育訓練。

第二六條

本法第十九條第一項第二款所定契約或類似契約之關係，不以本法修正施行後成立者爲限。

第二七條

①本法第十九條第一項第二款所定契約關係，包括本約，及非公務機關與當事人間爲履行該契約，所涉及必要第三人之接觸、磋商或聯繫行爲及給付或向其爲給付之行爲。

②本法第十九條第一項第二款所稱類似契約之關係，指下列情形之一者：

一　非公務機關與當事人間於契約成立前，爲準備或商議訂立契約或爲交易之目的，所進行之接觸或磋商行爲。

二　契約因無效、撤銷、解除、終止而消滅或履行完成時，非公務機關與當事人爲行使權利、履行義務，或確保個人資料完整性之目的所爲之連繫行爲。

第二八條

本法第十九條第一項第七款所稱一般可得之來源，指透過大眾傳播、網際網路、新聞、雜誌、政府公報及其他一般人可得知悉或接觸而取得個人資料之管道。

第二九條

依本法第二十二條規定實施檢查時，應注意保守秘密及被檢查者之名譽。

第三〇條

①依本法第二十二條第二項規定，扣留或複製得沒入或可爲證據之個人資料或其檔案時，應掣給收據，載明其名稱、數量、所有人、地點及時間。

②依本法第二十二條第一項及第二項規定實施檢查後，應作成紀錄。

③前項紀錄當場作成者，應使被檢查者閱覽及簽名，並即將副本交付被檢查者；其拒絕簽名者，應記明其事由。

④紀錄於事後作成者，應送達被檢查者，並告知得於一定期限內陳述意見。

第三一條

本法第五十二條第一項所稱之公益團體，指依民法或其他法律設立並具備個人資料保護專業能力之公益社團法人、財團法人及行政法人。

第三二條

本法修正施行前已蒐集或處理當事人提供之個人資料，於修正施行後，得繼續爲處理及特定目的內之利用；其爲特定目的外之利用者，應依本法修正施行後之規定爲之。

第三三條

本細則施行日期，由法務部定之。

柒、賠償與補償

柴‧部實與實質

刑事補償法

①民國48年6月11日總統令制定公布全文26條；並自48年9月1日施行。
②民國55年6月1日總統令修正公布第3條條文。
③民國56年8月1日總統令修正公布第2條條文。
④民國72年6月24日總統令修正公布第3條條文。
⑤民國80年11月22日總統令修正公布第3條條文。
⑥民國96年7月11日總統令修正公布全文34條；並自公布日施行。
⑦民國100年7月6日總統令修正公布名稱及全文41條；並自100年9月1日施行（原名稱：冤獄賠償法）。

第一條

依刑事訴訟法、軍事審判法或少年事件處理法受理之案件，具有下列情形之一者，受害人得依本法請求國家補償：

一　因行為不罰或犯罪嫌疑不足而經不起訴處分或撤回起訴、受駁回起訴裁定或無罪之判決確定前，曾受羈押、鑑定留置或收容。

二　依再審、非常上訴或重新審理程序裁判無罪、撤銷保安處分或駁回保安處分聲請確定前，曾受羈押、鑑定留置、收容、刑罰或拘束人身自由保安處分之執行。

三　因無付保護處分之原因而經不付審理或不付保護處分之裁定確定前，曾受鑑定留置或收容。

四　因無付保護處分之原因而依重新審理程序裁定不付保護處分確定前，曾受鑑定留置、收容或感化教育之執行。

五　羈押、鑑定留置或收容期間，或刑罰之執行逾有罪確定裁判所定之刑。

六　羈押、鑑定留置或收容期間、刑罰或拘束人身自由保安處分之執行逾依再審或非常上訴程序確定判決所定之刑罰或保安處分期間。

七　非依法律受羈押、鑑定留置、收容、刑罰或拘束人身自由保安處分之執行。

第二條

依前條法律受理之案件，有下列情形之一者，受害人亦得依本法請求國家補償：

一　因行為不罰或犯罪嫌疑不足以外之事由而經不起訴處分或撤回起訴前，曾受羈押、鑑定留置或收容，如有證據足認為無該事由即應認行為不罰或犯罪嫌疑不足。

二　免訴或不受理判決確定前曾受羈押、鑑定留置或收容，如有

證據足認為如無該判決免訴或不受理之事由即應為無罪判決。

三　依再審或非常上訴程序判決免訴或不受理確定前曾受羈押、鑑定留置、收容、刑罰或拘束人身自由保安處分之執行，如有證據足認為無該判決免訴或不受理之事由即應為無罪判決。

四　因同一案件重行起訴或曾經判決確定而經不起訴處分、免訴或不受理判決確定前，曾受羈押、鑑定留置或收容，且該同一案件業經判決有罪確定。

五　因同一案件重行起訴或曾經判決確定，依再審或非常上訴程序判決免訴或不受理確定前，曾受羈押、鑑定留置、收容、刑罰或拘束人身自由保安處分之執行，且該同一案件業經判決有罪確定。

六　因死亡或刑法第十九條第一項規定之事由而裁定不付審理或不付保護處分之裁定確定前，曾受鑑定留置或收容，如有證據足認為無該事由即應認無付保護處分之原因。

第三條

前二條之人，有下列情形之一者，不得請求補償：

一　因刑法第十八條第一項或第十九條第一項規定之事由而受不起訴處分或無罪判決時，如有證據足認為無該事由即應起訴或為科刑、免訴判決。

二　因判決併合處罰之一部受無罪之宣告，而其他部分受有罪之宣告時，其羈押、鑑定留置或收容期間未逾有罪確定裁判所定之刑、拘束人身自由保安處分期間。

第四條

①補償請求之事由係因受害人意圖招致犯罪嫌疑，而為誤導偵查或審判之行為所致者，受理補償事件之機關得不為補償。

②前項受害人之行為，應經有證據能力且經合法調查之證據證明之。

第五條

少年保護事件之補償請求，係因受害人不能責付而經收容所致者，受理補償事件之機關得不為一部或全部之補償。

第六條

①羈押、鑑定留置、收容及徒刑、拘役、感化教育或拘束人身自由保安處分執行之補償，依其羈押、鑑定留置、收容或執行之日數，以新臺幣三千元以上五千元以下折算一日支付之。

②罰金及易科罰金執行之補償，應依已繳罰金加倍金額附加依法定利率計算之利息返還之。

③易服勞役執行之補償，準用第一項規定支付之。

④易服社會勞動執行之補償，依其執行折算之日數，以新臺幣七百五十元以上一千五百元以下折算一日支付之。

⑤沒收、追徵、追繳或抵償執行之補償，除應銷燬者外，應返還

之；其已拍賣者，應支付與賣得價金加倍之金額，並附加依法定利率計算之利息。

⑥死刑執行之補償，除其羈押依第一項規定補償外，並應按受刑人執行死刑當年度國人平均餘命計算受刑人餘命，以新臺幣五千元折算一日支付撫慰金。但其總額不得低於新臺幣一千萬元。

⑦羈押、鑑定留置或收容之日數，應自拘提、同行或逮捕時起算。

第七條

①補償請求之受害人具有可歸責事由者，就其個案情節，依社會一般通念，認為依第六條之標準支付補償金顯然過高時，得依下列標準決定補償金額：

一　羈押、鑑定留置、收容、徒刑、拘役、感化教育、拘束人身自由保安處分及易服勞役執行之補償，依其執行日數，以新臺幣一千元以上三千元未滿之金額折算一日支付之。

二　罰金及易科罰金之補償，依已繳納罰金附加依法定利率計算之利息返還之。

三　易服社會勞動執行之補償，依其執行折算之日數，以新臺幣二百元以上五百元未滿之金額折算一日支付之。

四　沒收、追徵、追繳或抵償執行之補償，其已拍賣者，依賣得價金附加依法定利率計算之利息支付之。

②前項受害人可歸責之事由，應經有證據能力且經合法調查之證據證明之。

第八條

受理補償事件之機關決定第六條第一項、第三項、第四項、第六項或前條第一款、第三款之補償金額時，應審酌一切情狀，尤應注意下列事項：

一　公務員行為違法或不當之情節。

二　受害人所受損失及可歸責事由之程度。

第九條

①刑事補償，由原處分或撤回起訴機關，或為駁回起訴、無罪、免訴、不受理、不付審理、不付保護處分、撤銷保安處分或駁回保安處分之聲請、諭知第一條第五款、第六款裁判之機關管轄。但依第一條第七款規定請求補償者，由為羈押、鑑定留置、收容或執行之機關所在地或受害人之住所地、居所地或最後住所地之地方法院管轄；軍法案件，由地方軍事法院管轄。

②前項原處分或裁判之軍事審判機關，經裁撤或改組者，由承受其業務之軍事法院或檢察署為管轄機關。

第一〇條

補償之請求，應以書狀記載下列事項，向管轄機關提出之：

一　補償請求人姓名、性別、年齡、住所或居所。

二　有代理人者，其姓名、性別、年齡、住所或居所。

三　請求補償之標的。

四　事實及理由，並應附具請求補償所憑之不起訴處分書、撤回

起訴書，或裁判書之正本或其他相關之證明文件。

五　管轄機關。

六　年、月、日。

第二一條

①受害人死亡者，法定繼承人得請求補償。

②前項之請求，除死亡者係受死刑之執行者外，不得違反死亡者本人或順序在前繼承人明示之意思。

第二二條

①繼承人為請求時，應釋明其與死亡者之關係，及有無同一順序繼承人。

②繼承人有數人時，其中一人請求補償者，其效力及於全體。但撤回請求，應經全體同意。

第二三條

補償之請求，應於不起訴處分、撤回起訴或駁回起訴、無罪、免訴、不受理、不付審理、不付保護處分、撤銷保安處分或駁回保安處分之聲請、第一條第五款或第六款之裁判確定日起二年內，向管轄機關為之。但依第一條第七款規定請求者，自停止羈押、鑑定留置、收容或執行之日起算。

第二四條

①補償之請求，得委任代理人為之。

②委任代理人應提出委任書。

③代理人撤回請求，非受特別委任不得為之。

第二五條

①補償之請求，得於決定前撤回。

②請求經撤回者，不得再請求。

第二六條

補償之請求，違背法律上之程式，經定期命其補正，而逾期不補正者，應以決定駁回之。

第二七條

①受理補償事件之機關認為無管轄權者，應諭知移送於管轄機關；認為已逾請求期間或請求無理由者，應以決定駁回之；認為請求有理由者，應為補償之決定。

②前項機關，應於收到補償請求後三個月內，製作決定書，送達於最高法院檢察署及補償請求人。

③前項之送達，準用刑事訴訟法之規定。

④補償之請求，經受理機關決定後，不得以同一事由，更行請求。

第二八條

①補償請求人不服前條第一項機關之決定者，得聲請司法院刑事補償法庭覆審。

②補償決定違反第一條至第三條規定，或有其他依法不應補償而補償之情形者，最高法院檢察署亦得聲請覆審。

第一九條

① 司法院刑事補償法庭法官，由司法院院長指派最高法院院長及法官若干人兼任之，並以最高法院院長為審判長。

② 司法院刑事補償法庭職員，由司法院調用之。

第二〇條

聲請覆審，應於決定書送達後二十日內，以書狀敘述理由，經原決定機關，向司法院刑事補償法庭為之。

第二一條

不利於補償請求人之決定確定後，有下列情形之一，足以影響原決定之結果者，原補償請求人、或其法定代理人或法定繼承人得向為原確定決定機關聲請重審：

一　適用法規顯有錯誤。

二　原決定理由與主文顯有矛盾。

三　原決定所憑之證物已證明其為偽造或變造。

四　原決定所憑之證言、鑑定或通譯已證明其為虛偽。

五　參與原決定之檢察官、軍事檢察官或法官、軍事審判官因該補償決定事件犯職務上之罪已經證明者，或因該事件違法失職已受懲戒處分。

六　發現確實之新證據。

第二二條

聲請重審，應於決定確定之日起三十日之不變期間內為之；其聲請之事由發生或知悉在確定之後者，上開不變期間自知悉時起算。但自決定確定後已逾五年者，不得聲請。

第二三條

聲請重審，應以書狀敘述理由，附具原確定決定之繕本及證據，向原確定決定機關為之。

第二四條

① 受理重審機關認為無重審理由，或逾聲請期限，或聲請程式不合法者，應以決定駁回之；認為聲請有理由者，應撤銷原決定，並更為決定。

② 聲請重審，經受理機關認為無理由駁回後，不得以同一事由，更行聲請。

第二五條

① 重審之聲請，得於受理機關決定前撤回之。重審之聲請經撤回者，不得更以同一事由，聲請重審。

② 撤回重審之聲請，應提出撤回書狀。

第二六條

聲請人依本法聲請重審或撤回時，準用第十二條第二項及第十四條規定。

第二七條

原決定機關應於決定確定後十日內，將主文及決定要旨公告，並登載公報及受害人所在地之報紙。

第二八條

① 補償支付之請求，應於補償決定送達後五年內，以書狀並附戶籍
謄本向原決定機關為之，逾期不為請求者，其支付請求權消滅。

② 繼承人為前項請求時，準用第十二條之規定。

③ 受害人就同一原因，已依其他法律受有賠償或補償者，應於依本
法支付補償額內扣除之。

第二九條

補償請求權及補償支付請求權，均不得扣押、讓與或供擔保。

第三○條

補償金之支付、罰金或沒收物之返還，應於收受請求支付或返還
請求書狀後十五日內為之。

第三一條

① 補償事件繫屬中有本案再行起訴、再審或重新審理之聲請時，於
其裁判確定前，停止補償審理之程序。

② 前項停止之程序，於本案再行起訴、再審或重新審理之裁判確定
時，續行之。

第三二條

① 補償決定確定後，有本案再行起訴、再審或重新審理之聲請時，
於其裁判確定前，停止補償之交付。

② 前項情形，本案重新審理經裁定保護處分確定時，其決定失其效
力；本案再行起訴或再審經判決有罪確定時，於判決論知刑罰或
保安處分期間之範圍內，其決定失其效力。

第三三條

① 前條第二項之情形，已為補償之支付者，原決定機關就補償決定
失其效力部分，應以決定命其返還。

② 前項決定，具有執行名義。

第三四條

① 補償經費由國庫負擔。

② 依第一條所列法律執行職務之公務員，因故意或重大過失而違
法，致生補償事件者，補償機關於補償後，應依國家賠償法規
定，對該公務員求償。

③ 前項求償權自支付補償金之日起，因二年間不行使而消滅。

④ 行使求償權，應審酌公務員應負責事由輕重之一切情狀，決定一
部或全部求償。被求償者有數人時，應斟酌情形分別定其求償金
額。

第三五條

① 刑事補償審理規則，由司法院會同行政院定之。

② 刑事補償事件之初審決定機關，應傳喚補償請求人、代理人，並
予陳述意見之機會。但經合法傳喚無正當理由不到場者，不在此
限。

③ 刑事補償程序，不徵收費用。

第三六條

本法於外國人準用之。但以依國際條約或該外國人之本國法律，中華民國人民得享同一權利者為限。

第三七條

受害人有不能依本法受補償之損害者，得依國家賠償法之規定請求賠償。

第三八條

①本法中華民國九十六年六月十四日修正之條文施行前，依軍事審判法受理之案件，亦適用之。

②依前項規定請求補償者，應自本法中華民國九十六年六月十四日修正之條文施行之日起二年內為之。

第三九條

①本法中華民國九十六年六月十四日修正之條文施行前，有第二十一條得聲請重審事由者，應自本法中華民國九十六年六月十四日修正之條文施行之日起二年內為之。

②本法中華民國一百年九月一日修正施行前五年，依本法中華民國一百年六月十三日修正前條文第二條第三款駁回請求賠償之案件，受害人得自中華民國一百年九月一日起二年內，以原確定決定所適用之法律牴觸憲法為由，向原確定決定機關聲請重審。

第四〇條

本法中華民國一百年九月一日修正施行前，補償支付請求權消滅時效業已完成，或其時效期間尚未完成者，得於本法修正施行之日起五年內行使請求權。但自其時效完成後，至本法修正施行時已逾五年者，不在此限。

第四一條

本法自中華民國一百年九月一日施行。

辦理刑事補償事件應行注意事項

①民國48年8月20日司法院、行政院會同訂定發布全文18點。
②民國61年12月12日司法院、行政院會同修正發布第3、4項。
③民國82年2月25日司法院、行政院函會同修正發布第4、5、13項。
④民國96年10月16日司法院、行政院函會同修正發布全文21點；並自即日起生效。
⑤民國100年9月1日司法院函修正發布名稱及全文18點；並自即日起生效（原名稱：辦理冤獄賠償事件應行注意事項）。

一　刑事補償法（下稱本法）第一條、第二條所稱受害人，就司法案件而言，指司法機關依刑事訴訟或少年事件處理法受理之案件，執行羈押、鑑定留置、收容之被告、少年或受執行之人，具有各該條所定之情形者而言。

二　本法第一條第二款、第五款、第六款；第二條第三款、第五款所稱刑罰之執行，不包括受刑及保安處分之宣告，經保安處分之執行，而免其刑之執行在內。

三　本法第三條所列各款均屬補償請求之限制。但因判決併合處罰之一部受無罪之宣告，而他部分受有罪之宣告時，其羈押、鑑定留置或收容期間逾有罪確定裁判所定之刑、拘束人身自由保安處分期間者，受害人得請求補償。

四　受理機關酌本法第二條第一款所稱如有證據足認爲無該事由即應認行爲不罰或犯罪嫌疑不足；第二款所稱如有證據足認爲如無該判決免訴或不受理之事由即應爲無罪判決；第三款所稱如有證據足認爲無該判決免訴或不受理之事由即應爲無罪判決；第六款所稱如有證據足認爲無該事由即應認無付保護處分之原因；第三條第一款所稱如有證據足認爲無該事由即應起訴或爲科刑、免刑判決，應就案內證據審核爲實體判斷。

五　就司法案件，本法第九條第一項前段所定爲駁回起訴、無罪、免訴、不受理、撤銷保安處分、駁回保安處分之聲請、諭知本法第一條第五款或第六款裁判之機關，指各級法院。上訴、抗告案件經駁回者，指原爲駁回起訴、無罪、免訴、不受理、撤銷保安處分、駁回保安處分之聲請、諭知本法第一條第五款、第六款裁判之法院。
本法第九條第一項前段所定不付審理、不付保護處分之機關，指地方（少年）法院。抗告案件經駁回者，指原諭知不付審理、不付保護處分之地方（少年）法院。

本法第九條第一項但書所定之地方法院，指非依法律受羈押、鑑定留置、收容或執行之機關所在地或該受害人之住所、居所或所在地之地方（少年）法院，均有管轄權；如管轄權有爭議者，參照刑事訴訟法或少年事件處理法規定解決之；其依本法第一條第一款至第六款、第二條各款規定之事由，與第一條第七款規定之事由，同時請求補償者，除原裁判機關為地方（少年）法院，由該地方（少年）法院一併管轄外，仍由各該法院就本法第一條第七款之請求，依本法第十七條第一項前段規定辦理。

六 本法第十條第二款所稱代理人，包括法定代理人及委任代理人。如補償之請求委任代理人為之者，應提出委任書。

七 本法第十一條第一項所稱法定繼承人，指民法第一千一百三十八條所定遺產繼承人而言。
本法第十一條第二項所稱不得違反死亡者本人或順序在前繼承人明示之意思，可命請求人釋明或依職權調查之。

八 繼承人為請求時，應就其附送戶籍謄本或其他足資證明之文件，以為審查。如有疑義，得命補正或依職權調查之。

九 依本法第十五條第一項於補償決定前撤回請求者，喪失補償請求權，不得再行請求。如違反者，受理機關應以決定駁回之。請求經撤回者，受理機關毋庸製作決定書。依本法第十二條第二項但書撤回請求者，受理機關得命提出同意書或依職權調查之。

十 受理補償之請求時，應先確認對於補償事件有無管轄權。如其請求事件受理機關無管轄權，應依本法第十七條第一項前段規定諭知移送於管轄機關。
關於請求程式部分：應注意本法第十條規定；如係受害人之法定繼承人為請求時，並應注意本法第十一條第二項、第十二條規定。如其請求違背法律上之程式，經定期命其補正而逾期不補正者，應依本法第十六條規定，以決定駁回之。
關於請求內容部分：應注意本法第一條至第三條、第十三條、第十五條第二項規定。如其請求無理由，或逾請求期間，應依本法第十七條第一項中段規定，以決定駁回之。如其請求程式完備，且有理由，應依本法第十七條第一項後段規定，為補償之決定。

十一 受理機關對於補償之請求曾經實體決定者，應以決定駁回之。

十二 決定書首行應記明受理機關，次行應記明請求人，如有代理人時並接連記載之，案由可記載「上列請求人因○○案件，經本院判決無罪（或免訴、不受理、或裁判駁回起訴等），請求補償，本院決定如下」，主文之後，續載准駁之理由，不必列事實一欄。

十三 補償由原決定機關支付之，支付時應特別注意本法第二十

八條、第四十條補償支付請求權是否消滅，有無已依其他法律受賠償或補償而應予扣除；依本法第三十二條是否應停止補償之交付、補償決定是否失其效力或於判決諭知刑罰或保安處分期間之範圍內失其效力等事項，及本法第三十條支付期間等規定。

十四　本法第三十一條第一項、第三十二條第一項所稱重新審理之聲請，僅指少年事件處理法第六十四條之二規定之情形，不及於同法第六十四條之一及毒品危害防制條例第二十條之一規定者。

十五　已為補償之支付者，如經再行起訴、再審或重新審理，經判決有罪或裁定保護處分確定時，原決定機關，應依本法第三十三條規定，就補償決定失其效力部分，本於職權，以決定命其返還。

十六　補償決定確定後十日內，除法律另有規定外，原決定機關應依職權將主文及決定要旨公告，並登載公報及受害人所在地之報紙；當地如無公報、報紙者，則以公告代之，不得向受補償人收取費用。

十七　本法第三十九條第二項規定受害人得向原確定決定機關聲請重審之期間，自一百年九月一日起至一百零二年八月三十一日止。

十八　依本法規定，應行支付之補償金，及登載公報及受害人所在地報紙之費用，由受理機關報由其上級機關轉請行政院撥發。

國家賠償法

①民國69年7月2日總統令制定公布全文17條。
②民國108年12月18日總統令修正公布第3、8、9、17條條文；並自公布日施行。

第一條

本法依中華民國憲法第二十四條制定之。

第二條

①本法所稱公務員者，謂依法令從事於公務之人員。

②公務員於執行職務行使公權力時，因故意或過失不法侵害人民自由或權利者，國家應負損害賠償責任。公務員怠於執行職務，致人民自由或權利遭受損害者亦同。

③前項情形，公務員有故意或重大過失時，賠償義務機關對之有求償權。

第三條 108

①公共設施因設置或管理有欠缺，致人民生命、身體、人身自由或財產受損害者，國家應負損害賠償責任。

②前項設施委託民間團體或個人管理時，因管理欠缺致人民生命、身體、人身自由或財產受損害者，國家應負損害賠償責任。

③前二項情形，於開放之山域、水域等自然公物，經管理機關、受委託管理之民間團體或個人已就使用該公物為適當之警告或標示，而人民仍從事冒險或具危險性活動，國家不負損害賠償責任。

④第一項及第二項情形，於開放之山域、水域等自然公物內之設施，經管理機關、受委託管理之民間團體或個人已就使用該設施為適當之警告或標示，而人民仍從事冒險或具危險性活動，得減輕或免除國家應負之損害賠償責任。

⑤第一項、第二項及前項情形，就損害原因有應負責任之人時，賠償義務機關對之有求償權。

第四條

①受委託行使公權力之團體，其執行職務之人於行使公權力時，視同委託機關之公務員。受委託行使公權力之個人，於執行職務行使公權力時亦同。

②前項執行職務之人有故意或重大過失時，賠償義務機關對受委託之團體或個人有求償權。

第五條

國家損害賠償，除依本法規定外，適用民法規定。

第六條

國家損害賠償，本法及民法以外其他法律有特別規定者，適用其他法律。

第七條

①國家負損害賠償責任者，應以金錢爲之。但以回復原狀爲適當者，得依請求，回復損害發生前原狀。

②前項賠償所需經費，應由各級政府編列預算支應之。

第八條 108

①賠償請求權，自請求權人知有損害時起，因二年間不行使而消滅；自損害發生時起，逾五年者亦同。

②第二條第三項、第三條第五項及第四條第二項之求償權，自支付賠償金或回復原狀之日起，因二年間不行使而消滅。

第九條 108

①依第二條第二項請求損害賠償者，以該公務員所屬機關爲賠償義務機關。

②依第三條第一項請求損害賠償者，以該公共設施之設置或管理機關爲賠償義務機關；依第三條第二項請求損害賠償者，以委託機關爲賠償義務機關。

③前二項賠償義務機關經裁撤或改組者，以承受其業務之機關爲賠償義務機關。無承受其業務之機關者，以其上級機關爲賠償義務機關。

④不能依前三項確定賠償義務機關，或於賠償義務機關有爭議時，得請求其上級機關確定之。其上級機關自被請求之日起逾二十日不爲確定者，得逕以該上級機關爲賠償義務機關。

第一○條

①依本法請求損害賠償時，應先以書面向賠償義務機關請求之。

②賠償義務機關對於前項請求，應即與請求權人協議。協議成立時，應作成協議書，該項協議書得爲執行名義。

第一一條

①賠償義務機關拒絕賠償，或自提出請求之日起逾三十日不開始協議，或自開始協議之日起逾六十日協議不成立時，請求權人得提起損害賠償之訴。但已依行政訴訟法規定，附帶請求損害賠償者，就同一原因事實，不得更行起訴。

②依本法請求損害賠償時，法院得依聲請爲假處分，命賠償義務機關暫先支付醫療費或喪葬費。

第一二條

損害賠償之訴，除依本法規定外，適用民事訴訟法之規定。

第一三條

有審判或追訴職務之公務員，因執行職務侵害人民自由或權利，就其參與審判或追訴案件犯職務上之罪，經判決有罪確定者，適用本法規定。

第一四條

本法於其他公法人準用之。

第一五條

本法於外國人為被害人時，以依條約或其本國法令或慣例，中華民國得在該國與該國人享受同等權利者為限，適用之。

第一六條

本法施行細則，由行政院定之。

第一七條 108

①本法自中華民國七十年七月一日施行。

②本法修正條文自公布日施行。

國家賠償法施行細則

①民國70年6月10日行政院令訂定發布全文45條。
②民國85年12月11日行政院令修正發布第3-1、12、17、19、22～24、27、35、36、41、41-1、41-2、45條條文。
③民國88年9月29日行政院令修正發布第24條條文。
④民國107年8月20日行政院令修正發布第22、39條條文。
⑤民國109年6月8日行政院令修正發布第16、24、28、41條條文。

第一章　總　則

第一條

本細則依國家賠償法（以下簡稱本法）第十六條之規定訂定之。

第二條

依本法第二條第二項、第三條第一項之規定，請求國家賠償者，以公務員之不法行為、公有公共設施設置或管理之欠缺及其所生損害均在本法施行後者為限。

第三條

依本法第九條第四項請求確定賠償義務機關時，如其上級機關不能確定，應由其再上級機關確定之。

第三條之一

本法第八條第一項所稱知有損害，須知有損害事實及國家賠償責任之原因事實。

第二章　預算之編列與支付

第四條

本法第七條第二項之經費預算，由各級政府依預算法令之規定編列之。

第五條

①請求權人於收到協議書、訴訟上和解筆錄或確定判決後，得即向賠償義務機關請求賠償。

②賠償義務機關收到前項請求後，應於三十日內支付賠償金或開始回復原狀。

③前項賠償金之支付或為回復原狀所必需之費用，由編列預算之各級政府撥付者，應即撥付。

第六條

請求權人領取賠償金或受領原狀之回復時，應填具收據或證明原狀已回復之文件。

第三章　協　議

第一節　代理人

第七條

① 請求權人得委任他人爲代理人，與賠償義務機關進行協議。

② 同一損害賠償事件有多數請求權人者，得委任其中一人或數人爲代理人，與賠償義務機關進行協議。

③ 前二項代理人應於最初爲協議行爲時，提出委任書。

第八條

① 委任代理人就其受委任之事件，有爲一切協議行爲之權，但拋棄損害賠償請求權、撤回損害賠償之請求、領取損害賠償金、受領原狀之回復或選任代理人，非受特別委任，不得爲之。

② 對於前項之代理權加以限制者，應於前條之委任書內記明。

第九條

① 委任代理人有二人以上者，均得單獨代理請求權人。

② 違反前項之規定而爲委任者，對於賠償義務機關不生效力。

第一〇條

委任代理人事實上之陳述，經到場之請求權人即時撤銷或更正者，失其效力。

第一一條

委任代理權不因請求權人死亡、破產、喪失行爲能力、或法定代理權變更而消滅。

第一二條

委任代理之解除，非由委任人到場陳述或以書面通知賠償義務機關不生效力。

第一三條

① 協議由法定代理人進行時，該法定代理人應於最初爲協議行爲時，提出法定代理權之證明。

② 前項法定代理，依民法及其他法令之規定。

第一四條

賠償義務機關如認爲代理權有欠缺而可以補正者，應定七日以上之期間，通知其補正，但得許其暫爲協議行爲，逾期不補正者，其協議不生效力。

第二節　協議之進行

第一五條

① 同一賠償事件，數機關均應負損害賠償責任時，被請求之賠償義務機關，應以書面通知未被請求之賠償義務機關參加協議。

② 未被請求之賠償義務機關未參加協議者，被請求之賠償義務機關，應將協議結果通知之，以爲處理之依據。

第一六條 109

賠償義務機關應以書面通知為侵害行為之所屬公務員或受委託行使公權力之團體、個人，或公共設施因設置或管理有欠缺，致人民生命、身體、人身自由或財產受損害，而就損害原因有應負責之人，於協議期日到場陳述意見。

第一七條

① 損害賠償之請求，應以書面載明左列各款事項，由請求權人或代理人簽名或蓋章，提出於賠償義務機關。

一　請求權人之姓名、性別、出生年月日、出生地、身分證統一編號、職業、住所或居所。請求權人為法人或其他團體者，其名稱、主事務所或主營業所及代表人之姓名、性別、住所或居所。

二　有代理人者，其姓名、性別、出生年月日、出生地、身分證統一編號、職業、住所或居所。

三　請求賠償之事實、理由及證據。

四　請求損害賠償之金額或回復原狀之內容。

五　賠償義務機關。

六　年、月、日。

② 損害賠償之請求，不合前項所定程式者，賠償義務機關應即通知請求權人或其代理人於相當期間內補正。

第一八條

① 數機關均應負損害賠償責任時，請求權人得對賠償義務機關中之一機關，或數機關，或其全體同時或先後，請求全部或一部之損害賠償。

② 前項情形，請求權人如同時或先後向賠償義務機關請求全部或一部之賠償時，應載明其已向其他賠償義務機關請求賠償之金額或申請回復原狀之內容。

第一九條

被請求賠償損害之機關，認非賠償義務機關或無賠償義務者，得不經協議，於收到請求權人之請求起三十日內，以書面敘明理由拒絕之，並通知有關機關。

第二○條

賠償義務機關於協議前，應就與協議有關之事項，蒐集證據。

第二一條

① 賠償義務機關為第一次協議之通知，至遲應於協議期日五日前，送達於請求權人。

② 前項通知所載第一次之協議期日為開始協議之日。

第二二條 107

① 賠償義務機關於協議時，得按事件之性質，洽請具有專門知識經驗之人陳述意見，並支給旅費及出席費。

② 請求賠償之金額或回復原狀之費用，在同一事件達一定之金額時，該管地方檢察署應賠償義務機關之請，得指派檢察官提供法律上之意見。

③前項一定之金額由法務部擬訂，報請行政院核定之。

第二三條

①賠償義務機關應指派所屬職員，記載協議紀錄。

②協議紀錄應記載左列各款事項：

一　協議之處所及年、月、日。

二　到場之請求權人或代理人。賠償義務機關之代表人或其指定代理人、第十五條、第十六條及第二十二條所定之人員。

三　協議事件之案號、案由。

四　請求權人請求損害賠償之金額或回復原狀之內容及請求之事實理由。

五　賠償義務機關之意見。

六　第十五條、第十六條及第二十二條所定人員之意見。

七　其他重要事項。

八　協議結果。

③前項第二款人員應緊接協議紀錄之末行簽名或蓋章。

第二四條 109

①賠償義務機關得在一定金額限度內，逕行決定賠償金額。

②前項金額限度，中央政府各機關，由行政院依機關等級定之；縣（市）、鄉（鎮、市），由縣（市）定之；直轄市，由其自行定之。

第二五條

①賠償義務機關認應賠償之金額，超過前條所定之限度時，應報請其直接上級機關核定後，始得為賠償之決定。

②前項金額如超過其直接上級機關，依前條規定所得決定之金額限度時，該直接上級機關應報請再上級機關核定。

③有核定權限之上級機關，於接到前二項請求時，應於十五日內為核定。

第二六條

①自開始協議之日起逾六十日協議不成立者，賠償義務機關應依請求權人之申請，發給協議不成立證明書。

②請求權人未依前項規定申請發給協議不成立證明書者，得請求賠償義務機關繼續協議，但以一次為限。

第二七條

①協議成立時，應作成協議書，記載左列各款事項，由到場之請求權人或代理人及賠償義務機關之代表人或其指定代理人簽名或蓋章，並蓋機關之印信：

一　請求權人之姓名、性別、出生年月日、出生地、身分證統一編號、職業、住所或居所。請求權人為法人或其他團體者，其名稱、主事務所或主營業所及代表人之姓名、性別、住所或居所。

二　有代理人者，其姓名、性別、出生年月日、出生地、身分證統一編號、職業、住所或居所。

三　賠償義務機關之名稱及所在地。

四　協議事件之案由及案號。

五　損害賠償之金額或回復原狀之內容。

六　請求權人對於同一原因事實所發生之其他損害，願拋棄其損害賠償請求權者，其拋棄之意旨。

七　年、月、日。

②前項協議書，應由賠償義務機關於協議成立後十日內送達於請求權人。

第二八條 109

①協議文書得由賠償義務機關派員或交由郵務機構送達，並應由送達人作成送達證書。

②協議文書之送達，除前項規定外，準用民事訴訟法關於送達之規定。

第三節　協議之期日及期間

第二九條

協議期日，由賠償義務機關指定之。

第三〇條

期日，除經請求權人之同意或有不得已之情形外，不得於星期日、國定紀念日或其他休息日定之。

第三一條

賠償義務機關指定期日後，應即製作通知書，送達於協議關係人。但經面告以所定期日並記明協議紀錄，或經協議關係人以書面陳明屆期到場者，與送達有同一之效力。

第三二條

期日應為之行為，於賠償義務機關為之。但賠償義務機關認為在其他處所進行協議為適當者，得在其他處所行之。

第三三條

期日如有正當事由，賠償義務機關得依申請或依職權變更之。

第三四條

期日及期間之計算，依民法之規定。

第四章　訴訟及強制執行

第三五條

法院依本法第十一條第二項規定為假處分，命賠償義務機關暫先支付醫療費或喪葬費者，賠償義務機關於收受假處分裁定時，應立即墊付。

第三六條

①前條暫先支付之醫療費或喪葬費，應於給付賠償金額時扣除之。

②請求權人受領前條暫先支付之醫療費或喪葬費後，有左列情形之一者，應予返還：

一　協議不成立，又不請求繼續協議。

二　協議不成立，又不提起損害賠償之訴。

三　請求權人受敗訴判決確定。

四　暫先支付之醫療費或喪葬費，超過協議、訴訟上和解或確定判決所定之賠償總金額者，其超過部分。

第三七條

①請求權人因賠償義務機關拒絕賠償，或協議不成立而起訴者，應於起訴時提出拒絕賠償或協議不成立之證書。

②請求權人因賠償義務機關逾期不開始協議或拒不發給前項證明書而起訴者，應於起訴時提出已申請協議或已請求發給證明書之證明文件。

第三八條

請求權人就同一原因事實所受之損害，同時或先後向賠償義務機關請求協議及向公務員提起損害賠償之訴，或同時或先後向賠償義務機關及公務員提起損害賠償之訴者，在賠償義務機關協議程序終結或損害賠償訴訟裁判確定前，法院應以裁定停止對公務員損害賠償訴訟程序之進行。

第三九條 107

該管檢察機關應賠償義務機關之請，得指派檢察官為訴訟上必要之協助。

第四○條

①請求權人於取得執行名義向賠償義務機關請求賠償或墊付醫療費或喪葬費時，該賠償義務機關不得拒絕或遲延履行。

②前項情形，賠償義務機關拒絕或遲延履行者，請求權人得聲請法院強制執行。

第四一條 109

①本法第二條第三項，第四條第二項所定之故意或重大過失，賠償義務機關應審慎認定之。

②賠償義務機關依本法第二條第三項、第三條第五項或第四條第二項規定行使求償權前，得清查被求償之個人或團體可供執行之財產，並於必要時依法聲請保全措施。

③賠償義務機關依本法第二條第三項、第三條第五項或第四條第二項規定行使求償權時，應先與被求償之個人或團體進行協商，並得酌情許其提供擔保分期給付。

④前項協商如不成立，賠償義務機關應依訴訟程序行使求償權。

第四一條之一

賠償義務機關於請求權人起訴後，應依民事訴訟法規定，將訴訟告知第十六條所定之個人或團體，得於該訴訟繫屬中參加訴訟。

第四一條之二

①賠償義務機關得在第二十四條第二項所定之金額限度內逕為訴訟上之和解。

②賠償義務機關認應賠償之金額，超過前項所定之限度時，應逐級報請該管上級權責機關核定後，始得為訴訟上之和解。

第五章　附　則

第四二條

各級機關應指派法制（務）或熟諳法律人員，承辦國家賠償業務。

第四三條

各機關應於每年一月及七月底，將受理之國家賠償事件及其處理情形，列表送其上級機關及法務部，其成立協議、訴訟上和解或已判決確定者，並應檢送協議書、和解筆錄或歷審判決書影本。

第四四條

①賠償義務機關承辦國家賠償業務之人員，應就每一國家賠償事件，編訂卷宗。

②法務部於必要時，得調閱賠償義務機關處理國家賠償之卷宗。

第四五條

①本細則自中華民國七十年七月一日施行。

②本細則修正條文自發布日施行。

司法院國家賠償事件處理要點

①民國70年12月4日司法院函訂定發布全文16點。
②民國86年9月8日司法院函修正發布全文16點。
③民國92年8月20日司法院函修正發布第13點及附件十二；並自92
年9月1日起實施。
④民國94年1月17日司法院函修正發布第3、12點及附件。
⑤民國102年1月10日司法院函修正發布第2點；並自即日生效。

一 司法院（以下簡稱本院）為處理本院及所屬機關受理之國家
賠償事件，應組成國家賠償事件處理委員會。

二 本院國家賠償事件處理委員會置委員七人至九人，由本院高
級職員中指派兼任；指定其中一人為主任委員，其他事務人
員由民事廳人員兼充，承主任委員之命處理該會有關事務。

三 本院國家賠償事件處理委員會之職掌如下：
㈠關於請求本院賠償事件之調查、協議事項。
㈡關於本院所屬各機關賠償金額超過逕行決定限度事項之協
議事項。
㈢關於本院所屬賠償義務機關之確定事項。
㈣關於本院有關國家賠償事件之訴訟事項。
㈤關於本院求償事件之核議事項。
㈥其他與本院有關國家賠償事項。
本處理要點第六項規定之情形，得逕由本院民事廳循行政系
統，簽報決定之。

四 請求權人依國家賠償法請求本院賠償時，應請其填具賠償請
求書（格式如附件一）。其有代表人或法定代理人者，應請
其提出為代表人或法定代理人之證明文件。其有代理人者，
並應請其提出委任書（格式如附件二）。

五 本院收受賠償請求書時，應於該請求書加蓋收件章戳，記明
收件日期、文號、並製給收據。
前項受理之國家賠償事件，應每案編訂卷宗保存（格式如附
件三）。
其核議所屬各機關賠償金額超過逕行決定限度者亦同（格式
如附件四）。

六 本院指定協議期日前，應先審查請求書是否合於國家賠償法
施行細則第十七條第一項所定之程序，如不合者，應即通知
請求權人或其代理人於相當期間內補正。其次應依據請求書
調查其請求是否與國家賠償法所定要件相符。如認本院非賠
償義務機關或無賠償義務、或其請求權已因時效而消滅者，

得不經協議，於收受前項請求書之日起三十日內，以書面敘述理由拒絕之（格式如附件五），並通知有關機關。

七　除有前條應通知補正或拒絕賠償之情形外，應速指定協議期日，通知（格式如附件六）請求權人及國家賠償法施行細則第十五條第一項、第十六條之機關、公務員、團體、個人或應負責任之人。

八　請求權人於協議期日不到場者，本院酌量情形，得視為協議不成立（格式如附件七）或另定協議期日。

九　本院於協議前，應就與協議有關之事項，蒐集證據，並就賠償責任詳加分析、研究。必要時得洽請有關機關或就有關事項有特別知識者鑑定。

十　協議進行時，本院得洽請鑑定人或對協議事項具有知識經驗之人到場陳述意見（格式如附件八），依據調查之證據，確定責任範圍，但在決定賠償金額成立協議前，應報經院長核定。

十一　協議紀錄（格式如附件九）應依國家賠償法施行細則第二十三條規定詳為記載，並由有關人員簽名或蓋章，及加蓋機關印信。

十二　自開始協議之日起逾六十日協議不成立，請求權人未依規定請發協議不成立證明者，本院應主請求（格式如附件十），得繼續協議一次。

十三　協議成立時，應依規定作成協議書（格式如附件十一），由有關人員簽名或蓋章，並加蓋機關印信，於十日內派員或交郵務機構送達，作成送達證書（格式如附件十二）。
　　　前項協議書及其他有關國家賠償事件文書之送達，準用民事訴訟法之規定，並應將送達證書附卷。

十四　本院因賠償事件所生求償權之行使，應經本院國家賠償事件處理委員會之核議。

十五　本院審查慎行使求償權，並應先與被求償者進行協商，得酌情許其分期給付，其協商結果應作成紀錄。協商不成立者，應注意國家賠償法第八條第二項所定時效期間，於報經院長核定後依訴訟程序行使求償權。

十六　本院關於國家賠償事件之訴訟，以指派本院之適當人員充訴訟代理人為原則。遇有事件情節繁雜者，必要時得委任律師為訴訟代理人。

法院辦理國家賠償事件應行注意事項

①民國70年6月25日司法院函訂頒全文12點。
②民國86年8月13日司法院函修正發布全文12點。
③民國91年11月4日司法院令修正發布全文9點。

一 法院收受書狀人員，於收受國家賠償事件起訴狀時，應注意有無附具拒絕賠償或協議不成立之證明書，或已申請協議或已請求發給證明書之證明文件。如未附具者，宜命其當場或攜回補正。惟當事人不願當場或攜回補正時，仍應收受，而於狀面黏簽記明其事由，俾法官於處理時注意。

二 法院受理之國家賠償事件，應由對國家賠償法令有相當研究之法官專人或專庭辦理，惟分此類事件不多時，仍應兼辦其他民事事件，以免勞逸不均。

三 法院依聲請，命賠償義務機關暫先支付醫療費或喪葬費之假處分時，應注意民事訴訟法有關保全程序規定之適用。

四 第一審法院對於原告提起之損害賠償之訴在指定期日前，應調查原告已否以書面向被告機關請求，並具備本法第十一條第一項前段規定之情形，如經調查結果，發現原告迄未以書面向被告機關請求或未具備本法第十一條第一項規定之情形者，應依民事訴訟法第二百四十九條第一項第六款規定，以其起訴不備其他要件裁定駁回其訴。

五 法官辦理國家賠償事件，如發現原告於言詞辯論終結前，業與被告機關達成協議，作成協議書時，應以其訴無保護之必要，以判決駁回之。

六 公務員於執行職務行使公權力時，因故意不法侵害人民自由或權利者，有請求權人依民法第一百八十六條規定，向該公務員提起損害賠償之同時或先後，復依本法之規定，向賠償義務機關請求協議或提起損害賠償之訴者，法院在賠償義務機關協議程序終結或損害賠償訴訟裁判確定前，應以裁定停止對公務員損害賠償訴訟程序之進行。

七 公務員於執行職務行使公權力時，因過失不法侵害人民自由或權利者，有請求權人僅得依本法之規定，向賠償義務機關請求損害賠償，不得依民法第一百八十六條第一項規定，向該有過失之公務員請求損害賠償。如原告逕向該有過失之公務員提起損害賠償之訴，得依民事訴訟法第二百四十九條第二項規定，認其訴顯無理由，逕以判決駁回之。

八 公務員怠於執行職務，致人民自由或權利遭受損害時，以公

務員因故意或過失怠於行使公權力時，國家始應負損害賠償責任。如其所怠於執行之職務，並非公權力之行使，仍非本法第二條第二項後段所稱怠於執行職務。

九　本法所稱賠償義務機關，係指依法組織之中央或地方機關，有決定國家意思並對外表示之權限而言，如各縣市警察局、衛生局等是。

法務部及所屬機關國家賠償事件處理要點

①民國70年7月18日法務部函訂頒。
②民國86年1月31日法務部函修正發布全文21點。
③民國94年3月4日法務部函修正發布全文13點。
④民國97年12月5日法務部函修正發布第2點。

一　法務部（以下簡稱本部）為規範本部及所屬機關（以下簡稱賠償義務機關）處理國家賠償事件，特訂定本要點。

二　賠償義務機關受理國家賠償事件，應組成國家賠償事件處理小組議決之。但有下列情形之一者，得不經審議，逕行拒絕賠償、移送其他應負賠償義務之機關或為其他適當之處理：
　㈠無管轄權。
　㈡請求賠償不合法定程式不能補正、經通知補正逾期不補正。
　㈢請求權人並非其所請求賠償事件受有損害之人。
　㈣同一事件，經賠償、拒絕賠償或移送其他應負賠償義務之機關後，重行請求賠償。
　㈤國家賠償請求權已經時效消滅。
　㈥依其請求賠償之事實，在法律上顯無理由。

三　國家賠償事件處理小組以五人至十五人為限，其中一人為主席，由機關首長指派本機關之高級職員擔任，其餘成員由機關首長遴聘社會公正人士、學者、專家及指派本機關高級職員擔任；其中社會公正人士、學者、專家不得少於小組成員二分之一。
　前項成員應有二分之一以上具有法制專長。

四　國家賠償事件處理小組之職掌如下：
　㈠關於請求本機關賠償事件之審議。
　㈡關於所屬機關協議賠償金額超過其逕行決定限度事件之核定。
　㈢關於本機關及所屬機關求償處理情形之審議。
　㈣對於違失公務員懲戒（處）之建議。
　㈤其他有關國家賠償之事項。
　前項第三款之求償審議，如該事件之賠償金額超過該機關協議賠償逕行決定之限度時，應報請上級機關或本部核定。

五　賠償義務機關收受國家賠償請求書時，應於該請求書加蓋收件章戳，記明收件日期、文號。

六　賠償義務機關收受賠償請求書後，除有依國家賠償法施行細

則（以下簡稱施行細則）第十九條所定拒絕賠償之情形外，應速指定協議期日。

七　賠償義務機關於協議前，應就與協議有關之事項蒐集證據，並就賠償責任詳加分析研判，必要時得洽請有關單位鑑定。

八　協議紀錄應加蓋機關印信。

九　請求權人於協議期日不到場者，賠償義務機關得另定協議期日，或視爲協議不成立。

十　賠償義務機關行使求償權之協商結果應作成紀錄。協商成立者，應即函報本部備查。協商不成立者，賠償義務機關應注意國家賠償法第八條第二項所定時效，依訴訟程序行使求償權，並於裁判確定後，檢同裁判正本，函報本部備查。

十一　賠償義務機關辦理國家賠償事件，對於違法侵害人民自由或權利之相關公務員，應審酌一切情狀，判定有無應予懲戒（處）事由，依法追究相關人員之行政責任。

十二　賠償義務機關對於協議成立或判決確定之國家賠償事件，應檢討具體個案發生之原因並研謀改進措施。

十三　賠償義務機關對於辦理國家賠償事件之人員，其承辦案件之協議成立比例達該機關當年度賠償件數之二分之一以上者，應給予記功以上之獎勵。

捌、法院組織及相關法規

法院組織法

①民國21年10月28日國民政府制定公布全文91條;並自24年7月1日施行。
②民國24年7月22日國民政府修正公布第33、37、38條條文。
③民國27年9月21日國民政府修正公布第55條條文。
④民國34年4月17日國民政府修正公布第33、35、48、51、54、91條條文。
⑤民國35年1月17日國民政府修正公布第16、19、34、36、45、50條條文。
⑥民國57年12月19日總統令修正公布第63條條文。
⑦民國58年4月10日總統令修正公布第34、35條條文
⑧民國69年6月29日總統令修正公布第21、26、27、34、35、45、49、50、51、56、63、87條條文暨第五章章名。
⑨民國78年12月22日總統令修正公布全文115條。
⑩民國88年2月3日總統令修正公布第11、12、33、34、49、51、73~75條條文;並增訂第66-1~66-4條條文。
⑪民國90年1月17日總統令修正公布第15、34、103、106條條文。
⑫民國90年5月23日總統令修正公布第66、79條條文。
⑬民國94年6月15日總統令修正公布第11、22、23、33、38、39、49、52、53、69~71、73~75條條文;並增訂第114-1條條文。
⑭民國95年2月3日總統令修正公布第12、62、66條條文;並增訂第59-1、63-1條條文。
⑮民國95年12月27日總統令修正公布第34條條文。
⑯民國96年7月11日總統令修正公布第11、16、17、37條條文;並增訂第17-1、17-2條條文。
⑰民國97年6月11日總統令修正公布第17-2條條文。
⑱民國99年11月24日總統令修正公布第34、66、83條條文。
⑲民國100年11月23日總統令修正公布第14、15、32、79條條文。
⑳民國103年1月29日總統令修正公布第17、37條條文。
㉑民國104年2月4日總統令修正公布第18、23、39、53、98、99條條文及第11條附表。
㉒民國104年7月1日總統令修正公布第90、93、95條條文;並增訂第90-1~90-4條條文。
㉓民國105年6月22日總統令增訂公布第14-1條條文;並自106年1月1日施行。
㉔民國105年12月7日總統令修正公布第63-1條條文;並自106年1月1日施行。
㉕民國106年6月14日總統令修正公布第66-2、66-4、67條條文。
㉖民國107年5月23日總統令修正公布第73條附表;並增訂第114-2條條文。
㉗民國107年6月13日總統令修正公布第83條條文。
㉘民國108年1月4日總統令修正公布第3、115條條文;增訂第51-1~51-11、57-1條條文;刪除第57條條文;並自公布後六個月施行。

第一章　總則

第一條

本法所稱之法院，分左列三級：

一　地方法院。

二　高等法院。

三　最高法院。

第二條

法院審判民事、刑事及其他法律規定之訴訟案件，並依法管轄非訟事件。

第三條 108

①地方法院審判案件，以法官一人獨任或三人合議行之。

②高等法院審判案件，以法官三人合議行之。

③最高法院審判案件，除法律另有規定外，以法官五人合議行之。

第四條

①合議審判，以庭長充審判長；無庭長或庭長有事故時，以庭員中資深者充之，資同以年長者充之。

②獨任審判，即以該法官行審判長之職權。

第五條

①法官審判訴訟案件，其事務分配及代理次序，雖有未合本法所定者，審判仍屬有效。

②前項規定，於非訟事件之處理準用之。

第六條

高等法院分院及地方法院分院審判訴訟案件及處理非訟事件，適用關於各該本院之規定。

第七條

地方法院及其分院、高等法院及其分院管轄區域之劃分或變更，由司法院定之。

第二章　地方法院

第八條

①直轄市或縣（市）各設地方法院。但得視其地理環境及案件多寡，增設地方法院分院；或合設地方法院；或將其轄區之一部劃歸其他地方法院或其分院，不受行政區劃限制。

②在特定地區，因業務需要，得設專業地方法院；其組織及管轄等事項，以法律定之。

第九條

地方法院管轄事件如左：

一　民事、刑事第一審訴訟案件。但法律別有規定者，不在此限。

二　其他法律規定之訴訟案件。

三　法律規定之非訟事件。

第一〇條

地方法院得設簡易庭，其管轄事件依法律之規定。

第一一條 96

① 地方法院或其分院之類別及員額，依附表之規定。

② 各地方法院或其分院應適用之類別及其變更，由司法院定之。

第一二條 95

① 地方法院置法官，薦任第八職等至第九職等或簡任第十職等至第十一職等；試署法官，薦任第七職等至第九職等；候補法官，薦任第六職等至第八職等。

② 實任法官繼續服務十年以上，成績優良，經審查合格者，得晉敘至簡任第十二職等至第十三職等；繼續服務十五年以上，成績優良，經審查合格者，得晉敘至簡任第十二職等至第十四職等。

③ 前項簡任第十四職等法官員額，不得逾地方法院實任法官總額三分之一。

④ 第二項晉敘法官之資格、審查委員會之組成、審查程序及限制不得申請晉敘情形等事項之審查辦法，由司法院定之。

⑤ 司法院因應地方法院業務需要，得調候補法官至地方法院辦事，承法官之命，辦理訴訟案件程序及實體之審查、法律問題之分析、資料之蒐集、裁判書之草擬等事務。

⑥ 地方法院於必要時，得置法官助理，依聘用人員聘用條例聘用各種專業人員充之；承法官之命，辦理訴訟案件程序之審查、法律問題之分析、資料之蒐集等事務。

⑦ 候補法官調地方法院辦事期間，計入其候補法官年資。

⑧ 具律師執業資格者，經聘用充任法官助理期間，計入其律師執業年資。

⑨ 法官助理之遴聘、訓練、業務、管理及考核等相關事項，由司法院以命令定之。

第一三條

地方法院置院長一人，由法官兼任，簡任第十職等至第十二職等，綜理全院行政事務，但直轄市地方法院兼任院長之法官，簡任第十一職等至第十三職等。

第一四條 100

地方法院分設民事庭、刑事庭、行政訴訟庭，其庭數視事務之繁簡定之；必要時得設專業法庭。

第一四條之一 105

① 地方法院與高等法院分設刑事強制處分庭，辦理偵查中強制處分聲請案件之審核。但司法院得視法院員額及事務繁簡，指定不設刑事強制處分庭之法院。

② 承辦前項案件之法官，不得辦理同一案件之審判事務。

③ 前二項之規定，自中華民國一百零六年一月一日施行。

第一五條 100

① 民事庭、刑事庭、行政訴訟庭、專業法庭及簡易庭之庭長，除由

兼任院長之法官兼任者外，餘由其他法官兼任，簡任第十職等至第十一職等或薦任第九職等，監督該庭事務。

②曾任高等法院或其分院法官二年以上，調地方法院或其分院兼任院長或庭長之法官、法官者，得晉敘至簡任第十二職等至第十四職等。

第一六條 96

地方法院設民事執行處，由法官或司法事務官辦理其事務；其法官在二人以上者，由一人兼任庭長，簡任第十職等至第十一職等或薦任第九職等，監督該處事務。

第一七條 103

①地方法院設公設辯護人室，置公設辯護人，薦任第七職等至第九職等或簡任第十職等至第十一職等；其公設辯護人在二人以上者，置主任公設辯護人，薦任第九職等或簡任第十職等至第十二職等。

②實任公設辯護人服務滿十五年以上，成績優良，經審查合格者，得晉敘至簡任第十二職等。

③曾任高等法院或其分院、智慧財產法院公設辯護人四年以上，調地方法院或其分院之公設辯護人，成績優良，經審查合格者，得晉敘至簡任第十二職等。

④曾任高等法院或其分院、智慧財產法院公設辯護人之服務年資，合併計算。

⑤第二項、第三項之審查辦法，由司法院定之。

⑥具律師資格者於擔任公設辯護人期間，計入其律師執業期間。

第一七條之一

①地方法院設司法事務官室，置司法事務官，薦任第七職等至第九職等；司法事務官在二人以上者，置主任司法事務官，薦任第九職等至簡任第十職等。

②具律師執業資格者，擔任司法事務官期間，計入其律師執業年資。

第一七條之二 97

①司法事務官辦理下列事務：

　一　返還擔保金事件、調解程序事件、督促程序事件、保全程序事件、公示催告程序裁定事件、確定訴訟費用額事件。

　二　拘提、管收以外之強制執行事件。

　三　非訟事件法及其他法律所定之非訟事件。

　四　其他法律所定之事務。

②司法事務官得承法官之命，彙整起訴及答辯要旨，分析卷證資料，整理事實及法律疑義，並製作報告書。

③司法事務官辦理第一項各款事件之範圍及日期，由司法院定之。

第一八條 104

①地方法院設調查保護室，置少年調查官、少年保護官、家事調查官、心理測驗員、心理輔導員及佐理員。少年調查官、少年保護

官及家事調查官合計二人以上者，置主任調查保護官一人；合計六人以上者，得分組辦事，組長由少年調查官、少年保護官或家事調查官兼任，不另列等。

②少年調查官、少年保護官及家事調查官，薦任第七職等至第九職等；主任調查保護官，薦任第九職等至簡任第十職等；心理測驗員及心理輔導員，薦任第六職等至第八職等；佐理員，委任第四職等至第五職等，其中二分之一得列薦任第六職等。

第一九條

地方法院設公證處；置公證人及佐理員；公證人在二人以上者，置主任公證人。公證人，薦任第七職等至第九職等；主任公證人，薦任第九職等或簡任第十職等；佐理員，委任第三職等至第五職等。

第二○條

①地方法院設提存所，置主任及佐理員。主任，薦任第九職等或簡任第十職等；佐理員，委任第三職等至第五職等或薦任第六職等至第八職等。

②前項薦任佐理員員額，不得逾同一法院佐理員總額二分之一。

第二一條

①地方法院設登記處，置主任及佐理員。主任，薦任第九職等或簡任第十職等；佐理員，委任第三職等至第五職等或薦任第六職等至第八職等。

②前項薦任佐理員員額，不得逾同一法院佐理員總額二分之一。

第二二條 94

①地方法院設書記處，置書記官長一人，薦任第九職等至簡任第十職等，承院長之命處理行政事務；一等書記官，薦任第八職等至第九職等；二等書記官，薦任第六職等至第七職等；三等書記官，委任第四職等至第五職等，分掌紀錄、文書、研究考核、總務、資料及訴訟輔導等事務，並得分科、分股辦事，科長由一等書記官兼任，股長由一等書記官或二等書記官兼任，均不另列等。

②前項一等書記官、二等書記官總額，不得逾同一法院一等書記官、二等書記官、三等書記官總額二分之一。

第二三條 104

①地方法院置一等通譯，薦任第七職等至第八職等；二等通譯，薦任第六職等至第七職等；三等通譯，委任第四職等至第五職等；技士，委任第五職等或薦任第六職等至第七職等；執達員，委任第三職等至第五職等；錄事、庭務員，均委任第一職等至第三職等。

②前項一等通譯、二等通譯總額，不得逾同一法院一等通譯、二等通譯、三等通譯總額二分之一。

③地方法院為辦理值庭、執行、警衛、解送人犯及有關司法警察事務，置法警；法警長，委任第五職等或薦任第六職等至第七職

等；副法警長，委任第四職等至第五職等或薦任第六職等；法
警，委任第三職等至第四職等；其管理辦法，由司法院會同行政
院定之。

④地方法院因傳譯需要，應逐案約聘原住民族或其他各種語言之特
約通譯；其約聘辦法，由司法院定之。

第二四條

①地方法院設人事室，置主任一人，薦任第八職等至第九職等，副
主任一人，薦任第七職等至第九職等；必要時得依法置佐理人
員。依法律規定辦理人事管理、人事查核等事項。

②直轄市地方法院人事室，必要時得分股辦事，由佐理人員兼任
之，不另列等。事務較簡之地方法院，得僅置人事管理員，委任
第五職等至薦任第七職等。

第二五條

①地方法院設會計室、統計室，各置主任一人，均薦任第八職等至
第九職等；必要時得依法各置佐理人員，依法律規定分別辦理歲
計、會計、統計等事項。

②直轄市地方法院會計室、統計室，必要時得分股辦事，均由佐理
人員兼任，不另列等。事務較簡之地方法院，得僅置會計員、統
計員，均委任第五職等至薦任第七職等。

第二六條

地方法院設資訊室，置主任一人，薦任第七職等至第九職等，承
院長之命處理資訊室之行政事項；資訊管理師，薦任第六職等至
第七職等，操作員，委任第三職等至第五職等；必要時得置設計
師，薦任第六職等至第八職等，以處理資訊事項。

第二七條

地方法院分院置院長一人，由法官兼任，簡任第十職等至第十二
職等，綜理該分院行政事務。

第二八條

地方法院院長，得派本院法官兼行分院法官之職務。

第二九條

地方法院分院管轄事件，與地方法院同。

第三〇條

第十一條至第二十六條規定，於地方法院分院準用之。

第三章 高等法院

第三一條

省、直轄市或特別區域各設高等法院。但得視其地理環境及案件
多寡，增設高等法院分院；或合設高等法院；或將其轄區之一部
劃歸其他高等法院或其分院，不受行政劃區之限制。

第三二條 100

高等法院管轄事件如下：
一　關於內亂、外患及妨害國交之刑事第一審訴訟案件。

二　不服地方法院及其分院第一審判決而上訴之民事、刑事訴訟
案件。但法律另有規定者，從其規定。

三　不服地方法院及其分院裁定而抗告之案件。但法律另有規定
者，從其規定。

四　其他法律規定之訴訟案件。

第三三條 94

①高等法院或其分院之類別及員額，依附表之規定。

②高等法院或其分院應適用之類別及其變更，由司法院定之。

第三四條 99

①高等法院置法官，簡任第十職等至第十一職等或薦任第九職等；
試署法官，薦任第七職等至第九職等。

②高等法院法官繼續服務二年以上者，得敘至簡任第十二職等至第
十四職等；依第十二條第二項規定晉敘有案者，得敘至簡任第十
二職等至第十三職等或簡任第十二職等至第十四職等。

③司法院因應高等法院業務需要，得調地方法院或其分院試署法官
或候補法官至高等法院辦事，承法官之命，辦理訴訟案件程序及
實體之審查、法律問題之分析、資料之蒐集、裁判書之草擬等事
務。

④高等法院於必要時得置法官助理，依聘用人員聘用條例聘用各種
專業人員充任之，承法官之命，辦理訴訟案件程序之審查、法律
問題之分析、資料之蒐集等事務。

⑤試署法官或候補法官調高等法院辦事期間，計入其試署法官或候
補法官年資。

⑥具律師執業資格者，經聘用充任法官助理期間，計入其律師執業
年資。

⑦第十二條第九項規定，於高等法院準用之。

第三五條

高等法院置院長一人，由法官兼任，簡任第十三職等至第十四職
等，綜理全院行政事務。

第三六條

高等法院分設民事庭、刑事庭，其庭數視事務之繁簡定之；必要
時得設專業法庭。各庭庭長，除由兼任院長之法官兼任者外，餘
由其他法官兼任，簡任第十一職等至第十三職等，監督各該庭事
務。

第三七條 103

①高等法院設公設辯護人室，置公設辯護人，簡任第十職等至第十
一職等或薦任第九職等；其公設辯護人在二人以上者，置主任公
設辯護人，簡任第十職等至第十二職等。

②前項公設辯護人繼續服務四年以上，成績優良，經審查合格者，
得晉敘至簡任第十二職等；已依第十七條第二項、第三項、少年
及家事法院組織法第十一條第二項、第三項規定晉敘有案者，得
敘至簡任第十二職等。

③前項公設辯護人之服務年資與曾任高等法院分院、智慧財產法院公設辯護人之服務年資，合併計算。

④第二項之審查辦法，由司法院定之。

第三八條 94

①高等法院設書記處，置書記官長一人，薦任第九職等至簡任第十一職等，承院長之命處理行政事務；一等書記官，薦任第八職等至第九職等；二等書記官，薦任第六職等至第七職等；三等書記官，委任第四職等至第五職等，分掌紀錄、文書、研究考核、總務、資料及訴訟輔導事務，並得分科、分股辦事，科長由一等書記官兼任；股長由一等書記官或二等書記官兼任，均不另列等。

②前項一等書記官、二等書記官總額，不得逾同一法院一等書記官、二等書記官、三等書記官總額二分之一。

第三九條 104

①高等法院置一等通譯，薦任第八職等至第九職等；二等通譯，薦任第六職等至第七職等；三等通譯，委任第四職等至第五職等；技士，委任第五職等或薦任第六職等至第七職等；執達員，委任第三職等至第五職等；錄事、庭務員，均委任第一職等至第三職等。

②前項一等通譯、二等通譯總額，不得逾同一法院一等通譯、二等通譯、三等通譯總額二分之一。

③第二十三條第三項、第四項規定，於高等法院或其分院準用之。

第四○條

高等法院設人事室，置主任一人，簡任第十職等，副主任一人，薦任第九職等或簡任第十職等；科員，委任第四職等至第五職等或薦任第六職等至第七職等，其中薦任科員不得逾同一法院科員總額三分之一，依法律規定辦理人事管理、人事查核等事項，並得分科辦事；科長，薦任第九職等。

第四一條

高等法院設會計室、統計室，各置主任一人，均簡任第十職等，必要時得依法各置佐理人員，依法律規定分別辦理歲計、會計、統計等事項，並得分科辦事；科長，薦任第九職等。

第四二條

高等法院設資訊室，置主任一人，簡任第十職等，承院長之命處理資訊室之行政事項；資訊管理師，薦任第六職等至第七職等，操作員，委任第三職等至第五職等；必要時得置科長、設計師，科長，薦任第九職等，設計師，薦任第六職等至第八職等，處理資訊事項。

第四三條

高等法院分院置院長一人，由法官兼任，簡任第十二職等至第十四職等，綜理該分院行政事務。

第四四條

高等法院院長得派本院法官兼行分院法官職務。

第四五條

高等法院分院管轄事件，與高等法院同。

第四六條

第三十四條至第四十二條之規定，於高等法院分院準用之。

第四章 最高法院

第四七條

最高法院設於中央政府所在地。

第四八條

最高法院管轄事件如左：

一 不服高等法院及其分院第一審判決而上訴之刑事訴訟案件。

二 不服高等法院及其分院第二審判決而上訴之民事、刑事訴訟案件。

三 不服高等法院及其分院裁定而抗告之案件。

四 非常上訴案件。

五 其他法律規定之訴訟案件。

第四九條 94

最高法院員額，依附表之規定。

第五〇條

最高法院置院長一人，特任，綜理全院行政事務，並任法官。

第五一條

①最高法院置法官，簡任第十三職等至第十四職等；分設民事庭、刑事庭，其庭數視事務之繁簡定之；各庭置庭長一人，除由院長兼任者外，餘由法官兼任，簡任第十四職等，監督各該庭事務。

②司法院得調高等法院以下各級法院及其分院法官或候補法官至最高法院辦事，承法官之命，辦理訴訟案件程序及實體之審查、法律問題之分析、資料之蒐集、裁判書之草擬等事務。

③最高法院於必要時得置法官助理，依聘用人員聘用條例聘用各種專業人員充任之；承法官之命，辦理訴訟案件程序之審查、法律問題之分析、資料之蒐集等事務。

④法官或候補法官調最高法院辦事期間，計入其法官或候補法官年資。

⑤具律師執業資格者經聘用充任法官助理期間，計入其律師執業年資。

第五一條之一 108

最高法院之民事庭、刑事庭為數庭者，應設民事大法庭、刑事大法庭，裁判法律爭議。

第五一條之二 108

①最高法院民事庭、刑事庭各庭審理案件，經評議後認採為裁判基礎之法律見解，與先前裁判之法律見解歧異者，應以裁定敘明理由，依下列方式處理：

一 民事庭提案予民事大法庭裁判。

二　刑事庭提案予刑事大法庭裁判。

②最高法院民事庭、刑事庭各庭為前項裁定前，應先以徵詢書徵詢其他各庭之意見。受徵詢庭應於三十日內以回復書回復之，逾期未回復，視為主張維持先前裁判之法律見解。經任一受徵詢庭主張維持先前裁判之法律見解時，始得為前項裁定。

第五一條之三 108

最高法院民事庭、刑事庭各庭審理案件，經評議後認採為裁判基礎之法律見解具有原則重要性，得以裁定敘明理由，提案予民事大法庭、刑事大法庭裁判。

第五一條之四 108

①最高法院民事庭、刑事庭各庭審理案件期間，當事人認為足以影響裁判結果之法律見解，民事庭、刑事庭先前裁判之見解已產生歧異，或具有原則重要性，得以書狀表明下列各款事項，向受理案件之民事庭、刑事庭聲請以裁定提案予民事大法庭、刑事大法庭裁判：

一　所涉及之法令。

二　法律見解歧異之裁判，或法律見解具有原則重要性之具體內容。

三　該歧異見解或具有原則重要性見解對於裁判結果之影響。

四　聲請人所持法律見解。

②前項聲請，檢察官以外之當事人應委任律師為代理人或辯護人為之。但民事事件之聲請人釋明有民事訴訟法第四百六十六條之一第一項但書、第二項情形，不在此限。

③最高法院民事庭、刑事庭各庭受理第一項之聲請，認為聲請不合法律上之程式或法律上不應准許，應以裁定駁回之。

第五一條之五 108

提案庭於大法庭言詞辯論終結前，因涉及之法律爭議已無提案之必要，得以裁定敘明理由，撤銷提案。

第五一條之六 108

①民事大法庭、刑事大法庭裁判法律爭議，各以法官十一人合議行之，並分別由最高法院院長及其指定之庭長，擔任民事大法庭或刑事大法庭之審判長。

②民事大法庭、刑事大法庭之庭員，由提案庭指定庭員一人及票選之民事庭、刑事庭法官九人擔任。

③前項由票選產生之大法庭庭員，每庭至少應有一人，且兼任庭長者不得逾總人數二分之一。

第五一條之七 108

①前條第一項由院長指定之大法庭審判長、第二項之票選大法庭庭員任期均為二年。票選庭員之人選、遞補人選，由法官會議以無記名投票，分別自民事庭、刑事庭全體法官中依得票數較高，且符合前條第三項規定之方式選舉產生。遞補人選之任期至原任期屆滿為止。

②院長或其指定之大法庭審判長出缺或有事故不能擔任審判長時，由前項遞補人選遞補之，並以大法庭庭員中資深庭長充審判長，無庭長者，以其他資深庭員充之，資同以年長者充之。票選之大法庭庭員出缺或有事故，不能擔任民事大法庭、刑事大法庭庭員時，由前項遞補人選遞補之。

③前條第二項提案庭指定之庭員出缺、有事故不能擔任民事大法庭、刑事大法庭庭員時，由提案庭另行指定庭員出任。

④民事大法庭、刑事大法庭審理中之法律爭議，遇民事大法庭、刑事大法庭庭員因改選而更易時，仍由原審理該法律爭議之民事大法庭、刑事大法庭繼續審理至終結止；其庭員出缺或有事故不能擔任民事大法庭、刑事大法庭庭員時，亦按該法律爭議提交民事大法庭、刑事大法庭時之預定遞補人選遞補之。

第五一條之八 108

①民事大法庭、刑事大法庭裁判法律爭議，應行言詞辯論。

②前項辯論，檢察官以外之當事人應委任律師為代理人或辯護人為之。於民事事件委任訴訟代理人，準用民事訴訟法第四百七十四條第三項之規定；於刑事案件被告未選任辯護人者，審判長應指定公設辯護人或律師為被告行言詞辯論。

③第一項之辯論期日，民事事件被上訴人未委任訴訟代理人或當事人一造之訴訟代理人未到場者，由他造之訴訟代理人陳述後為裁定；兩造之訴訟代理人均未到場者，得不行辯論。刑事案件被告之辯護人、自行代理人中一造或兩造未到場者，亦同。

④民事大法庭、刑事大法庭認有必要時，得依職權或依當事人、其代理人或辯護人之聲請，就專業法律問題選任專家學者，以書面或於言詞辯論時到場陳述其法律上意見。

⑤前項陳述意見之人，應揭露下列資訊，並準用民事訴訟法或刑事訴訟法關於鑑定人之規定：

一　相關專業意見或資料之準備或提出，是否與當事人、關係人或其代理人或辯護人有分工或合作關係。

二　相關專業意見或資料之準備或提出，是否受當事人、關係人或其代理人或辯護人之金錢報酬或資助及其金額或價值。

三　其他提供金錢報酬或資助者之身分及其金額或價值。

第五一條之九 108

①民事大法庭、刑事大法庭裁判法律爭議，應以裁定記載主文與理由行之，並自辯論終結之日起三十日內宣示。

②法官於評議時所持法律上之意見與多數意見不同，經記明於評議簿，並於裁定宣示前備具不同意見書者，應與裁定一併公布。

第五一條之一〇 108

民事大法庭、刑事大法庭之裁定，對提案庭提交之案件有拘束力。

第五一條之一一 108

除本法另有規定外，民事訴訟法、刑事訴訟法及其他相關法律之

規定與大法庭規範性質不相牴觸者，亦準用之。

第五二條 94

①最高法院設書記廳，置書記官長一人，簡任第十一職等至第十三職等，承院長之命處理行政事務；一等書記官，薦任第八職等至第九職等；二等書記官，薦任第六職等至第七職等；三等書記官，委任第四職等至第五職等，分掌紀錄、文書、研究考核、總務、資料及訴訟輔導等事務，並得分科、分股辦事，科長由一等書記官兼任；股長由一等書記官或二等書記官兼任，均不另列等。

②前項一等書記官、二等書記官總額，不得逾一等書記官、二等書記官、三等書記官總額二分之一。

第五三條 104

①最高法院置一等通譯，薦任第八職等至第九職等；二等通譯，薦任第六職等至第七職等；三等通譯，委任第四職等至第五職等；技士，委任第五職等或薦任第六職等至第七職等；執達員，委任第三職等至第五職等；錄事、庭務員，均委任第一職等至第三職等。

②前項一等通譯、二等通譯總額，不得逾一等通譯、二等通譯、三等通譯總額二分之一。

③第二十三條第三項、第四項之規定，於最高法院準用之。

第五四條

最高法院設人事室，置主任一人，簡任第十職等，副主任一人，薦任第九職等或簡任第十職等；科員，委任第四職等至第五職等或薦任第六職等至第七職等，其中薦任科員不得逾總額三分之一，依法律規定辦理人事管理、人事查核等事項，並得分股辦事；股長由科員兼任，不另列等。

第五五條

最高法院設會計室、統計室，各置主任一人，均簡任第十職等；必要時得依法各置佐理人員，依法律規定分別辦理歲計、會計、統計等事項，並得分股辦事；股長由佐理人員兼任，不另列等。

第五六條

最高法院設資訊室，置主任一人，簡任第十職等，承院長之命處理資訊室之行政事項；設計師，薦任第六職等至第八職等；資訊管理師，薦任第六職等至第七職等；操作員，第三職等至第五職等，處理資訊事項。

第五七條（刪除）108

第五七條之一 108

①最高法院於中華民國一百零七年十二月七日本法修正施行前依法選編之判例，若無裁判全文可資查考者，應停止適用。

②未經前項規定停止適用之判例，其效力與未經編為判例之最高法院裁判相同。

③於中華民國一百零七年十二月七日本法修正之條文施行後三年

內，人民於上開條文施行後所受確定終局裁判援用之判例、決議，發生牴觸憲法之疑義者，得準用司法院大法官審理案件法第五條第一項第二款之規定聲請解釋憲法。

第五章　檢察機關

第五八條

各級法院及分院各配置檢察署。

第五九條

① 各級法院及分院檢察署置檢察官，最高法院檢察署以一人為檢察總長，其他法院及分院檢察署各以一人為檢察長，分別綜理各該署行政事務。

② 各級法院及分院檢察署檢察官員額在六人以上者，得分組辦事，每組以一人為主任檢察官，監督各該組事務。

第五九條之一 95

① 法務部設檢察官人事審議委員會，審議高等法院檢察署以下各級法院及其分院檢察署主任檢察官、檢察官之任免、轉任、遷調、考核及獎懲事項。

② 前項審議之決議，應報請法務部部長核定後公告之。

③ 法務部部長遴任檢察官前，檢察官人事審議委員會應提出職缺二倍人選，由法務部部長圈選之。檢察長之遷調應送檢察官人事審議委員會徵詢意見。

④ 檢察官人事審議委員會置委員十七人，由法務部部長指派代表四人、檢察總長及其指派之代表三人與全體檢察官所選出之代表九人組成之，由法務部部長指派具司法官身分之次長為主任委員。

⑤ 前項遴任委員之任期，均為一年，連選得連任一次。

⑥ 全體檢察官代表，以全國為單一選區，以秘密、無記名及單記直接選舉產生，每一檢察署以一名代表為限。

⑦ 檢察官人事審議委員會之組成方式、審議對象、程序、決議方式及相關事項之審議規則，由法務部徵詢檢察官人事審議委員會後定之。

第六〇條

檢察官之職權如左：
一　實施偵查、提起公訴、實行公訴、協助自訴、擔當自訴及指揮刑事裁判之執行。
二　其他法令所定職務之執行。

第六一條

檢察官對於法院，獨立行使職權。

第六二條 95

檢察官於其所屬檢察署管轄區域內執行職務。但遇有緊急情形或法律另有規定者，不在此限。

第六三條

① 檢察總長依本法及其他法律之規定，指揮監督該署檢察官及高等

法院以下各級法院及分院檢察署檢察官。

②檢察長依本法及其他法律之規定，指揮監督該署檢察官及其所屬檢察署檢察官。

③檢察官應服從前二項指揮監督長官之命令。

第六三條之一 105

①高等法院以下各級法院及其分院檢察署為辦理重大貪瀆、經濟犯罪、嚴重危害社會秩序案件需要，得借調相關機關之專業人員協助偵查。

②高等法院以下各級法院及其分院檢察署檢察官執行前項職務時，得經臺灣高等法院檢察署檢察長或檢察總長之指定，執行各該審級檢察官之職權，不受第六十二條之限制。

③中華民國一百零五年十一月十八日修正之本條規定，自一百零六年一月一日施行。

第六四條

檢察總長、檢察長得親自處理其所指揮監督之檢察官之事務，並得將該事務移轉於其所指揮監督之其他檢察官處理之。

第六五條

高等法院及地方法院檢察署檢察長，得派本署檢察官兼行其分院檢察署檢察官之職務。

第六六條 99

①最高法院檢察署檢察總長，特任；主任檢察官，簡任第十四職等；檢察官，簡任第十三職等至第十四職等。

②高等法院檢察署檢察長，簡任第十三職等至第十四職等；其分院檢察署檢察長，簡任第十二職等至第十四職等。高等法院及分院檢察署主任檢察官，簡任第十一職等至第十三職等；檢察官，簡任第十職等至第十一職等或薦任第九職等；繼續服務二年以上者，得晉敘至簡任第十二職等至第十四職等。

③地方法院及分院檢察署檢察長，簡任第十職等至第十二職等；主任檢察官，簡任第十職等至第十一職等或薦任第九職等；檢察官，薦任第八職等至第九職等或簡任第十職等至第十一職等；試署檢察官，薦任第七職等至第九職等；候補檢察官，薦任第六職等至第八職等。但直轄市地方法院檢察署檢察長，簡任第十一職等至第十三職等。

④曾任高等法院或其分院檢察署檢察官二年以上，調地方法院或其分院檢察署檢察長、主任檢察官、檢察官者，得晉敘至簡任第十二職等至第十四職等。

⑤第三十四條第二項後段於高等法院及分院檢察署主任檢察官、檢察官準用之。

⑥第二項、第四項之規定，溯自中華民國九十年一月十九日生效。

⑦第十二條第二項至第四項於地方法院及分院檢察署主任檢察官、檢察官準用之；其審查辦法由法務部定之。

⑧最高法院檢察署檢察總長由總統提名，經立法院同意任命之，任

期四年，不得連任。

⑨總統應於前項規定生效後一個月內，向立法院提出最高法院檢察署檢察總長人選。

⑩最高法院檢察署檢察總長除年度預算案及法律案外，無須至立法院列席備詢。

⑪最高法院檢察署檢察總長因故出缺或無法視事時，總統應於三個月內重新提出人選，經立法院同意任命之，其任期重行計算四年，不得連任。

⑫最高法院檢察署檢察總長於任命時具司法官身分者，於卸任時，得回任司法官。

⑬最高法院檢察署檢察總長於任滿前一個月，總統應依第八項規定辦理。

第六六條之一

①法務部得調高等法院以下各級法院及其分院檢察署檢察官或候補檢察官至最高法院檢察署辦事，承檢察官之命，辦理訴訟案件程序之審查、法律問題之分析、資料之蒐集及書類之草擬等事項。

②法務部得調地方法院及其分院檢察署試署檢察官或候補檢察官至高等法院或其分院檢察署辦事，承檢察官之命，協助檢察官辦理訴訟案件程序之審查、法律問題之分析、資料之蒐集及書類之草擬等事項。

③法務部得調候補檢察官至地方法院或其分院檢察署辦事，承實任檢察官之命，協助檢察官辦理訴訟案件程序之審查、法律問題之分析、資料之蒐集及書類之草擬等事項。

④檢察官、試署檢察官或候補檢察官依前三項規定調辦事期間，計入其檢察官、試署檢察官或候補檢察官年資。

第六六條之二 106

①各級法院及其分院檢察署設檢察事務官室，置檢察事務官；檢察事務官在二人以上者，置主任檢察事務官；並得視業務需要分組辦事，各組組長由檢察事務官兼任，不另列等。

②檢察事務官，薦任第七職等至第九職等，第七十三條第一項附表所定第一類地方法院及其分院檢察署之檢察事務官，其中二人得列簡任第十職等；主任檢察事務官，薦任第九職等或簡任第十職等。

第六六條之三

①檢察事務官受檢察官之指揮，處理下列事務：

一　實施搜索、扣押、勘驗或執行拘提。

二　詢問告訴人、告發人、被告、證人或鑑定人。

三　襄助檢察官執行其他第六十條所定之職權。

②檢察事務官處理前項前二款事務，視為刑事訴訟法第二百三十條第一項之司法警察官。

第六六條之四 106

①檢察事務官，應就具有下列資格之一者任用之：

一　經公務人員高等考試或司法人員特種考試相當等級之檢察事務官考試及格者。

二　經律師考試及格，並具有薦任職任用資格者。

三　曾任警察官或法務部調查局調查人員三年以上，成績優良，並具有薦任職任用資格者。

四　具有公立或經立案之私立大學、獨立學院以上學歷，曾任法院或檢察署書記官，辦理民刑事紀錄三年以上，成績優良，具有薦任職任用資格者。

②各級法院及其分院檢察署為辦理陸海空軍刑法或其他涉及軍事、國家與社會安全及相關案件需要，得借調國防部所屬軍法官資格三年以上之人員，辦理檢察事務官事務，並準用前條第二項規定。借調期間不得逾四年，其借調方式、年資、待遇、給與、考績、獎懲及相關事項之辦法，由法務部會同國防部定之。

③主任檢察事務官，應就具有檢察事務官及擬任職等任用資格，並具有領導才能者遴任之。

④具律師執業資格者任檢察事務官期間，計入其律師執業年資。

第六七條 106

①地方法院及分院檢察署設觀護人室，置觀護人、臨床心理師及佐理員。觀護人在二人以上者，置主任觀護人；在六人以上者，得分組辦事，組長由觀護人兼任，不另列等。

②觀護人，薦任第七職等至第九職等，第七十三條第一項所定第一類地方法院及其分院檢察署之觀護人，其中二人得列簡任第十職等；主任觀護人，薦任第九職等或簡任第十職等；臨床心理師，列師（三）級；佐理員，委任第四職等至第五職等，其中二分之一得列薦任第六職等。

第六八條

①高等法院以下各級法院及其分院檢察署，置法醫師，法醫師在二人以上者，置主任法醫師。法醫師，薦任第七職等至第九職等；主任法醫師，薦任第九職等或簡任第十職等。但地方法院及其分院檢察署法醫師得列委任第五職等。

②高等法院以下各級法院及其分院檢察署，置檢驗員，委任第三職等至第五職等或薦任第六職等至第八職等。

第六九條 94

①第二十二條、第二十三條第三項、第三十八條、第五十二條之規定，於地方法院或其分院檢察署、高等法院或其分院檢察署、最高法院檢察署分別準用之。

②高等法院以下各級法院及其分院檢察署，得設執行科，掌理關於刑事執行事務，並得分股辦事。科長由一等書記官兼任；股長由一等書記官或二等書記官兼任，均不另列等。

③高等法院或其分院檢察署，得設所務科，掌理關於監督看守所及少年觀護所之行政事務，並得分股辦事。置科長一人，薦任第九職等；科員，委任第五職等或薦任第六職等至第七職等；書記，

委任第一職等至第三職等；股長由薦任科員兼任，不另列等。

第七○條 94

① 最高法院檢察署、高等法院及分院檢察署置一等通譯，薦任第八職等至第九職等；二等通譯，薦任第六職等至第七職等；三等通譯，委任第四職等至第五職等；技士，委任第五職等或薦任第六職等至第七職等。

② 地方法院及分院檢察署置一等通譯，薦任第七職等至第八職等；二等通譯，薦任第六職等至第七職等；三等通譯，委任第四職等至第五職等；技士，委任第五職等或薦任第六職等至第七職等。

③ 前二項一等通譯、二等通譯總額，不得逾同一檢察署一等通譯、二等通譯、三等通譯總額二分之一。

第七一條 94

各級法院及分院檢察署置錄事，委任第一職等至第三職等。

第七二條

第二十四條至第二十六條、第四十條至第四十二條、第五十四條至第五十六條之規定，於地方法院或其分院檢察署、高等法院或其分院檢察署、最高法院檢察署分別準用之。

第七三條 94

① 地方法院或其分院檢察署之類別及員額，依附表之規定。

② 各地方法院或其分院檢察署應適用之類別及其變更，由行政院定之。

第七四條 94

① 高等法院或其分院檢察署之類別及員額，依附表之規定。

② 高等法院或其分院檢察署應適用之類別及其變更，由行政院定之。

第七五條 94

最高法院檢察署員額，依附表之規定。

第七六條

檢察官得調度司法警察，法官於辦理刑事案件時，亦同。

調度司法警察條例另定之。

第六章 司法年度及事務分配

第七七條

司法年度，每年自一月一日起至十二月三十一日止。

第七八條

各級法院及分院與各級法院及分院檢察署之處務規程，分別由司法院與法務部定之。

第七九條 100

① 各級法院及分院於每年度終結前，由院長、庭長、法官舉行會議，按照本法、處務規程及其他法令規定，預定次年度司法事務之分配及代理次序。

② 辦理民事、刑事、行政訴訟及其他特殊專業類型案件之法官，其

年度司法事務分配辦法，由司法院另定之。

③第一項會議並應預定次年度關於合議審判時法官之配置。

第八○條

前條會議，以院長爲主席，其決議以過半數之意見定之，可否同數時，取決於主席。

第八一條

事務分配、代理次序及合議審判時法官之配置，經預定後，因案件或法官增減或他項事故，有變更之必要時，得由院長徵詢有關庭長、法官意見後定之。

第八二條

①地方法院及其分院法官因事故不能執行職務時，得由地方法院院長命候補法官暫代其職務。

②高等法院或地方法院法官因事故不能執行職務時，得由高等法院或地方法院院長調用其分院法官暫代其職務。

③高等法院及其分院法官因事故不能執行職務時，得由高等法院院長調用地方法院或其分院法官暫代其職務。

④最高法院法官因事故不能執行職務時，得由最高法院院長商調高等法院或其分院法官暫代其職務。

⑤前二項暫代其職務之期間，不得逾六個月。

第八三條 107

①各級法院及分院應定期出版公報或以其他適當方式，公開裁判書。但其他法律另有規定者，依其規定。

②前項公開，除自然人之姓名外，得不含自然人之身分證統一編號及其他足資識別該個人之資料。

③高等法院以下各級法院及其分院檢察署，應於第一審裁判書公開後，公開起訴書，並準用前二項規定。

第七章　法庭之開閉及秩序

第八四條

①法庭開庭，於法院內爲之。但法律別有規定者，不在此限。

②法院內開庭時，在法庭實施訴訟程序之公務員及依法執行職務之人、訴訟當事人與訴訟關係人，均應設置席位；其席位布置，應依當事人平等之原則爲之。

③除參與審判之法官或經審判長許可者外，在庭之人陳述時，起立，陳述後復坐。

④審判長蒞庭及宣示判決時，在庭之人均應起立。

⑤法庭席位布置及旁聽規則，由司法院定之。

第八五條

①高等法院以下各級法院或分院於必要時，得在管轄區域內指定地方臨時開庭。

②前項情形，其法官除就本院法官中指派者外，得以所屬分院或下級法院法官充之。

③第一項臨時開庭辦法，由司法院定之。

第八六條

訴訟之辯論及裁判之宣示，應公開法庭行之。但有妨害國家安全、公共秩序或善良風俗之虞時，法院得決定不予公開。

第八七條

①法庭不公開時，審判長應將不公開之理由宣示。

②前項情形，審判長仍得允許無妨礙之人旁聽。

第八八條

審判長於法庭之開閉及審理訴訟，有指揮之權。

第八九條

法庭開庭時，審判長有維持秩序之權。

第九〇條 104

①法庭開庭時，應保持肅靜，不得有大聲交談、鼓掌、攝影、吸煙、飲食物品及其他類似之行為。

②法庭開庭時，除法律另有規定外，應予錄音。必要時，得予錄影。

③在庭之人非經審判長許可，不得自行錄音、錄影；未經許可錄音、錄影者，審判長得命其消除該錄音、錄影內容。

④前項處分，不得聲明不服。

第九〇條之一 104

①當事人及依法得聲請閱覽卷宗之人，因主張或維護其法律上利益，得於開庭翌日起至裁判確定後六個月內，繳納費用聲請法院許可交付法庭錄音或錄影內容。但經判處死刑、無期徒刑或十年以上有期徒刑之案件，得於裁判確定後二年內聲請。

②前項情形，依法令得不予許可或限制聲請閱覽、抄錄或攝影卷內文書者，法院得不予許可或限制交付法庭錄音或錄影內容。

③第一項情形，涉及國家機密者，法院得不予許可或限制交付法庭錄音或錄影內容；涉及其他依法令應予保密之事項者，法院得限制交付法庭錄音或錄影內容。

④前三項不予許可或限制交付內容之裁定，得為抗告。

第九〇條之二 104

法庭錄音、錄影內容，應保存至裁判確定後二年，始得除去其錄音、錄影。但經判處死刑或無期徒刑確定之案件，其保存期限依檔案法之規定。

第九〇條之三 104

前條所定法庭之錄音、錄影及其利用保存等相關事項之辦法，由司法院定之。

第九〇條之四 104

①持有法庭錄音、錄影內容之人，就所取得之錄音、錄影內容，不得散布、公開播送，或為非正當目的之使用。

②違反前項之規定者，由行為人之住所、居所，或營業所、事務所所在地之地方法院處新臺幣三萬元以上三十萬元以下罰鍰。但其

他法律另有特別規定者，依其規定。

③前項處罰及救濟之程序，準用相關法令之規定。

第九一條

①有妨害法庭秩序或其他不當行爲者，審判長得禁止其進入法庭或命其退出法庭，必要時得命看管至閉庭時。

②前項處分，不得聲明不服。

③前二項之規定，於審判長在法庭外執行職務時準用之。

第九二條

律師在法庭代理訴訟或辯護案件，其言語行動如有不當，審判長得加以警告或禁止其開庭當日之代理或辯護。非律師而爲訴訟代理人或辯護人者，亦同。

第九三條 104

審判長爲第九十條第三項、第九十一條及第九十二條之處分時，應命記明其事由於筆錄。

第九四條

第八十四條至第九十三條有關審判長之規定，於受命法官、受託法官執行職務時準用之。

第九五條 104

違反審判長、受命法官、受託法官所發維持法庭秩序之命令，致妨害法院執行職務，經制止不聽者，處三月以下有期徒刑、拘役或新臺幣三萬元以下罰金。

第九六條

①法官及書記官在法庭執行職務時，應服制服，檢察官、公設辯護人及律師在法庭執行職務時，亦同。

②前項人員之服制，由司法院會同行政院定之。

第八章　法院之用語

第九七條

法院爲審判時，應用國語。

第九八條 104

訴訟當事人、證人、鑑定人及其他有關係之人，如有不通曉國語者，由通譯傳譯之；其爲聽覺或語言障礙者，除由通譯傳譯外，並得依其選擇以文字訊問，或命以文字陳述。

第九九條 104

訴訟文書應用我國文字。但有供參考之必要時，應附記所用之方言或外國語文。

第一○○條

前三條之規定，於辦理檢察事務時準用之。

第九章　裁判之評議

第一○一條

合議裁判案件，應依本法所定法官人數評議決定之。

第一○二條

裁判之評議，以審判長爲主席。

第一○三條

裁判之評議，於裁判確定前均不公開。

第一○四條

評議時法官應各陳述意見，其次序以資淺者爲先，資同以年少者爲先，遞至審判長爲終。

第一○五條

①評議以過半數之意見決定之。

②關於數額，如法官之意見分三說以上，各不達過半數時，以最多額之意見順次算入次多額之意見，至達過半數爲止。

③關於刑事，如法官之意見分三說以上，各不達過半數時，以最不利於被告之意見順次算入次不利於被告之意見，至達過半數爲止。

第一○六條

①評議時各法官之意見應記載於評議簿，並應於該案裁判確定前嚴守秘密。

②案件之當事人、訴訟代理人、辯護人或曾爲輔佐人，得於裁判確定後聲請閱覽評議意見。但不得抄錄、攝影或影印。

第十章　司法上之互動

第一○七條

法院處理事務，應互相協助。

第一○八條

檢察官執行職務，應互相協助。

第一○九條

書記官於權限內之事務，應互相協助，觀護人、執達員、法警，亦同。

第十一章　司法行政之監督

第一一○條

各級法院行政之監督，依左列規定：

一　司法院院長監督各級法院及分院。

二　最高法院院長監督該法院。

三　高等法院院長監督該法院及其分院與所屬地方法院及其分院。

四　高等法院分院院長監督該分院與轄區內地方法院及其分院。

五　地方法院院長監督該法院及其分院。

六　地方法院分院院長監督該分院。

第一一一條

各級法院檢察署行政之監督，依左列之規定：

一　法務部部長監督各級法院及分院檢察署。

二　最高法院檢察署檢察總長監督該檢察署。

三　高等法院檢察署檢察長監督該檢察署及其分院檢察署與所屬地方法院及其分院檢察署。

四　高等法院分院檢察署檢察長監督該檢察署與轄區內地方法院及其分院檢察署。

五　地方法院檢察署檢察長監督該檢察署及其分院檢察署。

六　地方法院分院檢察署檢察長監督該檢察署。

第一一二條

依前二條規定有監督權者，對於被監督之人員得為左列處分：

一　關於職務上之事項，得發命令使之注意。

二　有廢弛職務，侵越權限或行為不檢者，加以警告。

第一一三條

被監督之人員，如有前條第二款情事，而情節較重或經警告不悛者，監督長官得依公務員懲戒法辦理。

第一一四條

本章之規定，不影響審判權之行使。

第一一四條之一 94

各級法院及各級法院檢察署原依雇員管理規則進用之現職執達員、法警、錄事、庭務員、雇員，其未具公務人員任用資格者，得占用原職之職缺，繼續僱用至離職時為止。

第一一四條之二 107

本法及其他法律所稱地方法院檢察署、高等法院檢察署、最高法院檢察署、高等法院及其分院檢察署、高等法院檢察署智慧財產分署、高等法院以下各級法院及其分院檢察署、地方法院及其分院檢察署、各級法院及分院檢察署，自本法中華民國一百零七年五月八日修正條文施行之日起，分別改稱為地方檢察署、高等檢察署、最高檢察署、高等檢察署及其檢察分署、高等檢察署智慧財產檢察分署、高等檢察署以下各級檢察署及其檢察分署、地方檢察署及其檢察分署、各級檢察署及檢察分署。

第十二章　附　則

第一一五條 108

①本法自公布日施行。

②中華民國一百零七年十二月七日修正之條文，自公布後六個月施行。

法官法

①民國100年7月6日總統令制定公布全文103條；除第五章法官評鑑自公布後半年施行、第78條自公布後三年六個月施行外，自公布後一年施行。

②民國108年7月17日總統令修正公布第2、4、5、7、9、30、33～37、39～41、43、47、48、49、50、51、52、55、56、58、59、61～63、69、76、79、89、103條條文；增訂第41-1、41-2、48-1～48-3、50-1、59-1～59-6、63-1、68-1、101-1～101-3條條文；並刪除第31條條文；除第2、5、9、31、43、76、79、101-3條自公布日施行者外，餘自公布後一年施行。

③民國109年6月10日總統令修正公布第2、4、5、20、23、47、48、48-2、59-5、63-1、72、78、80、89條條文。

④民國110年1月20日總統令修正公布第87、88條條文。

第一章 總　則

第一條
①為維護法官依法獨立審判，保障法官之身分，並建立法官評鑑機制，以確保人民接受公正審判之權利，特制定本法。

②法官與國家之關係為法官特別任用關係。

③本法未規定者，適用其他法律之規定。

第二條 109
①本法所稱法官，指下列各款之人員：
一　司法院大法官。
二　懲戒法院法官。
三　各法院法官。

②前項第三款所稱之法官，除有特別規定外，包括試署法官、候補法官。

③本法所稱之法院及院長，除有特別規定外，包括懲戒法院及其院長。

④本法所稱司法行政人員，指於司法院及法官學院辦理行政事項之人員。

第三條
本法之規定，與司法院大法官依據憲法及法律所定不相容者，不適用於司法院大法官。

第四條 109
①司法院設人事審議委員會，依法審議法官之任免、轉任、解職、遷調、考核、獎懲、專業法官資格之認定或授與、第十一條所規定之延任事項及其他法律規定應由司法院人事審議委員會審議之

事項。

②前項委員會，以司法院院長爲當然委員並任主席，除第一款委員外，其他委員任期一年，得連任一次，名額及產生之方式如下：

一　司法院院長指定十一人。

二　法官代表十二人：最高法院法官代表一人、最高行政法院法官及懲戒法院法官代表一人、高等法院法官代表二人、高等行政法院及智慧財產及商業法院法官代表一人、地方法院及少年及家事法院法官代表七人，由各級法院法官互選之。

三　學者專家三人：由法務部、全國律師聯合會各推舉檢察官、律師以外之人三人，送司法院院長遴聘。

③學者專家對法官之初任、再任、轉任、解職、免職、獎懲、候補、試署法官予以試署、實授之審查及第十一條所規定之延任事項，有表決權；對其餘事項僅得列席表示意見，無表決權。

④曾受懲戒者，不得擔任第二項之法官代表。

⑤司法院爲向司法院人事審議委員會提出人事議案所設置之各種委員會，其委員會成員應有法官、學者專家、律師或檢察官代表之參與。

⑥司法院人事審議委員會委員之資格條件、產生方式等有關事項之辦法，及其審議規則，由司法院定之。但審議規則涉及法官任免、考績、級俸、遷調及褒獎之事項者，由司法院會同考試院定之。

第二章　法官之任用

第五條 109

①高等法院以下各法院之法官，應就具有下列資格之一者任用之：

一　經法官、檢察官考試及格，或曾實際執行律師業務三年以上且具擬任職務任用資格。但以任用於地方法院法官爲限。

二　曾任實任檢察官。

四　曾任公設辯護人六年以上。

五　曾實際執行律師業務六年以上，具擬任職務任用資格。

六　公立或經立案之私立大學、獨立學院法律學系或其研究所畢業，曾任教育部審定合格之大學或獨立學院專任教授、副教授或助理教授合計六年以上，講授主要法律科目二年以上，有法律專門著作，具擬任職務任用資格。

七　公立或經立案之私立大學、獨立學院法律學系或其研究所畢業，曾任中央研究院研究員、副研究員或助理研究員合計六年以上，有主要法律科目之專門著作，具擬任職務任用資格。

②高等行政法院之法官，應就具有下列資格之一者任用之：

一　曾任實任法官。

二　曾任實任檢察官。

三　曾任法官、檢察官職務並任公務人員合計八年以上。

四　曾實際執行行政訴訟律師業務八年以上，具擬任職務任用資

　　格。

五　公立或經立案之私立大學、獨立學院法律、政治、行政學系
　　或其研究所畢業，曾任教育部審定合格之大學或獨立學院專
　　任教授、副教授或助理教授合計八年以上，講授憲法、行政
　　法、商標法、專利法、租稅法、土地法、公平交易法、政府
　　採購法或其他行政法課程五年以上，有上述相關之專門著
　　作，具擬任職務任用資格。

六　中央研究院研究員、副研究員或助研究員合計八年以上，有
　　憲法、行政法之專門著作，具擬任職務任用資格。

七　公立或經立案之私立大學、獨立學院法律、政治、行政學系
　　或其研究所畢業，曾任簡任公務人員，辦理機關之訴願或法
　　制業務十年以上，有憲法、行政法之專門著作。

③最高法院、最高行政法院之法官及懲戒法院之法官，除法律另有
　規定外，應就具有下列資格之一者任用之：

一　曾任司法院大法官，具擬任職務任用資格。

二　曾任懲戒法院法官。

三　曾任實任法官十二年以上。

四　曾任實任檢察官十二年以上。

五　曾實際執行律師業務十八年以上，具擬任職務任用資格。

六　公立或經立案之私立大學、獨立學院法律學系或其研究所畢
　　業，曾任教育部審定合格之大學或獨立學院專任教授十年以
　　上，講授主要法律科目五年以上，有法律專門著作，具擬任
　　職務任用資格。

七　公立或經立案之私立大學、獨立學院法律學系或其研究所畢
　　業，曾任中央研究院研究員十年以上，有主要法律科目之專
　　門著作，具擬任職務任用資格。

④第一項第六款、第七款及第三項第六款、第七款所稱主要法律科
　目，指憲法、民法、刑法、國際私法、商事法、行政法、民事訴
　訟法、刑事訴訟法、行政訴訟法、強制執行法、破產法及其他經
　考試院指定為主要法律科目者而言。

⑤第一項第六款、第七款、第二項第五款、第六款及第三項第六
　款、第七款之任職年資，分別依各項之規定合併計算。

⑥其他專業法院之法官任用資格另以法律定之。

⑦未具擬任職務任用資格之大法官、律師、教授、副教授、助理教
　授及中央研究院研究員、副研究員、助研究員，其擬任職務任用
　資格取得之考試，得採筆試、口試及審查著作發明、審查知能有
　關學歷、經歷證明之考試方式行之，其考試辦法由考試院定之。

⑧經依前項通過擬任職務任用資格考試及格者，僅取得參加由考試
　院委託司法院依第七條辦理之法官遴選之資格。

⑨司法院為辦理前項法官遴選，其遴選標準、遴選程序、被遴選人
　員年齡限制及其他應遵行事項之辦法，由司法院會同考試院定
　之。

第六條

具有下列情事之一者，不得任法官：

一　依公務人員任用法之規定，不得任用為公務人員。

二　因故意犯罪，受有期徒刑以上刑之宣告確定，有損法官職位之尊嚴。

三　曾任公務員，依公務員懲戒法或相關法規之規定，受撤職以上處分確定。

四　曾任公務員，依公務人員考績法或相關法規之規定，受免職處分確定。但因監護宣告受免職處分，經撤銷監護宣告者，不在此限。

五　受破產宣告，尚未復權。

六　曾任民選公職人員離職後未滿三年。但法令另有規定者，不在此限。

第七條 108

①初任法官者除因法官、檢察官考試及格直接分發任用外，應經遴選合格。曾任法官因故離職後申請再任者，亦同。

②司法院設法官遴選委員會，掌理前項法官之遴選及其他法律規定辦理之事務。

③前項遴選委員會，以司法院院長為當然委員，其他委員任期二年，得連任一次，名額及產生之方式如下：

一　考試院代表一人：由考試院推派。

二　法官代表七人：由司法院院長提名應選名額三倍人選，送請司法院人事審議委員會從中審定應選名額二倍人選，交法官票選。

三　檢察官代表一人：由法務部推舉應選名額三倍人選，送請司法院院長從中提名應選名額二倍人選，辦理檢察官票選。

四　律師代表三人：由律師公會全國聯合會、各地律師公會各別推舉應選名額三倍人選，送請司法院院長從中提名應選名額二倍人選，辦理全國性律師票選。

五　學者及社會公正人士共六人：學者應包括法律、社會及心理學專長者，由司法院院長遴聘。

④第二項委員會由司法院院長召集並擔任主席；其因故不能召集或主持會議時，由其指定之委員代理之。委員會之決議，應以委員總人數三分之二以上出席，出席委員過半數之同意行之。

⑤前項總人數，應扣除任期中解職、死亡致出缺之人數，但不得低於十二人。

⑥遴選委員會之審議規則，由司法院定之。

⑦法官遴選委員會委員任一性別不得少於三分之一。

⑧遴選委員之資格條件、票選程序及委員出缺之遞補等相關事項之辦法，由司法院、行政院、律師公會全國聯合會分別定之，並各自辦理票選。

第八條

① 司法院法官遴選委員會遴選法官，應審酌其操守、能力、身心狀態、敬業精神、專長及志願。

② 已具擬任職務任用資格之法官之遴選，其程序、法官年齡限制等有關事項之辦法，由司法院定之。

③ 經遴選為法官者，應經研習；其研習期間、期間縮短或免除、實施方式、津貼、費用、請假、考核、獎懲、研習資格之保留或廢止等有關事項之辦法，由司法院定之。

第九條 108

① 具第五條第一項第一款資格經遴選者，為候補法官，候補期間五年，候補期滿審查及格者，予以試署，試署期間一年。因法官、檢察官考試及格直接分發任用為法官者，亦同。

② 具第五條第一項第四款至第七款、第二項第三款至第七款資格經遴選者，為試署法官，試署期間二年；曾任法官、檢察官並任公務人員合計十年以上或執行律師業務十年以上者，試署期間一年。

③ 第一項候補法官於候補期間，輪辦下列事務。但司法院得視實際情形予以調整之：

一　調至上級審法院辦理法院組織法第三十四條第三項、行政法院組織法第十條第五項之事項，期間為一年。

二　充任地方法院合議案件之陪席法官及受命法官，期間為二年。

三　獨任辦理地方法院少年案件以外之民刑事有關裁定案件、民刑事簡易程序案件、民事小額訴訟程序事件或刑事簡式審判程序案件，期間為二年。

④ 候補法官於候補三年起，除得獨任辦理前項第三款事務外，並得獨任辦理刑事訴訟法第三百七十六條第一款、第二款所列之罪之案件。

⑤ 候補法官應依第三項各款之次序輪辦事務，但第一款與第二款之輪辦次序及其名額分配，司法院為業務需要，得調整之；第二款、第三款之輪辦次序，各法院為業務需要得調整之。

⑥ 對於候補法官、試署法官，應考核其服務成績；候補、試署期滿時，應陳報司法院送請司法院人事審議委員會審查。審查及格者，予以試署、實授；不及格者，應於二年內再予考核，報請審查，仍不及格時，停止其候補、試署並予以解職。

⑦ 前項服務成績項目包括學識能力、敬業精神、裁判品質、品德操守及身心健康情形。

⑧ 司法院人事審議委員會為服務成績之審查時，應徵詢法官遴選委員會意見；為不及格之決定前，應通知受審查之候補、試署法官陳述意見。

⑨ 司法院為審查候補、試署法官裁判或相關書類，應組成審查委員會，其任期、審查標準等由司法院另定之。

⑩候補、試署法官，於候補、試署期間辦理之事務、服務成績考核及再予考核等有關事項之辦法，由司法院定之。

第一○條

①法官之遷調改任，應本於法官自治之精神辦理；其資格、程序、在職研習及調派辦事等有關事項之辦法，由司法院會同考試院定之。

②各法院庭長之遴任，其資格、程序等有關事項之辦法，由司法院定之。

第一一條

①高等法院以下各法院及高等行政法院、其他專業法院院長、庭長之任期為三年，得連任一次。但司法院認為確有必要者，得再延任之，其期間以三年為限。

②前項院長不同審級之任期，應合併計算。司法院每年應對前項院長之品德、操守、執行職務之能力及參與審判工作之努力等事項，徵詢該院法官意見，並得參酌徵詢結果，對任期向未屆滿者免兼院長職務。

③第一項庭長同審級之任期，應合併計算。其任期屆滿連任前，司法院應徵詢該庭長曾任職法院法官之意見。

④司法院於庭長任期中，如發現有具體事證，足認其有不適任庭長之情事者，得對其免兼庭長職務。

⑤院長及庭長之調任、連任、延任、免兼等有關事項之辦法，由司法院定之。

第一二條

①法官之任用，準用公務人員相關規定先派代理，並應送請銓敘部銓敘審定，經銓敘審定合格者，呈請總統任命。銓敘審定不合格者，應即停止其代理。

②法官於任用前有第六條所列各款情事之一，或不合各該審級法官任用資格者，撤銷其任用或該審級法官之任用資格。

③第一項代理之停止及前項任用之撤銷，不影響其在任時職務行為之效力；業已依規定支付之給與，不予追還。

第三章　法官之司法倫理與監督

第一三條

①法官依據憲法及法律，本於良心，超然、獨立、公正審判，不受任何干涉。

②法官應遵守法官倫理規範，其內容由司法院徵詢全國法官代表意見定之。

第一四條

法官於就職時應依法宣誓，其誓詞如下：「余誓以至誠，接受國家任命，恪遵憲法及法律之規定，秉持超然獨立之精神，公正廉明，勤奮謹慎，執行法官職務，如違誓言，願受最嚴厲之制裁。謹誓。」

第一五條

① 法官於任職期間不得參加政黨、政治團體及其活動，任職前已參加政黨、政治團體者，應退出之。

② 法官參與各項公職人員選舉，應於各該公職人員任期屆滿一年以前，或參與重行選舉、補選及總統解散立法院後辦理之立法委員選舉，應於辦理登記前，辭去其職務或依法退休、資遣。

③ 法官違反前項規定者，不得登記爲公職人員選舉之候選人。

第一六條

法官不得兼任下列職務或業務：

一　中央或地方各級民意代表。

二　公務員服務法規所規定公務員不得兼任之職務。

三　司法機關以外其他機關之法規、訴願審議委員會委員或公務人員保障暨培訓委員會委員。

四　各級私立學校董事、監察人或其他負責人。

五　其他足以影響法官獨立審判或與其職業倫理、職位尊嚴不相容之職務或業務。

第一七條

法官兼任前條以外其他職務者，應經其任職機關同意；司法院大法官、各級法院院長及機關首長應經司法院同意。

第一八條

① 法官不得爲有損其職位尊嚴或職務信任之行爲，並應嚴守職務上之秘密。

② 前項守密之義務，於離職後仍應遵守。

第一九條

① 法官於其獨立審判不受影響之限度內，受職務監督。職務監督包括制止法官違法行使審判權、糾正法官不當言行及督促法官依法迅速執行職務。

② 法官認職務監督危及其審判獨立時，得請求職務法庭撤銷之。

第二〇條 109

法官之職務監督，依下列規定：

一　司法院院長監督各法院法官及懲戒法院法官。

二　最高法院院長監督該法院法官。

三　最高行政法院院長監督該法院法官。

四　懲戒法院院長監督該法院法官。

五　高等法院院長監督該法院及其分院與所屬地方法院及其分院法官。

六　高等法院分院院長監督該分院與轄區內地方法院及其分院法官。

七　高等行政法院院長監督該法院及其分院法官。

八　高等行政法院分院院長監督該分院法官。

九　專業法院院長監督該法院法官。

十　地方法院院長監督該法院及其分院法官。

十一　地方法院分院院長監督該分院法官。

第二一條

①前條所定職務監督權人，對於被監督之法官得爲下列處分：

一　關於職務上之事項，得發命令促其注意。

二　違反職務上之義務、怠於執行職務或言行不檢者，加以警告。

②基於保障人民之訴訟權及服公職權益，各法院或分院院長，得對該院法官遲延未結之案件，提經法官會議決議改分同院其他法官辦理，或爲其他適當之處理。

第二二條

①被監督之法官有前條第一項第二款之情事，情節重大者，第二十條所定職務監督權人得以所屬機關名義，請求法官評鑑委員會評鑑，或移由司法院依第五十一條第二項、第三項規定辦理。

②被監督之法官有前條第一項第二款之情事，經警告後一年內再犯，或經警告累計達三次者，視同情節重大。

第二三條 109

①司法院大法官爲強化自律功能，應就自律事項、審議程序、決議之作成及處分種類等有關事項，訂定司法院大法官自律實施辦法。

②前項辦法經司法院大法官現有總額三分之二以上之出席及出席人數三分之二以上之決議訂定之；修正時亦同。

③司法院應就懲戒法院法官及各法院法官之自律事項、審議程序、決議之作成及處分種類等有關事項，訂定各級法院法官自律實施辦法。

第四章　法官會議

第二四條

①各法院及其分院設法官會議，議決下列事項：

一　依法律及司法院所定事務分配辦法，預定次年度司法事務分配、代理次序及合議審判時法官之配置事項。

二　辦理法官考核之建議事項。

三　第二十一條所定對法官爲監督處分之建議事項。

四　其他與法官權利義務有重大影響之建議事項。

②前項第一款之議決對象，不包括調至他機關辦事之法官。

③法官年度司法事務分配後，因案件增減或他項事由，有變更之必要時，得由院長徵詢有關庭長、法官之意見後定之。但遇有法官分發調動，而有大幅變更法官司法事務分配之必要時，應以法官會議議決。

④院長認爲法官會議關於第一項第一款或第三項但書決議事項所爲決議有違背法令之情事，應於決議後五日內以書面附具理由，交法官會議復議。復議如經三分之二以上法官之出席及出席人數四分之三以上之同意維持原決議時，院長得於復議決議後五日內聲

請職務法庭宣告其決議違背法令。

⑤法官會議關於第一項第一款或第三項但書議決事項所爲決議經職務法庭宣告爲違背法令者，其決議無效。法官會議自發交復議日起十五日內未議決，或未作成前項維持原決議之議決者，其原決議失其效力。

⑥前項情形，院長得提出事務分配方案以代原決議。

⑦職務法庭審理第四項之聲請案件，得不經言詞辯論，並應於受理後三十日內爲裁定。

⑧院長認爲法官會議就第一項第二款至第四款所列建議事項之決議違背法令或窒礙難行時，應拒絕之，並於一個月內，以書面或其他適當方式說明之。

第二五條

①法官會議由全體實際辦案之法官組成，以院長爲主席，每半年召開一次，無議案時，得不召開。必要時，亦得由院長或五分之一以上之法官提議，加開臨時會。

②法官會議之決議，除前條第四項之復議外，應以過半數法官之出席及出席人數過半數以上之同意行之，可否同數時，取決於主席；法官因故不能出席時，得出具委託書委託其他法官代理出席，但每一法官受託代理以一人爲限。

③委託代理出席人數，不得逾前項出席人數三分之一。

第二六條

①法官會議得組成法官司法事務分配小組或其他小組，研擬第二十四條第一項各款所列事項之意見，並提出法官會議議決。

②前項事務分配小組遇有第二十四條第三項但書情形時，亦得預擬事務分配方案，提出法官會議議決。

③前二項事務分配方案，應顧及審判業務之需要、承辦法官之專業、職務之穩定及負擔之公平。

④第一項小組由法官代表組成，任期一年；其人數及得否連任由法官會議議決。

⑤前項法官代表，除院長爲當然代表外，其餘三分之一由院長指定，另三分之二依法官會議議決之方式產生。

第二七條

前條法官代表，因調職或其他事由無法執行職務時，依其產生之方式，分別遞補，任期接續原代表任期計算。

第二八條

法官司法事務分配小組會議，由院長或其指定之人擔任主席，其決議以法官代表三分之二以上出席，出席人數二分之一以上同意行之。可否同數時，取決於主席。

第二九條

法官會議之議事規則、決議及建議之執行、司法事務分配小組或其他小組之組成及運作等有關事項之辦法，由司法院定之。

第五章　法官評鑑

第三〇條 108

① 司法院設法官評鑑委員會，掌理法官之評鑑。

② 法官有下列各款情事之一者，應付個案評鑑：

一　裁判確定後或自第一審繫屬日起已逾六年未能裁判確定之案件，有事實足認因故意或重大過失，致審判案件有明顯違誤，而嚴重侵害人民權益。

二　有第二十一條第一項第二款情事，情節重大。

三　違反第十五條第二項、第三項規定。

四　違反第十五條第一項、第十六條或第十八條規定，情節重大。

五　違反辦案程序規定或職務規定，情節重大。

六　無正當理由遲延案件之進行，致影響當事人權益，情節重大。

七　違反法官倫理規範，情節重大。

③ 適用法律之見解，不得據為法官個案評鑑之事由。

第三一條 （刪除）108

第三二條

① 司法院應每三年一次進行各級法院之團體績效評比，其結果應公開，並作為各級法院首長職務評定之參考。

② 前項評比之標準、項目及方式，由司法院定之。

第三三條 108

① 法官評鑑委員會由法官三人、檢察官一人、律師三人、學者及社會公正人士六人組成；評鑑委員任期為二年，得連任一次。

② 評鑑委員有下列各款情形之一者，應自行迴避，不得執行職務：

一　評鑑委員或其配偶、前配偶或未婚配偶，為評鑑事件所涉個案之當事人。

二　評鑑委員為受評鑑法官、請求人八親等內之血親或五親等內之姻親，或曾有此親屬關係。

三　評鑑委員或其配偶、前配偶或未婚配偶，就評鑑事件所涉個案，與當事人有共同權利人、共同義務人或償還義務人之關係。

四　評鑑委員於評鑑事件所涉個案，現為或曾為當事人之代理人、辯護人、輔佐人或家長、家屬。

五　評鑑委員於評鑑事件所涉個案，曾為證人或鑑定人。

六　評鑑委員曾參與評鑑事件之法官自律程序。

七　評鑑委員現受任或三年內曾受任辦理受評鑑法官所承辦之各類案件。

③ 遇有下列各款情形，請求人或受評鑑法官得聲請評鑑委員迴避：

一　評鑑委員有前項所定之情形而不自行迴避者。

二　評鑑委員有前項所定以外之情形，足認其執行職務有偏頗之

　　虞者。

④法官評鑑委員會如認評鑑委員有應自行迴避之原因，或受前項之聲請，應爲迴避與否之決議。但被聲請迴避之評鑑委員，不得參與該決議。

⑤前項決議，不得聲明不服。

第三四條 108

①評鑑委員產生之方式如下：

一　法官代表由全體法官票選之。

二　檢察官代表由全體檢察官票選之。

三　律師代表，由各地律師公會各別推舉一人至三人，由律師公會全國聯合會辦理全國性律師票選。

四　學者及社會公正人士，由法務部、律師公會全國聯合會各推舉法官、檢察官、律師以外之人六人，送司法院院長遴聘。

②有下列情形之一者，不得擔任前項委員：

一　各級法院及其分院之現任院長。

二　各級檢察署及其檢察分署之現任檢察長。

三　全國性及各地方律師公會之現任理事長。

四　前項第一款及第二款以外之公務人員。但公立各級學校及學術研究機構之教學、研究人員不在此限。

五　政黨黨務工作人員。

③司法院院長遴聘第一項第四款之委員時，任一性別不得少於三分之一。

④評鑑委員之資格條件、票選程序及委員出缺之遞補等有關事項之辦法，由司法院、行政院、律師公會全國聯合會分別定之。

第三五條 108

①法官有第三十條第二項各款情事之一者，下列人員或機關、團體認爲有個案評鑑之必要時，得請求法官評鑑委員會進行個案評鑑：

一　受評鑑法官所屬機關法官三人以上。

二　受評鑑法官所屬機關、上級機關或所屬法院對應設置之檢察署。

三　受評鑑法官所屬法院管轄區域之律師公會或全國性律師公會。

四　受評鑑法官所承辦已終結案件檢察官以外之當事人或犯罪被害人。

②就第三十條第二項各款情事，法官認有澄清之必要時，得陳請所屬機關請求法官評鑑委員會個案評鑑之。

③前二項請求，應提出書狀及繕本，記載下列各款事項，並檢附相關資料：

一　請求人之姓名及住所或居所、所屬機關名稱；請求人爲機關、團體者，其名稱、代表人姓名及機關、團體所在地。

二　受評鑑法官之姓名及所屬或評鑑事實發生機關名稱。

三　與第三十條第二項各款所列情事有關之具體事實。

四　請求評鑑之日期。

④個案評鑑事件之請求有下列情形之一者，法官評鑑委員會應決定不予受理：

一　無具體之內容或未具真實姓名或住址。

二　同一事由，經法官評鑑委員會決議不付評鑑後仍一再請求。

⑤個案評鑑事件之請求，應先依前項及第三十七條規定審查有無應不予受理或不付評鑑之情事，不得逕予調查或通知受評鑑法官陳述意見。

⑥法官評鑑委員會審議個案評鑑事件，為確定違失行為模式之必要，或已知受評鑑法官有其他應受評鑑之情事時，得就未經請求之違失情事，併予調查及審議。

第三六條 108

①法官個案評鑑之請求，應於下列期間內為之：

一　無涉受評鑑法官承辦個案者，自受評鑑事實終了之日起算三年。

二　牽涉受評鑑法官承辦個案，非以裁判終結者，自該案件辦理終結之日起算三年。

三　牽涉受評鑑法官承辦個案，並以裁判終結者，自裁判確定之日起算三年。但自案件辦理終結日起算逾六年者，不得請求。

四　第三十條第二項第一款情形，自裁判確定或案件繫屬滿六年時起算三年。

②受評鑑事實因逾前項請求期間而不付評鑑者，不影響職務監督權或移付懲戒程序之行使。

第三七條 108

個案評鑑事件之請求，有下列情形之一者，法官評鑑委員會應為不付評鑑之決議：

一　個案評鑑事件之請求，不合第三十五條第一項至第三項之規定。

二　個案評鑑事件之請求，已逾前條第一項所定期間。

三　對不屬法官個案評鑑之事項，請求評鑑。

四　就法律見解請求評鑑。

五　已為職務法庭判決、監察院彈劾、或經法官評鑑委員會決議之事件，重行請求評鑑。

六　受評鑑法官死亡。

七　請求顯無理由。

第三八條

法官評鑑委員會認法官無第三十條第二項各款所列情事者，應為請求不成立之決議。必要時，並得移請職務監督權人依第二十一條規定為適當之處分。

第三九條 108

① 法官評鑑委員會認法官有第三十條第二項各款所列情事之一，得為下列決議：

　一　有懲戒之必要者，報由司法院移送職務法庭審理，並得建議懲戒之種類。

　二　無懲戒之必要者，報由司法院交付司法院人事審議委員會審議，並得建議處分之種類。

② 前項第一款情形，司法院應將決議結果告知監察院。

③ 第一項評鑑決議作成前，應予受評鑑法官陳述意見之機會。

第四〇條 108

司法院應依法官評鑑委員會所為之前條決議，檢具受個案評鑑法官相關資料，分別移送職務法庭審理或交付司法院人事審議委員會審議。

第四一條 108

① 法官評鑑委員會會議之決議，除本法另有規定外，以委員總人數二分之一以上之出席，出席委員過半數之同意行之。

② 法官評鑑委員會為第三十五條第四項之決定及第三十七條之決議，得以三名委員之審查及該三名委員一致之同意行之。該三名委員之組成由委員會決定之。

③ 法官評鑑委員會為第三十八條、第三十九條之決議，應以委員總人數三分之二以上之出席，出席委員過半數之同意行之。

④ 第一項、第三項委員總人數，應扣除未依規定推派、票選或任期中解職、死亡或迴避致出缺之人數，但不得低於八人。

第四一條之一 108

① 法官評鑑委員會得依受評鑑法官及請求人之聲請或依職權為必要之調查，並得通知關係人到會說明；調查所得資料，除法令另有規定外，不得提供其他機關、團體、個人，或供人閱覽、抄錄。

② 受評鑑法官及請求人聲請到會陳述意見，除顯無必要者外，不得拒絕；其到會陳述如有不當言行，並得制止之。

③ 請求人得聲請交付受評鑑法官提出之意見書，如無正當理由，法官評鑑委員會不得限制或拒絕之；如同意交付，並應給予表示意見之合理期間。

④ 受評鑑法官及請求人得聲請閱覽、抄錄、複印或攝錄第一項調查所得資料。但有下列情形之一者，法官評鑑委員會得限制或拒絕之：

　一　個案評鑑事件決議前擬辦之文稿。

　二　個案評鑑事件決議之準備或審議文件。

　三　為第三人之正當權益有保障之必要。

　四　其他依法律或基於公益，有保密之必要。

⑤ 前項經聲請而取得之資料，應予保密。

⑥ 評鑑程序關於調查事實及證據、期日與期間及送達，除本法另有規定外，準用行政程序法之規定。

第四一條之二 108

①個案評鑑事件牽涉法官承辦個案尚未終結者，於該法官辦理終結其案件前，停止進行評鑑程序。

②司法院應依法聘用專責人員，協助辦理評鑑請求之審查、評鑑事件之調查，及其他與評鑑有關之事務。

③法官評鑑委員會行使職權，應兼顧評鑑功能之發揮及受評鑑法官程序上應有之保障，且不得影響審判獨立。

④前項職權之行使，非經受評鑑法官之同意或法官評鑑委員會之決議，不得公開。

⑤法官評鑑委員會之決議書，應於法官評鑑委員會網站公開。但其他法律另有規定者，依其規定。

⑥法官評鑑委員會組織規程、評鑑實施辦法及評鑑委員倫理規範，由司法院定之。

第六章　法官之保障

第四二條

①實任法官非有下列情事之一，不得免職：

一　因犯內亂、外患、故意瀆職罪，受判刑確定者。

二　故意犯前款以外之罪，受有期徒刑以上刑之宣告確定，有損法官尊嚴者。但宣告緩刑者，不在此限。

三　受監護之宣告者。

②實任法官受監護或輔助之宣告者，自宣告之日起，得依相關規定辦理退休或資遣。

③司法院大法官於任職中，有第一項各款情事之一時，經司法院大法官現有總額三分之二以上之出席，出席人數三分之二以上之同意，由司法院呈請總統免職。

④候補、試署法官除本法另有規定外，準用第一項、第二項規定。

第四三條 108

①實任法官，除法律別有規定者外，非有下列各款情事之一，不得停止其職務：

一　依公務人員任用法之規定，不得任用為公務人員者。

二　有第六條第五款之情事者。

三　依刑事訴訟程序被通緝或羈押者。

四　依刑事確定判決，受徒刑或拘役之宣告，未依規定易科罰金，或受罰金之宣告，依規定易服勞役，在執行中者。

五　所涉刑事、懲戒情節重大者。

六　有客觀事實足認其不能執行職務，經司法院邀請相關專科醫師及學者專家組成小組認定者。

②經依本法停職之實任法官於停職事由消滅後三個月內，得申請復職，並依公務人員保障法及公務員懲戒法復職之規定辦理。

③實任法官因第一項第一款至第五款事由停止其職務者，其停止職務期間及復職後之給俸，準用公務人員俸給法之規定；因第一項

第六款事由停止其職務者，支給第七十一條第一項所定本俸及加給各三分之一。但期限最長不得逾三年。

④司法院大法官有第一項各款情事之一者，經司法院大法官現有總額三分之二以上之出席及出席人數過半數之同意，由司法院呈請總統停止其職務；因第一項第六款情事停止其職務者，於停止職務期間，支給第七十二條所定月俸及加給各三分之一。

⑤實任法官或司法院大法官有貪污行為，經有罪判決確定或經職務法庭裁判確定而受第五十條第一項第一款至第三款之懲戒處分者，應繳回其停職期間所領之本俸。

第四四條

實任法官除法律規定或經本人同意外，不得將其轉任法官以外職務。

第四五條

①實任法官除經本人同意外，非有下列原因之一，不得爲地區調動：

一　因法院設立、裁併或員額增減者。

二　因審判事務量之需要，急需人員補充者。

三　依法停止職務之原因消滅而復職者。

四　有相當原因足資釋明不適合繼續在原地區任職者。

五　因法院業務需要，無適當人員志願前往，調派同級法院法官至該法院任職或辦理審判事務者，其期間不得逾二年，期滿回任原法院。

②前項第五款之法官調派辦法，由司法院定之；其調派期間之津貼補助辦法，由司法院會同行政院定之。

第四六條

實任法官除經本人同意外，非有下列原因之一，不得爲審級調動：

一　因法院設立、裁併或編制員額增減而調派至直接下級審法院。

二　於高等法院繼續服務二年以上，爲堅實事實審功能，調派至直接下級審法院。

三　依法停止職務之原因消滅而復職，顯然不適合在原審級法院任職者。

四　有相當原因足資釋明不適合繼續在原審級法院任職者。

第七章　職務法庭

第四七條 109

①懲戒法院設職務法庭，審理下列之事項：

一　法官懲戒之事項。

二　法官不服撤銷任用資格、免職、停止職務、解職、轉任法官以外職務或調動之事項。

三　職務監督影響法官審判獨立之事項。

四　其他依法律應由職務法庭管轄之事項。

②對職務法庭之裁判，不得提起行政訴訟。

第四八條 109

①職務法庭第一審案件之審理及裁判，以懲戒法院法官一人為審判長，與法官二人為陪席法官組成合議庭行之。但審理法官懲戒案件時，應增加參審員二人為合議庭成員。

②前項合議庭之法官應至少一人與當事人法官為同審判系統；於審理司法院大法官懲戒案件時，陪席法官應全部以最高法院、最高行政法院法官充之。

③第一項之陪席法官，須具備實任法官十年以上之資歷，由司法院法官遴選委員會遴定普通法院、行政法院法官各三人，提請司法院院長任命，任期三年，得連任。其人數並得視業務需要增加之。

④各法院院長不得為職務法庭之陪席法官。

⑤第一項但書之參審員，由司法院法官遴選委員會遴定學者及社會公正人士六人，提請司法院院長任命，任期三年，不得連任。其人數並得視業務需要增加之。

⑥有下列情形之一者，不得擔任參審員：

　一　全國性及各地方律師公會之現任理事長。

　二　公務人員。但公立各級學校及學術研究機構之教學、研究人員不在此限。

　三　政黨黨務工作人員。

第四八條之一 108

①前條第一項但書之參審員，職權與法官同，應依據法律獨立行使職權，不受任何干涉。

②參審員應依法公平誠實執行職務，不得為有害司法公正信譽之行為，並不得洩漏評議秘密及其他職務上知悉之秘密。

③參審員有第四十二條第一項、第四十三條第一項各款情形之一，或有具體事證足認其執行職務有難期公正之虞者，司法院院長得經法官遴選委員會同意後解任之。

④參審員應按到庭日數支給日費、旅費及相關必要費用。

⑤前項費用之支給辦法及參審員之倫理規範，由司法院定之。

第四八條之二 109

①職務法庭第二審案件之審理及裁判，以懲戒法院院長為審判長，與最高法院法官二人、最高行政法院法官一人及懲戒法院法官一人為陪席法官組成合議庭行之。

②前項最高法院、最高行政法院陪席法官由司法院法官遴選委員會遴定，提請司法院院長任命，任期為三年，得連任。其人數並得視業務需要增加之。

第四八條之三 108

①法官經任命為職務法庭成員者，有兼任義務。

②法官遴選委員會依第四十八條第三項、第五項、第四十八條之二

第二項規定遴定職務法庭成員時，應同時遴定遞補人選，於成員出缺時遞補之，任期至出缺者任滿時爲止。

③職務法庭之事務分配及代理次序，由全體職務法庭成員決定之。

④職務法庭成員之遴選及遞補規則由司法院定之。

第四九條 108

①法官有第三十條第二項各款所列情事之一，有懲戒之必要者，應受懲戒。

②第三十條第二項法官應付個案評鑑之規定及第五十條懲戒之規定，對轉任司法行政人員、退休或其他原因離職之法官，於轉任、退休或離職前之行爲亦適用之。

③適用法律之見解，不得據爲法官懲戒之事由。

④法官應受懲戒之同一行爲，不受二次懲戒。同一行爲已經職務法庭爲懲戒、不受懲戒或免議之判決確定者，其原懲處失其效力。

⑤法官應受懲戒之同一行爲已受刑罰或行政罰之處罰者，仍得予以懲戒。其同一行爲不受刑罰或行政罰之處罰者，亦同。但情節輕微，如予懲戒顯失公平者，無須再予懲戒。

⑥懲戒案件有下列情形之一者，應爲免議之判決：

一　同一行爲，已受懲戒判決確定。

二　受褫奪公權之宣告確定，認已無受懲戒之必要。

三　已逾第五十二條規定之懲戒權行使期間。

四　有前項但書之情形。

第五〇條 108

①法官之懲戒處分如下：

一　免除法官職務，並不得再任用爲公務員。

二　撤職：除撤其現職外，並於一定期間停止任用，其期間爲一年以上五年以下。

三　免除法官職務，轉任法官以外之其他職務。

四　剝奪退休金及退養金，或剝奪退養金。

五　減少退休金及退養金百分之十至百分之二十。

六　罰款：其數額爲現職月俸給總額或任職時最後月俸給總額一個月以上一年以下。

七　申誡。

②依應受懲戒之具體情事足認已不適任法官者，應予前項第一款至第三款之處分。

③受第一項第一款、第二款之懲戒處分者，不得充任律師，其已充任律師者，停止其執行職務；其中受第一項第二款、第三款之懲戒處分者，並不得回任法官職務。

④受第一項第二款之懲戒處分者，於停止任用期間屆滿，再任公務員，自再任之日起，二年內不得晉敘、陞任或遷調主管職務。

⑤職務法庭爲第一項第三款之懲戒處分，關於轉任之職務應徵詢司法院之意見後定之。

⑥第一項第四款、第五款之懲戒處分，以退休或其他原因離職之法

官爲限。已給付之給與，均應予追回，並得以受懲戒法官尚未領取之退休金或退養金爲抵銷、扣押或強制執行。

⑦第一項第四款、第五款之退休金，指受懲戒法官離職前所有任職年資所計給之退休或其他離職給與。但公教人員保險養老給付、受懲戒法官自行繳付之退撫基金費用本息，不在此限。

⑧第一項第六款得與第四款、第五款以外之其餘各款併爲處分。

⑨第一項第七款之懲戒處分，以書面爲之。

第五〇條之一 108

①法官退休或其他原因離職後始受前條第一項第一款至第三款之處分確定者，應依下列規定剝奪或減少其退休金、退養金；其已支領者，照應剝奪或減少之全部或一部追繳之：

一　受前條第一項第一款處分者，應自始剝奪其退休金及退養金。

二　受前條第一項第二款處分者，應自始減少其退休金及退養金百分之六十。

三　受前條第一項第三款處分者，應自始剝奪其退養金。

②前項所指之退休金，適用前條第七項之規定。

③第一項人員因同一案件，於其他法律有較重之剝奪或減少退休金處分者，從重處罰。

第五一條 108

①法官之懲戒，除第四十條之情形外，應由監察院彈劾後移送職務法庭審理。

②司法院認法官有應受懲戒之情事時，除依法官評鑑之規定辦理外，得逕行移送監察院審查。

③司法院依前項規定逕行移送監察院審查前，應予被付懲戒法官陳述意見之機會，並經司法院人事審議委員會決議之。

第五二條 108

①法官應受懲戒行爲，自行爲終了之日起，至案件繫屬職務法庭之日止，已逾五年者，不得爲減少退休金及退養金、罰款或申誡之懲戒。但第三十條第二項第一款情形，自依本法得付個案評鑑之日起算。

②前項行爲終了之日，係指法官應受懲戒行爲終結之日。但應受懲戒行爲係不作爲者，自法官所屬機關知悉之日起算。

第五三條

①法官不服司法院所爲撤銷任用資格、免職、停止職務、解職、轉任法官以外職務或調動等職務處分，應於收受人事令翌日起三十日內，以書面附具理由向司法院提出異議。

②法官認職務監督影響審判獨立時，應於監督行爲完成翌日起三十日內，以書面附具理由向職務監督權人所屬之機關提出異議。

第五四條

①前條所列機關應於受理異議之日起三十日內，作成決定。

②對於前條第一項之異議所作之決定，應依原決定程序爲決議。

③法官不服前條所列機關對異議所作之決定，應於決定書送達翌日起三十日內，向職務法庭起訴。

④前條所列機關未於第一項期間內作成決定時，法官得逕向職務法庭起訴。

第五五條 108

①法官經司法院或監察院移送懲戒，或經司法院送請監察院審查者，在判決確定生效或審查結束前，不得申請退休或資遣。但移送懲戒後經職務法庭同意者，不在此限。

②經移送懲戒之法官於判決確定生效時已逾七十歲，且未受撤職以上之處分，並於判決確定生效後六個月內申請退休者，計算其任職年資至滿七十歲之前一日，準用第七十八條第一項第一款至第三款規定給與退養金。

③職務法庭於受理第一項之移送後，應將移送書繕本送交被移送法官所屬法院及銓敘機關。

第五六條 108

①監察院、司法院、各法院或分院、法官，得爲第四十七條各款案件之當事人。

②職務法庭審理法官評鑑委員會報由司法院移送之案件，應通知法官評鑑委員會派員到庭陳述意見。

第五七條

職務法庭審理案件均不公開。但職務法庭認有公開之必要，或經被移送或提起訴訟之法官請求公開時，不在此限。

第五八條 108

①職務法庭第一審案件之審理，除法律另有規定者外，應行言詞辯論。

②職務法庭第一審審判長於必要時，得命法官一人爲受命法官，先行準備程序，闡明起訴之事由。

③受命法官經審判長指定調查證據，以下列情形爲限：

一　有在證據所在地調查之必要者。

二　依法應在法院以外之場所調查者。

三　於言詞辯論期日調查，有致證據毀損、滅失或礙難使用之虞，或顯有其他困難者。

四　調取或命提出證物。

五　就必要之事項，請求該管機關報告。

第五九條 108

①職務法庭審理法官懲戒案件，認爲情節重大，有先行停止職務之必要者，得依職權或依聲請裁定先行停止被付懲戒法官之職務，並通知所屬法院院長。

②職務法庭爲前項裁定前，應予被付懲戒法官陳述意見之機會。

③職務法庭第一審判決爲第五十條第一項第一款至第三款之懲戒處分者，除受懲戒法官已遭停職者外，應依職權裁定停止受懲戒法官之職務，並通知所屬法院院長。

④前項裁定，不得抗告。

⑤第一項及第三項裁定於送達受懲戒法官所屬法院院長之翌日起發生效力。

⑥第一項之訴如經駁回，或第三項之判決如經廢棄，被停職法官得向司法院請求復職，其停止職務期間及復職後之給俸，準用公務人員俸給法之規定。

第五九條之一 108

當事人對於職務法庭第一審之終局判決不服者，得自判決送達後二十日之不變期間內，上訴於職務法庭第二審。但判決宣示或公告後送達前之上訴，亦有效力。

第五九條之二 108

對於職務法庭第一審判決提起上訴，非以其違背法令為理由，不得為之。

第五九條之三 108

①判決不適用法規或適用不當者，為違背法令。

②有下列各款情形之一者，其判決當然違背法令：

一 判決職務法庭之組織不合法。

二 依法律或裁判應迴避之法官或參審員參與審判。

三 職務法庭對於權限之有無辨別不當。

四 當事人於訴訟未經合法代理、代表或辯護。

五 判決不備理由或理由矛盾，足以影響判決之結果。

第五九條之四 108

①提起上訴，應以上訴狀表明下列各款事項，提出於原職務法庭為之：

一 當事人。

二 第一審判決，及對於該判決上訴之陳述。

三 對於第一審判決不服之程度，及應如何廢棄或變更之聲明。

四 上訴理由。

②前項上訴理由應表明下列各事項：

一 原判決所違背之法令及其具體內容。

二 依訴訟資料合於該違背法令之具體事實。

③第一項上訴狀內應添具關於上訴理由之必要證據。

第五九條之五 109

①職務法庭第二審案件應於六個月內審結。

②職務法庭第二審之判決，應經言詞辯論為之。但職務法庭認為不必要者，不在此限。

③前項言詞辯論實施之辦法，由懲戒法院定之。

第五九條之六 108

對於職務法庭第一審案件之裁定，得提起抗告。但別有不許抗告之規定者，不在此限。

第六〇條

①職務法庭審理第四十七條第一項第一款法官懲戒案件審理規則，

由司法院定之。

②職務法庭審理第四十七條第一項第二款、第三款及第四款法官職務案件之程序及裁判，除本法另有規定外，準用行政訴訟法之規定。

第六一條 108

①有下列各款情形之一者，當事人得提起再審之訴，對於確定終局判決聲明不服。但當事人已依上訴主張其事由或知其事由而不為主張者，不在此限：

一　適用法規顯有錯誤。

二　判決職務法庭之組織不合法。

三　依法律或裁定應迴避之法官、參審員參與審判。

四　參與裁判之法官或參審員關於該訴訟違背職務，犯刑事上之罪已經證明，或關於該訴訟違背職務受懲戒處分，足以影響原判決。

五　原判決所憑之證言、鑑定、通譯或證物，已證明係虛偽或偽造、變造。

六　原判決就足以影響於判決之重要證物漏未斟酌。

七　發現確實之新證據，足認應變更原判決。

八　同一行為其後經不起訴處分確定，或為判決基礎之民事或刑事判決及其他裁判或行政處分，依其後之確定裁判或行政處分已變更。

九　確定終局判決所適用之法律或命令，經司法院大法官依當事人之聲請，解釋為牴觸憲法。

②前項第四款及第五款情形之證明，以經判決確定，或其刑事訴訟不能開始或續行非因證據不足者為限，得提起再審之訴。

③判決確定後受判決人已死亡者，其配偶、直系血親、三親等內之旁系血親、二親等內之姻親或家長、家屬，得為受判決人之利益，提起再審之訴。

④再審之訴，於原判決執行完畢後，亦得提起之。

第六二條 108

①再審之訴，專屬為判決之原職務法庭管轄之。

②對於職務法庭就同一事件所為之第一審、第二審判決提起再審之訴者，由第二審合併管轄之。

③對於職務法庭之第二審判決，本於前條第一項第五款至第八款事由聲明不服者，雖有前二項之情形，仍專屬職務法庭第一審管轄。

第六三條 108

①提起再審之訴，應於下列期間為之：

一　以第六十一條第一項第一款至第三款、第六款為原因者，自原判決確定之翌日起三十日內。但判決於送達前確定者，自送達之翌日起算。

二　以第六十一條第一項第四款、第五款、第八款為原因者，自

相關之裁判或處分確定之翌日起三十日內。但再審之理由知悉在後者，自知悉時起算。

三 以第六十一條第一項第七款爲原因者，自發現新證據之翌日起三十日內。

四 以第六十一條第一項第九款爲原因者，自解釋公布之翌日起三十日內。

②爲受懲戒法官之不利益提起再審之訴，於判決後經過一年者不得爲之。

第六三條之一 109

職務法庭法官或懲戒法院法官曾參與職務法庭之第二審確定判決者，於就該確定判決提起之再審訴訟，無庸迴避。

第六四條

提起再審之訴，無停止裁判執行之效力。

第六五條

職務法庭認爲再審之訴不合法者，應以裁定駁回之。

第六六條

①職務法庭認爲再審之訴顯無再審理由者，得不經言詞辯論，以判決駁回之。

②再審之訴雖有理由，職務法庭如認原判決爲正當者，應以判決駁回之。

第六七條

再審之訴之辯論及裁判，以聲明不服之部分爲限。

第六八條

①再審之訴，於職務法庭裁判前得撤回之。

②再審之訴，經撤回或裁判者，不得更以同一原因提起再審之訴。

第六八條之一 108

裁定已經確定，且有第六十一條第一項之情形者，得準用第六十一條至前條之規定，聲請再審。

第六九條 108

①職務法庭懲戒處分之第二審判決，於送達受懲戒法官所屬法院院長之翌日起發生懲戒處分效力。

②受懲戒法官因懲戒處分之判決而應爲金錢之給付，經所屬法院定相當期間催告，逾期未履行者，該院得以判決書爲執行名義，囑託民事執行處或法務部行政執行署所屬各分署代爲執行。

③前項執行程序，應視執行機關爲民事執行處或法務部行政執行署所屬各分署而分別準用強制執行法或行政執行法之規定。

④受懲戒法官所屬法院院長收受剝奪或減少退休金及退養金處分之判決後，應即通知退休金及退養金之支給機關，由支給或發放機關依第二項規定催告履行及囑託執行。

⑤第二項及第四項情形，於退休或其他原因離職法官，並得對其退休金、退養金或其他原因離職之給與執行。受懲戒法官死亡者，就其遺產強制執行。

⑥法官懲戒判決執行辦法，由司法院會同行政院、考試院定之。

第七○條

①司法院大法官之懲戒，得經司法院大法官現有總額三分之二以上之出席及出席人數三分之二以上之決議，由司法院移送監察院審查。

②監察院審查後認應彈劾者，移送職務法庭審理。

第八章　法官之給與

第七一條

①法官不列官等、職等。其俸給，分本俸、專業加給、職務加給及地域加給，均以月計之。

②前項本俸之級數及點數，依法官俸表之規定。

③本俸按法官俸表俸點依公務人員俸表相同俸點折算俸額標準折算俸額。

④法官之俸級區分如下：

一　實任法官本俸分二十級，從第一級至第二十級，並自第二十級起敘。

二　試署法官本俸分九級，從第十四級至第二十二級，並自第二十二級起敘。依本法第五條第二項第七款轉任法官者，準用現職法官改任換敘辦法敘薪。

三　候補法官本俸分六級，從第十九級至第二十四級，並自第二十四級起敘。

⑤律師、教授、副教授、助理教授及中央研究院研究員、副研究員、助研究員轉任法官者，依其執業、任教或服務年資六年、八年、十年、十四年及十八年以上者，分別自第二十二級、二十一級、二十級、十七級及第十五級起敘。

⑥法官各種加給之給與條件、適用對象及支給數額，依行政院所定各種加給表規定辦理。但全國公務人員各種加給年度通案調整時，以具法官身分者為限，其各種加給應按各該加給通案調幅調整之。

⑦法官生活津貼及年終工作獎金等其他給與，準用公務人員相關法令規定。

⑧法官曾任公務年資，如與現任職務等級相當、性質相近且服務成績優良者，得按年核計加級至所任職務最高俸級為止。

⑨前項所稱等級相當、性質相近、服務成績優良年資提敘俸級之認定，其辦法由考試院會同司法院、行政院定之。

第七二條 109

①司法院院長、副院長、大法官、最高法院院長、最高行政法院院長及懲戒法院院長之俸給，按下列標準支給之：

一　司法院院長準用政務人員院長級標準支給。

二　司法院副院長準用政務人員副院長級標準支給。

三　司法院大法官、最高法院院長、最高行政法院院長及懲戒法

院院長準用政務人員部長級標準支給。

②前項人員並給與前條第一項規定之專業加給。

③司法院秘書長由法官、檢察官轉任者，其俸給依第一項第三款及第二項標準支給。

第七三條

①現辦事務所在之法院院長或機關首長應於每年年終，辦理法官之職務評定，報送司法院核定。法院院長評定時，應先徵詢該法院相關庭長、法官之意見。

②法官職務評定項目包括學識能力、品德操守、敬業精神及裁判品質；其評定及救濟程序等有關事項之辦法，由司法院定之。

第七四條

①法官任職至年終滿一年，經職務評定為良好，且未受有刑事處罰、懲戒處分者，晉一級，並給與一個月俸給總額之獎金；已達所敘職務最高俸級者，給與二個月俸給總額之獎金。但任職不滿一年但已達六個月，未受有刑事處罰、懲戒處分者，獎金折半發給。

②法官連續四年職務評定為良好，且未受有刑事處罰、懲戒處分者，除給與前項之獎金外，晉二級。

③法官及司法行政人員於年度中相互轉（回）任時，其轉（回）任當年之年資，得合併計算參加年終考績或職務評定。

④第一項及第二項有關晉級之規定於候補、試署服務成績審查不及格者不適用之。

第七五條

①現職法官之改任換敘及行政、教育、研究人員與法官之轉任提敘辦法，由考試院會同司法院、行政院定之。

②依法官俸表所支俸給如較原支俸給為低者，補足其差額，並隨同待遇調整而併銷。

③前項所稱待遇調整，指全國軍公教員工待遇之調整、職務調動（升）、職務評定晉級所致之待遇調整。

第七六條 108

①實任法官轉任司法行政人員者，視同法官，其年資及待遇，依相當職務之法官規定列計，並得不受公務人員任用法，有關晉升簡任官等訓練合格之限制；轉任期間三年，得延長一次；其達司法行政人員屆齡退休年齡三個月前，應予回任法官。

②前項任期於該實任法官有兼任各法院院長情事者，二者任期合計以六年為限。但司法院認確有必要者，得延之，延任期間不得逾三年。

③第十一條第一項及前二項所定任期，於免兼或回任法官本職逾二年時，重行起算。

④曾任實任法官之第七十二條人員回任法官者，不受公務人員任用法第二十七條之限制。

⑤第一項轉任、回任、換敘辦法，由考試院會同司法院、行政院定

之。

第七七條

① 實任法官任職十五年以上年滿七十歲者，應停止辦理審判案件，得從事研究、調解或其他司法行政工作；滿六十五歲者，得申請調任地方法院辦理簡易案件。

② 實任法官任職十五年以上年滿六十五歲，經中央衛生主管機關評鑑合格之醫院證明身體衰弱，難以勝任職務者，得申請停止辦理審判案件。

③ 前二項停止辦理審判案件法官，仍為現職法官，但不計入該機關所定員額之內，支領俸給總額之三分之二，並得依公務人員退休法及公務人員撫卹法辦理自願退休及撫卹。

④ 第一項、第二項停止辦理審判案件之申請程序、從事研究之方法項目、業務種類等有關事項之辦法，由司法院定之。

第七八條 109

① 法官自願退休時，除依公務人員退休法規定給與一次退休金總額或月退休金外，其為實任法官者，另按下列標準給與一次退養金或月退養金：

一　任職法官年資十年以上十五年未滿者，給與百分之二十，十五年以上者，給與百分之三十。

二　五十歲以上未滿六十歲者，任職法官年資十五年以上二十年未滿者，給與百分之四十，二十年以上者，給與百分之五十。

三　六十歲以上未滿七十歲，且任職法官年資滿二十年者，給與百分之六十，其每逾一年之年資，加發百分之八，最高給與百分之一百四十。滿二十年以上之年資，尾數不滿六個月者，給與百分之四，滿六個月以上者，以一年計。但本法施行前，年滿六十五歲者，於年滿七十歲前辦理自願退休時，給與百分之一百四十。

四　七十歲以上者，給與百分之五。

② 依前項給與標準支領之月退養金與依法支領之月退休金、公保養老給付之每月優惠存款利息合計，超過同俸級現職法官每月俸給之百分之九十八者，減少其月退養金給與數額，使每月所得，不超過同俸級現職法官每月俸給之百分之九十八。

③ 第二項退養金給與辦法由司法院會同考試院、行政院定之。

④ 司法院大法官、最高法院院長、最高行政法院院長及懲戒法院院長退職時，除準用政務人員退職撫卹條例規定給與離職儲金外，並依前三項規定給與退養金。但非由實任法官、檢察官轉任者，不適用退養金之規定。

⑤ 司法院秘書長由法官、檢察官轉任者，準用前項規定。

第七九條 108

① 法官經中央衛生主管機關評鑑合格之醫院證明身體衰弱，不堪工作者，得準用公務人員有關資遣之規定申請資遣。

②法官經中央衛生主管機關評鑑合格之醫院證明身心障礙難以回復或依第四十三條第一項第六款之規定停止職務超過三年者，得準用公務人員有關資遣之規定資遣之。

③前二項資遣人員除依法給與資遣費外，並比照前條規定，發給一次退養金。

第八〇條 109

①法官之撫卹，適用公務人員撫卹法之規定。

②司法院大法官、最高法院院長、最高行政法院院長及懲戒法院院長，其在職死亡之撫卹，準用政務人員退職撫卹條例之規定。

③司法院秘書長由法官、檢察官轉任者，準用前項規定。

第九章　法官之考察、進修及請假

第八一條

①法官每年度應從事在職進修。

②司法院應逐年編列預算，遴選各級法院法官，分派國內外從事司法考察或進修。

第八二條

①實任法官每連續服務滿七年者，得提出具體研究計畫，向司法院申請自行進修一年，進修期間支領全額薪給，期滿六個月內應提出研究報告送請司法院審核。

②前項自行進修之人數，以不超過當年度各該機關法官人數百分之七為限。但人數不足一人時，以一人計。

第八三條

①實任法官於任職期間，得向司法院提出入學許可證明文件，經同意後，聲請留職停薪。

②前項留職停薪之期間，除經司法院准許外，以三年為限。

第八四條

前三條之考察及進修，其期間、資格條件、遴選程序、進修人員比例及研究報告之著作財產權歸屬等有關事項之辦法，由司法院定之。

第八五條

①法官之請假，適用公務人員有關請假之規定。

②除本法另有規定外，法官之留職停薪，準用公務人員有關留職停薪之規定。

第十章　檢察官

第八六條

①檢察官代表國家依法追訴處罰犯罪，為維護社會秩序之公益代表人。檢察官須超出黨派以外，維護憲法及法律保護之公共利益，公正超然、勤慎執行檢察職務。

②本法所稱檢察官，指下列各款人員：

一　最高法院檢察署檢察總長、主任檢察官、檢察官。

二　高等法院以下各級法院及其分院檢察署檢察長、主任檢察官、檢察官。

③前項第二款所稱之檢察官，除有特別規定外，包括試署檢察官、候補檢察官。

④本法所稱實任檢察官，係指試署服務成績審查及格，予以實授者。

第八七條 110

①地方檢察署或其檢察分署檢察官，應就具有下列資格之一者任用之：

一　經法官、檢察官考試及格。

二　曾任法官。

三　曾任檢察官。

四　曾任公設辯護人六年以上。

五　曾實際執行律師職務六年以上，成績優良，具擬任職務任用資格。

六　公立或經立案之私立大學、獨立學院法律學系或其研究所畢業，曾任教育部審定合格之大學或獨立學院專任教授、副教授或助理教授合計六年以上，講授主要法律科目二年以上，有法律專門著作，具擬任職務任用資格。

七　曾實際擔任檢察事務官職務六年以上，工作表現優良，並經專門職業及技術人員高等考試律師考試及格。

②高等檢察署或其檢察分署檢察官，應就具有下列資格之一者任用之：

一　曾任地方法院或其分院實任法官、地方檢察署或其檢察分署實任檢察官二年以上，成績優良。

二　曾實際執行律師職務十四年以上，成績優良，具擬任職務任用資格。

③最高檢察署檢察官，應就具有下列資格之一者任用之：

一　曾任高等法院或其分院實任法官、高等檢察署或其檢察分署實任檢察官四年以上，成績優良。

二　曾任高等法院或其分院實任法官、高等檢察署或其檢察分署實任檢察官，並任地方法院或其分院兼任院長之法官、地方檢察署或其檢察分署檢察長合計四年以上，成績優良。

三　公立或經立案之私立大學、獨立學院法律學系或其研究所畢業，曾任教育部審定合格之大學或獨立學院專任教授，講授主要法律科目，有法律專門著作，並曾任高等法院或其分院法官、高等檢察署或其檢察分署檢察官。

④第一項第六款、前項第三款所稱主要法律科目，指憲法、民法、刑法、國際私法、商事法、行政法、民事訴訟法、刑事訴訟法、行政訴訟法、強制執行法、破產法及其他經考試院指定為主要法律科目者。

⑤未具擬任職務任用資格之律師、教授、副教授及助理教授，其擬

任職務任用資格取得之考試，得採筆試、口試及審查著作發明、審查知能有關學歷、經歷證明之考試方式行之，其考試辦法由考試院定之。

⑥依前項通過擬任職務任用資格考試及格者，僅取得參加由考試院委託法務部依第八十八條辦理之檢察官遴選之資格。

⑦法務部爲辦理前項檢察官遴選，其遴選標準、遴選程序、被遴選人員年齡之限制及其他應遵行事項之辦法，由行政院會同考試院定之。

第八八條 110

①依前條第一項第一款之規定，任用爲檢察官者，爲候補檢察官，候補期間五年，候補期滿審查及格者，予以試署，試署期間一年。

②具前條第一項第四款至第七款資格經遴選者，爲試署檢察官，試署期間二年。

③具前條第二項第二款資格經遴選者，爲試署檢察官，試署期間一年。

④曾任候補、試署、實任法官或檢察官經遴選者，爲候補、試署、實任檢察官。

⑤對於候補檢察官、試署檢察官，應核其服務成績；候補、試署期滿時，應陳報法務部送請檢察官人事審議委員會審查。審查及格者，予以試署、實授；不及格者，應於二年內再予考核，報請審查，仍不及格時，停止其候補、試署並予以解職。

⑥前項服務成績項目包括學識能力、敬業精神、辦案品質、品德操守及身心健康情形。

⑦檢察官人事審議委員會爲服務成績之審查時，除法官、檢察官考試及格任用者外，應徵詢檢察官遴選委員會意見；爲不及格之決定前，應通知受審查之候補、試署檢察官陳述意見。

⑧法務部設檢察官遴選委員會，掌理檢察官之遴選；已具擬任職務任用資格之檢察官之遴選，其程序、檢察官年齡限制、工作表現優良之認定及其他應遵行事項之辦法，由法務部定之。

⑨經遴選爲檢察官者，應經研習；其研習期間、期間縮短或免除、實施方式、津貼、費用、請假、考核、獎懲、研習資格之保留或廢止及其他應遵行事項之辦法，由法務部定之。

⑩候補、試署檢察官，於候補、試署期間辦理之事務、服務成績考核及再予考核及其他應遵行事項之辦法，由法務部定之。

第八九條 109

①本法第一條第二項、第三項、第六條、第十二條、第十三條第二項、第十五條、第十六條第一款、第二款、第四款、第五款、第十七條、第十八條、第四十二條第一項、第二項、第四項、第四十三條第一項至第三項、第五項、第四十四條至第四十六條、第四十九條、第五十條、第五十條之一、第七十一條、第七十三條至第七十五條、第七十六條第一項、第四項、第五項、第七十

七條、第七十八條第一項至第三項、第七十九條、第八十條第一項、第一百零一條之二、第五章、第九章有關法官之規定，於檢察官準用之；其有關司法院、法官學院及審判機關之規定，於法務部、法務部司法官學院及檢察機關準用之。

②高等檢察署以下各級檢察署及其檢察分署檢察長、主任檢察官之職期調任辦法，由法務部定之。

③檢察官評鑑委員會由檢察官三人、法官一人、律師三人、學者及社會公正人士六人組成；評鑑委員任期為二年，得連任一次。

④檢察官有下列各款情事之一者，應付個案評鑑：

一　裁判確定後或自第一審繫屬日起已逾六年未能裁判確定之案件、不起訴處分或緩起訴處分確定之案件，有事實足認因故意或重大過失，致有明顯違誤，而嚴重侵害人民權益者。

二　有第九十五條第二款情事，情節重大。

三　違反第十五條第二項、第三項規定。

四　違反第十五條第一項、第十六條或第十八條規定，情節重大。

五　違反偵查不公開等辦案程序規定或職務規定，情節重大。

六　無正當理由遲延案件之進行，致影響當事人權益，情節重大。

七　違反檢察官倫理規範，情節重大。

⑤適用法律之見解，不得據為檢察官個案評鑑之事由。

⑥第四項第七款檢察官倫理規範，由法務部定之。

⑦檢察官有第四項各款所列情事之一，有懲戒之必要者，應受懲戒。

⑧檢察官之懲戒，由懲戒法院職務法庭審理之。其移送及審理程序準用法官之懲戒程序。

⑨法務部部長由法官、檢察官轉任者及最高檢察署檢察總長，其俸給準用第七十二條第一項第三款及第二項標準支給。法務部政務次長由法官、檢察官轉任者，其俸給準用政務人員次長標準支給，並給與第七十一條第一項規定之專業加給。

⑩法務部部長、政務次長由法官、檢察官轉任者退職時，準用第七十八條第四項規定辦理。最高檢察署檢察總長退職時，亦同。

⑪最高檢察署檢察總長在職死亡之撫卹，準用第八十條第二項之規定。

第九〇條

①法務部設檢察官人事審議委員會，審議高等法院以下各級法院及其分院檢察署主任檢察官、檢察官之任免，轉任、停止職務、解職、陞遷、考核及獎懲事項。

②前項審議之決議，應報請法務部部長核定後公告之。

③第一項委員會之設置及審議規則，由法務部定之。

④法務部部長遴任檢察長前，檢察官人事審議委員會應提出職缺二倍人選，由法務部部長圈選之。檢察長之遴調應送檢察官人事審

⑤檢察官人事審議委員會置委員十七人，由法務部長指派代表四人、檢察總長及其指派之代表三人與全體檢察官所選出之代表九人組成之，由法務部部長指派具法官、檢察官身分之次長爲主任委員。

⑥前項選任委員之任期，均爲一年，連選得連任一次。

⑦全體檢察官代表，以全國爲單一選區，以秘密、無記名及單記直接選舉產生，每一檢察署以一名代表爲限。

⑧檢察官人事審議委員會之組成方式、審議對象、程序、決議方式及相關事項之審議規則，由法務部諮詢檢察官人事審議委員會後定之。但審議規則涉及檢察官任免、考績、級俸、陞遷及褒獎之事項者，由行政院會同考試院定之。

第九一條

①各級法院及其分院檢察署設檢察官會議，由該署全體實際辦案之檢察官組成。

②檢察官會議之職權如下：

一　年度檢察事務分配、代理順序及分案辦法之建議事項。

二　檢察官考核、監督之建議事項。

三　第九十五條所定對檢察官爲監督處分之建議事項。

四　統一法令適用及起訴標準之建議事項。

五　其他與檢察事務有關之事項之建議事項。

③檢察總長、檢察長對於檢察官會議之決議有意見時，得交檢察官會議復議或以書面載明理由附於檢察官會議紀錄後，變更之。

④檢察官會議實施辦法，由法務部定之。

第九二條

①檢察官對於法院組織法第六十三條第一項、第二項指揮監督長官之命令，除有違法之情事外，應服從之。

②前項指揮監督命令涉及強制處分權之行使、犯罪事實之認定或法律之適用者，其命令應以書面附理由爲之。檢察官不同意該書面命令時，得以書面敘明理由，請求檢察總長或檢察長行使法院組織法第六十四條之權限，檢察總長或檢察長如未變更原命令者，應即依第九十三條規定處理。

第九三條

①檢察總長、檢察長於有下列各款情形之一者，得依法院組織法第六十四條親自處理其所指揮監督之檢察官之事務，並得將該事務移轉於其所指揮監督之其他檢察官處理：

一　爲求法律適用之妥適或統一追訴標準，認有必要時。

二　有事實足認檢察官執行職務違背法令、顯有不當或有偏頗之虞時。

三　檢察官不同意前條第二項之書面命令，經以書面陳述意見後，指揮監督長官維持原命令，其仍不遵從。

四　特殊複雜或專業之案件，原檢察官無法勝任，認有移轉予其

他檢察官處理之必要時。

②前項情形，檢察總長、檢察長之命令應以書面附理由為之。

③前二項指揮監督長官之命令，檢察官應服從之，但得以書面陳述不同意見。

第九四條

①各級法院及其分院檢察署行政之監督，依下列規定：

一　法務部部長監督各級法院及分院檢察署。

二　最高法院檢察署檢察總長監督該檢察署。

三　高等法院檢察署檢察長監督該檢察署及其分院檢察署與所屬地方法院及其分院檢察署。

四　高等法院檢察署智慧財產分署檢察長監督該分署。

五　高等法院分院檢察署檢察長監督該檢察署與轄區內地方法院及其分院檢察署。

六　地方法院檢察署檢察長監督該檢察署及其分院檢察署。

七　地方法院分院檢察署檢察長監督該檢察署。

②前項行政監督權人為行使監督權，得就一般檢察行政事務頒布行政規則，督促全體檢察官注意辦理。但法務部部長不得就個別檢察案件對檢察總長、檢察長、主任檢察官、檢察官為具體之指揮、命令。

第九五條

前條所定監督權人，對於被監督之檢察官得為下列處分：

一　關於職務上之事項，得發命令促其注意。

二　有廢弛職務、侵越權限或行為不檢者，加以警告。

第九六條

①被監督之檢察官有前條第二款之情事，情節重大者，第九十四條所定監督權人得以所屬機關名義，請求檢察官評鑑委員會評鑑，或移由法務部準用第五十一條第二項、第三項規定辦理。

②被監督之檢察官有前條第二款之情事，經警告後一年內再犯，或經警告累計達三次者，視同情節重大。

第十一章　附　則

第九七條

①實任法官、檢察官於自願退休或自願離職生效日前六個月起，得向考選部申請全部科目免試以取得律師考試及格資格。

②前項申請應繳驗司法院或法務部派令、銓敘部銓敘審定函及服務機關出具之服務紀錄良好證明等文件；服務紀錄良好證明之內容、標準及其他應遵循事項之辦法，由司法院、法務部分別定之。

第九八條

①現職法官於本法施行前已任命為實任法官者，毋須經法官遴選程序，當然取得法官之任用資格，且其年資之計算不受影響，本法施行前已任命為實任檢察官者，亦同。

②法官、檢察官之年資相互併計。

第九九條

於本法施行前尚未取得實任法官、檢察官資格者，仍依施行前之相關法令取得其資格。但有關候補法官於候補期間僅得擔任陪席法官或受命法官之限制，仍依本法規定。

第一○○條

本法施行前已依司法人員人事條例第四十條第一項或第二項停止辦理案件之實任法官、檢察官，支領現職法官、檢察官之俸給，不適用第七十七條第三項之規定。

第一○一條

本法施行後，現行法律中有關法官、檢察官之相關規定，與本法牴觸者，不適用之。

第一○一條之一 108

本法中華民國一百零八年六月二十八日修正之條文施行前，已繫屬於職務法庭之案件尚未終結者，於本法修正施行後，依下列規定辦理：

一　由職務法庭依修正後之程序規定繼續審理。但修正施行前已依法進行之程序，其效力不受影響。

二　其懲戒種類及其他實體規定，依修正施行前之規定。但修正施行後之規定有利於被付懲戒法官、檢察官者，依最有利於被付懲戒法官、檢察官之規定。

第一○一條之二 108

第五十條之一修正施行前，有該條第一項規定之情形者，不適用修正施行後之規定。

第一○一條之三 108

本法中華民國一百零八年六月二十八日修正之第七條、第三十四條及第四十八條施行前，已任法官遴選委員會委員、法官評鑑委員會委員及職務法庭法官者，任期至上開條文施行日前一日止，不受修正前任期之限制。

第一○二條

①本法施行細則由司法院會同行政院、考試院定之。

②律師公會全國聯合會依本法授權訂定之辦法，其訂定、修正及廢止應經主管機關備查，並即送立法院。

第一○三條 108

①本法除第五章法官評鑑自公布後半年施行、第七十八條自公布後三年六個月施行者外，自公布後一年施行。

②本法中華民國一百零八年六月二十八日修正之條文，除第二條、第五條、第九條、第三十一條、第四十三條、第七十六條、第七十九條及第一百零一條之三，自公布日施行者外，其餘條文自公布後一年施行。

智慧財產案件審理法

① 民國96年3月28日總統令制定公布全文39條。
　民國97年5月6日司法院令發布定自97年7月1日施行。
② 民國100年11月23日總統令增訂公布第30-1條條文。
　民國100年12月26日司法院函發布定自101年9月6日施行。
③ 民國103年6月4日總統令修正公布第4、19、23、31條條文；並
　增訂第10-1條條文。
　民國103年6月6日司法院令發布定自103年6月6日施行。

第一章　總　則

第一條
　智慧財產案件之審理依本法之規定；本法未規定者，分別依民事、刑事或行政訴訟程序應適用之法律。

第二條
　本法所稱營業秘密，係指營業秘密法第二條所定之營業秘密。

第三條
① 當事人、代表人、代理人、辯護人、輔佐人、證人、鑑定人或其他訴訟關係人之所在處所與法院間有聲音及影像相互傳送之科技設備而得直接審理者，法院得依聲請或依職權以該設備為之。
② 前項情形，法院應徵詢當事人之意見。
③ 第一項情形，其期日通知書或傳票記載之應到處所為該設備所在處所。
④ 依第一項進行程序之筆錄及其他文書，須受訊問人簽名者，由訊問端法院傳送至受訊問人所在處所，經受訊問人確認內容並簽名後，將筆錄以電信傳真或其他科技設備傳回訊問端法院。
⑤ 第一項之審理及前項之文書傳送作業辦法，由司法院定之。

第四條　103
　法院於必要時，得命技術審查官執行下列職務：
　一　為使訴訟關係明確，就事實上及法律上之事項，基於專業知識對當事人為說明或發問。
　二　對證人或鑑定人為直接發問。
　三　就本案向法官為意見之陳述。
　四　於證據保全時協助調查證據。
　五　於保全程序或強制執行程序提供協助。

第五條
　技術審查官之迴避，依其所參與審判之程序，分別準用民事訴訟法、刑事訴訟法、行政訴訟法關於法官迴避之規定。

第二章　民事訴訟

第六條

民事訴訟法第二編第三章、第四章規定，於智慧財產之民事訴訟不適用之。

第七條

智慧財產法院組織法第三條第一款、第四款所定之民事事件，由智慧財產法院管轄。

第八條

①法院已知之特殊專業知識，應予當事人有辯論之機會，始得採為裁判之基礎。

②審判長或受命法官就事件之法律關係，應向當事人曉諭爭點，並得適時表明其法律上見解及適度開示心證。

第九條

①當事人提出之攻擊或防禦方法，涉及當事人或第三人營業秘密，經當事人聲請，法院認為適當者，得不公開審判；其經兩造合意不公開審判者，亦同。

②訴訟資料涉及營業秘密者，法院得依聲請或依職權裁定不予准許或限制訴訟資料之閱覽、抄錄或攝影。

第一〇條

①文書或勘驗物之持有人，無正當理由不從法院之命提出文書或勘驗物者，法院得以裁定處新臺幣三萬元以下罰鍰；於必要時並得以裁定命為強制處分。

②前項強制處分之執行，準用強制執行法關於物之交付請求權執行之規定。

③第一項裁定，得為抗告；處罰鍰之裁定，抗告中應停止執行。

④法院為判斷第一項文書或勘驗物之持有人有無不提出之正當理由，於必要時仍得命其提出，並以不公開方式行之。

⑤前項情形，法院不得開示該文書及勘驗物。但為聽取訴訟關係人之意見而有向其開示之必要者，不在此限。

⑥前項但書情形，法院於開示前，應通知文書或勘驗物之持有人，持有人於受通知之日起十四日內聲請對受開示者發秘密保持命令者，於聲請裁定確定前，不得開示。

第一〇條之一　103

①營業秘密侵害之事件，如當事人就其主張營業秘密受侵害或有受侵害之虞之事實已釋明者，他造否認其主張時，法院應定期命他造就其否認之理由為具體答辯。

②前項他造無正當理由，逾期未答辯或答辯非具體者，法院得審酌情形認當事人已釋明之內容為真實。

③前項情形，於裁判前應令當事人有辯論之機會。

第一一條

①當事人或第三人就其持有之營業秘密，經釋明符合下列情形者，

法院得依該當事人或第三人之聲請，對他造當事人、代理人、輔佐人或其他訴訟關係人發秘密保持命令：

一 當事人書狀之內容，記載當事人或第三人之營業秘密，或已調查或應調查之證據，涉及當事人或第三人之營業秘密。

二 為避免因前款之營業秘密經開示，或供該訴訟進行以外之目的使用，有妨害該當事人或第三人基於該營業秘密之事業活動之虞，致有限制其開示或使用之必要。

②前項規定，於他造當事人、代理人、輔佐人或其他訴訟關係人，在聲請前已依前項第一款規定之書狀閱覽或證據調查以外方法，取得或持有該營業秘密時，不適用之。

③受秘密保持命令之人，就該營業秘密，不得為實施該訴訟以外之目的而使用之，或對未受秘密保持命令之人開示。

第一二條

秘密保持命令之聲請，應以書狀記載下列事項：

一 應受秘密保持命令之人。

二 應受命令保護之營業秘密。

三 符合前條第一項各款所列事由之事實。

第一三條

①准許秘密保持命令之裁定，應載明受保護之營業秘密、保護之理由，及其禁止之內容。

②准許秘密保持命令之聲請時，其裁定應送達聲請人及受秘密保持命令之人。

③秘密保持命令自送達受秘密保持命令之人，發生效力。

④駁回秘密保持命令聲請之裁定，得為抗告。

第一四條

①受秘密保持命令之人，得以其命令之聲請欠缺第十一條第一項之要件，或有同條第二項之情形，或其原因嗣已消滅，向訴訟繫屬之法院聲請撤銷秘密保持命令。但本案裁判確定後，應向發秘密保持命令之法院聲請。

②秘密保持命令之聲請人得聲請撤銷該命令。

③關於聲請撤銷秘密保持命令之裁定，應送達於聲請人及相對人。

④前項裁定，得為抗告。

⑤秘密保持命令經裁定撤銷確定時，失其效力。

⑥撤銷秘密保持命令之裁定確定時，除聲請人及相對人外，就該營業秘密如有其他受秘密保持命令之人，法院應通知撤銷之意旨。

第一五條

①對於曾發秘密保持命令之訴訟，如有未經限制或不許閱覽且未受秘密保持命令之人，聲請閱覽、抄錄、攝影卷內文書時，法院書記官應即通知聲請命令之人。但秘密保持命令業經撤銷確定者，不在此限。

②前項情形，法院書記官自聲請命令之當事人或第三人受通知之日起十四日內，不得將卷內文書交付閱覽、抄錄、攝影。聲請命令

之當事人或第三人於受通知之日起十四日內，聲請對請求閱覽之人發秘密保持命令，或聲請限制或不准許其閱覽時，法院書記官於其聲請之裁定確定前，不得為交付。

③聲請秘密保持命令之人，同意第一項之聲請時，第二項之規定不適用之。

第一六條

①當事人主張或抗辯智慧財產權有應撤銷、廢止之原因者，法院應就其主張或抗辯有無理由自為判斷，不適用民事訴訟法、行政訴訟法、商標法、專利法、植物品種及種苗法或其他法律有關停止訴訟程序之規定。

②前項情形，法院認有撤銷、廢止之原因時，智慧財產權人於該民事訴訟中不得對於他造主張權利。

第一七條

①法院為判斷當事人依前條第一項所為之主張或抗辯，於必要時，得以裁定命智慧財產專責機關參加訴訟。

②智慧財產專責機關依前項規定參加訴訟時，以關於前條第一項之主張或抗辯有無理由為限，適用民事訴訟法第六十一條之規定。

③民事訴訟法第六十三條第一項前段、第六十四條規定，於智慧財產專責機關參加訴訟時，不適用之。

④智慧財產專責機關參加訴訟後，當事人對於前條第一項之主張或抗辯已無爭執時，法院得撤銷命參加之裁定。

第一八條

①保全證據之聲請，在起訴前，向應繫屬之法院為之，在起訴後，向已繫屬之法院為之。

②法院實施證據保全時，得為鑑定、勘驗及保全書證。

③法院實施證據保全時，得命技術審查官到場執行職務。

④相對人無正當理由拒絕證據保全之實施時，法院得以強制力排除之，但不得逾必要之程度。必要時並得請警察機關協助。

⑤法院於證據保全有妨害相對人或第三人之營業秘密之虞時，得依聲請人、相對人或第三人之請求，限制或禁止實施保全時在場之人，並就保全所得之證據資料命另為保管及不予准許或限制閱覽。

⑥前項有妨害營業秘密之虞之情形，準用第十一條至第十五條之規定。

⑦法院認為必要時，得囑託受訊問人住居所或證物所在地地方法院實施保全。受託法院實施保全時，適用第二項至第六項之規定。

第一九條 103

對於智慧財產事件之第一審裁判不服而上訴或抗告者，向管轄之智慧財產法院為之。

第二〇條

對於智慧財產事件之第二審裁判，除別有規定外，得上訴或抗告於第三審法院。

第二一條

① 智慧財產事件支付命令之聲請與處理，依民事訴訟法第六編之規定。

② 債務人對支付命令提出合法異議者，發支付命令之法院應將卷證移送智慧財產法院處理。

第二二條

① 假扣押、假處分或定暫時狀態處分之聲請，在起訴前，向應繫屬之法院為之，在起訴後，向已繫屬之法院為之。

② 聲請定暫時狀態之處分時，聲請人就其爭執之法律關係，為防止發生重大之損害或避免急迫之危險或有其他相類之情形而有必要之事實，應釋明之；其釋明有不足者，法院應駁回聲請。

③ 聲請之原因雖經釋明，法院仍得命聲請人供擔保後為定暫時狀態之處分。

④ 法院為定暫時狀態之處分前，應令兩造有陳述意見之機會。但聲請人主張有不能於處分前通知相對人陳述之特殊情事，並提出確實之證據，經法院認為適當者，不在此限。

⑤ 定暫時狀態之處分，自送達聲請人之日起三十日內未起訴者，法院得依聲請或依職權撤銷之。

⑥ 前項撤銷處分之裁定應公告，於公告時生效。

⑦ 定暫時狀態之裁定，因自始不當或債權人聲請，或因第五項之情形，經法院撤銷時，聲請人應賠償相對人因處分所受之損害。

第三章　刑事訴訟

第二三條 103

智慧財產法院組織法第三條第二款前段、第四款所定刑事案件之起訴，應向管轄之地方法院為之。檢察官聲請以簡易判決處刑者，亦同。

第二四條

訴訟資料涉及營業秘密者，法院得依聲請不公開審判；亦得依聲請或依職權限制卷宗或證物之檢閱、抄錄或攝影。

第二五條

① 不服地方法院關於第二十三條案件依通常、簡式審判或協商程序所為之第一審裁判而上訴或抗告者，除少年刑事案件外，應向管轄之智慧財產法院為之。

② 與第二十三條案件有刑事訴訟法第七條第一款所定相牽連關係之其他刑事案件，經地方法院合併裁判，並合併上訴或抗告者，亦同。但其他刑事案件係較重之罪，且案情確係繁雜者，智慧財產法院得裁定合併移送該管高等法院審判。

③ 前項但書之裁定，除另有規定外，得為抗告。

第二六條

對於智慧財產法院關於第二十三條案件所為之裁判，除別有規定外，得上訴或抗告於第三審法院。

第二七條

①審理第二十三條案件之附帶民事訴訟，認為原告之訴不合法，或刑事訴訟諭知無罪、免訴或不受理者，應以判決駁回之；其刑事訴訟經裁定駁回者，應以裁定駁回原告之訴。

②審理第二十三條案件之附帶民事訴訟，除第三審法院依刑事訴訟法第五百零八條至第五百十一條規定裁判者外，應自為裁判，不適用刑事訴訟法第五百零四條第一項、第五百十一條第一項前段之規定。但依刑事訴訟法第四百八十九條第二項規定諭知管轄錯誤及移送者，不在此限。

第二八條

不服地方法院關於第二十三條案件依通常或簡式審判程序之附帶民事訴訟所為裁判，提起上訴或抗告者，應向管轄之智慧財產法院為之。

第二九條

①就第二十三條案件行簡易程序時，其附帶民事訴訟應與刑事訴訟同時裁判。但有必要時，得於刑事訴訟裁判後六十日內裁判之。

②對於簡易程序之附帶民事訴訟第二審裁判上訴或抗告於第三審法院者，準用民事訴訟法第四百三十六條之二至第四百三十六條之五之規定。

第三〇條

第八條第一項、第十一條至第十五條、第十六條第一項規定，於審理第二十三條案件或其附帶民事訴訟時，準用之。

第三〇條之一 100

行政訴訟法第二編第二章簡易訴訟程序規定，於智慧財產之行政訴訟不適用之。

第四章　行政訴訟

第三一條 103

①智慧財產法院組織法第三條第三款、第四款所定之行政訴訟事件，由智慧財產法院管轄。

②其他行政訴訟與前項各款訴訟合併起訴或為訴之追加時，應向智慧財產法院為之。

③智慧財產法院為辦理第一項之強制執行事務，得設執行處或囑託地方法院民事執行處或行政機關代為執行。

④債務人對於前項囑託代為執行之執行名義有異議者，由智慧財產法院裁定之。

第三二條

對於智慧財產法院之裁判，除法律別有規定外，得上訴或抗告於終審行政法院。

第三三條

①關於撤銷、廢止商標註冊或撤銷專利權之行政訴訟中，當事人於言詞辯論終結前，就同一撤銷或廢止理由提出之新證據，智慧財

產法院仍應審酌之。

②智慧財產專責機關就前項新證據應提出答辯書狀，表明他造關於該證據之主張有無理由。

第三四條

①第八條至第十五條、第十八條及第二十二條之規定，於有關智慧財產權之行政訴訟，準用之。

②辦理智慧財產民事訴訟或刑事訴訟之法官，得參與就該訴訟事件相牽涉之智慧財產行政訴訟之審判，不適用行政訴訟法第十九條第三款之規定。

第五章　附　則

第三五條

①違反本法秘密保持命令者，處三年以下有期徒刑、拘役或科或併科新臺幣十萬元以下罰金。

②前項之罪，須告訴乃論。

第三六條

①法人之負責人、法人或自然人之代理人、受雇人或其他從業人員，因執行業務犯前條第一項之罪者，除處罰其行為人外，對該法人或自然人亦科以前條第一項之罰金。

②對前項行為人告訴或撤回告訴者，其效力及於法人或自然人。對前項法人或自然人告訴或撤回告訴者，其效力及於行為人。

第三七條

①本法施行前已繫屬於地方法院及高等法院之智慧財產民事事件，其法院管轄及審理程序依下列規定：

一　依其進行程度，由該法院依本法所定程序終結之，其已依法定程序進行之訴訟程序，其效力不受影響。

二　地方法院已為之裁判，經上訴或抗告，其卷宗尚未送上訴或抗告法院者，應送智慧財產第二審法院。

②第二十三條案件及其附帶民事訴訟於本法施行前已繫屬於各級法院者，其以後之訴訟程序，應由各該繫屬法院依本法之規定終結之。但本法施行前已依法定程序進行之訴訟程序，其效力不受影響。

③本法施行前，已繫屬於高等行政法院之智慧財產行政訴訟事件，依其進行程度，由該法院依本法所定程序終結之，其已進行之程序，不失其效力。

第三八條

本法施行細則及審理細則，由司法院定之。

第三九條

本法施行日期，由司法院定之。

玖、附　　錄

司法院大法官解釋文

釋字第5號解釋

行憲後，各政黨辦理黨務人員，不能認為刑法上所稱之公務員。（41、8、16）

釋字第7號解釋

行憲後，各政黨、各級黨部之書記長，不得認為公務員。（41、9、29）

釋字第8號解釋

原呈所稱之股份有限公司，政府股份既在百分之五十以上，縱依公司法組織，亦係公營事業機關，其依法令從事於該公司職務之人員，自應認為刑法上所稱之公務員。（41、10、27）

釋字第36號解釋

稅務機關之稅戳蓋於物品上用以證明繳納稅款者，依刑法第二百二十條之規定，應以文書論。用偽造稅戳蓋於其所私宰之牛肉從事銷售，成立刑法第二百十六條之行使偽造公文書罪，應依同法第二百十一條處斷。本院解字第三三六四號解釋所謂公印文書之印字，當係衍文。（43、6、23）

釋字第37號解釋

執行機關執行特種刑事案件沒收之財產，對於受刑人所負債務，固有當然負清償之責。惟揆諸憲法第十五條保障人民財產權之精神，如不知情之第三人，就其合法成立之債權有所主張時，依刑事訴訟法第四百七十五條之規定，應依強制執行法有關各條規定辦理。（43、7、23）

釋字第45號解釋

主刑宣告緩刑之效力，依本院院字第七八一號解釋雖及於從刑，惟參以刑法第三十九條所定「得專科沒收」與第四十條所定「得單獨宣告沒收」，足證沒收雖原為從刑，但與主刑並非有必然牽連關係。其係法定宣告沒收之物，或係法定必予沒收者，或係得予沒收而經認定有沒收必要者，自與刑法第七十四條所稱以暫不執行為適當之緩刑本旨不合，均應不受緩刑宣告之影響。（44、3、11）

釋字第47號解釋

刑事訴訟法第八條之主要用意，係避免繫屬於有管轄權之數法院，對於同一案件均予審判之弊。據呈所稱，某甲在子縣行竊，被在子縣法院提起公訴後，復在丑縣行竊，其在丑縣行竊之公訴部分，原未繫屬於子縣法院，自不發生該條之適用問題。又丑縣法院係被告所在地之法院，對於某甲在子縣法院未經審判之前次犯行，依同法第五條之規定，得併案受理，其判決確定後，

子縣法院對於前一犯行公訴案件，自應依同法第二百九十四條第一款規定，諭知免訴之判決。（44、6、20）

釋字第48號解釋

一、告訴乃論之罪，其告訴不合法或依法不得告訴而告訴者，檢察官應依刑事訴訟法第二百三十四條第一項之規定為不起訴處分。如未經告訴，自不生處分問題，院字第二二九二號解釋所謂應予變更部分，自係指告訴不合法及依法不得告訴而告訴者而言。

二、告訴不合法之案件，經檢察官為不起訴處分後，如另有告訴權人合法告訴者，得再行起訴，不受刑事訴訟法第二百三十九條之限制。（44、7、11）

釋字第50號解釋

頂替他人姓名而服兵役，係屬違法行為，自難認其有軍人身分。本院院字第二六八四號解釋，仍應予以維持。（44、8、13）

釋字第53號解釋

檢察官發見原告訴人為誣告者，固得逕就誣告起訴，毋庸另對被誣告人為不起訴處分。但原告訴人對原告訴事件，如有聲請時，檢察官仍應補為不起訴處分書。（44、9、23）

釋字第56號解釋

公務員被判褫奪公權，而其主刑經宣告緩刑者，在緩刑期內，除別有他項消極資格之限制外，非不得充任公務員。（44、11、21）

釋字第60號解釋

最高法院所為之確定判決有拘束訴訟當事人之效力，縱有違誤，亦僅得按照法定途徑，聲請救濟。惟本件關於可否得以上訴於第三審法院，在程序上涉及審級之先決問題，既有歧異見解，應認為合於本會議規則第四條之規定予以解答。查刑法第六十一條所列各罪之案件，經第二審判決者，不得上訴於第三審法院，刑事訴訟法第三百六十八條定有明文。倘第二審法院判決後，檢察官原未對原審法院所適用之法條有所争執而為上訴，該案件與其他得上訴於第三審之案件亦無牽連關係，第三審法院不依同法第三百八十七條予以駁回，即與法律上之程式未符。至案件是否屬於刑法第六十一條所列各罪之範圍，尚有爭執者，應視當事人在第二審言詞辯論終結前是否業已提出，如當事人本已主張非刑法第六十一條所列各罪，第二審仍為認該條各罪之判決者，始得上訴於第三審法院。（45、4、2）

釋字第61號解釋

軍人逃亡，如僅佩帶本人符號，尚難認為與陸海空軍刑法第九十五條所謂攜帶其他重要物品之情形相當，應以普通逃亡論罪。本院院字第二零四四號關於該部分之解釋，應予變更。（45、8、13）

釋字第63號解釋

妨害國幣懲治條例第三條所稱偽造變造之幣券，係指國幣幣券而言。新臺幣為地方性之幣券，如有偽造變造情事，應依刑法處斷。（45、8、29）

釋字第66號解釋

考試法第八條第一項第二款及公務人員任用法第十七條第二款所列情事，均屬本院釋字第五十六號解釋所謂他項消極資格。其曾服公務而有貪污行為，經判決確定者，雖受緩刑之宣告，仍須俟緩刑期滿而緩刑之宣告並未撤銷時，始得應任何考試或任為公務人員。（45、11、2）

釋字第68號解釋

凡曾參加叛亂組織者，在未經自首或有其他事實證明其確已脫離組織以前，自應認為係繼續參加。如其於民國三十八年六月二十一日懲治叛亂條例施行後，仍在繼續狀態中，則因法律之變更並不在行為之後，自無刑法第二條之適用。至罪犯赦免減刑令，原以民國三十五年十二月三十一日以前之犯罪為限，如在以後仍在繼續犯罪中，即不能援用。（45、11、26）

釋字第73號解釋

依公司法組織之公營事業，縱於移轉民營時，已確定其盈虧及一切權利義務之移轉日期，仍應俟移轉後之民股超過百分之五十以上時，該事業方得視為民營。惟在向未實行交接之前，其原有依法令服務之人員，仍係刑法上之公務員。（46、3、13）

釋字第82號解釋

偽造公印，刑法第二百十八條既有獨立處罰之規定，且較刑法第二百十二條之處罰為重，則於偽造刑法第二百十二條之文書同時偽造公印者，即難僅論以該條之罪，而置刑法第二百十八條處刑較重之罪於不問。本院院解字第三零二零號第三項解釋，於立法本旨並無違背，尚無變更之必要。（48、6、17）

釋字第84號解釋

公務員依刑事確定判決，受褫奪公權刑之宣告者，雖同時諭知緩刑，其職務亦當然停止。（48、12、2）

釋字第90號解釋

一、憲法上所謂現行犯，係指刑事訴訟法第八十八條第二項之現行犯，及同條第三項以現行犯論者而言。

二、遇有刑事訴訟法第八十八條所定情形，不問何人，均得逕行逮捕之，不以有偵查權人未曾發覺之犯罪為限。

三、犯瀆職罪收受之賄賂，應認為刑事訴訟法第八十八條第三項第二款所稱之贓物。賄賂如為通貨，依一般觀察可認為因犯罪所得，而其持有並顯可疑為犯罪人者，亦有上述條款之適用。（50、4、26）

釋字第96號解釋

刑法第一百二十二條第三項之行賄行為，性質上不屬於瀆職罪，

其幫助或教唆者亦同。（51、6、27）

釋字第98號解釋

裁判確定後另犯他罪，不在數罪併罰規定之列。雖緩刑期內更犯者，其所科之刑，亦應於緩刑撤銷後，合併執行。（51、10、17）

釋字第99號解釋

臺灣銀行發行之新臺幣，自中央銀行委託代理發行之日起，如有偽造變造等行為者，亦應依妨害國幣懲治條例論科。（51、12、19）

釋字第102號解釋

船舶發生海難，輪船公司董事長、總經理，並不因頒發開航通知書，而當然負刑法上業務過失責任。但因其過失催促開航，致釀成災害者，不在此限。（52、8、14）

釋字第103號解釋

行政院依懲治走私條例第二條第二項專案指定管制物品及其數額之公告，其內容之變更，對於變更前走私行為之處罰，不能認為有刑法第二條之適用。（52、10、23）

釋字第108號解釋

告訴乃論之罪，其犯罪行為有連續或繼續之狀態者，其六個月之告訴期間，應自得為告訴之人，知悉犯人最後一次行為或行為終了之時起算。本院院字第一二三二號解釋應予變更。（54、7、28）

釋字第109號解釋

以自己共同犯罪之意思，參與實施犯罪構成要件以外之行為，或以自己共同犯罪之意思，事先同謀，而由其中一部分人實施犯罪之行為者，均為共同正犯。本院院字第一〇五號、第二〇三〇號之一、第二二〇二號前段等解釋，其旨趣尚屬一致。（54、11、3）

釋字第118號解釋

本院釋字第四十三號解釋之更正裁定，不以原判決推事之參與為必要。（55、12、7）

釋字第121號解釋

刑法第四十一條之易科罰金，第四十二條第二項之易服勞役，其折算一日之原定金額，如依戡亂時期罰金罰鍰裁判費執行費公證費提高標準條例提高二倍，應為以三元、六元或九元折算一日。（56、5、10）

釋字第123號解釋

審判中之被告經依法通緝者，其追訴權之時效，固應停止進行，本院院字第一九六三號解釋並未有所變更。至於執行中之受刑人經依法通緝，不能開始或繼續執行時，其刑罰之時效亦應停止進行，但仍須注意刑法第八十五條第三項之規定。（57、7、10）

釋字第129號解釋

未滿十四歲參加叛亂組織，於滿十四歲時，尚未經自首，亦無其他事實證明其確已脫離者，自應負刑事責任。本院釋字第六十八號解釋並應有其適用。（59、10、30）

釋字第133號解釋

本院院解字第三五三四號解釋所稱「免除其刑」，係指因赦免權作用之減刑，而免除其刑者而言，不包括其他之免除其刑在內。（61、6、9）

釋字第134號解釋

自訴狀應按被告人數提出繕本，其未提出而情形可以補正者，法院應以裁定限期補正，此係以書狀提出自訴之法定程序，如故延不遵，應諭知不受理之判決。惟法院未將其繕本送達於被告，而被告已受法院告知自訴內容，經為合法之言詞辯論時，即不得以自訴狀繕本之未送達而認為判決違法。本院院字第一三二○號解釋之(三)應予補充說明。（61、12、1）

釋字第135號解釋

民刑事訴訟案件下級法院之判決，當事人不得聲明不服而提出不服之聲明，或未提出不服之聲明而上級法院誤予廢棄或撤銷發回更審者，該項上級法院之判決及發回更審後之判決，均屬重大違背法令，固不生效力，惟既具有判決之形式，得分別依上訴、再審、非常上訴及其他法定程序辦理。（62、6、22）

釋字第138號解釋

案經提起公訴或自訴，且在審判進行中，此時追訴權既無不行使之情形，自不發生時效進行之問題。（63、5、10）

釋字第140號解釋

案經起訴繫屬法院後，復由檢察官違法從實體上予以不起訴處分，經告訴人合法聲請再議，上級法院首席檢察官或檢察長，應將原不起訴處分撤銷。（63、11、15）

釋字第143號解釋

關於購買火車票轉售圖利是否構成詐欺罪，要應視其實際有無以詐術使人陷於錯誤，具備詐欺罪之各種構成要件而定。如自己並不乘車，而混入旅客群中買受車票，並以之高價出售者，仍須視其實際是否即係使用詐術，使售票處因而陷於錯誤，合於詐欺罪之各種構成要件以為斷。本院院解字第二九二○號暨第三八○八號解釋據來文所稱之套購，應係意指使用詐術之購買而言。惟後一解釋，重在對於旅客之詐財；前一解釋，重在對於售票處之詐欺得利；故應分別適用刑法第三百三十九條第一項及第二項之規定。（64、6、20）

釋字第144號解釋

數罪併罰中之一罪，依刑法規定得易科罰金，若因與不得易科之他罪併合處罰結果，而不得易科罰金時，原可易科部分所處之刑，自亦無庸為易科折算標準之記載。（64、12、5）

釋字第146號解釋

刑事判決確定後，發見該案件認定犯罪事實與所採用證據顯屬不符，自屬審判違背法令，得提起非常上訴；如具有再審原因者，仍可依再審程序聲請再審。（65、7、23）

釋字第152號解釋

刑法第五十六條所謂「同一之罪名」，係指基於概括之犯意，連續數行為，觸犯構成犯罪要件相同之罪名者而言。本院院字第二一八五號解釋，關於「同一之罪名」之認定標準及成立連續犯之各例，與上開意旨不合部分應予變更。（67、5、12）

釋字第159號解釋

刑事訴訟法第三百五十五條所定：「將判決書全部或一部登報，其費用由被告負擔」之處分，法院應以裁定行之。如被告延不遵行，由檢察官準用同法第四百七十條及第四百七十一條之規定執行。本院院字第一七四四號解釋，應予補充。（68、9、21）

釋字第168號解釋

已經提起公訴或自訴之案件，在同一法院重行起訴者，應諭知不受理之判決，刑事訴訟法第三零三條第二款，定有明文。縱先起訴之判決，確定在後，如判決時，後起訴之判決，尚未確定，仍應就後起訴之判決，依非常上訴程序，予以撤銷，諭知不受理。（70、5、8）

釋字第174號解釋

本院解釋，其所依據之法令內容變更者，在未變更解釋前，若新舊法令之立法本旨一致，法理相同，解釋之事項尚存或解釋之內容有補充新法之功用者，仍有其效力。依法令從事公務之人員侵占職務上持有之非公用私有財物者，為貪污行為，應分別按戡亂時期貪污治罪條例第六條第三款或第四款論罪。如其情節輕微，而其所得或所圖得財物在三千元以下者，應有同條例第十二條第一項之適用。本院院解字第三〇八〇號及院解字第三〇一五號解釋，應予補充解釋。（71、4、16）

釋字第176號解釋

刑法第五條第五款所列第二百十六條之罪，不包括行使第二百二十條、第二百二十二條及第二百十五條之文書，但包括行使第二百十三條之文書。（71、8、13）

釋字第178號解釋

刑事訴訟法第十七條第八款所稱推事曾參與前審之裁判，係指同一推事，就同一案件，曾參與下級審之裁判而言。（71、12、31）

釋字第181號解釋

非常上訴，乃對於審判違背法令之確定判決所設之救濟方法。依法應於審判期日調查之證據，未予調查，致適用法令違誤，而顯然於判決有影響者，該項確定判決，即屬判決違背法令，應有刑事訴訟法第四百四十七條第一項第一款規定之適用。（72、、

1)

釋字第188號解釋

中央或地方機關就其職權上適用同一法律或命令發生見解歧異，本院依其聲請所為之統一解釋，除解釋文內另有明定者外，應自公布當日起發生效力。各機關處理引起歧見之案件及其同類案件，適用是項法令時，亦有其適用。惟引起歧見之該案件，如經確定終局裁判，而其適用法令所表示之見解，經本院解釋為違背法令之本旨時，是項解釋自得據為再審或非常上訴之理由。

（73、8、3）

釋字第202號解釋

裁判確定後另犯他罪，不在數罪併罰規定之列，業經本院釋字第九十八號解釋闡釋在案，故裁判確定後，復受有期徒刑之宣告者，前後之有期徒刑，應予合併執行，不受刑法第五十一條第五款但書關於有期徒刑不得逾二十年之限制。至刑法第三十三條第三款但書，乃係就實質上或處斷上一罪之法定刑加重所為不得逾二十年之規定，與裁判確定後另犯他罪應合併執行之刑期無關，本院釋字第六二六號解釋有關第五部分，已無從適用。

受前項有期徒刑之合併執行而有悛悔實據者，其假釋條件不應較無期徒刑為嚴，宜以法律明定之。（75、2、14）

釋字第233號解釋

刑事訴訟法第一百零八條第一項關於法院裁定延長羈押之規定，與憲法第八條並無牴觸。（77、12、9）

釋字第238號解釋

刑事訴訟法第三百七十九條第十款所稱「依本法應於審判期日調查之證據」，指該證據在客觀上為法院認定事實及適用法律之基礎者而言。此種證據，未予調查，同條特明定其判決為當然違背法令。其非上述情形之證據，未予調查者，本不屬於上開第十款之範圍，縱其訴訟程序違背法令，惟如應受同法第三百八十條之限制者，既不得據以提起第三審上訴，自不得為非常上訴之理由。中華民國二十九年二月二十二日最高法院民、刑庭總會決議關於「訴訟程序違法不影響判決者，不得提起非常上訴」之見解，就證據部分而言，即係本此意旨，尚屬於法無違，與本院釋字第一八一號解釋，亦無牴觸。（78、3、31）

釋字第245號解釋

受刑人或其他有異議權人對於檢察官不准易科罰金執行之指揮認為不當，依刑事訴訟法第四百八十四條向論知科刑裁判之法院聲明異議，法院認為有理由而為撤銷之裁定者，除依裁定意旨得由檢察官重行為適當之斟酌外，如有必要法院自非不得於裁定內同時諭知准予易科罰金，此與本院院解字第二九三九號及院字第一三八七號解釋所釋情形不同。（78、7、28）

釋字第249號解釋

告發人為刑事訴訟當事人以外之第三人，法院如認為有命其作證

之必要時，自得依刑事訴訟法第一百七十八條關於證人之規定傳喚之，無正當理由而不到場者，並得加以拘提，強制其到場作證，以達發見真實之目的。基此，本院字第四十七號解釋，認對告發人得適用當時之刑事訴訟法第九十五條即現行刑事訴訟法第一百七十八條之規定辦理，與憲法並無牴觸。（78、11、24）

釋字第263號解釋

懲治盜匪條例為特別刑法，其第二條第一項第九款對意圖勒贖而擄人者，不分犯罪情況及結果如何，概以死刑為法定刑，立法甚嚴，惟依同條例第八條之規定，若有情輕法重之情形者，裁判時本有刑法第五十九條酌量減輕其刑規定之適用，其有未經取贖而釋放被害人者，復得依刑法第三百四十七條第五項規定減輕其刑，足以避免過嚴之刑罰，與憲法尚無牴觸。（79、7、19）

釋字第271號解釋

刑事訴訟程序中不利益於被告之合法上訴，上訴法院誤為不合法，而從程序上為駁回上訴之判決確定者，其判決固屬重大違背法令，惟既具有判決之形式，仍應先依非常上訴程序將該確定判決撤銷後，始得回復原訴訟程序，就合法上訴部分進行審判。否則即與憲法第八條第一項規定人民非依法定程序不得審問處罰之意旨不符。最高法院二十五年上字第三二三一號判例，於上開解釋範圍內，應不再援用。（79、12、20）

釋字第297號解釋

人民有訴訟之權，憲法第十六條固定有明文，惟訴訟如何進行，應另由法律定之，業經本院釋字第一七○號解釋於解釋理由書闡明在案。刑事訴訟乃實現國家刑罰權之程序，刑事訴訟法既建立公訴制度，由檢察官追訴犯罪，又於同法第三百十九條規定：「犯罪之被害人得提起自訴」，其所稱「犯罪之被害人」，法律並未明確界定其範圍，自得由審判法院依具體個別犯罪事實認定之，最高法院七十年台上字第一七九九號判例所表示之法律上見解，尚難認與憲法有何牴觸。（81、5、20）

釋字第302號解釋

刑事訴訟法第三百七十七條規定：「上訴於第三審法院，非以判決違背法令為理由，不得為之」，旨在合理利用訴訟程序，以增進公共利益，尚未逾越立法裁量範圍，與憲法第十六條並無牴觸。（81、8、14）

釋字第306號解釋

本院解字第三○二七號解釋及最高法院五十三年台上字第二六一七號判例，謂刑事被告之原審辯護人為被告之利益提起上訴，應以被告名義行之，在此範圍內，與憲法保障人民訴訟權之意旨，尚無牴觸。但上開判例已指明此係程式問題，如原審辯護人已為被告之利益提起上訴，而僅未於上訴書狀內表明以被告名義上訴字樣者，其情形既非不可補正，自應依法先定期間命為補正，如未先命補正，即認其上訴為不合法者，應予依法救濟。最

高法院與上述判例相關連之六十九年台非字第二○號判例，認該項程式欠缺之情形為無可補正，與前述意旨不符，應不予援用。（81、10、16）

釋字第366號解釋

裁判確定前犯數罪，分別宣告之有期徒刑均未逾六個月，依刑法第四十一條規定各得易科罰金者，因依同法第五十一條併合處罰定其應執行之刑逾六個月，致其宣告刑不得易科罰金時，將造成對人民自由權利之不必要限制，與憲法第二十三條規定未盡相符，上開刑法規定應檢討修正。對於前述因合併處罰所定執行刑逾六個月之情形，刑法第四十一條關於易科罰金以六個月以下有期徒刑為限之規定部分，應自本解釋公布之日起，至遲於屆滿一年時失其效力。（83、9、30）

釋字第392號解釋

司法權之一之刑事訴訟、即刑事司法之裁判，係以實現國家刑罰權為目的之司法程序，其審判乃以追訴而開始，追訴必須實施偵查，追到決定確定，尚須執行始能實現裁判之內容。是以此等程序悉與審判、處罰具有不可分離之關係，亦即偵查、訴追、審判、刑之執行均屬刑事司法之過程，其間代表國家從事「偵查」「訴追」「執行」之檢察機關，其所行使之職權，目的既亦在達成刑事司法之任務，則在此一範圍內之國家作用，當應屬廣義司法之一。

憲法第八條第一項所規定之「司法機關」，自非僅指同法第七十七條規定之司法機關而言，而係包括檢察機關在內之廣義司法機關。憲法第八條第一項、第二項所規定之「審問」，係指法院審理之訊問，其無審判權者既不得為之，則此兩項所稱之「法院」，當指有審判權之法官所構成之獨任或合議之法院之謂。法院以外之逮捕拘禁機關，依上開憲法第八條第二項規定，應至遲於二十四小時內，將因犯罪嫌疑被逮捕拘禁之人民移送該管法院審問。是現行刑事訴訟法第一百零一條、第一百零二條第三項準用第七十一條第四項及第一百二十條等規定，於法院外復賦予檢察官羈押被告之權；同法第一百零五條第三項賦予檢察官核准押所長官命令之權；同法第一百二十一條第一項、第二百五十九條第一項賦予檢察官撤銷羈押、停止羈押、再執行羈押、繼續羈押暨其他有關羈押被告各項處分之權，與前述憲法第八條第二項規定之意旨均有不符。

憲法第八條第二項僅規定：「人民因犯罪嫌疑被逮捕拘禁時，其逮捕拘禁機關應將逮捕拘禁原因，以書面告知本人及其本人指定之親友，並至遲於二十四小時內移送該管法院審問。本人或他人亦得聲請該管法院，於二十四小時內向逮捕之機關提審。」並未以「非法逮捕拘禁」為聲請提審之前提要件，乃提審法第一條規定：「人民被法院以外之任何機關非法逮捕拘禁時，其本人或他人得向逮捕拘禁地之地方法院或其所隸屬之高等法院聲請提

審。」以「非法逮捕拘禁」爲聲請提審之條件，與憲法前開之規定有所違背。

上開刑事訴訟法及提審法有違憲法規定意旨之部分，均應自本解釋公布之日起，至遲於屆滿二年時失其效力；本院院解字第四〇三四號解釋，應予變更。至於憲法第八條第二項所謂「至遲於二十四小時內移送」之二十四小時，係指其客觀上確得爲偵查之進行而言。本院院字第一三〇號之解釋固仍有其適用，其他若有符合憲法規定意旨之法定障礙事由者，自亦不應予以計入，併此指明。（84、12、22）

釋字第407號解釋

主管機關基於職權因執行特定法律之規定，得爲必要之釋示，以供本機關或下級機關所屬公務員行使職權時之依據。行政院新聞局中華民國八十一年二月十日(81)強版字第〇二二七五號函係就出版品記載內容觸犯刑法第二百三十五條猥褻罪而違反出版法第三十二條第三款之禁止規定，所爲例示性解釋，並附有足以引起性慾等特定條件，而非單純刊登文字、圖畫即屬相當，符合上開出版法規定之意旨，與憲法尚無牴觸。惟猥褻出版品，乃指一切在客觀上，足以刺激或滿足性慾，並引起普通一般人羞恥或厭惡感而侵害性的道德感情，有礙於社會風化之出版品而言。猥褻出版品與藝術性、醫學性、教育性等出版品之區別，應就出版品整體之特性及其目的而爲觀察，並依當時之社會一般觀念定之。又有關風化之觀念，常隨社會發展、風俗變異而有所不同，主管機關所爲釋示，自不能一成不變，應基於尊重憲法保障人民言論出版自由之本旨，兼顧善良風俗及青少年身心健康之維護，隨時檢討改進。至於個別案件是否已達猥褻程度，法官於審判時應就具體案情，依其獨立確信之判斷，認定事實，適用法律，不受行政機關函釋之拘束，乃屬當然。（85、7、5）

釋字第471號解釋

人民身體之自由應予保障，憲法第八條設有明文。限制人身自由之法律，其內容須符合憲法第二十三條所定要件。保安處分係對受處分人將來之危險性所爲拘束其身體、自由等之處置，以達教化與治療之目的，爲刑罰之補充制度。本諸法治國家保障人權之原理及刑法之保護作用，其法律規定之內容，應受比例原則之規範，使保安處分之宣告，與行爲人所爲行爲之嚴重性、行爲人所表現之危險性，及對於行爲人未來行爲之期待性相當。槍砲彈藥刀械管制條例第十九條第一項規定：「犯第七條、第八條、第十條、第十一條、第十二條第一項至第三項、第十三條第一項至第三項之罪，經判處有期徒刑者，應於刑之執行完畢或赦免後，令入勞動場所，強制工作，其期間爲三年。」此項規定不問行爲人有無預防矯治其社會危險性之必要，一律宣付強制工作三年，限制其中不具社會危險性之受處分人之身體、自由部分，其所採措施與所欲達成預防矯治之目的及所需程度，不合憲法第二十三

條所定之比例原則。犯上開條例第十九條所定之罪，不問對行為人有無預防矯治其社會危險性之必要，一律宣付強制工作三年之部分，與本解釋意旨不符，應自本解釋公布之日起不予適用。犯該條例第十九條第一項所列舉之罪，依個案情節符合比例原則部分，固應適用該條例宣告保安處分；至不符合部分而應宣告保安處分者，則仍由法院斟酌刑法第九十條第一項規定之要件，依職權為之，於此，自無刑法第二條第二項之適用，亦即仍有從新從輕原則之適用。（87、12、18）

釋字第476號解釋

人民身體之自由與生存權應予保障，固為憲法第八條、第十五條所明定；惟國家刑罰權之實現，對於特定事項而以特別刑法規定特別之罪刑所為之規範，倘與憲法第二十三條所要求之目的正當性、手段必要性、限制妥當性符合，即無乖於比例原則，要不得僅以其關乎人民生命、身體之自由，遂執兩不相侔之普通刑法規定事項，而謂其係有違於前開憲法之意旨。

中華民國八十一年七月二十七日修正公布之「肅清煙毒條例」、八十七年五月二十日修正公布之「毒品危害防制條例」，其立法目的，乃特別為肅清煙毒、防制毒品危害，藉以維護國民身心健康，進而維持社會秩序，俾免國家安全之陷於危殆。因是拔其貽害之本，首予杜絕流入之途，即著重煙毒來源之截堵，以求禍害之根絕；而製造、運輸、販賣行為乃煙毒禍害之源，其源不斷，則流毒所及，非僅多數人之生命、身體受其侵害，并社會、國家之法益亦不能免，為害之鉅，當非個人一己之生命、身體法益所可比擬。對於此等行為之以特別立法嚴厲規範，當已符合比例原則；抑且製造、運輸、販賣煙毒之行為，除有上述高度不法之內涵外，更具有暴利之特質，利之所在，不免 趨僥倖，若僅藉由長期自由刑措施，而欲達成肅清、防制之目的，非但成效難期，要亦有悖於公平與正義。肅清煙毒條例第五條第一項：「販賣、運輸、製造毒品、鴉片或麻煙者，處死刑或無期徒刑。」毒品危害防制條例第四條第一項：「製造、運輸、販賣第一級毒品者，處死刑或無期徒刑；處無期徒刑者，得併科新臺幣一千萬元以下罰金。」其中關於死刑、無期徒刑之法定刑規定，係本於特別法嚴禁毒害之目的而為之處罰，乃維護國家安全、社會秩序及增進公共利益所必要，無違憲法第二十三條之規定，與憲法第十五條亦無牴觸。（88、1、29）

釋字第487號解釋

冤獄賠償法為國家賠償責任之特別立法，憲法第二十四條規定：「凡公務員違法侵害人民之自由或權利者，除依法律受懲戒外，應負刑事及民事責任。被害人民就其所受損害，並得依法律向國家請求賠償」，立法機關據此有制定有關國家賠償法律之義務，而此等法律對人民請求各類國家賠償要件之規定，並應符合憲法上之比例原則。刑事被告之羈押，係為確保訴訟程序順利進行，

於被告受有罪判決確定前，拘束其身體自由於一定處所之強制處分，乃對人民身體自由所爲之嚴重限制，故因羈押而生之冤獄賠償，尤須尊重憲法保障人身自由之精神。冤獄賠償法第二條第二款前段，僅以受害人之行爲違反公共秩序或善良風俗爲由，剝奪其請求賠償之權利，未能以其情節是否重大，有無逾越社會通常觀念所能容忍之程度爲衡量標準，與前述憲法意旨未盡相符。上開法律第二條第二款與本解釋不合部分，應不予適用。（88、7、9）

釋字第495號解釋

凡規避檢查、偷漏關稅或逃避管制，未經向海關申報而運articles貨物進、出境者，海關應予查緝，海關緝私條例第一條及第三條定有明文。同條例第三十一條之一規定：「船舶、航空器、車輛或其他運輸工具所載進口貨物或轉運本國其他港口之轉運貨物，經海關查明與艙口單、載貨清單、轉運艙單或運送契約文件所載不符者，沒入其貨物。但經證明確屬誤裝者，不在此限」，係課進、出口人遵循國際貿易及航運通常規程序，就貨物與艙口單、載貨清單、轉運艙單或運送契約文件，誠實記載或申報之義務，並對於能舉證證明確屬誤裝者，免受沒入貨物之處分，其責任條件未排除本院釋字第二七五號解釋之適用，爲增進公共利益所必要，與憲法第二十三條尚無牴觸。（88、11、18）

釋字第509號解釋

言論自由爲人民之基本權利，憲法第十一條有明文保障，國家應給予最大限度之維護，俾其實現自我、溝通意見、追求眞理及監督各種政治或社會活動之功能得以發揮。惟爲兼顧對個人名譽、隱私及公共利益之保護，法律尚非不得對言論自由依其傳播方式爲合理之限制。符合憲法第二十三條規定之意旨。至刑法同條第三項前段以對誹謗之事，能證明其爲眞實者不罰，係針對言論內容與事實相符者之保障，並藉以限定刑罰權之範圍，非謂指摘或傳述誹謗事項之行爲人，必須自行證明其言論內容確屬眞實，始能免於刑責。惟行爲人雖不能證明言論內容爲眞實，但依其所提證據資料，認爲行爲人有相當理由確信其爲眞實者，即不能以誹謗罪之刑責相繩，亦不得以此項規定而免除檢察官或自訴人於訴訟程序中，依法應負行爲人故意毀損他人名譽之舉證責任，或法院發現其爲眞實之義務。就此而言，刑法第三百十條第三項與憲法保障言論自由之旨趣並無牴觸。（89、7、7）

釋字第512號解釋

憲法第十六條保障人民有訴訟之權，旨在確保人民有依法定程序提起訴訟及受公平審判之權利，至訴訟救濟應循之審級、程序及相關要件，應由立法機關衡量訴訟案件之種類、性質、訴訟政策目的，以及訴訟制度之功能等因素，以法律爲正當合理之規定。中華民國八十一年七月二十七日修正公布之「肅清煙毒條例」（八十七年五月二十日修正公布名稱爲：「毒品危害防制條

例」）第十六條前段規定：「犯本條例之罪者，以地方法院或其分院爲初審，高等法院或其分院爲終審」，對於判處有期徒刑以下之罪，限制被告上訴最高法院，係立法機關鑑於煙毒危害社會至鉅，及其犯罪性質有施保安處分之必要，爲強化刑事嚇阻效果，以達肅清煙毒、維護國民身心健康之目的，所設特別刑事訴訟程序，尙屬正當合理限制。矧刑事案件，上訴於第三審法院非以違背法令爲理由不得爲之。確定判決如有違背法令，得依非常上訴救濟，刑事訴訟法第三百七十七條、第四百四十一條定有明文。就第二審法院所爲有期徒刑以下之判決，若有違背法令之情形，亦有一定救濟途徑。對於被告判處死刑、無期徒刑之案件則依職權送最高法院覆判，顯已顧及其利益，尙未逾越立法機關自由形成之範圍，於憲法保障之人民訴訟權亦無侵害，與憲法第七條及第二十三條亦無牴觸。（89．9．15）

釋字第528號解釋

刑事法保安處分之強制工作，旨在對有犯罪習慣或以犯罪爲常業或因遊蕩或怠惰成習而犯罪者，令入勞動場所，以強制從事勞動方式，培養其勤勞習慣、正確工作觀念，習得一技之長，於其日後重返社會時，能自立更生，期以達成刑法教化、矯治之目的。組織犯罪防制條例第三條第三項：「犯第一項之罪者，應於刑之執行完畢或赦免後，令入勞動場所，強制工作，其期間爲三年；犯前項之罪者，其期間爲五年。」該條例係以三人以上，有內部管理結構，以犯罪爲宗旨或其成員從事犯罪活動，具有集團性、常習性、脅迫性或暴力性之犯罪組織爲規範對象。此類犯罪組織成員間雖有發起、主持、操縱、指揮、參與等之區分，然以組織型態從事犯罪，內部結構階層化，並有嚴密控制關係，其所造成之危害、對社會之衝擊及對民主制度之威脅，遠甚於一般之非組織性犯罪。是故組織犯罪防制條例第三條第三項乃設強制工作之規定，藉以補充刑罰之不足，協助其再社會化；此就一般預防之刑事政策目標言，並具有防制組織犯罪之功能，爲維護社會秩序、保障人民權益所必要。至於針對個別受處分人之不同情狀，認無強制工作必要者，於同條第四項、第五項已有免其執行與免予繼續執行之規定，足供法院斟酌保障人權之基本原則，爲適當、必要與合理之裁量，與憲法第八條人民身體自由之保障及第二十三條比例原則之意旨不相牴觸。（90．6．29）

釋字第544號解釋

國家對個人之刑罰，屬不得已之強制手段，選擇以何種刑罰處罰個人之反社會性行爲，乃立法自由形成之範圍。就特定事項以特別刑法規定特別刑罰，倘與憲法第二十三條所要求之目的正當性、手段必要性、限制妥當性符合者，即無乖於比例原則，業經本院釋字第四七六號解釋闡釋在案。自由刑涉及對人民身體自由之嚴重限制，除非必須對其採強制隔離施以矯治，方能維護社會秩序時，其科處始屬正當合理，而刑度之制定尤應顧及行爲之

侵害性與法益保護之重要性。施用毒品，足以戕害身心，滋生其他犯罪，惡化治安，嚴重損及公益，立法者自得於抽象危險階段即加以規範。中華民國八十一年七月二十七日修正公布肅清煙毒條例第九條第一項規定，對於施用毒品或鴉片者，處三年以上七年以下有期徒刑，及八十四年一月十三日修正公布之麻醉藥品管理條例第十三條之一第二項第四款規定，非法施打吸用麻醉藥品者，處三年以下有期徒刑、拘役或一萬元以下罰金，雖以所施用之毒品屬煙毒或麻醉藥品為其規範對象，未按行為人是否業已成癮為類型化之區分，就行為對法益危害之程度亦未盡顧及，但究其目的，無非在運用刑罰之一般預防功能以嚇阻毒品之施用，挽救社會於頹廢，與首揭意旨尚屬相符，於憲法第八條、第二十三條規定並無牴觸。前開肅清煙毒條例及麻醉藥品管理條例於八十七年及八十八年相繼修正，對經勒戒而無續施用毒品傾向者，改採除刑不除罪，對初犯者以保安處分替代刑罰，已更能符合首揭意旨。由肅清煙毒條例修正之毒品危害防制條例第三十五條第四款，將判決確定尚未執行或執行中之案件排除其適用，此固與刑法第二條第三項無乖離之處，惟為深化新制所揭櫫之刑事政策，允宜檢討之。（91、5、17）

釋字第551號解釋

人民身體之自由與生存權應予保障，為憲法第八條、第十五條所明定，國家為實現刑罰權，將特定事項以特別刑法規定特別之罪刑，其內容須符合目的之正當性、手段必要性、限制妥當性，方符合憲法第二十三條之規定，業經本院釋字第四七六號解釋闡釋在案。民國八十七年五月二十日修正公布之毒品危害防制條例，其立法目的係為肅清煙毒、防制毒品危害，維護國民身心健康，藉以維持社會秩序及公共利益，乃以特別法加以規範。有關栽贓誣陷或捏造證據誣告他人犯該條例之罪者，固亦得於刑法普通誣告罪之外，斟酌立法目的而為特別處罰之規定。然同條例第十六條規定：「栽贓誣陷或捏造證據誣告他人犯本條例之罪者，處以其所誣告之罪之刑」，未顧及行為人負擔刑事責任應以其行為本身之惡害程度予以非難評價之刑法原則，強調同害之原始報應刑思想，以所誣告罪名反坐，所採措施與欲達成目的及所需程度有失均衡；其責任與刑罰不相對應，罪刑未臻相當，與憲法第二十三條所定比例原則未盡相符。有關機關應自本解釋公布之日起兩年內通盤檢討修正，以兼顧國家刑罰權之圓滿正確運作，並維護被誣告者之個人法益；逾期未為修正者，前開條例第十六條誣告反坐之規定失其效力。（91、11、22）

釋字第554號解釋

婚姻與家庭為社會形成與發展之基礎，受憲法制度性保障（參照本院釋字第三六二號、第五五二號解釋）。婚姻制度植基於人格自由，具有維護人倫秩序、男女平等、養育子女等社會性功能，國家為確保婚姻制度之存續與圓滿，自得制定相關規範，約束夫

妻雙方互負忠誠義務。性行為自由與個人之人格有不可分離之關係，固得自主決定是否與何人發生性行為，惟依憲法第二十二條規定，於不妨害社會秩序公共利益之前提下，始受保障。是性行為之自由，自應受婚姻與家庭制度之制約。婚姻關係存續中，配偶之一方與第三人間之性行為應為如何之限制，以及違反此項限制，應否以罪刑相加，各國國情不同，應由立法機關衡酌定之。刑法第二百三十九條對於通姦者、相姦者處一年以下有期徒刑之規定，固對人民之性行為自由有所限制，惟此為維護婚姻、家庭制度及社會生活秩序所必要。為免此項限制過嚴，同法第二百四十五條第一項規定通姦罪為告訴乃論，以及同條第二項經配偶縱容或宥恕者，不得告訴，對於通姦罪附加訴追條件，此乃立法者就婚姻、家庭制度之維護與性行為自由間所為價值判斷，並未逾越立法形成自由之空間，與憲法第二十三條比例原則之規定尚無違背。（91、12、27）

釋字第556號解釋

犯罪組織存在，法律所保護之法益，即有受侵害之危險，自有排除及預防之必要。組織犯罪防制條例乃以防制組織型態之犯罪活動為手段，達成維護社會秩序及保障個人法益之目的。該條例第三條第一項及第三項所稱之參與犯罪組織，指加入犯罪組織成為組織之成員，而不問參加組織活動與否，犯罪即屬成立，至其行為是否仍在繼續，則以其有無持續參加組織活動或保持聯絡為斷，此項犯罪行為依法應由代表國家追訴犯罪之檢察官負舉證責任。若組織成員在參與行為未發覺前自首，或長期未與組織保持聯絡亦未參加活動等事實，足以證明其確已脫離犯罪組織者，即不能認其尚在繼續參與。本院釋字第六十八號解釋前段：「凡曾參加叛亂組織者，在未經自首或有其他事實證明其確已脫離組織以前，自應認為係繼續參加」，係針對懲治叛亂條例所為之釋示，茲該條例已經廢止，上開解釋併同與該號解釋相同之本院其他解釋（院字第六六七號、釋字第一二九號解釋），關於參加犯罪組織是否繼續及對舉證責任分擔之釋示，與本件解釋意旨不符部分，應予變更。又組織犯罪防制條例第十八條第一項所為過渡期間之規定，其適用並未排除本解釋前開意旨，與憲法保障人身自由之規定並無牴觸。（92、1、24）

釋字第559號解釋

基於法治國家之基本原則，凡涉及人身自由之限制事項，應以法律定之；涉及財產權者，則得依其限制之程度，以法律或法律明確授權之命令予以規範，惟法律本身若已就人身之處置為明文之規定者，應非不得以法律具體明確之授權委由主管機關執行之，至主管機關依法律概括授權所發布之命令若僅屬細節性、技術性之次要事項者，並非法所不許，家庭暴力防治法第二十條第一項規定保護令之執行機關及金錢給付保護令之強制執行程序，對警察機關執行非金錢給付保護令之程序及方法則未加規定，僅以同

法第五十二條為概括授權：「警察機關執行保護令及處理家庭暴力案件辦法，由中央主管機關定之」，雖不生牴觸憲法問題，然對警察機關執行上開保護令得適用之程序及方法均未加規定，且未對辦法內容為具體明確之授權，保護令既有涉及人身之處置或財產之強制執行者（參照家庭暴力防治法第十三條及第十五條），揆諸前開解釋意旨，應分別情形以法律或法律具體明確授權之命令定之，有關機關應從速修訂相關法律，以符憲法保障人民權利之本旨，行政執行法之執行機關除金錢給付之執行為法務部行政執行署所屬行政執行處外，其餘事件依其性質由原處分機關或該管機關為之（參照行政執行法第四條），依上述家庭暴力防治法規定，警察機關有執行金錢給付以外保護令之職責，其於執行具體事件應適用之程序，在法律未依上開解釋修改前，警察機關執行保護令得準用行政執行法規定之程序而採各種適當之執行方法。（92、5、2）

釋字第569號解釋

憲法第十六條明定人民有訴訟之權，旨在確保人民權益遭受不法侵害時，有權訴請司法機關予以救濟。惟訴訟權如何行使，應以法律規定；法律於符合憲法第二十三條旨意之範圍內，對於人民訴訟權之實施自得為合理之限制。

刑事訴訟法第三百二十一條規定，對於配偶不得提起自訴，係為防止配偶間因自訴而對簿公堂，致影響夫妻和睦及家庭和諧，乃為維護人倫關係所為之合理限制，尚未逾越立法機關自由形成之範圍；且人民依刑事訴訟法相關規定，並非不得對其配偶提出告訴，其憲法所保障之訴訟權並未受到侵害，與憲法第十六條及第二十三條之意旨尚無牴觸。刑事訴訟法第三百二十一條規定固限制人民對其配偶之自訴權，惟對於與其配偶共犯告訴乃論罪之人，並非不得依法提起自訴。本院院字第三六四號及院字第一八四四號解釋相關部分，使人民對於與其配偶共犯告訴乃論罪之人亦不得提起自訴，並非為維持家庭和諧及人倫關係所必要，有違憲法保障人民訴訟權之意旨，應予變更；最高法院二十九年上字第二三三三號判例前段及二十九年非字第一五號判例，對人民之自訴權增加法律所無之限制，應不再援用。（92、12、12）

釋字第572號解釋

按法官於審理案件時，對於應適用之法律，依其合理之確信，認為有牴觸憲法之疑義者，各級法院得以之為先決問題，裁定停止訴訟程序，並提出客觀上形成確信法律為違憲之具體理由，聲請大法官解釋，業經本院釋字第三七一號解釋在案。其中所謂「先決問題」，係指審理原因案件之法院，確信系爭法律違憲，顯然於該案件之裁判結果有影響者而言；所謂「提出客觀上形成確信法律為違憲之具體理由」，係指聲請法院應於聲請書內詳敘其對系爭違憲法律之闡釋，以及對據以審查之憲法規範意涵之說明，並基於以上見解，提出其確信系爭法律違反該憲法規範之論證，

且其論證客觀上無明顯錯誤者，始足當之。如僅對法律是否違憲發生疑義，或系爭法律有合憲解釋之可能者，尚難謂已提出客觀上形成確信法律為違憲之具體理由。本院釋字第三七一號解釋，應予補充。（93、2、6）

釋字第582號解釋

憲法第十六條保障人民之訴訟權，就刑事被告而言，包含其訴訟上應享有充分之防禦權。刑事被告詰問證人之權利，即屬該等權利之一，且屬憲法第八條第一項規定「非由法院依法定程序不得審問處罰」之正當法律程序所保障之權利。為確保被告對證人之詰問權，證人於審判中，應依法定程序，到場具結陳述，並接受被告之詰問，其陳述始得作為認定被告犯罪事實之判斷依據。刑事審判上之共同被告，係由訴訟經濟等原因，由檢察官或自訴人合併或追加起訴，或由法院合併審判所形成，其間各別被告及犯罪事實仍獨立存在。故共同被告對其他共同被告之案件而言，為被告以外之第三人，本質上屬於證人，自不能因案件合併關係而影響其他共同被告原享有之上開憲法上權利。最高法院三十一年上字第二四二三號及四十六年台上字第四一九號判例所稱共同被告不利於己之陳述得採為其他共同被告犯罪（事實認定）之證據一節，對其他共同被告案件之審判而言，未使該共同被告立於證人之地位而為陳述，逕以其依共同被告身分所為陳述採為不利於其他共同被告之證據，乃否定共同被告於其他共同被告案件之證人適格，排除人證之法定調查程序，與當時有效施行中之中華民國二十四年一月一日修正公布之刑事訴訟法第二百七十三條規定牴觸，並已不當剝奪其他共同被告對該實具證人適格之共同被告詰問之權利，核與首開憲法意旨不符。該二判例及其他相同意旨判例，與上開解釋意旨不符部分，應不再援用。

刑事審判基於憲法正當法律程序原則，對於犯罪事實之認定，採證據裁判及自由任意性等原則。刑事訴訟法據以規定嚴格證明法則，必須具證據能力之證據，經合法調查，使法院形成該等證據已足證明被告犯罪之確信心證，始能判決被告有罪；為避免過分偏重自白，有害於真實發見及人權保障，並規定被告之自白，不得作為有罪判決之唯一證據，仍應調查其他必要之證據，以察其是否與事實相符。基於上開嚴格證明法則及對自白證明力之限制規定，所謂「其他必要之證據」，自亦須具備證據能力，經合法調查，且就其證明力之程度，非謂自白為主要證據，其證明力當然較為強大，其他必要之證據為次要或補充性之證據，證明力當然較為薄弱，而應依其他必要證據之質量，與自白相互印證，綜合判斷，足以確信自白犯罪事實之真實性，始足當之。最高法院三十年上字第三〇三八號、七十三年台上字第五六三八號及七十四年台覆字第一〇號三判例，旨在闡釋「其他必要之證據」之意涵、性質、證明範圍及程度，暨其與自白之相互關係，且強調該等證據須能擔保自白之真實性，俾自白之犯罪事實臻於確信無

疑核其及其他判例相同意旨部分，與前揭憲法意旨，尚無牴觸。

（93、7、23）

釋字第617號解釋

憲法第十一條保障人民之言論及出版自由，旨在確保意見之自由流通，使人民有取得充分資訊及實現自我之機會。性言論之表現與性資訊之流通，不問是否出於營利之目的，亦應受上開憲法對言論及出版自由之保障。惟憲法對言論及出版自由之保障並非絕對，應依其性質而有不同之保護範疇及限制之準則，國家於符合憲法第二十三條規定意旨之範圍內，得以法律明確規定對之予以適當之限制。

為維護男女生活中之性道德感情與社會風化，立法機關如制定法律加以規範，則釋憲者就立法者關於社會多數共通價值所為之判斷，原則上應予尊重。惟為貫徹憲法第十一條保障人民言論及出版自由之本旨，除爲維護社會多數共通之性價值秩序所必要而得以法律加以限制者外，仍應對少數性文化族群依其性道德感情與對社會風化之認知而形諸爲性言論表現或性資訊流通者，予以保障。

刑法第二百三十五條第一項規定所謂散布、播送、販賣、公然陳列猥褻之資訊或物品，或以他法供人觀覽、聽聞之行爲，係指對含有暴力、性虐待或人獸性交等而無藝術性、醫學性或教育性價值之猥褻資訊或物品爲傳布，或對其他客觀上足以刺激或滿足性慾，而令一般人感覺不堪呈現於眾或不能忍受而排拒之猥褻資訊或物品，未採取適當之安全隔絕措施而傳布，使一般人得以見聞之行爲；同條第二項規定所謂意圖散布、播送、販賣而製造、持有猥褻資訊、物品之行爲，亦僅指意圖傳布含有暴力、性虐待或人獸性交等而無藝術性、醫學性或教育性價值之猥褻資訊或物品而製造、持有之行爲，或對其他客觀上足以刺激或滿足性慾，而令一般人感覺不堪呈現於眾或不能忍受而排拒之猥褻資訊或物品，意圖不採取適當安全隔絕措施之傳布，使一般人得以見聞而製造或持有該等猥褻資訊、物品之情形，至對於製造、持有等原屬散布、播送及販賣之預備行爲，擬制爲與散布、播送及販賣等傳布性資訊或物品之構成要件行爲具有相同之不法程度，乃屬立法之形成自由；同條第三項規定針對猥褻之文字、圖畫、聲音或影像之附著物及物品，不問屬於犯人與否，一概沒收，亦僅限於違反前二項規定之猥褻資訊附著物及物品。依本解釋意旨，上開規定對性言論之表現與性資訊之流通，並未逾越過度之封鎖與歧視，對人民言論及出版自由之限制尚屬合理，與憲法第二十三條之比例原則要無不符，並未違背憲法第十一條保障人民言論及出版自由之本旨。刑法第二百三十五條規定所稱猥褻之資訊、物品，其中「猥褻」雖屬評價性之不確定法律概念，然所謂猥褻，指客觀上足以刺激或滿足性慾，其內容可與性器官、性行爲及性文化之描繪與論述聯結，且須以引起普通一般人羞恥或厭惡感而

侵害性之道德感情，有礙於社會風化者為限（本院釋字第四〇七號解釋參照），其意義並非一般人難以理解，且為受規範者所得預見，並可經由司法審查加以確認，與法律明確性原則尚無違背。（95、10、26）

釋字第623號解釋

憲法第十一條保障人民之言論自由，乃在保障意見之自由流通，使人民有取得充分資訊及自我實現之機會，包括政治、學術、宗教及商業言論等，並依其性質而有不同之保護範疇及限制之準則。商業言論所提供之訊息，內容為真實，無誤導性，以合法交易為目的而有助於消費大眾作出經濟上之合理抉擇者，應受憲法言論自由之保障。惟憲法之保障並非絕對，立法者於符合憲法第二十三條規定意旨之範圍內，得以法律明確規定對之予以適當之限制，業經本院釋字第四一四號、第五七七號及第六一七號解釋在案。

促使人為性交易之訊息，固係商業言論之一種，惟係促使非法交易活動，因此立法者基於維護公益之必要，自可對之為合理之限制。中華民國八十八年六月二日修正公布之兒童及少年性交易防制條例第二十九條規定：「以廣告物、出版品、廣播、電視、電子訊號、電腦路路或其他媒體，散布、播送或刊登足以引誘、媒介、暗示或其他促使人為性交易之訊息者，處五年以下有期徒刑，得併科新臺幣一百萬元以下罰金」，乃以科處刑罰之方式，限制人民傳布任何以兒童少年性交易或促使其為性交易為內容之訊息，或向兒童少年或不特定年齡之多數人，傳布足以促使一般人為性交易之訊息。是行為人所傳布之訊息如非以兒童少年性交易或促使其為性交易為內容，且已採取必要之隔絕措施，使其訊息之接收人僅限於十八歲以上之人者，即不屬該條規定規範之範圍。上開規定乃為達成防制、消弭以兒童少年為性交易對象事件之國家重大公益目的，所採取之合理與必要手段，與憲法第二十三條規定之比例原則，尚無牴觸。惟電子訊號、電腦網路與廣告物、出版品、廣播、電視等其他媒體之資訊取得方式尚有不同，如衡酌科技之發展可嚴格區分其閱聽對象，應由主管機關建立分級管理制度，以符比例原則之要求，併此指明。（96、1、26）

釋字第624號解釋

憲法第七條規定，人民在法律上一律平等。立法機關制定冤獄賠償法，對於人民犯罪案件，經國家實施刑事程序，符合該法第一條所定要件者，賦予身體自由、生命或財產權受損害之人民，向國家請求賠償之權利。

凡自由、權利遭受同等損害者，應受平等之保障，始符憲法第七條規定之意旨。

冤獄賠償法第一條規定，就國家對犯罪案件實施刑事程序致人民身體自由、生命或財產權遭受損害而得請求國家賠償者，依立法者明示之適用範圍及立法計畫，僅限於司法機關依刑事訴訟法令

受理案件所致上開自由、權利受損害之人民，未包括軍軍機關依軍事審判法令受理案件所致該等自由、權利受同等損害之人民，係於上開自由、權利遭受同等損害，應享有冤獄賠償請求權之人民，未具正當理由而為差別待遇，若仍依軍事審判法令受理案件遭受上開冤獄之受害人，不能依冤獄賠償法行使賠償請求權，足以延續該等人民在法律上之不平等，自與憲法第七條之本旨有所牴觸。司法院與行政院會同訂定發布之辦理冤獄賠償事件應行注意事項（下稱注意事項）第二點規定，雖符合冤獄賠償法第一條之意旨，但依其規定內容，使依軍事審判法令受理案件遭受冤獄之人民不能依冤獄賠償法行使賠償請求權，同屬不符平等原則之要求。為符首揭憲法規定之本旨，在冤獄賠償法第一條修正施行前，或規範軍事審判所致冤獄賠償事項之法律制定施行前，凡自中華民國四十八年九月一日冤獄賠償法施行後，軍事機關依軍事審判法令受理之案件，合於冤獄賠償法第一條之規定者，均得於本解釋公布之日起二年內，依該法規定請求國家賠償。（96、4、27）

釋字第627號解釋

一、總統之刑事豁免權

憲法第五十二條規定，總統除犯內亂或外患罪外，非經罷免或解職，不受刑事上之訴究。此係憲法基於總統為國家元首，對內肩負統率全國陸海空軍等重要職責，對外代表中華民國之特殊身分所為之尊崇與保障，業經本院釋字第三八八號解釋在案。

依本院釋字第三八八號解釋意旨，總統不受刑事上之訴究，乃使總統涉犯內亂或外患罪以外之罪者，暫時不能為刑事上訴究，並非完全不適用刑法或相關法律之刑罰規定，故為一種暫時性之程序障礙，而非總統就其犯罪行為享有實體之免責權。是憲法第五十二條規定「不受刑事上之訴究」，係指刑事偵查及審判機關，於總統任職期間，就總統涉犯內亂或外患罪以外之罪者，暫時不得以總統為犯罪嫌疑人或被告而進行偵查、起訴與審判程序而言。但對總統身分之尊崇與職權之行使無直接關涉之措施，或對犯罪現場之即時勘察，不在此限。

總統之刑事豁免權，不及於因他人刑事案件而對總統所為之證據調查與證據保全。惟如因而發現總統有犯罪嫌疑者，雖不得開始以總統為犯罪嫌疑人或被告之偵查程序，但得依本解釋意旨，為必要之證據保全，即基於憲法第五十二條對總統特殊身分尊崇及對其行使職權保障之意旨，上開因不屬於總統刑事豁免權範圍所得進行之措施及保全證據之處分，均不得限制總統之人身自由，例如拘提或對其身體之搜索、勘驗或鑑定等，亦不得妨礙總統職權之正常行使。其有搜索與總統有關之特定處所以逮捕特定人、扣押特定物件或電磁紀錄之必要者，立法機關應就搜索處所之限制、總統得拒絕搜索或扣押之事由，及特別之司法審查與聲明不服等程序，增訂適用於總統之特別規定。於該法律公布施行前，

除經總統同意者外，無論上開特定處所、物件或電磁紀錄是否涉及國家機密，均應由該管檢察官聲請高等法院或其分院以資深庭長為審判長之法官五人組成特別合議庭審查相關搜索、扣押之適當性與必要性，非經該特別合議庭裁定准許，不得為之，但搜索之處所應避免總統執行職務及居住之處所。其抗告程序，適用刑事訴訟法相關規定。

總統之刑事豁免權，亦不及於總統於他人刑事案件為證人之義務。惟以他人為被告之刑事程序，刑事偵查或審判機關以總統為證人時，應準用民事訴訟法第三百零四條：「元首為證人者，應就其所在詢問之」之規定，以示對總統之尊崇。

總統不受刑事訴究之特權或豁免權，乃針對總統之職位而設，故僅擔任總統一職者，享有此一特權；擔任總統職位之個人，原則上不得拋棄此一特權。

二、總統之國家機密特權

總統依憲法及憲法增修條文所賦予之行政權範圍內，就有關國家安全、國防及外交之資訊，認為其公開可能影響國家安全與國家利益而應屬國家機密者，有決定不予公開之權力，此為總統之國家機密特權。其他國家機關行使職權如涉及此類資訊，應予以適當之尊重。

總統依其國家機密特權，就國家機密事項於刑事訴訟程序應享有拒絕證言權，並於拒絕證言權範圍內，有拒絕提交相關證物之權。立法機關應就其得拒絕證言、拒絕提交相關證物之要件及相關程序，增訂適用於總統之特別規定。於該法律公布施行前，就涉及總統國家機密特權範圍內國家機密事項之訊問、陳述，或該等證物之提出、交付，是否妨害國家之利益，由總統釋明之。其未能合理釋明者，該管檢察官或受訴法院應審酌具體個案情形，依刑事訴訟法第一百三十四條第二項、第一百七十九條第二項及第一百八十三條第二項規定為處分或裁定。總統對檢察官或受訴法院駁回其上開拒絕證言或拒絕提交相關證物之處分或裁定如有不服，得依本解釋意旨聲明異議或抗告，並由前述高等法院或其分院以資深庭長為審判長之法官五人組成之特別合議庭審理之。特別合議庭裁定前，原處分或裁定應停止執行。其餘異議或抗告程序，適用刑事訴訟法相關規定。總統如以書面合理釋明，相關證言之陳述與證物之提交，有妨害國家利益之虞者，檢察官及法院應予以尊重。總統陳述相關證言或提交相關證物是否有妨害國家利益之虞，應值由承辦檢察官或審判庭法官依保密程序為之。總統所陳述相關證言或提交相關證物，縱經依保密程序進行，惟檢察官或法院若以之作為終結偵查之處分或裁判之基礎，仍有造成國家安全危險之合理顧慮者，應認為有妨害國家利益之虞。

法院審理個案，涉及總統已提出之資訊者，是否適用國家機密保護法及「法院辦理涉及國家機密案件保密作業辦法」相關規定進行其審理程序，應視總統是否已依國家機密保護法第二條、第

四條、第十一條及第十二條規定核定相關資訊之機密等級及保密期限而定；如尚未依法核定爲國家機密者，無從適用上開規定之相關程序審理。惟訴訟程序進行中，總統如將系爭資訊依法改核定爲國家機密，或另行提出其他已核定之國家機密者，法院即應改依上開規定之相關程序續行其審理程序。其進行之程序，並不因而違反國家機密保護法及「法院辦理涉及國家機密案件保密作業辦法」相關之程序規定。至於審理總統核定之國家機密資訊作爲證言或證物，是否妨害國家之利益，應依前述原則辦理。又檢察官之偵查程序，亦應本此意旨爲之。

三、暫時處分部分本件暫時處分之聲請，因本案業經作成解釋，已無須予以審酌，併予指明。（96、6、15）

釋字第630號解釋

刑法第三百二十九條之規定旨在以刑罰之手段，保障人民之身體自由、人身安全及財產權，免受他人非法之侵害，以實現憲法第八條、第二十二條及第十五條規定之意旨。立法者就竊盜或搶奪而當場施以強暴、脅迫者，僅列舉防護贓物、脫免逮捕或湮滅證據三種經常導致強暴、脅迫行爲之具體事由，係選擇對身體自由與人身安全較爲危險之情形，視爲與強盜行爲相同，而予以重罰。至於僅將上開情形之竊盜罪與搶奪罪擬制爲強盜罪，乃因其他財產犯罪，其取財行爲與強暴、脅迫行爲間鮮有時空之緊密連接關係，故上開規定尚未逾越立法者合理之自由形成範圍，難謂係相同事物爲不合理之差別對待。經該規定擬制爲強盜罪之強暴、脅迫構成要件行爲，乃指達於使人難以抗拒之程度者而言，是與強盜罪同其法定刑，尚未違背罪刑相當原則，與憲法第二十三條比例原則之意旨並無不符。（96、7、13）

釋字第631號解釋

憲法第十二條規定：「人民有秘密通訊之自由。」旨在確保人民就通訊之有無、對象、時間、方式及內容等事項，有不受國家及他人任意侵擾之權利。國家採取限制手段時，除應有法律依據外，限制之要件應具體、明確，不得逾越必要之範圍，所踐行之程序並應合理、正當，方符憲法保護人民秘密通訊自由之意旨。中華民國八十八年七月十四日制定公布之通訊保障及監察法第五條第二項規定：「前項通訊監察書，偵查中由檢察官依司法警察機關聲請或依職權核發」，未要求通訊監察書原則上應由客觀、獨立行使職權之法官核發，而使職司犯罪偵查之檢察官與司法警察機關，同時負責通訊監察書之聲請與核發，難謂爲合理、正當之程序規範，而與憲法第十二條保障人民秘密通訊自由之意旨不符，應自本解釋公布之日起，至遲於九十六年七月十一日修正公布之通訊保障及監察法第五條施行之日失其效力。（96、7、20）

釋字第639號解釋

憲法第八條所定之法院，包括依法獨立行使審判權之法官。刑事

訴訟法第四百十六條第一項第一款就審判長、受命法官或受託法官所為羈押處分之規定，與憲法第八條並無牴觸。刑事訴訟法第四百十六條第一項第一款及第四百十八條使羈押之被告僅得向原法院聲請撤銷或變更該處分，不得提起抗告之審級救濟，為立法機關基於訴訟迅速進行之考量所為合理之限制，未逾立法裁量之範疇，與憲法第十六條、第二十三條尚無違背。且因向原法院聲請撤銷或變更處分之救濟仍係由依法獨立行使職權之審判機關作成決定，故已賦予人身自由遭羈押處分限制者合理之程序保障，尚不違反憲法第八條之正當法律程序。至刑事訴訟法第四百零三條、第四百零四條第二款、第四百十六條第一項第一款與第四百十八條之規定，使羈押被告之決定，得以裁定或處分之方式作成，並因而形成羈押之被告得否抗告之差別待遇，與憲法第七條保障之平等權尚無牴觸。（97、3、21）

釋字第653號解釋

羈押法第六條及同法施行細則第十四條第一項之規定，不許受羈押被告向法院提起訴訟請求救濟之部分，與憲法第十六條保障人民訴訟權之意旨有違，相關機關至遲應於本釋公布之日起二年內，依本解釋意旨，檢討修正羈押法及相關法規，就受羈押被告及時有效救濟之訴訟制度，訂定適當之規範。（97、12、26）

釋字第654號解釋

羈押法第二十三條第三項規定，律師接見受羈押被告時，有同條第二項應監視之適用，不問是否為達成羈押目的或維持押所秩序之必要，亦予以監聽、錄音，違反憲法第二十三條比例原則之規定，不符憲法保障訴訟權之意旨；同法第二十八條之規定，使依同法第二十三條第三項對受羈押被告與辯護人接見時監聽、錄音所獲得之資訊，得以作為偵查或審判上認定被告本案犯罪事實之證據，在此範圍內妨害被告防禦權之行使，牴觸憲法第十六條保障訴訟權之規定。前開羈押法第二十三條第三項及第二十八條規定，與本解釋意旨不符部分，均應自中華民國九十八年五月一日起失其效力。

看守所組織通則第一條第二項規定：「關於看守所羈押被告事項，並受所在地地方法院及其檢察署之督導。」屬機關內部之行政督導，非屬執行監聽、錄音之授權規定，不生是否違憲之問題。

聲請人就上開羈押法第二十三條第三項及第二十八條所為暫時處分之聲請，欠缺權利保護要件，應予駁回。（98、1、23）

釋字第662號解釋

中華民國九十四年二月二日修正公布之現行刑法第四十一條第二項，關於數罪併罰，數宣告刑均得易科罰金，而定應執行之刑逾六個月者，排除適用同條第一項得易科罰金之規定部分，與憲法第二十三條規定有違，並與本院釋字第三六六號解釋意旨不符，應自本解釋公布之日起失其效力。

本件二聲請人就刑法第四十一條第二項所爲暫時處分之聲請部分，因本案業經作成解釋，已無審查必要；又其中一聲請人關於刑法第五十三條之釋憲聲請部分，既應不受理，則該部分暫時處分之聲請亦失附麗，均應予駁回。（98、6、19）

釋字第664號解釋

少年事件處理法第三條第二款第三目規定，經常逃學或逃家之少年，依其性格及環境，而有觸犯刑罰法律之虞者，由少年法院依該法處理之，係爲維護虞犯少年健全自我成長所設之保護制度，尚難遽認其爲違憲；惟該規定仍有涵蓋過廣與不明確之嫌，應盡速檢討改進。又少年事件處理法第二十六條第二款及第四十二條第一項第四款規定，就限制經常逃學或逃家虞犯少年人身自由部分，不符憲法第二十三條之比例原則，亦與憲法第二十二條保障少年人格權之意旨有違，應自本解釋公布之日起，至遲於屆滿一個月時，失其效力。（98、7、31）

釋字第665號解釋

一、臺灣臺北地方法院刑事庭分案要點第十點及第四十三點規定，與憲法第十六條保障人民訴訟權之意旨，尚無違背。

二、刑事訴訟法第一百零一條第一項第三款規定，於被告涉該款規定之罪，犯罪嫌疑重大，且有相當理由認爲有逃亡、湮滅、僞造、變造證據或勾串共犯或證人之虞，非予羈押，顯難進行追訴、審判或執行者，得羈押之。於此範圍內，該款規定符合憲法第二十三條之比例原則，與憲法第八條保障人民身體自由及第十六條保障人民訴訟權之意旨，尚無牴觸。

三、刑事訴訟法第四百零三條第一項關於檢察官對於審判中法院所爲停止羈押之裁定得提起抗告之規定部分，與憲法第十六條保障人民訴訟權之意旨，並無不符。

四、本件關於聲請命臺灣臺北地方法院停止審理九十七年度金矚重訴字第一號刑事案件，改依該法院中華民國九十七年十二月十二日之分案結果進行審理之暫時處分部分，已無審查之必要；關於聲請命該法院立即停止羈押聲請人之暫時處分部分，核與本院釋字第五八五號及第五九九號解釋意旨不符，均應予駁回。（98、10、16）

釋字第666號解釋

社會秩序維護法第八十條第一項第一款就意圖得利與人姦、宿者，處三日以下拘留或新臺幣三萬元以下罰鍰之規定，與憲法第七條之平等原則有違，應自本解釋公布之日至遲於二年屆滿時，失其效力。（98、11、6）

釋字第669號解釋

槍砲彈藥刀械管制條例第八條第一項規定：「未經許可，製造、販賣或運輸鋼筆槍、瓦斯槍、麻醉槍、獵槍、空氣槍或第四條第一項第一款所定其他可發射金屬或子彈具有殺傷力之各式槍砲者，處無期徒刑或五年以上有期徒刑，併科新臺幣一千萬元以下

罰金。」其中以未經許可製造、販賣、運輸具殺傷力之空氣槍為處罰要件部分，不論行為人犯罪情節之輕重，均以無期徒刑或五年以上有期徒刑之重度自由刑相繩，對違法情節輕微、顯可憫恕之個案，法院縱適用刑法第五十九條規定酌減其刑，最低刑度仍達二年六月以上之有期徒刑，無從具體考量行為人所應負責任之輕微，為易科罰金或緩刑之宣告，尚嫌情輕法重，致罪責與處罰不相當應。首揭規定有關空氣槍部分，對犯該罪而情節較輕者，未併為得減輕其刑或另為適當刑度之規定，對人民受憲法第八條保障人身自由權所為之限制，有違憲法第二十三條之比例原則，應自本解釋公布之日起至遲於一年屆滿時，失其效力。（98、12、25）

釋字第670號解釋

受無罪判決確定之受害人，因有故意或重大過失行為致依刑事訴訟法第一百零一條第一項或軍事審判法第一百零二條第一項受羈押者，依冤獄賠償法第二條第三款規定，不得請求賠償，並未斟酌受害人致受羈押之行為，係涉嫌實現犯罪構成要件或係妨礙、誤導偵查審判，亦無論受害人致受羈押行為可歸責程度之輕重及因羈押所受損失之大小，皆一律排除全部之補償請求，並非避免補償失當或浮濫等情事所必要，不符冤獄賠償法對個別人民身體之自由，因實現國家刑罰權之公共利益，受有超越一般應容忍程度之特別犧牲時，給予所規範之補償，以符合憲法保障人民身體自由及平等權之立法意旨，而與憲法第二十三條之比例原則有違，應自本解釋公布之日起至遲於屆滿二年時失其效力。（99、1、29）

釋字第677號解釋

監獄行刑法第八十三條第一項關於執行期滿者，應於其刑期終了之次日午前釋放之規定部分，使受刑人於刑期執行期滿後，未經法定程序仍受拘禁，侵害其人身自由，有違正當法律程序，且所採取之限制受刑人身體自由之手段亦非必要，牴觸憲法第八條及第二十三條之規定，與本解釋意旨不符部分，應自中華民國九十九年六月一日起失其效力。有關機關應盡速依本解釋意旨，就受刑人釋放事宜予以妥善規範。相關規定修正前，受刑人應於其刑期終了當日之午前釋放。

本件聲請人就上開監獄行刑法第八十三條第一項規定所為暫時處分之聲請部分，因本案業經作成解釋，無作成暫時處分之必要，應予駁回。（99、5、14）

釋字第680號解釋

懲治走私條例第二條第一項規定：「私運管制物品進口、出口逾公告數額者，處七年以下有期徒刑，得併科新臺幣三百萬元以下罰金。」第三項規定：「第一項所稱管制物品及其數額，由行政院公告之。」其所為授權之目的、內容及範圍尚欠明確，有違授權明確性及刑罰明確性原則，應自本解釋公布之日起，至遲於屆

滿二年時，失其效力。（99、7、30）

釋字第681號解釋

最高行政法院中華民國九十三年二月份庭長法官聯席會議決議：「假釋之撤銷屬刑事裁判執行之一環，為廣義之司法行政處分，如有不服，其救濟程序，應依刑事訴訟法第四百八十四條之規定，即俟檢察官指揮執行該假釋撤銷後之殘餘徒刑時，再由受刑人或其法定代理人或配偶向當初論知該刑事裁判之法院聲明異議，不得提起行政爭訟。」及刑事訴訟法第四百八十四條規定：「受刑人或其法定代理人或配偶以檢察官執行之指揮為不當者，得向論知該裁判之法院聲明異議。」並未剝奪人民就撤銷假釋處分依法向法院提起訴訟尋求救濟之機會，與憲法保障訴訟權之意旨尚無抵觸。惟受假釋人之假釋處分經撤銷者，依上開規定向法院聲明異議，須俟檢察官指揮執行殘餘刑期後，始得向法院提起救濟，對受假釋人訴訟權之保障尚非周全，相關機關應儘速予以檢討改進，俾使不服主管機關撤銷假釋之受假釋人，於入監執行殘餘刑期前，得適時向法院請求救濟。（99、9、10）

釋字第689號解釋

社會秩序維護法第八十九條第二款規定，旨在保護個人之行動自由、免於身心傷害之身體權、及於公共場域中得合理期待不受侵擾之自由與個人資料自主權，而處罰無正當理由，且經勸阻後仍繼續跟追之行為，與法律明確性原則尚無抵觸。新聞採訪者於有事實足認特定事件屬大眾所關切並具一定公益性之事務，而具有新聞價值，如須以跟追方式進行採訪，其跟追倘依社會通念認非不能容忍者，即具正當理由，而不在首開規定處罰之列。於此範圍內，首開規定縱有限制新聞採訪行為，其限制並未過當而符合比例原則，與憲法第十一條保障新聞採訪自由及第十五條保障人民工作權之意旨尚無抵觸。又系爭規定以警察機關為裁罰機關，亦難謂與正當法律程序原則有違。（100、7、29）

釋字第691號解釋

受刑人不服行政機關不予假釋之決定者，其救濟有待立法為通盤考量決定之。在相關法律修正前，由行政法院審理。（100、10、21）

釋字第720號解釋

羈押法第六條及同法施行細則第十四條第一項之規定，不許受羈押被告向法院提起訴訟請求救濟之部分，業經本院釋字第六五三號解釋，以其與憲法第十六條保障人民訴訟權之意旨有違，宣告相關機關至遲應於解釋公布之日起二年內，依解釋意旨，檢討修正羈押法及相關法規，就受羈押被告及時有效救濟之訴訟制度，訂定適當之規範在案。在相關法規修正公布前，受羈押被告對有關機關之申訴決定不服者，應許其準用刑事訴訟法第四百十六條等有關準抗告之規定，向裁定羈押之法院請求救濟。本院釋字第六五三號解釋應予補充。（103、5、16）

釋字第729號解釋

檢察機關代表國家進行犯罪之偵查及追訴，基於權力分立與制衡原則，且為保障檢察機關獨立行使職權，對於偵查中之案件，立法院自不得向其調閱相關卷證。立法院向檢察機關調閱已偵查終結而不起訴處分確定或未經起訴而以其他方式結案之案件卷證，須基於目的與範圍均屬明確之特定議案，並與其行使憲法上職權有重大關聯，且非屬法律所禁止者為限。如因調閱而有妨害另案偵查之虞，檢察機關得延至該另案偵查終結後，再行提供調閱之卷證資料。其調閱偵查卷證之文件原本或與原本內容相同之影本者，應經立法院院會決議；要求提供參考資料者，由院會或其委員會決議為之。因調閱卷證而知悉之資訊，其使用應限於行使憲法上職權所必要，並注意維護關係人之權益（如名譽、隱私、營業秘密等）。本院釋字第三二五號解釋應予補充。（104、5、1）

釋字第737號解釋

本於憲法第八條及第十六條人身自由及訴訟權應予保障之意旨，對人身自由之剝奪尤應遵循正當法律程序原則。偵查中之羈押審查程序，應以適當方式及時使犯罪嫌疑人及其辯護人獲知檢察官據以聲請羈押之理由；除有事實足認有湮滅、偽造、變造證據或勾串共犯或證人等危害偵查目的或危害他人生命、身體之虞，得予限制或禁止者外，並使其獲知聲請羈押之有關證據，俾利其有效行使防禦權，始符憲法正當法律程序原則之要求。其獲知之方式，不以檢閱卷證並抄錄或攝影為必要。刑事訴訟法第三十三條第一項規定：「辯護人於審判中得檢閱卷宗及證物並得抄錄或攝影。」同法第一百零一條第三項規定：「第一項各款所依據之事實，應告知被告及其辯護人，並記載於筆錄。」整體觀察，偵查中之犯罪嫌疑人及其辯護人僅受告知羈押事由所據之事實，與上開意旨不符。有關機關應於本解釋公布之日起一年內，基於本解釋意旨，修正刑事訴訟法妥為規定。逾期未完成修法法院之偵查中羈押審查程序，應依本解釋意旨行之。（105、4、29）

釋字第752號解釋

刑事訴訟法第三百七十六條第一款及第二款規定：「下列各罪之案件，經第二審判決者，不得上訴於第三審法院一、：最重本刑為三年以下有期徒刑、拘役或專科罰金之罪。二、刑法第三百二十條、第三百二十一條之竊盜罪。」就經第一審判決有罪，而第二審駁回上訴或撤銷原審判決並自為有罪判決者，規定不得上訴於第三審法院部分，屬立法形成範圍，與憲法第十六條保障人民訴訟權之意旨尚無違背。惟就第二審撤銷原審無罪判決並自為有罪判決者，被告不得上訴於第三審法院部分，未能提供至少一次上訴救濟之機會，與憲法第十六條保障人民訴訟權之意旨有違，應自本解釋公布之日起失其效力。

上開二款所列案件，經第二審撤銷原審無罪判決並自為有罪判

決，於本解釋公布之日，尚未逾上訴期間者，被告及得為被告利益上訴之人得依法上訴。原第二審法院，應裁定曉示被告得於該裁定送達之翌日起十日內，向該法院提出第三審上訴之意旨。被告於本解釋公布前，已於前揭上訴期間內上訴而尚未裁判者，法院不得依刑事訴訟法第三百七十六條第一款及第二款規定駁回上訴。（106、7、28）

釋字第755號解釋

監獄行刑法第六條及同法施行細則第五條第一項第七款之規定，不許受刑人就監獄處分或其他管理措施，逾越達成監獄行刑目的所必要之範圍，而不法侵害其憲法所保障之基本權利且非顯屬輕微時，得向法院請求救濟之部分，逾越憲法第二十三條之必要程度，與憲法第十六條保障人民訴訟權之意旨有違。相關機關至遲應於本解釋公布之日起二年內，依本解釋意旨檢討修正監獄行刑法及相關法規，就受刑人及時有效救濟之訴訟制度，訂定適當之規範。

修正完成前，受刑人就監獄處分或其他管理措施，認逾越達成監獄行刑目的所必要之範圍，而不法侵害其憲法所保障之基本權利且非顯屬輕微時，經依法向監督機關提起申訴而不服其決定者，得於申訴決定書送達後三十日之不變期間內，逕向監獄所在地之地方法院行政訴訟庭起訴，請求救濟。其案件之審理準用行政訴訟法簡易訴訟程序之規定，並得不經言詞辯論。（106、12、1）

釋字第756號解釋

監獄行刑法第六十六條規定：「發受書信，由監獄長官檢閱之。如認為有妨害監獄紀律之虞，受刑人發信者，得述明理由，令其刪除後再行發出；受刑人受信者，得述明理由，逕予刪除再行收受。」其中檢查書信部分，旨在確認有無夾帶違禁品，於所採取之檢查手段與目的之達成間，具有合理關聯之範圍內，與憲法第十二條保障秘密通訊自由之意旨並無違背。其中閱讀書信部分，未區分書信種類，亦未斟酌個案情形，一概許監獄長官閱讀書信之內容，顯已對受刑人及其收發書信之相對人之秘密通訊自由，造成過度之限制，於此範圍內，與憲法第十二條保障秘密通訊自由之意旨不符。至其中刪除書信內容部分，應以維護監獄紀律所必要者為限，並應保留書信全文影本，俟受刑人出獄時發還之，以符比例原則之要求，於此範圍內，與憲法保障秘密通訊及表現自由之意旨尚屬無違。

監獄行刑法施行細則第八十二條第一款、第二款及第七款規定：「本法第六十六條所稱妨害監獄紀律之虞，指書信內容有下列各款情形之一者：一、顯為虛偽不實、誘騙、侮辱或恐嚇之不當陳述，使他人有受騙、造成心理壓力或不安之虞。二、對受刑人矯正處遇公平、適切實施，有妨礙之虞。……七、違反第十八條第一項第一款至第四款及第六款、第七款、第九款受刑人入監應遵守事項之虞。」其中第一款部分，如受刑人發送書信予不具受刑

人身分之相對人，以及第七款所引同細則第十八條第一項各款之規定，均未必與監獄紀律之維護有關。其與監獄紀律之維護無關部分，逾越母法之授權，與憲法第二十三條法律保留原則之意旨不符。

監獄行刑法施行細則第八十一條第三項規定：「受刑人撰寫之文稿，如題意正確且無礙監獄紀律及信譽者，得准許投寄報章雜誌。」違反憲法第二十三條之法律保留原則。另其中題意正確及監獄信譽部分，均尚難謂係重要公益，與憲法第十一條保障表現自由之意旨不符。其中無礙監獄紀律部分，未慮及是否有限制較小之其他手段可資運用，就此範圍內，亦與憲法第十一條保障表現自由之意旨不符。

前開各該規定與憲法規定意旨有違部分，除監獄行刑法施行細則第八十一條第三項所稱題意正確及無礙監獄信譽部分，自本解釋公布之日起失其效力外，其餘部分應自本解釋公布之日起，至遲於屆滿二年時，失其效力。（106、12、1）

釋字第762號解釋

刑事訴訟法第三十三條第二項前段規定：「無辯護人之被告於審判中得預納費用請求付與卷內筆錄之影本」，未賦予有辯護人之被告直接獲知卷證資訊之權利，且未賦予被告得請求付與卷內筆錄以外之卷宗及證物影本之權利，妨害被告防禦權之有效行使，於此範圍內，與憲法第十六條保障訴訟權之正當法律程序原則意旨不符。有關機關應於本解釋公布之日起一年內，依本解釋意旨妥為修正。逾期未完成修正者，法院應依審判中被告之請求，於其預納費用後，付與全部卷宗及證物之影本。

本件暫時處分之聲請，應予駁回。（107、3、9）

釋字第775號解釋

刑法第四十七條第一項規定：「受徒刑之執行完畢，或一部之執行而赦免後，五年以內故意再犯有期徒刑以上之罪者，為累犯，加重本刑至二分之一。」有關累犯加重本刑部分，不生違反憲法一行為不二罰原則之問題。惟其不分情節，基於累犯者有其特別惡性及對刑罰反應力薄弱等立法理由，一律加重最低本刑，於不符合憲法第五十九條所定要件之情形下，致生行為人所受之刑罰超過其所應負擔罪責之個案，其人身自由因此遭受過苛之侵害部分，對人民受憲法第八條保障之人身自由所為限制，不符憲法罪刑相當原則，牴觸憲法第二十三條比例原則。於此範圍內，有關機關應自本解釋公布之日起二年內，依本解釋意旨修正之。於修正前，為避免發生上述罪刑不相當之情形，法院就該個案應依本解釋意旨，裁量是否加重最低本刑。

刑法第四十八條前段規定：「裁判確定後，發覺為累犯者，依前條之規定更定其刑。」與憲法一事不再理原則有違，應自本解釋公布之日起失其效力。

刑法第四十八條前段規定既經本解釋宣告失其效力，刑事訴訟法

第四百七十七條第一項規定：「依刑法第四十八條應更定其刑者……由該案犯罪事實最後判決之法院之檢察官，聲請該法院裁定之。」應即併同失效。（108、2、22）

釋字第777號解釋

中華民國八十八年四月二十一日增訂公布之刑法第一百八十五條之四規定：「駕駛動力交通工具肇事，致人死傷而逃逸者，處六月以上五年以下有期徒刑。」（一百零二年六月十一日修正公布同條規定，提高刑度為一年以上七年以下有期徒刑，構成要件均相同）其中有關「肇事」部分，可能語意所及之範圍，包括「因駕駛人之故意或過失」或「非因駕駛人之故意或過失」（因不可抗力、被害人或第三人之故意或過失）所致之事故，除因駕駛人之故意或過失所致之事故為該條所涵蓋，而無不明確外，其餘非因駕駛人之故意或過失所致事故之情形是否構成「肇事」，尚非一般受規範者所得理解或預見，於此範圍內，其文義有違法律明確性原則，此違反部分，應自本解釋公布之日起失其效力。

八十八年上開規定有關刑度部分，與憲法罪刑相當原則尚無不符，未違反比例原則。一百零二年修正公布之上開規定，一律以一年以上七年以下有期徒刑為其法定刑，致對犯罪情節輕微者無從為易科罰金之宣告，對此等情節輕微個案構成顯然過苛之處罰，於此範圍內，不符憲法罪刑相當原則，與憲法第二十三條比例原則有違。此違反部分，應自本解釋公布之日起，至遲於屆滿二年時，失其效力。（108、5、31）

釋字第789號解釋

中華民國九十四年二月五日修正公布之性侵害犯罪防治法第十七條第一款規定：「被害人於審判中有下列情形之一，其於檢察事務官、司法警察官或司法警察調查中所為之陳述，經證明具有可信之特別情況，且為證明犯罪事實之存否所必要者，得為證據：一、因性侵害致身心創傷無法陳述者。」旨在兼顧性侵害案件發現真實與有效保護性侵害犯罪被害人之正當目的，為訴訟上採為證據之例外與最後手段，其解釋、適用應從嚴為之。法院於訴訟上以之作為證據者，為避免被告訴訟上防禦權蒙受難以估計之不利益，基於憲法公平審判原則，應採取有效之訴訟上補償措施，以適當平衡被告無法詰問被害人之防禦權損失。包括在調查證據程序上，強化被告對其他證人之對質、詰問權；在證據評價上，法院尤不得以被害人之警詢陳述為被告有罪判決之唯一或主要證據，並應有其他確實之補強證據，以支持詰問陳述所涉犯罪事實之真實性。於此範圍內，係爭規定與憲法第八條正當法律程序及第十六條訴訟權之保障意旨均尚無違背。（109、2、27）

釋字第790號解釋

毒品危害防制條例第十二條第二項規定：「意圖供製造毒品之用，而栽種大麻者，處五年以上有期徒刑，得併科新臺幣五百萬元以下罰金。」不論行為人犯罪情節之輕重，均以五年以上有期

徒刑之重度自由刑相繩，對違犯情節輕微、顯可憫恕之個案，法院縱適用刑法第五十九條規定酌減其刑，最低刑度仍達二年六月之有期徒刑，無從具體考量行為人所應負責任之輕重，為易科罰金或緩刑之宣告，向嫌情節法重，致罪責與處罰不相當。上開規定對於該罪而情節輕微者，未併為得減輕其刑或另為適當刑度之規定，於此範圍內，對人民受憲法第八條保障人身自由權所為之限制，與憲法罪刑相當原則不符，有違憲法第二十三條比例原則。相關機關應自本解釋公布之日起一年內，依本解釋意旨修正之；逾期未修正，其情節輕微者，法院得依本解釋意旨減輕其法定刑至二分之一。

毒品危害防制條例第十七條第二項減輕其刑規定，未包括犯同條例第十二條第二項之罪，與憲法第七條保障平等權之意旨，尚無違背。（109、3、20）

釋字第791號解釋

刑法第二百三十九條規定：「有配偶而與人通姦者，處一年以下有期徒刑。其相姦者亦同。」對憲法第二十二條所保障性自主權之限制，與憲法第二十三條比例原則不符，應自本解釋公布之日起失其效力；於此範圍內，本院釋字第五五四號解釋應予變更。

刑事訴訟法第二百三十九條但書規定：「但刑法第二百三十九條之罪，對於配偶撤回告訴者，其效力不及於相姦人。」與憲法第七條保障平等權之意旨有違，且因刑法第二百三十九條規定業經本解釋宣告違憲失效而失所依附，故亦應自本解釋公布之日起失其效力。（109、5、29）

釋字第792號解釋

最高法院二十五年非字第一二三號刑事判例稱：「……販賣鴉片罪，……以營利為目的將鴉片購入……其犯罪即經完成……」及六十七年台上字第二五○○號刑事判例稱：「所謂販賣行為，……祇要以營利為目的，將禁藥購入……，其犯罪即為完成……屬犯罪既遂。」部分，與毒品危害防制條例第四條第一項至第四項所定販賣毒品既遂罪，僅限於「銷售賣出」之行為已完成始足該當之意旨不符，於此範圍內，均有違背法罪刑法定原則，牴觸憲法第八條及第十五條保障人民人身自由、生命權及財產權之意旨。（109、6、19）

釋字第796號解釋

刑法第七十八條第一項本文規定：「假釋中因故意更犯罪，受有期徒刑以上刑之宣告者，於判決確定後六月以內，撤銷其假釋。」不分受假釋人是否受緩刑或六月以下有期徒刑之宣告，以及有無基於特別預防考量，使其再入監執行殘刑之必要之具體情狀，僅因該更犯罪受有期徒刑以上刑之宣告，即一律撤銷其假釋，致受緩刑或六月以下有期徒刑宣告且無特別預防考量必要之個案受假釋人，均再入監執行殘刑，於此範圍內，其所採取之手段，就目的之達成言，尚非必要，牴觸憲法第二十三條比例原

則，與憲法第八條保障人身自由之意旨有違，應自本解釋公布之日起失其效力。上開規定修正前，相關機關就假釋中因故意更犯罪，受緩刑或六月以下有期徒刑宣告者，應依本解釋意旨，個案審酌是否撤銷其假釋。（109、11、6）

釋字第799號解釋

刑法第九十一條之一第一項及第二項前段規定，與法律明確性原則尚無違背；刑法第九十一條之一第一項規定未牴觸比例原則，與憲法保障人身自由之意旨尚屬無違。

刑法第九十一條之一第二項前段規定及性侵害犯罪防治法第二十二條之一第三項規定關於強制治療期間至再犯危險顯著降低為止之部分，與憲法比例原則尚屬無違。惟若干特殊情形之長期強制治療仍有違憲之疑慮，有關機關應依本解釋意旨有效調整改善。

性侵害犯罪防治法第二十二條之一第一項規定，尚不違反法律不溯及既往原則及信賴保護原則。

刑事訴訟法及性侵害犯罪防治法均未規定應賦予受處分人於法院就聲請宣告或停止強制治療程序，得親自或委任辯護人到庭陳述意見之機會，以及如受治療者為精神障礙或其他心智缺陷無法為完全之陳述者，應有辯護人為其辯護，於此範圍內，均不符憲法正當法律程序原則之意旨。有關機關應自本解釋公布之日起二年內檢討修正。完成修正前，有關強制治療之宣告及停止程序，法院應依本解釋意旨辦理。

刑事訴訟法第四百八十一條第一項後段規定與憲法保障訴訟權之意旨尚無違背。（109、12、31）

釋字第801號解釋

中華民國八十六年十一月二十六日修正公布之刑法第七十七條第二項規定：「無期徒刑裁判確定前逾一年部分之羈押日數算入前項已執行之期間內。」（嗣九十四年二月二日修正公布同條時，移列同條第三項，僅調整文字，規範意旨相同），其中有關裁判確定前未逾一年之羈押日數不算入無期徒刑假釋之已執行期間內部分，與憲法第七條平等原則有違，應自本解釋公布之日起失其效力。（110、2、5）

釋字第804號解釋

著作權法第九十一條第二項規定：「意圖銷售或出租而擅自以重製之方法侵害他人之著作財產權者，處六月以上五年以下有期徒刑，得併科新臺幣二十萬元以上二百萬元以下罰金。」第三項規定：「以重製於光碟之方法犯前項之罪者，處六月以上五年以下有期徒刑，得併科新臺幣五十萬元以上五百萬元以下罰金。」同法第九十一條之一第三項本文規定：「犯前項之罪，其重製物為光碟者，處六月以上三年以下有期徒刑，得併科新臺幣二十萬元以上二百萬元以下罰金。」所稱「重製」，與法律明確性原則尚無違背；上開規定有關以六月以上有期徒刑為最低度法定自由刑部分，與憲法第八條保障人身自由之意旨亦尚無違背。

同法第九十一條第三項規定有關得併科罰金之額度部分、同法第九十一條之一第三項本文規定有關以六月以上有期徒刑為最低度法定自由刑及得併科罰金之額度部分，與憲法第七條保障平等權之意旨均尚無違背。

同法第一百條規定：「本章之罪，須告訴乃論。但犯第九十一條第三項及第九十一條之一第三項之罪者，不在此限。」其但書規定與憲法第七條保障平等權之意旨尚無違背。（110、5、21）

法規名稱索引

法規名稱索引

法規名稱索引

三

法規名稱索引

國家圖書館出版品預行編目資料

```
刑事法規 / 五南法學研究中心編輯. -- 13
版. -- 臺北市：五南圖書出版股份有限公司,
2021.07
    面；  公分. --（袖珍六法；3）
  含索引

  ISBN 978-986-522-717-3（平裝）

  1. 刑法  2. 刑事法

585                              110006413
```

1Q33

刑事法規

編　　著	五南法學研究中心
出 版 者	五南圖書出版股份有限公司
發 行 人	楊榮川
地　　址	台北市大安區（106）和平東路二段339號4樓
	電話：(02)27055066　傳真：(02)27066100
網　　址	https://www.wunan.com.tw
電子郵件	wunan@wunan.com.tw
劃撥帳號	01068953
戶　　名	五南圖書出版股份有限公司
法律顧問	林勝安律師事務所　林勝安律師
出版日期	2003 年 8 月初版一刷
	2021 年 7 月13版一刷
定　　價	380 元